한방에 합격은
경록이다

제1회 시험부터 수많은 합격자를 배출한 전문성 - 경록

별☆이☆일☆곱☆개

경록 부동산학·부동산교육 최초 독자개척 고객과 함께, 68주년 기념

1957

알고 보니 경록이다

우리나라 부동산전문교육의 본산 경록 1957

민법

천 영 법학박사 / 감정평가사 / 건국대 부동산대학원 교수
조천조 법학전공 / 서울법대 / 한국지식재단연수원 교수
조재영 법학박사 / 한양대학교 교수
박준석 변호사 / 건국대 / 수원지방법원 판사
이기우 법학박사 / 부동산학 / 건국대 / 호남대학교 교수 / 대학원장역임
정재근 법학전공 / 서울법대 / 부동산학 / 감정평가법인대표
조정환 법학박사 / 건국대 / 대진대학교 교수 / 법무대학원장역임
윤황지 법학박사 / 건국대 / 강남대학교 부동산학과 교수
박기원 법무사 / 건대행정대학원 / 한국부동산학회이사
조형래 변호사 / 한국부동산학회학술위원
주영민 감정평가사 / 부동산학전공 / 경일감정평가법인
김성은 법학박사 / 고려대법학연구원연구위원
이춘호 공학박사 / 강남대학교 이공대학 교수
윤준선 건축학박사 / 강남대학교 건축공학과 교수
이면극 공학박사(건축) / 여주대학교 교수
김영렬 한국지식재단 건축공학 전공 · 교수 외

주택관리관계법규

김용민 법학박사 / 강남대학교 부동산학과 교수
성연동 행정학박사 / 부동산학 / 목포대학교 사회과학대학 교수
조정환 법학박사 / 건국대 / 대진대학교 교수 / 법무대학원장 역임
임호정 감정평가사 / 국토교통부 전토지과장 / 감정평가법인대표
백연기 부동산공법전문 / 한국부동산학회 연구위원
김필두 행정학박사 / 한국지방행정연구원 수석연구원
김상현 법학박사 / 신한대학교 교수
김갑열 행정학박사 / 강원대학교 사회과학대학장 / 부동산학과 교수
정상철 경제학박사 / 창신대학교 지식융합대학 부동산대학원장 교수
홍길성 경영학박사 / 감정평가사 / 성균관대학교 경영행정대학원 부동산학담당교수
김 준 주택관리연구원 교수 / 국토교통부공무원연수강사
오현진 법학박사 / 부동산학 / 청주대학교 사회과학대학장
우 경 행정학박사 / 김포대학교 부동산경영과 교수
홍성지 행정학박사 / 백석대학교 부동산전공 교수 외

공동주택관리실무

정상철 경제학박사 / 창신대학교 지식융합대학 부동산대학원장 교수
홍길성 경영학박사 / 감정평가사 / 성균관대학교 경영행정대학원 부동산학담당교수
김 준 주택관리연구원 교수 / 국토교통부공무원연수강사
오현진 법학박사 / 부동산학 / 청주대학교 사회과학대학장
우 경 행정학박사 / 김포대학교 부동산경영과 교수
김갑열 행정학박사 / 강원대학교 사회과학대학장 / 부동산학과 교수
홍성지 행정학박사 / 백석대학교 부동산전공 교수
김용민 법학박사 / 강남대학교 부동산학과 교수
성연동 행정학박사 / 부동산학 / 목포대학교 사회과학대학 교수
조정환 법학박사 / 건국대 / 대진대학교 교수 / 법무대학원장 역임
임호정 감정평가사 / 국토교통부 전토지과장 / 감정평가법인대표
백연기 부동산공법전문 / 한국부동산학회 연구위원
김필두 행정학박사 / 한국지방행정연구원 수석연구원
김상현 법학박사 / 신한대학교 교수
정신교 법학박사 / 목포해양대학교 교수 외

그 밖에 시험출제위원 활동중인 교수그룹 등은 참여생략

알고보니 경록이다

우리나라 부동산전문교육의 본산 경록 1957

머리말

매년 98% 문제가 경록 교재에서!!

경록 교재는 주택관리사 시험 통계작성 이후 17년간 매년 98% 문제가 출제되는 독보적 정답률을 기록한 유일한 교재입니다. 경록은 우리나라 부동산 교육의 본산이며 경록교재는 우리나라 부동산교육의 정통한 역사를 이끌어가는 오리지널 교재입니다.

이 교재는 우리나라 부동산교육의 본산인 경록의 68년간 축적된 전문성을 기반으로 130여 명의 역대 최대 '시험출제위원 부동산학 대학교수그룹'이 제작, 해마다 완성도를 높여가며 시험을 리드하는 교재입니다.

특히 경록의 온라인과정 전문기획인강은 언택트시대를 리드하는 뉴 트렌드가 되었습니다. 업계 최초로 1998년부터 〈경록 + MBN TV 족집게강좌〉 8년, 현재까지 28년차 검증된 99%족집게강좌입니다.
일반 학원의 6개월에 1회 수강과정을 경록에서는 1개월마다 2회 반복완성이 가능합니다.

경록의 전문성이 곧 합격의 지름길로 이끌어 드립니다. 성공은 경록과 함께 시작됩니다.

여러분의 건투를 빕니다.

교재 구성과 활용

무엇을 공부해야 하는가
"학습포인트"
핵심이 무엇인지 문제의식을 가지고 공부한다.

| 학습포인트 | ■ 회계의 기초개념에서는 현대 회계의 기본이 되는 복식부기의 개념들에
■ 한국채택국제회계기준의 도입으로 인하여 개념 정의 등 이론적인 기초
고 있으므로 특히 회계를 처음 접하는 수험생들은 반복적인 학습을
부분이다. |

내용이 너무 어려워요
"삽화해설"
초학자도 쉽게 접근할 수 있도록 삽화로 풀이하였다.

주요키워드 만화해설

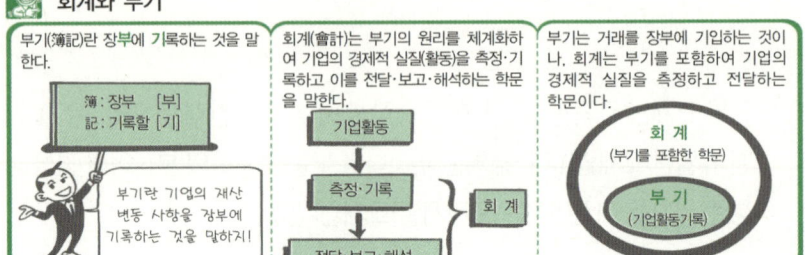

회계와 부기

부기(簿記)란 장부에 기록하는 것을 말한다.
簿: 장부 [부]
記: 기록할 [기]

부기란 기업의 재산 변동 사항을 장부에 기록하는 것을 말하지!

회계(會計)는 부기의 원리를 체계화하여 기업의 경제적 실질활동을 측정·기록하고 이를 전달·보고·해석하는 학문을 말한다.

기업활동 → 측정·기록 → 전달·보고·해석 ⇒ 회계

부기는 거래를 장부에 기입하는 것이나, 회계는 부기를 포함하여 기업의 경제적 실질을 측정하고 전달하는 학문이다.

회계(부기를 포함한 학문)
부기(기업활동기록)

콕 짚어주세요.
"키워드"
각 장별로 중요한 주제들을 선별하였다.

이 단원 알아둘 키워드

CHAPTER	학습 & 출제되는 키워드

☑ 회계   ☑ 자산   ☑ 수익   ☑ 관리비
☑ 부기   ☑ 유동자산   ☑ 매출액   ☑ 손익계산서
☑ 복식부기   ☑ 비유동자산   ☑ 기타수익   ☑ 순손익

이렇게 문제로 출제되는 구나
"출제질문 예"
최근 시험에서 출제된 문항들을 정리하였다.

이 단원 주요 출제질문 예

CHAPTER	학습 & 출제되는 질문

☑ 다음 분개 중 적절하지 않은 것은?
☑ 다음에 제시된 회계순환과정 중 선택적인 절차에 해당하는 것으로만 묶인 것은?

단락문제 Q3
제16회 기출

시산표에서 발견할 수 있는 오류는?
① 비품을 현금으로 구입한 거래를 두 번 반복하여 기록하였다.
② 사채 계정의 잔액을 매도가능금융자산 계정의 차변에 기입하였다.
③ 건물 계정의 잔액을 투자부동산 계정의 차변에 기입하였다.
④ 개발비 계정의 잔액을 연구비 계정의 차변에 기입하였다.
⑤ 매입채무를 현금으로 지급한 거래에 대한 회계처리가 누락되었다.

해설 시산표의 한계
사채계정의 잔액(대변)을 매도가능금융자산 계정의 차변에 기록하는 오류는 시산표에서 발견할 수 있는 오류이다.
답 ②

> **잊기 전에 문제로 확인한다**
> "단락문제"
> 각 단락의 내용이 실전에서 어떻게 문제로 변환되는지 알 수 있도록 하였다.

Key Point 온수난방과 증기난방의 비교 ★★★

내 용	온수난방	증기난방	내 용	온수난방	증기난방
예열시간	길다.	짧다.	관 경	크다.	작다.
난방 지속시간	길다.	짧다.	방열기 면적	크다.	작다.
열운반 능력	작다.	크다.	설비유지비	크다.	작다.
열용량	크다.	작다.	소 음	작다.	크다.
방열량 조절	용이하다.	곤란하다.	관의 부식	작다.	크다.
난방부하 조정·조절·제어	용이하다.	곤란하다.	보일러 취급	간단하다.	복잡하다.
			열방식	현열	잠열
스팀해머(소음)	발생하지 않는다.	발생한다.	쾌감도	쾌적하다.	불쾌하다.

> **이것이 이해의 핵심**
> "key point"
> 각 단락의 핵심내용을 압축적으로 표현하여 복습이 가능하도록 했다.

Wide 잠재공기 등

① 잠재공기(Entrapped air) : 생콘크리트에 들어 있는 자연적인 부정형 기포로 1~2% 정도 함유하고 있다.
② 연행공기(Entrained air) : AE제에 의한 독립된 미세 기포로 볼베어링 역할을 하여 콘크리트의 시공연도를 좋게 한다.
③ 디스펜서 : AE제 계량기이다.

> **숨은 의미가 있어요**
> "wide(참고사항)"
> 참고사항과 이해를 위한 부가적 사항을 따로 정리하였다.

단락핵심 회계감사

(1) 수정의견은 현행 회계감사기준상 표명될 수 있는 감사의견의 종류가 아니다.
(2) 내부통제절차
  1) 직원에 대한 업무지시가 직무규정에 따라 이루어진다.
  2) 지급결의에 따라 지급필 도장을 찍은 후 회계기록부서에 보낸다.

> **이것만은 반드시 기억하자**
> "단락핵심"
> 기출 지문을 중심으로 각 단락별 핵심내용을 정리했다. 학습한 내용을 확인하고 복습 및 정리를 위해 활용할 수 있도록 하였다.

지속가능한 관리직
주택관리사

▌주택관리사란 (공동주택관리법 제2조 제11~12호)

◐ 주택관리사보란?
주택관리사보 합격증서를 발급받은 사람을 말한다(법 제2조 11호)

◐ 주택관리사란?
주택관리사 자격증을 발급받은 사람을 말한다(법 제2조 12호)
주택관리사는 주택관리사보로서 대통령이 정하는 실무경력 등의 요건을 갖추어 시·도지사로부터 주택관리사 자격증을 발급받은 사람으로 한다(법 제67조 ② 등 참조)

▌주택관리사보시험 개요

- 주택관리사보란 자격시험에 합격한 자를 말한다.
- 주택관리사보 자격시험 시행목적
  - 공동주택의 운영·관리·유지·보수 등을 실시하고 이에 필요한 경비를 관리
  - 공동주택의 공용부분과 공동소유인 부대시설 및 복리시설의 유지·관리 및 안전관리 업무를 수행

▌주택관리사(보) 수행 직무

- 공동주택을 안전하고 효율적으로 관리하고 공동주택 입주자의 권익을 보호하기 위하여 공동주택의 운영·관리·유지·보수 등을 실시하고
- 이에 필요한 경비를 관리하며 공동주택의 공용부분과 공동 소유인 부대시설 및 복리시설의 유지관리 및 안전관리를 실시하는 등 주택관리서비스를 수행함

▌의무관리대상 공동주택 (공동주택관리법 제2조의2)

- 해당 공동주택을 전문직으로 관리하는 자를 두어야 하는 등 일정한 의무가 부과되는 공동주택
- 300세대 이상 공동주택
- 150세대 이상 공동주택 (승강기설치 또는 중앙집중난방방식, 지역난방방식 포함 등)
- 주택이 150세대 이상인 건축물 (건축법 제11조 참조)

▍관리사무소장 채용의무 (공동주택관리법 제64조 제1항)

- 500세대 미만 공동주택: 주택관리사 또는 주택관리사보
- 500세대 이상 공동주택: 주택관리사

▍주택관리업 / 주택임대관리업

- 주택관리업 등록신청: 주택관리사
  - 임원 또는 사원의 3분의 1 이상이 주택관리사인 상사법인 포함
- 일정 규모 이상의 주택임대관리사업등록 신청:
  - 주택관리사와 전문인력
    ‣ 자기관리형인 경우 2인 이상   ‣ 위탁관리형인 경우 1인 이상
  - 변호사, 법무사, 공인회계사, 세무사, 감정평가사, 공인중개사, 주택관리사 자격을 취득한 후 해당 분야에 2년 이상 종사자
  - 부동산 분야의 석사학위 이상 소지자로서 관련 분야 3년 이상 종사자

▍주택관리사의 비전

- 아파트 등의 지속적인 양적·질적 증가
- 업역 증가: 아파트, 주상복합, 기업형 임대주택, 오피스텔, 레지던스 홀, 주택단지 관리 등 업무개발
- 주택관리사의 사회적 책임과 의무 강화
- 주택관리법인의 대표(전문성 강화)
- 주택관리서비스의 질적 향상
- 지속가능한 부동산서비스업 등

▍주택관리사시험 변천과정

- 1989년 제도 첫 도입, 1997년 1월 1일부터 자격증 소지자의 채용을 의무화하는 규정 시행
- 2005년까지는 격년제로 시행하였으나, 2006년부터는 매년 1회 시행하고 있으며
- 공동주택관리법 시행령 제95조(업무의 위탁)에 따라 주택관리사보 자격시험의 시행에 관한 업무를 2008년부터 한국산업인력공단에서 시행

주택관리사 시험

▌주택관리사란?
주택관리사(보)는 공동주택, 아파트단지 행정관리전문가이다.

▌주택관리사보의 응시자격은?
학력·경력·연령 제한 없음. 단, 다음에 해당하는 자는 주택관리사 등이 될 수 없다(「공동주택관리법」 제67조).
① 피성년후견인 또는 피한정후견인
② 파산선고를 받은 자로서 복권되지 아니한 사람
③ 금고 이상의 실형의 선고를 받고 그 집행이 끝나거나(집행이 끝난 것으로 보는 경우 포함) 집행이 면제된 날부터 2년이 지나지 아니한 사람
④ 금고 이상의 형의 집행유예선고를 받고 그 유예기간 중에 있는 사람
⑤ 주택관리사 등의 자격이 취소된 후 3년이 지나지 아니한 사람(위 ① 및 ②의 사유로 취소된 경우 제외)

▌주택관리사보 시험의 시행은 언제하는가?
- 주택관리사보자격시험은 1, 2차 시험을 구분하여 매년 1회 시행한다. 다만, 국토교통부장관은 시험을 실시하기 어려운 부득이한 사정이 있는 경우에는 그 연도의 시험을 실시하지 아니할 수 있다.
- 국토교통부장관은 주택관리사보자격시험을 시행하고자 하는 때에는 시험일시·장소·방법 및 합격기준의 결정 등 시험시행에 관하여 필요한 사항을 시험시행일 90일 전에 일간신문에 공고하여야 한다.
    (1) 제1차 시험
        객관식 5지 선택형으로 하고 과목당 40문항 출제
    (2) 제2차 시험
        객관식 5지 선택형 24문항과 주관식(단답형 또는 기입형) 16문항을 가미하여 과목당 40문항 출제
        ※ 제2차 시험 주관식 단답형 부분점수제도 도입 및 주관식 정답 인정 기준 제시
- 주관식 문제 문항 수는(16문항) 유지하되, 괄호당 부분점수제도 도입

문항수		주관식 16문항
배 점		각 2.5점 (기존과 동일)
단답형 부분점수	3괄호	3개 정답(2.5점) 2개 정답(1.5점) 1개 정답(0.5점)
	2괄호	2개 정답(2.5점) 1개 정답(1점)
	1괄호	1개 정답(2.5점)

- 법률 등을 적용하여 정답을 구하여야 하는 문제는 법에 명시된 정확한 용어를 사용하는 경우에만 정답으로 인정

    (3) 제2차 시험의 응시자격(「공동주택관리법 시행령」제74조 제4항)
        제2차 시험은 제1차 시험에 합격한 자에 대하여 실시한다.
    (4) 제1차 시험의 면제(「공동주택관리법 시행령」제74조 제5항)
        제1차 시험에 합격한 자에 대하여는 다음 회의 시험에 한하여 제1차 시험을 면제한다.
    (5) 합격자의 결정
- 제1차 시험 : 과목당 100점을 만점으로 하여 모든 과목 40점 이상이고 전 과목 평균 60점 이상의 득점을 한 사람
- 제2차 시험 : 과목당 100점을 만점으로 하여 모든 과목 40점 이상이고 전 과목 평균 60점 이상의 득점을 한 사람으로서 선발예정인원 범위에서 고득점자순 합격. 다만, 모든 과목 40점 이상이고 전 과목 평균 60점 이상의 득점을 한 사람의 수가 법 제67조 제5항 전단에 따른 선발예정인원에 미달하는 경우에는 모든 과목 40점 이상을 득점한 사람을 말한다.
    ※ 제2차 시험 합격자를 결정하는 경우 동점자로 인하여 선발예정인원을 초과하는 경우에는 그 동점자 모두를 합격자로 결정한다. 이 경우 동점자의 점수는 소수점 이하 둘째자리까지만 계산하며, 반올림은 하지 아니한다.

시험시간 및 시험과목

(1) 시험시간

시험구분	교시	시 험 과 목	시험시간	문항수
제1차 시험	1교시	① 회계원리 ② 공동주택시설개론	100분	과목별 40문항(총 120문항)
	2교시	③ 민법	50분	
제2차 시험	1교시	① 주택관리관계법규 ② 공동주택관리실무	100분	과목별 40문항(객관식 24문항, 주관식 16문항) (총 80문항)

※ 세부 시간은 한국산업인력공단에서 발표하는 내용을 참고

(2) 시험과목과 출제방식

구 분	시험과목	시험범위	출제비율	문제출제
제1차 시험 (3과목)	1. 회계원리	세부과목 구분 없이 출제	–	• 객관식 5지 선택형 • 과목별 40문항
	2. 공동주택 시설개론	목구조·특수구조를 제외한 일반건축구조와 철골구조, 장기수선 계획수립 등을 위한 건축적산	50% 내외	
		홈네트워크를 포함한 건축설비개론	50% 내외	
	3. 민 법	총 칙	60% 내외	
		물권, 채권 중 총칙·계약총칙·매매·임대차·도급·위임·부당이득·불법행위	40% 내외	
제2차 시험 (2과목)	4. 주택관리 관계법규	주택법·공동주택관리법·민간임대주택에 관한 특별법·공공주택 특별법	50% 내외	• 주관식 원칙 • 다만, 객관식 5지 선택형 (주관식 단답형 또는 기입형 가미) • 과목별 40문항
		건축법·소방기본법·소방시설 설치 및 관리에 관한 법률·화재의 예방 및 안전관리에 관한 법률·승강기 안전관리법·전기사업법·시설물의 안전 및 유지관리에 관한 특별법·도시 및 주거환경정비법·도시재정비 촉진을 위한 특별법·집합건물의 소유 및 관리에 관한 법률 중 주택관리에 관련되는 규정	50% 내외	
	5. 공동주택 관리실무	• 공동주거관리이론 • 공동주택회계관리, 입주자관리, 대외업무, 사무·인사관리	50% 내외	
		• 시설관리, 환경관리, 안전·방재관리 및 리모델링, 공동주택 하자관리(보수공사 포함) 등	50% 내외	

▌응시원서

(1) 접수기간
   제1·2차 : 한국산업인력공단에서 발표하는 내용을 참고
   ※ 원서 접수기간 중에는 24시간 접수가능하며(시작일과 종료일은 제외), 접수기간 종료 이후에는 응시원서 접수 불가
(2) 접수방법 : 인터넷 온라인 접수만 가능
   1) 큐넷 주택관리사보 홈페이지(www.Q-Net.or.kr/site/housing)에서 접수
   2) 원서접수 시 수수료를 결제하고 수험표를 출력하여야 접수완료됨
   3) 최근 6개월 이내에 촬영한 탈모 상반신 사진을 파일(JPG, JPEG 파일, 사이즈 : 90픽셀(가로) × 120픽셀(세로) 이상, 300dpi 권장, 200KB 이하)로 첨부하여 인터넷 회원가입 후 원서제출(단, 기존 Q-Net 회원일 경우는 바로 원서접수 가능)
      ※ 원서접수 시 반드시 본인의 사진을 등재하여야 하며, 타인의 사진을 잘못 등재한 경우에는 부정행위자로 처리될 수 있음

4) 인터넷 활용이 어려운 경우 한국산업인력공단 지역별 자격시험팀 방문 시 원서접수 도움을 받을 수 있음
(3) 수수료 납부
   1) 응시수수료(2022년 기준) : 제1차 시험 21,000원, 제2차 시험 14,000원
   2) 납부방법 : 전자결제(신용카드, 계좌이체, 가상계좌) 이용
   3) 수수료 환불(「공동주택관리법 시행규칙」 제32조)
      ① 수수료를 과오납한 경우 과오납한 금액 전부
      ② 응시원서 접수기간 내에 접수를 취소하는 경우 납입한 수수료의 전부
      ③ 시험 시행일 20일 전까지 접수를 취소하는 경우 납입한 수수료의 100분의 60
      ④ 시험 시행일 10일 전까지 접수를 취소하는 경우 납입한 수수료의 100분의 50
         ※ 환불신청(원서접수 취소)은 인터넷으로만 가능
   4) 원서접수 완료(결제완료) 후 접수내용 변경 방법
      원서접수 기간 내에는 취소 후 재접수가 가능하나, 원서접수기간 종료 후에는 재접수 및 내용변경 불가

▮ 합격자 발표

(1) 주택관리사보 국가자격시험 합격자 명단 및 개인별 시험성적을 큐넷 주택관리사보 홈페이지(http://www.q-net.or.kr/site/housing)에 게재
(2) 합격자 명단 및 개인별 점수확인 방법

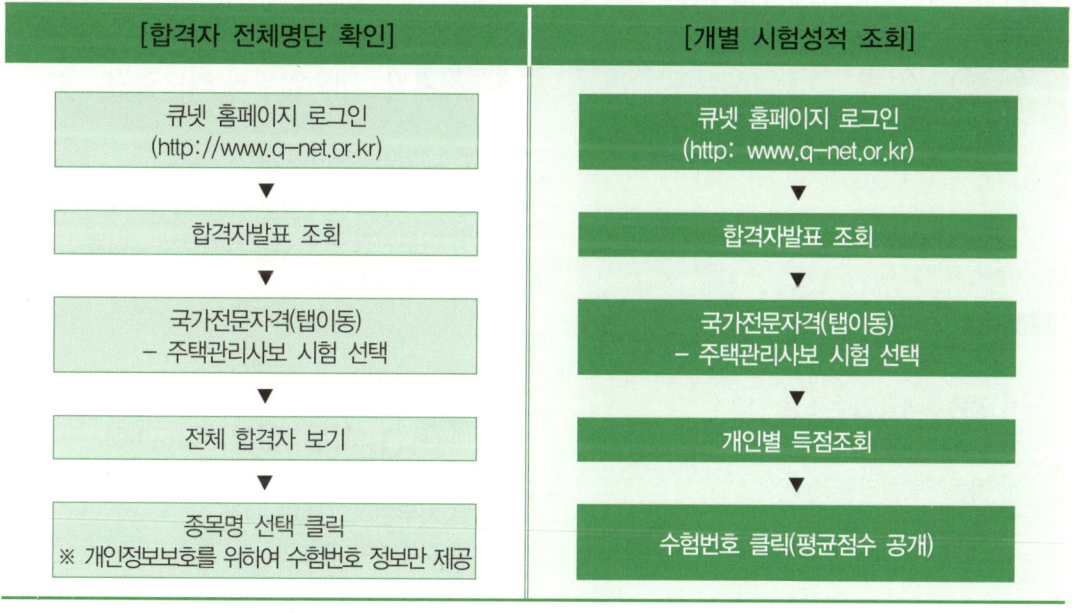

차 례

특집 화재안전성능기준(NFSC) 기출영역

Part1 행정관리실무

Chapter 1 공동주택관리 일반론 4

1. 주택 4
2. 공동주택 10
3. 공동주택의 관리(공동주택관리법) 16
4. 주택관리사제도 45
5. 공동주택관리 분쟁조정 51
6. 협회 56
7. 보칙 59
8. 벌칙 66
9. 민간임대주택에 관한 특별법
   (약칭: 민간임대주택법) 71

Chapter 2 공동주거관리 83

1. 공동주택의 입주자 등 83
2. 입주자대표회의 86
3. 공동주택관리규약 99
4. 공동주거관리이론 103

Chapter 3 회계관리 112

1. 회계관리의 개요 112
2. 관리비 및 회계운영 113
3. 공동주택 계약관리 116
4. 공동주택관리비 등의 관리 118

Chapter 4 대외업무와 리모델링 125

1. 대외업무관리의 개관 125
2. 대외기관과의 관련 업무 125
3. 용도변경 등 행위시 행위규제 127
4. 리모델링제도 135

Chapter 5 사무·인사관리 145

1. 사무관리의 의의 145
2. 문서관리 146
3. 조직 및 인사관리 148
4. 노무관리 159
5. 4대 보험관리 220

Part2 기술관리실무

Chapter 1 설비관리 294

1. 급수설비관리 294
2. 급탕설비관리 326
3. 배수·통기설비관리 334
4. 오수처리시설 및 정화조관리 348
5. 가스설비관리 361
6. 소방설비관리 374
7. 난방·환기설비관리 415
8. 전기설비관리 437
9. 승강기 설비관리 462
10. 지능형 홈네트워크 설비 관리 482

Chapter 2 건축물 및 시설관리 489

1. 총설 489
2. 건축물관리 491
3. 시설관리 510
4. 하자담보책임 및 하자분쟁조정 536
5. 장기수선제도 559
6. 에너지절약형 친환경주택 등의 건설기준 567

Chapter 3 안전·방재관리 573

1. 시설관리 및 공동주택의 안전점검 573
2. 시설물의 안전 및 유지관리에 관한 특별법 578
3. 어린이놀이시설 안전관리법 589

Chapter 4 환경관리 601

1. 환경관리의 개요 601
2. 자연환경관리 601
3. 생활환경관리 605
4. 조경시설물관리 632

부록 제27회 주택관리사시험
경록교재 98% 정답!! 기출문제해설

특집

화재안전성능기준(NFPC) 기출영역

01 공동주택　　02 소화기구 및 자동소화장치　　03 옥내소화전설비
04 옥외소화전설비　　05 스프링클러설비
06 자동화재탐지설비 및 시각경보장치　　07 비상방송설비
08 피난기구　　09 유도등 및 유도표지　　10 연결송수관설비
11 무선통신보조설비

1. 공동주택의 화재안전성능기준(NFPC 608)
[시행 2024. 1. 1](18회)

제1조(목적)
이 기준은 「소방시설 설치 및 관리에 관한 법률」제12조제1항에 따라 소방청장에게 위임한 사항 중 공동주택에 설치해야 하는 소방시설 등의 설치 및 관리에 관하여 필요한 사항을 규정함을 목적으로 한다.

제2조(적용범위)
「소방시설 설치 및 관리에 관한 법률 시행령」 제11조에 의한 소방시설을 설치해야 할 공동주택 중 아파트등 및 기숙사에 설치하는 소방시설 등은 이 기준에서 정하는 규정에 따라 설비를 설치하고 관리해야 한다.

제3조(정의)
이 기준에서 사용하는 용어의 정의는 다음과 같다.
1. "공동주택"이란 영 [별표2] 제1호에서 규정한 대상을 말한다.
2. "아파트등"이란 영 [별표2] 제1호 가목에서 규정한 대상을 말한다.
3. "기숙사"란 영 [별표2] 제1호 라목에서 규정한 대상을 말한다.
4. "갓복도식 공동주택"이란 「건축물의 피난·방화구조 등의 기준에 관한 규칙」제9조제4항에서 규정한 대상을 말한다.
5. "주배관"이란 「스프링클러설비의 화재안전성능기준(NFPC 103)」제3조제19호에서 규정한 것을 말한다.
6. "부속실"이란 「특별피난계단의 계단실 및 부속실 제연설비의 화재안전성능기준(NFPC 501A)」제2조에서 규정한 부속실을 말한다.

제4조(다른 화재안전성능기준과의 관계)
공동주택에 설치하는 소방시설 등의 설치기준 중 이 기준에서 규정하지 아니한 소방시설 등의 설치기준은 개별 화재안전기준에 따라 설치해야 한다.

제5조(소화기구 및 자동소화장치)

① 소화기는 다음 각 호의 기준에 따라 설치해야 한다.
1. 바닥면적 100제곱미터 마다 1단위 이상의 능력단위를 기준으로 설치할 것
2. 아파트등의 경우 각 세대 및 공용부(승강장, 복도 등)마다 설치할 것
3. 아파트등의 세대 내에 설치된 보일러실이 방화구획되거나, 스프링클러설비·간이스프링클러설비·물분무등 소화설비 중 하나가 설치된 경우에는 「소화기구 및 자동소화장치의 화재안전성능기준(NFPC 101)」 제4조 제1항제3호를 적용하지 않을 수 있다.
4. 아파트등의 경우 「소화기구 및 자동소화장치의 화재안전성능기준(NFPC 101)」 제5조의 기준에 따른 소화기의 감소 규정을 적용하지 않을 것

② 주거용 주방자동소화장치는 아파트등의 주방에 열원(가스 또는 전기)의 종류에 적합한 것으로 설치하고, 열원을 차단할 수 있는 차단장치를 설치해야 한다.

제6조(옥내소화전설비)

옥내소화전설비는 다음 각 호의 기준에 따라 설치해야 한다.
1. 호스릴(hose reel) 방식으로 설치할 것
2. 복층형 구조인 경우에는 출입구가 없는 층에 방수구를 설치하지 아니할 수 있다.
3. 감시제어반 전용실은 피난층 또는 지하 1층에 설치할 것. 다만, 상시 사람이 근무하는 장소 또는 관계인이 쉽게 접근할 수 있고 관리가 용이한 장소에 감시제어반 전용실을 설치할 경우에는 지상 2층 또는 지하 2층에 설치할 수 있다.

제7조(스프링클러설비)

스프링클러설비는 다음 각 호의 기준에 따라 설치해야 한다.
1. 폐쇄형스프링클러헤드를 사용하는 아파트등은 기준개수 10개(스프링클러헤드의 설치개수가 가장 많은 세대에 설치된 스프링클러헤드의 개수가 기준개수보다 작은 경우에는 그 설치개수를 말한다)에 1.6세제곱미터를 곱한 양 이상의 수원이 확보되도록 할 것. 다만, 아파트등의 각 동이 주차장으로 서로 연결된 구조인 경우 해당 주차장 부분의 기준개수는 30개로 할 것
2. 아파트등의 경우 화장실 반자 내부에는 「소방용 합성수지배관의 성능인증 및 제품검사의 기술기준」에 적합한 소방용 합성수지배관으로 배관을 설치할 수 있다. 다만, 소방용 합성수지배관 내부에 항상 소화수가 채워진 상태를 유지할 것
3. 하나의 방호구역은 2개 층에 미치지 아니하도록 할 것. 다만, 복층형 구조의 공동주택에는 3개 층 이내로 할 수 있다.
4. 아파트등의 세대 내 스프링클러헤드를 설치하는 경우 천장·반자·천장과 반자사이·덕트·선반등의 각 부분으로부터 하나의 스프링클러헤드까지의 수평거리는 2.6미터 이하로 할 것.
5. 외벽에 설치된 창문에서 0.6미터 이내에 스프링클러헤드를 배치하고, 배치된 헤드의 수평거리 이내에 창문이 모두 포함되도록 할 것. 다만, 다음 각 목의 어느 하나에 해당하는 경우에는 그렇지 않다
   가. 창문에 드렌처설비가 설치된 경우
   나. 창문과 창문 사이의 수직부분이 내화구조로 90센티미터 이상 이격되어 있거나, 「발코니 등의 구조변경절차 및 설치기준」 제4조제1항부터 제5항까지에서 정하는 구조와 성능의 방화판 또는 방화유리창을 설치한 경우
   다. 발코니가 설치된 부분

6. 거실에는 조기반응형 스프링클러헤드를 설치할 것.
7. 감시제어반 전용실은 피난층 또는 지하 1층에 설치할 것. 다만, 상시 사람이 근무하는 장소 또는 관계인이 쉽게 접근할 수 있고 관리가 용이한 장소에 감시제어반 전용실을 설치할 경우에는 지상 2층 또는 지하 2층에 설치할 수 있다.
8. 「건축법 시행령」제46조제4항에 따라 설치된 대피공간에는 헤드를 설치하지 않을 수 있다.
9. 「스프링클러설비의 화재안전기술기준(NFTC 103)」 2.7.7.1 및 2.7.7.3의 기준에도 불구하고 세대 내 실외기실 등 소규모 공간에서 해당 공간 여건상 헤드와 장애물 사이에 60센티미터 반경을 확보하지 못하거나 장애물 폭의 3배를 확보하지 못하는 경우에는 살수방해가 최소화되는 위치에 설치할 수 있다

제8조(물분무소화설비)

물분무소화설비의 감시제어반 전용실은 피난층 또는 지하 1층에 설치해야 한다. 다만, 상시 사람이 근무하는 장소 또는 관계인이 쉽게 접근할 수 있고 관리가 용이한 장소에 감시제어반 전용실을 설치할 경우에는 지상 2층 또는 지하 2층에 설치할 수 있다

제9조(포소화설비)

포소화설비의 감시제어반 전용실은 피난층 또는 지하 1층에 설치해야 한다. 다만, 상시 사람이 근무하는 장소 또는 관계인이 쉽게 접근할 수 있고 관리가 용이한 장소에 감시제어반 전용실을 설치할 경우에는 지상 2층 또는 지하 2층에 설치할 수 있다.

제10조(옥외소화전설비)

옥외소화전설비는 다음 각 호의 기준에 따라 설치해야 한다.
1. 기동장치는 기동용수압개폐장치 또는 이와 동등 이상의 성능이 있는 것을 설치할 것.
2. 감시제어반 전용실은 피난층 또는 지하 1층에 설치할 것. 다만, 상시 사람이 근무하는 장소 또는 관계인이 쉽게 접근할 수 있고 관리가 용이한 장소에 감시제어반 전용실을 설치할 경우에는 지상 2층 또는 지하 2층에 설치할 수 있다

제11조(자동화재탐지설비)

① 감지기는 다음 각 호의 기준에 따라 설치해야 한다.
1. 아날로그방식의 감지기, 광전식 공기흡입형 감지기 또는 이와 동등 이상의 기능·성능이 인정되는 것으로 설치할 것
2. 감지기의 신호처리방식은 「자동화재탐지설비 및 시각경보장치의 화재안전성능기준(NFPC 203)」제3조의 2에 따른다.
3. 세대 내 거실(취침용도로 사용될 수 있는 통상적인 방 및 거실을 말한다)에는 연기감지기를 설치할 것
4. 감지기 회로 단선 시 고장표시가 되며, 해당 회로에 설치된 감지기가 정상 작동될 수 있는 성능을 갖도록 할 것
② 복층형 구조인 경우에는 출입구가 없는 층에 발신기를 설치하지 아니할 수 있다.

제12조(비상방송설비)

비상방송설비는 다음 각 호의 기준에 따라 설치해야 한다.
1. 확성기는 각 세대마다 설치할 것
2. 아파트등의 경우 실내에 설치하는 확성기 음성입력은 2와트 이상일 것

제13조(피난기구)
① 피난기구는 다음 각 호의 기준에 따라 설치해야 한다.
  1. 아파트등의 경우 각 세대마다 설치할 것
  2. 피난장애가 발생하지 않도록 하기 위하여 피난기구를 설치하는 개구부는 동일 직선상이 아닌 위치에 있을 것. 다만, 수직 피난방향으로 동일 직선상인 세대별 개구부에 피난기구를 엇갈리게 설치하여 피난장애가 발생하지 않는 경우에는 그렇지 않다.
  3. 「공동주택관리법」 제2조제1항제2호(마목은 제외함)에 따른 "의무관리대상 공동주택"의 경우에는 하나의 관리주체가 관리하는 공동주택 구역마다 공기안전매트 1개 이상을 추가로 설치할 것. 다만, 옥상으로 피난이 가능하거나 수평 또는 수직 방향의 인접세대로 피난할 수 있는 구조인 경우에는 추가로 설치하지 않을 수 있다.
② 갓복도식 공동주택 또는 「건축법 시행령」 제46조제5항에 해당하는 구조 또는 시설을 설치하여 수평 또는 수직 방향의 인접세대로 피난할 수 있는 아파트는 피난기구를 설치하지 않을 수 있다.
③ 승강식 피난기 및 하향식 피난구용 내림식 사다리가 「건축물의 피난·방화구조 등의 기준에 관한 규칙」 제14조에 따라 방화구획된 장소(세대 내부)에 설치될 경우에는 해당 방화구획된 장소를 대피실로 간주하고, 대피실의 면적규정과 외기에 접하는 구조로 대피실을 설치하는 규정을 적용하지 않을 수 있다.

제14조(유도등)
유도등은 다음 각 호의 기준에 따라 설치해야 한다.
  1. 소형 피난구 유도등을 설치할 것. 다만, 세대 내에는 유도등을 설치하지 않을 수 있다.
  2. 주차장으로 사용되는 부분은 중형 피난구유도등을 설치할 것.
  3. 「건축법 시행령」 제40조제3항제2호나목 및 「주택건설기준 등에 관한 규정」 제16조의2제3항에 따라 비상문자동개폐장치가 설치된 옥상 출입문에는 대형 피난구유도등을 설치할 것.
  4. 내부구조가 단순하고 복도식이 아닌 층에는 「유도등 및 유도표지의 화재안전성능기준(NFPC 303)」 제5조제3항 및 제6조제1항제1호가목 기준을 적용하지 아니할 것

제15조(비상조명등)
비상조명등은 각 거실로부터 지상에 이르는 복도·계단 및 그 밖의 통로에 설치해야 한다. 다만, 공동주택의 세대 내에는 출입구 인근 통로에 1개 이상 설치한다

제16조(특별피난계단의 계단실 및 부속실 제연설비)
특별피난계단의 계단실 및 부속실 제연설비는 「특별피난계단의 계단실 및 부속실 제연설비의 화재안전기술기준(NFTC 501A)」 2.2.의 기준에 따라 성능확인을 해야 한다. 다만, 부속실을 단독으로 제연하는 경우에는 부속실과 면하는 옥내 출입문만 개방한 상태로 방연풍속을 측정 할 수 있다.

제17조(연결송수관설비)
① 방수구는 다음 각 호의 기준에 따라 설치해야 한다.
  1. 층마다 설치할 것. 다만, 아파트등의 1층과 2층(또는 피난층과 그 직상층)에는 설치하지 않을 수 있다.
  2. 아파트등의 경우 계단의 출입구(계단의 부속실을 포함하며 계단이 2 이상 있는 경우에는 그 중 1개의 계단을 말한다)로부터 5미터 이내에 방수구를 설치하되, 그 방수구로부터 해당 층의 각 부분까지의 수평거리가 50미터를 초과하는 경우에는 방수구를 추가로 설치할 것
  3. 쌍구형으로 할 것. 다만, 아파트등의 용도로 사용되는 층에는 단구형으로 설치할 수 있다.
  4. 송수구는 동별로 설치하되, 소방차량의 접근 및 통행이 용이하고 잘 보이는 장소에 설치할 것

② 펌프의 토출량은 분당 2,400리터 이상(계단식 아파트의 경우에는 분당 1,200리터 이상)으로 하고, 방수구 개수가 3개를 초과(방수구가 5개 이상인 경우에는 5개)하는 경우에는 1개 마다 분당 800리터(계단식 아파트의 경우에는 분당 400리터 이상)를 가산해야 한다.

제18조(비상콘센트)

아파트등의 경우에는 계단의 출입구(계단의 부속실을 포함하며 계단이 2개 이상 있는 경우에는 그 중 1개의 계단을 말한다)로부터 5미터 이내에 비상콘센트를 설치하되, 그 비상콘센트로부터 해당 층의 각 부분까지의 수평거리가 50미터를 초과하는 경우에는 비상콘센트를 추가로 설치해야 한다.

제19조(재검토기한)

소방청장은 「훈령·예규 등의 발령 및 관리에 관한 규정」에 따라 이 고시에 대해 2024년 1월 1일을 기준으로 매 3년이 되는 시점(매 3년째의 12월 31일까지를 말한다)마다 그 타당성을 검토하여 개선 등의 조치를 해야 한다.

2. 소화기구 및 자동소화장치의 화재안전성능기준(NFPC 101)
[시행 2022. 12. 1.]

제1조(목적)
이 기준은 「소방시설 설치 및 관리에 관한 법률」제2조제1항제6호가목에 따라 소방청장에게 위임한 사항 중 소화설비인 소화기구 및 자동소화장치의 성능기준을 규정함을 목적으로 한다.

제2조(적용범위)
이 기준은 「소방시설 설치 및 관리에 관한 법률 시행령」별표 4 제1호가목 및 나목에 따른 소화기구 및 자동소화장치의 설치 및 관리에 대해 적용한다.

제3조(정의) 23회
이 기준에서 사용하는 용어의 정의는 다음과 같다.
1. "소화약제"란 소화기구 및 자동소화장치에 사용되는 소화성능이 있는 고체·액체 및 기체의 물질을 말한다.
2. "소화기"란 소화약제를 압력에 따라 방사하는 기구로서 사람이 수동으로 조작하여 소화하는 다음 각목의 것을 말한다.
   가. "소형소화기"란 능력단위가 1단위 이상이고 대형소화기의 능력단위 미만인 소화기를 말한다.
   나. "대형소화기"란 화재 시 사람이 운반할 수 있도록 운반대와 바퀴가 설치되어 있고 능력단위가 A급 10단위 이상, B급 20단위 이상인 소화기를 말한다.
3. "자동확산소화기"란 화재를 감지하여 자동으로 소화약제를 방출 확산시켜 국소적으로 소화하는 소화기를 말한다.
4. "자동소화장치"란 소화약제를 자동으로 방사하는 고정된 소화장치로서 법 제37조 또는 제40조에 따라 형식승인이나 성능인증을 받은 유효설치 범위(설계방호체적, 최대설치높이, 방호면적 등을 말한다) 이내에 설치하여 소화하는 다음 각 목의 것을 말한다.
   가. "주거용 주방자동소화장치"란 주거용 주방에 설치된 열발생 조리기구의 사용으로 인한 화재 발생 시 열원(전기 또는 가스)을 자동으로 차단하며 소화약제를 방출하는 소화장치를 말한다.
   나. "상업용 주방자동소화장치"란 상업용 주방에 설치된 열발생 조리기구의 사용으로 인한 화재 발생 시 열원(전기 또는 가스)을 자동으로 차단하며 소화약제를 방출하는 소화장치를 말한다.
   다. "캐비닛형 자동소화장치"란 열, 연기 또는 불꽃 등을 감지하여 소화약제를 방사하여 소화하는 캐비닛형태의 소화장치를 말한다.
   라. "가스자동소화장치"란 열, 연기 또는 불꽃 등을 감시하여 가스계 소화약제를 방사하여 소화하는 소화장치를 말한다.
   마. "분말자동소화장치"란 열, 연기 또는 불꽃 등을 감지하여 분말의 소화약제를 방사하여 소화하는 소화장치를 말한다.
   바. "고체에어로졸자동소화장치"란 열, 연기 또는 불꽃 등을 감지하여 에어로졸의 소화약제를 방사하여 소화하는 소화장치를 말한다.
5. "거실"이란 거주·집무·작업·집회·오락 그 밖에 이와 유사한 목적을 위하여 사용하는 방을 말한다.
6. "능력단위"란 소화기 및 소화약제에 따른 간이소화용구에 있어서는 법 제37조 제1항에 따라 형식승인 된 수치를 말하며, 소화약제 외의 것을 이용한 간이소화용구에 있어서는 다음 표에 따른 수치를 말한다.

간이소화용구		능력단위
1. 마른모래	삽을 상비한 50리터 이상의 것 1포	0.5단위
2. 팽창질석 또는 팽창진주암	삽을 상비한 50리터 이상의 것 1포	

제4조(설치기준)

① 소화기구는 다음 각 호의 기준에 따라 설치하여야 한다.
  1. 특정소방대상물의 설치장소에 따라 화재 종류별 적응성 있는 소화약제의 것으로 할 것
  2. 특정소방대상물별 소화기구의 능력단위는 다음 각 목에 따른 바닥면적마다 1단위 이상으로 한다.
     가. 위락시설: 30제곱미터
     나. 문화 및 집회시설(전시장 및 동·식물원은 제외한다.)·의료시설·장례시설 중 장례식장 및 문화재: 50제곱미터
     다. 공동주택·근린생활시설·문화 및 집회시설 중 전시장·판매시설·운수시설·노유자시설·업무시설·숙박시설·공장·창고시설·항공기 및 자동차 관련 시설·방송통신시설 및 관광휴게시설: 100제곱미터
     라. 가목 내지 다목에 해당하지 않는 것: 200제곱미터
  3. 제2호에 따른 능력단위 외에 부속용도별로 사용되는 부분에 대하여는 소화기구 및 자동소화장치를 추가하여 설치할 것
  4. 소화기는 다음 각 목의 기준에 따라 설치할 것
     가. 특정소방대상물의 각 층마다 설치하되, 각 층이 둘 이상의 거실로 구획된 경우에는 각 층마다 설치하는 것 외에 바닥면적이 33제곱미터 이상으로 구획된 각 거실에도 배치할 것
     나. 특정소방대상물의 각 부분으로부터 1개의 소화기까지의 보행거리가 소형소화기의 경우에는 20미터 이내, 대형소화기의 경우에는 30미터 이내가 되도록 배치할 것
  5. 능력단위가 2단위 이상이 되도록 소화기를 설치해야 할 특정소방대상물 또는 그 부분에 있어서는 간이소화용구의 능력단위가 전체 능력단위의 2분의 1을 초과하지 않게 할 것
  6. 소화기구(자동확산소화기를 제외한다)는 거주자 등이 손쉽게 사용할 수 있는 장소에 바닥으로부터 높이 1.5미터 이하의 곳에 비치하고, 소화기구의 종류를 표시한 표지를 보기 쉬운 곳에 부착할 것. 다만, 소화기 및 투척용소화용구의 표지는 「축광표지의 성능인증 및 제품검사의 기술기준」에 적합한 축광식표지로 설치하고, 주차장의 경우 표지를 바닥으로부터 1.5미터 이상의 높이에 설치할 것
  7. 자동확산소화기는 다음 각 목의 기준에 따라 설치할 것
     가. 방호대상물에 소화약제가 유효하게 방사될 수 있도록 설치할 것
     나. 작동에 지장이 없도록 견고하게 고정할 것

② 자동소화장치는 다음 각 호의 기준에 따라 설치해야 한다.
  1. 주거용 주방자동소화장치는 다음 각 목의 기준에 따라 설치할 것
     가. 소화약제 방출구는 환기구의 청소부분과 분리되어 있어야 하며, 형식승인 받은 유효설치 높이 및 방호면적에 따라 설치할 것
     나. 감지부는 형식승인 받은 유효한 높이 및 위치에 설치할 것
     다. 차단장치(전기 또는 가스)는 상시 확인 및 점검이 가능하도록 설치할 것
     라. 가스용 주방자동소화장치를 사용하는 경우 탐지부는 수신부와 분리하여 설치하되, 공기와 비교한 가연성 가스의 무거운 정도를 고려하여 적합한 위치에 설치할 것
     마. 수신부는 주위의 열기류 또는 습기 등과 주위온도에 영향을 받지 않고 사용자가 상시 볼 수 있는 장소에 설치할 것

2. 상업용 주방자동소화장치는 다음 각 목의 기준에 따라 설치할 것
   가. 소화장치는 조리기구의 종류 별로 성능인증 받은 설계 매뉴얼에 적합하게 설치 할 것
   나. 감지부는 성능인증 받은 유효높이 및 위치에 설치할 것
   다. 차단장치(전기 또는 가스)는 상시 확인 및 점검이 가능하도록 설치할 것
   라. 후드에 설치되는 분사헤드는 후드의 가장 긴 변의 길이까지 방출될 수 있도록 소화약제의 방출 방향 및 거리를 고려하여 설치할 것
   마. 덕트에 방출되는 분사헤드는 성능인증 받은 길이 이내로 설치할 것
3. 캐비닛형자동소화장치는 다음 각 목의 기준에 따라 설치할 것
   가. 분사헤드(방출구)의 설치 높이는 방호구역의 바닥으로부터 형식승인을 받은 범위 내에서 유효하게 소화약제를 방출시킬 수 있는 높이에 설치할 것
   나. 화재감지기는 방호구역 내의 천장 또는 옥내에 면하는 부분에 설치하되「자동화재탐지설비 및 시각경보장치의 화재안전성능기준(NFPC 203)」제7조에 적합하도록 설치할 것
   다. 방호구역 내의 화재감지기의 감지에 따라 작동되도록 할 것
   라. 화재감지기의 회로는 교차회로방식으로 설치할 것
   마. 개구부 및 통기구(환기장치를 포함한다. 이하 같다)를 설치한 것에 있어서는 소화약제가 방출되기 전에 해당 개구부 및 통기구를 자동으로 폐쇄할 수 있도록 할 것
   바. 작동에 지장이 없도록 견고하게 고정할 것
   사. 구획된 장소의 방호체적 이상을 방호할 수 있는 소화성능이 있을 것
4. 가스, 분말, 고체에어로졸 자동소화장치는 다음 각 목의 기준에 따라 설치할 것
   가. 소화약제 방출구는 형식승인 받은 유효설치범위 내에 설치할 것
   나. 자동소화장치는 방호구역 내에 형식승인 된 1개의 제품을 설치할 것. 이 경우 연동방식으로서 하나의 형식으로 형식승인을 받은 경우에는 1개의 제품으로 본다.
   다. 감지부는 형식승인된 유효설치범위 내에 설치해야 하며 설치장소의 평상시 최고주위온도에 따라 적합한 표시온도의 것으로 설치할 것
   라. 다목에도 불구하고 화재감지기를 감지부로 사용하는 경우에는 제3호 나목부터 라목까지의 설치 방법에 따를 것
③ 이산화탄소 또는 할로겐화합물을 방사하는 소화기구(자동확산소화기를 제외한다)는 지하층이나 무창층 또는 밀폐된 거실로서 그 바닥면적이 20㎡ 미만의 장소에는 설치할 수 없다. 다만, 배기를 위한 유효한 개구부가 있는 장소인 경우에는 그렇지 않다.

제5조(소화기의 감소)

① 소형소화기를 설치하여야 할 특정소방대상물 또는 그 부분에 옥내소화전설비·스프링클러설비·물분무등소화설비·옥외소화전설비 또는 대형소화기를 설치한 경우에는 해당 설비의 유효범위의 부분에 대하여는 제4조제1항제2호 및 제3호에 따른 소형소화기의 일부를 감소할 수 있다.
② 대형소화기를 설치해야 할 특정소방대상물 또는 그 부분에 옥내소화전설비 · 스프링클러설비 · 물분무등소화설비 또는 옥외소화전설비를 설치한 경우에는 해당 설비의 유효범위 안의 부분에 대하여는 대형소화기를 설치하지 않을 수 있다.

3. 옥내소화전설비의 화재안전성능기준(NFPC 102)
[시행 2022. 12. 1.] (13, 15, 17, 18, 19회)

제1조(목적)
이 기준은「소방시설 설치 및 관리에 관한 법률」제2조제1항제6호가목에 따라 소방청장에게 위임한 사항 중 소화설비인 옥내소화전설비의 성능기준을 규정함을 목적으로 한다.

제2조(적용범위)
이 기준은「소방시설 설치 및 관리에 관한 법률 시행령」별표 4 제1호다목에 따른 옥내소화전설비의 설치 및 관리에 대해 적용한다.

제3조(정의) 제15회
이 기준에서 사용하는 용어의 정의는 다음과 같다
1. "고가수조"란 구조물 또는 지형지물 등에 설치하여 자연낙차의 압력으로 급수하는 수조를 말한다.
2. "압력수조"란 소화용수와 공기를 채우고 일정 압력 이상으로 가압하여 그 압력으로 급수하는 수조를 말한다.
3. "충압펌프"란 배관 내 압력손실에 따른 주펌프의 빈번한 기동을 방지하기 위하여 충압역할을 하는 펌프를 말한다.
4. "정격토출량"이란 펌프의 정격부하운전 시 토출량으로서 정격토출압력에서의 펌프의 토출량을 말한다.
5. "정격토출압력"이란 펌프의 정격부하운전 시 토출압력으로서 정격토출량에서의 펌프의 토출측 압력을 말한다.
6. "진공계"란 대기압 이하의 압력을 측정하는 계측기를 말한다.
7. "연성계"란 대기압 이상의 압력과 대기압 이하의 압력을 측정할 수 있는 계측기를 말한다.
8. "체절운전"이란 펌프의 성능시험을 목적으로 펌프 토출측의 개폐밸브를 닫은 상태에서 펌프를 운전하는 것을 말한다.
9. "기동용수압개폐장치"란 소화설비의 배관 내 압력변동을 검지하여 자동적으로 펌프를 기동 및 정지시키는 것으로서 압력챔버 또는 기동용압력스위치 등을 말한다.
10. "급수배관"이란 수원 또는 송수구 등으로부터 소화설비에 급수하는 배관을 말한다.
11. "분기배관"이란 배관 측면에 구멍을 뚫어 둘 이상의 관로가 생기도록 가공한 배관으로서 다음 각 목의 분기배관을 말한다.
    가. "확관형 분기배관"이란 배관의 측면에 조그만 구멍을 뚫고 소성가공으로 확관시켜 배관 용접이음자리를 만들거나 배관 용접이음자리에 배관이음쇠를 용접 이음한 배관을 말한다.
    나. "비확관형 분기배관"이란 배관의 측면에 분기호칭내경 이상의 구멍을 뚫고 배관이음쇠를 용접이음한 배관을 말한다.
12. "개폐표시형밸브"란 밸브의 개폐 여부를 외부에서 식별할 수 있는 밸브를 말한다.
13. "가압수조"란 가압원인 압축공기 또는 불연성 고압기체에 따라 소방용수를 가압시키는 수조를 말한다.
14. "주펌프"란 구동장치의 회전 또는 왕복운동으로 소화수를 가압하여 그 압력으로 급수하는 주된 펌프를 말한다.
15. "예비펌프"란 주펌프와 동등 이상의 성능이 있는 별도의 펌프를 말한다.

제4조(수원)
① 옥내소화전설비의 수원은 그 저수량이 옥내소화전의 설치개수가 가장 많은 층의 설치개수(2개 이상 설치된 경우에는 2개)에 2.6㎥(호스릴옥내소화전설비를 포함한다)를 곱한 양 이상이 되도록 해야 한다.
② 옥내소화전설비의 수원은 제1항에 따라 계산하여 나온 유효수량 외에 유효수량의 3분의 1 이상을 옥상(옥내소화전설비가 설치된 건축물의 주된 옥상을 말한다. 이하 같다)에 설치해야 한다.

③ 옥상수조(제1항에 따라 산출된 유효수량의 3분의 1 이상을 옥상에 설치한 설비를 말한다. 이하 같다)는 이와 연결된 배관을 통하여 상시 소화수를 공급할 수 있는 구조의 특정소방대상물인 경우에는 둘 이상의 특정소방대상물이 있더라도 하나의 특정소방대상물에만 이를 설치할 수 있다.
④ 옥내소화전설비의 수원을 수조로 설치하는 경우에는 소화설비의 전용수조로 해야 한다
⑤ 제1항 및 제2항에 따른 저수량을 산정함에 있어서 다른 설비와 겸용하여 옥내소화전설비용 수조를 설치하는 경우에는 옥내소화전설비의 풋밸브·흡수구 또는 수직배관의 급수구와 다른 설비의 풋밸브·흡수구 또는 수직배관의 급수구와의 사이의 수량을 그 유효수량으로 한다.
⑥ 옥내소화전설비용 수조는 다음 각호의 기준에 따라 설치해야 한다.
  1. 점검에 편리한 곳에 설치할 것
  2. 동결방지조치를 하거나 동결의 우려가 없는 장소에 설치할 것
  3. 수조에는 수위계, 고정식 사다리, 청소용 배수밸브(또는 배수관), 표지 및 실내 조명 등 수조의 유지관리에 필요한 설비를 설치할 것

제5조(가압송수장치)

① 전동기 또는 내연기관에 따른 펌프를 이용하는 가압송수장치는 다음 각 호의 기준에 따라 설치해야 한다. 다만, 가압송수장치의 주펌프는 전동기에 따른 펌프로 설치해야 한다.
  1. 쉽게 접근할 수 있고 점검하기에 충분한 공간이 있는 장소로서 화재 및 침수 등의 재해로 인한 피해를 받을 우려가 없는 곳에 설치할 것
  2. 동결방지조치를 하거나 동결의 우려가 없는 장소에 설치할 것
  3. 특정소방대상물의 어느 층에 있어서도 해당 층의 옥내소화전(2개 이상 설치된 경우에는 2개의 옥내소화전)을 동시에 사용할 경우 각 소화전의 노즐선단에서의 방수압력이 0.17Mpa(호스릴옥내소화전설비를 포함한다) 이상이고, 방수량이 분당 130리터(호스릴옥내소화전설비를 포함한다) 이상이 되는 성능의 것으로 할 것. 다만, 하나의 옥내소화전을 사용하는 노즐선단에서의 방수압력이 0.7메가파스칼을 초과할 경우에는 호스접결구의 인입 측에 감압장치를 설치해야 한다.
  4. 펌프의 토출량은 옥내소화전이 가장 많이 설치된 층의 설치개수(옥내소화전이 2개 이상 설치된 경우에는 2개)에 130ℓ/min를 곱한 양 이상이 되도록 할 것,
  5. 펌프는 전용으로 할 것.
  6. 펌프의 토출측에는 압력계를 설치하고, 흡입측에는 연성계 또는 진공계를 설치할 것
  7. 펌프의 성능은 체절운전 시 정격토출압력의 140퍼센트를 초과하지 않고, 정격토출량의 150퍼센트로 운전 시 정격토출압력의 65퍼센트 이상이 되어야 하며, 펌프의 성능을 시험할 수 있는 성능시험배관을 설치할 것
  8. 가압송수장치에는 체절운전 시 수온의 상승을 방지하기 위한 순환배관을 설치할 것
  9. 기동장치로는 기동용수압개폐장치 또는 이와 동등 이상의 성능이 있는 것을 설치할 것. 다만, 학교·공장·창고시설(제4조제2항에 따라 옥상수조를 설치한 대상은 제외한다)로서 동결의 우려가 있는 장소에 있어서는 기동스위치에 보호판을 부착하여 옥내소화전함 내에 설치할 수 있다.
  10. 제9호 단서의 경우에는 주펌프와 동등 이상의 성능이 있는 별도의 펌프로서 내연기관의 기동과 연동하여 작동되거나 비상전원을 연결한 펌프를 추가 설치할 것
  11. 수원의 수위가 펌프보다 낮은 위치에 있는 가압송수장치에는 물올림장치를 설치할 것
  12. 기동용수압개폐장치를 기동장치로 사용할 경우에는 충압펌프를 설치할 것
  13. 내연기관을 사용하는 경우에는 제어반에 따라 내연기관의 자동기동 및 수동기동이 가능하고, 상시 충전되어 있는 축전지설비와 펌프를 20분 이상 운전할 수 있는 용량의 연료를 갖출 것

14. 가압송수장치가 기동이 된 경우에는 자동으로 정지되지 않도록 할 것
15. 가압송수장치는 부식 등으로 인한 펌프의 고착을 방지할 수 있도록 청동 또는 스테인리스 등 부식에 강한 재질을 사용할 것

② 고가수조의 자연낙차를 이용한 가압송수장치를 설치하는 경우 고가수조의 자연낙차수두(수조의 하단으로부터 최고층에 설치된 소화전 호스 접결구까지의 수직거리를 말한다)는 제1항제3호에 따른 방수압 및 방수량이 20분 이상 유지되도록 해야 한다.

③ 압력수조를 이용한 가압송수장치를 설치하는 경우 압력수조의 압력은 제1항제3호에 따른 방수압 및 방수량이 20분 이상 유지되도록 해야 한다.

④ 가압수조를 이용한 가압송수장치는 소방청장이 정하여 고시한 「가압수조식가압송수장치의 성능인증 및 제품검사의 기술기준」에 적합한 것으로 설치하되, 가압수조의 압력은 제1항제3호에 따른 방수압 및 방수량이 20분 이상 유지되도록 해야 한다.

제6조(배관 등) 18·19회

① 배관과 배관이음쇠는 배관 내 사용압력에 따라 다음 각 호의 어느 하나에 해당하는 것을 사용해야 한다.
  1. 배관 내 사용압력이 1.2Mpa 미만일 경우에는 다음 각 목의 어느 하나에 해당하는 것
    가. 배관용 탄소강관
    나. 이음매 없는 구리 및 구리합금관. 다만, 습식의 배관에 한한다.
    다. 배관용 스테인리스강관 또는 일반배관용 스테인리스강관
    라. 덕타일 주철관
  2. 배관 내 사용압력이 1.2Mpa 이상일 경우에는 다음 각 목의 어느 하나에 해당하는 것
    가. 압력 배관용 탄소강관
    나. 배관용 아크 용접 탄소강 강관

② 제1항에도 불구하고 화재 등의 재해로 인하여 배관의 성능에 영향을 받을 우려가 적은 경우에는 소방청장이 정하여 고시한 「소방용합성수지배관의 성능인증 및 제품검사의 기술기준」에 적합한 소방용 합성수지배관으로 설치할 수 있다.

③ 급수배관은 전용으로 하여야 한다.

④ 펌프의 흡입 측 배관은 다음 각 호의 기준에 따라 설치해야 한다.
  1. 공기고임이 생기지 않는 구조로 하고 여과장치를 설치할 것
  2. 수조가 펌프보다 낮게 설치된 경우에는 각 펌프(충압펌프를 포함한다)마다 수조로부터 별도로 설치할 것

⑤ 펌프의 토출 측 주배관 및 가지배관의 구경은 소화수의 송수에 지장이 없는 크기 이상으로 해야 한다.

⑥ 옥내소화전설비의 배관을 연결송수관설비와 겸용하는 경우 주배관은 구경 100밀리미터 이상, 방수구로 연결되는 배관의 구경은 65밀리미터 이상의 것으로 해야 한다.

⑦ 성능시험배관에 설치하는 유량측정장치는 성능시험배관의 직관부에 설치하되, 펌프 정격토출량의 175퍼센트 이상을 측정할 수 있는 것으로 해야 한다.

⑧ 가압송수장치의 체절운전 시 수온의 상승을 방지하기 위하여 체크밸브와 펌프사이에서 분기한 배관에 체절압력 미만에서 개방되는 릴리프밸브를 설치해야 한다.

⑨ 동결방지조치를 하거나 동결의 우려가 없는 장소에 설치해야 한다. 다만, 보온재를 사용할 경우에는 난연재료 성능 이상의 것으로 해야 한다.

⑩ 급수배관에 설치되어 급수를 차단할 수 있는 개폐밸브(옥내소화전방수구를 제외한다)는 개폐표시형으로 해야 한다. 이 경우 펌프의 흡입측 배관에는 버터플라이밸브 외의 개폐표시형밸브를 설치해야 한다.

⑪ 배관은 다른 설비의 배관과 쉽게 구분이 될 수 있도록 해야 한다.
⑫ 옥내소화전설비에는 소방자동차부터 그 설비에 송수할 수 있는 송수구를 다음 각 호의 기준에 따라 설치해야 한다.
  1. 송수구는 송수 및 그 밖의 소화작업에 지장을 주지 않도록 설치할 것
  2. 송수구로부터 주배관에 이르는 연결배관에는 개폐밸브를 설치하지 않을 것
  3. 지면으로부터 높이가 0.5미터 이상 1미터 이하의 위치에 설치할 것
  4. 구경 65밀리미터의 쌍구형 또는 단구형으로 할 것
  5. 송수구의 가까운 부분에 자동배수밸브(또는 직경 5밀리미터의 배수공) 및 체크밸브를 설치할 것
  6. 송수구에는 이물질을 막기 위한 마개를 씌울 것
⑬ 확관형 분기배관을 사용할 경우에는 소방청장이 정하여 고시한 「분기배관의 성능인증 및 제품검사의 기술기준」에 적합한 것으로 설치해야 한다.

제7조(함 및 방수구 등) 17회
① 옥내소화전설비의 함은 소방청장이 정하여 고시한 「소화전함의 성능인증 및 제품검사의 기술기준」에 적합한 것으로 설치하되 밸브의 조작, 호스의 수납 및 문의 개방 등 옥내소화전의 사용에 장애가 없도록 설치해야 한다.
② 옥내소화전방수구는 다음 각 호의 기준에 따라 설치해야 한다.
  1. 특정소방대상물의 층마다 설치하되, 해당 특정소방대상물의 각 부분으로부터 하나의 옥내소화전방수구까지의 수평거리가 25미터 이하가 되도록 할 것
  2. 바닥으로부터의 높이가 1.5미터 이하가 되도록 할 것
  3. 호스는 구경 40밀리미터(호스릴옥내소화전설비의 경우에는 25밀리미터) 이상인 것으로서 특정소방대상물의 각 부분에 물이 유효하게 뿌려질 수 있는 길이로 설치할 것
  4. 호스릴옥내소화전설비의 경우 그 노즐에는 노즐을 쉽게 개폐할 수 있는 장치를 부착할 것
③ 옥내소화전설비의 함에는 옥내소화전설비의 위치를 표시하는 표시등과 가압송수장치의 기동을 표시하는 표시등을 설치해야 한다.
④ 옥내소화전설비의 함에는 그 표면에 "소화전"이라는 표시를 해야 한다.
⑤ 옥내소화전설비의 함 가까이 보기 쉬운 곳에 그 사용요령을 기재한 표지판을 붙여야 하며, 표지판을 함의 문에 붙이는 경우에는 문의 내부 및 외부 모두에 붙여야 한다. 이 경우, 사용요령은 외국어와 시각적인 그림을 포함하여 작성해야 한다.

제8조(전원)
① 옥내소화전설비에 설치하는 상용전원회로의 배선은 상용전원의 상시공급에 지장이 없도록 전용배선으로 해야 한다.
② 다음 각 호의 어느 하나에 해당하는 특정소방대상물의 옥내소화전설비에는 비상전원을 설치해야 한다.
  1. 층수가 7층 이상으로서 연면적이 2,000㎡ 이상인 것
  2. 제1호에 해당하지 아니하는 특정소방대상물로서 지하층의 바닥면적의 합계가 3,000㎡ 이상인 것.
③ 제2항에 따른 비상전원은 자가발전설비, 축전지설비 또는 전기저장장치로서 다음 각 호의 기준에 따라 설치해야 한다.
  1. 점검에 편리하고 화재 및 침수 등의 재해로 인한 피해를 받을 우려가 없는 곳에 설치할 것
  2. 옥내소화전설비를 유효하게 20분 이상 작동할 수 있어야 할 것
  3. 상용전원으로부터 전력의 공급이 중단된 때에는 자동으로 비상전원으로부터 전력을 공급받을 수 있도록 할 것
  4. 비상전원(내연기관의 기동 및 제어용 축전기를 제외한다)의 설치장소는 다른 장소와 방화구획 할 것
  5. 비상전원을 실내에 설치하는 때에는 그 실내에 비상조명등을 설치할 것

제9조(제어반)

① 옥내소화전설비에는 제어반을 설치하되, 감시제어반과 동력제어반으로 구분하여 설치해야 한다.
② 감시제어반은 가압송수장치, 상용전원, 비상전원, 수조, 물올림수조, 예비전원 등을 감시·제어 및 시험할 수 있는 기능을 갖추어야 한다.
③ 감시제어반은 다음 각 호의 기준에 따라 설치해야 한다.
  1. 화재 또는 침수 등의 재해로 인한 피해를 받을 우려가 없는 곳에 설치할 것
  2. 감시제어반은 옥내소화전설비의 전용으로 할 것
  3. 감시제어반은 다음 각 목의 기준에 따른 전용실 안에 설치하고, 전용실에는 특정소방대상물의 기계·기구 또는 시설 등의 제어 및 감시설비 외의 것을 두지 않을 것
    가. 다른 부분과 방화구획을 할 것
    나. 피난층 또는 지하 1층에 설치할 것
    다. 비상조명등 및 급·배기설비를 설치할 것
    라. 「무선통신보조설비의 화재안전성능기준(NFPC 505)」 제5조제3항에 따라 유효하게 통신이 가능할 것
    마. 바닥면적은 감시제어반의 설치에 필요한 면적 외에 화재 시 소방대원이 그 감시제어반의 조작에 필요한 최소면적 이상으로 할 것
④ 동력제어반은 앞면을 적색으로 하고, 동력제어반의 외함은 두께 1.5밀리미터 이상의 강판 또는 이와 동등 이상의 강도 및 내열성능이 있는 것으로 하며, 그 밖의 동력제어반의 설치에 관하여는 제3항제1호 및 제2호의 기준을 따라야 한다.

제10조(배선 등)

① 옥내소화전설비의 배선은 「전기사업법」 제67조에 따른 기술기준에서 정한 것 외에 다음 각 호의 기준에 따라 설치해야 한다.
  1. 비상전원으로부터 동력제어반 및 가압송수장치에 이르는 전원회로의 배선은 내화배선으로 할 것.
  2. 상용전원으로부터 동력제어반에 이르는 배선, 그 밖의 옥내소화전설비의 감시·조작 또는 표시등회로의 배선은 내화배선 또는 내열배선으로 할 것.
② 제1항에 따른 내화배선 및 내열배선에 사용되는 전선은 내화전선으로 하고, 설치방법은 적합한 케이블공사의 방법에 따른다.
③ 옥내소화전설비의 과전류차단기 및 개폐기에는 "옥내소화전설비용"이라고 표시한 표지를 하여야 한다.
④ 옥내소화전설비용 전기배선의 양단 및 접속단자에는 식별이 용이하도록 표시 또는 표지를 해야 한다.

제11조(방수구의 설치제외)

불연재료로 된 특정소방대상물 또는 그 부분으로서 옥내소화전설비 작동 시 소화효과를 기대할 수 없는 장소이거나 2차 피해가 예상되는 장소 또는 화재발생 위험이 적은 장소에는 옥내소화전 방수구를 설치하지 않을 수 있다.

제12조(수원 및 가압송수장치의 펌프 등의 겸용)

① 옥내소화전설비의 수원을 스프링클러설비·간이스프링클러설비·화재조기진압용 스프링클러설비·물분무소화설비·포소화전설비 및 옥외소화전설비의 수원과 겸용하여 설치하는 경우의 저수량은 각 소화설비에 필요한 저수량을 합한 양 이상이 되도록 해야 한다.

② 옥내소화전설비의 가압송수장치로 사용하는 펌프를 스프링클러설비·간이스프링클러설비·화재조기진압용 스프링클러설비·물분무소화설비·포소화전설비 및 옥외소화전설비의 가압송수장치와 겸용하여 설치하는 경우의 펌프의 토출량은 각 소화설비에 해당하는 토출량을 합한 양 이상이 되도록 해야 한다.

③ 옥내소화전설비·스프링클러설비·간이스프링클러설비·화재조기진압용 스프링클러설비·물분무소화설비·포소화전설비 및 옥외소화전설비의 가압송수장치에 있어서 각 토출측 배관과 일반급수용의 가압송수장치의 토출측 배관을 상호 연결하여 화재 시 사용할 수 있다. 이 경우 연결 배관에는 개폐표시형밸브를 설치해야 하며, 각 소화설비의 성능에 지장이 없도록 해야 한다.

④ 옥내소화전설비의 송수구를 스프링클러설비·간이스프링클러설비·화재조기진압용 스프링클러설비·물분무소화설비·포소화전설비 또는 연결송수관설비의 송수구와 겸용으로 설치하는 경우에는 스프링클러설비의 송수구의 설치기준에 따르고, 연결살수설비의 송수구와 겸용으로 설치하는 경우에는 옥내소화전설비의 송수구의 설치기준에 따르되 각각의 소화설비의 기능에 지장이 없도록 해야 한다.

4. 옥외소화전설비의 화재안전성능기준(NFPC 109)
[시행 2022. 12. 1.] (16, 17, 20회)

제1조(목적)
이 기준은 「소방시설 설치 및 관리에 관한 법률」제2조제1항제6호가목에 따라 소방청장에게 위임한 사항 중 소화설비인 옥외소화전설비의 성능기준을 규정함을 목적으로 한다.

제2조(적용범위)
이 기준은 「소방시설 설치 및 관리에 관한 법률 시행령」별표 4 제1호사목에 따른 옥외소화전설비의 설치 및 관리에 대해 적용한다.

제3조(정의)
이 기준에서 사용하는 용어의 정의는 다음과 같다.
1. "고가수조"란 구조물 또는 지형지물 등에 설치하여 자연낙차의 압력으로 급수하는 수조를 말한다.
2. "압력수조"란 소화용수와 공기를 채우고 일정압력 이상으로 가압하여 그 압력으로 급수하는 수조를 말한다.
3. "충압펌프"란 배관 내 압력손실에 따른 주펌프의 빈번한 기동을 방지하기 위하여 충압 역할을 하는 펌프를 말한다.
4. "연성계"란 대기압 이상의 압력과 대기압 이하의 압력을 측정할 수 있는 계측기를 말한다.
5. "진공계"란 대기압 이하의 압력을 측정하는 계측기를 말한다.
6. "정격토출량"이란 펌프의 정격부하운전 시 토출량으로서 정격토출압력에서의 토출량을 말한다.
7. "정격토출압력"이란 펌프의 정격부하운전 시 토출압력으로서 정격토출량에서의 토출측 압력을 말한다.
8. "개폐표시형밸브"란 밸브의 개폐여부를 외부에서 식별이 가능한 밸브를 말한다.
9. "기동용수압개폐장치"란 소화설비의 배관 내 압력변동을 검지하여 자동적으로 펌프를 기동 및 정지시키는 것으로서 압력챔버 또는 기동용압력스위치 등을 말한다.
10. "급수배관"이란 수원 송수구 등으로 부터 소화설비에 급수하는 배관을 말한다.
11. "분기배관"이란 배관 측면에 구멍을 뚫어 둘 이상의 관로가 생기도록 가공한 배관으로서 다음 각 목의 분기배관을 말한다.
    가. "확관형 분기배관"이란 배관의 측면에 조그만 구멍을 뚫고 소성가공으로 확관시켜 배관 용접이음자리를 만들거나 배관 용접이음자리에 배관이음쇠를 용접 이음한 배관을 말한다.
    나. "비확관형 분기배관"이란 배관의 측면에 분기호칭내경 이상의 구멍을 뚫고 배관이음쇠를 용접이음한 배관을 말한다.
12. "가압수조"란 가압원인 압축공기 또는 불연성 기체의 압력으로 소화용수를 가압하여 그 압력으로 급수하는 수조를 말한다.

제4조(수원)
① 옥외소화전설비의 수원은 그 저수량이 옥외소화전의 설치개수(옥외소화전이 2개 이상 설치된 경우에는 2개)에 7세제곱미터를 곱한 양 이상이 되도록 해야 한다.
② 옥외소화전설비의 수원을 수조로 설치하는 경우에는 소방설비의 전용수조로 해야 한다.
③ 제1항에 따른 저수량을 산정함에 있어서 다른 설비와 겸용하여 옥외소화전설비용 수조를 설치하는 경우에는 옥외소화전설비의 풋밸브·흡수구 또는 수직배관의 급수구와 다른 설비의 풋밸브·흡수구 또는 수직배관의 급수구와의 사이의 수량을 그 유효수량으로 한다.
④ 옥외소화전설비용 수조는 다음 각 호의 기준에 따라 설치해야 한다.

1. 점검에 편리한 곳에 설치할 것
2. 동결방지조치를 하거나 동결의 우려가 없는 장소에 설치할 것
3. 수조에는 수위계, 고정식 사다리, 청소용 배수밸브(또는 배수관), 표지 및 실내 조명 등 수조의 유지 관리에 필요한 설비를 설치할 것

제5조(가압송수장치) 17회

① 전동기 또는 내연기관에 따른 펌프를 이용하는 가압송수장치는 다음 각 호의 기준에 따라 설치해야 한다.
1. 쉽게 접근할 수 있고 점검하기에 충분한 공간이 있는 장소로서 화재 및 침수 등의 재해로 인한 피해를 받을 우려가 없는 곳에 설치할 것
2. 동결방지조치를 하거나 동결의 우려가 없는 장소에 설치할 것
3. 해당 특정소방대상물에 설치된 옥외소화전(2개 이상 설치된 경우에는 2개의 옥외소화전)을 동시에 사용할 경우 각 옥외소화전의 노즐선단에서의 방수압력이 0.25Mpa 이상이고, 방수량이 350ℓ/min 이상이 유지되는 성능의 것으로 할 것. 다만, 하나의 옥외소화전을 사용하는 노즐선단에서의 방수압력이 0.7메가파스칼을 초과할 경우에는 호스접결구의 인입측에 감압장치를 설치해야 한다.
4. 펌프는 전용으로 할 것.
5. 펌프의 토출측에는 압력계를 설치하고, 흡입측에는 연성계 또는 진공계를 설치할 것
6. 펌프의 성능은 체절운전 시 정격토출압력의 140퍼센트를 초과하지 않고, 정격토출량의 150퍼센트로 운전 시 정격토출압력의 65퍼센트 이상이 되어야 하며, 펌프의 성능을 시험할 수 있는 성능시험배관을 설치할 것
7. 가압송수장치에는 체절운전 시 수온의 상승을 방지하기 위한 순환배관을 설치할 것
8. 기동장치로는 기동용수압개폐장치 또는 이와 동등 이상의 성능이 있는 것을 설치할 것. 다만, 아파트·업무시설·학교·전시시설·공장·창고시설 또는 종교시설 등으로서 동결의 우려가 있는 장소에 있어서는 기동스위치에 보호판을 부착하여 옥외소화전함 내에 설치할 수 있다.
9. 수원의 수위가 펌프보다 낮은 위치에 있는 가압송수장치에는 물올림장치를 설치할 것
10. 기동용수압개폐장치를 기동장치로 사용할 경우에는 충압펌프를 설치할 것
11. 내연기관을 사용하는 경우에는 제어반에 따라 내연기관의 자동기동 및 수동기동이 가능하고, 상시 충전되어 있는 축전지설비와 펌프를 20분 이상 운전할 수 있는 용량의 연료를 갖출 것
12. 가압송수장치가 기동이 된 경우에는 자동으로 정지되지 않도록 할 것
13. 가압송수장치는 부식 등으로 인한 펌프의 고착을 방지할 수 있도록 청동 또는 스테인리스 등 부식에 강한 재질을 사용할 것

② 고가수조의 자연낙차를 이용한 가압송수장치를 설치하는 경우 고가수조의 자연낙차수두(수조의 하단으로부터 최고층에 설치된 소화전 호스 접결구까지의 수직거리를 말한다)는 제1항제3호에 따른 방수압 및 방수량이 20분 이상 유지되도록 해야 한다.
③ 압력수조를 이용한 가압송수장치를 설치하는 경우 압력수조의 압력은 제1항제3호에 따른 방수압 및 방수량이 20분 이상 유지되도록 해야 한다.
④ 가압수조를 가압수조를 이용한 가압송수장치는 소방청장이 정하여 고시한 「가압수조식가압송수장치의 성능인증 및 제품검사의 기술기준」에 적합한 것으로 설치하되, 가압수조의 압력은 제1항제3호에 따른 방수압 및 방수량이 20분 이상 유지되도록 해야 한다.

제6조(배관 등) 17·23회

① 호스접결구는 지면으로부터 높이가 0.5미터 이상 1미터 이하의 위치에 설치하고 특정소방대상물의 각 부분으로부터 하나의 호스접결구까지의 수평거리가 40미터 이하가 되도록 설치해야 한다.
② 호스는 구경 65밀리미터의 것으로 해야 한다.

③ 배관은 배관용 탄소 강관(KS D 3507) 또는 배관 내 사용압력이 1.2메가파스칼 이상일 경우에는 압력 배관용 탄소 강관(KS D 3562) 또는 이음매 없는 구리 및 구리합금관(KS D5301)이나 이와 동등 이상의 강도·내식성 및 내열성을 가진 것으로 해야 한다.
④ 제3항에도 불구하고 화재 등의 재해로 인하여 배관의 성능에 영향을 받을 우려가 적은 경우에는 소방청장이 정하여 고시한 「소방용합성수지배관의 성능인증 및 제품검사의 기술기준」에 적합한 소방용 합성수지배관으로 설치할 수 있다.
⑤ 급수배관은 전용으로 해야 한다.
⑥ 펌프의 흡입측배관은 소화수의 흡입에 장애가 없도록 설치해야 한다.
⑦ 성능시험배관에 설치하는 유량측정장치는 성능시험배관의 직관부에 설치하되, 펌프 정격토출량의 175퍼센트 이상을 측정할 수 있는 것으로 해야 한다.
⑧ 가압송수장치의 체절운전 시 수온의 상승을 방지하기 위하여 체크밸브와 펌프사이에서 분기한 배관에 체절압력 이하에서 개방되는 릴리프밸브를 설치해야 한다.
⑨ 동결방지조치를 하거나 동결의 우려가 없는 장소에 설치해야 한다. 다만, 보온재를 사용할 경우에는 난연재료 성능 이상의 것으로 해야 한다.
⑩ 급수배관에 설치되어 급수를 차단할 수 있는 개폐밸브(옥외소화전방수구를 제외한다)는 개폐표시형으로 해야 한다. 이 경우 펌프의 흡입측 배관에는 버터플라이밸브외의 개폐표시형밸브를 설치해야 한다.
⑪ 배관은 다른 설비의 배관과 쉽게 구분이 될 수 있도록해야 한다.
⑫ 확관형 분기배관을 사용할 경우에는 소방청장이 정하여 고시한 「분기배관의 성능인증 및 제품검사의 기술기준」에 적합한 것으로 설치해야 한다.

제7조(소화전함 등) 20회
① 옥외소화전설비에는 옥외소화전마다 그로부터 5미터 이내의 장소에 소화전함을 설치해야 한다.
② 옥외소화전설비의 함은 소방청장이 정하여 고시한 「소화전함의 성능인증 및 제품검사의 기술기준」에 적합한 것으로 설치하되 밸브의 조작, 호스의 수납 등에 충분한 여유를 가질 수 있도록 해야 한다.
③ 옥외소화전설비의 함에는 그 표면에 "옥외소화전"이라는 표시를 해야 한다.
④ 옥외소화전설비의 함에는 옥외소화전설비의 위치를 표시하는 표시등과 가압송수장치의 기동을 표시하는 표시등을 설치해야 한다.

제8조(전원)
옥외소화전설비에 설치하는 상용전원회로의 배선은 상용전원의 상시공급에 지장이 없도록 전용배선으로 해야 한다.

제9조(제어반)
① 옥외소화전설비에는 제어반을 설치하되, 감시제어반과 동력제어반으로 구분하여 설치하여야 한다.
② 감시제어반은 가압송수장치, 상용전원, 비상전원, 수조, 물올림수조, 예비전원 등을 감시·제어 및 시험할 수 있는 기능을 갖추어야 한다.
③ 감시제어반은 다음 각 호의 기준에 따라 설치해야 한다.
 1. 화재 및 침수 등의 재해로 인한 피해를 받을 우려가 없는 곳에 설치할 것
 2. 감시제어반은 옥외소화전설비의 전용으로 할 것.
 3. 감시제어반은 다음 각 목의 기준에 따른 전용실 안에 설치하고, 전용실에는 특정소방대상물의 기계·기구 또는 시설 등의 제어 및 감시설비 외의 것을 두지 않을 것
  가. 다른 부분과 방화구획을 할 것.
  나. 피난층 또는 지하 1층에 설치할 것.
  다. 비상조명등 및 급·배기설비를 설치할 것

라. 「무선통신보조설비의 화재안전성능기준(NFPC 505)」 제5조제3항에 따라 유효하게 통신이 가능할 것
　　마. 바닥면적은 감시제어반의 설치에 필요한 면적 외에 화재 시 소방대원이 그 감시제어반의 조작에 필요한 최소면적 이상으로 할 것
　4. 제3호에 따른 전용실에는 소방대상물의 기계·기구 또는 시설 등의 제어 및 감시설비 외의 것을 두지 아니할 것
④ 동력제어반은 앞면을 적색으로 하고, 동력제어반의 외함은 두께 1.5밀리미터 이상의 강판 또는 이와 동등 이상의 강도 및 내열성능이 있는 것으로 하며, 그 밖의 동력제어반의 설치에 관하여는 제3항제1호 및 제2호의 기준을 따라야 한다.

제10조(배선 등)

① 옥외소화전설비의 배선은 「전기사업법」 제67조에 따른 「전기설비기술기준」에서 정한 것 외에 다음 각 호의 기준에 따라 설치해야 한다.
　1. 비상전원을 설치한 경우에는 비상전원으로부터 동력제어반 및 가압송수장치에 이르는 전원회로배선은 내화배선으로 할 것
　2. 상용전원으로부터 동력제어반에 이르는 배선, 그 밖의 옥외소화전설비의 감시·조작 또는 표시등회로의 배선은 내화배선 또는 내열배선으로 할 것
② 제1항에 따른 내화배선 및 내열배선은 「옥내소화전설비의 화재안전성능기준(NFPC 102)」 제10조제2항에 따른다.
③ 옥외소화전설비의 과전류차단기 및 개폐기에는 "옥외소화전설비용"이라고 표시한 표지를 해야 한다.
④ 옥외소화전설비용 전기배선의 양단 및 접속단자에는 식별이 용이하도록 표시 또는 표지를 해야 한다.

제11조(수원 및 가압송수장치의 펌프 등의 겸용)

① 옥외소화전설비의 수원을 옥내소화전설비·스프링클러설비·간이스프링클러설비·화재조기진압용 스프링클러설비·물분무소화설비 및 포소화전설비의 수원과 겸용하여 설치하는 경우의 저수량은 각 소화설비에 필요한 저수량을 합한 양 이상이 되도록 해야 한다.
② 옥외소화전설비의 가압송수장치로 사용하는 펌프를 옥내소화전설비·스프링클러설비·간이스프링클러설비·화재조기진압용 스프링클러설비·물분무소화설비 및 포소화설비의 가압송수장치와 겸용하여 설치하는 경우의 펌프의 토출량은 각 소화설비에 해당하는 토출량을 합한 양 이상이 되도록 해야 한다.
③ 옥내소화전설비·스프링클러설비·간이스프링클러설비·화재조기진압용 스프링클러설비·물분무소화설비·포소화설비 및 옥외소화전설비의 가압송수장치에 있어서 각 토출측 배관과 일반급수용의 가압송수장치의 토출측 배관을 상호 연결하여 화재시 사용할 수 있다. 이 경우 연결 배관에는 개·폐표시형밸브를 설치해야 하며, 각 소화설비의 성능에 지장이 없도록 해야 한다.

5. 스프링클러설비의 화재안전성능기준(NFPC 103) [시행 2024. 7. 1.] (13, 14, 21회)

제1조(목적)
이 기준은「소방시설 설치 및 관리에 관한 법률」제2조제1항제6호가목에 따라 소방청장에게 위임한 사항 중 소화설비인 스프링클러설비의 성능기준을 규정함을 목적으로 한다.

제2조(적용범위)
이 기준은「소방시설 설치 및 관리에 관한 법률 시행령」별표 4 제1호라목에 따른 스프링클러설비의 설치 및 관리에 대해 적용한다.

제3조(정의) 〈제21회 기출〉
이 기준에서 사용하는 용어의 정의는 다음과 같다. 21회

1. "고가수조"란 구조물 또는 지형지물 등에 설치하여 자연낙차의 압력으로 급수하는 수조를 말한다.
2. "압력수조"란 소화용수와 공기를 채우고 일정압력 이상으로 가압하여 그 압력으로 급수하는 수조를 말한다.
3. "충압펌프"란 배관 내 압력손실에 따른 주펌프의 빈번한 기동을 방지하기 위하여 충압역할을 하는 펌프를 말한다.
4. "정격토출량"이란 펌프의 정격부하운전 시 토출량으로서 정격토출압력에서의 토출량을 말한다.
5. "정격토출압력"이란 펌프의 정격부하운전 시 토출압력으로서 정격토출량에서의 토출측 압력을 말한다.
6. "진공계"란 대기압 이하의 압력을 측정하는 계측기를 말한다.
7. "연성계"란 대기압 이상의 압력과 대기압 이하의 압력을 측정할 수 있는 계측기를 말한다.
8. "체절운전"이란 펌프의 성능시험을 목적으로 펌프 토출측의 개폐밸브를 닫은 상태에서 펌프를 운전하는 것을 말한다.
9. "기동용수압개폐장치"란 소화설비의 배관 내 압력변동을 검지하여 자동적으로 펌프를 기동 및 정지시키는 것으로서 압력챔버 또는 기동용압력스위치 등을 말한다.
10. "개방형스프링클러헤드"란 감열체 없이 방수구가 항상 열려져 있는 헤드를 말한다.
11. "폐쇄형스프링클러헤드"란 정상상태에서 방수구를 막고 있는 감열체가 일정온도에서 자동적으로 파괴·용융 또는 이탈됨으로써 방수구가 개방되는 헤드를 말한다.
12. "조기반응형 스프링클러헤드"란 표준형 스프링클러헤드 보다 기류온도 및 기류속도에 빠르게 반응하는 헤드를 말한다.
13. "측벽형스프링클러헤드"란 가압된 물이 분사될 때 헤드의 축심을 중심으로 한 반원상에 균일하게 분산시키는 헤드를 말한다.
14. "건식스프링클러헤드"란 물과 오리피스가 분리되어 동파를 방지할 수 있는 스프링클러헤드를 말한다.
15. "유수검지장치"란 유수현상을 자동적으로 검지하여 신호 또는 경보를 발하는 장치를 말한다.
16. "일제개방밸브"란 일제살수식스프링클러설비에 설치되는 유수검지장치를 말한다.
17. "가지배관"이란 헤드가 설치되어 있는 배관을 말한다.
18. "교차배관"이란 가지배관에 급수하는 배관을 말한다.
19. "주배관"이란 가압송수장치 또는 송수구 등과 직접 연결되어 소화수를 이송하는 주된 배관을 말한다.
20. "신축배관"이란 가지배관과 스프링클러헤드를 연결하는 구부림이 용이하고 유연성을 가진 배관을 말한다.
21. "급수배관"이란 수원 송수구 등으로 부터 소화설비에 급수하는 배관을 말한다.
22. "분기배관"이란 배관 측면에 구멍을 뚫어 둘 이상의 관로가 생기도록 가공한 배관으로서 다음 각 목의 분기배관을 말한다.

가. "확관형 분기배관"이란 배관의 측면에 조그만 구멍을 뚫고 소성가공으로 확관시켜 배관 용접이음자리를 만들거나 배관 용접이음자리에 배관이음쇠를 용접 이음한 배관을 말한다.
나. "비확관형 분기배관"이란 배관의 측면에 분기호칭내경 이상의 구멍을 뚫고 배관이음쇠를 용접이음한 배관을 말한다.
23. "습식스프링클러설비"란 가압송수장치에서 폐쇄형스프링클러헤드까지 배관 내에 항상 물이 가압되어 있다가 화재로 인한 열로 폐쇄형스프링클러헤드가 개방되면 배관 내에 유수가 발생하여 습식유수검지장치가 작동하게 되는 스프링클러설비를 말한다.
24. "부압식스프링클러설비"란 가압송수장치에서 준비작동식유수검지장치의 1차 측까지는 항상 정압의 물이 가압되고, 2차 측 폐쇄형 스프링클러헤드까지는 소화수가 부압으로 되어 있다가 화재 시 감지기의 작동에 의해 정압으로 변하여 유수가 발생하면 작동하는 스프링클러설비를 말한다.
25. "준비작동식스프링클러설비"란 가압송수장치에서 준비작동식유수검지장치 1차 측까지 배관 내에 항상 물이 가압되어 있고, 2차 측에서 폐쇄형스프링클러헤드까지 대기압 또는 저압으로 있다가 화재발생시 감지기의 작동으로 준비작동식밸브가 개방되면 폐쇄형스프링클러헤드까지 소화수가 송수되고, 폐쇄형스프링클러헤드가 열에 의해 개방되면 방수가 되는 방식의 스프링클러설비를 말한다.
26. "건식스프링클러설비"란 건식유수검지장치 2차 측에 압축공기 또는 질소 등의 기체로 충전된 배관에 폐쇄형스프링클러헤드가 부착된 스프링클러설비로서, 폐쇄형스프링클러헤드가 개방되어 배관 내의 압축공기 등이 방출되면 건식유수검지장치 1차 측의 수압에 의하여 건식유수검지장치가 작동하게 되는 스프링클러설비를 말한다.
27. "일제살수식스프링클러설비"란 가압송수장치에서 일제개방밸브 1차 측까지 배관 내에 항상 물이 가압되어 있고 2차 측에서 개방형스프링클러헤드까지 대기압으로 있다가 화재 시 자동감지장치 또는 수동식 기동장치의 작동으로 일제개방밸브가 개방되면 스프링클러헤드까지 소화수가 송수되는 방식의 스프링클러설비를 말한다.
28. "반사판(디플렉터)"이란 스프링클러헤드의 방수구에서 유출되는 물을 세분시키는 작용을 하는 것을 말한다.
29. "개폐표시형밸브"란 밸브의 개폐여부를 외부에서 식별이 가능한 밸브를 말한다.
30. "연소할 우려가 있는 개구부"란 각 방화구획을 관통하는 컨베이어·에스컬레이터 또는 이와 유사한 시설의 주위로서 방화구획을 할 수 없는 부분을 말한다.
31. "가압수조"란 가압원인 압축공기 또는 불연성 기체의 압력으로 소화용수를 가압하여 그 압력으로 급수하는 수조를 말한다.
32. "소방부하"란 법 제2조제1항제1호에 따른 소방시설 및 방화·피난·소화활동을 위한 시설의 전력부하를 말한다.
33. "소방전원 보존형 발전기"란 소방부하 및 소방부하 이외의 부하(이하 비상부하라 한다)겸용의 비상발전기로서, 상용전원 중단 시에는 소방부하 및 비상부하에 비상전원이 동시에 공급되고, 화재 시 과부하에 접근될 경우 비상부하의 일부 또는 전부를 자동적으로 차단하는 제어장치를 구비하여, 소방부하에 비상전원을 연속 공급하는 자가발전설비를 말한다.
34. "건식유수검지장치"란 건식스프링클러설비에 설치되는 유수검지장치를 말한다.
35. "습식유수검지장치"란 습식스프링클러설비 또는 부압식스프링클러설비에 설치되는 유수검지장치를 말한다.
36. "준비작동식유수검지장치"란 준비작동식스프링클러설비에 설치되는 유수검지장치를 말한다.
37. "패들형유수검지장치"란 소화수의 흐름에 의하여 패들이 움직이고 접점이 형성되면 신호를 발하는 유수검지장치를 말한다.
38. "주펌프"란 구동장치의 회전 또는 왕복운동으로 소화수를 가압하여 그 압력으로 급수하는 주된 펌프를 말한다.
39. "예비펌프"란 주펌프와 동등 이상의 성능이 있는 별도의 펌프를 말한다.

제4조(수원)

① 스프링클러설비의 수원은 그 저수량이 다음 각 호의 기준에 적합하도록 해야 한다. 다만, 수리계산에 의하는 경우에는 제5조제1항제9호 및 제10호에 따라 산출된 가압송수장치의 1분당 송수량에 설계방수시간을 곱한 양 이상이 되도록 해야 한다.

1. 폐쇄형스프링클러헤드를 사용하는 경우에는 다음 표의 스프링클러설비 설치장소별 스프링클러헤드의 기준개수[스프링클러헤드의 설치개수가 가장 많은 층(아파트의 경우에는 설치개수가 가장 많은 세대)에 설치된 스프링클러헤드의 개수가 기준개수보다 작은 경우에는 그 설치개수를 말한다]에 1.6세제곱미터를 곱한 양 이상이 되도록 할 것

스프링클러 설치장소			기준개수
지하층을 제외한 층수가 10층 이하인 특정소방대상물	공장	특수가연물을 저장·취급하는 것	30
		그 밖의 것	20
	근린생활시설·판매시설·운수시설 또는 복합건축물	판매시설 또는 복합건축물(판매시설이 설치되는 복합건축물을 말한다)	30
		그 밖의 것	20
	그 밖의 것	헤드의 부착높이가 8m 이상인 것	20
		헤드의 부착높이가 8m 미만인 것	10
아파트			10
지하층을 제외한 층수가 11층 이상인 소방대상물(아파트를 제외)·지하가 또는 지하역사			30

비고 : 하나의 소방대상물이 2 이상의 "스프링클러헤드의 기준개수"란에 해당하는 때에는 기준개수가 많은 것을 기준으로 한다. 다만, 각 기준개수에 해당하는 수원을 별도로 설치하는 경우에는 그렇지 않다.

2. 개방형스프링클러헤드를 사용하는 스프링클러설비의 수원은 최대 방수구역에 설치된 스프링클러헤드의 개수가 30개 이하일 경우에는 설치헤드수에 1.6㎥를 곱한 양 이상으로 하고, 30개를 초과하는 경우에는 수리계산에 따를 것

② 스프링클러설비의 수원은 제1항에 따라 산출된 유효수량 외에 유효수량의 3분의 1 이상을 옥상(스프링클러설비가 설치된 건축물의 주된 옥상을 말한다)에 설치해야 한다.

③ 옥상수조(제1항에 따라 산출된 유효수량의 3분의 1 이상을 옥상에 설치한 설비를 말한다)는 이와 연결된 배관을 통하여 상시 소화수를 공급할 수 있는 구조의 특정소방대상물인 경우에는 둘 이상의 특정소방대상물이 있더라도 하나의 특정소방대상물에만 이를 설치할 수 있다.

④ 스프링클러설비의 수원을 수조로 설치하는 경우에는 소방소화설비의 전용수조로 해야 한다.

⑤ 제1항 및 제2항에 따른 저수량을 산정함에 있어서 다른 설비와 겸용하여 스프링클러설비용 수조를 설치하는 경우에는 스프링클러설비의 풋밸브·흡수구 또는 수직배관의 급수구와 다른 설비의 풋밸브·흡수구 또는 수직배관의 급수구와의 사이의 수량을 그 유효수량으로 한다.

⑥ 스프링클러설비용 수조는 다음 각 호의 기준에 따라 설치해야 한다.
1. 점검에 편리한 곳에 설치할 것
2. 동결방지조치를 하거나 동결의 우려가 없는 장소에 설치할 것
3. 수조에는 수위계, 고정식 사다리, 청소용 배수밸브(또는 배수관), 표지 및 실내 조명 등 수조의 유지관리에 필요한 설비를 설치할 것

제5조(가압송수장치)

① 전동기 또는 내연기관에 따른 펌프를 이용하는 가압송수장치는 다음 각 호의 기준에 따라 설치해야 한다. 다만, 가압송수장치의 주펌프는 전동기에 따른 펌프로 설치해야 한다.

1. 쉽게 접근할 수 있고 점검하기에 충분한 공간이 있는 장소로서 화재 및 침수 등의 재해로 인한 피해를 받을 우려가 없는 곳에 설치할 것
2. 동결방지조치를 하거나 동결의 우려가 없는 장소에 설치할 것
3. 펌프는 전용으로 할 것.
4. 펌프의 토출측에는 압력계를 설치하고, 흡입측에는 연성계 또는 진공계를 설치할 것
5. 펌프의 성능은 체절운전 시 정격토출압력의 140 퍼센트를 초과하지 않고, 정격토출량의 150 퍼센트로 운전 시 정격토출압력의 65 퍼센트 이상이 되어야 하며, 펌프의 성능을 시험할 수 있는 성능시험배관을 설치할 것
6. 가압송수장치에는 체절운전 시 수온의 상승을 방지하기 위한 순환배관을 설치할 것
7. 기동장치로는 7. 기동장치로는 기동용수압개폐장치 또는 이와 동등 이상의 성능이 있는 것을 설치할 것
8. 수원의 수위가 펌프보다 낮은 위치에 있는 가압송수장치에는 물올림장치를 설치할 것
9. 가압송수장치의 정격토출압력은 하나의 헤드선단에 0.1메가파스칼 이상 1.2메가파스칼 이하의 방수압력이 될 수 있게 하는 크기일 것
10. 가압송수장치의 송수량은 0.1메가파스칼의 방수압력 기준으로 분당 80리터 이상의 방수성능을 가진 기준개수의 모든 헤드로부터의 방수량을 충족시킬 수 있는 양 이상의 것으로 할 것
11. 제9호의 기준에 불구하고 가압송수장치의 1분당 송수량은 폐쇄형스프링클러헤드를 사용하는 설비의 경우 제4조제1항제1호에 따른 기준개수에 80리터를 곱한 양 이상으로 할 수 있다.
12. 제9호의 기준에 불구하고 가압송수장치의 1분당 송수량은 제4조제1항제2호의 개방형스프링클러 헤드수가 30개 이하의 경우에는 그 개수에 80리터를 곱한 양 이상으로 할 수 있으나 30개를 초과하는 경우에는 제9호 및 제10호에 따른 기준에 적합하게 할 것
13. 기동용수압개폐장치를 기동장치로 사용하는 경우에는 충압펌프를 설치할 것
14. 내연기관을 사용하는 경우에는 제어반에 따라 내연기관의 자동기동 및 수동기동이 가능하고, 상시 충전되어 있는 축전지설비와 펌프를 20분 이상 운전할 수 있는 용량의 연료를 갖출 것
15. 가압송수장치가 기동되는 경우에는 자동으로 정지되지 않도록 할 것
16. 가압송수장치는 부식 등으로 인한 펌프의 고착을 방지할 수 있도록 청동 또는 스테인리스 등 부식에 강한 재질을 사용할 것

② 고가수조의 자연낙차를 이용한 가압송수장치를 설치하는 경우 고가수조의 자연낙차수두(수조의 하단으로부터 최고층에 설치된 헤드까지의 수직거리를 말한다)는 제1항제9호 및 제10호에 따른 방수압 및 방수량이 20분 이상 유지되도록 해야 한다.

③ 압력수조를 압력수조를 이용한 가압송수장치를 설치하는 경우 압력수조의 압력은 제1항제9호 및 제10호에 따른 방수압 및 방수량이 20분 이상 유지되도록 해야 한다.

④ 가압수조를 이용한 가압송수장치는 소방청장이 정하여 고시한 「가압수조식가압송수장치의 성능인증 및 제품검사의 기술기준」에 적합한 것으로 설치하되, 가압수조의 압력은 제1항제9호 및 제10호에 따른 방수압 및 방수량이 20분 이상 유지되도록 해야 한다.

제6조(폐쇄형스프링클러설비의 방호구역 및 유수검지장치)
폐쇄형스프링클러헤드를 사용하는 설비의 방호구역(스프링클러설비의 소화범위에 포함된 영역을 말한다. 이하 같다) 및 유수검지장치는 다음 각 호의 기준에 적합해야 한다.
1. 하나의 방호구역의 바닥면적은 3,000제곱미터를 초과하지 않을 것
2. 하나의 방호구역에는 한 개 이상의 유수검지장치를 설치하되, 화재 시 접근이 쉽고 점검하기 편리한 장소에 설치할 것
3. 하나의 방호구역은 두 개 층에 미치지 않도록 할 것
4. 유수검지장치를 실내에 설치하거나 보호용 철망 등으로 구획하여 바닥으로부터 0.8미터 이상 1.5미터 이하의 위치에 설치하되, 그 실 등에는 개구부가 가로 0.5미터 이상 세로 1미터 이상의 출입문을 설치하고 그 출입문 상단에 "유수검지장치실" 이라고 표시한 표지를 설치할 것
5. 스프링클러헤드에 공급되는 물은 유수검지장치를 지나도록 할 것
6. 자연낙차에 따른 압력수가 흐르는 배관 상에 설치된 유수검지장치는 화재 시 물의 흐름을 검지할 수 있는 최소한의 압력이 얻어질 수 있도록 수조의 하단으로부터 낙차를 두어 설치할 것
7. 조기반응형 스프링클러헤드를 설치하는 경우에는 습식유수검지장치를 설치할 것

제7조(개방형스프링클러설비의 방수구역 및 일제개방밸브)
개방형스프링클러설비의 방수구역 및 일제개방밸브는 다음 각 호의 기준에 적합해야 한다.
1. 하나의 방수구역은 2개 층에 미치지 아니 할 것
2. 방수구역마다 일제개방밸브를 설치할 것
3. 하나의 방수구역을 담당하는 헤드의 개수는 50개 이하로 할 것. 다만, 2개 이상의 방수구역으로 나눌 경우에는 하나의 방수구역을 담당하는 헤드의 개수는 25개 이상으로 할 것
4. 일제개방밸브의 설치위치는 제6조 제4호의 기준에 따르고, 표지는 "일제개방밸브실"이라고 표시할 것

제8조(배관)
① 배관과 배관이음쇠는 배관 내 사용압력에 따라 다음 각 호의 어느 하나에 해당하는 것을 사용해야 한다.
  1. 배관 내 사용압력이 1.2Mpa 미만일 경우에는 다음 각 목의 어느 하나에 해당하는 것
    가. 배관용 탄소강관
    나. 이음매 없는 구리 및 구리합금관. 다만, 습식의 배관에 한한다.
    다. 배관용 스테인리스강관 또는 일반 배관용 스테인리스강관
    라. 덕타일 주철관
  2. 배관 내 사용압력이 1.2Mpa 이상일 경우에는 다음 각 목의 어느 하나에 해당하는 것
    가. 압력 배관용 탄소 강관
    나. 배관용 아크용접 탄소강 강관
② 제1항에도 불구하고 화재 등의 재해로 인하여 배관의 성능에 영향을 받을 우려가 적은 장소에는 소방청장이 정하여 고시한 「소방용합성수지배관의 성능인증 및 제품검사의 기술기준」에 적합한 소방용 합성수지배관으로 설치할 수 있다.
③ 급수배관은 전용으로 하고, 급수를 차단할 수 있는 개폐밸브는 개폐표시형으로 하며, 배관의 구경은 제5조제1항제9호 및 제10호에 적합하도록 수리계산에 의하거나 별표 1의 기준에 따라 설치해야 한다.
④ 펌프의 흡입 측 배관은 다음 각 호의 기준에 따라 설치해야 한다.
  1. 공기 고임이 생기지 않는 구조로 하고 여과장치를 설치할 것
  2. 수조가 펌프보다 낮게 설치된 경우에는 각 펌프(충압펌프를 포함한다)마다 수조로부터 별도로 설치할 것
⑤ 〈삭제〉〈2024. 5. 10.〉

⑥ 성능시험배관에 설치하는 유량측정장치는 성능시험배관의 직관부에 설치하되, 펌프 정격토출량의 175퍼센트 이상을 측정할 수 있는 것으로 해야 한다.
⑦ 가압송수장치의 체절운전 시 수온의 상승을 방지하기 위하여 체크밸브와 펌프사이에서 분기한 배관에 체절압력 미만에서 개방되는 릴리프밸브를 설치해야 한다.
⑧ 동결방지조치를 하거나 동결의 우려가 없는 장소에 설치해야 한다. 다만, 보온재를 사용할 경우에는 난연재료 성능 이상의 것으로 해야 한다.
⑨ 가지배관의 배열은 다음 각 호의 기준에 따른다.
  1. 토너먼트(tournament)방식이 아닐 것
  2. 교차배관에서 분기되는 지점을 기점으로 한쪽 가지배관에 설치되는 간이헤드의 개수(반자 아래와 반자속의 헤드를 하나의 가지배관 상에 병설하는 경우에는 반자 아래에 설치하는 헤드의 개수)는 8개 이하로 할 것
  3. 가지배관과 스프링클러헤드 사이의 배관을 신축배관으로 하는 경우에는 소방청장이 정하여 고시한 「스프링클러설비신축배관 성능인증 및 제품검사의 기술기준」에 적합한 것으로 설치할 것
⑩ 교차배관의 위치·청소구 및 가지배관의 헤드설치는 다음 각 호의 기준에 따른다.
  1. 교차배관은 가지배관과 수평으로 설치하거나 가지배관 밑에 설치하고, 그 구경은 제3항에 따르되 최소구경이 40밀리미터 이상이 되도록 할 것
  2. 청소구는 교차배관 끝에 개폐밸브를 설치하고, 호스접결이 가능한 나사식 또는 고정배수 배관식으로 할 것
  3. 하향식헤드를 설치하는 경우에 가지배관으로부터 헤드에 이르는 헤드접속배관은 가지배관 상부에서 분기할 것
⑪ 준비작동식유수검지장치 또는 일제개방밸브의 2차 측 배관에는 평상시 소화수가 체류하지 않도록 하고, 준비작동식유수검지장치 또는 일제개방밸브의 작동여부를 확인할 수 있는 장치를 설치해야 한다.
⑫ 습식유수검지장치 또는 건식유수검지장치를 사용하는 스프링클러설비와 부압식스프링클러설비에는 유수검지장치를 시험할 수 있는 시험 장치를 설치해야 한다.
⑬ 배관에 설치되는 행거는 가지배관, 교차배관 및 수평주행배관에 설치하고, 배관을 충분히 지지할 수 있도록 설치해야 한다.
⑭ 수직배수배관의 구경은 50밀리미터 이상으로 해야 한다.
⑮ 삭제 〈2024. 2. 8.〉
⑯ 급수배관에 설치되어 급수를 차단할 수 있는 개폐밸브에는 그 밸브의 개폐상태를 감시제어반에서 확인할 수 있도록 급수개폐밸브 작동표시 스위치를 설치해야 한다.
⑰ 스프링클러설비의 배관은 배수를 위한 기울기를 주거나 배수밸브를 설치하는 등 원활한 배수를 위한 조치를 해야 한다.
⑱ 배관은 다른 설비의 배관과 쉽게 구분이 될 수 있도록 해야 한다.
⑲ 확관형 분기배관을 사용할 경우에는 소방청장이 정하여 고시한 「분기배관의 성능인증 및 제품검사의 기술기준」에 적합한 것으로 설치해야 한다.

제9조(음향장치 및 기동장치)

① 스프링클러설비의 음향장치 및 기동장치는 다음 각 호의 기준에 따라 설치해야 한다.
  1. 습식유수검지장치 또는 건식유수검지장치를 사용하는 설비에 있어서는 헤드가 개방되면 유수검지장치가 화재신호를 발신하고 그에 따라 음향장치가 경보되도록 할 것
  2. 준비작동식유수검지장치 또는 일제개방밸브를 사용하는 설비에는 화재감지기의 감지에 따라 음향장치가 경보되도록 할 것

3. 음향장치는 유수검지장치 및 일제개방밸브 등의 담당구역마다 설치하되 그 구역의 각 부분으로부터 하나의 음향장치까지의 수평거리는 25미터 이하가 되도록 할 것
4. 음향장치는 경종 또는 사이렌(전자식 사이렌을 포함한다)으로 하되, 주위의 소음 및 다른 용도의 경보와 구별이 가능한 음색으로 할 것
5. 주 음향장치는 수신기의 내부 또는 그 직근에 설치할 것
6. 층수가 11층(공동주택의 경우에는 16층) 이상의 특정소방대상물은 발화층에 따라 경보하는 층을 달리하여 경보를 발할 수 있도록 할 것 〈개정 2023. 2. 10.〉
7. 음향장치는 다음 각 목의 기준에 따른 구조 및 성능의 것으로 할 것
   가. 정격전압의 80퍼센트 전압에서 음향을 발할 수 있는 것으로 할 것
   나. 음량은 부착된 음향장치의 중심으로부터 1미터 떨어진 위치에서 90데시벨 이상이 되는 것으로 할 것

② 스프링클러설비의 가압송수장치로서 펌프가 설치되는 경우에는 그 펌프의 작동은 유수검지장치의 발신이나 화재감지기의 화재감지 또는 기동용수압개폐장치에 의하여 작동될 수 있도록 해야 한다.

③ 준비작동식유수검지장치 또는 일제개방밸브의 작동은 다음 각 호의 기준에 적합해야 한다.
1. 담당구역내의 화재감지기의 동작에 따라 개방 및 작동될 것
2. 화재감지회로는 교차회로방식으로 할 것.
3. 준비작동식유수검지장치 또는 일제개방밸브의 인근에서 수동기동에 따라서도 개방 및 작동될 수 있게 할 것
4. 제1호 및 제2호에 따른 화재감지기의 설치기준에 관하여는 「자동화재탐지설비 및 시각경보장치의 화재안전성능기준(NFPC 203)」제7조 및 제11조를 준용할 것
5. 화재감지기 회로에는「자동화재탐지설비 및 시각경보장치의 화재안전성능기준(NFPC 203)」제9조에 따른 발신기를 설치할 것

제10조(헤드)

① 스프링클러헤드는 특정소방대상물의 천장·반자·천장과 반자 사이·덕트·선반 기타 이와 유사한 부분에 설치해야 한다.
② 삭제 〈2023. 10. 6.〉
③ 스프링클러헤드를 설치하는 천장·반자·천장과 반자 사이·덕트·선반 등의 각 부분으로부터 하나의 스프링클러헤드까지의 수평거리는 다음 각 호와 같이 해야 한다. 다만, 성능이 별도로 인정된 스프링클러헤드를 수리계산에 따라 설치하는 경우에는 그렇지 않다.
   1. 무대부·「화재의 예방 및 안전관리에 관한 법률 시행령」별표 2의 특수가연물을 저장 또는 취급하는 장소에 있어서는 1.7미터 이하
   2. 삭제 〈2023. 10. 6.〉
   3. 공동주택(아파트) 세대 내의 거실에 있어서는 3.2m 이하(「스프링클러헤드의 형식승인 및 제품검사의 기술기준」유효반경의 것으로 한다)
   4. 제1호부터 제3호까지 규정 외의 특정소방대상물에 있어서는 2.1m 이하(내화구조로 된 경우에는 2.3m 이하)
④ 영 별표 4 소화설비의 소방시설 적용기준란 제1호라목3)에 따른 무대부 또는 연소할 우려가 있는 개구부에 있어서는 개방형스프링클러헤드를 설치해야 한다.
⑤ 다음 각 호의 어느 하나에 해당하는 장소에는 조기반응형 스프링클러헤드를 설치해야 한다.
   1. 공동주택·노유자시설의 거실
   2. 오피스텔 · 숙박시설의 침실
   3. 병원 · 의원의 입원실

⑥ 폐쇄형스프링클러헤드는 그 설치장소의 평상시 최고 주위온도에 따라 적합한 표시온도의 것으로 설치해야 한다.
⑦ 스프링클러헤드는 다음 각 호의 방법에 따라 설치해야 한다.
  1. 스프링클러헤드는 살수 및 감열에 장애가 없도록 설치할 것
  2. 연소할 우려가 있는 개구부에는 그 상하좌우에 2.5미터 간격으로(개구부의 폭이 2.5미터 이하인 경우에는 그 중앙에) 스프링클러헤드를 설치하되, 스프링클러헤드와 개구부의 내측 면으로부터 직선거리는 15센티미터 이하가 되도록 할 것
  3. 습식스프링클러설비 및 부압식스프링클러설비 외의 설비에는 상향식스프링클러헤드를 설치할 것
  4. 측벽형스프링클러헤드를 설치하는 경우 긴 변의 한쪽 벽에 일렬로 설치(폭이 4.5미터 이상 9미터 이하인 실에 있어서는 긴변의 양쪽에 각각 일렬로 설치하되 마주보는 스프링클러헤드가 나란히꼴이 되도록 설치)하고 3.6미터 이내마다 설치할 것
  5. 상부에 설치된 헤드의 방출수에 따라 감열부가 영향을 받을 우려가 있는 헤드에는 방출수를 차단할 수 있는 유효한 차폐판을 설치할 것
⑧ 특정소방대상물의 보와 가장 가까운 스프링클러헤드는 헤드의 반사판 중심과 보의 수평거리를 고려하여, 살수에 장애가 없도록 설치해야 한다.

제11조(송수구)
스프링클러설비에는 소방차로부터 그 설비에 송수할 수 있는 송수구를 다음 각 호의 기준에 따라 설치해야 한다.
1. 송수구는 송수 및 그 밖의 소화작업에 지장을 주지 않도록 설치할 것
2. 송수구로부터 주배관에 이르는 연결배관에는 개폐밸브를 설치하지 않을 것
3. 구경 65㎜의 쌍구형으로 할 것
4. 송수구에는 그 가까운 곳의 보기 쉬운 곳에 송수압력범위를 표시한 표지를 할 것
5. 폐쇄형스프링클러헤드를 사용하는 스프링클러설비의 송수구는 하나의 층의 바닥면적이 3,000㎡를 넘을 때마다 1개 이상(5개를 넘을 경우에는 5개로 한다)을 설치할 것
6. 지면으로부터 높이가 0.5m 이상 1m 이하의 위치에 설치할 것
7. 송수구의 가까운 부분에 자동배수밸브(또는 직경 5㎜의 배수공) 및 체크밸브를 설치할 것.
8. 송수구에는 이물질을 막기 위한 마개를 씌울 것

제12조(전원)
① 스프링클러설비에 설치하는 상용전원회로의 배선은 전용배선으로 하고, 상용전원의 상시공급에 지장이 없도록 설치해야 한다.
② 스프링클러설비에는 자가발전설비, 축전지설비 또는 전기저장장치에 따른 비상전원을 설치하여야 한다.
③ 제2항에 따른 비상전원 중 자가발전설비, 축전기설비 또는 전기저장장치는 다음 각 호의 기준을 따르고, 비상전원수전설비는 「소방시설용 비상전원수전설비의 화재안전성능기준 NFPC 602」에 따라 설치해야 한다.
  1. 점검에 편리하고 화재 및 침수 등의 재해로 인한 피해를 받을 우려가 없는 곳에 설치할 것
  2. 스프링클러설비를 유효하게 20분 이상 작동할 수 있어야 할 것
  3. 상용전원으로부터 전력의 공급이 중단된 때에는 자동으로 비상전원으로부터 전력을 공급받을 수 있도록 할 것
  4. 비상전원(내연기관의 기동 및 제어용 축전기를 제외한다)의 설치장소는 다른 장소와 방화구획 할 것
  5. 비상전원을 실내에 설치하는 때에는 그 실내에 비상조명등을 설치할 것
  6. 옥내에 설치하는 비상전원실에는 옥외로 직접 통하는 충분한 용량의 급배기설비를 설치할 것
  7. 비상전원의 출력용량은 다음 각 목의 기준을 충족할 것
    가. 비상전원 설비에 설치되어 동시에 운전될 수 있는 모든 부하의 합계 입력용량을 기준으로 정격출력을 선정할 것.

나. 기동전류가 가장 큰 부하가 기동될 때에도 부하의 허용 최저입력전압이상의 출력전압을 유지할 것
　　다. 단시간 과전류에 견디는 내력은 입력용량이 가장 큰 부하가 최종 기동할 경우에도 견딜 수 있을 것
　8. 자가발전설비는 부하의 용도와 조건에 적합한 것으로 설치하고, 비상전원실의 출입구 외부에는 실의 위치와 비상전원의 종류를 알아볼 수 있도록 표지판을 부착할 것

제13조(제어반)

① 스프링클러설비에는 제어반을 설치하되, 감시제어반과 동력제어반으로 구분하여 설치해야 한다.
② 감시제어반은 가압송수장치, 상용전원, 비상전원, 수조, 물올림수조, 예비전원 등을 감시·제어 및 시험할 수 있는 기능을 갖추어야 한다.
③ 감시제어반은 다음 각 호의 기준에 따라 설치해야 한다.
　1. 화재 및 침수 등의 재해로 인한 피해를 받을 우려가 없는 곳에 설치할 것
　2. 감시제어반은 스프링클러설비의 전용으로 할 것.
　3. 감시제어반은 다음 각 호의 기준에 따라 설치해야 한다.
　　가. 다른 부분과 방화구획을 할 것.
　　나. 피난층 또는 지하 1층에 설치할 것.
　　다. 비상조명등 및 급·배기설비를 설치할 것
　　라. 「무선통신보조설비의 화재안전성능기준(NFPC 505)」제5조제3항에 따라 유효하게 통신이 가능할 것
　　마. 바닥면적은 감시제어반의 설치에 필요한 면적 외에 화재 시 소방대원이 그 감시제어반의 조작에 필요한 최소면적 이상으로 할 것
　4. 각 유수검지장치 또는 일제개방밸브의 작동 여부를 확인할 수 있는 표시 및 경보기능이 있도록 할 것
　5. 일제개방밸브를 사용하는 설비의 경우 화재감지는 각 경계회로별로 화재표시가 되도록 하고, 일제개방밸브를 개방시킬 수 있는 수동조작스위치를 설치할 것
　6. 화재감지기, 압력스위치, 저수위, 개폐밸브 폐쇄상태 확인 등 확인회로마다 도통시험 및 작동시험을 할 수 있도록 할 것
　7. 감시제어반과 자동화재탐지설비의 수신기를 별도의 장소에 설치하는 경우에는 이들 상호간 연동하여 화재발생 및 제2항의 기능을 확인할 수 있도록 할 것
④ 동력제어반은 앞면을 적색으로 하고, 동력제어반의 외함은 두께 1.5밀리미터 이상의 강판 또는 이와 동등 이상의 강도 및 내열성능이 있는 것으로 하며, 그 밖의 동력제어반의 설치에 관하여는 제3항제1호 및 제2호의 기준을 따라야 한다.
⑤ 자가발전설비 제어반의 제어장치는 비영리 공인기관의 시험을 필한 것으로 설치해야 한다.

제14조(배선 등)

① 스프링클러설비의 배선은 「전기사업법」 제67조에 따른 「전기설비기술기준」에서 정한 것 외에 다음 각 호의 기준에 따라 설치해야 한다.
　1. 비상전원으로부터 동력제어반 및 가압송수장치에 이르는 전원회로배선은 내화배선으로 할 것.
　2. 상용전원으로부터 동력제어반에 이르는 배선, 그 밖의 스프링클러설비의 감시·조작 또는 표시등회로의 배선은 내화배선 또는 내열배선으로 할 것.
② 제1항에 따른 내화배선 및 내열배선은 「옥내소화전설비의 화재안전성능기준(NFPC 102)」 제10조제2항에 따른다.
③ 스프링클러설비의 과전류차단기 및 개폐기에는 "스프링클러설비용"이라고 표시한 표지를 하여야 한다.
④ 스프링클러설비용 전기배선의 양단 및 접속단자에는 식별이 용이하도록 표시 또는 표지를 해야 한다.

제15조(헤드의 설치제외) 제14회

① 스프링클러설비를 설치해야 할 특정소방대상물에 있어서 스프링클러설비 작동 시 소화효과를 기대할 수 없는 장소이거나 2차 피해가 예상되는 장소 또는 화재 발생 위험이 적은 장소에는 스프링클러헤드를 설치하지 않을 수 있다.

② 제10조 제7항 제2호의 연소할 우려가 있는 개구부에 드렌처설비를 적합하게 설치한 경우에는 해당 개구부에 한하여 스프링클러헤드를 설치하지 않을 수 있다.

제16조(수원 및 가압송수장치의 펌프 등의 겸용)

① 스프링클러설비의 수원을 옥내소화전설비·간이스프링클러설비·화재조기진압용 스프링클러설비·물분무소화설비·포소화전설비 및 옥외소화전설비의 수원과 겸용하여 설치하는 경우의 저수량은 각 소화설비에 필요한 저수량을 합한 양 이상이 되도록 해야 한다.

② 스프링클러설비의 가압송수장치로 사용하는 펌프를 옥내소화전설비·간이스프링클러설비·화재조기진압용 스프링클러설비·물분무소화설비·포소화설비 및 옥외소화전설비의 가압송수장치와 겸용하여 설치하는 경우의 펌프의 토출량은 각 소화설비에 해당하는 토출량을 합한 양 이상이 되도록 해야 한다.

③ 옥내소화전설비·스프링클러설비·간이스프링클러설비·화재조기진압용 스프링클러설비·물분무소화설비·포소화설비 및 옥외소화전설비의 가압송수장치에 있어서 각 토출측 배관과 일반급수용의 가압송수장치의 토출측 배관을 상호 연결하여 화재 시 사용할 수 있다. 이 경우 연결 배관에는 개폐표시형밸브를 설치해야 하며, 각 소화설비의 성능에 지장이 없도록 해야 한다.

④ 스프링클러설비의 송수구를 옥내소화전설비 · 간이스프링클러설비 · 화재조기진압용스프링클러설비 · 물분무소화설비 · 포소화설비 또는 연결살수설비의 송수구와 겸용으로 설치하는 경우에는 스프링클러설비의 송수구의 설치기준에 따르되 각각의 소화설비의 기능에 지장이 없도록 해야 한다.

제17조(설치 · 유지기준의 특례)

소방본부장 또는 소방서장은 기존건축물이 증축·개축·대수선되거나 용도변경되는 경우에 있어서 이 기준이 정하는 기준에 따라 해당 건축물에 설치해야 할 스프링클러설비의 배관 · 배선 등의 공사가 현저하게 곤란하다고 인정되는 경우에는 해당 설비의 기능 및 사용에 지장이 없는 범위에서 이 기준의 일부를 적용하지 않을 수 있다.

제18조(재검토 기한)

소방청장은 「훈령·예규 등의 발령 및 관리에 관한 규정」에 따라 이 고시에 대하여 2023년 1월 1일을 기준으로 매 3년이 되는 시점(매 3년째의 12월 31일까지를 말한다)마다 그 타당성을 검토하여 개선 등의 조치를 해야 한다.

6. 자동화재탐지설비 및 시각경보장치의 화재안전성능기준(NFPC 203)]
[시행 2022.12. 1.] 〈자동화재탐지설비〉[20회]

제1조(목적)
이 기준은「소방시설 설치 및 관리에 관한 법률」제2조제1항제6호 가목에 따라 소방청장에게 위임한 사항 중 경보설비인 자동화재탐지설비 및 시각경보장치의 성능기준을 규정함을 목적으로 한다.

제2조(적용범위)
「소방시설 설치 및 관리에 관한 법률 시행령」별표 4 제2호 다목과 라목에 따른 자동화재탐지설비와 시각경보장치의 설치 및 관리에 대해 적용한다.

제3조(정의)
이 기준에서 사용하는 용어의 정의는 다음과 같다.
1. "경계구역": 특정소방대상물 중 화재신호를 발신하고 그 신호를 수신 및 유효하게 제어할 수 있는 구역
2. "수신기": 감지기나 발신기에서 발하는 화재신호를 직접 수신하거나 중계기를 통하여 수신하여 화재의 발생을 표시 및 경보하여 주는 장치
3. "중계기": 감지기·발신기 또는 전기적접점 등의 작동에 따른 신호를 받아 이를 수신기의 제어반에 전송하는 장치
4. "감지기": 화재시 발생하는 열, 연기, 불꽃 또는 연소생성물을 자동적으로 감지하여 수신기에 발신하는 장치
5. "발신기": 화재발생 신호를 수신기에 수동으로 발신하는 장치
6. "시각경보장치": 자동화재탐지설비에서 발하는 화재신호를 시각경보기에 전달하여 청각장애인에게 점멸형태의 시각경보를 하는 것
7. "거실": 거주·집무·작업·집회·오락 그 밖에 이와 유사한 목적을 위하여 사용하는 방

제3조의2(신호처리방식)
화재신호 및 상태신호 등(이하 "화재신호 등")을 송수신하는 방식은 다음 각 호와 같다.
1. "유선식"은 화재신호 등을 배선으로 송·수신하는 방식
2. "무선식"은 화재신호 등을 전파에 의해 송·수신하는 방식
3. "유·무선식"은 유선식과 무선식을 겸용으로 사용하는 방식

제4조(경계구역)
① 자동화재탐지설비의 경계구역은 다음 각호의 기준에 따라 설정하여야 한다. 다만, 감지기의 형식승인 시 감지거리, 감지면적 등에 대한 성능을 별도로 인정받은 경우에는 그 성능인정범위를 경계구역으로 할 수 있다.
 1. 하나의 경계구역이 둘 이상의 건축물에 미치지 아니하도록 할 것
 2. 하나의 경계구역이 둘 이상의 층에 미치지 아니하도록 할 것
 3. 하나의 경계구역의 면적은 600제곱미터 이하로 하고 한변의 길이는 50미터 이하로 할 것
② 계단(직통계단외의 것에 있어서는 떨어져 있는 상하계단의 상호간의 수평거리가 5미터 이하로서 서로 간에 구획되지 아니한 것에 한한다.)·경사로(에스컬레이터경사로 포함)·엘리베이터 승강로(권상기실이 있는 경우에는 권상기실)·린넨슈트·파이프 피트 및 덕트 기타 이와 유사한 부분에 대하여는 별도로 경계구역을 설정하되, 하나의 경계구역은 높이 45미터 이하(계단 및 경사로에 한한다)로 하고, 지하층의 계단 및 경사로(지하층의 층수가 1일 경우는 제외한다)는 별도로 하나의 경계구역으로 하여야 한다.

③ 외기에 면하여 상시 개방된 부분이 있는 차고·주차장·창고 등에 있어서는 외기에 면하는 각 부분으로부터 5m 미만의 범위안에 있는 부분은 경계구역의 면적에 산입하지 아니한다.
④ 스프링클러설비·물분무등소화설비 또는 제연설비의 화재감지장치로서 화재감지기를 설치한 경우의 경계구역은 해당 소화설비의 방호구역 또는 제연구역과 동일하게 설정할 수 있다.

제5조(수신기)

① 자동화재탐지설비의 수신기는 다음 각 호의 기준에 적합한 것으로 설치하여야 한다.
  1. 해당 특정소방대상물의 경계구역을 각각 표시할 수 있는 회선수 이상의 수신기를 설치할 것
  2. 해당 특정소방대상물에 가스누설탐지설비가 설치된 경우에는 가스누설탐지설비로부터 가스누설신호를 수신하여 가스누설경보를 할 수 있는 수신기를 설치할 것
② 자동화재탐지설비의 수신기는 특정소방대상물 또는 그 부분이 지하층·무창층 등으로서 환기가 잘되지 아니하거나 실내면적이 40㎡ 미만인 장소, 감지기의 부착면과 실내바닥과의 거리가 2.3미터 이하인 장소로서 일시적으로 발생한 열·연기 또는 먼지 등으로 인하여 감지기가 화재신호를 발신할 우려가 있는 때에는 축적기능 등이 있는 것(축적형감지기가 설치된 장소에는 감지기회로의 감시전류를 단속적으로 차단시켜 화재를 판단하는 방식외의 것을 말한다)으로 설치하여야 한다.
③ 수신기는 다음 각 호의 기준에 따라 설치해야 한다.
  1. 수위실 등 상시 사람이 근무하는 장소에 설치할 것
  2. 수신기가 설치된 장소에는 경계구역 일람도를 비치할 것
  3. 수신기의 음향기구는 그 음량 및 음색이 다른 기기의 소음 등과 명확히 구별될 수 있는 것으로 할 것
  4. 수신기는 감지기·중계기 또는 발신기가 작동하는 경계구역을 표시할 수 있는 것으로 할 것
  5. 화재·가스 전기등에 대한 종합방재반을 설치한 경우에는 해당 조작반에 수신기의 작동과 연동하여 감지기·중계기 또는 발신기가 작동하는 경계구역을 표시할 수 있는 것으로 할 것
  6. 하나의 경계구역은 하나의 표시등 또는 하나의 문자로 표시되도록 할 것
  7. 수신기의 조작 스위치는 바닥으로부터의 높이가 0.8미터 이상 1.5미터 이하인 장소에 설치할 것
  8. 하나의 특정소방대상물에 둘 이상의 수신기를 설치하는 경우에는 수신기를 상호 간 연동하여 화재발생 상황을 각 수신기마다 확인할 수 있도록 할 것
  9. 화재로 인하여 하나의 층의 지구음향장치 배선이 단락되어도 다른 층의 화재통보에 지장이 없도록 각 층 배선상에 유효한 조치를 할 것

제6조(중계기)

자동화재탐지설비의 중계기는 다음 각 호의 기준에 따라 설치해야 한다.
 1. 수신기에서 직접 감지기회로의 도통시험을 하지 않는 것에 있어서는 수신기와 감지기 사이에 설치할 것
 2. 조작 및 점검에 편리하고 화재 및 침수 등의 재해로 인한 피해를 받을 우려가 없는 장소에 설치할 것
 3. 수신기에 따라 감시되지 않는 배선을 통하여 전력을 공급받는 것에 있어서는 전원입력측의 배선에 과전류 차단기를 설치하고 해당 전원의 정전이 즉시 수신기에 표시되는 것으로 하며, 상용전원 및 예비전원의 시험을 할 수 있도록 할 것

제7조(감지기)

① 자동화재탐지설비의 감지기는 부착높이에 따라 다음 표에 따른 감지기를 설치하여야 한다. 다만, 지하층·무창층 등으로서 환기가 잘되지 아니하거나 실내면적이 40㎡ 미만인 장소, 감지기의 부착면과 실내바닥과의 거리가 2.3m 이하인 곳으로서 일시적으로 발생한 열·연기 또는 먼지 등으로 인하여 화재신호를 발신할 우려가 있는 장소(제5조제2항 본문에 따른 수신기를 설치한 장소를 제외한다)에는 다음 각 호에서 정한 감지기중 적응성 있는 감지기를 설치하여야 한다.

1. 불꽃감지기
2. 정온식감지선형감지기
3. 분포형감지기
4. 복합형감지기
5. 광전식분리형감지기
6. 아날로그방식의 감지기
7. 다신호방식의 감지기
8. 축적방식의 감지기

부착높이	감지기의 종류
4m 미만	차동식(스포트형, 분포형), 보상식 스포트형, 정온식(스포트형, 감지선형), 이온화식 또는 광전식(스포트형, 분리형, 공기흡입형), 열복합형, 연기복합형, 열연기복합형, 불꽃감지기
4m 이상 8m 미만	차동식(스포트형, 분포형), 보상식 스포트형, 정온식(스포트형, 감지선형) 특종 또는 1종, 이온화식 1종 또는 2종, 광전식(스포트형, 분리형, 공기흡입형) 1종 또는 2종, 열복합형, 연기복합형, 열연기복합형, 불꽃감지기
8m 이상 15m 미만	차동식 분포형, 이온화식 1종 또는 2종, 광전식(스포트형, 분리형, 공기흡입형) 1종 또는 2종, 연기복합형, 불꽃감지기
15m 이상 20m 미만	이온화식 1종, 광전식(스포트형, 분리형, 공기흡입형) 1종, 연기복합형, 불꽃감지기
20m 이상	불꽃감지기, 광전식(분리형, 공기흡입형) 중 아날로그방식

비고
1) 감지기별 부착높이 등에 대하여 별도로 형식승인 받은 경우에는 그 성능 인정범위 내에서 사용할 수 있다.
2) 부착높이 20m 이상에 설치되는 광전식 중 아날로그방식의 감지기는 공칭감지농도 하한값이 감광율 5% 미만인 것으로 한다.

② 계단 · 경사로 · 복도 · 엘리베이터 승강로 또는 이와 유사한 장소 및 특정소방대상물의 취침 · 숙박 · 입원 등 이와 유사한 용도로 사용되는 거실에는 연기감지기를 설치해야 한다.
③ 감지기는 다음 각 호의 기준에 따라 설치해야 한다. 다만, 교차회로방식에 사용되는 감지기, 급속한 연소 확대가 우려되는 장소에 사용되는 감지기 및 축적기능이 있는 수신기에 연결하여 사용하는 감지기는 축적기능이 없는 것으로 설치하여야 한다.
  1. 감지기(차동식분포형의 것을 제외한다)는 실내로의 공기유입구로부터 1.5m 이상 떨어진 위치에 설치할 것
  2. 감지기는 천장 또는 반자의 옥내에 면하는 부분에 설치할 것
  3. 보상식스포트형감지기는 정온점이 감지기 주위의 평상시 최고온도보다 일정 온도 이상 높은 것으로 설치할 것
  4. 정온식감지기는 주방·보일러실 등으로서 다량의 화기를 취급하는 장소에 설치하되, 공칭작동온도가 최고주위온도보다 일정 온도 이상 높은 것으로 설치할 것
  5. 차동식스포트형·보상식스포트형 및 정온식스포트형 감지기는 그 부착 높이 및 특정소방대상물에 따라 다음 표에 따른 바닥면적마다 1개 이상을 설치할 것

99% 출제 핵심기준 완전정복

(단위 ㎡)

부착높이 및 특정소방대상물의 구분		감지기의 종류						
		차동식 스포트형		보상식 스포트형		정온식 스포트형		
		1종	2종	1종	2종	특종	1종	2종
4m 미만	주요구조부를 내화구조로 한 특정소방대상물 또는 그 부분	90	70	90	70	70	60	20
	기타 구조의 특정소방대상물 또는 그 부분	50	40	50	40	40	30	15
4m 이상 8m 미만	주요구조부를 내화구조로 한 특정소방대상물 또는 그 부분	45	35	45	35	35	30	
	기타 구조의 특정소방대상물 또는 그 부분	30	25	30	25	25	15	

6. 스포트형감지기는 45° 이상 경사되지 아니하도록 부착할 것
7. 공기관식 차동식분포형감지기는 다음의 기준에 따를 것
   가. 공기관의 노출부분은 감지구역마다 20m 이상이 되도록 할 것
   나. 공기관과 감지구역의 각 변과의 수평거리는 1.5m 이하가 되도록 하고, 공기관 상호간의 거리는 6m(주요구조부를 내화구조로 한 특정소방대상물 또는 그 부분에 있어서는 9m) 이하가 되도록 할 것
   다. 공기관은 도중에서 분기하지 아니하도록 할 것
   라. 하나의 검출부분에 접속하는 공기관의 길이는 100m 이하로 할 것
   마. 검출부는 5° 이상 경사되지 아니하도록 부착할 것
   바. 검출부는 바닥으로부터 0.8m 이상 1.5m 이하의 위치에 설치할 것
8. 열전대식 차동식분포형감지기는 다음의 기준에 따를 것
   가. 열전대부는 감지구역의 바닥면적 18㎡(주요구조부가 내화구조로 된 특정소방대상물에 있어서는 22㎡)마다 1개 이상으로 할 것. 다만, 바닥면적이 72㎡(주요구조부가 내화구조로 된 특정소방대상물에 있어서는 88㎡) 이하인 특정소방대상물에 있어서는 4개 이상으로 하여야 한다.
   나. 하나의 검출부에 접속하는 열전대부는 20개 이하로 할 것.
9. 열반도체식 차동식분포형감지기는 다음의 기준에 따를 것
   가. 감지부는 그 부착높이 및 특정소방대상물에 따라 다음 표에 따른 바닥면적마다 1개 이상으로 할 것. 다만, 바닥면적이 다음 표에 따른 면적의 2배 이하인 경우에는 2개(부착높이가 8m 미만이고, 바닥면적이 다음 표에 따른 면적 이하인 경우에는 1개) 이상으로 하여야 한다.

(단위 ㎡)

부착높이 및 특정소방대상물의 구분		감지기의 종류	
		1종	2종
8m 미만	주요구조부가 내화구조로 된 소방대상물 또는 그 부분	65	36
	기타 구조의 소방대상물 또는 그 부분	40	23
8m 이상 15m 미만	주요구조부가 내화구조로 된 소방대상물 또는 그 부분	50	36
	기타 구조의 소방대상물 또는 그 부분	30	23

　나. 하나의 검출기에 접속하는 감지부는 2개 이상 15개 이하가 되도록 할 것. 다만, 각각의 감지부에 대한 작동 여부를 검출기에서 표시할 수 있는 것(주소형)은 형식승인 받은 성능인정범위내의 수량으로 설치할 수 있다.

10. 연기감지기는 다음의 기준에 따라 설치할 것
　가. 감지기의 부착높이에 따라 다음 표에 따른 바닥면적마다 1개 이상으로 할 것

(단위 ㎡)

부착높이	감지기의 종류	
	1종 및 2종	3종
4m 미만	150	50
4m 이상 20m 미만	75	

　나. 감지기는 복도 및 통로에 있어서는 보행거리 30m(3종에 있어서는 20m)마다, 계단 및 경사로에 있어서는 수직거리 15m(3종에 있어서는 10m)마다 1개 이상으로 할 것
　다. 천장 또는 반자가 낮은 실내 또는 좁은 실내에 있어서는 출입구의 가까운 부분에 설치할 것
　라. 천장 또는 반자부근에 배기구가 있는 경우에는 그 부근에 설치할 것
　마. 감지기는 벽 또는 보로부터 0.6m 이상 떨어진 곳에 설치할 것
11. 열복합형감지기의 설치에 관하여는 제3호 및 제9호를, 연기복합형감지기의 설치에 관하여는 제10호를, 열연기복합형감지기의 설치에 관하여는 제5호 및 제10호 나목 또는 마목을 준용하여 설치할 것
12. 정온식감지선형감지기는 다음의 기준에 따라 설치할 것
　가. 보조선이나 고정금구를 사용하여 감지선이 늘어지지 않도록 설치할 것
　나. 단자부와 마감 고정금구와의 설치간격은 10㎝ 이내로 설치할 것
　다. 감지선형 감지기의 굴곡반경은 5㎝ 이상으로 할 것
　라. 감지기와 감지구역의 각부분과의 수평거리가 내화구조의 경우 1종 4.5m 이하, 2종 3m 이하로 할 것. 기타 구조의 경우 1종 3m 이하, 2종 1m 이하로 할 것
　마. 케이블트레이에 감지기를 설치하는 경우에는 케이블트레이 받침대에 마감금구를 사용하여 설치할 것
　바. 지하구나 창고의 천장 등에 지지물이 적당하지 않는 장소에서는 보조선을 설치하고 그 보조선에 설치할 것
　사. 분전반 내부에 설치하는 경우 접착제를 이용하여 돌기를 바닥에 고정시키고 그 곳에 감지기를 설치할 것
　아. 그 밖의 설치방법은 형식승인 내용에 따르며 형식승인 사항이 아닌 것은 제조사의 시방(示方)에 따라 설치할 것
13. 불꽃감지기는 다음의 기준에 따라 설치할 것
　가. 공칭감시거리 및 공칭시야각은 형식승인 내용에 따를 것
　나. 감지기는 공칭감시거리와 공칭시야각을 기준으로 감시구역이 모두 포용될 수 있도록 설치할 것
　다. 감지기는 화재감지를 유효하게 감지할 수 있는 모서리 또는 벽 등에 설치할 것

라. 감지기를 천장에 설치하는 경우에는 감지기는 바닥을 향하여 설치할 것
　마. 수분이 많이 발생할 우려가 있는 장소에는 방수형으로 설치할 것
　바. 그 밖의 설치기준은 형식승인 내용에 따르며 형식승인 사항이 아닌 것은 제조사의 시방에 따라 설치할 것
14. 아날로그방식의 감지기는 공칭감지온도범위 및 공칭감지농도범위에 적합한 장소에, 다신호방식의 감지기는 화재신호를 발신하는 감도에 적합한 장소에 설치할 것
15. 광전식분리형감지기는 다음의 기준에 따라 설치할 것
　가. 감지기의 수광면은 햇빛을 직접 받지 않도록 설치할 것
　나. 광축(송광면과 수광면의 중심을 연결한 선)은 나란한 벽으로부터 0.6m 이상 이격하여 설치할 것
　다. 감지기의 송광부와 수광부는 설치된 뒷벽으로부터 1m 이내 위치에 설치할 것
　라. 광축의 높이는 천장 등(천장의 실내에 면한 부분 또는 상층의 바닥하부면을 말한다) 높이의 80% 이상일 것
　마. 감지기의 광축의 길이는 공칭감시거리 범위 이내 일 것
　바. 그 밖의 설치기준은 형식승인 내용에 따르며 형식승인 사항이 아닌 것은 제조사의 시방에 따라 설치할 것
④ 제3항에도 불구하고 화학공장·격납고·제련소와 전산실 또는 반도체 공장 등의 장소에는 각각 광전식분리형감지기 또는 불꽃감지기를 설치하거나 광전식공기흡입형감지기 등을 설치할 수 있다.
⑤ 화재발생을 유효하게 감지할 수 없는 장소 또는 감지기의 기능이 정지되기 쉽거나 화재발생의 위험이 적은 장소로서 감지기의 유지관리가 어려운 장소 등에는 감지기를 설치하지 않을 수 있다.
⑥ 제1항 단서에도 불구하고 일시적으로 발생한 열·연기 또는 먼지 등으로 인하여 화재신호를 발신할 우려가 있는 장소에는 해당 장소에 적응성 있는 감지기를 설치할 수 있다.

제8조(음향장치 및 시각경보장치)

① 자동화재탐지설비의 음향장치는 다음 각 호의 기준에 따라 설치해야 한다.
  1. 주음향장치는 수신기의 내부 또는 그 직근에 설치할 것
  2. 층수가 11층(공동주택의 경우에는 16층) 이상의 특정소방대상물은 발화층에 따라 경보하는 층을 달리하여 경보를 발할 수 있도록 할 것
  3. 지구음향장치는 특정소방대상물의 층마다 설치하되, 해당 특정소방대상물의 각 부분으로부터 하나의 음향장치까지의 수평거리가 25미터 이하가 되도록 하고, 해당층의 각부분에 유효하게 경보를 발할 수 있도록 설치할 것
  4. 음향장치는 다음 각 목의 기준에 따른 구조 및 성능의 것으로 하여야 한다.
　　가. 정격전압의 80% 전압에서 음향을 발할 수 있는 것으로 할 것. 다만, 건전지를 주전원으로 사용하는 음향장치는 그러하지 아니하다.
　　나. 음량은 부착된 음향장치의 중심으로부터 1m 떨어진 위치에서 90dB 이상이 되는 것으로 할 것
　　다. 감지기 및 발신기의 작동과 연동하여 작동할 수 있는 것으로 할 것
  5. 제3호에도 불구하고 제3호의 기준을 초과하는 경우로서 기둥 또는 벽이 설치되지 아니한 대형공간의 경우 지구음향장치는 설치 대상 장소의 가장 가까운 장소의 벽 또는 기둥 등에 설치할 것
② 청각장애인용 시각경보장치는 소방청장이 정하여 고시한 「시각경보장치의 성능인증 및 제품검사의 기술기준」에 적합한 것으로서 다음 각 목의 기준에 따라 설치해야 한다.
  1. 복도·통로·청각장애인용 객실 및 공용으로 사용하는 거실(로비, 회의실, 강의실, 식당, 휴게실, 오락실, 대기실, 체력단련실, 접객실, 안내실, 전시실, 기타 이와 유사한 장소를 말한다)에 설치하며, 각 부분으로부터 유효하게 경보를 발할 수 있는 위치에 설치할 것
  2. 공연장·집회장·관람장 또는 이와 유사한 장소에 설치하는 경우에는 시선이 집중되는 무대부 부분 등에 설치할 것
  3. 설치높이는 바닥으로부터 2미터 이상 2.5미터 이하의 장소에 설치할 것 다만, 천장의 높이가 2미터 이하인 경우에는 천장으로부터 0.15미터 이내의 장소에 설치해야 한다.

4. 시각경보장치의 광원은 전용의 축전지설비 또는 전기저장장치(외부 전기에너지를 저장해 두었다가 필요한 때 전기를 공급하는 장치)에 의하여 점등되도록 할 것. 다만, 시각경보기에 작동전원을 공급할 수 있도록 형식승인을 얻은 수신기를 설치한 경우에는 그렇지 않다.
③ 하나의 특정소방대상물에 2 이상의 수신기가 설치된 경우 어느 수신기에서도 지구음향장치 및 시각경보장치를 작동할 수 있도록 해야 한다.

제9조(발신기)
① 자동화재탐지설비의 발신기는 다음 각 호의 기준에 따라 설치해야 한다.
1. 조작이 쉬운 장소에 설치하고, 스위치는 바닥으로부터 0.8m 이상 1.5m 이하의 높이에 설치할 것.
2. 특정소방대상물의 층마다 설치하되, 해당 특정소방대상물의 각 부분으로부터 하나의 발신기까지의 수평거리가 25m 이하가 되도록 할 것. 다만, 복도 또는 별도로 구획된 실로서 보행거리가 40m 이상일 경우에는 추가로 설치하여야 한다.
3. 제2호에도 불구하고 제2호의 기준을 초과하는 경우로서 기둥 또는 벽이 설치되지 아니한 대형공간의 경우 발신기는 설치 대상 장소의 가장 가까운 장소의 벽 또는 기둥 등에 설치할 것

② 발신기의 위치를 표시하는 표시등은 함의 상부에 설치하되, 그 불빛은 부착면으로부터 15° 이상의 범위 안에서 부착지점으로부터 10m 이내의 어느곳에서도 쉽게 식별할 수 있는 적색등으로 하여야 한다.

제10조(전원)
① 자동화재탐지설비의 상용전원은 전기가 정상적으로 공급되는 축전지설비, 전기저장장치 또는 교류전압의 옥내 간선으로 하고, 전원까지의 배선은 전용으로 해야 한다.
② 자동화재탐지설비에는 그 설비에 대한 감시상태를 60분간 지속한 후 유효하게 10분 이상 경보할 수 있는 비상전원으로서 축전지설비 또는 전기저장장치를 설치해야 한다.

제11조(배선)
배선은「전기사업법」제67조에 따른「전기설비기술기준」에서 정한 것 외에 다음 각 호의 기준과「옥내소화전설비의 화재안전성능기준(NFPC 102)」제10조제2항에 따라 설치해야 한다.
1. 전원회로의 배선은 내화배선으로 하고, 그 밖의 배선은 내화배선 또는 내열배선에 따를 것
2. 감지기 상호간 또는 감지기로부터 수신기에 이르는 감지기회로의 배선의 경우에는 아날로그방식, R형 수신기용 등으로 사용되는 것은 전자파의 방해를 받지 않는 것으로 배선하고, 그 외의 일반배선을 사용할 때에는 내화배선 또는 내열배선으로 할 것
3. 감지기회로의 도통시험을 위한 종단저항을 설치할 것
4. 감지기 사이의 회로의 배선은 송배전식으로 할 것
5. 전원회로의 전로와 대지 사이 및 배선 상호간의 절연저항은「전기사업법」제67조에 따른 기술기준이 정하는 바에 의하고, 감지기회로 및 부속회로의 전로와 대지 사이 및 배선 상호간의 절연저항은 1경계구역마다 직류 250볼트의 절연저항측정기를 사용하여 측정한 절연저항이 0.1메가옴 이상이 되도록 할 것
6. 자동화재탐지설비의 배선은 다른 전선과 별도의 관·덕트(절연효력이 있는 것으로 구획한 때에는 그 구획된 부분은 별개의 덕트로 본다)·몰드 또는 풀박스 등에 설치할 것. 다만, 60볼트 미만의 약 전류회로에 사용하는 전선으로서 각각의 전압이 같을 때에는 그러하지 아니하다.
7. 피(P)형 수신기 및 지피(G.P.)형 수신기의 감지기 회로의 배선에 있어서 하나의 공통선에 접속할 수 있는 경계구역은 7개 이하로 할 것
8. 자동화재탐지설비의 감지기회로의 전로저항은 50옴 이하가 되도록 해야 하며, 수신기의 각 회로별 종단에 설치되는 감지기에 접속되는 배선의 전압은 감지기 정격전압의 80퍼센트 이상이어야 할 것

제12조(설치·유지기준의 특례)

제13조(재검토 기한)

7. 비상방송설비의 화재안전성능기준(NFPC 202) [시행 2023. 2. 10.] 14, 16회

제1조(목적)
이 기준은 「소방시설 설치 및 관리에 관한 법률」제2조제1항제6호가목에 따라 소방청장에게 위임한 사항 중 경보설비인 비상방송설비의 성능기준을 규정함을 목적으로 한다

제2조(적용범위)
이 기준은 「소방시설 설치 및 관리에 관한 법률 시행령」별표 4 제2호바목에 따른 비상방송설비의 설치 및 관리에 대해 적용한다

제3조(정의) 이 기준에서 사용되는 용어의 정의는 다음과 같다.
1. "확성기": 소리를 크게 하여 멀리까지 전달될 수 있도록 하는 장치로써 일명 스피커
2. "음량조절기": 가변저항을 이용하여 전류를 변화시켜 음량을 크게 하거나 작게 조절할 수 있는 장치
3. "증폭기": 전압전류의 진폭을 늘려 감도를 좋게 하고 미약한 음성전류를 커다란 음성전류로 변화시켜 소리를 크게 하는 장치

제4조(음향장치) 14회
비상방송설비는 다음 각 호의 기준에 따라 설치해야 한다.
1. 확성기의 음성입력은 3와트(실내에 설치하는 것에 있어서는 1와트) 이상일 것
2. 확성기는 각 층마다 설치하되, 해당 층의 각 부분으로부터 하나의 확성기까지의 수평거리는 해당 층의 각 부분에 유효하게 경보를 발할 수 있는 거리 이하가 되도록 설치할 것
3. 음량조정기를 설치하는 경우 음량조정기의 배선은 3선식으로 할 것
4. 조작부의 조작스위치는 바닥으로부터 0.8미터 이상 1.5미터 이하의 높이에 설치할 것
5. 층수가 11층(공동주택의 경우에는 16층) 이상의 특정소방대상물은 발화층에 따라 경보하는 층을 달리하여 경보를 발할 수 있도록 할 것
6. 다른 방송설비와 공용하는 것에 있어서는 화재 시 비상경보 외의 방송을 차단할 수 있는 구조로 할 것
7. 다른 전기회로에 따라 유도장애가 생기지 않도록 할 것
8. 하나의 특정소방대상물에 둘 이상의 조작부가 설치되어 있는 때에는 각각의 조작부가 있는 장소 상호간에 동시 통화가 가능한 설비를 설치하고, 어느 조작부에서도 해당 특정소방대상물의 전 구역에 방송을 할 수 있도록 할 것
9. 기동장치에 따른 화재신호를 수신한 후 신속하게 필요한 음량으로 화재발생 상황 및 피난에 유효한 방송이 자동으로 개시될 때까지의 소요시간은 10초 이하로 할 것
10. 음향장치는 정격전압의 80퍼센트 전압에서 음향을 발할 수 있고, 자동화재탐지설비의 작동과 연동하여 작동할 수 있는 것으로 할 것

제5조(배선)
비상방송설비의 배선은 「전기사업법」제67조에 따른 「전기설비기술기준」에서 정한 것 외에 다음 각 호의 기준에 따라 설치해야 한다.
1. 화재로 인하여 하나의 층의 확성기 또는 배선이 단락 또는 단선되어도 다른 층의 화재통보에 지장이 없도록 할 것
2. 전원회로의 배선은 내화배선으로 하고, 그 밖의 배선은 내화배선 또는 내열배선으로 할 것. 이 경우 내화배선과 내열배선은 「옥내소화전설비의 화재안전성능기준(NFPC 102)」제10조제2항에 따라 설치할 것

3. 전원회로의 전로와 대지 사이 및 배선상호간의 절연저항은「전기사업법」제67조에 따른 기술기준이 정하는 바에 따르고, 부속회로의 전로와 대지 사이 및 배선 상호간의 절연저항은 1경계구역마다 직류 250볼트의 절연저항측정기를 사용하여 측정한 절연저항이 0.1메가옴 이상이 되도록 할 것
4. 비상방송설비의 배선은 다른 전선과 별도의 관·덕트(절연효력이 있는 것으로 구획한 때에는 그 구획된 부분은 별개의 덕트로 본다) 몰드 또는 풀박스등에 설치할 것. 다만, 60볼트 미만의 약전류회로에 사용하는 전선으로서 각각의 전압이 같을 때에는 그러하지 아니하다.

제6조(전원)
① 비상방송설비의 상용전원은 전기가 정상적으로 공급되는 축전지설비, 전기저장장치 또는 교류전압의 옥내 간선으로 하고, 전원까지의 배선은 전용으로 해야 한다.
② 비상방송설비에는 그 설비에 대한 감시상태를 60분간 지속한 후 유효하게 10분 이상 경보할 수 있는 비상전원으로서 축전지설비 또는 전기저장장치를 설치해야 한다.

제7조(설치·유지기준의 특례)

제8조(재검토 기한)

8. 피난기구의 화재안전성능기준(NFPC 301) [시행 2024. 1. 1]²⁴회

제1조(목적)
이 기준은「소방시설 설치 및 관리에 관한 법률」제2조제1항제6호가목에 따라 소방청장에게 위임한 사항 중 피난구조설비인 피난기구의 성능기준을 규정함을 목적으로 한다.

제2조(적용범위)
이 기준은「소방시설 설치 및 관리에 관한 법률 시행령」별표 4 제3호가목 및 「다중이용업소의 안전관리에 관한 특별법 시행령」별표 1 제1호다목1)에 따른 피난기구의 설치 및 관리에 대해 적용한다.

제3조(피난기구의 종류)
영 제3조에 따른 별표 1 제3호가목5)에서 "그 밖에 화재안전기준으로 정하는 것"이란 미끄럼대 · 피난교 · 피난용트랩 · 간이완강기 · 공기안전매트 · 다수인 피난장비 · 승강식 피난기 등을 말한다.

제4조(정의)
이 기준에서 사용하는 용어의 정의는 다음과 같다.
1. "완강기"란 사용자의 몸무게에 따라 자동적으로 내려올 수 있는 기구 중 사용자가 교대하여 연속적으로 사용할 수 있는 것을 말한다.
2. "간이완강기"란 사용자의 몸무게에 따라 자동적으로 내려올 수 있는 기구 중 사용자가 연속적으로 사용할 수 없는 것을 말한다.
3. "공기안전매트"란 화재 발생 시 사람이 건축물 내에서 외부로 긴급히 뛰어내릴 때 충격을 흡수하여 안전하게 지상에 도달할 수 있도록 포지에 공기 등을 주입하는 구조로 되어 있는 것을 말한다.
4. "구조대"란 포지 등을 사용하여 자루 형태로 만든 것으로서 화재 시 사용자가 그 내부에 들어가서 내려옴으로써 대피할 수 있는 것을 말한다.
5. "승강식 피난기"란 사용자의 몸무게에 의하여 자동으로 하강하고 내려서면 스스로 상승하여 연속적으로 사용할 수 있는 무동력 승강식 기기를 말한다.
6. "하향식 피난구용 내림식사다리"란 하향식 피난구 해치에 격납하여 보관하고 사용 시에는 사다리 등이 소방대상물과 접촉되지 않는 내림식 사다리를 말한다.
7. "피난사다리"란 화재 시 긴급대피를 위해 사용하는 사다리를 말한다.
8. "다수인피난장비"란 화재 시 2인 이상의 피난자가 동시에 해당 층에서 지상 또는 피난층으로 하강하는 피난기구를 말한다.
9. "미끄럼대"란 사용자가 미끄럼식으로 신속하게 지상 또는 피난층으로 이동할 수 있는 피난기구를 말한다.
10. "피난교"란 인근 건축물 또는 피난층과 연결된 다리 형태의 피난기구를 말한다.
11. "피난용트랩"이란 화재 층과 직상 층을 연결하는 계단형태의 피난기구를 말한다.

제5조(적응성 및 설치개수 등)
① 피난기구는 특정소방대상물의 설치장소별로 그에 적응하는 종류의 것으로 설치해야 한다.
② 피난기구는 다음 각 호의 기준에 따른 개수 이상을 설치해야 한다.
  1. 층마다 설치하되, 특정소방대상물의 종류에 따라 그 층의 용도 및 바닥면적을 고려하여 한 개 이상 설치할 것〈개정 2023. 10. 13.〉
  2. 제1호에 따라 설치한 피난기구 외에 숙박시설(휴양콘도미니엄을 제외한다)의 경우에는 추가로 객실마다 완강기 또는 둘 이상의 간이완강기를 설치할 것

3. 삭제 〈2023. 10. 13.〉
4. 제1호에 따라 설치한 피난기구 외에 4층 이상의 층에 설치된 노유자시설 중 장애인 관련 시설로서 주된 사용자 중 스스로 피난이 불가한 자가 있는 경우에는 층마다 구조대를 1개 이상 추가로 설치할 것

③ 피난기구는 다음 각 호의 기준에 따라 설치해야 한다.
1. 피난기구는 계단·피난구 기타 피난시설로부터 적당한 거리에 있는 안전한 구조로 된 피난 또는 소화 활동상 유효한 개구부(가로 0.5미터 이상, 세로 1미터 이상의 것을 말한다.)에 고정하여 설치하거나 필요한 때에 신속하고 유효하게 설치할 수 있는 상태에 둘 것
2. 피난기구를 설치하는 개구부는 서로 동일직선상이 아닌 위치에 있을 것
3. 피난기구는 특정소방대상물의 기둥·바닥 및 보 등 구조상 견고한 부분에 볼트조임·매입 및 용접 등의 방법으로 견고하게 부착할 것
4. 4층 이상의 층에 피난사다리(하향식 피난구용 내림식사다리는 제외한다)를 설치하는 경우에는 금속성 고정사다리를 설치하고, 당해 고정사다리에는 쉽게 피난할 수 있는 구조의 노대를 설치할 것
5. 완강기는 강하 시 로프가 건축물 또는 구조물 등과 접촉하여 손상되지 않도록 하고, 로프의 길이는 부착위치에서 지면 또는 기타 피난상 유효한 착지 면까지의 길이로 할 것
6. 미끄럼대는 안전한 강하속도를 유지하도록 하고, 전락방지를 위한 안전조치를 할 것
7. 구조대의 길이는 피난 상 지장이 없고 안정한 강하속도를 유지할 수 있는 길이로 할 것
8. 다수인 피난장비는 다음 각 목에 적합하게 설치할 것
    가. 피난에 용이하고 안전하게 하강할 수 있는 장소에 적재 하중을 충분히 견딜 수 있도록 「건축물의 구조기준 등에 관한 규칙」제3조에서 정하는 구조안전의 확인을 받아 견고하게 설치할 것
    나. 다수인피난장비 보관실은 건물 외측보다 돌출되지 아니하고, 빗물·먼지 등으로부터 장비를 보호할 수 있는 구조일 것
    다. 사용 시에 보관실 외측 문이 먼저 열리고 탑승기가 외측으로 자동으로 전개될 것
    라. 하강 시에 탑승기가 건물 외벽이나 돌출물에 충돌하지 않도록 설치할 것
    마. 상·하층에 설치할 경우에는 탑승기의 하강경로가 중첩되지 않도록 할 것
    바. 하강 시에는 안전하고 일정한 속도를 유지하도록 하고 전복, 흔들림, 경로이탈 방지를 위한 안전조치를 할 것
    사. 보관실의 문에는 오작동 방지조치를 하고, 문 개방 시에는 당해 소방대상물에 설치된 경보설비와 연동하여 유효한 경보음을 발하도록 할 것
    아. 피난층에는 해당 층에 설치된 피난기구가 착지에 지장이 없도록 충분한 공간을 확보할 것
    자. 한국소방산업기술원 또는 법 제46조제1항에 따라 성능시험기관으로 지정받은 기관에서 그 성능을 검증받은 것으로 설치할 것
9. 승강식피난기 및 하향식 피난구용 내림식사다리는 다음 각 목에 적합하게 설치할 것
    가. 승강식피난기 및 하향식 피난구용 내림식사다리는 설치경로가 설치층에서 피난층까지 연계될 수 있는 구조로 설치할 것
    나. 대피실의 면적은 2제곱미터(2세대 이상일 경우에는 3제곱미터) 이상으로 하고, 「건축법 시행령」제46조제4항의 규정에 적합하여야 하며 하강구(개구부) 규격은 직경60센티미터 이상일 것
    다. 하강구 내측에는 기구의 연결 금속구 등이 없어야 하며 전개된 피난기구는 하강구 수평투영면적 공간 내의 범위를 침범하지 않는 구조이어야 할 것
    라. 대피실의 출입문은 60분+ 방화문 또는 60분 방화문으로 설치하고, 피난방향에서 식별할 수 있는 위치에 "대피실" 표지판을 부착할 것
    마. 착지점과 하강구는 상호 수평거리 15센티미터 이상의 간격을 둘 것

바. 대피실 내에는 비상조명등을 설치 할 것
　　사. 대피실에는 층의 위치표시와 피난기구 사용설명서 및 주의사항 표지판을 부착 할 것
　　아. 대피실 출입문이 개방되거나, 피난기구 작동 시 해당층 및 직하층 거실에 설치된 표시등 및 경보장치가 작동되고, 감시 제어반에서는 피난기구의 작동을 확인 할 수 있어야 할 것
　　자. 사용 시 기울거나 흔들리지 않도록 설치할 것
　　차. 승강식 피난기는 한국소방산업기술원 또는 성능시험기관으로 지정받은 기관에서 그 성능을 검증받은 것으로 설치할 것
④ 피난기구를 설치한 장소에는 가까운 곳의 보기 쉬운 곳에 피난기구의 위치를 표시하는 발광식 또는 축광식표지와 그 사용방법을 표시한 표지(외국어 및 그림 병기)를 부착해야 한다.

제6조(설치제외)

영 별표 5 제14호 피난구조설비의 설치면제 요건의 규정에 따라 피난 상 지장이 없다고 인정되는 특정소방대상물 또는 그 부분에는 피난기구를 설치하지 않을 수 있다. 다만, 제4조제2항제2호에 따라 숙박시설(휴양콘도미니엄을 제외한다)에 설치되는 완강기 및 간이완강기의 경우에는 그렇지 않다.

제7조(피난기구설치의 감소)

① 피난기구를 설치해야 할 특정소방대상물 중 주요구조부가 내화구조이고, 피난계단 또는 특별피난계단이 둘 이상 설치되어 있는 층에는 제5조제2항에 따른 피난기구의 일부를 감소할 수 있다.
② 피난기구를 설치해야 할 특정소방대상물 중 주요구조부가 내화구조이고 건널 복도가 설치되어 있는 층에는 제5조제2항에 따른 피난기구의 일부를 감소할 수 있다.
③ 피난기구를 설치해야 할 특정소방대상물 중 피난에 유효한 노대가 설치된 거실의 바닥면적은 제5조제2항에 따른 피난기구의 설치개수 산정을 위한 바닥면적에서 이를 제외한다.

제8조(설치ㆍ관리기준의 특례)

제9조(재검토 기한)

9. 유도등 및 유도표지의 화재안전성능기준(NFPC 303)
[시행 2024. 1. 1.] 16,17,21회

제1조(목적)
이 기준은「소방시설 설치 및 관리에 관한 법률」제2조제1항제6호가목에 따라 소방청장에게 위임한 사항 중 피난구조설비인 유도등 및 유도표지 성능기준을 규정함을 목적으로 한다.

제2조(적용범위)
이 기준은「소방시설 설치 및 관리에 관한 법률 시행령」별표 4 제3호다목에 따른 유도등과 유도표지 및「다중이용업소의 안전관리에 관한 특별법 시행령」별표 1 제1호다목1)에 따른 피난유도선의 설치 및 관리에 대해 적용한다.

제3조(정의) 19회
이 기준에서 사용하는 용어의 정의는 다음과 같다.
1. "유도등"이란 화재 시에 피난을 유도하기 위한 등으로서 정상상태에서는 상용전원에 따라 켜지고 상용전원이 정전되는 경우에는 비상전원으로 자동전환되어 켜지는 등을 말한다.
2. "피난구유도등"이란 피난구 또는 피난경로로 사용되는 출입구를 표시하여 피난을 유도하는 등을 말한다.
3. "통로유도등"이란 피난통로를 안내하기 위한 유도등으로 복도통로유도등, 거실통로유도등, 계단통로유도등을 말한다.
4. "복도통로유도등"이란 피난통로가 되는 복도에 설치하는 통로유도등으로서 피난구의 방향을 명시하는 것을 말한다.
5. "거실통로유도등"이란 거주, 집무, 작업, 집회, 오락 그 밖에 이와 유사한 목적을 위하여 계속적으로 사용하는 거실, 주차장 등 개방된 통로에 설치하는 유도등으로 피난의 방향을 명시하는 것을 말한다.
6. "계단통로유도등"이란 피난통로가 되는 계단이나 경사로에 설치하는 통로유도등으로 바닥면 및 디딤 바닥면을 비추는 것을 말한다.
7. "객석유도등"이란 객석의 통로, 바닥 또는 벽에 설치하는 유도등을 말한다.
8. "피난구유도표지"란 피난구 또는 피난경로로 사용되는 출입구를 표시하여 피난을 유도하는 표지를 말한다.
9. "통로유도표지"란 피난통로가 되는 복도, 계단등에 설치하는 것으로서 피난구의 방향을 표시하는 유도표지를 말한다.
10. "피난유도선"이란 햇빛이나 전등불에 따라 축광(이하 "축광방식"이라 한다)하거나 전류에 따라 빛을 발하는 (이하 "광원점등방식"이라 한다) 유도체로서 어두운 상태에서 피난을 유도할 수 있도록 띠 형태로 설치되는 피난유도시설을 말한다.
11. "입체형"이란 유도등 표시면을 2면 이상으로 하고 각 면마다 피난유도표시가 있는 것을 말한다.
12. "3선식 배선"이란 평상시에는 유도등을 소등 상태로 유도등의 비상전원을 충전하고, 화재 등 비상시 점등 신호를 받아 유도등을 자동으로 점등되도록 하는 방식의 배선을 말한다.

제4조(유도등 및 유도표지의 종류)
특정소방대상물의 용도별로 설치하여야 할 유도등 및 유도표지는 다음 표에 따라 그에 적응하는 종류의 것으로 설치하여야 한다.

설치장소	유도등 및 유도표지의 종류
1. 공연장·집회장·관람장·운동시설·유흥주점 영업시설·	• 대형피난구유도등, 통로유도등, 객석유도등
2. 위락시설·판매시설·운수시설·관광숙박업·의료시설·장례식장·방송통신시설·전시장·지하상가·지하철역사	• 대형피난구유도등, 통로유도등
3. 숙박시설, 오피스텔	• 중형피난구유도등, 통로유도등
4. 1호~3호 외의 건축물로서 지하층·무창층 또는 층수가 11층 이상인 특정소방대상물	• 중형피난구유도등, 통로유도등
6. 위 1~4호 외의 건축물로서 ~ 근린생활시설 등, 기숙사, 복합건축물	• 소형피난구유도등 • 통로유도등
7. 그 밖의 것	• 피난구유도표지 • 통로유도표지

※ 비고
1. 소방서장은 특정소방대상물의 위치·구조 및 설비의 상황을 판단하여 대형피난구유도등을 설치하여야 할 장소에 중형피난구유도등 또는 소형피난구유도등을, 중형피난구유도등을 설치하여야 할 장소에 소형피난구유도등을 설치하게 할 수 있다.
2. 복합건축물의 경우 주택의 세대 내에는 유도등을 설치하지 않을 수 있다.

제5조(피난구유도등)
① 피난구유도등은 다음 각 호의 장소에 설치하여야 한다.
  1. 옥내로부터 직접 지상으로 통하는 출입구 및 그 부속실의 출입구
  2. 직통계단·직통계단의 계단실 및 그 부속실의 출입구
  3. 제1호와 제2호에 따른 출입구에 이르는 복도 또는 통로로 통하는 출입구
  4. 안전구획된 거실로 통하는 출입구
② 피난구유도등은 피난구의 바닥으로부터 높이 1.5m 이상으로서 출입구에 인접하도록 설치하여야 한다.
③ 피난층으로 향하는 피난구의 위치를 안내할 수 있도록 제1항의 출입구 인근 천장에 제1항에 따라 설치된 피난구유도등의 면과 수직이 되도록 피난구유도등을 추가로 설치해야 한다.

제6조(통로유도등 설치기준) 21회
① 통로유도등은 특정소방대상물의 각 거실과 그로부터 지상에 이르는 복도 또는 계단의 통로에 다음 각 호의 기준에 따라 설치하여야 한다.
  1. 복도통로유도등은 다음 각 목의 기준에 따라 설치할 것
    가. 복도에 설치하되 피난구유도등이 설치된 출입구의 맞은편 복도에는 입체형으로 설치하거나, 바닥에 설치할 것
    나. 구부러진 모퉁이 및 가목에 따라 설치된 통로유도등을 기점으로 보행거리 20m마다 설치할 것
    다. 바닥으로부터 높이 1m 이하의 위치에 설치할 것. 다만, 지하층 또는 무창층의 용도가 도매시장·소매시장·여객자동차터미널·지하역사 또는 지하상가인 경우에는 복도·통로 중앙부분의 바닥에 설치하여야 한다.
    라. 바닥에 설치하는 통로유도등은 하중에 따라 파괴되지 아니하는 강도의 것으로 할 것
  2. 거실통로유도등은 다음 각 목의 기준에 따라 설치할 것 〈개정 2012. 8. 20.〉
    가. 거실의 통로에 설치할 것. 다만, 거실의 통로가 벽체 등으로 구획된 경우에는 복도통로유도등을 설치하여야 한다.

나. 구부러진 모퉁이 및 보행거리 20m마다 설치할 것
다. 바닥으로부터 높이 1.5m 이상의 위치에 설치할 것. 다만, 거실통로에 기둥이 설치된 경우에는 기둥부분의 바닥으로부터 높이 1.5m 이하의 위치에 설치할 수 있다.
3. 계단통로유도등은 각층의 경사로 참 또는 계단참마다 바닥으로부터 높이 1미터 이하의 위치에 설치할 것
4. 통행에 지장이 없도록 설치할 것
5. 주위에 이와 유사한 등화광고물·게시물 등을 설치하지 아니할 것

제7조(객석유도등 설치기준)

① 객석유도등은 객석의 통로, 바닥 또는 벽에 설치하여야 한다.
② 객석 내의 통로가 경사로 또는 수평로로 되어 있는 부분은 다음의 식에 따라 산출한 수(소수점 이하의 수는 1로 본다)의 유도등을 설치하여야 한다.

설치개수 = [{객석 통로의 직선부분 길이(m) ÷ 4} −1]

③ 객석 내의 통로가 옥외 또는 이와 유사한 부분에 있는 경우에는 해당 통로 전체에 미칠 수 있는 수의 유도등을 설치하여야 한다.

제8조(유도표지 설치기준)

① 유도표지는 다음 각 호의 기준에 따라 설치해야 한다.
1. 계단에 설치하는 것을 제외하고는 각층마다 복도 및 통로의 각 부분으로부터 하나의 유도표지까지의 보행거리가 15m 이하가 되는 곳과 구부러진 모퉁이의 벽에 설치할 것
2. 피난구유도표지는 출입구 상단에 설치하고, 통로유도표지는 바닥으로부터 높이 1m 이하의 위치에 설치할 것
3. 주위에는 이와 유사한 등화·광고물·게시물 등을 설치하지 않을 것
4. 유도표지는 부착판 등을 사용하여 쉽게 떨어지지 아니하도록 설치할 것
5. 축광방식의 유도표지는 외광 또는 조명장치에 의하여 상시 조명이 제공되거나 비상조명등에 의한 조명이 제공되도록 설치할 것
② 유도표지는 소방청장이 정하여 고시한 「축광표지의 성능인증 및 제품검사의 기술기준」에 적합한 것이어야 한다.

제9조(피난유도선 설치기준)

① 축광방식의 피난유도선은 다음 각 호의 기준에 따라 설치해야 한다.
1. 구획된 각 실로부터 주출입구 또는 비상구까지 설치할 것
2. 바닥으로부터 높이 50㎝ 이하의 위치 또는 바닥 면에 설치할 것
3. 피난유도 표시부는 50㎝ 이내의 간격으로 연속되도록 설치
4. 부착대에 의하여 견고하게 설치할 것
5. 외광 또는 조명장치에 의하여 상시 조명이 제공되거나 비상조명등에 의한 조명이 제공되도록 설치할 것
② 광원점등방식의 피난유도선은 다음 각 호의 기준에 따라 설치하여야 한다.
1. 구획된 각 실로부터 주출입구 또는 비상구까지 설치할 것
2. 피난유도 표시부는 바닥으로부터 높이 1m 이하의 위치 또는 바닥 면에 설치할 것
3. 피난유도 표시부는 50㎝ 이내의 간격으로 연속되도록 설치하되 실내장식물 등으로 설치가 곤란할 경우 1m 이내로 설치할 것
4. 수신기로부터의 화재신호 및 수동조작에 의하여 광원이 점등되도록 설치할 것
5. 비상전원이 상시 충전상태를 유지하도록 설치할 것
6. 바닥에 설치되는 피난유도 표시부는 매립하는 방식을 사용할 것

7. 피난유도 제어부는 조작 및 관리가 용이하도록 바닥으로부터 0.8m 이상 1.5m 이하의 높이에 설치할 것

③ 피난유도선은 소방청장이 정하여 고시한 「피난유도선의 성능인증 및 제품검사의 기술기준」에 적합한 것으로 설치해야 한다.

제10조(유도등의 전원)[16회]

① 유도등의 상용전원은 전기가 정상적으로 공급되는 축전지설비, 전기저장장치 또는 교류전압의 옥내 간선으로 하고, 전원까지의 배선은 전용으로 해야 한다.

② 비상전원은 유도등을 20분 이상 유효하게 작동시킬 수 있는 용량의 축전지로 설치해야 한다. 다만, 지하층을 제외한 층수가 11층 이상의 층이나 특정소방대상물의 지하층 또는 무창층의 경우에는 그 부분에서 피난층에 이르는 부분의 유도등을 60분 이상 유효하게 작동시킬 수 있는 용량으로 해야 한다.

③ 배선은 「전기사업법」 제67조에 따른 「전기설비기술기준」에서 정한 것 외에 다음 각 호의 기준에 따라야 한다.
 1. 유도등의 인입선과 옥내배선은 직접 연결할 것
 2. 유도등은 전기회로에 점멸기를 설치하지 아니하고 항상 점등상태를 유지할 것
 3. 3선식 배선은 내화배선 또는 내열배선으로 사용할 것

④ 3선식 배선으로 상시 충전되는 유도등의 전기회로에 점멸기를 설치하는 경우에는 화재신호 및 수동조작, 정전 또는 단선, 자동소화설비의 작동 등에 의해 자동으로 점등되도록 해야 한다.

제11조(유도등 및 유도표지의 제외)

① 바닥면적이 1,000제곱미터 미만인 층으로서 옥내로부터 직접 지상으로 통하는 출입구 또는 거실 각 부분으로부터 쉽게 도달할 수 있는 출입구 등의 경우에는 피난구유도등을 설치하지 않을 수 있다.

② 구부러지지 아니한 복도 또는 통로로서 그 길이가 30미터 미만인 복도 또는 통로 등의 경우에는 통로유도등을 설치하지 않을 수 있다.

③ 주간에만 사용하는 장소로서 채광이 충분한 객석 등의 경우에는 객석유도등을 설치하지 않을 수 있다.

④ 유도등이 제5조와 제6조에 따라 적합하게 설치된 출입구·복도·계단 및 통로 등의 경우에는 유도표지를 설치하지 않을 수 있다.

제12조(설치·유지기준의 특례)

제13조(재검토 기한)

10. 연결송수관설비의 화재안전성능기준(NFPC 505)
[시행 2024. 7. 1] 26회

제1조(목적)
이 기준은 「화재예방, 소방시설 설치·유지 및 안전관리에 관한 법률」 제2조제1항제6호가목에 따라 소방청장에게 위임한 사항 중 소화활동설비인 연결송수관설비의 성능기준을 규정함을 목적으로 한다.

제2조(적용범위)
이 기준은 「소방시설 설치 및 관리에 관한 법률 시행령」 별표 4의 제5호나목에 따른 연결송수관설비의 설치 및 관리에 필요한 사항에 대해 적용한다.

제3조(정의)
이 기준에서 사용하는 용어의 정의는 다음과 같다.
1. "연결송수관설비"란 건축물의 옥외에 설치된 송수구에 소방차로부터 가압수를 송수하고 소방관이 건축물 내에 설치된 방수구에 방수기구함에 비치된 호스를 연결하여 화재를 진압하는 소화활동설비를 말한다.
2. "주배관"이란 각 층을 수직으로 관통하는 수직배관을 말한다.
3. "분기배관"이란 배관 측면에 구멍을 뚫어 둘 이상의 관로가 생기도록 가공한 배관으로서 확관형 분기배관과 비확관형 분기배관을 말한다.
   가. "확관형 분기배관"이란 배관의 측면에 조그만 구멍을 뚫고 소성가공으로 확관시켜 배관 용접이음 자리를 만들거나 배관 용접이음자리에 배관이음쇠를 용접 이음한 배관을 말한다.
   나. "비확관형 분기배관"이란 배관의 측면에 분기호칭내경 이상의 구멍을 뚫고 배관이음쇠를 용접 이음한 배관을 말한다.
4. "송수구"란 소화설비에 소화용수를 보급하기 위하여 건물 외벽 또는 구조물의 외벽에 설치하는 관을 말한다.
5. "방수구"란 소화설비로부터 소화용수를 방수하기 위하여 건물내벽 또는 구조물의 외벽에 설치하는 관을 말한다.
6. "충압펌프"란 배관 내 압력손실에 따라 주펌프의 빈번한 기동을 방지하기 위하여 충압역할을 하는 펌프를 말한다.
7. "진공계"란 대기압 이하의 압력을 측정하는 계측기를 말한다.
8. "연성계"란 대기압 이상의 압력과 대기압 이하의 압력을 측정할 수 있는 계측기를 말한다.
9. "체절운전"이란 펌프의 성능시험을 목적으로 펌프 토출측의 개폐밸브를 닫은 상태에서 펌프를 운전하는 것을 말한다.
10. "기동용 수압개폐장치"란 소화설비의 배관 내 압력변동을 검지하여 자동적으로 펌프를 기동 및 정지시키는 것으로서 압력챔버 또는 기동용압력스위치 등을 말한다.

제4조(송수구)
연결송수관설비의 송수구는 다음 각 호의 기준에 따라 설치하여야 한다.
1. 송수구는 송수 및 그 밖의 소화작업에 지장을 주지 않도록 설치할 것
2. 지면으로부터 높이가 0.5미터 이상 1미터 이하의 위치에 설치할 것
3. 송수구로부터 연결송수관설비의 주배관에 이르는 연결배관에 개폐밸브를 설치한 때에는 그 개폐상태를 쉽게 확인 및 조작할 수 있는 옥외 또는 기계실 등의 장소에 설치하고, 그 밸브의 개폐상태를 감시제어반에서 확인할 수 있도록 급수개폐밸브 작동표시 스위치를 설치할 것

4. 구경 65밀리미터의 쌍구형으로 할 것
5. 송수구에는 그 가까운 곳의 보기 쉬운 곳에 송수압력범위를 표시한 표지를 할 것
6. 송수구는 연결송수관의 수직배관마다 한 개 이상을 설치할 것
7. 송수구의 가까운 부분에 자동배수밸브 및 체크밸브를 설치할 것
8. 송수구에는 가까운 곳의 보기 쉬운 곳에 "연결송수관설비송수구"라고 표시한 표지를 설치할 것
9. 송수구에는 이물질을 막기 위한 마개를 씌울 것

제5조(배관 등)
① 연결송수관설비의 배관은 다음 각 호의 기준에 따라 설치해야 한다.
  1. 주배관은 구경 100밀리미터 이상의 전용배관으로 할 것. 다만, 주배관의 구경이 100밀리미터 이상인 옥내소화전설비의 배관과는 겸용할 수 있다.
  2. 지면으로부터의 높이가 31미터 이상인 특정소방대상물 또는 지상 11층 이상인 특정소방대상물에 있어서는 습식설비로 할 것
② 배관과 배관이음쇠는 배관용 탄소 강관(KS D 3507) 또는 배관 내 사용압력이 1.2메가파스칼 이상일 경우에는 압력 배관용 탄소 강관(KS D 3562)이나 이와 동등 이상의 강도·내식성 및 내열성을 국내·외 공인기관으로부터 인정받은 것을 사용해야 한다.
③ 제2항에도 불구하고 화재 등 재해로 인하여 배관의 성능에 영향을 받을 우려가 적은 장소에는 소방청장이 정하여 고시한 「소방용합성수지배관의 성능인증 및 제품검사의 기술기준」에 적합한 소방용 합성수지배관으로 설치할 수 있다.
④ 성능시험배관은 펌프의 토출측에 설치된 개폐밸브 이전에서 분기하여 설치하고, 유량측정장치를 기준으로 전단에 개폐밸브를 후단에 유량조절밸브를 설치해야 한다.
⑤ 성능시험배관에 설치하는 유량측정장치는 성능시험배관의 직관부에 설치하되, 펌프 정격토출량의 175퍼센트 이상을 측정할 수 있는 것으로 해야 한다.
⑥ 연결송수관설비의 수직배관은 내화구조로 구획된 계단실(부속실을 포함한다) 또는 파이프덕트 등 화재의 우려가 없는 장소에 설치해야 한다.
⑦ 확관형 분기배관을 사용할 경우에는 소방청장이 정하여 고시한 「분기배관의 성능인증 및 제품검사의 기술기준」에 적합한 것으로 설치해야 한다.
⑧ 배관은 다른 설비의 배관과 쉽게 구분이 될 수 있는 위치에 설치하거나, 적색 등으로 식별이 가능하도록 소방용 설비의 배관임을 표시해야 한다.

제6조(방수구)
연결송수관설비의 방수구는 다음 각 호의 기준에 따라 설치해야 한다.
1. 연결송수관설비의 방수구는 그 특정소방대상물의 층마다 설치할 것
2. 방수구는 계단(아파트 또는 바닥면적이 1,000제곱미터 미만인 층에 있어서는 한 개의 계단을 말하며, 바닥면적이 1,000제곱미터 이상인 층에 있어서는 두 개의 계단을 말한다)으로부터 5미터 이내에 설치하되, 그 방수구로부터 그 층의 각 부분까지의 거리가 다음 각 목의 기준을 초과하는 경우에는 그 기준 이하가 되도록 방수구를 추가하여 설치할 것
   가. 지하가(터널은 제외한다) 또는 지하층의 바닥면적의 합계가 3,000제곱미터 이상인 것은 수평거리 25미터
   나. 가목에 해당하지 않는 것은 수평거리 50미터
3. 11층 이상의 부분에 설치하는 방수구는 쌍구형으로 할 것
4. 방수구의 호스접결구는 바닥으로부터 높이 0.5미터 이상 1미터 이하의 위치에 설치할 것

5. 방수구는 연결송수관설비의 전용방수구 또는 옥내소화전방수구로서 구경 65밀리미터의 것으로 설치할 것
6. 방수구에는 방수구의 위치를 표시하는 표시등 또는 축광식표지를 설치할 것
7. 방수구는 개폐기능을 가진 것으로 설치해야 하며, 평상 시 닫힌 상태를 유지할 것

제7조(방수기구함)

연결송수관설비의 방수기구함은 다음 각 호의 기준에 따라 설치해야 한다.
1. 방수기구함은 피난층과 가장 가까운 층을 기준으로 3개 층마다 설치하되, 그 층의 방수구마다 보행거리 5미터 이내에 설치할 것
2. 방수기구함에는 방수구에 연결하였을 때 그 방수구가 담당하는 구역의 각 부분에 유효하게 물이 뿌려질 수 있는 개수 이상의 길이 15미터의 호스와 방사형 관창 2개 이상(단구형 방수구의 경우에는 1개)을 비치할 것
3. 방수기구함에는 "방수기구함"이라고 표시한 축광식 표지를 할 것

제8조(가압송수장치 등)

지표면에서 최상층 방수구의 높이가 70미터 이상의 특정소방대상물에는 다음 각 호의 기준에 따라 연결송수관설비의 가압송수장치를 설치해야 한다.
1. 쉽게 접근할 수 있고 점검하기에 충분한 공간이 있는 장소로서 화재 및 침수 등의 재해로 인한 피해를 받을 우려가 없는 곳에 설치할 것
2. 동결방지조치를 하거나 동결의 우려가 없는 장소에 설치할 것
3. 펌프는 전용으로 할 것
4. 펌프의 토출측에는 압력계를 설치하고, 흡입측에는 연성계 또는 진공계를 설치할 것
5. 펌프의 성능은 체절운전 시 정격토출압력의 140퍼센트를 초과하지 않고, 정격토출량의 150퍼센트로 운전 시 정격토출압력의 65퍼센트 이상이 되어야 하며, 펌프의 성능을 시험할 수 있는 성능시험배관을 설치할 것〈개정 2024. 5. 10.〉
5의2. 펌프의 성능시험을 위한 전용의 수조를 설치할 것〈신설 2024. 5. 10.〉
5의3. 수조의 유효수량은 펌프 정격토출량의 150퍼센트로 5분 이상 시험할 수 있는 양 이상이 되도록 할 것〈신설 2024. 5. 10.〉
5의4. 펌프의 성능시험 시 방수되는 물로 침수피해가 발생하지 않도록 배수설비가 되어 있을 것
6. 가압송수장치에는 체절운전시 수온의 상승을 방지하기 위한 순환배관을 설치할 것
7. 펌프의 토출량은 분당 2,400리터(계단식 아파트의 경우에는 분당 1,200리터) 이상이 되는 것으로 할 것. 다만, 해당 층에 설치된 방수구가 3개를 초과(방수구가 5개 이상인 경우에는 5개)하는 것에 있어서는 1개마다 분당 800리터(계단식 아파트의 경우에는 분당 400리터)를 가산한 양이 되는 것으로 할 것
8. 펌프의 양정은 최상층에 설치된 노즐선단의 압력이 0.35 메가파스칼 이상의 압력이 되도록 할 것
9. 가압송수장치는 방수구가 개방될 때 자동으로 기동되거나 수동스위치의 조작에 따라 기동되도록 할 것. 이 경우 수동스위치는 두 개 이상을 설치하되, 그중 한 개는 다음 각 목의 기준에 따라 송수구의 부근에 설치해야 한다.
   가. 송수구로부터 5미터 이내의 보기 쉬운 장소에 바닥으로부터 높이 0.8미터 이상 1.5미터 이하로 설치할 것
   나. 1.5밀리미터 이상의 강판함에 수납하여 설치하고 "연결송수관설비 수동스위치"라고 표시한 표지를 부착할 것. 이 경우 문짝은 불연재료로 설치할 수 있다.
   다. 「전기사업법」 제67조에 따른 기술기준에 따라 접지하고 빗물 등이 들어가지 않는 구조로 할 것
10. 기동장치로는 기동용수압개폐장치 또는 이와 동등 이상의 성능이 있는 것으로 설치할 것
11. 수원의 수위가 펌프보다 낮은 위치에 있는 가압송수장치에는 물올림장치를 설치할 것
12. 기동용수압개폐장치를 기동장치로 사용할 경우에는 충압펌프를 설치할 것

13. 내연기관을 사용하는 경우에는 제어반에 따라 내연기관의 자동기동 및 수동기동이 가능하고 기동장치의 기동을 명시하는 적색등을 설치해야 하며 상시 충전되어 있는 축전지설비와 펌프를 20분 이상 운전할 수 있는 용량의 연료를 갖출 것
14. 가압송수장치에는 "연결송수관펌프"라고 표시한 표지를 할 것
15. 가압송수장치가 기동이 된 경우에는 자동으로 정지되지 않도록 할 것
16. 가압송수장치는 부식 등으로 인한 펌프의 고착을 방지할 수 있도록 부식에 강한재질을 사용할 것

제9조(전원 등)

① 가압송수장치의 상용전원회로의 배선은 전용배선으로 하고, 상용전원의 공급에 지장이 없도록 설치해야 한다.
② 비상전원은 자가발전설비, 축전지설비 또는 전기저장장치로서 다음 각 호의 기준에 따라 설치해야 한다.
 1. 점검에 편리하고 화재 및 침수 등의 재해로 인한 피해를 받을 우려가 없는 곳에 설치할 것
 2. 연결송수관설비를 유효하게 20분 이상 작동할 수 있어야 할 것
 3. 상용전원으로부터 전력의 공급이 중단된 때에는 자동으로 비상전원으로부터 전력을 공급받을 수 있 도록 할 것
 4. 비상전원의 설치장소는 다른 장소와 방화구획 할 것
 5. 비상전원을 실내에 설치하는 때에는 그 실내에 비상조명등을 설치할 것

제10조(배선 등)

① 연결송수관설비의 배선은 「전기사업법」 제67조에 따른 「전기설비기술기준」에서 정한 것 외에 다음 각 호의 기준에 따라 설치해야 한다.
 1. 비상전원으로부터 동력제어반 및 가압송수장치에 이르는 전원회로배선은 내화배선으로 할 것
 2. 상용전원으로부터 동력제어반에 이르는 배선, 그 밖의 연결송수관설비의 감시·조작 또는 표시등회로의 배선은 내화배선 또는 내열배선으로 할 것
② 연결송수관설비의 과전류차단기 및 개폐기에는 "연결송수관설비용"이라고 표시한 표지를 해야 한다.
③ 연결송수관설비용 전기배선의 양단 및 접속단자에는 식별이 용이하도록 표지 또는 표시를 해야 한다.

제11조(송수구의 겸용)

연결송수관설비의 송수구를 옥내소화전설비와 겸용으로 설치하는 경우에는 연결송수관설비의 송수구 설치기준에 따르되 각각의 소화설비의 기능에 지장이 없도록 해야 한다.

제12조(설치·관리기준의 특례)

제13조(재검토기한)

11. 무선통신보조설비의 화재안전성능기준(NFPC 505)
[시행 2022.12. 1] 18회

제1조(목적)
이 기준은 「소방시설 설치 및 관리에 관한 법률」제2조제1항제6호가목에 따라 소방청장에게 위임한 사항 중 소화활동설비인 무선통신보조설비의 성능기준을 규정함을 목적으로 한다.

제2조(적용범위)
이 기준은 「소방시설 설치 및 관리에 관한 법률 시행령」별표 4 제5호마목에 따른 무선통신보조설비의 설치 및 관리에 대해 적용한다.

제3조(정의)
이 기준에서 사용하는 용어의 정의는 다음과 같다..
1. "누설동축케이블": 동축케이블의 외부도체에 가느다란 홈을 만들어서 전파가 외부로 새어나갈 수 있도록 한 케이블
2. "분배기": 신호의 전송로가 분기되는 장소에 설치하는 것으로 임피던스 매칭(Matching)과 신호 균등분 배를 위해 사용하는 장치
3. "분파기": 서로 다른 주파수의 합성된 신호를 분리하기 위해서 사용하는 장치
4. "혼합기": 두개 이상의 입력신호를 원하는 비율로 조합한 출력이 발생하도록 하는 장치
5. "증폭기": 신호 전송 시 신호가 약해져 수신이 불가능해지는 것을 방지하기 위해서 증폭하는 장치
6. "무선중계기"란 안테나를 통하여 수신된 무전기 신호를 증폭한 후 음영지역에 재방사하여 무전기 상호간 송수신이 가능하도록 하는 장치를 말한다.
7. "옥외안테나"란 감시제어반 등에 설치된 무선중계기의 입력과 출력포트에 연결되어 송수신 신호를 원활하게 방사·수신하기 위해 옥외에 설치하는 장치를 말한다.

제4조(설치제외)
지하층으로서 특정소방대상물의 바닥부분 2면 이상이 지표면과 동일하거나 지표면으로부터의 깊이가 1m 이하인 경우에는 해당층에 한하여 무선통신보조설비를 설치하지 아니할 수 있다.

제5조(누설동축케이블 등)
① 무선통신보조설비의 누설동축케이블 등은 다음 각 호의 기준에 따라 설치해야 한다.
1. 소방전용주파수대에서 전파의 전송 또는 복사에 적합한 것으로서 소방전용의 것으로 할 것.
2. 누설동축케이블과 이에 접속하는 안테나 또는 동축케이블과 이에 접속하는 안테나로 구성할 것
3. 누설동축케이블 및 동축케이블은 불연 또는 난연성의 것으로서 습기 등의 환경조건에 따라 전기의 특성이 변질되지 않는 것으로 하고, 노출하여 설치한 경우에는 피난 및 통행에 장애가 없도록 할 것
4. 누설동축케이블 및 동축케이블은 화재에 따라 해당 케이블의 피복이 소실된 경우에 케이블 본체가 떨어지지 않도록 4미터 이내마다 금속제 또는 자기제 등의 지지금구로 벽·천장·기둥 등에 견고하게 고정할 것
5. 누설동축케이블 및 안테나는 금속판 또는 고압의 전로에 의해 그 기능에 장애가 발생되지 않는 위치에 설치할 것
6. 누설동축케이블의 끝부분에는 무반사 종단저항을 견고하게 설치할 것

② 누설동축케이블 또는 동축케이블의 임피던스는 50옴으로 하고, 이에 접속하는 안테나·분배기 기타의 장치는 해당 임피던스에 적합한 것으로 해야 한다.

③ 무선통신보조설비는 누설동축케이블 또는 동축케이블과 이에 접속하는 안테나가 설치된 층은 모든 부분(계단실, 승강기, 별도 구획된 실 포함)에서 유효하게 통신이 가능하도록 설치해야 한다.

제6조(옥외안테나)

옥외안테나는 다음 각 호의 기준에 따라 설치해야 한다.
1. 건축물, 지하가, 터널 또는 공동구의 출입구 및 출입구 인근에서 통신이 가능한 장소에 설치할 것
2. 다른 용도로 사용되는 안테나로 인한 통신장애가 발생하지 않도록 설치할 것
3. 옥외안테나는 견고하게 파손의 우려가 없는 곳에 설치하고 그 가까운 곳의 보기 쉬운 곳에 "무선통신보조설비 안테나"라는 표시와 함께 통신 가능거리를 표시한 표지를 설치할 것
4. 수신기가 설치된 장소 등 사람이 상시 근무하는 장소에는 옥외 안테나의 위치가 모두 표시된 옥외안테나 위치표시도를 비치할 것

제7조(분배기 등)

분배기·분파기 및 혼합기 등은 다음 각호의 기준에 따라 설치해야 한다.
1. 먼지·습기 및 부식 등에 따라 기능에 이상을 가져오지 아니하도록 할 것
2. 임피던스는 50Ω의 것으로 할 것
3. 점검에 편리하고 화재 등의 재해로 인한 피해의 우려가 없는 장소에 설치할 것

제8조(증폭기 등) 18회

증폭기 및 무선중계기를 설치하는 경우에는 다음 각호의 기준에 따라 설치해야 한다.
1. 상용전원은 전기가 정상적으로 공급되는 축전지설비, 전기저장장치 또는 교류전압의 옥내 간선으로 하고, 전원까지의 배선은 전용으로 하며, 증폭기 전면에는 전원의 정상 여부를 표시할 수 있는 장치를 설치할 것
2. 증폭기에는 비상전원이 부착된 것으로 하고 해당 비상전원 용량은 무선통신보조설비를 유효하게 30분 이상 작동시킬 수 있는 것으로 할 것
3. 증폭기 및 무선중계기를 설치하는 경우에는 「전파법」 제58조의2에 따른 적합성평가를 받은 제품으로 설치하고 임의로 변경하지 않도록 할 것
4. 디지털 방식의 무전기를 사용하는데 지장이 없도록 설치할 것

제9조(설치·관리기준의 특례)

제10조(재검토 기한)

제11조(규제의 재검토)

건축물의 에너지절약설계기준 〈시행 2023. 2. 28.〉

제1장 총칙

제1조(목적)
이 기준은 「녹색건축물 조성 지원법」제12조, 제14조, 제14조의2, 제15조, 같은 법 시행령 제9조, 제10조, 제10조의2, 제11조 및 같은 법 시행규칙 제7조, 제7조의2의 규정에 의한 건축물의 효율적인 에너지 관리를 위하여 열손실 방지 등 에너지절약 설계에 관한 기준, 에너지절약계획서 및 설계 검토서 작성기준, 녹색건축물의 건축을 활성화하기 위한 건축기준 완화에 관한 사항 등을 정함을 목적으로 한다.

제2조(건축물의 열손실방지 등)
① 건축물을 건축하거나 대수선, 용도변경 및 건축물대장의 기재내용을 변경하는 경우에는 다음 각 호의 기준에 의한 열손실방지 등의 에너지이용합리화를 위한 조치를 하여야 한다.
  1. 거실의 외벽, 최상층에 있는 거실의 반자 또는 지붕, 최하층에 있는 거실의 바닥, 바닥난방을 하는 층간 바닥, 거실의 창 및 문 등은 별표1의 열관류율 기준 또는 별표3의 단열재 두께 기준을 준수하여야 하고, 단열조치 일반사항 등은 제6조의 건축부문 의무사항을 따른다.
  2. 건축물의 배치·구조 및 설비 등의 설계를 하는 경우에는 에너지가 합리적으로 이용될 수 있도록 한다.
② 제1항에도 불구하고 열손실의 변동이 없는 증축, 대수선, 용도변경, 건축물대장의 기재내용 변경의 경우에는 관련 조치를 하지 아니할 수 있다. 다만 종전에 제3항에 따른 열손실방지 등의 조치 예외대상이었으나 조치대상으로 용도변경 또는 건축물대장의 기재내용 변경의 경우에는 관련 조치를 하여야 한다.
③ 다음 각 호의 어느 하나에 해당하는 건축물 또는 공간에 대해서는 제1항 제1호를 적용하지 아니할 수 있다. 다만, 제1호 및 제2호의 경우 냉방 또는 난방 설비를 설치할 계획이 있는 건축물 또는 공간에 대해서는 제1항 제1호를 적용하여야 한다.
  1. 창고·차고·기계실 등으로서 거실의 용도로 사용하지 아니하고, 냉방 또는 난방 설비를 설치하지 아니하는 건축물 또는 공간
  2. 냉방 또는 난방 설비를 설치하지 아니하고 용도 특성상 건축물 내부를 외기에 개방시켜 사용하는 등 열손실 방지조치를 하여도 에너지절약의 효과가 없는 건축물 또는 공간
  3. 「건축법 시행령」별표1 제25호에 해당하는 건축물 중 「원자력 안전법」제10조 및 제20조에 따라 허가를 받는 건축물

제3조(에너지절약계획서 제출 예외대상 등)
① 영 제10조 제1항에 따라 에너지절약계획서를 첨부할 필요가 없는 건축물은 다음 각 호와 같다.
  1. 「건축법 시행령」에 따른 변전소, 도시가스배관시설, 정수장, 양수장 중 냉·난방 설비를 설치하지 아니하는 건축물
  2. 「건축법 시행령」에 따른 운동시설 중 냉·난방 설비를 설치하지 아니하는 건축물
  3. 「건축법 시행령」에 따른 위락시설 중 냉·난방 설비를 설치하지 아니하는 건축물
  4. 「건축법 시행령」에 따른 관광 휴게시설 중 냉·난방 설비를 설치하지 아니하는 건축물
  5. 「주택법」에 따라 사업계획 승인을 받아 건설하는 주택으로서 「주택건설기준 등에 관한 규정」에 따라 「에너지절약형 친환경주택의 건설기준」에 적합한 건축물

② 영 제10조 제1항에서 "연면적의 합계"는 다음 각 호에 따라 계산한다.
 1. 같은 대지에 모든 바닥면적을 합하여 계산한다.
 2. 주거와 비주거는 구분하여 계산한다.
 3. 증축이나 용도변경, 건축물대장의 기재내용을 변경하는 경우 이 기준을 해당 부분에만 적용할 수 있다.
 4. 연면적의 합계 500제곱미터 미만으로 허가를 받거나 신고한 후 「건축법」에 따라 허가와 신고사항을 변경하는 경우에는 당초 허가 또는 신고 면적에 변경되는 면적을 합하여 계산한다.
 5. 열손실방지 등의 에너지이용합리화를 위한 조치를 하지 않아도 되는 건축물 또는 공간, 주차장, 기계실 면적은 제외한다.
③ 제1항 및 영 제10조 제1항 제3호의 건축물 중 냉난방 설비를 설치하고 냉난방 열원을 공급하는 대상의 연면적의 합계가 500제곱미터 미만인 경우에는 에너지절약계획서를 제출하지 아니한다.

제3조의2(에너지절약계획서 사전확인 등)
① 법 제14조 제1항에 따라 에너지절약계획서를 제출하여야 하는 자는 그 신청을 하기 전에 영 제10조 제2항의 허가권자에게 에너지절약계획서 사전확인을 신청할 수 있다.
② 제1항에 따른 사전확인을 신청하는 자(이하 "사전확인신청자")는 에너지절약계획서를 신청구분 사전확인란에 표시하여 제출하여야 한다.
③ 허가권자는 사전확인 신청을 받으면 에너지절약계획서 관련 도서 등을 검토한 후 사전확인 결과를 사전확인신청자에게 알려야 한다.
④ 허가권자는 사전확인신청자로부터 제출된 에너지절약계획서를 검토하는 경우 규칙 에너지 관련 전문기관에 에너지절약계획서의 검토 및 보완을 거치도록 할 수 있으며, 이 경우 에너지절약계획서 검토 수수료는 규칙 별표 1과 같다.
⑤ 제1항부터 제4항에 따른 처리절차는 규칙 별지 제1호서식의 처리절차와 같으며, 효율적인 업무 처리를 위하여 건축법 제32조 제1항에 따른 전자정보처리 시스템을 이용할 수 있다.
⑥ 제3항에 따른 사전확인 결과가 제14조 및 제15조 또는 제14조 및 제21조에 따른 판정기준에 적합한 경우 사전확인이 이루어진 것으로 보며, 에너지절약계획서의 적절성 등을 검토하지 아니할 수 있다. 다만, 사전확인 결과 중 에너지절약계획 설계 검토서의 항목별 평가결과에 변동이 있을 경우에는 그러하지 아니하다.
⑦ 사전확인의 유효기간은 사전확인 결과를 통지받은 날로부터 1개월이며, 이 유효기간이 경과된 경우 법 제14조 제3항의 적용을 받지 아니한다.

제4조(적용예외)
다음 각 호에 해당하는 경우 이 기준의 전체 또는 일부를 적용하지 않을 수 있다.
 1. 삭제
 2. 건축물 에너지효율 1+등급 이상(단, 공공기관의 경우 1++등급 이상)을 취득한 경우에는 제15조 및 제21조를 적용하지 아니할 수 있으며, 제로에너지건축물 인증을 취득한 경우에는 별지 제1호서식 에너지절약계획 설계 검토서를 제출하지 아니할 수 있다.
 3. 건축물의 기능·설계조건 또는 시공 여건상의 특수성 등으로 인하여 이 기준의 적용이 불합리한 것으로 지방건축위원회가 심의를 거쳐 인정하는 경우에는 이 기준의 해당 규정을 적용하지 아니할 수 있다. 다만, 지방건축위원회 심의 시에는 「건축물 에너지효율등급 및 제로에너지건축물 인증에 관한 규칙」 제4조제4항 각 호의 어느 하나에 해당하는 건축물 에너지 관련 전문인력 1인 이상을 참여시켜 의견을 들어야 한다.
 4. 건축물을 증축하거나 용도변경, 건축물대장의 기재내용을 변경하는 경우에는 제15조를 적용하지 아니할 수 있다. 다만, 별동으로 건축물을 증축하는 경우와 기존 건축물 연면적의 100분의 50 이상을 증축하면서 해당 증축 연면적의 합계가 2,000제곱미터 이상인 경우에는 그러하지 아니한다.

5. 허가 또는 신고대상의 같은 대지 내 주거 또는 비주거를 구분한 제3조제2항 및 3항에 따른 연면적의 합계가 500제곱미터 이상이고 2천제곱미터 미만인 건축물 중 연면적의 합계가 500제곱미터 미만인 개별동의 경우에는 제15조 및 제21조를 적용하지 아니할 수 있다.
6. 열손실의 변동이 없는 증축, 용도변경 및 건축물대장의 기재내용을 변경하는 경우에는 별지 제1호 서식 에너지절약 설계 검토서를 제출하지 아니할 수 있다. 다만, 종전에 제2조제3항에 따른 열손실방지 등의 조치 예외대상이었으나 조치대상으로 용도변경 또는 건축물대장 기재내용의 변경의 경우에는 그러하지 아니한다.
7. 「건축법」 제16조에 따라 허가와 신고사항을 변경하는 경우에는 변경하는 부분에 대해서만 규칙 제7조에 따른 에너지절약계획서 및 별지 제1호 서식에 따른 에너지절약 설계 검토서(이하 "에너지절약계획서 및 설계 검토서"라 한다)를 제출할 수 있다.
8. 제21조제2항에서 제시하는 건축물 에너지소요량 평가서 판정기준을 만족하는 경우에는 제15조를 적용하지 아니할 수 있다.

제5조(용어의 정의) 이 기준에서 사용하는 용어의 뜻은 다음 각 호와 같다.
1. "의무사항": 건축물을 건축하는 건축주와 설계자 등이 건축물의 설계 시 필수적으로 적용해야 하는 사항
2. "권장사항": 건축물을 건축하는 건축주와 설계자 등이 건축물의 설계 시 선택적으로 적용이 가능한 사항
3. "건축물에너지 효율등급 인증": 국토교통부와 산업통상자원부의 공동부령인 「건축물 에너지효율등급 및 제로에너지건축물 인증에 관한 규칙」에 따라 인증을 받는 것
4. "제로에너지건축물 인증": 국토교통부와 산업통상자원부의 공동부령인 「건축물 에너지효율등급 및 제로에너지건축물 인증에 관한 규칙」에 따라 제로에너지건축물 인증을 받는 것
5. "녹색건축인증": 국토교통부와 환경부의 공동부령인 「녹색건축의 인증에 관한 규칙」에 따라 인증을 받는 것
6. "고효율에너지기자재인증제품"(이하 "고효율인증제품"): 산업통상자원부 고시 「고효율에너지기자재 보급촉진에 관한규정」(이하 "고효율인증규정")에서 정한 기준을 만족하여 한국에너지공단에서 인증서를 교부받은 제품
7. "완화기준": 「건축법」, 「국토의 계획 및 이용에 관한 법률」 및 「지방자치단체 조례」 등에서 정하는 건축물의 용적률 및 높이제한 기준을 적용함에 있어 완화 적용할 수 있는 비율을 정한 기준
8. "예비인증": 건축물의 완공 전에 설계도서 등으로 인증기관에서 건축물 에너지효율등급 인증, 제로에너지건축물 인증, 녹색건축인증을 받는 것
9. "본인증": 신청건물의 완공 후에 최종설계도서 및 현장 확인을 거쳐 최종적으로 인증기관에서 건축물 에너지효율등급 인증, 제로에너지건축물 인증, 녹색건축인증을 받는 것
10. 건축부문
    (1) "거실": 건축물 안에서 거주(단위 세대 내 욕실·화장실·현관을 포함한다)·집무·작업·집회·오락 기타 이와 유사한 목적을 위하여 사용되는 방을 말하나, 특별히 이 기준에서는 거실이 아닌 냉·난방공간 또한 거실에 포함한다.
    (2) "외피": 거실 또는 거실 외 공간을 둘러싸고 있는 벽·지붕·바닥·창 및 문 등으로서 외기에 직접 면하는 부위
    (3) "거실의 외벽": 거실의 벽 중 외기에 직접 또는 간접 면하는 부위를 말한다. 다만, 복합용도의 건축물인 경우에는 해당 용도로 사용하는 공간이 다른 용도로 사용하는 공간과 접하는 부위를 외벽으로 볼 수 있다.
    (4) "최하층에 있는 거실의 바닥": 최하층(지하층을 포함)으로서 거실인 경우의 바닥과 기타 층으로서 거실의 바닥 부위가 외기에 직접 또는 간접적으로 면한 부위를 말한다. 다만, 복합용도의 건축물인 경우에는 다른 용도로 사용하는 공간과 접하는 부위를 최하층에 있는 거실의 바닥으로 볼 수 있다.
    (5) "최상층에 있는 거실의 반자 또는 지붕": 최상층으로서 거실인 경우의 반자 또는 지붕을 말하며, 기타 층으로서 거실의 반자 또는 지붕 부위가 외기에 직접 또는 간접적으로 면한 부위를 포함한다. 다만, 복합용도의 건축물인 경우에는 다른 용도로 사용하는 공간과 접하는 부위를 최상층에 있는 거실의 반자 또는 지붕으로 볼 수 있다.

(6) "외기에 직접 면하는 부위" : 바깥쪽이 외기이거나 외기가 직접 통하는 공간에 면한 부위
(7) "외기에 간접 면하는 부위" : 외기가 직접 통하지 아니하는 비난방 공간(지붕 또는 반자, 벽체, 바닥 구조의 일부로 구성되는 내부 공기층은 제외한다)에 접한 부위, 외기가 직접 통하는 구조나 실내공기의 배기를 목적으로 설치하는 샤프트 등에 면한 부위, 지면 또는 토양에 면한 부위
(8) "방풍구조" : 출입구에서 실내외 공기 교환에 의한 열출입을 방지할 목적으로 설치하는 방풍실 또는 회전문 등을 설치한 방식
(9) "기밀성 창", "기밀성 문" : 창 및 문으로서 한국산업규격 규정에 의하여 기밀성 등급에 따른 기밀성이 1~5등급(통기량 5㎥/h·㎡ 미만)인 것
(11) "외단열" : 건축물 각 부위의 단열에서 단열재를 구조체의 외기측에 설치하는 단열방법으로서 모서리 부위를 포함하여 시공하는 등 열교를 차단한 경우를 말한다.
(12) "방습층" : 습한 공기가 구조체에 침투하여 결로발생의 위험이 높아지는 것을 방지하기 위해 설치하는 투습도가 24시간당 30g/㎡ 이하 또는 투습계수 0.28g/㎡·h·mmHg 이하의 투습저항을 가진 층을 말한다.(시험방법은 한국산업규격 방습포장재료의 투습도 시험방법 또는 건축 재료의 투습성 측정 방법에서 정하는 바에 따른다) 다만, 단열재 또는 단열재의 내측에 사용되는 마감재가 방습층으로서 요구되는 성능을 가지는 경우에는 그 재료를 방습층으로 볼 수 있다.
(13) "야간단열장치" : 창의 야간 열손실을 방지할 목적으로 설치하는 단열셔터, 단열덧문으로서 총열관류저항(열관류율의 역수)이 0.4㎡·K/W 이상인 것
(14) "평균 열관류율" : 지붕(천창 등 투명 외피부위를 포함하지 않는다), 바닥, 외벽(창 및 문을 포함한다) 등의 열관류율 계산에 있어 세부 부위별로 열관류율 값이 다를 경우 이를 면적으로 가중평균하여 나타낸 것을 말한다. 단, 평균열관류율은 중심선 치수를 기준으로 계산한다.
(15) 창 및 문의 열관류율 값은 유리와 창틀(또는 문틀)을 포함한 평균 열관류율을 말한다.
(16) "투광부" : 창, 문면적의 50% 이상이 투과체로 구성된 문, 유리블럭, 플라스틱패널 등과 같이 투과재료로 구성되며, 외기에 접하여 채광이 가능한 부위
(17) "태양열취득률이라 함은 입사된 태양열에 대하여 실내로 유입된 태양열취득의 비율
(18) "차양장치" : 태양열의 실내 유입을 저감하기 위한 목적의 장치 또는 구조체로서 설치위치에 따라 외부 차양과 내부 차양 그리고 유리간 사이 차양으로 구분하며, 가동 유무에 따라 고정식과 가변식으로 나눌 수 있다.
(19) "일사조절장치" : 태양열의 실내 유입을 조절하기 위한 목적으로 설치하는 장치

11. 기계설비부문[21·23회]
(1) "위험률" : 은 냉(난)방기간 동안 또는 연간 총시간에 대한 온도출현분포중에서 가장 높은(낮은) 온도쪽으로부터 총시간의 일정 비율에 해당하는 온도를 제외시키는 비율
(2) "효율" : 설비기기에 공급된 에너지에 대하여 출력된 유효에너지의 비
(3) "열원설비" : 에너지를 이용하여 열을 발생시키는 설비
(4) "대수분할운전" : 기기를 여러 대 설치하여 부하상태에 따라 최적 운전상태를 유지할 수 있도록 기기를 조합하여 운전하는 방식
(5) "비례제어운전" : 기기의 출력값과 목표값의 편차에 비례하여 입력량을 조절하여 최적운전상태를 유지할 수 있도록 운전하는 방식
(6) "고효율가스보일러" : 가스를 열원으로 이용하는 보일러로서 고효율인증제품과 산업통상자원부 고시 「효율관리기자재 운용규정」에 따른 에너지소비효율 1등급 제품 또는 동등 이상의 성능을 가진 것
(7) "고효율원심식냉동기" : 원심식냉동기 중 고효율인증제품 또는 동등 이상의 성능을 가진 것을 말한다.
(8) "심야전기를 이용한 축열·축냉시스템" : 심야시간에 전기를 이용하여 열을 저장하였다가 이를 난방, 온수, 냉방 등의 용도로 이용하는 설비로서 한국전력공사에서 심야전력기기로 인정한 것

(9) "폐열회수형환기장치" : 난방 또는 냉방을 하는 장소의 환기장치로 실내의 공기를 배출할 때 급기되는 공기와 열교환하는 구조를 가진 것으로서 고효율인증제품 또는 열회수형 환기 장치 부속서 B에서 정하는 시험방법에 따른 에너지계수 값이 냉방시 8 이상, 난방시 15 이상, 유효전열교환효율이 냉방시 45% 이상, 난방시 70% 이상의 성능을 가진 것

(10) "이코노마이저시스템" : 중간기 또는 동계에 발생하는 냉방부하를 실내 엔탈피 보다 낮은 도입 외기에 의하여 제거 또는 감소시키는 시스템

(11) "중앙집중식 냉·난방설비" : 건축물의 전부 또는 냉난방 면적의 60% 이상을 냉방 또는 난방함에 있어 해당 공간에 순환펌프, 증기난방설비 등을 이용하여 열원 등을 공급하는 설비를 말한다. 단, 산업통상자원부 고시 「효율관리기자재 운용규정」에서 정한 가정용 가스보일러는 개별 난방설비로 간주한다.

12. 전기설비부문
(1) "역률개선용커패시터(콘덴서)" : 역률을 개선하기 위하여 변압기 또는 전동기 등에 병렬로 설치하는 커패시터
(2) "전압강하" : 인입전압(또는 변압기 2차전압)과 부하측전압과의 차를 말하며 저항이나 인덕턴스에 흐르는 전류에 의하여 강하하는 전압
(3) "조도자동조절조명기구" : 인체 또는 주위 밝기를 감지하여 자동으로 조명등을 점멸하거나 조도를 자동 조절할 수 있는 센서장치 또는 그 센서를 부착한 등기구
(4) "수용률" : 부하설비 용량 합계에 대한 최대 수용전력의 백분율
(5) "최대수요전력" : 수용가에서 일정 기간 중 사용한 전력의 최대치를 말하며, "최대수요전력제어설비"라 함은 수용가에서 피크전력의 억제, 전력 부하의 평준화 등을 위하여 최대수요전력을 자동제어할 수 있는 설비
(6) "가변속제어기(인버터)" : 정지형 전력변환기로서 전동기의 가변속운전을 위하여 설치하는 설비
(7) "변압기 대수제어" : 변압기를 여러 대 설치하여 부하상태에 따라 필요한 운전대수를 자동 또는 수동으로 제어하는 방식
(8) "대기전력자동차단장치" : 산업통상자원부고시 「대기전력저감프로그램운용규정」에 의하여 대기전력저감우수제품으로 등록된 대기전력자동차단콘센트, 대기전력자동차단스위치
(9) "자동절전멀티탭" : 산업통상자원부고시 「대기전력저감프로그램운용규정」에 의하여 대기전력저감우수제품으로 등록된 자동절전멀티탭
(10) "일괄소등스위치" : 층 또는 구역 단위(세대 단위)로 설치되어 조명등(센서등 및 비상등 제외 가능)을 일괄적으로 켜고 끌 수 있는 스위치
(11) "회생제동장치" : 승강기가 균형추보다 무거운 상태로 하강(또는 반대의 경우)할 때 모터는 순간적으로 발전기로 동작하게 되며, 이 때 생산되는 전력을 다른 회로에서 전원으로 활용하는 방식으로 전력소비를 절감하는 장치 [27회]
(12) "간선" : 인입구에서 분기과전류차단기에 이르는 배선으로서 분기회로의 분기점에서 전원측의 부분

13. 신·재생에너지설비부문
(1) "신·재생에너지" : 「신에너지 및 재생에너지 개발·이용·보급 촉진법」에서 규정하는 것

14. "공공기관" : 산업통상자원부고시 「공공기관 에너지이용 합리화 추진에 관한 규정」에서 정한 기관

15. "전자식 원격검침전자식계량기" : 에너지사용량을 전자식으로 계측하여 에너지 관리자가 실시간으로 모니터링하고 기록할 수 있도록 하는 장치

제6조(건축부문의 의무사항)
제2조에 따른 열손실방지 조치 대상 건축물의 건축주와 설계자 등은 다음 각 호에서 정하는 건축부문의 설계기준을 따라야 한다.
1. 단열조치 일반사항
   가. 외기에 직접 또는 간접 면하는 거실의 각 부위에는 제2조에 따라 건축물의 열손실방지 조치를 하여야 한다. 다만, 다음 부위에 대해서는 그러하지 아니할 수 있다.
   1) 지표면 아래 2미터를 초과하여 위치한 지하 부위(공동주택의 거실 부위는 제외)로서 이중벽의 설치 등 하계 표면결로 방지 조치를 한 경우
   2) 지면 및 토양에 접한 바닥 부위로서 난방공간의 외벽 내표면까지의 모든 수평거리가 10미터를 초과하는 바닥부위
   3) 외기에 간접 면하는 부위로서 당해 부위가 면한 비난방공간의 외피를 별표1에 준하여 단열조치하는 경우
   4) 공동주택의 층간바닥(최하층 제외) 중 바닥난방을 하지 않는 현관 및 욕실의 바닥부위
   5) 제5조 제10호 아목에 따른 방풍구조(외벽제외) 또는 바닥면적 150제곱미터 이하의 개별 점포의 출입문
   6) 「건축법 시행령」별표1 제21호에 따른 동물 및 식물 관련 시설 중 작물재배사 또는 온실 등 지표면을 바닥으로 사용하는 공간의 바닥부위
   7) 「건축법」제49조제3항에 따른 소방관진입창(단, 「건축물의 피난·방화구조 등의 기준에 관한 규칙」제18조의2 제1호를 만족하는 최소 설치 개소로 한정한다.)

   나. 단열조치를 하여야 하는 부위의 열관류율이 위치 또는 구조상의 특성에 의하여 일정하지 않는 경우에는 해당 부위의 평균 열관류율 값을 면적가중 계산에 의하여 구한다.

   다. 단열조치를 하여야 하는 부위에 대하여는 다음 각 호에서 정하는 방법에 따라 단열기준에 적합 한지를 판단할 수 있다.
   1) 이 기준 별표3의 지역별·부위별·단열재 등급별 허용 두께 이상으로 설치하는 경우(단열재의 등급 분류는 별표2에 따름) 적합한 것으로 본다.
   2) 해당 벽·바닥·지붕 등의 부위별 전체 구성재료와 동일한 시료에 대하여 건축용 구성재의 단열성 측정방법에 의한 열저항 또는 열관류율 측정값(국가공인시험기관의 KOLAS 인정마크가 표시된 시험성적서의 값)이 별표1의 부위별 열관류율에 만족하는 경우에는 적합한 것으로 보며, 시료의 공기층(단열재 내부의 공기층 포함) 두께와 동일하면서 기타 구성재료의 두께가 시료보다 증가한 경우와 공기층을 제외한 시료에 대한 측정값이 기준에 만족하고 시료 내부에 공기층을 추가하는 경우에도 적합한 것으로 본다. 단, 공기층이 포함된 경우에는 시공 시에 공기층 두께를 동일하게 유지하여야 한다.
   3) 구성재료의 열전도율 값으로 열관류율을 계산한 결과가 별표1의 부위별 열관류율 기준을 만족하는 경우 적합한 것으로 본다.(단, 각 재료의 열전도율 값은 한국산업규격 또는 국가공인시험기관의 KOLAS 인정마크가 표시된 시험성적서의 값을 사용하고, 표면열전달저항 및 중공층의 열저항은 이 기준 별표5 및 별표6에서 제시하는 값을 사용)
   4) 창 및 문의 경우 창호의 단열성 시험 방법에 의한 국가공인시험기관의 KOLAS 인정마크가 표시된 시험성적서 또는 별표4에 의한 열관류율 값 또는 산업통상자원부고시 「효율관리기자재 운용규정」에 따른 창 세트의 열관류율 표시값이 별표1의 열관류율 기준을 만족하는 경우 적합한 것으로 본다.
   5) 열관류율 또는 열관류저항의 계산결과는 소수점 3자리로 맺음을 하여 적합 여부를 판정한다.(소수점 4째 자리에서 반올림)

   라. 별표1 건축물 부위의 열관류율 산정을 위한 단열재의 열전도율 값은 KS L 9016 및 KS L 8301(또는 KS L 8302) 측정방법에 따른 한국산업규격 품질 값 또는 시험성적서에 의한 값을 사용하되 열전도율 시험을 위한 시료의 평균온도는 20±5℃로 한다.

   마. 수평면과 이루는 각이 70도를 초과하는 경사지붕은 별표1에 따른 외벽의 열관류율을 적용할 수 있다.

바. 바닥난방을 하는 공간의 하부가 바닥난방을 하지 않는 공간일 경우에는 당해 바닥난방을 하는 바닥부위는 최하층에 있는 거실의 바닥으로 보며 외기에 간접 면하는 경우의 열관류율 기준을 만족하여야 한다.
2. 에너지절약계획서 및 설계 검토서 제출대상 건축물은 별지 제1호 서식 에너지절약계획 설계 검토서 중 에너지성능지표(이하 "에너지성능지표"라 한다) 건축부문 1번 항목 배점을 0.6점 이상 획득하여야 한다.
3. 바닥난방에서 단열재의 설치
    가. 바닥난방 부위에 설치되는 단열재는 바닥난방의 열이 슬래브 하부 및 측벽으로 손실되는 것을 막을 수 있도록 온수배관(전기난방인 경우는 발열선) 하부와 슬래브 사이에 설치하고, 온수배관(전기난방인 경우는 발열선) 하부와 슬래브 사이에 설치되는 구성 재료의 열저항의 합계는 층간 바닥인 경우에는 해당 바닥에 요구되는 총열관류저항(별표1에서 제시되는 열관류율의 역수)의 60% 이상, 최하층 바닥인 경우에는 70%(단, 중부1지역은 60%, 중부2지역은 65%) 이상이 되어야 한다. 다만, 바닥난방을 하는 욕실 및 현관부위와 슬래브의 축열을 직접 이용하는 심야전기이용 온돌 등(한국전력의 심야전력이용기기 승인을 받은 것에 한한다)의 경우에는 단열재의 위치가 그러하지 않을 수 있다.
4. 기밀 및 결로방지 등을 위한 조치
    가. 벽체 내표면 및 내부에서의 결로를 방지하고 단열재의 성능 저하를 방지하기 위하여 제2조에 의하여 단열조치를 하여야 하는 부위(창 및 문과 난방공간 사이의 층간 바닥 제외)에는 방습층을 단열재의 실내측에 설치하여야 한다.
    나. 방습층 및 단열재가 이어지는 부위 및 단부는 이음 및 단부를 통한 투습을 방지할 수 있도록 다음과 같이 조치하여야 한다.
        1) 단열재의 이음부는 최대한 밀착하여 시공하거나, 2장을 엇갈리게 시공하여 이음부를 통한 단열성능 저하가 최소화될 수 있도록 조치할 것
        2) 방습층으로 알루미늄박 또는 플라스틱계 필름 등을 사용할 경우의 이음부는 100㎜ 이상 중첩하고 내습성 테이프, 접착제 등으로 기밀하게 마감할 것
        3) 단열부위가 만나는 모서리 부위는 방습층 및 단열재가 이어짐이 없이 시공하거나 이어질 경우 이음부를 통한 단열성능 저하가 최소화되도록 하며, 알루미늄박 또는 플라스틱계 필름 등을 사용할 경우의 모서리 이음부는 150㎜이상 중첩되게 시공하고 내습성 테이프, 접착제 등으로 기밀하게 마감할 것
        4) 방습층의 단부는 단부를 통한 투습이 발생하지 않도록 내습성 테이프, 접착제 등으로 기밀하게 마감할 것
    다. 건축물 외피 단열부위의 접합부, 틈 등은 밀폐될 수 있도록 코킹과 가스켓 등을 사용하여 기밀하게 처리하여야 한다.
    라. 외기에 직접 면하고 1층 또는 지상으로 연결된 출입문은 제5조 제10호 아목에 따른 방풍구조로 하여야 한다. 다만, 다음 각 호에 해당하는 경우에는 그러하지 않을 수 있다.
        1) 바닥면적 3백 제곱미터 이하의 개별 점포의 출입문
        2) 주택의 출입문(단, 기숙사는 제외)
        3) 사람의 통행을 주목적으로 하지 않는 출입문
        4) 너비 1.2미터 이하의 출입문
    마. 방풍구조를 설치하여야 하는 출입문에서 회전문과 일반문이 같이 설치되어진 경우, 일반문 부위는 방풍실 구조의 이중문을 설치하여야 한다.
    바. 건축물의 거실의 창이 외기에 직접 면하는 부위인 경우에는 기밀성 창을 설치하여야 한다.
5. 공공건축물을 건축 또는 리모델링하는 경우 에너지성능지표 건축부문 8번 항목 배점을 0.6점 이상 획득하여야 한다. 다만, 건축물 에너지효율 1++등급 이상을 취득한 경우 또는 건축물 에너지소요량 평가서의 단위면적당 1차 에너지소요량의 합계가 적합할 경우에는 그러하지 아니할 수 있다.

제7조(건축부문의 권장사항)²⁴회
에너지절약계획서 제출대상 건축물의 건축주와 설계자 등은 다음 각 호에서 정하는 사항을 제15조의 규정에 적합하도록 선택적으로 채택할 수 있다.

1. 배치계획
   가. 건축물은 대지의 향, 일조 및 주풍향 등을 고려하여 배치하며, 남향 또는 남동향 배치를 한다.
   나. 공동주택은 인동간격을 넓게 하여 저층부의 태양열 취득을 최대한 증대시킨다.
2. 평면계획
   가. 거실의 층고 및 반자 높이는 실의 용도와 기능에 지장을 주지 않는 범위 내에서 가능한 낮게 한다.
   나. 건축물의 체적에 대한 외피면적의 비 또는 연면적에 대한 외피면적의 비는 가능한 작게 한다.
   다. 실의 냉난방 설정온도, 사용스케줄 등을 고려하여 에너지절약적 조닝계획을 한다.
3. 단열계획
   가. 건축물 용도 및 규모를 고려하여 건축물 외벽, 천장 및 바닥으로의 열손실이 최소화되도록 설계한다.
   나. 외벽 부위는 외단열로 시공한다.
   다. 외피의 모서리 부분은 열교가 발생하지 않도록 단열재를 연속적으로 설치하고, 기타 열교부위는 별표11의 외피 열교부위별 선형 열관류율 기준에 따라 충분히 단열되도록 한다.
   라. 건물의 창 및 문은 가능한 작게 설계하고, 특히 열손실이 많은 북측 거실의 창 및 문의 면적은 최소화한다.
   마. 발코니 확장을 하는 공동주택이나 창 및 문의 면적이 큰 건물에는 단열성이 우수한 로이(Low-E) 복층창이나 삼중창 이상의 단열성능을 갖는 창을 설치한다.
   바. 태양열 유입에 의한 냉·난방부하를 저감할 수 있도록 일사조절장치, 태양열취득률(SHGC), 창 및 문의 면적비 등을 고려한 설계를 한다. 건축물 외부에 일사조절장치를 설치하는 경우에는 비, 바람, 눈, 고드름 등의 낙하 및 화재 등의 사고에 대비하여 안전성을 검토하고 주변 건축물에 빛반사에 의한 피해 영향을 고려하여야 한다.
   사. 건물 옥상에는 조경을 하여 최상층 지붕의 열저항을 높이고, 옥상면에 직접 도달하는 일사를 차단하여 냉방부하를 감소시킨다.
4. 기밀계획
   가. 틈새바람에 의한 열손실을 방지하기 위하여 외기에 직접 또는 간접으로 면하는 거실 부위에는 기밀성 창 및 문을 사용한다.
   나. 공동주택의 외기에 접하는 주동의 출입구와 각 세대의 현관은 방풍구조로 한다.
   다. 기밀성을 높이기 위하여 외기에 직접 면한 거실의 창 및 문 등 개구부 둘레를 기밀테이프 등을 활용하여 외기가 침입하지 못하도록 기밀하게 처리한다.
5. 자연채광계획
   가. 자연채광을 적극적으로 이용할 수 있도록 계획한다. 특히 학교의 교실, 문화 및 집회시설의 공용부분(복도, 화장실, 휴게실, 로비 등)은 1면 이상 자연채광이 가능하도록 한다.

제2절 기계설비부문 설계기준

제8조(기계부문의 의무사항)
에너지절약계획서 제출대상 건축물의 건축주와 설계자 등은 다음 각 호에서 정하는 기계부문의 설계기준을 따라야 한다.
1. 설계용 외기조건
   난방 및 냉방설비의 용량계산을 위한 외기조건은 각 지역별로 위험률 2.5%(냉방기 및 난방기를 분리한 온도출현분포를 사용할 경우) 또는 1%(연간 총시간에 대한 온도출현 분포를 사용할 경우)로 하거나 별표7에서 정한 외기온·습도를 사용한다. 별표7 이외의 지역인 경우에는 상기 위험률을 기준으로 하여 가장 유사한 기후조건을 갖는 지역의 값을 사용한다. 다만, 지역난방공급방식을 채택할 경우에는 산업통상자원부 고시「집단에너지시설의 기술기준」에 의하여 용량계산을 할 수 있다.
2. 열원 및 반송설비
   가. 공동주택에 중앙집중식 난방설비(집단에너지사업법에 의한 지역난방공급방식을 포함한다)를 설치하는 경우에는「주택건설기준 등에 관한 규정」제37조의 규정에 적합한 조치를 하여야 한다.
   나. 펌프는 한국산업규격(KS B 6318, 7501, 7505등) 표시인증제품 또는 KS규격에서 정해진 효율 이상의 제품을 설치하여야 한다.
   다. 기기배관 및 덕트는 국토교통부에서 정하는「건축기계설비공사 표준시방서」의 보온두께 이상 또는 그 이상의 열저항을 갖도록 단열조치를 하여야 한다. 다만, 건축물 내의 벽체 또는 바닥에 매립되는 배관 등은 그러하지 아니할 수 있다.
3. 「공공기관 에너지이용 합리화 추진에 관한 규정」제10조의 규정을 적용받는 건축물의 경우에는 에너지성능지표 기계부문 11번 항목 배점을 0.6점 이상 획득하여야 한다.
4. 공공건축물을 건축 또는 리모델링하는 경우 에너지성능지표 기계부문 1번 및 2번 항목 배점을 0.9점 이상 획득하여야 한다.

제9조(기계부문의 권장사항)
에너지절약계획서 제출대상 건축물의 건축주와 설계자 등은 다음 각 호에서 정하는 사항을 제15조의 규정에 적합하도록 선택적으로 채택할 수 있다.
1. 설계용 실내온도 조건
   난방 및 냉방설비의 용량계산을 위한 설계기준 실내온도는 난방의 경우 20℃, 냉방의 경우 28℃를 기준으로 하되(목욕장 및 수영장은 제외) 각 건축물 용도 및 개별 실의 특성에 따라 별표8에서 제시된 범위를 참고하여 설비의 용량이 과다해지지 않도록 한다.
2. 열원설비
   가. 열원설비는 부분부하 및 전부하 운전효율이 좋은 것을 선정한다.
   나. 난방기기, 냉방기기, 냉동기, 송풍기, 펌프 등은 부하조건에 따라 최고의 성능을 유지할 수 있도록 대수분할 또는 비례제어운전이 되도록 한다.
   다. 난방기기, 냉방기기, 급탕기기는 고효율제품 또는 이와 동등 이상의 효율을 가진 제품을 설치한다.
   라. 보일러의 배출수·폐으·응축수 및 공조기의 폐열, 생활배수 등의 폐열을 회수하기 위한 열회수설비를 설치한다. 폐열회수를 위한 열회수설비를 설치할 때에는 중간기에 대비한 바이패스(by-pass)설비를 설치한다.
   마. 냉방기기는 전력피크 부하를 줄일 수 있도록 하여야 하며, 상황에 따라 심야전기를 이용한 축열·축냉시스템, 가스 및 유류를 이용한 냉방설비, 집단에너지를 이용한 지역냉방방식, 소형열병합발전을 이용한 냉방방식, 신·재생에너지를 이용한 냉방방식을 채택한다.

3. 공조설비
   가. 중간기 등에 외기도입에 의하여 냉방부하를 감소시키는 경우에는 실내 공기질을 저하시키지 않는 범위 내에서 이코노마이저시스템 등 외기냉방시스템을 적용한다. 다만, 외기냉방시스템의 적용이 건축물의 총에너지 비용을 감소시킬 수 없는 경우에는 그러하지 아니한다.
   나. 공기조화기 팬은 부하변동에 따른 풍량제어가 가능하도록 가변익축류방식, 흡입베인제어방식, 가변속제어방식 등 에너지절약적 제어방식을 채택한다.
4. 반송설비
   가. 냉방 또는 난방 순환수 펌프, 냉각수 순환 펌프는 운전효율을 증대시키기 위해 가능한 한 대수제어 또는 가변속제어방식을 채택하여 부하상태에 따라 최적 운전상태가 유지될 수 있도록 한다.
   나. 급수용 펌프 또는 급수가압펌프의 전동기에는 가변속제어방식 등 에너지절약적 제어방식을 채택한다.
   다. 공조용 송풍기, 펌프는 효율이 높은 것을 채택한다.
5. 환기 및 제어설비
   가. 환기를 통한 에너지손실 저감을 위해 성능이 우수한 열회수형환기장치를 설치한다.
   나. 기계환기설비를 사용하여야 하는 지하주차장의 환기용 팬은 대수제어 또는 풍량조절(가변익, 가변속도), 일산화탄소(CO)의 농도에 의한 자동(on-off)제어 등의 에너지절약적 제어방식을 도입한다.
   다. 건축물의 효율적인 기계설비 운영을 위해 TAB 또는 커미셔닝을 실시한다.
   라. 에너지 사용설비는 에너지절약 및 에너지이용 효율의 향상을 위하여 컴퓨터에 의한 자동제어시스템 또는 네트워킹이 가능한 현장제어장치 등을 사용한 에너지제어시스템을 채택하거나, 분산제어시스템으로서 각 설비별 에너지제어시스템에 개방형 통신기술을 채택하여 설비별 제어시스템 간 에너지관리 데이터의 호환과 집중제어가 가능하도록 한다.

제3절 전기설비부문 설계기준

제10조(전기부문의 의무사항)
에너지절약계획서 제출대상 건축물의 건축주와 설계자 등은 다음 각 호에서 정하는 전기부문의 설계기준을 따라야 한다.
1. 수변전설비
   가. 변압기를 신설 또는 교체하는 경우에는 고효율제품으로 설치하여야 한다.
2. 간선 및 동력설비
   가. 전동기에는 「기본공급약관 시행세칙」 별표6에 따른 역률개선용커패시터(콘덴서)를 전동기별로 설치하여야 한다. 다만, 소방설비용 전동기 및 인버터 설치 전동기에는 그러하지 아니할 수 있다.
   나. 간선의 전압강하는 한국전기설비규정을 따라야 한다.
3. 조명설비
   가. 조명기기 중 안정기내장형램프, 형광램프를 채택할 때에는 산업통상자원부 고시 「효율관리기자재 운용규정」에 따른 최저소비효율기준을 만족하는 제품을 사용하고, 유도등 및 주차장 조명기기는 고효율제품에 해당하는 LED 조명을 설치하여야 한다.
   나. 공동주택 각 세대내의 현관 및 숙박시설의 객실 내부입구, 계단실의 조명기구는 인체감지점멸형 또는 일정시간 후에 자동 소등되는 조도자동조절조명기구를 채택하여야 한다.

다. 조명기구는 필요에 따라 부분조명이 가능하도록 점멸회로를 구분하여 설치하여야 하며, 일사광이 들어오는 창측의 전등군은 부분점멸이 가능하도록 설치한다. 다만, 공동주택은 그러하지 않을 수 있다.
라. 공동주택의 효율적인 조명에너지 관리를 위하여 세대별로 일괄적 소등이 가능한 일괄소등스위치를 설치하여야 한다. 다만, 전용면적 60제곱미터 이하인 주택의 경우에는 그러하지 않을 수 있다.
4. 영 제10조의2에 해당하는 공공건축물을 건축 또는 리모델링하는 경우 법 제14조의2제2항에 따라 에너지성능지표 전기설비부문 8번 항목 배점을 0.6점 이상 획득하여야 한다.
5. 「공공기관 에너지이용 합리화 추진에 관한 규정」 제6조 제3항의 규정을 적용받는 건축물의 경우에는 에너지성능지표 전기설비부문 8번 항목 배점을 1점 획득하여야 한다.

제11조(전기부문의 권장사항)
에너지절약계획서 제출대상 건축물의 건축주와 설계자 등은 다음 각 호에서 정하는 사항을 제15조의 규정에 적합하도록 선택적으로 채택할 수 있다.
1. 수변전설비
   가. 변전설비는 부하의 특성, 수용률, 장래의 부하증가에 따른 여유율, 운전조건, 배전방식을 고려하여 용량을 산정한다.
   나. 부하특성, 부하종류, 계절부하 등을 고려하여 변압기의 운전대수제어가 가능하도록 뱅크를 구성한다.
   다. 수전전압 25kV 이하의 수전설비에서는 변압기의 무부하손실을 줄이기 위하여 충분한 안전성이 확보된다면 직접강압방식을 채택하며 건축물의 규모, 부하특성, 부하용량, 간선손실, 전압강하 등을 고려하여 손실을 최소화할 수 있는 변압방식을 채택한다.
   라. 전력을 효율적으로 이용하고 최대수용전력을 합리적으로 관리하기 위하여 최대수요전력 제어설비를 채택한다.
   마. 역률개선용커패시터(콘덴서)를 집합 설치하는 경우에는 역률자동조절장치를 설치한다.
   바. 건축물의 사용자가 합리적으로 전력을 절감할 수 있도록 층별 및 임대 구획별로 전력량계를 설치한다.
2. 조명설비
   가. 옥외등은 고효율제품인 LED 조명을 사용하고, 옥외등의 조명회로는 격등 점등(또는 조도조절 기능) 및 자동점멸기에 의한 점멸이 가능하도록 한다.
   나. 공동주택의 지하주차장에 자연채광용 개구부가 설치되는 경우에는 주위 밝기를 감지하여 전등군별로 자동 점멸되거나 스케줄제어가 가능하도록 하여 조명전력이 효과적으로 절감될 수 있도록 한다.
   다. LED 조명기구는 고효율제품을 설치한다.
   라. KS A 3011에 의한 작업면 표준조도를 확보하고 효율적인 조명설계에 의한 전력에너지를 절약한다.
   마. 효율적인 조명에너지 관리를 위하여 층별 또는 구역별로 일괄 소등이 가능한 일괄소등스위치를 설치한다.
3. 제어설비
   가. 여러 대의 승강기가 설치되는 경우에는 군관리 운행방식을 채택한다.
   나. 팬코일유닛이 설치되는 경우에는 전원의 방위별, 실의 용도별 통합제어가 가능하도록 한다.
   다. 수변전설비는 종합감시제어 및 기록이 가능한 자동제어설비를 채택한다.
   라. 실내 조명설비는 군별 또는 회로별로 자동제어가 가능하도록 한다.
   마. 승강기에 회생제동장치를 설치한다.
   바. 사용하지 않는 기기에서 소비하는 대기전력을 저감하기 위해 대기전력자동차단장치를 설치한다.
4. 건물에너지관리시스템(BEMS)이 설치되는 경우에는 별표12의 설치기준에 따라 센서·계측장비, 분석 소프트웨어 등이 포함되도록 한다.

제4절 신·재생에너지설비부문 설계기준

제12조(신·재생에너지 설비부문의 의무사항)
에너지절약계획서 제출대상 건축물에 신·재생에너지설비를 설치하는 경우 「신에너지 및 재생에너지 개발·이용·보급 촉진법」에 따른 산업통상자원부 고시 「신·재생에너지 설비의 지원 등에 관한 규정」을 따라야 한다.

제3장 에너지절약계획서 및 설계 검토서 작성기준

제13조(에너지절약계획서 및 설계 검토서 작성)
에너지절약 설계 검토서는 별지 제1호 서식에 따라 에너지절약설계기준 의무사항 및 에너지성능지표, 건축물 에너지소요량 평가서로 구분된다. 에너지절약계획서를 제출하는 자는 에너지절약계획서 및 설계 검토서(에너지절약설계기준 의무사항 및 에너지성능지표, 건축물 에너지소요량 평가서)의 판정자료를 제시(전자문서로 제출하는 경우를 포함한다)하여야 한다. 다만, 자료를 제시할 수 없는 경우에는 부득이 당해 건축사 및 설계에 협력하는 해당분야 기술사(기계 및 전기)가 서명·날인한 설치예정확인서로 대체할 수 있다.

제14조(에너지절약설계기준 의무사항의 판정)
에너지절약설계기준 의무사항은 전 항목 채택 시 적합한 것으로 본다.

제15조(에너지성능지표의 판정)
① 에너지성능지표는 평점합계가 65점 이상일 경우 적합한 것으로 본다. 다만, 공공기관이 신축하는 건축물(별동으로 증축하는 건축물을 포함한다)은 74점 이상일 경우 적합한 것으로 본다.
② 에너지성능지표의 각 항목에 대한 배점의 판단은 에너지절약계획서 제출자가 제시한 설계도면 및 자료에 의하여 판정하며, 판정 자료가 제시되지 않을 경우에는 적용되지 않은 것으로 간주한다.

제4장 건축기준의 완화 적용

제16조(완화기준)
영 제11조에 따라 건축물에 적용할 수 있는 완화기준은 별표9에 따르며, 건축주가 건축기준의 완화적용을 신청하는 경우에 한해서 적용한다.

제17조(완화기준의 적용방법)
① 완화기준의 적용은 당해 용도구역 및 용도지역에 지방자치단체 조례에서 정한 최대 용적률의 제한기준, 건축물 최대높이의 제한 기준에 대하여 다음 각 호의 방법에 따라 적용한다.

1. 용적률 적용방법
   「법 및 조례에서 정하는 기준 용적률」× [1 + 완화기준]
2. 건축물 높이제한 적용방법
   「법 및 조례에서 정하는 건축물의 최고높이」× [1 + 완화기준]

② 삭제

제18조(완화기준의 신청 등)
① 완화기준을 적용받고자 하는 자(이하 "신청인")는 건축심의, 건축허가 또는 사업계획승인 신청 시 허가권자에게 완화기준 적용 신청서 및 관계 서류를 첨부하여 제출하여야 한다.
② 이미 건축허가를 받은 건축물의 건축주 또는 사업주체도 허가변경을 통하여 완화기준 적용 신청을 할 수 있다.
③ 신청인의 자격은 건축주 또는 사업주체로 한다.
④ 완화기준의 신청을 받은 허가권자는 신청내용의 적합성을 검토하고, 신청자가 신청내용을 이행하도록 허가조건에 명시하여 허가하여야 한다.

제19조(인증의 취득)
① 신청인이 인증에 의해 완화기준을 적용받고자 하는 경우에는 인증기관으로부터 예비인증을 받아야 한다.
② 완화기준을 적용받은 건축주 또는 사업주체는 건축물의 사용승인 신청 이전에 본인증을 취득하여 사용승인 신청 시 허가권자에게 인증서 사본을 제출하여야 한다. 단, 본인증의 등급은 예비인증 등급 이상으로 취득하여야 한다.

제20조(이행여부 확인)
① 인증취득을 통해 완화기준을 적용받은 경우에는 본인증서를 제출하는 것으로 이행한 것으로 본다.
② 이행여부 확인결과 건축주가 본인증서를 제출하지 않은 경우 허가권자는 사용승인을 거부할 수 있으며, 완화적용을 받기 이전의 해당 기준에 맞게 건축하도록 명할 수 있다.

제5장 건축물 에너지 소비 총량제

제21조(건축물의 에너지소요량의 평가대상 및 에너지소요량 평가서의 판정)
① 신축 또는 별동으로 증축하는 경우로서 다음 각 호의 어느 하나에 해당하는 건축물은 1차 에너지소요량 등을 평가하여 별지 제1호 서식에 따른 건축물 에너지소요량 평가서를 제출하여야 한다.
  1. 「건축법 시행령」 별표1에 따른 업무시설 중 연면적의 합계가 3천 제곱미터 이상인 건축물
  2. 「건축법 시행령」 별표1에 따른 교육연구시설 중 연면적의 합계가 3천 제곱미터 이상인 건축물
  3. 삭제
② 건축물의 에너지소요량 평가서는 단위면적당 1차 에너지소요량의 합계가 200kWh/㎡년 미만일 경우 적합한 것으로 본다. 다만, 공공기관 건축물은 140kWh/㎡년 미만일 경우 적합한 것으로 본다.

제22조(건축물의 에너지소요량의 평가방법)
건축물 에너지소요량은 ISO 13790 등 국제규격에 따라 난방, 냉방, 급탕, 조명, 환기 등에 대해 종합적으로 평가하도록 제작된 프로그램에 따라 산출된 연간 단위면적당 1차 에너지소요량 등으로 평가하며, 별표10의 평가기준과 같이 한다.

제6장 보칙

제23조(복합용도 건축물의 에너지절약계획서 및 설계 검토서 작성방법 등)
① 에너지절약계획서 및 설계 검토서를 제출하여야 하는 건축물 중 비주거와 주거용도가 복합되는 건축물의 경우에는 해당 용도별로 에너지절약계획서 및 설계 검토서를 제출하여야 한다.
② 다수의 동이 있는 경우에는 동별로 에너지절약계획서 및 설계 검토서를 제출하는 것을 원칙으로 한다.(다만, 공동주택의 주거용도는 하나의 단지로 작성)
③ 설비 및 기기, 장치, 제품 등의 효율·성능 등의 판정 방법에 있어 본 기준에서 별도로 제시되지 않는 것은 해당 항목에 대한 한국산업규격(KS)을 따르도록 한다.
④ 기숙사, 오피스텔은 별표1 및 별표3의 공동주택 외의 단열기준을 준수할 수 있으며, 별지 제1호서식의 에너지성능지표 작성 시, 기본배점에서 비주거를 적용한다.

제24조(에너지절약계획서 및 설계 검토서의 이행)
① 허가권자는 건축주가 에너지절약계획서 및 설계 검토서의 작성내용을 이행하도록 허가조건에 포함하여 허가한다.
② 작성책임자(건축주 또는 감리자)는 건축물의 사용승인을 신청하는 경우 별지 제3호 서식 에너지절약계획 이행 검토서를 첨부하여 신청하여야 한다.

제25조(에너지절약계획 설계 검토서 항목 추가)
국토교통부장관은 에너지절약계획 설계 검토서의 건축, 기계, 전기, 신재생부분의 항목 추가를 위하여 수요조사를 실시하고, 자문위원회의 심의를 거쳐 반영 여부를 결정할 수 있다.

제26조(운영규정)
규칙 제7조제5항에 따른 에너지 절약계획서 검토업무 운영기관의 장은 에너지절약계획서 및 에너지절약계획 설계 검토서의 작성·검토 업무의 효율화를 위하여 필요한 때에는 이 기준에 저촉되지 않는 범위 안에서 운영규정을 제정하여 운영할 수 있다. 다만, 운영규정을 제정·개정 또는 폐지할 때에는 국토교통부장관의 승인을 받아야 한다.

제27조(재검토기한)
국토교통부장관은 「훈령·예규 등의 발령 및 관리에 관한 규정」에 따라 이 고시에 대하여 2017년 1월 1일 기준으로 매 3년이 되는 시점(매 3년째의 12월 31일까지를 말한다)마다 그 타당성을 검토하여 개선 등의 조치를 하여야 한다.

PART 01 행정관리실무

출제비율 46.0%

구분		제23회	제24회	제25회	제26회	제27회	계	비율(%)
행정관리실무	제1장 공동주택관리 일반론	5	5	7	7	6	30	15.0
	제2장 공동주거관리	2	2	2	2	4	12	6.0
	제3장 회계관리	2	3	2	1	2	10	5.0
	제4장 대외업무와 리모델링	0	0	0	0	0	0	0.0
	제5장 사무·인사관리	7	8	9	8	8	40	20.0
	소 계	16	18	20	18	20	92	46.0

CHAPTER 01 공동주택관리 일반론

학습포인트
- 주택법령, 민간임대주택에 관한 특별법령, 공공주택특별법령상의 용어의 정의
- 공동주택 관리방법에 따른 특징과 관리주체와의 관계
- 공동주택관리 일반사항(주택관리사제도, 주택관리업 등록기준, 주택임대관리업 등록기준 등)
- 공동주택관리법령, 민간임대주택에 관한 특별법의 관리 규정의 비교

01 주 택

1 주택의 의의

(1) 주택법령상 개념
주택이란 세대의 구성원이 장기간 독립된 주거생활을 할 수 있는 구조로 된 건축물의 전부 또는 일부 및 그 부속토지를 말하며, 단독주택과 공동주택으로 구분한다(법 제2조 제1호).

(2) 구별 개념

1) **실질적인 의미의 주택**
공부상의 표시에도 불구하고 주거생활에 공하여질 수 있는 정도의 구조 내지 형태가 실질적으로 갖추어져 있는 건축물을 의미한다.

2) **주거**
주택은 물리적 객체로서의 공간 그 자체를 의미하는 반면, 주거는 인간이 주체가 되어 생활을 수용하고 영위하는 장소로서 인간의 정서적인 내면과 함께 물리적 객체인 공간 사이에서 맺어진 심리적·문화적인 측면도 포함된다.

(3) 주택법령상 용어의 정리 〈시행 2024. 1. 18.〉 `16회 출제`

1) **단독주택**
1세대가 하나의 건축물 안에서 독립된 주거생활을 할 수 있는 구조로 된 주택을 말하며, 그 종류와 범위는 대통령령으로 정한다.

제1장 공동주택관리 일반론

PROFESSOR COMMENT

「주택법」에 따른 단독주택의 종류와 범위 : 단독주택, 다중주택, 다가구주택

2) 공동주택

건축물의 벽·복도·계단이나 그 밖의 설비 등의 전부 또는 일부를 공동으로 사용하는 각 세대가 하나의 건축물 안에서 각각 독립된 주거생활을 할 수 있는 구조로 된 주택을 말하며, 그 종류와 범위는 대통령령으로 정한다.
① 「주택법」에 따른 공동주택의 종류와 범위 : 아파트, 연립주택, 다세대주택
② ①의 각 공동주택은 그 공급기준 및 건설기준 등을 고려하여 국토교통부령으로 종류를 세분할 수 있다.

3) 주택단지

주택건설사업계획 또는 대지조성사업계획의 승인을 받아 주택과 그 부대시설 및 복리시설을 건설하거나 대지를 조성하는 데 사용되는 일단의 토지. 다만, 다음의 시설로 분리된 토지는 각각 별개의 주택단지로 본다.
① 철도·고속도로·자동차전용도로
② 폭 20m 이상인 일반도로
③ 폭 8m 이상인 도시계획예정도로
④ ①부터 ③까지의 시설에 준하는 것으로서 대통령령으로 정하는 시설

> 영 제5조(주택단지의 구분기준이 되는 도로)
> ① 위 3) ④에서 "대통령령으로 정하는 시설"이란 보행자 및 자동차의 통행이 가능한 도로로서 다음 각 호의 어느 하나에 해당하는 도로를 말한다. 〈개정 2019. 7. 2.〉
>   1. 도시·군계획시설인 도로로서 주간선도로, 보조간선도로, 집산도로(集散道路) 및 폭 8미터 이상인 국지도로
>   2. 일반국도·특별시도·광역시도 또는 지방도
>   3. 그 밖에 관계 법령에 따라 설치된 도로로서 제1호 및 제2호에 준하는 도로
> ② 위 ①에도 불구하고 법 제15조에 따른 사업계획승인권자가 다음 각 호의 요건을 모두 충족한다고 인정하여 사업계획을 승인한 도로는 주택단지의 구분기준이 되는 도로에서 제외한다. 〈신설 2019. 7. 2.〉
>   1. 인근 주민의 통행권 확보 및 교통편의 제고 등을 위해 기존의 도로를 국토교통부령으로 정하는 기준에 적합하게 유지·변경할 것

> "국토교통부령으로 정하는 기준"이란 다음 각 호의 요건을 모두 갖춘 것을 말한다. (시행규칙 제3조 제2항) 〈신설 2019. 7. 2.〉
> 1. 「도시·군계획시설의 결정·구조 및 설치기준에 관한 규칙」 제9조 제3호 다목 또는 라목에 따른 집산도로 또는 국지도로일 것
> 2. 도로 폭이 15미터 미만일 것
> 3. 설계속도가 30킬로미터 이하이거나 자동차 등의 통행속도를 30킬로미터 이내로 제한하여 운영될 것. 다만, 유지·변경되는 도로가 「도시·군계획시설의 결정·구조 및 설치기준에 관한 규칙」 제9조제1호 라목에 따른 보행자우선도로인 경우는 제외한다.

2. 보행자 통행의 편리성 및 안전성을 확보하기 위한 시설을 국토교통부령으로 정하는 바에 따라 설치할 것

> 주택단지의 구분기준이 되는 도로에서 제외하는 도로는 지하도, 육교, 횡단보도, 그 밖에 이와 유사한 시설을 설치해야 한다. 다만, 설치되는 도로가 「도시·군계획시설의 결정·구조 및 설치기준에 관한 규칙」 제9조 제1호 라목에 따른 보행자우선도로인 경우에는 예외로 할 수 있다. (시행규칙 제3조 제3항) 〈신설 2019. 7. 2.〉

4) 국민주택규모

주거의 용도로만 쓰이는 면적(이하 "주거전용면적")이 1호 또는 1세대당 85㎡ 이하인 주택(「수도권정비계획법」 제2조 제1호에 따른 수도권을 제외한 도시지역이 아닌 읍 또는 면 지역은 1호 또는 1세대당 주거전용면적이 100㎡ 이하인 주택)을 말한다. 이 경우 주거전용면적의 산정방법은 국토교통부령으로 정한다.

5) 임대주택

임대를 목적으로 하는 주택으로서, 「공공주택 특별법」에 따른 공공임대주택과 「민간임대주택에 관한 특별법」에 따른 민간임대주택으로 구분한다.

6) 공구

하나의 주택단지에서 대통령령으로 정하는 기준에 따라 둘 이상으로 구분되는 일단의 구역으로, 착공신고 및 사용검사를 별도로 수행할 수 있는 구역을 말한다.

> **영 제8조(공구의 구분기준)**
> "대통령령으로 정하는 기준"이란 다음 각 호의 요건을 모두 충족하는 것을 말한다.
> 1. 다음 각 목의 어느 하나에 해당하는 시설을 설치하거나 공간을 조성하여 6미터 이상의 너비로 공구 간 경계를 설정할 것
>   가. 「주택건설기준 등에 관한 규정」 제26조에 따른 주택단지 안의 도로
>   나. 주택단지 안의 지상에 설치되는 부설주차장
>   다. 주택단지 안의 옹벽 또는 축대
>   라. 식재·조경이 된 녹지
>   마. 그 밖에 어린이놀이터 등 부대시설이나 복리시설로서 사업계획 승인권자가 적합하다고 인정하는 시설
> 2. 공구별 세대수는 300세대 이상으로 할 것

7) 토지임대부 분양주택

"토지임대부 분양주택"이란 토지의 소유권은 제15조에 따른 사업계획의 승인을 받아 토지임대부 분양주택 건설사업을 시행하는 자가 가지고, 건축물 및 복리시설(福利施設) 등에 대한 소유권[건축물의 전유부분(專有部分)에 대한 구분소유권은 이를 분양받은 자가 가지고, 건축물의 공용부분·부속건물 및 복리시설은 분양받은 자들이 공유한다]은 주택을 분양받은 자가 가지는 주택을 말한다.

2 주택의 종류

(1) 건축법령상 주택의 종류

16회 출제

단독주택과 공동주택으로 구분한다. 공동주택의 종류와 범위는 「건축법 시행령」 별표1의 규정이 정하는 바에 의한다. 〈별표1, 개정 2024. 2. 13〉

1) **단독주택** [단독주택의 형태를 갖춘 가정어린이집·공동생활가정·지역아동센터·공동육아나눔터(「아이돌봄 지원법」 제19조에 따른 공동육아나눔터를 말한다)·작은도서관(「도서관법」 제4조제2항제1호가목에 따른 작은도서관을 말하며, 해당 주택의 1층에 설치한 경우만 해당한다) 및 노인복지시설(노인복지주택은 제외한다)을 포함한다]

① 단독주택
② 다중주택 : 다음의 요건을 모두 갖춘 주택을 말한다.
  ㉠ 학생 또는 직장인 등 여러 사람이 장기간 거주할 수 있는 구조로 되어 있는 것
  ㉡ 독립된 주거의 형태를 갖추지 않은 것(각 실별로 욕실은 설치할 수 있으나, 취사시설은 설치하지 않은 것을 말한다)
  ㉢ 1개 동의 주택으로 쓰이는 바닥면적(부설 주차장 면적은 제외한다)의 합계가 660㎡ 이하이고 주택으로 쓰는 층수(지하층은 제외한다)가 3개 층 이하일 것. 다만, 1층의 전부 또는 일부를 필로티 구조로 하여 주차장으로 사용하고 나머지 부분을 주택(주거 목적으로 한정한다) 외의 용도로 쓰는 경우에는 해당 층을 주택의 층수에서 제외한다.
  ㉣ 적정한 주거환경을 조성하기 위하여 건축조례로 정하는 실별 최소 면적, 창문의 설치 및 그기 등의 기준에 적합할 것
③ 다가구주택 : 다음의 요건을 모두 갖춘 주택으로서 공동주택에 해당하지 아니하는 것을 말한다.
  ㉠ 주택으로 쓰는 층수(지하층은 제외한다)가 3개 층 이하일 것. 다만, 1층의 전부 또는 일부를 필로티 구조로 하여 주차장으로 사용하고 나머지 부분을 주택(주거 목적으로 한정한다) 외의 용도로 쓰는 경우에는 해당 층을 주택의 층수에서 제외한다.
  ㉡ 1개 동의 주택으로 쓰는 바닥면적의 합계가 660㎡ 이하일 것
  ㉢ 19세대(대지 내 동별 세대수를 합한 세대를 말한다) 이하가 거주할 수 있을 것
④ 공관(公館)

2) **공동주택** [공동주택의 형태를 갖춘 가정어린이집·공동생활가정·지역아동센터·공동육아 나눔터·작은도서관·노인복지시설(노인복지주택은 제외한다) 및 도시형 생활주택 중 소형 주택을 포함한다]. 다만, ①이나 ②에서 층수를 산정할 때 1층 전부를 필로티 구조로 하여 주차장으로 사용하는 경우에는 필로티 부분을 층수에서 제외하고, ③에서 층수를 산정할 때 1층의 전부 또는 일부를 필로티 구조로 하여 주차장으로 사용하고 나머지 부분을 주택(주거 목적으로 한정한다) 외의 용도로 쓰는 경우에는 해당 층을 주택의 층수에서 제외하며, ①부터 ④까지의 규정에서 층수를 산정할 때 지하층을 주택의 층수에서 제외한다.

① **아파트** : 주택으로 쓰는 층수가 5개 층 이상인 주택
② **연립주택** : 주택으로 쓰는 1개 동의 바닥면적(2개 이상의 동을 지하주차장으로 연결하는 경우에는 각각의 동으로 본다) 합계가 660㎡를 초과하고, 층수가 4개 층 이하인 주택
③ **다세대주택** : 주택으로 쓰는 1개 동의 바닥면적 합계가 660㎡ 이하이고, 층수가 4개 층 이하인 주택(2개 이상의 동을 지하주차장으로 연결하는 경우에는 각각의 동으로 본다)
④ **기숙사** : 다음의 어느 하나에 해당하는 건축물로서 공간의 구성과 규모 등에 관하여 국토교통부장관이 정하여 고시하는 기준에 적합한 것. 다만, 구분소유된 개별 실(室)은 제외한다.
  ㉠ **일반기숙사** : 학교 또는 공장 등의 학생 또는 종업원 등을 위하여 사용하는 것으로서 해당 기숙사의 공동취사시설 이용 세대 수가 전체 세대 수(건축물의 일부를 기숙사로 사용하는 경우에는 기숙사로 사용하는 세대 수로 한다)의 50퍼센트 이상인 것(「교육기본법」 제27조제2항에 따른 학생복지주택을 포함한다)
  ㉡ **임대형기숙사** : 「공공주택 특별법」 제4조에 따른 공공주택사업자 또는 「민간임대주택에 관한 특별법」 제2조제7호에 따른 임대사업자가 임대사업에 사용하는 것으로서 임대 목적으로 제공하는 실이 20실 이상이고 해당 기숙사의 공동취사시설 이용 세대 수가 전체 세대 수의 50퍼센트 이상인 것

(2) **주택법령상 주택 등의 종류**
 1) **주택**
  ① 단독주택, 공동주택
   ㉠ **단독주택** : 단독주택, 다중주택, 다가구주택
   ㉡ **공동주택** : 아파트, 연립주택, 다세대주택

② 국민주택과 민영주택　　　　　　　　　　　　　　　　　　　**13·16회 출제**
　㉠ **국민주택** : 다음의 어느 하나에 해당하는 주택으로서 국민주택규모 이하인 주택을 말한다.
　　　ⓐ 국가·지방자치단체, 「한국토지주택공사법」에 따른 한국토지주택공사 또는 「지방공기업법」 제49조에 따라 주택사업을 목적으로 설립된 지방공사가 건설하는 주택
　　　ⓑ 국가·지방자치단체의 재정 또는 「주택도시기금법」에 따른 주택도시기금으로부터 자금을 지원받아 건설되거나 개량되는 주택
　㉡ **민영주택** : 국민주택을 제외한 주택을 말한다.
③ **도시형 생활주택**
④ **세대구분형 공동주택**

2) 준주택
① 의 의
주택 외의 건축물과 그 부속토지로서 주거시설로 이용가능한 시설 등을 말하며, 그 범위와 종류는 대통령령으로 정한다.
② 준주택의 범위와 종류
　㉠ 노인복지시설 중 노인복지주택
　㉡ 오피스텔
　㉢ 기숙사
　㉣ 다중생활시설

(3) **소유관계에 따른 분류**
　1) 자가주택
　　소유목적으로 제공되는 주택이다.
　2) 임대주택
　　임대목적으로 제공되는 주택으로서 건설임대주택과 매입임대주택으로 구분한다.

(4) **높이별 분류 :** 저층주택, 중층주택, 고층주택, 초고층주택

(5) **생활양식면에 따른 분류 :** 한식주택, 양식주택, 절충식주택

02 공동주택

1 공동주택의 개념

(1) 공동주택
건축물의 벽·복도·계단이나 그 밖의 설비 등의 전부 또는 일부를 공동으로 사용하는 각 세대가 하나의 건축물 안에서 각각 독립된 주거생활을 할 수 있는 구조로 된 주택을 말하며, 「주택법」상 아파트, 연립주택, 다세대주택을 말한다(주택법 제2조 제3호, 영 제3조 제1항).

(2) 도시형 생활주택(주택법 제2조 제20호)
300세대 미만의 국민주택규모에 해당하는 주택으로서 대통령령으로 정하는 주택

> **영 제10조** (도시형 생활주택) 〈개정 2024. 3. 19〉
> ① "대통령령으로 정하는 주택"이란 「국토의 계획 및 이용에 관한 법률」에 따른 도시지역에 건설하는 다음 각 호의 주택을 말한다.
>   1. 소형주택 : 다음의 요건을 모두 갖춘 공동주택
>   가. 세대별 주거전용면적은 60㎡ 이하일 것
>   나. 세대별로 독립된 주거가 가능하도록 욕실 및 부엌을 설치할 것
>   다. 지하층에는 세대를 설치하지 아니할 것
>   2. 단지형 연립주택 : 소형주택이 아닌 연립주택. 다만, 건축위원회의 심의를 받은 경우에는 주택으로 쓰는 층수를 5개층까지 건축할 수 있다.
>   3. 단지형 다세대주택 : 소형주택이 아닌 다세대주택. 다만, 건축위원회의 심의를 받은 경우에는 주택으로 쓰는 층수를 5개층까지 건축할 수 있다.
> ② 하나의 건축물에는 도시형 생활주택과 그 밖의 주택을 함께 건축할 수 없다. 다만, 다음 각 호의 어느 하나에 해당하는 경우는 예외로 한다.
>   1. 소형주택과 주거전용면적이 85㎡를 초과하는 주택 1세대를 함께 건축하는 경우
>   2. 준주거지역 또는 상업지역에서 소형주택과 도시형 생활주택 외의 주택을 함께 건축하는 경우
> ③ 하나의 건축물에는 단지형 연립주택 또는 단지형 다세대주택과 소형주택을 함께 건축할 수 없다.

(3) 세대구분형 공동주택 `17회 출제`
공동주택의 주택 내부 공간의 일부를 세대별로 구분하여 생활이 가능한 구조로 하되, 그 구분된 공간의 일부를 구분소유할 수 없는 주택으로서 대통령령으로 정하는 건설기준, 설치기준, 면적기준 등에 적합한 주택을 말한다(주택법 제2조 제19호).

> **영 제9조** [세대구분형 공동주택] 〈시행 2020. 7. 24〉
> ① "대통령령으로 정하는 건설기준, 설치기준, 면적기준 등에 적합한 주택"이란 다음 각 호의 요건을 모두 갖추어 건설된 공동주택을 말한다.
>   1. 사업계획의 승인을 받아 건설하는 공동주택의 경우(신축, 리모델링 공동주택 설치기준) 다음 각 목의 요건을 모두 충족할 것
>   가. 세대별로 구분된 각각의 공간마다 별도의 욕실, 부엌과 현관을 설치할 것
>   나. 하나의 세대가 통합하여 사용할 수 있도록 세대 간에 연결문 또는 경량구조의 경계벽 등을 설치할 것
>   다. 세대구분형 공동주택의 세대수가 해당 주택단지 안의 공동주택 전체 세대수의 3분의 1을 넘지 않을 것
>   라. 세대별로 구분된 각각의 공간의 주거전용면적(주거의 용도로만 쓰이는 면적으로서 법 제2조 제6호 후단에 따른 방법으로 산정된 것을 말한다) 합계가 해당 주택단지 전체 주거전용면적 합계의 3분의 1을 넘지 않는 등 국토교통부장관이 정하여 고시하는 주거전용면적의 비율에 관한 기준을 충족할 것
>   2. 「공동주택관리법」 제35조에 따른 행위(세대구분형 공동주택의 설치)의 허가를 받거나 신고를 하고 설치하는 공동주택의 경우(기존 공동주택 설치 기준) 다음 각 목의 요건을 모두 충족할 것
>   가. 구분된 공간의 세대수는 기존 세대를 포함하여 2세대 이하일 것
>   나. 세대별로 구분된 각각의 공간마다 별도의 욕실, 부엌과 구분 출입문을 설치할 것
>   다. 세대구분형 공동주택의 세대수가 해당 주택단지 안의 공동주택 전체 세대수의 10분의 1과 해당 동의 전체 세대수의 3분의 1을 각각 넘지 않을 것. 다만, 특별자치시장, 특별자치도지사, 시장, 군수 또는 자치구의 구청장(이하 "시장·군수·구청장"이라 한다)이 부대시설의 규모 등 해당 주택단지의 여건을 고려하여 인정하는 범위에서 세대수의 기준을 넘을 수 있다.
>   라. 구조, 화재, 소방 및 피난안전 등 관계 법령에서 정하는 안전 기준을 충족할 것
> ② 위 ①에 따라 건설 또는 설치되는 주택과 관련하여 법 제35조에 따른 주택건설기준 등을 적용하는 경우 세대구분형 공동주택의 세대수는 그 구분된 공간의 세대수에 관계없이 하나의 세대로 산정한다.

2 공동주택의 분류

(1) 건물의 규모에 따른 분류

1) 아파트
2) 연립주택
3) 다세대주택
4) 기숙사(「주택법」에서는 공동주택에 해당하지 않는다)

(2) 난방방식에 따른 분류

1) 개별공급식 난방

   각 세대가 독자적으로 보일러·온돌·화로 등의 난방설비를 갖추고 자체적 난방을 하는 구조로 된 주택

2) 중앙공급식 난방

   1동의 각 세대의 난방을 종합적으로 관리하는 방식

3) 지역공급식 난방

   1개소의 보일러에서 넓은 지역에 산재하는 건물에 증기·온수를 보내어 난방하는 방식(열교환기가 필요)

> **열병합발전**
>
> 1. 의의
>
>   열병합발전이란 전기를 생산하고 나온 폐열을 지역난방 또는 공정용 열원으로 사용하는 전기와 열을 동시에 생산, 공급하는 발전방식이다. 열병합발전을 실시하게 될 경우 열효율이 크게 제고되므로 약 1/3의 연료를 절감하는 효과를 가져오게 되는 바, 국내업체가 열병합발전을 실시하여 원가절감에 기여하고 있다.
>
> 2. 내용
>
>   ① 열병합발전 시스템이란 연료를 이용하여 전기를 만듦과 동시에 그때 발생하는 폐열을 냉·난방이나 급탕·증기 등의 용도로 이용하는 에너지 절약형 시스템을 말한다.
>   ② 하나의 1차에너지로부터 둘 이상의 에너지를 발생시킨다는 의미에서 Co(공동의) - Generation(발생)이라는 명칭이 되었다.
>   ③ 열병합발전은 공업단지와 산업체 및 아파트단지 등을 중심으로 근래에 많이 건설되고 있다.
>   ④ 분당이나 평촌 등의 신도시나 서울의 신정·목동·노원 등의 열병합발전소에서 전기와 열을 생산한다.
>   ⑤ 전력부하와 열부하의 피크발생 시각이 비슷한 건물도 열병합발전에 바람직하다.
>   ⑥ 공동주택의 열교환기는 지역난방을 사용하는 곳은 주로 판형 열교환기를 사용한다.
>   한편 증기보일러를 사용하는 곳은 주로 튜브형 열교환기를 사용한다.
>   ⑦ 난방배관의 순환방식은 역환수회로방식을 선택하고, 난방펌프는 변유량펌프를 적용한다.

(3) 건물의 주동형태에 따른 분류

판상형(Long Lamina Type)	각 주호의 향(向)의 균일성을 확보할 수 있으며, 단위평면 구성이 용이한 장점이 있으나 조망의 차단과 인동(隣棟)거리, 음영 등을 면밀하게 검토해야 한다.
탑상형(Tower Type)	건축 외관의 4면성이 강조되어 방향성이 없는 자유로운 건물배치가 가능하고 조망에 유리하며 토지 효율성을 극대화시킬 수 있다. 한편, 각 주호의 환경조건이 불균등하게 되는 단점이 있다.

(4) 건물의 단면형식에 따른 분류

전유세대 사용층수		단층형(Flat)	같은 평면을 수직으로 중첩시키므로 평면계획과 구조가 단순하고 시공이 간편하다. 대부분의 아파트는 단층형이다.
	복층형	2층형 (Maisonette, Duplex)	공용통로면적과 엘리베이터의 정지층 수를 줄일 수 있어 경제적이다. 단위 주거의 평면계획에 변화를 줄 수 있고, 거주성·프라이버시·일조·통풍 및 전망이 좋다. 그러나 각층 평면이 달라서 구조계획, 덕트, 배관계획 등이 어렵다.
		3층형 (Triplex)	하나의 단위 주거가 3층으로 통로면적을 절약할 수 있으며, 독립성과 단위 주거면적의 확보는 복층형보다 유리하지만, 계획상의 융통성이 없고 피난계획의 수립에도 어려움이 있다.
공용 통로의 설치방식		각층 통로형	공용통로를 각 층마다 설치하여 건설한 공동주택이다.
		스킵 플로어 (Skip Floor)형	방의 바닥을 반 계단씩 떨어뜨려서 공간에 변화를 주어 입체적인 방배치가 되도록 설계된 건물형태로 공용통로가 2층 또는 3층마다 있는 것이다. 이 형식은 계단실형과 편복도형을 복합한 것으로, 동선이 긴 단점이 있다.

(5) 건물의 출입구조(전유부분의 접근방식, 입면형식)에 따른 분류

편복도형(갓복도형)	건물의 한 쪽에 긴 복도를 만들고, 이 복도를 통해 단위 주거에 들어가는 형식. 복도의 유효폭은 120cm 이상이어야 한다.
중간복도형(속복도형)	주거의 밀도를 높일 때 유리한 형식이나 일조·채광·통풍과 복도의 환경이 불량하고 화재시 방연도 문제이다. 복도의 유효폭은 180cm 이상(단, 5세대 이하는 150cm 이상 가능)이어야 한다.
계단실형 (홀형, 직접 접근형)	각층의 계단실이나 엘리베이터 홀로부터 직접 각 세대로 들어가는 형식. 방범상의 문제점에 노출되는 단점이 있다.
집중형(코어형)	중앙에 코어 또는 설비의 집중화가 가능하고 가장 콤팩트한 평면형이다.

복도형인 공동주택의 복도는 다음의 기준에 적합하여야 한다.
 1. 외기에 개방된 복도에 배수구를 설치하고, 바닥배수에 지장이 없게 할 것
 2. 중복도에는 채광 및 통풍이 원활하도록 40m 이내마다 1개소 이상 외기에 면하는 개구부를 설치할 것
 3. 복도의 벽 및 반자의 마감(마감을 위한 바탕 포함)은 불연재료 또는 준불연재료로 할 것

3 공동주택의 특징

(1) 전유부분과 공용부분 및 대지의 구분

1) 공동주택은 「집합건물의 소유 및 관리에 관한 법률」의 구속을 받는다. 즉, 전유부분은 구분소유권의 목적이 된다. 구분소유권이란 공용부분으로 된 것을 제외한 독립된 건물부분을 목적으로 하는 소유권을 말한다. 건물의 일부지만 완전한 소유권으로서 매매·교환·증여·상속·임대차 등의 거래시 독립된 거래단위로 취급된다.
2) 공동으로 이용하는 공용부분(주거공용부분, 기타 공용부분)이 있으며, 지분을 갖게 되는 대지는 규약으로써 달리 정한 경우를 제외하고는 분리하여 처분할 수 없다.

(2) 구조상의 복잡성

전유부분이 벽과 바닥, 그리고 천장을 경계로 하여 구분되어 있으며, 전유부분을 연결하는 공용의 복도와 계단은 하나의 구조체로 건물을 형성하며, 서로의 전유부분의 가치와 기능은 구조상 건물 전체의 가치와 기능과 연관되어 있다.

(3) 재해발생시 대처의 어려움

공동주택생활은 화재·지진 등에 노출되어 있어 발생시에 그 대처가 어렵다.

(4) 사생활 보장의 어려움

(5) 공동주택의 재화성(財貨性)

(6) 건물관리상의 편리

4 최저주거기준

(1) 최저주거기준의 설정 등(주거기본법 제17조) [시행 2025. 6. 4]

1) 국토교통부장관은 국민이 쾌적하고 살기 좋은 생활을 하기 위하여 필요한 최소한의 주거수준에 관한 지표로서 최저주거기준을 설정·공고하여야 한다.
2) 국토교통부장관이 최저주거기준을 설정·공고하려는 경우에는 미리 관계 중앙행정기관의 장과 협의한 후 주거정책심의위원회의 심의를 거쳐야 한다. 공고된 최저주거기준을 변경하려는 경우에도 또한 같다.
3) 최저주거기준에는 주거면적, 용도별 방의 개수, 주택의 구조·설비·성능 및 환경요소 등 대통령령으로 정하는 사항이 포함되어야 한다.
4) 최저주거기준은 인구구조·가구특성 및 소득수준의 변화 등 사회적·경제적 여건의 변화에 따라 그 적정성이 유지되어야 한다.
5) 국토교통부장관은 주거종합계획과 연계하여 5년마다 최저주거기준의 타당성을 재검토하여야 한다.

> **영 제12조 [최저주거기준의 내용]**
> 국토교통부장관이 설정·공고하는 최저주거기준에는 다음 각 호의 사항이 포함되어야 한다.
> 1. 가구구성별 최소주거면적
> 2. 용도별 방의 개수
> 3. 전용부엌·화장실 등 필수적인 설비의 기준
> 4. 안전성·쾌적성 등을 고려한 주택의 구조·성능 및 환경기준

(2) 최저주거기준 미달가구에 대한 우선 지원 등(법 제18조)

1) 국가 및 지방자치단체는 최저주거기준에 미달되는 가구에게 우선적으로 주택을 공급하거나 개량 자금을 지원할 수 있다.
2) 국가 및 지방자치단체가 주거정책을 수립·시행하거나 사업주체가 주택건설사업을 시행하는 경우에는 최저주거기준에 미달되는 가구를 줄이기 위하여 노력하여야 한다.
3) 국토교통부장관 및 지방자치단체의 장은 주택의 건설과 관련된 인가·허가 등을 할 때 그 건설사업의 내용이 최저주거기준에 미달되는 경우에는 그 기준에 맞게 사업계획승인신청서를 보완할 것을 지시하는 등 필요한 조치를 하여야 한다. 다만, 도심 지역에 건설되는 1인 가구 등을 위한 소형주택 등 대통령령으로 정하는 주택에 대해서는 그러하지 아니하다.
4) 국토교통부장관 및 지방자치단체의 장은 최저주거기준에 미달되는 가구가 밀집한 지역에 우선적으로 임대주택을 건설하거나 「도시 및 주거환경정비법」에서 정하는 바에 따라 우선적으로 정비사업을 시행할 수 있도록 하기 위하여 필요한 조치를 할 수 있다.

(3) 유도주거기준의 설정(법 제19조) [시행 2025. 6. 4]

1) 국토교통부장관은 국민의 주거수준 향상을 유도하기 위한 지표로서 유도주거기준을 설정·공고하여야 한다.
2) 국토교통부장관이 유도주거기준을 설정·공고하려는 경우에는 미리 관계 중앙행정기관의 장과 협의한 후 주거정책심의위원회의 심의를 거쳐야 한다. 공고된 유도주거기준을 변경하려는 경우에도 또한 같다.
3) 국가 및 지방자치단체가 주거정책을 수립·시행하는 경우에는 유도주거기준에 미달되는 가구를 줄이기 위하여 노력하여야 한다.
4) 국토교통부장관은 주거종합계획과 연계하여 5년마다 유도주거기준의 타당성을 재검토하여야 한다.

제1편 행정관리실무

03 공동주택의 관리 (공동주택관리법)

1 공동주택관리법

(1) 의 의

1) 이 법은 공동주택의 관리에 관한 사항을 정함으로써 공동주택을 투명하고 안전하며 효율적으로 관리할 수 있게 하여 국민의 주거수준 향상에 이바지함을 목적으로 한다.

2) **용어의 정의**(법 제2조)   `27회 출제`

1. "공동주택"이란 다음 각 목의 주택 및 시설을 말한다. 이 경우 일반인에게 분양되는 복리시설은 제외한다.
   가. 「주택법」에 따른 공동주택
   나. 「건축법」에 따른 건축허가를 받아 주택 외의 시설과 주택을 동일 건축물로 건축하는 건축물
   다. 「주택법」에 따른 부대시설 및 복리시설
2. "의무관리대상 공동주택"이란 해당 공동주택을 전문적으로 관리하는 자를 두고 자치 의결기구를 의무적으로 구성하여야 하는 등 일정한 의무가 부과되는 공동주택으로서, 다음 각 목 중 어느 하나에 해당하는 공동주택을 말한다. 〈시행 2020. 4. 24〉   `21회 출제`
   가. 300세대 이상의 공동주택
   나. 150세대 이상으로서 승강기가 설치된 공동주택
   다. 150세대 이상으로서 중앙집중식 난방방식(지역난방방식을 포함한다)의 공동주택
   라. 「건축법」 제11조에 따른 건축허가를 받아 주택 외의 시설과 주택을 동일 건축물로 건축한 건축물로서 주택이 150세대 이상인 건축물
   마. 가목부터 라목까지에 해당하지 아니하는 공동주택 중 입주자등이 대통령령으로 정하는 기준(전체 입주자 등의 3분의 2 이상이 서면으로 동의하는 방법을 말한다)에 따라 동의하여 정하는 공동주택("의무관리대상 전환 공동주택")
3. "공동주택단지"란 「주택법」에 따른 주택단지를 말한다.
4. "혼합주택단지"란 분양을 목적으로 한 공동주택과 임대주택이 함께 있는 공동주택단지를 말한다.
5. "입주자"란 공동주택의 소유자 또는 그 소유자를 대리하는 배우자 및 직계존비속을 말한다.
6. "사용자"란 공동주택을 임차하여 사용하는 사람(임대주택의 임차인은 제외한다) 등을 말한다.
7. "입주자 등"이란 입주자와 사용자를 말한다.
8. "입주자대표회의"란 공동주택의 입주자 등을 대표하여 관리에 관한 주요사항을 결정하기 위하여 구성하는 자치 의결기구를 말한다.
9. "관리규약"이란 공동주택의 입주자 등을 보호하고 주거생활의 질서를 유지하기 위하여 제18조 제2항에 따라 입주자 등이 정하는 자치규약을 말한다.
10. "관리주체"란 공동주택을 관리하는 다음의 자를 말한다.   `27회 출제`
    가. 자치관리기구의 대표자인 공동주택의 관리사무소장

나. 관리업무를 인계하기 전의 사업주체
　　다. 주택관리업자
　　라. 임대사업자
　　마. 「민간임대주택에 관한 특별법」에 따른 주택임대관리업자(시설물 유지·보수·개량 및 그 밖의 주택관리 업무를 수행하는 경우에 한정한다)
11. "주택관리사보"란 주택관리사보 합격증서를 발급받은 사람을 말한다.
12. "주택관리사"란 주택관리사 자격증을 발급받은 사람을 말한다.
13. "주택관리사 등"이란 주택관리사보와 주택관리사를 말한다.
14. "주택관리업"이란 공동주택을 안전하고 효율적으로 관리하기 위하여 입주자 등으로부터 의무관리대상 공동주택의 관리를 위탁받아 관리하는 업을 말한다.
15. "주택관리업자"란 주택관리업을 하는 자로서 등록한 자를 말한다.
16. "장기수선계획"이란 공동주택을 오랫동안 안전하고 효율적으로 사용하기 위하여 필요한 주요 시설의 교체 및 보수 등에 관하여 수립하는 장기계획을 말한다.
17. "임대주택"이란 「민간임대주택에 관한 특별법」에 따른 민간임대주택 및 「공공주택 특별법」에 따른 공공임대주택을 말한다.
18. "임대사업자"란 임대사업자 및 공공주택사업자를 말한다.
19. "임차인대표회의"란 「민간임대주택에 관한 특별법」에 따른 임차인대표회의 및 「공공주택 특별법」에 따라 준용되는 임차인대표회의를 말한다.

(2) 공동주택의 구성주체들

1) 입주자와 사용자(입주자 등)
2) 입주자대표회의(최고의결기관)
3) 관리주체
4) 리모델링주택조합
5) 「집합건물의 소유 및 관리에 관한 법률」상의 관리단과 다른 법률과의 관계 　**10회 출제**
　① 건물에 대하여 구분소유관계가 성립되면 구분소유자는 전원으로서 건물 및 그 대지와 부속시설의 관리에 관한 사업의 시행을 목적으로 하는 관리단을 당연 구성한다.
　② 집합주택의 관리 방법과 기준, 하자담보책임에 관한 「주택법」 및 「공동주택관리법」의 특별한 규정은 「집합건물의 소유 및 관리에 관한 법률」에 저촉되어 구분소유자의 기본적인 권리를 해치지 아니하는 범위에서 효력이 있다.

(3) 다른 법률과의 관계　**25회 출제**

1) 공동주택의 관리에 관하여 이 법에서 정하지 아니한 사항에 대하여는 「주택법」을 적용한다.
2) 임대주택의 관리에 관하여 「민간임대주택에 관한 특별법」 또는 「공공주택 특별법」에서 정하지 아니한 사항에 대하여는 이 법을 적용한다. 〈개정 2015.8.28.〉

2 공동주택의 관리주체 27회 출제

(1) 공동주택 관리주체의 종류(법 제2조 제10호)

1) 관리업무를 인계하기 전의 사업주체(→ 사업주체관리)
2) 자치관리기구의 대표자인 공동주택의 관리사무소장(→ 자치관리)
3) 주택관리업자(→ 위탁관리)
4) 임대사업자(「민간임대주택에 관한 특별법」에 따른 임대사업자 또는 「공공주택 특별법」에 따른 공공주택사업자)(→ 임대사업자관리)
5) 「민간임대주택에 관한 특별법」에 따른 주택임대관리업자(시설물 유지·보수·개량 및 그 밖의 주택관리 업무를 수행하는 경우에 한정한다)

(2) 관리주체의 업무 등

1) 관리주체의 업무 18회 출제

관리주체는 다음의 업무를 수행한다. 이 경우 관리주체는 필요한 범위에서 공동주택의 공용부분을 사용할 수 있다(법 제63조 제1항, 규칙 제29조).

① 공동주택의 공용부분의 유지·보수 및 안전관리
② 공동주택단지 안의 경비·청소·소독 및 쓰레기 수거
③ 관리비 및 사용료의 징수와 공과금 등의 납부대행
④ 장기수선충당금의 징수·적립 및 관리
⑤ 관리규약으로 정한 사항의 집행
⑥ 입주자대표회의에서 의결한 사항의 집행
⑦ 그 밖에 국토교통부령으로 정하는 사항
   ㉠ 공동주택관리업무의 공개·홍보 및 공동시설물의 사용방법에 관한 지도·계몽
   ㉡ 입주자 등의 공동사용에 제공되고 있는 공동주택단지 안의 토지·부대시설 및 복리시설에 대한 무단 점유행위의 방지 및 위반행위시의 조치
   ㉢ 공동주택단지 안에서 발생한 안전사고 및 도난사고 등에 대한 대응조치
   ㉣ 하자보수청구 등의 대행

2) 관리주체는 공동주택을 이 법 또는 이 법에 따른 명령에 따라 관리하여야 한다.

제1장 공동주택관리 일반론

(3) 관리주체의 권리와 의무 【14회 출제】
1) 관리주체의 권리
① 공용부분 사용과 공동주택에 출입할 수 있는 권리
② 관리비 등의 부과·징수권
③ 하자보수요구권
④ 주민공동시설의 위탁 운영(영 제29조) 〈시행 2017.1.10〉 【17·27회 출제】
  ㉠ 관리주체는 입주자 등의 이용을 방해하지 아니하는 한도에서 주민공동시설을 관리주체가 아닌 자에게 위탁하여 운영할 수 있다.
  ㉡ 관리주체는 ㉠에 따라 주민공동시설을 위탁하려면 다음의 구분에 따른 절차를 거쳐야 한다. 관리주체가 위탁 여부를 변경하는 경우에도 또한 같다.

---

1. 「주택법」에 따른 사업계획승인을 받아 건설한 공동주택 중 건설임대주택을 제외한 공동주택의 경우에는 다음 각 목의 어느 하나에 해당하는 방법으로 제안하고 입주자 등 과반수의 동의를 받을 것
   가. 입주자대표회의의 의결
   나. 입주자 등 10분의 1 이상의 요청
2. 「주택법」에 따른 사업계획승인을 받아 건설한 건설임대주택의 경우에는 다음 각 목의 어느 하나에 해당하는 방법으로 제안하고 임차인 과반수의 동의를 받을 것
   가. 임대사업자의 요청
   나. 임차인 10분의 1 이상의 요청
3. 「건축법」에 따른 건축허가를 받아 주택 외의 시설과 주택을 동일건축물로 건축한 건축물의 경우에는 다음 각 목의 어느 하나에 해당하는 방법으로 제안하고 입주자 등 과반수의 동의를 받을 것
   가. 입주자대표회의의 의결
   나. 입주자 등 10분의 1 이상의 요청

---

⑤ 인근 공동주택단지 입주자 등의 주민공동시설 이용의 허용(영 제29조의2) 〈신설 2017.1.10〉
  ㉠ 관리주체는 입주자 등의 이용을 방해하지 아니하는 한도에서 주민공동시설을 인근 공동주택단지 입주자 등도 이용할 수 있도록 허용할 수 있다. 이 경우 영리를 목적으로 주민공동시설을 운영해서는 아니 된다.
  ㉡ 관리주체가 주민공동시설을 인근 공동주택단지 입주자 등도 이용할 수 있도록 허용하려면 다음의 구분에 따른 절차를 거쳐야 한다. 관리주체가 허용 여부를 변경하는 경우에도 또한 같다.

> 1. 사업계획승인을 받아 건설한 공동주택 중 건설임대주택을 제외한 공동주택의 경우에는 다음 각 목의 어느 하나에 해당하는 방법으로 제안하고 과반의 범위에서 관리규약으로 정하는 비율 이상의 입주자 등의 동의를 받을 것
>   가. 입주자대표회의의 의결
>   나. 입주자 등 10분의 1 이상의 요청
> 2. 사업계획승인을 받아 건설한 건설임대주택의 경우에는 다음 각 목의 어느 하나에 해당하는 방법으로 제안하고 과반의 범위에서 관리규약으로 정하는 비율 이상의 임차인의 동의를 받을 것
>   가. 임대사업자의 요청
>   나. 임차인 10분의 1 이상의 요청
> 3. 건축허가를 받아 주택 외의 시설과 주택을 동일건축물로 건축한 건축물의 경우에는 다음 각 목의 어느 하나에 해당하는 방법으로 제안하고 과반의 범위에서 관리규약으로 정하는 비율 이상의 입주자 등의 동의를 받을 것
>   가. 입주자대표회의의 의결
>   나. 입주자 등 10분의 1 이상의 요청

⑥ 입주자대표회의 구성 전 사업주체의 어린이집 등 임대계약 체결(영 제29조의3) 〈개정 2021. 1. 5〉 **18회 출제**

㉠ 시장·군수·구청장은 입주자대표회의가 구성되기 전에 다음 각 호의 주민공동시설의 임대계약 체결이 필요하다고 인정하는 경우에는 사업주체로 하여금 입주예정자 과반수의 서면 동의를 받아 해당 시설의 임대계약을 체결하도록 할 수 있다.

> 1. 「영유아보육법」 제10조에 따른 어린이집
> 2. 「아동복지법」 제44조의2에 따른 다함께돌봄센터
> 3. 「아이돌봄 지원법」 제19조에 따른 공동육아나눔터

㉡ 사업주체는 ㉠에 따라 임대계약을 체결하려는 경우에는 해당 공동주택단지의 인터넷 홈페이지에 관련 내용을 공고하고 입주예정자에게 개별 통지해야 한다.

㉢ 사업주체는 ㉠에 따라 임대계약을 체결하려는 경우에는 관리규약 및 관련 법령의 규정에 따라야 한다. 이 경우 어린이집은 관리규약 중 제19조 제1항 제21호 다목(어린이집을 이용하는 입주자등 중 어린이집 임대에 동의하여야 하는 비율)의 사항은 적용하지 않는다.

2) 관리주체의 의무

① 선관주의의무

② 관리규약의 보관의무

공동주택의 관리주체는 관리규약을 보관하여 입주자 등이 열람을 청구하거나 자기의 비용으로 복사를 요구하는 때에는 이에 응하여야 한다.

제1장 공동주택관리 일반론

③ 관리비 등 회계장부의 작성·보관·관리비 등 내용의 공개의무 등 **11회 출제**
④ 용도변경 등 행위시 허가 또는 신고의무
⑤ 부정행위 금지(법 제90조)
　㉠ 공동주택의 관리(관리사무소장 등 근로자의 채용을 포함한다)와 관련하여 입주자 등·관리주체·입주자대표회의·선거관리위원회(위원을 포함한다)는 부정하게 재물 또는 재산상의 이익을 취득하거나 제공하여서는 아니 된다.
　㉡ 입주자대표회의 및 관리주체는 관리비·사용료와 장기수선충당금을 이 법에 따른 용도 외의 목적으로 사용하여서는 아니 된다.
⑥ 관리현황 공개의무

영 제28조 [열람대상 정보의 범위]
② 관리주체는 다음 각 호의 사항(입주자등의 세대별 사용명세 및 연체자의 동·호수 등 기본권 침해의 우려가 있는 것은 제외한다)을 그 공동주택단지의 인터넷 홈페이지 및 동별 게시판에 각각 공개하거나 입주자등에게 개별 통지해야 한다. 이 경우 동별 게시판에는 정보의 주요내용을 요약하여 공개할 수 있다.
1. 입주자대표회의의 소집 및 그 회의에서 의결한 사항
2. 관리비 등의 부과명세(관리비, 사용료 및 이용료 등에 대한 항목별 산출명세를 말한다) 및 연체 내용
3. 관리규약 및 장기수선계획·안전관리계획의 현황
4. 입주자 등의 건의사항에 대한 조치결과 등 주요업무의 추진상황
5. 동별 대표자의 선출 및 입주자대표회의의 구성원에 관한 사항
6. 관리주체 및 공동주택관리기구의 조직에 관한 사항

---

⑦ 안전점검 실시 및 보수 등 조치의무
⑧ 장기수선계획에 따른 주요시설 교체·보수의무
⑨ 장기수선충당금 적립의무
⑩ 설계도서의 보관 등(법 제31조)
　의무관리대상 공동주택의 관리주체는 공동주택의 체계적인 유지관리를 위하여 대통령령으로 정하는 바에 따라 공동주택의 설계도서 등을 보관하고, 공동주택 시설의 교체·보수 등의 내용을 기록·보관·유지하여야 한다.

> **영 제32조** [설계도서의 보관 등]
> ① 의무관리대상 공동주택의 관리주체는 국토교통부령으로 정하는 서류를 기록·보관·유지하여야 한다.
>
> > **시행규칙 제10조 제1항** [설계도서의 보관]
> > ① 영 제32조 제1항에서 "국토교통부령으로 정하는 서류"란 다음 각 호의 서류를 말한다.
> >   1. 사업주체로부터 인계받은 설계도서 및 장비의 명세
> >   2. 안전점검 결과보고서
> >   3. 감리보고서
> >   4. 공용부분 시설물의 교체, 유지보수 및 하자보수 등의 이력관리 관련 서류·도면 및 사진
>
> ② 의무관리대상 공동주택의 관리주체는 공용부분에 관한 시설의 교체, 유지보수 및 하자보수 등을 한 경우에는 그 실적을 시설별로 이력관리하여야 하며, 공동주택관리정보시스템에도 등록하여야 한다.
>
> > **시행규칙 제10조 제2항** [설계도서의 보관]
> > ② 의무관리대상 공동주택의 관리주체는 공용부분 시설물의 교체, 유지보수 및 하자보수 등을 한 경우에는 다음 각 호의 서류를 공동주택관리정보시스템에 등록하여야 한다.
> >   1. 이력 명세
> >   2. 공사 전·후의 평면도 및 단면도 등 주요 도면
> >   3. 주요 공사 사진

3 공동주택의 관리방법 등

(1) 공동주택의 관리방법(법 제5조)　　　　　　　　　　　　　　　　　`27회 출제`

1) 입주자 등은 의무관리대상 공동주택을 자치관리하거나 주택관리업자에게 위탁하여 관리하여야 한다.
2) 입주자 등이 공동주택의 관리방법을 정하거나 변경하는 경우에는 대통령령으로 정하는 바에 따른다.

> **영 제3조** [관리방법의 결정 방법] 〈시행 2021. 11. 11.〉　　　`23·27회 출제`
> 공동주택 관리방법의 결정 또는 변경은 다음 각 호의 어느 하나에 해당하는 방법으로 한다.
>   1. 입주자대표회의의 의결로 제안하고 전체 입주자 등의 과반수가 찬성
>   2. 전체 입주자 등의 1/10 이상이 서면으로 제안하고 전체 입주자 등의 과반수가 찬성

(2) 최초의 관리방법의 결정절차와 관리업무의 인수·인계

사용검사 후 입주시작 (사업주체 직접관리 의무)	의무관리대상 공동주택을 건설한 사업주체는 입주예정자 과반수가 입주할 때까지 관리하여야 함(관리비예치금 징수 가능, 관리계약체결시 사업주체의 제안 + 입주예정자 과반수 서면동의로 관리규약 제정)
입주예정자의 과반수 입주와 관리방법 결정요구	과반수 입주시 입주자 등에게 그 사실을 통지하고 해당 공동주택을 관리할 것을 요구하여야 함[㉠ 총입주예정세대수 및 총입주세대수, ㉡ 동별 입주예정세대수 및 동별 입주세대수, ㉢ 공동주택의 관리방법에 관한 결정요구, ㉣ 사업주체의 성명·주소(법인인 경우 명칭·소재지)]
입주자대표회의 구성	입주자등이 관리 이관요구를 받은 날부터 3개월 이내에 입주자를 구성원으로 구성해야 함
관리방법 결정과 통지·신고	관리방법을 결정한 경우 입주자대표회의의 회장은 그 날부터 30일 이내에(시장 등 → 신고 + 사업주체, 의무관리대상 전환 공동주택 관리인 → 통지)하여야 함. 신고사항 변경시 30일 이내에 변경신고 하여야 함
자치관리기구 구성·주택관리업자 선정	① 입주자대표회의의 회장으로부터 주택관리업자의 선정을 통지받은 경우 → 사업주체는 관리업무를 인계해야 함 ② 자치관리시 : 관리 이관요구 있은 날(의무관리대상 공동주택으로 전환되는 경우는 입주자대표회의의 구성 신고가 수리된 날)부터 6개월 이내에 입주자대표회의는 법정 기술인력과 장비확보한 자치관리기구를 구성하여야 함 → 사업주체는 관리업무를 인계해야 함 ③ 위탁관리시 : 주택관리업자가 선정된 경우 → 사업주체는 관리업무를 인계해야 함 ④ 관리방법 결정통지가 없거나 자치관리기구 구성을 아니하는 경우 : 사업주체는 주택관리업자 선정하여야 한다. 이 경우 사업주체는 입주자대표회의 및 관할 시장·군수·구청장에게 그 사실을 알려야 한다.
관리업무 인수·인계	인수·인계서 작성·서명날인 + 첨부서류(인수 후 보관)

1) 관리의 이관

의무관리대상 공동주택을 건설한 사업주체는 입주예정자의 과반수가 입주할 때까지 그 공동주택을 관리하여야 하며, 입주예정자의 과반수가 입주하였을 때에는 입주자 등에게 대통령령으로 정하는 바에 따라 그 사실을 통지하고 해당 공동주택을 관리할 것을 요구하여야 한다(법 제11조 제1항).

영 제8조 [입주자 등에 대한 관리요구의 통지]
① 사업주체는 입주자 등에게 입주예정자의 과반수가 입주한 사실을 통지할 때에는 통지서에 다음 각 호의 사항을 기재하여야 한다.
　1. 총입주예정세대수 및 총입주세대수
　2. 동별 입주예정세대수 및 동별 입주세대수
　3. 공동주택의 관리방법에 관한 결정의 요구
　4. 사업주체의 성명 및 주소(법인인 경우에는 명칭 및 소재지를 말한다)
② 임대사업자는 다음 각 호의 어느 하나에 해당하는 경우에는 ①을 준용하여 입주자 등에게 통지하여야 한다.
　1. 민간건설임대주택을 임대사업자 외의 자에게 양도하는 경우로서 해당 양도임대주택 입주예정자의 과반수가 입주하였을 때
　2. 공공건설임대주택에 대하여 분양전환을 하는 경우로서 해당 공공건설임대주택 전체 세대수의 과반수가 분양전환된 때
③ 사업주체 및 임대사업자는 입주자대표회의의 구성에 협력하여야 한다.

---

2) 관리방법의 결정, 통지 및 신고 (법 제11조 제2항·제3항) **16회 출제**

① 입주자 등이 관리요구를 받았을 때에는 그 요구를 받은 날부터 3개월 이내에 입주자를 구성원으로 하는 입주자대표회의를 구성하여야 한다.
② 입주자대표회의의 회장은 입주자등이 해당 공동주택의 관리방법을 결정(위탁관리하는 방법을 선택한 경우에는 그 주택관리업자의 선정을 포함한다)한 경우에는 이를 사업주체 또는 의무관리대상 전환 공동주택의 관리인에게 통지하고, 대통령령으로 정하는 바에 따라 관할 시장·군수·구청장에게 신고하여야 한다. 신고한 사항이 변경되는 경우에도 또한 같다. 〈개정 2019. 4. 23.〉

영 제9조 [관리방법 결정 등의 신고] [개정 2020. 4. 24]
입주자대표회의의 회장은 공동주택 관리방법의 결정(위탁관리하는 방법을 선택한 경우에는 그 주택관리업자의 선정을 포함한다) 또는 변경결정에 관한 신고를 하려는 경우에는 그 결정일 또는 변경결정일부터 30일 이내에 신고서를 시장·군수·구청장에게 제출해야 한다.

---

③ 시장·군수·구청장은 ②에 따른 신고를 받은 날부터 7일 이내에 신고수리 여부를 신고인에게 통지하여야 한다. 〈신설 2021. 8. 10.〉

④ 시장·군수·구청장이 ④에서 정한 기간 내에 신고수리 여부 또는 민원 처리 관련 법령에 따른 처리기간의 연장을 신고인에게 통지하지 아니하면 그 기간(민원 처리 관련 법령에 따라 처리기간이 연장 또는 재연장된 경우에는 해당 처리기간을 말한다)이 끝난 날의 다음 날에 신고를 수리한 것으로 본다. 〈신설 2021. 8. 10.〉

⑤ 사업주체는 입주자대표회의로부터 관리방법 결정의 통지가 없거나, 입주자대표회의가 사업주체의 공동주택 관리요구가 있은 날부터 6개월 이내에 자치관리기구를 구성하지 아니하는 경우에는 주택관리업자를 선정하여야 한다. 이 경우 사업주체는 입주자대표회의 및 관할 시장·군수·구청장에게 그 사실을 알려야 한다(법 제12조).

3) 관리업무의 인계(법 제13조)

① 사업주체 또는 의무관리대상 전환 공동주택의 관리인은 다음의 어느 하나에 해당하는 경우에는 대통령령으로 정하는 바에 따라 해당 관리주체에게 공동주택의 관리업무를 인계하여야 한다(법 제13조 제1항).
  ㉠ 입주자대표회의의 회장으로부터 주택관리업자의 선정을 통지받은 경우
  ㉡ 자치관리기구가 구성된 경우
  ㉢ 주택관리업자가 선정된 경우

② 공동주택의 관리주체가 변경되는 경우에 기존 관리주체는 새로운 관리주체에게 ①을 준용하여 해당 공동주택의 관리업무를 인계하여야 한다(법 제13조 제2항).

영 제10조 [관리업무의 인계] 〈개정 2020. 4. 24.〉

① 사업주체 또는 의무관리대상 전환 공동주택의 관리인은 해당 관리주체에게 공동주택의 관리업무를 인계하여야 하는 경우의 어느 하나에 해당하게 된 날부터 1개월 이내에 해당 공동주택의 관리주체에게 공동주택의 관리업무를 인계해야 한다.

② 관리주체의 변경에 따른 새로운 관리주체는 기존 관리의 종료일까지 공동주택관리기구를 구성하여야 하며, 기존 관리주체는 해당 관리의 종료일까지 공동주택의 관리업무를 인계하여야 한다.

③ 위 ②에도 불구하고 기존 관리의 종료일까지 인계·인수가 이루어지지 아니한 경우 기존 관리주체는 기존 관리의 종료일(기존 관리의 종료일까지 새로운 관리주체가 선정되지 못한 경우에는 새로운 관리주체가 선정된 날을 말한다)부터 1개월 이내에 새로운 관리수제에게 공동주택의 관리업무를 인계하여야 한다. 이 경우 그 인계기간에 소요되는 기존 관리주체의 인건비 등은 해당 공동주택의 관리비로 지급할 수 있다.

④ 사업주체 또는 의무관리대상 전환 공동주택의 관리인은 공동주택의 관리업무를 해당 관리주체에 인계할 때에는 입주자대표회의의 회장 및 1명 이상의 감사의 참관하에 인계자와 인수자가 인계·인수서에 각각 서명·날인하여 다음 각 호의 서류를 인계해야 한다. 기존 관리주체가 관리주체의 변경에 따라 새로운 관리주체에게 공동주택의 관리업무를 인계하는 경우에도 또한 같다.
  1. 설계도서, 장비의 명세, 장기수선계획 및 안전관리계획
  2. 관리비·사용료·이용료의 부과·징수현황 및 이에 관한 회계서류
  3. 장기수선충당금의 적립현황

    4. 관리비예치금의 명세
    5. 세대 전유부분을 입주자에게 인도한 날의 현황
    6. 관리규약과 그 밖에 공동주택의 관리업무에 필요한 사항
⑤ 건설임대주택(「민간임대주택에 관한 특별법」에 따른 민간건설임대주택 및 「공공주택 특별법」에 따른 공공건설임대주택을 말한다)을 분양전환(「민간임대주택에 관한 특별법」에 따른 임대사업자 외의 자에게의 양도 및 「공공주택 특별법」에 따른 분양전환을 말한다)하는 경우 임대사업자는 ① 및 ④를 준용하여 관리주체에게 공동주택의 관리업무를 인계하여야 한다. 이 경우 "입주자"는 "임차인"으로 본다.

4) 의무관리대상 전환 공동주택의 관리방법 결정 등(법 제10조의2) **27회 출제**

① 의무관리대상 공동주택으로 전환되는 공동주택(이하 "의무관리대상 전환 공동주택")의 관리인(「집합건물의 소유 및 관리에 관한 법률」에 따른 관리인을 말하며, 관리단이 관리를 개시하기 전인 경우에는 공동주택을 관리하고 있는 분양자를 말한다)은 대통령령으로 정하는 바에 따라 관할 특별자치시장·특별자치도지사·시장·군수·구청장에게 의무관리대상 공동주택 전환 신고를 하여야 한다. 다만, 관리인이 신고하지 않는 경우에는 입주자등의 10분의 1 이상이 연서하여 신고할 수 있다.

> **영 제7조의2** (의무관리대상 공동주택 전환 등)
> ① 의무관리대상 공동주택 전환 신고를 하려는 자는 입주자등의 동의(전체 입주자등의 3분의 2 이상이 서면으로 동의하는 방법을 말한다)를 받은 날부터 30일 이내에 관할 특별자치시장·특별자치도지사·시장·군수·구청장(구청장은 자치구의 구청장을 말하며, 이하 "시장·군수·구청장"이라 한다)에게 국토교통부령으로 정하는 신고서를 제출해야 한다.

② 의무관리대상 전환 공동주택의 입주자등은 관리규약의 제정 신고가 수리된 날부터 3개월 이내에 입주자대표회의를 구성하여야 하며, 입주자대표회의의 구성 신고가 수리된 날부터 3개월 이내에 공동주택의 관리 방법을 결정하여야 한다.

③ 의무관리대상 전환 공동주택의 입주자등이 공동주택을 위탁관리할 것을 결정한 경우 입주자대표회의는 입주자대표회의의 구성 신고가 수리된 날부터 6개월 이내에 전자입찰방식 등의 기준에 따라 주택관리업자를 선정하여야 한다.

④ 의무관리대상 전환 공동주택의 입주자등은 의무관리대상 전환기준에 따라 해당 공동주택을 의무관리대상에서 제외할 것을 정할 수 있으며, 이 경우 입주자대표회의의 회장(직무를 대행하는 경우에는 그 직무를 대행하는 사람을 포함한다)은 대통령령으로 정하는 바에 따라 시장·군수·구청장에게 의무관리대상 공동주택 제외 신고를 하여야 한다.

> **영 제7조의2** (의무관리대상 공동주택 전환 등)
> ② 의무관리대상 공동주택 제외 신고를 하려는 입주자대표회의의 회장(직무를 대행하는 경우에는 그 직무를 대행하는 사람을 포함한다)은 입주자등의 동의(전체 입주자등의 3분의 2 이상이 서면으로 동의하는 방법을 말한다)를 받은 날부터 30일 이내에 시장·군수·구청장에게 국토교통부령으로 정하는 신고서를 제출해야 한다.

> **규칙 제2조의2** (의무관리대상 공동주택 전환 등) [신설 2020. 4. 24.]
> 위 ②에서 "국토교통부령으로 정하는 신고서"란 각각 별지 제1호서식의 의무관리대상 공동주택 전환 등 신고서를 말하며, 해당 신고서를 제출할 때에는 다음 각 호의 서류를 첨부해야 한다.
> ㉠ 제안서 및 제안자 명부　　㉡ 입주자등의 동의서　　㉢ 입주자등의 명부

⑤ 시장·군수·구청장은 의무관리대상 공동주택 전환 신고 및 의무관리대상 공동주택 제외 신고를 받은 날부터 10일 이내에 신고수리 여부를 신고인에게 통지하여야 한다. 〈신설 2021. 8. 10.〉

⑥ 시장·군수·구청장이 위 ⑤에서 정한 기간 내에 신고수리 여부 또는 민원 처리 관련 법령에 따른 처리기간의 연장을 신고인에게 통지하지 아니하면 그 기간(민원 처리 관련 법령에 따라 처리기간이 연장 또는 재연장된 경우에는 해당 처리기간을 말한다)이 끝난 날의 다음 날에 신고를 수리한 것으로 본다. 〈신설 2021. 8. 10.〉

(3) 자치관리　　**21·27회 출제**

1) 자치관리기구의 운영(영 제4조 제2항·제3항·제4항·제5항)

① 자치관리기구는 입주자대표회의 감독을 받는다.

② 자치관리기구 관리사무소장은 입주자대표회의가 입주자대표회의 구성원(관리규약으로 정한 정원을 말하며, 해당 입주자대표회의 구성원의 3분의 2 이상이 선출되었을 때에는 그 선출된 인원을 말한다) 과반수의 찬성으로 선임한다.

③ 입주자대표회의는 ②에 따라 선임된 관리사무소장이 해임되거나 그 밖의 사유로 결원이 되었을 때에는 그 사유가 발생한 날부터 30일 이내에 새로운 관리사무소장을 선임하여야 한다.

④ 입주자대표회의 구성원은 자치관리기구의 직원을 겸할 수 없다.

2) 자치관리기구의 구성(법 제6조) 〈시행 2020. 4. 24〉

① 의무관리대상 공동주택의 입주자 등이 공동주택을 자치관리할 것을 정한 경우에는 입주자대표회의는 의무관리대상 공동주택을 건설한 사업주체의 공동주택 관리 요구가 있은 날(의무관리대상 공동주택으로 전환되는 경우에는 입주자대표회의 구성 신고가 수리된 날을 말한다)부터 6개월 이내에 공동주택의 관리사무소장을 자치관리기구의 대표자로 선임하고, 대통령령으로 정하는 기술인력 및 장비를 갖춘 자치관리기구를 구성하여야 한다(제1항).

공동주택관리기구의 기술인력 및 장비기준(제4조제1항 및 제6조제1항 관련, 영 별표1)〈개정 2022.11.29〉

구분	기 준
1. 기술인력	다음 각 호의 기술인력. 다만, 관리주체가 입주자대표회의의 동의를 받아 관리업무의 일부를 해당 법령에서 인정하는 전문용역업체에 용역하는 경우에는 해당 기술인력을 갖추지 않을 수 있다. 1. 승강기가 설치된 공동주택인 경우에는 「승강기 안전관리법 시행령」 제28조에 따른 승강기자체검사자격을 갖추고 있는 사람 1명 이상 2. 해당 공동주택의 건축설비의 종류 및 규모 등에 따라 「전기안전관리법」·「고압가스 안전관리법」·「액화석유가스의 안전관리 및 사업법」·「도시가스사업법」·「에너지이용 합리화법」·「소방기본법」, 「화재의 예방 및 안전관리에 관한 법률」, 「소방시설 설치 및 관리에 관한 법률」 및 「대기환경보전법」 등 관계 법령에 따라 갖추어야 할 기준 인원 이상의 기술자
2. 장비	1. 비상용 급수펌프(수중펌프를 말한다) 1대 이상 2. 절연저항계(누전측정기를 말한다) 1대 이상 3. 건축물 안전점검의 보유장비 : 망원경, 카메라, 돋보기, 콘크리트 균열폭 측정기, 5m 이상용 줄자 및 누수탐지기 각 1대 이상

비고
1. 관리사무소장과 기술인력 상호간에는 겸직할 수 없다.
2. 기술인력 상호간에는 겸직할 수 없다. 다만, 입주자대표회의가 구성원 과반수의 찬성으로 의결하는 방법으로 다음 각 목의 겸직을 허용한 경우에는 그러하지 아니하다.
   가. 해당 법령에서 「국가기술자격법」에 따른 국가기술자격의 취득을 선임요건으로 정하고 있는 기술인력과 국가기술자격을 취득하지 않아도 선임할 수 있는 기술인력의 겸직
   나. 해당 법령에서 국가기술자격을 취득하지 않아도 선임할 수 있는 기술인력 상호간의 겸직

② 주택관리업자에게 위탁관리하다가 자치관리로 관리방법을 변경하는 경우 입주자대표회의는 그 위탁관리의 종료일까지 자치관리기구를 구성하여야 한다(제2항).

3) 공동주택관리기구(법 제9조)

① 입주자대표회의 또는 관리주체는 공동주택 공용부분의 유지·보수 및 관리 등을 위하여 공동주택관리기구(자치관리기구를 포함한다)를 구성하여야 한다.
② 공동주택관리기구의 구성·기능·운영 등에 필요한 사항은 대통령령으로 정한다.

영 제6조 (공동주택관리기구의 구성·운영)
① 공동주택관리기구는 별표 1에 따른 기술인력 및 장비를 갖추어야 한다.
② 입주자대표회의 또는 관리주체는 공동주택을 공동관리하거나 구분관리하는 경우에는 공동관리 또는 구분관리 단위별로 공동주택관리기구를 구성하여야 한다.

(4) 위탁관리와 주택관리업자

1) **위탁관리**(법 제7조) 〈시행 2022. 12. 11〉

① 의무관리대상 공동주택의 입주자 등이 공동주택을 위탁관리할 것을 정한 경우에는 입주자대표회의는 다음 각 호의 기준에 따라 주택관리업자를 선정하여야 한다.

㉠ 「전자문서 및 전자거래 기본법」에 따른 정보처리시스템을 통하여 선정(이하 "전자입찰방식")할 것. 다만, 선정방법 등이 전자입찰방식을 적용하기 곤란한 경우로서 국토교통부장관이 정하여 고시하는 경우에는 전자입찰방식으로 선정하지 아니할 수 있다.

㉡ 다음 각 목의 구분에 따른 사항에 대하여 전체 입주자등의 과반수의 동의를 얻을 것
  가. 경쟁입찰: 입찰의 종류 및 방법, 낙찰방법, 참가자격 제한 등 입찰과 관련한 중요사항
  나. 수의계약: 계약상대자 선정, 계약 조건 등 계약과 관련한 중요사항

㉢ 그 밖에 입찰의 방법 등 대통령령으로 정하는 방식을 따를 것

영 제5조 (주택관리업자의 선정 등) 〈19·24회 출제〉

① 위 ①㉠에 따른 전자입찰방식의 세부기준, 절차 및 방법 등은 국토교통부장관이 정하여 고시한다.
② 위 ㉢의 "입찰의 방법 등 대통령령으로 정하는 방식"이란 다음 각 호에 따른 방식을 말한다.
  1. 국토교통부장관이 정하여 고시하는 경우 외에는 경쟁입찰로 할 것. 이 경우 다음 각 목의 사항은 국토교통부장관이 정하여 고시한다.
    가. 입찰의 절차
    나. 입찰 참가자격
    다. 입찰의 효력
    라. 그 밖에 주택관리업자의 적정한 선정을 위하여 필요한 사항
  2. 입주자대표회의의 감사가 입찰과정 참관을 원하는 경우에는 참관할 수 있도록 할 것
  3. 계약기간은 장기수선계획의 조정 주기를 고려하여 정할 것

---

② 입주자 등은 기존 주택관리업자의 관리 서비스가 만족스럽지 못한 경우에는 대통령령으로 정하는 바에 따라 새로운 주택관리업자 선정을 위한 입찰에서 기존 주택관리업자의 참가를 제한하도록 입주자대표회의에 요구할 수 있다. 이 경우 입주자대표회의는 그 요구에 따라야 한다.

영 제5조 (주택관리업자의 선정 등)

③ 입주자 등이 새로운 주택관리업자 선정을 위한 입찰에서 기존 주택관리업자의 참가를 제한하도록 입주자대표회의에 요구하려면 전체 입주자 등 과반수의 서면동의가 있어야 한다.

2) 주택관리업 　　　　　　　　　　　　　　　　　　　　　　　　　　　　　**16회 출제**

① 의의

입주자는 의무관리대상 공동주택을 자치관리하거나 주택관리업자에게 위탁하여 관리하여야 한다.

② 주택관리업의 등록(법 제52조)

㉠ 주택관리업을 하려는 자는 대통령령으로 정하는 바에 따라 시장·군수·구청장에게 등록하여야 하며, 등록 사항이 변경되는 경우에는 국토교통부령으로 정하는 바에 따라 변경신고를 하여야 한다.

PROFESSOR COMMENT

> 등록사항 변경신고를 하려는 자는 변경사유가 발생한 날부터 15일 이내에 변경신고서에 변경내용을 증명하는 서류를 첨부하여 시장·군수·구청장에게 제출하여야 한다.

㉡ 등록을 한 주택관리업자가 그 등록이 말소된 후 2년이 지나지 아니한 때에는 다시 등록할 수 없다.

㉢ 등록은 주택관리사(임원 또는 사원의 3분의 1 이상이 주택관리사인 상사법인을 포함한다)가 신청할 수 있다. 이 경우 주택관리업을 등록하려는 자는 다음의 요건을 갖추어야 한다.

　　ⓐ 자본금(법인이 아닌 경우 자산평가액을 말한다)이 2억원 이상으로서 대통령령으로 정하는 금액(2억원) 이상일 것

　　ⓑ 대통령령으로 정하는 인력·시설 및 장비를 보유할 것

㉣ 주택관리업자가 아닌 자는 주택관리업 또는 이와 유사한 명칭을 사용하지 못한다.

㉤ 주택관리업자의 지위에 관하여 이 법에 규정이 있는 것 외에는「민법」중 위임에 관한 규정을 준용한다.

㉥ 주택관리업자의 등록의 절차, 영업의 종류와 공동주택의 관리방법 및 그 업무내용 등 그 밖에 필요한 사항은 대통령령으로 정한다.

영 제66조 (주택관리업자의 관리상 의무) 　　　　　　　　　　　　　　**22회 출제**

① 주택관리업자는 관리하는 공동주택에 배치된 주택관리사 등이 해임 그 밖의 사유로 결원이 된 때에는 그 사유가 발생한 날부터 15일 이내에 새로운 주택관리사 등을 배치하여야 한다.

② 주택관리업자는 공동주택을 관리할 때에는 별표 1(공동주택관리기구의 기술인력 및 장비기준)에 따른 기술인력 및 장비를 갖추고 있어야 한다.

③ 주택관리업의 등록기준 및 등록절차 등 **12·15회 출제**

㉠ 주택관리업의 등록기준(영 제65조 제4항 관련, 별표5) 〈개정 2020.4.24.〉

구 분		등록기준
자본금		2억원 이상
기술능력	전기분야 기술자	전기산업기사 이상의 기술자 1명 이상
	연료사용기기 취급 관련 기술자	에너지관리산업기사 이상의 기술자 또는 에너지관리기능사 1명 이상
	고압가스 관련 기술자	가스기능사 이상의 자격을 가진 사람 1명 이상
	위험물 취급 관련 기술자	위험물관리기능사 이상의 기술자 1명 이상
주택관리사		주택관리사 1명 이상
시설·장비		• 5마력 이상의 양수기 1대 이상 • 절연저항계(누전측정기를 말한다) 1대 이상 • 사무실

비고

1. "자본금"이란 법인인 경우에는 주택관리업을 영위하기 위한 출자금을 말한다.
2. 주택관리사와 기술자격(「국가기술자격법 시행령」별표 중 해당 분야의 것을 말한다)은 각각 상시 근무하는 사람으로 하며, 「국가기술자격법」에 따라 그 자격이 정지된 사람과 「건설기술 진흥법」에 따라 업무정지처분을 받은 기술인은 제외한다.
3. 사무실은 「건축법」 및 그 밖의 법령에 적합한 건물이어야 한다.

㉡ 주택관리업의 등록절차

ⓐ 법 제52조 제1항에 따라 주택관리업의 등록을 하려는 자는 국토교통부령으로 정하는 바에 따라 신청서(전자문서에 의한 신청서를 포함한다)를 시장·군수·구청장에게 제출하여야 한다(영 제65조 제1항).

ⓑ 시장·군수·구청장은 주택관리업 등록을 한 자에게 등록증을 내주어야 한다.

④ 주택관리업자에 대한 부당간섭 배제 등(법 제65조의3)

입주자대표회의 및 입주자등은 제65조제1항(관리사무소장의 업무에 대한 부당간섭) 또는 제65조의2제3항(경비원 등 근로자에 대한 부당한 지시나 명령)의 행위를 할 목적으로 주택관리업자에게 관리사무소장 및 소속 근로자에 대한 해고, 징계 등 불이익 조치를 요구하여서는 아니 된다. 〈신설 2021.8.10., 시행 2022. 2. 11.〉

⑤ 주택관리업자에 대한 행정처분 : 주택관리업의 등록말소·영업정지 **16회 출제**

㉠ 시장·군수·구청장은 주택관리업자가 다음의 어느 하나에 해당하면 그 등록을 말소하거나 1년 이내의 기간을 정하여 영업의 전부 또는 일부의 정지를 명할 수 있다. 다만, ⓐ, ⓑ, ⓘ에 해당하는 경우에는 그 등록을 말소하여야 하고, ⓖ 또는 ⓗ에 해당하는 경우에는 1년 이내의 기간을 정하여 영업의 전부 또는 일부의 정지를 명하여야 한다. 한편, 시장·군수·구청장은 주택관리업자가 영업정지사유(ⓑ부터 ⓕ까지, ⓙ 및 ⓚ)의 어느 하나에 해당하는 경우에는 대통령령으로 정하는 바에 따라 영업정지를 갈음하여 2천만원 이하의 과징금을 부과할 수 있다(법 제53조 제1항 및 제2항).〈개정 2021. 8. 10.〉

ⓐ 거짓이나 그 밖의 부정한 방법으로 등록을 한 경우
ⓑ 영업정지기간 중에 주택관리업을 영위한 경우 또는 최근 3년간 2회 이상의 영업정지처분을 받은 자로서 그 정지처분을 받은 기간이 합산하여 12개월을 초과한 경우
ⓒ 고의 또는 과실로 공동주택을 잘못 관리하여 소유자 및 사용자에게 재산상의 손해를 입힌 경우
ⓓ 공동주택관리실적이 대통령령으로 정하는 기준에 미달한 경우

PROFESSOR COMMENT

대통령령이 정하는 기준(영 제67조 제1항)
매년 12월 31일을 기준으로 최근 3년간 공동주택의 관리 실적이 없는 경우를 말한다.

ⓔ 등록요건에 미달하게 된 경우
ⓕ 관리방법 및 업무내용 등을 위반하여 공동주택을 관리한 경우
ⓖ 공동주택의 관리와 관련하여 입주자 등·관리주체·입주자대표회의·선거관리위원회(위원을 포함)가 부정하게 재물 또는 재산상의 이익을 취득하거나 제공한 경우
ⓗ 입주자대표회의 및 관리주체가 관리비·사용료와 장기수선충당금을 이 법에 따른 용도 외의 목적으로 사용한 경우
ⓘ 주택관리업자 및 주택관리사 등이 다른 자에게 자기의 성명 또는 상호를 사용하여 이 법에서 정한 사업이나 업무를 수행하게 하거나 그 등록증을 대여한 경우
ⓙ 보고, 자료의 제출, 조사 또는 검사를 거부·방해 또는 기피하거나 거짓으로 보고를 한 경우
ⓚ 공동주택의 입주자 등이 지방자치단체의 장에게 요청한 감사를 거부·방해 또는 기피한 경우

㉡ 시장·군수 또는 구청장은 주택관리업자에 대하여 등록말소 또는 영업정지 처분을 하려는 때에는 처분일 1개월 전까지 해당 주택관리업자가 관리하는 공동주택의 입주자대표회의에 그 사실을 통보하여야 한다(영 제67조 제2항).

ⓒ 지방자치단체의 장은 주택관리업자가 법 제53조제1항 각 호의 어느 하나에 해당하게 된 사실을 발견한 경우에는 그 사실을 지체 없이 그 주택관리업을 등록한 시장·군수·구청장에게 통보해야 한다. 〈신설 2023. 6. 13.〉

ⓔ 등록말소 및 영업정지처분에 관한 기준과 과징금을 부과하는 위반행위의 종류 및 위반 정도 등에 따른 과징금의 금액 등에 필요한 사항은 대통령령으로 정한다(법 제54조 제4항).

ⓜ 등록말소 및 영업정지처분에 관한 기준과 과징금을 부과하는 위반행위의 종류 및 위반 정도 등에 따른 과징금의 금액 등에 필요한 사항은 대통령령으로 정한다.

> **영 제68조** (주택관리업자에 대한 과징금의 부과 및 납부)
> ① 과징금은 영업정지기간 1일당 3만원을 부과하며, 영업정지 1개월은 30일을 기준으로 한다. 이 경우 과징금은 2천만원을 초과할 수 없다. 〈개정 2021. 10. 19.〉
> ② 시장·군수·구청장은 과징금을 부과하려는 때에는 그 위반행위의 종류와 과징금의 금액을 명시하여 이를 납부할 것을 서면으로 통지하여야 한다.
> ③ 통지를 받은 자는 통지를 받은 날부터 30일 이내에 과징금을 시장·군수·구청장이 정하는 수납기관에 납부해야 한다. 〈개정 2023. 12. 12.〉
> ④ 과징금의 납부를 받은 수납기관은 그 납부자에게 영수증을 발급하여야 한다.
> ⑤ 과징금 수납기관은 과징금을 수납한 때에는 지체 없이 그 사실을 시장·군수·구청장에게 통보하여야 한다.

ⓗ 시장·군수·구청장은 주택관리업자가 과징금을 기한까지 내지 아니하면 「지방행정제재·부과금의 징수 등에 관한 법률」에 따라 징수한다.

3) **주택임대관리업**(민간임대주택에 관한 특별법) 〈시행 2025. 6. 4〉 **18·20·21·22·23·25·27회 출제**

① 개념(법 제2조 제10호)
㉠ "주택임대관리업"이란 주택의 소유자로부터 임대관리를 위탁받아 관리하는 업(業)을 말하며, 다음 각 목으로 구분한다.
ⓐ 자기관리형 주택임대관리업 : 주택의 소유자로부터 주택을 임차하여 자기책임으로 전대(轉貸)하는 형태의 업
ⓑ 위탁관리형 주택임대관리업 : 주택의 소유자로부터 수수료를 받고 임대료 부과·징수 및 시설물 유지·관리 등을 대행하는 형태의 업
㉡ "주택임대관리업자"란 주택임대관리업을 하기 위하여 시장·군수·구청장에게 등록한 자를 말한다.

② 주택임대관리업의 결격사유(법 제9조) 〈개정 2016.1.19.〉 **22·23·25회 출제**

다음의 어느 하나에 해당하는 자는 주택임대관리업의 등록을 할 수 없다. 법인의 경우 그 임원 중 다음의 어느 하나에 해당하는 사람이 있을 때에도 또한 같다.

㉠ 파산선고를 받고 복권되지 아니한 자
㉡ 피성년후견인 또는 피한정후견인
㉢ 주택임대관리업의 등록이 말소된 후 2년이 지나지 아니한 자. 이 경우 등록이 말소된 자가 법인인 경우에는 말소 당시의 원인이 된 행위를 한 사람과 대표자를 포함한다.
㉣ 민간임대주택에 관한 특별법,「주택법」,「공공주택 특별법」또는「공동주택관리법」을 위반하여 금고 이상의 실형을 선고받고 집행이 종료(집행이 종료된 것으로 보는 경우를 포함)되거나 그 집행이 면제된 날부터 3년이 지나지 아니한 사람
㉤ 민간임대주택에 관한 특별법,「주택법」,「공공주택 특별법」또는「공동주택관리법」을 위반하여 형의 집행유예를 선고받고 그 유예기간 중에 있는 사람

③ 주택임대관리업의 등록(법 제7조) **22·25회 출제**

㉠ 주택임대관리업을 하려는 자는 시장·군수·구청장에게 등록할 수 있다. 다만, 100호 이상의 범위에서 대통령령으로 정하는 규모 이상으로 주택임대관리업을 하려는 자(국가, 지방자치단체,「공공기관의 운영에 관한 법률」에 따른 공공기관,「지방공기업법」에 따라 설립된 지방공사는 제외한다)는 등록하여야 한다. 등록하는 경우에는 자기관리형 주택임대관리업과 위탁관리형 주택임대관리업을 구분하여 등록하여야 한다.

영 제6조 (주택임대관리업의 등록 및 변경신고 등) **25·26회 출제**
① 위 ㉠의 단서에서 "대통령령으로 정하는 규모"란 다음의 구분에 따른 규모를 말한다.
　1. 자기관리형 주택임대관리업
　　가. 단독주택 : 100호　　나. 공동주택 : 100세대
　2. 위탁관리형 주택임대관리업
　　가. 단독주택 : 300호　　나. 공동주택 : 300세대

㉡ 등록한 자가 등록한 사항을 변경하거나 말소하고자 할 경우 시장·군수·구청장에게 신고하여야 한다. 다만, 자본금의 증가 등 국토교통부령으로 정하는 경미한 사항은 신고하지 아니하여도 된다.

규칙 제6조 (주택임대관리업의 변경신고 등)
④ "자본금의 증가 등 국토교통부령으로 정하는 경미한 사항"이란 자본금 또는 전문인력의 수가 증가한 경우를 말한다.

ⓒ 시장·군수·구청장은 ⓛ에 따른 신고를 받은 날부터 5일 이내에 신고수리 여부를 신고인에게 통지하여야 한다. 〈신설 2020. 6. 9.〉

㉣ 시장·군수·구청장이 ⓒ에서 정한 기간 내에 신고수리 여부 또는 민원 처리 관련 법령에 따른 처리기간의 연장을 신고인에게 통지하지 아니하면 그 기간(민원 처리 관련 법령에 따라 처리기간이 연장 또는 재연장된 경우에는 해당 처리기간을 말한다)이 끝난 날의 다음 날에 신고를 수리한 것으로 본다. 〈신설 2020. 6. 9.〉

㉤ 등록 및 신고의 절차 등에 필요한 사항은 대통령령으로 정한다.

　ⓐ 주택임대관리업을 등록하려는 자는 신청서에 국토교통부령으로 정하는 서류를 첨부하여 시장·군수·구청장에게 제출하여야 한다.

　ⓑ 시장·군수·구청장은 신청서를 받으면 등록기준에 적합한지를 확인한 후 적합하면 등록대장에 올리고 신청인에게 등록증을 발급하여야 한다.

　ⓒ 주택임대관리업자는 등록한 사항이 변경된 경우에는 변경 사유가 발생한 날부터 15일 이내에 시장·군수·구청장(변경 사항이 주택임대관리업자의 주소인 경우에는 전입지의 시장·군수·구청장을 말한다)에게 신고하여야 하며, 주택임대관리업을 폐업하려면 폐업일 30일 이전에 시장·군수·구청장에게 말소신고를 하여야 한다.

④ 주택임대관리업의 등록기준(법 제8조)

　등록을 하려는 자는 다음의 요건을 갖추어야 한다.

㉠ 자본금(법인이 아닌 경우 자산평가액)이 1억원 이상으로서 대통령령으로 정하는 금액 이상일 것

㉡ 주택관리사 등 대통령령으로 정하는 전문인력을 보유할 것

㉢ 사무실 등 대통령령으로 정하는 시설을 보유할 것

영 제7조 (주택임대관리업의 등록기준) 〈개정 2024. 10. 29.〉 **25회 출제**

법 제8조에 따른 주택임대관리자의 등록기준은 별표 1과 같다.

구 분		자기관리형 주택임대관리업	위탁관리형 주택임대관리업
1. 자본금		2억원 이상	1억원 이상
2. 전문인력	가. 변호사, 법무사, 공인회계사, 세무사, 감정평가사, 건축사, 공인중개사, 주택관리사자격을 취득한 후 각각 해당 분야에 2년 이상 종사한 사람	2명 이상	1명 이상
	나. 부동산 관련 분야의 석사 이상의 학위를 취득한 후 부동산 관련 업무에 3년 이상 종사한 사람		
	다. 부동산 관련 회사에서 5년 이상 근무한 사람으로서 부동산 관련 업무에 3년 이상 종사한 사람		
3. 시설		사무실	

비고
1. "자본금"이란 법인인 경우에는 주택임대관리업을 영위하기 위한 출자금을 말한다.
2. "전문인력"이란 위 표의 제2호 가목부터 다목까지의 어느 하나에 해당하는 사람으로서 상시 근무하는 사람을 말한다.
3. "부동산 관련 분야"란 경영학, 경제학, 법학, 부동산학, 건축학, 건축공학 및 이에 상당하는 분야를 말한다.
4. "부동산 관련 회사"란 공인중개업, 주택관리업, 부동산개발업을 하는 법인 또는 개인사무소나 부동산투자회사, 자산관리회사 및 그 밖에 이에 준하는 법인·사무소 등을 말한다.
5. "부동산 관련 업무"란 부동산 관련 회사에서 수행하는 부동산의 취득·처분·관리 또는 자문 관련 업무를 말한다.
6. 사무실은 「건축법」 및 그 밖의 건축 관련 법령상 기준을 충족시키는 건물이어야 한다.

⑤ 주택임대관리업의 등록의 말소 등(법 제10조) **17·22·23·25·27회 출제**
  ㉠ 시장·군수·구청장은 주택임대관리업자가 다음 각 호의 어느 하나에 해당하면 그 등록을 말소하거나 1년 이내의 기간을 정하여 영업의 전부 또는 일부의 정지를 명할 수 있다. 다만, ⓐ, ⓑ 또는 ⓕ에 해당하는 경우에는 그 등록을 말소하여야 한다.
    ⓐ 거짓이나 그 밖의 부정한 방법으로 등록을 한 경우(필수 등록말소)
    ⓑ 영업정지기간 중에 주택임대관리업을 영위한 경우 또는 최근 3년간 2회 이상의 영업정지처분을 받은 자로서 그 정지처분을 받은 기간이 합산하여 12개월을 초과한 경우(필수 등록말소)

ⓒ 고의 또는 중대한 과실로 임대를 목적으로 하는 주택을 잘못 관리하여 임대인 및 임차인에게 재산상의 손해를 입힌 경우
ⓓ 정당한 사유 없이 최종 위탁계약 종료일의 다음 날부터 1년 이상 위탁계약 실적이 없는 경우
ⓔ 등록기준을 갖추지 못한 경우. 다만, 일시적으로 등록기준에 미달하는 등 대통령령으로 정하는 경우는 그러하지 아니하다.
ⓕ 다른 자에게 자기의 명의 또는 상호를 사용하여 이 법에서 정한 사업이나 업무를 수행하게 하거나 그 등록증을 대여한 경우(필수 등록말소)
ⓖ 보고, 자료의 제출 또는 검사를 거부·방해 또는 기피하거나 거짓으로 보고한 경우

ⓛ 시장·군수·구청장은 주택임대관리업자가 ㉠의 제3호부터 제5호까지 및 제7호 중 어느 하나에 해당하는 경우에는 영업정지를 갈음하여 1천만원 이하의 과징금을 부과할 수 있다.

> **영 제9조** (주택임대관리업 등록말소 등의 기준 등)
> ③ 과징금은 영업정지기간 1일당 3만원을 부과하되, 영업정지 1개월은 30일을 기준으로 한다. 이 경우 과징금은 1천만원을 초과할 수 없다.
>
> **시행규칙 제7조** (과징금의 부과 및 납부)
> ① 시장·군수·구청장은 위 ⑤.ⓛ에 따라 과징금을 부과하려는 경우에는 그 위반행위의 종별과 과징금의 금액을 명시하여 납부할 것을 서면으로 통지하여야 한다.
> ② 통지를 받은 자는 통지를 받은 날부터 30일 이내에 과징금을 시장·군수·구청장이 정하는 수납기관에 납부해야 한다. 〈개정 2023. 12. 12.〉

ⓒ 시장·군수·구청장은 주택임대관리업자가 부과받은 과징금을 기한까지 내지 아니하면 「지방행정제재·부과금의 징수 등에 관한 법률」에 따라 징수한다.
ⓔ 등록말소 및 영업정지처분에 관한 기준과 과징금을 부과하는 위반행위의 종류 및 위반 정도에 따른 과징금의 금액 등에 필요한 사항은 대통령령으로 정한다.

> **영 제9조** (주택임내관리업 등록말소 등의 기준 등)
> ① 시장·군수·구청장은 주택임내관리업 등록의 말소 또는 영업정지 처분을 하려면 처분 예정일 1개월 전까지 해당 주택임대관리업자가 관리하는 주택의 임대인 및 임차인에게 그 사실을 통보하여야 한다.
> ② 주택임대관리업 등록의 등록말소 및 영업정지 처분의 기준은 별표 2와 같다.

⑥ 등록의제 **22·25회 출제**

자기관리형 주택임대관리업을 등록한 경우에는 위탁관리형 주택임대관리업도 등록한 것으로 본다.

⑦ 등록증 대여 등 금지(법 제16조)　　　　　　　　　　　　　　　　　　23·24회 출제
  ㉠ 주택임대관리업자는 다른 자에게 자기의 명의 또는 상호를 사용하여 이 법에서 정한 업무를 수행하게 하거나 그 등록증을 대여하여서는 아니 된다.
  ㉡ 주택임대관리업자가 아닌 자는 주택임대관리업 또는 이와 유사한 명칭을 사용하지 못한다.

⑧ 주택임대관리업자의 업무 범위(법 제11조)
  ㉠ 주택임대관리업자는 임대를 목적으로 하는 주택에 대하여 다음의 업무를 수행한다.
    ⓐ 임대차계약의 체결·해제·해지·갱신 및 갱신거절 등
    ⓑ 임대료의 부과·징수 등
    ⓒ 임차인의 입주 및 명도·퇴거 등(「공인중개사법」에 따른 중개업은 제외한다)
  ㉡ 주택임대관리업자는 임대를 목적으로 하는 주택에 대하여 부수적으로 다음의 업무를 수행할 수 있다.
    ⓐ 시설물 유지·보수·개량 및 그 밖의 주택관리 업무
    ⓑ 그 밖에 임차인의 주거 편익을 위하여 필요하다고 대통령령으로 정하는 업무

> 영 제10조 (주택임대관리업자의 업무 범위)
> 위 ⑧㉡ⓑ에서 "대통령령으로 정하는 업무"란 다음 각 호의 업무를 말한다.
> 1. 임차인이 거주하는 주거공간의 관리
> 2. 임차인의 안전 확보에 필요한 업무
> 3. 임차인의 입주에 필요한 지원 업무

⑨ 주택임대관리업자의 현황 신고(법 제12조, 영 제11조)　　　　　　　　21회 출제
  ㉠ 주택임대관리업자는 분기마다 그 분기가 끝나는 달의 다음 달 말일까지 자본금, 전문인력, 관리 호수 등 대통령령으로 정하는 정보[자본금, 전문인력, 사무실 소재지, 위탁받아 관리하는 주택의 호수·세대수 및 소재지, 보증보험 가입사항(자기관리형 주택임대관리업자만 해당한다), 계약기간, 관리수수료 등 위·수탁 계약조건에 관한 정보]를 시장·군수·구청장에게 신고하여야 한다. 이 경우 신고받은 시장·군수·구청장은 국토교통부장관에게 이를 보고하여야 한다. 신고 및 보고 등에 필요한 사항은 대통령령으로 정한다.

> 영 제11조 (주택임대관리업자의 현황 신고) 〈개정 2024. 10. 29.〉
> ① 위 ⑨㉠에서 "자본금, 전문인력, 관리 호수 등 대통령령으로 정하는 정보"란 다음 각 호의 정보를 말한다. 다만, 임대사업자로부터 임대관리를 위탁받은 자기관리형 주택임대관리업자가 전대차계약 신고 또는 변경신고를 한 경우에는 법 제12조제1항 전단에 따라 제7호의 사항을 신고한 것으로 본다.
> 1. 자본금
> 2. 전문인력

> 3. 사무실 소재지
> 4. 위탁받아 관리하는 주택의 호수·세대수 및 소재지
> 5. 보증보험 가입사항[자기관리형 주택임대관리업을 등록한 자(이하 "자기관리형 주택임대관리업자"라 한다)만 해당한다]
> 6. 계약기간, 관리수수료[위탁관리형 주택임대관리업을 등록한 자(이하 "위탁관리형 주택임대관리업자"라 한다)만 해당한다] 및 임대료(자기관리형 주택임대관리업자만 해당한다) 등 위·수탁 계약조건에 관한 정보
> 7. 자기관리형 주택임대관리업자가 체결한 전대차(轉貸借) 계약기간, 전대료(轉貸料) 및 전대보증금
> ② 주택임대관리업자로부터 ① 각 호의 정보를 신고받은 시장·군수·구청장은 신고받은 날부터 30일 이내에 국토교통부장관에게 보고하여야 한다.

　　ⓛ 주택임대관리업자로부터 정보를 신고받은 시장·군수·구청장은 신고받은 날부터 30일 이내에 국토교통부장관에게 보고하여야 한다(영 제11조 제2항).

⑩ 위·수탁계약서 등(법 제13조)　　**23회 출제**

　ㄱ 주택임대관리업자는 주택임대관리업무를 위탁받은 경우 위·수탁계약서를 작성하여 주택의 소유자에게 교부하고 그 사본을 보관하여야 한다.

　ㄴ 위·수탁계약서에는 계약기간, 주택임대관리업자의 의무 등 대통령령으로 정하는 사항이 포함되어야 한다.

> **영 제12조** (위·수탁계약서) 〈개정 2024. 10. 29.〉　　**26회 출제**
> 위 ⑩ㄴ에서 "계약기간, 주택임대관리업자의 의무 등 대통령령으로 정하는 사항"이란 다음 각 호의 사항을 말한다.
> 1. 관리수수료[위탁관리형 주택임대관리업자만 해당한다]
> 2. 임대료(자기관리형 주택임대관리업자만 해당한다)
> 3. 전대료(轉貸料) 및 전대보증금(자기관리형 주택임대관리업자만 해당한다)
> 4. 계약기간
> 5. 주택임대관리업자 및 임대인의 권리·의무에 관한 사항
> 6. 그 밖에 주택임대관리업자의 업무 외에 임대인·임차인의 편의를 위하여 추가적으로 제공하는 업무의 내용

　ㄷ 국토교통부장관은 위·수탁계약의 체결에 필요한 표준위·수탁계약서를 작성하여 보급하고 활용하게 할 수 있다.

⑪ 자기관리형 주택임대관리업자의 의무(법 제15조) 〈개정 2020. 6. 9.〉

　임대사업자인 임대인이 자기관리형 주택임대관리업자에게 임대관리를 위탁한 경우 주택임대관리업자는 위탁받은 범위에서 이 법에 따른 임대사업자의 의무를 이행하여야 한다. 이 경우 제7장(벌칙)을 적용할 때에는 주택임대관리업자를 임대사업자로 본다.

⑫ 자기관리형 주택임대관리업자의 보증상품의 가입의무(법 제14조) 〔23회 출제〕
  ㉠ 자기관리형 주택임대관리업을 하는 주택임대관리업자는 임대인 및 임차인의 권리보호를 위하여 보증상품에 가입하여야 한다.
  ㉡ 위 ㉠에 따른 보증상품의 종류와 가입절차 등에 필요한 사항은 대통령령으로 정한다.

영 제13조 (주택임대관리업자의 보증상품의 가입) 〔25회 출제〕

① 자기관리형 주택임대관리업자는 다음 각 호의 보증을 할 수 있는 보증상품에 가입하여야 한다.
  1. 임대인의 권리보호를 위한 보증 : 자기관리형 주택임대관리업자가 약정한 임대료를 지급하지 아니하는 경우 약정한 임대료의 3개월분 이상의 지급을 책임지는 보증
  2. 임차인의 권리보호를 위한 보증 : 자기관리형 주택임대관리업자가 임대보증금의 반환의무를 이행하지 아니하는 경우 임대보증금의 반환을 책임지는 보증
② 자기관리형 주택임대관리업자는 임대인과 주택임대관리계약을 체결하거나 임차인과 주택임대차계약을 체결하는 경우에는 위의 ① 각 호의 보증상품 가입을 증명하는 보증서를 임대인 또는 임차인에게 내주어야 한다.
④ 자기관리형 주택임대관리업자는 보증상품의 내용을 변경하거나 해지하는 경우에는 그 사실을 임대인 및 임차인에게 알리고, 자기관리형 주택임대관리업자의 사무실 등 임대인 및 임차인이 잘 볼 수 있는 장소에 게시하여야 한다.

---

(5) 혼합주택단지의 관리(법 제10조) 〔19·22회 출제〕

1) **혼합주택단지의 정의** : 분양을 목적으로 한 공동주택과 임대주택이 함께 있는 공동주택단지를 말한다.

2) **임대사업자와 임차인대표회의의 사전협의 사항**(법 제10조 제1항)
  ① 입주자대표회의와 임대사업자는 혼합주택단지의 관리에 관한 사항을 공동으로 결정하여야 한다. 이 경우 임차인대표회의가 구성된 혼합주택단지에서는 임대사업자는 「민간임대주택에 관한 특별법」 제52조 제4항 각 호의 사항을 임차인대표회의와 사전에 협의하여야 한다.

임대사업자와 임차인대표회의의 사전 협의사항(민간임대주택에 관한 특별법 제52조 제4항)
③ 임차인대표회의가 구성된 경우에는 임대사업자는 다음 각 호의 사항에 관하여 협의하여야 한다.
  1. 민간임대주택 관리규약의 제정 및 개정
  2. 관리비
  3. 민간임대주택의 공용부분·부대시설 및 복리시설의 유지·보수
  4. 임대료 증감
  5. 그 밖에 민간임대주택의 유지·보수·관리 등에 필요한 사항으로서 대통령령으로 정하는 사항
    가. 하자 보수
    나. 공동주택의 관리에 관하여 임대사업자와 임차인대표회의가 합의한 사항

---

  ② 공동으로 결정할 관리에 관한 사항과 공동결정의 방법 및 절차 등에 필요한 사항은 대통령령으로 정한다.

3) 관리사항의 공동결정 절차(영 제7조)

① 입주자대표회의와 임대사업자의 공동결정

㉠ 원칙적 공동결정 사항

혼합주택단지의 입주자대표회의와 임대사업자가 혼합주택단지의 관리에 관하여 공동으로 결정하여야 하는 사항은 다음과 같다.

---
1. 관리방법의 결정 및 변경
2. 주택관리업자의 선정
3. 장기수선계획의 조정
4. 장기수선충당금 및 특별수선충당금(「민간임대주택에 관한 특별법」 또는 「공공주택 특별법」에 따른 특별수선충당금을 말한다)을 사용하는 주요시설의 교체 및 보수에 관한 사항
5. 관리비 등을 사용하여 시행하는 각종 공사 및 용역에 관한 사항

㉡ 예외적 각자 결정 가능한 사항 및 필요 요건   **22회 출제**

다음의 요건을 모두 갖춘 혼합주택단지에서는 ㉠의 제4호(장기수선충당금 및 특별수선충당금을 사용하는 주요시설의 교체 및 보수에 관한 사항) 또는 제5호(관리비 등을 사용하여 시행하는 각종 공사 및 용역에 관한 사항)의 사항을 입주자대표회의와 임대사업자가 각자 결정할 수 있다.

ⓐ 분양을 목적으로 한 공동주택과 임대주택이 별개의 동(棟)으로 배치되는 등의 사유로 구분하여 관리가 가능할 것

ⓑ 입주자대표회의와 임대사업자가 공동으로 결정하지 아니하고 각자 결정하기로 합의하였을 것

② 합의가 이뤄지지 않는 경우의 관리사항 결정방법 [시행 2020. 4. 24]

①의 ㉠ 각 호의 사항을 공동으로 결정하기 위한 입주자대표회의와 임대사업자 간의 합의가 이뤄지지 않는 경우에는 다음의 구분에 따라 혼합주택단지의 관리에 관한 사항을 결정한다.

---
1. 위 ㉠의 1호 및 2호의 사항 : 해당 혼합주택단지 공급면적의 1/2을 초과하는 면적을 관리하는 입주자대표회의 또는 임대사업자가 결정
2. 위 ㉠의 3호~5호의 사항 : 해당 혼합주택단지 공급면적의 2/3 이상을 관리하는 입주자대표회의 또는 임대사업자가 결정. 다만, 다음 각 목의 요건에 모두 해당하는 경우에는 해당 혼합주택단지 공급면적의 1/2을 초과하는 면적을 관리하는 자가 결정한다.
   가. 해당 혼합주택단지 공급면적의 2/3 이상을 관리하는 입주자대표회의 또는 임대사업자가 없을 것
   나. 제33조에 따른 시설물의 안전관리계획 수립대상 등 안전관리에 관한 사항일 것
   다. 입주자대표회의와 임대사업자 간 2회의 협의에도 불구하고 합의가 이뤄지지 않을 것
---

③ 분쟁의 조정신청

입주자대표회의 또는 임대사업자는 ②에도 불구하고 혼합주택단지의 관리에 관한 공동결정 사항에 관한 결정이 이루어지지 아니하는 경우에는 공동주택관리 분쟁조정위원회에 분쟁의 조정을 신청할 수 있다.

(6) 공동관리·구분관리 10·16·22·27회 출제

1) **법적 근거**(법 제8조)
   ① 입주자대표회의는 해당 공동주택의 관리에 필요하다고 인정하는 경우에는 국토교통부령으로 정하는 바에 따라 인접한 공동주택단지(임대주택단지를 포함한다)와 공동으로 관리하거나 500세대 이상의 단위로 나누어 관리하게 할 수 있다.
   ② 공동관리는 단지별로 입주자 등의 과반수의 서면동의를 받은 경우(임대주택단지의 경우에는 임대사업자와 임차인대표회의의 서면동의를 받은 경우를 말한다)로서 국토교통부령으로 정하는 기준에 적합한 경우에만 해당한다.

2) **공동주택의 공동관리 등**(규칙 제2조)
   ① 입주자대표회의는 공동주택을 공동관리하거나 구분관리하려는 경우에는 다음의 사항을 입주자 등에게 통지하고 입주자 등의 서면동의를 받아야 한다.
      ㉠ 공동관리 또는 구분관리의 필요성
      ㉡ 공동관리 또는 구분관리의 범위
      ㉢ 공동관리 또는 구분관리에 따른 다음 각 목의 사항
         ⓐ 입주자대표회의의 구성 및 운영 방안
         ⓑ 공동주택 관리기구의 구성 및 운영 방안
         ⓒ 장기수선계획의 조정 및 장기수선충당금의 적립 및 관리 방안
         ⓓ 입주자등이 부담하여야 하는 비용변동의 추정치
         ⓔ 그 밖에 공동관리 또는 구분관리에 따라 변경될 수 있는 사항 중 입주자대표회의가 중요하다고 인정하는 사항
      ㉣ 그 밖에 관리규약으로 정하는 사항
   ② 위 ①에 따른 서면동의는 다음의 구분에 따라 받아야 한다.
      ㉠ 공동관리의 경우 : 단지별로 입주자 등 과반수의 서면동의. 다만, 아래의 ③㉠단서에 해당하는 경우에는 단지별로 입주자등 3분의2 이상의 서면동의를 받아야 한다.
      ㉡ 구분관리의 경우 : 구분관리 단위별 입주자 등 과반수의 서면동의. 다만, 관리규약으로 달리 정한 경우에는 그에 따른다.
   ③ 관리기준
      ㉠ 공동관리의 관리기준 〈개정 2017.10.18.〉

공동관리의 기준은 다음 각 호의 기준을 말한다. 다만, 시장·군수·구청장이 지하도, 육교, 횡단보도, 그 밖에 이와 유사한 시설의 설치를 통하여 단지 간 보행자 통행의 편리성 및 안전성이 확보되었다고 인정하는 경우에는 ⓑ의 기준은 적용하지 아니한다.

ⓐ 공동관리하는 총세대수가 1천 5백세대 이하일 것. 다만, 의무관리대상 공동주택단지와 인접한 300세대 미만의 공동주택단지를 공동으로 관리하는 경우는 제외한다.

ⓑ 공동주택 단지 사이에 아래의 어느 하나에 해당하는 시설이 없을 것

> **법 제2조 제12호 각 목**　　　　　　　　　　　　　　　　　　**16회 출제**
>
> 12. "주택단지"란 주택건설사업계획 또는 대지조성사업계획의 승인을 받아 주택과 그 부대시설 및 복리시설을 건설하거나 대지를 조성하는 데 사용되는 일단의 토지를 말한다. 다만, 다음의 시설로 분리된 토지는 각각 별개의 주택단지로 본다.
>   가. 철도·고속도로·자동차전용도로
>   나. 폭 20m 이상인 일반도로
>   다. 폭 8m 이상인 도시계획예정도로
>   라. 가목부터 다목까지의 시설에 준하는 것으로서 대통령령으로 정하는 시설
>   보행자 및 자동차의 통행이 가능한 도로로서 다음 각 호의 어느 하나에 해당하는 도로를 말한다.
> 1) 「국토의 계획 및 이용에 관한 법률」에 따른 도시·군계획시설인 도로로서 주간선도로·보조간선도로·집산도로 및 폭 8m 이상인 국지도로
> 2) 「도로법」에 따른 일반국도·특별시도·광역시도 또는 지방도
> 3) 그 밖에 관계 법령에 따라 설치된 도로로서 1) 및 2)에 준하는 도로

ⓒ 구분관리의 관리기준

PROFESSOR COMMENT

500세대 이상의 단위로 구분하여 관리한다.

④ 입주자대표회의는 공동주택을 공동관리하거나 구분관리할 것을 결정한 경우에는 지체 없이 그 내용을 시장·군수·구청장에게 통보하여야 한다.

⑤ 입주자대표회의 또는 관리주체는 공동주택을 공동관리하거나 구분관리하는 경우에는 공동관리 또는 구분관리 단위별로 공동주택관리기구를 구성하여야 한다(영 제6조 제2항).

4 주택관리업자 등의 교육(전문관리의 기반조성)

(1) 법적 근거(법 제70조)

1) 공동주택관리에 관한 교육과 윤리교육(법 제70조 제1항)

주택관리업자(법인인 경우에는 그 대표자를 말한다)와 관리사무소장으로 배치받은 주택관리사 등은 국토교통부령으로 정하는 바에 따라 시·도지사로부터 공동주택관리에 관한 교육과 윤리교육을 받아야 한다. 이 경우 관리사무소장으로 배치받으려는 주택관리사 등은 국토교통부령으로 정하는 바에 따라 공동주택관리에 관한 교육과 윤리교육을 받을 수 있고, 그 교육을 받은 경우에는 관리사무소장의 교육 의무를 이행한 것으로 본다.

> **규칙 제33조** (주택관리업자 등의 교육) 〈개정, 시행 2024. 11. 12〉 **26회 출제**
>
> ① 주택관리업자(법인인 경우에는 그 대표자) 또는 관리사무소장으로 배치받은 주택관리사등은 다음 각 호의 구분에 따른 시기에 교육업무를 위탁받은 기관 또는 단체(이하 "교육수탁기관")로부터 공동주택 관리에 관한 교육과 윤리교육을 받아야 한다. 이 경우 교육수탁기관은 관리사무소장으로 배치받으려는 주택관리사등에 대해서도 공동주택 관리에 관한 교육과 윤리교육을 시행할 수 있다.
> 1. 주택관리업자 : 주택관리업의 등록을 한 날부터 3개월 이내
> 2. 관리사무소장 : 관리사무소장으로 배치된 날(주택관리사보로서 관리사무소장이던 사람이 주택관리사의 자격을 취득한 경우에는 그 자격취득일)부터 3개월 이내
> ⑤ 주택관리업자 등에 대한 교육, 관리사무소장의 직무에 관한 보수교육 및 주택 관리 정기교육에 관해서는 제7조 제4항(교육실시 10일 전 공고 또는 통보) 및 제5항(사전승인, 사후보고)을 준용한다.

2) 관리사무소장의 직무에 관한 보수교육

① 관리사무소장으로 배치받으려는 주택관리사 등이 배치예정일부터 직전 5년 이내에 관리사무소장·공동주택관리기구의 직원 또는 주택관리업자의 임직원으로서 종사한 경력이 없는 경우에는 국토교통부령으로 정하는 바에 따라 시·도지사가 실시하는 공동주택관리에 관한 교육과 윤리교육을 이수하여야 관리사무소장으로 배치받을 수 있다. 이 경우 공동주택관리에 관한 교육과 윤리교육을 이수하고 관리사무소장으로 배치받은 주택관리사 등에 대하여는 1)에 따른 관리사무소장의 교육의무를 이행한 것으로 본다(법 제70조 제2항).

② 관리사무소장의 직무에 관한 보수교육은 주택관리사와 주택관리사보로 구분하여 실시한다.

3) 주택관리 교육의 정기적 이수의무(법 제70조 제3항) **24회 출제**

공동주택의 관리사무소장으로 배치받아 근무 중인 주택관리사 등은 1) 또는 2)에 따른 교육을 받은 후 3년마다 국토교통부령으로 정하는 바에 따라 공동주택관리에 관한 교육과 윤리교육을 받아야 한다. 이 교육을 받지 아니한 자에게는 500만원 이하의 과태료를 부과한다.

> **규칙 제33조 제3항 [정기 주택관리교육 포함사항]**
> 공동주택의 관리사무소장으로 배치받아 근무 중인 주택관리사등이 3년마다 정기적으로 받는 공동주택 관리에 관한 교육과 윤리교육에는 다음 각 호의 사항이 포함되어야 한다.
> 1. 공동주택의 관리 책임자로서 필요한 관계 법령, 소양 및 윤리에 관한 사항
> 2. 공동주택 주요시설의 교체 및 수리 방법 등 주택관리사로서 필요한 전문 지식에 관한 사항
> 3. 공동주택의 하자보수 절차 및 분쟁해결에 관한 교육

(2) 교육기간 (시행규칙 제33조 제4항) 〈개정 2024. 11. 12.〉

주택관리업자 등에 대한 교육, 관리사무소장의 직무에 관한 보수교육 및 주택관리 정기교육에 따른 교육기간은 3일로 한다. 이 경우 교육은 교육과정의 성격, 교육여건 등을 고려하여 집합교육 또는 인터넷을 이용한 교육의 방법으로 실시할 수 있다.

(3) 교육업무의 위탁과 교육수탁기관의 사전승인·사후보고

1) 주택관리업자 등에 대한 교육, 관리사무소장의 직무에 관한 보수교육 및 주택관리 정기교육에 관한 업무를 위탁받은 교육수탁기관은 교육 실시 10일 전에 교육의 일시·장소·기간·내용·대상자 및 그 밖에 교육에 필요한 사항을 공고하거나 관리주체에게 통보하여야 한다.

2) 매년 11월 30일까지 다음 연도의 교육계획서를 작성하여 시·도지사의 승인을 얻어야 하고, 당해 연도의 교육종료 후 1월 이내에 일정한 내용이 포함된 교육결과보고서를 작성하여 시·도지사에게 보고하여야 한다.

04 주택관리사제도

1 자격의 취득

(1) 주택관리사보

주택관리사보가 되려는 사람은 국토교통부장관이 시행하는 자격시험에 합격한 후 시·도지사「지방자치법」제198조에 따른 서울특별시·광역시 및 특별자치시를 제외한 인구 50만 이상의 대도시의 경우에는 그 시장을 말한다]로부터 합격증서를 발급받아야 한다(법 제67조 제1항).

(2) 주택관리사 `15·18·22·25·26회 출제`

① 주택관리사는 다음 각 호의 요건을 갖추고 시·도지사로부터 주택관리사 자격증을 발급받은 사람으로 한다(법 제67조 제2항).

PROFESSOR COMMENT

1. 주택관리사보 합격증서를 발급받았을 것
2. 대통령령으로 정하는 주택 관련 실무 경력이 있을 것

② 특별시장·광역시장·특별자치시장·도지사 또는 특별자치도지사(이하 "시·도지사"라 한다)는 주택관리사보 자격시험에 합격하기 전이나 합격한 후 다음 각 호의 어느 하나에 해당하는 경력을 갖춘 자에 대하여 주택관리사 자격증을 발급한다(영 제73조 제1항).

㉠ 「주택법」에 따른 사업계획승인을 받아 건설한 50세대 이상 500세대 미만의 공동주택(「건축법」에 따른 건축허가를 받아 주택과 주택 외의 시설을 동일 건축물로 건축한 건축물 중 주택이 50세대 이상 300세대 미만인 건축물을 포함한다)의 관리사무소장으로 근무한 경력 3년 이상

㉡ 「주택법」에 따른 사업계획승인을 받아 건설한 50세대 이상의 공동주택(「건축법」에 따른 건축허가를 받아 주택과 주택 외의 시설을 동일 건축물로 건축한 건축물 중 주택이 50세대 이상 300세대 미만인 건축물을 포함)의 관리사무소의 직원(경비원, 청소원 및 소독원은 제외) 또는 주택관리업자의 임직원으로 주택관리업무에 종사한 경력 5년 이상

㉢ 한국토지주택공사 또는 지방공사의 직원으로 주택관리업무에 종사한 경력 5년 이상

㉣ 공무원으로 주택 관련 지도·감독 및 인·허가 업무 등에 종사한 경력 5년 이상

㉤ 주택관리사단체와 국토교통부장관이 정하여 고시하는 공동주택관리와 관련된 단체의 임직원으로 주택 관련 업무에 종사한 경력 5년 이상

㉥ 제1호부터 제5호까지의 경력을 합산한 기간 5년 이상

③ 주택관리사 자격증을 발급받으려는 자는 자격증발급신청서에 제1항 각 호의 실무경력에 대한 증명서류를 첨부하여 주택관리사보 자격시험 합격증서를 발급한 시·도지사에게 제출하여야 한다(영 제73조 제2항).

(3) 주택관리사(보)자격증 재교부신청

주택관리사 등은 주택관리사 자격증 또는 주택관리사보 자격시험 합격증서의 분실 또는 훼손으로 이를 재교부받고자 하는 경우에는 주택관리사(보)자격증재교부신청서를 시·도지사에게 제출하여야 한다(규칙 제33조 제2항).

(4) 주택관리사보 자격시험(법 제67조 제5항·제6항)

1) **자격시험의 선발예정인원 결정**

　　국토교통부장관은 직전 3년간 사업계획승인을 받은 공동주택 단지 수, 직전 3년간 주택관리사보 자격시험 응시인원, 주택관리사 등의 취업현황과 주택관리사보 시험위원회의 심의의견 등을 고려하여 해당 연도 주택관리사보 자격시험의 선발예정인원을 정한다. 이 경우 국토교통부장관은 선발예정인원의 범위에서 대통령령으로 정하는 합격자 결정 점수 이상을 얻은 사람으로서 전과목 총득점의 고득점자 순으로 주택관리사보 자격시험 합격자를 결정한다. 〈신설 2016.3.22.〉

2) 주택관리사보 자격시험의 응시자격, 시험과목, 시험의 일부 면제, 응시수수료, 그 밖에 시험에 필요한 사항은 대통령령으로 정한다. 〈개정 2016.3.22.〉

3) **주택관리사보 시험위원회**(법 제68조)

　① 주택관리사보 자격시험과 관련한 다음의 사항을 심의하기 위하여 자격시험의 시행기관에 주택관리사보 시험위원회를 둘 수 있다.
　　㉠ 주택관리사보 자격시험 과목의 조정 등 시험에 관한 사항
　　㉡ 시험선발인원 및 합격기준의 결정에 관한 사항
　　㉢ 그 밖에 주택관리사보 자격시험과 관련한 중요 사항
　② 주택관리사보 시험위원회의 구성 및 운영, 위원의 선임 등은 대통령령으로 정한다.

영 제80조 (시험위원회) 〈시행 2018.2.10.〉
① 주택관리사보 자격시험을 시행하기 위하여 주택관리사보 자격시험의 시행을 위탁받은 한국산업인력공단에 시험위원회를 둔다.
② 시험위원회는 위원장 1명, 당연직 위원 2명과 6명 이내의 민간위원을 포함하여 9명 이내의 위원으로 구성하되, 성별을 고려하여야 한다.
③ 시험위원회의 위원장은 국토교통부 고위공무원단에 속하는 공무원 중에서 국토교통부장관이 지명하는 사람이 되며, 위원은 공동주택관리에 관하여 학식과 경험이 풍부한 사람 중에서 국토교통부장관이 임명 또는 위촉한다.
④ 민간위원은 공동주택관리에 관하여 학식과 경험이 풍부한 사람으로서 일정한 요건에 해당하는 사람 중에서 한국산업인력공단 이사장이 위촉한다.
⑤ 민간위원의 임기는 3년으로 한다.
⑥ 시험위원회에 간사 1명을 두되, 간사는 한국산업인력공단 직원으로서 주택관리사보 자격시험 관련 업무를 담당하는 사람 중 위원장이 지명한다.

---

4) **시험부정행위자에 대한 제재**(영 제79조)

　　주택관리사보 자격시험에서 부정한 행위를 한 응시자에 대해서는 그 시험을 무효로 하고, 해당 시험 시행일부터 5년간 시험응시자격을 정지한다.

2 주택관리사 등의 자격 결격사유

다음의 어느 하나에 해당하는 사람은 주택관리사 등이 될 수 없으며 그 자격을 상실한다(법 제67조 제4항).

1) 피성년후견인 또는 피한정후견인
2) 파산선고를 받은 사람으로서 복권되지 아니한 사람
3) 금고 이상의 실형을 선고받고 그 집행이 끝나거나(집행이 끝난 것으로 보는 경우를 포함한다) 집행이 면제된 날부터 2년이 지나지 아니한 사람
4) 금고 이상의 형의 집행유예를 선고받고 그 유예기간 중에 있는 사람
5) 주택관리사 등의 자격이 취소된 후 3년이 지나지 아니한 사람(1) 및 2)에 해당하여 주택관리사 등의 자격이 취소된 경우는 제외한다.)

3 주택관리사 등에 대한 행정처분 – 자격취소와 자격정지 처분

(1) 자격취소와 자격정지처분의 사유(법 제69조)   **19회 출제**

시·도지사는 주택관리사 등이 다음의 어느 하나에 해당하면 그 자격을 취소하거나 1년 이내의 기간을 정하여 그 자격을 정지시킬 수 있다. 다만, 1)부터 4)까지, 7) 중 어느 하나에 해당하는 경우에는 그 자격을 취소하여야 한다. 〈개정 2016.1.19.〉

1) 거짓이나 그 밖의 부정한 방법으로 자격을 취득한 경우(필수취소)
2) 공동주택의 관리업무와 관련하여 금고 이상의 형을 선고받은 경우(필수취소)
3) 의무관리대상 공동주택에 취업한 주택관리사 등이 다른 공동주택 및 상가·오피스텔 등 주택 외의 시설에 취업한 경우(필수취소)
4) 주택관리사 등이 자격정지기간에 공동주택관리업무를 수행한 경우(필수취소)
5) 고의 또는 중대한 과실로 공동주택을 잘못 관리하여 소유자 및 사용자에게 재산상의 손해를 입힌 경우
6) 주택관리사 등이 업무와 관련하여 금품수수 등 부당이득을 취한 경우
7) 다른 사람에게 자기의 명의를 사용하여 이 법에서 정한 업무를 수행하게 하거나 자격증을 대여한 경우(필수취소)
8) 보고, 자료의 제출, 조사 또는 검사를 거부·방해 또는 기피하거나 거짓으로 보고를 한 경우
9) 공동주택의 입주자 등이 지방자치단체의 장에게 요청한 감사를 거부·방해 또는 기피한 경우

(2) 주택관리사 등에 대한 자격취소 및 자격정지처분의 기준

주택관리사 등에 대한 행정처분기준(영 제81조 관련, 별표 8)

1) 일반기준

가. 위반행위의 횟수에 따른 행정처분의 기준은 최근 1년간 같은 위반행위로 처분을 받은 경우에 적용한다. 이 경우 행정처분기준의 적용은 같은 위반행위에 대하여 최초로 행정처분을 한 날과 그 행정처분 후 다시 적발한 날을 기준으로 한다.

나. 같은 주택관리사 등이 둘 이상의 위반행위를 한 경우로서 그에 해당하는 각각의 처분기준이 다른 경우에는 다음의 기준에 따라 처분한다.
  1) 가장 무거운 위반행위에 대한 처분기준이 자격취소인 경우에는 자격취소처분을 한다.
  2) 각 위반행위에 대한 처분기준이 자격정지인 경우에는 가장 중한 처분의 2분의 1까지 가중할 수 있되, 각 처분기준을 합산한 기간을 초과할 수 없다. 이 경우 그 합산한 자격정지기간이 1년을 초과하는 때에는 1년으로 한다.

다. 시·도지사는 위반행위의 동기·내용·횟수 및 위반의 정도 등 다음에 해당하는 사유를 고려하여 나목에 따른 행정처분을 가중하거나 감경할 수 있다. 이 경우 그 처분이 자격정지인 경우에는 그 처분기준의 2분의 1의 범위에서 가중(가중한 자격정지기간은 1년을 초과할 수 없다)하거나 감경할 수 있고, 자격취소인 경우(법 제69조 제1항 제1호부터 제4호까지 또는 제7호의 어느 하나에 해당하는 경우는 제외한다)에는 6개월 이상의 자격정지처분으로 감경할 수 있다.
  1) 가중사유
     가) 위반행위가 고의나 중대한 과실에 따른 것으로 인정되는 경우
     나) 위반의 내용과 정도가 중대하여 입주자 등 소비자에게 주는 피해가 크다고 인정되는 경우
  2) 감경사유
     가) 위반행위가 사소한 부주의나 오류에 따른 것으로 인정되는 경우
     나) 위반의 내용과 정도가 경미하여 입주자 등 소비자에게 미치는 피해가 적다고 인정되는 경우
     다) 위반행위자가 처음 위반행위를 한 경우로서 주택관리사로서 3년 이상 관리사무소장을 모범적으로 해 온 사실이 인정되는 경우
     라) 위반행위자가 해당 위반행위로 검사로부터 기소유예 처분을 받거나 법원으로부터 선고유예의 판결을 받은 경우
     마) 제2호 마목 2)에 따른 자격정지처분을 하려는 경우로써 위반행위자가 제70조 각 호에 따른 손해배상책임을 보장하는 금액을 2배 이상 보장하는 보증보험가입·공제가입 또는 공탁을 한 경우

2) 개별기준

16·20·24·25회 출제

위반행위	행정처분기준		
	1차 위반	2차 위반	3차 위반
가. 거짓이나 그 밖의 부정한 방법으로 자격을 취득한 경우	자격취소		
나. 공동주택의 관리업무와 관련하여 금고 이상의 형을 선고받은 경우	자격취소		
다. 의무관리대상 공동주택에 취업한 주택관리사 등이 다른 공동주택 및 상가·오피스텔 등 주택 외의 시설에 취업한 경우	자격취소		
라. 주택관리사 등이 자격정지기간에 공동주택관리업무를 수행한 경우	자격취소		
마. 고의 또는 중대한 과실로 공동주택을 잘못 관리하여 소유자 및 사용자에게 재산상의 손해를 입힌 경우			
1) 고의로 공동주택을 잘못 관리하여 소유자 및 사용자에게 재산상의 손해를 입힌 경우	자격정지 6개월	자격정지 1년	
2) 중대한 과실로 공동주택을 잘못 관리하여 소유자 및 사용자에게 재산상의 손해를 입힌 경우	자격정지 3개월	자격정지 6개월	자격정지 6개월
바. 주택관리사 등이 업무와 관련하여 금품수수 등 부당이득을 취한 경우	자격정지 6개월	자격정지 1년	
사. 다른 사람에게 자기의 명의를 사용하여 이 법에서 정한 업무를 수행하게 하거나 자격증을 대여한 경우	자격취소		
아. 보고, 자료의 제출, 조사 또는 검사를 거부·방해 또는 기피하거나 거짓으로 보고를 한 경우			
1) 조사 또는 검사를 거부·방해 또는 기피하거나 거짓으로 보고를 한 경우	경고	자격정지 2개월	자격정지 3개월
2) 보고 또는 자료제출 등의 명령을 이행하지 않은 경우	경고	자격정지 1개월	자격정지 2개월
자. 법 제93조 제3항·제4항(입주자 등이 전체 입주자등의 2/10 이상 동의를 받아 지방자치단체의 장에게 감사를 요청시)에 따른 감사를 거부·방해 또는 기피한 경우	경고	자격정지 2개월	자격정지 3개월

4 청문(법 제95조)

(1) 국토교통부장관 또는 지방자치단체의 장은 다음의 어느 하나에 해당하는 처분을 하려면 청문을 하여야 한다.
   1) 행위허가의 취소
   2) 주택관리업의 등록말소
   3) 주택관리사 등의 자격취소

> **비교** 청문(주택법 제96조)
>
> 국토교통부장관 또는 지방자치단체의 장은 다음의 어느 하나에 해당하는 처분을 하려면 청문을 하여야 한다.
> 1. 주택건설사업 등의 등록말소
> 2. 주택조합의 설립인가취소
> 3. 사업계획승인의 취소
> 4. 행위허가의 취소

(2) 청문절차

   1) 통지

   청문이 시작되는 날부터 10일 전까지 피청문인에게 서면통지한다. 단, 정당한 사유 없이 청문에 응하지 아니한 때에는 그러하지 않는다.

   2) 출석하여 의견진술

   피청문인 또는 대리인이 출석하여 구두 또는 서면으로 의견제출이 가능하다.

   3) 관계 공무원의 요지작성

   관계 공무원은 진술한 요지를 작성하여 출석자 본인으로 하여금 확인하게 한 후 서명 또는 기명·날인한다.

05 공동주택관리 분쟁조정

1 공동주택관리 분쟁조정위원회의 설치(법 제71조 제1항)   21·22회 출제

공동주택관리 분쟁(공동주택의 하자담보책임 및 하자보수 등과 관련한 분쟁은 제외한다)을 조정하기 위하여 국토교통부에 중앙공동주택관리 분쟁조정위원회를 두고, 시·군·구에 지방공동주택관리 분쟁조정위원회(이하 "지방분쟁조정위원회")를 둔다. 다만, 공동주택 비율이 낮은 시·군·구로서 국토교통부장관이 인정하는 시·군·구의 경우에는 지방분쟁조정위원회를 두지 아니할 수 있다.

2 심의 · 조정 사항 (법 제71조 제2항) 〔14·21·22회 출제〕

공동주택관리 분쟁조정위원회는 다음의 사항을 심의·조정한다.
1) 입주자대표회의의 구성·운영 및 동별 대표자의 자격·선임·해임·임기에 관한 사항
2) 공동주택관리기구의 구성·운영 등에 관한 사항
3) 관리비·사용료 및 장기수선충당금 등의 징수·사용 등에 관한 사항
4) 공동주택(공용부분만 해당한다)의 유지·보수·개량 등에 관한 사항
5) 공동주택의 리모델링에 관한 사항
6) 공동주택의 층간소음에 관한 사항
7) 혼합주택단지에서의 분쟁에 관한 사항
8) 다른 법령에서 공동주택관리 분쟁조정위원회가 분쟁을 심의·조정할 수 있도록 한 사항
9) 그 밖에 공동주택의 관리와 관련하여 분쟁의 심의·조정이 필요하다고 대통령령 또는 시·군·구의 조례(지방분쟁조정위원회에 한정한다)로 정하는 사항

3 중앙분쟁조정위원회 〔21·22·25회 출제〕

(1) 중앙 · 지방분쟁조정위원회의 업무 관할 (법 제72조)

1) 중앙분쟁조정위원회는 다음의 사항을 심의·조정한다.
   ① 둘 이상의 시·군·구의 관할 구역에 걸친 분쟁
   ② 시·군·구에 지방분쟁조정위원회가 설치되지 아니한 경우 해당 시·군·구 관할 분쟁
   ③ 분쟁당사자가 쌍방이 합의하여 중앙분쟁조정위원회에 조정을 신청하는 분쟁
   ④ 그 밖에 중앙분쟁조정위원회에서 관할하는 것이 필요하다고 대통령령으로 정하는 분쟁

> **영 제82조의2 (중앙분쟁조정위원회의 업무 관할)** 〈신설 2017.9.29.〉
> 위 1) ④에서 "그 밖에 중앙분쟁조정위원회에서 관할하는 것이 필요하다고 대통령령으로 정하는 분쟁"이란 다음 각 호의 분쟁을 말한다.
> 1. 500세대 이상의 공동주택단지에서 발생한 분쟁
> 2. 지방분쟁조정위원회가 스스로 조정하기 곤란하다고 결정하여 중앙분쟁조정위원회에 이송한 분쟁

2) 지방분쟁조정위원회는 해당 시·군·구의 관할 구역에서 발생한 분쟁 중 중앙분쟁조정위원회의 심의·조정 대상인 분쟁 외의 분쟁을 심의·조정한다.

(2) 중앙분쟁조정위원회의 구성 등(법 제73조) `22회 출제`

1) 중앙분쟁조정위원회는 위원장 1명을 포함한 15명 이내의 위원으로 구성한다.

2) 중앙분쟁조정위원회의 위원은 공동주택관리에 관한 학식과 경험이 풍부한 사람으로서 다음의 어느 하나에 해당하는 사람 중에서 국토교통부장관이 임명 또는 위촉한다. 이 경우 제3호에 해당하는 사람이 3명 이상 포함되어야 한다.

---
1. 1급부터 4급까지 상당의 공무원 또는 고위공무원단에 속하는 공무원
2. 공인된 대학이나 연구기관에서 부교수 이상 또는 이에 상당하는 직에 재직한 사람
3. 판사·검사 또는 변호사의 직에 6년 이상 재직한 사람
4. 공인회계사·세무사·건축사·감정평가사 또는 공인노무사의 자격이 있는 사람으로서 10년 이상 근무한 사람
5. 주택관리사로서 공동주택의 관리사무소장으로 10년 이상 근무한 사람
6. 그 밖에 공동주택관리에 대한 전문적 지식을 갖춘 사람으로서 대통령령으로 정하는 사람
   ⓐ 「민사조정법」에 따른 조정위원으로서 조정사무를 3년 이상 수행한 사람
   ⓑ 국가, 지방자치단체, 공공기관 및 비영리민간단체에서 공동주택관리 관련 업무에 5년 이상 종사한 사람 〈신설 2019. 10. 22〉
---

3) 중앙분쟁조정위원회의 위원장의 임명, 공무원이 아닌 위원의 임기 및 연임에 관한 사항, 보궐위원의 임기, 공무원이 아닌 위원이 본인의 의사에 반하여 해촉되지 아니할 권리는 제40조 제5항, 제8항, 제9항을 각각 준용한다. 〈시행 2021.12.9.〉

법 제40조(하자분쟁조정위원회의 구성 등)
⑤ 위원장 및 분과위원회의 위원장(이하 "분과위원장")은 국토교통부장관이 임명한다.
⑧ 위원장과 공무원이 아닌 위원의 임기는 2년으로 하되 연임할 수 있으며, 보궐위원의 임기는 전임자의 남은 임기로 한다.
⑨ 하자분쟁조정위원회의 위원 중 공무원이 아닌 위원은 다음 각 호에 해당하는 경우를 제외하고는 본인의 의사에 반하여 해촉되지 아니한다.
  1. 신체상 또는 정신상의 장애로 직무를 수행할 수 없는 경우
  2. 「국가공무원법」 제33조 각 호의 어느 하나에 해당하는 경우
  3. 그 밖에 직무상의 의무 위반 등 대통령령으로 정하는 해촉 사유에 해당하는 경우
---

4) 중앙분쟁조정위원회의 위원장의 직무나 위원장이 부득이한 사유로 직무를 수행할 수 없는 때의 직무 대행은 제40조 제10항을 준용한다. 이 경우 제40조 제10항 중 "분과위원장"은 "위원"으로 본다.

법 제40조(하자분쟁조정위원회의 구성 등)
⑩ 위원장은 하자분쟁조정위원회를 대표하고 그 직무를 총괄한다. 다만, 위원장이 부득이한 사유로 직무를 수행할 수 없는 경우에는 위원장이 미리 지명한 분과위원장 순으로 그 직무를 대행한다.
---

5) 중앙분쟁조정위원회의 회의는 재적위원 과반수의 출석으로 개의하고 출석위원 과반수의 찬성으로 의결한다.
6) 중앙분쟁조정위원회의 구성 및 운영 등에 필요한 사항은 대통령령으로 정한다.

> **영 제82조(중앙 공동주택관리 분쟁조정위원회의 회의 등)** 　　22·25회 출제
> ① 중앙분쟁조정위원회를 구성할 때에는 성별을 고려하여야 한다.
> ② 중앙분쟁조정위원회의 위원장은 위원회의 회의를 소집하려면 특별한 사정이 있는 경우를 제외하고는 회의 개최 3일 전까지 회의의 일시·장소 및 심의안건을 각 위원에게 서면(전자우편을 포함한다)으로 알려야 한다.
> ③ 중앙분쟁조정위원회는 조정을 효율적으로 하기 위하여 필요하다고 인정하면 해당 사건들을 분리하거나 병합할 수 있다.
> ⑥ 중앙분쟁조정위원회는 당사자나 이해관계인을 중앙분쟁조정위원회에 출석시켜 의견을 들으려면 회의 개최 5일 전까지 서면(전자우편을 포함한다)으로 출석을 요청하여야 한다. 이 경우 출석을 요청받은 사람은 출석할 수 없는 부득이한 사유가 있는 경우에는 미리 서면으로 의견을 제출할 수 있다.

(3) 분쟁조정의 신청 및 조정 등(법 제74조)

① 제71조 제2항(공동주택관리 분쟁조정위원회의 심의·조정사항) 각 호의 사항에 대하여 분쟁이 발생한 때에는 중앙분쟁조정위원회에 조정을 신청할 수 있다.
② 중앙분쟁조정위원회는 조정의 신청을 받은 때에는 지체 없이 조정의 절차를 개시하여야 한다. 이 경우 중앙분쟁조정위원회는 필요하다고 인정하면 당사자나 이해관계인을 중앙분쟁조정위원회에 출석하게 하여 의견을 들을 수 있다.
③ 중앙분쟁조정위원회는 조정절차를 개시한 날부터 30일 이내에 그 절차를 완료한 후 조정안을 작성하여 지체 없이 이를 각 당사자에게 제시하여야 한다. 다만, 부득이한 사정으로 30일 이내에 조정절차를 완료할 수 없는 경우 중앙분쟁조정위원회는 그 기간을 연장할 수 있다. 이 경우 그 사유와 기한을 명시하여 당사자에게 서면으로 통지하여야 한다.
④ 조정안을 제시받은 당사자는 그 제시를 받은 날부터 30일 이내에 그 수락 여부를 중앙분쟁조정위원회에 서면으로 통보하여야 한다. 이 경우 30일 이내에 의사표시가 없는 때에는 수락한 것으로 본다.
⑤ 당사자가 조정안을 수락하거나 수락한 것으로 보는 경우 중앙분쟁조정위원회는 조정서를 작성하고, 위원장 및 각 당사자가 서명·날인한 후 조정서 정본을 지체 없이 각 당사자 또는 그 대리인에게 송달하여야 한다. 다만, 수락한 것으로 보는 경우에는 각 당사자의 서명·날인을 생략할 수 있다.
⑥ 당사자가 조정안을 수락하거나 수락한 것으로 보는 때에는 그 조정서의 내용은 재판상 화해와 동일한 효력을 갖는다. 다만, 당사자가 임의로 처분할 수 없는 사항에 관한 것은 그러하지 아니하다.
⑦ 조정의 신청절차 및 방법, 비용의 부담 등에 필요한 사항은 국토교통부령으로 정한다.

⑧ 중앙분쟁조정위원회에 조정을 신청하는 자는 국토교통부장관이 정하여 고시하는 바에 따라 수수료를 납부하여야 한다. 〈신설 2021. 8. 10.〉

(4) 분쟁조정 신청의 통지 등(법 제75조) `25회 출제`
① 중앙분쟁조정위원회의 분쟁조정 신청에 대한 상대방 통지 의무, 통지를 받은 상대방의 답변서 제출 의무는 법 제46조 제1항·제2항을 각각 준용한다.

> **법 제46조** (조정 등의 신청의 통지 등)
> ① 하자분쟁조정위원회는 당사자 일방으로부터 조정 등의 신청을 받은 때에는 그 신청내용을 상대방에게 통지하여야 한다.
> ② 통지를 받은 상대방은 신청내용에 대한 답변서를 특별한 사정이 없으면 10일 이내에 하자분쟁조정위원회에 제출하여야 한다.

② 중앙분쟁조정위원회로부터 분쟁조정 신청에 관한 통지를 받은 입주자대표회의(구성원을 포함한다)와 관리주체는 분쟁조정에 응하여야 한다.

(5) 조정의 거부와 중지(법 제77조)
① 중앙분쟁조정위원회는 분쟁의 성질상 분쟁조정위원회에서 조정을 하는 것이 맞지 아니하다고 인정하거나 부정한 목적으로 신청되었다고 인정하면 그 조정을 거부할 수 있다. 이 경우 조정의 거부 사유를 신청인에게 알려야 한다.
② 중앙분쟁조정위원회는 신청된 사건의 처리 절차가 진행되는 도중에 한쪽 당사자가 소를 제기한 경우에는 조정의 처리를 중지하고 이를 당사자에게 알려야 한다.

(6) 「민사조정법」 등의 준용 등(법 제78조)
① 중앙분쟁조정위원회는 분쟁의 조정등의 절차에 관하여 이 법에서 규정하지 아니한 사항 및 소멸시효의 중단에 관하여는 「민사조정법」을 준용한다.
② 조정등에 따른 서류송달에 관하여는 「민사소송법」 제174조부터 제197조까지의 규정을 준용한다.
③ 중앙분쟁조정위원회가 수행하는 조정등의 절차 및 의사결정과정은 공개하지 아니한다. 다만, 분과위원회 및 소위원회에서 공개할 것을 의결한 경우에는 그러하지 아니하다.
④ 중앙분쟁조정위원회의 위원과 중앙분쟁조정위원회의 사무국 직원으로서 그 업무를 수행하거나 수행하였던 사람은 조정등의 절차에서 직무상 알게 된 비밀을 누설하여서는 아니 된다.

4 지방분쟁조정위원회(법 제80조) `25회 출제`

(1) 지방분쟁조정위원회의 위원 중 공무원이 아닌 위원이 본인의 의사에 반하여 해촉되지 아니할 권리, 위원의 제척·기피·회피에 관한 내용은 중앙분쟁조정위원회에 관한 규정을 준용한다.

(2) 분쟁당사자가 지방분쟁조정위원회의 조정결과를 수락한 경우에는 당사자 간에 조정조서(調停調書)와 같은 내용의 합의가 성립된 것으로 본다.

(3) 지방분쟁조정위원회의 구성에 필요한 사항은 대통령령으로 정하며, 지방분쟁조정위원회의 회의·운영 등에 필요한 사항은 해당 시·군·구의 조례로 정한다.

> **영 제87조 (지방공동주택관리 분쟁조정위원회의 구성)**
> ① 지방공동주택관리 분쟁조정위원회(이하 "지방분쟁조정위원회")는 위원장 1명을 포함하여 10명 이내의 위원으로 구성하되, 성별을 고려하여야 한다.
> ② 지방분쟁조정위원회의 위원은 다음 각 호의 어느 하나에 해당하는 사람 중에서 해당 시장·군수·구청장이 위촉하거나 임명한다.
>   1. 해당 시·군 또는 구(자치구를 말한다) 소속 공무원
>   2. 법학·경제학·부동산학 등 주택분야와 관련된 학문을 전공한 사람으로 대학이나 공인된 연구기관에서 조교수 이상 또는 이에 상당하는 직(職)에 있거나 있었던 사람
>   3. 변호사·공인회계사·세무사·건축사·공인노무사의 자격이 있는 사람 또는 판사·검사
>   4. 공동주택 관리사무소장으로 5년 이상 근무한 경력이 있는 주택관리사
>   5. 그 밖에 공동주택관리 분야에 대한 학식과 경험을 갖춘 사람
> ③ 지방분쟁조정위원회의 위원장은 위원 중에서 해당 지방자치단체의 장이 지명하는 사람이 된다.
> ④ 공무원이 아닌 위원의 임기는 2년으로 한다. 다만, 보궐위원의 임기는 전임자의 남은 임기로 한다.

06 협회

1 협회의 설립 등(법 제81조)

(1) 주택관리사 등은 공동주택관리에 관한 기술·행정 및 법률 문제에 관한 연구와 그 업무를 효율적으로 수행하기 위하여 주택관리사단체를 설립할 수 있다.

(2) 주택관리사단체는 각각 법인으로 한다.

(3) 협회는 그 주된 사무소의 소재지에서 설립등기를 함으로써 성립한다. 국토교통부장관은 협회를 지도·감독한다.

(4) 이 법에 따라 국토교통부장관, 시·도지사 또는 대도시 시장으로부터 영업 및 자격의 정지 처분을 받은 협회 회원의 권리·의무는 그 영업 및 자격의 정지기간 중에는 정지되며, 주택관리사 등의 자격이 취소된 때에는 협회의 회원자격을 상실한다.

2 협회의 설립인가 등(법 제81조 제6항·제7항)

(1) 협회를 설립하려면 아래의 내용에 따른 인원수를 발기인으로 하여 정관을 마련한 후 창립총회의 의결을 거쳐 국토교통부장관의 인가를 받아야 한다. 인가받은 정관을 변경하는 경우에도 또한 같다.

PROFESSOR COMMENT

주택관리사단체 : 공동주택의 관리사무소장으로 배치된 자의 1/5 이상

(2) 국토교통부장관은 인가를 하였을 때에는 이를 지체 없이 공고하여야 한다.

3 주택관리사단체와 공제사업(법 제82조) `15회 출제`

(1) 주택관리사단체는 관리사무소장의 손해배상책임과 공동주택에서 발생하는 인적·물적 사고, 그 밖에 공동주택관리업무와 관련한 종사자와 사업자의 손해배상책임 등을 보장하기 위하여 공제사업을 할 수 있다.

> **영 제88조** (공제사업의 범위)
> 주택관리사단체가 할 수 있는 공제사업의 범위는 다음 각 호와 같다.
> 1. 주택관리사 등의 손해배상책임을 보장하기 위한 공제기금의 조성 및 공제금의 지급에 관한 사업
> 2. 공제사업의 부대사업으로서 국토교통부장관의 승인을 받은 사업

(2) 주택관리사단체는 공제사업을 하려면 공제규정을 제정하여 국토교통부장관의 승인을 받아야 한다. 공제규정을 변경하려는 경우에도 또한 같다.

(3) 공제규정에는 대통령령으로 정하는 바에 따라 공제사업의 범위, 공제계약의 내용, 공제금, 공제료, 회계기준 및 책임준비금의 적립 비율 등 공제사업의 운용에 필요한 사항이 포함되어야 한다.

> **영 제89조** (공제규정) `25회 출제`
> 공제규정에는 다음 각 호의 사항이 포함되어야 한다.
> 1. 공제계약의 내용으로서 다음의 사항
>   가. 주택관리사단체의 공제책임
>   나. 공제금, 공제료(공제사고 발생률 및 보증보험료 등을 종합적으로 고려하여 정한다) 및 공제기간
>   다. 공제금의 청구와 지급절차, 구상 및 대위권, 공제계약의 실효
>   라. 그 밖에 공제계약에 필요한 사항
> 2. 회계기준 : 공제사업을 손해배상기금과 복지기금으로 구분하여 각 기금별 목적 및 회계원칙에 부합되는 기준
> 3. 책임준비금의 적립비율 : 공제료 수입액의 10/100 이상(공제사고 발생률 및 공제금 지급액 등을 종합적으로 고려하여 정한다)

(4) 주택관리사단체는 공제사업을 다른 회계와 구분하여 별도의 회계로 관리하여야 하며, 책임준비금을 다른 용도로 사용하려는 경우에는 국토교통부장관의 승인을 받아야 한다.
(5) 주택관리사단체는 대통령령으로 정하는 바에 따라 매년도의 공제사업 운용 실적을 일간신문 또는 단체의 홍보지 등을 통하여 공제계약자에게 공시하여야 한다.

> **영 제90조** (공제사업 운용 실적의 공시)
> 협회는 재무상태표, 손익계산서 및 감사보고서, 공제료 수입액, 공제금 지급액, 책임준비금 적립액, 그 밖에 공제사업의 운용에 관한 사항 등이 모두 포함된 공제사업 운용 실적을 매 회계연도 종료 후 2개월 이내에 국토교통부장관에게 보고하고, 일간신문 또는 주택관리사단체의 홍보지 등에 공시하여야 한다.

(6) 국토교통부장관은 주택관리사단체가 이 법 및 공제규정을 지키지 아니하여 공제사업의 건전성을 해칠 우려가 있다고 인정되는 경우에는 시정을 명하여야 한다.
(7) 「금융위원회의 설치 등에 관한 법률」에 따른 금융감독원 원장은 국토교통부장관이 요청한 경우에는 주택관리사단체의 공제사업에 관하여 검사를 할 수 있다.

4 「민법」규정의 준용(법 제84조)

협회에 관하여 이 법에서 규정한 것 외에는 「민법」 중 사단법인에 관한 규정을 준용한다.

단락문제 Q01 제15회 기출

공동주택관리법령상 협회의 공제사업에 관한 설명으로 옳은 것은?

① 주택관리사단체는 공제사업을 하려면 공제규정을 제정하여 시·도지사의 승인을 받아야 한다.
② 주택관리사단체는 공제사업을 다른 회계와 구분하지 않고 동일한 회계로 관리하여야 한다.
③ 「금융위원회의 설치에 관한 법률」에 따른 금융감독원 원장은 시장·군수 또는 구청장이 요청한 경우에는 주택관리사단체의 공제사업에 관하여 검사를 할 수 있다.
④ 공제규정에는 공제사고 발생률 및 공제금 지급액 등을 종합적으로 고려하여 정한 공제료 수입액의 100분의 5에 해당하는 책임준비금의 적립비율을 포함하여야 한다.
⑤ 공제규정에는 공제사업을 손해배상기금과 복지기금으로 구분하여 각 기금별 목적 및 회계원칙에 부합되는 세부기준을 마련한 회계기준율을 포함하여야 한다.

해설
① 시·도지사 → 국토교통부장관
② 다른 회계와 구분하지 않고 동일한 회계로 → 다른 회계와 구분하여 별도의 회계로
③ 시장·군수 또는 구청장 → 국토교통부장관
④ 100분의 5 → 100분의 10

답 ⑤

제1장 공동주택관리 일반론

07 보칙

1 행정기관 등의 지원 등

(1) 관리비용의 지원(법 제85조)

① 지방자치단체의 장은 그 지방자치단체의 조례로 정하는 바에 따라 공동주택의 관리, 층간소음 개선을 위한 층간소음의 측정·진단에 필요한 비용(경비원 등 근로자의 근무환경 개선에 필요한 냉난방 및 안전시설 등의 설치·운영 비용을 포함한다)의 일부를 지원할 수 있다.

② 국가는 공동주택의 보수·개량, 층간소음 저감재 설치 등에 필요한 비용의 일부를 주택도시기금에서 융자할 수 있다.

(2) 공동주택관리 지원기구(법 제86조)

1) 국토교통부장관은 다음의 업무를 수행할 기관 또는 단체를 공동주택관리 지원기구로 지정하여 고시할 수 있다.
   ① 공동주택관리와 관련한 민원 상담 및 교육
   ② 관리규약 제정·개정의 지원
   ③ 입주자대표회의 구성 및 운영과 관련한 지원
   ④ 장기수선계획의 수립·조정 지원 또는 공사·용역의 타당성 자문 등 기술지원
   ⑤ 공동주택 관리상태 진단 및 지원
   ⑥ 공동주택 입주자 등의 공동체 활성화 지원
   ⑦ 공동주택의 조사·검사 및 분쟁조정의 지원
   ⑧ 공동주택 관리실태 조사·연구
   ⑨ 국토교통부장관 또는 지방자치단체의 장이 의뢰하거나 위탁하는 업무
   ⑩ 그 밖에 공동주택 입주자 등의 권익보호와 공동주택관리의 투명화 및 효율화를 위하여 대통령령으로 정하는 업무

2) 국토교통부장관은 예산의 범위에서 공동주택관리 지원기구의 운영 및 사무처리에 필요한 경비를 출연 또는 보조할 수 있다.

3) 공동주택관리 지원기구는 업무를 수행하는 데 필요한 경비의 전부 또는 일부를 관리주체 또는 입주자대표회의로부터 받을 수 있다.

(3) 지역공동주택관리지원센터(법 제86조의2) 〈시행 2024. 4. 25.〉

① 지방자치단체의 장은 관할 지역 내 공동주택의 효율적인 관리에 필요한 지원 및 시책을 수행하기 위하여 공동주택관리에 전문성을 가진 기관 또는 단체를 지역공동주택관리지원센터(이하 이 조에서 "지역센터"라 한다)로 지정할 수 있다.
② 지역센터는 다음 각 호의 업무를 수행한다.
  ㉠ 제86조제1항 각 호에 따른 업무
  ㉡ 소규모 공동주택에 대한 관리 지원
  ㉢ 그 밖에 지역 내 공동주택의 효율적인 관리를 위하여 지방자치단체의 조례로 정하는 업무
③ 지방자치단체는 지역센터의 운영 및 사무처리에 필요한 비용을 예산의 범위에서 출연 또는 보조할 수 있다.
④ 지역센터의 지정 및 운영 등에 필요한 사항은 지방자치단체의 조례로 정한다.

(4) 공동주택 우수관리단지 선정(법 제87조)

1) 시·도지사는 공동주택단지를 모범적으로 관리하도록 장려하기 위하여 매년 공동주택 모범관리단지를 선정할 수 있다.
2) 시·도지사는 ①에 따라 모범관리단지를 선정하는 경우 층간소음 예방 및 분쟁 조정 활동을 모범적으로 수행한 단지를 별도로 선정할 수 있다.
3) 국토교통부장관은 ① 및 ②에 따라 시·도지사가 선정한 공동주택 모범관리단지 중에서 공동주택 우수관리단지를 선정하여 표창하거나 상금을 지급할 수 있고, 그 밖에 필요한 지원을 할 수 있다.
4) 공동주택 모범관리단지와 공동주택 우수관리단지의 선정, 표창 및 상금 지급 등에 필요한 사항은 국토교통부장관이 정하여 고시한다.

(5) 공동주택관리정보시스템의 구축·운영 등(법 제88조 제1항)

국토교통부장관은 공동주택관리의 투명성과 효율성을 제고하기 위하여 공동주택관리에 관한 정보를 종합적으로 관리할 수 있는 공동주택관리정보시스템을 구축·운영할 수 있고, 이에 관한 정보를 관련 기관·단체 등에 제공할 수 있다.

2 청문(법 제95조)

국토교통부장관 또는 지방자치단체의 장은 다음의 어느 하나에 해당하는 처분을 하려면 청문을 하여야 한다.

(1) 행위허가의 취소
(2) 주택관리업의 등록말소
(3) 주택관리사 등의 자격취소

3 권한의 위임·위탁(법 제89조)

(1) 이 법에 따른 국토교통부장관의 권한은 대통령령으로 정하는 바에 따라 그 일부를 시·도지사 또는 국토교통부 소속 기관의 장에게 위임할 수 있다.
(2) 국토교통부장관 또는 지방자치단체의 장은 이 법에 따른 권한 중 다음의 권한을 대통령령으로 정하는 바에 따라 공동주택관리의 전문화, 시설물의 안전관리 및 자격검정 등을 목적으로 설립된 법인 중 국토교통부장관 또는 지방자치단체의 장이 인정하는 자에게 위탁할 수 있다.

  1) 입주자대표회의의 구성원 등 교육 〈시행 2018.9.14.〉
  2) 장기수선계획의 조정교육
  3) 방범교육, 소방에 관한 안전교육, 시설물에 관한 안전교육
  4) 소규모 공동주택의 안전관리
  5) 관리사무소장의 배치 내용 및 직인 신고의 접수
  6) 주택관리사보 자격시험의 시행
  7) 주택관리업자 및 관리사무소장에 대한 교육
  8) 공동주택관리정보시스템의 구축·운영

영 제95조 (업무의 위탁)

① 국토교통부장관은 주택관리사보 자격시험의 시행에 관한 업무를 「한국산업인력공단법」에 따른 한국산업인력관리공단에 위탁한다.
② 국토교통부장관은 공동주택관리정보시스템의 구축·운영에 관한 업무를 「한국감정원법」에 따른 한국부동산원에 위탁한다.
③ 시·도지사는 다음 각 호의 업무를 주택관리에 관한 전문기관 또는 단체를 지정하여 위탁한다.
  1. 장기수선계획의 조정교육
  2. 주택관리업자 및 관리사무소장에 대한 교육
④ 시장·군수·구청장은 관리사무소장의 배치 내용 및 직인 신고의 접수에 관한 업무를 주택관리사단체에 위탁한다.

4 체납된 장기수선충당금 등의 강제징수(법 제91조)

국가 또는 지방자치단체인 관리주체가 관리하는 공동주택의 장기수선충당금 또는 관리비가 체납된 경우 국가 또는 지방자치단체는 국세 또는 지방세 체납처분의 예에 따라 해당 장기수선충당금 또는 관리비를 강제징수할 수 있다.

5 공동주택관리에 관한 감독 등(법 제92조, 제93조)

(1) 보고 · 검사 등(법 제92조)

1) 국토교통부장관 또는 지방자치단체의 장은 필요하다고 인정할 때에는 이 법에 따라 허가를 받거나 신고 · 등록 등을 한 자에게 필요한 보고를 하게 하거나, 관계 공무원으로 하여금 사업장에 출입하여 필요한 검사를 하게 할 수 있다.
2) 검사를 할 때에는 검사 7일 전까지 검사 일시, 검사 이유 및 검사 내용 등 검사계획을 검사를 받을 자에게 알려야 한다. 다만, 긴급한 경우나 사전에 통지하면 증거인멸 등으로 검사 목적을 달성할 수 없다고 인정하는 경우에는 그러하지 아니하다.
3) 검사를 하는 공무원은 그 권한을 나타내는 증표를 지니고 이를 관계인에게 내보여야 한다.

(2) 공동주택관리에 관한 감독(법 제93조) `20·26회 출제`

1) 지방자치단체의 장은 공동주택관리의 효율화와 입주자등의 보호를 위하여 다음 각 호의 어느 하나에 해당하는 경우 입주자등, 입주자대표회의나 그 구성원, 관리주체(의무관리대상 공동주택이 아닌 경우에는 관리인을 말한다), 관리사무소장 또는 선거관리위원회나 그 위원 등에게 관리비등의 사용내역 등 대통령령으로 정하는 업무에 관한 사항을 보고하게 하거나 자료의 제출이나 그 밖에 필요한 명령을 할 수 있으며, 소속 공무원으로 하여금 영업소 · 관리사무소 등에 출입하여 공동주택의 시설 · 장부 · 서류 등을 조사 또는 검사하게 할 수 있다. 이 경우 출입 · 검사 등을 하는 공무원은 그 권한을 나타내는 증표를 지니고 이를 관계인에게 내보여야 한다.

　① 감사에 필요한 경우
　② 이 법 또는 이 법에 따른 명령이나 처분을 위반하여 조치가 필요한 경우
　③ 공동주택단지 내 분쟁의 조정이 필요한 경우
　④ 공동주택 시설물의 안전관리를 위하여 필요한 경우
　⑤ 입주자대표회의 등이 공동주택 관리규약을 위반한 경우
　⑥ 그 밖에 공동주택관리에 관한 감독을 위하여 필요한 경우

제1장 공동주택관리 일반론

> **영 제96조 제1항**(공동주택관리에 관한 감독)
> ① 위 (2) 1) 본문에서 "대통령령으로 정하는 업무"란 다음 각 호의 업무를 말한다.
>   1. 입주자대표회의의 구성 및 의결
>   2. 관리주체 및 관리사무소장의 업무
>   3. 자치관리기구의 구성 및 운영
>   4. 관리규약의 제정·개정
>   5. 시설물의 안전관리
>   6. 공동주택의 안전점검
>   7. 장기수선계획 및 장기수선충당금 관련업무
>   8. 법 제35조 제1항에 따른 행위허가 또는 신고
>   9. 그 밖에 공동주택의 관리에 관한 업무

2) <u>공동주택의 입주자등</u>은 이 법 또는 이 법에 따른 명령이나 처분을 위반하여 조치가 필요한 경우, 공동주택단지 내 분쟁의 조정이 필요한 경우, 입주자대표회의 등이 공동주택 관리규약을 위반한 경우에 해당하는 경우 <u>전체 입주자등의 10분의 2 이상의 동의를 받아 지방자치단체의 장에게</u> 입주자대표회의나 그 구성원, 관리주체, 관리사무소장 또는 선거관리위원회나 그 위원 등의 업무에 대하여 <u>감사를 요청할 수 있다.</u> 이 경우 감사 요청은 그 사유를 소명하고 이를 뒷받침할 수 있는 자료를 첨부하여 서면으로 하여야 한다. 〈시행 2024. 4. 25.〉

3) 지방자치단체의 장은 감사 요청이 이유가 있다고 인정하는 경우에는 감사를 실시한 후 감사를 요청한 입주자등에게 그 결과를 통보하여야 한다.

4) 지방자치단체의 장은 감사 요청이 없더라도 공동주택관리의 효율화와 입주자등의 보호를 위하여 필요하다고 인정하는 경우에는 감사 대상이 되는 업무에 대하여 감사를 실시할 수 있다.

5) 지방자치단체의 장은 감사를 실시할 경우 변호사·공인회계사 등의 전문가에게 자문하거나 해당 전문가와 함께 영업소·관리사무소 등을 조사할 수 있다.

6) 2)부터 5)까지의 감사 요청 및 감사 실시에 필요한 사항은 지방자치단체의 조례로 정한다.

7) 지방자치단체의 장은 1)부터 4)까지의 규정에 따라 명령, 조사 또는 검사, 감사의 결과 등을 통보하는 경우 그 내용을 해당 공동주택의 입주자대표회의 및 관리주체에게도 통보하여야 한다. 〈신설 2019. 4. 23.〉

8) 관리주체는 7)에 따라 통보받은 내용을 대통령령으로 정하는 바에 따라 해당 공동주택단지의 인터넷 홈페이지 및 동별 게시판에 공개하고 입주자등의 열람, 복사 요구에 따라야 한다.

> **영 제96조 제2항** (공동주택관리에 관한 감독)　　　**26회 출제**
> 위 7)에 따른 통보를 받은 관리주체는 통보를 받은 날부터 10일 이내에 그 내용을 공동주택단지의 인터넷 홈페이지 및 동별 게시판에 7일 이상 공개해야 한다. 이 경우 동별 게시판에는 통보받은 일자, 통보한 기관 및 관계 부서, 주요 내용 및 조치사항 등을 요약하여 공개할 수 있다. 이 경우에 관리주체는 공개하는 내용에서 「개인정보 보호법 시행령」 제19조 각 호에 따른 고유식별정보 등 개인의 사생활의 비밀 또는 자유를 침해할 우려가 있는 정보는 제외해야 한다. 〈신설 2019. 10. 22.〉

4 공사의 중지 등 (법 제94조)

(1) 국토교통부장관 또는 지방자치단체의 장은 사업주체등 및 공동주택의 입주자등, 관리주체, 입주자대표회의나 그 구성원이 이 법 또는 이 법에 따른 명령이나 처분을 위반한 경우에는 공사의 중지, 원상복구, 하자보수 이행 또는 그 밖에 필요한 조치를 명할 수 있다. 〈개정 2019. 4. 23.〉

(2) 국토교통부장관 또는 지방자치단체의 장은 공사의 중지 등 필요한 조치를 명하는 경우 그 내용을 해당 공동주택의 입주자대표회의 및 관리주체에게도 통보하여야 한다. 〈신설 2019. 4. 23.〉

(3) 관리주체는 통보받은 내용을 대통령령으로 정하는 바에 따라 해당 공동주택단지의 인터넷 홈페이지 및 동별 게시판에 공개하고 입주자등의 열람, 복사 요구에 따라야 한다. 〈신설 2019. 4. 23.〉

> **영 제97조** (관리주체 등에 대한 감독) 〈개정 2023. 11. 16.〉
> ① 지방자치단체의 장은 관리주체 등에 대하여 공사의 중지, 원상복구 또는 그 밖에 필요한 조치를 명한 때에는 즉시 국토교통부장관에게 통보해야 한다.
> ② 위 (2)에 따른 통보를 받은 관리주체는 통보를 받은 날부터 10일 이내에 그 내용을 공동주택단지의 인터넷 홈페이지 및 동별 게시판에 7일 이상 공개해야 한다. 이 경우 동별 게시판에는 통보받은 일자, 통보한 기관 및 관계 부서, 주요 내용 및 조치사항 등을 요약하여 공개할 수 있다. 〈신설 2019. 10. 22.〉
> ③ 관리주체는 ②에 따라 공개하는 내용에서 「개인정보 보호법 시행령」 제19조 각 호에 따른 고유식별정보 등 개인의 사생활의 비밀 또는 자유를 침해할 우려가 있는 정보는 제외해야 한다. 〈신설 2019. 10. 22.〉

5 공동주택 관리비리 신고센터의 설치 등 (법 제93조의2) [신설 2017.4.18.]

(1) 국토교통부장관은 공동주택 관리비리와 관련된 불법행위 신고의 접수·처리 등에 관한 업무를 효율적으로 수행하기 위하여 공동주택 관리비리 신고센터를 설치·운영할 수 있다.

(2) **신고센터는 다음 각 호의 업무를 수행한다.**
　1) 공동주택관리의 불법행위와 관련된 신고의 상담 및 접수
　2) 해당 지방자치단체의 장에게 해당 신고사항에 대한 조사 및 조치 요구
　3) 신고인에게 조사 및 조치 결과의 요지 등 통보

(3) 공동주택관리와 관련하여 불법행위를 인지한 자는 신고센터에 그 사실을 신고할 수 있다. 이 경우 신고를 하려는 자는 자신의 인적사항과 신고의 취지·이유·내용을 적고 서명한 문서와 함께 신고 대상 및 증거 등을 제출하여야 한다.

(4) 신고센터로부터 신고사항에 대한 조사 및 조치 요구를 받은 지방자치단체의 장은 신속하게 해당 요구에 따른 조사 및 조치를 완료하고 완료한 날부터 10일 이내에 그 결과를 국토교통부장관에게 통보하여야 하며, 국토교통부장관은 통보를 받은 경우 즉시 신고자에게 그 결과의 요지를 알려야 한다.

(5) 위 (1)부터 (4)까지에서 규정한 사항 외에 신고센터의 설치·운영·업무·신고 및 처리 등에 필요한 사항은 대통령령으로 정한다.

영 제96조의2(공동주택 관리비리 신고센터의 설치 및 구성) 〈신설 2017.9.29〉
① 국토교통부장관은 국토교통부에 공동주택 관리비리 신고센터를 설치한다.
② 신고센터의 장은 국토교통부의 공동주택 관리업무를 총괄하는 부서의 장으로 하고, 구성원은 공동주택 관리와 관련된 업무를 담당하는 공무원으로 한다.
③ 국토교통부장관은 신고센터의 운영을 위하여 필요한 경우 지방자치단체의 장에게 소속 직원의 파견을 요청할 수 있다. 이 경우 국토교통부장관은 공동주택 관리비리 신고 및 처리 건수 등을 고려하여 관계 지방자치단체의 장과 협의를 거쳐 인력지원의 규모, 기간 및 방법 등을 조정할 수 있다.
④ 국토교통부장관으로부터 소속 직원의 파견을 요청받은 지방자치단체의 장은 특별한 사유가 없는 한 파견에 필요한 조치를 하여야 한다.

영 제96조의3(공동주택 관리비리의 신고 및 확인)
① 신고를 하려는 자는 신고자의 성명, 주소, 연락처 등 인적사항 등을 포함한 신고서(전자문서를 포함한다)를 신고센터에 제출하여야 한다.
② 신고서를 받은 신고센터는 신고자 및 신고대상자의 인적사항 등을 확인할 수 있다.
③ 신고센터는 신분공개의 동의여부를 확인하는 경우에는 신고내용의 처리절차 및 신분공개의 절차 등에 관하여 설명하여야 한다.
④ 신고센터는 확인 결과 신고서가 신고자의 인적사항이나 신고내용의 특정에 필요한 사항을 갖추지 못한 경우에는 신고자로 하여금 15일 이내의 기간을 정하여 이를 보완하게 할 수 있다. 다만, 15일 이내에 자료를 보완하기 곤란한 사유가 있다고 인정되는 경우에는 신고자와 협의하여 보완기간을 따로 정할 수 있다.
⑤ 신고센터 및 해당 지방자치단체의 장은 신고내용의 확인을 위하여 신고자로부터 진술을 듣거나 신고자 또는 신고대상자에게 필요한 자료의 제출을 요구할 수 있다.

제96조의4(공동주택 관리비리 신고의 종결처리)
신고센터는 다음 각 호의 어느 하나에 해당하는 경우 접수된 신고를 종결할 수 있다. 이 경우 종결 사실과 그 사유를 신고자에게 통보하여야 한다.
1. 신고내용이 명백히 거짓인 경우
2. 신고자가 보완요구를 받고도 보완기간 내 보완하지 아니한 경우

3. 신고에 대한 처리결과를 통보받은 사항에 대하여 정당한 사유 없이 다시 신고한 경우로서 새로운 증거자료 또는 참고인이 없는 경우
4. 그 밖에 비리행위를 확인할 수 없는 등 조사가 필요하지 아니하다고 신고센터의 장이 인정하는 경우

제96조의5(공동주택 관리비리 신고의 처리)
① 신고센터는 신고서를 받은 날부터 10일 이내(보완기간은 제외한다)에 해당 지방자치단체의 장에게 신고사항에 대한 조사 및 조치를 요구하고, 그 사실을 신고자에게 통보하여야 한다.
② 신고사항에 대한 조사 및 조치를 요구받은 지방자치단체의 장은 요구를 받은 날부터 60일 이내에 조사 및 조치를 완료하고, 조사 및 조치를 완료한 날부터 10일 이내에 국토교통부장관에게 통보하여야 한다. 다만, 60일 이내에 처리가 곤란한 경우에는 한 차례만 30일 이내의 범위에서 그 기간을 연장할 수 있다.
③ 조사 및 조치 기간을 연장하려는 지방자치단체의 장은 그 사유와 연장기간을 신고센터에 통보하여야 한다.

08 벌칙

1 벌칙

(1) 부정행위 금지 등(제97조)

공동주택의 관리와 관련하여 입주자대표회의(구성원을 포함한다)와 관리사무소장이 공모하여 부정하게 재물 또는 재산상의 이익을 취득하거나 제공한 자는 3년 이하의 징역 또는 3천만원 이하의 벌금에 처한다. 다만, 그 위반행위로 얻은 이익의 100분의 50에 해당하는 금액이 3천만원을 초과하는 자는 3년 이하의 징역 또는 그 이익의 2배에 해당하는 금액 이하의 벌금에 처한다.

(2) 부정행위 금지 등(제98조)

다음의 어느 하나에 해당하는 자는 2년 이하의 징역 또는 2천만원 이하의 벌금에 처한다. 다만, 제3호에 해당하는 자로서 그 위반행위로 얻은 이익의 100분의 50에 해당하는 금액이 2천만원을 초과하는 자는 2년 이하의 징역 또는 그 이익의 2배에 해당하는 금액 이하의 벌금에 처한다.

1) 등록을 하지 아니하고 주택관리업을 운영한 자 또는 거짓이나 그 밖의 부정한 방법으로 등록한 자(주택관리업 또는 주택임대관리업)
2) 공동주택의 관리와 관련하여 부정하게 재물 또는 재산상의 이익을 취득하거나 제공한 입주자 등·관리주체·입주자대표회의·선거관리위원회(위원을 포함한다)

(3) 1년 이하의 징역 또는 1천만원 이하의 벌금(법 제99조) 〈개정 2021.8.10.〉 `13회 출제`

다음의 어느 하나에 해당하는 자는 1년 이하의 징역 또는 1천만원 이하의 벌금에 처한다.

1) 감사인의 회계감사를 받지 아니하거나 부정한 방법으로 받은 자(관리주체)
2) 회계감사를 받는 관리주체가 회계감사를 방해하는 등 같은 항 각 호의 어느 하나에 해당하는 행위(㉠ 정당한 사유 없이 감사인의 자료열람·등사·제출 요구 또는 조사를 거부·방해·기피하는 행위, ㉡ 감사인에게 거짓 자료를 제출하는 등 부정한 방법으로 회계감사를 방해하는 행위)를 한 자
3) 의무관리대상 공동주택에서 회계서류 장부 및 증빙서류를 작성 또는 보관하지 아니하거나 거짓으로 작성한 자(관리주체)
4) 허가대상 행위를 위반한 자, 입주자등 또는 관리주체가 허가를 받지 아니하고 용도변경 등 행위를 하는 경우 그 행위에 협조하여 공동주택의 시공 또는 감리 업무를 수행하는 자(신고대상 행위를 신고하지 아니하고 행한 자는 제외) 〈개정 2021. 8. 10.〉
5) 직무상 알게 된 비밀을 누설한 자
6) 영업정지기간에 영업을 한 자나 주택관리업의 등록이 말소된 후 영업을 한 자
7) 주택관리사 등의 자격을 취득하지 아니하고 관리사무소장의 업무를 수행한 자 또는 해당 자격이 없는 자에게 이를 수행하게 한 자
8) 다른 자에게 자기의 성명 또는 상호를 사용하여 이 법에서 정한 사업이나 업무를 수행하게 하거나 자기의 등록증 또는 자격증을 빌려준 자 〈개정 2021. 8. 10.〉
9) 다른 자의 성명 또는 상호를 사용하여 주택관리업 또는 주택관리사등의 업무를 수행하거나 다른 자의 등록증 또는 자격증을 빌린 자 〈개정 2021. 8. 10.〉
10) 위의 8) 또는 9)의 행위를 알선한 자 〈개정 2021. 8. 10.〉
11) 조사 또는 검사나 감사를 거부·방해 또는 기피한 자
12) 공사 중지 등의 명령을 위반한 자

(4) 1천만원 이하의 벌금(법 제100조)

다음의 어느 하나에 해당하는 자는 1천만원 이하의 벌금에 처한다.

1) 기술인력 또는 장비를 갖추지 아니하고 관리행위를 한 자
2) 주택관리사 등을 배치하지 아니한 자

(5) 양벌규정(법 제101조)

법인의 대표자나 법인 또는 개인의 대리인, 사용인, 그 밖의 종업원이 그 법인 또는 개인의 업무에 관하여 위 (1)(2)(3)의 어느 하나에 해당하는 위반 행위를 하면 그 행위자를 벌하는 외에 그 법인 또는 개인에게도 해당 조문의 벌금형을 과한다. 다만, 법인 또는 개인이 그 위반행위를 방지하기 위하여 해당 업무에 관하여 상당한 주의와 감독을 게을리하지 아니한 경우에는 그러하지 아니하다.

제1편 행정관리실무

2 과태료 (법 제102조) `19회 출제`

(1) 다음에 해당하는 자에게는 2천만원 이하의 과태료를 부과한다.

하자보수보증금을 이 법에 따른 용도 외의 목적으로 사용한 자(입주자대표회의 등)

(2) 다음의 어느 하나에 해당하는 자에게는 1천만원 이하의 과태료를 부과한다.

1) 대통령령으로 정하는 기간(1개월) 이내에 해당 관리주체에게 공동주택의 관리업무를 인계하지 아니한 자
2) 수립되거나 조정된 장기수선계획에 따라 주요시설을 교체하거나 보수하지 아니한 자
3) 하자 여부 판정서 정본을 송달받은 경우로서 하자가 있는 것으로 판정된 경우(하자 여부 판정 결과가 변경된 경우는 제외한다)에 판정받은 하자를 보수하지 아니한 자(사업주체 등)
4) 유사명칭을 사용한 자(주택관리업자가 아닌 자)
5) 지방자치단체의 장의 보고 또는 자료 제출 등의 명령을 위반한 자
6) 관리사무소장의 보고나 사실 조사 의뢰 또는 그에 따른 시장·군수·구청장의 입주자대표회의에 필요한 명령 등을 이유로 관리사무소장을 해임하거나 해임하도록 주택관리업자에게 요구한 자(입주자대표회의)
7) 관리비·사용료와 장기수선충당금을 이 법에 따른 용도 외의 목적으로 사용한 자(입주자대표회의 및 관리주체)

(3) 다음 각 호의 어느 하나에 해당하는 자에게는 500만원 이하의 과태료를 부과한다.

1) 자치관리기구를 구성하지 아니한 자(입주자대표회의)
2) 전자입찰방식 등 선정 또는 그 밖에 입찰의 방법 등 대통령령으로 정하는 방식을 위반하여 주택관리업자 또는 사업자를 선정한 자
3) 의무관리대상 공동주택의 전환 및 제외, 관리방법의 결정 및 변경, 관리규약의 제정 및 개정, 입주자대표회의의 구성 및 변경 등의 신고를 하지 아니한 자
4) 회의록을 작성하여 보관하게 하지 아니한 자(입주자대표회의), 열람 청구 또는 복사 요구에 응하지 아니한 자(관리주체)
4의2) 입주자등의 입주자대표회의 회의록의 열람 청구 또는 복사 요구에 응하지 아니한 자
5) 관리비 등의 내역을 공개하지 아니하거나 거짓으로 공개한 자
6) 회계감사의 결과를 보고 또는 공개하지 아니하거나 거짓으로 보고 또는 공개한 자
6의2) 회계감사 결과를 제출 또는 공개하지 아니하거나 거짓으로 제출 또는 공개한 자
7) 장부나 증빙서류 등의 정보에 대한 열람, 복사의 요구에 응하지 아니하거나 거짓으로 응한 자

8) 선정한 주택관리업자 또는 공사, 용역 등을 수행하는 사업자와 계약을 체결하는 경우 계약서를 공개하지 아니하거나 거짓으로 공개한 자(관리주체 또는 입주자대표회의)
9) 장기수선계획을 수립하지 아니하거나 검토하지 아니한 자 또는 장기수선계획에 대한 검토사항을 기록하고 보관하지 아니한 자
10) 장기수선충당금을 적립하지 아니한 자
11) 설계도서 등을 보관하지 아니하거나 시설의 교체 및 보수 등의 내용을 기록·보관·유지하지 아니한 자
12) 안전관리계획을 수립 또는 시행하지 아니하거나 교육을 받지 아니한 자
13) 안전점검을 실시하지 아니하거나 입주자대표회의 또는 시장·군수·구청장에게 통보 또는 보고하지 아니하거나 필요한 조치를 하지 아니한 자
14) 용도 외의 용도에 사용하는 등 행위를 신고하지 아니하고 행한 자
15) 하자보수에 대한 시정명령을 이행하지 아니한 자
16) 의무관리대상 공동주택에서 하자보수보증금의 사용 후 신고를 하지 아니하거나 거짓으로 신고한 자
16의2) 하자보수청구 서류 등을 보관하지 아니한 자(입주자 또는 입주자대표회의를 대행하는 관리주체)
16의3) 하자보수청구 서류 등을 제공하지 아니한 자(하자보수청구 서류 등을 보관하는 관리주체)
16의4) 공동주택의 하자보수청구 서류 등을 인계하지 아니한 자(관리주체가 변경되는 경우 기존 관리주체)
17) 하자분쟁조정위원회의 출석요구를 따르지 아니한 안전진단기관 또는 관계 전문가
18) 조정 등에 대한 답변서를 하자분쟁조정위원회에 제출하지 아니한 자 또는 분쟁조정 신청에 대한 답변서를 중앙분쟁조정위원회에 제출하지 아니한 자
19) 조정 등에 응하지 아니한 자[사업주체 등, 설계자, 감리자 및 입주자대표회의 등(입주자 및 임차인은 제외한다)] 또는 분쟁조정에 응하지 아니한 자[입주자대표회의(구성원을 포함한다)와 관리주체]
20) 하자분쟁조정위원회의 사무국 직원의 조사·검사 및 열람을 거부하거나 방해한 자(사업주체등, 입주자대표회의등 및 임차인등)
21) 주택관리업의 등록사항 변경신고를 하지 아니하거나 거짓으로 신고한 자
22) 「공동주택관리법」 또는 이 법에 따른 명령에 위반하여 공동주택을 관리한 자(관리주체)
23) 배치 내용 및 직인의 신고 또는 변경신고를 하지 아니한 자(관리사무소장)
24) 보증보험 등에 가입한 사실을 입증하는 서류를 제출하지 아니한 자

25) 주택관리업자 등의 교육을 받지 아니한 자
26) 국토교통부장관 또는 지방자치단체의 장의 보고 또는 검사의 명령을 위반한 자
27) 국토교통부장관 또는 지방자치단체의 장으로부터 통보받은 명령, 조사 또는 검사, 감사 결과 등의 내용을 공개하지 아니하거나 거짓으로 공개한 자 또는 열람, 복사 요구에 따르지 아니하거나 거짓으로 따른 자

(4) 과태료는 대통령령으로 정하는 바에 따라 국토교통부장관 또는 지방자치단체의 장이 부과한다.

단락문제 Q02 제19회 기출

공동주택관리법령상 과태료 부과금액이 가장 높은 경우는? (단, 가중·감경사유는 고려하지 않음)

① 입주자대표회의 대표자가 장기수선계획에 따라 주요시설을 교체하거나 보수하지 않은 경우
② 입주자대표회의 등이 하자보수보증금을 법원의 재판 결과에 따른 하자보수비용 외의 목적으로 사용한 경우
③ 관리주체가 장기수선계획에 따라 장기수선충당금을 적립하지 않은 경우
④ 관리사무소장으로 배치받은 주택관리사가 시·도지사로부터 주택관리의 교육을 받지 않은 경우
⑤ 의무관리대상 공동주택의 관리주체가 주택관리업자 또는 사업자와 계약을 체결한 후 1개월 이내에 그 계약서를 공개하지 아니하거나 거짓으로 공개한 경우

해설
① 1천만원 이하, ② 2천만원 이하, ③, ④, ⑤ 500만원 이하

답 ②

09 민간임대주택에 관한 특별법 (약칭: 민간임대주택법) [시행 2025. 6. 4.]

1 총 칙

(1) 정의(법 제2조) 〔17·21·22·24회 출제〕

1) "민간임대주택"이란 임대 목적으로 제공하는 주택(토지를 임차하여 건설된 주택 및 오피스텔 등 대통령령으로 정하는 준주택 및 대통령령으로 정하는 일부만을 임대하는 주택을 포함한다)으로서 임대사업자가 등록한 주택을 말하며, 민간건설임대주택과 민간매입임대주택으로 구분한다.

> **영 제2조(준주택의 범위)** 〈시행 2023. 9. 29〉
> 법 제2조 제1호에서 "오피스텔 등 대통령령으로 정하는 준주택"이란 다음 각 호의 건축물(이하 "준주택"이라 한다)을 말한다.
>   1. 「주택법」 제2조제1호에 따른 주택 외의 건축물을 「건축법」에 따라 「주택법 시행령」 제4조제 1호의 기숙사 중 일반기숙사로 리모델링한 건축물
>   1의2. 「주택법 시행령」 제4조제1호의 기숙사 중 임대형기숙사
>   2. 다음 각 목의 요건을 모두 갖춘 「주택법 시행령」 제4조제4호의 오피스텔
>   가. 전용면적이 120제곱미터 이하일 것
>   나. 상하수도 시설이 갖추어진 전용 입식 부엌, 전용 수세식 화장실 및 목욕시설(전용 수세식 화장실에 목욕시설을 갖춘 경우를 포함한다)을 갖출 것
>
> **영 제2조의2(일부만을 임대하는 주택의 범위)**
> 법 제2조 제1호에서 "대통령령으로 정하는 일부만을 임대하는 주택"이란 「건축법 시행령」에 따른 다가구주택으로서 임대사업자 본인이 거주하는 실(室)(한 세대가 독립하여 구분 사용할 수 있도록 구획된 부분을 말한다)을 제외한 나머지 실 전부를 임대하는 주택을 말한다.

2) "민간건설임대주택"이란 다음 각 목의 어느 하나에 해당하는 민간임대주택을 말한다.
   가. 임대사업자가 임대를 목적으로 건설하여 임대하는 주택
   나. 「주택법」에 따라 등록한 주택건설사업자가 사업계획승인을 받아 건설한 주택 중 사용검사 때까지 분양되지 아니하여 임대하는 주택

3) "민간매입임대주택"이란 임대사업자가 매매 등으로 소유권을 취득하여 임대하는 민간임대주택을 말한다.

4) "공공지원민간임대주택"이란 임대사업자가 주택도시기금의 출자를 받아 건설 또는 매입하는 민간임대주택 등을 10년 이상 임대할 목적으로 취득하여 이 법에 따른 임대료 및 임차인의 자격 제한 등을 받아 임대하는 민간임대주택을 말한다.
   가. 「주택도시기금법」에 따른 주택도시기금의 출자를 받아 건설 또는 매입하는 민간임대주택

나. 「주택법」에 따른 공공택지 또는 수의계약 등으로 공급되는 토지 및 「혁신도시 조성 및 발전에 관한 특별법」에 따른 종전부동산을 매입 또는 임차하여 건설하는 민간임대주택
다. 용적률을 완화 받거나 「국토의 계획 및 이용에 관한 법률」에 따라 용도지역 변경을 통하여 용적률을 완화 받아 건설하는 민간임대주택
라. 공공지원민간임대주택 공급촉진지구에서 건설하는 민간임대주택
마. 그 밖에 국토교통부령으로 정하는 공공지원을 받아 건설 또는 매입하는 민간임대주택

5) "장기일반민간임대주택"이란 임대사업자가 공공지원민간임대주택이 아닌 주택을 10년 이상 임대할 목적으로 취득하여 임대하는 민간임대주택[아파트(「주택법」의 도시형 생활주택이 아닌 것을 말한다)를 임대하는 민간매입임대주택은 제외한다]을 말한다.

6) "임대사업자"란 「공공주택 특별법」에 따른 공공주택사업자가 아닌 자로서 1호 이상의 민간임대주택을 취득하여 임대하는 사업을 할 목적으로 제5조에 따라 등록한 자를 말한다.

6의2) "단기민간임대주택"이란 임대사업자가 6년 이상 임대할 목적으로 취득하여 임대하는 민간임대주택[아파트(「주택법」 제2조제20호의 도시형 생활주택이 아닌 것을 말한다)는 제외한다]을 말한다.

7) "주택임대관리업"이란 주택의 소유자로부터 임대관리를 위탁받아 관리하는 업을 말하며, 다음 각 목으로 구분한다.
  가. 자기관리형 주택임대관리업 : 주택의 소유자로부터 주택을 임차하여 자기책임으로 전대하는 형태의 업
  나. 위탁관리형 주택임대관리업 : 주택의 소유자로부터 수수료를 받고 임대료 부과·징수 및 시설물 유지·관리 등을 대행하는 형태의 업

8) "주택임대관리업자"란 주택임대관리업을 하기 위하여 등록한 자를 말한다.

9) "공공지원민간임대주택 공급촉진지구"란 공공지원민간임대주택의 공급을 촉진하기 위하여 제22조에 따라 지정하는 지구를 말한다.

10) "역세권등"이란 다음 각 목의 어느 하나에 해당하는 시설부터 1㎞ 거리 이내에 위치한 지역을 말한다. 이 경우 특별시장·광역시장·특별자치시장·도지사·특별자치도지사(이하 "시·도지사")는 해당 지방자치단체의 조례로 그 거리를 50%의 범위에서 증감하여 달리 정할 수 있다.
  가. 「철도의 건설 및 철도시설 유지관리에 관한 법률」, 「철도산업발전기본법」 및 「도시철도법」에 따라 건설 및 운영되는 철도역
  나. 「간선급행버스체계의 건설 및 운영에 관한 특별법」에 따른 환승시설
  다. 「산업입지 및 개발에 관한 법률」에 따른 산업단지
  라. 「수도권정비계획법」에 따른 인구집중유발시설로서 대통령령으로 정하는 시설
  마. 그 밖에 해당 지방자치단체의 조례로 정하는 시설

11) "주거지원대상자"란 청년·신혼부부 등 주거지원이 필요한 사람으로서 국토교통부령으로 정하는 요건을 충족하는 사람을 말한다.
12) "복합지원시설"이란 공공지원민간임대주택에 거주하는 임차인 등의 경제활동과 일상생활을 지원하는 시설로서 대통령령으로 정하는 시설을 말한다.

(2) 다른 법률과의 관계(법 제3조)

민간임대주택의 건설·공급 및 관리 등에 관하여 이 법에서 정하지 아니한 사항에 대하여는 「주택법」, 「건축법」 및 「주택임대차보호법」을 적용한다.

2 민간임대주택의 관리(법 제51조) 〔15·18·19·20회 출제〕

(1) 민간건설임대주택 및 대통령령으로 정하는 민간매입임대주택(임대사업자가 「주택법」에 따라 사업주체가 건설·공급하는 주택 전체를 매입하여 임대하는 민간매입임대주택을 말한다)의 회계서류 작성, 보관 등 관리에 필요한 사항은 대통령령으로 정하는 바에 따라 「공동주택관리법」을 적용한다.

(2) 임대사업자는 민간임대주택이 300세대 이상의 공동주택 등 대통령령으로 정하는 규모 이상에 해당하면 「공동주택관리법」에 따른 주택관리업자에게 관리를 위탁하거나 자체관리하여야 한다.

> **영 제41조 (임대주택의 관리)** 〈개정 2020. 12. 8.〉
> ③ "300세대 이상의 공동주택 등 대통령령으로 정하는 규모"란 민간임대주택단지별로 다음 각 호의 어느 하나에 해당하는 규모의 민간임대주택을 말한다. 〈개정 2020. 12. 8.〉
> 1. 300세대 이상의 공동주택
> 2. 150세대 이상의 공동주택으로서 승강기가 설치된 공동주택
> 3. 150세대 이상의 공동주택으로서 중앙집중식 난방방식 또는 지역난방방식인 공동주택

(3) 임대사업자가 민간임대주택을 자체 관리하려면 대통령령으로 정하는 기술인력 및 장비를 갖추고 국토교통부령으로 정하는 바에 따라 시장·군수·구청장의 인가를 받아야 한다.

(4) 임대사업자(둘 이상의 임대사업자를 포함한다)가 동일한 시(특별시·광역시·특별자치시·특별자치도를 포함한다)·군 지역에서 민간임대주택을 관리하는 경우에는 대통령령으로 정하는 바에 따라 공동으로 관리할 수 있다.

> **영 제41조** (민간임대주택의 관리)
> ⑤ 임대사업자가 민간임대주택을 공동으로 관리할 수 있는 경우는 단지별로 임차인대표회의 또는 임차인 과반수(임차인대표회의를 구성하지 않은 경우만 해당한다)의 서면동의를 받은 경우로서 둘 이상의 민간임대주택단지를 공동으로 관리하는 것이 합리적이라고 특별시장, 광역시장, 특별자치시장, 특별자치도지사, 시장 또는 군수가 인정하는 경우로 한다. 〈개정 2019. 2. 12.〉

⑥ 위 ⑤에 따라 공동관리하는 둘 이상의 민간임대주택단지에 「공동주택관리법 시행령」 별표 1의 기준에 따른 기술인력 및 장비 기준을 적용할 때에는 둘 이상의 민간임대주택단지를 하나의 민간임대주택단지로 본다. 다만, 특별시장, 광역시장, 특별자치시장, 특별자치도지사, 시장 또는 군수가 민간임대주택단지 간의 거리 및 안전성 등을 고려하여 민간임대주택단지마다 갖출 것을 요구하는 경우에는 그렇지 않다. 〈신설 2019. 2. 12.〉

⑦ 임대사업자는 법 제51조제6항에 따라 민간임대주택을 관리하는 데 필요한 경비를 임차인이 최초로 납부하기 전까지 민간임대주택의 유지관리 및 운영에 필요한 경비(이하 "선수관리비"라 한다)를 부담하는 경우에는 해당 임차인의 입주가능일 전까지 「공동주택관리법」에 따른 관리주체(이하 "관리주체"라 한다)에게 선수관리비를 지급해야 한다. 〈신설 2024. 2. 6.〉

⑧ 관리주체는 해당 임차인의 임대기간이 종료되는 경우 제7항에 따라 지급받은 선수관리비를 임대사업자에게 반환해야 한다. 다만, 다른 임차인이 해당 주택에 입주할 예정인 경우 등 임대사업자와 관리주체가 협의하여 정하는 경우에는 선수관리비를 반환하지 않을 수 있다. 〈신설 2024. 2. 6.〉

⑨ 제7항에 따라 관리주체에게 지급하는 선수관리비의 금액은 해당 민간임대주택의 유형 및 세대수 등을 고려하여 임대사업자와 관리주체가 협의하여 정한다. 〈신설 2024. 2. 6.〉

(5) 임대사업자는 임차인으로부터 민간임대주택을 관리하는 데에 필요한 경비를 받을 수 있다.

 규칙 제22조 (민간임대주택의 관리)

제22조(관리비 징수 등)
① 임대사업자가 임차인으로부터 받을 수 있는 관리에 필요한 경비(이하 "관리비")는 다음 각 호의 항목에 대한 월별 비용의 합계액으로 하며, 다음 각 호의 항목별 구성 명세는 별표 3과 같다.
  1. 일반관리비   2. 청소비   3. 경비비   4. 소독비
  5. 승강기 유지비   6. 난방비   7. 급탕비   8. 수선유지비
  9. 지능형 홈네트워크 설비가 설치된 민간임대주택의 경우에는 지능형 홈네트워크 설비 유지비
② 관리비의 각 항목에 따른 비용의 세대별 부담액 산정방법은 사용자 부담과 공평한 부담의 원칙에 따라야 한다.
③ 임대사업자는 관리비 외에 어떠한 명목으로도 관리비를 징수할 수 없다.
④ 임대사업자는 임차인이 내야 하는 다음 각 호의 사용료 등을 임차인을 대행하여 그 사용료 등을 받을 자에게 낼 수 있다. 〈개정 2020. 12. 10.〉
  1. 전기료(공동으로 사용하는 시설의 전기료를 포함한다)
  2. 수도료(공동으로 사용하는 수도료를 포함한다)
  3. 가스 사용료
  4. 지역난방방식인 공동주택의 난방비와 급탕비
  5. 정화조 오물 수수료
  6. 생활 폐기물 수수료
  7. 임차인대표회의(법 제52조에 따른 임차인대표회의를 말한다) 운영비
⑤ 임대사업자는 인양기 등의 사용료를 해당 시설의 사용자에게 따로 부과할 수 있다.

> ⑥ 임대사업자는 산정·징수한 관리비와 사용료 등의 징수 및 그 사용명세에 관한 장부를 따로 작성하고 증명자료와 함께 보관하여 임차인 또는 임차인대표회의가 열람할 수 있게 해야 한다. 〈개정 2020. 12. 10.〉
> ⑦ 산정·징수한 관리비와 사용료 등의 징수 및 그 사용명세에 대하여 임대사업자와 임차인간의 다툼이 있을 때에는 임차인(임차인 과반수 이상의 결의가 있는 경우만 해당한다) 또는 임차인대표회의는 임대사업자로 하여금 「공인회계사법」에 따라 등록한 공인회계사 또는 설립된 회계법인(이하 "공인회계사 등"이라 한다)으로부터 회계감사를 받고 그 감사결과와 감사보고서를 열람할 수 있도록 갖춰 둘 것을 요구할 수 있다.
> ⑧ 임차인 또는 임차인대표회의는 시장·군수·구청장에게 공인회계사등의 선정을 의뢰할 수 있다.
> ⑨ 회계감사 비용은 임차인 또는 임차인대표회의가 부담한다.

(6) 임대사업자는 민간임대주택을 관리하는 데 필요한 경비를 임차인이 최초로 납부하기 전까지 해당 민간임대주택의 유지관리 및 운영에 필요한 경비(이하 "선수관리비"라 한다)를 대통령령으로 정하는 바에 따라 부담할 수 있다. 〈시행 2024. 2. 17.〉

> **영 제41조** (민간임대주택의 관리)
> ⑦ 임대사업자는 법 제51조제6항에 따라 민간임대주택을 관리하는 데 필요한 경비를 임차인이 최초로 납부하기 전까지 민간임대주택의 유지관리 및 운영에 필요한 경비(이하 "선수관리비"라 한다)를 부담하는 경우에는 해당 임차인의 입주가능일 전까지 「공동주택관리법」에 따른 관리주체에게 선수관리비를 지급해야 한다.
> ⑥ 관리주체는 해당 임차인의 임대기간이 종료되는 경우 ⑦에 따라 지급받은 선수관리비를 임대사업자에게 반환해야 한다. 다만, 다른 임차인이 해당 주택에 입주할 예정인 경우 등 임대사업자와 관리주체가 협의하여 정하는 경우에는 선수관리비를 반환하지 않을 수 있다.
> ⑨ 위 ⑦에 따라 관리주체에게 지급하는 선수관리비의 금액은 해당 민간임대주택의 유형 및 세대수 등을 고려하여 임대사업자와 관리주체가 협의하여 정한다.

3 임차인대표회의 (법 제52조, 영 제42조) `16·18·19·20회 출제`

(1) 임대사업자가 20세대 이상의 범위에서 대통령령으로 정하는 세대(20세대를 말한다) 이상의 민간임대주택을 공급하는 공동주택단지에 입주하는 임차인은 임차인대표회의를 구성할 수 있다. 다만, 임대사업자가 150세대 이상의 민간임대주택을 공급하는 공동주택단지 중 대통령령으로 정하는 공동주택단지(㉠ 300세대 이상의 공동주택단지 또는 ㉡ 150세대 이상의 공동주택으로서 승강기가 설치된 공동주택단지 또는 ㉢ 150세대 이상의 공동주택으로서 중앙집중식 난방방식 또는 지역난방방식인 공동주택단지)에 입주하는 임차인은 임차인대표회의를 구성하여야 한다.

(2) 임대사업자는 입주예정자의 과반수가 입주한 때에는 과반수가 입주한 날부터 30일 이내에 입주현황과 임차인대표회의를 구성할 수 있다는 사실 또는 구성하여야 한다는 사실을 입주한 임차인에게 통지하여야 한다. 다만, 임대사업자가 본문에 따른 통지를 하지 아니하는 경우 시장·군수·구청장이 임차인대표회의를 구성하도록 임차인에게 통지할 수 있다.

(3) 임차인대표회의를 구성하여야 하는 임차인이 임차인대표회의를 구성하지 아니한 경우 임대사업자는 임차인이 임차인대표회의를 구성할 수 있도록 대통령령으로 정하는 바에 따라 지원하여야 한다.

> **영 제42조** (임차인대표회의)
> ③ 임대사업자는 임차인이 임차인대표회의를 구성하지 않는 경우에 임차인대표회의를 구성해야 한다는 사실과 협의사항 및 임차인대표회의의 구성·운영에 관한 사항을 반기 1회 이상 임차인에게 통지해야 한다. 〈신설 2019. 2. 12.〉

(4) 임차인대표회의가 구성된 경우에는 임대사업자는 다음의 사항에 관하여 협의하여야 한다.
  1) 민간임대주택관리규약의 제정 및 개정
  2) 관리비
  3) 민간임대주택의 공용부분·부대시설 및 복리시설의 유지·보수
  4) 임대료 증감
  5) 그 밖에 민간임대주택의 유지·보수·관리 등에 필요한 사항으로서 대통령령으로 정하는 사항 〈개정 2019. 2. 12.〉
     ㉠ 하자보수
     ㉡ 공동주택의 관리에 관하여 임대사업자와 임차인대표회의가 합의한 사항
     ㉢ 임차인 외의 자에게 민간임대주택 주차장을 개방하는 경우 다음 각 목의 사항
        가. 개방할 수 있는 주차대수 및 위치
        나. 주차장의 개방시간
        다. 주차료 징수 및 사용에 관한 사항
        라. 그 밖에 주차장의 적정한 개방을 위해 필요한 사항

> **영 제42조** (임차인 대표회의)
> ⑤ 임대사업자는 임차인대표회의가 위 (4) 각 호의 사항에 대하여 협의를 요청하면 성실히 응하여야 한다.

(5) 임차인대표회의의 구성 및 운영 등에 필요한 사항은 대통령령으로 정한다.

> **영 제42조** (임차인대표회의) 【18회 출제】
> ⑥ 임차인대표회의는 민간임대주택의 동별 세대수에 비례하여 선출한 대표자(이하 "동별 대표자"라 한다)로 구성한다.
> ⑦ 동별 대표자가 될 수 있는 사람은 해당 민간임대주택단지에서 6개월 이상 계속 거주하고 있는 임차인으로 한다. 다만, 최초로 임차인대표회의를 구성하는 경우에는 그러하지 아니하다.
> ⑧ 임차인대표회의는 회장 1명, 부회장 1명 및 감사 1명을 동별 대표자 중에서 선출하여야 한다.
> ⑨ 임차인대표회의를 소집하려는 경우에는 소집일 5일 전까지 회의의 목적·일시 및 장소 등을 임차인에게 알리거나 공고하여야 한다.
> ⑩ 임차인대표회의는 그 회의에서 의결한 사항, 임대사업자와의 협의결과 등 주요 업무의 추진 상황을 지체 없이 임차인에게 알리거나 공고하여야 한다.

⑪ 임차인대표회의는 회의를 개최하였을 때에는 회의록을 작성하여 보관하고, 임차인이 회의록의 열람을 청구하거나 자기의 비용으로 복사를 요구할 경우에는 그에 따라야 한다.

4 특별수선충당금의 적립 등(법 제53조) 15·18회 출제

(1) 특별수선충당금의 의무적립 대상

제51조 제2항(위탁관리 또는 자체관리 하여야 하는 규모)에 따른 민간임대주택의 임대사업자는 주요 시설을 교체하고 보수하는 데에 필요한 특별수선충당금을 적립하여야 한다.

1) 300세대 이상의 공동주택
2) 150세대 이상의 공동주택으로서 승강기가 설치된 공동주택
3) 150세대 이상의 공동주택으로서 중앙집중식 난방방식 또는 지역난방방식인 공동주택

(2) 임대사업자가 위 (1)에 해당하는 민간임대주택을 양도하는 경우에는 특별수선충당금을 「공동주택관리법」에 따라 최초로 구성되는 입주자대표회의에 넘겨주어야 한다.

(3) 특별수선충당금의 요율, 사용 절차, 사후 관리와 적립 방법 등에 필요한 사항은 대통령령으로 정한다.

영 제43조 (특별수선충당금의 요율 및 사용절차 등)

① 민간임대주택의 임대사업자는 해당 민간임대주택(위탁관리하거나 자체관리하여야 하는 공동주택으로 한정한다)의 공용부분, 부대시설 및 복리시설(분양된 시설은 제외한다)에 대한 장기수선계획(「공동주택관리법」에 따른 장기수선계획을 말한다)을 수립하여 「주택법」에 따른 사용검사 신청시 함께 제출하여야 하며, 임대기간 중 해당 민간임대주택단지에 있는 관리사무소에 장기수선계획을 갖춰 놓아야 한다.

② 장기수선계획은 국토교통부령으로 정하는 기준에 따라야 한다.

> "국토교통부령으로 정하는 기준"이란 「공동주택관리법 시행규칙」 별표 1에 따른 수립기준을 말한다.

③ 장기수선계획을 수립하여야 하는 민간임대주택의 임대사업자는 특별수선충당금을 사용검사일 또는 임시 사용승인일부터 1년이 지난 날이 속하는 달부터 「주택법」에 따른 사업계획 승인 당시 표준 건축비의 1만분의 1의 요율로 매달 적립하여야 한다.

④ 특별수선충당금은 임대사업자와 해당 민간임대주택의 소재지를 관할하는 시장·군수·구청장의 공동 명의로 금융회사 등에 예치하여 따로 관리하여야 한다.

⑤ 임대사업자는 특별수선충당금을 사용하려면 미리 해당 민간임대주택의 소재지를 관할하는 시장·군수·구청장과 협의하여야 한다.

⑥ 시장·군수·구청장은 국토교통부령으로 정하는 방법에 따라 임대사업자의 특별수선충당금 적립 여부, 적립금액 등을 관할 시·도지사에게 보고하여야 하며, 시·도지사는 시장·군수·구청장의 보고를 종합하여 국토교통부장관에게 보고하여야 한다.

> **규칙 제25조** (특별수선충당금 적립 현황 보고)
> 시장·군수·구청장은 특별수선충당금 적립 현황 보고서를 매년 1월 31일과 7월 31일까지 관할 특별시장·광역시장·특별자치시장·도지사 또는 특별자치도지사(이하 "시·도지사")에게 제출하여야 하며, 시·도지사는 이를 종합하여 매년 2월 15일과 8월 15일까지 국토교통부장관에게 보고하여야 한다.

⑦ 위 ①부터 ⑥까지에서 규정한 사항 외에 특별수선충당금의 사용 방법, 세부 사용 절차, 그 밖에 필요한 사항은 장기수선계획으로 정한다.

(4) 임대주택의 주요 시설의 범위·교체 및 보수 시기·방법 등에 필요한 사항은 국토교통부령으로 정한다.

> **규칙 제23조** [임대주택의 주요시설의 범위 등]
> 주요 시설의 범위, 교체 및 보수시기와 방법 등은 수립된 장기수선계획에서 정하는 바에 따른다.

5 준주택에 관한 특례(법 제54조)

민간임대주택으로 등록한 준주택에 대하여는 제51조(민간임대주택의 관리), 제52조(임차인대표회의) 및 제53조(특별수선충당금의 적립 등)를 적용하지 아니한다.

6 임대주택분쟁조정위원회(법 제55조)   `19·20·24회 출제`

(1) 시·군·구의 필수기구

시장·군수·구청장은 임대주택(민간임대주택 및 공공임대주택을 말한다)에 관한 학식 및 경험이 풍부한 자 등으로 임대주택분쟁조정위원회(이하 "조정위원회"라 한다)를 구성한다.

(2) 임대주택분쟁조정위원회의 구성

조정위원회는 위원장 1명을 포함하여 10명 이내로 구성하되, 조정위원회의 운영, 절차 등에 필요한 사항은 대통령령으로 정한다.

> **영 제44조** [임대주택분쟁조정위원회의 운영, 절차] 〈개정 2019. 2. 12.〉
> ② 임대주택분쟁조정위원회(이하 "조정위원회")의 부위원장은 위원 중에서 호선(互選)한다.
> ③ 위원의 제척·기피·회피 및 위촉위원의 해촉에 관하여는 제28조 및 제29조를 준용한다.
>
> **영 제45조** [회의]
> ① 조정위원회의 회의는 위원장이 소집한다.
> ② 위원장은 회의 개최일 2일 전까지 회의와 관련된 사항을 위원에게 알려야 한다.
> ③ 조정위원회의 회의는 재적위원 과반수의 출석으로 개의하고, 출석위원 과반수의 찬성으로 의결한다.
> ④ 위원장은 조정위원회의 사무를 처리하도록 하기 위하여 해당 지방자치단체에서 민간임대주택 또는 공공임대주택 관련 업무를 하는 직원 중 1명을 간사로 임명하여야 한다.

⑥ 조정위원회의 회의에 참석한 위원에게는 예산의 범위에서 수당과 여비 등을 지급할 수 있다. 다만, 공무원인 위원이 소관 업무와 직접적으로 관련되어 조정위원회에 출석하는 경우에는 그러하지 아니하다.
⑦ 조정위원회는 해당 민간임대주택 또는 공공임대주택의 분쟁을 조정하기 위하여 필요한 자료를 임대사업자 또는 공공주택사업자에게 요청할 수 있다.

(3) 위원장
위원장은 해당 지방자치단체의 장이 된다.

(4) 위원
위원장을 제외한 위원은 다음 각 호의 어느 하나에 해당하는 사람 중에서 해당 시장·군수·구청장이 성별을 고려하여 임명하거나 위촉하되, 각 호의 사람이 각각 1명 이상 포함되어야 하고, 공무원이 아닌 위원이 6명 이상이 되어야 한다. 〈신설 2018. 8. 14.〉

1) 법학, 경제학이나 부동산학 등 주택 분야와 관련된 학문을 전공한 사람으로서「고등교육법」제2조제1호·제2호 또는 제5호에 따른 학교[대학, 산업대학, 방송대학·통신대학·방송통신대학 및 사이버대학(이하 "원격대학")]에서 조교수 이상으로 1년 이상 재직한 사람
2) 변호사, 공인회계사, 감정평가사 또는 세무사로서 해당 자격과 관련된 업무에 1년 이상 종사한 사람
3) 「공동주택관리법」제67조 제2항에 따른 주택관리사가 된 후 관련 업무에 3년 이상 근무한 사람
4) 국가 또는 다른 지방자치단체에서 민간임대주택 또는 공공임대주택 사업의 인·허가 등 관련 업무를 수행하는 5급 이상 공무원으로서 해당 기관의 장이 추천한 사람 또는 해당 지방자치단체에서 민간임대주택 또는 공공임대주택 사업의 인·허가 등 관련 업무를 수행하는 5급 이상 공무원
5) 한국토지주택공사 또는 지방공사에서 민간임대주택 또는 공공임대주택 사업 관련 업무에 종사하고 있는 임직원으로서 해당 기관의 장이 추천한 사람
6) 임대주택과 관련된 시민단체 또는 소비자단체가 추천한 사람

(5) 공무원이 아닌 위원의 임기
임기는 2년으로 하며 두 차례만 연임할 수 있다.

(6) 분쟁의 조정신청(법 제56조) 〈개정 2020. 12. 22〉

1) 임대사업자 또는 임차인대표회의의 조정신청   **20·24회 출제**
다음의 어느 하나에 해당하는 분쟁에 관하여 조정위원회에 조정을 신청할 수 있다.

1. 제44조에 따른 임대료의 증액
2. 제51조에 따른 주택관리
3. 민간임대주택 관리규약의 제정 및 개정, 관리비, 민간임대주택의 공용부분·부대시설 및 복리시설의 유지·보수, 임대료 증감,
4. 그 밖에 민간임대주택의 유지·보수·관리 등에 필요한 사항으로서 대통령령으로 정하는 사항

> 1. 하자 보수
> 2. 공동주택의 관리에 관하여 임대사업자와 임차인대표회의가 합의한 사항
> 3. 임차인 외의 자에게 민간임대주택 주차장을 개방하는 경우 다음 각 목의 사항
>   가. 개방할 수 있는 주차대수 및 위치
>   나. 주차장의 개방시간
>   다. 주차료 징수 및 사용에 관한 사항
>   라. 그 밖에 주차장의 적정한 개방을 위해 필요한 사항

5. 그 밖에 대통령령으로 정하는 사항

규칙 제46조(분쟁조정 사항)
"대통령령으로 정하는 사항"이란 다음 각 호의 어느 하나에 해당하는 임대사업자의 민간임대주택에 대한 분양전환, 주택관리, 주택도시기금 융자금의 변제 및 임대보증금 반환 등에 관한 사항을 말한다.
1. 발행한 어음 및 수표를 기한까지 결제하지 못하여 어음교환소로부터 거래정지 처분을 받은 임대사업자
2. 「주택도시기금법」에 따른 주택도시기금 융자금에 대한 이자를 6개월을 초과하여 내지 아니한 임대사업자
3. 임대보증금에 대한 보증에 가입하여야 하는 임대사업자로서 임대보증금에 대한 보증의 가입 또는 재가입이 거절된 이후 6개월이 지난 자
4. 상법상 모회사가 제1호의 처분을 받은 경우로서 자기자본 전부가 잠식된 임대사업자

2) 공공주택사업자 또는 임차인대표회의의 조정신청

다음의 어느 하나에 해당하는 분쟁에 관하여 조정위원회에 조정을 신청할 수 있다.

① 위 1)의 각 호의 사항
② 공공임대주택의 분양전환가격. 다만, 분양전환승인에 관한 사항은 제외한다.

3) 공공주택사업자, 임차인대표회의 또는 임차인의 조정신청

「공공주택 특별법」 제50조의3에 따른 우선 분양전환 자격에 대한 분쟁에 관하여 조정위원회에 조정을 신청할 수 있다.

(7) 조정의 효력(법 제57조)

(6)의 1), 2), 3)에 따른 조정의 각 당사자가 조정위원회의 조정안을 받아들이면 당사자 간에 조정조서와 같은 내용의 합의가 성립된 것으로 본다.

제1장 공동주택관리 일반론

공공주택 특별법 (시행 2024. 4. 25)

1. "공공주택"이란 공공주택사업자가 국가 또는 지방자치단체의 재정이나 「주택도시기금법」에 따른 주택도시기금을 지원받아 이 법 또는 다른 법률에 따라 건설, 매입 또는 임차하여 공급하는 다음 각 목의 어느 하나에 해당하는 주택을 말한다.

   가. 임대 또는 임대한 후 분양전환을 할 목적으로 공급하는 「주택법」에 따른 주택으로서 대통령령으로 정하는 주택(이하 "공공임대주택"이라 한다)

   > **영 제2조**(공공임대주택) 〈개정 2020. 10. 19.〉
   > 1. 영구임대주택: 국가나 지방자치단체의 재정을 지원받아 최저소득 계층의 주거안정을 위하여 50년 이상 또는 영구적인 임대를 목적으로 공급하는 공공임대주택
   > 2. 국민임대주택: 국가나 지방자치단체의 재정이나 「주택도시기금법」에 따른 주택도시기금의 자금을 지원받아 저소득 서민의 주거안정을 위하여 30년 이상 장기간 임대를 목적으로 공급하는 공공임대주택
   > 3. 행복주택: 국가나 지방자치단체의 재정이나 주택도시기금의 자금을 지원받아 대학생, 사회초년생, 신혼부부 등 젊은 층의 주거안정을 목적으로 공급하는 공공임대주택
   > 3의2. 통합공공임대주택: 국가나 지방자치단체의 재정이나 주택도시기금의 자금을 지원받아 최저소득 계층, 저소득 서민, 젊은 층 및 장애인·국가유공자 등 사회 취약계층 등의 주거안정을 목적으로 공급하는 공공임대주택
   > 4. 장기전세주택: 국가나 지방자치단체의 재정이나 주택도시기금의 자금을 지원받아 전세계약의 방식으로 공급하는 공공임대주택
   > 5. 분양전환공공임대주택: 일정 기간 임대 후 분양전환할 목적으로 공급하는 공공임대주택
   > 6. 기존주택등매입임대주택: 국가나 지방자치단체의 재정이나 주택도시기금의 자금을 지원받아 제37조제1항 각 호의 어느 하나에 해당하는 주택 또는 건축물(이하 "기존주택등"이라 한다)을 매입하여 「국민기초생활 보장법」에 따른 수급자 등 저소득층과 청년 및 신혼부부 등에게 공급하는 공공임대주택
   > 7. 기존주택전세임대주택: 국가나 지방자치단체의 재정이나 주택도시기금의 자금을 지원받아 기존주택을 임차하여 「국민기초생활 보장법」에 따른 수급자 등 저소득층과 청년 및 신혼부부 등에게 전대(轉貸)하는 공공임대주택

   나. 분양을 목적으로 공급하는 주택으로서 「주택법」에 따른 국민주택규모 이하의 주택(이하 "공공분양주택"이라 한다)

1의2. "공공건설임대주택"이란 공공주택사업자가 직접 건설하여 공급하는 공공임대주택을 말한다.

1의3. "공공매입임대주택"이란 공공주택사업자가 직접 건설하지 아니하고 매매 등으로 취득하여 공급하는 공공임대주택을 말한다.

1의4. "지분적립형 분양주택"이란 공공주택사업자가 직접 건설하거나 매매 등으로 취득하여 공급하는 공공분양주택으로서 주택을 공급받은 자가 20년 이상 30년 이하의 범위에서 대통령령으로 정하는 기간(20년 또는 30년 중에서 공공주택사업자가 지분적립형 분양주택의 공급가격을 고려해 정하는 기간을 말한다) 동안 공공주택사업자와 주택의 소유권을 공유하면서 대통령령으로 정하는 바에 따라 소유 지분을 적립하여 취득하는 주택을 말한다.

1의5. "이익공유형 분양주택"이란 공공주택사업자가 직접 건설하거나 매매 등으로 취득하여 공급하는 공공분양주택으로서 주택을 공급받은 자가 해당 주택을 처분하려는 경우 공공주택사업자가 환매하되 공공주택사업자와 처분 손익을 공유하는 것을 조건으로 분양하는 주택을 말한다.

2. "공공주택지구"란 공공주택의 공급을 위하여 공공주택이 전체주택 중 100분의 50 이상이 되고, 지정·고시하는 지구를 말한다. 이 경우 제1호 각 목별 주택비율은 전단의 규정의 범위에서 대통령령으로 정한다.

3. "공공주택사업"이란 다음 각 목에 해당하는 사업을 말한다.
   가. 공공주택지구조성사업 : 공공주택지구를 조성하는 사업
   나. 공공주택건설사업 : 공공주택을 건설하는 사업
   다. 공공주택매입사업 : 공공주택을 공급할 목적으로 주택을 매입하거나 인수하는 사업
   라. 공공주택관리사업 : 공공주택을 운영·관리하는 사업
   마. 도심 공공주택 복합사업 : 도심 내 역세권, 준공업지역, 저층주거지에서 공공주택과 업무시설, 판매시설, 산업시설 등을 복합하여 건설하는 사업
4. "분양전환"이란 공공임대주택을 제4조 제1항 각 호에 규정된 자(공공주택사업자)가 아닌 자에게 매각하는 것을 말한다.

CHAPTER 02 공동주거관리

- 공동주택 입주자와 사용자의 권리와 의무
- 관리규약준칙과 관리규약의 제정·개정, 관리규약준칙 포함사항
- 입주자대표회의의 법적 성격과 구성, 의결사항
- 공동주택관리와 공동주거관리의 차이점
- 공동주거자산관리이론
- 리더십이론, 공동주거와 디자인, 정보네트워크의 내용

01 공동주택의 입주자 등

1 입주자 등의 의의

11·13회 출제

(1) 공동주택의 입주자 또는 사용자

1) 입주자
   ① **정의**: 공동주택의 소유자 또는 그 소유자를 대리하는 배우자 및 직계존비속을 말한다 (법 제2조 제1항 제5호).
   ② 입주자의 자격은 구분소유권을 취득한 때에 발생하고 그 소유권을 상실한 때에 소멸한다.

2) 사용자(법 제2조 제1항 제6호)
   ① 공동주택을 임차하여 사용하는 사람(임대주택의 임차인은 제외한다) 등을 말한다.
   ② 사용자의 자격은 1세대의 주택에 전세권 및 임차권 등을 취득한 때에 발생하고 그 권리를 상실한 때에 소멸한다.

(2) 입주자 등

입주자와 사용자를 말한다(법 제2조 제1항 제7호).

2 입주자 등의 권리·의무

(1) 입주자만의 권리·의무
① 전유부분의 구분소유권
② 사업주체에 대한 하자보수요구권
③ 규약상 대지의 처분에 대한 동의권
④ 관리비예치금 납부의무
⑤ 공동주택의 리모델링행위에 대한 동의권(전체소유자)
⑥ 장기수선충당금 납부의무(소유자), 장기수선계획 3년 경과 전 조정시 동의권

(2) 입주자와 사용자의 권리
① 동별 대표자 선출권
② 입주자대표회의 소집요구권
③ 전유부분을 주거목적으로 사용할 권리 및 공용부분을 관계규정이 정하는 바에 따라 사용할 권리
④ 관리규약의 개정권
⑤ 공동주택의 관리방법 결정 또는 변경시 동의권
⑥ 회의록, 관리규약, 회계감사자료 등의 열람·복사요구권
⑦ 공동관리·구분관리시 동의권
⑧ 주요업무에 대하여 통지를 받을 권리
⑨ 관리업무 전반에 대한 제안권
⑩ 관리업무 전반에 대하여 입주자대표회의 및 관리주체에게 의견을 진술하는 권리
⑪ 전자적 방법을 통한 입주자 등의 의사결정권

(3) 입주자와 사용자의 의무

1) 일반적 의무
① 공동주택관리규약 준수의무
② 관리비 등 납부의무
③ 입주자대표회의 등의 업무방해금지의무
④ 제반시설의 유지·보전의무
⑤ 관리주체의 전유부분에 대한 정당한 출입허용의무
⑥ 의무관리대상 공동주택의 입주자대표회의 구성의무

2) 관리주체의 동의를 얻을 의무(영 제19조 제2항) **11·25·27회 출제**

입주자 등은 다음의 어느 하나에 해당하는 행위를 하려는 경우에는 관리주체의 동의를 받아야 한다. 〈개정 2018.11.20〉

① 공동주택에 광고물, 표지물 또는 표지를 부착하는 행위
② 가축(장애인 보조견은 제외한다)을 사육하거나 방송시설 등을 사용함으로써 공동주거생활에 피해를 미치는 행위
③ 공동주택의 발코니 난간 또는 외벽에 돌출물을 설치하는 행위

> 그러나, 「주택건설기준 등에 관한 규정」에 따라 세대 안에 냉방설비의 배기장치를 설치할 수 있는 공간이 마련된 공동주택의 경우 입주자 등은 냉방설비의 배기장치를 설치하기 위하여 돌출물을 설치하는 행위를 하여서는 아니 된다(법 제19조 제3항).

④ 전기실·기계실·정화조시설 등에 출입하는 행위
⑤ 공동주택을 파손 또는 훼손하거나 해당 시설의 전부 또는 일부를 철거하는 행위(국토교통부령으로 정하는 경미한 행위는 제외한다)에 따른 경미한 행위로서 주택내부의 구조물과 설비를 교체하는 행위
⑥ 「소방시설 설치 및 관리에 관한 법률」 제16조 제1항에 위배되지 아니하는 범위에서 공용부분에 물건을 적재하여 통행·피난·소방을 방해하는 행위

> **법 제16조**(피난시설·방화구획 및 방화시설의 관리)
> ① 특정소방대상물의 관계인은 피난시설, 방화구획 및 방화시설에 대하여 정당한 사유가 없는 한 다음 각 호의 행위를 하여서는 아니 된다.
>   2. 피난시설, 방화구획 및 방화시설의 주위에 물건을 쌓아두거나 장애물을 설치하는 행위

⑦ 전기자동차의 이동형 충전기를 이용하기 위한 차량무선인식장치(전자태그를 말한다)를 콘센트 주위에 부착하는 행위

3) 권리·의무의 승계

관리규약은 입주자 등의 지위를 승계한 사람에 대하여도 그 효력이 있다(법 제18조 제4항).

4) 부정행위 금지 등(법 제90조)

① 공동주택의 관리와 관련하여 입주자대표회의(구성원을 포함한다)와 관리사무소장은 공모(共謀)하여 부정하게 재물 또는 재산상의 이익을 취득하거나 제공하여서는 아니 된다.
② 공동주택의 관리와 관련하여 입주자 등·관리주체·입주자대표회의·선거관리위원회(위원을 포함)는 부정하게 재물 또는 재산상의 이익을 취득하거나 제공하여서는 아니 된다.
③ 입주자대표회의 및 관리주체는 관리비·사용료와 장기수선충당금을 이 법에 따른 용도 외의 목적으로 사용하여서는 아니 된다.
④ 주택관리업자 및 주택관리사 등은 다른 자에게 자기의 성명 또는 상호를 사용하여 이 법에서 정한 사업이나 업무를 수행하게 하거나 그 등록증 또는 자격증을 대여하여서는 아니 된다.

02 입주자대표회의

1 의 의

입주자대표회의란 공동주택의 입주자 등을 대표하여 관리에 관한 주요사항을 결정하기 위하여 구성하는 자치 의결기구를 말한다(법 제2조 제8호).

2 법적 성격

(1) 최고의결기구

입주자대표회의는 당해 공동주택관리업무에 관한 의사를 결정하는 최고의결기구로서의 성격을 갖는다.

(2) 법적 필수기구 및 상설기구

입주자대표회의는 「주택법」 및 공동주택관리업무에 관한 의사를 결정하는 필수기구이고 상설기구로서의 성격을 갖는다.

(3) 법인격 없는 사단(권리능력 없는 사단, 법인 아닌 사단)

입주자대표회의는 동별 대표자로 구성되는 인적 결합단체로서 사단의 실체를 지니고 있고 당해 공동주택의 관리규약에는 입주자대표회의의 구성 및 운영과 그 구성원의 의무 및 책임 등에 관한 사항을 규정하도록 되어 있다.

3 최초의 입주자대표회의의 구성

(1) 의무관리대상 공동주택을 건설한 사업주체는 입주예정자의 과반수가 입주하였을 때에는 입주자 등에게 그 사실을 통지하고 해당 공동주택을 관리할 것을 요구하여야 한다. 입주자 등이 관리할 것을 요구 받았을 때에는 그 요구를 받은 날부터 3개월 이내에 입주자를 구성원으로 하는 입주자대표회의를 구성하여야 한다(법 제11조 제1항·제2항).

(2) 하나의 공동주택단지를 여러 개의 공구로 구분하여 순차적으로 건설하는 경우(임대주택은 분양전환된 경우를 말한다) 먼저 입주한 공구의 입주자 등은 입주자대표회의를 구성할 수 있다. 다만, 다음 공구의 입주예정자의 과반수가 입주한 때에는 다시 입주자대표회의를 구성하여야 한다(법 제14조 제2항).

제2장 공동주거관리

4 입주자대표회의의 구성 등

(1) 입주자대표회의의 구성   `20·21·24·25·27회 출제`

① 입주자대표회의는 4명 이상으로 구성하되, 동별 세대수에 비례하여 공동주택관리규약으로 정한 선거구에 따라 선출된 대표자(이하 "동별 대표자")로 구성한다. 이 경우 선거구는 2개동 이상으로 묶거나 통로나 층별로 구획하여 정할 수 있다(법 제14조 제1항).

동별 대표자의 임기나 그 제한에 관한 사항, 동별 대표자 또는 입주자대표회의 임원의 선출이나 해임 방법 등 입주자대표회의의 구성 및 운영에 필요한 사항과 입주자대표회의의 의결 방법은 대통령령으로 정한다(법 제14조 제9항). 〈개정 2019. 4. 23.〉

② 동별 대표자 자격요건 〈시행 2024. 4. 9〉   `13·14회 출제`

동별 대표자는 동별 대표자 선출공고에서 정한 각종 서류 제출 마감일을 기준으로 다음의 요건을 갖춘 입주자(입주자가 법인인 경우에는 그 대표자를 말한다) 중에서 대통령령으로 정하는 바에 따라 선거구 입주자 등의 보통·평등·직접·비밀선거를 통하여 선출한다. 다만, 입주자인 동별 대표자 후보자가 없는 선거구에서는 다음 각 호 및 대통령령으로 정하는 요건을 갖춘 사용자도 동별 대표자로 선출될 수 있다.(법 제14조 제3항)

㉠ 해당 공동주택단지 안에서 주민등록을 마친 후 계속하여 대통령령으로 정하는 기간(3개월) 이상 거주하고 있을 것

◆ 거주요건에 대한 예외(주민등록을 마친 후 계속하여 3개월 이상 거주요건 不要)
- 최초의 입주자대표회의를 구성하기 위하여 동별 대표자를 선출하는 경우
- 하나의 공동주택단지를 여러 개의 공구로 구분하여 순차적으로 건설하는 경우(임대주택은 분양전환된 경우를 말한다) 다음 공구의 입주예정자의 과반수가 입주한 때에 다시 입주자대표회의를 구성하기 위하여 동별 대표자를 선출하는 경우

㉡ 해당 선거구에 주민등록을 마친 후 거주하고 있을 것

> **영 제11조 제2항**(동별 대표자의 선출) [개정,시행 2020. 4. 24.]
> ② 사용자는 2회의 선출공고(직전 선출공고일부터 2개월 이내에 공고하는 경우만 2회로 계산한다)에도 불구하고 입주자(입주자가 법인인 경우에는 그 대표자를 말한다)인 동별 대표자의 후보자가 없는 선거구에서 직전 선출공고일부터 2개월 이내에 선출공고를 하는 경우로서 위 ②㉠㉡ 각 호(주민등록과 거주요건)와 다음 각 호의 어느 하나에 해당하는 요건을 모두 갖춘 경우에는 동별 대표자가 될 수 있다. 이 경우 입주자인 후보자가 있으면 사용자는 후보자의 자격을 상실한다.
> ㉠ 공동주택을 임차하여 사용하는 사람일 것. 이 경우 법인인 경우에는 그 대표자를 말한다.
> ㉡ 공동주택을 임차하여 사용하는 사람의 배우자 또는 직계존비속일 것. 이 경우 공동주택을 임차하여 사용하는 사람이 서면으로 위임한 대리권이 있는 경우만 해당한다.

③ 동별 대표자의 선출(영 제11조)   `25회 출제`

동별 대표자는 선거구별로 1명씩 선출하되 그 선출방법은 다음의 구분에 따른다.

㉠ 후보자가 2명 이상인 경우 : 해당 선거구 전체 입주자 등의 과반수가 투표하고 후보자 중 최다득표자를 선출
㉡ 후보자가 1명인 경우 : 해당 선거구 전체 입주자 등의 과반수가 투표하고 투표자 과반수의 찬성으로 선출

④ 동별 대표자의 결격사유(법 제14조 제4항, 영 제11조 제3항) **14·16회 출제**

㉠ 서류 제출 마감일을 기준으로 다음의 어느 하나에 해당하는 사람은 동별 대표자가 될 수 없으며 그 자격을 상실한다. 〈개정 2020. 4. 24〉 **17·19·20·25·26회 출제**

1. 미성년자, 피성년후견인 또는 피한정후견인
2. 파산자로서 복권되지 아니한 사람
3. 이 법 또는 「주택법」, 「민간임대주택에 관한 특별법」, 「공공주택 특별법」, 「건축법」, 「집합건물의 소유 및 관리에 관한 법률」을 위반한 범죄로 금고 이상의 실형 선고를 받고 그 집행이 끝나거나(집행이 끝난 것으로 보는 경우를 포함한다) 집행이 면제된 날부터 2년이 지나지 아니한 사람
4. 금고 이상의 형의 집행유예선고를 받고 그 유예기간 중에 있는 사람
5. 그 밖에 대통령령으로 정하는 사람 (영 제11조 제4항) 〈개정 2021. 1. 5〉

   1. 「공동주택관리법」, 「주택법」, 「민간임대주택에 관한 특별법」, 「공공주택 특별법」, 「건축법」, 「집합건물의 소유 및 관리에 관한 법률」을 위반한 범죄로 벌금형을 선고받은 후 2년이 지나지 않은 사람
   2. 선거관리위원회 위원(사퇴하거나 해임 또는 해촉된 사람으로서 그 남은 임기 중에 있는 사람을 포함한다)
   3. 공동주택의 소유자가 서면으로 위임한 대리권이 없는 소유자의 배우자나 직계존비속
   4. 해당 공동주택 관리주체의 소속 임직원과 해당 공동주택 관리주체에 용역을 공급하거나 사업자로 지정된 자의 소속 임원. 이 경우 관리주체가 주택관리업자인 경우에는 해당 주택관리업자를 기준으로 판단한다.
   5. 해당 공동주택의 동별 대표자를 사퇴한 날부터 1년(해당 동별 대표자에 대한 해임이 요구된 후 사퇴한 경우에는 2년)이 지나지 않거나 해임된 날부터 2년이 지나지 않은 사람
   6. 관리비 등을 최근 3개월 이상 연속하여 체납한 사람
   7. 동별 대표자로서 임기 중에 제6호(관리비 등을 최근 3개월 이상 연속하여 체납한 사람)에 해당하여 법 제14조 제5항에 따라 당연히 퇴임한 사람으로서 그 남은 임기(남은 임기가 1년을 초과하는 경우에는 1년을 말한다) 중에 있는 사람

㉡ 공동주택 소유자 또는 공동주택을 임차하여 사용하는 사람의 결격사유(동별대표자의 결격사유를 말한다)는 그를 대리하는 자에게 미치며, 공유(共有)인 공동주택 소유자의 결격사유를 판단할 때에는 지분의 과반을 소유한 자의 결격사유를 기준으로 한다(영 제11조 제5항).

⑤ 동별 대표자가 임기 중에 동별 대표자의 자격요건을 충족하지 아니하게 된 경우나 동별 대표자의 결격사유에 해당하게 된 경우에는 당연히 퇴임한다. 〈신설 2018.3.13.〉

⑥ 동별 대표자의 임기(법 제11조 제9항, 제11항).

동별 대표자의 임기나 그 제한에 관한 사항, 동별 대표자 또는 입주자대표회의 임원의 선출이나 해임 방법 등 입주자대표회의의 구성 및 운영에 필요한 사항과 입주자대표회의의 의결 방법은 대통령령으로 정한다. 그러나, 입주자대표회의의 구성원 중 사용자인 동별 대표자가 과반수인 경우에는 대통령령으로 그 의결방법 및 의결사항을 달리 정할 수 있다.

> **영 제13조**(동별 대표자의 임기 등)
> ① 동별 대표자의 임기는 2년으로 한다. 다만, 보궐선거 또는 재선거로 선출된 동별 대표자의 임기는 다음 각 호의 구분에 따른다. 〈개정 2020. 4. 24.〉
>   1. 모든 동별 대표자의 임기가 동시에 시작하는 경우 : 2년
>   2. 그 밖의 경우 : 전임자 임기(재선거의 경우 재선거 전에 실시한 선거에서 선출된 동별 대표자의 임기를 말한다)의 남은 기간
> ② 동별 대표자는 한 번만 중임할 수 있다. 이 경우 보궐선거 또는 재선거로 선출된 동별 대표자의 임기가 6개월 미만인 경우에는 임기의 횟수에 포함하지 않는다.
> ③ 위 본문 ③동별 대표자의 선출 및 위 ②에도 불구하고 2회의 선출공고(직전 선출공고일부터 2개월 이내에 공고하는 경우만 2회로 계산한다)에도 불구하고 동별 대표자의 후보자가 없거나 선출된 사람이 없는 선거구에서 직전 선출공고일부터 2개월 이내에 선출공고를 하는 경우에는 동별 대표자를 중임한 사람도 해당 선거구 입주자 등의 과반수의 찬성으로 다시 동별 대표자로 선출될 수 있다. 이 경우 후보자 중 동별 대표자를 중임하지 않은 사람이 있으면 동별 대표자를 중임한 사람은 후보자의 자격을 상실한다.

⑦ 동별대표자의 해임(영 제13조 제4항) 〈개정 2021. 10. 19.〉

동별 대표자 및 입주자대표회의의 임원은 관리규약으로 정한 사유가 있는 경우에 다음 각 호의 구분에 따른 방법으로 해임한다.

> 1. 동별 대표자: 해당 선거구 전체 입주자등의 과반수가 투표하고 투표자 과반수의 찬성으로 해임
> 2. 입주자대표회의 임원: 다음 각 목의 구분에 따른 방법으로 해임
>   (1) 회장 및 감사 : 전체 입주자등의 10분의 1 이상이 투표하고 투표자 과반수의 찬성으로 해임. 다만, 입주자대표회의에서 선출된 회장 및 감사는 관리규약으로 정하는 절차에 따라 해임한다.
>   (2) 이사: 관리규약으로 정하는 절차에 따라 해임

(2) 입주자대표회의 임원   21·23·24회 출제

1) **입주자대표회의 임원의 구성과 선출방법**(법 제14조 제6항, 제7항)
   ① 입주자대표회의에는 대통령령으로 정하는 바에 따라 회장, 감사 및 이사를 임원으로 둔다.
   ② 입주자대표회의에는 다음의 임원을 두어야 한다(영 제12조 제1항).

   > 1. 회장 1명   2. 감사 2명 이상   3. 이사 1명 이상

   ③ 사용자인 동별 대표자는 회장이 될 수 없다. 다만, 입주자인 동별 대표자 중에서 회장 후보자가 없는 경우로서 선출 전에 전체 입주자 과반수의 서면동의를 얻은 경우에는 그러하지 아니하다. 〈신설 2019. 4. 23.〉

2) **임원의 선출**(영 제12조 제2항) 〈개정 2021. 10. 19〉   20·21·25·26회 출제
   ① 임원은 동별 대표자 중에서 다음의 구분에 따른 방법으로 선출한다.

   ---
   1. 회장 선출방법
   (1) 입주자등의 보통·평등·직접·비밀선거를 통하여 선출
   (2) 후보자가 2명 이상인 경우 : 전체 입주자등의 10분의 1 이상이 투표하고 후보자 중 최다득표자를 선출
   (3) 후보자가 1명인 경우 : 전체 입주자등의 10분의 1 이상이 투표하고 투표자 과반수의 찬성으로 선출
   (4) 다음의 경우에는 입주자대표회의 구성원 과반수의 찬성으로 선출하며, 입주자대표회의 구성원 과반수 찬성으로 선출할 수 없는 경우로서 최다득표자가 2인 이상인 경우에는 추첨으로 선출
     1) 후보자가 없거나 (1)부터 (3)까지의 규정에 따라 선출된 자가 없는 경우
     2) (1)부터 (3)까지의 규정에도 불구하고 500세대 미만의 공동주택 단지에서 관리규약으로 정하는 경우

   2. 감사 선출방법
   (1) 입주자등의 보통·평등·직접·비밀선거를 통하여 선출
   (2) 후보자가 선출필요인원을 초과하는 경우 : 전체 입주자등의 10분의 1 이상이 투표하고 후보자 중 다득표자 순으로 선출
   (3) 후보자가 선출필요인원과 같거나 미달하는 경우 : 후보자별로 전체 입주자등의 10분의 1 이상이 투표하고 투표자 과반수의 찬성으로 선출
   (4) 다음의 경우에는 입주자대표회의 구성원 과반수의 찬성으로 선출하며, 입주자대표회의 구성원 과반수 찬성으로 선출할 수 없는 경우로서 최다득표자가 2인 이상인 경우에는 추첨으로 선출
     1) 후보자가 없거나 (1)부터 (3)까지의 규정에 따라 선출된 자가 없는 경우(선출된 자가 선출필요인원에 미달하여 추가선출이 필요한 경우를 포함한다)
     2) (1)부터 (3)까지의 규정에도 불구하고 500세대 미만의 공동주택 단지에서 관리규약으로 정하는 경우

   3. 이사 선출방법
   입주자대표회의 구성원 과반수의 찬성으로 선출하며, 입주자대표회의 구성원 과반수 찬성으로 선출할 수 없는 경우로서 최다득표자가 2인 이상인 경우에는 추첨으로 선출
   ---

   ② 입주자대표회의는 입주자 등의 소통 및 화합의 증진을 위하여 그 이사 중 공동체 생활의 활성화에 관한 업무를 담당하는 이사를 선임할 수 있다(영 제12조 제3항).

제2장 공동주거관리

3) 임원의 업무범위(영 제12조 제4항, 규칙 제4조) `23·25회 출제`

입주자대표회의 임원의 업무범위 등은 국토교통부령으로 정한다.

① 입주자대표회의의 회장은 입주자대표회의를 대표하고, 그 회의의 의장이 된다.
② 이사는 회장을 보좌하고, 회장이 사퇴 또는 해임으로 궐위된 경우 및 사고나 그 밖에 부득이한 사유로 그 직무를 수행할 수 없을 때에는 관리규약에서 정하는 바에 따라 그 직무를 대행한다.
③ 감사는 관리비·사용료 및 장기수선충당금 등의 부과·징수·지출·보관 등 회계 관계 업무와 관리업무 전반에 대하여 관리주체의 업무를 감사한다.
④ 감사는 감사를 한 경우에는 감사보고서를 작성하여 입주자대표회의와 관리주체에게 제출하고 인터넷 홈페이지(인터넷 홈페이지가 없는 경우에는 인터넷 포털을 통해 관리주체가 운영·통제하는 유사한 기능의 웹사이트 또는 관리사무소의 게시판을 말한다) 및 동별 게시판(통로별 게시판이 설치된 경우에는 이를 포함한다)에 공개해야 한다. 〈개정 2019. 10. 24.〉 `23회 출제`
⑤ 감사는 입주자대표회의에서 의결한 안건이 관계 법령 및 관리규약에 위반된다고 판단되는 경우에는 입주자대표회의에 재심의를 요청할 수 있다.
⑥ 위 ⑤에 따라 재심의를 요청받은 입주자대표회의는 지체 없이 해당 안건을 다시 심의하여야 한다.

4) 임원의 해임(영 제13조 제4항)

입주자대표회의의 임원은 관리규약으로 정한 사유가 있는 경우에 다음 구분에 따른 방법으로 해임한다.

① 회장 및 감사(입주자대표회의에서 선출된 회장 및 감사는 제외한다): 전체 입주자 등의 1/10 이상이 투표하고 투표자 과반수의 찬성으로 해임
② 이사(입주자대표회의에서 선출된 회장 및 감사를 포함한다): 관리규약으로 정하는 절차에 따라 해임

(3) 전자적 방법을 통한 의사결정(법 제22조)

1) 입주자등의 전자적 방법을 통한 공동주택 관리의사 결정 가능

입주자등은 동별 대표자나 입주자대표회의의 임원을 선출하는 등 공동주택의 관리와 관련하여 의사를 결정하는 경우(서면동의에 의하여 의사를 결정하는 경우를 포함한다) 대통령령으로 정하는 바에 따라 전자적 방법(「전자문서 및 전자거래 기본법」 제2조 제2호에 따른 정보처리시스템을 사용하거나 그 밖에 정보통신기술을 이용하는 방법을 말한다)을 통하여 그 의사를 결정할 수 있다. 〈개정 2021. 4. 13.〉

> **영 제22조**(전자적 방법을 통한 입주자 등의 의사결정)
> ① 입주자 등은 전자적 방법으로 의결권을 행사(이하 "전자투표")하는 경우에는 다음 각 호의 어느 하나에 해당하는 방법으로 본인확인을 거쳐야 한다. 〈개정 2020. 12. 8.〉
>   1. 휴대전화를 통한 본인인증 등「정보통신망 이용촉진 및 정보보호 등에 관한 법률」에 따른 본인확인기관에서 제공하는 본인확인의 방법
>   2. 「전자서명법」제2조 제2호에 따른 전자서명 또는 제2조 제6호에 따른 인증서를 통한 본인확인의 방법
>   3. 그 밖에 관리규약에서「전자문서 및 전자거래 기본법」에 따른 전자문서를 제출하는 등 본인확인 절차를 정하는 경우에는 그에 따른 본인확인의 방법
> ② 관리주체, 입주자대표회의, 의무관리대상 전환 공동주택의 관리인 또는 선거관리위원회는 전자투표를 실시하려는 경우에는 다음 각 호의 사항을 입주자 등에게 미리 알려야 한다.
>   1. 전자투표를 하는 방법
>   2. 전자투표 기간
>   3. 그 밖에 전자투표의 실시에 필요한 기술적인 사항

2) 입주자대표회의, 관리주체 및 선거관리위원회의 전자적 방법의 우선이용 노력의무

의무관리대상 공동주택의 입주자대표회의, 관리주체 및 선거관리위원회는 입주자등의 참여를 확대하기 위하여 위 1)에 따른 공동주택의 관리와 관련한 의사결정에 대하여 전자적 방법을 우선적으로 이용하도록 노력하여야 한다. 〈신설 2021. 4. 13.〉

5 입주자대표회의의 운영   14·16·18·20·25·26·27회 출제

(1) 회의소집 의무

입주자대표회의는 관리규약으로 정하는 바에 따라 회장이 그 명의로 소집한다. 다만, 다음의 어느 하나에 해당하는 때에는 회장은 해당일부터 14일 이내에 입주자대표회의를 소집하여야 하며, 회장이 회의를 소집하지 아니하는 경우에는 관리규약으로 정하는 이사가 그 회의를 소집하고 회장의 직무를 대행한다(영 제14조 제4항). 〈신설 2020.4.24〉

> 1. 입주자대표회의 구성원 1/3 이상이 청구하는 때
> 2. 입주자 등의 1/10 이상이 요청하는 때
> 3. 전체 입주자의 1/10 이상이 요청하는 때(제2항 제14호 중 비용지출을 수반하는 장기수선계획의 수립 또는 조정에 관한 사항만 해당한다)

(2) 권리침해금지   23회 출제

입주자대표회의가 입주자대표회의의 의결사항을 의결할 때에는 입주자 등이 아닌 자로서 해당 공동주택의 관리에 이해관계를 가진 자의 권리를 침해해서는 안된다(영 제14조 제4항).

제2장 공동주거관리

(3) 입주자대표회의의 의결사항(법 제14조 제10항, 제11항)   `13·20·24회 출제`

① 입주자대표회의의 의결사항은 관리규약, 관리비, 시설의 운영에 관한 사항 등으로 하며, 그 구체적인 내용은 대통령령으로 정한다.

② 입주자대표회의의 의결방법 및 의결사항 등(영 제14조)
입주자대표회의는 입주자대표회의 구성원 과반수의 찬성으로 의결한다.

입주자대표회의의 의결사항(영 제14조 제2항)
1. 관리규약 개정안의 제안(제안서에는 개정안의 취지, 내용, 제안유효기간 및 제안자 등을 포함한다)
2. 관리규약에서 위임한 사항과 그 시행에 필요한 규정의 제정·개정 및 폐지
3. 공동주택 관리방법의 제안
4. 관리비 등의 집행을 위한 사업계획 및 예산의 승인(변경승인을 포함한다)
5. 공용시설물 이용료 부과기준의 결정
6. 관리비 등의 회계감사 요구 및 회계감사보고서의 승인
7. 관리비 등의 결산의 승인
8. 단지 안의 전기·도로·상하수도·주차장·가스설비·냉난방설비 및 승강기 등의 유지·운영 기준
9. 자치관리를 하는 경우 자치관리기구 직원의 임면에 관한 사항
10. 장기수선계획에 따른 공동주택 공용부분의 보수·교체 및 개량
11. 공동주택 공용부분의 행위허가 또는 신고 행위의 제안
12. 공동주택 공용부분의 담보책임 종료 확인
13. 「주택건설기준 등에 관한 규정」 제2조 제3호에 따른 주민공동시설[제14조(입주자대표회의의 의결방법 및 의결사항 등), 제19조(관리규약의 준칙), 제23조(관리비 등), 제25조(관리비등의 집행을 위한 사업자 선정), 제29조(주민공동시설의 위탁 운영) 및 제29조의2(인근 공동주택단지 입주자등의 주민공동시설 이용의 허용)에서는 어린이집, 다함께돌봄센터, 공동육아나눔터는 제외한다] 위탁 운영의 제안
13-2. 인근 공동주택단지 입주자 등의 주민공동시설 이용에 대한 허용제안 〈2017.1.10 개정〉
14. 장기수선계획 및 안전관리계획의 수립 또는 조정(비용지출을 수반하는 경우로 한정함)
15. 입주자 등 상호간에 이해가 상반되는 사항의 조정
16. 공동체 생활의 활성화 및 질서유지에 관한 사항
17. 그 밖에 공동주택의 관리와 관련하여 관리규약으로 정하는 사항

---

③ 사용자인 동별 대표자가 과반수인 경우의 예외 〈신설 2019. 4. 23.〉

그러나 위 ① 및 ②에도 불구하고 입주자대표회의의 구성원 중 사용자인 동별 대표자가 과반수인 경우에는 대통령령으로 그 의결방법 및 의결사항을 달리 정할 수 있다. 입주자대표회의 구성원 중 사용자인 동별 대표자가 과반수인 경우에는 법 제14조 제11항에 따라 제2항 제12호(공동주택 공용부분의 담보책임 종료 확인)에 관한 사항은 의결사항에서 제외하고, 같은 항 제14호 중 장기수선계획의 수립 또는 조정에 관한 사항은 전체 입주자 과반수의 서면동의를 받아 그 동의 내용대로 의결한다.(영 제14조 ③) 〈신설 2020.4.24.〉

(4) 회의록 작성 등 `23·26·27회 출제`

1) 입주자대표회의는 그 회의를 개최한 때에는 회의록을 작성하여 관리주체에게 보관하게 하여야 한다. 이 경우 입주자대표회의는 관리규약으로 정하는 바에 따라 입주자등에게 회의를 실시간 또는 녹화·녹음 등의 방식으로 중계하거나 방청하게 할 수 있다.(법 제14조 제8항).
   ① 회의록 작성 : 입주자대표회의
   ② 회의록 보관 : 관리주체

2) 300세대 이상인 공동주택의 관리주체는 관리규약으로 정하는 범위·방법 및 절차 등에 따라 회의록을 입주자등에게 공개하여야 하며, 300세대 미만인 공동주택의 관리주체는 관리규약으로 정하는 바에 따라 회의록을 공개할 수 있다. 이 경우 관리주체는 입주자등이 회의록의 열람을 청구하거나 자기의 비용으로 복사를 요구하는 때에는 관리규약으로 정하는 바에 따라 이에 응하여야 한다. 〈신설 2022. 6. 10. 시행 2022. 12. 11.〉

(5) 입주자대표회의의 업무
① 공동주택관리에 관한 사항의 의결
② 공동주택의 관리방법 결정·변경의 제안
   의무관리대상 공동주택 관리방법의 결정은 입주자대표회의의 의결 또는 전체 입주자 등의 10분의 1 이상이 제안하고, 전체 입주자 등의 과반수가 찬성하는 방법에 따른다. 관리방법을 변경하는 경우에도 또한 같다.
③ 관리방법 결정의 신고 및 통지
   입주자대표회의의 회장(직무를 대행하는 경우에는 그 직무를 대행하는 사람을 포함한다)은 입주자 등이 해당 공동주택의 관리방법을 결정(위탁관리하는 방법을 선택한 경우에는 그 주택관리업자의 선정을 포함한다)한 경우에는 이를 사업주체에게 통지하고, 대통령령으로 정하는 바에 따라 관할 특별자치시장·특별자치도지사·시장·군수·구청장(자치구의 구청장을 말하며, 이하 특별자치시장·특별자치도지사·시장·군수·구청장은 "시장·군수·구청장"이라 한다)에게 신고하여야 한다. 신고한 사항이 변경되는 경우에도 또한 같다(법 제11조 제3항).
④ 주택관리업자의 선정 또는 재선정
⑤ 리모델링 업무
   소유자 전원의 동의를 얻은 입주자대표회의가 시장·군수·구청장의 허가를 받아 리모델링을 할 수 있다.
⑥ 공동관리, 구분관리의 제안
   입주자대표회의는 당해 공동주택의 관리여건상 필요하다고 인정하는 경우에는 국토교통부령이 정하는 바에 의하여 인접한 공동주택단지와 공동으로 관리하거나 500세대 이상의 단위로 구분하여 관리하게 할 수 있다.

⑦ 자치관리기구의 관리사무소장 선임
⑧ 자치관리기구의 감독
⑨ 관리비예치금 인수

사업주체는 입주자대표회의의 구성에 협력하여야 하며, 입주자대표회의가 관리방법을 결정하였음을 통지한 때에는 당해 입주자대표회의에 관리비예치금을 인계하여야 한다.

⑩ 하자보수보증금의 예치, 보관

사용검사권자는 입주자대표회의(「집합건물의 소유 및 관리에 관한 법률」에 의하여 구성된 관리단을 포함한다)가 구성된 때에는 지체 없이 하자보수보증금의 예치명의를 당해 입주자대표회의의 명의로 변경하여야 하며, 입주자대표회의는 사업주체의 하자보수책임이 종료되는 때까지 하자보수보증금을 금융기관에 예치하여 보관하여야 한다.

⑪ 하자보수의 요구
⑫ 하자보수보증금의 반환

(6) 입주자대표회의의 의무 **24회 출제**

① 자치관리기구 직원의 겸직금지의무
② 의결사항 의결시 공동주택관리에 관한 이해관계인의 권리침해금지의무
③ 입주자대표회의는 주택관리업자가 공동주택을 관리하는 경우에는 주택관리업자의 직원 인사·노무관리 등의 업무수행에 부당하게 간섭해서는 아니 된다(영 제14조 제5항).
④ 회의록 작성 및 관리주체에게 보관하게 할 의무
⑤ 공동주택의 관리방법 결정시 입주자대표회의를 대표하는 자가 결정한 날부터 30일 이내에 시장·군수 또는 구청장과 사업주체에게 신고·변경신고 또는 통지할 의무
⑥ 선임된 관리사무소장이 해임, 그 밖의 사유로 결원이 된 때에는 그 사유가 발생한 날부터 30일 이내에 새로운 관리사무소장 선임의무

(7) 공동체 생활의 활성화(법 제21조) **22회 출제**

① 공동주택의 입주자 등은 입주자 등의 소통 및 회합 증진 등을 위하여 필요한 활동을 자율적으로 실시할 수 있고, 이를 위하여 필요한 조직을 구성하여 운영할 수 있다.
② 입주자대표회의 또는 관리주체는 공동체 생활의 활성화에 필요한 경비의 일부를 재활용품의 매각 수입 등 공동주택을 관리하면서 부수적으로 발생하는 수입에서 지원할 수 있다.
③ 경비의 지원은 관리규약으로 정하거나 관리규약에 위배되지 아니하는 범위에서 입주자대표회의의 의결로 정한다.

6 입주자대표회의의 구성원 교육

(1) 시장·군수·구청장의 의무교육
시장·군수·구청장은 대통령령으로 정하는 바에 따라 입주자대표회의의 구성원에게 입주자대표회의의 운영과 관련하여 필요한 교육 및 윤리교육을 실시하여야 한다. 이 경우 입주자대표회의의 구성원은 그 교육을 성실히 이수하여야 한다(법 제17조 제1항).

(2) 교육 내용에 포함하여야 할 사항 〈시행 2023. 10. 24.〉

> 1. 공동주택의 관리에 관한 관계 법령 및 관리규약의 준칙에 관한 사항
> 2. 입주자대표회의 구성원의 직무·소양 및 윤리에 관한 사항
> 3. 공동주택단지 공동체의 활성화에 관한 사항
> 4. 관리비·사용료 및 장기수선충당금에 관한 사항
> 4의2. 공동주택 회계처리에 관한 사항
> 5. 층간소음 예방 및 입주민 간 분쟁의 조정에 관한 사항
> 6. 하자 보수에 관한 사항
> 7. 그 밖에 입주자대표회의의 운영에 필요한 사항

(3)
시장·군수·구청장은 관리주체·입주자등이 희망하는 경우에는 위 (1)의 교육을 관리주체·입주자 등에게 실시할 수 있다.

(4) 대통령령 위임사항
교육의 시기·방법, 비용 부담 등에 필요한 사항은 대통령령으로 정한다.

(5) 입주자대표회의의 운영·윤리교육(영 제18조) 〈개정 2018. 9. 11.〉
① 시장·군수·구청장은 입주자대표회의 구성원 또는 입주자등에 대하여 입주자대표회의의 운영과 관련하여 필요한 교육 및 윤리교육(이하 "운영·윤리교육")을 하려면 다음의 사항을 교육 10일 전까지 공고하거나 교육대상자에게 알려야 한다.
  ㉠ 교육일시, 교육기간 및 교육장소
  ㉡ 교육내용
  ㉢ 교육대상자
  ㉣ 그 밖에 교육에 관하여 필요한 사항
② 입주자대표회의 구성원은 매년 4시간의 운영·윤리교육을 이수하여야 한다.
③ 운영·윤리교육은 집합교육의 방법으로 한다. 다만, 교육 참여현황의 관리가 가능한 경우에는 그 전부 또는 일부를 온라인교육으로 할 수 있다.
④ 시장·군수·구청장은 운영·윤리교육을 이수한 사람에게 수료증을 내주어야 한다. 다만, 교육수료사실을 입주자대표회의 구성원이 소속된 입주자대표회의에 문서로 통보함으로써 수료증의 수여를 갈음할 수 있다.

⑤ 입주자대표회의 구성원에 대한 운영·윤리교육의 수강비용은 입주자대표회의 운영경비에서 부담하며, 입주자등에 대한 운영·윤리교육의 수강비용은 수강생 본인이 부담한다. 다만, 시장·군수·구청장은 필요하다고 인정하는 경우에는 그 비용의 전부 또는 일부를 지원할 수 있다.

⑥ 시장·군수·구청장은 입주자대표회의 구성원의 운영·윤리교육 참여현황을 엄격히 관리하여야 하며, 운영·윤리교육을 이수하지 아니한 입주자대표회의 구성원에 대해서는 법 제93조 제1항에 따라 필요한 조치를 하여야 한다.

7 선거관리 등

(1) 동별 대표자 등의 선거관리(법 제15조)   **19·20·21회 출제**

① 입주자 등은 동별 대표자나 입주자대표회의의 임원을 선출하거나 해임하기 위하여 선거관리위원회를 구성한다.

② 선거관리위원회 위원의 결격사유 등(법 제15조 제2항, 영 제16조)   **18·27회 출제**

다음의 어느 하나에 해당하는 사람은 선거관리위원회 위원이 될 수 없으며 그 자격을 상실한다.

㉠ 동별 대표자 또는 그 후보자

㉡ 동별 대표자 또는 그 후보자의 배우자 또는 직계존비속

㉢ 그 밖에 대통령령으로 정하는 사람

ⓐ 미성년자, 피성년후견인 또는 피한정후견인

ⓑ 동별 대표자를 사퇴하거나 그 지위에서 해임된 사람 또는 법 제14조 제5항(자격요건 미충족, 결격사유 해당)에 따라 퇴임한 사람으로서 그 남은 임기 중에 있는 사람

ⓒ 선거관리위원회 위원을 사퇴하거나 그 지위에서 해임 또는 해촉된 사람으로서 그 남은 임기 중에 있는 사람

③ 선거관리위원회의 구성원 수, 위원장의 선출 방법, 의결의 방법 등 선거관리위원회의 구성 및 운영에 필요한 사항은 대통령령으로 정한다(법 제15조 제3항).

> **영 제15조**(선거관리위원회 구성원 수 등)　　　　　　　　　　**16·18·20·22·26회 출제**
> ① 선거관리위원회는 입주자등(서면으로 위임된 대리권이 없는 공동주택 소유자의 배우자 및 직계존비속이 그 소유자를 대리하는 경우를 포함한다) 중에서 위원장을 포함하여 다음 각 호의 구분에 따른 위원으로 구성한다. 〈시행 2018.2.10.〉
>   1. 500세대 이상인 공동주택 : 5명 이상 9명 이하
>   2. 500세대 미만인 공동주택 : 3명 이상 9명 이하
> ② 선거관리위원회 위원장은 위원 중에서 호선한다.
> ③ 500세대 이상인 공동주택은 「선거관리위원회법」에 따른 선거관리위원회 소속 직원 1명을 관리규약으로 정하는 바에 따라 위원으로 위촉할 수 있다.
> ④ 선거관리위원회는 그 구성원(관리규약으로 정한 정원을 말한다) 과반수의 찬성으로 그 의사를 결정한다. 이 경우 이 영 및 관리규약으로 정하지 아니한 사항은 선거관리위원회 규정으로 정할 수 있다.
> ⑤ 선거관리위원회의 구성·운영·업무(동별 대표자 결격사유의 확인을 포함)·경비, 위원의 선임·해임 및 임기 등에 관한 사항은 관리규약으로 정한다.

④ 선거관리위원회는 선거관리를 위하여 「선거관리위원회법」에 따라 해당 소재지를 관할하는 구·시·군선거관리위원회에 투표 및 개표관리 등 선거지원을 요청할 수 있다.

(2) 동별 대표자 후보자 등에 대한 범죄경력 조회(법 제16조) 〈시행 2018.9.14.〉

① 동별 대표자 후보자에 대한 의무적 확인

선거관리위원회 위원장(선거관리위원회가 구성되지 아니하였거나 위원장이 사퇴, 해임 등으로 궐위된 경우에는 입주자대표회의 회장을 말하며, 입주자대표회의 회장도 궐위된 경우에는 관리사무소장을 말한다)은 동별 대표자 후보자에 대하여 동별 대표자의 자격요건 충족 여부와 결격사유 해당 여부를 확인하여야 하며, 결격사유 해당 여부를 확인하는 경우에는 동별 대표자 후보자의 동의를 받아 범죄경력을 관계 기관의 장에게 확인하여야 한다. 〈개정 2018.3.13.〉

② 동별 대표자에 대한 임의적 확인

선거관리위원회 위원장은 동별 대표자에 대하여 동별 대표자의 자격요건 충족 여부와 결격사유 해당 여부를 확인할 수 있으며, 결격사유 해당 여부를 확인하는 경우에는 동별 대표자의 동의를 받아 범죄경력을 관계 기관의 장에게 확인하여야 한다.〈신설 2018.3.13.〉

③ 위의 ① 및 ②에 따른 범죄경력 확인의 절차, 방법 등에 필요한 사항은 대통령령으로 정한다.

> **영 제17조** (동별 대표자 후보자에 대한 범죄경력 조회)
> ① 선거관리위원회 위원장은 동별 대표자 후보자 또는 동별 대표자에 대한 범죄경력의 확인을 경찰관서의 장에게 요청하여야 한다. 이 경우 동별 대표자 후보자 또는 동별 대표자의 동의서를 첨부하여야 한다.
> ② 요청을 받은 경찰관서의 장은 동별 대표자 후보자 또는 동별 대표자가 범죄의 경력이 있는지 여부를 확인하여 회신해야 한다.

03 공동주택관리규약

1 「공동주택관리법」상 근거

(1) 공동주택관리규약의 준칙 [24회 출제]

① 특별시장·광역시장·특별자치시장·도지사 또는 특별자치도지사(이하 "시·도지사")는 공동주택의 입주자 등을 보호하고 주거생활의 질서를 유지하기 위하여 대통령령으로 정하는 바에 따라 공동주택의 관리 또는 사용에 관하여 준거가 되는 관리규약의 준칙을 정하여야 한다(법 제18조 제1항).

② 입주자 등은 관리규약의 준칙을 참조하여 관리규약을 정한다. 이 경우 공동주택에 설치하는 어린이집의 임대료 등에 관한 사항은 관리규약의 준칙, 어린이집의 안정적 운영, 보육서비스 수준의 향상 등을 고려하여 결정하여야 한다(공동주택관리법 제18조 제2항).

(2) 관리규약준칙의 내용 [10·12·13·22회 출제]

시·도지사가 정하는 관리규약의 준칙에는 다음 각 호의 사항이 포함되어야 한다. 이 경우 입주자 등이 아닌 자의 기본적인 권리를 침해하는 사항이 포함되어서는 안 된다(영 제19조 제1항). 〈시행 2024. 4. 9.〉

1. 입주자 등의 권리 및 의무(관리주체의 동의를 받아야 할 의무를 포함한다)
2. 입주자대표회의의 구성·운영(회의의 녹음·녹화·중계 및 방청에 관한 사항을 포함한다)과 그 구성원의 의무 및 책임
3. 동별 대표자의 선거구·선출절차와 해임 사유·절차 등에 관한 사항
4. 선거관리위원회의 구성·운영·업무·경비, 위원의 선임·해임 및 임기 등에 관한 사항
5. 입주자대표회의 소집절차, 임원의 해임 사유·절차 등에 관한 사항
6. 입주자대표회의 운영경비의 용도 및 사용금액(운영·윤리교육 수강비용을 포함한다)
7. 자치관리기구의 구성·운영 및 관리사무소장과 그 소속 직원의 자격요건·인사·보수·책임
8. 입주자대표회의 또는 관리주체가 작성·보관하는 자료의 종류 및 그 열람방법 등에 관한 사항
9. 위·수탁관리계약에 관한 사항
10. 관리주체의 동의기준
11. 관리비예치금의 관리 및 운용방법
12. 관리비 등의 세대별부담액 산정방법, 징수, 보관, 예치 및 사용절차
13. 관리비 등을 납부하지 아니한 자에 대한 조치 및 가산금의 부과
14. 장기수선충당금의 요율 및 사용절차
15. 회계관리 및 회계감사에 관한 사항
16. 회계관계 임직원의 책임 및 의무(재정보증에 관한 사항을 포함한다)

17. 각종 공사 및 용역의 발주와 물품구입의 절차
18. 관리 등으로 인하여 발생한 수입의 용도 및 사용절차
19. 공동주택의 관리책임 및 비용부담
20. 관리규약을 위반한 자 및 공동생활의 질서를 문란하게 한 자에 대한 조치
21. 공동주택의 어린이집 임대계약(지방자치단체에 무상임대하는 것을 포함한다)에 대한 다음 각 목의 임차인 선정기준. 이 경우 그 기준은 「영유아보육법」에 따른 국공립어린이집 위탁체선정관리 기준에 따라야 한다.
    가. 임차인의 신청자격
    나. 임차인 선정을 위한 심사기준
    다. 어린이집을 이용하는 입주자 등 중 어린이집 임대에 동의하여야 하는 비율
    라. 임대료 및 임대기간
    마. 그 밖에 어린이집의 적정한 임대를 위하여 필요한 사항
22. 공동주택의 층간소음 및 간접흡연에 관한 사항
23. 주민공동시설의 위탁에 따른 방법 또는 절차에 관한 사항
23-2. 주민공동시설을 인근 공동주택단지 입주자 등도 이용할 수 있도록 허용하는 경우에 대한 다음 각 목의 기준
    가. 입주자 등 중 허용에 동의하여야 하는 비율
    나. 이용자의 범위
    다. 그 밖에 인근 공동주택단지 입주자 등의 이용을 위하여 필요한 사항
24. 혼합주택단지의 관리에 관한 사항
25. 전자투표의 본인확인 방법에 관한 사항
26. 공동체 생활의 활성화에 관한 사항
27. 공동주택의 주차장 임대계약 등에 대한 다음 각 목의 기준
    가. 「도시교통정비 촉진법」에 따른 승용차 공동이용을 위한 주차장 임대계약의 경우
        1) 입주자등 중 주차장의 임대에 동의하는 비율
        2) 임대할 수 있는 주차대수 및 위치
        3) 이용자의 범위
        4) 그 밖에 주차장의 적정한 임대를 위하여 필요한 사항
    나. 지방자치단체와 입주자대표회의 간 체결한 협약에 따라 지방자치단체 또는 「지방공기업법」 제76조에 따라 설립된 지방공단이 직접 운영·관리하거나 위탁하여 운영·관리하는 방식으로 입주자등 외의 자에게 공동주택의 주차장을 개방하는 경우
        1) 입주자등 중 주차장의 개방에 동의하는 비율
        2) 개방할 수 있는 주차대수 및 위치
        3) 주차장의 개방시간
        4) 그 밖에 주차장의 적정한 개방을 위하여 필요한 사항
28. 경비원 등 근로자에 대한 괴롭힘의 금지 및 발생 시 조치에 관한 사항
29. 「주택건설기준 등에 관한 규정」에 따른 지능형 홈네트워크 설비의 기본적인 유지·관리에 관한 사항
30. 그 밖에 공동주택의 관리에 필요한 사항

제2장 공동주거관리

(3) 관리규약의 제정·개정

① 입주자 등이 관리규약을 제정·개정하는 방법 등에 필요한 사항은 대통령령으로 정한다(법 제18조 제3항).

② 관리규약의 제정

㉠ 사업주체는 입주예정자와 관리계약을 체결할 때 관리규약 제정안을 제안해야 한다. 다만, 영 제29조의3에 따라 사업주체가 입주자대표회의가 구성되기 전에 공동주택의 어린이집·다함께돌봄센터·공동육아나눔터 임대계약을 체결하려는 경우에는 입주개시일 3개월 전부터 관리규약 제정안을 제안할 수 있다.(영 제20조 제1항) 〈개정 2021.1.5.〉

> **영 제29조의3**(사업주체의 어린이집 등의 임대계약 체결) 〈개정 2021.1.5〉
> ① 시장·군수·구청장은 입주자대표회의가 구성되기 전에 다음 각 호의 주민공동시설의 임대계약 체결이 필요하다고 인정하는 경우에는 사업주체로 하여금 입주예정자 과반수의 서면 동의를 받아 해당 시설의 임대계약을 체결하도록 할 수 있다.
> 1. 「영유아보육법」 제10조에 따른 어린이집
> 2. 「아동복지법」 제44조의2에 따른 다함께돌봄센터
> 3. 「아이돌봄 지원법」 제19조에 따른 공동육아나눔터
> ② 사업주체는 임대계약을 체결하려는 경우에는 해당 공동주택단지의 인터넷 홈페이지에 관련 내용을 공고하고 입주예정자에게 개별 통지해야 한다.
> ③ 사업주체는 제1항에 따라 임대계약을 체결하려는 경우에는 관리규약 및 관련 법령의 규정에 따라야 한다. 이 경우 어린이집은 관리규약 중 제19조 제1항 제21호 다목(어린이집을 이용하는 입주자등 중 어린이집 임대에 동의하여야 하는 비율)의 사항은 적용하지 않는다.

㉡ 공동주택 분양 후 최초의 관리규약은 위 ㉠에 따라 사업주체가 제안한 내용을 해당 입주예정자의 과반수가 서면으로 동의하는 방법으로 결정한다. 이 경우 사업주체는 해당 공동주택단지의 인터넷 홈페이지(인터넷 홈페이지가 없는 경우에는 인터넷 포털을 통해 관리주체가 운영·통제하는 유사한 기능의 웹사이트 또는 관리사무소의 게시판을 말한다)에 제안내용을 공고하고 입주예정자에게 개별 통지해야 한다.

㉢ 의무관리대상 전환 공동주택의 관리규약 제정안은 의무관리대상 전환 공동주택의 관리인이 제안하고, 그 내용을 전체 입주자등 과반수의 서면동의로 결정한다. 이 경우 관리규약 제정안을 제안하는 관리인은 ㉡의 방법에 따라 공고·통지해야 한다. 〈신설 2020. 4. 24.〉

22회 출제

③ 관리규약의 개정

관리규약을 개정하려는 경우에는 다음의 사항을 기재한 개정안을 위 ②㉡의 방법에 따른 공고·통지를 거쳐 시행령 제3조 각 호의 방법으로 결정한다.

㉠ 개정 목적
㉡ 종전의 관리규약과 달라진 내용
㉢ 관리규약의 준칙과 달라진 내용

> **영 제3조**(관리방법의 결정 방법)
> 공동주택 관리방법의 결정 또는 변경은 다음 각 어느 하나에 해당하는 방법으로 한다.
> 1. 입주자대표회의의 의결로 제안하고 전체 입주자 등의 과반수가 찬성
> 2. 전체 입주자 등의 1/10 이상이 제안하고 전체 입주자 등의 과반수가 찬성

④ 관리규약의 제정·개정에 따른 공고 및 개별통지의무

관리규약의 제정·개정의 경우 사업주체는 해당 공동주택단지의 인터넷 홈페이지(인터넷 홈페이지가 없는 경우에는 인터넷 포털을 통해 관리주체가 운영·통제하는 유사한 기능의 웹사이트 또는 관리사무소의 게시판을 말한다)에 제안내용을 공고하고 입주예정자에게 개별 통지해야 한다. 〈개정 2019. 10. 22.〉

> **관리규약의 제정·개정**
> 1. 제정 : 제안(사업주체) + 결정(입주예정자 과반수 서면동의)
> 2. 규약개정 : 제안(전체 입주자 등 1/10 이상 또는 입주자대표회의 의결) + 결정(전체 입주자 등의 과반수의 찬성)

(4) 관리규약의 효력

① 입주자 등은 관리규약을 준수하여야 한다.
② 관리규약은 입주자 등의 지위를 승계한 사람에 대하여도 그 효력이 있다(법 제18조 제4항).

(5) 관리규약의 보관 및 열람·복사

공동주택의 관리주체는 관리규약을 보관하여 입주자등이 열람을 청구하거나 자기의 비용으로 복사를 요구하면 응하여야 한다.(영 제20조 제6항)

(6) 관리규약 등의 신고(법 제19조)

1) 입주자대표회의의 회장 등의 관리규약 등의 신고의무

입주자대표회의의 회장(관리규약의 제정의 경우에는 사업주체 또는 의무관리대상 전환 공동주택의 관리인)은 다음의 각 사항을 대통령령으로 정하는 바에 따라 시장·군수·구청장에게 신고해야 하며, 신고한 사항이 변경되는 경우에도 또한 같다. 다만, 의무관리대상 전환 공동주택의 관리인이 관리규약의 제정 신고를 하지 않는 경우 입주자등의 10분의 1 이상이 연서하여 신고할 수 있다. 〈개정 2019. 4. 23.〉
① 관리규약의 제정·개정
② 입주자대표회의의 구성·변경
③ 그 밖에 필요한 사항으로서 대통령령으로 정하는 사항

제2장 공동주거관리

> **영 제21조**(관리규약의 제정 및 개정 등 신고)
> 관리규약의 제정 및 개정 등의 신고를 하려는 입주자대표회의의 회장(관리규약 제정의 경우에는 사업주체 또는 의무관리대상 전환 공동주택의 관리인을 말한다)은 관리규약이 제정·개정되거나 입주자대표회의가 구성·변경된 날부터 30일 이내에 신고서를 시장·군수·구청장에게 제출해야 한다. 〈개정 2021. 10. 19.〉
>
> **규칙 제6조**(관리규약의 제정 및 개정 등 신고) **22회 출제**
> 입주자대표회의의 회장(관리규약 제정의 경우에는 사업주체 또는 의무관리대상 전환 공동주택의 관리인을 말한다)은 시장·군수·구청장에게 신고서를 제출할 때에는 다음의 구분에 따른 서류를 첨부해야 한다.
> (1) 관리규약의 제정·개정을 신고하는 경우 : 관리규약의 제정·개정 제안서 및 그에 대한 입주자 등의 동의서
> (2) 입주자대표회의의 구성·변경을 신고하는 경우 : 입주자대표회의의 구성 현황(임원 및 동별 대표자의 성명·주소·생년월일 및 약력과 그 선출에 관한 증명서류를 포함한다)

2) 시장·군수·구청장의 신고수리 여부 통지의무

시장·군수·구청장은 위 1)에 따른 신고를 받은 날부터 7일 이내에 신고수리 여부를 신고인에게 통지하여야 한다. 〈신설 2021. 8. 10.〉

3) 신고수리 간주

시장·군수·구청장이 2)에서 정한 기간 내에 신고수리 여부 또는 민원 처리 관련 법령에 따른 처리기간의 연장을 신고인에게 통지하지 아니하면 그 기간(민원 처리 관련 법령에 따라 처리기간이 연장 또는 재연장된 경우에는 해당 처리기간을 말한다)이 끝난 날의 다음 날에 신고를 수리한 것으로 본다. 〈신설 2021. 8. 10.〉

04 공동주거관리이론

1 공동주거관리의 의의

(1) 공동주거의 개념

공동주거는 물리적 하드웨어인 공동주택을 기반으로 인간이 주체가 되어 커뮤니케이션과 네트워크가 형성됨으로써 공동체 삶과 문화라는 소프트웨어가 만들어지는 장소로 정의할 수 있다. 이러한 공동주거는 개인의 취향 등을 전제로 하기보다는 다수의 이익과 관심을 반영하는 동시에 정부의 정책적 차원의 의지, 주택공급자의 의지, 시공사의 건설수준 등 사회 전반의 인식수준을 반영하는 문화적 산물이므로 문화적 속성을 가진다고 볼 수 있다.

(2) 공동주거의 개념도

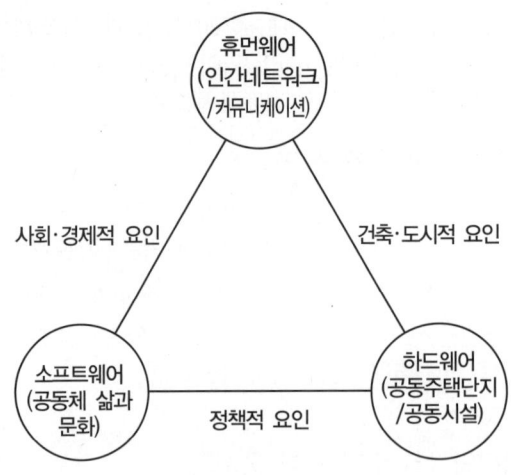

자료 : 강순주(2006)

(3) 공동주거관리의 의의와 내용

1) 공동주거관리의 필요성 [20·21회 출제]

① 자원낭비로부터의 환경보호

지속가능한 주거환경을 정착시키기 위해서는 재건축으로 인한 단절보다는 주택의 수명을 연장시키고 오랫동안 이용하고 거주할 수 있는 관리방식이 요구되고 있다. 특히 공동주택은 건설 시에 대량의 자원과 에너지를 소비하게 되고 제거 시에도 대량의 폐기물이 발생되어 환경부하를 주기 때문에 주택의 수명연장은 필수적이다. 따라서 건설 초기부터 질 높고 견고한 공동주택의 건설과 함께 적절한 유지관리가 무엇보다도 필요하다.

② 양질의 사회적 자산형성

저성장 경제사회가 도래하면서 주택은 양적으로나 질적으로 공동 사회적 자산으로서의 풍요로움이 더해 갈 것으로 예상된다. 따라서 성숙된 사회로의 발전을 위해서 생활변화에 대응하면서 쾌적하게 오랫동안 살 수 있는 주택 스톡 대책으로 공동주택의 적절한 유지관리는 필수적이다.

③ 자연재해로부터의 안전성

주택은 시간이 흐름에 따라 노후화되지만 적절한 시기에 점검과 수선, 보수를 반복하면 주택의 안전성을 확보할 수 있다. 지진이나 태풍, 홍수 등으로 손쉽게 파괴되고 인명피해까지 주는 일이 없도록 미리 예방해야 할 것이다.

④ 지속적인 커뮤니티로부터의 주거문화 계승

주거문화를 유형과 무형으로 나누어 볼 때 유형의 대상은 물리적 공간인 주택이며, 무형의 대상은 물리적 공간 내외부에서 일어나는 인간들의 삶의 이야기와 지속적인 커뮤니티라 할 수 있다 그러므로 이러한 주거문화의 계승은 주거관리 행위가 바람직하게 지속적으로 이루어질 때 형성된다.

2) 공동주거관리의 개념과 내용

① 공동주거관리의 개념

공동주거관리란 주민공동체를 위하여 거주자는 물론 관리주체 및 지역사회·지방자치단체와의 상호 협조 등의 휴먼웨어관리, 주민들의 편리하고 윤택한 삶을 위하고 주거문화를 공유하고자 하는 공동체 규범과 함께 생활서비스·커뮤니티 프로그램의 개발과 운영 등의 소프트웨어 관리라는 메커니즘 안에서, 거주자가 중심이 되어 관리주체와의 상호 신뢰와 협조를 바탕으로 관리해 나가는 능동적 관리이다.

② 공동주거관리의 내용

㉠ 기존의 공동주거관리

ⓐ 유지관리 : 환경관리, 단기 및 장기수선계획을 세워 관리하는 업무, 수선방법을 결정하고 업자를 감독하는 업무, 세대 전유부분의 리모델링을 하는 데 있어서 지켜야 할 기본규정이나 이를 승인하고 조정하는 일, 안전을 위하여 긴급시의 대응이나 업자와의 연락 등의 체계적인 시스템까지도 포함한다.

ⓑ 운영관리 : 건물의 유지관리 수행 또는 공동생활의 규범을 정하려고 주민 간에 원활한 의사소통을 하는 일, 합리적이고 효율적인 조직의 인적 자원, 물적 자원을 운영하는 경영적 측면의 관리내용을 말한다.

ⓒ 생활관리 : 공동생활의 질서화와 규약 작성 및 실행, 커뮤니티 활성화, 지역문화 계승, 공동생활의 제반 문제에 대한 계발활동 및 서비스, 대외업무, 방재 및 방범활동, 네트워크 관리를 통한 커뮤니티 생활측면에서의 제반 업무를 내용으로 한다.

㉡ 향후 공동주거관리 방안 : 기존의 운영·유지·생활관리 내용에 덧붙여 공동체 주거문화 발전을 위해 사회시스템에 대한 이해를 기반으로 보다 적극적인 관리주체로서의 관리자의 능력 제고에 초점을 맞추고 주민과 적극 협력하는 체제로 나가야 한다. 이를 위한 방안들로 휴먼웨어의 네트워크 관리, 하드웨어 관리에 자산관리의 개념 도입, 커뮤니티 활성화 프로그램 개발과 운영 등의 소프트웨어 관리 등이 적극적으로 이루어져야 한다.

2 공동주거관리

(1) 공동주거관리자의 지위

1) 「공동주택관리법」상의 지위

「공동주택관리법」은 관리업무를 인계하기 전의 사업주체, 자치관리기구의 대표자인 관리사무소장, 공동주택관리를 업으로 등록한 주택관리업자, 「민간임대주택에 관한 특별법」의 규정에 의한 임대사업자를 관리주체로 규정하고 있다. 관리주체는 전문적·체계적으로 공동주택을 관리해야 하며 부실관리를 할 경우 배상책임을 진다.

2) 인사·조직상의 지위

관리업무종사자는 인사관리의 대상으로서, 관리사무소장은 이들을 지휘·감독해야 하는 조직관리자로서의 지위에 있다.

3) 「노동법」상의 지위

관리업무종사자는 개별노동관계법에 의한 보호를 받으며 권익보호를 위해 노동조합도 결성할 수 있다. 그러나 관리사무소장의 지위는 이중적이다. 즉, 주택관리업자에 대해서는 근로자의 신분이지만, 관리업무종사자에게는 「근로기준법」상의 사업경영담당자와 같은 지위에 있다.

(2) 공동주거관리자와 리더십

1) 리더십의 필요성

① 관리책임자는 관리종사자가 여건에 신속히 적응하여 효율적이고 안전하게 공동주택을 관리할 수 있도록 관리종사자를 조직화·동태화해야 하며 이를 위해 리더십을 비롯한 대인관계기술이 요구된다.

② 리더십은 세 가지 개념요소인 리더(leader)와 구성원(follower)과의 관계(relation), 지속적인 교류를 하는 과정(process), 구성원들의 행동을 요소로 하고 있다.

2) 리더십에 관한 이론

① 전통적 리더십이론

특성이론, 행동이론, 상황이론이 있다.

② 새로운 유형의 리더십이론

㉠ 감성적 리더십 : 훌륭한 리더가 되기 위해서는 높은 지능과 업무에 관한 전문기술 등의 자질 외에도 감성지능을 갖추어야 한다는 이론으로 가장 미래지향적인 리더십이다.

㉡ 거래적 리더십 : 부하는 이익을 얻기 위해 리더가 요구하는 수준의 성과 수행에 동의하고, 리더는 부하에게 일정수준의 성과를 요구하되 달성된 경우에는 정해진 보상을 제하는 거래적 관계로 리더십을 이해한다.

ⓒ 변혁적 리더십 : 리더가 부하로 하여금 조직목표나 성과 등에 대한 중요성을 인식하게 하고 사익보다 조직 전체의 이익을 고려하도록 하며, 자기계발을 하게 하는 등의 방법으로 부하를 변화시키고, 그 변화로 조직의 문화와 욕구체계를 변혁시키려는 리더와 부하 간의 동기부여를 가능하게 하는 리더십이론이다.

③ 공동주거관리 현장의 리더십

관리사무소장이 취하는 바람직한 리더십의 유형은 다음의 두 가지이다.

㉠ 민주형 리더십 : 대화나 면담을 통해 관리업무종사자의 의견을 경청하고 참여와 위임을 통해 반발의 여지를 해소시켜 참여자의 사기를 높일 수 있는 리더십이다. 그러나 긴급한 상황 등일 경우에는 회의적인 평가가 있을 수 있다.

㉡ 전망제시형 리더십 : 관리업무종사자에게 보다 더 큰 목적을 추구하도록 책무를 상기시키고 의욕을 고취하며 평범한 일상의 일에 큰 의미를 부여하는 경우로 가장 고전적 형태이며 많이 언급되는 리더십의 유형이다. 전망제시형 리더십에서 가장 중요한 것은 감정이입능력이다.

④ 관리현장의 바람직한 리더십

관리사무소장은 ㉠ 공동주택관리에 관한 법과 제도의 변화에 대응한 전문성 제고, ㉡ 관리업무종사자들의 응집력 강화, ㉢ 커뮤니티 활성화, ㉣ 의사소통능력 보유와 동기부여를 위해 노력하여야 한다. 관리업무종사자에 대한 대인기술의 구사는 감성이 전제가 되어야 하며, 감성적인 언행은 신뢰와 존중을 바탕으로 행해져야 한다.

3 지속가능한 공동주거관리

(1) 공동주택성능등급의 표시(주택법 제39조, 영 제58조, 주택건설기준규칙12조의2) 〈시행 2020. 1. 1.〉

사업주체가 대통령령으로 정하는 호수(500세대) 이상의 공동주택을 공급할 때에는 주택의 성능 및 품질을 입주자가 알 수 있도록 「녹색건축물 조성 지원법」에 따라 다음의 공동주택성능에 대한 등급을 발급받아 국토교통부령으로 정하는 방법(공동주택성능등급 인증서를 발급받아 입주자 모집공고에 표시하는 방법을 말한다. 이 경우 공동주택성능등급 인증서는 쉽게 알아볼 수 있는 위치에 쉽게 읽을 수 있는 글자 크기로 표시해야 한다)으로 입주자 모집공고에 표시하여야 한다. 〈개정 2018.12.31〉

1. 경량충격음·중량충격음·화장실소음·경계소음 등 소음 관련 등급
2. 리모델링 등에 대비한 가변성 및 수리 용이성 등 구조 관련 등급
3. 조경·일조확보율·실내공기질·에너지절약 등 환경 관련 등급
4. 커뮤니티시설, 사회적 약자 배려, 홈네트워크, 방범안전 등 생활환경 관련 등급
5. 화재·소방·피난안전 등 화재·소방 관련 등급

(2) 지속가능한 실내환경의 조성

1) 실내에 사용된 자재는 포름알데히드와 휘발성 유기화합물 등 유해물질을 실내에 방출하므로 각종 유해물질을 저함유한 자재를 사용한다. 그리고 환기구 또는 환기장치를 설치하여 기준에 맞는 실내공기질을 유지할 수 있도록 해야 한다.
2) 쾌적한 온열환경의 유지를 위해 각 실별 또는 난방영역마다 별개의 실내 자동온도조절장치를 설치하거나 온도센서를 두고 특정실에 통합 자동온도조절장치를 설치한다.
3) 음환경을 적절히 유지하기 위해 실내소음이나 실외소음, 층간소음기준을 유지할 수 있도록 하여야 한다.
4) 일조는 환경권의 하나로서 공동주택 각 세대는 동지일 기준 오전 9시부터 오후 3시 사이 6시간 동안 최소 2시간의 연속일조를 받아야 한다.

4 공동주거자산관리

(1) 공동주거자산관리의 의의

1) 개념
    공동주택 소유자(투자자)의 자산적 목표가 달성되도록 대상 공동주택의 관리기능을 수행하는 것을 말한다. 여기서 자산적 목표라 함은 일반적으로 세금감면장치의 최대한 활용, 투자위험의 분산 및 방어, 미래 자본차익의 극대화 등을 들 수 있다.

2) 필요성
    최근 주거용 부동산의 자산점유비율이 커짐에 따라 이용활동을 통한 유용성 증대와 개량활동을 통한 주택의 물리적·경제적 가치를 향상시키는 주거자산관리의 필요성이 요구된다.

(2) 공동주거자산관리의 내용상 분류

1) 시설관리
    설비운전 및 보수, 외주관리, 에너지관리, 환경안전관리업무 등과 같이 단순히 공동주택 시설을 운영·유지하는 것으로서 시설사용자나 소유자(투자자)의 요구에 따르는 소극적 관리를 말한다.

2) 부동산자산관리
    주택이라는 자산에서 얻고자 하는 수익목표를 설정하고 그에 따른 자본적·수익적 지출계획과 연간 예산수립업무, 주택의 임대차를 유치 및 유지하며 발생하는 비용을 통제하는 업무, 인력관리, 회계업무, 임대료 책정을 위한 기준과 계획, 보험 및 세금에 대한 업무가 그 내용이다.

3) 입주자관리

우편물관리, 민원대행, 주차안내, 자동차관리, 이사서비스, 임대차계약 후 사후 관리서비스 등 입주자의 생활편익을 증진할 수 있는 다양한 서비스를 준비하여 해당 공동주택에 거주하는 것이 더 매력적이게 만들어 궁극적으로 임대수익을 극대화시킬 수 있는 관리를 말한다.

5 공동주거와 디자인

(1) 공동주거의 디자인적 의미

1) 공공성과 개별성
공동주거에서 디자인은 거주자의 다양한 의견수렴을 위한 중요한 이슈가 되는데, 디자인에 가장 큰 영향을 주는 요소는 공공성과 개별성이다.

2) 아이덴티티(Identity)
공동주거는 단지 전체의 주민에게 동등하게 적용되는 디자인에 의해서 단지의 고유한 특징을 갖게 된다. 이러한 아이덴티티를 갖는다는 것은 공동체 주민에게 특정 단지에 거주하고 있다는 자부심을 제공해 주는 한 요소가 될 수 있다.

3) 인간적 공간구성
주거공간은 다른 건축물과 달리 24시간 인간이 상주하는 공간이다. 따라서 최근에는 친인간적인 공간구성의 중요성이 부각되어 공동주거의 저층부 특화계획이나 출입구 특화, 주차장의 프로그램 주차공간 구성, 프로미네이드 같은 보행전용 녹지공간 확보 등의 시도를 보여주기도 한다.

4) 안전과 방범
공동주거의 디자인에 있어서는 구조적 측면에서의 안전과 기능적 측면에서의 방범이 디자인 3요소(구조, 기능, 미)의 중요한 부분이 된다.

(2) 공동주거 구성요소별 디자인의 특성

1) 건물의 외부공간
다양한 옥외활동을 지원이 가능한 충분한 공간 확보와 흥미를 끌 수 있는 시각적 초점이 필요하고 사람들의 만남을 자연스럽게 유도할 수 있도록 주동의 출입구를 디자인하는 것이 필요하다.

2) 건물의 내부공간
공동주거에서는 주호공간과 외부공간을 연결하는 중간공간으로 연결통로와 계단, 건물의 입구 홀 등이 설치된다. 이들 공간은 기능적으로 단위주호의 동선을 연결하기 위한 방편으로 꼭 필요한 부분이지만, 단순한 기능적 역할을 넘어서 사회적 공간으로 제시되기도 한다. 건물 입구의 현관 홀은 디자인이 보다 강화될 필요가 있다.

3) 옥상

주거단지의 고밀도화로 지상 휴게공간의 제공이 어려워지는 것에 대한 대안으로 옥상공간의 활용에 대한 논의가 활발하다. 옥상정원이나 옥상놀이터, 카페의 설치 등 많은 가능성이 제안되고 있다.

6 공동주거와 정보 네트워크

(1) 의의

정보 네트워크란 사회 각 구성요소 간의 연결을 의미하며, 정보화 사회에서 공동주택에 거주자들 간 또는 공동주택 거주자와 외부 거주자들과의 상호관계가 공동주택 내 정보통신망을 통하여 점점 더 고도화되고 심화되고 있다. 이에 따라 공동주거관리자들은 공동주택에 적용된 정보기술의 트렌드를 이해하고 정보 네트워크의 활용을 통하여 커뮤니티 관리능력을 배양할 필요가 있다.

(2) 초고속 정보통신 건물인증 업무처리 지침 〈개정 2023. 6. 7〉

1) 목적

이 지침은 다양한 정보통신서비스를 편리하게 이용할 수 있는 구내정보통신설비의 설치를 촉진하기 위해 초고속정보통신건물 및 홈네트워크건물의 인증에 관한 사항과 그 시행에 관하여 필요한 사항을 규정함을 목적으로 한다.

2) 적용대상

① 초고속정보통신건물인증 대상은 「건축법」의 공동주택 또는 업무시설을 대상으로 한다.
② 홈네트워크건물인증 대상은 「건축법」의 공동주택 또는 「방송통신설비의 기술기준에 관한 규정」의 준주택오피스텔을 대상으로 한다.

3) 용어의 정의

① 이 지침에서 사용하는 용어의 정의는 다음과 같다.
  1. "초고속정보통신건물"이라 함은 초고속정보통신서비스를 편리하게 이용할수 있도록 일정 기준 이상의 구내정보통신 설비를 갖춘 건축물을 말한다.
  2. "홈네트워크건물"이라 함은 원격에서 조명, 난방, 출입통제 등의 홈네트워크 서비스를 제공할 수 있도록 일정 기준 이상의 홈네트워크용배관, 배선 등을 갖춘 건축물을 말한다.
  3. "공동주택"이라 함은 「건축법 시행령」에서 분류하고 있는 아파트, 연립주택, 다세대주택, 기숙사를 말한다.
  4. "도시형생활주택"이라 함은 「주택법 시행령」에서 분류하고 있는 단지형연립주택, 단지형 다세대주택, 원룸형주택을 말한다.
  5. "업무시설"이라 함은 「건축법 시행령」에서 분류된 국가 또는 지방자치단체의 청사, 금융업소, 사무소, 신문사, 오피스텔(준주택오피스텔은 제외한다.) 등을 말한다.
  5의2. "준주택오피스텔"이라 함은 제5호의 오피스텔 중 다음 요건을 모두 갖춘 오피스텔을 말한다.

1) 전용면적이 120제곱미터 이하일 것
2) 상하수도 시설이 갖추어진 전용 입식 부엌, 전용 수세식 화장실 및 목욕시설(전용 수세식 화장실에 목욕시설을 갖춘 경우를 포함한다)을 갖출 것

4) 인증등급
① 초고속정보통신건물인증의 등급은 특등급, 1등급, 2등급으로 구분한다.
② 홈네트워크건물인증의 등급은 AAA등급(홈IoT), AA등급, A등급으로 구분한다.

(4) 홈네트워크 아파트

홈네트워크란 가정에서 유·무선 인터넷을 통하여 주요 가전제품을 제어하고 기기 간에 콘텐츠를 공유할 수 있는 물리적 네트워크 기술로, 차세대 디지털 가전시장의 핵심이 될 요소로 꼽히고 있다. 홈네트워크가 갖춰지면 집 안에서건 집 밖에서건 리모컨이나 휴대용 단말기로 마음대로 전자제품을 조절할 수 있게 된다. 또한 가전제품을 통해 가정 내·외부에서 인터넷 접속, 동영상 전송, e-메일 송·수신이 가능해져 진정한 사이버 홈 구축이 가능하게 되는 것이다. 이러한 홈네트워크는 용도에 따라 데이터 네트워크, A/V 네트워크, 정보가전 네트워크, 제어 네트워크로 대별할 수 있다. 홈네트워크 기술은 유선과 무선으로 구분되며 유선은 기존의 전화선이나 전력선을 이용하는 방법이 보편적인 반면, 무선은 별도 배선이 필요 없고 이동성과 유연성이 보장되며 네트워크 구조의 변경이 용이하여 선호된다.

CHAPTER 03 회계관리

학습포인트

- 공동주택관리법령상의 예산과 결산, 회계감사, 계약관리에 관한 내용
- 공동주택관리법령상 관리비, 사용료, 관리비 외의 비용 등
- 관리주체의 공개의무, 관리비 산정방식

01 회계관리의 개요

1 공동주택 회계목적

공정한 회계처리 수행으로 입주자 등에게 회계자료 제공과 공평한 관리비 부과

2 공동주택 회계의 성격 및 특징

(1) **복식부기**

(2) **비영리회계**: 관리손익이 없다.

3 회계처리의 원칙

시·도지사가 정하는 관리규약의 준칙에는 회계처리기준, 회계관리 및 회계감사에 관한 사항, 회계관계 임직원의 책임 및 의무(재정보증에 관한 사항을 포함한다)사항이 포함되어야 한다.

02 관리비 및 회계운영

1 의 의

공동주택회계 관리란 공동주택관리주체가 관리목적을 달성하기 위하여 합리적인 의사결정이나 관리운영을 하는 데 필요한 회계정보를 제공하고, 입주자 등의 회계정보 이해관계자가 관리주체의 회계처리에 대한 적법성·신뢰성·효율성·충실성 등을 판단할 수 있도록 회계에 필요한 근거자료를 제공하는 관리행위이다.

2 공동주택의 회계연도 〔10회 출제〕

관리규약으로 정한다. 다만, 관리규약으로 특별히 정한 경우를 제외하고는 매년 1월 1일부터 12월 31일까지로 한다.

3 예 산

(1) 예산의 종류

① **준예산**: 예산이 회계연도 개시일까지 의결되지 못한 경우에 예산안이 의결될 때까지 일정한 목적을 위한 경비는 전년도 예산에 준하여 지출할 수 있다.
② **추가경정예산**: 예산이 성립한 다음에 생긴 사유로 인하여 이미 성립된 예산에 변경을 가할 필요가 있을 때 사용된다.

(2) 관리비 등의 사업계획 및 예산안 수립 등(영 제26조의2 제1항) 〔23·27회 출제〕

① 의무관리대상 공동주택의 관리주체는 다음 회계연도에 관한 관리비 등의 사업계획 및 예산안을 매 회계연도 개시 1개월 전까지 입주자대표회의에 제출하여 승인을 받아야 하며, 승인사항에 변경이 있는 때에는 변경승인을 받아야 한다.
② 사업주체 또는 의무관리대상 전환 공동주택의 관리인으로부터 공동주택의 관리업무를 인계받은 관리주체는 지체 없이 다음 회계연도가 시작되기 전까지의 기간에 대한 사업계획 및 예산안을 수립하여 입주자대표회의의 승인을 받아야 한다. 다만, 다음 회계연도가 시작되기 전까지의 기간이 3개월 미만인 경우로서 입주자대표회의 의결이 있는 경우에는 생략할 수 있다.

4 결산(영 제26조 제3항)

(1) 사업실적서 및 결산서 작성 〔23회 출제〕

의무관리대상 공동주택의 관리주체는 회계연도마다 사업실적서 및 결산서를 작성하여 회계연도 종료 후 2개월 이내에 입주자대표회의에 제출하여야 한다.

(2) 결산절차

5 회계감사 　　　　　　　　　　　　　　　　　　　　　　18·20회 출제

(1) 의무관리대상 공동주택의 회계감사 (법 제26조 제1항) 　　23·26·27회 출제

의무관리대상 공동주택의 관리주체는 대통령령으로 정하는 바에 따라 「주식회사 등의 외부감사에 관한 법률」에 따른 감사인의 회계감사를 매년 1회 이상 받아야 한다. 다만, 다음 각 호의 구분에 따른 연도에는 그러하지 아니하다.

1) **300세대 이상인 공동주택**: 해당 연도에 회계감사를 받지 아니하기로 입주자등의 3분의 2 이상의 서면동의를 받은 경우 그 연도
2) **300세대 미만인 공동주택**: 해당 연도에 회계감사를 받지 아니하기로 입주자등의 과반수의 서면동의를 받은 경우 그 연도

> **영 제27조**(관리주체에 대한 회계감사 등) 　　　　　　20·21·22·24·25·27회 출제
> ① 회계감사를 받아야 하는 공동주택의 관리주체는 매 회계연도 종료 후 9개월 이내에 다음 각 호의 재무제표에 대하여 회계감사를 받아야 한다.
>   1. 재무상태표
>   2. 운영성과표
>   3. 이익잉여금처분계산서(또는 결손금처리계산서)
>   4. 주석(註釋)
> ② 재무제표를 작성하는 회계처리기준은 국토교통부장관이 정하여 고시한다.
> ③ 국토교통부장관은 회계처리기준의 제정 또는 개정의 업무를 외부 전문기관에 위탁할 수 있다.
> ④ 회계감사는 공동주택 회계의 특수성을 고려하여 제정된 회계감사기준에 따라 실시되어야 한다.
> ⑤ 회계감사기준은 한국공인회계사회가 정하되, 국토교통부장관의 승인을 받아야 한다.
> ⑥ 감사인은 관리주체가 회계감사를 받은 날부터 1개월 이내에 관리주체에게 감사보고서를 제출하여야 한다.
> ⑦ 입주자대표회의는 감사인에게 감사보고서에 대한 설명을 하여 줄 것을 요청할 수 있다.
> ⑧ 공동주택 회계감사의 원활한 운영 등을 위하여 필요한 사항은 국토교통부령으로 정한다.

(2) 관리주체의 회계감사 결과 보고·공개의무 　　　　　　23·27회 출제

관리주체는 감사인의 회계감사를 받은 경우에는 감사보고서 등 회계감사의 결과를 제출받은 날부터 1개월 이내에 입주자대표회의에 보고하고 해당 공동주택단지의 인터넷 홈페이지 및 동별 게시판에 공개하여야 한다.

(3) 감사인 선임

회계감사의 감사인은 입주자대표회의가 선정한다. 이 경우 입주자대표회의는 시장·군수·구청장 또는 한국공인회계사회에 감사인의 추천을 의뢰할 수 있으며, 입주자등의 10분의 1 이상이 연서하여 감사인의 추천을 요구하는 경우 입주자대표회의는 감사인의 추천을 의뢰한 후 추천을 받은 자 중에서 감사인을 선정하여야 한다.

제3장 회계관리

(4) 회계감사 중 관리주체의 금지행위(법 제26조 제5항)

회계감사를 받는 관리주체는 다음의 어느 하나에 해당하는 행위를 하여서는 아니 된다.

1. 정당한 사유 없이 감사인의 자료 열람·등사·제출 요구 또는 조사를 거부·방해·기피하는 행위
2. 감사인에게 거짓 자료를 제출하는 등 부정한 방법으로 회계감사를 방해하는 행위

(5) 감사인의 회계감사 완료시 결과제출 및 공개의무(법 제26조 제6항) `26·27회 출제`

회계감사의 감사인은 회계감사 완료일부터 1개월 이내에 회계감사 결과를 해당 공동주택을 관할하는 시장·군수·구청장에게 제출하고 공동주택관리정보시스템에 공개하여야 한다. 〈개정 2022. 6. 10〉

(6) 관리주체의 동의서 사유기재 및 보관의무(법 제26조 제7항, 제8항) 〈신설 2022. 6. 10〉

관리주체는 해당 연도에 회계감사를 받지 아니하기로 서면동의를 받으려는 경우에는 회계감사를 받지 아니할 사유를 입주자등이 명확히 알 수 있도록 동의서에 기재하여야 한다. 관리주체는 동의서를 관리규약으로 정하는 바에 따라 보관하여야 한다.

6 회계서류의 작성·보관 및 공개의무 등(법 제27조, 영 제28조)

(1) 회계장부 작성 및 5년 보관의무 `19·23·24·27회 출제`

의무관리대상 공동주택의 관리주체는 다음 각 호의 구분에 따른 기간 동안 해당 장부 및 증빙서류를 보관하여야 한다. 이 경우 관리주체는 「전자문서 및 전자거래 기본법」 제2조제2호에 따른 정보처리시스템을 통하여 장부 및 증빙서류를 작성하거나 보관할 수 있다. 국토교통부장관은 회계서류에 필요한 사항을 정하여 고시할 수 있다.

1. 관리비등의 징수·보관·예치·집행 등 모든 거래 행위에 관하여 월별로 작성한 장부 및 그 증빙서류: 해당 회계연도 종료일부터 5년간
2. 주택관리업자 및 사업자 선정 관련 증빙서류: 해당 계약 체결일부터 5년간

(2) 정보열람 또는 복사 요구시 응할 의무 및 예외

의무관리대상 공동주택의 관리주체는 입주자 등이 위 (1)에 따른 장부나 증빙서류, 그 밖에 대통령령으로 정하는 정보[관리비 등의 사업계획, 예산안, 사업실적서 및 결산서(영 제28조 제1항)]의 열람을 요구하거나 자기의 비용으로 복사를 요구하는 때에는 관리규약으로 정하는 바에 따라 이에 응하여야 한다. 다만, 다음의 정보는 제외하고 요구에 응하여야 한다.

제1편 행정관리실무

1. 「개인정보 보호법」에 따른 고유식별정보 등 개인의 사생활의 비밀 또는 자유를 침해할 우려가 있는 정보
2. 의사결정과정 또는 내부검토과정에 있는 사항 등으로서 공개될 경우 업무의 공정한 수행에 현저한 지장을 초래할 우려가 있는 정보

영 제28조(열람대상 정보의 범위) 〈개정 2024.4.9.〉
② 관리주체는 다음 각 호의 사항(입주자등의 세대별 사용명세 및 연체자의 동·호수 등 기본권 침해의 우려가 있는 것은 제외한다)을 그 공동주택단지의 인터넷 홈페이지 및 동별 게시판에 각각 공개하거나 입주자등에게 개별 통지해야 한다. 이 경우 동별 게시판에는 정보의 주요내용을 요약하여 공개할 수 있다.
  1. 입주자대표회의의 소집 및 그 회의에서 의결한 사항
  2. 관리비 등의 부과명세(관리비, 사용료 및 이용료 등에 대한 항목별 산출명세를 말한다) 및 연체 내용
  3. 관리규약 및 장기수선계획·안전관리계획의 현황
  4. 입주자 등의 건의사항에 대한 조치결과 등 주요업무의 추진상황
  5. 동별 대표자의 선출 및 입주자대표회의의 구성원에 관한 사항
  6. 관리주체 및 공동주택관리기구의 조직에 관한 사항

03 공동주택 계약관리

1 공동주택법령상의 관리규정

계약관리에 관한 규정은 「공동주택관리법」에서 시·도지사가 정하는 관리규약준칙에 기준적인 사항이 정하여져 있고, 이에 근거하여 서울특별시 관리규약준칙에 그 세부적인 내용이 규정되어 있다.

영 제19조(관리규약의 준칙)
① 시·도지사가 정하는 관리규약의 준칙에는 다음 각 호의 사항이 포함되어야 한다. 이 경우 공동주택의 입주자 등 외의 자의 기본적인 권리를 해하는 사항이 포함되어서는 아니 된다.
  9. 위·수탁관리계약에 관한 사항
  17. 각종 공사 및 용역의 발주와 물품구입의 절차

2 관리비 등의 집행을 위한 사업자 선정 등

(1) 전자입찰방식에 의한 사업자 선정원칙(법 제25조) **15회 출제**

① 의무관리대상 공동주택의 관리주체 또는 입주자대표회의가 관리비, 사용료 등, 장기수선충당금과 그 적립금액의 어느 하나에 해당하는 금전 또는 하자보수보증금과 그 밖에 해당 공동주택단지에서 발생하는 모든 수입에 따른 금전(이하 "관리비 등")을 집행하기 위하여 사업자를 선정하려는 경우 다음의 기준을 따라야 한다.

㉠ 전자입찰방식으로 사업자를 선정할 것. 다만, 선정방법 등이 전자입찰방식을 적용하기 곤란한 경우로서 국토교통부장관이 정하여 고시하는 경우에는 전자입찰방식으로 선정하지 아니할 수 있다.
㉡ 그 밖에 입찰의 방법 등 대통령령으로 정하는 방식을 따를 것

관리비 등의 집행을 위한 사업자 선정(영 제25조 제3항)
"입찰의 방법 등 대통령령으로 정하는 방식"이란 다음 각 호에 따른 방식을 말한다.
1. 국토교통부장관이 정하여 고시하는 경우 외에는 경쟁입찰로 할 것. 이 경우 다음의 사항은 국토교통부장관이 정하여 고시한다.
   가. 입찰의 절차
   나. 입찰 참가자격
   다. 입찰의 효력
   라. 그 밖에 사업자의 적정한 선정을 위하여 필요한 사항
2. 입주자대표회의의 감사가 입찰과정 참관을 원하는 경우에는 참관할 수 있도록 할 것

---

② 전자입찰방식의 세부기준, 절차 및 방법 등은 국토교통부장관이 정하여 고시한다.

(2) 관리비 등의 집행을 위한 사업자 선정(영 제25조 제1항) 〔19·23회 출제〕

법 제25조에 따라 관리주체 또는 입주자대표회의는 다음 각 호의 구분에 따라 사업자를 선정(계약의 체결을 포함한다)하고 집행해야 한다. 〈개정 2021. 1. 5〉

---

1. 관리주체가 사업자를 선정하고 집행하는 다음 각 목의 사항
   가. 청소, 경비, 소독, 승강기유지, 지능형 홈네트워크, 수선·유지(냉방·난방시설의 청소를 포함한다)를 위한 용역 및 공사
   나. 주민공동시설의 위탁, 물품의 구입과 매각, 잡수입의 취득(공동주택의 어린이집·다함께돌봄센터·공동육아나눔터 임대에 따른 잡수입의 취득은 제외한다), 보험계약 등 국토교통부장관이 정하여 고시하는 사항
2. 입주자대표회의가 사업자를 선정하고 집행하는 사항
   가. 하자보수보증금을 사용하여 직접 보수하는 공사
   나. 사업주체로부터 지급받은 공동주택 공용부분의 하자보수비용을 사용하여 보수하는 공사
3. 입주자대표회의가 사업자를 선정하고 관리주체가 집행하는 사항
   가. 장기수선충당금을 사용하는 공사
   나. 전기안전관리(「전기안전관리법」에 따라 전기설비의 안전관리에 관한 업무를 위탁 또는 대행하게 하는 경우를 말한다)를 위한 용역

---

(3) 용역사업자 선정시 입찰참가 제한(영 제25조 제4항) 〔19회 출제〕

입주자 등은 기존 사업자(용역 사업자만 해당한다)의 서비스가 만족스럽지 못한 경우에는 전체 입주자 등의 과반수의 서면동의로 새로운 사업자의 선정을 위한 입찰에서 기존 사업자의 참가를 제한하도록 관리주체 또는 입주자대표회의에 요구할 수 있다. 이 경우 관리주체 또는 입주자대표회의는 그 요구에 따라야 한다.

(4) 계약서의 공개(법 제28조) 〈개정 2021. 8. 10.〉

제1편 행정관리실무

의무관리대상 공동주택의 관리주체 또는 입주자대표회의는 선정한 주택관리업자 또는 공사, 용역 등을 수행하는 사업자와 계약을 체결하는 경우 계약 체결일부터 1개월 이내에 그 계약서를 해당 공동주택단지의 인터넷 홈페이지 및 동별 게시판에 공개하여야 한다. 이 경우 「개인정보 보호법」에 따른 고유식별정보 등 개인의 사생활의 비밀 또는 자유를 침해할 우려가 있는 정보는 제외하고 공개하여야 한다.

04 공동주택관리비 등의 관리

1 총 설

공동주택의 관리에 있어서 관리비 등이란 관리비 및 사용료 등, 이용료, 관리비 외의 비용을 총괄하는 개념이다. 또한 관리비와 구분하여 일반적으로 사용료 등이라 말할 때에는 사용료에 관리비 외의 비용(투자비)을 포함하는 의미이며, 공동주택의 관리비 등을 공동관리비와 사용료, 이용료로 구분 부과하기도 한다.

2 관리비 등

(1) 관리비 `15·19회 출제`

공동주택관리법령에서 규정하는 관리비는 공동주택 등의 관리용역에 대한 대가이며, 유지·관리에 소요되었거나 소요될 비용으로서 입주자가 공동으로 지급하여 처리하는 비용을 말한다.

1) **관리비**(법 제23조)
   ① 의무관리대상 공동주택의 입주자 등은 그 공동주택의 유지관리를 위하여 필요한 관리비를 관리주체에게 납부하여야 한다.
   ② 관리비의 내용 등에 필요한 사항은 대통령령으로 정한다.

> **영 제23조**(관리비 등)
> ① 관리비는 다음 각 호의 비목의 월별 금액의 합계액으로 하며, 비목별 세부명세는 별표 2와 같다.
>   1. 일반관리비   2. 청소비   3. 경비비   4. 소독비   5. 승강기유지비
>   6. 지능형 홈네트워크 설비 유지비
>   7. 난방비(「주택건설기준 등에 관한 규정」에 의하여 난방열량을 계량하는 계량기 등이 설치된 공동주택의 경우에는 그 계량에 따라 산정한 난방비를 말한다)
>   8. 급탕비   9. 수선유지비(냉방·난방시설의 청소비를 포함한다)   10. 위탁관리수수료

2) 관리비항목의 구성내역

`17·19·25회 출제`

▼ 관리비의 세부내역(영 제23조 제1항 관련, 별표 2)

관리비항목	구성 내역
1. 일반관리비	• 인건비 : 급여, 제수당, 상여금, 산재보험료, 고용보험료, 국민연금, 국민건강보험료 및 식대 등 복리후생비 • 제사무비 : 일반사무용품비, 도서인쇄비, 교통통신비 등 관리사무에 직접소요는 비용 • 제세공과금 : 관리기구가 사용한 전기료, 통신료, 우편료 및 관리기구에 부과되는 세금 등 • 피복비 • 교육훈련비 • 차량유지비 : 연료비, 수리비 및 보험료 등 차량유지에 직접 소요되는 비용 • 그 밖의 부대비용 : 관리용품구입비, 회계감사비, 그 밖에 관리업무에 소요되는 비용
2. 청소비	용역시에는 용역금액, 직영시에는 청소원인건비·피복비 및 청소용품비 등 청소에 직접 소요된 비용
3. 경비비	용역시에는 용역금액, 직영시에는 경비원인건비·피복비 등 경비에 직접 소요된 비용
4. 소독비	용역시에는 용역금액, 직영시에는 소독용품비 등 소독에 직접 소요된 비용
5. 승강기유지비	용역시에는 용역금액, 직영시에는 제부대비·자재비 등, 다만 전기료는 공동으로 사용되는 시설의 전기료에 포함한다.
6. 지능형 홈네트워크 설비 유지비	용역시에는 용역금액, 직영시에는 지능형 홈네트워크 설비 관련 인건비, 자재비 등 지능형 홈네트워크 설비의 유지 및 관리에 직접 소요되는 비용. 다만, 전기료는 공동으로 사용되는 시설의 전기료에 포함한다.
7. 난방비	난방 및 급탕에 소요된 원가(유류대·난방비 및 급탕용수비)에서 급탕비를 뺀 금액
8. 급탕비	급탕용 유류대 및 급탕용수비
9. 수선유지비	• 장기수선계획에서 제외되는 공동주택의 공용부분의 수선·보수에 소요되는 비용으로 보수용역시에는 용역금액, 직영시에는 자재 및 인건비 • 냉·난방시설의 청소비, 소화기충약비 등 공동으로 이용하는 시설의 보수유지 및 제반검사비 • 건축물의 안전점검비용 • 재난 및 재해 등의 예방에 따른 비용
10. 위탁관리수수료	주택관리업자에게 위탁하여 관리하는 경우로서 입주자대표회의와 주택관리업자 간의 계약으로 정한 월간 비용

(2) 관리비와 구분징수 의무 있는 비용 `24회 출제`

관리주체는 다음의 비용에 대하여는 이를 관리비와 구분하여 징수하여야 한다(영 제23조 제2항).

> ① 장기수선충당금
> ② 「공동주택관리법 시행령」 제40조 제2항 단서에 따른 안전진단 실시비용
>
> **영 제40조**(내력구조부 안전진단)
> ② 안전진단에 드는 비용은 사업주체가 부담한다. 다만, 하자의 원인이 사업주체 외의 자에게 있는 경우에는 그 자가 부담한다.

(3) 사용료 등의 내용 `26회 출제`

1) 사용료 등이란 세대별로 구분하여 사용하고 부담하여야 할 사용료와 그 귀속이 분명한 관리비 외의 공동비용을 말한다.

2) 의무관리대상 공동주택의 관리주체는 입주자 등이 납부하는 대통령령으로 정하는 사용료 등을 입주자 등을 대행하여 그 사용료 등을 받을 자에게 납부할 수 있다(법 제23조 제3항).

> **영 제23조 제3항**(사용료 등) 〈시행 2024. 6. 11〉
> 1. 전기료(공동으로 사용하는 시설의 전기료를 포함한다)
> 2. 수도료(공동으로 사용하는 수도료를 포함한다)
> 3. 가스사용료
> 4. 지역난방 방식인 공동주택의 난방비와 급탕비
> 5. 정화조오물수수료
> 6. 생활폐기물수수료
> 7. 공동주택단지 안의 건물 전체를 대상으로 하는 보험료
> 8. 입주자대표회의 운영경비
> 9. 선거관리위원회 운영경비
> 10. 「방송법」 제64조에 따른 텔레비전방송수신료

(4) 이용료 `24·26회 출제`

1) 관리주체는 주민공동시설, 인양기 등 공용시설물의 이용료를 해당 시설의 이용자에게 따로 부과할 수 있다. 이 경우 주민공동시설의 운영을 위탁한 경우의 주민공동시설 이용료는 주민공동시설의 위탁에 따른 수수료 및 주민공동시설 관리비용 등의 범위에서 정하여 부과·징수하여야 한다(영 제23조 제4항).

2) 관리주체는 보수가 필요한 시설(누수되는 시설을 포함한다)이 2세대 이상의 공동사용에 제공되는 것인 경우에는 직접 보수하고 해당 입주자 등에게 그 비용을 따로 부과할 수 있다(영 제23조 제5항).

(5) 관리비 등의 예치관리(법 제23조제7항) **23회 출제**

관리주체는 관리비 등을 다음의 금융기관 중 입주자대표회의가 지정하는 금융기관에 예치하여 관리하되, 장기수선충당금은 별도의 계좌로 예치·관리하여야 한다. 이 경우 계좌는 관리사무소장의 직인 외에 입주자대표회의의 회장 인감을 복수로 등록할 수 있다(영 제23조 제7항).

① 「은행법」에 따른 은행
② 「중소기업은행법」에 따른 중소기업은행
③ 「상호저축은행법」에 따른 상호저축은행
④ 「보험업법」에 따른 보험회사
⑤ 그 밖의 법률에 따라 금융업무를 하는 기관으로서 국토교통부령으로 정하는 기관

(6) 관리비 등의 공개의무(법 제23조 제4항)

1) 의무관리대상 공동주택

의무관리대상 공동주택의 관리주체는 다음 각 호의 내역(항목별 산출내역을 말하며, 세대별 부과내역은 제외한다)을 대통령령으로 정하는 바에 따라 해당 공동주택단지의 인터넷 홈페이지(인터넷 홈페이지가 없는 경우에는 인터넷 포털을 통하여 관리주체가 운영·통제하는 유사한 기능의 웹사이트 또는 관리사무소의 게시판을 말한다) 및 동별 게시판(통로별 게시판이 설치된 경우에는 이를 포함한다)과 국토교통부장관이 구축·운영하는 공동주택관리정보시스템에 공개하여야 한다. 다만, 공동주택관리정보시스템에 공개하기 곤란한 경우로서 대통령령으로 정하는 경우에는 해당 공동주택단지의 인터넷 홈페이지 및 동별 게시판에만 공개할 수 있다.

① 관리비
② 사용료 등
③ 장기수선충당금과 그 적립금액
④ 그 밖에 대통령령으로 정하는 사항

영 제23조 제6항
관리주체는 관리비 등을 통합하여 부과하는 때에는 그 수입 및 집행세부내용을 쉽게 알 수 있도록 정리하여 입주자 등에게 알려주어야 한다.

영 제23조 제8항
관리비 등을 입주자 등에게 부과한 관리주체는 그 명세(난방비·급탕비 및 전기료, 수도료, 가스사용료, 지역난방 방식인 공동주택의 난방비와 급탕비까지는 사용량을, 장기수선충당금은 그 적립요율 및 사용한 금액을 각각 포함한다)를 다음 달 말일까지 해당 공동주택단지의 인터넷 홈페이지 및 동별 게시판(통로별 게시판이 설치된 경우에는 이를 포함한다)과 공동주택관리정보시스템에 공개해야 한다. 잡수입(재활용품의 매각 수입, 복리시설의 이용료 등 공동주택을 관리하면서 부수적으로 발생하는 수입을 말한다)의 경우에도 동일한 방법으로 공개해야 한다.

2) **의무관리대상 아닌 공동주택으로서 50세대 이상인 공동주택**　　24회 출제

   의무관리대상이 아닌 공동주택으로서 50세대(주택 외의 시설과 주택을 동일 건축물로 건축한 건축물의 경우 주택을 기준으로 한다) 이상인 공동주택의 관리인은 관리비 등의 내역을 위 **(6). 1)**의 공개방법에 따라 공개하여야 한다. 이 경우 100세대 미만의 공동주택 관리인은 공동주택관리정보시스템 공개를 생략할 수 있으며, 구체적인 공개 내역·기한 등은 대통령령으로 정한다. (법 제23조 제5항) 〈시행 2023. 10. 24.〉

   > **영 제23조 제10항 〈개정 2024. 6.11〉**
   > 의무관리대상 아닌 공동주택으로서 50세대 이상인 공동주택의 관리인은 다음 각 호의 관리비 등을 위의 (6).1) 영 제23조 제8항의 방법에 따라 다음 달 말일까지 공개해야 한다. 다만, 100세대(주택 외의 시설과 주택을 동일 건축물로 건축한 건축물의 경우 주택을 기준으로 한다) 미만인 공동주택의 관리인은 공동주택관리정보시스템 공개를 생략할 수 있다.
   > 1. 관리비의 비목별 월별 합계액
   > 2. 장기수선충당금
   > 3. 각각의 사용료(세대 수가 50세대 이상 100세대 미만인 공동주택의 경우에는 각각의 사용료 등의 합계액을 말한다)
   > 4. 잡수입

(7) **관리비 등의 내역에 대한 점검, 개선권고**(법 제23조 제6항~제8항)

   1) 지방자치단체의 장은 공동주택관리정보시스템에 공개된 관리비 등의 적정성을 확인하기 위하여 필요한 경우 관리비 등의 내역에 대한 점검을 대통령령으로 정하는 기관 또는 법인으로 하여금 수행하게 할 수 있다.

   > **영 제23조 제11항 〈신설 2024. 4. 9.〉**
   > ⑪ 법 제23조제6항에서 "대통령령으로 정하는 기관 또는 법인"이란 다음 각 호의 어느 하나에 해당하는 기관 또는 법인을 말한다. 〈신설 2024. 4. 9.〉
   > 1. 법 제86조에 따른 공동주택관리 지원기구
   > 2. 법 제86조의2에 따른 지역공동주택관리지원센터
   > 3. 제95조제2항에 따라 공동주택관리정보시스템의 구축·운영 업무를 위탁받은 「한국부동산원법」에 따른 한국부동산원
   > 4. 그 밖에 관리비 등 내역의 점검을 수행하는 데 필요한 전문인력과 전담조직을 갖추었다고 지방자치단체의 장이 인정하는 기관 또는 법인

   2) 지방자치단체의 장은 1)에 따른 점검 결과에 따라 관리비 등의 내역이 부적정하다고 판단되는 경우 공동주택의 입주자대표회의 및 관리주체에게 개선을 권고할 수 있다.

   3) 위 1)에 따른 점검의 내용·방법·절차 및 2)에 따른 개선 권고 등에 필요한 사항은 국토교통부령으로 정한다.

(8) 관리비예치금(법 제24조)　　24·26회 출제

1) 관리주체는 해당 공동주택의 공용부분의 관리 및 운영 등에 필요한 경비(이하 "관리비예치금")를 공동주택의 소유자로부터 징수할 수 있다.
2) 관리주체는 소유자가 공동주택의 소유권을 상실한 경우에는 위 1)에 따라 징수한 관리비예치금을 반환하여야 한다. 다만, 소유자가 관리비·사용료 및 장기수선충당금 등을 미납한 때에는 관리비예치금에서 정산한 후 그 잔액을 반환할 수 있다.
3) 관리비예치금의 징수·관리 및 운영 등에 필요한 사항은 대통령령으로 정한다.

> **영 제24조**(관리비예치금의 징수)
> 사업주체는 입주예정자의 과반수가 입주할 때까지 공동주택을 직접 관리하는 경우에는 입주예정자와 관리계약을 체결하여야 하며, 그 관리계약에 따라 관리비예치금을 징수할 수 있다.

(9) 체납된 장기수선충당금 등의 강제징수(법 제91조)　　24회 출제

국가 또는 지방자치단체인 관리주체가 관리하는 공동주택의 장기수선충당금 또는 관리비가 체납된 경우 국가 또는 지방자치단체는 국세 또는 지방세 체납처분의 예에 따라 해당 장기수선충당금 또는 관리비를 강제징수할 수 있다.

3 관리비의 산정방법

(1) 연간예산제
1년간 사용될 총관리비를 추정하여 이를 매월별로 배분하고, 다시 총연건평으로 배분하여 평당 단가를 계산한 후 각 세대별 평수를 곱하여 매월 부과하는 제도이다.

(2) 월별정산제
매월 실제 사용된 관리비를 각 항목별로 계산하여 총연건평으로 배분하여 평당 단가를 계산한 후 각 세대별 평수를 곱하여 부과하는 방식이다.

(3) 양자의 비교
1) **관리비의 부과 및 징수**
연간예산제는 연 1회 부과하고 매월 일정액을 징수하며, 월별정산제는 매월 부과하고 매월 변동되는 관리비를 징수한다.
2) **잔액발생시 처리**
연간예산제는 매년 입주자의 자산으로 계산 후 긴급시 사용하고, 월별정산제는 잔액이 발생하지 않으며 긴급시 별도 징수한다.

구 분	연간예산제	월별정산제
산정원칙	• 연간 예산액을 분양면적에 따라 균등배분하고 사용실적에 따라 정산한다. • 매월 관리비가 균등하다.	• 월간 실제 소요된 비용을 분양면적에 따라 균등배분하고 월별 정산한다. • 매월 관리비가 변동한다.
발생된 잔액의 처리	• 입주자 자산으로 회계처리한 후 차기 연도에 상계처리 반영함	• 발생잔액 없음
사용실태	• 일부 아파트단지에서만 사용	• 대부분의 아파트단지에서 사용
장 점	• 회계처리가 간편 • 인건비 절감 • 관리주체에 대한 주민들의 회계감시·감독이 용이함 • 세대별 부담에 균형이 생김 • 잔액발생시 긴급비용의 사용 가능	• 사용자 부담원칙에 부합함 • 매월 정산하므로 회계처리에 대한 민원 배제 • 물가변동에 탄력적 운영이 가능
단 점	• 사용자 부담원칙에 위배됨 • 계절 간에 수익·비용발생 불균형 • 물가변동에 대한 운용이 곤란함 • 관리행위의 소극성 존재 • 예산편성의 경직성 우려	• 가계부담 불균형 • 관리비 정산업무가 복잡함 • 긴급한 비용발생시 관리비 별도 징수 • 관리비 과다집행이 우려됨(인건비 절약 ×) • 계절별 관리비 불균형 • 세대별 부담의 불균형

4 장부 등의 열람·복사

관리주체는 월별로 관리비, 사용료 및 장기수선충당금(이하 "관리비 등")의 징수·사용·보관 및 예치 등에 관한 장부를 작성하여 이를 그 증빙자료와 함께 보관하고, 공동주택의 입주자 등이 이의 열람을 청구하거나 자기의 비용으로 복사를 요구하는 때에는 관리규약이 정하는 바에 의하여 이에 응하여야 한다.

CHAPTER 04 대외업무와 리모델링

학습포인트
- 시·도지사와 시장·군수·구청장의 업무 비교
- 용도 변경 등 행위의 허가와 신고요건
- 리모델링주택조합의 설립과 리모델링의 허가요건

01 대외업무관리의 개관

1 의 의

대외업무관리란 입주자의 정당한 권리나 이익을 유지·보존하기 위하여 관리주체가 국가, 지방자치단체 및 공공기관 등 관련 기관과 신고, 인·허가, 업무수행에 필요한 협조를 하거나 위법·부당한 행위에 대하여 시정을 요구하는 행위를 말한다.

2 목 적

입주자 등의 정당한 권리나 이익을 유지·보존하는 데 있다.

02 대외기관과의 관련 업무

1 중앙행정기관과 관련된 업무

(1) 공동주택과 관련된 중앙행정기관으로서는 국토교통부장관이 있다.

(2) 국토교통부장관의 업무
① 관리비 등 내용공개를 위한 인터넷 홈페이지 지정
② 최저주거기준의 설정·공고(의무)
③ 주거실태조사
④ 공동주택 우수관리단지의 선정
⑤ 주택관리사보 자격시험의 시행
⑥ 주택관리업자 선정지침 등 고시
⑦ 하자심사·분쟁조정위원회 설치

2 지방행정기관과 관련된 업무

(1) 시·도지사
① 공동주택 관리규약준칙의 제정
② 장기수선계획조정교육의 실시 : 장기수선계획의 비용산출 및 공사방법 등에 관한 교육
③ 주택관리업자 등에 관한 교육(주택관리업자, 관리사무소장), 관리사무소장의 직무에 관한 보수교육(휴면자격증 소지자)
④ 주택관리사 등 자격증 교부 및 자격갱신처리
⑤ 주택관리사 등 자격의 취소 또는 정지처분
⑥ 자치관리기구, 주택관리업자, 주택관리사 등에 대한 감독
⑦ 안전관리진단사항의 세부사항을 정하여 고시

(2) 시장·군수·구청장
① 내력구조부의 안전진단의뢰
② 공동주택 시설물·안전관리책임자 교육
③ 방범 교육, 시설물 안전교육, 소방안전교육
④ 입주자대표회의 구성 신고 접수기관
⑤ 주택관리업자 등록·말소·영업정지(예 주택건설사업의 등록·말소 : 국토교통부장관)
⑥ 자치관리기구, 주택관리업자, 주택관리사 등에 대한 감독
⑦ 승강기의 운행정지 명령(특별자치시장,특별자치도지사 포함)
⑧ 공동주택의 관리사무소장 배치신고 접수기관
⑨ 공동주택과 그 부대시설을 용도변경 등 행위시 허가나 신고기관
⑩ 공동주택의 동 또는 단지별 리모델링의 허가권자
⑪ 입주자대표회의 운영 및 윤리교육 실시권자
⑫ 공동주택 관리방법의 결정시 신고 접수기관

3 소방서

(1) 소방시설 점검, 소방훈련시 참여
(2) 화재발생, 응급환자 발생시 신고

4 경찰서 · 파출소

(1) 방법운용에 협력
(2) 단지 내 범죄발생시 신고
(3) 단지 내 안전사고 발생시 신고

5 한국전력공사

(1) 단전 · 정전 · 누전시 조치
(2) 전기계량기 검침

6 금융기관

(1) 관리비 수납대행
(2) 장기수선충당금 · 하자보수보증금 수납예치

03 용도변경 등 행위시 행위규제

1 개 요

공동주택의 입주자·사용자 및 관리주체는 공동주택을 사용 또는 관리함에 있어서 공동주택의 용도변경 등의 일정한 행위를 주택법령상 정하여진 기준과 절차 등에 따라 시장·군수·구청장의 허가를 받거나 신고를 한 경우에 한하여 행위를 할 수 있다.

2 용도변경 등의 행위허가 기준 등(공동주택관리법 제35조) 19·20회 출제

공동주택(일반인에게 분양되는 복리시설을 포함한다)의 입주자등 또는 관리주체가 다음 각 호의 어느 하나에 해당하는 행위를 하려는 경우에는 허가 또는 신고와 관련된 면적, 세대수 또는 입주자나 입주자등의 동의 비율에 관하여 대통령령으로 정하는 기준 및 절차 등에 따라 시장·군수·구청장의 허가를 받거나 시장·군수·구청장에게 신고를 하여야 한다. 시장·군수·구청장은 신고를 받은 경우 그 내용을 검토하여 이 법에 적합하면 신고를 수리하여야 한다. 〈신설 2021. 8. 10.〉

1. 공동주택을 사업계획에 따른 용도 외의 용도에 사용하는 행위
2. 공동주택을 증축·개축·대수선하는 행위(「주택법」에 따른 리모델링은 제외한다)
3. 공동주택을 파손하거나 해당 시설의 전부 또는 일부를 철거하는 행위(국토교통부령으로 정하는 경미한 행위는 제외한다)

규칙 제15조 제1항(시장·군수·구청장의 허가나 신고가 필요없는 경미한 행위) `20회 출제`

① 시장·군수·구청장의 허가나 신고가 필요없는 "국토교통부령으로 정하는 경미한 행위"란 다음 각 목의 어느 하나에 해당하는 행위를 말한다. 〈개정 2022.12.9〉

  가. 창틀·문틀의 교체
  나. 세대 내 천장·벽·바닥의 마감재 교체
  다. 급·배수관 등 배관설비의 교체
  라. 세대 내 난방설비의 교체(시설물의 파손·철거는 제외한다)
  마. 구내통신선로설비, 경비실과 통화가 가능한 구내전화, 지능형 홈네트워크 설비, 방송수신을 위한 공동수신설비 또는 영상정보처리기기의 교체(폐쇄회로 텔레비전과 네트워크 카메라 간의 교체를 포함한다)
  바. 보안등, 자전거보관소, 안내표지판, 담장(축대는 제외한다) 또는 보도블록의 교체
  사. 폐기물보관시설(재활용품 분류보관시설을 포함한다), 택배보관함 또는 우편함의 교체
  아. 조경시설 중 수목의 일부 제거 및 교체
  자. 주민운동시설의 교체(다른 운동종목을 위한 시설로 변경하는 것을 말하며, 면적이 변경되는 경우는 제외한다)
  차. 부대시설 중 각종 설비나 장비의 수선·유지·보수를 위한 부품의 일부 교체
  카. 그 밖에 가~차 까지의 규정에서 정한 사항과 유사한 행위로서 시장·군수·구청장이 인정하는 행위

3의2 세대구분형 공동주택을 설치하는 행위
4. 그 밖에 공동주택의 효율적 관리에 지장을 주는 행위로서 대통령령으로 정하는 행위
  가. 공동주택의 용도폐지
  나. 공동주택의 재축·증설 및 비내력벽의 철거(입주자 공유가 아닌 복리시설의 비내력벽의 철거는 제외한다) 〈개정 2018. 11. 20.〉

제4장 대외업무와 리모델링

3 용도 외 사용 등의 행위허가 또는 신고의 기준(영 별표 3)

(1) 공동주택의 행위허가 또는 신고의 기준 〈개정 2024. 4. 9〉   10·13·14·23회 출제

▼ 공동주택의 행위허가 또는 신고의 기준(영 제35조 제1항 관련, 별표 3)

구 분		허가기준	신고기준
(1) 용도변경	공동주택	법령의 개정이나 여건 변동 등으로 인하여 「주택건설기준 등에 관한 규정」에 따른 주택의 건설기준에 부적합하게 된 공동주택의 전유부분을 같은 영에 적합한 시설로 용도를 변경하는 경우로서 <u>전체 입주자 2/3 이상의 동의</u>를 받은 경우	-
	입주자 공유가 아닌 복리시설	-	「주택건설기준 등에 관한 규정」에 따른 설치기준에 적합한 범위에서 부대시설이나 입주자 공유가 아닌 복리시설로 용도를 변경하는 경우. 다만, 다음의 어느 하나에 해당하는 경우는 「건축법」 등 관계 법령에 따른다. 1) 「주택법 시행령」 제7조 제1호(제1종 근린생활시설) 또는 제2호[제2종 근린생활시설(총포판매소, 장의사, 다중생활시설, 단란주점 및 안마시술소는 제외한다)]에 해당하는 시설 간에 용도를 변경하는 경우 2) 시·군·구 건축위원회의 심의를 거쳐 용도를 변경하는 경우
	부대시설 및 입주자 공유인 복리시설	<u>전체 입주자 2/3 이상의 동의</u>를 얻어 주민운동시설, 주택단지 안의 도로 및 어린이놀이터를 각각 전체 면적의 4분의 3 범위에서 주차장 용도로 변경하는 경우[2013년 12월 17일 이전에 종전의 「주택건설촉진법」 (법률 제6916호 주택건설촉진법개정법률로 개정되기 전의 것을 말한다) 제33조 및 종전의 「주택법」(법률 제13805호 주택법 전부개정법률로 개정되기 전의 것을 말한다) 제16조에 따른 사업계획승인을 신청하거나 「건축법」 제11조에 따른 건축허가를 받아 건축한 20세대 이상의 공동주택으로 한정한다]로서 그 용도변경의 필요성을 시장·군수·구청장이 인정하는 경우	1) 「주택건설기준 등에 관한 규정」에 따른 설치기준에 적합한 범위에서 다음의 구분에 따른 동의요건을 충족하여 부대시설이나 주민공동시설로 용도변경을 하는 경우(영리를 목적으로 하지 않는 경우로 한정한다시). 이 경우 필수시설(경로당은 제외하며, 어린이집은 「주택법」 제49조에 따른 사용검사일 또는 「건축법」 제22조에 따른 사용승인일부터 1년 동안 「영유아보육법」 제13조에 따른 인가신청이 없는 경우이거나 「영유아보육법」 제43조에 따른 폐지신고일부터 6개월이 지난 경우만 해당한다)은 시·군·구 건축위원회 심의를 거쳐 그 전부를 다른 용도로 변경할 수 있다.

구분		허가기준	신고기준
			가) 필수시설이나 경비원 등 근로자 휴게시설로 용도변경을 하는 경우: 전체 입주자등 1/2 이상의 동의 나) 그 밖의 경우: 전체 입주자등 2/3 이상의 동의 2) 2013년 12월 17일 전에 종전의 「주택법」에 따른 사업계획승인을 신청하여 설치한 주민공동시설의 설치면적이 「주택건설기준 등에 관한 규정」에 따라 산정한 면적기준에 적합하지 않은 경우로서 다음의 구분에 따른 동의요건을 충족하여 주민공동시설을 다른 용도의 주민공동시설로 용도변경을 하는 경우. 이 경우 필수시설(경로당은 제외하며, 어린이집은 「주택법」 제49조에 따른 사용검사일 또는 「건축법」 제22조에 따른 사용승인일부터 1년 동안 「영유아보육법」 제13조에 따른 인가신청이 없는 경우이거나 「영유아보육법」 제43조에 따른 폐지신고일부터 6개월이 지난 경우만 해당한다)은 시·군·구 건축위원회 심의를 거쳐 그 전부를 다른 용도로 변경할 수 있다. 가) 필수시설로 용도변경을 하는 경우: 전체 입주자등 1/2 이상의 동의 나) 그 밖의 경우: 전체 입주자등 2/3 이상의 동의
(2) 개축·재축·대수선	공동주택	해당 동 입주자 2/3 이상의 동의를 받은 경우. 다만, <u>내력벽에 배관설비를 설치하는 경우에는 해당 동에 거주하는 입주자등 1/2 이상의 동의를 받아야</u> 한다.	—
	부대시설 및 입주자 공유인 복리시설	전체 입주자 2/3 이상의 동의를 받은 경우. 다만, <u>내력벽에 배관설비를 설치하는 경우에는 전체 입주자등 2분의 1 이상의 동의를 받아야</u> 한다.	—
(3) 파손·철	공동주택	1) 시설물 또는 설비의 철거로 <u>구조안전에 이상이 없다고</u> 시장·군수·구청장이 인정하는 경우로서 다음의 구분에 따른 동의요건을 충족하는 경우	1) 노약자나 장애인의 편리를 위한 계단의 단층 철거 등 경미한 행위로서 입주자대표회의의 동의를 받은 경우 2) 「방송통신설비의 기술기준에 관한 규정」 제3조제1항제15호의 이동통신구내중계설

제4장 대외업무와 리모델링

구분		허가기준	신고기준
거		가) 전유부분의 경우: 해당 동에 거주하는 입주자등 1/2 이상의 동의 나) 공용부분의 경우: 해당 동 입주자등 2/3 이상의 동의. 다만, 비내력벽을 철거하는 경우에는 해당 동에 거주하는 입주자등 1/2 이상의 동의를 받아야 한다. 2) 위해의 방지를 위하여 시장·군수·구청장이 부득이하다고 인정하는 경우로서 해당 동에 거주하는 입주자등 1/2 이상의 동의를 받은 경우	비를 철거하는 경우로서 입주자대표회의 동의를 받은 경우 3) 물막이설비를 철거하는 경우로서 입주자대표회의의 동의를 받은 경우
	부대시설 및 입주자 공유인 복리시설	1) 건축물인 부대시설 또는 복리시설을 전부 철거하는 경우로서 전체 입주자등 2/3 이상의 동의를 받은 경우 2) 시설물 또는 설비의 철거로 구조안전에 이상이 없다고 시장·군수·구청장이 인정하는 경우로서 다음의 구분에 따른 동의요건을 충족하는 경우 가) 건축물 내부인 경우: 전체 입주자등 1/2 이상의 동의 나) 그 밖의 경우: 전체 입주자등 2/3 이상의 동의 3) 위해의 방지를 위하여 시설물 또는 설비를 철거하는 경우에는 시장·군수·구청장이 부득이하다고 인정하는 경우로서 전체 입주자등 1/2 이상의 동의를 받은 경우	1) 노약자나 장애인의 편리를 위한 계단의 단층 철거 등 경미한 행위로서 입주자대표회의의 동의를 받은 경우 2) 이동통신구내중계설비를 철거하는 경우로서 입주자대표회의의 동의를 받은 경우 3) 물막이설비를 철거하는 경우로서 입주자대표회의의 동의를 받은 경우 4) 국토교통부령으로 정하는 경미한 사항으로서 입주자대표회의의 동의를 받은 경우
(4) 용도폐지	공동주택	1) 위해의 방지를 위하여 시장·군수·구청장이 부득이하다고 인정하는 경우로서 해당 동 입주자 2/3이상의 동의를 받은 경우 2) 「주택법」 제54조에 따라 공급했으나 전체세대가 분양되지 않은 경우로서 시장·군수·구청장이 인정하는 경우	-
	입주자 공유가 아닌 복리시설	위해의 방지를 위하여 시장·군수·구청장이 부득이하다고 인정하는 경우	-

구분		허가기준	신고기준
(5) 증축·증설	부대시설 및 입주자 공유인 복리시설	위해의 방지를 위하여 시장·군수·구청장이 부득이하다고 인정하는 경우로서 전체 입주자 2/3 이상의 동의를 받은 경우	-
	공동주택 및 입주자 공유가 아닌 복리시설	1) 다음의 어느 하나에 해당하는 증축의 경우 가) 증축하려는 건축물의 위치·규모 및 용도가 「주택법」제15조에 따른 사업계획승인을 받은 범위에 해당하는 경우 나) 시·군·구 건축위원회의 심의를 거쳐 건축물을 증축하는 경우 다) 공동주택의 필로티 부분을 전체 입주자 2/3 이상 및 해당 동 입주자 2/3 이상의 동의를 받아 국토교통부령으로 정하는 범위에서 주민공동시설로 증축하는 경우로서 통행, 안전 및 소음 등에 지장이 없다고 시장·군수·구청장이 인정하는 경우 2) 구조안전에 이상이 없다고 시장·군수·구청장이 인정하는 증설로서 다음의 구분에 따른 동의요건을 충족하는 경우 가) 공동주택의 전유부분인 경우: 해당 동에 거주하는 입주자등 1/2 이상의 동의 나) 공동주택의 공용부분인 경우: 해당 동 입주자등 2/3 이상의 동의	1) 「주택법」제49조에 따른 사용검사를 받은 면적의 10퍼센트의 범위에서 유치원을 증축(「주택건설기준 등에 관한 규정」에 따른 설치기준에 적합한 경우로 한정한다)하거나 「장애인·노인·임산부 등의 편의증진보장에 관한 법률」 제2조제2호의 편의시설을 설치하려는 경우 2) 이동통신구내중계설비를 설치하는 경우로서 입주자대표회의 동의를 받은 경우 3) 물막이설비를 설치하는 경우로서 입주자대표회의의 동의를 받은 경우
	부대시설 및 입주자 공유인 복리시설	1) 전체 입주자 2/3 이상의 동의를 받아 증축하는 경우 2) 구조안전에 이상이 없다고 시장·군수·구청장이 인정하는 증설로서 다음의 구분에 따른 동의요건을 충족하는 경우 가) 건축물 내부의 경우: 전체 입주자등 1/2 이상의 동의 나) 그 밖의 경우: 전체 입주자등 2/3 이상의 동의	1) 국토교통부령이 정하는 경미한 사항으로서 입주자대표회의 동의를 받은 경우 2) 주차장에 「환경친화적 자동차의 개발 및 보급 촉진에 관한 법률」의 전기자동차의 고정형 충전기 및 충전 전용 주차구획을 설치하는 행위로서 입주자대표회의의 동의를 받은 경우 3) 이동통신구내중계설비를 설치하는 경우로서 입주자대표회의 동의를 받은 경우 4) 물막이설비를 설치하는 경우로서 입주자대표회의의 동의를 받은 경우

구 분	허가기준	신고기준

(6) 세대구분형 공동주택의 설치	「주택법 시행령」제9조제1항제2호의 요건을 충족하는 경우로서 다음 각 목의 구분에 따른 요건을 충족하는 경우
	가. 대수선이 포함된 경우
	  1) 내력벽에 배관설비를 설치하는 경우: 해당 동에 거주하는 입주자등 1/2 이상의 동의를 받은 경우
	  2) 그 밖의 경우: 해당 동 입주자 2/3 이상의 동의를 받은 경우
	나. 그 밖의 경우: 시장·군수·구청장이 구조안전에 이상이 없다고 인정하는 경우로서 해당 동에 거주하는 입주자등 1/2 이상의 동의를 받은 경우	

1. 비고
   ㉠ "공동주택"이란 「주택법」에 따른 공동주택을 말한다.
   ㉡ "증설"이란 증축에 해당하지 않는 것으로서 시설물 또는 설비를 늘리는 것을 말한다.
   ㉢ 시장·군수·구청장은 위 표에 따른 행위가 「건축법」에 따라 구조의 안전을 확인해야 하는 사항인 경우 같은 항에 따라 구조의 안전을 확인했는지 여부를 확인해야 한다.
   ㉣ "필수시설"이란 「주택건설기준 등에 관한 규정」 제55조의2제3항 각 호 구분에 따라 설치해야 하는 주민공동시설을 말한다.
   ㉤ 「건축법」에 따른 건축허가를 받아 분양을 목적으로 건축한 공동주택 및 「건축법」에 따른 건축허가를 받아 주택과 주택 외의 시설을 동일건물로 건축한 건축물에 대해서는 제1호 다목(부대시설 및 입주자 공유인 복리시설의 용도변경)의 허가기준만을 적용하고, 그 외의 개축·재축·대수선 등은 「건축법」 등 관계 법령에 따른다.
   ㉥ "시설물"이란 다음 각 목의 어느 하나에 해당하는 것을 말한다.
      가. 비내력벽 등 건축물의 주요구조부가 아닌 구성요소
      나. 건축물 내·외부에 설치되는 건축물이 아닌 공작물(工作物)
   ㉦ 시장·군수·구청장은 위 표에 따른 행위가 「건축물관리법」 제2조제7호의 해체(건축물을 건축·대수선·리모델링하거나 멸실시키기 위하여 건축물 전체 또는 일부를 파괴하거나 절단하여 제거하는 것)에 해당하는 경우 같은 법 제30조(건축물 해체의 허가)를 준수했는지 여부를 확인해야 한다.
   ㉧ 입주자 공유가 아닌 복리시설의 개축·재축·대수선, 파손·철거 및 증설은 「건축법」 등 관계 법령에 따른다.

2. 영 별표 3 (5) 증축·증설의 공동주택 및 입주자 공유가 아닌 복리시설 허가기준 1) 다에서 "국토교통부령으로 정하는 범위"란 다음의 기준을 모두 갖춘 경우를 말한다.〈규칙 제15조③〉〈시행 2020. 11. 12〉 **23회 출제**
   ㉠ 도서실(작은도서관 포함), 주민교육시설(영리를 목적으로 하지 아니하고 공동주택의 거주자를 위한 교육장소를 말한다), 청소년 수련시설, 주민휴게시설, 독서실, 입주자집회소에 해당하는 주민공동시설일 것
   ㉡ 위 ㉠의 주민공동시설로 증축하려는 필로티 부분의 면적 합계가 해당 주택단지 내의 필로티 부분 총면적의 100분의 30 이내일 것

ⓒ 위 ⓛ에 따른 주민공동시설의 증축면적을 해당 공동주택의 바닥면적에 산입할 경우 용적률이 관계 법령에 따른 건축 기준에 위반되지 아니할 것

3. 영 별표 3 (3) 파손·철거 또는 (5) 증축·증설의 부대시설 및 입주자 공유인 복리시설 신고기준란에서 "국토교통부령으로 정하는 경미한 사항"이란 「주택건설기준 등에 관한 규정」에 적합한 범위에서 다음의 각 호의 시설을 사용검사를 받은 면적 또는 규모의 10% 범위에서 파손·철거 또는 증축·증설하는 경우를 말한다. 〈규칙 제15조②〉 〈개정 2022. 12. 9〉

㉠ 주차장, 조경시설, 어린이놀이터, 관리사무소, 경비원 등 근로자 휴게시설, 경로당 또는 입주자집회소
㉡ 대문, 담장 또는 공중화장실
㉢ 경비실과 통화가 가능한 구내전화 또는 영상정보처리기기
㉣ 보안등, 자전거보관소 또는 안내표지판
㉤ 옹벽, 축대[문주(문기둥)를 포함한다] 또는 주택단지 안의 도로
㉥ 폐기물보관시설(재활용품 분류보관시설을 포함한다), 택배보관함 또는 우편함
㉦ 주민운동시설(실외에 설치된 시설로 한정한다)

(2) 벌칙

1) 허가대상인 용도변경 등 행위를 허가 없이 행위한 자는 1년 이하의 징역 또는 1천만원 이하의 벌금에 처한다.
2) 신고대상인 용도변경 등 행위를 신고하지 아니하고 행한 자는 5백만원 이하의 과태료에 처한다.

04 리모델링제도

1 리모델링의 정의   19·21회 출제

"리모델링"이란 건축물의 노후화 억제 또는 기능 향상 등을 위한 다음의 어느 하나에 해당하는 행위를 말한다(주택법 제2조 제25호).

PROFESSOR COMMENT

지속가능한 공동주거관리 방법 중 하나인 리모델링은 물리적·기능적으로 노후화된 건축물을 대수선하거나 건축물의 일부를 증축 또는 개축하여 수명을 연장시킬 뿐만 아니라 새로운 사회적 기능을 부여함으로써 건축물 총체적 개념의 자산상승을 유발시키는 행위이다.

1) 대수선(大修繕)

2) 주거전용면적 증축

사용검사일(주택단지 안의 공동주택 전부에 대하여 임시사용승인을 받은 경우에는 그 임시사용승인일) 또는 「건축법」에 따른 사용승인일부터 15년[15년 이상 20년 미만의 연수 중 특별시·광역시·특별자치시·도 또는 특별자치도(이하 "시·도"라 한다)의 조례로 정하는 경우에는 그 연수로 한다]이 경과된 공동주택을 각 세대의 주거전용면적(「건축법」에 따른 건축물대장 중 집합건축물대장의 전유부분의 면적을 말한다)의 30퍼센트 이내(세대의 주거전용면적이 85㎡ 미만인 경우에는 40퍼센트 이내)에서 증축하는 행위. 이 경우 공동주택의 기능 향상 등을 위하여 공용부분에 대하여도 별도로 증축할 수 있다.

3) 세대수 증가형 및 수직증축형 리모델링

위 2)에 따른 각 세대의 증축 가능 면적을 합산한 면적의 범위에서 기존 세대수의 15퍼센트 이내에서 세대수를 증가하는 증축 행위(이하 "세대수 증가형 리모델링"). 다만, 수직으로 증축하는 행위(이하 "수직증축형 리모델링")는 다음 요건을 모두 충족하는 경우로 한정한다.

① 최대 3개층 이하로서 대통령령으로 정하는 범위에서 증축할 것

> **영 제13조 제1항**(수직증축형 리모델링의 허용 요건)
> 위 ①에서 "대통령령으로 정하는 범위"란 다음 각 호의 구분에 따른 범위를 말한다.
> 1. 수직으로 증축하는 행위(이하 "수직증축형 리모델링")의 대상이 되는 기존 건축물의 층수가 15층 이상인 경우: 3개층
> 2. 수직증축형 리모델링의 대상이 되는 기존 건축물의 층수가 14층 이하인 경우: 2개층

② 리모델링 대상 건축물의 구조도 보유 등 대통령령으로 정하는 요건을 갖출 것

> **영 제13조 제2항**(수직증축형 리모델링의 허용 요건)
> 위 ②에서 "리모델링 대상 건축물의 구조도 보유 등 대통령령으로 정하는 요건"이란 수직증축형 리모델링의 대상이 되는 기존 건축물의 신축 당시 구조도를 보유하고 있는 것을 말한다.

2 리모델링 기본계획

(1) 리모델링 기본계획의 정의(주택법 제2조 제26호)

"리모델링 기본계획"이란 세대수 증가형 리모델링으로 인한 도시과밀, 이주수요 집중 등을 체계적으로 관리하기 위하여 수립하는 계획을 말한다.

(2) 리모델링 기본계획의 수립권자 및 대상지역 등(법 제71조)

1) **특별시·광역시 및 대도시 - 원칙적 수립**

특별시장·광역시장 및 대도시의 시장은 관할구역에 대하여 일정한 사항을 포함한 리모델링 기본계획을 10년 단위로 수립하여야 한다. 다만, 세대수 증가형 리모델링에 따른 도시과밀의 우려가 적은 경우 등 대통령령으로 정하는 경우에는 리모델링 기본계획을 수립하지 아니할 수 있다.

2) **대도시가 아닌 시 - 예외적 수립**

대도시가 아닌 시의 시장은 세대수 증가형 리모델링에 따른 도시과밀이나 일시집중 등이 우려되어 도지사가 리모델링 기본계획의 수립이 필요하다고 인정한 경우 리모델링 기본계획을 수립하여야 한다.

3) **리모델링 기본계획의 작성기준 및 작성방법 등**

리모델링 기본계획의 작성기준 및 작성방법 등은 국토교통부장관이 정한다.

(3) 리모델링 기본계획의 고시 등(법 제73조)

1) **고시**

특별시장·광역시장 및 대도시의 시장은 리모델링 기본계획을 수립하거나 변경한 때에는 이를 지체 없이 해당 지방자치단체의 공보에 고시하여야 한다.

2) **타당성 검토**

특별시장·광역시장 및 대도시의 시장은 5년마다 리모델링 기본계획의 타당성을 검토하여 그 결과를 리모델링 기본계획에 반영하여야 한다. 〈개정 2020. 6. 9.〉

3 리모델링 행위와 허가 등

(1) 리모델링행위와 시장·군수·구청장의 허가

1) 입주자, 사용자, 관리주체의 리모델링(법 제66조 제1항)

공동주택(부대시설과 복리시설을 포함한다)의 입주자·사용자 또는 관리주체가 리모델링 행위를 하려는 경우에는 허가와 관련된 면적, 세대수 또는 입주자 등의 동의비율(공사기간, 공사방법이 적혀있는 동의서에 입주자 전체의 동의를 받아야 한다)에 관하여 대통령령으로 정하는 기준 및 절차 등에 따라 시장·군수·구청장의 허가를 받아야 한다.

2) 리모델링주택조합 또는 입주자대표회의의 리모델링(법 제66조 제2항) 〈개정 2020. 1. 23.〉

① 대통령령으로 정하는 기준 및 절차 등에 따라 리모델링 결의를 한 리모델링주택조합이나 소유자 전원의 동의를 받은 입주자대표회의(「공동주택관리법」에 따른 입주자대표회의를 말한다)가 시장·군수·구청장의 허가를 받아 리모델링을 할 수 있다. 이 경우에 리모델링에 동의한 입주자는 리모델링주택조합 또는 입주자대표회의가 시장·군수·구청장에게 허가신청서를 제출하기 전까지 서면으로 그 동의를 철회할 수 있다.

② 위 ①에 따라 리모델링을 하는 경우 설립인가를 받은 리모델링주택조합의 총회 또는 소유자 전원의 동의를 받은 입주자대표회의에서 「건설산업기본법」에 따른 등록건설업자 또는 「주택법」에 따라 「건설산업기본법」상의 건설업자로 보는 등록사업자를 시공자로 선정하여야 한다.

③ 위 ②에 따른 시공자를 선정하는 경우에는 국토교통부장관이 정하는 경쟁입찰의 방법으로 하여야 한다. 다만, 경쟁입찰의 방법으로 시공자를 선정하는 것이 곤란하다고 인정되는 경우 등 대통령령으로 정하는 경우에는 그러하지 아니하다.

> **영 제76조**(리모델링의 시공자 선정)
> 위에서 "대통령령으로 정하는 경우"란 시공자 선정을 위하여 국토교통부장관이 정하는 경쟁입찰의 방법으로 2회 이상 경쟁입찰을 하였으나 입찰자의 수가 해당 경쟁입찰의 방법에서 정하는 최저 입찰자 수에 미달하여 경쟁입찰의 방법으로 시공자를 선정할 수 없게 된 경우를 말한다.

3) 증축형 리모델링의 안전진단(법 제68조)

① 증축형 리모델링을 하려는 자는 시장·군수·구청장에게 안전진단을 요청하여야 하며, 안전진단을 요청받은 시장·군수·구청장은 해당 건축물의 증축 가능 여부의 확인 등을 위하여 안전진단을 실시하여야 한다.

② 시장·군수·구청장은 안전진단을 실시하는 경우에는 대통령령으로 정하는 기관(국토안전관리원, 한국건설기술연구원, 등록한 안전진단전문기관)에 안전진단을 의뢰하여야 하며, 안전진단을 의뢰받은 기관은 리모델링을 하려는 자가 추천한 건축구조기술사(구조설계를 담당할 자를 말한다)와 함께 안전진단을 실시하여야 한다.

> **영 제78조**(증축형 리모델링의 안전진단) 〈개정 2020. 12. 1〉
> ② 시장·군수·구청장은 안전진단을 실시한 기관에 안전진단을 의뢰해서는 아니 된다. 다만, 다음 각 호의 어느 하나에 해당하는 경우에는 그러하지 아니하다.
> 1. 안전진단을 실시한 기관이 국토안전관리원 또는 한국건설기술연구원인 경우
> 2. 안전진단 의뢰(2회 이상 「지방자치단체를 당사자로 하는 계약에 관한 법률」에 따라 입찰에 부치거나 수의계약을 시도하는 경우로 한정한다)에 응하는 기관이 없는 경우

③ 시장·군수·구청장이 안전진단으로 건축물 구조의 안전에 위험이 있다고 평가하여 「도시 및 주거환경정비법」에 따른 주택재건축사업 및 「빈집 및 소규모주택 정비에 관한 특례법」에 따른 소규모재건축사업의 시행이 필요하다고 결정한 건축물에 대하여는 증축형 리모델링을 하여서는 아니 된다.

④ 시장·군수·구청장은 수직증축형 리모델링을 허가한 후에 해당 건축물의 구조안전성 등에 대한 상세 확인을 위하여 안전진단을 실시하여야 한다. 이 경우 안전진단을 의뢰받은 기관은 건축구조기술사와 함께 안전진단을 실시하여야 하며, 리모델링을 하려는 자는 안전진단 후 구조설계의 변경 등이 필요한 경우에는 건축구조기술사로 하여금 이를 보완하도록 하여야 한다.

⑤ 위 ② 및 ④에 따라 안전진단을 의뢰받은 기관은 안전진단을 실시하고, 안전진단 결과보고서를 작성하여 안전진단을 요청한 자와 시장·군수·구청장에게 제출하여야 한다.

> **영 제78조**(증축형 리모델링의 안전진단)
> ③ 안전진단전문기관으로부터 안전진단 결과보고서를 제출받은 시장·군수·구청장은 필요하다고 인정하는 경우에는 제출받은 날부터 7일 이내에 국토안전관리원 또는 한국건설기술연구원에 안전진단 결과보고서의 적정성에 대한 검토를 의뢰할 수 있다.
> ④ 시장·군수·구청장은 안전진단을 한 경우에는 제출받은 안전진단 결과보고서, 적정성 검토 결과 및 리모델링 기본계획을 고려하여 안전진단을 요청한 자에게 증축 가능 여부를 통보하여야 한다.

⑥ 시장·군수·구청장은 안전진단을 실시하는 비용의 전부 또는 일부를 리모델링을 하려는 자에게 부담하게 할 수 있다.

4) 세대수 증가형 리모델링

① 시·군·구도시계획위원회의 심의(법 제66조 제6항)

시장·군수·구청장이 세대수가 증가되는 리모델링(50세대 이상으로 세대수가 증가하는 경우로 한정한다)을 허가하려는 경우에는 기반시설에의 영향이나 도시·군관리계획과의 부합 여부 등에 대하여 「국토의 계획 및 이용에 관한 법률」에 따라 설치된 시·군·구도시계획위원회의 심의를 거쳐야 한다.

제4장 대외업무와 리모델링

② 권리변동계획의 수립(법 제67조)

세대수가 증가되는 리모델링을 하는 경우에는 기존 주택의 권리변동, 비용분담 등 대통령령으로 정하는 사항에 대한 계획(이하 "권리변동계획")을 수립하여 사업계획승인 또는 행위허가를 받아야 한다.

> **영 제77조**(권리변동계획의 내용) 〈개정 2020. 7. 24〉
> ① "기존 주택의 권리변동, 비용분담 등 대통령령으로 정하는 사항"이란 다음 각 호의 사항을 말한다.
>   1. 리모델링 전후의 대지 및 건축물의 권리변동 명세
>   2. 조합원의 비용분담
>   3. 사업비
>   4. 조합원 외의 자에 대한 분양계획
>   5. 그 밖에 리모델링과 관련한 권리 등에 대하여 해당 시·도 또는 시·군의 조례로 정하는 사항
> ② 대지 및 건축물의 권리변동 명세를 작성하거나 조합원의 비용분담 금액을 산정하는 경우에는 「감정평가 및 감정평가사에 관한 법률」 제2조 제4호에 따른 감정평가법인등이 리모델링 전후의 재산 또는 권리에 대하여 평가한 금액을 기준으로 할 수 있다.

③ 리모델링 기본계획 수립 대상지역에서 세대수 증가형 리모델링을 허가하려는 시장·군수·구청장은 해당 리모델링 기본계획에 부합하는 범위에서 허가하여야 한다(법 제66조 제9항).

5) 수직증축형 리모델링의 구조기준과 안전성 검토 등

① 구조기준(법 제70조)

수직증축형 리모델링의 설계자는 국토교통부장관이 정하여 고시하는 구조기준에 맞게 구조설계도서를 작성하여야 한다.

② 전문기관의 안전성 검토 등(법 제69조, 영 제79조) 〈개정 2020. 12. 1.〉

㉠ 시장·군수·구청장은 수직증축형 리모델링을 하려는 자가 건축위원회의 심의를 요청하는 경우 구조계획상 증축범위의 적정성 등에 대하여 대통령령으로 정하는 전문기관(한국건설기술연구원, 국토안전관리원)에 안전성 검토를 의뢰하여야 한다.

㉡ 시장·군수·구청장은 수직증축형 리모델링을 하려는 자의 허가 신청이 있거나 수직증축형 리모델링 허가 후의 안전진단 결과 설계도서의 변경이 있는 경우 제출된 설계도서상 구조안전의 적정성 여부 등에 대하여 위 ㉠에 따라 검토를 수행한 전문기관에 안전성 검토를 의뢰하여야 한다.

㉢ 위 ㉠ 및 ㉡에 따라 검토의뢰를 받은 전문기관은 검토기준에 따라 검토한 결과를 안전성 검토를 의뢰받은 날부터 30일[다만, 검토 의뢰를 받은 전문기관이 부득이하게 검토기간의 연장이 필요하다고 인정하여 20일의 범위에서 그 기간을 연장(한 차례로 한정한다)한 경우 그 연장된 기간을 포함한 기간]이내에 시장·군수·구청장에게 제출하여야 하며, 시장·군수·구청장은 특별한 사유가 없는 경우 이 법 및 관계 법률에 따

른 위원회의 심의 또는 허가시 제출받은 안전성 검토결과를 반영하여야 한다.
　　㉣ 시장·군수·구청장은 전문기관의 안전성 검토비용의 전부 또는 일부를 리모델링을 하려는 자에게 부담하게 할 수 있다.

6) **리모델링 지원센터의 설치·운영**(법 제75조)
① 시장·군수·구청장은 리모델링의 원활한 추진을 지원하기 위하여 리모델링 지원센터를 설치하여 운영할 수 있다.
② 리모델링 지원센터는 다음의 업무를 수행할 수 있다.

1. 리모델링주택조합 설립을 위한 업무 지원	2. 설계자 및 시공자 선정 등에 대한 지원
3. 권리변동계획 수립에 관한 지원	4. 그 밖에 지방자치단체의 조례로 정하는 사항

7) **리모델링 공사의 완료와 사용검사**
공동주택의 입주자·사용자·관리주체·입주자대표회의 또는 리모델링주택조합이 제1항 또는 제2항에 따른 리모델링에 관하여 시장·군수·구청장의 허가를 받은 후 그 공사를 완료하였을 때에는 시장·군수·구청장의 사용검사를 받아야 한다(법 제66조 제7항).

8) **리모델링 행위허가의 임의적 취소**(법 제66조 제8항)
시장·군수·구청장은 공동주택의 입주자·사용자·관리주체·입주자대표회의 또는 리모델링주택조합이 거짓이나 그 밖의 부정한 방법으로 리모델링에 따른 허가를 받은 경우에는 행위허가를 취소할 수 있다.

(2) 리모델링의 허가기준 〈개정 2017. 2. 13.〉

1) **공동주택 리모델링의 허가기준**(주택법시행령 제75조 제1항 관련, 별표 4)

구분	세부기준
동의비율	1. 입주자·사용자 또는 관리주체의 경우 공사기간, 공사방법 등이 적혀 있는 동의서에 입주자 전체의 동의를 받아야 한다. 2. 리모델링주택조합의 경우 리모델링 설계의 개요, 공사비, 조합원의 비용분담 명세의 사항이 적혀 있는 결의서에 주택단지 전체를 리모델링하는 경우에는 주택단지 전체 구분소유자 및 의결권의 각 75퍼센트 이상의 동의와 각 동별 구분소유자 및 의결권의 각 50퍼센트 이상의 동의를 받아야 하며(리모델링을 하지 않는 별동의 건축물로 입주자 공유가 아닌 복리시설 등의 소유자는 권리변동이 없는 경우에 한정하여 동의비율 산정에서 제외한다), 동을 리모델링하는 경우에는 그 동의 구분소유자 및 의결권의 각 75퍼센트 이상의 동의를 받아야 한다. 3. 입주자대표회의 경우 리모델링 설계의 개요, 공사비, 소유자의 비용분담 명세의 사항이 적혀 있는 결의서에 주택단지의 소유자 전원의 동의를 받아야 한다.

구분	세부기준
허용행위	1. 공동주택 1) 리모델링은 주택단지별 또는 동별로 한다. 2) 복리시설을 분양하기 위한 것이 아니어야 한다. 다만, 1층을 필로티 구조로 전용하여 세대의 일부 또는 전부를 부대시설 및 복리시설 등으로 이용하는 경우에는 그렇지 않다. 3) 2)에 따라 1층을 필로티 구조로 전용하는 경우 수직증축 허용범위를 초과하여 증축하는 것이 아니어야 한다. 4) 내력벽의 철거에 의하여 세대를 합치는 행위가 아니어야 한다. 2. 입주자 공유가 아닌 복리시설 등 1) 사용검사를 받은 후 10년 이상 지난 복리시설로서 공동주택과 동시에 리모델링하는 경우로서 시장·군수·구청장이 구조안전에 지장이 없다고 인정하는 경우로 한정한다. 2) 증축은 기존건축물 연면적 합계의 10분의 1 이내여야 하고, 증축 범위는 「건축법 시행령」 제6조 제2항 제2호 나목에 따른다. 다만, 주택과 주택 외의 시설이 동일 건축물로 건축된 경우는 주택의 증축 면적비율의 범위 안에서 증축할 수 있다.

2) 입주자 공유 아닌 복리시설의 리모델링 증축 범위

건축법 시행령 제6조(적용의 완화) **제2항 제2호 나목**
증축은 기능향상 등을 고려하여 국토교통부령으로 정하는 규모와 범위에서 할 것

건축법 시행규칙 제2조의5(적용의 완화)
영 제6조 제2항 제2호 나목에서 "국토교통부령으로 정하는 규모 및 범위"란 다음 각 호의 구분에 따른 증축을 말한다. 〈개정 2022. 2. 11〉

1. 증축의 규모는 다음 각 목의 기준에 따라야 한다.
   가. 연면적의 증가
     1) 공동주택이 아닌 건축물로서 「수택법 시행령」에 따른 소형주택으로의 용도변경을 위하여 증축되는 건축물 및 공동주택 : 건축위원회의 심의에서 정한 범위 이내일 것
     2) 그 외의 건축물 : 기존 건축물 연면적 합계의 10분의 1의 범위에서 건축위원회의 심의에서 정한 범위 이내일 것. 다만, 법 제5조에 따른 허가권자[허가권자가 구청장인 경우에는 특별시장이나 광역시장을 말한다]가 리모델링 활성화가 필요하다고 인정하여 지정·공고한 지역은 기존 건축물의 연면적 합계의 10분의 3의 범위에서 건축위원회 심의에서 정한 범위 이내일 것.
   나. 건축물의 층수 및 높이의 증가 : 건축위원회 심의에서 정한 범위 이내일 것
   다. 「주택법」에 따른 사업계획승인 대상인 공동주택 세대수의 증가 : 가목에 따라 증축가능한 연면적의 범위에서 기존 세대수의 100분의 15를 상한으로 건축위원회 심의에서 정한 범위 이내일 것

2. 증축할 수 있는 범위는 다음 각 목의 구분에 따른다.
   가. 공동주택
      1) 승강기·계단 및 복도
      2) 각 세대 내의 노대·화장실·창고 및 거실
      3) 「주택법」에 따른 부대시설
      4) 「주택법」에 따른 복리시설
      5) 기존 공동주택의 높이·층수 또는 층별 세대수
   나. 가목 외의 건축물
      1) 승강기·계단 및 주차시설
      2) 노인 및 장애인 등을 위한 편의시설
      3) 외부벽체
      4) 통신시설·기계설비·화장실·정화조 및 오수처리시설
      5) 기존 건축물의 높이 및 층수
      6) 「건축법」에 따른 거실

3) 리모델링의 신청 등

리모델링 허가를 받으려는 자는 허가신청서에 국토교통부령으로 정하는 서류를 첨부하여 시장·군수·구청장에게 제출하여야 한다(영 제75조 제2항).

규칙 제28조(리모델링의 신청 등)
② 영 제75조 제2항에서 "국토교통부령으로 정하는 서류"란 다음 각 호의 서류를 말한다.
   1. 리모델링하려는 건축물의 종별에 따른 서류 및 도서. 다만, 증축을 포함하는 리모델링의 경우에는 건축계획서 중 구조계획서(기존 내력벽, 기둥, 보 등 골조의 존치계획서를 포함한다), 지질조사서 및 시방서를 포함한다.
   2. 입주자의 동의서 및 매도청구권 행사를 입증할 수 있는 서류
   3. 세대를 합치거나 분할하는 등 세대수를 증감시키는 행위를 하는 경우에는 그 동의 변경 전과 변경 후의 평면도
   4. 세대수 증가형 리모델링을 하는 경우에는 권리변동계획서
   5. 증축형 리모델링을 하는 경우에는 안전진단결과서
   6. 리모델링주택조합의 경우에는 주택조합설립인가서 사본
③ 리모델링 허가신청을 받은 시장·군수·구청장은 그 신청이 영 별표 4에 따른 기준에 적합한 경우에는 리모델링 허가증명서를 발급하여야 한다.

4) 리모델링주택조합의 설립 등(법 제11조 제1항, 제3항)

① 많은 수의 구성원이 주택을 리모델링하기 위하여 주택조합을 설립하려는 경우(직장주택조합의 경우는 제외한다)에는 관할 특별자치시장, 특별자치도지사, 시장, 군수 또는 구청장의 인가를 받아야 한다. 인가받은 내용을 변경하거나 주택조합을 해산하려는 경우에도 또한 같다.

제4장 대외업무와 리모델링

② 위 ①에 따라 주택을 리모델링하기 위하여 주택조합을 설립하려는 경우에는 다음의 구분에 따른 구분소유자와 의결권(「집합건물의 소유 및 관리에 관한 법률」에 따른 의결권을 말한다)의 결의를 증명하는 서류를 첨부하여 관할 시장·군수·구청장의 인가를 받아야 한다.
㉠ 주택단지 전체를 리모델링하고자 하는 경우에는 주택단지 전체의 구분소유자와 의결권의 각 2/3 이상의 결의 및 각 동의 구분소유자와 의결권의 각 과반수의 결의
㉡ 동을 리모델링하고자 하는 경우에는 그 동의 구분소유자 및 의결권의 각 3분의 2 이상의 결의

구 분			동의기준
리모델링 주택조합	설립인가	단지 전체 리모델링시	주택단지 전체의 구분소유자와 의결권의 각 2/3 이상의 결의 + 각 동의 구분소유자와 의결권의 각 과반수의 결의
		일부 동 리모델링시	그 동의 구분소유자 및 의결권의 각 2/3 이상의 결의
	행위허가	단지 전체 리모델링시	주택단지 전체 구분소유자와 의결권의 각 75% 이상의 동의 + 각 동별 구분소유자 및 의결권의 각 50% 이상의 동의
		일부 동 리모델링시	그 동의 구분소유자 및 의결권의 각 75% 이상의 동의
입주자대표회의			주택단지의 주택소유자 전원의 동의

영 제20조(리모델링주택조합의 설립인가 등) 〈개정 2020. 7. 24.〉
① 주택조합의 설립·변경 또는 해산의 인가를 받으려는 자는 신청서에 일정한 서류를 첨부하여 주택건설대지(리모델링주택조합의 경우에는 해당 주택의 소재지를 말한다)를 관할하는 시장·군수 또는 구청장에게 제출해야 한다.
② 리모델링주택조합의 설립에 동의한 자로부터 건축물을 취득한 자는 조합의 설립에 동의한 것으로 본다.

영 제23조 제1항(주택조합의 사업계획승인신청 등)
① 주택조합은 설립인가를 받은 날부터 2년 이내에 사업계획승인[사업계획승인 대상이 아닌 리모델링인 경우에는 허가(시장·군수·구청장의 허가)를 말한다]을 신청하여야 한다.

4 공동주택 리모델링에 따른 특례(법 제76조)

(1) 공동주택의 소유자가 리모델링에 의하여 전유부분(「집합건물의 소유 및 관리에 관한 법률」에 따른 전유부분을 말한다)의 면적이 늘거나 줄어드는 경우에는 「집합건물의 소유 및 관리에 관한 법률」에도 불구하고 대지사용권은 변하지 아니하는 것으로 본다. 다만, 세대수 증가를 수반하는 리모델링의 경우에는 권리변동계획에 따른다.

(2) 공동주택의 소유자가 리모델링에 의하여 일부 공용부분(「집합건물의 소유 및 관리에 관한 법률」에 따른 공용부분을 말한다)의 면적을 전유부분의 면적으로 변경한 경우에는 「집합건물의 소유 및 관리에 관한 법률」에도 불구하고 그 소유자의 나머지 공용부분의 면적은 변하지 아니하는 것으로 본다.

(3) 대지사용권 및 공용부분의 면적에 관하여는 위 **(1)**과 **(2)**에도 불구하고 소유자가「집합건물의 소유 및 관리에 관한 법률」에 따른 규약으로 달리 정한 경우에는 그 규약에 따른다.

(4) 임대차계약 당시 다음의 어느 하나에 해당하여 그 사실을 임차인에게 고지한 경우로서 리모델링 허가를 받은 경우에는 해당 리모델링 건축물에 관한 임대차계약에 대하여「주택임대차보호법」제4조 제1항 및「상가건물 임대차보호법」제9조 제1항을 적용하지 아니한다.

> 1. 임대차계약 당시 해당 건축물의 소유자들(입주자대표회의를 포함한다)이 리모델링주택조합 설립인가를 받은 경우
> 2. 임대차계약 당시 해당 건축물의 입주자대표회의가 직접 리모델링을 실시하기 위하여 관할 시장·군수·구청장에게 안전진단을 요청한 경우

(5) 리모델링주택조합의 법인격에 관하여는「도시 및 주거환경정비법」제38조를 준용한다. 즉, 조합은 법인으로 한다. 조합은 조합설립인가를 받은 날부터 30일 이내에 주된 사무소의 소재지에서 대통령령으로 정하는 사항을 등기하는 때에 성립한다. 조합은 명칭에 "리모델링주택조합"이라는 문자를 사용하여야 한다. 〈신설 2020. 1. 23.〉

(6) 권리변동계획에 따라 소유권이 이전되는 토지 또는 건축물에 대한 권리의 확정 등에 관하여는「도시 및 주거환경정비법」제87조를 준용한다. 즉, ① 대지 또는 건축물을 분양받을 자에게 소유권을 이전한 경우 종전의 토지 또는 건축물에 설정된 지상권·전세권·저당권·임차권·가등기담보권·가압류 등 등기된 권리 및「주택임대차보호법」제3조 제1항의 요건을 갖춘 임차권은 소유권을 이전받은 대지 또는 건축물에 설정된 것으로 본다. ② 취득하는 대지 또는 건축물 중 권리변동계획에 따라 구분소유자에게 소유권이 이전되는 토지 또는 건축물은「도시개발법」제40조에 따라 행하여진 환지로 본다. ③ 보류지와 권리변동계획에 따라 구분소유자 외의 자에게 소유권이 이전되는 토지 또는 건축물은「도시개발법」제34조에 따른 보류지 또는 체비지로 본다. 〈신설 2020. 1. 23.〉

5 부정행위 금지(법 제77조)

공공동주택의 리모델링과 관련하여 입주자·사용자·관리주체·입주자대표회의 또는 그 구성원·리모델링주택조합 또는 그 구성원의 어느 하나에 해당하는 자는 부정하게 재물 또는 재산상의 이익을 취득하거나 제공하여서는 아니 된다.

CHAPTER 05 사무·인사관리

- 관리사무소장의 업무, 구성원의 교육훈련
- 「근로기준법」, 「노동조합 및 노동관계조정법」, 「최저임금법」, 「남녀고용평등 및 일·가정 양립지원에 관한 법률」 등
- 4대 보험법의 관장기관, 자격, 이의신청 등

01 사무관리의 의의

1 사무관리의 의의

사무관리란 문서에 의한 모든 행위를 효율적으로 수행하고 사무업무의 능률이 향상되도록 계획하고 실행하며 통제하는 관리행위이다. 사무관리의 목적은 관리주체의 사무업무를 체계적이고 과학적으로 관리하여 효율적이고 능률적으로 관리업무를 계획·수행·통제하는 데 있다.

2 사무업무의 자동화

(1) 사무자동화의 필요성

정보화의 발달로 컴퓨터 시스템을 이용한 각종 업무의 발전과 프로그램의 개발로 인하여 사무업무를 체계적이고 정확하며 신속하게 처리하되, 처리비용의 효율성을 위하여 사무업무에 대한 자동화의 필요성이 대두되고, 「주택법」 제정으로 전자우편이나 인터넷 홈페이지를 통하여 게시하도록 함으로써 관리업무의 전산화를 꾀하게 하고 있다.

(2) 사무자동화의 목적

① 관리업무의 기록, 보관, 정보의 전산화 등으로 업무를 과학적이고 체계적으로 관리한다.
② 관리통합업무 시스템의 도입으로 효율적인 사무관리를 도모한다.
③ 관리업무의 자동화 처리로 관리직원의 업무활동을 확대한다.
④ 관리업무의 신속한 처리로 인력 및 경비절감 등 비용의 효율성을 도모한다.

02 문서관리

1 문서관리의 의의

문서란 관리기구가 대·내외적으로 업무상 작성·시행되는 문서, 그림, 도면과 관리기구가 접수한 모든 문서를 말한다. 문서관리란 이러한 문서를 작성·접수하고 일정한 원칙에 따라 분류·보존하는 관리행위를 말하며 사무관리의 한 분야이다. 협의의 사무관리는 이러한 문서관리를 의미한다.

2 문서분류의 원칙

문서의 분류는 일정한 원칙에 따라 분류하여야 하며 그 기준은 다음과 같다.

(1) 점진의 원칙

문서를 분류·정리하는 경우에는 간단한 내용으로부터 시작하여 복잡한 내용의 문서 순으로 편철·분류하는 원칙을 말한다.

(2) 상호배제의 원칙

문서를 분류·편철할 경우에는 문서의 내용이 상호 중복되지 않아야 한다는 원칙을 말한다.

(3) 병치의 원칙

문서의 단위가 서로 종속되어 대범주에 종속되는 부분이 없도록 모든 단위별로 병행하여 대등하게 분류·편철하는 원칙을 말한다.

(4) 종합의 원칙

내용상·기능상 유사한 성질을 가진 문서들을 묶어서 그 부문별로 분류하는 원칙을 말한다.

(5) 일관성의 원칙

문서분류의 원칙과 기준이 정해지면 그 기준에 입각하여 새로 발생하는 문서를 일관성 있게 분류·보존하는 원칙을 말한다.

 「**공동주택관리법령**」상 공동주택관리를 위하여 관리주체가 반드시 보관해야 하는 문서

① 장기수선계획
② 관리비·사용료 및 장기수선충당금의 징수·사용·보관 및 예치 등에 관한 장부와 증빙자료
③ 입주자대표회의 회의록
④ 안전관리점검 기록부에 관한 문서
⑤ 공동주택관리규약
⑥ 책임점검 및 안전관리진단에 관한 문서
[예외] 관리사무소 직원의 업무분장 및 조직구성에 관한 문서, 인사·노무관련문서, 하자보수문서(×)

3 문서별 보존기간

16·18·20회 출제

보존기간	문서의 종류
5년 보존	퇴직급여 중간정산 관련 증명서류, 관리비등의 징수·보관·예치·집행 등 모든 거래 행위에 관하여 월별로 작성한 장부 및 그 증빙서류(해당 회계연도 종료일부터 5년간), 주택관리업자 및 사업자 선정 관련 증빙서류(해당 계약 체결일부터 5년간),
4년 보존	전기설비의 안전관리에 관한 기록
3년 보존	각종 근로 관계 서류[근로자명부 및 근로계약서, 직장 내 성희롱 예방교육을 하였음을 확인할 수 있는 서류(사업주), 배우자 출산휴가의 청구 및 허용에 관한 서류, 육아휴직의 신청 및 허용에 관한 서류, 육아기 근로시간 단축의 신청 및 허용에 관한 서류 등], 급수관의 세척·갱생·교체 등 조치결과 및 관련된 자료, 다중이용시설의 실내공기질 측정결과기록(소유자 등), 오수처리시설·정화조의 방류수 수질검사기록(공동주택 소유자 등), 어린이놀이시설 안전점검실시대장 또는 안전진단실시대장(관리주체), 수질검사 성적서 등의 보존(「수도법」·「먹는물관리법」), 일반용 전기설비의 점검결과,
2년 보존	공동주택 저수조의 청소 및 위생점검, 수질검사 및 수질기준 위반에 따른 조치결과 기록, 소방시설 작동점검 또는 종합점검 실시 결과(소방안전관리대상물의 관계인), 자위소방대 및 초기대응체계 소방교육 실시 결과 기록부(소방안전관리자), 가스위해예방조치기록부,
1개월 이상 보존	주차장법에 따라 설치된 영상정보처리기기의 촬영자료
30일 이상 보존	공동주택관리법령에 따라 공동주택에 설치된 영상정보처리기기의 촬영자료

03 조직 및 인사관리

1 개 요

(1) 개 념
공동주택의 관리업무를 담당하거나 이를 관리·감독할 기구를 편성하고, 관리업무를 분장하여 분장된 관리업무를 수행할 유능한 전문인력을 선발하거나 교육하는 관리행위를 말한다. 합리적 조직의 편성과 적절한 인사관리는 곧 관리업무의 전문성과 효율성을 제고하게 된다.

(2) 조직 및 인사관리의 내용

1) 조직관리
   ① 관리방법에 따른 관리기구의 조직구성 사항
   ② 관리사무소장에 관한 사항

2) 인사관리
   ① 직무분석
   ② 모집과 선발
   ③ 배치와 교육 및 훈련
   ④ 근무성적평가
   ⑤ 보수 및 상·벌제도
   ⑥ 관리인의 신분보장

2 조직관리

(1) 공동주택의 관리방식에 따른 구분
1) 사업주체관리방식
2) 자치관리방식
3) 위탁관리방식

(2) 관리사무소장

1) 관리사무소와 관리사무소장
   ① 관리사무소는 공동주택의 부대시설로서 관리주체의 업무를 효율적으로 수행하기 위하여 필요한 장소이며 공동주택의 관리기구이다.
   ② 공동주택의 관리사무소장은 관리업무를 총괄하고 대외적으로 관리사무소를 대표하는 집행기관으로서의 지위와 권리를 갖는다.
   ③ 관리사무소장은 선량한 관리자의 주의로 그 직무를 수행하여야 한다(법 제64조 제4항).

제5장 사무·인사관리

2) **관리사무소장의 업무**(법 제64조) `12·23·24·25·26·27회 출제`

관리사무소장은 공동주택을 안전하고 효율적으로 관리하여 공동주택의 입주자 등의 권익을 보호하기 위하여 다음의 업무를 집행한다(제2항). 한편, 관리사무소장은 ①의 ㉠ 및 ㉡과 관련하여 입주자대표회의를 대리하여 재판상 또는 재판 외의 행위를 할 수 있다(제3항).

① 입주자대표회의에서 의결하는 다음의 업무
  ㉠ 공동주택의 운영·관리·유지·보수·교체·개량
  ㉡ ㉠의 업무를 집행하기 위한 관리비·장기수선충당금이나 그 밖의 경비의 청구·수령·지출 및 그 금액을 관리하는 업무
② 하자의 발견 및 하자보수의 청구, 장기수선계획의 조정, 시설물 안전관리계획의 수립 및 건축물의 안전점검에 관한 업무. 다만, 비용지출을 수반하는 사항에 대하여는 입주자대표회의의 의결을 거쳐야 한다.
③ 관리사무소 업무의 지휘·총괄
④ 그 밖에 공동주택관리에 관하여 국토교통부령으로 정하는 업무(규칙 제30조 제1항)
  ㉠ 영 제63조 제1항 각 호 및 이 규칙 제29조 각 호의 업무를 지휘·총괄하는 업무
  ㉡ 입주자대표회의 및 선거관리위원회의 운영에 필요한 업무 지원 및 사무처리
  ㉢ 안전관리계획의 조정. 이 경우 3년마다 조정하되, 관리여건상 필요하여 관리사무소장이 입주자대표회의 구성원 과반수의 서면동의를 받은 경우에는 3년이 지나기 전에 조정할 수 있다.
  ㉣ 관리비 등이 예치된 금융기관으로부터 매월 말일을 기준으로 발급받은 잔고증명서의 금액과 장부상 금액이 일치하는지 여부를 관리비 등이 부과된 달의 다음 달 10일까지 확인하는 업무 〈개정 2023. 6. 13.〉

3) **관리사무소장의 업무에 대한 부당 간섭 배제 등**(법 제65조) 〈개정 2021. 8. 10. 시행 2022. 2. 11.〉
① 입주자대표회의(구성원을 포함한다) 및 입주자등은 제64조 제2항에 따른 관리사무소장의 업무에 대하여 다음 각 호의 어느 하나에 해당하는 행위를 하여서는 아니 된다.
  가. 이 법 또는 관계 법령에 위반되는 지시를 하거나 명령을 하는 등 부당하게 간섭하는 행위
  나. 폭행, 협박 등 위력을 사용하여 정당한 업무를 방해하는 행위
② 관리사무소장은 입주자대표회의 또는 입주자등이 ①을 위반한 경우 입주자대표회의 또는 입주자등에게 그 위반사실을 설명하고 해당 행위를 중단할 것을 요청하거나 부당한 지시 또는 명령의 이행을 거부할 수 있으며, 시장·군수·구청장에게 이를 보고하고, 사실 조사를 의뢰할 수 있다.
③ 시장·군수·구청장은 ②에 따라 사실 조사를 의뢰받은 때에는 지체 없이 조사를 마치고, 제1항을 위반한 사실이 있다고 인정하는 경우 법 제93조에 따라 입주자대표회의 및 입주자등에게 필요한 명령 등의 조치를 하여야 한다. 이 경우 범죄혐의가 있다고 인정될 만한 상당한 이유가 있을 때에는 수사기관에 고발할 수 있다.

④ 시장·군수·구청장은 사실 조사 결과 또는 필요한 명령 등의 조치 결과를 지체 없이 입주자대표회의, 해당 입주자등, 주택관리업자 및 관리사무소장에게 통보하여야 한다.

⑤ 입주자대표회의는 ②에 따른 보고나 사실 조사 의뢰 또는 ③에 따른 명령 등을 이유로 관리사무소장을 해임하거나 해임하도록 주택관리업자에게 요구하여서는 아니 된다.

4) 관리사무소장의 배치(법 제64조 제1항) `17·18·27회 출제`

① 의무관리대상 공동주택을 관리하는 다음의 어느 하나에 해당하는 자는 주택관리사를 해당 공동주택의 관리사무소장으로 배치하여야 한다. 다만, 대통령령으로 정하는 세대수(500세대) 미만의 공동주택에는 주택관리사를 갈음하여 주택관리사보를 해당 공동주택의 관리사무소장으로 배치할 수 있다.

㉠ 입주자대표회의(자치관리의 경우에 한정한다)
㉡ 관리업무를 인계하기 전의 사업주체
㉢ 주택관리업자
㉣ 임대사업자

② 위 ① 각 호의 자는 주택관리사 등을 관리사무소장의 보조자로 배치할 수 있다.

5) 관리사무소장의 배치신고 `24회 출제`

① 관리사무소장은 그 배치 내용과 업무의 집행에 사용할 직인을 국토교통부령으로 정하는 바에 따라 시장·군수·구청장에게 신고하여야 한다. 신고한 배치 내용과 직인을 변경할 때에도 또한 같다(법 제64조 제5항).

② 시장·군수 또는 구청장은 법 제89조 제2항(권한의 위임·위탁)에 따라 관리사무소장의 배치내용 및 직인신고의 접수에 관한 업무를 주택관리사단체에 위탁한다(영 제95조 제9항).

③ 배치 내용과 업무의 집행에 사용할 직인을 신고하려는 공동주택의 관리사무소장은 배치된 날부터 15일 이내에 관리사무소장 배치 및 직인 (변경)신고서에 다음의 서류를 첨부하여 주택관리사단체에 제출하여야 한다(규칙 제30조 제2항).

---

1. 관리사무소장 교육 또는 주택관리사등의 교육 이수현황(주택관리사단체가 해당 교육 이수현황을 발급하는 경우에는 제출하지 아니할 수 있다) 1부
2. 임명장 사본 1부. 다만, 배치된 공동주택의 전임(前任) 관리사무소장이 배치종료 신고를 하지 아니한 경우에는 배치를 증명하는 다음 각 목의 구분에 따른 서류를 함께 제출하여야 한다.
   가. 공동주택의 관리방법이 자치관리인 경우 : 근로계약서 사본 1부
   나. 공동주택의 관리방법이 위탁관리인 경우 : 위·수탁 계약서 사본 1부
3. 주택관리사보자격시험 합격증서 또는 주택관리사 자격증 사본 1부
4. 주택관리사 등의 손해배상책임을 보장하기 위한 보증설정을 입증하는 서류 1부

④ 신고한 배치 내용과 업무의 집행에 사용하는 직인을 변경하려는 관리사무소장은 변경 사유(관리사무소장의 배치가 종료된 경우를 포함한다)가 발생한 날부터 15일 이내에 관리사무소장 배치 및 직인 (변경)신고서에 변경내용을 증명하는 서류를 첨부하여 주택관리사단체에 제출하여야 한다.
⑤ 신고 또는 변경신고를 접수한 주택관리사단체는 관리사무소장의 배치내용 및 직인신고 (변경신고하는 경우를 포함한다) 접수 현황을 분기별로 시장·군수·구청장에게 보고하여야 한다.
⑥ 주택관리사단체는 관리사무소장이 신고 또는 변경신고에 대한 증명서 발급을 요청하면 즉시 관리사무소장의 배치 및 직인 (변경)신고증명서를 발급하여야 한다.

6) 관리사무소장의 손해배상책임   `20·22·23회 출제`

① 주택관리사 등의 손해배상책임(법 제66조)
  ㉠ 주택관리사 등은 관리사무소장의 업무를 집행하면서 고의 또는 과실로 입주자 등에게 재산상의 손해를 입힌 경우에는 그 손해를 배상할 책임이 있다.
  ㉡ 손해배상책임을 보장하기 위하여 주택관리사 등은 대통령령으로 정하는 바에 따라 보증보험 또는 공제에 가입하거나 공탁을 하여야 한다.
  ㉢ 주택관리사 등은 손해배상책임을 보장하기 위한 보증보험 또는 공제에 가입하거나 공탁을 한 후 해당 공동주택의 관리사무소장으로 배치된 날에 다음의 어느 하나에 해당하는 자에게 보증보험 등에 가입한 사실을 입증하는 서류를 제출하여야 한다.

> 1. 입주자대표회의의 회장
> 2. 임대주택의 경우에는 임대사업자
> 3. 입주자대표회의가 없는 경우에는 시장·군수·구청장

  ㉣ 공탁한 공탁금은 주택관리사 등이 해당 공동주택의 관리사무소장의 직책을 사임하거나 그 직에서 해임된 날 또는 사망한 날부터 3년 이내에는 회수할 수 없다.

② 손해배상책임의 보장(영 제70조)
  관리사무소장으로 배치된 주택관리사 등은 손해배상책임을 보장하기 위하여 다음의 구분에 따른 금액을 보장하는 보증보험 또는 공제에 가입하거나 공탁을 하여야 한다.

> 1. 500세대 미만의 공동주택 : 3천만원
> 2. 500세대 이상의 공동주택 : 5천만원

③ 보증설정의 변경(영 제71조)
  ㉠ 관리사무소장의 손해배상책임을 보장하기 위한 보증보험 또는 공제에 가입하거나 공탁을 한 조치(이하 "보증설정")를 이행한 주택관리사 등은 그 보증설정을 다른 보증설정으로 변경하려는 경우에는 해당 보증설정의 효력이 있는 기간 중에 다른 보증설정을 하여야 한다.

ⓒ ②의 보증보험 또는 공제에 가입한 주택관리사 등으로서 보증기간이 만료되어 다시 보증설정을 하려는 자는 그 보증기간이 만료되기 전에 다시 보증설정을 하여야 한다.
ⓒ 위 ㉠ 및 ㉡에 따라 보증설정을 한 경우에는 해당 보증설정을 입증하는 서류를 위 6) ① ㉢에 따라 제출하여야 한다.

④ 보증보험금 등의 지급 등(영 제72조)
㉠ 입주자대표회의는 손해배상금으로 보증보험금·공제금 또는 공탁금을 지급받으려는 경우에는 다음의 어느 하나에 해당하는 서류를 첨부하여 보증보험회사, 공제회사 또는 공탁기관에 손해배상금의 지급을 청구하여야 한다.
ⓐ 입주자대표회의와 주택관리사 등 간의 손해배상합의서 또는 화해조서
ⓑ 확정된 법원의 판결문 사본
ⓒ ⓐ 또는 ⓑ에 준하는 효력이 있는 서류
㉡ 주택관리사 등은 보증보험금·공제금 또는 공탁금으로 손해배상을 한 때에는 15일 이내에 보증보험 또는 공제에 다시 가입하거나 공탁금 중 부족하게 된 금액을 보전하여야 한다.

(3) 경비원 등 근로자의 업무 등(법 제65조의2) ⟨신설 2020. 10. 20⟩ [26회 출제]

① 공동주택에 경비원을 배치한 경비업자(「경비업법」 제4조 제1항에 따라 허가를 받은 경비업자를 말한다)는 「경비업법」 제7조 제5항에도 불구하고 대통령령으로 정하는 공동주택 관리에 필요한 업무에 경비원을 종사하게 할 수 있다.

> **영 제69조의2**(경비원이 예외적으로 종사할 수 있는 업무 등)⟨신설 2021. 10. 19.⟩
> ① (3) ①에서 "대통령령으로 정하는 공동주택 관리에 필요한 업무"란 다음 각 호의 업무를 말한다.
>   1. 청소와 이에 준하는 미화의 보조
>   2. 재활용 가능 자원의 분리배출 감시 및 정리
>   3. 안내문의 게시와 우편수취함 투입
> ② 공동주택 경비원은 공동주택에서의 도난, 화재, 그 밖의 혼잡 등으로 인한 위험발생을 방지하기 위한 범위에서 주차 관리와 택배물품 보관 업무를 수행할 수 있다.

② 입주자등, 입주자대표회의 및 관리주체 등은 경비원 등 근로자에게 적정한 보수를 지급하고, 처우개선과 인권존중을 위하여 노력하여야 한다.
③ 입주자등, 입주자대표회의 및 관리주체 등은 경비원 등 근로자에게 다음 각 호의 어느 하나에 해당하는 행위를 하여서는 아니 된다.
  1. 이 법 또는 관계 법령에 위반되는 지시를 하거나 명령을 하는 행위
  2. 업무 이외에 부당한 지시를 하거나 명령을 하는 행위
④ 경비원 등 근로자는 입주자등에게 수준 높은 근로 서비스를 제공하여야 한다.

(4) 관리조직과 관리기구

1) 개요

관리사무소의 기구는 관리방식 여하에 따라 다소 차이가 있지만 대체적으로 그 계층과 맡는 업무는 크게 차이가 없다. 즉, 합리적 관리활동에 필요한 조직으로서 관리사무소장 밑에 총무과, 기관과, 전기과로 크게 구분하고 있다. 이러한 직제편성은 공동주택규모에 따라 통합 또는 세분하여 편성할 수 있다.

2) 위탁관리방식에서의 공동주택관리기구의 예시

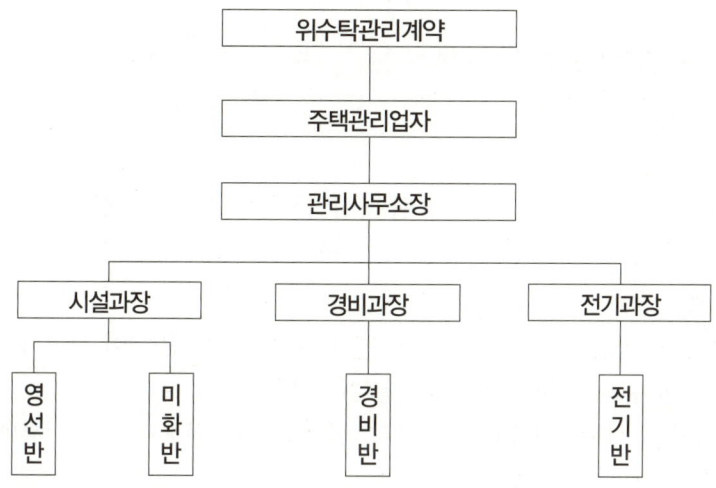

① 관리사무소장은 관리업무를 총괄하고 관리사무소를 대표한다.
② 시설과는 영선(營繕)업무를 담당하며 급수, 급탕, 배수, 난방설비 등의 유지관리업무, 단지 내 공용부분 및 전유부분 시설의 보수업무를 담당한다. 미화업무는 주동의 청소를 담당한다.
③ 경비반은 단지 내 안전관리업무를 담당한다.
④ 전기과는 변전실 및 동력·전기통신·방송시설·승강기 등의 유지관리업무를 담당한다.

3 인사관리

(1) 의 의

1) 인사관리의 개념

인사관리란 관리주체가 공동주택관리의 목적을 달성하기 위하여 관리기구의 합리적인 업무분장 및 그 조직편성의 기준에 따라 유능하고도 전문적인 관리직원을 채용·배치하며, 적정한 보수와 교육을 통하여 직무상의 사기를 앙양하고 능력을 향상시켜서 인력을 최대한 활용하는 관리행위를 말한다.

2) 인사관리의 내용
① 직무분석
② 모집과 선발
③ 배치와 교육 및 훈련
④ 근무성적평가
⑤ 보수 및 상·벌제도
⑥ 관리인의 신분보장

(2) 직무분석
직무분석이란 관리조직이 요구하는 일의 내용이나 요건을 정리·분석하는 과정을 말한다. 직무분석의 목적은 인사관리가 일관성 있고 공정하게 수행될 수 있도록 하는 데 있어서 직무에 관한 객관적 자료를 제공하는 것이다.

(3) 관리기구 구성원의 모집과 선발
1) 구성원의 모집
① **모집의 개념**
모집이란 관리조직에 필요한 유능한 구성인력을 확보하는 과정으로서 관리주체의 목적달성에 기여할 수 있는 양질의 인력을 체계적으로 유인하는 과정을 말한다.
② **모집방법**
㉠ **개별모집** : 공공직업소개소, 학교, 연고 등의 소개에 의하여 관리직원을 모집하는 것으로서 소수의 직원이 결원시 채용하는 방법
㉡ **공개모집** : 신문이나 TV 또는 잡지, 인터넷, 생활정보지 등의 언론매체를 통하여 공개적으로 관리인을 모집하는 방법

2) 구성원의 선발
관리인을 선발한다는 것은 인사관리업무에서 가장 중요한 사항으로 지원자를 대상으로 적정한 인원을 합리적인 선발기준에 의하여 선발하여야 한다. 선발방법에는 시험에 의한 선발, 서류전형 및 면접에 의한 선발, 종합적인 방법에 의한 선발 등이 있다.

(4) 배 치
배치란 선발절차에 따라 자격을 갖춘 유능한 적임자를 관리주체의 목적과 적절한 직무에 근무하게 하는 인사관리를 말한다. 적정배치의 원칙에 입각해서 배치시 종합적인 고려를 통해 적재적소에 배치한다.

(5) 교육 및 훈련
1) 의의
① 관리직의 전문성 및 관리능력을 배양하고 관리업무의 효율성을 높여 관리주체의 관리목적을 궁극적으로 달성할 수 있게 하는 데 필요한 제반 훈련과 교육을 말한다.
② 교육훈련의 궁극적인 목적은 직무수행능력의 향상에 있다.

2) 교육훈련의 방법

① **강의식 교육** : 강사가 다수의 직원을 대상으로 특정분야의 지식을 구두로 전달하는 방법으로 단시간 내에 교육훈련의 성과를 기대할 때 사용하며 시간이나 비용을 절약할 수 있다.

② **현장교육** : 기술을 습득한 선임자가 초보자에게 직무에 관한 내용을 교육시킬 때 유용하다.

③ **감수성교육** : 자기감정에 대한 상대방의 반응 등을 감지하는 소집단 미팅의 교육훈련방법이다.

④ **사례연구** : 직무분야에서 실제 발생된 사례를 주제로 제시하여 토의에 의해 문제의 본질이나 해결책을 규명하는 교육훈련방법이다. 간접경험을 통해 문제에 대처할 수 있는 능력을 향상시킨다.

⑤ OJT(On-the-Job Training) : OJT는 부하육성을 위해 실시하는 관리자의 관리활동으로서 보통 "직장 내 교육"이라고 말하고 있다. 실무와 밀착된 교육이며, 개인의 능력 수준에 맞춘 교육이다. 그리고 계획적·단계적으로 실시할 수 있는 교육이고 관리감독자의 직무의 일부이다. 또 지식이나 기능의 전달·승계의 의미를 갖고 직장 내 커뮤니케이션의 유력한 수단이며, 업무를 개선·향상시키는 것과 관리감독자의 능력개발과 직결된다. OJT는 직장을 벗어나서 일반적, 추상적, 획일적으로 실시하는 집합교육에 반해 직장 내에서 상사가 부하와 1 대 1이 되어 작업지식이나 기능, 작업태도 등에 Man to Man(면대면)의 형식으로 실시하는 교육이다.

⑥ Off-JT(Off - the Job Training : 직장 외 교육, 집합교육)
　㉠ **의의** : Off JT란 교육훈련을 담당하는 전문스태프의 책임하에 이루어지는 것으로서 직장 내 교육훈련 이외의 모든 교육훈련을 말하는데, 기업 내에 있는 양성소나 연수원 등과 같은 특정의 교육훈련시설을 통해서 하는 것은 물론, 전문적인 훈련기관에 위탁하여 수행하는 경우도 있다. 따라서 내용적으로 볼 때 이는 집합교육으로서의 성격을 갖는다.
　㉡ **장·단점**
　　ⓐ 현장의 작업과는 직접적인 관련을 갖지 않는 보편적인 내용, 예컨대 일반적인 작업에 대한 사고방식이나 작업의 개선방식 및 인간관계의 중요성 등을 교육하는 데 적합하다.
　　ⓑ 현장작업과 관계없이 예정된 계획에 따라 훈련할 수 있다는 장점이 있다.
　　ⓒ 반면 시간적으로 융통성이 없으며, OJT와는 달리 실습이 없어서 그 결과를 곧 현장에서 활용하기 어렵다는 단점이 있다.

3) 관리주체와 구성원의 교육훈련
① 공동주택관리법령상의 관리기구 구성원의 교육
② 공동주택관리법령상 교육에 관한 업무의 위탁
  ㉠ 국토교통부장관은 층간소음의 피해 예방 및 분쟁 해결을 지원하기 위하여 다음 각 호의 업무를 수행하는 기관 또는 단체를 지정하여 고시할 수 있다(영 제21조의3). 〈신설 2023. 10. 24.〉

  - 층간소음 예방 및 분쟁 조정 교육("층간소음예방등교육") → 층간소음분쟁해결지원기관

  ㉡ 시·도지사는 다음 교육을 주택관리에 관한 전문기관 또는 단체를 지정하여 위탁한다(영 제95조 제3항).

    1. 장기수선계획의 조정교육
    2. 주택관리업자 및 관리사무소장에 대한 교육

  ㉢ 시장·군수 또는 구청장은 다음 교육 등을 전문기관 또는 단체를 지정하여 위탁한다.

  - 입주자대표회의 구성원 교육 → 공동주택관리 지원기구
  - 방범교육 → 관할 경찰서장 또는 공동주택관리 지원기구
  - 소방에 관한 안전교육 → 관할 소방서장 또는 공동주택관리 지원기구
  - 시설물 안전교육 → 공동주택관리 지원기구 또는 주택관리사단체
  - 소규모 공동주택의 안전관리 업무 → 한국시설안전공단 또는 주택관리사단체

(6) 근무성적평가

1) 서설

근무성적평가란 관리조직의 각종 직무에 종사하고 있는 직원의 근무수행능력을 체계적으로 평가하려는 제도로서 인사관리의 객관적인 자료 제공, 공정한 임금관리의 기초자료 제공 및 교육훈련의 기초자료로 활용하기 위함이다.

2) 인적 자원관리 - 인사고과방법 **13회 출제**

① 서 설
  ㉠ 의의 : 인사고과는 종업원 평가의 한 과정으로서 인사상의 결정에 필요한 종업원에 관한 잠재적 유용성, 즉 개인별 정보를 파악하기 위해 행하는 평가를 말한다. 또한 인사고과란 조직에 있어서 현재 하고 있는 직무에 대하여 만족하고 있으며, 승진할 수 있는 잠재능력이 있는가 없는가를 정기적·객관적으로 평정하는 것이다.
  즉, 인사근로조건상 진실로 공평한 처우를 행하고, 종업원의 근로의욕을 높이며, 능력개발을 도모하기 위해서 직무담당자로서의 종업원의 현재가치를 평가기준을 정해서 합리적으로 평가하는 것이다.

ⓒ 목적
- ⓐ **종업원의 능력개발** : 인사고과는 종업원의 능력개발을 위한 기초자료가 된다. 경영자들은 조직구성원 개개인의 능력이 최대한으로 발휘되도록 유도하여야 하는 데 고과를 통하여 이를 위한 정보를 얻게 된다.
- ⓑ **업적행상의 기초자료** : 인사고과는 업적행상을 위한 기초자료가 된다. 조직에서는 고과결과의 피드백을 통하여 앞으로의 직무수행이 보다 효율적이 되도록 개인의 행위를 수정 또는 연결하는 기초를 마련해 준다.
- ⓒ **종업원의 공정처우** : 인사고과는 종업원의 처우를 위한 가장 중요한 기초자료가 된다. 인사고과에 의한 자료가 바로 승진이나 임금결정에 매우 중요한 결정요소가 되기 때문이다.

② 고과자의 지위에 의한 분류
- ㉠ **자기고과** : 자기고과는 능력개발을 목적으로 하며 개인이 가진 결함의 파악과 개선에 효과가 있어 관리층의 고과에 보충적 기법으로 쓰인다.
- ㉡ **상급자에 의한 고과** : 상급자에 의한 고과는 실시가 용이하며, 직상위자가 하위자를 비교적 잘 알고 있는 장점이 있으나, 고과가 주관적이기 쉽다.
- ㉢ **동료에 의한 고과** : 동료에 의한 고과는 상사보다는 동료가 더 정확히 평가할 수 있다는 견해이나, 동료들은 친구로서 혹은 경쟁자로서 편파적일 수 있다.
- ㉣ **하급자에 의한 고과** : 하급자에 의한 고과는 고과자의 익명성이 중요하고 상사와 부하 간에 신뢰관계가 있어야 한다.
- ㉤ **외부전문가에 의한 고과** : 객관성을 유지하기 위해 고과전문가에게 맡기는 것으로, 현장토의법이나 평가센터법 등이 이에 속한다.
- ㉥ **다면평가제(360도 평가)** : 다면평가제도란 상사 1인에 의해서만이 아니라 하위자·동료·자신 및 고객 등에 의하여 다면적으로 인사고과가 이루어지는 방식을 말한다.

③ 기법에 의한 분류
- ㉠ 전통적 고과기법
  - ⓐ **서열법** : 피고과자의 능력과 업적에 대해 순위를 매기는 방법으로, 간단하고 실시가 용이하나, 직무 간의 상호 비교가 곤란하며, 고과기준의 불분명으로 불평의 소지가 있다.
  - ⓑ **강제할당법** : 미리 정해놓은 비율에 맞추어 피고과자를 기계적으로 할당하는 방법이다.
  - ⓒ **대조법** : 평가에 행동표준을 설정하고 피고과자의 능력이나 근무상태가 이 항목에 해당되는 경우에 체크하는 방법이다. 이 방법은 고과요인이 실제 직무와 밀접하여 판단하기 쉽고, 부서 간의 상호 비교가 가능하다. 그러나 행동표준의 선정이 어려우며, 점수화 절차가 다소 복잡하다.
  - ⓓ **업무보고법** : 피고과자가 자기의 업적을 구체적으로 보고해서 평가를 받는 방법이다.

ⓔ **기록법** : 근무성적의 기준을 객관적으로 정해놓고 이를 기록하는 방법이다.
ⓕ **평가(평정)척도법** : 종업원의 자질을 직무수행의 달성가능 정도에 따라 사전에 마련된 척도를 근거로 평정자가 체크하도록 하는 방법이다. 이 방법은 피고과자를 전체적으로 평가하지 않고 각 평가요소를 분석적으로 평가하므로 평가의 타당성을 증대시킨다. 반면에 평가요소의 선정과 서열자료의 계량화가 어렵다.

ⓛ **현대적 고과기법**
  ⓐ **중요사건서술법** : 고과자가 피고과자의 성공적인 업무뿐만 아니라 실패한 업무에 이르기까지 구체적으로 기록해 두었다가 평가하는 방법이다.
  ⓑ **행위기준고과법(BARS)** : 직무와 관련된 피고과자의 구체적인 행동을 평가의 기준으로 삼는 고과방법이다. 이때 BARS는 관찰가능한 행동에 기초하여 평가기준이 설정되어야 한다. 이러한 BARS는 직무성과에 초점을 맞추기 때문에 높은 타당성를 갖고, 피고과자의 구체적 행동패턴을 평가척도로 제시하므로 신뢰성이 높고, 고과자 및 피고과자에게 성공적인 행위패턴을 제시함으로써 성과의 향상을 위한 교육효과도 있어 수용성 또한 높다. 다만, BARS의 개발에 많은 시간과 비용이 소요되며, 복잡성과 정교함으로 인하여 소규모기업에서의 적용이 어려워 실용성이 낮다.
  ⓒ **행위관찰고과법(BOS)** : BOS는 고과자에게 평가의 기준점으로 제시된 구체적인 행위에 대해서 피고과자가 수행한 빈도를 묻는 문항으로 구성되어 있다. 이는 고과자가 특정항목에 낮은 점수를 준 데 대해서 설명할 근거가 있어 고과결과의 피드백이 향상되며, 과거의 주관적인 퍼스낼러티 특성 중심의 고과와 비교해서 직무와의 관련성이 높고 타당성이 높은 인사고과기법이다. 다만, 행위기준고과법과 같이 기준개발에 시간과 노력이 많이 든다.
  ⓓ **목표관리법(MBO)** : 종업원이 직속상사와 협의하여 작업목표량을 결정하고, 이에 대한 성과를 부하와 상사가 함께 측정하고 또 고과하는 방법이다. 이 방법은 상하급 간의 상호 참여적이고 구체적인 공동목표의 설정에 의해 모티베이션이 증진 등의 장점이 있으나, 목표설정의 곤란, 목표 이외의 사항의 경시가능성, 장기목표의 경시가능성 등의 단점이 있다.
  ⓔ **자기신고법** : 피고과자가 자기능력과 희망을 기술하게 하여 그것을 고과하고 그 결과를 인적 자원관리의 자료로 활용하는 방법이다.
  ⓕ **평가센터법** : 평가를 전문으로 하는 평가센터를 만들고 피고과자의 직속상관이 아닌 특별히 훈련된 관리자들이 복수의 평가절차를 통해서 인사고과를 하는 방법이다. 이 방법은 여러 평가기법과 다수의 평가자가 동원되기 때문에 신뢰성이 높고, 업적이 아닌 잠재능력 등에 초점을 맞추어 승진의사결정이나 교육훈련 및 인력공급 예측에 적합하다. 다만, 비용과 시간측면에서 그 실용성이 낮다.
  ⓖ **면접법** : 피고과자의 업무수행능력과 잠재력을 면접을 통해 찾아내서 작업의 개선, 책임의 명확화, 직무요소의 우선순위 등을 결정하는 방법이다.

04 노무관리

1 근로기준법 〈시행 2021.11.19.〉

(1) 총 설

1) 목 적
이 법은 헌법에 따라 근로조건의 기준을 정함으로써 근로자의 기본적 생활을 보장, 향상시키며 균형 있는 국민경제의 발전을 꾀하는 것을 목적으로 한다.

2) 정의   **18회 출제**

① 이 법에서 사용하는 용어의 뜻은 다음과 같다. 〈시행 2020.5.26.〉
1. "근로자"란 직업의 종류와 관계 없이 임금을 목적으로 사업이나 사업장에 근로를 제공하는 사람을 말한다(따라서 일정한 수입을 대가로 노동을 제공하는 자이므로, 무보수로 일하는 근로자는 노동 관련법의 적용대상에서 제외된다).
2. "사용자"란 사업주 또는 사업경영담당자, 그 밖에 근로자에 관한 사항에 대하여 사업주를 위하여 행위하는 자를 말한다.
3. "근로"란 정신노동과 육체노동을 말한다.
4. "근로계약"이란 근로자가 사용자에게 근로를 제공하고 사용자는 이에 대하여 임금을 지급하는 것을 목적으로 체결된 계약을 말한다.
5. "임금"이란 사용자가 근로의 대가로 근로자에게 임금, 봉급, 그 밖에 어떠한 명칭으로든지 지급하는 모든 금품을 말한다.
6. "평균임금"이란 이를 산정하여야 할 사유가 발생한 날 이전 3개월 동안에 그 근로자에게 지급된 임금의 총액을 그 기간의 총일수로 나눈 금액을 말한다. 근로자가 취업한 후 3개월 미만인 경우도 이에 준한다.
7. "통상임금"이란 근로자에게 정기적이고 일률적으로 소정근로 또는 총근로에 대하여 지급하기로 정한 시간급금액, 일급금액, 주급금액, 월급금액 또는 도급금액을 말한다(영 제6조 제1항).
8. "1주"란 휴일을 포함한 7일을 말한다.
9. "소정근로시간"이란 법정근로시간의 범위에서 근로자와 사용자 사이에 정한 근로시간을 말한다.
10. "단시간근로자"란 1주 동안의 소정근로시간이 그 사업장에서 같은 종류의 업무에 종사하는 통상 근로자의 1주 동안의 소정근로시간에 비하여 짧은 근로자를 말한다.

② 평균임금의 금액이 그 근로자의 통상임금보다 적으면 그 통상임금액을 평균임금으로 한다.

3) 근로조건

① 이 법에서 정하는 근로조건은 최저기준이므로 근로관계 당사자는 이 기준을 이유로 근로조건을 낮출 수 없다.
② 근로조건은 근로자와 사용자가 동등한 지위에서 자유의사에 따라 결정하여야 한다.
③ 근로자와 사용자는 각 자가 단체협약, 취업규칙과 근로계약을 지키고 성실하게 이행할 의무가 있다.
④ 사용자는 근로자에 대하여 남녀의 성(性)을 이유로 차별적 대우를 하지 못하고, 국적·신앙 또는 사회적 신분을 이유로 근로조건에 대한 차별적 처우를 하지 못한다.
⑤ 사용자는 근로자가 근로시간 중에 선거권, 그 밖의 공민권 행사 또는 공(公)의 직무를 집행하기 위하여 필요한 시간을 청구하면 거부하지 못한다. 다만, 그 권리행사나 공(公)의 직무를 수행하는 데에 지장이 없으면 청구한 시간을 변경할 수 있다.
⑥ 적용범위(법 제11조)
  ㉠ 이 법은 상시 5명 이상의 근로자를 사용하는 모든 사업 또는 사업장에 적용한다. 다만, 동거하는 친족만을 사용하는 사업 또는 사업장과 가사사용인에 대하여는 적용하지 아니한다.
  ㉡ 상시 4명 이하의 근로자를 사용하는 사업 또는 사업장에 대하여는 대통령령으로 정하는 바에 따라 이 법의 일부 규정을 적용할 수 있다.
  ㉢ 이 법을 적용하는 경우에 상시 사용하는 근로자 수를 산정하는 방법은 대통령령으로 정한다.

> "상시 사용하는 근로자 수"는 해당 사업 또는 사업장에서 법 적용사유(휴업수당 지급, 근로시간 적용 등 법 또는 이 영의 적용 여부를 판단하여야 하는 사유를 말한다) 발생일 전 1개월(사업이 성립한 날부터 1개월 미만인 경우에는 그 사업이 성립한 날 이후의 기간을 말한다) 동안 사용한 근로자의 연인원을 같은 기간 중의 가동일수로 나누어 산정한다.

⑦ 법령 주요 내용 등의 게시(법 제14조 제1항) 〈시행 2021. 1. 5〉
  사용자는 이 법과 이 법에 따른 대통령령의 주요 내용과 취업규칙을 근로자가 자유롭게 열람할 수 있는 장소에 항상 게시하거나 갖추어 두어 근로자에게 널리 알려야 한다.

4) 다른 손해배상과의 관계(동법 제86조)

보상을 받게 될 자가 동일한 사유에 대하여 「민법」이나 그 밖의 법령에 따라 이 법의 재해보상에 상당한 금품을 받으면 그 가액의 한도에서 사용자는 보상의 책임을 면한다.

(2) 근로계약

1) 근로와 근로계약의 개념
① 근로 : 정신노동과 육체노동을 말한다.
② 근로계약
  ㉠ 정의
    근로자가 사용자에게 근로를 제공하고 사용자는 이에 대하여 임금을 지급함을 목적으로 체결된 계약을 말한다.
  ㉡ 미성년자의 근로계약(법 제67조) 〈개정 2021. 1. 5〉
    친권자나 후견인은 미성년자의 근로계약을 대리할 수 없다. 친권자, 후견인 또는 고용노동부장관은 근로계약이 미성년자에게 불리하다고 인정하는 경우에는 이를 해지할 수 있다. 사용자는 18세 미만인 사람과 근로계약을 체결하는 경우에는 근로조건을 서면(「전자문서 및 전자거래 기본법」 제2조제1호에 따른 전자문서를 포함한다)으로 명시하여 교부하여야 한다.

2) 적용법규
관리직원은 입주자대표회의·사업주체·주택관리업자·임대사업자에 의하여 고용된 근로자이며, 그 고용관계는 「민법」 또는 「근로기준법」 등의 노동 관련법에 의해 규율된다.

3) 근로조건의 명시 등
① 「근로기준법」을 위반한 근로계약(법 제15조) 〈개정 2020. 5. 26.〉   **26회 출제**
  이 법에서 정하는 기준에 미치지 못하는 근로조건을 정한 근로계약은 그 부분에 한정하여 무효로 한다. 무효로 된 부분은 「근로기준법」에서 정한 기준에 따른다.
② 근로조건의 명시(법 제17조)
  ㉠ 사용자는 근로계약을 체결할 때에 근로자에게 다음의 사항을 명시하여야 한다. 근로계약 체결 후 다음의 사항을 변경하는 경우에도 또한 같다.

> 1. 임금
> 2. 소정근로시간
> 3. 휴일
> 4. 연차 유급휴가
> 5. 그 밖에 대통령령으로 정하는 근로조건
>   가. 취업의 장소와 종사하여야 할 업무에 관한 사항
>   나. 취업규칙의 작성·신고규정에서 정한 사항
>   다. 사업장의 부속 기숙사에 근로자를 기숙하게 하는 경우 기숙사 규칙에서 정한 사항

ⓛ 사용자는 임금의 구성항목·계산방법·지급방법 및 소정근로시간, 휴일, 연차 유급휴가 사항이 명시된 서면(「전자문서 및 전자거래 기본법」 제2조 제1호에 따른 전자문서를 포함한다)을 근로자에게 교부하여야 한다. 다만, 본문에 따른 사항이 단체협약 또는 취업규칙의 변경 등 대통령령으로 정하는 사유로 인하여 변경되는 경우에는 근로자의 요구가 있으면 그 근로자에게 교부하여야 한다. 〈개정 2021.1.5.〉
ⓒ 위반한 자는 500만원 이하의 벌금에 처한다.

③ 단시간근로자의 근로조건(법 제18조)
㉠ 단시간근로자의 근로조건은 그 사업장의 같은 종류의 업무에 종사하는 통상근로자의 근로시간을 기준으로 산정한 비율에 따라 결정되어야 한다.
㉡ 근로조건을 결정할 때에 기준이 되는 사항이나 그 밖에 필요한 사항은 대통령령으로 정한다.
㉢ 4주 동안(4주 미만으로 근로하는 경우에는 그 기간)을 평균하여 1주 동안의 소정근로시간이 15시간 미만인 근로자에 대하여는 제55조(휴일)와 제60조(연차 유급휴가)를 적용하지 아니한다.

④ 근로조건의 위반 등   **26회 출제**
㉠ 근로조건의 위반(법 제19조)
ⓐ 명시된 근로조건이 사실과 다를 경우에 근로자는 근로조건 위반을 이유로 손해의 배상을 청구할 수 있으며 즉시 근로계약을 해제할 수 있다.
ⓑ 근로자가 손해배상을 청구할 경우에는 노동위원회에 신청할 수 있으며, 근로계약이 해제되었을 경우에는 사용자는 취업을 목적으로 거주를 변경하는 근로자에게 귀향 여비를 지급하여야 한다.
㉡ 위약예정의 금지(법 제20조) : 사용자는 근로계약 불이행에 대한 위약금 또는 손해배상액을 예정하는 계약을 체결하지 못한다.
㉢ 전차금 상계의 금지(법 제21조) : 사용자는 전차금(前借金)이나 그 밖에 근로할 것을 조건으로 하는 전대(前貸)채권과 임금을 상계하지 못한다.
㉣ 사용증명서
ⓐ 사용자는 근로자가 퇴직한 후라도 사용기간, 업무 종류, 지위와 임금, 그 밖에 필요한 사항에 관한 증명서를 청구하면 사실대로 적은 증명서를 즉시 내주어야 한다. 증명서에는 근로자가 요구한 사항만을 적어야 한다(법 제39조).
ⓑ 사용증명서를 청구할 수 있는 자는 계속하여 30일 이상 근무한 근로자로 하되, 청구할 수 있는 기한은 퇴직 후 3년 이내로 한다(영 제19조).
㉤ 취업방해의 금지(법 제40조)
누구든지 근로자의 취업을 방해할 목적으로 비밀기호 또는 명부를 작성·사용하거나 통신을 하여서는 아니 된다.

ⓗ 근로자의 명부(법 제41조) 〈개정 2021.1.5.〉

사용자는 각 사업장별로 근로자 명부를 작성하고 근로자의 성명, 생년월일, 이력, 그 밖에 대통령령으로 정하는 사항을 적어야 한다. 근로자 명부에 적을 사항이 변경된 경우에는 지체 없이 정정하여야 한다. 다만, 대통령령으로 정하는 일용근로자에 대해서는 근로자 명부를 작성하지 아니할 수 있다.

> **영 제21조**(근로자 명부작성의 예외)
> 사용기간이 30일 미만인 일용근로자에 대하여는 근로자 명부를 작성하지 아니할 수 있다.

ⓢ 계약서류의 보존(법 제42조) : 사용자는 근로자 명부와 대통령령으로 정하는 근로계약에 관한 중요한 서류를 3년간 보존하여야 한다. **26회 출제**

⑤ 해고 등

㉠ 해고 등의 제한

ⓐ 사용자는 근로자에게 정당한 이유 없이 해고, 휴직, 정직, 전직, 감봉, 그 밖의 징벌(이하 "부당해고 등"이라 한다)을 하지 못한다.

ⓑ 사용자는 근로자가 업무상 부상 또는 질병의 요양을 위하여 휴업한 기간과 그 후 30일 동안 또는 산전·산후의 여성이 이 법에 따라 휴업한 기간과 그 후 30일 동안은 해고하지 못한다. 다만, 사용자가 제84조에 따라 일시보상을 하였을 경우 또는 사업을 계속할 수 없게 된 경우에는 그러하지 아니하다. 위반한 자는 5년 이하의 징역 또는 5천만원 이하의 벌금에 처한다.

ⓒ 해고의 사유가 발생되면 관리소장은 인사위원회를 거쳐 그 결정에 따른다.

㉡ 해고의 예고 **24회 출제**

사용자는 근로자를 해고(경영상 이유에 의한 해고를 포함한다)하려면 적어도 30일 전에 예고를 하여야 하고, 30일 전에 예고를 하지 아니하였을 때에는 30일분 이상의 통상임금을 지급하여야 한다. 다만, 다음 각 호의 어느 하나에 해당하는 경우에는 그러하지 아니하다. (법 제26조). 〈개정 2019. 1. 15.〉 위반한 자는 2년 이하의 징역 또는 2천만원 이하의 벌금에 처한다.

> **예고해고의 적용예외**(법 제26조) **16·22회 출제**
> 1. 근로자가 계속 근로한 기간이 3개월 미만인 경우
> 2. 천재·사변, 그 밖의 부득이한 사유로 사업을 계속하는 것이 불가능한 경우
> 3. 근로자가 고의로 사업에 막대한 지장을 초래하거나 재산상 손해를 끼친 경우로서 고용노동부령으로 정하는 사유에 해당하는 경우 해고예고의 예외가 되는 근로자의 귀책사유(영 제4조 관련, 별표1) 〈개정 2021.11.19.〉
>   1) 납품업체로부터 금품이나 향응을 제공받고 불량품을 납품받아 생산에 차질을 가져온 경우
>   2) 영업용 차량을 임의로 타인에게 대리운전하게 하여 교통사고를 일으킨 경우
>   3) 사업의 기밀이나 그 밖의 정보를 경쟁관계에 있는 다른 사업자 등에게 제공하여 사업에 지장을 가져온 경우

4) 허위 사실을 날조하여 유포하거나 불법 집단행동을 주도하여 사업에 막대한 지장을 가져온 경우
5) 영업용 차량 운송 수입금을 부당하게 착복하는 등 직책을 이용하여 공금을 착복, 장기유용, 횡령 또는 배임한 경우
6) 제품 또는 원료 등을 몰래 훔치거나 불법 반출한 경우
7) 인사·경리·회계담당 직원이 근로자의 근무상황 실적을 조작하거나 허위 서류 등을 작성하여 사업에 손해를 끼친 경우
8) 사업장의 기물을 고의로 파손하여 생산에 막대한 지장을 가져온 경우
9) 그 밖에 사회통념상 고의로 사업에 막대한 지장을 가져오거나 재산상 손해를 끼쳤다고 인정되는 경우

ⓒ 해고사유 등의 서면통지 **24회 출제**
  ⓐ 사용자는 근로자를 해고하려면 해고사유와 해고시기를 서면으로 통지하여야 한다.
  ⓑ 근로자에 대한 해고는 서면으로 통지하여야 효력이 있다.
  ⓒ 사용자가 해고의 예고를 해고사유와 해고시기를 명시하여 서면으로 한 경우에는 ⓐ에 따른 통지를 한 것으로 본다.

ⓓ 경영상 이유에 의한 해고의 제한(법 제24조) **22회 출제**
  ⓐ 사용자가 경영상 이유에 의하여 근로자를 해고하려면 긴박한 경영상의 필요가 있어야 한다. 이 경우 경영 악화를 방지하기 위한 사업의 양도·인수·합병은 긴박한 경영상의 필요가 있는 것으로 본다.
  ⓑ 사용자는 해고를 피하기 위한 노력을 다하여야 하며, 합리적이고 공정한 해고의 기준을 정하고 이에 따라 그 대상자를 선정하여야 한다.
  ⓒ 사용자는 해고를 피하기 위한 방법과 해고의 기준 등에 관하여 그 사업 또는 사업장에 근로자의 과반수로 조직된 노동조합이 있는 경우에는 그 노동조합(근로자의 과반수로 조직된 노동조합이 없는 경우에는 근로자의 과반수를 대표하는 자를 말한다. 이하 "근로자대표"라 한다)에 해고를 하려는 날의 50일 전까지 통보하고 성실하게 협의하여야 한다.
  ⓓ 사용자는 대통령령으로 정하는 일정한 규모 이상의 인원을 해고하려면 대통령령으로 정하는 바에 따라 고용노동부장관에게 신고하여야 한다.
  ⓔ 사용자가 ⓐ~ⓒ까지의 규정에 따른 요건을 갖추어 근로자를 해고한 경우에는 정당한 이유가 있는 해고를 한 것으로 본다.
  ⓕ 우선 재고용 등
    ㉮ 경영상 이유에 의하여 근로자를 해고한 사용자는 근로자를 해고한 날부터 3년 이내에 해고된 근로자가 해고 당시 담당하였던 업무와 같은 업무를 할 근로자를 채용하려고 할 경우 해고된 근로자가 원하면 그 근로자를 우선적으로 고용하여야 한다.
    ㉯ 정부는 경영상 이유에 의하여 해고된 근로자에 대하여 생계안정, 재취업, 직업훈련 등 필요한 조치를 우선적으로 취하여야 한다.

◎ 정당한 이유 없는 해고 등(부당해고 등)　　　　　　　　　18·19·20·21·22·27회 출제
ⓐ 부당해고 등의 구제신청(법 제28조)
사용자가 근로자에게 부당해고 등을 하면 근로자는 노동위원회에 구제를 신청할 수 있다. 구제신청은 부당해고 등이 있었던 날부터 3개월 이내에 하여야 한다.
ⓑ 조사 등(법 제29조)　　　　　　　　　　　　　　　　　　　　　　　24회 출제
㉮ 노동위원회는 부당해고 등의 구제신청을 받으면 지체 없이 필요한 조사를 하여야 하며 관계 당사자를 심문하여야 한다.
㉯ 노동위원회는 ㉮에 따라 심문을 할 때에는 관계 당사자의 신청이나 직권으로 증인을 출석하게 하여 필요한 사항을 질문할 수 있다.
㉰ 노동위원회는 심문을 할 때에는 관계 당사자에게 증거 제출과 증인에 대한 반대심문을 할 수 있는 충분한 기회를 주어야 한다.
㉱ 노동위원회의 조사와 심문에 관한 세부절차는 「노동위원회법」에 따른 중앙노동위원회가 정하는 바에 따른다.
ⓒ 구제명령 등(법 제30조)　　　　　　　　　　　　　　　　　　　　　25회 출제
㉮ 노동위원회는 심문을 끝내고 부당해고등이 성립한다고 판정하면 사용자에게 구제명령을 하여야 하며, 부당해고등이 성립하지 아니한다고 판정하면 구제신청을 기각하는 결정을 하여야 한다. 판정, 구제명령 및 기각결정은 사용자와 근로자에게 각각 서면으로 통지하여야 한다.

> 영 제11조(구제명령의 이행기한) 〈개정 2019. 7. 9.〉
> 「노동위원회법」에 따른 노동위원회는 사용자에게 구제명령을 하는 때에는 이행기한을 정하여야 한다. 이 경우 이행기한은 사용자가 구제명령을 서면으로 통지받은 날부터 30일 이내로 한다.

㉯ 노동위원회는 구제명령(해고에 대한 구제명령만을 말한다)을 할 때에 근로자가 원직복직(原職復職)을 원하지 아니하면 원직복직을 명하는 대신 근로자가 해고기간 동안 근로를 제공하였더라면 받을 수 있었던 임금 상당액 이상의 금품을 근로자에게 지급하도록 명할 수 있다.
㉰ 노동위원회는 근로계약기간의 만료, 정년의 도래 등으로 근로자가 원직복직(해고 이외의 경우는 원상회복을 말한다)이 불가능한 경우에도 제1항에 따른 구제명령이나 기각결정을 하여야 한다. 이 경우 노동위원회는 부당해고등이 성립한다고 판정하면 근로자가 해고기간 동안 근로를 제공하였더라면 받을 수 있었던 임금 상당액에 해당하는 금품(해고 이외의 경우에는 원상회복에 준하는 금품을 말한다)을 사업주가 근로자에게 지급하도록 명할 수 있다.〈신설 2021. 5. 18.〉

ⓓ 구제명령 등의 확정 　　**24·25·26·27회 출제**
　㉮ 지방노동위원회의 구제명령이나 기각결정에 불복하는 사용자나 근로자는 구제명령서나 기각결정서를 통지받은 날부터 10일 이내에 중앙노동위원회에 재심을 신청할 수 있다.
　㉯ 중앙노동위원회의 재심판정에 대하여 사용자나 근로자는 재심판정서를 송달받은 날부터 15일 이내에 행정소송법의 규정에 따라 소(訴)를 제기할 수 있다.
　㉰ 위의 내용에 따른 기간 이내에 재심을 신청하지 아니하거나 행정소송을 제기하지 아니하면 그 구제명령, 기각결정 또는 재심판정은 확정된다.

절 차	내 용
구제신청	부당해고 등이 있었던 날부터 3개월 이내 → 지방노동위원회
재심신청	구제명령서 또는 기각결정서 통지받은 날부터 10일 이내 → 중앙노동위원회
행정소송	재심판정서 송달받은 날부터 15일 이내 → 행정소송 제기

ⓔ 구제명령 등의 효력 : 노동위원회의 구제명령, 기각결정 또는 재심판정은 중앙노동위원회에 대한 재심신청이나 행정소송 제기에 의하여 그 효력이 정지되지 아니한다.
ⓕ 이행강제금(법 제33조)　　**20·24·25·26·27회 출제**
　㉮ 노동위원회는 구제명령(구제명령을 내용으로 하는 재심판정을 포함한다)을 받은 후 이행기한까지 구제명령을 이행하지 아니한 사용자에게 3천만원 이하의 이행강제금을 부과한다. 〈개정 2021. 5. 18.〉

> **영 제12조**(이행강제금의 납부기한 및 의견제출 등)
> ① 노동위원회는 이행강제금을 부과하는 때에는 이행강제금의 부과통지를 받은 날부터 15일 이내의 납부기한을 정하여야 한다.
> ② 노동위원회는 천재·사변, 그 밖의 부득이한 사유가 발생하여 납부기한 내에 이행강제금을 납부하기 어려운 경우에는 그 사유가 없어진 날부터 15일 이내의 기간을 납부기한으로 할 수 있다.

　㉯ 노동위원회는 이행강제금을 부과하기 30일 전까지 이행강제금을 부과·징수한다는 뜻을 사용자에게 미리 문서로써 알려 주어야 한다.

> **영 제12조 제3항**(이행강제금의 납부기한 및 의견제출 등)
> 이행강제금을 부과·징수한다는 뜻을 사용자에게 미리 문서로써 알려줄 때에는 10일 이상의 기간을 정하여 구술 또는 서면(전자문서를 포함한다)으로 의견을 진술할 수 있는 기회를 주어야 한다. 이 경우 지정된 기일까지 의견진술이 없는 때에는 의견이 없는 것으로 본다.
> 규칙 제6조(이행강제금의 징수절차)
> 이행강제금의 징수절차에 관하여는 「국고금관리법 시행규칙」을 준용한다. 이 경우 납입고지서에는 이의 제기 방법 및 기간 등을 함께 적어야 한다.

㉰ 이행강제금을 부과할 때에는 이행강제금의 액수, 부과사유, 납부기한, 수납기관, 이의제기방법 및 이의제기기관 등을 명시한 문서로써 하여야 한다.
㉱ 이행강제금을 부과하는 위반행위의 종류와 위반 정도에 따른 금액, 부과·징수된 이행강제금의 반환절차, 그 밖에 필요한 사항은 대통령령으로 정한다.
㉲ 노동위원회는 최초의 구제명령을 한 날을 기준으로 매년 2회의 범위에서 구제명령이 이행될 때까지 반복하여 이행강제금을 부과·징수할 수 있다. 이 경우 이행강제금은 2년을 초과하여 부과·징수하지 못한다.
㉳ 노동위원회는 구제명령을 받은 자가 구제명령을 이행하면 새로운 이행강제금을 부과하지 아니하되, 구제명령을 이행하기 전에 이미 부과된 이행강제금은 징수하여야 한다.
㉴ 노동위원회는 이행강제금 납부의무자가 납부기한까지 이행강제금을 내지 아니하면 기간을 정하여 독촉을 하고 지정된 기간에 이행강제금을 내지 아니하면 국세체납처분의 예에 따라 징수할 수 있다.
㉵ 근로자는 구제명령을 받은 사용자가 이행기한까지 구제명령을 이행하지 아니하면 이행기한이 지난 때부터 15일 이내에 그 사실을 노동위원회에 알려줄 수 있다.
㉶ 확정되거나 행정소송을 제기하여 확정된 구제명령 또는 구제명령을 내용으로 하는 재심판정을 이행하지 아니한 자는 1년 이하의 징역 또는 1천만원 이하의 벌금에 처한다. 이 죄는 노동위원회의 고발이 있어야 공소를 제기할 수 있다.

4) 계약 서류의 보존(제42조)

사용자는 근로자 명부와 대통령령으로 정하는 근로계약에 관한 중요한 서류를 3년간 보존하여야 한다.

영 제22조(보존 대상 서류 등)〈2018. 6. 29.〉
① 법 제42조에서 "대통령령으로 정하는 근로계약에 관한 중요한 서류"란 다음 각 호의 서류를 말한다.
 1. 근로계약서
 2. 임금대장
 3. 임금의 결정·지급방법과 임금계산의 기초에 관한 서류
 4. 고용·해고·퇴직에 관한 서류
 5. 승급·감급에 관한 서류
 6. 휴가에 관한 서류
 7. 법 제51조 제2항, 법 제52조, 법 제58조 제2항·제3항 및 법 제59조에 따른 서면 합의 서류
 8. 법 제66조에 따른 연소자의 증명에 관한 서류
② 법 제42조에 따른 근로계약에 관한 중요한 서류의 보존기간은 다음 각 호에 해당하는 날부터 기산한다.
 1. 근로자 명부는 근로자가 해고되거나 퇴직 또는 사망한 날
 2. 근로계약서는 근로관계가 끝난 날

3. 임금대장은 마지막으로 써 넣은 날
4. 고용, 해고 또는 퇴직에 관한 서류는 근로자가 해고되거나 퇴직한 날
5. 제1항 제8호의 서면 합의 서류는 서면 합의한 날
6. 연소자의 증명에 관한 서류는 18세가 되는 날(18세가 되기 전에 해고되거나 퇴직 또는 사망한 경우에는 그 해고되거나 퇴직 또는 사망한 날)
7. 그 밖의 서류는 완결한 날

(3) 임금

1) 임금의 의의

① "임금"이란 사용자가 근로의 대가로 근로자에게 임금, 봉급, 그 밖에 어떠한 명칭으로든지 지급하는 일체의 금품을 말한다.

② 임금은 표준생계비·유사기관의 임금 및 기타 사정을 고려하여 직무의 난이도 및 책임의 정도에 적합하도록 직급별로 이를 정하여야 한다.

2) 통상임금과 평균임금

① 통상임금

근로자에게 정기적·일률적으로 소정근로 또는 총근로에 대하여 지급하기로 정하여진 시간급금액·일급금액·주급금액·월급금액 또는 도급금액을 말한다.

② 평균임금

㉠ "평균임금"이란 이를 산정하여야 할 사유가 발생한 날 이전 3개월 동안에 그 근로자에게 지급된 임금의 총액을 그 기간의 총일수로 나눈 금액을 말한다. 근로자가 취업한 후 3개월 미만인 경우도 이에 준한다(법 제2조 제1항 제6호).

㉡ 산출된 금액이 그 근로자의 통상임금보다 적으면 그 통상임금액을 평균임금으로 한다(법 제2조 제2항).

㉢ 산정공식

$$(1일)평균임금 = \frac{사유발생일 \ 이전 \ 3월간의 \ 임금총액}{사유발생일 \ 이전 \ 3월간의 \ 총일수}$$

3) 평균임금의 계산에서 제외되는 기간과 임금(영 제2조)

① 「근로기준법」 제2조 제1항 제6호에 따른 평균임금 산정기간 중에 다음의 어느 하나에 해당하는 기간이 있는 경우에는 그 기간과 그 기간 중에 지급된 임금은 평균임금 산정기준이 되는 기간과 임금의 총액에서 각각 뺀다.

> 1. 수습 사용 중인 기간(수습 사용한 날부터 3개월 이내를 말함)
> 2. 사용자의 귀책사유로 휴업한 기간
> 3. 출산전·후 휴가 기간
> 4. 업무상 부상 또는 질병으로 요양하기 위하여 휴업한 기간
> 5. 육아휴직기간
> 6. 쟁의행위기간
> 7. 「병역법」, 「향토예비군 설치법」 또는 「민방위기본법」에 따른 의무를 이행하기 위하여 휴직하거나 근로하지 못한 기간. 다만, 그 기간 중 임금을 지급받은 경우에는 그러하지 아니하다.
> 8. 업무 외 부상이나 질병, 그 밖의 사유로 사용자의 승인을 받아 휴업한 기간

② 3개월 동안에 그 근로자에게 지급된 임금의 총액을 계산할 때에는 임시로 지급된 임금 및 수당과 통화 외의 것으로 지급된 임금을 포함하지 아니한다. 다만, 고용노동부장관이 정하는 것은 그러하지 아니하다.

4) 임금지급

① 임금은 통화로 직접 근로자에게 그 전액을 지급하여야 한다. 다만, 법령 또는 단체협약에 특별한 규정이 있는 경우에는 임금의 일부를 공제하거나 통화 이외의 것으로 지급할 수 있다. 위반한 자는 3년 이하의 징역 또는 3천만원 이하의 벌금에 처한다.(반의사불벌죄)

② 임금은 매월 1회 이상 일정한 날짜를 정하여 지급하여야 한다. 다만, 임시로 지급하는 임금, 수당, 그 밖에 이에 준하는 것 또는 대통령령으로 정하는 임금에 대하여는 그러하지 아니하다.

③ 비상시 지급 : 사용자는 근로자가 출산, 질병, 재해, 혼인, 사망, 부득이한 사유로 1주일 이상 귀향하게 되는 경우의 비용에 충당하기 위하여 임금지급을 청구하면 지급기일 전이라도 이미 제공한 근로에 대한 임금을 지급하여야 한다.

④ 도급 사업에 대한 임금 지급(법 제44조)

사업이 한 차례 이상의 도급에 따라 행하여지는 경우에 하수급인(下受給人)(도급이 한 차례에 걸쳐 행하여진 경우에는 수급인을 말한다)이 직상(直上) 수급인(도급이 한 차례에 걸쳐 행하여진 경우에는 도급인을 말한다)의 귀책사유로 근로자에게 임금을 지급하지 못한 경우에는 그 직상 수급인은 그 하수급인과 연대하여 책임을 진다. 다만, 직상 수급인의 귀책사유가 그 상위 수급인의 귀책사유에 의하여 발생한 경우에는 그 상위 수급인도 연대하여 책임을 진다. 〈개정 2020. 3. 31.〉

5) 임금대장 및 임금명세서(법 제48조)

① 임금대장 작성 〈개정 2021. 5. 18.〉

사용자는 각 사업장별로 임금대장을 작성하고 임금과 가족수당 계산의 기초가 되는 사항, 임금액, 그 밖에 대통령령으로 정하는 사항을 임금을 지급할 때마다 적어야 한다.

② 임금명세서 서면교부 〈신설 2021. 5. 18.〉

사용자는 임금을 지급하는 때에는 근로자에게 임금의 구성항목·계산방법, 제43조제1항 단서에 따라 임금의 일부를 공제한 경우의 내역 등 대통령령으로 정하는 사항을 적은 임금명세서를 서면(「전자문서 및 전자거래 기본법」에 따른 전자문서를 포함한다)으로 교부하여야 한다.

6) 휴업수당(법 제46조)

① 사용자의 귀책사유로 휴업하는 경우에 사용자는 휴업기간 동안 그 근로자에게 평균임금의 100분의 70이상의 수당을 지급하여야 한다. 다만, 평균임금의 100분의 70에 해당하는 금액이 통상임금을 초과하는 경우에는 통상임금을 휴업수당으로 지급할 수 있다. 위반한 자는 3년 이하의 징역 또는 3천만원 이하의 벌금에 처한다.(반의사불벌죄)

② 위 ①에도 불구하고 부득이한 사유로 사업을 계속하는 것이 불가능하여 노동위원회의 승인을 받은 경우에는 ①의 기준에 못 미치는 휴업수당을 지급할 수 있다.

7) 금품청산과 미지급 임금에 대한 지연이자(법 제36조, 법 제37조)

① 사용자는 근로자가 사망 또는 퇴직한 경우에는 그 지급사유가 발생한 때부터 14일 이내에 임금, 보상금, 그 밖의 모든 금품을 지급하여야 한다. 다만, 특별한 사정이 있을 경우에는 당사자 사이의 합의에 의하여 기일을 연장할 수 있다.

② 미지급 임금에 대한 지연이자 〈시행 2025. 10. 23〉

㉠ 사용자는 다음 각 호의 어느 하나에 해당하는 임금의 전부 또는 일부를 각 호에 따른 날까지 지급하지 아니한 경우 그 다음 날부터 지급하는 날까지의 지연 일수에 대하여 연 100분의 40 이내의 범위에서 「은행법」에 따른 은행이 적용하는 연체금리 등 경제 여건을 고려하여 대통령령으로 정하는 이율에 따른 지연이자를 지급하여야 한다.

ⓐ 제36조(금품청산)에 따라 사망 또는 퇴직한 경우에 지급하여야 하는 임금 및 「근로자퇴직급여 보장법」 제2조제5호에 따른 급여(일시금만 해당된다): 지급 사유가 발생한 날부터 14일이 되는 날

ⓑ 제43조(임금지급)에 따라 지급하여야 하는 임금: 제43조제2항에 따라 정하는 날

㉡ 사용자가 ⓑ에 따른 임금을 지급하지 아니하여 지연이자를 지급할 의무가 발생한 이후 근로자가 사망 또는 퇴직한 경우 해당 임금에 대한 지연이자는 ⓑ에 따른 날을 기준으로 산정한다.

제5장 사무 · 인사관리

8) 임금채권의 우선변제(법 제38조)

① 임금, 재해보상금, 그 밖에 근로관계로 인한 채권은 사용자의 총재산에 대하여 질권 또는 저당권 또는 「동산·채권 등의 담보에 관한 법률」에 따른 담보권에 따라 담보된 채권 외에는 조세·공과금 및 다른 채권에 우선하여 변제되어야 한다. 다만, 질권 또는 저당권에 우선하는 조세 · 공과금에 대하여는 그러하지 아니하다.

② 제1항에도 불구하고 다음의 어느 하나에 해당하는 채권은 사용자의 총재산에 대하여 질권 또는 저당권 또는 「동산 · 채권 등의 담보에 관한 법률」에 따른 담보권에 따라 담보된 채권, 조세 · 공과금 및 다른 채권에 우선하여 변제되어야 한다.

1. 최종 3개월분의 임금	2. 재해보상금

9) 임금의 시효

이 법에 따른 임금채권은 3년간 행사하지 아니하면 시효로 소멸한다.

10) 퇴직급여제도

사용자가 퇴직하는 근로자에게 지급하는 퇴직급여제도에 관하여는 「근로자퇴직급여 보장법」이 정하는 대로 따른다(법 제34조).

(4) 근로시간과 휴식(제50조~제63조)

▼ 개정 주요내용

근로기준법	개정 후
법정근로시간	주 40시간, 1일 8시간
월차유급휴가	폐지
연차유급휴가	1년 80% 이상 출근 → 15일의 유급휴가(3년 이상 계속 근로자 : 최초 1년을 초과하는 계속근로연수 매 2년에 대하여 1일을 가산, 이 경우 총휴가 일수는 25일을 한도로 함) • 휴가사용촉진제도(신설) • 시기지정권(근로자), 시기변경권(사용자)
생리휴가	무급

1) 근로시간

① 근로시간

㉠ 1주 간의 근로시간은 휴게시간을 제외하고 40시간을 초과할 수 없다. 1일의 근로시간은 휴게시간을 제외하고 8시간을 초과할 수 없다.(법 제50조 ①②). 근로시간을 산정하는 경우 작업을 위하여 근로자가 사용자의 지휘·감독 아래에 있는 대기시간 등은 근로시간으로 본다(참고 15세 이상 18세 미만인 자의 근로시간은 1일에 7시간, 1주에 35시간을 초과하지 못한다. 다만, 당사자 사이의 합의에 따라 1일에 1시간, 1주에 5시간을 한도로 연장할 수 있다).

ⓒ 연장근로의 제한(법 제53조 ①②④⑤)
  ⓐ 당사자 간에 합의하면 1주 간에 12시간을 한도로 근로시간을 연장할 수 있다.
  ⓑ 당사자 간에 합의하면 1주 간에 12시간을 한도로 제51조(3개월 이내의 탄력적 근로시간제) 및 제51조의2(3개월을 초과하는 탄력적 근로시간제)의 근로시간을 연장할 수 있고, 제52조 제1항 제2호의 정산기간을 평균하여 1주 간에 12시간을 초과하지 아니하는 범위에서 제52조 제1항(선택적 근로시간제)의 근로시간을 연장할 수 있다.
  ⓒ 사용자는 특별한 사정이 있으면 고용노동부장관의 인가와 근로자의 동의를 받아 근로시간을 연장할 수 있다. 다만, 사태가 급박하여 고용노동부장관의 인가를 받을 시간이 없는 경우에는 사후에 지체 없이 승인을 받아야 한다. 고용노동부장관은 근로시간의 연장이 부적당하다고 인정하면 그 후 연장시간에 상당하는 휴게시간이나 휴일을 줄 것을 명할 수 있다. 사용자는 연장 근로를 하는 근로자의 건강 보호를 위하여 건강검진 실시 또는 휴식시간 부여 등 고용노동부장관이 정하는 바에 따라 적절한 조치를 하여야 한다. 〈개정 2021. 1. 5〉

② 연장·야간 및 휴일근로(법 제56조)
  ㉠ 사용자는 연장근로에 대하여는 통상임금의 100분의 50 이상을 가산하여 근로자에게 지급하여야 한다. 〈개정 2018.3.20.〉
  ㉡ 위 ㉠에도 불구하고 사용자는 휴일근로에 대하여는 다음 각 호의 기준에 따른 금액 이상을 가산하여 근로자에게 지급하여야 한다. 〈신설 2018. 3.20.〉

  > 1. 8시간 이내의 휴일근로: 통상임금의 100분의 50
  > 2. 8시간을 초과한 휴일근로: 통상임금의 100분의 100

  ㉢ 사용자는 야간근로(오후 10시부터 다음 날 오전 6시 사이의 근로)에 대하여는 통상임금의 100분의 50 이상을 가산하여 근로자에게 지급하여야 한다. 〈신설 2018.3.20.〉
  ㉣ 연장·야간 및 휴일근로 규정을 위반한 자는 3년 이하의 징역 또는 3천만원 이하의 벌금에 처한다.(반의사불벌죄)

③ 보상휴가제(법 제57조)
  사용자는 근로자대표와의 서면합의에 따라 제51조의3, 제52조 제2항 제2호 및 제56조에 따른 연장근로·야간근로 및 휴일근로 등에 대하여 임금을 지급하는 것을 갈음하여 휴가를 줄 수 있다.

④ 3개월 이내의 탄력적 근로시간제(법 제51조) [제목개정 2021. 1. 5.]
　㉠ 사용자는 취업규칙(취업규칙에 준하는 것을 포함한다)에서 정하는 바에 따라 2주 이내의 일정한 단위기간을 평균하여 1주간의 근로시간이 40시간을 초과하지 아니하는 범위에서 특정한 주에 40시간을, 특정한 날에 8시간을 초과하여 근로하게 할 수 있다. 다만, 특정한 주의 근로시간은 48시간을 초과할 수 없다.
　㉡ 사용자는 근로자대표와의 서면합의에 따라 대상 근로자의 범위, 단위기간(3개월 이내의 일정한 기간으로 정하여야 한다), 단위기간의 근로일과 그 근로일별 근로시간, 서면 합의의 유효기간의 사항을 정하면 3개월 이내의 단위기간을 평균하여 1주간의 근로시간이 40시간을 초과하지 아니하는 범위에서 특정한 주에 40시간을, 특정한 날에 8시간을 초과하여 근로하게 할 수 있다. 다만, 특정한 주의 근로시간은 52시간을, 특정한 날의 근로시간은 12시간을 초과할 수 없다.
　㉢ 사용자는 ㉠ 및 ㉡에 따라 근로자를 근로시킬 경우에는 기존의 임금수준이 낮아지지 아니하도록 임금보전방안을 강구하여야 한다. ㉠ 및 ㉡은 15세 이상 18세 미만의 근로자와 임신 중인 여성 근로자에 대하여는 적용하지 아니한다.

⑤ 3개월을 초과하는 탄력적 근로시간제(법 제51조의2) 〈신설 2021. 1. 5.〉
　㉠ 사용자는 근로자대표와의 서면 합의에 따라 대상 근로자의 범위, 단위기간(3개월을 초과하고 6개월 이내의 일정한 기간으로 정하여야 한다), 단위기간의 주별 근로시간 등의 사항을 정하면 3개월을 초과하고 6개월 이내의 단위기간을 평균하여 1주간의 근로시간이 제50조 제1항의 근로시간을 초과하지 아니하는 범위에서 특정한 주에 제50조 제1항의 근로시간을, 특정한 날에 제50조 제2항의 근로시간을 초과하여 근로하게 할 수 있다. 다만, 특정한 주의 근로시간은 52시간을, 특정한 날의 근로시간은 12시간을 초과할 수 없다.
　㉡ 사용자는 ㉠에 따라 근로자를 근로시킬 경우에는 근로일 종료 후 다음 근로일 개시 전까지 근로자에게 연속하여 11시간 이상의 휴식 시간을 주어야 한다. 다만, 천재지변 등 대통령령으로 정하는 불가피한 경우에는 근로자대표와의 서면 합의가 있으면 이에 따른다.

⑥ 근로한 기간이 단위기간보다 짧은 경우의 임금 정산(법 제51조의3) 〈신설 2021. 1. 5.〉
　사용자는 ④ 및 ⑤에 따른 단위기간 중 근로자가 근로한 기간이 그 단위기간보다 짧은 경우에는 그 단위기간 중 해당 근로자가 근로한 기간을 평균하여 1주간에 40시간을 초과하여 근로한 시간 전부에 대하여 연장근로에 따른 가산임금을 지급하여야 한다.

⑦ 선택적 근로시간제(법 제52조) 〈개정 2021. 1. 5.〉

사용자는 취업규칙(취업규칙에 준하는 것을 포함한다)에 따라 업무의 시작 및 종료시각을 근로자의 결정에 맡기기로 한 근로자에 대하여 근로자대표와의 서면합의에 따라 대상 근로자의 범위(15세 이상 18세 미만의 근로자는 제외한다), 정산기간, 정산기간의 총 근로시간 등의 사항을 정하면 1개월 이내의 정산기간을 평균하여 1주간의 근로시간이 40시간을 초과하지 아니하는 범위에서 1주간에 40시간을, 1일에 8시간의 근로시간을 초과하여 근로하게 할 수 있다.

⑧ 근로시간 계산의 특례(법 제58조)
  ㉠ 근로자가 출장이나 그 밖의 사유로 근로시간의 전부 또는 일부를 사업장 밖에서 근로하여 근로시간을 산정하기 어려운 경우에는 소정근로시간을 근로한 것으로 본다. 다만, 그 업무를 수행하기 위하여 통상적으로 소정근로시간을 초과하여 근로할 필요가 있는 경우에는 그 업무의 수행에 통상 필요한 시간을 근로한 것으로 본다.
  ㉡ 위의 ㉠ 단서에도 불구하고 그 업무에 관하여 근로자대표와의 서면합의를 한 경우에는 그 합의에서 정하는 시간을 그 업무의 수행에 통상 필요한 시간으로 본다.

2) **휴게**

관리사무소는 근로시간이 4시간인 경우 30분 이상, 8시간인 경우 1시간 이상 휴게시간을 근로시간 도중에 주어야 한다. 휴게시간은 근로자가 자유롭게 이용할 수 있다(법 제54조).

3) **휴일** 〈시행 2018.7.1.〉

사용자는 근로자에게 1주에 평균 1회 이상의 유급휴일을 보장하여야 한다(법 제55조).

4) **휴가**

① 연차유급휴가(법 제60조)
  ㉠ 사용자는 1년간 80% 이상 출근한 근로자에게 15일의 유급휴가를 주어야 한다.
  ㉡ 사용자는 계속하여 근로한 기간이 1년 미만인 근로자 또는 1년간 80% 미만 출근한 근로자에게 1개월 개근시 1일의 유급휴가를 주어야 한다.
  ㉢ 사용자는 3년 이상 계속하여 근로한 근로자에게는 위의 ㉠에 따른 휴가에 최초 1년을 초과하는 계속근로연수 매 2년에 대하여 1일을 가산한 유급휴가를 주어야 한다. 이 경우 가산휴가를 포함한 총휴가일수는 25일을 한도로 한다.
  ㉣ 사용자는 휴가를 근로자가 청구한 시기에 주어야 하고, 그 기간에 대하여는 취업규칙 등에서 정하는 통상임금 또는 평균임금을 지급하여야 한다. 다만, 근로자가 청구한 시기에 휴가를 주는 것이 사업운영에 막대한 지장이 있는 경우에는 그 시기를 변경할 수 있다.

> **영 제33조**(휴가수당의 지급일)
> 지급하여야 하는 임금은 유급휴가를 주기 전이나 준 직후의 임금지급일에 지급하여야 한다.

⑩ ㉠부터 ㉢까지의 규정을 적용하는 경우 다음에 해당하는 기간은 출근한 것으로 본다.

1. 근로자가 업무상의 부상 또는 질병으로 휴업한 기간
2. 임신 중의 여성이 임산부의 보호 규정(제74조)에 따른 휴가로 휴업한 기간
3. 「남녀고용평등과 일·가정 양립 지원에 관한 법률」에 따른 육아휴직으로 휴업한 기간
4. 「남녀고용평등과 일·가정 양립 지원에 관한 법률」에 따른 육아기 근로시간 단축을 사용하여 단축된 근로시간
5. 임신기 근로시간 단축을 사용하여 단축된 근로시간

㉥ ㉠부터 ㉢에 따른 휴가는 1년간(계속하여 근로한 기간이 1년 미만인 근로자의 제2항에 따른 유급휴가는 최초 1년의 근로가 끝날 때까지의 기간을 말한다) 행사하지 아니하면 소멸된다. 다만, 사용자의 귀책사유로 사용하지 못한 경우에는 그러하지 아니하다. 〈개정 2020.3.31.〉

② 연차유급휴가의 사용촉진(법 제61조)

㉠ 사용자가 유급휴가(계속하여 근로한 기간이 1년 미만인 근로자의 제60조 제2항에 따른 유급휴가는 제외한다)의 사용을 촉진하기 위하여 다음 각 호의 조치를 하였음에도 불구하고 근로자가 휴가를 사용하지 아니하여 소멸된 경우에는 사용자는 그 사용하지 아니한 휴가에 대하여 보상할 의무가 없고, 사용자의 귀책사유에 해당하지 아니하는 것으로 본다.

1. 휴가소멸기간이 끝나기 6개월 전을 기준으로 10일 이내에 사용자가 근로자별로 사용하지 아니한 휴가일수를 알려주고, 근로자가 그 사용시기를 정하여 사용자에게 통보하도록 서면으로 촉구할 것
2. 제1호에 따른 촉구에도 불구하고 근로자가 촉구를 받은 때부터 10일 이내에 사용하지 아니한 휴가의 전부 또는 일부의 사용시기를 정하여 사용자에게 통보하지 아니하면 휴가소멸기간이 끝나기 2개월 전까지 사용자가 사용하지 아니한 휴가의 사용시기를 정하여 근로자에게 서면으로 통보할 것

㉡ 사용자가 계속하여 근로한 기간이 1년 미만인 근로자의 제60조 제2항에 따른 유급휴가의 사용을 촉진하기 위하여 다음 각 호의 조치를 하였음에도 불구하고 근로자가 휴가를 사용하지 아니하여 소멸된 경우에는 사용자는 그 사용하지 아니한 휴가에 대하여 보상할 의무가 없고, 사용자의 귀책사유에 해당하지 아니하는 것으로 본다.

1. 최초 1년의 근로기간이 끝나기 3개월 전을 기준으로 10일 이내에 사용자가 근로자별로 사용하지 아니한 휴가일수를 알려주고, 근로자가 그 사용 시기를 정하여 사용자에게 통보하도록 서면으로 촉구할 것. 다만, 사용자가 서면 촉구한 후 발생한 휴가에 대해서는 최초 1년의 근로기간이 끝나기 1개월 전을 기준으로 5일 이내에 촉구하여야 한다.
2. 제1호에 따른 촉구에도 불구하고 근로자가 촉구를 받은 때부터 10일 이내에 사용하지 아니한 휴가의 전부 또는 일부의 사용 시기를 정하여 사용자에게 통보하지 아니하면 최초 1년의 근로기간이 끝나기 1개월 전까지 사용자가 사용하지 아니한 휴가의 사용 시기를 정하여 근로자에게 서면으로 통보할 것. 다만, 제1호 단서에 따라 촉구한 휴가에 대해서는 최초 1년의 근로기간이 끝나기 10일 전까지 서면으로 통보하여야 한다.

③ 유급휴가의 대체(법 제62조)

사용자는 근로자대표와의 서면합의에 따라 연차유급휴가일을 갈음하여 특정한 근로일에 근로자를 휴무시킬 수 있다.

5) **적용의 제외**(법 제63조)

　근로시간, 휴게와 휴일에 관한 규정은 다음의 어느 하나에 해당하는 근로자에 대하여는 적용하지 아니한다.

> 3. 감시(監視) 또는 단속적(斷續的)으로 근로에 종사하는 사람으로서 사용자가 고용노동부장관의 승인을 받은 사람 **12회 출제**
> 4. 대통령령으로 정하는 업무("사업의 종류에 관계 없이 관리·감독업무 또는 기밀을 취급하는 업무"를 말한다.)에 종사하는 근로자

(5) 여성근로 보호 등

1) **야간근로와 휴일근로의 제한**(법 제70조)
   ① 사용자는 18세 이상의 여성을 오후 10시부터 오전 6시까지의 시간 및 휴일에 근로시키려면 그 근로자의 동의를 받아야 한다.
   ② 사용자는 임산부를 오후 10시부터 오전 6시까지의 시간 및 휴일에 근로시키지 못한다. 다만, 다음의 어느 하나에 해당하는 경우로서 고용노동부장관의 인가를 받으면 그러하지 아니하다.

> 2. 산후 1년이 지나지 아니한 여성의 동의가 있는 경우
> 3. 임신 중의 여성이 명시적으로 청구하는 경우

2) **시간외근로**(제71조) 〈개정 2018.3.20.〉
   사용자는 산후 1년이 지나지 아니한 여성에 대하여는 단체협약이 있는 경우라도 1일에 2시간, 1주에 6시간, 1년에 150시간을 초과하는 시간외근로를 시키지 못한다.

3) **생리휴가**(제73조)
   사용자는 여성근로자가 청구하면 월 1일의 생리휴가를 주어야 한다. 위반한 자는 500만원 이하의 벌금에 처한다.

4) **임산부의 보호**(제74조)
   ① 사용자는 임신 중의 여성에게 출산 전과 출산 후를 통하여 90일(미숙아를 출산한 경우에는 100일, 한 번에 둘 이상 자녀를 임신한 경우에는 120일)의 출산전후휴가를 주어야 한다. 이 경우 휴가 기간의 배정은 출산 후에 45일(한 번에 둘 이상 자녀를 임신한 경우에는 60일) 이상이 되어야 하고, 미숙아의 범위, 휴가 부여 절차 등에 필요한 사항은 고용노동부령으로 정한다. 〈시행 2025. 2. 23.〉
   ② 사용자는 임신 중인 여성 근로자가 유산의 경험 등 대통령령으로 정하는 사유로 ①의 휴가를 청구하는 경우 출산 전 어느 때라도 휴가를 나누어 사용할 수 있도록 하여야 한다. 이 경우 출산 후의 휴가기간은 연속하여 45일(한 번에 둘 이상 자녀를 임신한 경우에는 60일) 이상이 되어야 한다.

③ 사용자는 임신 중인 여성이 유산 또는 사산한 경우로서 그 근로자가 청구하면 대통령령으로 정하는 바에 따라 유산·사산 휴가를 주어야 한다. 다만, 인공 임신중절 수술(「모자보건법」에 따른 경우는 제외한다)에 따른 유산의 경우는 그러하지 아니하다.

④ ①부터 ③까지의 규정에 따른 휴가 중 최초 60일(한 번에 둘 이상 자녀를 임신한 경우에는 75일)은 유급으로 한다. 다만, 「남녀고용평등과 일·가정 양립지원에 관한 법률」 제18조에 따라 출산전후휴가급여 등이 지급된 경우에는 그 금액의 한도에서 지급의 책임을 면한다.

⑤ 사용자는 임신 중의 여성 근로자에게 시간외근로를 하게 하여서는 아니 되며, 그 근로자의 요구가 있는 경우에는 쉬운 종류의 근로로 전환하여야 한다.

⑥ 사업주는 ①에 따른 출산전후휴가 종료 후에는 휴가 전과 동일한 업무 또는 동등한 수준의 임금을 지급하는 직무에 복귀시켜야 한다.

⑦ 사용자는 임신 후 12주 이내 또는 32주 이후에 있는 여성 근로자(고용노동부령으로 정하는 유산, 조산 등 위험이 있는 여성 근로자의 경우 임신 전 기간)가 1일 2시간의 근로시간 단축을 신청하는 경우 이를 허용하여야 한다. 다만, 1일 근로시간이 8시간 미만인 근로자에 대하여는 1일 근로시간이 6시간이 되도록 근로시간 단축을 허용할 수 있다. 〈시행 2025. 2. 23.〉

⑧ 사용자는 위 ⑦에 따른 근로시간 단축을 이유로 해당 근로자의 임금을 삭감하여서는 아니 된다.

⑨ 사용자는 임신 중인 여성 근로자가 1일 소정근로시간을 유지하면서 업무의 시작 및 종료 시각의 변경을 신청하는 경우 이를 허용하여야 한다. 다만, 정상적인 사업 운영에 중대한 지장을 초래하는 경우 등 대통령령으로 정하는 경우에는 그러하지 아니하다. 〈신설 2021. 5. 18.〉

⑩ 위 ⑦에 따른 근로시간 단축의 신청방법 및 절차, 업무의 시작 및 종료 시각 변경의 신청방법 및 절차 등에 관하여 필요한 사항은 대통령령으로 정한다.

5) 제74조의2(태아검진 시간의 허용 등)

① 사용자는 임신한 여성근로자가 「모자보건법」 제10조에 따른 임산부 정기건강진단을 받는데 필요한 시간을 청구하는 경우 이를 허용하여 주어야 한다.

② 사용자는 ①에 따른 건강진단 시간을 이유로 그 근로자의 임금을 삭감하여서는 아니 된다.

6) 육아시간(법 제75조)

생후 1년 미만의 유아(乳兒)를 가진 여성근로자가 청구하면 1일 2회 각각 30분 이상의 유급 수유시간을 주어야 한다.

(6) 직장 내 괴롭힘의 금지 〈신설 2019. 1. 15. 시행 2019. 7.16〉

1) 직장 내 괴롭힘의 금지(법 제76조의2)
사용자 또는 근로자는 직장에서의 지위 또는 관계 등의 우위를 이용하여 업무상 적정범위를 넘어 다른 근로자에게 신체적·정신적 고통을 주거나 근무환경을 악화시키는 행위(이하 "직장 내 괴롭힘")를 하여서는 아니 된다.

2) 직장 내 괴롭힘 발생 시 조치(법 제76조의3) 〔23회 출제〕
① 누구든지 직장 내 괴롭힘 발생 사실을 알게 된 경우 그 사실을 사용자에게 신고할 수 있다.
② 사용자는 ①에 따른 신고를 접수하거나 직장 내 괴롭힘 발생 사실을 인지한 경우에는 지체 없이 당사자 등을 대상으로 그 사실 확인을 위하여 객관적으로 조사를 실시하여야 한다. 〈개정 2021. 4. 13.〉
③ 사용자는 조사 기간 동안 직장 내 괴롭힘과 관련하여 피해를 입은 근로자 또는 피해를 입었다고 주장하는 근로자(이하 "피해근로자등")를 보호하기 위하여 필요한 경우 해당 피해근로자등에 대하여 근무장소의 변경, 유급휴가 명령 등 적절한 조치를 하여야 한다. 이 경우 사용자는 피해근로자등의 의사에 반하는 조치를 하여서는 아니 된다.
④ 사용자는 조사 결과 직장 내 괴롭힘 발생 사실이 확인된 때에는 피해근로자가 요청하면 근무장소의 변경, 배치전환, 유급휴가 명령 등 적절한 조치를 하여야 한다.
⑤ 사용자는 조사 결과 직장 내 괴롭힘 발생 사실이 확인된 때에는 지체 없이 행위자에 대하여 징계, 근무장소의 변경 등 필요한 조치를 하여야 한다. 이 경우 사용자는 징계 등의 조치를 하기 전에 그 조치에 대하여 피해근로자의 의견을 들어야 한다.
⑥ 사용자는 직장 내 괴롭힘 발생 사실을 신고한 근로자 및 피해근로자등에게 해고나 그 밖의 불리한 처우를 하여서는 아니 된다.
⑦ 위 ②에 따라 직장 내 괴롭힘 발생 사실을 조사한 사람, 조사 내용을 보고받은 사람 및 그 밖에 조사 과정에 참여한 사람은 해당 조사 과정에서 알게 된 비밀을 피해근로자등의 의사에 반하여 다른 사람에게 누설하여서는 아니 된다. 다만, 조사와 관련된 내용을 사용자에게 보고하거나 관계 기관의 요청에 따라 필요한 정보를 제공하는 경우는 제외한다. 〈신설 2021. 4. 13.〉

(7) 재해보상

1) 재해보상의 종류
① **요양보상**(법 제78조)
  ㉠ 근로자가 업무상 부상 또는 질병에 걸리면 사용자는 그 비용으로 필요한 요양을 행하거나 필요한 요양비를 부담하여야 한다.
  ㉡ 위 ㉠에 따른 업무상 질병과 요양의 범위 및 요양보상의 시기는 대통령령으로 정한다.

② **휴업보상**
  ㉠ 사용자는 요양 중에 있는 근로자에게 그 근로자의 요양 중 평균임금의 100분의 60의 휴업보상을 하여야 한다.
  ㉡ 위의 ㉠에 따른 휴업보상을 받을 기간에 그 보상을 받을 사람이 임금의 일부를 지급받은 경우에는 사용자는 평균임금에서 그 지급받은 금액을 뺀 금액의 100분의 60의 휴업보상을 하여야 한다.
  ㉢ 휴업보상의 시기는 대통령령으로 정한다.

> **영 제46조**(요양 및 휴업보상시기)
> 요양보상 및 휴업보상은 매월 1회 이상 하여야 한다.

③ **장해보상**
  ㉠ 근로자가 업무상 부상 또는 질병에 걸리고, 완치된 후 신체에 장해가 있으면 사용자는 그 장해 정도에 따라 평균임금에 별표에서 정한 일수를 곱한 금액의 장해보상을 하여야 한다.
  ㉡ 장해보상을 하여야 하는 신체장해등급의 결정기준과 장해보상의 시기는 대통령령으로 정한다.

> **영 제51조(보상시기)**
> ① 장해보상은 근로자의 부상 또는 질병이 완치된 후 지체 없이 하여야 한다.

④ **유족보상**
  ㉠ 근로자가 업무상 사망한 경우에는 사용자는 근로자가 사망한 후 지체 없이 그 유족에게 평균임금 1,000일분의 유족보상을 하여야 한다.
  ㉡ 위의 ㉠에서의 유족의 범위, 유족보상의 순위 및 보상을 받기로 확정된 사람이 사망한 경우의 유족보상의 순위는 대통령령으로 정한다.

⑤ **장례비**
  근로자가 업무상 사망한 경우에는 지체 없이 사용자는 근로자가 사망한 후 지체 없이 평균임금 90일분의 장례비를 지급하여야 한다.

⑥ **일시보상**
  요양보상에 따라 보상을 받는 근로자가 요양을 시작한 지 2년이 지나도 부상 또는 질병이 완치되지 아니하는 경우에는 사용자는 그 근로자에게 평균임금 1,340일분의 일시보상을 하여 그 후의 이 법에 따른 모든 보상책임을 면할 수 있다.

⑦ **분할보상**
  사용자는 지급능력이 있는 것을 증명하고 보상을 받는 사람의 동의를 받으면 장해보상, 유족보상 또는 일시보상에 따른 보상금을 1년에 걸쳐 분할보상을 할 수 있다.

2) **보상청구권**(법 제86조)**과 다른 손해배상과의 관계**(법 제87조)
   ① 보상을 받을 권리는 퇴직으로 인하여 변경되지 아니하고, 양도나 압류하지 못한다.
   ② 보상을 받게 될 사람이 동일한 사유에 대하여 「민법」이나 그 밖의 법령에 따라 이 법의 재해보상에 상당한 금품을 받으면 그 가액의 한도에서 사용자는 보상의 책임을 면한다.

3) **서류의 보존**
   사용자는 재해보상에 관한 중요한 서류를 재해보상이 끝나지 아니하거나 제92조에 따라 재해보상청구권이 시효로 소멸되기 전에 폐기하여서는 아니 된다.

4) **시효**
   이 법의 규정에 따른 재해보상청구권은 3년간 행사하지 아니하면 시효로 소멸한다.

(8) 취업규칙

1) **취업규칙의 작성·신고**(법 제93조)
   상시 10명 이상의 근로자를 사용하는 사용자는 취업규칙을 작성하여 고용노동부장관에게 신고하여야 한다. 이를 변경하는 경우에도 또한 같다.

2) **규칙의 작성, 변경절차**
   ① 사용자는 취업규칙의 작성 또는 변경에 관하여 해당 사업 또는 사업장에 근로자의 과반수로 조직된 노동조합이 있는 경우에는 그 노동조합, 근로자의 과반수로 조직된 노동조합이 없는 경우에는 근로자의 과반수의 의견을 들어야 한다. 다만, 취업규칙을 근로자에게 불리하게 변경하는 경우에는 그 동의를 받아야 한다.
   ② 사용자는 취업규칙을 신고할 때에는 ①의 의견을 적은 서면을 첨부하여야 한다.

3) **단체협약의 준수**(법 제96조)
   ① 취업규칙은 법령이나 해당 사업 또는 사업장에 대하여 적용되는 단체협약과 어긋나서는 아니 된다.
   ② 고용노동부장관은 법령이나 단체협약에 어긋나는 취업규칙의 변경을 명할 수 있다.

4) **위반의 효력**
   취업규칙에서 정한 기준에 미달하는 근로조건을 정한 근로계약은 그 부분에 관하여는 무효로 한다. 이 경우 무효로 된 부분은 취업규칙에 정한 기준에 따른다.

3 노동조합 및 노동관계조정법(약칭: 노동조합법) 〈시행 2021. 7. 6.〉

(1) 총칙

1) 목적
헌법에 의한 근로자의 단결권・단체교섭권 및 단체행동권을 보장하여 근로조건의 유지・개선과 근로자의 경제적・사회적 지위의 향상을 도모하고, 노동관계를 공정하게 조정하여 노동쟁의를 예방・해결함으로써 산업평화의 유지와 국민경제의 발전에 이바지함을 목적으로 한다.

2) 정의
① "근로자"라 함은 직업의 종류를 불문하고 임금・급료 기타 이에 준하는 수입에 의하여 생활하는 자를 말한다.
② "사용자"라 함은 사업주, 사업의 경영담당자 또는 그 사업의 근로자에 관한 사항에 대하여 사업주를 위하여 행동하는 자를 말한다.
③ "사용자단체"라 함은 노동관계에 관하여 그 구성원인 사용자에 대하여 조정 또는 규제할 수 있는 권한을 가진 사용자의 단체를 말한다.
④ "노동조합"이라 함은 근로자가 주체가 되어 자주적으로 단결하여 근로조건의 유지・개선 기타 근로자의 경제적・사회적 지위의 향상을 도모함을 목적으로 조직하는 단체 또는 그 연합단체를 말한다. 다만, 다음 각 목의 1에 해당하는 경우에는 노동조합으로 보지 아니한다.

> 가. 사용자 또는 항상 그의 이익을 대표하여 행동하는 자의 참가를 허용하는 경우
> 나. 경비의 주된 부분을 사용자로부터 원조받는 경우
> 다. 공제・수양 기타 복리사업만을 목적으로 하는 경우
> 라. 근로자가 아닌 자의 가입을 허용하는 경우
> 마. 주로 정치운동을 목적으로 하는 경우

⑤ "노동쟁의"라 함은 노동조합과 사용자 또는 사용자단체(이하 "노동 관계 당사자"라 한다) 간에 임금・근로시간・복지・해고 기타 대우 등 근로조건의 결정에 관한 주장의 불일치로 인하여 발생한 분쟁상태를 말한다. 이 경우 주장의 불일치라 함은 당사자 간에 합의를 위한 노력을 계속하여도 더 이상 자주적 교섭에 의한 합의의 여지가 없는 경우를 말한다.
⑥ "쟁의행위"라 함은 파업・태업・직장폐쇄 기타 노동 관계 당사자가 그 주장을 관철할 목적으로 행하는 행위와 이에 대항하는 행위로서 업무의 정상적인 운영을 저해하는 행위를 말한다.

(2) 노동조합 `10회 출제`

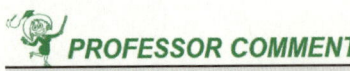

> 단결권이란 근로조건의 향상을 도모하기 위하여 근로자와 그 단체에게 부여된 단결의 조직 및 활동을 비롯하여 단결체의 가입 및 단결체의 존립보호를 위한 헌법상의 권리라고 할 수 있다. 근로자의 단결권은 노동조합의 조직과 그 활동으로 구현된다.

1) 노동조합의 조직·가입

① 노동조합의 조직·가입·활동(법 제5조) 〈시행 2021.7.6〉
  ㉠ 근로자는 자유로이 노동조합을 조직하거나 이에 가입할 수 있다. 다만, 공무원과 교원에 대하여는 따로 법률로 정한다.
  ㉡ 사업 또는 사업장에 종사하는 근로자(이하 "종사근로자"라 한다)가 아닌 노동조합의 조합원은 사용자의 효율적인 사업 운영에 지장을 주지 아니하는 범위에서 사업 또는 사업장 내에서 노동조합 활동을 할 수 있다.
  ㉢ 종사근로자인 조합원이 해고되어 노동위원회에 부당노동행위의 구제신청을 한 경우에는 중앙노동위원회의 재심판정이 있을 때까지는 종사근로자로 본다.

② 법인격의 취득
  ㉠ 노동조합은 그 규약이 정하는 바에 의하여 당해 노동조합을 법인으로 하고자 할 경우에는 대통령령이 정하는 바에 의하여 등기를 하여야 한다.
  ㉡ 법인인 노동조합에 대하여는 이 법에 규정된 것을 제외하고는 「민법」 중 사단법인에 관한 규정을 적용한다.

③ 노동조합의 보호요건(법 제7조)
  ㉠ 이 법에 의하여 설립된 노동조합이 아니면 노동위원회에 노동쟁의의 조정 및 부당노동행위의 구제를 신청할 수 없다.
  ㉡ 위 ㉠의 규정은 제81조(부당노동행위) 제1항 제1호·제2호 및 제5호의 규정에 의한 근로자의 보호를 부인하는 취지로 해석되어서는 아니된다. 〈개정 2021. 1. 5.〉
  ㉢ 이 법에 의하여 설립된 노동조합이 아니면 노동조합이라는 명칭을 사용할 수 없다.

④ 차별대우의 금지(법 제9조)
  노동조합의 조합원은 어떠한 경우에도 인종, 종교, 성별, 연령, 신체적 조건, 고용형태, 정당 또는 신분에 의하여 차별대우를 받지 아니한다.

2) 노동조합의 설립

① 설립의 신고

㉠ 노동조합을 설립하고자 하는 자는 일정사항을 기재한 신고서에 규약을 첨부하여 연합단체인 노동조합과 2 이상의 특별시·광역시·특별자치시·도·특별자치도에 걸치는 단위노동조합은 고용노동부장관, 2 이상의 시·군·구(자치구)에 걸치는 단위노동조합은 특별시장·광역시장·도지사, 그 외의 노동조합은 특별자치시장·특별자치도지사·시장·군수·구청장(자치구)에게 제출하여야 한다. 〈개정 2014.5.20〉

㉡ 연합단체인 노동조합은 동종산업의 단위노동조합을 구성원으로 하는 산업별 연합단체와 산업별 연합단체 또는 전국규모의 산업별 단위노동조합을 구성원으로 하는 총연합단체를 말한다.

② 신고증의 교부(법 제12조)

㉠ 고용노동부장관, 특별시장·광역시장·특별자치시장·도지사·특별자치도지사 또는 시장·군수·구청장(이하 "행정관청")은 설립신고서를 접수한 때에는 원칙적으로 3일 이내에 신고증을 교부하여야 한다. 〈개정 2014.5.20〉

㉡ 행정관청은 설립신고서 또는 규약이 기재사항의 누락 등으로 보완이 필요한 경우에는 대통령령이 정하는 바에 따라 20일 이내의 기간을 정하여 보완을 요구하여야 한다. 이 경우 보완된 설립신고서 또는 규약을 접수한 때에는 3일 이내에 신고증을 교부하여야 한다.

㉢ 노동조합이 신고증을 교부받은 경우에는 설립신고서가 접수된 때에 설립된 것으로 본다.

③ 변경사항의 신고 등(법 제13조)

노동조합은 설립신고된 사항 중 다음의 사항에 변경이 있는 때에는 그 날부터 30일 이내에 행정관청에게 변경신고를 하여야 한다.

1. 명칭	2. 주된 사무소의 소재지
3. 대표자의 성명	4. 소속된 연합단체의 명칭

3) 노동조합의 관리

① 총회의 개최와 의결(법 제15조·제16조)

㉠ 노동조합은 매년 1회 이상 총회를 개최하여야 한다.

㉡ 대표자는 총회의 의장이 된다.

㉢ 총회는 재적조합원 과반수의 출석과 출석조합원 과반수의 찬성으로 의결한다. 다만, 규약의 제정·변경, 임원의 해임, 합병·분할·해산 및 조직형태의 변경에 관한 사항은 재적조합원 과반수의 출석과 출석조합원 2/3 이상의 찬성이 있어야 한다.

㉣ 규약의 제정·변경과 임원의 선거·해임에 관한 사항은 조합원의 직접·비밀·무기명투표에 의하여야 한다.

② 조합원의 권리와 의무(법 제22조) : 노동조합의 조합원은 균등하게 그 노동조합의 모든 문제에 참여할 권리와 의무를 가진다. 다만, 노동조합은 그 규약으로 조합비를 납부하지 아니하는 조합원의 권리를 제한할 수 있다.
③ 근로시간의 면제 등(법 제24조) 〈시행 2021. 7. 6.〉
  ㉠ 근로자는 단체협약으로 정하거나 사용자의 동의가 있는 경우에는 사용자 또는 노동조합으로부터 급여를 지급받으면서 근로계약 소정의 근로를 제공하지 아니하고 노동조합의 업무에 종사할 수 있다.
  ㉡ 위 ㉠에 따라 사용자로부터 급여를 지급받는 근로자(이하 "근로시간면제자"라 한다)는 사업 또는 사업장별로 종사근로자인 조합원 수 등을 고려하여 제24조의2(근로시간면제심의위원회)에 따라 결정된 근로시간 면제 한도(이하 "근로시간 면제 한도"라 한다)를 초과하지 아니하는 범위에서 임금의 손실 없이 사용자와의 협의·교섭, 고충처리, 산업안전 활동 등 이 법 또는 다른 법률에서 정하는 업무와 건전한 노사관계 발전을 위한 노동조합의 유지·관리업무를 할 수 있다.
  ㉢ 사용자는 ㉠에 따라 노동조합의 업무에 종사하는 근로자의 정당한 노동조합 활동을 제한해서는 아니 된다.
  ㉣ 위 ㉡을 위반하여 근로시간 면제 한도를 초과하는 내용을 정한 단체협약 또는 사용자의 동의는 그 부분에 한정하여 무효로 한다.
④ 근로시간면제심의위원회(법 제24조의2) 〈시행 2021. 7. 6.〉
  ㉠ 근로시간면제자에 대한 근로시간 면제 한도를 정하기 위하여 근로시간면제심의위원회를 「경제사회노동위원회법」에 따른 경제사회노동위원회에 둔다.
  ㉡ 위원회는 근로시간 면제 한도를 심의·의결하고, 3년마다 그 적정성 여부를 재심의하여 의결할 수 있다.
  ㉢ 경제사회노동위원회 위원장은 위원회가 의결한 사항을 고용노동부장관에게 즉시 통보하여야 한다.
  ㉣ 고용노동부장관은 경제사회노동위원회 위원장이 통보한 근로시간 면제 한도를 고시하여야 한다.
  ㉤ 위원회는 근로자를 대표하는 위원과 사용자를 대표하는 위원 및 공익을 대표하는 위원 각 5명씩 성별을 고려하여 구성한다.
  ㉥ 위원회는 재적위원 과반수의 출석과 출석위원 과반수의 찬성으로 의결한다.
  ㉦ 위원의 자격, 위촉과 위원회의 운영 등에 필요한 사항은 대통령령으로 정한다.
⑤ 노동조합의 해산(법 제28조)
  노동조합이 해산한 때에는 그 대표자는 해산한 날부터 15일 이내에 행정관청에게 이를 신고하여야 한다.

(3) 단체교섭 및 단체협약 『18·21회 출제』

1) 단체교섭 및 체결권한 등

① 노동조합의 대표자는 그 노동조합 또는 조합원을 위하여 사용자나 사용자단체와 교섭하고 단체협약을 체결할 권한을 가진다.

노동조합 및 노동관계조정법

법 제29조(교섭 및 체결권한)
① 노동조합의 대표자는 그 노동조합 또는 조합원을 위하여 사용자나 사용자단체와 교섭하고 단체협약을 체결할 권한을 가진다.

영 제14조의2(노동조합의 교섭 요구 시기 및 방법)
노동조합은 해당 사업 또는 사업장에 단체협약이 있는 경우에는 그 유효기간 만료일 이전 3개월이 되는 날부터 사용자에게 교섭을 요구할 수 있다. 다만, 단체협약이 2개 이상 있는 경우에는 먼저 이르는 단체협약의 유효기간 만료일 이전 3개월이 되는 날부터 사용자에게 교섭을 요구할 수 있다]
② 교섭대표노동조합의 대표자는 교섭을 요구한 모든 노동조합 또는 조합원을 위하여 사용자와 교섭하고 단체협약을 체결할 권한을 가진다.
③ 노동조합과 사용자 또는 사용자단체로부터 교섭 또는 단체협약의 체결에 관한 권한을 위임받은 자는 그 노동조합과 사용자 또는 사용자단체를 위하여 위임받은 범위 안에서 그 권한을 행사할 수 있다.
④ 노동조합과 사용자 또는 사용자단체는 교섭 또는 단체협약의 체결에 관한 권한을 위임한 때에는 그 사실을 상대방에게 통보하여야 한다.

법 제29조의2[교섭창구 단일화절차] 〈시행 2021. 7. 6〉
① 하나의 사업 또는 사업장에서 조직형태에 관계 없이 근로자가 설립하거나 가입한 노동조합이 2개 이상인 경우 노동조합은 교섭대표노동조합(2개 이상의 노동조합 조합원을 구성원으로 하는 교섭대표기구를 포함한다)을 정하여 교섭을 요구하여야 한다. 다만, 교섭대표노동조합을 자율적으로 결정하는 기한 내에 사용자가 교섭창구 단일화절차를 거치지 아니하기로 동의한 경우에는 그러하지 아니하다.
② 위 ① 단서에 해당하는 경우 사용자는 교섭을 요구한 모든 노동조합과 성실히 교섭하여야 하고, 차별적으로 대우해서는 아니 된다.
③ 교섭대표노동조합 결정 절차(이하 "교섭창구 단일화 절차"라 한다)에 참여한 모든 노동조합은 대통령령으로 정하는 기한 내에 자율적으로 교섭대표노동조합을 정한다.

법 제29조의3[교섭단위결정]
① 교섭대표노동조합을 결정하여야 하는 단위(이하 "교섭단위")는 하나의 사업 또는 사업장으로 한다.

법 제29조의4[공정대표의무 등]
① 교섭대표노동조합과 사용자는 교섭창구 단일화절차에 참여한 노동조합 또는 그 조합원 간에 합리적 이유 없이 차별을 하여서는 아니 된다.

---

② 노동조합과 사용자 또는 사용자단체는 정당한 이유 없이 교섭 또는 단체협약의 체결을 거부하거나 해태하여서는 아니 된다.

2) 단체교섭 및 단체협약

① 단체협약의 작성과 유효기간(법 제31조, 제32조) 〈시행 2021. 7. 6〉
  ㉠ 단체협약은 서면으로 작성하여 당사자 쌍방이 서명 또는 날인하여야 한다.
  ㉡ 단체협약의 당사자는 단체협약의 체결일부터 15일 이내에 이를 행정관청에게 신고하여야 한다. 행정관청은 단체협약중 위법한 내용이 있는 경우에는 노동위원회의 의결을 얻어 그 시정을 명할 수 있다.
  ㉢ 단체협약의 유효기간은 3년을 초과하지 않는 범위에서 노사가 합의하여 정할 수 있다.
  ㉣ 단체협약에 그 유효기간을 정하지 아니한 경우 또는 3년을 초과하는 유효기간을 정한 경우에 그 유효기간은 3년으로 한다.
  ㉤ 단체협약의 유효기간이 만료되는 때를 전후하여 당사자 쌍방이 새로운 단체협약을 체결하고자 단체교섭을 계속하였음에도 불구하고 새로운 단체협약이 체결되지 아니한 경우에는 별도의 약정이 있는 경우를 제외하고는 종전의 단체협약은 그 효력만료일부터 3월까지 계속 효력을 갖는다. 다만, 단체협약에 그 유효기간이 경과한 후에도 새로운 단체협약이 체결되지 아니한 때에는 새로운 단체협약이 체결될 때까지 종전 단체협약의 효력을 존속시킨다는 취지의 별도의 약정이 있는 경우에는 그에 따르되, 당사자 일방은 해지하고자 하는 날의 6월 전까지 상대방에게 통고함으로써 종전의 단체협약을 해지할 수 있다.

② 기준의 효력
  ㉠ 단체협약에 정한 근로조건 기타 근로자의 대우에 관한 기준에 위반하는 취업규칙 또는 근로계약의 부분은 무효로 한다.
  ㉡ 근로계약에 규정되지 아니한 사항 또는 위 ㉠의 규정에 의하여 무효로 된 부분은 단체협약에 정한 기준에 의한다.

③ 단체협약의 해석
  ㉠ 단체협약의 해석 또는 이행방법에 관하여 관계 당사자간에 의견의 불일치가 있는 때에는 당사자 쌍방 또는 단체협약에 정하는 바에 의하여 어느 일방이 노동위원회에 그 해석 또는 이행방법에 관한 견해의 제시를 요청할 수 있다.
  ㉡ 노동위원회는 ㉠의 규정에 의한 요청을 받은 때에는 그 날부터 30일 이내에 명확한 견해를 제시하여야 한다.
  ㉢ ㉡의 규정에 의하여 노동위원회가 제시한 해석 또는 이행방법에 관한 견해는 중재재정과 동일한 효력을 가진다.

④ 일반적 구속력 : 하나의 사업 또는 사업장에 상시 사용되는 동종의 근로자 반수 이상이 하나의 단체협약의 적용을 받게 된 때에는 당해 사업 또는 사업장에 사용되는 다른 동종의 근로자에 대하여도 당해 단체협약이 적용된다.

⑤ 지역적 구속력 : 하나의 지역에 있어서 종업하는 동종의 근로자 3분의 2 이상이 하나의 단체협약의 적용을 받게 된 때에는 행정관청은 당해 단체협약의 당사자의 쌍방 또는 일방의 신청에 의하거나 그 직권으로 노동위원회의 의결을 얻어 당해 지역에서 종업하는 다른 동종의 근로자와 그 사용자에 대하여도 당해 단체협약을 적용한다는 결정을 할 수 있다.

(4) 부당노동행위

1) 부당노동행위의 금지(법 제81조) **26회 출제**

위반한 자는 2년 이하의 징역 또는 2천만원 이하의 벌금에 처한다.

① 근로자가 노동조합에 가입 또는 가입하려고 하였거나 노동조합을 조직하려고 하였거나 기타 노동조합의 업무를 위한 정당한 행위를 한 것을 이유로 그 근로자를 해고하거나 그 근로자에게 불이익을 주는 행위

② 근로자가 어느 노동조합에 가입하지 아니할 것 또는 탈퇴할 것을 고용조건으로 하거나 특정한 노동조합의 조합원이 될 것을 고용조건으로 하는 행위. 다만, 노동조합이 당해 사업장에 종사하는 근로자의 3분의 2 이상을 대표하고 있을 때에는 근로자가 그 노동조합의 조합원이 될 것을 고용조건으로 하는 단체협약의 체결은 예외로 하며, 이 경우 사용자는 근로자가 그 노동조합에서 제명된 것 또는 그 노동조합을 탈퇴하여 새로 노동조합을 조직하거나 다른 노동조합에 가입한 것을 이유로 근로자에게 신분상 불이익한 행위를 할 수 없다.

③ 노동조합의 대표자 또는 노동조합으로부터 위임을 받은 자와의 단체협약체결 기타의 단체교섭을 정당한 이유 없이 거부하거나 해태하는 행위

④ 근로자가 노동조합을 조직 또는 운영하는 것을 지배하거나 이에 개입하는 행위와 근로시간 면제한도를 초과하여 급여를 지급하거나 노동조합의 운영비를 원조하는 행위. 다만, 근로자가 근로시간 중에 제24조 제4항에 따른 활동을 하는 것을 사용자가 허용함은 무방하며, 또한 근로자의 후생자금 또는 경제상의 불행 그 밖에 재해의 방지와 구제 등을 위한 기금의 기부와 최소한의 규모의 노동조합사무소의 제공 및 그 밖에 이에 준하여 노동조합의 자주적인 운영 또는 활동을 침해할 위험이 없는 범위에서의 운영비 원조행위는 예외로 한다. 〈시행 2021. 7. 6〉

⑤ 근로자가 정당한 단체행위에 참가한 것을 이유로 하거나 또는 노동위원회에 대하여 사용자가 이 조의 규정에 위반한 것을 신고하거나 그에 관한 증언을 하거나 기타 행정관청에 증거를 제출한 것을 이유로 그 근로자를 해고하거나 그 근로자에게 불이익을 주는 행위

2) 부당노동행위의 구제 　　　　　　　　　　　　　　　　　15회 출제

① 구제신청(법 제82조)
  ㉠ 사용자의 부당노동행위로 인하여 그 권리를 침해당한 근로자 또는 노동조합은 노동위원회에 그 구제를 신청할 수 있다.
  ㉡ 구제의 신청은 부당노동행위가 있은 날(계속하는 행위는 그 종료일)부터 3개월 이내에 이를 행하여야 한다.
② 조사 및 심문절차 : 노동위원회는 구제신청을 받은 때에 지체 없이 필요한 조사와 관계 당사자의 심문을 하여야 하며, 이 경우 심문을 할 때에는 관계 당사자의 신청에 의하거나 그 직권으로 증인을 출석하게 하여 필요한 사항을 질문할 수 있다.
③ 구제명령 : 노동위원회는 심문을 종료하고 부당노동행위가 성립한다고 판정한 때에는 사용자에게 구제명령을 발하여야 하며, 부당노동행위가 성립되지 아니한다고 판정한 때에는 그 구제신청을 기각하는 결정을 하여야 한다.
④ 구제명령의 확정과 행정소송
  ㉠ 지방노동위원회 또는 특별노동위원회의 구제명령 또는 기각결정에 불복이 있는 관계 당사자는 그 명령서 또는 결정서의 송달을 받은 날부터 10일 이내에 중앙노동위원회에 그 재심을 신청할 수 있다.
  ㉡ 중앙노동위원회의 재심판정에 대하여 관계 당사자는 그 재심판정서의 송달을 받은 날부터 15일 이내에 「행정소송법」이 정하는 바에 의하여 소를 제기할 수 있다.
  ㉢ 규정된 기간 내에 재심을 신청하지 아니하거나 행정소송을 제기하지 아니한 때에는 그 구제명령·기각결정 또는 재심판정은 확정된다.
  ㉣ 사용자가 행정소송을 제기한 경우에 관할 법원은 중앙노동위원회의 신청에 의하여 결정으로써, 판결이 확정될 때까지 중앙노동위원회의 구제명령의 전부 또는 일부를 이행하도록 명할 수 있으며, 당사자의 신청에 의하여 또는 직권으로 그 결정을 취소할 수 있다.
⑤ 구제명령 등의 효력 : 노동위원회의 구제명령·기각결정 또는 재심판정은 중앙노동위원회에의 재심신청이나 행정소송의 제기에 의하여 그 효력이 정지되지 아니한다.

(5) 쟁의행위 　　　　　　　　　　　　　　　　　　　　　　　　23회 출제

1) 쟁의행위의 기본원칙(법 제37조)
① 쟁의행위는 그 목적·방법 및 절차에 있어서 법령 기타 사회질서에 위반되어서는 아니된다.
② 조합원은 노동조합에 의하여 주도되지 아니한 쟁의행위를 하여서는 아니된다.
③ 노동조합은 사용자의 점유를 배제하여 조업을 방해하는 형태로 쟁의행위를 해서는 아니된다.

2) 근로자의 구속제한(법 제39조)　　　　　　　　　　　　　　　**27회 출제**

근로자는 쟁의행위 기간 중에는 현행범 외에는 이 법 위반을 이유로 구속되지 아니한다.

3) 쟁의행위의 제한과 금지(법 제41조)

① 노동조합의 쟁의행위는 그 조합원(교섭대표노동조합이 결정된 경우에는 그 절차에 참여한 노동조합의 전체 조합원)의 직접·비밀·무기명투표에 의한 조합원 과반수의 찬성으로 결정하지 아니하면 이를 행할 수 없다. 이 경우 조합원 수 산정은 종사근로자인 조합원을 기준으로 한다.

② 「방위사업법」에 의하여 지정된 주요방위산업체에 종사하는 근로자 중 전력, 용수 및 주로 방산물자를 생산하는 업무에 종사하는 자는 쟁의행위를 할 수 없으며 주로 방산물자를 생산하는 업무에 종사하는 자의 범위는 대통령령으로 정한다.

4) 필수유지업무에 대한 쟁의행위의 제한(법 제42조의2)

필수유지업무(필수공익사업의 업무 중 그 업무가 정지되거나 폐지되는 경우 공중의 생명·건강 또는 신체의 안전이나 공중의 일상생활을 현저히 위태롭게 하는 업무로서 대통령령이 정하는 업무)의 정당한 유지·운영을 정지·폐지 또는 방해하는 행위는 쟁의행위로서 이를 행할 수 없다.

5) 사용자의 채용제한(법 제43조)

① 사용자는 쟁의행위 기간중 그 쟁의행위로 중단된 업무의 수행을 위하여 당해 사업과 관계없는 자를 채용 또는 대체할 수 없다.

② 사용자는 쟁의행위기간중 그 쟁의행위로 중단된 업무를 도급 또는 하도급 줄 수 없다.

6) 쟁의행위 기간중의 임금지급 요구의 금지(법 제44조)

① 사용자는 쟁의행위에 참가하여 근로를 제공하지 아니한 근로자에 대하여는 그 기간중의 임금을 지급할 의무가 없다.

② 노동조합은 쟁의행위 기간에 대한 임금의 지급을 요구하여 이를 관철할 목적으로 쟁의행위를 하여서는 아니 된다.

7) 조정의 전치(법 제45조)

① 노동관계 당사자는 노동쟁의가 발생한 때에는 어느 일방이 이를 상대방에게 서면으로 통보하여야 한다.

② 쟁의행위는 제5장 제2절 내지 제4절의 규정에 의한 조정절차(제61조의2의 규정에 따른 조정종료 결정 후의 조정절차를 제외한다)를 거치지 아니하면 이를 행할 수 없다. 다만, 제54조의 규정에 의한 기간내에 조정이 종료되지 아니하거나 제63조의 규정에 의한 기간내에 중재재정이 이루어지지 아니한 경우에는 그러하지 아니하다.

8) 직장폐쇄의 요건(법 제46조)
① 사용자는 노동조합이 쟁의행위를 개시한 이후에만 직장폐쇄를 할 수 있다.
② 사용자는 제1항의 규정에 의한 직장폐쇄를 할 경우에는 미리 행정관청 및 노동위원회에 각각 신고하여야 한다.

9) 공익사업등의 우선적 취급(법 제51조)
국가・지방자치단체・국공영기업체・방위산업체 및 공익사업에 있어서의 노동쟁의의 조정은 우선적으로 취급하고 신속히 처리하여야 한다.

10) 조정의 개시(법 제53조)
① 노동위원회는 관계 당사자의 일방이 노동쟁의의 조정을 신청한 때에는 지체없이 조정을 개시하여야 하며 관계 당사자 쌍방은 이에 성실히 임하여야 한다.
② 노동위원회는 제1항의 규정에 따른 조정신청 전이라도 원활한 조정을 위하여 교섭을 주선하는 등 관계 당사자의 자주적인 분쟁 해결을 지원할 수 있다.

11) 조정기간(법 제54조)
① 조정은 조정의 신청이 있은 날부터 일반사업에 있어서는 10일, 공익사업에 있어서는 15일 이내에 종료하여야 한다.
② 조정기간은 관계 당사자 간의 합의로 일반사업에 있어서는 10일, 공익사업에 있어서는 15일 이내에서 연장할 수 있다.

12) 조정위원회의 구성(법 제55조)
① 노동쟁의의 조정을 위하여 노동위원회에 조정위원회를 둔다.
② 조정위원회는 조정위원 3인으로 구성한다.

13) 조정의 효력(법 제61조)
① 조정안이 관계 당사자에 의하여 수락된 때에는 조정위원 전원 또는 단독조정인은 조정서를 작성하고 관계 당사자와 함께 서명 또는 날인하여야 한다.
② 조정서의 내용은 단체협약과 동일한 효력을 가진다.
③ 조정위원회 또는 단독조정인이 제시한 해석 또는 이행방법에 관한 견해는 중재재정과 동일한 효력을 가진다.

14) 중재의 개시(법 제62조)
노동위원회는 다음 각 호의 어느 하나에 해당하는 때에는 중재를 행한다.
① 관계 당사자의 쌍방이 함께 중재를 신청한 때
② 관계 당사자의 일방이 단체협약에 의하여 중재를 신청한 때

15) 중재시의 쟁의행위의 금지(법 제63조)
노동쟁의가 중재에 회부된 때에는 그 날부터 15일간은 쟁의행위를 할 수 없다.

16) 중재위원회의 구성(법 제64조)
① 노동쟁의의 중재 또는 재심을 위하여 노동위원회에 중재위원회를 둔다.
② 중재위원회는 중재위원 3인으로 구성한다.

17) 중재재정(법 제68조)
① 중재재정은 서면으로 작성하여 이를 행하며 그 서면에는 효력발생 기일을 명시하여야 한다.
② 중재재정의 해석 또는 이행방법에 관하여 관계 당사자간에 의견의 불일치가 있는 때에는 당해 중재위원회의 해석에 따르며 그 해석은 중재재정과 동일한 효력을 가진다.

18) 중재재정등의 확정(법 제69조)
① 관계 당사자는 지방노동위원회 또는 특별노동위원회의 중재재정이 위법이거나 월권에 의한 것이라고 인정하는 경우에는 그 중재재정서의 송달을 받은 날부터 10일 이내에 중앙노동위원회에 그 재심을 신청할 수 있다.
② 관계 당사자는 중앙노동위원회의 중재재정이나 제1항의 규정에 의한 재심결정이 위법이거나 월권에 의한 것이라고 인정하는 경우에는 그 중재재정서 또는 재심결정서의 송달을 받은 날부터 15일 이내에 행정소송을 제기할 수 있다.
③ 위 ① 및 ②에 규정된 기간내에 재심을 신청하지 아니하거나 행정소송을 제기하지 아니한 때에는 그 중재재정 또는 재심결정은 확정된다.
④ 중재재정이나 재심결정이 확정된 때에는 관계 당사자는 이에 따라야 한다.

19) 중재재정 등의 효력(법 제70조)
① 중재재정의 내용은 단체협약과 동일한 효력을 가진다.
② 노동위원회의 중재재정 또는 재심결정은 중앙노동위원회에의 재심신청 또는 행정소송의 제기에 의하여 그 효력이 정지되지 아니한다.

제1편 행정관리실무

4 기타 근로관계법률

(1) 근로자퇴직급여보장법 (약칭: 퇴직급여법, 시행 2022. 7.12)   16·17·19·21회 출제

1) 총설
① 용어의 뜻   22회 출제

1. "근로자"란 「근로기준법」에 따른 근로자를 말한다.
2. "사용자"란 「근로기준법」에 따른 사용자를 말한다.
3. "임금"이란 「근로기준법」에 따른 임금을 말한다.
4. "평균임금"이란 「근로기준법」에 따른 평균임금을 말한다.
5. "급여"란 퇴직급여제도나 개인형 퇴직연금제도에 의하여 근로자에게 지급되는 연금 또는 일시금을 말한다.
6. "퇴직급여제도"란 확정급여형 퇴직연금제도, 확정기여형퇴직연금제도, 중소기업퇴직연금기금제도 및 제8조에 따른 퇴직금제도를 말한다.
7. "퇴직연금제도"란 확정급여형 퇴직연금제도, 확정기여형 퇴직연금제도 및 개인형 퇴직연금제도를 말한다.
8. "확정급여형 퇴직연금제도"란 근로자가 받을 급여의 수준이 사전에 결정되어 있는 퇴직연금제도를 말한다.
9. "확정기여형 퇴직연금제도"란 급여의 지급을 위하여 사용자가 부담하여야 할 부담금의 수준이 사전에 결정되어 있는 퇴직연금제도를 말한다.
10. "개인형 퇴직연금제도"란 가입자의 선택에 따라 가입자가 납입한 일시금이나 사용자 또는 가입자가 납입한 부담금을 적립·운용하기 위하여 설정한 퇴직연금제도로서 급여의 수준이나 부담금의 수준이 확정되지 아니한 퇴직연금제도를 말한다.
11. "가입자"란 퇴직연금제도 또는 중소기업퇴직연금기금제도에 가입한 사람을 말한다.
12. "적립금"이란 가입자의 퇴직 등 지급사유가 발생할 때에 급여를 지급하기 위하여 사용자 또는 가입자가 납입한 부담금으로 적립된 자금을 말한다.
13. "퇴직연금사업자"란 퇴직연금제도의 운용관리업무 및 자산관리업무를 수행하기 위하여 제26조에 따라 등록한 자를 말한다.
14. "중소기업퇴직연금기금제도"란 중소기업(상시 30명 이하의 근로자를 사용하는 사업에 한정한다. 이하 같다) 근로자의 안정적인 노후생활 보장을 지원하기 위하여 둘 이상의 중소기업 사용자 및 근로자가 납입한 부담금 등으로 공동의 기금을 조성·운영하여 근로자에게 급여를 지급하는 제도를 말한다.
15. "사전지정운용제도"란 가입자가 적립금의 운용방법을 스스로 선정하지 아니한 경우 사전에 지정한 운용방법으로 적립금을 운용하는 제도를 말한다.
16. "사전지정운용방법"이란 사전지정운용제도에 따라 적립금을 운용하기 위하여 제21조의2 제1항에 따라 승인을 받은 운용방법을 말한다.

제5장 사무·인사관리

단락문제 Q01

근로자퇴직급여보장법령상 퇴직급여제도에 관한 설명으로 옳지 않은 것은?

① 퇴직금제도를 설정하려는 사용자는 계속근로기간 1년에 대하여 30일분 이상의 평균임금을 퇴직금으로 퇴직 근로자에게 지급할 수 있는 제도를 설정하여야 한다.
② 퇴직금을 받을 권리는 3년간 행사하지 않으면 시효로 인하여 소멸한다.
③ 사용자가 퇴직금을 미리 정산하여 지급한 경우에는 근로자의 퇴직금 청구권의 소멸시효가 완성되는 날까지 관련 증명 서류를 보존하여야 한다.
④ 최종 3년간의 퇴직금은 사용자의 총재산에 대한 질권 또는 저당권에 의하여 담보된 채권, 조세·공과금 및 다른 채권에 우선하여 변제되어야 한다.
⑤ 퇴직급여 중 확정급여형 퇴직연금제도의 급여는 계속 근로기간 1년에 대하여 30일분의 평균임금으로 계산한 금액으로 한다.

> **해설** 관리사무소장의 손해배상책임
> ③ 사용자는 퇴직금을 미리 정산하여 지급한 경우 근로자가 퇴직한 후 5년이 되는 날까지 관련 증명 서류를 보존하여야 한다.
>
> **답** ③

② **적용범위**(법 제3조) : 이 법은 근로자를 사용하는 모든 사업 또는 사업장(이하 "사업"이라 한다)에 적용한다. 다만, 동거하는 친족만을 사용하는 사업 및 가구 내 고용활동에는 적용하지 아니한다.

③ **퇴직급여제도의 설정**(법 제4조)
 ㉠ 사용자는 퇴직하는 근로자에게 급여를 지급하기 위하여 퇴직급여제도 중 하나 이상의 제도를 설정하여야 한다. 다만, 계속근로기간이 1년 미만인 근로자, 4주간을 평균하여 1주간의 소정근로시간이 15시간 미만인 근로자에 대하여는 그러하지 아니하다.
 ㉡ 퇴직급여제도를 설정하는 경우에 하나의 사업에서 급여 및 부담금 산정방법의 적용 등에 관하여 차등을 두어서는 아니 된다.
 ㉢ 사용자가 퇴직급여제도를 설정하거나 설정된 퇴직급여제도를 다른 종류의 퇴직급여제도로 변경하려는 경우에는 근로자의 과반수가 가입한 노동조합이 있는 경우에는 그 노동조합, 근로자의 과반수가 가입한 노동조합이 없는 경우에는 근로자 과반수(이하 "근로자대표"라 한다)의 동의를 받아야 한다.
 ㉣ 사용자가 제3항에 따라 설정되거나 변경된 퇴직급여제도의 내용을 변경하려는 경우에는 근로자대표의 의견을 들어야 한다. 다만, 근로자에게 불리하게 변경하려는 경우에는 근로자대표의 동의를 받아야 한다.

④ **퇴직급여제도의 미설정에 따른 처리**(법 제11조)

사용자가 퇴직급여제도나 개인형 퇴직연금제도를 설정하지 아니한 경우에는 퇴직금제도를 설정한 것으로 본다.

⑤ **수급권의 보호**(법 제7조) 〈개정 2021. 4. 13. 시행 2022. 4. 14〉

퇴직연금제도(중소기업퇴직연금기금제도를 포함한다)의 급여를 받을 권리는 양도 또는 압류하거나 담보로 제공할 수 없다. 다만, 가입자는 주택구입 등 대통령령으로 정하는 사유와 요건을 갖춘 경우에는 대통령령으로 정하는 한도에서 퇴직연금제도의 급여를 받을 권리를 담보로 제공할 수 있다. 이 경우 등록한 퇴직연금사업자[중소기업퇴직연금기금제도의 경우 「산업재해보상보험법」에 따른 근로복지공단을 말한다]는 제공된 급여를 담보로 한 대출이 이루어지도록 협조하여야 한다.

영 제2조(퇴직연금제도 수급권의 담보제공 사유 등) 〈개정 2020. 11. 3〉

① 「근로자퇴직급여 보장법」 제7조제2항 전단에서 "주택구입 등 대통령령으로 정하는 사유와 요건을 갖춘 경우"란 다음 각 호의 어느 하나에 해당하는 경우를 말한다.
1. 무주택자인 가입자가 본인 명의로 주택을 구입하는 경우
2. 무주택자인 가입자가 주거를 목적으로 「민법」 제303조에 따른 전세금 또는 「주택임대차보호법」 제3조의2에 따른 보증금을 부담하는 경우. 이 경우 가입자가 하나의 사업 또는 사업장에 근로하는 동안 1회로 한정한다.
3. 가입자가 6개월 이상 요양을 필요로 하는 다음 각 목의 어느 하나에 해당하는 사람의 질병이나 부상에 대한 의료비(「소득세법 시행령」에 따른 의료비를 말한다)를 부담하는 경우
   가. 가입자 본인
   나. 가입자의 배우자
   다. 가입자 또는 그 배우자의 부양가족(「소득세법」에 따른 부양가족을 말한다)
4. 담보를 제공하는 날부터 거꾸로 계산하여 5년 이내에 가입자가 「채무자 회생 및 파산에 관한 법률」에 따라 파산선고를 받은 경우
5. 담보를 제공하는 날부터 거꾸로 계산하여 5년 이내에 가입자가 「채무자 회생 및 파산에 관한 법률」에 따라 개인회생절차개시 결정을 받은 경우
6. 다음 각 목의 어느 하나에 해당하는 사람의 대학등록금, 혼례비 또는 장례비를 가입자가 부담하는 경우
   가. 가입자 본인
   나. 가입자의 배우자
   다. 가입자 또는 그 배우자의 부양가족
7. 사업주의 휴업 실시로 근로자의 임금이 감소하거나 재난(「재난 및 안전관리 기본법」 제3조제1호에 따른 재난을 말한다)으로 피해를 입은 경우로서 고용노동부장관이 정하여 고시하는 사유와 요건에 해당하는 경우

② 법 제7조 제2항 전단에서 "대통령령으로 정하는 한도"란 다음 각 호의 구분에 따른 한도를 말한다.
1. 제1호부터 제6호의 경우: 가입자별 적립금의 100분의 50
2. 제7호의 경우: 임금 감소 또는 재난으로 입은 가입자의 피해 정도 등을 고려하여 고용노동부장관이 정하여 고시하는 한도 〈개정 2020. 11. 3〉

⑥ 새로 성립된 사업의 퇴직급여제도

「근로자퇴직급여 보장법」 전부개정법률 시행일 이후 새로 성립(합병·분할된 경우는 제외한다)된 사업의 사용자는 근로자대표의 의견을 들어 사업의 성립 후 1년 이내에 확정급여형 퇴직연금제도나 확정기여형 퇴직연금제도를 설정하여야 한다.

2) 퇴직금제도
① **퇴직금제도의 설정**(법 제8조)
㉠ 퇴직금제도를 설정하려는 사용자는 계속근로기간 1년에 대하여 30일분 이상의 평균임금을 퇴직금으로 퇴직 근로자에게 지급할 수 있는 제도를 설정하여야 한다.
㉡ ㉠에도 불구하고 사용자는 주택구입 등 대통령령으로 정하는 사유로 근로자가 요구하는 경우에는 근로자가 퇴직하기 전에 해당 근로자의 계속근로기간에 대한 퇴직금을 미리 정산하여 지급할 수 있다. 이 경우 미리 정산하여 지급한 후의 퇴직금 산정을 위한 계속근로기간은 정산시점부터 새로 계산한다.

영 제3조(퇴직금의 중간정산 사유)
① "주택구입 등 대통령령으로 정하는 사유"란 다음 각 호의 어느 하나에 해당하는 경우를 말한다.
 1. 무주택자인 근로자가 본인 명의로 주택을 구입하는 경우
 2. 무주택자인 근로자가 주거를 목적으로 「민법」에 따른 전세금 또는 「주택임대차보호법」에 따른 보증금을 부담하는 경우. 이 경우 근로자가 하나의 사업 또는 사업장에 근로하는 동안 1회로 한정한다.
 3. 근로자가 6개월 이상 요양을 필요로 하는 다음 각 목의 어느 하나에 해당하는 사람의 질병이나 부상에 대한 의료비를 해당 근로자가 본인 연간 임금총액의 1천분의 125를 초과하여 부담하는 경우〈시행 2020. 4. 30〉
   가. 근로자 본인
   나. 근로자의 배우자
   다. 근로자 또는 그 배우자의 부양가족
 4. 퇴직금 중간정산을 신청하는 날부터 거꾸로 계산하여 5년 이내에 근로자가 「채무자 회생 및 파산에 관한 법률」에 따라 파산선고를 받은 경우
 5. 퇴직금 중간정산을 신청하는 날부터 거꾸로 계산하여 5년 이내에 근로자가 「채무자 회생 및 파산에 관한 법률」에 따라 개인회생절차개시 결정을 받은 경우
 6. 사용자가 기존의 정년을 연장하거나 보장하는 조건으로 단체협약 및 취업규칙 등을 통하여 일정나이, 근속시점 또는 임금액을 기준으로 임금을 줄이는 제도를 시행하는 경우
 6의2. 사용자가 근로자와의 합의에 따라 소정근로시간을 1일 1시간 또는 1주 5시간 이상 변경하여 그 변경된 소정근로시간에 따라 근로자가 3개월 이상 계속 근로하기로 한 경우
 6의3. 근로기준법 일부개정법률의 시행에 따른 근로시간의 단축으로 근로자의 퇴직금이 감소되는 경우〈시행 2018.6.19.〉
 7. 재난으로 피해를 입은 경우로서 고용노동부장관이 정하여 고시하는 사유에 해당하는 경우〈개정 2020. 11. 3.〉
② 사용자는 퇴직금을 미리 정산하여 지급한 경우 근로자가 퇴직한 후 5년이 되는 날까지 관련 증명 서류를 보존하여야 한다.

② **퇴직금의 지급 등**(법 제9조) 〈시행 2022. 4. 14〉
　㉠ 사용자는 근로자가 퇴직한 경우에는 그 지급사유가 발생한 날부터 14일 이내에 퇴직금을 지급하여야 한다. 다만, 특별한 사정이 있는 경우에는 당사자 간의 합의에 따라 지급기일을 연장할 수 있다. 〈개정 2021. 4. 13.〉
　㉡ 위 ㉠에 따른 퇴직금은 근로자가 지정한 개인형퇴직연금제도의 계정 또는 중소기업퇴직연금기금제도 가입자부담금 계정(이하 "개인형퇴직연금제도의 계정 등"이라 한다)으로 이전하는 방법으로 지급하여야 한다. 다만, 근로자가 55세 이후에 퇴직하여 급여를 받는 경우 등 대통령령으로 정하는 사유가 있는 경우에는 그러하지 아니하다. 〈신설 2021. 4. 13.〉
　㉢ 근로자가 ㉡에 따라 개인형퇴직연금제도의 계정등을 지정하지 아니한 경우에는 근로자 명의의 개인형퇴직연금제도의 계정으로 이전한다. 〈신설 2021. 4. 13.〉

[벌칙] 퇴직금을 지급하지 아니한 자는 3년 이하의 징역 또는 2천만원 이하의 벌금에 처한다.

③ **퇴직금의 시효**(법 제10조) : 이 법에 따른 퇴직금을 받을 권리는 3년간 행사하지 아니하면 시효로 인하여 소멸한다.

④ **퇴직금의 우선변제**(법 제12조) 〈시행 2022. 4. 14〉
　㉠ 사용자에게 지급의무가 있는 퇴직금, 확정급여형퇴직연금제도의 급여, 확정기여형퇴직연금제도의 부담금 중 미납입 부담금 및 미납입 부담금에 대한 지연이자, 중소기업퇴직연금기금제도의 부담금 중 미납입 부담금 및 미납입 부담금에 대한 지연이자, 개인형퇴직연금제도의 부담금 중 미납입 부담금 및 미납입 부담금에 대한 지연이자(이하 "퇴직급여등"이라 한다)는 사용자의 총재산에 대하여 질권 또는 저당권에 의하여 담보된 채권을 제외하고는 조세·공과금 및 다른 채권에 우선하여 변제되어야 한다. 다만, 질권 또는 저당권에 우선하는 조세·공과금에 대하여는 그러하지 아니하다. 〈개정 2021. 4. 13.〉
　㉡ 위 ㉠에도 불구하고 최종 3년간의 퇴직급여등은 사용자의 총재산에 대하여 질권 또는 저당권에 의하여 담보된 채권, 조세·공과금 및 다른 채권에 우선하여 변제되어야 한다.
　㉢ 퇴직급여등 중 퇴직금, 제15조에 따른 확정급여형퇴직연금제도의 급여는 계속근로기간 1년에 대하여 30일분의 평균임금으로 계산한 금액으로 한다.
　㉣ 퇴직급여등 중 확정기여형퇴직연금제도의 부담금, 중소기업퇴직연금기금제도의 부담금 및 개인형퇴직연금제도의 부담금은 가입자의 연간 임금총액의 12분의 1에 해당하는 금액으로 계산한 금액으로 한다. 〈개정 2021. 4. 13.〉

⑤ 퇴직금 산정조건
  ㉠ 근로자를 사용하는 모든 사업장에 적용
  ㉡ 계속근로 1년 이상일 것, 4주간을 평균하여 1주간의 소정근로시간이 15시간 이상이어야 한다.
  ㉢ 평균임금으로 퇴직금 산정
  ㉣ 계속근로 1년에 대하여 30일분, 1년 초과분 중 1년 미만 일수는 1할 계산할 것

3) 퇴직연금제도의 설정
  ① **확정급여형 퇴직연금제도의 설정**(법 제13조) **25회 출제**
    ㉠ 확정급여형 퇴직연금제도를 설정하려는 사용자는 근로자대표의 동의를 얻거나 의견을 들어 일정한 사항을 기재한 확정급여형 퇴직연금규약을 작성하여 고용노동부장관에게 신고하여야 한다.
    ㉡ **가입기간**(법 제14조) : 가입기간은 퇴직연금제도의 설정 이후 해당 사업에서 근로를 제공하는 기간으로 한다. 해당 퇴직연금제도의 설정 전에 해당 사업에서 제공한 근로기간에 대하여도 가입기간으로 할 수 있다. 이 경우 퇴직금을 미리 정산한 기간은 제외한다.
    ㉢ **급여수준**(법 제15조) : 급여수준은 가입자의 퇴직일을 기준으로 산정한 일시금이 계속근로기간 1년에 대하여 30일분 이상의 평균임금이 되도록 하여야 한다.
    ㉣ **급여 종류 및 수급요건 등**(법 제17조) : 확정급여형 퇴직연금제도의 급여 종류는 연금 또는 일시금으로 한다(수급요건 : ⓐ연금은 55세 이상으로서 가입기간이 10년 이상인 가입자에게 지급할 것. 이 경우 연금의 지급기간은 5년 이상이어야 한다. ⓑ일시금은 연금수급 요건을 갖추지 못하거나 일시금 수급을 원하는 가입자에게 지급할 것). 사용자는 가입자의 퇴직 등 급여를 지급할 사유가 발생한 날부터 14일 이내에 퇴직연금사업자로 하여금 적립금의 범위에서 지급의무가 있는 급여 전액을 지급하도록 하여야 함이 원칙이다. 급여의 지급은 가입자가 지정한 개인형 퇴직연금제도의 계정 등으로 이전하는 방법으로 한다. 다만, 가입자가 55세 이후에 퇴직하여 급여를 받는 경우 등 대통령령으로 정하는 사유가 있는 경우에는 그러하지 아니하다. 가입자가 개인형 퇴직연금제도의 계정 등을 지정하지 아니하는 경우에는 해당 퇴직연금사업자가 운영하는 계정으로 이전한다. 이 경우 가입자가 해당 퇴직연금사업자에게 개인형 퇴직연금제도를 설정한 것으로 본다.
    ㉤ **운용현황의 통지**(법 제18조) : 퇴직연금사업자는 매년 1회 이상 적립금액 및 운용수익률 등을 고용노동부령으로 정하는 바에 따라 가입자에게 알려야 한다

② **확정기여형 퇴직연금제도의 설정**
 ③ 확정기여형 퇴직연금제도를 설정하려는 사용자는 근로자대표의 동의를 얻거나 의견을 들어 일정한 사항을 포함한 확정기여형 퇴직연금규약을 작성하여 고용노동부장관에게 신고하여야 한다.
 ⓒ **부담금의 부담수준 및 납입 등**(법 제20조) : 확정기여형 퇴직연금제도를 설정한 사용자는 가입자의 연간 임금총액의 12분의 1 이상에 해당하는 부담금을 현금으로 가입자의 확정기여형 퇴직연금제도 계정에 납입하여야 한다. 사용자는 매년 1회 이상 정기적으로 부담금을 가입자의 확정기여형 퇴직연금제도 계정에 납입하여야 한다. 가입자는 퇴직할 때에 받을 급여를 갈음하여 그 운용 중인 자산을 가입자가 설정한 개인형 퇴직연금제도의 계정으로 이전해 줄 것을 해당 퇴직연금사업자에게 요청할 수 있고, 요청을 한 경우 퇴직연금사업자는 그 운용 중인 자산을 가입자의 개인형 퇴직연금제도 계정으로 이전하여야 한다. 이 경우 확정기여형 퇴직연금제도 운영에 따른 가입자에 대한 급여는 지급된 것으로 본다.
 ⓒ **적립금 운용방법 및 정보제공**(법 제21조) : 확정기여형 퇴직연금제도의 가입자는 적립금의 운용방법을 스스로 선정할 수 있고, 반기마다 1회 이상 적립금의 운용방법을 변경할 수 있다. 퇴직연금사업자는 반기마다 1회 이상 위험과 수익구조가 서로 다른 세 가지 이상의 적립금 운용방법을 제시하여야 한다.
 ② **사전지정운용제도의 설정**(법 제21조의2) : 운용관리업무를 수행하는 퇴직연금사업자는 사전지정운용방법에 적립금의 원리금이 보장되는 운용유형, 집합투자기구의 집합투자증권으로서 투자설명서상 일정한 운용내용이 운용계획에 명시되는 등 대통령령으로 정하는 요건을 충족하는 운용유형 중 하나 이상의 운용유형을 포함하여 고용노동부장관의 승인을 받아야 한다. 운용관리업무를 수행하는 퇴직연금사업자는 사전지정운용방법을 사용자에게 고용노동부령으로 정하는 방법에 따라 제시하여야 한다. 운용유형은 손실가능성과 예상수익이 중·장기적으로 합리적 균형을 이루고 수수료 등의 비용이 예상되는 수익에 비해 과다하여서는 아니 된다. 사전지정운용방법을 제시받은 사용자는 사업 또는 사업장 단위로 사전지정운용방법을 설정하여 근로자대표의 동의를 받아 확정기여형퇴직연금규약에 반영하여야 한다. 운용관리업무를 수행하는 퇴직연금사업자는 사전지정운용제도를 설정한 사업의 가입자에게 해당 사전지정운용방법의 자산배분 현황 및 위험·수익 구조 등 사항에 관한 정보를 대통령령으로 정하는 바에 따라 제공하여야 한다.
 ⓜ 확정기여형 퇴직연금제도에 가입한 근로자는 주택구입 등 대통령령으로 정하는 사유가 발생하면 적립금을 중도인출할 수 있다.

> **영 제14조**(확정기여형퇴직연금제도의 중도인출 사유)
> "주택구입 등 대통령령으로 정하는 사유"란 다음 각 호의 어느 하나에 해당하는 경우를 말한다.
> 1. 무주택자인 가입자가 본인 명의로 주택을 구입하는 경우
> 2. 무주택자인 가입자가 주거를 목적으로 「민법」에 따른 전세금 또는 「주택임대차보호법」에 따른 보증금을 부담하는 경우. 이 경우 가입자가 하나의 사업 또는 사업장에 근로하는 동안 1회로 한정한다.
> 3. 가입자가 6개월 이상 요양을 필요로 하는 다음 각 목의 어느 하나에 해당하는 사람의 질병이나 부상에 대한 의료비를 해당 가입자가 본인 연간 임금총액의 1천분의 125를 초과하여 부담하는 경우
>   가. 가입자 본인
>   나. 가입자의 배우자
>   다. 가입자 또는 그 배우자의 부양가족
> 4. 중도인출을 신청한 날부터 거꾸로 계산하여 5년 이내에 가입자가 「채무자 회생 및 파산에 관한 법률」에 따라 파산선고를 받은 경우
> 5. 중도인출을 신청한 날부터 거꾸로 계산하여 5년 이내에 가입자가 「채무자 회생 및 파산에 관한 법률」에 따라 개인회생절차개시 결정을 받은 경우
> 6. 그 밖에 천재지변 등으로 피해를 입는 등 고용노동부장관이 정하여 고시하는 사유와 요건에 해당하는 경우

③ 중소기업퇴직연금기금제도 〈시행 2022. 4. 14〉
　㉠ 중소기업의 사용자는 제23조의5에 따른 중소기업퇴직연금기금표준계약서에서 정하고 있는 사항에 관하여 제4조 제3항 또는 제5조에 따라 근로자대표의 동의를 얻거나 의견을 들어 공단과 계약을 체결함으로써 중소기업퇴직연금기금제도를 설정할 수 있다.
　㉡ 부담금의 부담수준 및 납입(법 제23조의7)
　　ⓐ 중소기업퇴직연금기금제도를 설정한 사용자는 매년 1회 이상 정기적으로 가입자의 연간 임금총액의 12분의 1 이상에 해당하는 부담금(이하 "사용자부담금"이라 한다)을 현금으로 가입자의 중소기업퇴직연금기금제도 계정(이하 "기금제도사용자부담금계정"이라 한다)에 납입하여야 한다.
　　ⓑ 사용자는 중소기업퇴직연금기금제도 가입자의 퇴직 등 대통령령으로 정하는 사유가 발생한 때에 그 가입자에 대한 부담금을 미납한 경우에는 그 사유가 발생한 날부터 14일 이내에 제1항에 따른 부담금과 지연이자를 해당 가입자의 기금제도사용자부담금계정에 납입하여야 한다. 다만, 특별한 사정이 있는 경우에는 당사자 간의 합의에 따라 납입 기일을 연장할 수 있다.
　㉢ 급여의 종류 및 수급요건 등(법 제23조의12)
　　기금제도사용자부담금계정에 관하여는 연금 또는 일시금으로 하며, 수급요건은 확정급여형퇴직연금제도를 준용한다. 기금제도가입자부담금계정에 관하여는 대통령령으로 정한다. 기금제도사용자부담금계정에서 가입자에 대한 급여의 지급은 가입자가 지

정한 개인형퇴직연금제도의 계정등으로 이전하는 방법으로 한다. 다만, 가입자가 개인형퇴직연금제도의 계정등을 지정하지 아니하는 경우에는 가입자 명의의 개인형퇴직연금제도의 계정으로 이전한다.
　ⓔ 적립금의 중도인출(법 제23조의13)
　　기금제도사용자부담금계정에 관하여는 확정기여형퇴직연금제도를 준용한다. 기금제도가입자부담금계정에 관하여는 개인형퇴직연금제도를 준용한다.
④ 개인형 퇴직연금제도 〈시행 2022.4.14.〉
　㉠ 퇴직연금사업자는 개인형 퇴직연금제도를 운영할 수 있다.
　㉡ 다음의 어느 하나에 해당하는 사람은 개인형 퇴직연금제도를 설정할 수 있다.
　　ⓐ 퇴직급여제도의 일시금을 수령한 사람
　　ⓑ 확정급여형 퇴직연금제도, 확정기여형퇴직연금제도 또는 중소기업퇴직연금기금제도의 가입자로서 자기의 부담으로 개인형 퇴직연금제도를 추가로 설정하려는 사람
　　ⓒ 자영업자 등 안정적인 노후소득 확보가 필요한 사람으로서 대통령령으로 정하는 사람
　㉢ ㉡에 따라 개인형 퇴직연금제도를 설정한 사람은 자기의 부담으로 개인형 퇴직연금제도의 부담금을 납입한다. 다만, 대통령령으로 정하는 한도를 초과하여 부담금을 납입할 수 없다.
　㉣ 개인형 퇴직연금제도의 급여의 종류별 수급요건 및 중도인출에 관하여는 대통령령으로 정한다.
⑤ 사용자의 책무(제32조)
　㉠ 퇴직연금제도(개인형 퇴직연금제도는 제외)를 설정한 사용자는 매년 1회 이상 가입자에게 해당 사업의 퇴직연금제도 운영상황 등 대통령령으로 정하는 사항에 관한 교육을 하여야 한다. 이 경우 사용자는 퇴직연금사업자에게 그 교육의 실시를 위탁할 수 있다.
　㉡ 퇴직연금제도를 설정한 사용자는 다음의 어느 하나에 해당하는 행위를 하여서는 아니 된다.

> 1. 자기 또는 제3자의 이익을 도모할 목적으로 운용관리업무 및 자산관리업무의 수행계약을 체결하는 행위
> 2. 그 밖에 퇴직연금의 적정한 운영을 방해하는 행위로서 대통령령이 정하는 행위

　㉢ 확정급여형퇴직연금제도 또는 퇴직금제도를 설정한 사용자는 다음 각 호의 어느 하나에 해당하는 사유가 있는 경우 근로자에게 퇴직급여가 감소할 수 있음을 미리 알리고 근로자대표와의 협의를 통하여 확정기여형퇴직연금제도로의 전환, 퇴직급여 산정기준의 개선 등 근로자의 퇴직급여 감소를 예방하기 위하여 필요한 조치를 하여야 한다. 이를 위반하여 근로자에게 퇴직급여가 감소할 수 있음을 알리지 아니하거나 퇴직급여의 감소 예방을 위하여 필요한 조치를 하지 아니한 사용자는 500만원 이하의 벌금에 처한다. 〈신설 2018.6.12.〉

> 1. 사용자가 단체협약 및 취업규칙 등을 통하여 일정한 연령, 근속시점 또는 임금액을 기준으로 근로자의 임금을 조정하고 근로자의 정년을 연장하거나 보장하는 제도를 시행하려는 경우
> 2. 사용자가 근로자와 합의하여 소정근로시간을 1일 1시간 이상 또는 1주 5시간 이상 단축함으로써 단축된 소정근로시간에 따라 근로자가 3개월 이상 계속 근로하기로 한 경우
> 3. 근로기준법 일부개정법률 시행에 따라 근로시간이 단축되어 근로자의 임금이 감소하는 경우
> 4. 그 밖에 임금이 감소되는 경우로서 고용노동부령으로 정하는 경우

⑥ 10인 미만 사업에 대한 특례(법 제25조) : 상시 10명 미만의 근로자를 사용하는 사업의 경우 사용자가 개별 근로자의 동의를 받거나 근로자의 요구에 따라 개인형 퇴직연금제도를 설정하는 경우에는 해당 근로자에 대하여 퇴직급여제도를 설정한 것으로 본다.

⑦ 퇴직연금제도의 폐지·중단시의 처리(법 제38조)
  ㉠ 퇴직연금제도가 폐지되거나 운영이 중단된 경우에는 폐지된 이후 또는 중단된 기간에 대하여는 퇴직금제도를 적용한다.
  ㉡ 사용자와 퇴직연금사업자는 퇴직연금제도가 폐지되어 가입자에게 급여를 지급하는 경우에 가입자가 지정한 개인형 퇴직연금제도의 계정으로 이전하는 방법으로 지급하여야 한다. 다만, 가입자가 개인형 퇴직연금제도의 계정을 지정하지 아니한 경우에는 해당 퇴직연금사업자가 운영하는 계정으로 이전한다. 이 경우 가입자가 해당 퇴직연금사업자에게 개인형 퇴직연금제도를 설정한 것으로 본다.

4) 벌칙
  ① 퇴직금을 지급하지 아니한 자는 3년 이하의 징역 또는 2천만원 이하의 벌금에 처한다.
  ② 하나의 사업 안에 퇴직급여제도를 차등하여 설정한 자는 2년 이하의 징역 또는 1천만원 이하의 벌금에 처한다.

(2) **최저임금법** (시행 2020.5.26.) `16·20회 출제`

1) 총칙
  ① 목적 : 이 법은 근로자에 대하여 임금의 최저수준을 보장하여 근로자의 생활안정과 노동력의 질적 향상을 꾀함으로써 국민경제의 건전한 발전에 이바지하는 것을 목적으로 한다.
  ② 정의 : 이 법에서 "근로자", "사용자" 및 "임금"이란 「근로기준법」 제2조에 따른 근로자, 사용자 및 임금을 말한다. `27회 출제`
  ③ 적용범위
    ㉠ 이 법은 근로자를 사용하는 모든 사업 또는 사업장에 적용한다. 다만, 동거하는 친족만을 사용하는 사업과 가사사용인에게는 적용하지 아니한다.
    ㉡ 이 법은 「선원법」의 적용을 받는 선원과 선원을 사용하는 선박의 소유자에게는 적용하지 아니한다.

2) 최저임금

① 최저임금의 결정기준과 구분(법 제4조)

최저임금은 근로자의 생계비, 유사 근로자의 임금, 노동생산성 및 소득분배율 등을 고려하여 정한다. 이 경우 사업의 종류별로 구분하여 정할 수 있다. 사업의 종류별 구분은 최저임금위원회의 심의를 거쳐 고용노동부장관이 정한다.

② 최저임금액(법 제5조) 〈개정 2017.9.19.〉

㉠ 최저임금액은 시간·일·주 또는 월을 단위로 하여 정한다. 이 경우 일·주 또는 월을 단위로 하여 최저임금액을 정할 때에는 시간급으로도 표시하여야 한다.

㉡ 1년 이상의 기간을 정하여 근로계약을 체결하고 수습 중에 있는 근로자로서 수습을 시작한 날부터 3개월 이내인 사람에 대하여는 대통령령으로 정하는 바에 따라 ㉠에 따른 최저임금액과 다른 금액으로 최저임금액을 정할 수 있다. 다만, 단순노무업무로 고용노동부장관이 정하여 고시한 직종에 종사하는 근로자는 제외한다.

> **영 제3조**(수습 중에 있는 근로자에 대한 최저임금액)
> 위 ㉡에 따라 1년 이상의 기간을 정하여 근로계약을 체결하고 수습 중에 있는 근로자로서 수습을 시작한 날부터 3개월 이내인 사람에 대해서는 시간급 최저임금액에서 100분의 10을 뺀 금액을 그 근로자의 시간급 최저임금액으로 한다. 〈개정 2018. 3. 20.〉

㉢ 임금이 통상적으로 도급제나 그 밖에 이와 비슷한 형태로 정하여져 있는 경우로서 위 ㉠에 따라 최저임금액을 정하는 것이 적당하지 아니하다고 인정되면 대통령령으로 정하는 바에 따라 최저임금액을 따로 정할 수 있다.

> **영 제4조**(도급제 등의 경우 최저임금액 결정의 특례)
> 임금이 도급제나 그 밖에 이와 비슷한 형태로 정해진 경우에 근로시간을 파악하기 어렵거나 그 밖에 최저임금액을 정하는 것이 적합하지 않다고 인정되면 해당 근로자의 생산고(生産高) 또는 업적의 일정단위에 의하여 최저임금액을 정한다.

③ 최저임금의 효력(법 제6조)

㉠ 사용자는 최저임금의 적용을 받는 근로자에게 최저임금액 이상의 임금을 지급하여야 한다.

㉡ 사용자는 이 법에 따른 최저임금을 이유로 종전의 임금수준을 낮추어서는 아니 된다.

PROFESSOR COMMENT

최저임금액보다 적은 임금을 지급하거나 최저임금을 이유로 종전의 임금을 낮춘 자는 3년 이하의 징역 또는 2천만원 이하의 벌금에 처한다. 이 경우 징역과 벌금은 병과할 수 있다.

ⓒ 최저임금의 적용을 받는 근로자와 사용자 사이의 근로계약 중 최저임금액에 미치지 못하는 금액을 임금으로 정한 부분은 무효로 하며, 이 경우 무효로 된 부분은 이 법으로 정한 최저임금액과 동일한 임금을 지급하기로 한 것으로 본다.

ⓔ 위의 ⓐ과 ⓒ에 따른 임금에는 매월 1회 이상 정기적으로 지급하는 임금을 산입(算入)한다. 다만, 다음 각 호의 어느 하나에 해당하는 임금은 산입하지 아니한다. 〈개정 2018. 6. 12.〉

1. 「근로기준법」에 따른 소정근로시간 또는 소정의 근로일에 대하여 지급하는 임금 외의 임금으로서 고용노동부령으로 정하는 임금
2. 상여금, 그 밖에 이에 준하는 것으로서 고용노동부령으로 정하는 임금의 월지급액 중 해당 연도 시간급 최저임금액을 기준으로 산정된 월 환산액의 100분의 25에 해당하는 부분
3. 식비, 숙박비, 교통비 등 근로자의 생활 보조 또는 복리후생을 위한 성질의 임금으로서 다음 각 목의 어느 하나에 해당하는 것
   가. 통화 이외의 것으로 지급하는 임금
   나. 통화로 지급하는 임금의 월 지급액 중 해당 연도 시간급 최저임금액을 기준으로 산정된 월 환산액의 100분의 7에 해당하는 부분

ⓜ 도급으로 사업을 행하는 경우 도급인이 책임져야 할 사유로 수급인이 근로자에게 최저임금액에 미치지 못하는 임금을 지급한 경우 도급인은 해당 수급인과 연대하여 책임을 진다. 두 차례 이상의 도급으로 사업을 행하는 경우에는 "수급인"은 "하수급인(下受給人)"으로 보고, "도급인"은 "직상(直上) 수급인(하수급인에게 직접 하도급을 준 수급인)"으로 본다. 도급인이 책임져야 할 사유의 범위는 다음 각 호와 같다.

1. 도급인이 도급계약 체결 당시 인건비 단가를 최저임금액에 미치지 못하는 금액으로 결정하는 행위
2. 도급인이 도급계약 기간 중 인건비 단가를 최저임금액에 미치지 못하는 금액으로 낮춘 행위

ⓗ 위의 ⓐ과 ⓒ은 최저임금의 적용을 받는 근로자가 다음 각 호의 어느 하나에 해당하는 사유로 근로하지 아니한 시간 또는 일에 대하여 사용자가 임금을 지급할 것을 강제하는 것은 아니다.

1. 근로자가 자기의 사정으로 소정근로시간 또는 소정의 근로일의 근로를 하지 아니한 경우
2. 사용자가 정당한 이유로 근로자에게 소정근로시간 또는 소정의 근로일의 근로를 시키지 아니한 경우

④ 최저임금의 적용 제외(법 제7조) 〈개정 2020. 5. 26.〉

다음 각 호의 어느 하나에 해당하는 자로서 사용자가 고용노동부장관의 인가를 받은 자에 대하여는 최저임금의 효력(제6조)을 적용하지 아니한다.

㉠ 정신장애나 신체장애로 근로능력이 현저히 낮은 사람
㉡ 그 밖에 최저임금을 적용하는 것이 적당하지 아니하다고 인정되는 사람

3) 최저임금의 결정(법 제8조)

① **최저임금의 결정**: 고용노동부장관은 매년 8월 5일까지 최저임금을 결정하여야 한다. 이 경우 고용노동부장관은 대통령령으로 정하는 바에 따라 최저임금위원회에 심의를 요청하고, 위원회가 심의하여 의결한 최저임금안에 따라 최저임금을 결정하여야 한다.

② **최저임금안에 대한 이의제기**   `22회 출제`

  ㉠ 근로자를 대표하는 자나 사용자를 대표하는 자는 고시된 최저임금안에 대하여 이의가 있으면 고시된 날부터 10일 이내에 대통령령으로 정하는 바에 따라 고용노동부장관에게 이의를 제기할 수 있다. 이 경우 근로자를 대표하는 자나 사용자를 대표하는 자의 범위는 대통령령으로 정한다.

> **영 제10조**(이의제기를 할 수 있는 노·사대표자의 범위)
> 근로자를 대표하는 자는 총연합단체인 노동조합의 대표자 및 산업별 연합단체인 노동조합의 대표자로 하고, 사용자를 대표하는 자는 전국적 규모의 사용자단체로서 고용노동부장관이 지정하는 단체의 대표자로 한다.

  ㉡ 고용노동부장관은 재심의를 요청한 최저임금안에 대하여 위원회가 재심의하여 의결한 최저임금안이 제출될 때까지는 최저임금을 결정하여서는 아니 된다.

③ **최저임금의 고시와 효력발생**   `22회 출제`

  ㉠ 고용노동부장관은 최저임금을 결정한 때에는 지체 없이 그 내용을 고시하여야 한다.
  ㉡ 고시된 최저임금은 다음 연도 1월 1일부터 효력이 발생한다. 다만, 고용노동부장관은 사업의 종류별로 임금교섭시기 등을 고려하여 필요하다고 인정하면 효력발생시기를 따로 정할 수 있다.

④ **주지의무**: 최저임금의 적용을 받는 사용자는 대통령령으로 정하는 바에 따라 해당 최저임금을 그 사업의 근로자가 쉽게 볼 수 있는 장소에 게시하거나 그 외의 적당한 방법으로 근로자에게 널리 알려야 한다.

> **영 제11조 [주지의무]**
> ① 사용자가 근로자에게 주지시켜야 할 최저임금의 내용은 다음 각 호와 같다.
>   1. 적용을 받는 근로자의 최저임금액
>   2. 최저임금에 산입하지 아니하는 임금
>   3. 해당 사업에서 최저임금의 적용을 제외할 근로자의 범위
>   4. 최저임금의 효력발생 연월일
> ② 사용자는 최저임금의 내용을 최저임금의 효력발생일 전날까지 근로자에게 주지시켜야 한다.

4) 최저임금위원회

① 최저임금위원회의 설치(법 제12조)

최저임금에 관한 심의와 그 밖에 최저임금에 관한 중요 사항을 심의하기 위하여 고용노동부에 최저임금위원회를 둔다.

② 위원회는 최저임금에 관한 심의 및 재심의, 최저임금 적용 사업의 종류별 구분에 관한 심의, 최저임금제도의 발전을 위한 연구 및 건의, 그 밖에 최저임금에 관한 중요 사항으로서 고용노동부장관이 회의에 부치는 사항의 심의 기능을 수행한다.

③ 위원회의 구성(법 제14조)

> ① 위원회는 다음 각 호의 위원으로 구성한다.
> 1. 근로자를 대표하는 위원(이하 "근로자위원"이라 한다) 9명
> 2. 사용자를 대표하는 위원(이하 "사용자위원"이라 한다) 9명
> 3. 공익을 대표하는 위원(이하 "공익위원"이라 한다) 9명
> ② 위원의 임기는 3년으로 하되, 연임할 수 있다.
> ③ 위원회에 위원장과 부위원장 각 1명을 둔다.
> ⑥ 위원의 자격과 임명·위촉 등에 관하여 필요한 사항은 대통령령으로 정한다.

5) 벌칙(법 제28조)

① 최저임금액보다 적은 임금을 지급하거나 최저임금을 이유로 종전의 임금을 낮춘 자는 3년 이하의 징역 또는 2천만원 이하의 벌금에 처한다. 이 경우 징역과 벌금은 병과(倂科)할 수 있다.

② 도급인에게 제6조 제7항에 따라 연대책임이 발생하여 근로감독관이 그 연대책임을 이행하도록 시정지시하였음에도 불구하고 도급인이 시정기한 내에 이를 이행하지 아니한 경우 2년 이하의 징역 또는 1천만원 이하의 벌금에 처한다.

③ 사용자가 최저임금에 매월 1회 이상 정기적으로 지급하는 임금을 포함시키기 위하여 1개월을 초과하는 주기로 지급하는 임금을 총액의 변동 없이 매월 지급하는 것으로 취업규칙을 변경하려는 경우에는 해당 사업 또는 사업장에 근로자의 과반수로 조직된 노동조합이 있는 경우에는 그 노동조합, 근로자의 과반수로 조직된 노동조합이 없는 경우에는 근로자의 과반수의 의견을 들어야 하는데 이를 위반하여 의견을 듣지 아니한 자는 500만원 이하의 벌금에 처한다.

6) 과태료(법 제31조) `23회 출제`

다음 각 호의 어느 하나에 해당하는 자에게는 100만원 이하의 과태료를 부과한다.

① 최저임금의 적용을 받는 사용자가 최저임금의 효력발생 연월일을 법령이 정하는 방법으로 근로자에게 널리 알려야 하는데 이를 위반하여 근로자에게 해당 최저임금을 같은 조에서 규정한 방법으로 널리 알리지 아니한 자

② 고용노동부장관이 근로자나 사용자에게 임금에 관한 사항을 보고하게 하였으나 보고를 하지 아니하거나 거짓 보고를 한 자
③ 근로감독관의 요구 또는 검사를 거부·방해 또는 기피하거나 질문에 대하여 거짓 진술을 한 자

(3) 남녀고용평등과 일·가정 양립지원에 관한 법률 [약칭 : 남녀고용평등법, 시행 2025. 2. 23.]

1) 총칙

① 용어의 뜻

1. "차별"이란 사업주가 근로자에게 성별, 혼인, 가족 안에서의 지위, 임신 또는 출산 등의 사유로 합리적인 이유 없이 채용 또는 근로의 조건을 다르게 하거나 그 밖의 불리한 조치를 하는 경우(사업주가 채용조건이나 근로조건은 동일하게 적용하더라도 그 조건을 충족할 수 있는 남성 또는 여성이 다른 한 성에 비하여 현저히 적고 그에 따라 특정 성에게 불리한 결과를 초래하며 그 조건이 정당한 것임을 증명할 수 없는 경우를 포함한다)를 말한다. 다만, 다음 각 목의 어느 하나에 해당하는 경우는 제외한다.
   가. 직무의 성격에 비추어 특정 성이 불가피하게 요구되는 경우
   나. 여성근로자의 임신·출산·수유 등 모성보호를 위한 조치를 하는 경우
   다. 그 밖에 이 법 또는 다른 법률에 따라 적극적 고용개선조치를 하는 경우
2. "직장 내 성희롱"이란 사업주·상급자 또는 근로자가 직장 내의 지위를 이용하거나 업무와 관련하여 다른 근로자에게 성적 언동 등으로 성적 굴욕감 또는 혐오감을 느끼게 하거나 성적 언동 또는 그 밖의 요구 등에 따르지 아니하였다는 이유로 근로조건 및 고용에서 불이익을 주는 것을 말한다.
3. "적극적 고용개선조치"란 현존하는 남녀 간의 고용차별을 없애거나 고용평등을 촉진하기 위하여 잠정적으로 특정 성을 우대하는 조치를 말한다.
4. "근로자"란 사업주에게 고용된 자와 취업할 의사를 가진 자를 말한다.

② 적용범위
   ㉠ 이 법은 근로자를 사용하는 모든 사업 또는 사업장에 적용한다. 다만, 대통령령으로 정하는 사업에 대하여는 이 법의 전부 또는 일부를 적용하지 아니할 수 있다.
   ㉡ 남녀고용평등의 실현과 일·가정의 양립에 관하여 다른 법률에 특별한 규정이 있는 경우 외에는 이 법에 따른다.

③ 실태조사 실시
   ㉠ 고용노동부장관은 사업 또는 사업장의 남녀차별 개선, 모성보호, 일·가정의 양립 실태를 파악하기 위하여 정기적으로 조사를 실시하여야 한다.

시행규칙 제5조(일·가정 양립 등 실태조사의 대상 및 시기 등)
① 실태조사는 상시 5명 이상의 근로자를 고용하는 사업 또는 사업장(이하 "사업")을 대상으로 표본조사의 방법으로 하되, 매년 1회 정기적으로 조사하여야 한다.

   ㉡ 실태조사의 대상, 시기, 내용 등 필요한 사항은 고용노동부령으로 정한다.

2) 고용에 있어서 남녀의 평등한 기회보장 및 대우 등 `12·19회 출제`

① 사업주는 근로자를 모집·채용할 때 그 직무의 수행에 필요하지 아니한 용모·키·체중 등의 신체적 조건, 미혼 조건, 그 밖에 고용노동부령으로 정하는 조건을 제시하거나 요구하여서는 아니 된다.

② 사업주는 동일한 사업 내의 동일가치 노동에 대하여는 동일한 임금을 지급하여야 한다. 사업주가 임금차별을 목적으로 설립한 별개의 사업은 동일한 사업으로 본다.

③ 사업주는 임금 외에 근로자의 생활을 보조하기 위한 금품의 지급 또는 자금의 융자 등 복리후생에서 남녀를 차별하여서는 아니 된다.

④ 사업주는 근로자의 교육·배치 및 승진에서 남녀를 차별하여서는 아니 된다.

⑤ 사업주는 근로자의 정년·퇴직 및 해고에서 남녀를 차별하여서는 아니 된다. 그리고 사업주는 여성근로자의 혼인, 임신 또는 출산을 퇴직사유로 예정하는 근로계약을 체결하여서는 아니 된다.

⑥ 직장 내 성희롱의 금지 및 예방 `18·20·24회 출제`

---

1. 직장 내 성희롱 예방교육(법 제13조) 〈개정 2017. 11. 28.〉 `24회 출제`

① 사업주는 직장 내 성희롱을 예방하고 근로자가 안전한 근로환경에서 일할 수 있는 여건을 조성하기 위하여 직장 내 성희롱 예방교육을 매년 실시하여야 한다.

② 사업주 및 근로자는 성희롱 예방 교육을 받아야 한다.

③ 사업주는 성희롱 예방 교육의 내용을 근로자가 자유롭게 열람할 수 있는 장소에 항상 게시하거나 갖추어 두어 근로자에게 널리 알려야 한다. 〈신설 2017. 11. 28.〉

④ 사업주는 고용노동부령으로 정하는 기준에 따라 직장 내 성희롱 예방 및 금지를 위한 조치를 하여야 한다. 〈신설 2017. 11. 28.〉

⑤ 성희롱 예방교육의 내용·방법 및 횟수 등에 관하여 필요한 사항은 대통령령으로 정한다.

> **영 제3조**(직장 내 성희롱 예방교육)
> ① 사업주는 직장 내 성희롱 예방을 위한 교육을 연 1회 이상 하여야 한다.
> ③ 성희롱 예방교육은 사업의 규모나 특성 등을 고려하여 직원연수·조회·회의, 인터넷 등 정보통신망을 이용한 사이버교육 등을 통하여 실시할 수 있다. 다만, 단순히 교육자료 등을 배포·게시하거나 전자우편을 보내거나 게시판에 공지하는 데 그치는 등 근로자에게 교육 내용이 제대로 전달되었는지 확인하기 곤란한 경우에는 예방교육을 한 것으로 보지 아니한다.
> ④ 위 ③에도 불구하고 다음 각 사업의 사업주는 성희롱 예방교육에 포함되어야 할 내용을 근로자가 알 수 있도록 홍보물을 게시하거나 배포하는 방법으로 직장 내 성희롱 예방교육을 할 수 있다. `22회 출제`
> 　1. 상시 10명 미만의 근로자를 고용하는 사업
> 　2. 사업주 및 근로자 모두가 남성 또는 여성 중 어느 한 성(性)으로 구성된 사업
> ⑤ 사업주가 소속 근로자에게 「국민 평생 직업능력 개발법」에 따라 인정받은 훈련과정 중 직장내 성희롱에 관한 법령 등 성희롱 예방교육의 내용이 포함되어 있는 훈련과정을 수료하게 한 경우에는 그 훈련과정을 마친 근로자에게는 예방교육을 한 것으로 본다.

2. 성희롱 예방교육의 위탁(법 제13조의2)

① 사업주는 성희롱 예방교육을 고용노동부장관이 지정하는 기관(이하 "성희롱 예방교육기관")에 위탁하여 실시할 수 있다.

② 사업주가 성희롱 예방 교육기관에 위탁하여 성희롱 예방 교육을 하려는 경우에는 대통령령으로 정하는 내용을 성희롱 예방 교육기관에 미리 알려 그 사항이 포함되도록 하여야 한다. 〈신설 2017.11.28.〉

③ 성희롱 예방 교육기관은 고용노동부령으로 정하는 기관 중에서 지정하되, 고용노동부령으로 정하는 강사를 1명 이상 두어야 한다. 〈개정 2017.11.28.〉

④ 성희롱 예방 교육기관은 고용노동부령으로 정하는 바에 따라 교육을 실시하고 교육이수증이나 이수자 명단 등 교육 실시 관련 자료를 보관하며 사업주나 교육대상자에게 그 자료를 내주어야 한다. 〈시행 2020.5.26.〉

⑤ 고용노동부장관은 성희롱 예방 교육기관이 다음 각 호의 어느 하나에 해당하면 그 지정을 취소할 수 있다. 고용노동부장관은 성희롱 예방 교육기관의 지정을 취소하려면 청문을 하여야 한다. 〈개정 2017.11.28.〉
   1. 거짓이나 그 밖의 부정한 방법으로 지정을 받은 경우
   2. 정당한 사유 없이 강사를 3개월 이상 계속하여 두지 아니한 경우
   3. 2년 동안 직장 내 성희롱 예방 교육 실적이 없는 경우

3. 직장 내 성희롱 발생시 조치(법 14조)

① 누구든지 직장 내 성희롱 발생 사실을 알게 된 경우 그 사실을 해당 사업주에게 신고할 수 있다.

② 사업주는 신고를 받거나 직장 내 성희롱 발생 사실을 알게 된 경우에는 지체 없이 그 사실 확인을 위한 조사를 하여야 한다. 이 경우 사업주는 직장 내 성희롱과 관련하여 피해를 입은 근로자 또는 피해를 입었다고 주장하는 근로자(이하 "피해근로자등"이라 한다)가 조사 과정에서 성적 수치심 등을 느끼지 아니하도록 하여야 한다.

③ 사업주는 조사 기간 동안 피해근로자등을 보호하기 위하여 필요한 경우 해당 피해근로자등에 대하여 근무장소의 변경, 유급휴가 명령 등 적절한 조치를 하여야 한다. 이 경우 사업주는 피해근로자등의 의사에 반하는 조치를 하여서는 아니 된다.

④ 사업주는 조사 결과 직장 내 성희롱 발생 사실이 확인된 때에는 피해근로자가 요청하면 근무장소의 변경, 배치전환, 유급휴가 명령 등 적절한 조치를 하여야 한다.

⑤ 사업주는 조사 결과 직장 내 성희롱 발생 사실이 확인된 때에는 지체 없이 직장 내 성희롱 행위를 한 사람에 대하여 징계, 근무장소의 변경 등 필요한 조치를 하여야 한다. 이 경우 사업주는 징계 등의 조치를 하기 전에 그 조치에 대하여 직장 내 성희롱 피해를 입은 근로자의 의견을 들어야 한다.

⑥ 사업주는 성희롱 발생 사실을 신고한 근로자 및 피해근로자등에게 파면, 해임, 해고, 그 밖에 신분상실에 해당하는 불이익 조치나 징계, 정직, 감봉, 강등, 승진 제한 등 부당한 인사조치 등에 해당하는 불리한 처우를 하여서는 아니 된다.(위반시 3년 이하의 징역 또는 3천만원 이하의 벌금에 처한다)

⑦ 위 ②에 따라 직장 내 성희롱 발생 사실을 조사한 사람, 조사 내용을 보고 받은 사람 또는 그 밖에 조사 과정에 참여한 사람은 해당 조사 과정에서 알게 된 비밀을 피해근로자등의 의사에 반하여 다른 사람에게 누설하여서는 아니 된다. 다만, 조사와 관련된 내용을 사업주에게 보고하거나 관계 기관의 요청에 따라 필요한 정보를 제공하는 경우는 제외한다.

4. 고객 등에 의한 성희롱 방지(법 제14조의2)

① 사업주는 고객 등 업무와 밀접한 관련이 있는 사람이 업무수행과정에서 성적인 언동 등을 통하여 근로자에게 성적 굴욕감 또는 혐오감 등을 느끼게 하여 해당 근로자가 그로 인한 고충 해소를 요청할 경우 근무장소 변경, 배치전환, 유급휴가의 명령 등 적절한 조치를 하여야 한다.

② 사업주는 근로자가 피해를 주장하거나 고객 등으로부터의 성적요구 등에 따르지 아니하였다는 것을 이유로 해고나 그 밖의 불이익한 조치를 하여서는 아니 된다.

5. 벌칙
사업주가 법 제14조 제6항을 위반하여 직장 내 성희롱 발생 사실을 신고한 근로자 및 피해근로자등에게 불리한 처우를 한 경우에는 3년 이하의 징역 또는 3천만원 이하의 벌금에 처한다.

6. 과태료
① 사업주가 직장 내 성희롱을 한 경우에는 1천만원 이하의 과태료를 부과한다.

> **영 제22조**(과태료 부과기준) **제1항 관련 별표1** 〈개정 2021. 11. 19.〉
> ㉠ 직장 내 성희롱과 관련하여 최근 3년 이내에 과태료처분을 받은 사실이 있는 사람이 다시 직장 내 성희롱을 한 경우 → 1천만원
> ㉡ 한 사람에게 수차례 직장 내 성희롱을 하거나 2명 이상에게 직장 내 성희롱을 한 경우 → 500만원
> ㉢ 그 밖의 직장 내 성희롱을 한 경우 → 300만원

② 사업주가 성희롱 예방 교육을 하지 아니한 경우, 성희롱 예방 교육의 내용을 근로자가 자유롭게 열람할 수 있는 장소에 항상 게시하거나 갖추어 두지 아니한 경우, 직장 내 성희롱 발생 사실 확인을 위한 조사를 하지 아니한 경우, 근무장소의 변경 등 적절한 조치를 하지 아니한 경우, 직장 내 성희롱 발생 사실 조사 과정에서 알게 된 비밀을 다른 사람에게 누설한 경우에는 500만원 이하의 과태료를 부과한다.

3) 모성보호
① 출산전후휴가에 대한 지원(법 제18조) 〈개정 2025. 2. 23.〉
　㉠ 국가는 배우자 출산휴가, 난임치료휴가, 「근로기준법」에 따른 출산전후휴가 또는 유산·사산휴가를 사용한 근로자 중 일정한 요건에 해당하는 사람에게 그 휴가기간에 대하여 통상임금에 상당하는 금액(이하 "출산전후휴가급여 등")을 지급할 수 있다.
　㉡ 지급된 출산전후휴가급여 등은 그 금액의 한도에서 이 법 제18조의2 제1항 또는 「근로기준법」 제74조 제4항에 따라 사업주가 지급한 것으로 본다.
　㉢ 출산전후휴가급여 등을 지급하기 위하여 필요한 비용은 재정이나 「사회보장기본법」에 따른 사회보험에서 분담할 수 있다.
　㉣ 근로자가 출산전후휴가급여 등을 받으려는 경우 사업주는 관계서류의 작성·확인 등 모든 절차에 적극 협력하여야 한다.
　㉤ 출산전후휴가급여 등의 지급요건, 지급기간 및 절차 등에 관하여 필요한 사항은 따로 법률로 정한다.

> **고용보험법**
> **출산전후휴가급여 등**(법 제75조) 〈개정 2020. 5. 26.〉
> 고용노동부장관은 「남녀고용평등과 일·가정 양립 지원에 관한 법률」 제18조에 따라 피보험자가 「근로기준법」 제74조에 따른 출산전후휴가 또는 유산·사산휴가를 받은 경우와 「남녀고용평등과 일·가정 양립 지원에 관한 법률」 제18조의2에 따른 배우자 출산휴가를 받은 경우로서 다음 각 호의 요건을 모두 갖춘 경우에 출산전후휴가 급여 등을 지급한다.
> 1. 휴가가 끝난 날 이전에 피보험 단위기간이 통산하여 180일 이상일 것
> 2. 휴가를 시작한 날[출산전후휴가 또는 유산·사산휴가를 받은 피보험자가 속한 사업장이 우선지원 대상기업이 아닌 경우에는 휴가 시작 후 60일(한 번에 둘 이상의 자녀를 임신한 경우에는 75일)이 지난 날로 본다] 이후 1개월부터 휴가가 끝난 날 이후 12개월 이내에 신청할 것. 다만, 그 기간에 대통령령으로 정하는 사유로 출산전후휴가 급여등을 신청할 수 없었던 사람은 그 사유가 끝난 후 30일 이내에 신청하여야 한다.
>
> **지급기간 등**(법 제76조)
> ① 제75조에 따른 출산전후휴가 급여등은 다음 각 호의 휴가 기간에 대하여 「근로기준법」의 통상임금(휴가를 시작한 날을 기준으로 산정한다)에 해당하는 금액을 지급한다. 〈개정 2019. 8. 27.〉
>   1. 「근로기준법」 제74조에 따른 출산전후휴가 또는 유산·사산휴가 기간. 다만, 우선지원 대상기업이 아닌 경우에는 휴가 기간 중 60일(한 번에 둘 이상의 자녀를 임신한 경우에는 75일)을 초과한 일수(30일을 한도로 하되, 한 번에 둘 이상의 자녀를 임신한 경우에는 45일을 한도로 한다)로 한정한다.
>   2. 「남녀고용평등과 일·가정 양립 지원에 관한 법률」 제18조의2에 따른 배우자 출산휴가 기간 중 최초 5일. 다만, 피보험자가 속한 사업장이 우선지원 대상기업인 경우에 한정한다.
> ② 출산전후휴가급여 등의 지급금액은 대통령령으로 정하는 바에 따라 그 상한액과 하한액을 정할 수 있다.
> ③ 출산전후휴가급여 등의 신청 및 지급에 필요한 사항은 고용노동부령으로 정한다.

② 배우자 출산휴가(법 제18조의2) 〈시행 2025. 2. 23〉 **26회 출제**
  ㉠ 사업주는 근로자가 배우자의 출산을 이유로 휴가(이하 "배우자 출산휴가"라 한다)를 고지하는 경우에 20일의 휴가를 주어야 한다. 이 경우 사용한 휴가기간은 유급으로 한다.
  ㉡ 위 ㉠ 후단에도 불구하고 출산전후휴가급여등이 지급된 경우에는 그 금액의 한도에서 지급의 책임을 면한다.
  ㉢ 배우자 출산휴가는 근로자의 배우자가 출산한 날부터 120일이 지나면 사용할 수 없다.
  ㉣ 배우자 출산휴가는 3회에 한정하여 나누어 사용할 수 있다.
  ㉤ 사업주는 배우자 출산휴가를 이유로 근로자를 해고하거나 그 밖의 불리한 처우를 하여서는 아니 된다.

③ 난임치료휴가(법 제18조의3) 〈시행 2025. 2. 23〉   23회 출제
   ㉠ 사업주는 근로자가 인공수정 또는 체외수정 등 난임치료를 받기 위하여 휴가(이하 "난임치료휴가"라 한다)를 청구하는 경우에 연간 6일 이내의 휴가를 주어야 하며, 이 경우 최초 2일은 유급으로 한다. 다만, 근로자가 청구한 시기에 휴가를 주는 것이 정상적인 사업 운영에 중대한 지장을 초래하는 경우에는 근로자와 협의하여 그 시기를 변경할 수 있다.
   ㉡ 사업주는 난임치료휴가를 이유로 해고, 징계 등 불리한 처우를 하여서는 아니 된다.
   ㉢ 사업주는 ㉠에 따라 난임치료휴가의 청구 업무를 처리하는 과정에서 알게 된 사실을 난임치료휴가를 신청한 근로자의 의사에 반하여 다른 사람에게 누설하여서는 아니된다.
   ㉣ 난임치료휴가의 신청방법 및 절차 등은 대통령령으로 정한다.

4) 일·가정의 양립지원
   ① 육아휴직(법 제19조) 〈시행 2025. 2. 23〉   16회 출제
   ㉠ 사업주는 임신 중인 여성 근로자가 모성을 보호하거나 근로자가 만 8세 이하 또는 초등학교 2학년 이하의 자녀(입양한 자녀를 포함한다)를 양육하기 위하여 휴직(이하 "육아휴직")을 신청하는 경우에 이를 허용하여야 한다. 다만, 대통령령으로 정하는 경우에는 그러하지 아니하다.

육아휴직

영 제10조(육아휴직의 적용 제외)   25회 출제
사업주가 육아휴직을 허용하지 아니할 수 있는 경우는 다음 각 호와 같다.
1. 휴직개시예정일의 전날까지 해당 사업에서 계속 근로한 기간이 6개월 미만인 근로자
2. 같은 영유아에 대하여 배우자가 육아휴직(다른 법령에 따른 육아휴직을 포함)을 하고 있는 근로자

영 제11조(육아휴직의 신청 등)
① 육아휴직을 신청하려는 근로자는 휴직개시예정일의 30일 전까지 육아휴직 대상인 영유아의 성명, 생년월일, 휴직개시예정일, 휴직종료예정일, 육아휴직신청 연월일, 신청인 등에 대한 사항을 신청서에 적어 사업주에게 제출하여야 한다.
② 사업주는 근로자가 제1항에 따른 기한이 지난 뒤에 육아휴직을 신청한 경우에는 그 신청일부터 30일 이내에 육아휴직 개시일을 지정하여 육아휴직을 허용하여야 한다.

   ㉡ 육아휴직의 기간은 1년 이내로 한다. 다만, 다음 각 호의 어느 하나에 해당하는 근로자의 경우 6개월 이내에서 추가로 육아휴직을 사용할 수 있다.

1. 같은 자녀를 대상으로 부모가 모두 육아휴직을 각각 3개월 이상 사용한 경우의 부 또는 모
2. 「한부모가족지원법」 제4조제1호의 부 또는 모
3. 고용노동부령으로 정하는 장애아동의 부 또는 모

ⓒ 사업주는 육아휴직을 이유로 해고나 그 밖의 불리한 처우를 하여서는 아니 되며, 육아휴직기간에는 그 근로자를 해고하지 못한다. 다만, 사업을 계속할 수 없는 경우에는 그러하지 아니하다.
ⓔ 사업주는 육아휴직을 마친 후에는 휴직 전과 같은 업무 또는 같은 수준의 임금을 지급하는 직무에 복귀시켜야 한다. 또한 육아휴직기간은 근속기간에 포함한다.
ⓜ 기간제근로자 또는 파견근로자의 육아휴직 기간은 「기간제 및 단시간근로자 보호 등에 관한 법률」에 따른 사용기간 또는 「파견근로자보호 등에 관한 법률」에 따른 근로자파견기간에서 제외한다.
ⓗ 육아휴직의 신청방법 및 절차 등에 관하여 필요한 사항은 대통령령으로 정한다.
ⓢ 육아휴직의 종료(영 제14조) **27회 출제**

① 육아휴직 중인 근로자는 다음 각 호의 구분에 따른 사유가 발생하면 그 사유가 발생한 날부터 7일 이내에 그 사실을 사업주에게 알려야 한다. 〈개정 2021. 11. 19.〉
 1. 임신 중인 여성 근로자가 육아휴직 중인 경우: 유산 또는 사산
 2. 제1호 외의 근로자가 육아휴직 중인 경우
  가. 해당 영유아의 사망
  나. 해당 영유아와 동거하지 않고 영유아의 양육에도 기여하지 않게 된 경우
② 사업주는 ①에 따라 육아휴직 중인 근로자로부터 영유아의 사망 등에 대한 사실을 통지받은 경우에는 통지받은 날부터 30일 이내로 근무개시일을 지정하여 그 근로자에게 알려야 한다.
③ 근로자는 다음 각 호의 어느 하나에 해당하는 날에 육아휴직이 끝난 것으로 본다.
 1. ①에 따라 통지를 하고 제2항에 따른 근무개시일을 통지받은 경우에는 그 근무개시일의 전날
 2. ①에 따라 통지를 하였으나 제2항에 따른 근무개시일을 통지받지 못한 경우에는 제1항의 통지를 한 날부터 30일이 되는 날
 3. ①에 따른 통지를 하지 아니한 경우에는 영유아의 사망 등의 사유가 발생한 날부터 37일이 되는 날
④ 육아휴직 중인 근로자가 새로운 육아휴직을 시작하거나 「근로기준법」에 따른 출산전후휴가 또는 육아기 근로시간 단축을 시작하는 경우에는 그 새로운 육아휴직, 출산전후휴가 또는 육아기 근로시간 단축 개시일의 전날에 육아휴직이 끝난 것으로 본다.

② 육아기 근로시간 단축 등 **25회 출제**
 ㉠ 육아기 근로시간 단축(법 제19조의2) 〈시행 2025. 2. 23〉
  ⓐ 사업주는 근로자가 만 12세 이하 또는 초등학교 6학년 이하의 자녀를 양육하기 위하여 근로시간의 단축(이하 "육아기 근로시간 단축")을 신청하는 경우에 이를 허용하여야 한다. 다만, 대체인력 채용이 불가능한 경우, 정상적인 사업 운영에 중대한 지장을 초래하는 경우 등 대통령령으로 정하는 경우에는 그러하지 아니하다.

ⓑ 사업주가 육아기 근로시간 단축을 허용하지 아니하는 경우에는 해당 근로자에게 그 사유를 서면으로 통보하고 육아휴직을 사용하게 하거나 출근 및 퇴근 시간 조정 등 다른 조치를 통하여 지원할 수 있는지를 해당 근로자와 협의하여야 한다.

ⓒ 사업주가 해당 근로자에게 육아기 근로시간 단축을 허용하는 경우 단축 후 근로시간은 주당 15시간 이상이어야 하고 35시간을 넘어서는 아니 된다.

ⓓ 육아기 근로시간 단축의 기간은 1년 이내로 한다. 다만, 근로자가 1년 이내의 육아휴직 기간 중 사용하지 아니한 기간이 있으면 그 기간의 두 배를 가산한 기간 이내로 한다.

ⓔ 사업주는 육아기 근로시간 단축을 이유로 해당 근로자에게 해고나 그 밖의 불리한 처우를 하여서는 아니 된다.

ⓕ 사업주는 근로자의 육아기 근로시간 단축기간이 끝난 후에 그 근로자를 육아기 근로시간 단축 전과 같은 업무 또는 같은 수준의 임금을 지급하는 직무에 복귀시켜야 한다.

ⓖ 육아기 근로시간 단축의 신청방법 및 절차 등에 관하여 필요한 사항은 대통령령으로 정한다.

ⓛ 육아기 근로시간 단축 중 근로조건 등(법 제19조의3) **25회 출제**

ⓐ 사업주는 육아기 근로시간 단축을 하고 있는 근로자에 대하여 근로시간에 비례하여 적용하는 경우 외에는 육아기 근로시간 단축을 이유로 그 근로조건을 불리하게 하여서는 아니 된다.

ⓑ 육아기 근로시간 단축을 한 근로자의 근로조건(육아기 근로시간 단축 후 근로시간을 포함한다)은 사업주와 그 근로자 간에 서면으로 정한다.

ⓒ 사업주는 육아기 근로시간 단축을 하고 있는 근로자에게 단축된 근로시간 외에 연장근로를 요구할 수 없다. 다만, 그 근로자가 명시적으로 청구하는 경우에는 사업주는 주 12시간 이내에서 연장근로를 시킬 수 있다.

ⓓ 육아기 근로시간 단축을 한 근로자에 대하여 「근로기준법」 제2조 제6호에 따른 평균임금을 산정하는 경우에는 그 근로자의 육아기 근로시간 단축기간을 평균임금 산정기간에서 제외한다.

ⓒ 육아휴직과 육아기 근로시간 단축의 사용형태(법 제19조의4) 〈개정 2025. 2. 23.〉

ⓐ 근로자는 육아휴직을 3회에 한정하여 나누어 사용할 수 있다. 이 경우 임신 중인 여성 근로자가 모성보호를 위하여 육아휴직을 사용한 횟수는 육아휴직을 나누어 사용한 횟수에 포함하지 아니한다.

ⓑ 근로자는 육아기 근로시간 단축을 나누어 사용할 수 있다. 이 경우 나누어 사용하는 1회의 기간은 1개월(근로계약기간의 만료로 1개월 이상 근로시간 단축을 사용할 수 없는 기간제근로자에 대해서는 남은 근로계약기간을 말한다) 이상이 되어야 한다.

③ 일·가정의 양립을 위한 지원(법 제20조)
  ㉠ 국가는 사업주가 근로자에게 육아휴직이나 육아기 근로시간 단축을 허용한 경우 그 근로자의 생계비용과 사업주의 고용유지비용의 일부를 지원할 수 있다.
  ㉡ 국가는 육아기 재택근무 등 소속 근로자의 일·가정의 양립을 지원하기 위한 조치를 도입하는 사업주에게 세제 및 재정을 통한 지원을 할 수 있다.
④ 근로자의 가족돌봄 등을 위한 지원(법 제22조의2) **19·25회 출제**
  ㉠ 가족돌봄휴직
    사업주는 근로자가 조부모, 부모, 배우자, 배우자의 부모, 자녀 또는 손자녀(이하 "가족")의 질병, 사고, 노령으로 인하여 그 가족을 돌보기 위한 휴직(이하 "가족돌봄휴직")을 신청하는 경우 이를 허용하여야 한다. 다만, 대체인력 채용이 불가능한 경우, 정상적인 사업 운영에 중대한 지장을 초래하는 경우, 본인 외에도 조부모의 직계비속 또는 손자녀의 직계존속이 있는 경우 등 대통령령으로 정하는 경우에는 그러하지 아니하다.
  ㉡ 가족돌봄휴가 〈신설 2020. 9. 8〉
    사업주는 근로자가 가족(조부모 또는 손자녀의 경우 근로자 본인 외에도 직계비속 또는 직계존속이 있는 등의 경우는 제외한다)의 질병, 사고, 노령 또는 자녀의 양육으로 인하여 긴급하게 그 가족을 돌보기 위한 휴가(이하 "가족돌봄휴가"라 한다)를 신청하는 경우 이를 허용하여야 한다. 다만, 근로자가 청구한 시기에 가족돌봄휴가를 주는 것이 정상적인 사업 운영에 중대한 지장을 초래하는 경우에는 근로자와 협의하여 그 시기를 변경할 수 있다. 신청을 받고 가족돌봄휴가를 허용하지 아니한 경우 500만원 이하의 과태료를 부과한다.
  ㉢ 가족돌봄휴직 및 가족돌봄휴가의 사용기간과 분할횟수등은 다음 각 호에 따른다.
    ⓐ 가족돌봄휴직 기간은 연간 최장 90일로 하며, 이를 나누어 사용할 수 있을 것. 이 경우 나누어 사용하는 1회의 기간은 30일 이상이 되어야 한다.
    ⓑ 가족돌봄휴가 기간은 연간 최장 10일[제3호에 따라 가족돌봄휴가 기간이 연장되는 경우 20일(「한부모가족지원법」 제4조 제1호의 모 또는 부에 해당하는 근로자의 경우 25일) 이내]로 하며, 일단위로 사용할 수 있을 것. 다만, 가족돌봄휴가 기간은 가족돌봄휴직 기간에 포함된다.
    ⓒ 고용노동부장관은 감염병의 확산 등을 원인으로 「재난 및 안전관리 기본법」 제38조에 따른 심각단계의 위기경보가 발령되거나, 이에 준하는 대규모 재난이 발생한 경우로서 근로자에게 가족을 돌보기 위한 특별한 조치가 필요하다고 인정되는 경우 「고용정책 기본법」 제10조에 따른 고용정책심의회의 심의를 거쳐 가족돌봄휴가 기간을 연간 10일(「한부모가족지원법」 제4조 제1호에 따른 모 또는 부에 해당하는 근로자의 경우 15일)의 범위에서 연장할 수 있을 것. 이 경우 고용노동부장관은 지체 없이 기간 및 사유 등을 고시하여야 한다.

㉣ 위 ㉡㉢에 따라 연장된 가족돌봄휴가는 다음 각 호의 어느 하나에 해당하는 경우에만 사용할 수 있다.
  1. 감염병 확산을 사유로 「재난 및 안전관리 기본법」에 따른 심각단계의 위기경보가 발령된 경우로서 가족이 위기경보가 발령된 원인이 되는 감염병의 「감염병의 예방 및 관리에 관한 법률」의 감염병환자, 감염병의사환자, 병원체보유자인 경우 또는 감염병의심자 중 유증상자 등으로 분류되어 돌봄이 필요한 경우
  2. 자녀가 소속된 「초·중등교육법」의 학교, 「유아교육법」의 유치원 또는 「영유아보육법」의 어린이집에 대한 「초·중등교육법」에 따른 휴업명령 또는 휴교처분, 「유아교육법」에 따른 휴업 또는 휴원 명령이나 「영유아보육법」에 따른 휴원명령으로 자녀의 돌봄이 필요한 경우
  3. 자녀가 감염병으로 인하여 「감염병의 예방 및 관리에 관한 법률」에 따른 자가(自家) 격리 대상이 되거나 학교등에서 등교 또는 등원 중지 조치를 받아 돌봄이 필요한 경우
  4. 그 밖에 근로자의 가족돌봄에 관하여 고용노동부장관이 정하는 사유에 해당하는 경우
㉤ 사업주는 가족돌봄휴직 또는 가족돌봄휴가를 이유로 해당 근로자를 해고하거나 근로조건을 악화시키는 등 불리한 처우를 하여서는 아니 된다.
㉥ 가족돌봄휴직 및 가족돌봄휴가 기간은 근속기간에 포함한다. 다만, 평균임금 산정기간에서는 제외한다.
㉦ 사업주는 소속 근로자가 건전하게 직장과 가정을 유지하는 데에 도움이 될 수 있도록 필요한 심리상담 서비스를 제공하도록 노력하여야 한다.
㉧ 고용노동부장관은 사업주가 제1항 또는 제2항에 따른 조치를 하는 경우에는 고용 효과 등을 고려하여 필요한 지원을 할 수 있다.
㉨ 가족돌봄휴직 및 가족돌봄휴가의 신청방법 및 절차 등에 관하여 필요한 사항은 대통령령으로 정한다.

⑤ 가족돌봄 등을 위한 근로시간 단축(법 제22조의3) 〈신설 2019. 8. 27〉
  ㉠ 사업주는 근로자가 다음 각 호의 어느 하나에 해당하는 사유로 근로시간의 단축을 신청하는 경우에 이를 허용하여야 한다. 다만, 대체인력 채용이 불가능한 경우, 정상적인 사업 운영에 중대한 지장을 초래하는 경우 등 대통령령으로 정하는 경우에는 그러하지 아니하다.

> 1. 근로자가 가족의 질병, 사고, 노령으로 인하여 그 가족을 돌보기 위한 경우
> 2. 근로자 자신의 질병이나 사고로 인한 부상 등의 사유로 자신의 건강을 돌보기 위한 경우
> 3. 55세 이상의 근로자가 은퇴를 준비하기 위한 경우
> 4. 근로자의 학업을 위한 경우

ⓒ 사업주가 해당 근로자에게 근로시간 단축을 허용하는 경우 단축 후 근로시간은 주당 15시간 이상이어야 하고 30시간을 넘어서는 아니 된다.
　　　ⓒ 근로시간 단축의 기간은 1년 이내로 한다. 다만, ㉠제1호부터 제3호까지의 어느 하나에 해당하는 근로자는 합리적 이유가 있는 경우에 추가로 2년의 범위 안에서 근로시간 단축의 기간을 연장할 수 있다.
　　　㉢ 사업주는 근로시간 단축을 이유로 해당 근로자에게 해고나 그 밖의 불리한 처우를 하여서는 아니 된다. 사업주는 근로자의 근로시간 단축기간이 끝난 후에 그 근로자를 근로시간 단축 전과 같은 업무 또는 같은 수준의 임금을 지급하는 직무에 복귀시켜야 한다.
　　　㉣ 근로시간 단축의 신청방법 및 절차 등에 필요한 사항은 대통령령으로 정한다.
　⑥ 가족돌봄 등을 위한 근로시간 단축 중 근로조건 등(법 제22조의4) 〈신설 2019. 8. 27〉
　　　㉠ 사업주는 근로시간 단축을 하고 있는 근로자에게 근로시간에 비례하여 적용하는 경우 외에는 가족돌봄 등을 위한 근로시간 단축을 이유로 그 근로조건을 불리하게 하여서는 아니 된다.
　　　ⓒ 근로시간 단축을 한 근로자의 근로조건(근로시간 단축 후 근로시간을 포함한다)은 사업주와 그 근로자 간에 서면으로 정한다.
　　　ⓒ 사업주는 근로시간 단축을 하고 있는 근로자에게 단축된 근로시간 외에 연장근로를 요구할 수 없다. 다만, 그 근로자가 명시적으로 청구하는 경우에는 사업주는 주 12시간 이내에서 연장근로를 시킬 수 있다.
　　　㉢ 근로시간 단축을 한 근로자에 대하여 「근로기준법」에 따른 평균임금을 산정하는 경우에는 그 근로자의 근로시간 단축 기간을 평균임금 산정기간에서 제외한다.
　⑦ 관계서류의 보존(법 제33조)
　　　사업주는 이 법의 규정에 따른 사항에 관하여 아래의 서류를 3년간 보존하여야 한다. 이 경우 전자문서로 작성·보존할 수 있다.

영 제19조(보존서류의 종류) 〈개정 2018. 5. 28.〉
1. 모집과 채용, 임금, 임금 외의 금품 등, 교육·배치 및 승진, 정년·퇴직 및 해고에 관한 서류
2. 직장 내 성희롱 예방 교육을 하였음을 확인할 수 있는 서류
3. 직장 내 성희롱 행위자에 대한 징계 등 조치에 관한 서류
4. 배우자 출산휴가의 청구 및 허용에 관한 서류
5. 육아휴직의 신청 및 허용에 관한 서류
6. 육아기 근로시간 단축의 신청 및 허용에 관한 서류, 허용하지 아니한 경우 그 사유의 통보 및 협의 서류, 육아기 근로시간 단축 중의 근로조건에 관한 서류

제5장 사무·인사관리

(4) 기간제 및 단시간근로자 보호 등에 관한 법률 (약칭: 기간제법) 〈시행 2021. 5. 18〉

1) 총칙

① 목적 : 이 법은 기간제근로자 및 단시간근로자에 대한 불합리한 차별을 시정하고 기간제근로자 및 단시간근로자의 근로조건 보호를 강화함으로써 노동시장의 건전한 발전에 이바지함을 목적으로 한다.

② 용어의 정의(법 제2조)

1. "기간제근로자"라 함은 기간의 정함이 있는 근로계약(이하 "기간제 근로계약")을 체결한 근로자를 말한다.
2. "단시간근로자"라 함은 「근로기준법」 제2조의 단시간근로자를 말한다.
3. "차별적 처우"라 함은 다음 각 목의 사항에서 합리적인 이유 없이 불리하게 처우하는 것을 말한다.
   가. 「근로기준법」 제2조 제1항 제5호에 따른 임금
   나. 정기상여금, 명절상여금 등 정기적으로 지급되는 상여금
   다. 경영성과에 따른 성과금
   라. 그 밖에 근로조건 및 복리후생 등에 관한 사항

③ 적용범위
   ㉠ 이 법은 상시 5인 이상의 근로자를 사용하는 모든 사업 또는 사업장에 적용함이 원칙이다. 다만, 동거의 친족만을 사용하는 사업 또는 사업장과 가사사용인에 대하여는 적용하지 아니한다.
   ㉡ 국가 및 지방자치단체의 기관에 대하여는 상시 사용하는 근로자의 수에 관계 없이 이 법을 적용한다.

2) 기간제근로자

① 기간제근로자의 사용(법 제4조)
   ㉠ 사용자는 2년을 초과하지 아니하는 범위 안에서(기간제 근로계약의 반복 갱신 등의 경우에는 그 계속 근로한 총기간이 2년을 초과하지 아니하는 범위 안에서) 기간제근로자를 사용할 수 있다. 다만, 다음의 어느 하나에 해당하는 경우에는 2년을 초과하여 기간제근로자로 사용할 수 있다.

1. 사업의 완료 또는 특정한 업무의 완성에 필요한 기간을 정한 경우
2. 휴직·파견 등으로 결원이 발생하여 해당 근로자가 복귀할 때까지 그 업무를 대신할 필요가 있는 경우
3. 근로자가 학업, 직업훈련 등을 이수함에 따라 그 이수에 필요한 기간을 정한 경우
4. 「고령자고용촉진법」의 고령자와 근로계약을 체결하는 경우
5. 전문적 지식·기술의 활용이 필요한 경우와 정부의 복지정책·실업대책 등에 따라 일자리를 제공하는 경우로서 대통령령으로 정하는 경우
6. 그 밖에 제1호부터 제5호까지에 준하는 합리적인 사유가 있는 경우로서 대통령령으로 정하는 경우

ⓒ 사용자가 ㉠ 단서의 사유가 없거나 소멸되었음에도 불구하고 2년을 초과하여 기간제근로자로 사용하는 경우에는 그 기간제근로자는 기간의 정함이 없는 근로계약을 체결한 근로자로 본다.
② 기간의 정함이 없는 근로자로의 전환(법 제5조)
사용자는 기간의 정함이 없는 근로계약을 체결하고자 하는 경우에는 해당 사업 또는 사업장의 동종 또는 유사한 업무에 종사하는 기간제근로자를 우선적으로 고용하도록 노력하여야 한다.

3) 단시간근로자
① 단시간근로자의 초과근로 제한(제6조)
㉠ 사용자는 단시간근로자에 대하여 「근로기준법」 제2조의 소정근로시간을 초과하여 근로하게 하는 경우에는 해당 근로자의 동의를 얻어야 한다. 이 경우 1주간에 12시간을 초과하여 근로하게 할 수 없다.
ⓒ 단시간근로자는 사용자가 ㉠의 규정에 따른 동의를 얻지 아니하고 초과근로를 하게 하는 경우에는 이를 거부할 수 있다.
ⓒ 사용자는 초과근로에 대하여 통상임금의 100분의 50 이상을 가산하여 지급하여야 한다.
② 통상근로자로의 전환 등(제7조)
㉠ 사용자는 통상근로자를 채용하고자 하는 경우에는 해당 사업 또는 사업장의 동종 또는 유사한 업무에 종사하는 단시간근로자를 우선적으로 고용하도록 노력하여야 한다.
ⓒ 사용자는 가사, 학업 그 밖의 이유로 근로자가 단시간근로를 신청하는 때에는 당해 근로자를 단시간근로자로 전환하도록 노력하여야 한다.

4) 차별적 처우의 금지(법 제8조, 법 제15조의2)
① 사용자는 기간제근로자 또는 단시간근로자임을 이유로 해당 사업 또는 사업장에서 동종 또는 유사한 업무에 종사하는 기간의 정함이 없는 근로계약을 체결한 근로자에 비하여 차별적 처우를 하여서는 아니 된다.
② 고용노동부장관은 사용자가 차별적 처우를 한 경우에는 그 시정을 요구할 수 있다. 고용노동부장관은 사용자가 시정요구에 응하지 아니할 경우에는 차별적 처우의 내용을 구체적으로 명시하여 노동위원회에 통보하여야 한다. 이 경우 고용노동부장관은 해당 사용자 및 근로자에게 그 사실을 통지하여야 한다.

5) 차별적 처우의 시정신청과 시정명령 등의 확정 등(법 제9조, 법 제14조)
① 기간제근로자 또는 단시간근로자는 차별적 처우를 받은 경우 「노동위원회법」에 따른 노동위원회에 그 시정을 신청할 수 있다. 다만, 차별적 처우가 있은 날(계속되는 차별적 처우는 그 종료일)부터 6개월이 지난 때에는 그러하지 아니하다.

㉠ 입증책임은 사용자가 부담한다.
㉡ 노동위원회는 조사·심문을 종료하고 차별적 처우에 해당된다고 판정한 때에는 사용자에게 시정명령을 발하여야 하고, 차별적 처우에 해당하지 아니한다고 판정한 때에는 그 시정신청을 기각하는 결정을 하여야 한다.

② 지방노동위원회의 시정명령 또는 기각결정에 대하여 불복이 있는 관계 당사자는 시정명령서 또는 기각결정서의 송달을 받은 날부터 10일 이내에 중앙노동위원회에 재심을 신청할 수 있다.

③ 중앙노동위원회의 재심결정에 대하여 불복이 있는 관계 당사자는 재심결정서의 송달을 받은 날부터 15일 이내에 행정소송을 제기할 수 있다.

④ 규정된 기간 이내에 재심을 신청하지 아니하거나 행정소송을 제기하지 아니한 때에는 그 시정명령·기각결정 또는 재심결정은 확정된다.

⑤ 시정명령의 내용에는 차별적 행위의 중지, 임금 등 근로조건의 개선 및 적절한 금전보상 등이 포함될 수 있다.

6) 불리한 처우의 금지 (법 제16조)

사용자는 기간제근로자 또는 단시간근로자가 다음의 어느 하나에 해당하는 행위를 한 것을 이유로 해고 그 밖의 불리한 처우를 하지 못한다.

1. 사용자의 부당한 초과근로 요구의 거부
2. 차별적 처우의 시정신청, 노동위원회에의 참석 및 진술, 재심신청 또는 행정소송의 제기
3. 시정명령 불이행의 신고
4. 근로자의 감독기관에 대한 통지

7) 취업촉진을 위한 국가 등의 노력 (법 제20조)

국가 및 지방자치단체는 고용정보의 제공, 직업지도, 취업알선, 직업능력개발 등 기간제근로자 및 단시간근로자의 취업촉진을 위하여 필요한 조치를 우선적으로 취하도록 노력하여야 한다.

05 4대 보험관리

1 고용보험법 [개정 2024. 10. 22. 시행 2025. 2. 23.]

(1) 서설

1) 목적

이 법은 고용보험의 시행을 통하여 실업의 예방, 고용의 촉진 및 근로자 등의 직업능력의 개발과 향상을 꾀하고, 국가의 직업지도와 직업소개 기능을 강화하며, 근로자 등이 실업한 경우에 생활에 필요한 급여를 실시하여 근로자 등의 생활안정과 구직 활동을 촉진함으로써 경제·사회 발전에 이바지하는 것을 목적으로 한다.

2) 용어의 정의 〔24회 출제〕

1. "피보험자"란 다음 각 목에 해당하는 사람을 말한다.
   가. 「고용산재보험료징수법」에 따라 보험에 가입되거나 가입된 것으로 보는 근로자, 예술인 또는 노무제공자
   나. 「고용산재보험료징수법」에 따라 고용보험에 가입하거나 가입된 것으로 보는 자영업자(이하 "자영업자인 피보험자"라 한다)
2. "이직"이란 피보험자와 사업주 사이의 고용관계가 끝나게 되는 것(법 제77조의2 제1항에 따른 예술인 및 법 제77조의6 제1항에 따른 노무제공자의 경우에는 문화예술용역 관련 계약 또는 노무제공계약이 끝나는 것을 말한다)을 말한다.
3. "실업"이란 근로의 의사와 능력이 있음에도 불구하고 취업하지 못한 상태에 있는 것을 말한다.
4. "실업의 인정"이란 직업안정기관의 장이 수급자격자가 실업한 상태에서 적극적으로 직업을 구하기 위하여 노력하고 있다고 인정하는 것을 말한다.
5. "보수"란 「소득세법」에 따른 근로소득에서 대통령령으로 정하는 금품을 뺀 금액을 말한다. 다만, 휴직이나 그 밖에 이와 비슷한 상태에 있는 기간 중에 사업주 외의 자로부터 지급받는 금품 중 고용노동부장관이 정하여 고시하는 금품은 보수로 본다.
6. "일용근로자"란 1개월 미만 동안 고용되는 사람을 말한다.

3) 보험의 관장

① 고용보험은 고용노동부장관이 이를 관장한다.
② 이 법에 따른 고용노동부장관의 권한은 대통령령으로 정하는 바에 따라 그 일부를 직업안정기관의 장에게 위임하거나 대통령령으로 정하는 자에게 위탁할 수 있다.

4) 적용범위(법 제8조)

① 이 법은 근로자를 사용하는 모든 사업 또는 사업장(이하 "사업")에 적용한다. 다만, 산업별 특성 및 규모 등을 고려하여 대통령령으로 정하는 사업에 대하여는 그러하지 아니하다.

> **영 제2조**(적용범위)
> ① 법 제8조 단서에서 "대통령령으로 정하는 사업"이란 다음 각 호의 어느 하나에 해당하는 사업을 말한다.
>   1. 삭제 〈2024. 6. 25.〉
>   2. 다음 각 목의 어느 하나에 해당하는 공사. 다만, 「주택법」에 따른 주택건설사업자 등에 해당하는 자가 시공하는 공사는 제외한다.
>   가. 「고용보험 및 산업재해보상보험의 보험료징수 등에 관한 법률 시행령」에 따른 총공사금액이 2천만원 미만인 공사
>   나. 연면적이 100㎡ 이하인 건축물의 건축 또는 연면적이 200㎡ 이하인 건축물의 대수선에 관한 공사
>   3. 가구 내 고용활동 및 달리 분류되지 아니한 자가소비 생산활동
> ② 이 법은 예술인 또는 노무제공자의 노무를 제공받는 사업에 적용하되, 제1장, 제2장, 제4장, 제5장의2, 제5장의3, 제6장, 제8장 또는 제9장의 예술인 또는 노무제공자에 관한 규정을 각각 적용한다.

(2) 보험관계의 성립·소멸(제9조)

이 법에 따른 보험관계의 성립 및 소멸에 대하여는 「고용산재보험료징수법」으로 정하는 바에 따른다.

(3) 적용제외 근로자(제10조) `26회 출제`

1) 다음 각 호의 어느 하나에 해당하는 사람에게는 이 법을 적용하지 아니한다.

1. 해당 사업에서 소정(所定)근로시간이 대통령령으로 정하는 시간 미만인 근로자

   > **영 제3조**(적용 제외 근로자) 〈개정 2023. 6. 27.〉
   > ① "소정근로시간이 대통령령으로 정하는 시간 미만인 근로자"란 해당 사업에서 1개월간 소정근로시간이 60시간 미만이거나 1주간의 소정근로시간이 15시간 미만인 근로자를 말한다.
   > ② 위 ①에도 불구하고 다음 각 호의 어느 하나에 해당하는 근로자는 법 적용 대상으로 한다.
   >   1. 해당 사업에서 3개월 이상 계속하여 근로를 제공하는 근로자
   >   2. 일용근로자

2. 「국가공무원법」과 「지방공무원법」에 따른 공무원. 다만, 대통령령으로 정하는 바에 따른 별정직공무원, 「국가공무원법」 및 「지방공무원법」에 따른 임기제공무원의 경우는 본인의 의사에 따라 고용보험(실업급여에 한정한다)에 가입할 수 있다.
3. 「사립학교교직원 연금법」의 적용을 받는 사람
4. 그 밖에 대통령령으로 정하는 사람 〈개정 2024. 6. 25.〉

   "대통령령으로 정하는 사람"이란 다음 각 호의 어느 하나에 해당하는 사람을 말한다.
   1. 「별정우체국법」에 따른 별정우체국 직원
   2. 농업·임업 및 어업 중 법인이 아닌 자가 상시 4명 이하의 근로자를 사용하는 사업에 종사하는 근로자. 다만, 본인의 의사로 고용노동부령으로 정하는 바에 따라 고용보험에 가입을 신청하는 사람은 고용보험에 가입할 수 있다.

2) 65세 이후에 고용(65세 전부터 피보험 자격을 유지하던 사람이 65세 이후에 계속하여 고용된 경우는 제외한다)되거나 자영업을 개시한 사람에게는 제4장(실업급여) 및 제5장(육아휴직급여 등)을 적용하지 아니한다.

3) **외국인근로자에 대한 적용 (제10조의2)** 〈개정 2022. 12. 31〉
① 「외국인근로자의 고용 등에 관한 법률」의 적용을 받는 외국인근로자에게는 이 법을 적용한다. 다만, 제4장(실업급여) 및 제5장(육아휴직급여 등)은 고용노동부령으로 정하는 바에 따른 신청이 있는 경우에만 적용한다.

② 위 ①에 해당하는 외국인근로자를 제외한 외국인이 근로계약, 문화예술용역 관련 계약 또는 노무제공계약을 체결한 경우에는 「출입국관리법」 제10조에 따른 체류자격의 활동범위 및 체류기간 등을 고려하여 대통령령으로 정하는 바에 따라 이 법의 전부 또는 일부를 적용한다.

(4) 피보험자의 관리

1) **피보험자격의 취득일**(제13조)
① 근로자인 피보험자는 이 법이 적용되는 사업에 고용된 날에 피보험자격을 취득한다. 다만, 다음의 경우에는 각각 그 해당되는 날에 피보험자격을 취득한 것으로 본다.

1. 적용제외 근로자이었던 사람이 이 법의 적용을 받게 된 경우에는 그 적용을 받게 된 날
2. 「보험료징수법」 제7조의 규정(보험관계의 성립일에 관한 규정)에 의한 보험관계 성립일 전에 고용된 근로자의 경우에는 그 보험관계가 성립한 날

② ①에도 불구하고 자영업자인 피보험자는 「고용산재보험료징수법」에 따라 보험관계가 성립한 날에 피보험자격을 취득한다.

2) **피보험자격의 상실일**(제14조) 〔15·17·24회 출제〕
① 근로자인 피보험자는 다음의 어느 하나에 해당하는 날에 각각 그 피보험자격을 상실한다.

㉠ 근로자인 피보험자가 적용제외 근로자에 해당하게 된 경우에는 그 적용제외 대상자가 된 날
㉡ 「고용산재보험료징수법」 제10조의 규정(보험관계 소멸일에 관한 규정)에 의하여 보험관계가 소멸한 경우에는 그 보험관계가 소멸한 날
㉢ 근로자인 피보험자가 이직한 경우에는 이직한 날의 다음 날
㉣ 근로자인 피보험자가 사망한 경우에는 사망한 날의 다음 날

② ①에도 불구하고 자영업자인 피보험자는 「고용산재보험료징수법」에 따라 보험관계가 소멸한 날에 피보험자격을 상실한다.

3) 피보험자격에 관한 신고 등(법 제15조)　　`24회 출제`

① 사업주는 그 사업에 고용된 근로자의 피보험자격의 취득 및 상실 등에 관한 사항을 대통령령으로 정하는 바에 따라 고용노동부장관에게 신고하여야 한다.

> **영 제7조**(피보험자격의 취득 또는 상실신고) 〈개정 2020. 8. 27.〉
> ① 사업주나 하수급인은 고용노동부장관에게 그 사업에 고용된 근로자의 피보험자격 취득 및 상실에 관한 사항을 신고하려는 경우에는 그 사유가 발생한 날이 속하는 달의 다음 달 15일까지(근로자가 그 기일 이전에 신고할 것을 요구하는 경우에는 지체 없이) 신고해야 한다. 이 경우 사업주나 하수급인이 해당하는 달에 고용한 일용근로자의 근로일수, 임금 등이 적힌 근로내용 확인신고서를 그 사유가 발생한 날의 다음 달 15일까지 고용노동부장관에게 제출한 경우에는 피보험자격의 취득 및 상실을 신고한 것으로 본다.

② 사업주가 피보험자격에 관한 사항을 신고하지 아니하면 대통령령으로 정하는 바에 따라 근로자가 신고할 수 있다.

③ 고용노동부장관은 신고된 피보험자격의 취득 및 상실 등에 관한 사항을 고용노동부령으로 정하는 바에 따라 피보험자 및 원수급인 등 관계인에게 알려야 한다.

④ 사업주, 원수급인 또는 하수급인은 신고를 고용노동부령으로 정하는 전자적 방법으로 할 수 있다.

⑤ 고용노동부장관은 전자적 방법으로 신고를 하려는 사업주, 원수급인 또는 하수급인에게 고용노동부령으로 정하는 바에 따라 필요한 장비 등을 지원할 수 있다.

⑥ 위 ①에도 불구하고 자영업자인 피보험자는 피보험자격의 취득 및 상실에 관한 신고를 하지 아니한다.

4) 피보험자격의 확인(법 제17조)

① 피보험자 또는 피보험자였던 자는 언제든지 고용노동부장관에게 피보험자격의 취득 또는 상실에 관한 확인을 청구할 수 있다.

② 고용노동부장관은 ①의 청구에 따르거나 직권으로 피보험자격의 취득 또는 상실에 관하여 확인을 한다.

③ 고용노동부장관은 ②에 따른 확인 결과를 대통령령으로 정하는 바에 따라 그 확인을 청구한 피보험자 및 사업주 등 관계인에게 알려야 한다.

5) 피보험자격의 취득기준(법 제18조) 〈시행 2023. 7. 1〉　　`17회 출제`

근로자가 보험관계가 성립되어 있는 둘 이상의 사업에 동시에 고용되어 있는 경우에는 고용노동부령으로 정하는 바에 따라 그 중 한 사업의 근로자로서의 피보험자격을 취득한다.

① 보험에 가입되거나 가입된 것으로 보는 근로자, 예술인 또는 노무제공자인 근로자가 보험관계가 성립되어 있는 둘 이상의 사업에 동시에 고용되어 있는 경우에는 대통령령으로 정하는 바에 따라 그 중 한 사업의 피보험자격을 취득한다.

② 보험에 가입되거나 가입된 것으로 보는 근로자, 예술인 또는 노무제공자 및 자영업자인 피보험자에 동시에 해당하는 사람은 근로자, 예술인 또는 노무제공자로서의 피보험자격을 취득한다. 다만, 보험에 가입되거나 가입된 것으로 보는 근로자, 예술인 또는 노무제공자인 피보험자가 다음 각 호의 어느 하나에 해당하는 사람인 경우에는 동시에 해당하는 피보험자격 중 하나를 선택하여 피보험자격을 취득하거나 유지한다.
  ㉠ 일용근로자
  ㉡ 제77조의2제2항제2호 단서에 따른 단기예술인
  ㉢ 제77조의6제2항제2호 단서에 따른 단기노무제공자
③ 제2항에도 불구하고 동시에 해당하는 사람은 본인 의사에 따라 같은 호 동시에 해당하는 피보험자격 모두를 취득하거나 유지할 수 있다.
④ 예술인 또는 노무제공자가 보험관계가 성립되어 있는 둘 이상의 사업에서 동시에 노무를 제공하거나 근로를 제공하는 경우에는 대통령령으로 정하는 바에 따라 피보험자격을 취득한다.

6) **둘 이상의 피보험자격 취득 시 수급자격의 인정**(법 제43조의2) 〈시행 2023. 7. 1〉
① 근로자, 예술인, 노무제공자 또는 자영업자인 피보험자로서 서로 다른 둘 이상의 피보험자격을 취득하였다가 이직하여 그 피보험자격을 모두 상실한 사람이 구직급여를 지급받으려는 경우에는 둘 이상의 피보험자격 중 자신이 선택한 피보험자격을 기준으로 수급자격의 인정 여부를 결정한다.
② 수급자격을 인정받으려는 사람이 선택한 피보험자격이 가장 나중에 상실한 피보험자격(피보험자격을 동시에 상실한 경우에는 동시에 상실된 피보험자격 모두를 말한다)이 아닌 경우에는 가장 나중에 상실한 피보험자격과 관련된 이직사유가 수급자격의 제한 사유에 해당하지 아니하는 경우에만 수급자격을 인정한다. 다만, 직업안정기관의 장이 대통령령으로 정하는 바에 따른 소득감소로 이직하였다고 인정하는 경우에는 수급자격의 제한 사유에 해당하지 아니하는 것으로 본다.

(5) 보험료(법 제6조) 〈개정 2021. 1. 5.〉
① 이 법에 따른 보험사업에 드는 비용을 충당하기 위하여 징수하는 보험료와 그 밖의 징수금에 대하여는 「고용산재보험료징수법」으로 정하는 바에 따른다.
② 「고용산재보험료징수법」에 따라 징수된 고용안정·직업능력개발 사업의 보험료 및 실업급여의 보험료는 각각 그 사업에 드는 비용에 충당한다. 다만, 실업급여의 보험료는 국민연금 보험료의 지원, 육아휴직 급여의 지급, 육아기 근로시간 단축 급여의 지급 및 제75조(출산전후휴가 급여 등)·제76조의2(기간제근로자 또는 파견근로자에 대한 적용) 및 제77조의4(예술인인 피보험자의 출산전후급여등)·제77조의9(노무제공자인 피보험자의 출산전후급여등)에 따른 출산전후휴가 급여등의 지급에 드는 비용에 충당할 수 있다. 〈개정 2019. 1. 15.〉

③ 위 ②에도 불구하고 자영업자인 피보험자로부터 보험료징수법 제49조의2에 따라 징수된 고용안정·직업능력개발 사업의 보험료 및 실업급여의 보험료는 각각 자영업자인 피보험자를 위한 그 사업에 드는 비용에 충당한다. 다만, 실업급여의 보험료는 자영업자인 피보험자를 위한 국민연금 보험료의 지원에 드는 비용에 충당할 수 있다. 〈신설 2019. 1. 15.〉

(6) 고용보험사업(법 제4조, 법 제5조)

① 보험은 「고용보험법」 제1조의 목적을 달성하기 위하여 고용보험사업으로서 고용안정·직업능력개발사업, 실업급여, 육아휴직급여 및 출산전후휴가급여 등을 실시한다.
② 고용보험사업의 보험연도는 정부의 회계연도에 따른다.
③ 국가는 매년 보험사업에 드는 비용의 일부를 일반회계에서 부담할 수 있다.
④ 국가는 매년 예산의 범위에서 보험사업의 관리·운영에 드는 비용을 부담할 수 있다.

(7) 고용보험사업의 종류

1) 고용안정·직업능력개발사업

근로자를 감원하지 않고 고용을 유지하거나 실직자를 채용하여 고용을 늘리는 사업주에게 비용의 일부를 지원하여 고용안정을 유지하게 지원하는 사업이다.

① 고용노동부장관은 피보험자 및 피보험자였던 사람, 그 밖에 취업할 의사를 가진 사람(이하 "피보험자 등"이라 한다)에 대한 실업의 예방, 취업의 촉진, 고용기회의 확대, 직업능력개발·향상의 기회 제공 및 지원, 그 밖에 고용안정과 사업주에 대한 인력 확보를 지원하기 위하여 고용안정·직업능력개발사업을 실시한다(제19조 제1항).
② 고용노동부장관은 고용안정·직업능력개발사업을 실시할 때에는 근로자의 수, 고용안정·직업능력개발을 위하여 취한 조치 및 실적 등 대통령령으로 정하는 기준에 해당하는 기업(이하 "우선지원 대상기업")을 우선적으로 고려하여야 한다(제19조 제2항).
③ 고용조정의 지원(제21조)

> ㉠ 고용노동부장관은 경기의 변동, 산업구조의 변화 등에 따른 사업 규모의 축소, 사업의 폐업 또는 전환으로 고용조정이 불가피하게 된 사업주가 근로자에 대한 휴업, 휴직, 직업전환에 필요한 직업능력개발 훈련, 인력의 재배치 등을 실시하거나 그 밖에 근로자의 고용안정을 위한 조치를 하면 대통령령으로 정하는 바에 따라 그 사업주에게 필요한 지원을 할 수 있다. 이 경우 휴업이나 휴직 등 고용안정을 위한 조치로 근로자의 임금(「근로기준법」에 따른 임금을 말한다)이 대통령령으로 정하는 수준으로 감소할 때에는 대통령령으로 정하는 바에 따라 그 근로자에게도 필요한 지원을 할 수 있다.
>
> 영 제21조의2(휴업 등에 따른 임금감소 수준)
> ㉠ 후단에서 "대통령령으로 정하는 수준"이란 평균임금의 100분의 50 미만(지급되는 임금이 없는 경우를 포함한다)을 말한다.

    ⓒ 고용노동부장관은 위 ⊙의 고용조정으로 이직된 근로자를 고용하는 등 고용이 불안정하게 된 근로자의 고용안정을 위한 조치를 하는 사업주에게 대통령령으로 정하는 바에 따라 필요한 지원을 할 수 있다.
    ⓒ 고용노동부장관은 제1항에 따른 지원을 할 때에는 「고용정책 기본법」 제32조에 따른 업종에 해당하거나 지역에 있는 사업주 또는 근로자에게 우선적으로 지원할 수 있다.

④ **부정행위에 따른 지원의 제한 등**(법 제35조)
    ⊙ 고용노동부장관은 거짓이나 그 밖의 부정한 방법으로 고용안정·직업능력개발 사업의 지원을 받은 자 또는 받으려는 자에게는 해당 지원금 중 지급되지 아니한 금액 또는 지급받으려는 지원금을 지급하지 아니하고, 1년의 범위에서 대통령령으로 정하는 바에 따라 지원금의 지급을 제한하며, 거짓이나 그 밖의 부정한 방법으로 지원받은 금액을 반환하도록 명하여야 한다.

> **영 제56조**(부정행위에 따른 지원금 등의 지급제한)
> ① 고용노동부장관은 거짓이나 그 밖의 부정한 방법으로 지원금 또는 장려금을 받거나 받으려는 자에게는 해당 지원금 또는 장려금 중 지급되지 않은 금액 또는 지급받으려는 지원금 또는 장려금을 지급하지 아니하며, 거짓이나 그 밖의 부정한 방법으로 이미 지급받은 지원금 또는 장려금에 대해서는 반환을 명하여야 한다. 〈개정 2019. 12. 31.〉
> ② 거짓이나 그 밖의 부정한 방법으로 지원금 또는 장려금을 받거나 받으려 한 자에 대하여 고용노동부장관은 반환명령 또는 지급제한을 한 날부터 1년의 범위에서 새로 지원하게 되는 각 지원금 또는 장려금 중 어느 하나에 해당하는 지원금 또는 장려금에 대해서는 별표 2에 따른 기간 동안 지급을 제한한다. 다만, 그 부정한 방법의 정도, 동기 및 결과 등을 고려하여 그 지급제한기간의 3분의 1까지 감경할 수 있다.
> ③ ①에 따른 반환(법 제35조 제2항에 따른 추가징수를 포함한다)명령을 받은 자는 그 통지를 받은 날부터 30일 이내에 통지받은 금액을 납부하여야 한다. 이 경우 납부방식은 일시납부를 원칙으로 하되, 납부금액이 1천만원을 초과하는 경우에는 나누어 낼 수 있다.
> ④ ① 및 ③이나 「국민 평생 직업능력 개발법」 제56조(고용보험기금으로 지원 또는 융자된 금액에 대한 반환명령에 한정한다)에 따라 반환명령을 받은 자가 정해진 기간까지 납부의무를 이행하지 아니한 경우에는 그 기간의 종료일부터 그 의무를 이행하는 날까지 이 법에 따른 지원금 또는 장려금 또는 「근로자직업능력 개발법」에 따른 직업능력개발 훈련비용을 지급하지 아니한다.

    ⓒ 고용노동부장관은 ⊙에 따라 반환을 명하는 경우에는 이에 추가하여 고용노동부령으로 정하는 기준에 따라 그 거짓이나 그 밖의 부정한 방법으로 지급받은 금액의 5배 이하의 금액을 징수할 수 있다.
    ⓒ 고용노동부장관은 고용안정·직업능력개발 사업의 지원을 받은 자에게 잘못 지급된 지원금이 있으면 그 지급금의 반환을 명할 수 있다. 〈신설 2019. 8. 27.〉
    ⓔ 고용노동부장관은 보험료를 체납한 자에게는 고용노동부령으로 정하는 바에 따라 이 장의 규정에 따른 고용안정·직업능력개발사업의 지원을 하지 아니할 수 있다.

2) 실업급여

① 의의

근로자가 실직하였을 경우 일정기간 동안 실직자와 그 가족의 생활안정과 원활한 구직 활동을 위하여 실업급여를 지원하는 사업이다.

---

1. **실업급여의 종류(법 제37조)**　　　　　　　　　　　　　　　　　　　　`22·25·27회 출제`

   ① 실업급여는 구직급여와 취업촉진수당으로 구분한다.
   ② 취업촉진수당의 종류는 다음 각 호와 같다.
   　　1. 조기재취업수당　　　　　　　　2. 직업능력개발수당
   　　3. 광역구직활동비　　　　　　　　4. 이주비

2. **실업급여수급계좌(법 제37조의2)**　　　　　　　　　　　　　　　　　　　`22회 출제`

   ① 직업안정기관의 장은 수급자격자의 신청이 있는 경우에는 실업급여를 실업급여수급계좌로 입금하여야 한다.
   ② 실업급여수급계좌의 해당 금융기관은 이 법에 따른 실업급여만이 실업급여수급계좌에 입금되도록 관리하여야 한다.

3. **수급권의 보호(법 제38조)**　　　　　　　　　　　　　　　　　　　　　　`22·27회 출제`

   ① 실업급여를 받을 권리는 양도 또는 압류하거나 담보로 제공할 수 없다.
   ② 지정된 실업급여수급계좌의 예금 중 대통령령으로 정하는 액수 이하의 금액에 관한 채권은 압류할 수 없다.

4. **공과금의 면제(법 제38조의2)**　　　　　　　　　　　　　　　　　　　　　`22회 출제`

   실업급여로서 지급된 금품에 대하여는 국가나 지방자치단체의 공과금(「국세기본법」 또는 「지방세기본법」에 따른 공과금을 말한다)을 부과하지 아니한다.

---

② 구직급여

1. **구직급여의 수급요건(법 제40조)** 〈시행 2023. 7. 1.〉

   ① 구직급여는 이직한 근로자인 피보험자가 다음 각 호의 요건을 모두 갖춘 경우에 지급한다. 다만, 제5호와 제6호는 최종 이직 당시 일용근로자였던 사람만 해당한다.
   　1. 아래의 ②에 따른 기준기간 동안의 피보험 단위기간이 합산하여 180일 이상일 것
   　2. 근로의 의사와 능력이 있음에도 불구하고 취업(영리를 목적으로 사업을 영위하는 경우를 포함한다)하지 못한 상태에 있을 것
   　3. 이직사유가 수급자격의 제한사유에 해당하지 아니할 것
   　4. 재취업을 위한 노력을 적극적으로 할 것
   　5. 다음 각 목의 어느 하나에 해당할 것
   　　가. 수급자격 인정신청일이 속한 달의 직전 달 초일부터 수급자격 인정신청일까지의 근로일수의 합이 같은 기간 동안의 총 일수의 3분의 1 미만일 것
   　　나. 건설일용근로자(일용근로자로서 이직 당시에 통계청장이 고시하는 한국표준산업분류의 대분류상 건설업에 종사한 사람을 말한다)로서 수급자격 인정신청일 이전 14일간 연속하여 근로내역이 없을 것
   　6. 최종 이직 당시의 기준기간 동안의 피보험 단위기간 중 다른 사업에서 수급자격의 제한 사유에 해당하는 사유로 이직한 사실이 있는 경우에는 그 피보험 단위기간 중 90일 이상을 일용근로자로 근로하였을 것

② 기준기간은 이직일 이전 18개월로 하되, 근로자인 피보험자가 다음 각 호의 어느 하나에 해당하는 경우에는 다음 각 호의 구분에 따른 기간을 기준기간으로 한다.
  1. 이직일 이전 18개월 동안에 질병·부상, 그 밖에 대통령령으로 정하는 사유로 계속하여 30일 이상 보수의 지급을 받을 수 없었던 경우: 18개월에 그 사유로 보수를 지급 받을 수 없었던 일수를 가산한 기간(3년을 초과할 때에는 3년으로 한다)
  2. 다음 각 목의 요건에 모두 해당하는 경우: 이직일 이전 24개월
    가. 이직 당시 1주 소정근로시간이 15시간 미만이고, 1주 소정근로일수가 2일 이하인 근로자로 근로하였을 것
    나. 이직일 이전 24개월 동안의 피보험 단위기간 중 90일 이상을 가목의 요건에 해당하는 근로자로 근로하였을 것

2. **실업의 신고**(법 제42조) 〈시행 2023. 7. 1.〉
  ① 구직급여를 지급 받으려는 자는 이직 후 지체 없이 직업안정기관에 출석하여 실업을 신고하여야 한다. 다만, 재난으로 출석하기 어려운 경우 등 고용노동부령으로 정하는 사유가 있는 경우에는 고용정보시스템을 통하여 신고할 수 있다.
  ② 실업의 신고에는 구직신청과 수급자격의 인정신청을 포함하여야 한다.
  ③ 구직급여를 지급받기 위하여 실업을 신고하려는 사람은 이직하기 전 사업의 사업주에게 피보험 단위기간, 이직 전 1일 소정근로시간 등을 확인할 수 있는 자료(이하 "이직확인서")의 발급을 요청할 수 있다. 이 경우 요청을 받은 사업주는 고용노동부령으로 정하는 바에 따라 이직확인서를 발급하여 주어야 한다. 〈신설 2019. 8. 27.〉

3. **수급자격의 인정**(법 제43조)
  ① 구직급여를 지급 받으려는 사람은 직업안정기관의 장에게 구직급여의 수급요건을 갖추었다는 사실(이하 "수급자격")을 인정하여 줄 것을 신청하여야 한다.
  ② 직업안정기관의 장은 수급자격의 인정신청을 받으면 수급자격의 인정 여부를 결정하고, 대통령령으로 정하는 바에 따라 신청인에게 그 결과를 알려야 한다.

4. **실업의 인정**(법 제44조) `15회 출제`
  ① 구직급여는 수급자격자가 실업한 상태에 있는 날 중에서 직업안정기관의 장으로부터 실업의 인정을 받은 날에 대하여 지급한다.
  ② 실업의 인정을 받으려는 수급자격자는 실업의 신고를 한 날부터 계산하기 시작하여 1주부터 4주의 범위에서 직업안정기관의 장이 지정한 날(이하 "실업인정일")에 출석하여 재취업을 위한 노력을 하였음을 신고하여야 하고, 직업안정기관의 장은 직전 실업인정일의 다음날부터 그 실업인정일까지의 각각의 날에 대하여 실업의 인정을 한다.
  ④ 직업안정기관의 장은 신청인에 대한 수급자격의 인정 여부를 결정하기 위하여 필요하면 신청인이 이직하기 전 사업의 사업주에게 이직확인서의 제출을 요청할 수 있다. 이 경우 요청을 받은 사업주는 이직확인서를 제출하여야 한다. 〈신설 2019. 8. 27.〉
  ⑤ 수급자격자가 수급기간에 새로 수급자격의 인정을 받은 경우에는 새로 인정받은 수급자격을 기준으로 구직급여를 지급한다. 〈개정 2019. 8. 27.〉

5. 급여의 기초가 되는 임금일액(법 제45조) 〔15·24회 출제〕

① 구직급여의 산정기초가 되는 임금일액(이하 "기초일액")은 수급자격의 인정과 관련된 마지막 이직 당시 「근로기준법」에 따라 산정된 평균임금으로 한다.

② ①에 따라 산정된 금액이 「근로기준법」에 따른 그 근로자의 통상임금보다 적을 경우에는 그 통상임금액을 기초일액으로 한다. 다만, 마지막 사업에서 이직 당시 일용근로자였던 사람의 경우에는 그러하지 아니하다.

③ ①, ②에 따라 기초일액을 산정하는 것이 곤란한 경우와 보험료를 고용산재보험료징수법 제3조에 따른 기준보수를 기준으로 낸 경우에는 기준보수를 기초일액으로 한다. 다만, 보험료를 기준보수로 낸 경우에도 ①과 ②에 따라 산정한 기초일액이 기준보수보다 많은 경우에는 그러하지 아니하다. 〈개정 2021. 1. 5.〉

④ ①부터 ③에서 산정된 기초일액이 그 수급자격자의 이직 전 1일 소정근로시간에 이직일 당시 적용되던 「최저임금법」에 따른 시간단위에 해당하는 최저임금액을 곱한 금액(이하 "최저기초일액")보다 낮은 경우에는 최저기초일액을 기초일액으로 한다.

6. 구직급여일액(법 제46조)

① 구직급여일액은 다음 각 호의 구분에 따른 금액으로 한다.
   1. 수급자격자의 기초일액에 100분의 60을 곱한 금액
   2. 최저기초일액을 기초일액으로 하는 경우에는 그 수급자격자의 기초일액에 100분의 80을 곱한 금액(이하 "최저구직급여일액")

② 산정된 구직급여일액이 최저구직급여일액보다 낮은 경우에는 최저구직급여일액을 그 수급자격자의 구직급여일액으로 한다.

③ 자영업자인 피보험자로서 폐업한 수급자격자에 대한 구직급여일액은 그 수급자격자의 기초일액에 100분의 60을 곱한 금액으로 한다(법 제69조의5).

7. 구직급여의 수급기간 및 수급일수(법 제48조) 〔15·25회 출제〕

① 구직급여는 이 법에 따라 규정이 있는 경우 외에는 그 구직급여의 수급자격과 관련된 이직일의 다음 날부터 계산하기 시작하여 12개월 내에 소정급여일수를 한도로 하여 지급한다.

② 12개월의 기간 중 임신·출산·육아, 그 밖에 대통령령으로 정하는 사유로 취업할 수 없는 사람이 그 사실을 수급기간에 직업안정기관에 신고한 경우에는 12개월의 기간에 그 취업할 수 없는 기간을 가산한 기간(4년을 넘을 때에는 4년)에 소정급여일수를 한도로 하여 구직급여를 지급한다.

③ 다음 각 호의 어느 하나에 해당하는 경우에는 해당 최초 요양일에 제2항에 따른 신고를 한 것으로 본다.
   1. 「산업재해보상보험법」 제40조에 따른 요양급여를 받는 경우
   2. 질병 또는 부상으로 3개월 이상의 요양이 필요하여 이직하였고, 이직기간 동안 취업활동이 곤란하였던 사실이 요양기간과 상병상태를 구체적으로 밝힌 주치의사의 소견과 요양을 위하여 이직하였다는 사업주의 의견을 통하여 확인된 경우

8. 구직급여지급과 대기기간(법 제49조) 〔25회 출제〕

① 실업의 신고일부터 계산하기 시작하여 7일간은 대기기간으로 보아 구직급여를 지급하지 아니한다. 다만, 최종 이직 당시 건설일용근로자였던 사람에 대해서는 실업의 신고일부터 계산하여 구직급여를 지급한다. 〈개정 2022. 12. 31.〉

② 위 ① 본문에도 불구하고 수급자격의 인정신청을 한 경우로서 가장 나중에 상실한 피보험자격과 관련된 이직사유가, 직업안정기관의 장이 대통령령으로 정하는 바에 따른 소득감소로 이직하였다고 인정하여 수급자격의 제한 사유에 해당하지 아니하는 것으로 보는 경우에는 실업의 신고일부터 계산하기 시작하여 4주의 범위에서 대통령령으로 정하는 기간을 대기기간으로 보아 구직급여를 지급하지 아니한다. 〈신설 2022. 12. 31.〉

9. 구직급여의 소정급여일수(법 제50조)

① 하나의 수급자격에 따라 구직급여를 지급받을 수 있는 날(이하 "소정급여일수")은 대기기간이 끝난 다음 날부터 계산하기 시작하여 피보험기간과 연령에 따라 별표1에서 정한 일수가 되는 날까지로 한다.

[구직급여의 소정급여일수(법 제50조 제1항 관련, 별표1)] **21회 출제**

구 분		피보험기간				
		1년 미만	1년 이상 3년 미만	3년 이상 5년 미만	5년 이상 10년 미만	10년 이상
이직일 현재연령	50세 미만	120일	150일	180일	210일	240일
	50세 이상	120일	180일	210일	240일	270일

비고 「장애인고용촉진 및 직업재활법」에 따른 장애인은 50세 이상인 것으로 보아 위 표를 적용한다

② 수급자격자가 소정급여일수 내에 임신·출산·육아, 그 밖에 대통령령으로 정하는 사유로 수급기간을 연장한 경우에는 그 기간만큼 구직급여를 유예하여 지급한다.

③ 피보험기간은 그 수급자격과 관련된 이직 당시의 적용 사업에서 고용된 기간(적용 제외 근로자로 고용된 기간은 제외한다)으로 한다. 다만, 자영업자인 피보험자의 경우에는 그 수급자격과 관련된 폐업 당시의 적용 사업에의 보험가입기간 중에서 실제로 납부한 고용보험료에 해당하는 기간으로 한다. 〈개정 2019. 1. 15.〉

10. 부정행위에 따른 급여의 지급제한(법 제61조)

① 거짓이나 그 밖의 부정한 방법으로 실업급여를 받았거나 받으려 한 사람에게는 그 급여를 받은 날 또는 받으려 한 날부터의 구직급여를 지급하지 아니한다. 다만, 그 급여와 관련된 이직 이후에 새로 수급자격을 취득한 경우 그 새로운 수급자격에 따른 구직급여에 대하여는 그러하지 아니하다.

② 위 ① 본문에도 불구하고 거짓이나 그 밖의 부정한 방법이 신고의무의 불이행 또는 거짓의 신고 등 대통령령으로 정하는 사유에 해당하면 그 실업인정 대상기간에 한정하여 구직급여를 지급하지 아니한다. 다만, 2회 이상의 위반행위를 한 경우에는 제1항 본문에 따른다.

③ 위 ① 단서에도 불구하고 거짓이나 그 밖의 부정한 방법으로 구직급여를 받았거나 받으려 한 사람이 그 구직급여를 받은 날 또는 제44조에 따른 실업인정의 신고를 한 날부터 소급하여 10년간 3회 이상 제1항 본문에 따라 구직급여를 받지 못한 경우에는 거짓이나 그 밖의 부정한 방법으로 구직급여를 받은 날 또는 실업인정의 신고를 한 날부터 3년의 범위에서 새로운 수급자격에 따른 구직급여를 지급하지 아니한다. 〈신설 2019. 8. 27.〉

11. 반환명령 등(법 제62조) 〈시행 2020. 8. 28.〉

① 직업안정기관의 장은 거짓이나 그 밖의 부정한 방법으로 구직급여를 지급받은 사람에게 지급받은 구직급여의 전부 또는 일부의 반환을 명할 수 있고, 이에 추가하여 그 거짓이나 그 밖의 부정한 방법으로 지급받은 구직급여액에 상당하는 액수 이하의 금액을 징수할 수 있다.

② 직업안정기관의 장은 반환을 명하는 경우에 거짓이나 그 밖의 부정한 방법으로 지급받은 구직급여액의 2배 이하의 금액을 추가로 징수할 수 있다. 다만, 사업주(사업주의 대리인·사용인, 그 밖에 사업주를 위하여 행위하는 자를 포함한다)와 공모(거짓이나 그 밖의 부정한 방법에 사업주의 거짓된 신고·보고 또는 증명 등 사업주의 귀책사유가 포함되어 있는 경우를 말한다)하여 거짓이나 그 밖의 부정한 방법으로 구직급여를 지급받은 경우에는 지급받은 구직급여액의 5배 이하의 금액을 추가로 징수할 수 있다.

③ 위 ①의 경우에 거짓이나 그 밖의 부정한 방법이 사업주(사업주의 대리인·사용인, 그 밖의 종업원을 포함한다)의 거짓된 신고·보고 또는 증명으로 인한 것이면 그 사업주도 그 구직급여를 지급받은 자와 연대하여 책임을 진다.

12. 질병 등의 특례(법 제63조)

① 수급자격자가 실업의 신고를 한 이후에 질병·부상 또는 출산으로 취업이 불가능하여 실업의 인정을 받지 못한 날에 대하여는 제44조 제1항에도 불구하고 그 수급자격자의 청구에 의하여 제46조의 구직급여일액에 해당하는 금액(이하 "상병급여"라 한다)을 구직급여를 갈음하여 지급할 수 있다. 다만, 구직급여의 지급이 정지된 기간에 대하여는 상병급여(傷病給與)를 지급하지 아니한다. 〈개정 2020. 5. 26.〉

② 수급자격자가 「근로기준법」 제79조에 따른 휴업보상, 「산업재해보상보험법」 제52조부터 제56조까지의 규정에 따른 휴업급여, 그 밖에 이에 해당하는 급여 또는 보상으로서 대통령령으로 정하는 보상 또는 급여를 지급받을 수 있는 경우에는 상병급여를 지급하지 아니한다. 〈개정 2019. 1. 15.〉

④ 직업안정기관의 장은 구직급여의 수급자격이 있는 사람 또는 수급자격이 있었던 사람에게 잘못 지급된 구직급여가 있으면 그 지급금의 반환을 명할 수 있다.

영 제81조(구직급여의 반환 등)

① 직업안정기관의 장은 구직급여의 지급제한이나 구직급여의 반환 및 구직급여액에 상당하는 금액의 징수를 결정하였을 때에는 지체 없이 이를 해당 수급자격자(사업주 포함)에게 알려야 한다.

② 구직급여의 반환이나 구직급여액에 상당하는 금액의 납부를 명령받은 자는 그 통지를 받은 날부터 30일 이내에 내야 한다. 다만, 낼 금액이 고용노동부장관이 정하는 금액 이상인 경우에는 본인이 신청하면 분할 납부하게 할 수 있다.

③ **취업촉진수당**

1. **조기재취업수당**(법 제64조)
   ① 조기재취업수당은 수급자격자(「외국인 근로자의 고용 등에 관한 법률」에 따른 외국인 근로자는 제외한다)가 안정된 직업에 재취직하거나 스스로 영리를 목적으로 하는 사업을 영위하는 경우로서 대통령령으로 정하는 기준에 해당하면 지급한다.
   ③ 조기재취업수당의 금액은 구직급여의 소정급여일수 중 미지급일수의 비율에 따라 대통령령으로 정하는 기준에 따라 산정한 금액으로 한다.
   ⑤ 수급자격자를 조기에 재취업시켜 구직급여의 지급기간이 단축되도록 한 사람에게는 대통령령으로 정하는 바에 따라 장려금을 지급할 수 있다.

2. **직업능력개발수당**(법 제65조)
   ① 직업능력개발수당은 수급자격자가 직업안정기관의 장이 지시한 직업능력개발훈련 등을 받는 경우에 그 직업능력개발훈련 등을 받는 기간에 대하여 지급한다.

3. **광역구직활동비**(법 제66조)
   ① 광역구직활동비는 수급자격자가 직업안정기관의 소개에 따라 광범위한 지역에 걸쳐 구직활동을 하는 경우로서 대통령령으로 정하는 기준에 따라 직업안정기관의 장이 필요하다고 인정하면 지급할 수 있다.
   ② 광역구직활동비의 금액은 구직활동에 통상 드는 비용으로 하되, 그 금액의 산정은 고용노동부령으로 정하는 바에 따른다.

4. **이주비**(법 제67조)
   ① 이주비는 수급자격자가 취업하거나 직업안정기관의 장이 지시한 직업능력개발훈련 등을 받기 위하여 그 주거를 이전하는 경우로서 대통령령으로 정하는 기준에 따라 직업안정기관의 장이 필요하다고 인정하면 지급할 수 있다.
   ② 이주비의 금액은 수급자격자 및 그 수급자격자에 의존하여 생계를 유지하는 동거친족의 이주에 일반적으로 드는 비용으로 하되, 그 금액의 산정은 고용노동부령으로 정하는 바에 따라 따른다.

3) **육아휴직급여**

① 육아휴직급여(법 제70조)
   ㉠ 고용노동부장관은 「남녀고용평등과 일·가정 양립지원에 관한 법률」에 따른 육아휴직을 30일(「근로기준법」에 따른 출산전후휴가기간과 중복되는 기간은 제외한다) 이상 부여받은 피보험자 중 육아휴직을 시작한 날 이전에 피보험 단위기간이 합산하여 180일 이상인 피보험자에게 육아휴직 급여를 지급한다. 〈개정 2019. 8. 27.〉
   ㉡ 육아휴직급여를 지급받으려는 사람은 육아휴직을 시작한 날 이후 1개월부터 육아휴직이 끝난 날 이후 12개월 이내에 신청하여야 한다. 다만, 해당 기간에 대통령령으로 정하는 사유로 육아휴직급여를 신청할 수 없었던 사람은 그 사유가 끝난 후 30일 이내에 신청하여야 한다.

제5장 사무·인사관리

영 제94조 (육아휴직 급여 신청기간의 연장 사유) **23·27회 출제**
ⓒ 단서에서 "대통령령으로 정하는 사유"란 다음 각 호의 어느 하나에 해당하는 사유를 말한다.
  1. 천재지변
  2. 본인이나 배우자의 질병·부상
  3. 본인이나 배우자의 직계존속 및 직계비속의 질병·부상
  4. 「병역법」에 따른 의무복무
  5. 범죄혐의로 인한 구속이나 형의 집행

ⓒ 육아휴직급여액은 대통령령으로 정한다.

영 제95조 (육아휴직급여)
① 육아휴직 급여는 육아휴직 시작일을 기준으로 한 월 통상임금의 100분의 80에 해당하는 금액을 월별 지급액으로 한다. 다만, 해당 금액이 150만원을 넘는 경우에는 150만원으로 하고, 해당 금액이 70만원보다 적은 경우에는 70만원으로 한다.
② 「남녀고용평등과 일·가정 양립 지원에 관한 법률」에 따라 육아휴직을 분할하여 사용하는 경우에는 각각의 육아휴직 사용기간을 합산한 기간을 육아휴직 급여의 지급대상 기간으로 본다.

　　　ⓔ 육아휴직급여의 신청 및 지급에 관하여 필요한 사항은 고용노동부령으로 정한다.
　　　ⓜ 피보험자가 육아휴직 급여 지급신청을 하는 경우 육아휴직 기간 중에 이직하거나 고용노동부령으로 정하는 기준에 해당하는 취업을 한 사실이 있는 경우에는 해당 신청서에 그 사실을 기재하여야 한다. (법 제70조 ③ 신설)
　　② 급여의 지급제한 등(법 제73조)
　　　㉠ 피보험자가 육아휴직 기간 중에 그 사업에서 이직한 경우에는 그 이직하였을 때부터 육아휴직 급여를 지급하지 아니한다.
　　　㉡ 피보험자가 육아휴직 기간 중에 제70조 ③에 따른 취업을 한 경우에는 그 취업한 기간에 대해서는 육아휴직 급여를 지급하지 아니한다. 피보험자가 사업주로부터 육아휴직을 이유로 금품을 지급받은 경우 대통령령으로 정하는 바에 따라 급여를 감액하여 지급할 수 있다. 거짓이나 그 밖의 부정한 방법으로 육아휴직급여를 받았거나 받으려 한 자에게는 그 급여를 받은 날 또는 받으려 한 날부터의 육아휴직급여를 지급하지 아니한다. 다만, 그 급여와 관련된 육아휴직 이후에 새로 육아휴직급여요건을 갖춘 경우 그 새로운 요건에 따른 육아휴직급여는 그러하지 아니하다.

4) 육아기 근로시간 단축급여(법 제73조의2)
　① 고용노동부장관은 「남녀고용평등과 일·가정 양립 지원에 관한 법률」에 따른 육아기 근로시간 단축을 30일(출산전후휴가기간과 중복되는 기간은 제외한다) 이상 실시한 피보험자 중 육아기 근로시간 단축을 시작한 날 이전에 피보험 단위기간이 합산하여 180일 이상인 피보험자에게 육아기 근로시간 단축급여를 지급한다.

② 육아기 근로시간 단축급여를 지급받으려는 사람은 육아기 근로시간 단축을 시작한 날 이후 1개월부터 끝난 날 이후 12개월 이내에 신청하여야 한다. 다만, 해당 기간에 대통령령으로 정하는 사유로 육아기 근로시간 단축급여를 신청할 수 없었던 사람은 그 사유가 끝난 후 30일 이내에 신청하여야 한다.

③ 육아기 근로시간 단축급여액은 대통령령으로 정한다.

④ 육아기 근로시간 단축급여의 신청 및 지급에 필요한 사항은 고용노동부령으로 정한다.

5) 출산전후휴가급여 등

① **출산전후휴가급여**(법 제75조) 〈시행 2025. 2. 23.〉

고용노동부장관은 「남녀고용평등과 일·가정 양립 지원에 관한 법률」에 따라 피보험자가 「근로기준법」에 따른 출산전후휴가 또는 유산·사산휴가를 받은 경우와 「남녀고용평등과 일·가정 양립 지원에 관한 법률」에 따른 배우자 출산휴가 또는 난임치료휴가를 받은 경우로서 다음 각 호의 요건을 모두 갖춘 경우에 출산전후휴가 급여 등(이하 "출산전후휴가 급여등"이라 한다)을 지급한다.

1. 휴가가 끝난 날 이전에 피보험 단위기간이 합산하여 180일 이상일 것
2. 휴가를 시작한 날[출산전후휴가 또는 유산·사산휴가를 받은 피보험자가 속한 사업장이 우선지원 대상기업이 아닌 경우에는 휴가시작 후 60일(한 번에 둘 이상의 자녀를 임신한 경우에는 75일)이 지난 날로 본다] 이후 1개월부터 휴가가 끝난 날 이후 12개월 이내에 신청할 것. 다만, 그 기간에 대통령령으로 정하는 사유로 출산전후휴가급여 등을 신청할 수 없었던 사람은 그 사유가 끝난 후 30일 이내에 신청하여야 한다.

② **출산전후휴가급여 등의 수급권 대위**

사업주가 출산전후휴가급여 등의 지급사유와 같은 사유로 그에 상당하는 금품을 근로자에게 미리 지급한 경우로서 그 금품이 출산전후휴가급여 등을 대체하여 지급한 것으로 인정되면 그 사업주는 지급한 금액(제76조 제2항에 따른 상한액을 초과할 수 없다)에 대하여 그 근로자의 출산전후휴가급여 등을 받을 권리를 대위한다.

③ **지급기간 등**(법 제76조) 〈시행 2025. 2. 23.〉

㉠ 출산전후휴가급여 등은 다음 각 호의 휴가 기간에 대하여 「근로기준법」의 통상임금(휴가를 시작한 날을 기준으로 산정한다)에 해당하는 금액을 지급한다.

1. 「근로기준법」에 따른 출산전후휴가 또는 유산·사산휴가 기간. 다만, 우선지원 대상기업이 아닌 경우에는 휴가기간 중 60일(한 번에 둘 이상의 자녀를 임신한 경우에는 75일)을 초과한 일수(30일을 한도로 하되, 미숙아를 출산한 경우에는 40일을 한도로 하고, 한 번에 둘 이상의 자녀를 임신한 경우에는 45일을 한도로 한다)로 한정한다.
2. 「남녀고용평등과 일·가정 양립 지원에 관한 법률」 제18조의2에 따른 배우자 출산휴가 기간. 다만, 피보험자가 속한 사업장이 우선지원 대상기업인 경우로 한정한다.
3. 「남녀고용평등과 일·가정 양립 지원에 관한 법률」 제18조의3에 따른 난임치료휴가 기간 중 최초 2일. 다만, 피보험자가 속한 사업장이 우선지원 대상기업인 경우로 한정한다.

ⓒ 출산전후휴가급여 등의 지급금액은 대통령령으로 정하는 바에 따라 그 상한액과 하한액을 정할 수 있다.

④ 기간제근로자 또는 파견근로자에 대한 적용(법 제76조의2) 〈시행 2023. 7. 1〉

㉠ 고용노동부장관은 ③㉠제1호에도 불구하고 「기간제 및 단시간근로자 보호 등에 관한 법률」 제2조에 따른 기간제근로자 또는 「파견근로자 보호 등에 관한 법률」 제2조에 따른 파견근로자가 「근로기준법」 제74조에 따른 출산전후휴가기간 또는 유산·사산휴가기간 중 근로계약기간이 끝나는 경우 근로계약 종료일 다음 날부터 해당 출산전후휴가 또는 유산·사산휴가 종료일까지의 기간에 대한 출산전후휴가 급여등에 상당하는 금액 전부를 기간제근로자 또는 파견근로자에게 지급한다.

㉡ 출산전후휴가 급여등에 상당하는 금액의 신청 및 지급에 필요한 사항은 고용노동부령으로 정한다.

6) **벌칙** 〈개정 2022. 12. 31〉

거짓이나 그 밖의 부정한 방법으로 고용안정·직업능력개발 사업의 지원금·실업급여·육아휴직 급여, 육아기 근로시간 단축 급여 및 출산전후휴가 급여 등을 받은 자는 3년 이하의 징역 또는 3천만원 이하의 벌금에 처한다.

법 제77조의8(노무제공자인 피보험자에 대한 구직급여) 〈시행 2023. 7.1〉

① 노무제공자의 구직급여는 다음 각 호의 요건을 모두 갖춘 경우에 지급한다. 다만, 제6호는 최종 이직 당시 단기노무제공자였던 사람만 해당한다.
1. 이직일 이전 24개월 동안 피보험 단위기간이 통산하여 12개월 이상일 것
2. 근로 또는 노무제공의 의사와 능력이 있음에도 불구하고 취업(영리를 목적으로 사업을 영위하는 경우를 포함한다)하지 못한 상태에 있을 것
3. 이직사유가 수급자격의 제한 사유에 해당하지 아니할 것. 다만, 노무제공자로 이직할 당시 대통령령으로 정하는 바에 따른 소득 감소로 인하여 이직하였다고 직업안정기관의 장이 인정하는 경우에는 수급자격의 제한 사유에 해당하지 아니하는 것으로 본다.
4. 이직일 이전 24개월 중 3개월 이상을 노무제공자인 피보험자로 피보험자격을 유지하였을 것
5. 재취업을 위한 노력을 적극적으로 할 것
6. 다음 각 목의 요건을 모두 갖출 것
    가. 수급자격의 인정신청일 이전 1개월 동안의 노무제공일수가 10일 미만이거나 수급자격 인정신청일 이전 14일간 연속하여 노무제공내역이 없을 것
    나. 최종 이직일 이전 24개월 동안의 피보험 단위기간 중 다른 사업에서 수급자격의 제한 사유에 해당하는 사유로 이직한 사실이 있는 경우에는 그 피보험 단위기간 중 90일 이상을 단기노무제공자로 종사하였을 것

② 피보험 단위기간은 그 수급자격과 관련된 이직 당시의 사업에서의 피보험자격 취득일부터 이직일까지의 기간으로 산정하고, 이직 전 24개월 중 근로자·노무제공자·예술인 중 둘 이상에 해당하는 사람으로 종사한 경우의 피보험 단위기간은 대통령령으로 정하는 바에 따른다.

③ 노무제공자의 기초일액은 수급자격 인정과 관련된 마지막 이직일 전 1년간의 고용산재보험료징수법 제16조의 10에 따라 신고된 보수총액을 그 산정의 기준이 되는 기간의 총 일수로 나눈 금액으로 한다. 다만, 노무제공자(고용산재보험료징수법 제3조제1항제2호에 따라 기준보수를 적용받지 아니하는 노무제공자는 제외한다)의 기초일액이 이직 당시의 노무제공자의 일단위 기준보수 미만인 경우에는 일단위 기준보수를 기초일액으로 한다. 〈개정 2022. 12. 31.〉

④ 고용산재보험료징수법 제48조의3 제3항 단서의 적용을 받는 노무제공자의 기초일액은 고용노동부장관이 고시하는 금액으로 한다. 〈개정 2022. 6. 10.〉

⑤ 노무제공자의 구직급여일액은 기초일액에 100분의 60을 곱한 금액으로 한다. 이 경우 구직급여일액의 상한액은 근로자인 피보험자의 구직급여 상한액 등을 고려하여 대통령령으로 정하는 금액으로 한다.

⑥ 노무제공자는 실업의 신고일부터 계산하기 시작하여 7일간은 대기기간으로 보아 구직급여를 지급하지 아니한다. 다만, 다음 각 호의 사유에 해당하는 경우에는 각 호의 사유별로 4주의 범위에서 대통령령으로 정하는 기간을 대기기간으로 보아 구직급여를 지급하지 아니하며, 각 호의 사유 중 둘 이상에 해당하는 경우에는 그 대기기간이 가장 긴 기간을 대기기간으로 본다. 〈개정 2022. 12. 31.〉

1. ①제3호 단서에서 정한 사유로 이직한 경우
2. 제43조의2제1항에 따라 수급자격의 인정신청을 한 경우로서 가장 나중에 상실한 피보험자격과 관련된 이직 사유가 직업안정기관의 장이 소득감소로 이직하였다고 인정하는 경우에 해당하는 경우

⑦ 노무제공자의 소정급여일수 산정을 위한 피보험기간은 ②에 따른 피보험 단위기간으로 한다. 다만, 단기노무제공자의 피보험기간은 해당 계약기간 중 노무제공일수 등을 고려하여 대통령령으로 정하는 바에 따라 산정한 기간으로 한다.

⑧ 직업안정기관의 장은 노무제공자인 피보험자에 대하여 구직급여를 지급하는 경우 실업인정대상기간 중 취업 등으로 발생한 소득에 대해서는 소득수준, 근로 등의 활동 기간 등을 고려하여 대통령령으로 정하는 바에 따라 일부 또는 전부를 감액하고 지급하여야 한다.

법 제77조의9(노무제공자의 출산전후급여등) 〈시행 2022. 12. 11〉
① 고용노동부장관은 노무제공자인 피보험자 또는 피보험자였던 사람이 출산 또는 유산·사산을 이유로 노무를 제공할 수 없는 경우에는 출산전후급여등을 지급한다. 다만, 같은 자녀에 대하여 출산전후휴가 급여등 또는 예술인의 출산전후급여등의 지급요건을 동시에 충족하는 경우 대통령령으로 정하는 바에 따라 지급한다. 〈개정 2022. 6. 10.〉

(8) 보험급여 처분에 대한 구제제도 : 심사 및 재심사청구

1) 심사와 재심사(법 제87조)

① 피보험자격의 취득·상실에 대한 확인, 실업급여 및 육아휴직급여와 출산전후휴가급여 등에 관한 처분(이하 "원처분 등")에 이의가 있는 자는 고용보험심사관에게 심사를 청구할 수 있고, 그 결정에 이의가 있는 자는 고용보험심사위원회에 재심사를 청구할 수 있다.
② 심사의 청구는 확인 또는 처분이 있음을 안 날부터 90일 이내에, 재심사의 청구는 심사청구에 대한 결정이 있음을 안 날부터 90일 이내에 각각 제기하여야 한다.
③ 심사 및 재심사의 청구는 시효중단에 관하여 재판상의 청구로 본다.

2) 심사의 청구 등(법 제90조) 〈개정 2019. 1. 15.〉

① 심사를 청구하는 경우 피보험자격의 취득·상실 확인에 대한 심사의 청구는 근로복지공단을, 실업급여 및 육아휴직 급여와 출산전후휴가 급여등에 관한 처분에 대한 심사의 청구는 직업안정기관의 장을 거쳐 심사관에게 하여야 한다.

② 직업안정기관 또는 근로복지공단은 심사청구서를 받은 날부터 5일 이내에 의견서를 첨부하여 심사청구서를 심사관에게 보내야 한다.

3) 재심사의 상대방

재심사의 청구는 원처분 등을 행한 직업안정기관의 장 또는 근로복지공단을 상대방으로 한다.

4) 청구의 방식

심사의 청구는 대통령령으로 정하는 바에 따라 문서로 하여야 한다.

5) 원처분 등의 집행정지

심사의 청구는 원처분 등의 집행을 정지시키지 아니한다. 다만, 심사관은 원처분 등의 집행에 의하여 발생하는 중대한 위해(危害)를 피하기 위하여 긴급한 필요가 있다고 인정하면 직권으로 그 집행을 정지시킬 수 있다.

6) 결정

심사관은 심사의 청구에 대한 심리(審理)를 마쳤을 때에는 원처분 등의 전부 또는 일부를 취소하거나 심사청구의 전부 또는 일부를 기각한다.

7) 결정의 방법

① 제89조(고용보험심사관)에 따른 결정은 대통령령으로 정하는 바에 따라 문서로 하여야 한다.

② 심사관은 결정을 하면 심사청구인 및 원처분 등을 한 직업안정기관의 장 또는 근로복지공단에 각각 결정서의 정본(正本)을 보내야 한다.

8) 결정의 효력(제98조)

① 결정은 심사청구인 및 직업안정기관의 장 또는 근로복지공단에 결정서의 정본을 보낸 날부터 효력이 발생한다.

② 결정은 원처분 등을 행한 직업안정기관의 장 또는 근로복지공단을 기속(羈束)한다.

9) 고용보험심사관(법 제89조)

① 심사를 행하게 하기 위하여 고용보험심사관(이하 "심사관")을 둔다.

> **심사관의 배치·직무**(영 제122조)
> ① 심사관은 고용노동부에 둔다.
>
> **기피신청의 방식**(영 제123조)
> ① 심사관에 대한 기피신청은 그 사유를 구체적으로 밝힌 서면으로 하여야 한다.
> ② 고용노동부장관은 기피신청을 받으면 15일 이내에 그에 대한 결정을 하여 신청인에게 알려야 한다.

② 심사관은 심사청구를 받으면 30일 이내에 그 심사청구에 대한 결정을 하여야 한다. 다만, 부득이한 사정으로 그 기간에 결정할 수 없을 때에는 한 차례만 10일을 넘지 아니하는 범위에서 그 기간을 연장할 수 있다.

10) 고용보험심사위원회

재심사를 하게 하기 위하여 고용노동부에 고용보험심사위원회(이하 "심사위원회"라 한다)를 둔다. 심사위원회는 근로자를 대표하는 사람 및 사용자를 대표하는 사람 각 1명 이상을 포함한 15명 이내의 위원으로 구성한다.

11) 보정 및 각하

심사의 청구가 심사청구기간이 지났거나 법령으로 정한 방식을 위반하여 보정(補正)하지 못할 것인 경우에 심사관은 그 심사의 청구를 결정으로 각하(却下)하여야 한다.

(9) 소멸시효(법 제107조) 〈개정 2019. 1. 15.〉

① 다음 각 호의 어느 하나에 해당하는 권리는 3년간 행사하지 아니하면 시효로 소멸한다.
  1. 지원금을 지급받거나 반환받을 권리
  2. 취업촉진 수당을 지급받거나 반환받을 권리
  3. 구직급여를 반환받을 권리
  4. 육아휴직 급여, 육아기 근로시간 단축 급여 및 출산전후휴가 급여등을 반환받을 권리
② 소멸시효의 중단에 관하여는 「산업재해보상보험법」 제113조(시효의 중단)를 준용한다.

2 산업재해보상보험법 [개정 2024. 10. 22., 시행 2025. 1. 1.] `21회 출제`

(1) 서 설

1) 의의

산업재해로부터 근로자를 보호하기 위하여 1964년 1월 1일부터 시행된 우리나라 최초의 사회보험제도로서, 국가가 사업주로부터 소정의 보험료를 징수하여 그 기금으로 사업주를 대신하여 산업재해를 입은 근로자에게 보상을 해주는 제도이다.

2) 목적(산업재해보상보험법 제1조)

이 법은 산업재해보상보험 사업을 시행하여 근로자의 업무상의 재해를 신속하고 공정하게 보상하며, 재해근로자의 재활 및 사회 복귀를 촉진하기 위하여 이에 필요한 보험시설을 설치·운영하고, 재해 예방과 그 밖에 근로자의 복지 증진을 위한 사업을 시행하여 근로자 보호에 이바지하는 것을 목적으로 한다.

3) 보험의 관장과 보험연도(법 제2조)

① 이 법에 따른 산업재해보상보험 사업(이하 "보험사업")은 고용노동부장관이 관장한다.

> **법 제10조**(근로복지공단의 설립)
> 고용노동부장관의 위탁을 받아 제1조의 목적을 달성하기 위한 사업을 효율적으로 수행하기 위하여 근로복지공단(이하 "공단")을 설립한다.

② 이 법에 따른 보험사업의 보험연도는 정부의 회계연도에 따른다.

4) 보험료(법 제4조)

이 법에 따른 보험사업에 드는 비용에 충당하기 위하여 징수하는 보험료나 그 밖의 징수금에 관하여는 「고용보험 및 산업재해보상보험의 보험료징수 등에 관한 법률」(이하 "고용산재보험료징수법")에서 정하는 바에 따른다.

5) 용어의 정의(법 제5조)

1. "업무상의 재해"란 업무상의 사유에 따른 근로자의 부상·질병·장해 또는 사망을 말한다.
2. "근로자"·"임금"·"평균임금"·"통상임금"이란 각각 「근로기준법」에 따른 "근로자"·"임금"·"평균임금"·"통상임금"을 말한다. 다만, 「근로기준법」에 따라 "임금" 또는 "평균임금"을 결정하기 어렵다고 인정되면 고용노동부장관이 정하여 고시하는 금액을 해당 "임금" 또는 "평균임금"으로 한다.

> **[참고. 법 제126조**(「국민기초생활 보장법」상의 수급자에 대한 특례)
> ① 근로자가 아닌 사람으로서 「국민기초생활 보장법」 제15조에 따른 자활급여 수급자 중 고용노동부장관이 정하여 고시하는 사업에 종사하는 사람은 제2호에도 불구하고 이 법의 적용을 받는 근로자로 본다.]

3. "유족"이란 사망한 사람의 배우자(사실상 혼인관계에 있는 사람을 포함)·자녀·부모·손자녀·조부모 또는 형제자매를 말한다.
4. "치유"란 부상 또는 질병이 완치되거나 치료의 효과를 더 이상 기대할 수 없고 그 증상이 고정된 상태에 이르게 된 것을 말한다.
5. "장해"란 부상 또는 질병이 치유되었으나 정신적 또는 육체적 훼손으로 인하여 노동능력이 상실되거나 감소된 상태를 말한다.
6. "중증요양상태"란 업무상의 부상 또는 질병에 따른 정신적 또는 육체적 훼손으로 노동능력이 상실되거나 감소된 상태로서 그 부상 또는 질병이 치유되지 아니한 상태를 말한다.
7. "진폐"란 분진을 흡입하여 폐에 생기는 섬유증식성(纖維增殖性) 변화를 주된 증상으로 하는 질병을 말한다.
8. "출퇴근"이란 취업과 관련하여 주거와 취업장소 사이의 이동 또는 한 취업장소에서 다른 취업장소로의 이동을 말한다.

> **산재보험의 특색**
>
> ① 근로자의 업무상 재해에 대하여 사용자는 무과실책임을 진다.
> ② 보험사업에 소요되는 재원인 보험료는 원칙적으로 사업주가 전액 부담한다.
> ③ 산업재해보상보험급여는 재해발생에 따른 손해 전체를 보상하는 것이 아니라 평균임금을 기초로 하는 정률보상방식이다.
> ④ 자진신고 및 자진납부를 원칙으로 하고 있다.
> ⑤ 사업장 중심의 관리가 이루어진다.

6) **적용범위**(법 제6조) `15회 출제`

이 법은 근로자를 사용하는 모든 사업 또는 사업장(이하 "사업")에 적용한다. 다만, 위험률·규모 및 장소 등을 고려하여 대통령령으로 정하는 사업에 대하여는 이 법을 적용하지 아니한다.

> **영 제2조 제1항**(법의 적용 제외 사업) 〈개정 2020. 6. 9.〉
> 「산업재해보상보험법」 제6조 단서에서 "대통령령으로 정하는 사업"이란 다음 각 호의 어느 하나에 해당하는 사업 또는 사업장을 말한다.
> 1. 「공무원 재해보상법」 또는 「군인 재해보상법」에 따라 재해보상이 되는 사업. 다만, 「공무원 재해보상법」에 따라 순직유족급여 또는 위험직무순직유족급여에 관한 규정을 적용받는 경우는 제외한다.
> 2. 「선원법」, 「어선원 및 어선 재해보상보험법」 또는 「사립학교직원 연금법」에 따라 재해 보상이 되는 사업
> 3. 가구 내 고용활동
> 4. 농업, 임업(벌목업은 제외한다), 어업 및 수렵업 중 법인이 아닌 자의 사업으로서 상시근로자 수가 5명 미만인 사업

7) **보험관계의 성립·소멸**(법 제7조)

이 법에 따른 보험관계의 성립과 소멸에 대하여는 「보험료징수법」으로 정하는 바에 따른다.

8) **보험가입자**

① 당연적용사업
  ㉠ 산업재해보상보험은 사업주만 보험가입자가 되나 고용보험은 사업주와 근로자 모두가 보험가입자가 된다.
  ㉡ 사업주란 법인의 경우 법인 그 자체를, 개인사업체인 경우는 자연인인 대표자를 말한다.
  ㉢ 당연적용사업의 사업주는 자신의 가입의사와는 관계 없이 당연히 보험가입자가 되며, 보험료의 신고납부의무가 주어지게 된다.

② 임의적용사업 : 임의적용사업의 경우에도 보험가입자는 당연적용사업과 동일하며, 근로복지공단의 승인을 얻으면 보험가입자가 될 수 있다.

(2) 보험급여 【11·27회 출제】

1) 보험급여의 종류와 산정기준 등(법 제36조) 〈시행 2023. 1. 12〉

① 보험급여의 종류는 다음과 같다. 다만, 진폐에 따른 보험급여의 종류는 요양급여, 간병급여, 장례비, 직업재활급여, 진폐보상연금 및 진폐유족연금으로 하고, 건강손상자녀에 대한 보험급여의 종류는 요양급여, 장해급여, 간병급여, 장례비, 직업재활급여로 한다.

1. 요양급여	2. 휴업급여	3. 장해급여
4. 간병급여	5. 유족급여	6. 상병(傷病)보상연금
7. 장례비	8. 직업재활급여	

② 보험급여는 수급권자의 청구에 따라 지급한다.

③ 보험급여를 산정하는 경우 해당 근로자의 평균임금을 산정하여야 할 사유가 발생한 날부터 1년이 지난 이후에는 매년 전체 근로자의 임금평균액의 증감률에 따라 평균임금을 증감하되, 그 근로자의 연령이 60세에 도달한 이후에는 소비자물가 변동률에 따라 평균임금을 증감한다. 다만, ⑥에 따라 산정한 금액을 평균임금으로 보는 진폐에 걸린 근로자에 대한 보험급여는 제외한다.

④ 전체 근로자의 임금평균액의 증감률 및 소비자물가 변동률의 산정기준과 방법은 대통령령으로 정한다. 이 경우 산정된 증감률 및 변동률은 매년 고용노동부장관이 고시한다.

⑤ 보험급여(진폐보상연금 및 진폐유족연금은 제외한다)를 산정할 때 해당 근로자의 근로형태가 특이하여 평균임금을 적용하는 것이 적당하지 아니하다고 인정되는 경우로서 대통령령으로 정하는 경우에는 대통령령으로 정하는 산정방법에 따라 산정한 금액을 평균임금으로 한다.

⑥ 보험급여를 산정할 때 진폐 등 대통령령으로 정하는 직업병으로 보험급여를 받게 되는 근로자에게 그 평균임금을 적용하는 것이 근로자의 보호에 적당하지 아니하다고 인정되면 대통령령으로 정하는 산정방법에 따라 산정한 금액을 그 근로자의 평균임금으로 한다.

⑦ 보험급여(장례비 제외)를 산정할 때 그 근로자의 평균임금 또는 보험급여의 산정기준이 되는 평균임금이「고용정책 기본법」제17조의 고용구조 및 인력수요 등에 관한 통계에 따른 상용근로자 5명 이상 사업체의 전체 근로자의 임금평균액의 1.8배("최고 보상기준금액")를 초과하거나, 2분의 1("최저 보상기준금액")보다 적으면 그 최고 보상기준금액이나 최저 보상기준금액을 각각 그 근로자의 평균임금으로 하되, 최저 보상기준 금액이「최저임금법」제5조 제1항에 따른 시간급 최저임금액에 8을 곱한 금액(이하 "최저임금액"이라 한다)보다 적으면 그 최저임금액을 최저 보상기준 금액으로 한다. 다만, 휴업급여 및 상병보상연금을 산정할 때에는 최저 보상기준금액을 적용하지 아니한다.

⑧ 최고 보상기준금액이나 최저 보상기준금액의 산정방법 및 적용기간은 대통령령으로 정한다. 이 경우 산정된 최고 보상기준금액 또는 최저 보상기준금액은 매년 고용노동부장관이 고시한다.

2) 업무상의 재해의 인정기준(법 제37조) 〈개정 2019. 1. 15〉

① 근로자가 다음의 어느 하나에 해당하는 사유로 부상·질병 또는 장해가 발생하거나 사망하면 업무상의 재해로 본다. 다만, 업무와 재해 사이에 상당인과관계가 없는 경우에는 그러하지 아니하다.

1. 업무상 사고
   가. 근로자가 근로계약에 따른 업무나 그에 따르는 행위를 하던 중 발생한 사고
   나. 사업주가 제공한 시설물 등을 이용하던 중 그 시설물 등의 결함이나 관리소홀로 발생한 사고
   다. 사업주가 주관하거나 사업주의 지시에 따라 참여한 행사나 행사준비 중에 발생한 사고
   라. 휴게시간 중 사업주의 지배관리하에 있다고 볼 수 있는 행위로 발생한 사고
   마. 그 밖에 업무와 관련하여 발생한 사고
2. 업무상 질병
   가. 업무수행 과정에서 물리적 인자, 화학물질, 분진, 병원체, 신체에 부담을 주는 업무 등 근로자의 건강에 장해를 일으킬 수 있는 요인을 취급하거나 그에 노출되어 발생한 질병
   나. 업무상 부상이 원인이 되어 발생한 질병
   다. 「근로기준법」에 따른 직장 내 괴롭힘, 고객의 폭언 등으로 인한 업무상 정신적 스트레스가 원인이 되어 발생한 질병
   라. 그 밖에 업무와 관련하여 발생한 질병
3. 출퇴근 재해
   가. 사업주가 제공한 교통수단이나 그에 준하는 교통수단을 이용하는 등 사업주의 지배관리하에서 출퇴근하는 중 발생한 사고

   > **영 제35조**(출퇴근 중의 사고) 〈개정 2020. 1. 7.〉
   > ① 근로자가 출퇴근하던 중에 발생한 사고가 다음 각 호의 요건에 모두 해당하면 출퇴근 재해로 본다.
   >   1. 사업주가 출퇴근용으로 제공한 교통수단이나 사업주가 제공한 것으로 볼 수 있는 교통수단을 이용하던 중에 사고가 발생하였을 것
   >   2. 출퇴근용으로 이용한 교통수단의 관리 또는 이용권이 근로자측의 전속적 권한에 속하지 아니하였을 것

   나. 그 밖에 통상적인 경로와 방법으로 출퇴근하는 중 발생한 사고

② 근로자의 고의·자해행위나 범죄행위 또는 그것이 원인이 되어 발생한 부상·질병·장해 또는 사망은 업무상의 재해로 보지 아니한다. 다만, 그 부상·질병·장해 또는 사망이 정상적인 인식능력 등이 뚜렷하게 낮아진 상태에서 한 행위로 발생한 경우로서 대통령령으로 정하는 사유가 있으면 업무상의 재해로 본다.

영 제36조(자해행위에 따른 업무상의 재해의 인정 기준)〈개정 2020. 1. 7.〉
② 단서에서 "대통령령으로 정하는 사유"란 다음 각 호의 어느 하나에 해당하는 경우를 말한다.
1. 업무상의 사유로 발생한 정신질환으로 치료를 받았거나 받고 있는 사람이 정신적 이상 상태에서 자해행위를 한 경우
2. 업무상의 재해로 요양 중인 사람이 그 업무상의 재해로 인한 정신적 이상 상태에서 자해행위를 한 경우
3. 그 밖에 업무상의 사유로 인한 정신적 이상 상태에서 자해행위를 하였다는 상당인과관계가 인정되는 경우

③ 위 ① 제3호 나목의 사고(그 밖에 통상적인 경로와 방법으로 출퇴근하는 중 발생한 사고) 중에서 출퇴근 경로 일탈 또는 중단이 있는 경우에는 해당 일탈 또는 중단 중의 사고 및 그 후의 이동 중의 사고에 대하여는 출퇴근 재해로 보지 아니한다. 다만, 일탈 또는 중단이 일상생활에 필요한 행위로서 대통령령으로 정하는 사유가 있는 경우에는 출퇴근 재해로 본다.

영 제35조 제2항(출퇴근 중의 사고) 〈개정 2020. 1. 7.〉
② 위 ③ 단서에서 "일상생활에 필요한 행위로서 대통령령으로 정하는 사유"란 다음 각 호의 어느 하나에 해당하는 경우를 말한다.
1. 일상생활에 필요한 용품을 구입하는 행위
2. 「고등교육법」에 따른 학교 또는 「직업교육훈련 촉진법」에 따른 직업교육훈련기관에서 직업능력 개발향상에 기여할 수 있는 교육이나 훈련 등을 받는 행위
3. 선거권이나 국민투표권의 행사
4. 근로자가 사실상 보호하고 있는 아동 또는 장애인을 보육기관 또는 교육기관에 데려주거나 해당 기관으로부터 데려오는 행위
5. 의료기관 또는 보건소에서 질병의 치료나 예방을 목적으로 진료를 받는 행위
6. 근로자의 돌봄이 필요한 가족 중 의료기관 등에서 요양 중인 가족을 돌보는 행위
7. 제1호부터 제6호까지의 규정에 준하는 행위로서 고용노동부장관이 일상생활에 필요한 행위라고 인정하는 행위

④ 출퇴근 경로와 방법이 일정하지 아니한 직종으로 대통령령으로 정하는 경우에는 위 ① 제3호 나목에 따른 출퇴근 재해를 적용하지 아니한다.

⑤ 업무상의 재해의 구체적인 인정 기준은 대통령령으로 정한다. 〈개정 2017. 10.24.〉

[참고] 영 제27조 ~ 제35조(업무상 사고로 보지 않는 사고)
1. 사업주의 구체적인 지시를 위반한 행위, 근로자의 사적(私的) 행위 또는 정상적인 출장 경로를 벗어났을 때 발생한 사고
2. 사업주가 제공한 시설물등을 사업주의 구체적인 지시를 위반하여 이용한 행위로 발생한 사고와 그 시설물등의 관리 또는 이용권이 근로자의 전속적 권한에 속하는 경우에 그 관리 또는 이용 중에 발생한 사고
3. 출퇴근용으로 이용한 교통수단의 관리 또는 이용권이 근로자측의 전속적 권한에 속한 경우의 사고

3) 업무상질병판정위원회(법 제38조)
① 업무상 질병의 인정 여부를 심의하기 위하여 공단 소속 기관에 업무상질병판정위원회(이하 "판정위원회")를 둔다.
② 판정위원회의 심의에서 제외되는 질병과 판정위원회의 심의 절차는 고용노동부령으로 정한다.
③ 판정위원회의 구성과 운영에 필요한 사항은 고용노동부령으로 정한다.

> **규칙 제6조**(업무상질병판정위원회의 구성)
> 1. 업무상질병판정위원회(이하 "판정위원회")는 위원장 1명을 포함하여 180명 이내의 위원으로 구성한다. 이 경우 판정위원회의 위원장은 상임으로 하고, 위원장을 제외한 위원은 비상임으로 한다.
> 2. 판정위원회의 위원장과 위원의 임기는 2년으로 하되, 연임할 수 있다.

4) 보험급여의 종류   `15·16·18·20·22·27회 출제`
① **요양급여**(법 제40조)   `16·26회 출제`
  ㉠ 요양급여는 근로자가 업무상의 사유로 부상을 당하거나 질병에 걸린 경우에 그 근로자에게 지급한다.
  ㉡ 요양급여는 산재보험의료기관에서 요양을 하게 한다. 다만, 부득이한 경우에는 요양을 갈음하여 요양비를 지급할 수 있다.
  ㉢ ㉠의 경우에 부상 또는 질병이 3일 이내의 요양으로 치유될 수 있으면 요양급여를 지급하지 아니한다.

> **법 제51조**(재요양)
> ① 요양급여를 받은 사람이 치유 후 요양의 대상이 되었던 업무상의 부상 또는 질병이 재발하거나 치유 당시보다 상태가 악화되어 이를 치유하기 위한 적극적인 치료가 필요하다는 의학적 소견이 있으면 다시 요양급여(이하 "재요양")를 받을 수 있다.
> ② 재요양의 조건과 절차 등에 관하여 필요한 사항을 대통령령으로 정한다.

  ㉣ 요양급여의 범위 : 진찰 및 검사, 약제 또는 진료재료와 의지(義肢) 그 밖의 보조기의 지급, 처치, 수술, 그 밖의 치료, 재활치료, 입원, 간호 및 간병, 이송, 그 밖에 고용노동부령으로 정하는 사항이 속한다.
  ㉤ 요양급여(진폐에 따른 요양급여는 제외)를 받으려는 사람은 소속 사업장, 재해발생 경위, 그 재해에 대한 의학적 소견, 그 밖에 고용노동부령으로 정하는 사항을 적은 서류를 첨부하여 공단에 요양급여의 신청을 하여야 한다. 한편, 근로자를 진료한 산재보험 의료기관은 그 근로자의 재해가 업무상의 재해로 판단되면 그 근로자의 동의를 받아 요양급여의 신청을 대행할 수 있다.
  ㉥ 요양급여의 신청을 한 사람은 공단이 이 법에 따른 요양급여에 관한 결정을 하기 전에는 「국민건강보험법」 제41조에 따른 요양급여 또는 「의료급여법」 제7조에 따른 의료급여(이하 "건강보험 요양급여등")를 받을 수 있다.

② **휴업급여**(법 제52조) [22회 출제]

휴업급여는 업무상 사유로 부상을 당하거나 질병에 걸린 근로자에게 요양으로 취업하지 못한 기간에 대하여 지급하되, 1일당 지급액은 평균임금의 100분의 70에 상당하는 금액으로 한다. 다만, 취업하지 못한 기간이 3일 이내이면 지급하지 아니한다.

> **법 제53조 제1항**(부분휴업급여) 〈개정 2022. 6. 10. 시행 2023. 7. 1〉
> 요양 또는 재요양을 받고 있는 근로자가 그 요양기간 중 일정기간 또는 단시간 취업을 하는 경우에는 그 취업한 날에 해당하는 그 근로자의 평균임금에서 그 취업한 날에 대한 임금을 뺀 금액의 100분의 80에 상당하는 금액을 지급할 수 있다. 다만, 최저임금액을 1일당 휴업급여 지급액으로 하는 경우에는 최저임금액(감액하는 경우에는 그 감액한 금액)에서 취업한 날에 대한 임금을 뺀 금액을 지급할 수 있다.

③ **상병보상연금**(법 제66조) [25회 출제]

㉠ 요양급여를 받는 근로자가 요양을 시작한 지 2년이 지난 날 이후에 다음의 요건 모두에 해당하는 상태가 계속되면 휴업급여 대신 상병보상연금을 그 근로자에게 지급한다.

> 1. 그 부상이나 질병이 치유되지 아니한 상태일 것
> 2. 그 부상이나 질병에 따른 중증요양상태의 정도가 대통령령으로 정하는 중증요양상태등급 기준에 해당할 것
> 3. 요양으로 인하여 취업하지 못하였을 것

㉡ 상병보상연금은 중증요양상태등급에 따라 지급한다.

④ **장해급여**(법 제57조) [26회 출제]

㉠ 장해급여는 근로자가 업무상의 사유로 부상을 당하거나 질병에 걸려 치유된 후 신체 등에 장해가 있는 경우에 그 근로자에게 지급한다.

㉡ 장해급여는 장해등급에 따라 장해보상연금 또는 장해보상일시금으로 하되, 그 장해등급의 기준은 대통령령으로 정한다.

㉢ 장해보상연금 또는 장해보상일시금은 수급권자의 선택에 따라 지급한다. 다만, 대통령령으로 정하는 노동력을 완전히 상실한 장해등급의 근로자에게는 장해보상연금을 지급하고, 장해급여 청구사유 발생 당시 대한민국 국민이 아닌 사람으로서 외국에서 거주하고 있는 근로자에게는 장해보상일시금을 지급한다.

㉣ 장해보상연금은 수급권자가 신청하면 그 연금의 최초 1년분 또는 2년분(위 ㉢단서에 따른 근로자에게는 그 연금의 최초 1년분부터 4년분까지)의 2분의 1에 상당하는 금액을 미리 지급할 수 있다. 이 경우 미리 지급하는 금액에 대하여는 100분의 5의 비율범위에서 대통령령으로 정하는 바에 따라 이자를 공제할 수 있다.

◎ 장해보상연금 등의 수급권의 소멸 (법 제58조) : 장해보상연금 또는 진폐보상연금의 수급권자가 다음 각 호의 어느 하나에 해당하면 그 수급권이 소멸한다.
  1. 사망한 경우
  2. 대한민국 국민이었던 수급권자가 국적을 상실하고 외국에서 거주하고 있거나 외국에서 거주하기 위하여 출국하는 경우
  3. 대한민국 국민이 아닌 수급권자가 외국에서 거주하기 위하여 출국하는 경우
  4. 장해등급 또는 진폐장해등급이 변경되어 장해보상연금 또는 진폐보상연금의 지급대상에서 제외되는 경우
 ⓑ 재요양에 따른 장해급여(법 제60조) : 장해보상연금의 수급권자가 재요양을 받는 경우에도 그 연금의 지급을 정지하지 아니한다. 재요양을 받고 치유된 후 장해상태가 종전에 비하여 호전되거나 악화된 경우에는 그 호전 또는 악화된 장해상태에 해당하는 장해등급에 따라 장해급여를 지급한다. 이 경우 재요양 후의 장해급여의 산정 및 지급 방법은 대통령령으로 정한다.

⑤ **간병급여**(법 제61조)
 ㉠ 간병급여는 요양급여를 받은 사람 중 치유 후 의학적으로 상시 또는 수시로 간병이 필요하여 실제로 간병을 받는 사람에게 지급한다.
 ㉡ 간병급여의 지급기준과 지급방법 등에 관하여 필요한 사항은 대통령령으로 정한다.

⑥ **유족급여 등**(법 제62조~제64조) **26회 출제**
 ㉠ 유족급여는 근로자가 업무상의 사유로 사망한 경우에 유족에게 지급한다.
 ㉡ 유족급여는 유족보상연금이나 유족보상일시금으로 하되, 유족보상일시금은 근로자가 사망할 당시 유족보상연금을 받을 수 있는 자격이 있는 사람이 없는 경우에 지급한다.
 ㉢ 유족보상연금을 받을 수 있는 자격이 있는 사람(이하 "유족보상연금 수급자격자")은 근로자가 사망할 당시 그 근로자와 생계를 같이 하고 있던 유족(그 근로자가 사망할 당시 대한민국 국민이 아닌 사람으로서 외국에서 거주하고 있던 유족은 제외한다) 중 배우자와 다음 각 호의 어느 하나에 해당하는 사람으로 한다. 이 경우 근로자와 생계를 같이 하고 있던 유족의 판단 기준은 대통령령으로 정한다. 〈개정 2023. 8. 8.〉

---
1. 부모 또는 조부모로서 각각 60세 이상인 사람
2. 자녀로서 25세 미만인 사람
2의2. 손자녀로서 25세 미만인 사람
3. 형제자매로서 19세 미만이거나 60세 이상인 사람
4. 제1호부터 제3호까지의 규정 중 어느 하나에 해당하지 아니하는 자녀·부모·손자녀·조부모 또는 형제자매로서 「장애인복지법」 제2조에 따른 장애인 중 고용노동부령으로 정한 장애 정도에 해당하는 사람

제5장 사무·인사관리

ⓔ 유족보상연금 수급자격자인 유족이 다음 각 호의 어느 하나에 해당하면 그 자격을 잃는다. 〈개정 2023. 8. 8.〉 **27회 출제**

1. 사망한 경우
2. 재혼한 때(사망한 근로자의 배우자만 해당하며, 재혼에는 사실상 혼인 관계에 있는 경우를 포함한다)
3. 사망한 근로자와의 친족 관계가 끝난 경우
4. 자녀가 25세가 된 때
4의2. 손자녀가 25세가 된 때
4의3. 형제자매가 19세가 된 때
5. 제63조제1항제4호에 따른 장애인이었던 사람으로서 그 장애 상태가 해소된 경우
6. 근로자가 사망할 당시 대한민국 국민이었던 유족보상연금 수급자격자가 국적을 상실하고 외국에서 거주하고 있거나 외국에서 거주하기 위하여 출국하는 경우
7. 대한민국 국민이 아닌 유족보상연금 수급자격자가 외국에서 거주하기 위하여 출국하는 경우

⑦ **장례비**(법 제71조) 〈시행 2022. 1. 1〉 **24회 출제**

㉠ 장례비는 근로자가 업무상의 사유로 사망한 경우에 지급하되, 평균임금의 120일분에 상당하는 금액을 그 장례를 지낸 유족에게 지급한다. 다만, 장례를 지낼 유족이 없거나 그 밖에 부득이한 사유로 유족이 아닌 사람이 장례를 지낸 경우에는 평균임금의 120일분에 상당하는 금액의 범위에서 실제 드는 비용을 그 장례를 지낸 사람에게 지급한다.

㉡ 위 ㉠에 따른 장례비가 대통령령으로 정하는 바에 따라 고용노동부장관이 고시하는 최고 금액을 초과하거나 최저 금액에 미달하면 그 최고 금액 또는 최저 금액을 각각 장례비로 한다.

㉢ 위 ㉠에도 불구하고 대통령령으로 정하는 바에 따라 근로자가 업무상의 사유로 사망하였다고 추정되는 경우에는 장례를 지내기 전이라도 유족의 청구에 따라 제2항에 따른 최저 금액을 장례비로 미리 지급할 수 있다. 이 경우 장례비를 청구할 수 있는 유족의 순위에 관하여는 제65조를 준용한다. 〈신설 2021. 5. 18.〉

㉣ 위 ㉢에 따라 장례비를 지급한 경우 ㉠ 및 ㉡에 따른 장례비는 ㉢에 따라 지급한 금액을 공제한 나머지 금액으로 한다. 〈신설 2021. 5. 18.〉

⑧ **직업재활급여**(법 제72조) 〈개정 2018. 6. 12.〉

㉠ 직업재활급여의 종류는 다음과 같다.

1. 장해급여 또는 진폐보상연금을 받은 사람이나 장해급여를 받을 것이 명백한 사람으로서 대통령령으로 정하는 사람(이하 "장해급여자") 중 취업을 위하여 직업훈련이 필요한 사람(이하 "훈련대상자")에 대하여 실시하는 직업훈련에 드는 비용 및 직업훈련수당
2. 업무상의 재해가 발생할 당시의 사업에 복귀한 장해급여자에 대하여 사업주가 고용을 유지하거나 직장적응훈련 또는 재활운동을 실시하는 경우(직장적응훈련의 경우에는 직장 복귀 전에 실시한 경우도 포함한다)에 각각 지급하는 직장복귀지원금, 직장적응훈련비 및 재활운동비

㉡ 훈련대상자 및 장해급여자는 장해 정도 및 연령 등을 고려하여 대통령령으로 정한다.

5) 직장복귀 지원(법 제75조의2) 〈시행 2022.1.1.〉

① 공단은 업무상 재해를 입은 근로자에게 장기간 요양이 필요하거나 요양 종결 후 장해가 발생할 것이 예상되는 등 대통령령으로 정하는 기준에 해당하여 그 근로자의 직장복귀를 위하여 필요하다고 판단되는 경우에는 업무상 재해가 발생한 당시의 사업주에게 근로자의 직장복귀에 관한 계획서(이하 "직장복귀계획서"라 한다)를 작성하여 제출하도록 요구할 수 있다. 이 경우 공단은 직장복귀계획서의 내용이 적절하지 아니하다고 판단되는 때에는 사업주에게 이를 변경하여 제출하도록 요구할 수 있다.

② 공단은 ①에 따라 사업주가 직장복귀계획서를 작성하거나 그 내용을 이행할 수 있도록 필요한 지원을 할 수 있다.

③ 공단은 업무상 재해를 입은 근로자의 직장복귀 지원을 위하여 필요하다고 인정하는 경우에는 그 근로자의 요양기간 중에 산재보험 의료기관에 의뢰하여 해당 근로자의 직업능력 평가 등 대통령령으로 정하는 조치를 할 수 있다.

④ 공단은 업무상 재해를 입은 근로자의 직장복귀 지원을 위하여 산재보험 의료기관 중 고용노동부령으로 정하는 인력 및 시설 등을 갖춘 의료기관을 직장복귀지원 의료기관으로 지정하여 운영할 수 있다.

⑤ 직장복귀지원 의료기관에 대하여는 제40조 제5항에 따른 요양급여의 산정 기준 및 제50조에 따른 산재보험 의료기관의 평가 등에서 우대할 수 있다.

6) 연금의 지급기간 및 지급시기(법 제70조)

① 장해보상연금, 유족보상연금, 진폐보상연금 또는 진폐유족연금의 지급은 그 지급사유가 발생한 달의 다음 달 첫날부터 시작되며, 그 지급받을 권리가 소멸한 달의 말일에 끝난다.

② 장해보상연금, 유족보상연금, 진폐보상연금 또는 진폐유족연금은 그 지급을 정지할 사유가 발생한 때에는 그 사유가 발생한 달의 다음 달 첫날부터 그 사유가 소멸한 달의 말일까지 지급하지 아니한다.

③ 장해보상연금, 유족보상연금, 진폐보상연금 또는 진폐유족연금은 매년 이를 12등분하여 매달 25일에 그 달 치의 금액을 지급하되, 지급일이 토요일이거나 공휴일이면 그 전날에 지급한다.

④ 장해보상연금, 유족보상연금, 진폐보상연금 또는 진폐유족연금을 받을 권리가 소멸한 경우에는 ③에 따른 지급일 전이라도 지급할 수 있다.

7) 보험급여의 지급(법 제82조)

① 보험급여는 지급결정일부터 14일 이내에 지급하여야 한다.

② 공단은 수급권자의 신청이 있는 경우에는 보험급여를 수급권자 명의의 지정된 계좌(이하 "보험급여수급계좌")로 입금하여야 한다. 다만, 정보통신장애나 그 밖에 대통령령으로 정하는 불가피한 사유로 보험급여를 보험급여수급계좌로 이체할 수 없을 때에는 대통령령으로 정하는 바에 따라 보험급여를 지급할 수 있다.

8) 보험급여 지급의 제한(법 제83조)

① 공단은 근로자가 다음의 어느 하나에 해당되면 보험급여의 전부 또는 일부를 지급하지 아니할 수 있다.

1. 요양 중인 근로자가 정당한 사유 없이 요양에 관한 지시를 위반하여 부상·질병 또는 장해 상태를 악화시키거나 치유를 방해한 경우
2. 장해보상연금 또는 진폐보상연금 수급권자가 장해등급 또는 진폐장해등급 재판정 전에 자해 등 고의로 장해 상태를 악화시킨 경우

② 공단은 ①에 따라 보험급여를 지급하지 아니하기로 결정하면 지체 없이 이를 관계 보험가입자와 근로자에게 알려야 한다.
③ 위 ①에 따른 보험급여 지급 제한의 대상이 되는 보험급여의 종류 및 제한 범위는 대통령령으로 정한다.

9) 부당이득의 징수(법 제84조)

① 공단은 보험급여를 받은 사람이 다음의 어느 하나에 해당하면 그 급여액에 해당하는 금액(제1호의 경우에는 그 급여액의 2배에 해당하는 금액)을 징수하여야 한다. 이 경우 공단이 국민건강보험공단 등에 청구하여 받은 금액은 징수할 금액에서 제외한다.

1. 거짓이나 그 밖의 부정한 방법으로 보험급여를 받은 경우
2. 수급권자 또는 수급권이 있었던 사람이 제114조 제2항부터 제4항까지의 규정에 따른 신고의무를 이행하지 아니하여 부당하게 보험급여를 지급받은 경우
3. 그 밖에 잘못 지급된 보험급여가 있는 경우

② 위 ① 제1호의 경우 보험급여의 지급이 보험가입자·산재보험의료기관 또는 직업훈련기관의 거짓된 신고, 진단 또는 증명으로 인한 것이면 그 보험가입자·산재보험의료기관 또는 직업훈련기관도 연대하여 책임을 진다.

영 제79조(부당이득의 징수)
① 공단은 부당이득을 징수하기로 결정하면 지체 없이 납부책임이 있는 사람에게 그 금액을 낼 것을 알려야 한다.
② 위 ①에 따른 통지를 받은 자는 그 통지를 받은 날부터 30일 이내에 그 금액을 내야 한다.

10) 수급권의 보호(법 제88조)

① 근로자의 보험급여를 받을 권리는 퇴직하여도 소멸되지 아니한다.
② 보험급여를 받을 권리는 양도 또는 압류하거나 담보로 제공할 수 없다.
③ 지정된 보험급여수급계좌의 예금 중 대통령령으로 정하는 액수 이하의 금액에 관한 채권은 압류할 수 없다. 〈신설 2018. 6. 12.〉

11) 다른 보상이나 배상과의 관계(법 제80조)

① 수급권자가 이 법에 따라 보험급여를 받았거나 받을 수 있으면 보험가입자는 동일한 사유에 대하여 「근로기준법」에 따른 재해보상책임이 면제된다.

② 수급권자가 동일한 사유에 대하여 이 법에 따른 보험급여를 받으면 보험가입자는 그 금액의 한도 안에서 「민법」이나 그 밖의 법령에 따른 손해배상의 책임이 면제된다. 이 경우 장해보상연금 또는 유족보상연금을 받고 있는 사람은 장해보상일시금 또는 유족보상일시금을 받은 것으로 본다.

③ 수급권자가 동일한 사유로 「민법」이나 그 밖의 법령에 따라 이 법의 보험급여에 상당한 금품을 받으면 공단은 그 받은 금품을 대통령령으로 정하는 방법에 따라 환산한 금액의 한도 안에서 이 법에 따른 보험급여를 지급하지 아니한다. 다만, 위 ② 후단에 따라 수급권자가 지급받은 것으로 보게 되는 장해보상일시금 또는 유족보상일시금에 해당하는 연금액에 대하여는 그러하지 아니하다.

④ 요양급여를 받는 근로자가 요양을 시작한 후 3년이 지난 날 이후에 상병보상연금을 지급받고 있으면 「근로기준법」 제23조 제2항 단서를 적용할 때 그 사용자는 그 3년이 지난 날 이후에는 일시보상을 지급한 것으로 본다.

12) 제3자에 대한 구상권(법 제87조)

① 공단은 제3자의 행위에 따른 재해로 보험급여를 지급한 경우에는 그 급여액의 한도 안에서 급여를 받은 사람의 제3자에 대한 손해배상청구권을 대위(代位)한다. 다만, 보험가입자인 둘 이상의 사업주가 같은 장소에서 하나의 사업을 분할하여 각각 행하다가 그 중 사업주를 달리하는 근로자의 행위로 재해가 발생하면 그러하지 아니하다.

② ①의 경우에 수급권자가 제3자로부터 동일한 사유로 이 법의 보험급여에 상당하는 손해배상을 받으면 공단은 그 배상액을 대통령령으로 정하는 방법에 따라 환산한 금액의 한도 안에서 이 법에 따른 보험급여를 지급하지 아니한다.

③ 수급권자 및 보험가입자는 제3자의 행위로 재해가 발생하면 지체 없이 공단에 신고하여야 한다.

13) 공과금의 면제(법 제91조) `27회 출제`

보험급여로서 지급된 금품에 대하여는 국가나 지방자치단체의 공과금을 부과하지 아니한다.

3 진폐에 따른 보험급여의 특례

(1) 진폐에 대한 업무상의 재해의 인정기준(법 제91조의2)

근로자가 진폐에 걸릴 우려가 있는 작업으로서 암석, 금속이나 유리섬유 등을 취급하는 작업 등 고용노동부령으로 정하는 분진작업에 종사하여 진폐에 걸리면 업무상 질병으로 본다.

(2) 진폐보상연금(법 제91조의3)
① 진폐보상연금은 업무상 질병인 진폐에 걸린 근로자(이하 "진폐근로자")에게 지급한다.
② 진폐보상연금은 평균임금을 기준으로 하여 진폐장해등급별 진폐장해연금과 기초연금을 합산한 금액으로 한다. 이 경우 기초연금은 최저임금액의 100분의 60에 365를 곱하여 산정한 금액으로 한다.
③ 진폐보상연금을 받던 사람이 그 진폐장해등급이 변경된 경우에는 변경된 날이 속한 달의 다음 달부터 기초연금과 변경된 진폐장해등급에 해당하는 진폐장해연금을 합산한 금액을 지급한다.

(3) 진폐유족연금(법 제91조의4)
① 진폐유족연금은 진폐근로자가 진폐로 사망한 경우에 유족에게 지급한다.
② 진폐유족연금은 사망 당시 진폐근로자에게 지급하고 있거나 지급하기로 결정된 진폐보상연금과 같은 금액으로 한다. 이 경우 진폐유족연금은 유족보상연금을 초과할 수 없다.
③ 진폐에 대한 진단을 받지 아니한 근로자가 업무상 질병인 진폐로 사망한 경우에 그 근로자에 대한 진폐유족연금은 기초연금과 진폐장해등급별로 진폐장해연금을 합산한 금액으로 한다.
④ 진폐유족연금을 받을 수 있는 유족의 범위 및 순위, 자격 상실과 지급 정지 등에 관하여는 제63조(유족보상연금 수급자격자의 범위) 및 제64조(유족보상연금 수급자격자의 자격 상실과 지급 정지 등)를 준용한다. 이 경우 "유족보상연금"은 "진폐유족연금"으로 본다.

(4) 진폐에 대한 요양급여 등의 청구(법 제91조의5)
① 분진작업에 종사하고 있거나 종사하였던 근로자가 업무상 질병인 진폐로 요양급여 또는 진폐보상연금을 받으려면 고용노동부령으로 정하는 서류를 첨부하여 공단에 청구하여야 한다.
② ①에 따라 요양급여 등을 청구한 사람이 요양급여 등의 지급 또는 부지급 결정을 받은 경우에는 진단이 종료된 날부터 1년이 지나거나 요양이 종결되는 때에 다시 요양급여 등을 청구할 수 있다. 다만, 건강진단기관으로부터 합병증[「진폐의 예방과 진폐근로자의 보호 등에 관한 법률」(이하 "진폐근로자보호법") 에 따른 합병증을 말한다]이나 심폐기능의 고도장해 등으로 응급진단이 필요하다는 의학적 소견이 있으면 1년이 지나지 아니한 경우에도 요양급여 등을 청구할 수 있다.

(5) 진폐에 따른 사망의 인정 등(법 제91조의10)
분진작업에 종사하고 있거나 종사하였던 근로자가 진폐, 합병증이나 그 밖에 진폐와 관련된 사유로 사망하였다고 인정되면 업무상의 재해로 본다. 이 경우 진폐에 따른 사망 여부를 판단하는 때에 고려하여야 하는 사항은 대통령령으로 정한다.

(6) 심사청구 및 재심사청구 『17·21회 출제』

1) **심사청구의 제기**(법 제103조)
   ① 다음의 어느 하나에 해당하는 공단의 결정 등(이하 "보험급여결정 등")에 불복하는 자는 공단에 심사청구를 할 수 있다.

   > 1. 보험급여, 진폐에 따른 보험급여 및 건강손상자녀에 대한 보험급여에 관한 결정
   > 2. 진료비에 관한 결정
   > 3. 약제비에 관한 결정
   > 4. 진료계획 변경조치 등
   > 5. 보험급여의 일시지급에 관한 결정
   > 5의2. 합병증 등 예방관리에 관한 조치
   > 6. 부당이득의 징수에 관한 결정
   > 7. 수급권의 대위에 관한 결정

   ② 심사청구는 그 보험급여결정 등을 한 공단의 소속 기관을 거쳐 공단에 제기하여야 한다.
   ③ 심사청구는 보험급여결정 등이 있음을 안 날부터 90일 이내에 하여야 한다.
   ④ ②에 따라 심사청구서를 받은 공단의 소속 기관은 5일 이내에 의견서를 첨부하여 공단에 보내야 한다.
   ⑤ 보험급여결정 등에 대하여는 「행정심판법」에 따른 행정심판을 제기할 수 없다.

2) **산업재해보상보험심사위원회**(법 제104조)
   ① 심사 청구를 심의하기 위하여 공단에 관계 전문가 등으로 구성되는 산업재해보상보험심사위원회를 둔다.
   ② 심사위원회의 구성과 운영에 필요한 사항은 대통령령으로 정한다.

   > **영 제99조**(산업재해보상보험심사위원회의 구성)
   > ① 산업재해보상보험심사위원회는 위원장 1명을 포함하여 150명 이내의 위원으로 구성하되, 위원 중 2명은 상임으로 한다.
   > ⑤ 심사위원회 위원의 임기는 3년으로 하되, 연임할 수 있다. 다만, 임기가 끝난 위원은 그 후임자가 위촉되거나 임명될 때까지 그 직무를 수행할 수 있다.

3) **심사청구에 대한 심리·결정**(법 제105조)
   ① 공단은 심사청구서를 받은 날부터 60일 이내에 심사위원회의 심의를 거쳐 심사청구에 대한 결정을 하여야 한다. 다만, 부득이한 사유로 그 기간 이내에 결정을 할 수 없으면 1차에 한하여 20일을 넘지 아니하는 범위에서 그 기간을 연장할 수 있다.
   ② 위 ① 본문에도 불구하고 심사청구기간이 지난 후에 제기된 심사청구 등 대통령령으로 정하는 사유에 해당하는 경우에는 심사위원회의 심의를 거치지 아니할 수 있다.

③ ① 단서에 따라 결정기간을 연장할 때에는 최초의 결정기간이 끝나기 7일 전까지 심사청구인 및 보험급여결정 등을 한 공단의 소속 기관에 알려야 한다.

4) 재심사청구의 제기(법 제106조)

① 심사청구에 대한 결정에 불복하는 자는 산업재해보상보험재심사위원회에 재심사청구를 할 수 있다. 다만, 판정위원회의 심의를 거친 보험급여에 관한 결정에 불복하는 자는 심사청구를 하지 아니하고 재심사청구를 할 수 있다.

② 재심사청구는 그 보험급여결정 등을 한 공단의 소속기관을 거쳐 산업재해보상보험재심사위원회에 제기하여야 한다.

③ 재심사청구는 심사청구에 대한 결정이 있음을 안 날부터 90일 이내에 제기하여야 한다. 다만, ① 단서에 따라 심사청구를 거치지 아니하고 재심사청구를 하는 경우에는 보험급여에 관한 결정이 있음을 안 날부터 90일 이내에 제기하여야 한다.

④ 재심사청구에 관하여는 법 제103조 제4항을 준용한다. 이 경우 "심사청구서"는 "재심사청구서"로, "공단"은 "산업재해보상보험재심사위원회"로 본다.

5) 재심사청구에 대한 재결(법 제109조)

재심사위원회의 재결은 공단을 기속(羈束)한다.

6) 산업재해보상보험재심사위원회(법 제107조)

① 재심사청구를 심리·재결하기 위하여 고용노동부에 산업재해보상보험재심사위원회를 둔다.

② 재심사위원회는 위원장 1명을 포함한 90명 이내의 위원으로 구성하되, 위원 중 2명은 상임위원으로, 1명은 당연직위원으로 한다. 〈개정 2018. 6. 12.〉

③ 재심사위원회 위원(당연직위원은 제외한다)의 임기는 3년으로 하되 연임할 수 있고, 위원장이나 위원의 임기가 끝난 경우 그 후임자가 임명될 때까지 그 직무를 수행한다. 〈개정 2018. 6. 12. 시행 2018.9.12〉

7) 다른 법률과의 관계(법 제111조)

① 심사청구 및 재심사청구의 제기는 시효의 중단에 관하여 「민법」 제168조에 따른 재판상의 청구로 본다.

② 재심사청구에 대한 재결은 「행정소송법」 제18조를 적용할 때 행정심판에 대한 재결로 본다.

③ 심사청구 및 재심사청구에 관하여 이 법에서 정하고 있지 아니한 사항에 대하여는 「행정심판법」에 따른다.

(7) 건강손상자녀에 대한 보험급여의 특례 〈신설 2022. 1. 11. 시행 2023. 1. 12〉

1) **건강손상자녀에 대한 업무상의 재해의 인정기준**(법 제91조의12)

임신 중인 근로자가 업무수행 과정에서 제37조제1항제1호·제3호 또는 대통령령으로 정하는 유해인자의 취급이나 노출로 인하여, 출산한 자녀에게 부상, 질병 또는 장해가 발생하거나 그 자녀가 사망한 경우 업무상의 재해로 본다. 이 경우 그 출산한 자녀(이하 "건강손상자녀"라 한다)는 제5조제2호에도 불구하고 이 법을 적용할 때 해당 업무상 재해의 사유가 발생한 당시 임신한 근로자가 속한 사업의 근로자로 본다.

2) **장애등급의 판정시기**(법 제91조의12)

건강손상자녀에 대한 장해등급 판정은 18세 이후에 한다.

3) **건강손상자녀의 장해급여·장례비 산정기준**(법 제91조의12)

건강손상자녀에게 지급하는 보험급여 중 장해급여 및 장례비의 산정기준이 되는 금액은 각각 제57조제2항 및 제71조에도 불구하고 다음 각 호와 같다.
   1. 장해급여: 제36조제7항에 따른 최저 보상기준 금액
   2. 장례비: 제71조제2항에 따른 장례비 최저 금액

(8) 노무제공자에 대한 특례 〈신설 2022. 6. 10.〉

1) **노무제공자 등의 정의**(법 제91조의15)

   1. "노무제공자"란 자신이 아닌 다른 사람의 사업을 위하여 다음 각 목의 어느 하나에 해당하는 방법에 따라 자신이 직접 노무를 제공하고 그 대가를 지급받는 사람으로서 업무상 재해로부터의 보호 필요성, 노무제공 형태 등을 고려하여 대통령령으로 정하는 직종에 종사하는 사람을 말한다.
      ① 노무제공자가 사업주로부터 직접 노무제공을 요청받은 경우
      ② 노무제공자가 사업주로부터 일하는 사람의 노무제공을 중개·알선하기 위한 전자적 정보처리시스템(이하 "온라인 플랫폼"이라 한다)을 통해 노무제공을 요청받는 경우
   2. "플랫폼 종사자"란 온라인 플랫폼을 통해 노무를 제공하는 노무제공자를 말한다.
   3. "플랫폼 운영자"란 온라인 플랫폼을 이용하여 플랫폼 종사자의 노무제공을 중개 또는 알선하는 것을 업으로 하는 자를 말한다.
   4. "플랫폼 이용 사업자"란 플랫폼 종사자로부터 노무를 제공받아 사업을 영위하는 자를 말한다. 다만, 플랫폼 운영자가 플랫폼 종사자의 노무를 직접 제공받아 사업을 영위하는 경우 플랫폼 운영자를 플랫폼 이용 사업자로 본다.

5. "보수"란 노무제공자가 이 법의 적용을 받는 사업에서 노무제공의 대가로 지급받은 「소득세법」 제19조에 따른 사업소득 및 같은 법 제21조에 따른 기타소득에서 대통령령으로 정하는 금품을 뺀 금액을 말한다. 다만, 노무제공의 특성에 따라 소득확인이 어렵다고 대통령령으로 정하는 직종의 보수는 고용노동부장관이 고시하는 금액으로 한다.

6. "평균보수"란 이를 산정하여야 할 사유가 발생한 날이 속하는 달의 전전달 말일부터 이전 3개월 동안 노무제공자가 재해가 발생한 사업에서 지급받은 보수와 같은 기간 동안 해당 사업 외의 사업에서 지급받은 보수를 모두 합산한 금액을 해당 기간의 총 일수로 나눈 금액을 말한다. 다만, 노무제공의 특성에 따라 소득확인이 어렵거나 소득의 종류나 내용에 따라 평균보수를 산정하기 곤란하다고 인정되는 경우에는 고용노동부장관이 고시하는 금액으로 한다. 근로자를 해고하거나 그 밖에 근로자에게 불이익한 처우를 하여서는 아니 된다. 위반한 자는 2년 이하의 징역 또는 2천만원 이하의 벌금에 처한다.

2) 다른 조문과의 관계(법 제91조의16)
① 노무제공자는 이 법의 적용을 받는 근로자로 본다.
② 노무제공자의 노무를 제공받는 사업은 이 법의 적용을 받는 사업으로 본다.

(9) 보 칙

1) 불이익 처우의 금지(법 제111조의2)
사업주는 근로자가 보험급여를 신청한 것을 이유로 근로자를 해고하거나 그 밖에 근로자에게 불이익한 처우를 하여서는 아니 된다. 위반한 자는 2년 이하의 징역 또는 2천만원 이하의 벌금에 처한다.

2) 시효(법 제112조)
① 다음 각 호의 권리는 3년간 행사하지 아니하면 시효로 말미암아 소멸한다. 다만, 제1호의 보험급여 중 장해급여, 유족급여, 장례비, 진폐보상연금 및 진폐유족연금을 받을 권리는 5년간 행사하지 아니하면 시효의 완성으로 소멸한다. 〈시행 2021. 7. 27〉
  1. 제36조 제1항에 따른 보험급여를 받을 권리
  2. 제45조에 따른 산재보험 의료기관의 권리
  3. 제46조에 따른 약국의 권리
  4. 제89조에 따른 보험가입자의 권리
  5. 제90조 제1항에 따른 국민건강보험공단등의 권리

② 제1항에 따른 소멸시효에 관하여는 이 법에 규정된 것 외에는 「민법」에 따른다.
③ 소멸시효는 수급권자의 보험급여 청구로 중단된다. 이 경우 청구가 제5조 제1호에 따른 업무상의 재해 여부의 판단이 필요한 최초의 청구인 경우에는 그 청구로 인한 시효중단의 효력은 제36조(보험급여의 종류와 산정 기준 등) 제1항에서 정한 다른 보험급여에도 미친다. [법 제113조(시효의 중단)] 〈개정 2020. 5. 26.〉

3) 소멸의 효과

소멸시점 이후의 보험료 납부의무 및 근로자에 대한 보험급여 지급의무가 소멸된다. 그러나 다음 사항은 계속 성립한다.

① 소멸시점 이전의 미납보험료에 대한 납부의무는 소멸되지 않는다.
② 보험관계가 소멸되기 이전에 발생한 재해에 대하여는 보험급여의 청구가 가능하다.

고용보험 및 산업재해보상보험의 보험료징수 등에 관한 법률 (약칭: 고용산재보험료징수법) 〈개정 2022. 12. 31, 시행 2024. 1. 1〉

1. 총 칙

(1) 목적(법 제1조)

이 법은 고용보험과 산업재해보상보험의 보험관계의 성립·소멸, 보험료의 납부·징수 등에 필요한 사항을 규정함으로써 보험사무의 효율성을 높이는 것을 목적으로 한다.

(2) 정의(법 제2조)

이 법에서 사용하는 용어의 뜻은 다음과 같다.

> 1. "보험"이란 「고용보험법」에 따른 고용보험 또는 「산업재해보상보험법」에 따른 산업재해보상보험을 말한다.
> 2. "근로자"란 「근로기준법」에 따른 근로자를 말한다.
> 3. "보수"란 「소득세법」에 따른 근로소득에서 대통령령으로 정하는 금품(「소득세법」 제12조 제3호에 따른 비과세 근로소득을 말한다)을 뺀 금액을 말한다. 다만, 고용보험료를 징수하는 경우에는 근로자가 휴직이나 그 밖에 이와 비슷한 상태에 있는 기간 중에 사업주 외의 자로부터 지급받는 금품 중 고용노동부장관이 정하여 고시하는 금품은 보수로 본다.
> 4. "정보통신망"이란 「정보통신망 이용촉진 및 정보보호 등에 관한 법률」에 따른 정보통신망을 말한다.
> 5. "보험료 등"이란 보험료, 이 법에 따른 가산금·연체금·체납처분비 및 제26조(산재보험가입자로부터의 보험급여액 징수 등)에 따른 징수금을 말한다.

(3) 보험사업의 수행주체(법 제4조)

「고용보험법」 및 「산업재해보상보험법」에 따른 보험사업에 관하여 이 법에서 정한 사항은 고용노동부장관으로부터 위탁을 받아 「산업재해보상보험법」 제10조에 따른 근로복지공단(이하 "공단"이라 한다)이 수행한다. 다만, 다음 각 호에 해당하는 징수업무는 국민건강보험공단(이하 "건강보험공단")이 고용노동부장관으로부터 위탁을 받아 수행한다.

> 1. 보험료 등(개산보험료 및 확정보험료, 징수금은 제외한다)의 고지 및 수납
> 2. 보험료 등의 체납관리

2. 보험관계의 성립 및 소멸　　　　　　　　　　　　　　**14회 출제**

(1) 보험가입자(법 제5조) 〈개정 2019. 1. 15.〉

① 「고용보험법」의 적용을 받는 사업의 사업주와 근로자(「고용보험법」에 따른 적용 제외 근로자는 제외한다)는 당연히 「고용보험법」에 의한 고용보험의 가입자가 된다.

② 「고용보험법」 제8조 단서에 따라 같은 법을 적용하지 아니하는 사업의 사업주가 근로자의 과반수의 동의를 받아 공단의 승인을 받으면 그 사업의 사업주와 근로자는 고용보험에 가입할 수 있다.

③ 「산업재해보상보험법」을 적용받는 사업의 사업주는 당연히 「산업재해보상보험법」에 따른 산업재해보상보험(이하 "산재보험"이라 한다)의 보험가입자가 된다.

④ 「산업재해보상보험법」 제6조 단서에 따라 같은 법을 적용하지 아니하는 사업의 사업주는 공단의 승인을 받아 산재보험에 가입할 수 있다.

⑤ 고용보험 또는 산재보험에 가입한 사업주가 보험계약을 해지할 때에는 미리 공단의 승인을 받아야 한다. 이 경우 보험계약의 해지는 그 보험계약이 성립한 보험연도가 끝난 후에 하여야 한다.

⑥ 제5항에 따른 사업주가 고용보험계약을 해지할 때에는 근로자 과반수의 동의를 받아야 한다.

⑦ 공단은 사업 실체가 없는 등의 사유로 계속하여 보험관계를 유지할 수 없다고 인정하는 경우에는 그 보험관계를 소멸시킬 수 있다.

(2) 보험의 의제가입(법 제6조)

① 사업주 및 근로자가 고용보험의 당연가입자가 되는 사업이 사업규모의 변동 등의 사유로 「고용보험법」 제8조 단서에 따른 적용제외 사업에 해당하게 되었을 때에는 그 사업주 및 근로자는 그 날부터 위 (1)②에 따라 고용보험에 가입한 것으로 본다.

② 사업주가 산재보험의 당연가입자가 되는 사업이 사업규모의 변동 등의 사유로 「산업재해보상보험법」 제6조 단서에 따른 적용제외 사업에 해당하게 되었을 때에는 그 사업주는 그 날부터 산재보험에 가입한 것으로 본다.

③ 위 (1)①부터 ④까지의 규정에 따른 사업주가 그 사업을 운영하다가 근로자(고용보험의 경우에는 「고용보험법」 제10조(적용제외) 및 (외국인근로자에 대한 적용)에 따른 적용제외 근로자는 제외한다)를 고용하지 아니하게 되었을 때에는 그 날부터 1년의 범위에서 근로자를 사용하지 아니한 기간에도 보험에 가입한 것으로 본다.

④ ① 및 ②의 사업주 및 근로자에 대한 보험계약의 해지에 관하여는 위 (1)⑤ 및 ⑥을 준용한다.

(3) 보험관계의 성립일(법 제7조)

1. 사업주 및 근로자가 고용보험의 당연가입자가 되는 사업의 경우에는 그 사업이 시작된 날(「고용보험법」 제8조 단서에 따른 사업이 사업주 및 근로자가 고용보험의 당연가입자가 되는 사업에 해당하게 된 경우에는 그 해당하게 된 날)

2. 사업주가 산재보험의 당연가입자가 되는 사업의 경우에는 그 사업이 시작된 날(「산업재해보상보험법」 제6조 단서에 따른 사업이 사업주가 산재보험의 당연가입자가 되는 사업에 해당하게 된 경우에는 그 해당하게 된 날)

3. 임의적으로 보험에 가입한 사업의 경우에는 공단이 그 사업의 사업주로부터 보험가입승인신청서를 접수한 날의 다음 날

4. 제8조 제1항에 따라 일괄적용을 받는 사업의 경우에는 처음 하는 사업이 시작된 날

5. 보험에 가입한 하수급인의 경우에는 그 하도급공사의 착공일

(4) 보험관계소멸일(법 제10조)

보험관계는 다음 각 호의 어느 하나에 해당하는 날에 소멸한다.

> 1. 사업이 폐업되거나 끝난 날의 다음 날
> 2. 보험계약을 해지하는 경우에는 그 해지에 관하여 공단의 승인을 받은 날의 다음 날
> 3. 공단이 보험관계를 소멸시키는 경우에는 그 소멸을 결정·통지한 날의 다음 날
> 4. 제6조 제3항에 따른 사업주의 경우에는 근로자[고용보험의 경우에는 「고용보험법」 제10조(적용제외) 및 (외국인근로자에 대한 적용)에 따른 적용제외 근로자는 제외한다]를 사용하지 아니한 첫날부터 1년이 되는 날의 다음 날

(5) 보험관계의 신고(법 제11조)

① 사업주는 제5조 제1항 또는 제3항에 따라 당연히 보험가입자가 된 경우에는 그 보험관계가 성립한 날부터 14일 이내에, 사업의 폐업·종료 등으로 인하여 보험관계가 소멸한 경우에는 그 보험관계가 소멸한 날부터 14일 이내에 공단에 보험관계의 성립 또는 소멸신고를 하여야 한다. 다만, 다음 각 호에 해당하는 사업의 경우에는 그 구분에 따라 보험관계 성립신고를 하여야 한다.

> 1. 보험관계가 성립한 날부터 14일 이내에 종료되는 사업 : 사업이 종료되는 날의 전날까지
> 2. 「산업재해보상보험법」 제6조 단서에 따른 대통령령으로 정하는 사업 중 사업을 시작할 때에 같은 법의 적용대상 여부가 명확하지 아니하여 대통령령으로 정하는 바에 따라 해당 사업에서 일정기간 사용한 상시근로자 수를 바탕으로 하여 같은 법의 적용대상 여부가 정하여지는 사업 : 그 일정기간의 종료일부터 14일 이내

(6) 보험관계의 변경신고(법 제12조)

보험에 가입한 사업주는 그 이름, 사업의 소재지 등 대통령령으로 정하는 사항이 변경된 경우에는 그 날부터 14일 이내에 그 변경사항을 공단에 신고하여야 한다.

영 제9조(보험관계의 변경신고)
사업주는 보험에 가입된 사업에 다음 각 호의 변경이 있는 경우에는 변경된 날부터 14일 이내에 공단에 신고해야 한다. 다만, 제6호의 경우에는 다음 보험연도의 초일부터 14일 이내에 신고해야 한다.
1. 사업주(법인인 경우에는 대표자)의 이름 및 주민등록번호
2. 사업의 명칭 및 소재지
3. 사업의 종류
4. 사업자등록번호(법인인 경우에는 법인등록번호를 포함한다)
5. 건설공사 또는 벌목업 등 기간의 정함이 있는 사업의 경우 사업의 기간
6. 「고용보험법 시행령」 제12조에 따른 우선지원대상기업의 해당 여부에 변경이 있는 경우 상시근로자수

(7) 보험관계 성립 및 소멸통지(영 제8조)

공단은 보험관계가 성립되거나 소멸된 경우에는 지체 없이 각각 당해 사업주에게 이를 통지하여야 한다.

3. 보험료

(1) 보험료(법 제13조)

보험사업에 드는 비용에 충당하기 위하여 보험가입자로부터 다음 각 호의 보험료를 징수한다.

1. 고용안정·직업능력개발사업 및 실업급여의 보험료(이하 "고용보험료")
2. 산재보험의 보험료(이하 "산재보험료")

(2) 보험료율의 결정(법 제14조)

① 고용보험료율은 보험수지의 동향과 경제상황 등을 고려하여 1000분의 30의 범위에서 고용안정·직업능력개발사업의 보험료율 및 실업급여의 보험료율로 구분하여 대통령령으로 정한다.

1. 고용보험료율(영 제12조)

① 고용보험료율은 다음 각 호와 같다.

2. 실업급여의 보험료율 : 1천분의 18

2. 산재보험료율의 고시(영 제13조)

고용노동부장관은 산업재해보상보험(이하 "산재보험")의 보험료율(이하 "산재보험료율")을 결정하였을 때에는 그 적용대상사업의 종류 및 내용을 관보 및 그 보급지역을 전국으로 하여 등록한 일반일간신문 등에 고시하여야 한다.

② 고용보험료율을 결정하거나 변경하려면 고용보험위원회의 심의를 거쳐야 한다.

③ 「산업재해보상보험법」 업무상 사고, 업무상 질병 및 사업주가 제공한 교통수단이나 그에 준하는 교통수단을 이용하는 등 사업주의 지배관리하에서 출퇴근하는 중 발생한 사고에 따른 업무상의 재해에 관한 산재보험료율은 매년 6월 30일 현재 과거 3년 동안의 보수총액에 대한 산재보험급여총액의 비율을 기초로 하여, 「산업재해보상보험법」에 따른 연금 등 산재보험급여에 드는 금액, 재해예방 및 재해근로자의 복지증진에 드는 비용 등을 고려하여 사업의 종류별로 구분하여 고용노동부령으로 정한다. 이 경우 「산업재해보상보험법」에 따른 업무상의 재해를 이유로 지급된 보험급여액은 산재보험급여총액에 포함시키지 아니한다. 〈개정 2017. 10. 24.〉

④ 산재보험의 보험관계가 성립한 후 3년이 지나지 아니한 사업에 대한 산재보험료율은 고용노동부령으로 정하는 바에 따라 산업재해보상보험 및 예방심의위원회의 심의를 거쳐 고용노동부장관이 사업의 종류별로 따로 정한다.

⑤ 고용노동부장관은 산재보험료율을 정하는 경우에는 특정사업 종류의 산재보험료율이 전체 사업의 평균 산재보험료율의 20배를 초과하지 아니하도록 하여야 한다.

⑥ 고용노동부장관은 특정사업 종류의 산재보험료율이 인상되거나 인하되는 경우에는 직전 보험연도 산재보험료율의 100분의 30의 범위에서 조정하여야 한다.

⑦ 「산업재해보상보험법」에 따른 업무상의 재해에 관한 산재보험료율은 사업의 종류를 구분하지 아니하고 그 재해로 인하여 같은 법에 따른 연금 등 산재보험급여에 드는 금액, 재해예방 및 재해근로자의 복지증진에 드는 비용 등을 고려하여 고용노동부령으로 정한다.

② 고용보험 가입자인 근로자가 부담하여야 하는 고용보험료는 자기의 보수총액에 실업 급여의 보험료율의 1/2을 곱한 금액으로 한다(원칙).

③ 위 ①에도 불구하고 「고용보험법」에 따라 65세 이후에 고용(65세 전부터 피보험자격을 유지하던 사람이 65세 이후에 계속하여 고용된 경우는 제외한다)되거나 자영업을 개시한 자에 대하여는 고용보험료 중 실업급여의 보험료를 징수하지 아니한다.

④ 사업주가 부담하여야 하는 고용보험료는 그 사업에 종사하는 고용보험 가입자인 근로자의 개인별 보수총액에 다음 각 호를 각각 곱하여 산출한 각각의 금액을 합한 금액으로 한다.
  1. 고용안정·직업능력개발사업의 보험료율
  2. 실업급여의 보험료율의 2분의 1

⑤ 위 ①에 따라 사업주가 부담하여야 하는 산재보험료는 그 사업주가 경영하는 사업에 종사하는 근로자의 개인별 보수총액에 다음 각 호에 따른 산재보험료율을 곱한 금액을 합한 금액으로 한다. 다만, 「산업재해보상보험법」 제37조 제4항에 해당하는 경우에는 제1호에 따른 산재보험료율만을 곱하여 산정한다. 〈개정 2017.10.24.〉
  1. 같은 종류의 사업에 적용되는 산재보험료율
  2. 사업종류 구분없이 그 재해로 드는 비용 등을 고려하여 정하는 고용노동부령에 따른 산재보험료율

(3) 보험료의 부과·징수(법 제16조의2)

① 고용보험료와 산재보험료는 공단이 매월 부과하고, 건강보험공단이 이를 징수한다.

② 제1항에도 불구하고 건설업 등 대통령령으로 정하는 사업(건설업과 임대업)의 경우에는 제17조(건설업 등의 개산보험료의 신고와 납부) 및 제19조(건설업 등의 확정보험료의 신고·납부 및 정산)에 따른다.

(4) 월별보험료의 산정(법 제16조의3) 〈시행 2024. 1. 1.〉

① 공단이 제16조의2제1항에 따라 매월 부과하는 보험료(이하 "월별보험료"라 한다)는 근로자 또는 예술인의 개인별 월평균보수에 고용보험료율 및 산재보험료율을 각각 곱한 금액을 합산하여 산정한다. 다만, 월평균보수를 산정하기 곤란한 일용근로자 등 대통령령으로 정하는 사람에 대한 월별보험료는 대통령령으로 정하는 바에 따라 산정한 금액을 개인별 월평균보수로 보아 산정한다. 〈개정 2022. 12. 31.〉

② 제1항의 월평균보수는 사업주가 지급한 보수·보수액 및 제2조 제3호 단서에 따른 금품을 기준으로 산정한다. 이 경우 월평균보수의 산정방법, 적용기간, 하한액 기준 등은 대통령령으로 정하는 바에 따른다. 〈개정 2022. 12. 31.〉

(5) 보험료 산정의 특례(법 제16조의5)

근로자가 「근로기준법」에 따른 휴업수당을 받는 등 대통령령으로 정하는 사유에 해당하는 경우에는 대통령령으로 정하는 바에 따라 해당 근로자의 월평균보수(건설업 등의 사업은 보수총액)의 전부 또는 일부를 제외하고 보험료를 산정한다.

(6) 월별보험료의 납부기한(법 제16조의7)

① 사업주는 그 달의 월별보험료를 다음 달 10일까지 납부하여야 한다.

② 제1항에도 불구하고 제16조의6(조사 등에 따른 월별보험료 산정) 및 제16조의9 제2항에 따라 산정된 보험료는 건강보험공단이 정하여 고지한 기한까지 납부하여야 한다.

(7) 월별보험료의 고지(법 제16조의8)
　① 건강보험공단은 사업주에게 일정한 사항을 적은 문서로써 납부기한 10일 전까지 월별보험료의 납입을 고지하여야 한다.
　② 건강보험공단은 납입의 고지를 하는 경우에는 사업주가 신청한 때에는 전자문서교환방식 등에 의하여 전자문서로 고지할 수 있다.
　③ 전자문서로 고지한 경우 고용노동부령으로 정하는 정보통신망에 저장하거나 납부의무자가 지정한 전자우편주소에 입력된 때에 그 사업주에게 도달된 것으로 본다.
　④ 연대납부의무자 중 1명에게 한 고지는 다른 연대납부의무자에게도 효력이 있는 것으로 본다.
　⑤ 건강보험공단은 제22조의5에 따른 제2차 납부의무자에게 납부의무가 발생한 경우 납입의 고지를 하여야 하며, 원납부의무자인 법인인 사업주 및 사업양도인에게 그 사실을 통지하여야 한다. 이 경우 납입의 고지 방법, 고지의 도달 등에 관한 사항은 제1항부터 제3항까지를 준용한다. 〈신설 2022. 12. 31.〉

(8) 보험료의 정산(법 제16조의9) 〈시행 2024. 1. 1.〉
　① 공단은 사업주가 신고한 근로자의 개인별 보수총액에 보험료율을 곱한 금액을 합산하여 사업주가 실제로 납부하여야 할 보험료를 산정한다. 이 경우 보험료납부자가 사업주, 예술인 또는 노무제공자의 보험료를 원천공제하여 납부한 경우는 제외한다.
　② 건강보험공단은 사업주가 이미 납부한 보험료가 산정한 보험료보다 더 많은 경우에는 그 초과액을 사업주에게 반환하고, 부족한 경우에는 그 부족액을 사업주로부터 징수하여야 한다.

(9) 보험료율의 인상 또는 인하 등에 따른 조치(법 제18조①)
　공단은 보험료율이 인상 또는 인하된 때에는 월별보험료 및 개산보험료를 증액 또는 감액 조정하고, 월별보험료가 증액된 때에는 건강보험공단이, 개산보험료가 증액된 때에는 공단이 각각 징수한다.

(10) 산재보험가입자로부터의 보험급여액 징수 등(법 제26조)
　① 공단은 다음 각 호의 어느 하나에 해당하는 재해에 대하여 산재보험급여를 지급하는 경우에는 대통령령으로 정하는 바에 따라 그 급여에 해당하는 금액의 전부 또는 일부를 사업주로부터 징수할 수 있다.
　　1. 사업주가 보험관계 성립신고를 게을리한 기간 중에 발생한 재해
　　2. 사업주가 산재보험료의 납부를 게을리한 기간 중에 발생한 재해
　② 공단은 산재보험급여액의 전부 또는 일부를 징수하기로 결정하였으면 지체 없이 그 사실을 사업주에게 알려야 한다.

(11) 보험료 등의 분할 납부(법 제27조의3) 〈시행 2022. 1.1〉
　사업주는 다음 각 호의 어느 하나에 해당하는 경우에는 납부기한이 지난 보험료와 이 법에 따른 그 밖의 징수금에 대하여 분할 납부를 승인하여 줄 것을 건강보험공단에 신청할 수 있다. 〈개정 2021. 8. 17.〉
　1. 보험의 당연가입자인 사업주로서 보험관계 성립일부터 1년 이상이 지나서 보험관계 성립신고를 한 경우
　2. 납부기한이 연장되었으나 연장된 납부기한이 지나 3회 이상 체납한 경우

(12) 보험료 징수의 우선순위(법 제30조)
　보험료와 이 법에 따른 그 밖의 징수금은 국세 및 지방세를 제외한 다른 채권보다 우선하여 징수한다. 다만, 보험료 등의 납부기한 전에 전세권·질권·저당권 또는 「동산·채권 등의 담보에 관한 법률」에 따른 담보권의 설정을 등기하거나 등록한 사실이 증명되는 재산을 매각하여 그 매각대금 중에서 보험료 등을 징수하는 경우에 그 전세권·질권·저당권 또는 「동산·채권 등의 담보에 관한 법률」에 따른 담보권에 의하여 담보된 채권에 대하여는 그러하지 아니하다.

(13) 자영업자에 대한 특례(법 제49조의2)
① 근로자를 사용하지 아니하거나 50명 미만의 근로자를 사용하는 사업주로서 대통령령으로 정하는 요건을 갖춘 자영업자는 공단의 승인을 받아 자기를 이 법에 따른 근로자로 보아 고용보험에 가입할 수 있다.
② 보험에 가입한 자영업자가 50명 이상의 근로자를 사용하게 된 경우에도 본인이 피보험자격을 유지하려는 경우에는 계속하여 보험에 가입된 것으로 본다.
③ 자영업자에게 적용하는 고용보험료율은 보험수지의 동향과 경제상황 등을 고려하여 1,000분의 30의 범위에서 고용안정·직업능력개발사업의 보험료율 및 실업급여의 보험료율로 구분하여 대통령령으로 정한다. 이 경우 고용보험료율의 결정 및 변경은 고용보험위원회의 심의를 거쳐야 한다.
④ 고용보험료는 공단이 매월 부과하고, 건강보험공단이 이를 징수한다.
⑤ 고용보험에 가입한 자영업자는 매월 부과된 보험료를 다음 달 10일까지 납부하여야 한다.

4. 시효(법 제41조)
① 보험료, 이 법에 따른 그 밖의 징수금을 징수하거나 그 반환받을 수 있는 권리는 3년간 행사하지 아니하면 시효로 인하여 소멸한다.
② 소멸시효에 관하여는 이 법에 규정된 것을 제외하고는 「민법」에 따른다.

5. 과태료(법 제50조)
다음의 어느 하나에 해당하는 자에게는 300만원 이하의 과태료를 부과한다.
1. 보험관계의 신고, 보험관계의 변경신고, 보수총액 등의 신고, 개산보험료의 신고 및 확정보험료의 신고를 하지 아니하거나 거짓 신고를 한 자 (확인 요 2. 이하)

〈참고〉 법 제48조의3(노무제공자의 고용보험 특례) [시행 2023. 1. 1]
① 「고용보험법」 제77조의6에 따라 고용보험의 적용을 받는 노무제공자와 이들을 상대방으로 하여 노무제공계약을 체결한 사업의 사업주(이하 "노무제공사업의 사업주"라 한다)는 당연히 고용보험의 보험가입자가 된다.
② 노무제공자의 보수액은 「소득세법」 제19조에 따른 사업소득 및 같은 법 제21조에 따른 기타소득에서 대통령령으로 정하는 금품을 뺀 금액으로 한다. 다만, 노무제공특성에 따라 소득확인이 어렵다고 대통령령으로 정하는 직종의 고용보험료 산정기초가 되는 보수액은 고용노동부장관이 고시하는 금액으로 한다.
③ 제13조 및 제14조에도 불구하고 노무제공자와 노무제공사업의 사업주가 부담하여야 하는 고용보험료 및 고용보험료율은 종사형태 등을 반영하여 「고용보험법」 제7조에 따른 고용보험위원회의 심의를 거쳐 대통령령으로 달리 정할 수 있다. 이 경우 보험가입자의 고용보험료 평균액의 일정비율에 해당하는 금액을 고려하여 대통령령으로 고용보험료의 상한을 정할 수 있다. 〈개정 2022. 6. 10.〉
④ 노무제공사업의 사업주는 노무제공자가 부담하여야 하는 고용보험료와 사업주가 부담하여야 하는 고용보험료를 납부하여야 한다. 이 경우 노무제공사업의 사업주는 노무제공자가 부담하여야 하는 고용보험료를 대통령령으로 정하는 바에 따라 그 노무제공자의 보수에서 원천공제하여 납부할 수 있다.
⑤ 노무제공사업의 사업주는 제6항 후단에 따라 고용보험료에 해당하는 금액을 원천공제한 때에는 공제계산서를 노무제공자에게 발급하여야 한다. 〈개정 2022. 6. 10.〉

제5장 사무·인사관리

4 국민연금법 [시행 2024. 9. 20.]

(1) 서 설

1) 목적(국민연금법 제1조)
이 법은 국민의 노령·폐질 또는 사망에 대하여 연금급여를 실시함으로써 국민의 생활안정과 복지증진에 이바지하는 것을 목적으로 한다.

2) 관장(법 제2조)
이 법에 따른 국민연금사업은 보건복지부장관이 맡아 주관한다.

> **국민연금공단 법 제24조**(국민연금공단의 설립)
> 보건복지부장관의 위탁을 받아 제1조의 목적을 달성하기 위한 사업을 효율적으로 수행하기 위하여 국민연금공단(이하 "공단")을 설립한다.
>
> **법 제25조**(공단의 업무)
> 공단은 다음의 업무를 한다.
> 1. 가입자에 대한 기록의 관리 및 유지
> 2. 연금보험료의 징수
> 3. 급여의 결정 및 지급
> 4. 가입자, 가입자였던 자 및 수급권자를 위한 자금의 대여와 복지시설의 설치·운영 등 복지증진사업
> 5. 가입자 및 가입자였던 자에 대한 기금증식을 위한 자금대여사업
> 6. 이 법 또는 다른 법령에 따라 위탁받은 사항
> 7. 그 밖에 국민연금사업에 관하여 보건복지부장관이 위탁하는 사항
>
> **법 제26조**(법인격)
> 공단은 법인으로 한다.

3) 용어의 정의

1. "근로자"란 직업의 종류가 무엇이든 사업장에서 노무를 제공하고 그 대가로 임금을 받아 생활하는 자(법인의 이사와 그 밖의 임원을 포함한다)를 말한다. 다만, 대통령령으로 정하는 자는 제외한다.

> **영 제2조**(근로자에서 제외되는 사람)
> 근로자에서 제외되는 사람은 다음과 같다. 〈개정 2021. 6. 29.〉
> 1. 일용근로자나 1개월 미만의 기한을 정하여 근로를 제공하는 사람. 다만, 1개월 이상 계속하여 근로를 제공하는 사람으로서 다음 각 목의 어느 하나에 해당하는 사람은 근로자에 포함된다.
>   가. 「건설산업기본법」 제2조 제4호 각 목 외의 부분 본문에 따른 건설공사의 사업장 등 보건복지부장관이 정하여 고시하는 사업장에서 근로를 제공하는 경우 : 1개월 동안의 근로일수가 8일 이상이거나 1개월 동안의 소득(제3조 제1항 제2호에 따른 소득만 해당한다)이 보건복지부장관이 정하여 고시하는 금액 이상인 사람
>   나. 가목 외의 사업장에서 근로를 제공하는 경우 : 1개월 동안의 근로일수가 8일 이상 또는 1개월 동안의 근로시간이 60시간 이상이거나 1개월 동안의 소득이 보건복지부장관이 정하여 고시하는 금액 이상인 사람
> 2. 소재지가 일정하지 아니한 사업장에 종사하는 근로자
> 3. 법인의 이사 중 소득이 없는 사람
> 4. 1개월 동안의 소정근로시간이 60시간 미만인 단시간근로자. 다만, 해당 단시간 근로자 중 다음 각 목의 어느 하나에 해당하는 사람은 제외한다.
>   가. 3개월 이상 계속하여 근로를 제공하는 사람으로서 「고등교육법」에 따른 강사
>   나. 3개월 이상 계속하여 근로를 제공하는 사람으로서 사용자의 동의를 받아 근로자로 적용되기를 희망하는 사람
>   다. 둘 이상 사업장에 근로를 제공하면서 각 사업장의 1개월 소정근로시간의 합이 60시간 이상인 사람으로서 1개월 소정근로시간이 60시간 미만인 사업장에서 근로자로 적용되기를 희망하는 사람
>   라. 1개월 이상 계속하여 근로를 제공하는 사람으로서 1개월 동안의 소득이 보건복지부장관이 정하여 고시하는 금액 이상인 사람

2. "사용자"란 해당 근로자가 소속되어 있는 사업장의 사업주를 말한다.
3. "소득"이란 일정한 기간 근로를 제공하여 얻은 수입에서 대통령령으로 정하는 비과세소득을 제외한 금액 또는 사업 및 자산을 운영하여 얻는 수입에서 필요경비를 제외한 금액을 말한다.
4. "평균소득월액"이란 매년 사업장가입자 및 지역가입자 전원의 기준소득월액을 평균한 금액을 말한다.
5. "기준소득월액"이란 연금 보험료와 급여를 산정하기 위하여 국민연금가입자(이하 "가입자")의 소득월액을 기준으로 하여 정하는 금액을 말한다.
6. "사업장가입자"란 사업장에 고용된 근로자 및 사용자로서 제8조에 따라 국민연금에 가입된 자를 말한다.
7. "지역가입자"란 사업장가입자가 아닌 자로서 제9조에 따라 국민연금에 가입된 자를 말한다.
8. "임의가입자"란 사업장가입자 및 지역가입자 외의 자로서 제10조에 따라 국민연금에 가입된 자를 말한다.
9. "임의계속가입자"란 국민연금가입자 또는 가입자였던 자가 제13조 제1항에 따라 가입자로 된 자를 말한다.
10. "연금보험료"란 국민연금사업에 필요한 비용으로서 사업장가입자의 경우에는 부담금 및 기여금의 합계액을, 지역가입자·임의가입자 및 임의계속가입자의 경우에는 본인이 내는 금액을 말한다.

11. "부담금"이란 사업장가입자의 사용자가 부담하는 금액을 말한다.
12. "기여금"이란 사업장가입자가 부담하는 금액을 말한다.
13. "사업장"이란 근로자를 사용하는 사업소 및 사무소를 말한다.
14. "수급권"이란 이 법에 따른 급여를 받을 권리를 말한다.
15. "수급권자"란 수급권을 가진 자를 말한다.
16. "수급자"란 이 법에 따른 급여를 받고 있는 자를 말한다.

(2) 국민연금가입자

1) 가입대상(법 제6조)

국내에 거주하는 국민으로서 18세 이상 60세 미만인 자는 국민연금 가입대상이 된다. 다만, 「공무원연금법」, 「군인연금법」, 「사립학교교직원 연금법」 및 「별정우체국법」을 적용받는 공무원, 군인, 사립학교 교직원 및 별정우체국 직원, 그 밖에 대통령령으로 정하는 자는 제외한다.

> **영 제18조**(가입 대상 제외자)
> 다음 각 호의 어느 하나에 해당하는 자는 국민연금 가입 대상에서 제외한다.
> 1. 노령연금의 수급권을 취득한 자 중 60세 미만의 특수 직종 근로자
> 2. 기노령연금의 수급권을 취득한 자. 다만, 조기노령연금의 지급이 정지 중인 자는 제외한다.

2) 가입자의 종류(법 제7조)

가입자는 사업장가입자, 지역가입자, 임의가입자 및 임의계속가입자로 구분한다.

> **영 제19조**(당연적용사업장)
> ① 당연적용사업장은 다음 각 호의 어느 하나에 해당하는 사업장으로 한다.
>   1. 1명 이상의 근로자를 사용하는 사업장
>   2. 주한 외국기관으로서 1명 이상의 대한민국 국민인 근로자를 사용하는 사업장
> ② 사업장 상호간에 본점과 지점·대리점·출장소 등의 관계에 있고 그 사업경영이 일체로 되어 있는 경우에는 이를 하나의 사업장으로 보아 제1항을 적용한다.

① **사업장가입자**(법 제8조)

㉠ 당연적용사업장의 18세 이상 60세 미만인 근로자와 사용자는 당연히 사업장가입자가 된다. 다만, 다음에 해당하는 자는 제외한다.

「공무원연금법」, 「공무원 재해보상법」, 「사립학교교직원 연금법」 또는 「별정우체국법」에 따른 퇴직연금, 장해연금 또는 퇴직연금일시금이나 「군인연금법」에 따른 퇴역연금, 퇴역연금일시금, 「군인 재해보상법」에 따른 상이연금을 받을 권리를 얻은 자(이하 "퇴직연금 등 수급권자"). 다만, 퇴직연금등수급권자가 「국민연금과 직역연금의 연계에 관한 법률」 제8조에 따라 연계 신청을 한 경우에는 그러하지 아니하다.

ⓒ ㉠ 및 법 제6조(가입대상)에도 불구하고 국민연금에 가입된 사업장에 종사하는 18세 미만 근로자는 사업장가입자가 되는 것으로 본다. 다만, 본인이 원하지 아니하면 사업장가입자가 되지 아니할 수 있다.

ⓓ ㉠에도 불구하고 「국민기초생활 보장법」에 따른 수급자 또는 의료급여 수급자는 본인의 희망에 따라 사업장가입자가 되지 아니할 수 있다. 〈시행 2016.1.1〉

② **지역가입자**(법 제9조)

당연적용사업장 가입자가 아닌 자로서 18세 이상 60세 미만인 자는 당연히 지역가입자가 된다. 다만, 다음의 어느 하나에 해당하는 자는 제외한다.

1. 다음 각 목의 어느 하나에 해당하는 자의 배우자로서 별도의 소득이 없는 자
   가. 법 제6조 단서에 따라 국민연금 가입대상에서 제외되는 자
   나. 사업장가입자, 지역가입자 및 임의계속가입자
   라. 노령연금 수급권자 및 퇴직연금 등 수급권자
2. 퇴직연금 등 수급권자
3. 18세 이상 27세 미만인 자로서 학생이거나 군복무 등의 이유로 소득이 없는 자(연금보험료를 납부한 사실이 있는 자는 제외한다)
4. 「국민기초생활 보장법」에 따른 생계급여 수급자 또는 의료급여 수급자
5. 1년 이상 행방불명된 자. 이 경우 행방불명된 자에 대한 인정기준 및 방법은 대통령령으로 정한다.

③ **임의가입자**(법 제10조)

㉠ 다음의 어느 하나에 해당하는 자 외의 자로서 18세 이상 60세 미만인 자는 보건복지부령으로 정하는 바에 따라 국민연금공단에 가입을 신청하면 임의가입자가 될 수 있다.

1. 사업장가입자   2. 지역가입자

ⓑ 임의가입자는 보건복지부령으로 정하는 바에 따라 국민연금공단에 신청하여 탈퇴할 수 있다.

④ **임의계속가입자**(법 제13조)

㉠ 다음의 어느 하나에 해당하는 자는 18세 이상 60세 미만인 국민연금 가입 대상규정에도 불구하고 65세가 될 때까지 보건복지부령으로 정하는 바에 따라 국민연금공단에 가입을 신청하면 임의계속가입자가 될 수 있다. 이 경우 가입신청이 수리된 날에 그 자격을 취득한다.

1. 국민연금가입자 또는 가입자였던 자로서 60세가 된 자. 다만, 다음 각 목의 어느 하나에 해당하는 자는 제외한다.
   가. 연금보험료를 납부한 사실이 없는 자
   나. 노령연금 수급권자로서 급여를 지급받고 있는 자
   다. 가입기간이 10년 미만인 자가 60세가 된 때에 해당하는 사유로 반환일시금을 지급받은 자
2. 특수직종근로자로서 다음 각 목의 어느 하나에 해당하는 사람 중 노령연금 급여를 지급받지 않는 사람
   가. 노령연금 수급권을 취득한 사람
   나. 「국민복지연금법」 개정법률 부칙 제5조에 따라 특례노령연금 수급권을 취득한 사람

ⓒ 임의계속가입자는 보건복지부령으로 정하는 바에 따라 국민연금공단에 신청하면 탈퇴할 수 있다.

3) 국민연금가입자 자격의 취득 및 상실시기(법 제12조, 법 제13조) `27회 출제`

가입자 종류	취득시기 (해당하게 된 날)	상실시기 (해당하게 된 날의 다음 날)	
사업장 가입자	1. 당연적용사업장에 고용된 때 또는 그 사업장의 사용자가 된 때 2. 당연적용사업장으로 된 때	1. 사망한 때 2. 국적을 상실하거나 국외로 이주한 때 3. 사용관계가 끝난 때 4. 60세가 된 때	
		5. 국민연금 가입대상 제외자에 해당하게 된 때 → 해당하게 된 날	
지역 가입자	1. 사업장가입자의 자격을 상실한 때 2. 국민연금 가입대상 제외자에 해당하지 아니하게 된 때 3. 배우자가 별도의 소득이 있게 된 때 4. 18세 이상 27세 미만인 자가 소득이 있게 된 때 (위 3. 또는 4.의 경우 소득이 있게 된 때를 알 수 없는 경우에는 신고를 한 날에 그 자격을 취득한다)	1. 사망한 때 2. 국적을 상실하거나 국외로 이주한 때 3. 배우자로서 별도의 소득이 없게 된 때 4. 60세가 된 때	
		5. 국민연 가입대상 제금외자에 해당하게 된 때 6. 사업장가입자의 자격을 취득한 때	해당 하게 된 날
임의 가입자	가입신청이 수리된 날	1. 사망한 때 2. 국적을 상실하거나 국외로 이주한 때 3. 탈퇴신청이 수리된 때 4. 60세가 된 때 5. 3개월 이상 계속하여 연금보험료를 체납한 때	
		6. 사업장가입자 또는 지역가입자의 자격을 취득한 때 7. 국민연금 가입대상 제외자에 해당하게 된 때	해당 하게 된 날
임의 계속 가입자	가입신청이 수리된 날	1. 사망한 때 2. 국적을 상실하거나 국외로 이주한 때 3. 탈퇴신청이 수리된 때 4. 3개월 이상 계속하여 연금보험료를 체납한 때	

4) 국민연금 가입기간의 계산(법 제17조)

① 국민연금 가입기간은 월단위로 계산하되, 가입자의 자격을 취득한 날이 속하는 달의 다음 달부터 자격을 상실한 날의 전날이 속하는 달까지로 한다. 다만, 다음의 어느 하나에 해당하는 경우 자격을 취득한 날이 속하는 달은 가입기간에 산입하되, 가입자가 그 자격을 상실한 날의 전날이 속하는 달에 자격을 다시 취득하면 다시 취득한 달을 중복하여 가입기간에 산입하지 아니한다.

> 1. 가입자가 자격을 취득한 날이 그 속하는 달의 초일인 경우(자격취득일이 속하는 달에 다시 그 자격을 상실하는 경우는 제외한다)
> 2. 임의계속가입자의 자격을 취득한 경우
> 3. 가입자가 희망하는 경우

② 가입기간을 계산할 때 연금보험료를 내지 아니한 기간은 가입기간에 산입하지 아니한다. 다만, 사용자가 근로자의 임금에서 기여금을 공제하고 연금보험료를 내지 아니한 경우에는 그 내지 아니한 기간의 2분의 1에 해당하는 기간을 근로자의 가입기간으로 산입한다. 이 경우 1개월 미만의 기간은 1개월로 한다.

5) 가입자 자격 및 소득 등에 관한 신고(법 제21조)

① 사업장가입자의 사용자는 보건복지부령으로 정하는 바에 따라 당연적용사업장에 해당된 사실, 사업장의 내용변경 및 휴업·폐업 등에 관한 사항과 가입자 자격의 취득·상실, 가입자의 소득월액 등에 관한 사항을 국민연금공단에 신고하여야 한다.

> **규칙 제3조**(당연적용사업장 해당 신고)
> 당연적용사업장의 사용자는 법 제21조 제1항에 따라 당연적용사업장이 된 날이 속하는 달의 다음 달 15일까지 당연적용사업장 해당신고서 및 통장 사본 1부(자동이체를 신청하는 경우만 해당한다)를 공단에 제출하여야 한다. 이 경우 공단은 「전자정부법」에 따른 행정정보의 공동이용을 통하여 사업자등록증 및 법인 등기사항증명서를 확인하여야 하며, 신고인이 사업자등록증을 확인하는 것에 동의하지 아니하는 경우에는 그 사본을 첨부하도록 하여야 한다.
>
> **규칙 제6조**(사업장가입자의 자격 취득·상실의 신고)
> 사용자는 해당 사업장의 근로자나 사용자 본인이 사업장가입자의 자격을 취득하거나 상실하면 그 사유가 발생한 날이 속하는 달의 다음 달 15일까지 다음 각 호의 구분에 따른 서류를 공단에 제출하여야 한다.
> 1. 사업장가입자의 자격을 취득한 경우 : 사업장가입자 자격취득신고서(자격취득자에 특수직종근로자가 포함된 경우에는 임금대장 사본이나 선원수첩 사본 등 특수직종근로자임을 확인할 수 있는 서류를 첨부하여야 한다)
> 2. 사업장가입자의 자격을 상실한 경우 : 사업장가입자 자격상실신고서

② 지역가입자, 임의가입자 및 임의계속가입자는 보건복지부령으로 정하는 바에 따라 자격의 취득·상실, 이름 또는 주소의 변경 및 소득에 관한 사항 등을 국민연금공단에 신고하여야 한다.

> **규칙 제7조**(지역가입자의 자격 취득·상실의 신고)
> 지역가입자는 지역가입자의 자격을 취득하거나 상실한 경우에는 그 사유가 발생한 날이 속하는 달의 다음 달 15일까지 다음 각 호의 구분에 따른 서류를 공단에 제출하여야 한다.
> 1. 지역가입자의 자격을 취득한 경우 : 지역가입자 자격취득신고서(자격취득자에 특수직종근로자가 포함된 경우에는 임금대장 사본이나 선원수첩 사본 등 특수직종근로자임을 확인할 수 있는 서류를 첨부하여야 한다)
> 2. 지역가입자의 자격을 상실한 경우 : 지역가입자 자격상실신고서

③ 지역가입자, 임의가입자 또는 임의계속가입자가 부득이한 사유로 ②에 따른 신고를 할 수 없는 경우에는 배우자나 그 밖의 가족이 신고를 대리할 수 있다.

(3) 급 여 `22회 출제`

1) 통칙

① 급여의 종류(법 제49조)

> 1. 노령연금   2. 장애연금   3. 유족연금   4. 반환일시금

② 급여지급(법 제50조)
  ㉠ 급여는 수급권자의 청구에 따라 공단이 지급한다. 〈개정 2016. 5. 29〉
  ㉡ 연금액은 지급사유에 따라 기본연금액과 부양가족연금액을 기초로 산정한다.

③ 연금지급기간 및 지급시기(법 제54조) `15회 출제`
  ㉠ 연금은 지급하여야 할 사유가 생긴 날(반납금, 추납보험료 또는 체납된 연금보험료를 냄에 따라 연금을 지급하여야 할 사유가 생긴 경우에는 해당 금액을 낸 날)이 속하는 달의 다음 달부터 수급권이 소멸한 날이 속하는 달까지 지급한다.
  ㉡ 연금은 매월 25일에 그 달의 금액을 지급하되, 지급일이 토요일이나 공휴일이면 그 전날에 지급한다. 다만, 수급권이 소멸하거나 연금지급이 정지된 경우에는 그 지급일 전에 지급할 수 있다.
  ㉢ 연금은 지급을 정지하여야 할 사유가 생기면 그 사유가 생긴 날이 속하는 달의 다음 달부터 그 사유가 소멸한 날이 속하는 달까지는 지급하지 아니한다.

④ 중복급여의 조정(법 제56조)
  ㉠ 수급권자에게 이 법에 따른 2 이상의 급여수급권이 생기면 수급권자의 선택에 따라 그 중 하나만 지급하고 다른 급여의 지급은 정지된다.
  ㉡ ㉠에도 불구하고 ㉠에 따라 선택하지 아니한 급여가 다음 각 호의 어느 하나에 해당하는 경우에는 해당 호에 규정된 금액을 선택한 급여에 추가하여 지급한다.

> 1. 선택하지 아니한 급여가 유족연금일 때(선택한 급여가 반환일시금일 때를 제외한다) : 유족연금액의 100분의 30에 해당하는 금액
> 2. 선택하지 아니한 급여가 반환일시금일 때(선택한 급여가 장애연금이고, 선택하지 아니한 급여가 본인의 연금보험료 납부로 인한 반환일시금일 때를 제외한다) : 제80조 제2항(사망일시금)에 상당하는 금액

⑤ 급여의 환수(법 제57조)
  ㉠ 공단은 급여를 받은 사람이 다음의 어느 하나에 해당하는 경우에는 대통령령으로 정하는 바에 따라 그 금액(이하 "환수금")을 환수하여야 한다. 다만, 공단은 환수금이 대통령령으로 정하는 금액(3천원) 미만인 경우에는 환수하지 아니한다.
    ⓐ 거짓이나 그 밖의 부정한 방법으로 급여를 받은 경우
    ⓑ 수급권 변경 등에 관한 신고의무자가 신고 사항을 공단에 신고하지 아니하거나 늦게 신고하여 급여를 잘못 지급받은 경우
    ⓒ 가입자 또는 가입자였던 자가 제15조에 따라 사망한 것으로 추정되어 유족연금 등의 급여가 지급된 후 해당 가입자 또는 가입자였던 자의 생존이 확인된 경우
    ⓓ 그 밖의 사유로 급여가 잘못 지급된 경우
  ㉡ 공단은 ㉠의 ⓐ 및 ⓑ의 경우에는 대통령령으로 정하는 이자를 가산하여 환수한다. 다만, 납부 의무자의 귀책사유가 없는 경우에는 이자를 가산하지 아니한다.

> **영 제41조(환수금의 고지 등)**
> ① 공단은 급여의 환수 사유가 발생하면 20일 이상의 기한을 정하여 환수할 금액(법 제57조 제2항에 따른 이자를 포함하며, 이하 "환수금"이라 한다)을 결정하여 고지하여야 한다. 〈개정 2016.11.29〉
> ② 위 ①에 따른 기한까지 환수금을 내지 아니하면 20일 이상의 기한을 정하여 독촉하여야 한다.
> ③ 환수금은 매월 분할하여 납부하게 할 수 있다.
> ④ 국민연금공단은 환수금을 3개월 이상 계속하여 체납한 경우에는 환수금을 한꺼번에 환수할 수 있다.

⑥ 수급권 보호(법 제58조) 〈개정 2016. 5. 29〉
  ㉠ 수급권은 양도·압류하거나 담보로 제공할 수 없다.
  ㉡ 수급권자에게 지급된 급여로서 대통령령으로 정하는 금액 이하의 급여는 압류할 수 없다.
  ㉢ 급여수급전용계좌에 입금된 급여와 이에 관한 채권은 압류할 수 없다.

2) 노령연금
  ① 노령연금의 수급권자(법 제61조)
    ㉠ 가입기간이 10년 이상인 가입자 또는 가입자였던 자에 대하여는 60세(특수직종근로자는 55세)가 된 때부터 그가 생존하는 동안 노령연금을 지급한다.
    ㉡ 가입기간이 10년 이상인 가입자 또는 가입자였던 자로서 55세 이상인 자가 대통령령으로 정하는 소득이 있는 업무에 종사하지 아니하는 경우 본인이 희망하면 ㉠에도 불구하고 60세가 되기 전이라도 본인이 청구한 때부터 그가 생존하는 동안 일정한 금액의 연금(이하 "조기노령연금")을 받을 수 있다.
  ② 지급의 연기에 따른 가산(법 제62조)
    ㉠ 노령연금의 수급권자로서 60세 이상 65세 미만인 사람(특수직종근로자는 55세 이상 60세 미만인 사람)이 연금지급의 연기를 희망하는 경우에는 65세(특수직종근로자는 60세) 전까지의 기간에 대하여 그 지급을 연기할 수 있다.

ⓒ 지급의 연기를 신청한 수급권자가 연금의 지급을 희망하는 경우의 연금액은 지급의 연기를 신청한 때의 노령연금액(부양가족연금액을 제외)을 조정한 금액에 연기되는 매 1개월마다 그 금액의 1천분의 6을 더한 액으로 한다. 이 경우 1천분의 6에 해당하는 금액도 조정한다.

3) 분할연금 수급권자 등(법 제64조)

① 혼인 기간(배우자의 가입기간 중의 혼인 기간으로서 별거, 가출 등의 사유로 인하여 실질적인 혼인관계가 존재하지 아니하였던 기간을 제외한 기간을 말한다)이 5년 이상인 자가 다음의 요건을 모두 갖추면 그때부터 그가 생존하는 동안 배우자였던 자의 노령연금을 분할한 일정한 금액의 연금(이하 "분할연금")을 받을 수 있다.

ⓐ 배우자와 이혼하였을 것
ⓑ 배우자였던 사람이 노령연금 수급권자일 것
ⓒ 60세가 되었을 것

② 분할연금액은 배우자였던 자의 노령연금액(부양가족연금액은 제외) 중 혼인 기간에 해당하는 연금액을 균등하게 나눈 금액으로 한다.
③ 분할연금은 ①의 요건을 모두 갖추게 된 때부터 5년 이내에 청구하여야 한다.
④ 제1항에 따른 혼인 기간의 인정 기준 및 방법 등에 필요한 사항은 대통령령으로 정한다.
[2017.12.19. 법률 제15267호에 의하여 2016.12.29. 헌법재판소에서 헌법불합치 결정된 이 조 제1항을 개정함.] 〈신설 2017.12.19.〉

4) 장애연금의 수급권자(법 제67조 제1항) 〈개정 2016.5.29〉 **15회 출제**

가입자 또는 가입자였던 자가 질병이나 부상으로 신체상 또는 정신상의 장애가 있고 일정한 요건을 모두 충족하는 경우에는 장애 정도를 결정하는 기준이 되는 날(이하 "장애결정 기준일")부터 그 장애가 계속되는 기간 동안 장애 정도에 따라 장애연금을 지급한다.

5) 유족연금(유족연금의 수급권자, 법 제72조 제1항)

① 다음의 어느 하나에 해당하는 사람이 사망하면 그 유족에게 유족연금을 지급한다.

1. 노령연금 수급권자
2. 가입기간이 10년 이상인 가입자 또는 가입자였던 자
3. 연금보험료를 낸 기간이 가입대상기간의 3분의 1 이상인 가입자 또는 가입자였던 자
4. 사망일 5년 전부터 사망일까지의 기간 중 연금보험료를 낸 기간이 3년 이상인 가입자 또는 가입자였던 자. 다만, 가입대상기간 중 체납기간이 3년 이상인 사람은 제외한다.
5. 장애등급이 2급 이상인 장애연금 수급권자

② 유족의 범위 등(법 제73조) : 유족연금을 지급받을 수 있는 유족은 위 ① 각 호의 사람이 사망할 당시(「민법」 제27조제1항에 따른 실종선고를 받은 경우에는 실종기간의 개시

당시를, 같은 조 제2항에 따른 실종선고를 받은 경우에는 사망의 원인이 된 위난 발생 당시를 말한다) 그에 의하여 생계를 유지하고 있던 다음 각 호의 자로 한다. 이 경우 가입자 또는 가입자였던 자에 의하여 생계를 유지하고 있던 자에 관한 인정 기준은 대통령령으로 정한다. 유족연금은 위 ① 각 호의 순위에 따라 최우선 순위자에게만 지급한다. 〈개정 2023. 6. 13.〉

1. 배우자
2. 자녀. 다만, 25세 미만이거나 제52조의2에 따른 장애상태에 있는 사람만 해당한다.
3. 부모(배우자의 부모 포함). 다만, 60세 이상이거나 제52조의2에 따른 장애상태에 있는 사람만 해당한다.
4. 손자녀. 다만, 19세 미만이거나 제52조의2에 따른 장애상태에 있는 사람만 해당한다.
5. 조부모(배우자의 조부모 포함). 다만, 60세 이상이거나 제52조의2에 따른 장애상태에 있는 사람만 해당한다.

〈참고〉 법 제52조의2(부양가족연금액 및 유족연금 지급 대상의 장애 인정기준)
제52조, 제73조, 제75조 및 제76조의 장애상태란 다음 각 호의 어느 하나에 해당하는 상태를 말한다.
1. 제67조제4항에 따른 장애등급 1급 또는 2급에 해당하는 상태
2. 「장애인복지법」 제2조에 따른 장애인 중 장애의 정도가 심한 장애인으로서 대통령령으로 정하는 장애 정도에 해당하는 상태
  ["대통령령으로 정하는 장애 정도에 해당하는 상태"란 「장애인복지법 시행령」 제2조제2항에 따른 장애의 정도가 심한 장애인에 해당하는 상태를 말한다.]

③ ②의 경우 같은 순위의 유족이 2명 이상이면 그 유족연금액을 똑같이 나누어 지급하되, 지급 방법은 대통령령으로 정한다.

④ 유족연금 수급권의 소멸(법 제75조) 〈개정 2023. 6. 13.〉
유족연금 수급권자가 다음 각 호의 어느 하나에 해당하게 되면 그 수급권은 소멸한다. 부모, 손자녀 또는 조부모인 유족의 유족연금 수급권은 가입자 또는 가입자였던 사람이 사망할 당시에 그 가입자 또는 가입자였던 사람의 태아가 출생하여 수급권을 갖게 되면 소멸한다.

1. 수급권자가 사망한 때
2. 배우자인 수급권자가 재혼한 때
3. 자녀나 손자녀인 수급권자가 파양된 때
4. 제52조의2에 따른 장애상태에 해당하지 아니한 자녀인 수급권자가 25세가 된 때 또는 제52조의2에 따른 장애상태에 해당하지 아니한 손자녀인 수급권자가 19세가 된 때

6) 반환일시금 등
① 반환일시금(법 제77조 제1항) : 가입자 또는 가입자였던 자가 다음의 어느 하나에 해당하게 되면 본인이나 그 유족의 청구에 의하여 반환일시금을 지급받을 수 있다.

1. 가입기간이 10년 미만인 자가 60세가 된 때
2. 가입자 또는 가입자였던 자가 사망한 때. 다만, 유족연금이 지급되는 경우에는 그러하지 아니하다.
3. 국적을 상실하거나 국외로 이주한 때

② 사망일시금(법 제80조) 〈시행 2021. 6. 30〉
 ㉠ 가입자 또는 가입자였던 사람, 노령연금 수급권자, 장애등급이 3급 이상인 장애연금 수급권자가 사망한 때에 유족이 없으면 그 배우자·자녀·부모·손자녀·조부모·형제자매 또는 4촌 이내 방계혈족에게 사망일시금을 지급한다.
 ㉡ 사망일시금을 받을 자의 순위는 배우자·자녀·부모·손자녀·조부모·형제자매 및 4촌 이내의 방계혈족 순으로 한다. 이 경우 순위가 같은 사람이 2명 이상이면 똑같이 나누어 지급하되, 그 지급방법은 대통령령으로 정한다.

(4) 급여 제한 등

1) 급여의 제한(법 제82조) 〔15·22회 출제〕

① 가입자 또는 가입자였던 자가 고의로 질병·부상 또는 그 원인이 되는 사고를 일으켜 그로 인하여 장애를 입은 경우에는 그 장애를 지급 사유로 하는 장애연금을 지급하지 아니할 수 있다.

② 가입자 또는 가입자였던 자가 고의나 중대한 과실로 요양 지시에 따르지 아니하거나 정당한 사유 없이 요양 지시에 따르지 아니하여 다음 각 호의 어느 하나에 해당하게 되면 대통령령으로 정하는 바에 따라 이를 원인으로 하는 급여의 전부 또는 일부를 지급하지 아니할 수 있다.

1. 장애를 입거나 사망한 경우
2. 장애나 사망의 원인이 되는 사고를 일으킨 경우
3. 장애를 악화시키거나 회복을 방해한 경우

③ 다음 각 호의 어느 하나에 해당하는 사람에게는 사망에 따라 발생되는 유족연금, 미지급 급여, 반환일시금 및 사망일시금(이하 "유족연금등")을 지급하지 아니한다.

1. 가입자 또는 가입자였던 자를 고의로 사망하게 한 유족
2. 유족연금등의 수급권자가 될 수 있는 자를 고의로 사망하게 한 유족
3. 다른 유족연금등의 수급권자를 고의로 사망하게 한 유족연금등의 수급권자

2) 장애연금액의 변경 제한(법 제83조)

장애연금의 수급권자가 고의나 중대한 과실로 요양 지시에 따르지 아니하거나 정당한 사유 없이 요양 지시에 따르지 아니하여 장애를 악화시키거나 회복을 방해한 경우에는 장애연금액을 변경하지 아니할 수 있다.

3) 지급의 정지 등(법 제86조) `22회 출제`

① 수급권자가 다음 각 호의 어느 하나에 해당하면 급여의 전부 또는 일부의 지급을 정지할 수 있다.

---
1. 수급권자가 정당한 사유 없이 공단의 서류, 그 밖의 자료 제출 요구에 응하지 아니한 때
2. 장애연금 또는 유족연금의 수급권자가 정당한 사유 없이 공단의 진단 요구 또는 확인에 응하지 아니한 때
3. 장애연금 수급권자가 고의나 중대한 과실로 요양 지시에 따르지 아니하거나 정당한 사유 없이 요양 지시에 따르지 아니하여 회복을 방해한 때
4. 수급권자가 정당한 사유 없이 제121조 제1항에 따른 수급권변경 등에 관한 신고를 하지 아니한 때
---

② 급여의 지급을 정지하려는 경우에는 지급을 정지하기 전에 대통령령으로 정하는 바에 따라 급여의 지급을 일시 중지할 수 있다.

(5) 비용부담 및 연금보험료의 징수 등

1) 연금보험료의 부과·징수 등(법 제88조)

① 보건복지부장관은 국민연금사업 중 연금보험료의 징수에 관하여 이 법에서 정하는 사항을 건강보험공단에 위탁한다.
② 공단은 국민연금사업에 드는 비용에 충당하기 위하여 가입자와 사용자에게 가입기간 동안 매월 연금보험료를 부과하고, 건강보험공단이 이를 징수한다.
③ 사업장가입자의 연금보험료 중 기여금은 사업장가입자 본인이, 부담금은 사용자가 각각 부담하되, 그 금액은 각각 기준소득월액의 1천분의 45에 해당하는 금액으로 한다.
④ 지역가입자, 임의가입자 및 임의계속가입자의 연금보험료는 지역가입자, 임의가입자 또는 임의계속가입자 본인이 부담하되, 그 금액은 기준소득월액의 1천분의 90으로 한다.

2) 납입의 고지 등(법 제88조의2)

① 건강보험공단은 공단이 연금보험료를 부과한 때에는 그 납부의무자에게 연금보험료의 금액, 납부기한, 납부장소 등을 적은 문서로써 납입의 고지를 하여야 한다. 다만, 연금보험료를 자동이체의 방법으로 내는 기간 동안에는 이를 생략할 수 있다.
② 연금보험료를 연대하여 납부하여야 하는 자 중 1명에게 한 고지는 다른 연대납부의무자에게도 효력이 있다.

3) 연금보험료의 납부기한 등(법 제89조)

① 연금보험료는 납부의무자가 다음 달 10일까지 내야 한다. 다만, 대통령령으로 정하는 농업·임업·축산업 또는 수산업을 경영하거나 이에 종사하는 자(이하 "농어업인")는 본인의 신청에 의하여 분기별 연금보험료를 해당 분기의 다음 달 10일까지 낼 수 있다.

② 연금보험료를 납부기한의 1개월 이전에 미리 낸 경우에는 그 전달의 연금보험료 납부기한이 속하는 날의 다음 날에 낸 것으로 본다.

③ 납부기한을 연장받으려면 보건복지부령으로 정하는 바에 따라 건강보험공단에 납부기한의 연장을 신청하여야 한다.

4) 연금보험료의 원천공제 납부(법 제90조) 〈개정 2016.5.29〉

① 사용자는 사업장가입자가 부담할 기여금을 그에게 지급할 매달의 임금에서 공제하여 내야 한다. 이 경우 사업장가입자의 연금보험료 중 일부를 지원받는 때에는 사업장가입자가 부담할 기여금에서 지원받는 연금보험료 중 기여금에 지원되는 금액을 뺀 금액을 공제하여야 한다.

② 해당 사업장의 사용자는 법인이 아닌 사업장의 사용자가 2명 이상인 때에는 그 사업장가입자의 연금보험료와 그에 따른 징수금을 연대하여 납부할 의무를 진다.

③ 해당 사업장의 사용자는 법인이 아닌 사업장의 사용자가 2명 이상인 때에는 그 사업장가입자의 연금보험료와 그에 따른 징수금을 연대하여 납부할 의무를 진다.

④ 사용자가 ①에 따른 연금보험료를 내지 아니한 경우에는 건강보험공단이 보건복지부령으로 정하는 바에 따라 근로자에게 그 사업장의 체납 사실을 통지하여야 한다. 〈신설 2021. 7. 27.〉

⑤ 건강보험공단은 ④에 따라 통지하는 체납 사실을 문자메시지, 전자우편 등 보건복지부령으로 정하는 방법을 통하여 추가로 안내하여야 한다. 〈신설 2021. 7. 27.〉

5) 연금보험료 납부의 예외(법 제91조)

① 납부의무자는 사업장가입자 또는 지역가입자가 다음의 어느 하나에 해당하는 사유로 연금보험료를 낼 수 없으면 대통령령으로 정하는 바에 따라 그 사유가 계속되는 기간에는 연금보험료를 내지 아니할 수 있다.

1. 사업중단, 실직 또는 휴직 중인 경우
2. 병역의무를 수행하는 경우
3. 학교에 재학 중인 경우
4. 교정시설에 수용 중인 경우
5. 보호감호시설이나 치료감호시설에 수용 중인 경우
6. 1년 미만 행방불명된 경우. 이 경우 행방불명의 인정기준 및 방법은 대통령령으로 정한다.
7. 재해·사고 등으로 소득이 감소되거나 그 밖에 소득이 있는 업무에 종사하지 아니하는 경우로서 대통령령으로 정하는 경우

② 위 ①에 따라 연금보험료를 내지 아니한 기간은 가입기간에 산입하지 아니한다.

(6) 심사청구와 재심사청구

1) **심사청구**(법 제108조)
   ① 가입자의 자격, 기준소득월액, 연금보험료, 그 밖의 이 법에 따른 징수금과 급여에 관한 공단 또는 건강보험공단의 처분에 이의가 있는 자는 그 처분을 한 국민연금공단 또는 건강보험공단에 심사청구를 할 수 있다.
   ② 위 ①에 따른 심사청구는 그 처분이 있음을 안 날부터 90일 이내에 문서(「전자정부법」에 따른 전자문서 포함)로 하여야 하며, 처분이 있은 날부터 180일을 경과하면 이를 제기하지 못한다. 다만, 정당한 사유로 그 기간에 심사청구를 할 수 없었음을 증명하면 그 기간이 지난 후에도 심사청구를 할 수 있다.
   ③ 위 ① 및 ②에 규정된 사항 외에 심사청구에 필요한 사항은 대통령령으로 정한다. 〈신설 2015.1.28〉

2) **국민연금심사위원회 및 징수심사위원회**(법 제109조 제1항) `21회 출제`
   심사청구사항을 심사하기 위하여 국민연금공단에 국민연금심사위원회를 두고, 건강보험공단에 징수심사위원회를 둔다.

> **영 제89조**(심사위원회의 구성), **영 제91조**(심사위원회 위원의 임기)
> 국민연금심사위원회는 위원장 1명을 포함한 26명 이내의 위원으로 구성한다.
> 국민연금심사위원회 위원의 임기는 2년으로 하며, 2차례만 연임할 수 있다. 다만, 국민연금공단의 임직원인 위원의 임기는 그 직위의 재임기간으로 한다.
>
> **영 제102조의2**(징수심사위원회의 구성·운영 및 심사 등)
> 징수심사위원회는 위원장 1명을 포함한 25명의 위원으로 구성한다.
> 위촉된 위원의 임기는 3년으로 한다.

3) **재심사청구**(법 제110조)
   심사청구에 대한 결정에 불복하는 자는 그 결정통지를 받은 날부터 90일 이내에 대통령령으로 정하는 사항을 적은 재심사청구서에 따라 국민연금재심사위원회에 재심사를 청구할 수 있다. 재심사청구의 방법 및 절차 등은 보건복지부령으로 정한다.

> **규칙 제49조**(재심사청구)
> ① 법 제110조에 따라 재심사청구를 하려는 자는 별지 제31호서식의 재심사청구서를 그 심사청구에 대한 결정을 한 국민연금공단 또는 건강보험공단이나 보건복지부장관에게 제출하여야 한다.
> ② 국민연금공단 또는 건강보험공단은 재심사청구서를 제출받으면 재심사청구서를 받은 날부터 10일 이내에 그 재심사청구서를 보건복지부장관에게 보내야 한다.

4) 국민연금재심사위원회(법 제111조 제1항)

재심사청구사항을 심사하기 위하여 보건복지부에 국민연금재심사위원회를 둔다. 재심사위원회는 위원장 1명을 포함한 20명 이내의 위원으로 구성한다. 이 경우 공무원이 아닌 위원이 전체 위원의 과반수가 되도록 하여야 한다. 국민연금재심사위원회 위원의 임기에 관하여는 국민연금심사위원회 위원의 임기에 관한 규정을 준용한다.

5) 행정심판과의 관계(법 제112조)

① 재심사위원회의 재심사와 재결에 관한 절차에 관하여는 「행정심판법」을 준용한다.
② 재심사청구사항에 대한 재심사위원회의 재심사는 「행정소송법」 제18조를 적용할 때 「행정심판법」에 따른 행정심판으로 본다.

(7) 보 칙

1) 연금의 중복급여의 조정(법 제113조)

장애연금 또는 유족연금의 수급권자가 이 법에 따른 장애연금 또는 유족연금의 지급사유와 같은 사유로 다음의 어느 하나에 해당하는 급여를 받을 수 있는 경우에는 장애연금액이나 유족연금액은 그 1/2에 해당하는 금액을 지급한다.

1. 「근로기준법」상 장해보상, 유족보상 또는 일시보상
2. 「산업재해보상보험법」에 따른 장해급여나 유족급여
3. 「선원법」에 따른 장해보상, 일시보상 또는 유족보상
4. 「어선원」 및 어선 「재해보상보험법」에 따른 장해급여, 일시보상급여 또는 유족급여

2) 시효(법 제115조) 〈시행 2018. 1. 25〉

① 연금보험료, 환수금, 그 밖의 이 법에 따른 징수금을 징수하거나 환수할 권리는 3년간, 급여(반환일시금은 제외한다)를 받거나 과오납금을 반환받을 수급권자 또는 가입자 등의 권리는 5년간, 반환일시금을 지급받을 권리는 10년간 행사하지 아니하면 각각 소멸시효가 완성된다. 〈개정 2017. 10. 24.〉
② 급여를 지급받을 권리는 그 급여 전액에 대하여 지급이 정지되어 있는 동안은 시효가 진행되지 아니한다.
③ 연금보험료나 그 밖의 이 법에 따른 징수금 등의 납입 고지, 독촉과 급여의 지급 또는 과오납금 등의 반환청구는 소멸시효 중단의 효력을 가진다.
④ 중단된 소멸시효는 납입 고지나 독촉에 따른 납입 기간이 지난 때부터 새로 진행된다.
⑤ 위 ①에 따른 급여의 지급이나 과오납금 등의 반환청구에 관한 기간을 계산할 때 그 서류의 송달에 들어간 일수는 그 기간에 산입하지 아니한다.

3) **신고 등**(법 제121조)

① 수급권자 및 수급자는 수급권의 발생·변경·소멸·정지 및 급여액의 산정·지급 등에 관련된 사항을 보건복지부령으로 정하는 바에 따라 공단에 신고하여야 한다.

② 수급권자 또는 수급자가 사망하면 「가족관계의 등록 등에 관한 법률」 제85조에 따른 신고의무자는 사망사실을 안 날부터 1개월 이내에 그 사실을 공단에 신고하여야 한다. 다만, 사망사실을 안 날부터 1개월 이내에 「가족관계의 등록 등에 관한 법률」에 따라 사망신고를 한 경우에는 그러하지 아니하다.

4) **외국과의 사회보장협정**(법 제127조)

대한민국이 외국과 사회보장협정을 맺은 경우에는 이 법에도 불구하고 국민연금의 가입, 연금보험료의 납부, 급여의 수급 요건, 급여액의 산정, 급여의 지급 등에 관하여 그 사회보장협정에서 정하는 바에 따른다.

5 국민건강보험법 [개정 2024. 10. 22.., 시행 2025. 4. 23.]

(1) 서 설

1) **목적**(법 제1조)

이 법은 국민의 질병·부상에 대한 예방·진단·치료·재활과 출산·사망 및 건강증진에 대하여 보험급여를 실시함으로써 국민보건 향상과 사회보장 증진에 이바지함을 목적으로 한다.

2) **관장**(법 제2조)

이 법에 따른 건강보험사업은 보건복지부장관이 맡아 주관한다.

국민건강보험법 제13조(보험자)
건강보험의 보험자는 국민건강보험공단(이하 "공단"이라 한다)으로 한다.

법 제14조(업무 등)
① 공단은 다음 각 호의 업무를 관장한다.
  1. 가입자 및 피부양자의 자격관리
  2. 보험료 기타 이 법에 의한 징수금의 부과·징수
  3. 보험급여의 관리
  4. 가입자 및 피부양자의 질병의 조기발견·예방 및 건강관리를 위하여 요양급여 실시 현황과 건강검진 결과 등을 활용하여 실시하는 예방사업으로서 대통령령으로 정하는 사업
  5. 보험급여비용의 지급
  6. 자산의 관리·운영 및 증식사업
  7. 의료시설의 운영
  8. 건강보험에 관한 교육훈련 및 홍보
  9. 건강보험에 관한 조사연구 및 국제협력
  10. 이 법에서 공단의 업무로 정하고 있는 사항

11. 「국민연금법」, 「고용보험 및 산업재해보상보험의 보험료징수 등에 관한 법률」, 「임금채권보장법」 및 「석면피해구제법」(이하 "징수위탁근거법"이라 한다)에 따라 위탁받은 업무
12. 그 밖에 이 법 또는 다른 법령에 따라 위탁받은 업무
13. 그 밖에 건강보험과 관련하여 보건복지부장관이 필요하다고 인정한 업무

3) 정의(법 제3조)

이 법에서 사용하는 용어의 정의는 다음과 같다.
1. "근로자"란 직업의 종류와 관계없이 근로의 대가로 보수를 받아 생활하는 사람(법인의 이사와 그 밖의 임원을 포함한다)으로서 공무원 및 교직원을 제외한 사람을 말한다.
2. "사용자"란 다음 각 목의 어느 하나에 해당하는 자를 말한다.
   가. 근로자가 소속되어 있는 사업장의 사업주
   나. 공무원이 소속되어 있는 기관의 장으로서 대통령령으로 정하는 사람
   다. 교직원이 소속되어 있는 사립학교(「사립학교교직원 연금법」 제3조에 규정된 사립학교를 말한다)를 설립·운영하는 자
3. "사업장"이란 사업소나 사무소를 말한다.
4. "공무원"이란 국가나 지방자치단체에서 상시 공무에 종사하는 사람을 말한다.
5. "교직원"이란 사립학교나 사립학교의 경영기관에서 근무하는 교원과 직원을 말한다.

(2) 국민건강보험의 가입자

1) 적용대상 등(법 제5조) 〈시행 2024.7.10.〉

① 국내에 거주하는 국민은 건강보험의 가입자 또는 피부양자가 된다. 다만, 다음의 어느 하나에 해당하는 사람은 제외한다.

1. 「의료급여법」에 따라 의료급여를 받는 사람(이하 "수급권자"라 한다)
2. 「독립유공자예우에 관한 법률」 및 「국가유공자 등 예우 및 지원에 관한 법률」에 따라 의료보호를 받는 사람(이하 "유공자 등 의료보호대상자"라 한다). 다만, 다음 각 목의 어느 하나에 해당하는 사람은 가입자 또는 피부양자가 된다.
   가. 유공자 등 의료보호대상자 중 건강보험의 적용을 보험자에게 신청한 사람
   나. 건강보험을 적용받고 있던 사람이 유공자 등 의료보호대상자로 되었으나 건강보험의 적용배제신청을 보험자에게 하지 아니한 사람

② 피부양자는 다음 각 호의 어느 하나에 해당하는 사람 중 직장가입자에게 주로 생계를 의존하는 사람으로서 소득 및 재산이 보건복지부령으로 정하는 기준 이하에 해당하는 사람을 말한다. 〈개정 2017.4.18.〉　　**23회 출제**

1. 직장가입자의 배우자
2. 직장가입자의 직계존속(배우자의 직계존속을 포함한다)
3. 직장가입자의 직계비속(배우자의 직계비속을 포함한다)과 그 배우자
4. 직장가입자의 형제·자매

③ 피부양자 자격의 인정기준, 취득·상실시기 기타 필요한 사항은 보건복지부령으로 정한다.

2) 가입자의 종류(법 제6조)

① 가입자는 직장가입자와 지역가입자로 구분한다.
② 모든 사업장의 근로자 및 사용자와 공무원 및 교직원은 직장가입자가 된다. 다만, 다음의 어느 하나에 해당하는 사람은 제외한다. **21·26회 출제**

> **직장가입자의 적용제외자** 〈개정 2016. 5. 29〉
> 1. 고용기간이 1개월 미만인 일용근로자
> 2. 「병역법」에 따른 현역병(지원에 의하지 아니하고 임용된 하사를 포함한다), 전환복무된 사람 및 군간부후보생
> 3. 선거에 당선되어 취임하는 공무원으로서 매월 보수 또는 보수에 준하는 급료를 받지 아니하는 사람
> 4. 그 밖에 사업장의 특성, 고용형태 및 사업의 종류 등을 고려하여 대통령령으로 정하는 사업장의 근로자 및 사용자와 공무원 및 교직원

> **영 제9조**(직장가입자에서 제외되는 자)
> 법 제6조 제2항 제4호에서 "대통령령으로 정하는 사업장의 근로자 및 사용자와 공무원 및 교직원"이라 함은 다음 각 호의 어느 하나에 해당하는 자를 말한다.
> 1. 비상근 근로자 또는 1개월 동안의 소정근로시간이 60시간 미만인 단시간근로자
> 2. 비상근 교직원 또는 1개월 동안의 소정근로시간이 60시간 미만인 시간제 공무원 및 교직원
> 3. 소재지가 일정하지 아니한 사업장의 근로자 및 사용자
> 4. 근로자가 없거나 제1호에 해당하는 근로자만을 고용하고 있는 사업장의 사업주

③ 지역가입자는 직장가입자와 그 피부양자를 제외한 가입자를 말한다.

3) 사업장의 신고(법 제7조)

사업장의 사용자는 다음의 어느 하나에 해당하게 되면 그 때부터 14일 이내에 보건복지부령으로 정하는 바에 따라 보험자에게 신고하여야 한다. 제1호에 해당되어 보험자에게 신고한 내용이 변경된 때에도 또한 같다.

> 1. 직장가입자가 되는 근로자·공무원 및 교직원을 사용하는 사업장(이하 "적용대상사업장")이 된 경우
> 2. 휴업·폐업 등 보건복지부령으로 정하는 사유가 발생한 경우

4) 가입자 자격취득의 시기(법 제8조) **26회 출제**

① 가입자는 국내에 거주하게 된 날에 직장가입자 또는 지역가입자의 자격을 얻는다. 다만, 다음에 해당하는 자는 그 해당되는 날에 자격을 얻는다.

> 1. 수급권자이었던 사람은 그 대상자에서 제외된 날
> 2. 직장가입자의 피부양자이었던 사람은 그 자격을 잃은 날
> 3. 유공자 등 의료보호대상자이었던 사람은 그 대상자에서 제외된 날
> 4. 보험자에게 건강보험의 적용을 신청한 유공자 등 의료보호대상자는 그 신청한 날

② 가입자 자격을 얻은 경우 그 직장가입자의 사용자 및 지역가입자의 세대주는 그 명세를 자격을 취득한 날부터 14일 이내에 보험자에게 신고하여야 한다.

5) 가입자 자격의 변동 시기(법 제9조)   24회 출제

① 가입자는 다음 각 호의 어느 하나에 해당하게 된 날에 그 자격이 변동된다.

1. 지역가입자가 적용대상사업장의 사용자로 되거나, 근로자·공무원 또는 교직원(이하 "근로자등"이라 한다)으로 사용된 날
2. 지역가입자가 적용대상사업장의 사용자로 되거나, 근로자·공무원 또는 교직원(이하 "근로자등"이라 한다)으로 사용된 날
3. 직장가입자인 근로자등이 그 사용관계가 끝난 날의 다음 날
4. 적용대상사업장에 휴업·폐업 등 보건복지부령으로 정하는 사유가 발생한 날의 다음 날
5. 지역가입자가 다른 세대로 전입한 날

② 가입자 자격이 변동된 경우 직장가입자의 사용자와 지역가입자의 세대주는 그 명세를 자격이 변동된 날부터 14일 이내에 보험자에게 신고하여야 한다.

6) 가입자 자격상실의 시기(법 제10조)   24·26·27회 출제

① 가입자는 다음의 어느 하나에 해당하게 된 날에 그 자격을 잃는다.

1. 사망한 날의 다음 날
2. 국적을 잃은 날의 다음 날
3. 국내에 거주하지 아니하게 된 날의 다음 날
4. 직장가입자의 피부양자가 된 날
5. 수급권자가 된 날(「의료급여법」에 따라 의료급여를 받는 자)
6. 건강보험을 적용받고 있던 사람이 유공자 등 의료보호대상자가 되어 건강보험의 적용배제신청을 한 날

② 가입자 자격을 잃은 경우 직장가입자의 사용자와 지역가입자의 세대주는 그 명세를 자격을 잃은 날부터 14일 이내에 보험자에게 신고하여야 한다.

7) 건강보험증(법 제12조)

① 국민건강보험공단은 가입자 또는 피부양자가 신청하는 경우 건강보험증을 발급하여야 한다. 〈개정 2018. 12. 11.〉

② 가입자 또는 피부양자가 요양급여를 받을 때에는 건강보험증을 요양기관에 제출하여야 한다. 다만, 천재지변이나 그 밖의 부득이한 사유가 있으면 그러하지 아니하다.

③ 가입자 또는 피부양자는 ② 본문에도 불구하고 주민등록증(모바일 주민등록증을 포함한다), 운전면허증, 여권, 그 밖에 보건복지부령으로 정하는 본인 여부를 확인할 수 있는 신분증명서(이하 "신분증명서"라 한다)로 요양기관이 그 자격을 확인할 수 있으면 건강보험증을 제출하지 아니할 수 있다. 〈시행 2024. 12. 27〉

④ 요양기관은 가입자 또는 피부양자에게 요양급여를 실시하는 경우 보건복지부령으로 정하는 바에 따라 건강보험증이나 신분증명서로 본인 여부 및 그 자격을 확인하여야 한다. 다만, 요양기관이 가입자 또는 피부양자의 본인 여부 및 그 자격을 확인하기 곤란한 경우로서 보건복지부령으로 정하는 정당한 사유가 있을 때에는 그러하지 아니하다. 〈신설 2023. 5. 19.〉

⑤ 가입자·피부양자는 자격을 잃은 후 자격을 증명하던 서류를 사용하여 보험급여를 받아서는 아니 된다. 〈개정 2023. 5. 19.〉

⑥ 누구든지 건강보험증이나 신분증명서를 양도 또는 대여를 받거나 그 밖에 이를 부정하게 사용하여 보험급여를 받아서는 아니 된다. 누구든지 건강보험증이나 신분증명서를 양도 또는 대여를 받거나 그 밖에 이를 부정하게 사용하여 보험급여를 받아서는 아니 된다.

(3) 보험급여

🔽 보험급여의 종류

보험급여	현물급여	요양급여
		건강검진
	현금급여	요양비
		부가급여
		장애인보장구 급여비

1) **요양급여**(법 제41조 제1항)

가입자 및 피부양자의 질병·부상·출산 등에 대하여 진찰·검사, 약제·치료재료의 지급, 처치·수술 기타의 치료, 예방·재활, 입원, 간호, 이송의 요양급여를 실시한다. 한편, 제41조의5(방문요양급여) 규정에 의하여 가입자 또는 피부양자가 질병이나 부상으로 거동이 불편한 경우 등 보건복지부령으로 정하는 사유에 해당하는 경우에는 가입자 또는 피부양자를 직접 방문하여 요양급여를 실시할 수 있다. 〈시행 2019. 6. 12.〉

> **법 제44조**(비용의 일부부담) 〈개정 2024. 2. 20.〉
> ① 요양급여를 받는 자는 대통령령으로 정하는 바에 따라 비용의 일부(이하 "본인일부부담금")를 본인이 부담한다. 이 경우 선별급여에 대해서는 다른 요양급여에 비하여 본인일부부담금을 상향 조정할 수 있다.
> ② 본인이 연간 부담하는 다음 각 호의 금액의 합계액이 대통령령으로 정하는 금액(이하 "본인부담상한액"이라 한다)을 초과한 경우에는 공단이 그 초과 금액을 부담하여야 한다. 이 경우 공단은 당사자에게 그 초과 금액을 통보하고, 이를 지급하여야 한다.
> 1. 본인일부부담금의 총액
> 2. 제49조제1항에 따른 요양이나 출산의 비용으로 부담한 금액(요양이나 출산의 비용으로 부담한 금액이 보건복지부장관이 정하여 고시한 금액보다 큰 경우에는 그 고시한 금액으로 한다)에서 같은 항에 따라 요양비로 지급받은 금액을 제외한 금액

2) **요양비**(법 제49조)
① 공단은 가입자나 피부양자가 보건복지부령으로 정하는 긴급하거나 그 밖의 부득이한 사유로 요양기관과 비슷한 기능을 하는 기관으로서 보건복지부령으로 정하는 기관(업무정지기간 중인 요양기관을 포함한다. 이하 "준요양기관"이라 한다)에서 질병·부상·출산 등에 대하여 요양을 받거나, 요양기관이 아닌 장소에서 출산한 경우에는 그 요양급여에 상당하는 금액을 보건복지부령으로 정하는 바에 따라 가입자나 피부양자에게 요양비로 지급한다.
② 준요양기관은 보건복지부장관이 정하는 요양비 명세서나 요양 명세를 적은 영수증을 요양을 받은 사람에게 내주어야 하며, 요양을 받은 사람은 그 명세서나 영수증을 공단에 제출하여야 한다.
③ 위 ① 및 ②에도 불구하고 준요양기관은 요양을 받은 가입자나 피부양자의 위임이 있는 경우 공단에 요양비의 지급을 직접 청구할 수 있다. 이 경우 공단은 지급이 청구된 내용의 적정성을 심사하여 준요양기관에 요양비를 지급할 수 있다.

3) **부가급여**(법 제50조)
공단은 이 법에서 정한 요양급여 외에 대통령령으로 정하는 바에 따라 임신·출산 진료비, 장제비, 상병수당, 그 밖의 급여를 실시할 수 있다.

> **영 제23조**(부가급여)
> ① 부가급여는 임신·출산(유산 및 사산을 포함한다) 진료비로 한다.
>
> **법 제56조 [요양비 등의 지급]**
> 공단은 이 법에 따라 지급의무가 있는 요양비 또는 부가급여의 청구를 받으면 지체 없이 이를 지급하여야 한다.

4) **장애인에 대한 특례**(법 제51조)
공단은 「장애인복지법」에 따라 등록한 장애인인 가입자 및 피부양자에게는 「장애인·노인 등을 위한 보조기기 지원 및 활용촉진에 관한 법률」에 따른 보조기기에 대하여 보험급여를 할 수 있다.〈개정 2019. 4. 23.〉

5) **건강검진**(법 제52조)
① 공단은 가입자 및 피부양자에 대하여 질병의 조기발견과 그에 따른 요양급여를 하기 위하여 건강검진을 실시한다.
② 건강검진의 대상·횟수·절차 그 밖에 필요한 사항은 대통령령으로 정한다.

> **영 제25조**(건강검진)
> ① 건강검진은 일반건강검진, 암검진 및 영유아건강검진으로 구분하여 실시한다.
> ② 건강검진을 받을 수 있는 사람은 다음 각 호와 같다.

1. 일반건강검진: 직장가입자, 세대주인 지역가입자, 20세 이상인 지역가입자 및 20세 이상인 피부양자
2. 암검진: 암의 종류별 검진주기와 연령 기준 등에 해당하는 사람
3. 영유아건강검진: 6세 미만의 가입자 및 피부양자

건강검진은 2년마다 1회 이상 실시하되, 사무직에 종사하지 아니하는 직장가입자에 대해서는 1년에 1회 실시한다. 다만, 암검진은 「암관리법 시행령」에서 정한 바에 따르며, 영유아건강검진은 영유아의 나이 등을 고려하여 보건복지부장관이 정하여 고시하는 바에 따라 검진주기와 검진횟수를 다르게 할 수 있다.
④ 건강검진은 지정된 건강검진기관에서 실시하여야 한다.
⑤ 공단이 건강검진을 실시하려면 건강검진의 실시에 관한 사항을 다음 각 호의 구분에 따라 통보하여야 한다.

1. 일반건강검진 및 암검진: 직장가입자에게 실시하는 건강검진의 경우에는 소속사용자에게, 직장가입자의 피부양자 및 지역가입자에게 실시하는 건강검진의 경우에는 검진을 받는 자에게 통보
2. 영유아건강검진: 직장가입자의 피부양자인 영유아에게 실시하는 건강검진의 경우에는 해당 직장가입자에게, 지역가입자인 영유아에게 실시하는 건강검진의 경우에는 소속 세대주에게 통부

6) 급여의 제한(법 제53조)

① 공단은 보험급여를 받을 수 있는 사람이 다음의 어느 하나에 해당하면 보험급여를 하지 아니한다.

1. 고의 또는 중대한 과실로 인한 범죄행위에 기인하거나 고의로 사고를 발생시킨 경우
2. 고의 또는 중대한 과실로 공단이나 요양기관의 요양에 관한 지시에 따르지 아니한 경우
3. 고의 또는 중대한 과실로 문서 기타 물건의 제출을 거부하거나 질문 또는 진단을 기피한 경우
4. 업무상 또는 공무상 질병·부상·재해로 인하여 다른 법령에 의한 보험급여나 보상 또는 보상을 받게 되는 경우

② 공단은 보험급여를 받을 수 있는 사람이 다른 법령에 따라 국가나 지방자치단체로부터 보험급여에 상당하는 급여를 받거나 보험급여에 상당하는 비용을 지급받게 되는 경우에는 그 한도에서 보험급여를 하지 아니한다.
③ 공단은 가입자가 1개월 이상 다음의 보험료를 체납한 경우 그 체납한 보험료를 완납할 때까지 그 가입자 및 피부양자에 대하여 보험급여를 실시하지 아니할 수 있다. 다만, 월별 보험료의 총체납횟수(이미 납부된 체납보험료는 총체납횟수에서 제외하며, 보험료의 체납기간은 고려하지 아니한다)가 대통령령으로 정하는 횟수 미만이거나 가입자 및 피부양자의 소득·재산 등이 대통령령으로 정하는 기준 미만인 경우에는 그러하지 아니하다. 〈개정 2024. 2. 6.〉
㉠ 보수 외 소득월액보험료
㉡ 세대단위의 보험료

제5장 사무·인사관리

7) **급여의 정지**(법 제54조) 〈개정 2020. 4. 7.〉

보험급여를 받을 수 있는 사람이 다음 각 호의 어느 하나에 해당하면 그 기간에는 보험급여를 하지 아니한다. 다만, ② 및 ③의 경우에는 제60조에 따른 요양급여를 실시한다.
① 국외에 체류하는 경우
② 「병역법」에 따른 현역병(지원에 의하지 아니하고 임용된 하사를 포함한다), 전환복무된 사람 및 군간부후보생에 해당하게 된 경우
③ 교도소, 그 밖에 이에 준하는 시설에 수용되어 있는 경우

8) **부당이득의 징수**(법 제57조)

① 공단은 속임수나 그 밖의 부당한 방법으로 보험급여를 받은 사람·준요양기관 및 보조기기 판매업자나 보험급여비용을 받은 요양기관에 대하여 그 보험급여나 보험급여비용에 상당하는 금액을 징수한다. 〈개정 2023. 5. 19.〉

② 사용자나 가입자의 거짓 보고나 거짓 증명(건강보험증이나 신분증명서를 양도·대여하여 다른 사람이 보험급여를 받게 하는 것을 포함한다), 요양기관의 거짓 진단이나 거짓 확인(제12조제4항을 위반하여 건강보험증이나 신분증명서로 가입자 또는 피부양자의 본인 여부 및 그 자격을 확인하지 아니한 것을 포함한다) 또는 준요양기관이나 보조기기를 판매한 자의 속임수 및 그 밖의 부당한 방법으로 보험급여가 실시된 경우 공단은 이들에게 보험급여를 받은 사람과 연대하여 ①에 따른 징수금을 내게 할 수 있다. 〈개정 2023. 5. 19.〉

③ 공단은 속임수나 그 밖의 부당한 방법으로 보험급여를 받은 사람과 같은 세대에 속한 가입자(속임수나 그 밖의 부당한 방법으로 보험급여를 받은 사람이 피부양자인 경우에는 그 직장가입자를 말한다)에게 속임수나 그 밖의 부당한 방법으로 보험급여를 받은 사람과 연대하여 ①에 따른 징수금을 내게 할 수 있다.

④ 요양기관이 가입자나 피부양자로부터 속임수나 그 밖의 부당한 방법으로 요양급여비용을 받은 경우 공단은 해당 요양기관으로부터 이를 징수하여 가입자나 피부양자에게 지체 없이 지급하여야 한다. 이 경우 공단은 가입자나 피부양자에게 지급하여야 하는 금액을 그 가입자 및 피부양자가 내야 하는 보험료 등과 상계할 수 있다.

9) **구상권**(법 제58조)

① 공단은 제3자의 행위로 보험급여사유가 생겨 가입자 또는 피부양자에게 보험급여를 한 경우에는 그 급여에 들어간 비용 한도에서 그 제3자에게 손해배상을 청구할 권리를 얻는다.

② 위 ①에 따라 보험급여를 받은 사람이 제3자로부터 이미 손해배상을 받은 경우에는 공단은 그 배상액 한도에서 보험급여를 하지 아니한다.

10) **수급권의 보호**(법 제59조)
   ① 보험급여를 받을 권리는 양도하거나 압류할 수 없다.
   ② 요양비 등 수급계좌에 입금된 요양비 등은 압류할 수 없다.

(4) 보험료

1) **보험료의 부과·징수**(법 제69조)
   ① 공단은 건강보험사업에 드는 비용에 충당하기 위하여 보험료의 납부의무자로부터 보험료를 징수한다.
   ② 보험료는 가입자의 자격을 취득한 날이 속하는 달의 다음 달부터 가입자의 자격을 잃은 날의 전날이 속하는 달까지 징수한다. 다만, 가입자의 자격을 매월 1일에 취득한 경우 또는 건강보험 적용 신청으로 가입자의 자격을 취득하는 경우에는 그 달부터 징수한다. 〈개정 2019. 12. 3.〉
   ③ 보험료를 징수할 때 가입자의 자격이 변동된 경우에는 변동된 날이 속하는 달의 보험료는 변동되기 전의 자격을 기준으로 징수한다. 다만, 가입자의 자격이 매월 1일에 변동된 경우에는 변동된 자격을 기준으로 징수한다.
   ④ 직장가입자의 월별 보험료액은 다음에 따라 산정한 금액으로 한다. 〈개정 2024. 2. 6〉
      ㉠ 보수월액보험료 : 보수월액에 보험료율을 곱하여 얻은 금액
      ㉡ 보수 외 소득월액보험료 : 보수 외 소득월액에 보험료율을 곱하여 얻은 금액
   ⑤ 지역가입자의 월별 보험료액은 다음 각 호의 구분에 따라 산정한 금액을 합산한 금액으로 한다. 이 경우 보험료액은 세대 단위로 산정한다. 〈개정 2024. 2. 6.〉
      1. 소득: 지역가입자의 소득월액에 보험료율을 곱하여 얻은 금액
      2. 재산: 재산보험료부과점수에 재산보험료 부과점수당 금액을 곱하여 얻은 금액
   ⑥ 위 ④ 및 ⑤에 따른 월별 보험료액은 가입자의 보험료 평균액의 일정비율에 해당하는 금액을 고려하여 대통령령으로 정하는 기준에 따라 상한 및 하한을 정한다. 〈시행 2018.7.1.〉

2) **보수월액**(법 제70조)
   ① 직장가입자의 보수월액은 직장가입자가 지급받는 보수를 기준으로 하여 산정한다.
   ② 휴직이나 그 밖의 사유로 보수의 전부 또는 일부가 지급되지 아니하는 가입자(이하 "휴직자 등")의 보수월액보험료는 해당 사유가 생기기 전 달의 보수월액을 기준으로 산정한다.

3) **소득월액**(법 제71조 제1항)
   직장가입자의 보수 외 소득월액은 보수월액의 산정에 포함된 보수를 제외한 직장가입자의 소득(이하 "보수 외 소득")이 대통령령으로 정하는 금액(연간 2천만원)을 초과하는 경우 다음의 계산식에 따른 값을 보건복지부령으로 정하는 바에 따라 평가하여 산정한다. 〈개정 2024. 2. 6.〉

   (연간 보수외 소득 - 대통령령으로 정하는 금액) × 1/12

② 지역가입자의 소득월액은 지역가입자의 연간 소득을 12개월로 나눈 값을 보건복지부령으로 정하는 바에 따라 평가하여 산정한다. 〈신설 2024. 2. 6.〉

4) 보험료율 등(법 제73조) `25회 출제`

① 직장가입자의 보험료율은 1천분의 80의 범위에서 심의위원회의 의결을 거쳐 대통령령으로 정한다.

② 국외에서 업무에 종사하고 있는 직장가입자에 대한 보험료율은 ①에 따라 정해진 보험료율의 100분의 50으로 한다.

③ 지역가입자의 보험료율과 재산보험료부과점수당 금액은 심의위원회의 의결을 거쳐 대통령령으로 정한다.

5) 보험료의 면제(법 제74조 ①, ②) 〈개정 2020. 4. 7.〉 `21회 출제`

① 공단은 직장가입자가 다음 어느 하나에 해당하는 경우(㉠에 해당하는 경우에는 1개월 이상의 기간으로서 대통령령으로 정하는 기간(3개월을 말한다. 다만, 업무에 종사하기 위해 국외에 체류하는 경우라고 공단이 인정하는 경우에는 1개월을 말한다) 이상 국외에 체류하는 경우에 한정한다) 그 가입자의 보험료를 면제한다. 다만, ㉠에 해당하는 직장가입자의 경우에는 국내에 거주하는 피부양자가 없을 때에만 보험료를 면제한다.

㉠ 국외에 체류하는 경우

㉡ 「병역법」에 따른 현역병(지원에 의하지 아니하고 임용된 하사를 포함한다), 전환복무된 사람 및 군간부후보생에 해당하게 된 경우

㉢ 교도소, 그 밖에 이에 준하는 시설에 수용되어 있는 경우

② 지역가입자가 위 ①의 어느 하나에 해당하면 그 가입자가 속한 세대의 보험료를 산정할 때 그 가입자의 소득월액 및 재산보험료부과점수를 제외한다. 〈개정 2024. 2. 6.〉

③ 위 ①에 따른 보험료의 면제나 ②에 따라 보험료의 산정에서 제외되는 소득월액 및 재산보험료부과점수에 대하여는 ㉠부터 ㉢까지의 어느 하나에 해당하는 급여정지 사유가 생긴 날이 속하는 달의 다음 달부터 사유가 없어진 날이 속하는 달까지 적용한다. 다만, 다음 각 호의 어느 하나에 해당하는 경우에는 그 달의 보험료를 면제하지 아니하거나 보험료의 산정에서 소득월액 및 재산보험료부과점수를 제외하지 아니한다.

㉠ 급여정지 사유가 매월 1일에 없어진 경우

㉡ 국외에 체류하는 경우에 해당하는 가입자 또는 그 피부양자가 국내에 입국하여 입국일이 속하는 달에 보험급여를 받고 그 달에 출국하는 경우

6) **보험료의 부담**(법 제76조)
    ① 직장가입자의 보수월액보험료는 직장가입자와 다음의 구분에 따른 자가 각각 보험료액의 100분의 50씩 부담한다. 다만, 직장가입자가 교직원으로서 사립학교에 근무하는 교원이면 보험료액은 그 직장가입자가 100분의 50을, 사용자가 100분의 30을, 국가가 100분의 20을 각각 부담한다.
        ㉠ 직장가입자가 근로자인 경우에는 사업주
        ㉡ 직장가입자가 공무원인 경우에는 그 공무원이 소속되어 있는 국가 또는 지방자치단체
        ㉢ 직장가입자가 교직원(사립학교에 근무하는 교원은 제외한다)인 경우에는 교직원이 소속되어 있는 사립학교를 설립·운영하는 자에 해당하는 사용자
    ② 직장가입자의 소득월액보험료는 직장가입자가 부담한다.
    ③ 지역가입자의 보험료는 그 가입자가 속한 세대의 지역가입자 전원이 연대하여 부담한다.

7) **보험료의 납부의무**(법 제77조)
    ① 직장가입자의 보험료는 다음의 구분에 따라 정한 자가 납부한다.
        ㉠ 보수월액보험료 : 사용자. 이 경우 사업장의 사용자가 2명 이상인 때에는 그 사업장의 사용자는 해당 직장가입자의 보험료를 연대하여 납부한다.
        ㉡ 보수 외 소득월액보험료 : 직장가입자
    ② 지역가입자의 보험료는 그 가입자가 속한 세대의 지역가입자 전원이 연대하여 납부한다. 다만, 소득 및 재산이 없는 미성년자와 소득 및 재산 등을 고려하여 대통령령으로 정하는 기준에 해당하는 미성년자는 납부의무를 부담하지 아니한다.
    ③ 사용자는 보수월액보험료 중 직장가입자가 부담하여야 하는 그 달의 보험료액을 그 보수에서 공제하여 납부하여야 한다. 이 경우 직장가입자에게 공제액을 알려야 한다.

8) **보험료 납부기한**(법 제78조)　　　　　　　　　　　　　　　　　**25회 출제**
    ① 보험료 납부의무가 있는 직장가입자 및 지역가입자는 가입자에 대한 그 달의 보험료를 그 다음 달 10일까지 납부하여야 한다. 다만, 직장가입자의 보수 외 소득월액보험료 및 지역가입자의 보험료는 보건복지부령으로 정하는 바에 따라 분기별로 납부할 수 있다.
    ② 공단은 ①에도 불구하고 납입고지의 송달지연 등 보건복지부령으로 정하는 사유가 있는 경우 납부의무자의 신청에 따라 ①에 따른 납부기한부터 1개월의 범위에서 납부기한을 연장할 수 있다.

(5) 이의신청 및 심사청구 등

1) 이의신청(법 제87조)

① 가입자 및 피부양자의 자격, 보험료 등, 보험급여, 보험급여 비용에 관한 공단의 처분에 이의가 있는 자는 공단에 이의신청을 할 수 있다.

② 요양급여비용 및 요양급여의 적정성 평가 등에 관한 심사평가원의 처분에 이의가 있는 공단, 요양기관 또는 그 밖의 자는 심사평가원에 이의신청을 할 수 있다.

③ 이의신청은 처분이 있음을 안 날부터 90일 이내에 문서(전자문서를 포함한다)로 하여야 하며 처분이 있은 날부터 180일을 지나면 제기하지 못한다. 다만, 정당한 사유로 그 기간에 이의신청을 할 수 없었음을 소명한 경우에는 그러하지 아니하다.

④ ③의 본문에도 불구하고 요양기관이 심사평가원의 확인에 대하여 이의신청을 하려면 통보받은 날부터 30일 이내에 하여야 한다.

⑤ ①부터 ④까지에서 규정한 사항 외에 이의신청의 방법·결정 및 그 결정의 통지 등에 필요한 사항은 대통령령으로 정한다.

> **영 제53조**(이의신청위원회)
> 이의신청을 효율적으로 처리하기 위하여 공단 및 심사평가원에 각각 이의신청위원회를 설치한다. 각각 위원장 1명을 포함한 25명의 위원으로 구성한다.
>
> **영 제58조**(이의신청 결정기간)
> 공단과 심사평가원은 이의신청을 받은 날부터 60일 이내에 결정을 하여야 한다. 다만, 부득이한 사정이 있는 경우에는 30일의 범위에서 그 기간을 연장할 수 있다. 공단과 심사평가원은 제1항 단서에 따라 결정기간을 연장하려면 결정기간이 끝나기 7일 전까지 이의신청을 한 자에게 그 사실을 알려야 한다.

2) 심판청구(법 제88조)

① 이의신청에 대한 결정에 불복하는 자는 건강보험분쟁조정위원회에 심판청구를 할 수 있다. 이 경우 심판청구는 이의신청에 대한 결정이 있음을 안 날부터 90일 이내에 문서로 이를 하여야 하며 처분이 있은 날부터 180일을 경과하면 이를 제기하지 못한다.

② 심판청구를 하려는 자는 심판청구서를 처분을 한 공단 또는 심사평가원에 제출하거나 건강보험분쟁조정위원회에 제출하여야 한다.

> **영 제61조**(심판청구 결정기간)
> 분쟁조정위원회는 심판청구서가 제출된 날부터 60일 이내에 결정을 하여야 한다. 다만, 부득이한 사정이 있는 경우에는 30일의 범위에서 그 기간을 연장할 수 있다. 결정기간을 연장하려면 결정기간이 끝나기 7일 전까지 청구인에게 그 사실을 알려야 한다.

3) 행정소송(법 제90조)

공단 또는 심사평가원의 처분에 이의가 있는 자와 이의신청 또는 심판청구에 대한 결정에 불복하는 자는 「행정소송법」에서 정하는 바에 따라 행정소송을 제기할 수 있다.

4) 건강보험분쟁조정위원회(법 제89조, 영 제64조)

① 심판청구를 심리·의결하기 위하여 보건복지부에 건강보험분쟁조정위원회를 둔다.
② 분쟁조정위원회는 위원장을 포함하여 60명 이내의 위원으로 구성하고, 위원장을 제외한 위원 중 1명은 당연직위원으로 한다. 이 경우 공무원이 아닌 위원이 전체 위원의 과반수가 되도록 하여야 한다.
③ 분쟁조정위원회의 회의는 위원장, 당연직위원 및 위원장이 매 회의마다 지정하는 7명의 위원을 포함하여 총 9명으로 구성하되, 공무원이 아닌 위원이 과반수가 되도록 하여야 한다.
④ 분쟁조정위원회는 구성원 과반수의 출석과 출석위원 과반수의 찬성으로 의결한다.
⑤ 분쟁조정위원회를 실무적으로 지원하기 위하여 분쟁조정위원회에 사무국을 둔다.
⑥ 분쟁조정위원회 위원의 임기는 3년으로 한다. 다만, 공무원인 위원의 임기는 그 직위에 재임하는 기간으로 한다.

(6) 보 칙

1) 시효(법 제91조 제1항)

다음의 권리는 3년간 행사하지 아니하면 소멸시효가 완성된다. 〈개정 2016.3.22〉

---
1. 보험료, 연체금 및 가산금을 징수할 권리
2. 보험료, 연체금 및 가산금으로 과오납부한 금액을 환급받을 권리
3. 보험급여를 받을 권리
4. 보험급여비용을 받을 권리
5. 과다납부된 본인일부부담금을 돌려받을 권리
6. 근로복지공단의 권리
---

2) 서류의 보존(제96조의4)

① 요양기관은 요양급여가 끝난 날부터 5년간 보건복지부령으로 정하는 바에 따라 제47조에 따른 요양급여비용의 청구에 관한 서류를 보존하여야 한다. 다만, 약국 등 보건복지부령으로 정하는 요양기관은 처방전을 요양급여비용을 청구한 날부터 3년간 보존하여야 한다.
② 사용자는 3년간 자격관리 및 보험료 산정 등 건강보험에 관한 서류를 보존하여야 한다.
③ 제49조 제3항에 따라 요양비를 청구한 준요양기관은 요양비를 지급받은 날부터 3년간 보건복지부령으로 정하는 바에 따라 요양비 청구에 관한 서류를 보존하여야 한다. 〈시행 2022. 7. 1.〉
④ 제51조 제2항에 따라 보조기기에 대한 보험급여를 청구한 자는 보험급여를 지급받은 날부터 3년간 보건복지부령으로 정하는 바에 따라 보험급여 청구에 관한 서류를 보존하여야 한다. 〈시행 2022. 7. 1.〉

3) 실업자에 대한 특례(법 제110조)

① 사용관계가 끝난 사람 중 직장가입자로서의 자격을 유지한 기간이 사용관계가 끝난 날 이전 18개월간 동안 통산 1년 이상인 사람은 지역가입자가 된 이후 최초로 제79조에 따라 지역가입자 보험료를 고지받은 날부터 그 납부기한에서 2개월이 지나기 이전까지 공단에 직장가입자로서의 자격을 유지할 것을 신청할 수 있다. 〈개정 2018. 1. 16.〉

② 위 ①에 따라 공단에 신청한 가입자(이하 "임의계속가입자")는 대통령령으로 정하는 기간 동안 직장가입자의 자격을 유지한다. 다만, ①에 따른 신청 후 최초로 내야 할 직장가입자 보험료를 그 납부기한부터 2개월이 지난 날까지 내지 아니한 경우에는 그 자격을 유지할 수 없다.

> **영 제77조 제1항**(임의계속가입자 적용기간)
> "대통령령으로 정하는 기간"이란 사용관계가 끝난 날의 다음 날부터 기산하여 36개월이 되는 날을 넘지 아니하는 범위에서 다음 각 호의 구분에 따른 기간을 말한다.
> 1. 위 ①에 따라 공단에 신청한 가입자(이하 "임의계속가입자")가 법 제9조 제1항 제2호에 따라 자격이 변동되기 전날까지의 기간
> 2. 임의계속가입자가 법 제10조 제1항에 따라 그 자격을 잃기 전날까지의 기간

③ 임의계속가입자의 보험료는 보건복지부장관이 정하여 고시하는 바에 따라 그 일부를 경감할 수 있다.

④ 임의계속가입자의 보수월액보험료는 그 임의계속가입자가 전액을 부담하고 납부한다.

PART 02 기술관리실무

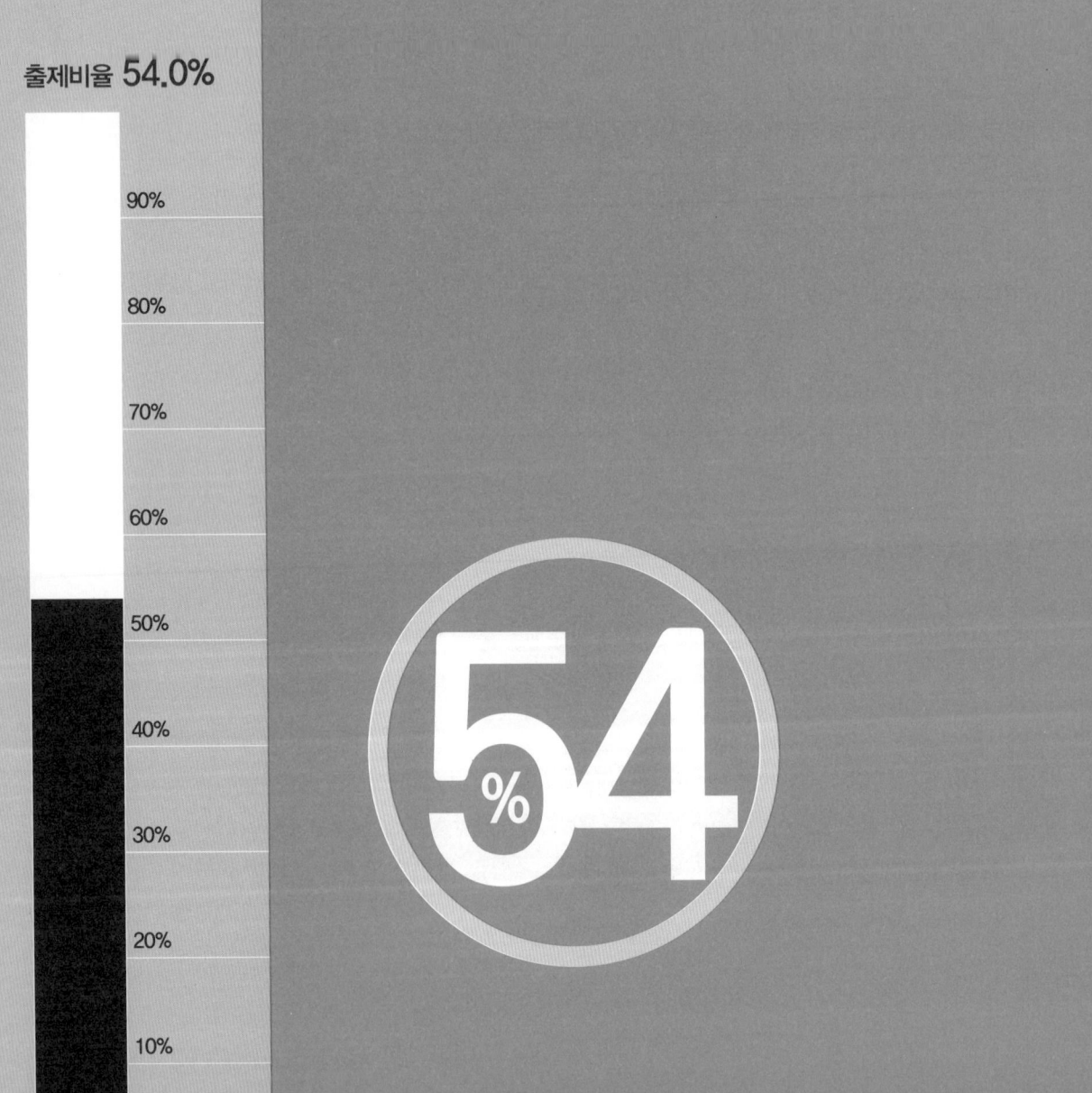

구분		제23회	제24회	제25회	제26회	제27회	계	비율(%)
기술관리실무	제1장 설비관리	17	14	14	11	12	68	34.0
	제2장 건축물 및 시설관리	5	3	2	7	3	20	10.0
	제3장 안전·방재관리	1	1	1	2	2	7	3.5
	제4장 환경관리	1	4	3	2	3	13	6.5
소 계		24	22	20	22	20	108	54.0

CHAPTER 01 설비관리

학습포인트
- 각 설비 종류의 개념과 특징에 따른 장단점
- 각 설비들의 설치와 관리기준, 관련 계산문제 연습
- 각 설비들의 안전관리와 안전관리자 규정

01 급수설비관리

1 급수설비관리

(1) 급수설비의 정의 *18·19·24회 출제*

"급수설비"란 수도사업자가 일반 수요자에게 원수나 정수를 공급하기 위하여 설치한 배수관으로부터 분기(分岐)하여 설치된 급수관(옥내급수관을 포함한다)·계량기·저수조(貯水槽)·수도꼭지, 그 밖에 급수를 위하여 필요한 기구(器具)를 말한다(수도법 제3조 제26호).

ⓐ 급수관경을 정할 때 관균등표 또는 유량선도가 일반적으로 이용된다.
ⓑ 고층건물의 급수배관을 단일계통으로 하면 하층부의 급수압력이 높아진다. 따라서 급수압이 최고사용압력을 넘지 않도록 급수조닝을 하며, 고층건물에서 급수계통을 적절하게 조닝하지 않으면 낮은 층일수록 수격작용이 발생하기 쉽다.
ⓒ 급수설비의 오염원인으로 상수와 상수 이외의 물질이 혼합되는 크로스커넥션이 있다. *23회 출제*
ⓓ 급수설비 공사 후 탱크류의 누수 유무를 확인하기 위해 만수실험을 한다.
ⓔ 밸브류 앞에 설치하여 배관 내의 흙, 모래 등의 이물질을 제거하기 위한 장치는 스트레이너(strainer)이다.
ⓕ 토수구 공간을 두는 것은 물의 역류를 방지하기 위함이다.

(2) 상수도시설 및 하수도시설의 설치

① 상수도시설은 대지면적 1㎡ 당 1일 급수량 0.1톤 이상을 당해 대지에 공급할 수 있는 시설이어야 한다. 하수도시설은 대지면적 1㎡당 1일 0.1톤이상의 오수를 처리할 수 있는 시설이어야 한다(주택건설기준 규정 제57조, 동 규칙 제12조 제1항 제2호 및 제3호).

② 대지조성사업계획에 주택의 예정세대수 등에 관한 계획이 포함된 경우에는 위 ①의 규정에 불구하고 상수도시설 및 하수도시설은 공급·처리용량이 각각 매세대당 1일 1톤 이상인 시설이어야 한다(동 규칙 제12조 제2항 제2호).

PROFESSOR COMMENT

상수도의 급수과정
취수 → 도수 → 정수 → 송수 → 배수 → 급수

(3) 급·배수시설의 설치(주택건설기준 등에 관한 규정 제43조)

1) 급·배수시설 설치기준

① 주택에 설치하는 급수·배수용 배관은 콘크리트구조체 안에 매설하여서는 아니 된다. 다만, 다음의 어느 하나에 해당하는 경우에는 그러하지 아니하다. 〈개정 2017. 1. 17.〉

> 1. 급수·배수용 배관이 주택의 바닥면 또는 벽면 등을 직각으로 관통하는 경우
> 2. 주택의 구조안전에 지장이 없는 범위에서 콘크리트구조체 안에 덧관을 미리 매설하여 배관을 설치하는 경우
> 3. 콘크리트구조체의 형태 등에 따라 배관의 매설이 부득이하다고 사업계획승인권자가 인정하는 경우로서 배관의 부식을 방지하고 그 수선 및 교체가 쉽도록 하여 배관을 설치하는 경우

② 주택의 화장실에 설치하는 급수·배수용 배관은 다음 각 호의 기준에 적합하여야 한다.

㉠ 급수용 배관에는 감압밸브 등 수압을 조절하는 장치를 설치하여 각 세대별 수압이 일정하게 유지되도록 할 것

㉡ 배수용 배관은 층상배관공법(배관을 해당 층의 바닥 슬래브 위에 설치하는 공법을 말한다) 또는 층하배관공법(배관을 바닥 슬래브 아래에 설치하여 아래층 세대 천장으로 노출시키는 공법을 말한다)으로 설치할 수 있으며, 층하배관공법으로 설치하는 경우에는 일반용 경질(단단한 재질) 염화비닐관을 설치하는 경우보다 같은 측정조건에서 5데시벨 이상 소음 차단성능이 있는 저소음형 배관을 사용할 것. 〈개정 2021. 1. 12〉

③ 공동주택에는 세대별 수도계량기 및 세대마다 2개소 이상의 급수전을 설치하여야 한다.

④ 주택에 설치하는 먹는물의 급수조 및 저수조는 다음 각 기준에 적합해야 한다.
  ㉠ 급수조 및 저수조의 재료는 수질을 오염시키지 아니하는 재료나 위생에 지장이 없는 것으로서 내구성이 있는 도금·녹막이 처리 또는 피막처리를 한 재료를 사용할 것
  ㉡ 급수조 및 저수조의 구조는 청소 등 관리가 쉬워야 하고, 먹는물 외의 다른 물질이 들어갈 수 없도록 할 것

> **먹는물용 배관설비**(건축물의 설비기준 등에 관한 규칙 제18조)〈개정 2021. 8. 27.〉
> 건축물에 설치하는 먹는물용 배관설비의 설치 및 구조는 다음의 기준에 적합해야 한다.
> 1. 제17조 제1항(건축물에 설치하는 급수·배수 등의 용도로 쓰는 배관설비의 설치 및 구조) 각 호의 기준에 적합할 것
>   > ㉠ 배관설비를 콘크리트에 묻는 경우 부식의 우려가 있는 재료는 부식방지조치를 할 것
>   > ㉡ 건축물의 주요부분을 관통하여 배관하는 경우에는 건축물의 구조내력에 지장이 없도록 할 것
>   > ㉢ 승강기의 승강로 안에는 승강기의 운행에 필요한 배관설비 외의 배관설비를 설치하지 아니할 것
>   > ㉣ 압력탱크 및 급탕설비에는 폭발 등의 위험을 막을 수 있는 시설을 설치할 것
> 2. 먹는물용 배관설비는 다른 용도의 배관설비와 직접 연결하지 아니할 것
> 3. 급수관 및 수도계량기는 얼어서 깨지지 아니하도록 기준에 적합하게 설치할 것
> 4. 급수관 및 수도계량기가 얼어서 깨지지 아니하도록 하기 위하여 지역실정에 따라 당해 지방자치단체의 조례로 기준을 정한 경우에는 동기준에 적합하게 설치할 것
> 5. 급수 및 저수탱크는 「수도법 시행규칙」 규정에 의한 저수조 설치기준에 적합한 구조로 할 것
> 6. 먹는물의 급수관의 지름은 건축물의 용도 및 규모에 적정한 규격 이상으로 할 것. 다만, 주거용 건축물은 해당 배관에 의하여 급수되는 가구수 또는 바닥면적의 합계에 따라 기준에 적합한 지름의 관으로 배관해야 한다.
> 7. 먹는물용 급수관은 「수도법 시행규칙」에 따른 위생안전기준에 적합한 수도용 자재 및 제품을 사용할 것

⑤ 규정한 사항 외에 급수설비의 설치와 구조에 관한 기준은 국토교통부령으로 정한다.

2) 비상급수시설(주택건설기준 등에 관한 규정 제35조)

공동주택을 건설하는 주택단지에는 「먹는물관리법」 제5조의 규정에 의한 먹는물의 수질기준에 적합한 비상용수를 공급할 수 있는 지하양수시설 또는 지하저수조시설을 설치하여야 한다.

① **지하양수시설 설치기준**
  ㉠ 1일에 당해 주택단지의 매 세대당 0.2톤(시·군지역은 0.1톤) 이상의 수량을 양수할 수 있을 것
  ㉡ 양수에 필요한 비상전원과 이에 의하여 가동될 수 있는 펌프를 설치할 것
  ㉢ 당해 양수시설에는 매 세대당 0.3톤 이상을 저수할 수 있는 지하저수조를 함께 설치할 것

② **지하저수조 설치기준**　　　　　　　　　　　　　　　　　　　20·24회 출제

㉠ 고가수조 저수량(매 세대당 0.25톤까지 산입한다)을 포함하여 매 세대당 0.5톤(독신자용 주택은 0.25톤) 이상의 수량을 저수할 수 있을 것. 다만, 지역별 상수도 시설용량 및 세대당 수돗물 사용량 등을 고려하여 설치기준의 2분의 1의 범위에서 특별시·광역시·특별자치시·특별자치도·시 또는 군의 조례로 완화 또는 강화하여 정할 수 있다.

㉡ 50세대(독신자용 주택은 100세대)당 1대 이상의 수동식 펌프를 설치하거나 양수에 필요한 비상전원과 이에 의하여 가동될 수 있는 펌프를 설치할 것

㉢ 음용수의 급수조 및 저수조 설치기준에 적합하게 설치할 것

㉣ 먹는물을 당해 저수조를 거쳐 각 세대에 공급할 수 있도록 설치할 것

(4) 저수조의 설치기준(수도법 제18조 제3항)　　　　　　　　20·21·27회 출제

저수조를 설치할 때에는 환경부령으로 정하는 기준에 따라야 한다(원칙). 다만, 급수설비에 대한 소독 등 위생조치를 해야 하는 대통령령으로 정하는 규모 이상의 건축물 또는 시설을 제외한 건축물 또는 시설에 저수조를 설치하는 경우에 따라야 하는 시설 기준은 해당 지방자치단체의 조례로 정할 수 있다.

PROFESSOR COMMENT

- 저수조의 넘침(over flow)관은 일반배수계통에 간접 연결한다.
- 간접배수는 공동주택에서 지하수조 등에서 배출되는 잡배수를 배수관에 직접 연결하지 않고, 한번 대기에 개방한 후 물받이용 기구에 받아 배수하는 방식이다

[저수조의 설치기준] (수도법 시행규칙 제9조의2관련, 별표3의2) 〈개정 2022. 7. 12.〉

1. 저수조의 맨홀부분은 건축물(천정 및 보 등)으로부터 100센티미터 이상 떨어져야 하며, 그 밖의 부분은 60센티미터 이상의 간격을 띄울 것
2. 물의 유출구는 유입구의 반대편 밑부분에 설치하되, 바닥의 침전물이 유출되지 않도록 저수조의 바닥에서 띄워서 설치하고, 물칸막이 등을 설치하여 저수조 안의 물이 고이지 않도록 할 것
3. 각 변의 길이가 90센티미터 이상인 사각형 맨홀 또는 지름이 90센티미터 이상인 원형 맨홀을 1개 이상 설치하여 청소를 위한 사람이나 장비의 출입이 원활하도록 하여야 하고, 맨홀을 통하여 먼지나 그 밖의 이물질이 들어가지 않도록 할 것. 다만, 5세제곱미터 이하의 소규모 저수조의 맨홀은 각 변 또는 지름을 60센티미터 이상으로 할 수 있다. 4. 침전찌꺼기의 배출구를 저수조의 맨 밑부분에 설치하고, 저수조의 바닥은 배출구를 향하여 100분의 1 이상의 경사를 두어 설치하는 등 배출이 쉬운 구조로 할 것
5. 5세제곱미터를 초과하는 저수조는 청소위생점검 및 보수 등 유지관리를 위하여 1개의 저수조를 둘 이상의 부분으로 구획하거나 저수조를 2개 이상 설치할 것
6. 저수조는 만수 시 최대수압 및 하중 등을 고려하여 충분한 강도를 갖도록 하고, 제5호에 따라 1개의 저수조를 둘 이상의 부분으로 구획하는 경우에는 한쪽의 물을 비웠을 때 수압에 견딜 수 있는 구조일 것

7. 저수조의 물이 일정 수준 이상 넘거나 일정 수준 이하로 줄어들 때 울리는 경보장치를 설치하고, 그 수신기는 관리실에 설치할 것
8. 건축물 또는 시설 외부의 땅밑에 저수조를 설치하는 경우에는 분뇨쓰레기 등의 유해물질로부터 5미터 이상 띄워서 설치하여야 하며, 맨홀 주위에 다른 사람이 함부로 접근하지 못하도록 장치할 것. 다만, 부득이하게 저수조를 유해물질로부터 5미터 이상 띄워서 설치하지 못하는 경우에는 저수조의 주위에 차단벽을 설치하여야 한다.
9. 저수조 및 저수조에 설치하는 사다리, 버팀대, 물과 접촉하는 접합부속 등의 재질은 섬유보강 플라스틱스테인리스스틸콘크리트 등의 내식성(耐蝕性) 재료를 사용하여야 하며, 콘크리트 저수조는 수질에 영향을 미치지 않는 재질로 마감할 것
10. 저수조의 공기정화를 위한 통기관과 물의 수위조절을 위한 월류관(越流管)을 설치하고, 관에는 벌레 등 오염물질이 들어가지 아니하도록 녹이 슬지 않는 재질의 세목(細木) 스크린을 설치할 것
11. 저수조의 유입배관에는 단수 후 통수과정에서 들어간 오수나 이물질이 저수조로 들어가는 것을 방지하기 위하여 배수용(排水用) 밸브를 설치할 것
12. 저수조를 설치하는 곳은 분진 등으로 인한 2차 오염을 방지하기 위하여 암 먼지 제외인 나는 석설한 자재를 사용할 것
13. 저수조 내부의 높이는 최소 1미터 80센티미터 이상으로 할 것. 다만, 옥상에 설치한 저수조는 제외한다.
14. 저수조의 뚜껑은 잠금장치를 하여야 하고, 출입구 부분은 이물질이 들어가지 않는 구조여야 하며, 측면에 출입구를 설치할 경우에는 점검 및 유지관리가 쉽도록 안전발판을 설치할 것
15. 소화용수가 저수조에 역류되는 것을 방지하기 위한 역류방지장치가 설치되어야 한다.

(5) 급수방식

`17·18·22회 출제`
`23회 출제`

PROFESSOR COMMENT

고층건물의 경우 급수를 1계통으로 하면 아래층에서는 급수압이 높아져 수도꼭지나 기구를 사용할 때 불편이 따르고 소음이나 워터해머 등이 일어나며 밸브 등에서의 부품마모가 심해져서 수명이 단축되는 등 많은 지장이 생긴다. 따라서 급수압을 조절하기 위해, 중간수조나 감압밸브를 설치하여 압력을 조정해주어야 한다. 이와 같이 급수구분을 2계통 이상으로 나누는 것을 조닝(zoning)이라 한다.

1) 상수도직결식

상수도 본관에 수도관을 연결하여 직접 건물 내로 급수하는 방식으로 주로 2층 이하의 주택에 적합하다.
① 설치가 간단하여 설치비가 싸고 유지비가 저렴하다.
② 오염가능성이 적어 가장 위생적이며, 정전시에도 급수가 가능하다.
③ 배관방식은 상향식이고 소규모 건물에 적합하다.
④ 수도 본관의 압력에 의하여 급수압의 변화가 심하다.
⑤ 단수시 급수가 불가능하다.

2) 고가(옥상)탱크식   15·22·23회 출제

상수도물을 일단 지하저수조에 받아 놓고, 이를 양수펌프를 이용하여 옥상탱크로 끌어올린 후 다시 급수관으로 각 층에 공급하는 방식이다.
① 항상 급수압력이 일정하며, 언제나 저수량 확보가 가능하여 정전·단수시에도 일정한 급수가 가능하다.
② 배관방식은 하향공급식이고 아파트 같은 대규모 공동주택에 적합하다.
③ 배관부품의 파손이 적지만, 수질오염의 가능성이 많으며, 미관상 좋지 않고, 운전비가 많이 든다.
④ 고가수조의 필요높이를 산정할 때는 최고층의 급수전을 기준으로 최소 필요높이를 산정하여야 한다.
⑤ 상수도본관 → 지하저수조 → 양수장치(급수펌프) → 고가수조 → 세대 계량기 순으로 급수한다.

> **WIDE 고가수조 설치장소의 조건**
> ① 직사광선을 차단하고, 창문을 설치하여 수조설치공간을 밝게 한다. 그리고 환기를 충분히 한다.
> ② 수조의 상부에는 양수관을 설치하여 저면보다 약간 높은 위치에 급수관을 낸다.
> ③ 점검을 위해 수조 주위에 충분한 공간을 둔다.

3) 부스터방식

상수도 본관에서 받아 놓은 저수탱크의 물을 급수펌프를 이용하여 직접 필요한 곳에 급수하는 방식이다.
① 단수시 일정량의 급수가 가능하다.
② 배관방식은 상향식이다.
③ 탱크설치가 필요 없어 규모가 큰 지역급수나 공장에 적합하다.
④ 펌프고장이나 정전시 급수가 중단되고 설치비가 비싸다.

4) 압력탱크식   23회 출제

상수도 본관에서 저수조탱크로 받아 놓은 물을 압력탱크로 옮긴 후 공기압축기에 의하여 상부로 물을 급수하는 방식이다.
① 건물 상부에 고가탱크를 설치할 수 없는 경우에 주로 사용된다.
② 압력탱크 설치위치에 제한이 없어 미관상 경관을 해치는 경우는 방지할 수 있다.
③ 단수시 일정한 급수가 가능하다.
④ 배관방식은 상향식으로, 부분적으로 고압이 필요한 병원, 화학공장 등에 적합하다.
⑤ 공기압축기를 설치하므로 설치비, 유지관리비가 많이 든다.
⑥ 급수압의 변동이 심하고, 비싸며, 고장이 잦으며, 펌프고장이나 정전시 급수가 중단되고, 설비비와 에너지비용이 많이 든다.

각 급수방식별 비교

17·18·19회 출제

구 분	상수도직결식	고가탱크식	압력탱크식	부스터식
급수압력의 변화	수도 본관의 압력에 따라 변화	거의 일정	수압변화가 큼	거의 일정
단수시 급수	불가능	일정량 공급가능(저수조탱크와 고가탱크)	일정량 공급가능(저수조탱크)	일정량 공급가능(저수조탱크)
정전시 급수	가능	일정량 공급가능(고가탱크)	불가능	불가능
수질오염가능성	없다.	가장 크다.(저수조+고가탱크)	중간(저수조)	중간(저수조)
설치비	가장 적다.	중 간	가장 크다.(압력탱크)	중 간
전기료	가장 적다.	중 간	중 간	가장 많다.
급수방식	상향식	하향식	상향식	상향식
구조·미관 문제	없다.	옥상하중 크다. 미관 저해	없다.	없다.

> **참고**

1. 상·하 혼용의 급수방식   `16·18·20회 출제`

   주로 고층 아파트에서 사용하는 급수방식으로 지하실 및 지상층까지는 수도직결방식으로 하고 3층 이상은 옥상(고가)탱크방식으로 한다.

   수압 P = 0.1H [P : 수압(kg/cm²), H : 높이(m)] ※ 1m = 1m Aq = 10kpa = 0.1kg/cm² = 0.01Mpa

2. 예상 급수량 산정   `23회 출제`

   Q_p(순간 최대 예상급수량) = (3~4)Qh/60(ℓ/min), [h(1일 평균사용시간)]
   Q_h(시간평균 예상 급수량) = Qd/T(ℓ/h)
   Q_m(시간 최대 예상 급수량) = (1.5~2.0)Qh(ℓ/h)
   Q_d(1일 평균사용수량) = 1인 1일 평균사용수량((ℓ/인·일) × 사람

3. 수도본관의 압력(P) = h/100+손실압력+필요압력

4. 각 기구별 필요 최저압력

기구명	필요압력(MPa)
세정(플러시)밸브	0.07(최저), 0.1(표준)
보통밸브	0.03(최저), 0.1(표준)
자동밸브, 샤워기	0.07
순간온수기	대형(0.05), 중형(0.03), 소형(0.01−저압용)
블로아웃식 대변기	0.1

5. 건물용도별 필요 최고수압

용 도	필요최고수압(MPa)
주택, 병원, 호텔	0.3~0.4
일반건물	0.4~0.5

6. 급수설비 중 공중용 급수부하단위   `15회 출제`

기구명		공중용 기구급수부하단위
대변기	세정밸브	10
	세정탱크	5
샤워	혼합밸브	4
욕조	급수전	4
세면기	급수전	2

7. 위생기구의 종류 `19·22회 출제`

   ① 대변기의 급수방식에 의한 분류

   ㉠ 하이탱크식: 설치면적이 작음, 세정시 소리가 큼

   ㉡ 로우탱크식: 설치면적이 큼, 소음이 적어 주로 주택, 호텔에 이용, 급수압이 낮아도 이용이 가능, 인체공학적

   ㉢ 세정밸브식: 한 번 밸브를 누르면 일정량의 물이 나오고 잠김, 소음이 크고 연속사용이 가능

   ② 대변기 세정방식에 따른 분류

   ㉠ 세출식(wash-out type): 오물을 일단 변기의 얕은 유수면에 받고 변기 주변의 각처에서 분출하는 세정수가 변기의 주벽을 씻으면서 낙하하여 오물을 씻어내는 방식이다. 현재 금지되고 있다.

   ㉡ 세락식(wash-down type): 오물이 직접 트랩의 유수면에 떨어지고 주위에서 떨어지는 세정수의 일부는 변기 주변을 닦으며 대부분은 트랩 유수면에 같이 떨어져서 오물은 배수관 속에 밀어 넣는다.

   ㉢ 사이펀식(syphon type): 구조는 세락식과 비슷하며 트랩 배수로에 굴곡이 많으므로 유수에 저항이 커져서 흐름이 완만하고 그 때문에 배수로에 가득차 흘러 사이펀 작용이 일어나고 오물을 흡수하여 제거하는 방식이다.

   ㉣ 사이펀 제트식(syphon-jet type): 역 트랩형의 사이펀식 변기의 트랩 배수로 입구에 분수공을 마련하고 여기에서의 분수에 의하여 사이펀관의 만수가 속히 이루어져서 흡인 작용이 강하게 일어나 배수하는 것으로 현재 가장 뛰어난 방식이며 트랩의 봉수가 깊어(75mm 이상) 위생적이다. 일반주택에서 주로 사용한다.

   ㉤ 블로아웃식(blow-out type): 제트구멍으로부터 세척수를 강력하게 분출시켜 그 힘으로 오물을 씻어내도록 하는 변기이다. 세척장치는 플러시밸브식(세정밸브식)에 한하며, 변기세척음이 다른 세척방식보다 커서 공공건물에 많이 사용한다.

(6) 일반수도의 수질관리 (수도법, 시행 2025. 8. 17)

1) 용어의 정의(수도법 제3조)

PROFESSOR COMMENT

1. "원수(原水)"란 음용·공업용 등으로 제공되는 자연상태의 물을 말한다. 다만, 「농어촌정비법」에 따른 농어촌용수는 제외하되 가뭄 등의 비상시 대통령령으로 정하는 바에 따라 환경부장관이 농림축산식품부장관과 협의하여 원수로 사용하기로 한 경우에는 원수로 본다.
2. "상수원"이란 음용·공업용 등으로 제공하기 위하여 취수시설을 설치한 지역의 하천·호소(湖沼)·지하수·해수 등을 말한다.
4. "정수(淨水)"란 원수를 음용·공업용 등의 용도에 맞게 처리한 물을 말한다.
5. "수도"란 관로, 그 밖의 공작물을 사용하여 원수나 정수를 공급하는 시설의 전부를 말하며, 일반수도·공업용수도 및 전용수도로 구분한다. 다만, 일시적인 목적으로 설치된 시설과 농업생산기반시설은 제외한다.
6. "일반수도"란 광역상수도·지방상수도 및 마을상수도를 말한다.
8. "지방상수도"란 지방자치단체 또는 상수도조합이 관할 지역주민, 인근 지방자치단체 또는 그 주민에게 원수나 정수를 공급하는 일반수도로서 광역상수도 및 마을상수도 외의 수도를 말한다.
17. "수도시설"이란 원수나 정수를 공급하기 위한 취수·저수·도수·정수·송수·배수시설, 급수설비, 그 밖에 수도에 관련된 시설을 말한다.
26. "급수설비"란 수도사업자가 일반 수요자에게 원수나 정수를 공급하기 위하여 설치한 배수관으로부터 분기하여 설치된 급수관(옥내급수관을 포함한다)·계량기·저수조·수도꼭지, 그 밖에 급수를 위하여 필요한 기구를 말한다.
29. "갱생(更生)"이란 관 내부의 녹과 이물질을 제거한 후 코팅 등의 방법으로 통수기능을 회복하는 것을 말한다.
32. "물 사용기기"란 급수설비를 통하여 공급받는 물을 이용하는 기기로서 전기세탁기와 식기세척기를 말한다.
33. "절수설비(節水設備)"란 물을 적게 사용하도록 환경부령으로 정하는 구조·규격 등의 기준에 맞게 제작된 수도꼭지 및 변기 등 환경부령으로 정하는 설비를 말한다.
34. "절수기기"란 물을 적게 사용하기 위하여 수도꼭지 및 변기 등 환경부령으로 정하는 설비에 환경부령으로 정하는 기준에 맞게 추가로 장착하는 기기를 말한다.

2) 수도시설의 보호(수도법 제20조)

누구든지 일반수도사업자의 사전 동의를 받지 아니하고는 일반수도의 기존 수도관으로부터 분기(分岐)하여 수도시설을 설치하거나, 일반수도의 수도시설을 변조하거나 손괴하여서는 아니 된다.

3) 수도시설의 관리(수도법 제21조)

① 일반수도의 수도시설관리권은 일반수도사업자가 가진다. 다만, 급수설비의 수도시설관리권은 대통령령으로 정하는 자가 가진다.

> 급수설비의 관리자
> 1. 수돗물을 공급받는 자의 대지경계선 밖에 설치된 급수설비 : 수도사업자
> 2. 수돗물을 공급받는 자의 대지경계선 안에 설치된 급수설비 : 다음의 자
>   가. 대지경계선에서 계량기까지의 급수설비 : 지방자치단체의 조례로 정하는 자
>   나. 가목의 급수장치 외의 급수설비 : 수돗물을 공급받는 자

② 일반수도사업자는 해당 급수설비의 소유자 또는 관리자의 동의를 받아 급수설비의 상태와 수돗물의 수질을 검사할 수 있다.

③ 일반수도사업에 의하여 수돗물을 공급받는 자는 그 수도사업자에게 급수설비의 상태와 공급받는 수돗물의 수질에 대한 검사를 요구할 수 있다. 다만, 수돗물을 신규로 공급할 때에는 해당 급수설비의 소유자 또는 관리자의 동의를 받아 해당 시설에 급수설비가 적정하게 설치되었는지를 검사하여야 한다.

④ 일반수도사업자는 ②와 ③에 따른 검사 결과 급수설비가 검사 기준에 못 미치거나 수돗물이 수질기준에 위반된 경우에는 해당 지방자치단체의 조례로 정하는 바에 따라 그 급수설비의 소유자 또는 관리자에게 급수설비의 세척·갱생 또는 교체 등 필요한 조치를 하도록 권고할 수 있다. 이 경우 일반수도사업자는 해당 지방자치단체의 조례에 따라 세척·갱생 또는 교체에 필요한 비용의 일부를 보조하거나 융자할 수 있다.

4) **위생상의 조치**(수도법 제33조) 〈개정 2024. 1. 16. 시행 2024. 7. 17.〉

① 수돗물을 다량으로 사용하는 건축물 또는 시설로서 대통령령으로 정하는 규모 이상의 건축물 또는 시설의 소유자나 관리자(「공동주택관리법」에 따른 공동주택에 대해서는 관리사무소장을 건축물이나 시설의 관리자로 본다)가 저수조를 설치한 경우 일반수도사업자에게 대통령령으로 정하는 바에 따라 신고하여야 한다. 다만, 일반수도사업자가 수도시설관리권을 가지는 경우에는 그러하지 아니하다. 저수조 설치현황 신고를 하려는 자는 저수조를 설치한 날부터 30일 이내에 환경부령으로 정하는 저수조 설치현황 신고서에 저수조 시공 도면을 첨부하여 일반수도사업자에게 제출해야 한다(법 제33조②, 영 제50조③). 〈신설 2024. 7. 9.〉

② 위 ①에 따른 건축물 또는 시설의 소유자나 관리자는 급수설비(일반수도사업자가 수도시설관리권을 가지는 부분은 제외한다)에 대한 소독등위생조치를 하여야 한다. 이 경우 일반수도사업자는 해당 지방자치단체의 조례로 정하는 바에 따라 수질검사에 필요한 비용의 일부를 지원할 수 있다(법 제33조③, 시행규칙 제22조의4).

(1) 저수조 설치현황 신고 대상 건축물 또는 시설의 종류
   (=급수설비에 대한소독 등 위생조치를 하여야 할 건축물 또는 시설의 종류)(수도법 시행령 제50조)
   다만, 저수조를 거치지 아니하고 수돗물을 공급하는 건축물이나 시설은 제외한다.
   1. 연면적이 5천제곱미터 이상(건축물 또는 시설 안의 주차장 면적은 제외)인 건축물이나 시설
   2. 연면적 2천제곱미터 이상인 둘 이상의 용도에 사용되는 건축물
   9. 「건축법 시행령」에 따른 아파트 및 그 복리시설
(2) 위 (1) 각 호에 따른 연면적을 계산할 때 둘 이상의 건축물로 이루어진 시설의 경우에는 개별 건축물의 연면적을 모두 합산한 면적으로 한다.

대형건축물등의 소유자등이 해야 하는 소독등위생조치 등(규칙 제22조의4)
① 대형건축물 등의 소유자 또는 관리자는 반기 1회 이상 저수조를 청소해야 하고, 월 1회 이상 저수조의 위생상태를 점검하여야 한다. 다만, 일반수도사업자가 「재난 및 안전관리기본법」 제3조제1호에 따른 재난이 발생한 경우 안정적인 물 공급을 위하여 아래 ③ 각 호의 구분에 따른 기준을 충족하는 것으로 확인되는 저수조에 대하여 환경부장관과 협의하여 해당 반기가 끝나는 날의 다음 날부터 2개월의 범위에서 소유자등에게 저수조 청소 유예를 요청하는 경우에는 그렇지 않다. 〈개정 2024. 8. 16.〉
② 대형건축물 등의 소유자 등은 저수조가 신축되었거나 1개월 이상 사용이 중단된 경우에는 사용 전에 청소를 하여야 한다.
③ 위 ① 및 ②에 따라 청소를 하는 경우, 청소에 사용된 약품으로 인하여 「먹는물 수질기준 및 검사 등에 관한 규칙」 별표 1에 따른 먹는물의 수질기준이 초과되지 않도록 해야 하며, 청소 후에는 저수조에 물을 채운 다음 각 호의 기준을 충족하는지 여부를 점검해야 한다. 〈개정 2019. 6. 25.〉
   1. 잔류염소: 리터당 0.1밀리그램 이상 4.0밀리그램 이하
   2. 수소이온농도(pH): 5.8 이상 8.5 이하
   3. 탁도: 0.5NTU(네펠로메트릭 탁도 단위, Nephelometric Turbidity Unit) 이하
④ 대형건축물등의 소유자등은 매년 마지막 검사일부터 1년이 되는 날이 속하는 달의 말일까지의 기간 중에 1회 이상 수돗물의 안전한 위생관리를 위하여 「먹는물관리법 시행규칙」 제35조에 따라 지정된 먹는물 수질검사기관에 의뢰하여 수질검사를 하여야 한다. 〈개정 2020. 11. 27.〉
⑤ ④에 따른 수질검사의 시료 채취방법 및 검사항목은 다음 각 호와 같다.
   1. 시료 채취방법 : 저수조니 해당 저수조로부터 가장 가까운 수도꼭지에서 채수
   2. 수질검사항목 : 탁도, 수소이온농도, 잔류염소, 일반세균, 총대장균군, 분원성대장균군 또는 대장균
⑥ 대형건축물 등의 소유자 등은 수질검사 결과를 게시판에 게시하거나 전단을 배포하는 등의 방법으로 해당 건축물이나 시설의 이용자에게 ④에 따른 수질검사 결과를 공지하여야 한다.
⑦ 대형건축물등의 소유자등은 수질검사 결과가 법 제26조에 따른 수질기준(잔류염소의 경우에는 제3항 제1호의 기준을 말한다)에 위반되면 지체 없이 그 원인을 규명하여 배수 또는 저수조의 청소를 하는 등 필요한 조치를 신속하게 해야 한다. 〈개정 2019. 6. 25.〉

1. 청소 및 위생점검의 대행(수도법 시행규칙 제22조의4)
① 대형건축물 등의 소유자 등은 저수조의 청소와 위생상태의 점검을 저수조청소업자에게 대행하게 할 수 있다.
② 저수조청소업자는 청소 등을 대행하는 경우에는 청소감독원을 현장에 배치하여야 한다.

2. 청소 · 위생점검 · 수질검사 및 조치결과의 기록 · 보관(수도법 시행규칙 제22조의5)

대형건축물 등의 소유자 등과 저수조청소업자는 저수조의 청소, 위생점검 또는 수질검사를 하거나 수질기준위반에 따른 조치를 하면 각각 그 결과를 기록하고, 2년간 보관하여야 한다. 이 경우 청소, 위생점검, 수질검사 및 수질기준위반에 따른 조치결과를 전산에 의한 방법으로 테이프 · 디스켓 등에 기록 · 보관할 수 있다.

③ 연면적 6만제곱미터 이상인 아파트의 소유자나 관리자는 환경부령으로 정하는 바에 따라 급수관(일반수도사업자가 수도시설관리권을 가지는 부분은 제외한다)을 주기적으로 검사하고, 그 결과에 따라 세척 · 갱생 · 교체 등 필요한 조치(이하 "세척 등 조치"라 한다)를 하여야 한다(법 제33조 제4항, 영 제51조제1항1호.가.).

급수관의 상태검사 및 조치 등(규칙 제23조) 〈개정 2024. 7. 17.〉

① 연면적 6만제곱미터 이상인 아파트의 소유자 등은 일반검사를 다음 각 호의 구분에 따라 실시하여야 한다. 〈개정 2018. 6. 27.〉

  1. 최초 일반검사 : 해당 건축물 또는 시설의 준공검사(급수관의 갱생 · 교체 등의 조치를 한 경우를 포함한다)를 실시한 날부터 5년이 경과한 날을 기준으로 6개월 이내에 실시
  2. 2회 이후의 일반검사 : 최근 일반검사를 받은 날부터 2년이 되는 날까지 매 2년마다 실시

② 소유자 등은 일반검사를 실시한 결과 검사항목 중 탁도, 수소이온 농도, 색도 또는 철에 대한 검사기준을 초과하는 경우에는 급수관을 세척(급수관 내부의 이물질이나 미생물막 등을 관에 손상을 주지 아니하면서 물이나 공기를 주입하는 방법 등으로 제거하는 것을 말한다)하여야 한다. 다만, 급수관이 아연도강관인 경우에는 검사항목 중 검사기준을 초과하는 항목이 한 개 이상 있으면 반드시 이를 갱생하거나 교체하여야 한다.

③ 소유자 등은 일반검사 결과가 다음 각 호의 어느 하나에 해당하면 별표 7에 따른 전문검사를 하고, 급수관을 갱생하여야 한다. 다만, 전문검사 결과 갱생만으로는 내구성을 유지하기 어려울 정도로 노후한 급수관은 새 급수관으로 교체하여야 한다.

  1. 일반검사의 검사항목에 대한 검사기준을 2회 연속 초과하는 경우
  2. 일반검사의 검사항목 중 납 · 구리 또는 아연에 대한 검사기준을 초과하는 경우

④ 소유자등은 ①에 따른 일반검사 또는 ③에 따른 전문검사를 실시한 경우에는 그 결과를 일반수도사업자에게 통보하고, 해당 건축물 또는 시설의 게시판에 게시하거나 전단을 배포하는 등의 방법으로 이용자에게 공지하여야 한다. 〈신설 2018. 6. 27.〉

⑤ 소유자 등은 세척 · 갱생 · 교체 등의 조치를 하였을 때에는 그 결과를 일반수도사업자에게 보고하고, 그와 관련된 자료를 3년 이상 보존하여야 한다.

20회 출제

④ 급수설비 상태검사의 구분 및 방법 (별표 7, 시행규칙 제23조 관련) 〈개정 2019. 12. 20.〉
　㉠ 일반검사

분류	항목	검사방법
기초조사	준공연도, 배관도면	관련 도면·서류·현지조사 등을 병행한다.
	관 종류, 관경(관지름), 배관길이	관련 도면·서류·현지조사 등을 병행한다.
	문제점 조사	• 출수불량, 녹물 등 수질불량 등을 조사한다. • 누수, 밸브 작동상태 등을 조사한다. • 이용 주민으로부터의 탐문조사 등을 활용한다.
급수관 수질검사	시료 채취 방법	건물 내 임의의 냉수 수도꼭지 하나 이상에서 물 1리터를 채취한다.
	검사항목 및 기준	• 탁도 : 1NTU 이하　　• 수소이온농도 : 5.8 이상 8.5 이하 • 색도 : 5도 이하　　　• 철 : 0.3mg/L 이하 • 납 : 0.01mg/L 이하　• 구리 : 1mg/L이하 • 아연 : 3mg/L 이하

　㉡ 전문검사

분류	항목	검사방법
현장 조사	수압 측정	가장 높은 층의 냉수 수도꼭지를 하나 이상 측정(화장실의 수도꼭지를 표본으로 측정한다)하되, 건물이 여러 동일 경우에는 각 동마다 측정한다.
	내시경 관찰	단수시킨 후 지하저수조 급수배관, 입상관(立上管), 건물 내 임의의 냉수 수도꼭지를 하나 이상 분리하여 내시경을 이용하여 진단한다.
	초음파 두께 측정	건물 안의 임의의 냉수 수도꼭지 하나 이상에서 스케일 두께를 측정한다.
	유속	건물 안의 가장 높은 층의 냉수 수도꼭지 하나 이상에서 유속을 측정한다.
	유량	건물 안의 가장 높은 층의 냉수 수도꼭지 하나 이상에서 유량을 측정한다.
	외부 부식 관찰	계량기 등에 연결된 급수 및 온수 배관, 밸브류 등의 외부 부식 상태를 관찰하여 검사한다.

> **비고**
> 1. 일반검사 중 급수관 내 정체수 수질검사는 「먹는물 수질기준 및 검사 등에 관한 규칙」 별지 제1호서식의 수질검사신청서를 「먹는물관리법」에 따라 지정된 수질검사기관에 제출하여 실시할 수 있다.
> 2. 일반검사 중 급수관 수질검사는 건물이 여러 동(棟)으로 구성된 경우 각 동마다 실시하여야 한다. 다만, 일반수도사업자가 소유자등의 신청을 받아 각 동별 급수관의 설치 시점 및 설치 제품이 동일함을 인정한 경우에는 하나의 동에서 측정한 결과를 건물 전체의 급수관 수질검사 결과로 볼 수 있다.
> 3. 전문검사는 「건설산업기본법」에 따라 기계설비공사업으로 등록된 업체 또는 환경부장관이 전문검사를 할 수 있다고 인정하는 업체에 의뢰하여 실시할 수 있다.

5) 수도시설의 관리에 관한 교육

① 다음의 어느 하나에 해당하는 자는 대통령령으로 정하는 바에 따라 환경부장관이 행하는 수도시설의 관리에 관한 교육을 받아야 한다(법 제36조).

1. 수돗물을 다량으로 사용하는 건축물 또는 시설로서 대통령령으로 정하는 규모 이상의 건축물 또는 시설의 소유자나 관리자(「주택법」상 공동주택에 대하여는 관리사무소장을 건축물이나 시설의 관리자로 본다)
2. 저수조청소업자
3. 일반수도사업자
4. 상수도관망관리대행업자 〈시행 2021. 4. 1〉

② 환경부장관은 교육업무를 대통령령으로 정하는 기관 또는 단체에 위탁할 수 있다.

영 제52조(수도시설의 관리에 관한 교육 등) 〈시행 2025. 1. 1.〉
① 수도시설의 관리에 관한 교육의 내용에는 다음 각 호의 사항이 포함되어야 한다.
 1. 「수도법」 및 위생 관련 법규
 2. 수도시설의 운영과 유지관리에 관한 사항
 3. 먹는물의 수질기준과 검사에 관한 사항
 4. 수질환경개선에 관한 사항
 5. 그 밖에 수도시설의 관리를 위하여 필요한 사항
② 수도시설의 관리에 관한 교육대상자는 교육받은 날을 기준으로 다음 각 호의 구분에 따라 집합교육(이에 상응하는 인터넷을 이용한 교육을 포함한다)을 받아야 한다. 다만, 최초 교육은 교육대상자가 된 날부터 1년 이내에 받아야 한다. 〈개정 2024. 7. 9.〉
 1. 다음 각 목의 어느 하나에 해당하는 자: 5년마다 8시간의 교육
  가. 법 제36조제1항제1호에 해당하는 자(수돗물을 다량으로 사용하는 건축물 또는 시설로서 대통령령으로 정하는 규모 이상의 건축물 또는 시설의 소유자나 관리자)
③ 수도시설의 관리에 관한 교육대상자가 법 제33조제2항(저수조 설치현황 신고)을 위반하거나 법 제35조(저수조청소업의 영업정지 등)에 따라 영업정지처분을 받은 경우에는 위반행위가 적발된 날부터 2년 이내에 교육을 받아야 한다. 〈개정 2024. 7. 9.〉
④ 교육에 필요한 경비는 피교육자가 부담한다. 다만, 운영요원과 종업원의 교육에 필요한 경비는 그 운영요원과 종업원을 고용한 일반수도사업자, 저수조청소업자 또는 상수도관망관리대행업자가 부담한다. 〈개정 2023. 11. 21.〉
⑤ 교육실시기관의 장은 매년 말까지 일정한 사항이 포함된 다음 연도의 교육계획을 작성하여 환경부장관에게 제출하여야 한다.
⑥ 교육실시기관장은 교육을 이수한 자에게 수료증을 발급하여야 하며, 교육실시 결과를 다음 해 1월 15일까지 환경부장관에게 보고하여야 한다.

6) **벌칙 및 과태료**(수도법 제83조제6호, 수도법 제87조 제4항 제7호)
   ① **벌 칙**(수도법 제83조 제6호)
   　　소독등위생조치 또는 급수배관 세척등조치를 하지 아니한 건축물·시설의 소유자 또는 관리자는 2년 이하의 징역 또는 2천만원 이하의 벌금에 처한다.
   ② **과태료**(수도법 제87조 제4항 제7호)
   　　수도시설의 관리에 관한 교육을 받지 아니하거나 받지 아니하게 한 다음의 어느 하나에 해당하는 자에게는 100만원 이하의 과태료를 부과한다.

   1. 건축물 또는 시설의 소유자나 관리자
   2. 저수조청소업자
   3. 일반수도사업자(수탁자를 포함한다)
   4. 상수도관망관리대행업자 〈시행 2021. 4. 1〉

7) **상수도 정수과정**
   　침전 → 폭기 → 여과 → 멸균(소독) 순으로 정수과정을 거친다.

8) **수질기준**(수도법 제26조)
   　① 수도를 통하여 음용을 목적으로 공급되는 물에는 다음의 어느 하나에 해당하는 물질이 함유되어서는 아니 된다.

   1. 병원성 미생물에 오염되었거나 오염될 우려가 있는 물질
   2. 건강에 해로운 영향을 미칠 수 있는 무기물질 또는 유기물질
   3. 심미적(審美的) 영향을 미칠 수 있는 물질
   4. 그 밖에 건강에 해로운 영향을 미칠 수 있는 물질

   　② 위 ①에 따른 수질기준에 관하여 필요한 사항은 환경부령으로 정한다.

먹는물 수질기준 및 검사 등에 관한 규칙(약칭 : 먹는물검사규칙) 〈시행 2023. 11. 17.〉

제2조(수질기준)
「먹는물관리법」제5조 제3항 및 「수도법」제26조 제2항에 따른 먹는물(「먹는물관리법」에 따른 먹는물을 말하며, 샘물, 염지하수 및 먹는물 공동시설의 물 등을 포함한다)의 수질기준은 별표 1과 같다.

먹는물의 수질기준(규칙 제2조 관련, 별표 1) 〈개정 2021. 9. 16.〉
1. 미생물에 관한 기준
   가. 일반세균은 1㎖ 중 100CFU(Colony Forming Unit)를 넘지 아니할 것
   나. 총대장균군은 100㎖(샘물·먹는샘물, 염지하수·먹는염지하수 및 먹는해양심층수의 경우에는 250㎖)에 검출되지 아니할 것
   다. 대장균·분원성 대장균군은 100㎖에서 검출되지 아니할 것. 다만, 샘물·먹는샘물, 염지하수·먹는염지하수 및 먹는해양심층수의 경우에는 적용하지 아니한다.

2. 건강상 유해영향 무기물질에 관한 기준
   가. 납은 0.01mg/ℓ를 넘지 아니할 것
   아. 암모니아성 질소는 0.5mg/ℓ를 넘지 아니할 것
   자. 질산성 질소는 10mg/ℓ를 넘지 아니할 것
3. 건강상 유해영향 유기물질에 관한 기준 **27회 출제**
   가. 페놀은 0.005mg/L를 넘지 아니할 것
   차. 벤젠은 0.01mg/L를 넘지 아니할 것
   카. 톨루엔은 0.7mg/L를 넘지 아니할 것
4. 소독제 및 소독부산물질에 관한 기준(샘물·먹는샘물·염지하수·먹는염지하수·먹는해양심층수 및 먹는물 공동시설의 물의 경우에는 적용하지 아니한다)
   가. 잔류염소(유리잔류염소를 말한다)는 4.0mg/ℓ를 넘지 아니할 것
5. 심미적 영향물질에 관한 기준 **27회 출제**
   가. 경도(硬度)는 1,000mg/ℓ(수돗물의 경우 300mg/ℓ, 먹는해양심층수이 경우 1,200mg/ℓ)를 넘지 아니할 것. 다만, 샘물의 경우에는 적용하지 아니한다.
   나. 과망간산칼륨 소비량은 10mg/ℓ를 넘지 아니할 것
   다. 냄새와 맛은 소독으로 인한 냄새와 맛 이외의 냄새와 맛이 있어서는 아니 될 것. 다만, 맛의 경우는 샘물, 염지하수, 먹는샘물 및 먹는물공동시설의 물에는 적용하지 아니한다.
   라. 동은 1mg/ℓ를 넘지 아니할 것
   마. 색도는 5도를 넘지 아니할 것
   사. 수소이온 농도는 pH5.8 이상 pH8.5 이하이어야 할 것. 다만, 샘물, 먹는샘물 및 먹는물공동시설의 물의 경우에는 pH4.5 이상 pH9.5 이하이어야 한다.
   아. 아연은 3mg/ℓ를 넘지 아니할 것
   자. 염소이온은 250mg/ℓ를 넘지 아니할 것(염지하수의 경우에는 적용하지 아니한다)
   차. 증발잔류물은 수돗물의 경우에는 500mg/ℓ, 먹는염지하수 및 먹는 해양심층수의 경우에는 미네랄 등 무해 성분을 제외한 증발잔류물이 500mg/ℓ를 넘지 아니할 것
   카. 철은 0.3mg/ℓ를 넘지 아니할 것. 다만, 샘물 및 염지하수의 경우에는 적용하지 아니한다.
   타. 망간은 0.3mg/ℓ(수돗물의 경우 0.05mg/ℓ)를 넘지 아니할 것. 다만, 샘물의 경우에는 적용하지 아니한다.
   파. 탁도는 1NTU(Nephelometric Turbidity Unit)를 넘지 아니할 것. 다만, 지하수를 원수로 사용하는 마을상수도 및 소규모급수시설 및 전용상수도를 제외한 수돗물의 경우에는 0.5NTU를 넘지 아니하여야 한다.
   하. 황산이온은 200mg/ℓ를 넘지 아니할 것. 다만, 샘물, 먹는샘물 및 먹는물공동시설의 물은 250mg/ℓ를 넘지 아니하여야 하며, 염지하수의 경우에는 적용하지 아니한다.
   거. 알루미늄은 0.2mg/ℓ를 넘지 아니할 것
6. 방사능에 관한 기준(염지하수의 경우에만 적용한다)
   가. 세슘(Cs-137)은 4.0mBq/ℓ를 넘지 아니할 것
   나. 스트론튬(Sr-90)은 3.0mBq/ℓ를 넘지 아니할 것
   다. 삼중수소는 6.0Bq/ℓ를 넘지 아니할 것

제3조(수질검사의 신청)
① 먹는물의 수질검사를 받으려는 자는 수질검사신청서를 「먹는물관리법」에 따라 지정된 먹는물 수질검사기관에 제출하여야 한다.
② 먹는물 수질검사기관이 수질검사를 실시하면 먹는물 수질검사성적서를 발급하여야 한다.

9) 저수조 배관관리
① 오버플로관의 말단은 방충망을 설치한다.
② 통기관도 방충망을 설치한다.
③ 소화배관의 역류방지변은 확실하게 작동하여야 한다.
④ 수조 주위의 덮개는 방수가 될 수 있도록 설치한다.

10) 배관의 세정방법

세정방법		내용
물리적 방법	오가법	오가를 회전축으로 배관 안에 밀어 넣어 배관둘레에 회전시켜 녹으로 된 혹을 제거한다.
	초음파법	배관 안에 물을 바르고 말단에서 공기식 세정기를 사용하여 초음파를 발생시켜서 녹으로 된 혹을 제거한다.
	샌드법	모래와 공기를 혼합하여 가속장치로 가속시키고 샌드제트류를 발생시켜서 녹으로 된 혹을 제거한다.
	스크레버법	축 주위에 스크레버를 방사장에 몇 단 붙인 구조로 된 기구를 사용하며 수압, 동력 등으로 배관 내면을 이동시켜서 녹으로 된 혹을 제거한다.
	폴픽법	폴리우레탄 제품의 포탄상 물체를 수압으로 배관 안을 통과하여 물체의 앞면에 제트류를 발생시켜 녹으로 된 혹을 제거한다.
	고압수 분사법	특수고압펌프로 압력을 가하여, 고압호스 끝에 붙인 특수노즐에서 나오는 강한 물로 녹으로 된 혹을 제거한다.
화학적 방법	순환법	약제를 물 안에 투입하고 일정기간 관 안을 순환펌프로 순환시켜서 녹으로 된 혹을 제거한다.
	일과법	약제를 고가수조에 투입하여 각 수전에서 서서히 물을 빼고 끝나면 깨끗한 물로 세정하여 녹으로 된 혹을 제거한다.
병용방법	병용방법	초음파법과 화학적 방법을 같이 사용하는 방법이다.

11) 배관설비(건축물의 설비기준 등에 관한 규칙 제17조)
① 건축물에 설치하는 급수·배수 등의 용도로 쓰는 배관설비의 설치 및 구조는 다음의 기준에 적합하여야 한다.
  ㉠ 배관설비를 콘크리트에 묻는 경우 부식의 우려가 있는 재료는 부식방지조치를 할 것
  ㉡ 건축물의 주요부분을 관통하여 배관하는 경우에는 건축물의 구조내력에 지장이 없도록 할 것

ⓒ 승강기의 승강로 안에는 승강기의 운행에 필요한 배관설비 외의 배관설비를 설치하지 아니할 것
　　ⓓ 압력탱크 및 급탕설비에는 폭발 등의 위험을 막을 수 있는 시설을 설치할 것
② 배관설비로서 배수용으로 쓰이는 배관설비는 위 ①의 기준 외에 다음의 기준에 적합하여야 한다.
　　㉠ 배출시키는 빗물 또는 오수의 양 및 수질에 따라 그에 적당한 용량 및 경사를 지게 하거나 그에 적합한 재질을 사용할 것
　　㉡ 배관설비에는 배수 트랩·통기관을 설치하는 등 위생에 지장이 없도록 할 것
　　㉢ 배관설비의 오수에 접하는 부분은 내수재료를 사용할 것
　　㉣ 지하실 등 공공하수도로 자연배수를 할 수 없는 곳에는 배수용량에 맞는 강제배수시설을 설치할 것
　　㉤ 우수관과 오수관은 분리하여 배관할 것
　　㉥ 콘크리트 구조체에 배관을 매설하거나 배관이 콘크리트 구조체를 관통할 경우에는 구조체에 덧관을 미리 매설하는 등 배관의 부식을 방지하고 그 수선 및 교체가 용이하도록 할 것

 수질오염의 방지(*보충)

1. 음료수 저장 탱크에서는 다른 목적의 물을 공급하지 않는다.
2. 음료수 탱크는 완전히 밀폐한다. 맨홀 뚜껑을 통하여 다른 물이나 먼지 등이 들어가지 않도록 한다.
3. 음료용 탱크 내에는 다른 목적의 배관을 하지 않는다. 음료수 탱크에 부착된 오버플로(Over Flow)관의 끝에는 벌레등이 침입하지 않도록 한다.
4. 음료수 탱크 내면은 위생상 지장이 없는 도료 또는 공법으로 한다.
5. 크로스 커넥션(Cross Connection)과 탱크내의 내면 물질의 용해 및 기타 오염물질의 유입을 방지한다.
6. 상수 이외의 급수계통과 교차연결(Cross Connection)해서는 안된다.
7. 위생적인 냉수를 오염시키지 않고 충분하게 공급할 수 있어야 한다.
8. 수수조는 외부에서 천장, 바닥 및 주벽의 보수·점검을 쉽게 할 수 있도록 바닥 위에 설치한다.
9. 수조용량이 10㎥ 이상인 것은 보수, 점검, 청소를 고려하여 2조식으로 분할한다.
10. 수수조
　(1) 원칙적으로 전극에 의하여 동작하는 정수위 밸브를 사용하고 고장시에는 볼탭에 의한 동작을 겸용할 수 있는 것으로 한다. 정수위 조절밸브의 본체 및 부품은 부식되지 않는 재질로 식수를 오염시키지 않아야 한다.
　(2) 수수조 탱크의 드레인관 및 넘침관 배수는 간접배수로 한다. (지하 저수조 하자 유형 : 청소불량, 형틀 미제거, 점검구 뚜껑 없음, 탱크로의 진입계단 없음, 전기시설 없음 등)
　(3) 고가수조의 철판재 물탱크 내부 도장시에는 충분한 환기시설을 설치하고, 방독면 착용, 매시간 10분간 휴식, 도장은 시공후 위생상 무해해야 하고 수질에 나쁜 영향을 주어서는 안 된다.

(7) 절수설비(수도법 제15조)

1) 의의
건축주는 「건축법」 제2조 제1항 제2호에 따른 건축물이나 지방자치단체의 조례로 정하는 시설을 건축하려는 경우에 수돗물의 절약과 효율적 이용을 위하여 절수설비를 설치하여야 한다(제1항). 위반한 자에게는 1천만원 이하의 과태료를 부과한다.

2) 절수설비와 절수기기 〈시행 2025. 4. 23.〉
① 절수설비 : 물을 적게 사용하도록 환경부령으로 정하는 구조·규격 등의 기준에 맞게 제작된 수도꼭지 및 변기 등 환경부령으로 정하는 설비
② 절수기기 : 물을 적게 사용하기 위하여 수도꼭지 및 변기 등 환경부령으로 정하는 설비에 환경부령으로 정하는 기준에 맞게 추가로 장착하는 기기

(8) 밸브(Valve) 〔20·23회 출제〕
유체를 통과시키거나 막거나, 제어하기 위하여 통로를 개폐할 수 있는 가동 기구를 가지는 기기의 총칭.

1) 게이트밸브(Gate Valve,= 슬루스밸브 sluice valve)
단순 개폐용도이다. 밸브의 특성상 유체의 흐름을 정지시키는 밸브로써 밸브 디스크가 유체의 통로를 수직으로 막아서 개폐하고 유체의 흐름이 일직선 위에 있는 밸브의 총칭이다. 주배관에 주로 사용한다. 사용장소는 난방, 급수, 급탕범위에 두루 사용된다. 밸브 중 유체저항(압력손실)이 작고, 핸들의 회전력도 글로브 밸브에 비하여 가볍다. 값이 다소 비싸고 개폐시간이 길며, 밸브를 절반 정도 연 상태에서 사용하면 밸브의 주변에 난류가 생겨 유체저항이 커져서 마모 부식의 원인이 되므로 유량조절용으로는 부적당하다.

2) 스톱밸브(Stop Valve)
밸브디스크가 밸브대에 의하여 밸브시트에 직각방향으로 작동하는 밸브의 총칭이다.
① 글로브밸브(Globe Valve) : 유량조절용이지만 차단용으로도 가능하다. 밸브의 특성상 유체의 흐름차단과 유량을 조절할 수 있는 밸브로 내부는 S자 모양으로 바뀌면서 상부의 패킹에 의해 개폐를 하는 밸브이다. 개폐속도와 내압성도 양호하여 수도와 증기용으로 쓰인다. 유체저항(압력 손실)이 밸브 중 가장 큰 결점이 있다.
② 앵글밸브(Angle Valve) : 밸브 몸통의 입구와 출구의 중심선이 직각이며, 유체의 흐름방향이 직각으로 변하는 밸브이다. 유량조절과 방향전환을 시켜준다. 세면대, 양변기, 옥내옥외 소화전 방수구 등에 사용한다.

스톱밸브(Stop Valve)
밸브디스크가 밸브대에 의하여 밸브시트에 직각방향으로 작동하는 밸브의 총칭

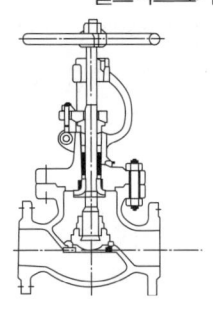

글로브밸브 (Globe Valve)
일반적으로 공 모양의 밸브 몸통을 가지며, 입구와 출구의 중심선이 일직선 위에 있고 유체의 흐름이 S자 모양으로 되는 밸브

앵글밸브 (Angle Valve)
밸브 몸통의 입구와 출구의 중심선이 직각이며, 유체의 흐름 방향이 직각으로 변하는 밸브

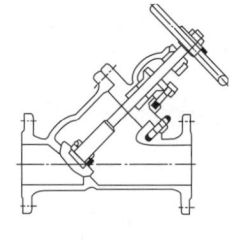

Y형밸브 (Y-globe Valve)
밸브 몸통의 입구와 출구의 중심선이 일직선 위에 있고, 밸브대의 축과 출구의 유로가 예각으로 되어 있는 밸브

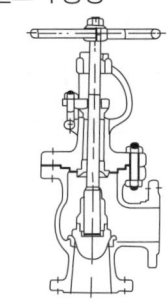

니들밸브 (Needle Valve)
유량을 조절하기 쉽게 밸브디스크가 바늘 모양으로 되어 있는 밸브

3) **버터플라이밸브(Butterfly Valve)**

   디스크가 원판모양으로 원형 손잡이를 돌려서 개폐하여 관로의 유량을 조절하는 밸브이다. 닫혔을 때 완전한 기밀을 할 수 없어 고압이나 고층에는 부적합하다. 작동방식에 따라서 레버식, 기어식, 전동식, 실린더식으로 나눈다.

4) **볼밸브(Ball Valve)** `23회 출제`

   밸브 중간에 위치한 볼의 회전에 의해 유체의 흐름을 조절한다. 밸브 디스크가 공모양이고 기밀이 잘 되므로 주로 급수, 급탕, 가스에 많이 사용한다. 유로 저항이 적다.

5) **체크밸브(역류방지밸브Check Valve, Reflux Valve)**

   구동방식이 따로 없고 유체의 흐름으로만 개폐되는 밸브이다. 유체의 흐름이 역류하면 자동적으로 밸브가 닫히게 할 때 사용하며 주로 물이 역류하는 것을 방지한다. 구조적 특성상 유량조절은 불가능하다. 크게 두가지 종류로 나눌 수 있는데 스윙형의 경우 수직, 수평배관에 모두 사용되고, 리프트형은 수평으로 장치하지 않으면 밸브가 작용하지 않기 때문에 수평배관에만 사용된다.

6) **콕(Cock)**

   테이퍼 또는 평행 모양의 밸브시트를 가진 몸체의 내부에 회전할 수 있는 마개가 들어 있는 유체차단기기의 총칭이다. 완전개폐와 함께 밸브를 90° 회전할 수 있는 것이 콕의 큰 특징이다. 개폐시간은 짧아지고, 유체는 축에 직각으로 흘러 유체저항도 작다.

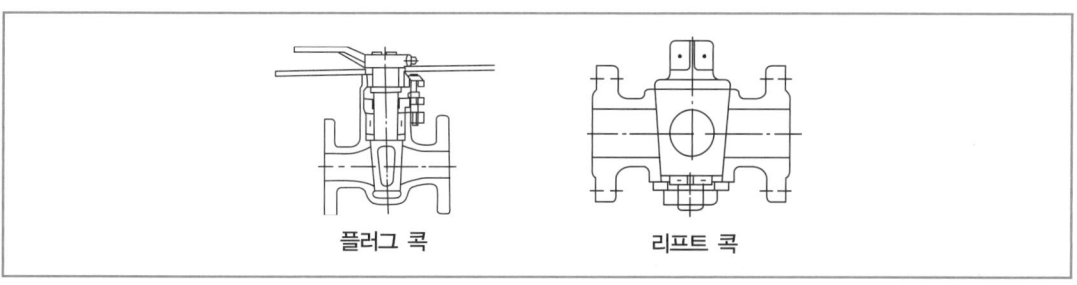
플러그 콕　　　　　리프트 콕

7) 차압밸브 **20회 출제**

차압밸브의 역할은 냉·난방 폐회로 시스템에서 환수헤더와 공급헤더 사이에서 부하변동에 따른 시스템내의 압력을 일정하게 유지시킴으로써 순환펌프의 운전과 시스템의 안정성을 유지하기 위해서이다. 난방시스템은 적정한 열량을 함유할 수 있도록 난방수에 압력을 더하고 공급하고 다시 환수하는 과정을 거쳐서 하는 순환식 난방을 의미한다. 즉, 보일러 등 기타의 열원장치를 운전하면 공급측에 압력이 상승하게 되는데 이때 압력이 환수측보다 커지게 된다. 이런 운전과정에서 공급측 압력이 환수측 압력보다 커지는 것을 차압이 발생했다고 말한다. 이렇게 발생된 압력차는 운전자나 관리자가 인식하든 못하든 그냥 내버려 두면 압력이 상승하게 되므로 결국 공급측 배관이나 열원장비 등에 지장을 초래하게 되며 나아가 고압의 상승으로 인해 난방순환이 잘되지 않는 문제가 발생된다. 그러므로 이렇게 발생된 차압은 환수측과 동일하게 만들기 위해 환수측으로 흘려 보내 공급측에 발생되는 부하변동을 처리하게 되는 것이다.

8) 안전밸브(safety valve)

① 유체가 일정압력 이상으로 압력이 증가 시 자동으로 열리게 되어 배관 및 장치의 안전을 보전하는 밸브이다. 보일러, 가열기, 압력용기, 가스용기 및 배관용으로 사용된다.

② 안전밸브의 작동원리
㉠ 보일러, 가열기, 압력용기, 가스용기, 배관 등에 이상압력 발생됨
㉡ 안전밸브 본체 내의 입구측 압력 증가
㉢ 안전밸브 본체 내의 압력 증가로 스프링이 상승함
㉣ 설정압력 이상시 안전밸브가 자동으로 열리며 유체가 배출됨
㉤ 유체가 배출되어 압력이 강하하면 자동적으로 안전밸브가 닫힘

9) 볼탭식 정수위밸브 **23회 출제**

부구의 부력과 자중에 의해 유로를 회전하여 개폐하게 된다.

10) 볼탭(ball tap)

급수관의 끝에 부착된 동제의 부자에 의하여 수조 내의 수면이 상승했을 때 자동적으로 수전을 멈추고 수면이 내려가면 부자가 내려가 수전을 여는 장치이다.

11) 감압 밸브(reduction valve)

고압배관과 저압배관 사이에 설치하여 압력을 낮춰 일정하게 유지할 때 사용하는 것으로 다이어프램식, 벨로즈식, 파이롯트식 등이 있다.

12) 푸트밸브(foot valve)

수조보다 펌프의 위치가 높을 때 흡입배관 끝부분에 설치되는 밸브이며 체크밸브(역류방지 밸브)가 내장되어 있어 펌프 정지 시에도 물이 빠지지 않는다. 펌프의 위치가 수조보다 낮을 때에는 푸트밸브를 설치하지 않으며 이물질이 들어가지 않도록 흡입배관 끝을 동망 등으로 씌운다.

13) 릴리프 밸브(Relife valve)

밸브 입구쪽의 압력이 상승하여 미리 정해진 압력이 되었을 때, 자동적으로 밸브 디스크가 열리고 압력이 소정의 값으로 강하하면 다시 밸브 디스크가 닫히는 기능을 한다.

14) 플로트 밸브(float valve)

저수조, 감압수조 등에 중력으로써 공급되는 물의 탱크 내 지징유량을 감지하여 소정의 수위를 유지하는 밸브구조이며, 부유체를 유체의 상위면에 띄워 액위를 감지하여 플로트의 상하운동에 따라 레버를 개폐시켜 물의 공급 제어를 행한다.

15) 공기빼기밸브(air vent valve)

공기 장해를 방지하기 위하여 설비 내에 혼입했거나, 존재하는 공기를 배제할 목적으로 설치하는 밸브. 공기빼기 밸브는 필요에 따라 손으로 열어 공기빼기를 하는 경우와 자동 공기빼기 밸브를 갖춘 경우가 있다. 전자는 가스 배관이나 오일 배관 설비의 공기빼기에 주로 이용된다.

16) 진공 브레이커(Vacuum breaker)

급수, 급탕 계통에서 부압이 생겼을 경우, 위생기구, 물받이 용기 중에 불어낸 물, 더운 물 또는 사용한 물, 더운물이 역사이폰 작용으로 역류하는 것을 방지하기 위하여 부압 부분에 자동적으로 공기를 도입하는 기능을 가진 밸브 또는 기기

17) 플러시밸브

대소변기의 세정에 주로 사용되며 한번 누르면 밸브가 작동되어 0.07MPa 이상이 수압으로 일정향의 물이 한꺼번에 나오면서 서서히 자동으로 잠기는 밸브이다.

(9) 배관 `16·18회 출제`

1) 급수배관 설계시공상 주의사항 중 피복

① 방식피복

납관이나 특히 납땜 이음 부분은 알칼리성에 쉽게 침식되므로 콘크리트 속에 매설하는 배관은 내알칼리성 도장을 하고 그 위에 아스팔트 주트를 감는 등 방식 피복을 철저히 해야 한다.

② **방동·방로피복**　　　　　　　　　　　　　　　　　　　　　**22회 출제**

여름철 급수배관 내부에 외부보다 찬 급수가 흐르고 배관 외부가 고온다습할 경우 배관 외부에 결로가 발생하기 쉽다. 또한 겨울철에 급수배관 외부 온도가 영하로 떨어질 때 급수배관계통이 동파하기 쉽다. 이러한 두 가지 현상을 방지하기 위해서는 급수배관 외부에 방로(=결로방지)와 방동목적의 피복을 보온재로 해야 한다. 방로·방동을 위한 보온 피복재로서는 펠트(felt)·아스베스토스·마그네시아 등이 사용된다.

2) 배관지지장치(piping support device)

배관계의 외력에 의한 움직임을 제한함으로써 장치의 안전성을 유지하기 위함이다.

① **리지드 행거**(rigid hanger) : 열변형에 의한 관의 수직방향 변위가 없는 곳에 사용하는 장치이다.
② **리지드 서포터** : 관이 응력을 받아서 휘어지는 것을 방지하고 팽창시 움직임을 바르게 유도하는 장치이다.
③ **스프링 행거** : 관이 진동을 방지하거나 감쇠시키는 장치이다.
④ **리스트레인트**(Restraint) : 관의 이동이나 회전을 방지하기 위한 지지점을 완전히 고정시키는 장치이다. 종류에는 앵커(배관계의 일부를 완전히 고정하는 경우에 사용한다.), 스토퍼(배관의 회전은 허용하지만 직선운동을 방지하는 경우에 사용한다), 가이드(배관이 축 방향을 따라 회전하는 것을 방지하는 경우에 사용한다)가 있다.

3) 배관 이음장치

① 배관을 굽힐 때(즉, 배관 통로의 방향을 바꿀 때) : 엘보, 밴드
② 관을 도중에서 분기할 때 : 티(tees), 크로스(crosses), 와이(Y brancher 45도, Y brancher 90도)
③ 지름이 같은 관의 직선 연결(직관의 접합) : 소켓, 니플, 플랜지(flanges), 유니언(뜻은 같지만 관의 보수점검용으로 좋다)
④ 구경이 다른 관이음 : 리듀서(Reducer), 부싱(bushing), 이경소켓(reducing socket), 이경티(reducing tees), 이경엘보(reducing elbow)
⑤ 관 끝을 막을 때 : 플러그(Plugs), 캡(Caps), 블라인드 플랜지

4) 배관재료의 종류별 특성

① 스테인리스강관은 부식에 강하여 급수, 급탕과 같은 위생설비 배관용 등으로 널리 사용된다.
② 주철관은 내식, 내마모성이 우수하여 급수, 오·배수 배관용 등으로 사용된다.
③ 동관은 열전도성이 높고 유연성이 우수하다.
④ 탄소강관은 주철관에 비하여 가볍고 인장강도가 커서 고압용으로 사용된다.
⑤ 라이닝관은 경량이면서 산, 알칼리에 대한 내식성이 높고 마찰이 적어 특수용 배관으로 사용된다.

5) 관의 규격

유량(Q)과 유속(V)이 주어질 때 : 관경 $d(관경) = 1.13\sqrt{\dfrac{Q}{V}}$) 이다.

[d : 관경, Q(유량㎥/s), V(유속m/s)]

6) 배관저항(압력 손실)

마찰 저항과 관성 저항의 두 가지가 있으며, 압력으로 표현된다. 마찰저항은 액체와 배관 벽 사이에 생기는 마찰에 의해 발생하며 액체의 점도가 높을수록, 배관이 길수록, 배관의 구부러짐이나 배관기기(밸브 등)가 많을수록 커진다. 관성저항이란, 물체가 움직이고 있어도 정지하고 있어도 그 상태를 유지하려고 하는 힘(관성력)이 작용하고 있어, 이 힘이 액체이송 시의 저항이 되는 것을 말한다. 이것도 압력으로 표시되는데, 맥동이 발생하는 일반적인 정량 펌프에서는 구경을 작고 배관을 길게 할수록 저항이 커진다. 반대로 구경을 2배로 하면 저항값은 1/4이 된다.

7) 배관속 유체의 마찰저항 등

유체의 마찰저항은 마찰손실계수, 배관길이, 유체의 속도, 유체의 밀도에 비례하고, 배관의 관경, 중력가속도에 반비례한다.

> **WIDE 원형관 경우**
>
> 1. 마찰손실수두 = [마찰손실계수×관의 길이×유체속도의 제곱] / [관의 직경×(2×중력가속도)]
>   = 압력구배/비중량
> 2. 마찰압력손실 = [마찰손실계수×관의 길이×밀도×유체속도의 제곱] / [관의 직경×2]
> * 중력가속도(g) = 9.81[m/s²]
> * 밀도(단위부피당 차지하는 질량) = 질량/부피
> * 비중량(단위부피당 차지하는 무게) = 무게/부피 = 밀도×중력가속도
> * 압력구배 = 압력손실

2 펌프관리

(1) 의 의

펌프는 전동기, 엔진, 터빈 등의 원동기로부터 동력을 전달받아 유체에 운동 및 압력에너지를 주어 액체의 위치를 바꾸어주는 기계이다. 펌프의 작용은 흡입과 토출에 의해 이루어진다. 흡입작용은 펌프 내를 진공상태로 만들어 흡상시키는 것으로, 표준기압 상태에서 이론적으로 10.33m까지 흡입할 수 있다. 그러나 흡입관 내의 마찰손실이나 물 속에 함유된 공기 등에 의해 7m 이상은 흡상하지 않는다.

제1장 설비관리

형식	작동방식	종류
터보형	원심력식	원심 펌프 – 벌류트 펌프, 터빈 펌프(디퓨저 펌프)
		축류 펌프, 사류 펌프
		마찰 펌프
용적형	왕복동식	피스톤 펌프, 플런저 펌프, 다이어프램 펌프
	회전식	기어 펌프, 나사 펌프, 베인 펌프, 캠 펌프,
특수형		기포 펌프, 제트 펌프, 수격 펌프, 와류 펌프, 진공 펌프 등

PROFESSOR COMMENT　　　　　　　　　　　　　　　　　　**23회 출제**

① 펌프의 상사법칙
　1. 양수량 → 회전수에 비례 (예, 회전수를 1.2배 올리면 양수량은 1.2배가 된다.)
　2. 양정 → 회전수 제곱에 비례 (회전수를 1.2배 올리면 양정은 1.44배가 된다.)
　3. (축)동력 → 회전수 세제곱에 비례 (회전수를 2배 올리면 동력은 8배가 된다.)
② 펌프의 축동력은 펌프의 양정에 비례한다.
③ 워싱턴 펌프는 왕복동식 펌프이다.
④ 볼류트 펌프는 원심식 펌프이다.
⑤ 펌프의 흡상높이는 수온이 높을수록 낮아진다.
⑥ 특성이 같은 펌프 2대를 직렬운전할 경우 이론상 유량은 변동이 없고 양정은 2배가 된다.
⑦ 펌프의 축동력(KW) = WQH /6120E (실제의 Pump에서 운전에 필요한 동력)
　　　　　　　　　　[W 단위중량(×1,000) , Q 유량(㎥/min), H 양정(m), E 효율]

(2) 펌프의 종류

1) 왕복 펌프

피스톤이나 플런저가 실린더 내를 왕복운동함으로써 액체를 흡입하여 소요의 압력으로 압축하여 토출하는 펌프이다.

① 종류
　㉠ 피스톤 펌프 : 피스톤 작용으로 물을 공급하는 저압급수용 펌프로서 용량이 많고 압력이 낮은 곳에 사용된다.
　㉡ 플런저 펌프 : 플런저에 의해 급수하는 펌프로서 구조가 간단하고, 용량이 적고 압력이 높은 곳에 사용된다.
　㉢ 워싱턴 펌프 : 보일러의 증기압을 동력으로 하여 그 구조가 간단하고 고장이 적다. 실린더에 2~10kg/㎠의 고압증기를 공급하여 피스톤을 왕복운동시켜 급수압력 10~15kg/㎠로 작동하는 보일러 보급수용 펌프이다.

② 특징
  ㉠ 왕복운동에서 생기는 송수압의 변동이 심하여 토출량의 변화가 있으며 수량조절이 어렵다.
  ㉡ 양수량이 적고 고양정(고압용)에 적합하다.
  ㉢ 규정 이상의 왕복운동을 하면 효율이 떨어진다.

2) 원심 펌프

① 종류 **24회 출제**
  ㉠ 벌류트 펌프 : 모터로 구동하며 축에 개차(Impeller)가 달려 있어 원심력으로 양수하며, 주로 20m 이하의 저양정에 사용된다.
  ㉡ 터빈 펌프 : 디퓨져 펌프라고도 하며 축과 날개차 이외에 임펠러 주위에 안내날개(Guide Vane)가 달려 있어 물의 흐름을 조절하며, 임펠러를 직렬로 장치하면 20m 이상의 고양정을 얻을 수 있다.
  ㉢ 보어홀(심정) 펌프 : 7m 이상의 깊은 우물에 사용하는 것으로 모터가 땅 위에 있는 보어홀 펌프와 모터가 수중에서 작동하는 수중모터 펌프가 있다.
  ㉣ 논클로프 펌프 : 오수 펌프로서 가옥오수 등 오물잔재의 고형물이나 천조각 등이 섞인 물을 배제하는 데 사용되는 펌프이다.
② 특징
  ㉠ 양수량 조절이 용이하여 고·저 양정에 모두 사용한다.
  ㉡ 양수량이 많다.
  ㉢ 고속운전에 적합하다.

3) 회전 펌프

1~3개의 회전자의 회전에 의해 액체를 압송하는 펌프로서 구조가 간단하고 취급이 용이하다. 펌프의 특징은 양수량의 변동이 적고 고압을 얻기가 비교적 쉬우며, 기름 등의 점도가 높은 액체수송에 적합하다. 베인 펌프, 나사 펌프, 기어 펌프(기름운송용) 등이 있다.

4) 특수 펌프

① 인젝터 : 고압보일러 급수용으로 사용한다. 제1유체로는 고압수증기, 제2유체로는 물인 경우가 많다.
② 제트 펌프 : 소화용으로 사용한다.
③ 공기양수 펌프(에어리프트 펌프) : 공기를 혼합시켜 물의 비중을 가볍게 하여 기포의 부력을 이용하여 양수하는 펌프이다. 주로 고형물이 포함된 양수용으로 사용한다.

(3) 양정 구분(펌프의 크기 결정) 17·23회 출제

1) 종류
① 흡입 실양정(Hi) : 흡입수면(Foot Valve)에서 펌프의 흡입구 중심선까지 수직높이(m)
② 토출 실양정(Ho) : 펌프의 흡입구 중심선에서 저수조의 최고 수면까지의 수직높이(m)
③ 실양정(Ha) : 흡입 실양정(m) + 토출 실양정
④ 유속 양정(Hv) = 흡입과 토출 관경의 차이에서 발생한다. 관경이 같은 경우 전혀 없고, 다른 경우도 무시할 수 있을 정도로 그 값이 작다.
⑤ 전양정(H) 22회 출제

PROFESSOR COMMENT

- 전양정(H) = 실양정 + 직관 마찰손실수두(100%) + 관부속품 마찰손실수두(직관의 20% 적용)
  = 흡입 실양정(Hs) + 토출 실양정(Hd) + 관손실 양정(Hf) + 유속 양정(Hv)
  = 흡입양정 + 토출양정 + 마찰손실수두 ± 포화증기압에 따른 수두차이 + 유속양정
  = 실양정 + 손실양정
- 펌프의 소요 양정 = 실양정 + 관로 손실수두(토출 흡입 측의 속도수두 포함)

2) 양정
펌프가 유체를 운송할 수 있는 높이 또는 압력을 말하며, 보통 미터단위로 표시한다. 유체의 밀도가 낮을수록 양정은 높고, 온도가 높을수록 양정도 높다. 실양정이란 펌프가 실제로 양수하는 수면 간의 높이의 차를 말하고, 전양정이란 도중의 손실을 감안하여 실양정에 가산한 것을 말한다.

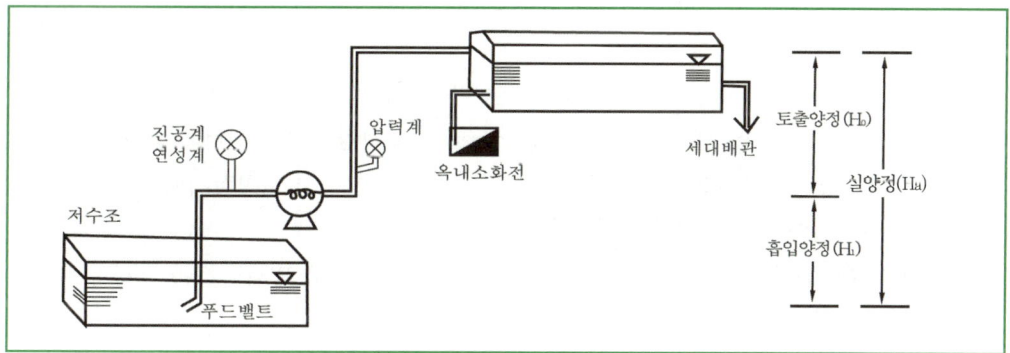

(4) 일반 유체가 일으키는 이상현상

1) 수격작용(Water Hammering) `14·17회 출제`

급수관이나 급탕관 내의 유속의 흐름을 제어할 때 생기는 운동에너지가 압력에너지로 변하여 순간적인 충격압과 진동을 가져와 관 벽이나 배관상의 밸브 및 수전 등 접속한 기기류에 손상을 주고 진동 및 소음을 유발하는 현상이다. 수격압력은 밸브 등의 폐쇄시간에 따라 다르고, 급폐쇄시에 수격 압도 현저하게 높아진다.

> **WIDE 워터해머가 발생하기 쉬운 장소**
> ① 전자밸브·콕 등 순간적으로 개폐하는 수전·밸브 류 등을 사용하는 곳
> ② 관 내의 상용압력이 현저히 높은 곳
> ③ 관 내의 상용유속이 현저히 빠른 곳
> ④ 수온이 높은 곳
> ⑤ 수주분리가 일어나기 쉬운 배관 부분
> ⑥ 굴곡이 많은 배관 부분
> ⑦ 펌프의 양수관

① 발생원인
  ㉠ 정전 등으로 갑작스러운 펌프의 가동, 정지
  ㉡ 갑작스러운 유속변화나 밸브를 개폐할 경우
  ㉢ 기타 유체의 급격한 압력변동이 있는 경우

② 방지대책
  ㉠ 관 지름을 크게 하여 양액의 유속을 줄이고(일반적으로 2.0m/s 이하로 한다), 관성력을 떨어뜨린다.
  ㉡ 펌프에 플라이휠을 붙여 관성효과를 이용, 회전수와 관내 유속의 변화를 느리게 한다.
  ㉢ 기구류 가까이에 공기실(Air Chamber)을 설치함으로써 충격을 완화시킨다.
  ㉣ 고가수조의 높은 위치에 의한 수격작용은 중간수조를 설치하거나 감압밸브를 설치하는 급수조닝을 해서 수격작용을 방지한다.
  ㉤ 조압수조(Surge Tank)를 설치하여 축적된 에너지를 방출하거나 관내의 에너지를 흡수한다.
  ㉥ 수격방지기(Water Hammering Cusion)를 설치한다.
  ㉦ 밸브는 펌프 송출구 가까이 설치하고, 적당한 밸브(도피밸브 등)로 제어하거나 스탠드 파이프(위가 개방되어 있는 파이프)를 설치한다.
  ㉧ 송출구에 설치된 메인 밸브를 전자기와 유압장치에 의해 정전과 동시에 자동적으로 급속히 대부분을 닫아 버린 다음, 서서히 나머지 부분을 닫는 방법이 가장 널리 사용된다.

2) 공동현상(Cavitation)   16회 출제

펌프의 회전차 입구에서 유로의 변화로 인하여 압력강하가 생기며 이때 저압부가 형성되어 (특히 Impeller Eye 부분) 공동(Cavity)이 생긴다. 이 부분의 압력이 그 온도에서의 포화증기압보다 낮아지면 표면에 증기가 발생되어 액체와 분리되어 기포로 나타나는데 이 현상을 공동현상이라고 하며, 주로 흡입부 배관 내에서 발생하는 현상이다. 공동현상이 발생하면 회전차(Impeller)가 파손되거나 침식되어 양수량이 감소하게 된다.

① 발생원인
  ㉠ 펌프의 흡입압력이 낮을 때
  ㉡ 펌프의 흡입관경이 작을 경우
  ㉢ 펌프의 마찰손실이나 임펠러 속도가 클 경우
  ㉣ 배관 내에 굴곡부가 있는 경우
  ㉤ 펌프의 설치위치가 수원보다 높을 경우
  ㉥ 펌프의 흡입측 수두가 클 경우

② 방지대책
  ㉠ 양흡입 펌프나 2대 이상의 펌프를 사용한다.
  ㉡ 펌프의 흡입관경을 크게 하고, 밸브, 플랜지 등 부속의 수를 적게 하여 손실수두를 줄인다. 흡입관 굵기는 유압펌프 본체의 연결구의 크기와 같은 것을 사용한다.
  ㉢ 펌프의 마찰손실이나 임펠러 속도를 늦춘다.
  ㉣ 유효흡입수두를 가능한 크게 하기 위해 펌프 설치를 최대한 낮게 하며 흡입배관을 짧게하고 관내유속을 작게한다.
  ㉤ 펌프의 설치위치를 수원보다 낮게 한다.
  ㉥ 펌프의 흡입측 수두를 적게 한다. 즉 펌프 위치를 가능한 한 흡수면에 가깝게 하여 실흡입양정(實吸入揚程)을 작게 한다. 흡입구 양정은 1m 이하로 할 것
  ㉦ 기타 : 펌프의 운전속도는 규정속도(3.4m/s) 이상으로 해서는 안 된다. 펌프의 회전수를 낮추어 흡입비속도를 적게 한다. 흡입측 스트레나의 통수면적(通水面積)을 크게 한다. 정격토출량(定格吐出量) 이상의 양수량을 요구하지 않는다. 정격양정(定格揚程)보다 무리하게 낮추어 운전하지 않는다. 원심펌프에서는 실양정이 정격양정보다 낮아지면 정격 토출량보다 양수량이 많아지고 따라서 흡입관의 마찰손실이 커지게 된다. 이런 경우에는 토출측의 밸브를 조작, 수량을 교축(絞縮, Throttling)해야 한다.

3) 맥동현상(=서징 현상, surging)   `15·20회 출제`

펌프를 운전할 때 송출압력과 송출유량이 주기적으로 변동하여 펌프입구 및 출구에 설치된 진공계, 압력계의 지침이 흔들리는 현상을 말한다.

① 발생원인

밸브의 급작스런 개폐에 의한 수격작용을 완화하기 위해 압력수로와 압력관 사이에 자유수면(대기압을 접하는 수면)을 가진 조절수조를 설치하여 수로(수압관)를 일시적으로 폐쇄하면 흐르던 물이 서지 탱크 내로 유입하여 수원과 탱크 사이의 수면이 상승한다. 이러한 진동현상을 서징이라 한다.

② 방지대책

㉠ 베인 혹은 안내깃의 출구 각도를 바꾸어주는 등 펌프의 특성을 변화 – 불완전한 효과
㉡ 배수량을 늘리거나(송출밸브를 사용하여 펌프 내의 양수량을 맥동현상 때의 양수량 이상으로 증가시키거나) 임펠러 회전수를 바꾼다.
㉢ 관경을 바꾸어 주어 유체의 유속을 변화시킨다.
㉣ 배관계 내에 불필요한 공기탱크, 잔류공기를 제거하고, 관로의 단면적, 액체의 유속, 저항 등을 조정한다.

(5) 펌프의 과부하 운전조건

1) 원동기와의 직렬불량
2) 주파수 증가에 의한 회전수 증가
3) 베어링 마모 및 이물질 침투
4) 흡입양정이 현저히 감소할 때

(6) 펌프의 유지관리

1) 점검사항

① 펌프의 동작상태 여부
② 펌프의 누수상태 여부
③ 펌프의 고정볼트 훼손 여부
④ 펌프의 회전시 소음상태 여부
⑤ 각 펌프의 주유상태 여부

2) 설치시의 주의사항
① 펌프는 되도록 흡입양정을 낮추어 설치하면 공동현상을 줄일 수 있고, 효율도 높아진다.
② 푸트밸브 (흡입구)는 수면 위에서 관경의 2배 이상 물속에 잠기게 한다. 그러나 너무 깊게 잠기면 수두압에 의해 물을 끌어올리는 데 지장이 있다. 흡입구는 수조의 아래쪽에 접속 되도록 한다.
③ 동력전달의 효율성을 제고하기 위하여 펌프와 전동기는 일직선상에 배치한다.
④ 펌프의 구경이 클수록 저항이 적어져 효율이 증가된다.
⑤ 기초는 바닥면과 일체화하기 위하여 10cm 이상 높이의 콘크리트를 타설하고 앵커볼트를 박는다.

(7) 펌프성능시험의 순서

1) 주배관의 개폐밸브를 잠근다.
2) 제어반에서 충압펌프를 기동 중지한다.
3) 펌프성능시험 배관의 2차측 밸브인 유량조절밸브를 완전히 잠그고 1차측 밸브성능시험 밸브를 완전히 개방한다.
4) 주펌프를 작동한다.
5) 펌프성능시험 배관의 2차측 밸브인 유량조절밸브를 잠근상태(체절운전)에서 펌프의 체절압력을 압력계를 보고 읽는다.
6) 펌프성능시험 배관의 2차측 밸브인 유량조절밸브를 서서히 열면서 유량계와 압력계를 확인하면서 펌프성능을 측정한다(펌프성능시험곡선의 자료를 측정한다).
7) 측정완료 후 복구
① 주배관의 개폐밸브를 개방한다.
② 펌프성능시험 배관의 1차측 밸브(성능시험밸브)를 잠근다.
③ 제어반의 주펌프, 충압펌프 스위치를 자동위치로 돌려놓는다.

02 급탕설비관리

1 서 설

(1) 의 의

1) 개념

급탕설비란 증기, 가스, 석탄 등을 열원으로 하는 물의 가열공급장치를 설치해서 욕실, 주방 등에 온수를 공급하는 설비이다.

2) 물의 팽창과 수축

① 순수한 물은 0℃에서 얼게 되며 그 경우 약 9%의 체적팽창을 하게 된다.
② 4℃의 물을 100℃까지 높였을 때 체적이 약 4.3% 팽창하게 된다.
③ 100℃의 물이 증기로 변할 때 그 체적이 1,700배로 팽창한다.

3) 열량

어떤 물질 1kg 올리는 데 필요한 열량을 비열이라 하며, 물의 비열은 4.2kJ/kg·K이다. 열량(Q)은 다음 식에 의해 계산된다.

$$\text{열량(Q)} = \text{질량(m)} \times \text{비열(c)} \times \text{온도차}(\Delta T)$$

4) 급탕부하 `20회 출제`

시간당 필요한 온수를 얻는 데 필요한 열량을 말한다. 급탕량 산정은 건물의 사용 인원수에 의한 방법과 급탕기구수에 의한 방법이 있다.

$Q = c \times m \times \Delta t$ (Q: 급탕부하. C: 물의비열. m: 급탕량. Δt: 급수급탕온도차)

※ 급탕부하 계산시 급수급탕 온도차에 대한 아무런 조건이 없을 때는 60℃로 계산한다

5) 보일러 가열능력(kJ/h) `19회 출제`

1인 1일 최대 급탕량(ℓ/d) × 가열능력비율 × 물의 비열(kcal/kg) × (급탕온도 - 급수온도)

6) 전기급탕가열기의 용량(kW) `22회 출제`

급수온도(℃), 급탕온도(℃), 급탕량(L/hr), 물의 비열 4.2(kJ/kg·K), 가열기효율(%)이 주어지고 그 외의 조건은 고려하지 않을 때,

$$\text{전기급탕가열기의 용량(kW)} = (\text{급탕량} \times \text{비열} \times \text{온도차}) \div (3{,}600 \times \text{효율})$$

7) **선팽창길이**(=배관의 팽창량)　　　　　　　　　　　　　　　　　　　　**24회 출제**

   선팽창길이(m) = 선팽창계수 × 배관길이(m) × 온도차(℃)

(2) 용어의 정의

1) **감압밸브** : 증기압이나 수압이 너무 클 때 적절한 압력으로 낮추기 위한 밸브. 구조는 벨로즈·피스턴 등에 의해 밸브의 개구면적을 바꾸어 조절

2) **증기드레인** : 배관 내의 응축수나 냉각코일에서 생긴 결로수를 말한다.

3) **증기 트랩**(방열기 트랩) : 증기배관이나 증기기기 환수부분에 설치하여 증기와 드레인을 분리하는 장치, 수격작용 방지용, 열동트랩, 버킷트랩, 플로트트랩 등이 있다. **23회 출제**

4) **스트레이너** : 기기 내의 오물찌꺼기 등의 불순물을 제거하기 위한 여과기, 특히 보일러 내의 스케일(물때)의 유입을 방지하기 위하여 사용

5) **수두압** : 물의 깊이 또는 중량방향의 높이에 따른 압력

6) **바이패스관** : 주관로에 대한 부관·측관, 유체가 주로 지나가는 배관에서 갈라졌다가 다시 주관로에 접속되는 측관로

7) **바이패스밸브** : 바이패스에 설치하는 밸브, 일반적으로는 각종 배관경로 안에 설치한 제어장치나 트랩 등의 말단처리장치의 바이패스 안에 설치하여 유체가 이 장치를 지나갈 필요가 없을 때 또는 이것들이 고장·점검 등으로 사용할 수 없을 때 및 장치 전체의 유량변동을 일으키지 않고 제어하기 위하여 부득이 바이패스를 통과시키는 경우에 바이패스 안에 이 밸브를 설치하여 그 개폐를 하는 데 사용

8) **온도조절밸브** : 온도를 조절하는 밸브, 온수관 또는 증기관에 부착하여 온도가 오르내림에 따라 밸브를 개폐하여 유량을 바꾸어 적당한 온도를 유지

9) **벨로즈** : 사진기의 주름상자 모양으로 된 밀봉성을 가진 소형설비용 보조기구. 스테인리스 등으로 만들어 열에 대한 신축성을 이용, 유로의 개폐·관로의 열팽창 흡수작용 등에 이용

10) **리버스 리턴방식**(역환수방식) : 하향식 배관방식의 경우에 각 층의 탕의 온도차를 줄이기 위하여 층마다의 순환배관 길이가 같도록 환수관을 역회전시켜 배관한다. 이 방법은 각 층의 온수순환을 균등하게 할 목적으로 쓰인다.

11) **스팀 사일런서**(Steam Silencer, 소음제거장치) : 소음제거장치는 S형, F형의 두 종류가 있다. 소음이 나므로 설치장소가 제한된다. 증기압은 1~4kg/㎠ 범위 정도이다.

(3) 급탕설계시 고려할 사항

1) 보통 일반 급탕온도는 55℃가 이상적이다.
2) 급탕량 산정은 인원수에 의한 방법이 기구수에 의한 것보다 정확하다.
3) 급탕배관 관경은 복귀관(반탕관) 및 상온의 물을 쓰는 급수환경보다 한 치수 큰 것을 사용한다.
4) 배관시공에서 부득이 굴곡배관을 해야 할 경우에는 그곳에 고일 공기를 배제하기 위하여 공기빼기밸브를 설치해야 한다.
5) 배관 도중의 글로브밸브 등은 공기가 체류할 우려가 있으므로 게이트밸브를 사용하는 것이 좋다.
6) 급수 및 급탕계통에는 역 사이펀 작용에 의한 역류가 발생되지 않아야 한다.

2 급탕방식의 종류

(1) 개별식 급탕법   10회 출제

급탕설비를 개별적으로 갖추어서 온수를 얻는 방법으로 시설비가 적고, 열손실이 적으나 기기의 설치공간이 필요하며, 단위당 연료비가 비싸고, 소규모 건축물에서 사용한다.

장 점	단 점
① 급탕설치 개소가 적을 경우 시설비가 싸다. ② 건물의 완성 후에도 급탕개소의 증설이 비교적 쉽다. ③ 수시로 급탕하여 사용할 수 있고 높은 온도의 물이 필요할 때 쉽게 얻을 수 있다. ④ 배관설비 거리가 짧고 배관 중의 열손실이 적다. ⑤ 주택 등에서는 난방겸용의 온수보일러 순간온수기를 사용할 수 있다. ⑥ 유지관리가 용이하다.	① 급탕개소가 많아질수록 불리하고 비효율적이다. ② 어느 정도 급탕 규모가 크면 가열기가 필요하므로 유지관리가 힘들다. ③ 급탕개소마다 가열기의 설치공간이 필요하다. ④ 가스탕비기를 쓰는 경우 건축의장 등 구조적으로 제약을 받기 쉽다.

1) **즉시탕비기**(순간온수기)

수도꼭지를 개방함으로써 변화하는 압력으로 가스·전기 등에 의해 자동점화된 후 가열코일이 가열되어 온수가 공급되는 방식이다.

① 70℃ 이상의 온수는 얻을 수 없다.
② 급탕범위가 좁은 욕실, 부엌의 싱크, 이발소 등에 적합하다.

2) 저탕형 탕비기

가스 또는 전기를 이용하여 단시간 내에 많은 양의 온수를 공급할 수 있는 방식으로 자동온도조절기를 장착하여 저탕온도를 조정할 수 있다.

① 가열된 온수를 저탕조에 저장하여 두는 것으로 저탕조에서의 열손실이 비교적 많다.
② 특정시간에 다량의 온수를 필요로 하는 장소에 적합하다.
③ 여관·기숙사 등에 주로 사용된다.

3) 기수혼합식 탕비기

저탕조에 증기를 주입하여 물을 가열하는 방식으로 열효율이 100%이지만 증기주입시 소음이 심하므로 스팀 사일런서(Steam Silencer)를 부착하는데, 공장·병원 등에서 사용하는 방식이다.

(2) 중앙식 급탕법 **19회 출제**

중앙에서 보일러를 가동하여 각 세대로 온수를 공급하는 방식으로 아파트, 사무실, 호텔, 대규모 건축물 등에서 사용된다. 수도꼭지를 틀면 즉시 온수를 공급받을 수 있다.

직접가열식	간접가열식
① 계속적인 급수로 항상 새로운 물이 들어오게 되어 수질에 의해 보일러 내면에 스케일이 생겨서 열효율이 저하되며 보일러의 수명이 단축(과부하의 염려 있음) ② 열효율면에서는 경제적(간접가열식보다 열효율 높음) ③ 급탕하는 건물의 높이에 따라 보일러는 높은 압력을 받음 ④ 급탕경로 : 온수보일러 → 저탕조 → 급탕주관 → 각 기관 → 사용장소 ⑤ 소규모 급탕설비에 적합	① 저탕조 내에 가열코일을 설치하고 이 코일에 증기 또는 온수를 통해서 저탕조의 물을 간접적으로 가열하는 방식 ② 열효율이 좋지 않다. ③ 가열코일에 쓰이는 증기는 건물의 높이에 관계없이 저압으로도 충분하기 때문에 고압용 보일러가 불필요 ④ 보일러 내면에 스케일이 거의 끼지 않는다. ⑤ 대규모 급탕설비에 적합

(3) 태양열 이용 급탕방식

1) 집열판에서 모은 태양에너지에 의하여 급탕하여 온수를 공급하는 것으로 공해가 없고 에너지 절약효과가 있다.
2) 단독주택, 공동주택, 수영장, 대중목욕탕, 호텔, 병원 등에서 사용할 수 있다.

PROFESSOR COMMENT

서머스탯(자동온도조절기)을 사용하는 방식에는 저탕형 탕비기, 기수혼합식, 간접가열식이 있다.

3 급탕배관방식

(1) 단관식

온수공급관만 설치하는 방식으로 시설비가 저렴하여 소규모 주택에 이용된다. 처음에는 찬물이 나오며, 급탕보일러에서 온수전까지의 거리는 15m 이내가 되게 한다.

(2) 복관식(순환식)

온수공급관과 반탕관을 분리하여 설치하는 것으로 중앙공급식 아파트 등 대규모 건물에서 이용된다. 항상 온수가 나오며, 시설비가 다소 비싸다.

1) 중력순환식

물의 비중차로 냉각된 물이 저장탱크로 되돌아오는 자연순환식으로, 구배는 1/150 정도이다.

2) 강제순환식

순환속도를 가하기 위하여 반탕관의 끝에 순환펌프를 설치하는 방식으로, 구배는 1/200 정도이다.

4 급탕공급방식

(1) 상향식

온수가 위층으로 올라가면서 각 세대에 공급하는 방식으로 온수의 온도가 떨어지는 정도가 적어 많이 사용한다.

(2) 하향식

온수가 옥상부분까지 올라갔다가 내려오면서 각 세대에 공급하는 방식이며, 온수의 온도가 떨어지기 쉽다.

(3) 역환수방식(리버스리턴 방식)

하향식 배관방식의 경우 각 층의 온수공급을 균등하게 하기 위해 순환배관 길이를 같게 하도록 환탕관을 역회전시켜 배관한다.

5 급탕배관시 압력에 대한 대비 `24회 출제`

배관 도중에 이상압력이 생겼을 때 또는 물이 가열됨으로써 부피가 팽창 및 신축이 발생함으로써 생기는 배관의 파손을 방지하기 위하여 압력의 도피처인 팽창관과 팽창탱크를 설치하고 신축이음을 고려하여야 한다.

(1) 압력의 도피

1) 팽창관
급탕수직주관을 연장하여 팽창탱크에 개방하는 것으로서 가열기와 고가탱크 사이에 설치한다.
① 온수순환배관 도중에 이상압력이 생겼을 때 그 압력을 흡수하는 도피구이다.
② 안전밸브 역할을 하며 보일러 내의 공기나 증기를 배출시킨다.
③ 팽창관의 도중에는 밸브를 절대로 달아서는 안 된다.
④ 팽창관의 관경은 입주관과 동일관경으로 한다.

2) 팽창탱크 〔21회 출제〕
① 팽창관으로부터의 해결장소이다. 장치 내의 수온상승으로 발생되는 물의 체적팽창과 압력을 흡수한다.
② 보일러 또는 저탕조에 급수한다. 팽창탱크에는 팽창관 이외에 오버플로우관 또는 안전밸브, 물보급장치 등을 갖추고 있다.
③ 개방형 팽창탱크는 탱크의 저면이 최고층의 급탕전보다 5m 이상 높은 곳에 설치하며, 탱크급수는 볼탭에 의해 자동급수된다. 그리고 밀폐형 팽창탱크는 설치위치에 제한이 없으므로 보통 기계실에 설치한다.
④ 개방형 팽창탱크의 경우 장치 내의 공기 배출구와 온수보일러의 도피관으로 이용된다.
⑤ 팽창된 물의 배출을 막아 장치의 열손실을 방지한다.
⑥ 운전중 장치 내를 소정의 압력으로 유지하여 온수온도를 일정하게 유지한다.
⑦ 배관계를 일정한 압력으로 유지하여 장치 내에 있는 물의 누수 등으로 발생되는 공기의 침입을 방지한다.

(2) 신축이음(expansion joint, 팽창이음) 〔17·19회 출제〕
① 배관의 신축량 : 급탕배관은 온수 공급시와 중지 시에 온도차가 심해서 길이의 신축이 커져서 제거하지 않을 경우에 이음쇠, 밸브류, 서포트 등에 큰 응력이 생겨 파손의 위험이 있음 [* 배관의 선팽창 = 관길이 × 선팽창계수 × 온도차]
즉, 급탕은 가열된 물의 부피로 인하여 팽창 및 신축이 발생하므로 이는 곧 배관의 누수 원인이 된다. 따라서 적절한 신축이음쇠를 설치하여 이를 방지해야 한다.
② 신축이음쇠의 누수 여부의 크기 순서는 스위블 조인트 > 슬리브형 > 벨로즈형 > 신축곡관이다.
③ 직선배관인 경우 대개 강관인 경우 30m(동관은 20m)마다 1개의 신축이음을 설치하고, 수직배관은 10~20m마다 신축이음을 설치한다.
④ 배관 직관부에는 슬리브형, 벨로즈형, 신축곡관이 사용되고, 주관으로부터의 분기부에는 스위블이음이 사용된다.

1) 스위블 조인트
   ① 2개 이상의 엘보를 이용하여 나사부의 회전으로 신축을 흡수한다.
   ② 방열기 주변의 배관에 많이 이용한다.
   ③ 설치비가 싸고 조립이 쉬우나, 누수의 염려가 가장 크다.

2) 슬리브형(미끄럼형)
   ① 일반적으로 사용되는 것으로 신축량이 크고 소요공간이 작다.
   ② 활동부 패킹의 파손 우려가 있어 누수되기 쉽다.
   ③ 보수가 용이한 곳에 설치한다(벽·바닥의 관통배관).

3) 벨로즈형(주름통형, 펙레스형, 파형)
   ① 주름 모양의 원형판에서 신축을 흡수한다.
   ② 누수의 염려가 있고 저압용이다.
   ③ 설치공간은 작은 편이다.

4) 신축곡관(루프형, 곡관형)
   ① 파이프를 원형 또는 'ㄷ'자형으로 밴딩하여 밴딩부에서 신축을 흡수한다.
   ② 신축길이가 길며 설치에 넓은 장소가 필요하므로 옥외배관에 적당하다.
   ③ 고압용으로 적당하다.
   ④ 보수할 필요가 거의 없다.

5) 볼 조인트
   최근에 쓰이기 시작한 것으로 일정한 각도 내에서 자유로이 회전한다. 이 볼 조인트를 2~3개 사용하여 배관하면 관의 신축을 흡수할 수 있다.
   ① 고압에 잘 견디는 편이나 개스킷이 열화되는 경우가 있다.
   ② 신축곡관에 비해 설치공간이 적다.

(3) 수압시험

수압시험은 관의 보온피복을 하기 전에 상용압의 2~3배 압력으로 10분 이상 유지될 수 있어야 한다.

6 그 밖에 급탕배관시 고려할 점

(1) 보온피복
1) 보온의 피복두께는 3~5cm 정도로 하고 그 위를 마포 등으로 감싼 다음 표면에 페인트칠을 한다.
2) 저탕조 및 배관계는 전부 완벽하게 보온·피복하여 열손실을 최소한도로 막는다.
3) 보온재로 적합한 것으로는 우모, 펠트, 규조토 등이 있다.

(2) 온수의 수질관리
1) 온수조 내에 침전물이 많으면 급수관 또는 온수반송관에 스트레이너(Strainer, 보일러 내의 스케일을 제거하기 위한 여과기)를 설치하고 정기적으로 청소한다.
2) 온수조를 점검하거나 청소하기 위하여 그 내부에 들어갈 때에는 온수조를 충분히 냉각시키고 환기시키며, 사용 중인 보일러 기타의 연결배관을 확실히 차단하여 안전에 주의한다.

(3) 급탕배관의 시공상 주의사항　　　　　　　　　　　　　　**11·14회 출제**
1) 급탕관 관경은 최소 20A 이상으로서 급수관경보다 한 단계 큰 치수를 사용하고, 반탕관은 급탕관보다 작은 치수를 사용한다.
2) 상향식 공급방식에서 급탕 수평주관은 선상향 구배로 하고, 복귀관을 선하향 구배로 한다.
3) 하향식 공급방식에서는 급탕관 및 순환관은 모두 선하향 구배로 한다.
4) 배관구배는 중력순환식은 1/150, 강제순환식은 1/200 정도이다.
5) 급탕배관을 부득이 굴곡배관을 해야 하는 경우 공기빼기밸브를 설치함으로써 공기를 제거하여 온수의 흐름을 원활하게 한다.
6) 배관 도중에는 스톱밸브 사용시 공기의 정체 우려가 있으므로 슬루스밸브(게이트밸브)를 사용한다.

(4) 급탕배관의 관리
1) 물의 급수온도를 균일하게 유지하고 물의 순환이 고르게 이루어지도록 하기 위하여는 배관에 설치된 유량조정변의 조정이 필요하다.
2) 물의 온도를 너무 높이지 말고 배관 내의 가수를 즉각 배출시키며, 재질이 다른 금속배관을 함께 사용하지 않음으로써 급탕배관의 부식작용을 방지한다.
3) 배관의 신축으로 인한 누수가 발생하는 것을 방지하기 위하여는 신축계수가 정상적으로 작동하도록 하여야 한다.

03 배수·통기설비관리

1 서 설

(1) 의 의

1) 배수설비의 뜻
"배수설비"라 함은 건물·시설 등에서 발생하는 하수를 공공하수도에 유입시키기 위하여 설치하는 배수관과 그 밖의 배수시설을 말한다(하수도법 제2조 제12호).

2) 통기설비의 뜻
배수의 흐름을 원활히 하고 배수로 인하여 발생하는 기압변동으로부터 트랩(Trap)을 보호하기 위해 공기를 유통시키는 설비로서, 통기의 목적으로 설치된 관을 통기관이라 한다. 통기설비는 배수설비와 밀접한 관련을 가진다.

(2) 배수시설 등의 설치규정

1) 배수설비의 설치 등(주택건설기준 등에 관한 규정 제43조 제4항)
① 주택의 부엌, 욕실, 화장실 및 다용도실 등 물을 사용하는 곳과 발코니의 바닥에는 배수설비를 하여야 한다. 다만, 급수설비를 설치하지 아니하는 발코니인 경우에는 그러하지 아니하다.
② 배수설비에는 악취 및 배수의 역류를 막을 수 있는 시설을 하여야 한다(동 규정 제43조 제5항).
③ 배수설비 등
 ㉠ 배수설비는 오수관로에 연결하여야 한다(주택건설기준규칙 제10조 제1항).
 ㉡ 배수용 배관설비의 설치 및 구조의 기준

2) 배관설비(건축물의 설비기준 등에 관한 규칙 제17조)

① 건축물에 설치하는 급수·배수 등의 용도로 쓰는 배관설비의 설치 및 구조는 다음 각 호의 기준에 적합하여야 한다.
  1. 배관설비를 콘크리트에 묻는 경우 부식의 우려가 있는 재료는 부식방지조치를 할 것
  2. 건축물의 주요부분을 관통하여 배관하는 경우에는 건축물의 구조내력에 지장이 없도록 할 것
  3. 승강기의 승강로 안에는 승강기의 운행에 필요한 배관설비 외의 배관설비를 설치하지 아니할 것
  4. 압력탱크 및 급탕설비에는 폭발 등의 위험을 막을 수 있는 시설을 설치할 것
② 위 ①의 규정에 의한 배관설비로서 배수용으로 쓰이는 배관설비는 위 ① 각 호의 기준 외에 다음 각 호의 기준에 적합하여야 한다.

1. 배출시키는 빗물 또는 오수의 양 및 수질에 따라 그에 적당한 용량 및 경사를 지게 하거나 그에 적합한 재질을 사용할 것
2. 배관설비에는 배수 트랩·통기관을 설치하는 등 위생에 지장이 없도록 할 것
3. 배관설비의 오수에 접하는 부분은 내수재료를 사용할 것
4. 지하실 등 공공하수도로 자연배수를 할 수 없는 곳에는 배수용량에 맞는 강제배수시설을 설치할 것
5. 우수관과 오수관은 분리하여 배관할 것
6. 콘크리트 구조체에 배관을 매설하거나 배관이 콘크리트 구조체를 관통할 경우에는 구조체에 덧관을 미리 매설하는 등 배관의 부식을 방지하고 그 수선 및 교체가 용이하도록 할 것

(3) 배수의 분류방식

1) 사용목적상 분류
① 오수배수 : 대·소변기, 비데 등에서 나오는 배수
② 잡배수 : 욕조·세면기·주방기구 등에서 나오는 배수
③ 우수배수 : 지붕이나 또는 외벽 등에서 떨어지는 빗물의 배수
④ 특수배수 : 공업용 폐수·화학물질 등 수질을 오염시킬 가능성이 높은 배수

2) 사용개소에 따른 분류
옥내배수(건물 내의 배수와 건물 외벽에서 1m 이내의 배수)와 옥외배수

3) 배수방식에 따른 분류
중력배수방식과 기계배수방식

4) 배수처리방식에 따른 분류
분류처리방식과 합류처리방식

2 배수방식

 PROFESSOR COMMENT

(1) 옥내배수방식
 ① 중력배수식(자연하류식) : 중력을 이용하여 위층에서 아래층으로 자연배수하는 방식
 ② 기계배수식(펌프압송식) : 지하층의 배수를 일단 배수탱크에 모아 두었다가 배수펌프로 끌어올려 지상에 배수하는 방식
(2) 옥외배수방식
 ① 합류배수식 : 오수·잡배수의 구별 없이 합류시켜서 오수처리시설에 모았다가 도시하수로 배출하는 방식
 ② 분류배수식 : 잡배수는 하수관으로, 오수는 정화조로 모았다가 도시하수로 배수하는 방식

(4) 배관

1) 배수관경의 결정

① 배수관의 관경은 단위시간당 최대유량을 기준으로 결정하는 것이 합리적이며 기구배수부하단위(F.U)를 사용한다. 이때 세면기의 FU를 1로 한다.

> 대변기(8) > 소변기(4) > 욕조(2~3) > 세면기(1)

② 배수관의 크기는 보통 자기세정작용을 하기 위하여 배수유수면의 높이가 배관관경의 약 1/3~2/3 정도가 되도록 배관의 관경을 고려한다.

2) 배수관의 구배

① 배관의 구배는 너무 급하면 유속이 빨라져 고형물이 남게 되고, 너무 완만하면 오물을 씻어 내리는 힘이 약하게 된다. 따라서 적당한 구배설계가 이루어져야 한다.
② 배수관의 최소구배 : 옥내배수관의 구배의 표준은 mm로 호칭하는 관경의 역수보다 완만식으로 섞으면 안 된다.
③ 배수관의 표준구배 : 1/100~1/50

3) 종국유속(종주속도), 수력도약현상 〔20·21회 출제〕

① **종국유속**(종주속도)

배수수평지관에서 배수수직관으로 흘러내리는 물의 유속은 중력가속도에 의해 급격히 증가되지만 무한히 증가하지는 않는다. 즉 배수가 흐르면서 배관 내벽 및 배관 내 공기와의 마찰에 의해 속도와 저항이 균형을 이루어 일정한 유속을 유지하는데 이것을 종국유속이라 한다. 물의 온도가 높으면 증기압이 높아져서 온도가 낮은 물보다 빨리 기화하기 때문에 종국장(수직관에 들어온 다음 종국유속에 이르기까지의 흐르는 길이)을 짧게 하며 종국유속도 떨어진다.

② **수력도약현상**

배수수직주관으로부터 배수수평주관으로 배수가 옮겨가는 경우, 굴곡부에서는 원심력에 의해 외측의 배수는 관벽으로 힘이 작용하면서 흐른다. 또한 배수수직주관 내의 유속은 상당히 빠르지만 배수수평주관 내에서는 이 유속이 유지될 수 없기 때문에 급격히 유속이 떨어지게 되고 뒤이어 흘러내리는 배수가 있을 경우에는 유속이 떨어진 배수의 정체로 인하여 수력도약 현상이 발생된다. 이러한 현상은 상당한 에너지 손실을 유발하는데 도약의 높이가 클수록 그 손실도 커진다. 이러한 현상이 나타나는 부근에서는 배수관의 연결을 피하고 통기관을 설치하여 배수관 내의 압력변화를 완화시켜야 한다.

4) 청소구

배수관 내에서는 항상 찌꺼기 및 고형물이 포함되어 있어서 배수관에서 관이 막혔을 때 점검과 수리를 위해 다음 위치에 청소구를 설치한다.

① 배수수평주관 및 배수수평지관의 기점부(굴곡부, 수평관의 최상단부)
② 배수수직관의 최하단부
③ 배관이 45° 이상의 큰 각도로 방향을 바꾸는 곳
④ 건물 내의 모든 배수수평관에는 30m 이내마다 청소구를 설치한다.
⑤ 가옥배수관과 부지하수관이 접속되는 곳(맨홀설치시 제외 가능)
⑥ 각종 트랩 및 기타 막힐 우려가 많아 특히 필요하다고 생각하는 곳

5) 발포존

① 발포 존은 배수관의 45도 이상의 꺽임부 상부측으로 발포 존에서는 기구배수관이나 배수수평관을 접속하는 것을 피해야 한다.
② 공동주택의 경우에 세탁기, 주방 싱크대 등에서 세제를 포함한 배수가 위층에서 배수되면 위층에서 세제를 포함한 배수는 배수수직관을 거쳐 흘러내려 올 때 물 또는 공기와 혼합하여 거품이 생기고, 다른 배수수평지관에서의 배수와 합류하면 거품발생현상은 더욱 심해진다. 그 결과 아래층의 기구 트랩에서 분출작용이 발생하여 트랩의 봉수가 파괴되어 세제 거품이 올라오는 경우가 있다.
③ 수평주관을 지나면서 물은 거품보다 무겁기때문에 먼저 흘러 내려가고 거품은 배수 수평관 또는 45도 이상의 오셋부(배관 굴곡부) 이후의 수평부에 충만하여 오랫동안 없어지지 않는다.
④ 거품성 배수가 계속 유입되면 증가되는 거품이 통기관까지 충만하게 되어 통기관의 기능을 상실하게 된다.
⑤ 방지책 : 발포 존의 발생을 줄이기 위해서는 배수 수평관의 길이를 짧게 하고, 저층부와 고층부의 배수계통을 별도로 한다. 배수수평주관의 관경은 통상의 관경산정 방법에 의한 관경보다 크게 하는 것이 유리하다. 세제 사용량을 억제하고 통기 수직관을 설치하고, 최하 2~3개층 입상(세탁실 배수) 배관을 별도로 설치한다. 발포존에서는 배수수직관과 배수수평지관의 접속을 피하는 것이 바람직하다.

3 트랩(Trap)의 설치

(1) 의 의

위생기구의 배수구 부근이나 욕실의 바닥 등에 설치하여 트랩내의 봉수에 의하여 하수 가스나 작은 벌레등이 배수관에서 실내로 침입하는 것을 방지하는 역할을 하는 장치를 말하며, 이때 트랩 내에 항상 고여 있는 물을 봉수(적정 깊이 : 50mm ~ 100mm)라 한다.

(2) 트랩의 종류와 기능

1) **사이펀식 트랩**

관의 형상에 의한 것으로 사이펀 작용으로 배수를 하며 자기세정력이 있다.

① P트랩
  ㉠ 세면기, 소변기 등의 배수에 이용하며, 벽체 내의 배수수직관에 접속한다.
  ㉡ 통기관 설치시 봉수가 안정적이며 가장 널리 사용한다.

② S트랩
  ㉠ 세면기·소변기·대변기 등 위생기구에 사용하며, 바닥 밑의 배수횡지관에 접속한다.
  ㉡ 봉수가 파괴되기 쉬워서 사용이 권장되지 않는다.

③ U트랩(하우스 트랩 또는 메인 트랩) : 배수횡주관 도중에 설치하여 공공하수관에서 올라오는 하수가스의 역류방지용으로 사용하는 트랩이다. 흐름을 저해하고 침전물이 고이기 쉬운 결점이 있어 특히 필요한 개소 이외에는 사용하지 않는 편이 좋다.

2) **비사이펀식 트랩**   `13·24회 출제`

자기세정력 없이 중력에 의해서 배수된다.

① 드럼 트랩 : 드럼 모양의 통을 만들어 설치한다. 주방용 싱크배수에 주로 사용하며, 봉수가 많아 잘 파괴되지 않아 안정성이 높고, 보수와 청소가 용이하다. 침전물이 고이기 쉽다.

② 벨 트랩 : 주로 욕실 바닥배수용으로 사용한다. 증발에 의하여 봉수가 쉽게 파괴되며, 상부 가동부를 제거하면 트랩기능을 상실한다. 또한 이 트랩은 막히기 쉬운 구조로 되어 있어 사용하지 않는 편이 바람직하다.

③ 조립트랩 : 욕실이나 화장실의 바닥배수구와 트랩을 일체로 조립한 형태의 트랩이다.

④ 기구트랩 : 대변기나 소변기처럼 위생기구와 일체로 된 트랩을 말하며, 기구의 기능에 따라 여러 가지 형태가 있다.

3) **저집기형 트랩**   `12회 출제`

배수 중에 혼입된 불순물 등을 분리·수집함과 동시에 트랩의 기능을 발휘하는 기구이다.

① 그리스 트랩(그리스 저집기) : 호텔 등의 주방에서 배출되는 기름기가 많은 배수로부터 기름기를 제거·분리시키는 장치이다.

② 샌드 트랩(모래 포집기) : 해수욕장의 샤워장, 주차장 등 배수 중에 진흙이나 모래를 다량으로 포함하는 곳에 설치한다.

③ 헤어 트랩(모발 포집기) : 이발소, 미장원, 대중목욕탕 등에 설치하여 배수관 내 모발 등을 제거·분리시키는 장치이다.

④ 플라스터 트랩(플라스터 포집기) : 정형외과나 치과 기공실 등의 배수에서 플라스터나 금, 은 등의 이물질을 분리하는 장치이다(몇개의 스크린이 설치됨).
⑤ 가솔린 트랩(가솔린 저집기) : 차고세차장에 사용하는 것으로 배수에 포함된 가솔린을 수면 위에 뜨게 하여 통기관을 통하여 휘발시킨다.
⑥ 런더리 트랩(세탁장 포집기) : 세탁소에 설치하여 단추, 실밥 등의 세탁불순물이 배수관에 유입되지 않도록 한다(금속망의 눈금 13mm 이하).

(3) 트랩의 봉수

1) 의 의

17회 출제

트랩 내에 고여 있는 악취 등의 유입을 막기 위하여 일정량의 물을 저장하는데, 이를 봉수라 한다. 유효봉수의 깊이[디프(dip)에서 웨어(weir)까지의 높이차]는 배수의 종류나 설치 여건에 따라 다소 차이는 있으나 50~100mm 이하로(특수용도의 기구트랩이나 포집기와 같은 트랩으로서 간단히 청소할 수 있는 구조의 경우에는 100mm 이상이라도 지장이 없다) 하여, 배수관 내의 악취·유독가스 및 벌레가 실내에 침투하지 못하게 설치한다. 같은 깊이의 봉수량이라도 외부에 접하는 면적이 클수록 자연증발에 의한 봉수가 파괴되는 시간은 단축되게 된다.

2) 봉수파괴의 원인과 대책

트랩에 고여 있던 봉수가 빠져나가거나 없어지는 현상을 트랩봉수의 파괴라 한다.

① 자기사이펀 작용으로 인한 파괴
  ㉠ 만수된 물이 일시에 흐르게 되면 트랩 내의 물이 배수의 유속에 의하여 강한 사이펀 작용이 일어나 배수관쪽으로 흡인되어 봉수를 남기지 않고 모두 배출하게 된다.
  ㉡ 이 현상은 S트랩의 경우에 특히 심하다.
  ㉢ 대책 : S트랩 사용 자제, P트랩 사용, 통기관 설치

② 분출작용으로 인한 파괴
  ㉠ 상류 또는 상층에서 배수할 경우 하류 또는 하층에서 봉수가 파괴된다.
  ㉡ 트랩에 이어진 기구배수관이 배수수평지관을 경유 또는 직접 배수수직관에 연결되었을 때 이 수평지관 또는 수직관내를 일시에 다량의 배수가 흘러내리는 경우, 그 물덩어리가 일종의 피스톤같은 작용으로 트랩이 봉수파괴현상을 일으켜 하류 또는 하층 기구의 트랩 속 봉수를 공기의 압력에 의해 역으로 역류시키는 현상이다.
  ㉢ 대책 : 통기관 설치

③ 흡인작용으로 인한 파괴
  ㉠ 하류 또는 하층에서 배수할 경우 상류 또는 상층에서 봉수가 파괴된다.
  ㉡ 배수수직관 가까이에 기구가 설치되어 있을 때 수직관 위로부터 일시에 다량의 물이 낙하하면 그 수직관과 수평관의 연결부분에 순간적으로 진공이 생기고, 그 결과 트랩의 봉수가 흡입되어 배출된다.
  ㉢ 대책: 통기관 설치
④ 모세관현상으로 인한 파괴
  ㉠ 트랩의 오버플로관 부분에 머리카락, 걸레 등이 걸려 아래로 늘어뜨려져 있으면 모세관작용으로 봉수가 천천히 흘러내려 마침내 말라버리게 된다.
  ㉡ 대책: 머리카락 등이 걸리지 않도록 내면이 미끄러운 재질의 트랩 사용
⑤ 봉수의 증발로 인한 파괴
  ㉠ 오랫동안 사용하지 않는 베란다, 다용도실 바닥배수에서 봉수가 증발한다.
  ㉡ 대책: 트랩에 물을 보급하거나 파라핀유를 뿌린다.
⑥ 관내 기압변동에 의한 관성작용으로 인한 파괴
  ㉠ 해풍, 강풍에 의하여 관내 기압이 변동하여 봉수가 파괴된다.
  ㉡ 대책: 수전의 물을 틀어 봉수를 보충하고, 격자쇠를 설치한다.

트랩 내 봉수파괴원인	특 징	대 책
자기사이펀 작용	배수시에 다량의 공기혼합시 자기사이펀 작용을 함(특히 S트랩에서 많이 발생)	통기관 설치
유도사이펀 작용 (=흡출작용=감압작용)	다량의 물배수시 감압에 의해서	
역압작용(=분출작용=토출작용)	다량의 물배수시 역압에 의해서	
모세관작용	솜, 헝겊, 모발, 행주조각 등이 걸렸을 때	고형물(솜, 헝겊, 모발 등) 제거
증발작용	장기간 물을 사용하지 않을 경우	기름 사용
관성작용	강풍이나 충격에 의한 경우	격자쇠(그물망) 설치, 봉수보충

제1장 설비관리

단락문제 Q01
제19회 기출

다음 그림의 트랩에서 각 부위별 명칭이 옳게 연결된 것은?

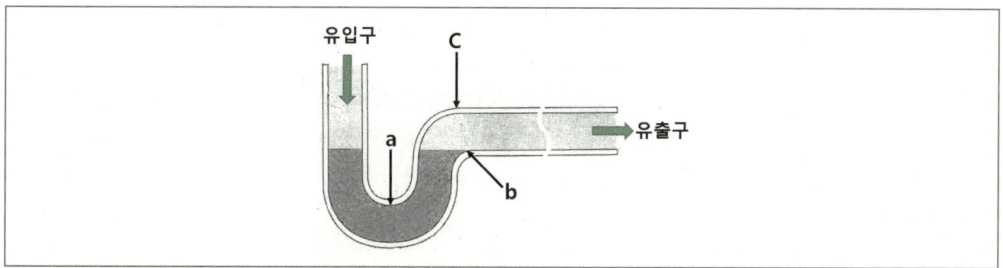

① a : 디프, b : 웨어, c : 크라운
② a : 디프, b : 크라운, c : 웨어
③ a : 웨어, b : 디프, c : 크라운
④ a : 크라운, b : 웨어, c : 디프
⑤ a : 크라운, b : 디프, c : 웨어

해설
- 봉수깊이 : 디프(dip)에서 웨어(weir)까지의 높이차
- 크라운(crown) : 트랩 유출측 최고점의 넘침면 혹은 배관 내부의 상단부를 말한다.

답 ①

4 통기관(Vent-pipe)의 설치

(1) 설치 목적

배수관 속은 항상 대기압 상태에서 배수가 흐르도록 하는 것이 이상적이다. 그러나 봉수의 파괴원인에서 알 수 있듯이 배수가 통과할 때 관 속의 공기는 압축 또는 흡인되어 관내기압이 정압(+)과 부압(-)으로 변동한다. 이 변동 폭이 일정한도를 넘으면 트랩의 봉수(封水, water seal)가 파괴되어 트랩의 기능을 상실하게 된다. 그래서 배수관 속의 요소를 대기에 개방시켜 압력 변동시 공기를 빠져나가게 하거나 보급을 하여 관 속의 압력을 대기압 상태로 유지하도록 해야 한다. 이와 같이 배수관과 대기를 연결시켜 관 속의 기압변동 폭을 줄임으로서 트랩의 기능을 완전하게 하기 위한 관이 통기관(通氣管; vent pipe)이다.

1) **트랩봉수의 보호**

   배수관 내의 압력변동 폭을 작게 함으로서 트랩의 봉수를 보호한다.

2) **관내 일정기압 및 청결유지**

   ① 배수관 내에서 배수의 흐름을 원활히 한다(압력변동이 큰 경우 흐름상태가 불규칙하다).
   ② 배수관 내에 신선한 공기를 유통시켜 환기를 도모함으로서 관내를 청결하게 유지한다.

(2) 통기관의 종류 및 설치방식

`14·16·27회 출제`

PROFESSOR COMMENT

1. 통기설비는 대기 중에 개방된 배관을 오수관이나 배수관에 연결하여 배관 내에 공기가 유통될 수 있도록 도와주는 기능을 한다. 오수, 배수 배관 내에 압력이 걸리지 않도록 해 배수의 흐름을 원활하게 해주는 역할, 트랩 내부의 봉수가 배수의 압력에 의해 파괴되지 않도록 보호해주는 역할, 배관 내에 공기가 소통되어 환기 및 청결유지에 도움을 주는 역할을 한다. 통기관의 관경은 통기관의 종류에 따라 조금씩 차이가 있을 수 있다. 일반적으로 오수나 배수관 관경의 1/2 정도로 하고, 최소관경은 50A 이상으로 한다. 통기관을 배수관에 접속할 때에는 배관 상부 또는 좌우 45도 이내의 상부면에 연결하며, 수직 통기관을 향하여 상향구배가 되도록 설치하여 준다.
2. 최상류기구: 배수수직관에서 가장 멀리 떨어져 있는 위생기구
   최하류기구: 배수수직관에서 가장 가까이 있는 위생기구

1) 각개통기관

`22·24회 출제`

트랩마다 통기하기 위해 설치한 배관설비로, 봉수보호의 안정도가 높은 방식이고 자기사이펀 작용의 방지 효과가 있어 가장 이상적이나, 경제성과 건물의 구조 등 때문에 모두 적용하기 어렵고 공사비용이 많이 드는 단점이 있다. 각개통기관의 배수관 접속점은 기구의 최고 수면과 배수 수평지관이 수직관에 접속되는 점을 연결한 동수 구배선보다 상위에 있도록 배관한다. 관경은 접속되는 기구 배수관 관경의 1/2 이상으로 한다.

2) 공용통기관

위생기구 두 개에 한 개의 통기관을 설치하여 사용한다.

3) 루프통기관(환상통기관, 회로통기관)

① 2개 이상의 기구 트랩에 공용으로 하나의 통기관을 설치하는 방식으로, 최상류의 기구 배수관이 배수수평지관에 접속하는 지점의 바로 하류로부터 시작해 통기수직관 등에 접속할 때까지의 관을 말한다. 일반적으로 중·고층, 초고층 건물에서 채용되어 있는 방식이다. 환상통기관은 최상류의 기구배수관이 배수수평지관에 접속하는 위치의 직하에서 입상하여 신정통기관에 접속하는 것이고, 회로통기관은 통기수직관에 접속하는 것을 말한다.

② 1개의 환상통기관에 최대 8개 이내의 기구를 연결할 수 있으며 배수관의 수평거리는 7.5m 이내가 되게 한다. 회로통기관의 관경은 배수수평지관과 통기수직관 중 작은 쪽의 관경의 1/2 이상으로 한다.

4) 도피통기관 `23회 출제`

루프통기관을 도와서 통기 능률을 향상시키기 위해 배수횡지관 최하류에서 통기 수직관과 연결하는 통기관이다. 양변기 3개 또는 기구는 8개 이상일 경우에 설치하고 배수횡지관이 수평거리 7.5m 초과할 경우에도 설치한다. 기구 트랩에 발생하는 배압이나 그것에 위한 봉수의 유실을 막는 역할을 한다. 관경은 접속되는 배수수평지관 관경의 1/2 이상, 최소 32A 이상으로 한다.

5) 습식(습윤, 습)통기관 `14회 출제`

배수횡주관 최상류 기구의 바로 아래에서 연결하는 통기관이며 통기와 배수의 역할을 겸하는 배관이다.

6) 신정통기관 `23회 출제`

배수수직관의 상단을 관경을 축소하지 않고 그대로 연장하여 대기 중으로 개구해야 하는데 이 연장된 관을 신정통기관이라고 부른다. 신정통기관은 가장 높은 곳에 위치한 기구의 물넘침선보다 150 mm 이상에서 배수수직관에 연결한다. 배수수직관 하부의 정압억제 기능이나 배수수평지관 내의 부압완화 기능이 뒤떨어지기 때문에, 배수수직관의 길이가 30m를 넘지 않고, 수직관과 각 기구와의 수평거리가 1.5m 이하인 소규모의 경우에 사용된다. 그러나 배수수평주관 또는 부지배수관이 만수가 되어 흐르게 되는 경우에는 채택해서는 안 된다.

> **벤츄레타**
>
> 복수의 신정통기관이나 배수수직관들을 최상부에서 한 곳에 모아 대기 중에 개구한 것이다.

7) 결합통기관 `24회 출제`

배수수직주관과 통기수직주관을 접속하는 통기관으로 5개 층마다 설치해서 배수수직주관의 통기를 좋게 하는 역할을 한다.

8) 특수이음 배수시스템

배수수직관과 배수수평지관 접속부에 특수 구조로 된 이음쇠를 설치하여 인위적으로 배수의 흐름을 변화시켜, 수직관 내의 유하속도와 기압변동을 줄이고 통기관을 절약하는 방식으로, 섹스티어 방식과 소벤트 방식 등이 있다. 이 방식은 건물 각층의 평면이 거의 같고, 배수수직관으로부터 비교적 짧은 거리에 기구를 설치하는 공동주택이나 호텔 등에 채택되고 있다.

① 소벤트 방식(sovent system)

배수수직관과 각층 배수수평지관의 접속부분에 공기혼합이음쇠(aerator fitting ; 소벤트 통기 이음쇠)를, 배수수직관과 배수수평주관의 접속부분에 공기분리이음쇠(deaerator fitting ; 소벤트 45°× 2 곡관)를 설치하여 배수하는 방식이다. 공기혼합이음쇠에 의해 수직관 상부의 배수와 공기는 수평지관에서 유입하는 배수에 영향을 받지 않고 낙하하며, 혼합실에서 공기와 배수가 잘 혼합되어 비중이 가벼운 배수가 된다. 또한 각 층의 S자형 오프셋(off-set)부 저항에 의해 수직관 내의 유하속도(流下速度)가 감속되어 기압변동을 감소시킨다. 수직관을 유하한 공기와 배수의 혼합체는 공기분리이음쇠의 돌기부에서 분리되며, 공기는 도피통기관을 통해 배수수평주관으로 유도된다.

② 섹스티어 방식(sextia system)

배수수직관의 중심통기를 유지하기 위하여 수직관과 수평지관이 접속하는 곳에 섹스티어 이음쇠를, 수직관 최하단부에는 특수형태의 45 곡관이음쇠(곡관 디플렉터)를 설치하여 배수하는 방식이다. 섹스티어 이음쇠는 내부에 고정날개(배플 판)를 설치하여 배수수평지관에서 수직관으로 흐르는 배수에 제동을 걸면서 원심력을 일으키게 한다. 이 때 배수의 흐름은 입관 내벽에 밀어 붙여져 얇은 수막 층을 형성시키고 수직관의 중심부에 생긴 공기코어의 주위를 선회하면서 유하한다. 또한 섹스티어 곡관은 내면에 디플렉터(deflector)를 설치하여, 수직관을 낙하해 온 배수흐름에 선회력을 주어 배수수평주관에 공기코어를 연장하도록 하였다.

> 그 외의 통기방식
>
> 1. 통기밸브방식
>   통기밸브는 스웨덴에서 개발된 것으로 공기의 흡입만이 이루어지므로 옥외에 통기관의 개구부를 설치하지 않아도 되도록 고안된 장치이다. 배수가 유하할 때 신정통기관 내는 부압이라는 것에 주목하여 공기의 흡입만이 이루어지고 배출을 하지 않는 역지기구를 설치한 밸브이다. 악취를 발생시키지 않기 때문에 옥내에 설치할 수가 있어, 한랭지의 집합주택 등을 중심으로 사용되고 있다. 사용을 할 때는 다음의 사항에 주의해야 한다.
>   ① 배수관 내 의 정압 완화에는 도움이 되지 않기 때문에 설치장소에 충분히 주의한다.
>   ② 통기밸브는 이물질 등에 의한 고장에 대비하여, 점검·보수·교환을 할 수 있는 장소에 설치한다.
>   ③ 파이프 샤프트(PS)나 천정과 지붕과 사이의 공간 등에 설치하는 경우는 450 × 450mm 이상의 점검구를 설치한다.
> 2. 가압 공간의 배수통기설비
>   막구조물 안은 항상 가압되어 있기 때문에, 내외의 기압차이에 의해 트랩의 봉수는 파봉할 우려가 있다. 그 해결책으로서 통기챔버를 통기관의 대기 개구부 앞에 설치함으로서 파봉방지에 효과를 나타내고 있다. 막구조의 건물 내 기구트랩의 봉수심을 65mm로 하고 있는 예도 있다.

(3) 통기관 설치시 주의사항

1) 통기관의 설치위치는 트랩의 하류에 연결하며 통기관이 바닥 아래에서 배관되어서는 아니 된다.
2) 배수수직주관의 상단을 위생기구 넘침관 이상까지 세운 다음 신정통기관으로 하여 대기 중에 개방한다.
3) 정화조의 통기관과 일반배수용 통기관은 별도 배관하며, 통기관은 실내환기용 덕트에 연결하지 않도록 한다.
4) 통기수직관은 우수수직관에 연결하여서는 아니 된다.
5) 배수관은 내림구배로 하며 통기관은 올림구배로 한다.
6) 통기수직주관의 상단은 최상층 기구의 넘침관보다 150mm 이상 높은 곳에서 신정통기관과 접속한다.
7) 통기수직주관의 하단은 그 관경을 축소하지 않고 45° 이내의 각도로 최하부기구보다 더 낮은 위치의 배수수직관에 접속한다.

5 배수·통기설비의 관리

(1) 배수설비관리

1) 옥내에서 발생한 오수를 빠른 시간 내에 원활히 배출하기 위한 장치로서 배수로 등의 막힘으로 발생하는 하자가 가장 중요한 문제이므로 배수로의 막힘을 수시로 점검한다.
2) 배수설비에 하자가 있는 경우 옥외의 오염된 오수나 악취 등이 역류현상에 의하여 옥내로 침투하는 경우가 있으므로 트랩의 작동 여부나 통기관의 상태 여부 등을 점검한다.

(2) 통기관의 관리

1) 통기관의 내부에 대하여는 정기적으로 물을 통과시켜 청소해 주는 것이 좋다.
2) 통기관의 개구부는 외부에 누출되어 있으므로 겨울철 강설이나 동파 또는 새집 등에 의해 막히는 경우가 있으므로 이를 제거·청소하는 조치가 필요하다.
3) 통기관의 습기로 틈이 생겨서는 안 되므로 습기 제거를 위한 조치가 필요하다.
4) 배수관과 통기관 연결부위의 접속상태가 불량하여 가스나 물이 샐 우려가 있으므로 연결부위를 접합·보수하는 조치가 있어야 한다.

6 물의 재이용 촉진 및 지원에 관한 법률 (약칭: 물재이용법) 〈시행 2024. 7. 24〉

(1) 목적

이 법은 물의 재이용을 촉진하여 물 자원을 효율적으로 활용하고 수질에 미치는 해로운 영향을 줄임으로써 물 자원의 지속 가능한 이용을 도모하고 국민의 삶의 질을 높이는 것을 목적으로 한다.

(2) 정의(법 제2조)

1. "물의 재이용"이란 빗물, 오수(汚水), 하수처리수, 폐수처리수 및 발전소 온배수를 물 재이용시설을 이용하여 처리하고, 그 처리된 물(이하 "처리수")을 생활, 공업, 농업, 조경, 하천 유지 등의 용도로 이용하는 것을 말한다.
2. "물 재이용시설"이란 빗물이용시설, 중수도, 하·폐수처리수 재이용시설 및 온배수 재이용시설을 말한다.
3. "빗물이용시설"이란 건축물의 지붕면 등에 내린 빗물을 모아 이용할 수 있도록 처리하는 시설을 말한다.
4. "중수도"란 개별 시설물이나 개발사업 등으로 조성되는 지역에서 발생하는 오수를 공공하수도로 배출하지 아니하고 재이용할 수 있도록 개별적 또는 지역적으로 처리하는 시설을 말한다.
5. "하수처리수"란 「하수도법」에 따른 공공하수처리시설에서 처리된 물을 말한다.
6. "폐수처리수"란 「물환경보전법」에 따른 공공폐수처리시설에서 처리된 물을 말한다.
6의2. "발전소 온배수"란 취수한 해수를 발전소(원자력발전소는 제외)의 발전과정에서 발생한 폐열을 흡수하는 냉각수로 사용하여 수온이 상승된 상태로 방출되는 배출수를 말한다.
7. "하·폐수처리수 재이용시설"이란 하수처리수 또는 폐수처리수를 재이용할 수 있도록 처리하는 시설 및 그 부속시설, 공급관로(管路)를 말한다.
7의2. "온배수 재이용시설"이란 발전소 온배수를 재이용할 수 있도록 처리하는 시설 및 그 부속시설, 공급관로를 말한다.
8. "하·폐수처리수 재이용사업"이란 하·폐수처리수 재이용시설을 이용하여 하수처리수나 폐수처리수를 재이용할 수 있도록 처리하고, 처리된 물(이하 "하·폐수처리수 재처리수")을 공급하는 사업(공공하수도관리청이 하·폐수처리수 재처리수를 공급하는 경우는 제외한다)을 말한다.
9. "온배수 재이용사업"이란 온배수 재이용시설을 이용하여 발전소 온배수를 재이용할 수 있도록 처리하고, 처리된 물(이하 "온배수 재처리수")을 공급하는 사업을 말한다.
10. "하·폐수처리수 재이용시설등 설계·시공업"이란 하·폐수처리수 재이용시설 및 온배수 재이용시설을 설계·시공하는 영업을 말한다.

(3) 다른 법률과의 관계(법 제4조)

물의 재이용에 관하여 다른 법률에 특별한 규정이 있는 경우를 제외하고는 이 법에서 정하는 바에 따른다.

(4) 빗물이용시설의 설치·관리(법 제8조)

① 대통령령으로 정하는 공동주택 등을 신축(대통령령으로 정하는 규모 이상으로 증축·개축 또는 재축하는 경우를 포함한다)하려는 자는 빗물이용시설을 설치·운영하여야 한다. 〈개정 2024. 1. 23.〉

제1장 설비관리

빗물이용시설의 설치대상·관리(영 제10조 제1항 2호 및 제2항 2호)
① 위 ①에서 "대통령령으로 정하는 공동주택"이란 다음 각 호의 어느 하나에 해당하는 시설물 등을 말한다.
  2. 「건축법 시행령」에 따른 아파트, 연립주택, 다세대주택 및 기숙사로서 건축면적이 1만제곱미터 이상인 공동주택
② 법 제8조 제1항에서 "대통령령으로 정하는 규모 이상으로 증축·개축 또는 재축하는 경우"란 다음 각 호의 어느 하나에 해당하는 경우를 말한다.
  2. 제1항 제2호의 시설물로서 다음 각 목의 어느 하나에 해당하는 경우
    가. 증축으로 누적된 건축면적이 1만제곱미터 이상인 경우
    나. 개축·재축한 건축면적이 1만제곱미터 이상인 경우

② 빗물이용시설의 시설·관리기준 및 그 밖에 필요한 사항은 환경부령으로 정한다.

빗물이용시설의 시설기준·관리기준(시행규칙 제4조)
① 빗물이용시설에는 다음 각 호의 시설을 갖추어야 한다.
  1. 지붕(골프장의 경우에는 부지를 말한다)에 떨어지는 빗물을 모을 수 있는 집수시설(集水施設)
  2. 처음 내린 빗물을 배제할 수 있는 장치나 빗물에 섞여 있는 이물질을 제거할 수 있는 여과장치 등 처리시설
  3. 제2호에 따른 처리시설에서 처리한 빗물을 일정 기간 저장할 수 있는 다음 각 목의 요건을 갖춘 빗물 저류조(貯溜槽)
    가. 지붕의 빗물 집수 면적에 0.05미터를 곱한 규모 이상의 용량(골프장의 경우 해당 골프장에 집수된 빗물로 연간 물사용량의 40퍼센트 이상을 사용할 수 있는 용량을 말한다)일 것
    나. 물이 증발되거나 이물질이 섞이지 아니하고 햇빛을 막을 수 있는 구조일 것
    다. 내부를 청소하기에 적합한 구조일 것
  4. 처리한 빗물을 화장실 등 사용장소로 운반할 수 있는 펌프·송수관·배수관 등 송수시설 및 배수시설
② 빗물이용시설의 관리기준 〈개정 2020. 2. 24.〉 **22회 출제**
  1. 음용(飮用) 등 다른 용도에 사용되지 아니하도록 배관의 색을 다르게 하는 등 빗물이용시설임을 분명히 표시할 것
  2. 연 2회 이상 주기적으로 ① 각 호의 시설에 대한 위생·안전 상태를 점검하고 이물질을 제거하는 등 청소를 할 것
  3. 빗물사용량, 누수 및 정상가동 점검결과, 청소일시 등에 관한 자료를 기록하고 3년간 보존할 것(전자적 방법으로 기록·보존할 수 있다)

③ 빗물이용시설의 소유자 또는 관리자는 빗물이용시설의 시설·관리기준 등을 준수하여야 한다.
④ 시장·군수·구청장등은 제1항에 따라 시설물을 신축하려는 자가 빗물이용시설을 설치·운영하지 아니하는 경우에는 그 이행을 명할 수 있다.
⑤ 시장·군수·구청장등은 빗물이용시설의 소유자 또는 관리자가 제5항에 따른 시설·관리기준 등을 위반한 경우에는 시설의 개선·보수 등 필요한 조치를 할 것을 명할 수 있다.

(5) 과태료
빗물이용시설을 설치하지 아니한 자에게는 1천만원 이하의 과태료를 부과한다.

04 오수처리시설 및 정화조관리

1 간선시설

(1) 오수처리시설
대지에는 빗물과 오수를 배출하거나 처리하기 위하여 필요한 하수관, 하수구, 저수탱크, 그 밖에 이와 유사한 시설을 하여야 한다(건축법 제40조 제3항).

(2) 간선시설(주택건설기준 등에 관한 규정 제57조)
사업계획의 승인을 얻어 조성하는 일단의 대지에는 국토교통부령이 정하는 기준 이상인 진입도로(당해 대지에 접하는 기간도로를 포함한다)·상하수도시설 및 전기시설이 설치되어야 한다. 〈개정 2016.8.11.〉

> **간선시설**(동 규칙 제12조)
> ① 하수도시설의 설치기준 : 하수도시설은 대지면적 1㎡ 당 1일 0.1톤 이상의 오수를 처리할 수 있는 시설이어야 한다.
> ② 대지조성사업계획에 주택의 예정세대수 등에 관한 계획이 포함된 경우에는 제1항의 규정에 불구하고 진입도로 등의 기준은 다음 각 호에 의할 수 있다.
>   2. 하수도시설 : 처리용량이 각각 매 세대당 1일 1톤 이상인 시설이어야 한다.

2 개인하수도의 설치 및 관리 [하수도법, 시행 2024. 5. 17.]

(1) 정의(하수도법 제2조) 〈시행 2020. 5. 26〉

1. "하수"라 함은 사람의 생활이나 경제활동으로 인하여 액체성 또는 고체성의 물질이 섞이어 오염된 물(이하 "오수"라 한다)과 건물·도로 그 밖의 시설물의 부지로부터 하수도로 유입되는 빗물·지하수를 말한다. 다만, 농작물의 경작으로 인한 것은 제외한다.
2. "분뇨"라 함은 수거식 화장실에서 수거되는 액체성 또는 고체성의 오염물질(개인하수처리시설의 청소과정에서 발생하는 찌꺼기를 포함한다)
3. "하수도"란 하수와 분뇨를 유출 또는 처리하기 위하여 설치되는 하수관로·공공하수처리시설·하수저류시설·분뇨처리시설·배수설비·개인하수처리시설 그 밖의 공작물·시설의 총체
4. "공공하수도"라 함은 지방자치단체가 설치 또는 관리하는 하수도를 말한다. 다만, 개인하수도는 제외한다.
5. "개인하수도"라 함은 건물·시설 등의 설치자 또는 소유자가 해당 건물·시설 등에서 발생하는 하수를 유출 또는 처리하기 위하여 설치하는 배수설비·개인하수처리시설과 그 부대시설
6. "하수관로"란 하수를 공공하수처리시설·하수저류시설로 이송하거나 하천·바다 그 밖의 공유수면으로 유출시키기 위하여 지방자치단체가 설치 또는 관리하는 관로와 그 부속시설
7. "합류식 하수관로"라 함은 오수와 하수도로 유입되는 빗물·지하수가 함께 흐르도록 하기 위한 하수관로
8. "분류식 하수관로"라 함은 오수와 하수도로 유입되는 빗물·지하수가 각각 구분되어 흐르도록 하기 위한 하수관로
9. "공공하수처리시설"이라 함은 하수를 처리하여 하천·바다 그 밖의 공유수면에 방류하기 위하여 지방자치단체가 설치 또는 관리하는 처리시설과 이를 보완하는 시설을 말한다.
10. "하수저류시설"이란 하수관로로 유입된 하수에 포함된 오염물질이 하천·바다, 그 밖의 공유수면으로 방류되는 것을 줄이고 하수가 원활하게 유출될 수 있도록 하수를 일시적으로 저장하거나 오염물질을 제거 또는 감소하게 하는 시설(「하천법」에 따른 시설과 「자연재해대책법」에 따른 우수유출저감시설은 제외)을 말한다.
11. "분뇨처리시설"이라 함은 분뇨를 침전·분해 등의 방법으로 처리하는 시설을 말한다.
12. "배수설비"라 함은 건물·시설 등에서 발생하는 하수를 공공하수도에 유입시키기 위하여 설치하는 배수관과 그 밖의 배수시설
13. "개인하수처리시설"이라 함은 건물·시설 등에서 발생하는 오수를 침전·분해 등의 방법으로 처리하는 시설
14. "배수구역"이라 함은 공공하수도에 의하여 하수를 유출시킬 수 있는 지역으로서 제15조(사용의 공고 등)의 규정에 따라 공고된 구역
15. "하수처리구역"이라 함은 하수를 공공하수처리시설에 유입하여 처리할 수 있는 지역으로서 제15조(사용의 공고 등)의 규정에 따라 공고된 구역

(2) 배수설비의 설치 등(하수도법 제27조)

1) 공공하수도의 사용이 개시된 때 배수구역 안의 토지(또는 시설물)의 소유자·관리자 또는 국·공유시설물의 관리자는 그 배수구역의 하수를 공공하수도에 유입시켜야 하며, 이에 필요한 배수설비를 설치하여야 한다.
2) 배수설비를 설치하고자 하는 자는 배수설비의 종류·규모 등 대통령령으로 정하는 사항을 공공하수도관리청에 신고하여야 한다.
3) 위 1)에 따라 배수설비를 설치하여야 하는 자로서 대통령령으로 정하는 수질 또는 수량 이상의 하수를 공공하수도에 유입시키려는 자는 해당 하수의 수질 또는 수량, 배수설비의 사용개시 예정일자 등에 관한 사항을 배수설비의 설치 신고를 하는 때에 함께 신고를 하여야 한다. 신고한 하수의 수질 또는 수량을 환경부령으로 정하는 기준 이상으로 변경하려는 경우에도 또한 같다. 〈개정 2021. 1. 5.〉
4) 배수설비의 설치의무자가 그 설치공사를 완료한 때 지방자치단체 조례로 정하는 바에 따라 공공하수도관리청의 준공검사를 받아야 한다.
5) 위 4)에 따라 배수설비의 준공검사를 받은 자는 다음 각 호의 어느 하나에 해당하는 경우에는 지방자치단체의 조례로 정하는 바에 따라 공공하수도관리청에 신고하여야 한다. 〈신설 2021. 1. 5.〉

---
1. 해당 배수설비의 사용을 중지하거나 폐쇄하려는 경우
2. 사용 중지 중인 배수설비를 다시 사용하려는 경우
3. 준공검사를 받은 배수설비의 구조를 변경하려는 경우
4. 그 밖에 공공하수도 관리를 위하여 필요한 경우로서 해당 지방자치단체의 조례로 정하는 경우
---

6) 공공하수도관리청은 2), 3), 5)에 따른 신고를 받은 날부터 5일 이내에 신고수리 여부를 신고인에게 통지하여야 한다. 〈신설 2021. 1. 5.〉
7) 공공하수도관리청이 6)에서 정한 기간 내에 신고수리 여부 또는 민원 처리 관련 법령에 따른 처리기간의 연장을 신고인에게 통지하지 아니하면 그 기간(민원 처리 관련 법령에 따라 처리기간이 연장 또는 재연장된 경우에는 해당 처리기간을 말한다)이 끝난 날의 다음 날에 신고를 수리한 것으로 본다. 〈신설 2021. 1. 5.〉
8) 설치된 배수설비의 유지·관리는 해당 지방자치단체의 조례로 정하는 바에 따라 그 설치자가 하여야 한다. 다만, 그 토지의 경계로부터 공공하수도까지의 배수설비는 해당 지방자치단체의 조례로 정하는 바에 따라 공공하수도관리청이 유지·관리할 수 있다.
9) 배수설비의 설치 및 구조에 관하여는 「건축법」 그 밖의 다른 법령의 규정에 따르는 것을 제외하고는 환경부령으로 정하는 기준에 따라야 한다.

제1장 설비관리

> **규칙 제23조** [배수설비의 설치기준 및 구조기준 등] 〈개정 2022. 1. 6.〉
> ① 위 9)에서 "환경부령으로 정하는 기준"이란 다음 각 호의 기준을 말한다.
>   1. 배수설비는 공공하수도 또는 다른 배수설비에 연결되도록 설치할 것. 다만, 가설건축물 등에서 발생하는 하수를 공공하수도관리청의 허가를 받아 분뇨수집·운반업자가 운반하여 공공하수처리시설에서 처리하는 경우에는 배수설비를 설치하지 아니할 수 있다.
>   2. 배수설비는 철근콘크리트, 경질(硬質)염화비닐, 도기, 그 밖에 내구성과 내부식성(耐腐蝕性)이 있는 자재를 사용하고 수밀구조(水密構造)로 할 것
>   3. 분류식하수관로에 연결하는 배수설비는 오수(汚水)와 우수(雨水)가 분리되어 흐를 수 있는 구조로 할 것
>   4. 배수설비를 공공하수도에 연결시킬 때에는 오수관과 우수관을 잘못 연결하는 등 공공하수도의 기능을 방해하거나 손상하지 아니하도록 할 것

(3) 개인하수도 설치의 지원 등(하수도법 제32조)

1) 국가는 개인하수도의 보급 확대 등을 위하여 개인하수처리시설의 설치에 필요한 기술적·재정적 지원을 할 수 있다.
2) 지방자치단체의 장은 관할구역 안 하수의 효율적 처리를 위하여 필요한 경우 개인하수도를 설치·변경·폐지하는 자에게 소요비용의 전부 또는 일부를 지원하거나 직접 개인하수도에 관한 공사를 할 수 있다.
3) 토지의 소유자는 정당한 사유 없이 배수설비에 관한 공사를 거부 또는 방해하여서는 안 된다.

(4) 개인하수처리시설(하수도법 제34조)

1) **개인하수처리시설의 설치** 〈시행 2022. 1. 6〉

① 오수를 배출하는 건물·시설 등을 설치하는 자는 단독 또는 공동으로 개인하수처리시설을 설치하여야 한다. 다만, 다음의 어느 하나에 해당하는 경우에는 그러하지 아니하다.

> 1. 「물환경보전법」에 따른 공공폐수처리시설로 오수를 유입시켜 처리하는 경우
> 2. 오수를 흐르도록 하기 위한 분류식 하수관로로 배수설비를 연결하여 오수를 공공하수처리시설에 유입시켜 처리하는 경우
> 3. 공공하수도관리청이 환경부령으로 정하는 기준·절차에 따라 하수관로정비구역으로 공고한 지역에서 합류식 하수관로로 배수설비를 연결하여 공공하수처리시설에 오수를 유입시켜 처리하는 경우
> 4. 그 밖에 환경부령으로 정하는 요건에 해당하는 경우

② 개인하수처리시설을 설치하거나 그 시설의 규모·처리방법 등 대통령령으로 정하는 중요한 사항을 변경하려는 자는 환경부령으로 정하는 바에 따라 미리 특별자치시장·특별자치도지사·시장·군수·구청장에게 신고하여야 한다. 개인하수처리시설을 폐쇄하려는 경우에도 또한 같다. 특별자치시장·특별자치도지사·시장·군수·구청장은 설치신고·변경신고 또는 폐쇄신고를 받은 경우 그 내용을 검토하여 이 법에 적합하면 신고를 수리하여야 한다.

③ 특별자치시장·특별자치도지사·시장·군수·구청장은 설치신고·변경신고 또는 폐쇄신고를 받은 경우 그 내용을 검토하여 이 법에 적합하면 신고를 수리하여야 한다. 〈신설 2021. 1. 5.〉

④ 개인하수처리시설을 설치하려는 자는 대통령령으로 정하는 기준에 적합하게 설치하여야 한다.

위 ④에 따른 개인하수처리시설의 설치기준(영 제24조 제2항) 〈개정 2021. 7. 13.〉

(1) 개인하수처리시설의 설치기준은 다음 각 호의 구분에 따른다.

1. 하수처리구역 밖
   가. 1일 오수 발생량이 2㎥를 초과하는 건물·시설 등(건물 등)을 설치하려는 자는 오수처리시설(개인하수처리시설로서 건물 등에서 발생하는 오수를 처리하기 위한 시설)을 설치할 것
   나. 1일 오수 발생량 2㎥ 이하인 건물 등을 설치하려는 자는 정화조(개인하수처리시설로서 건물 등에 설치한 수세식 변기에서 발생하는 오수를 처리하기 위한 시설)를 설치할 것

2. 하수처리구역 안(합류식하수관로 설치지역만 해당한다)
   수세식 변기를 설치하려는 자는 정화조를 설치할 것

(2) 개인하수처리시설의 설치기준에 관한 세부내용은 별표 1의6과 같다.

개인하수처리시설의 설치기준(영 제24조 제3항 관련, 별표 1의6) 〈개정 2022. 1. 4.〉

1. 개인하수처리시설의 규모는 처리대상 오수를 모두 처리할 수 있는 규모 이상이어야 한다.
2. 정화조는 환경부령으로 정하는 구조 및 규격기준에 맞아야 한다.
3. 시설물의 윗부분이 밀폐된 경우에는 뚜껑(오수처리시설의 경우 직경 60cm 이상, 정화조의 경우 처리대상인원이 10명 이하는 45cm 이상, 20명 이하는 50cm 이상, 30명 이하는 55cm 이상, 31명 이상은 60cm 이상)을 설치하되, 뚜껑은 밀폐할 수 있어야 하며, 잠금장치를 설치하거나 뚜껑 밑에 격자형의 철망 등을 설치하는 등 안전하게 설치하여야 한다.
3의2. 시설물의 뚜껑이 보행자 또는 차량의 통행이 가능한 곳에 노출된 경우에는 주변과 구별될 수 있도록 색칠을 하고, 뚜껑의 상부에는 보행자 및 차량의 접근 주의를 알리는 안내문을 새겨야 한다.
4. 시설물은 구조적으로 안정되어야 하고 천정·바닥 및 벽은 방수되어야 한다.
5. 시설물은 부식 또는 변형이 되지 아니하여야 한다.
6. 시설물은 발생가스를 배출할 수 있는 배출장치를 갖추어야 하되, 배출장치는 이물질이 유입되지 아니하는 구조로 하며, 방충망을 설치하여야 한다.
7. 오수처리시설은 유입량을 24시간 균등 배분할 수 있고 12시간 이상 저류(貯留)할 수 있는 유량조정조를 설치하여야 한다. 다만, 1일 처리용량이 100㎥ 이상인 경우에는 10시간 이상 저류할 수 있는 유량조정조를 설치하여야 한다.
8. 시설물에는 악취를 방지할 수 있는 시설을 설치하여야 한다. 다만, 하수처리구역(합류식하수관로 설치지역만 해당한다)에 설치된 1일 처리대상인원 2백명 이상인 정화조(1일 처리대상인원 1천명 이상인 정화조 중 악취물질 제거시설을 갖추지 아니한 정화조를 포함한다)의 경우에는 배수설비(방류조 또는 배수조를 말한다)에 공기공급장치 등 물에 녹아있는 악취물질을 제거하는 시설을 추가로 설치하여야 한다.

9. 시설물은 기계류로 인하여 발생되는 소음 및 진동이 생활환경에 지장이 없는 수준이어야 한다.
10. 오수배관은 폐쇄, 역류 및 누수를 방지할 수 있는 구조이어야 한다.
11. 시설물은 방류수수질검사를 위하여 시료를 채취할 수 있는 구조이어야 한다.
12. 콘크리트 외의 재질로 시설물을 제작·설치하는 경우에는 다음의 요건을 만족하여야 한다.
   가. 지반 및 시설물 윗부분의 하중 등을 고려하여 시설물이 내려앉거나 변형 또는 손괴되지 아니하도록 콘크리트로 바닥에 대한 기초공사를 하여야 하고, 시설물의 상부 또는 측면의 하중으로 인하여 시설물의 보강이 필요한 경우에는 콘크리트 등으로 해당 시설물의 상부 또는 측면에 슬래브 및 보호벽 등을 설치하여야 한다.
   나. 시설물을 원형으로 제작하는 경우에는 시설물이 수평을 유지할 수 있어야 한다.
13. 개인하수처리시설의 운영 중 일정기간 동안 오수발생량이 현저히 감소할 것으로 예상되는 학교·연수원 등에 개인하수처리시설을 설치하는 경우 오수가 적게 발생하는 기간에도 개인하수처리시설이 적정하게 운영될 수 있도록 계열화하여야 한다.

2) 개인하수처리시설의 준공검사 등(하수도법 제37조)

① 개인하수처리시설을 설치 또는 변경하는 자가 그 설치 또는 변경공사를 완료한 때에는 특별자치시장·특별자치도지사·시·군·구청장의 준공검사를 받아야 한다.

② 특별자치시장·특별자치도지사·시장·군수·구청장은 개인하수처리시설에 대하여 방류수수질기준의 준수 여부를 확인하기 위하여 준공검사 후 방류수수질검사를 실시하여야 한다.

③ 준공검사의 신청 및 검사방법과 방류수수질검사의 대상·시기·방법 등에 관하여 필요한 사항은 환경부령으로 정한다.

3) 개인하수처리시설의 운영·관리(하수도법 제39조) 〈개정 2021. 1. 5.〉

① 개인하수처리시설의 소유자 또는 관리자는 개인하수처리시설을 운영·관리할 때에는 다음의 어느 하나에 해당하는 행위를 하여서는 아니 된다(금지행위).

1. 건물 등에서 발생하는 오수를 개인하수처리시설에 유입시키지 아니하고 배출하거나 개인하수처리시설에 유입시키지 아니하고 배출할 수 있는 시설을 설치하는 행위
2. 개인하수처리시설에 유입되는 오수를 최종방류구를 거치지 아니하고 중간배출하거나 중간배출할 수 있는 시설을 설치하는 행위
3. 건물 등에서 발생하는 오수에 물을 섞어 처리하거나 물을 섞어 배출하는 행위
4. 정당한 사유 없이 개인하수처리시설을 정상적으로 가동하지 아니하여 방류수수질기준을 초과하여 배출하는 행위

② 개인하수처리시설의 소유자 또는 관리자는 방류수의 수질자가 측정 및 내부청소 등에 관하여 환경부령으로 정하는 기준에 따라 그 시설을 유지·관리하여야 한다.

개인하수처리시설의 관리기준 (하수도법 시행규칙 제33조)

① 개인하수처리시설의 관리기준은 다음 각 호와 같다. 다만, 공공하수처리시설 또는 「물환경 보전법」에 따른 공공폐수처리시설로 오수를 유입시켜 처리하는 지역에 설치된 개인하수처리시설에는 제1호와 제4호를 적용하지 아니하고, 해당 지역에 설치된 오수처리시설은 내부청소를 연 1회 이상 하여야 한다. 〈개정 2019. 12. 20〉

  1. 다음 각 목의 구분에 따른 기간마다 그 시설로부터 배출되는 방류수의 수질을 자가측정하거나 「환경분야 시험·검사 등에 관한 법률」에 따른 측정대행업자가 측정하게 하고, 그 결과를 기록하여 3년 동안 보관할 것
     가. 1일 처리용량이 200㎥ 이상인 오수처리시설과 1일 처리대상 인원이 2천명 이상인 정화조: 6개월마다 1회 이상
     나. 1일 처리용량이 50㎥ 이상 200㎥ 미만인 오수처리시설과 1일 처리대상 인원이 1천명 이상 2천명 미만인 정화조: 연 1회 이상
  2. 정화조는 연 1회 이상 내부청소를 할 것
  3. 오수처리시설은 그 기능이 정상적으로 유지될 수 있도록 침전 찌꺼기와 부유물질 제거 등 내부청소를 하여야 하며, 청소과정에서 발생된 찌꺼기를 탈수하여 처리하거나 분뇨수집·운반업자에게 위탁하여 처리할 것
  4. 1일 처리대상 인원이 500명 이상인 정화조에서 배출되는 방류수는 염소 등으로 소독할 것

② 특별자치시장·특별자치도지사·시장·군수·구청장은 업소의 휴업·폐업, 건물 전체의 사용중지, 그 밖에 부득이한 사유로 내부청소기간을 지킬 필요가 없다고 인정되면 기간을 연장하여 줄 수 있다.

개인하수처리시설의 비정상운영신고 (하수도법 시행규칙 제34조)

① 비정상운영신고를 하려는 자는 신고서에 다음 각 호의 서류를 첨부하여 특별자치시장·특별자치도지사·시장·군수·구청장에게 제출하여야 한다.
  1. 개인하수처리시설을 개선·변경 또는 보수하여야 하는 경우에는 개선기간과 개선내용에 관한 서류 및 설계도서(개인하수처리시설 제조업자가 제조·판매하는 개인하수처리시설로 개선하는 경우에는 해당 개인하수처리시설의 주요치수가 명확하게 기록된 설계도서)
  2. 위 1. 외의 경우에는 비정상운영사유 및 개선기간과 개선내용에 관한 서류

② 신고된 개선기간이 타당하지 아니한 경우에는 특별자치시장·특별자치도지사·시장·군수·구청장은 시설의 보수·교체 등에 필요한 기간을 고려하여 비정상운영신고자에게 개선기간을 조정하도록 요구할 수 있다. 이 경우 부득이한 사정이 없으면 요구된 개선기간을 지켜야 한다.

③ 특별자치시장·특별자치도지사·시장·군수·구청장은 개선기간이 끝나면 7일 이내에 개선완료 상태를 확인하고, 개선이 완료된 날부터 50일[동절기(12월 1일부터 다음 해 3월 31일까지)의 경우에는 70일]이 지난 후 15일 이내에 방류수수질기준에 맞는지를 확인하기 위하여 시료를 채취하여야 한다. 다만, 개인하수처리시설 제조업자가 제조·판매하는 정화조로 개선한 경우에는 그러하지 아니하다.

④ 특별자치시장·특별자치도지사·시장·군수·구청장은 채취한 시료에 대한 오염도검사를 검사기관에 의뢰하여야 하며, 의뢰받은 검사기관은 오염도검사를 하고 그 결과를 특별자치시장·특별자치도지사·시장·군수·구청장에게 통보하여야 한다.

⑤ 특별자치시장·특별자치도지사·시장·군수·구청장은 오염도검사 결과 방류수수질기준을 초과하는 경우에는 해당 개인하수처리시설의 소유자나 관리자에게 개선명령을 할 수 있다.

③ 개인하수처리시설의 소유자 또는 관리자는 대통령령으로 정하는 부득이한 사유로 방류수수질기준을 초과하여 방류하게 되는 때에는 특별자치시장·특별자치도지사·시장·군수·구청장에게 미리 신고하여야 한다. 특별자치시장·특별자치도지사·시장·군수·구청장은 신고를 받은 경우 그 내용을 검토하여 이 법에 적합하면 신고를 수리하여야 한다.

> **"대통령령으로 정하는 부득이한 사유"란 다음 각 호에 해당하는 경우를 말한다**(영 제26조 제1항).
> 1. 개인하수처리시설을 개선, 변경 또는 보수하기 위하여 필요한 경우
> 2. 개인하수처리시설의 주요 기계장치 등의 사고로 인하여 정상 운영할 수 없는 경우
> 3. 단전이나 단수로 개인하수처리시설을 정상적으로 운영할 수 없는 경우
> 4. 기후의 변동 또는 이상물질의 유입 등으로 인하여 개인하수처리시설을 정상 운영할 수 없는 경우
> 5. 천재지변, 화재, 그 밖의 부득이한 사유로 인하여 개인하수처리시설을 정상 운영할 수 없는 경우

④ 개인하수처리시설의 소유자 또는 관리자가 신고하여야 할 사항 및 신고절차 등에 관하여 필요한 사항은 환경부령으로 정한다.

⑤ 특별자치시장·특별자치도지사·시장·군수·구청장은 개인하수처리시설의 소유자 또는 관리자가 해당 시설에 대하여 ②에 따른 기준에 따라 내부청소를 하지 아니하여 과태료 처분을 받고도 계속하여 내부청소를 하지 아니한 때에는 「행정대집행법」에서 정하는 바에 따라 대집행을 하고 그 비용을 소유자 또는 관리자로부터 징수할 수 있다.

⑥ 공동으로 이용하기 위하여 설치한 개인하수처리시설에 오수를 유입시키는 건물등으로서 대통령령으로 정하는 건물등의 소유자는 환경부령으로 정하는 바에 따라 해당 시설의 공동 관리·유지에 필요한 운영기구를 설치하고 그 대표자를 지정하여 특별자치시장·특별자치도지사·시장·군수·구청장에게 그 사실을 신고하여야 한다. 대통령령으로 정하는 중요한 사항을 변경하려는 경우에도 또한 같다. 특별자치시장·특별자치도지사·시장·군수·구청장은 신고 또는 변경신고를 받은 날부터 3일 이내에 신고수리 여부를 신고인에게 통지하여야 한다. 특별자치시장·특별자치도지사·시장·군수·구청장이 기간 내에 신고수리 여부 또는 민원 처리 관련 법령에 따른 처리기간의 연장을 신고인에게 통지하지 아니하면 그 기간(민원 처리 관련 법령에 따라 처리기간이 연장 또는 재연장된 경우에는 해당 처리기간을 말한다)이 끝난 날의 다음 날에 신고를 수리한 것으로 본다.

영 제26조 제2항·제3항·제4항(개인하수처리시설의 운영·관리) 〈개정 2021. 7. 13.〉
㉠ ⑥의 전단에서 대통령령이 정하는 건물 등 → 「주택법」에 따른 공동주택을 말한다. 다만, 「공동주택관리법」 제2조제1항제2호에 따른 공동주택(의무관리대상 공동주택) 및 소유자가 30명 이하인 공동주택은 제외한다. 즉, 특별자치시장·특별자치도지사·시장·군수·구청장은 단서에 해당하는 공동주택의 소유자에게 공동으로 이용하기 위하여 설치된 개인하수처리시설의 공동관리·유지에 필요한 운영기구를 설치할 것을 권고할 수 있다.
㉡ 특별자치시장·특별자치도지사·시장·군수·구청장에게 신고하여야 하는 중요사항의 변경이란 운영기구의 대표자의 변경을 말한다.

⑦ 운영기구의 대표자는 해당 개인하수처리시설의 소유자 또는 관리자로 본다.
⑧ 개인하수처리시설의 소유자 또는 관리자는 해당 시설의 관리를 처리시설관리업자에게 위탁할 수 있다.
⑨ 개인하수처리시설의 관리를 위탁받은 자는 이 법을 적용하는 경우 개인하수처리시설의 소유자 또는 관리자로 본다. 다만, 개인하수처리시설의 소유자에게 명백한 잘못이 있다고 인정되는 경우 등 대통령령으로 정하는 사유가 있는 경우에는 그러하지 아니하다.

영 제26조 제5항(개인하수처리시설의 운영·관리)
단서에서 "개인하수처리시설의 소유자에게 명백한 잘못이 있다고 인정되는 경우 등 대통령령이 정하는 사유"란 다음 각 호의 어느 하나에 해당하는 경우를 말한다.
1. 개인하수처리시설의 소유자가 해당 시설에 전원을 연결하지 아니한 경우
2. 개인하수처리시설의 소유자가 그 관리업무를 위탁받은 자로부터 해당 시설의 개선을 요구받고도 정당한 사유 없이 개선하지 아니한 경우

4) 개인하수처리시설에 대한 개선명령(하수도법 제40조)

① 특별자치시장·특별자치도지사·시장·군수·구청장은 방류수수질검사 결과 방류수 수질기준을 초과하는 경우에는 해당 시설의 소유자에게 대통령령으로 정하는 바에 따라 기간을 정하여 해당 시설의 개선·대체·폐쇄 또는 시설의 가동상태를 확인할 수 있는 기기의 설치 등 필요한 조치(개선명령)를 명할 수 있다.

영 제27조(개인하수처리시설의 개선명령 등)
㉠ 특별자치시장·특별자치도지사·시장·군수·구청장은 개인하수처리시설에 대한 개선명령을 하는 경우 그 개선에 필요한 조치 및 기계·시설의 종류 등을 고려하여 3개월의 범위에서 개선기간을 정하여야 한다.
㉡ 특별자치시장·특별자치도지사·시장·군수·구청장은 천재지변이나 그 밖의 부득이한 사유로 인하여 개선기간에 필요한 조치를 완료할 수 없는 자에 대하여는 신청에 따라 3개월의 범위에서 그 개선기간을 연장할 수 있다.
㉢ 특별자치시장·특별자치도지사·시장·군수·구청장은 개선명령을 하는 경우 개선명령서를 발급하여야 한다.
㉣ 특별자치시장·특별자치도지사·시장·군수·구청장은 개선기간 중에 그 조치상황을 조사·확인하여 개선이 적정하게 이루어지도록 하여야 한다.

② 특별자치시장·특별자치도지사·시장·군수·구청장은 개인하수처리시설이 방류수 수질기준 또는 기준에 적합하지 아니하게 설치 또는 운영·관리된다고 인정되는 경우 그 소유자 또는 관리자에 대하여 대통령령으로 정하는 바에 따라 기간(위의 영 제27조의 기간을 말함)을 정하여 해당 시설에 대한 개선명령을 할 수 있다.

③ 개선명령을 받은 자는 개선명령을 이행한 때에는 지체 없이 그 사실을 특별자치시장·특별자치도지사·시장·군수·구청장에게 보고하여야 한다. 이 경우 특별자치시장·특별자치도지사·시장·군수·구청장은 이행상태를 확인하고, 그 결과를 개선명령을 받은 자에게 통보하여야 한다.

④ 위의 ③에 따른 이행상태의 확인방법 등에 관하여 필요한 사항은 환경부령으로 정한다.

개선명령의 이행보고 및 확인(규칙 제36조)
㉠ 개선명령을 받은 자는 그 명령을 이행하였을 때에는 7일 이내에 보고서를 특별자치시장·특별자치도지사·시장·군수·구청장에게 제출하여야 한다. 다만, 개선명령을 받은 사항이 개인하수처리시설의 변경신고 대상에 해당하여 개인하수처리시설의 변경신고를 한 경우에는 준공검사신청서의 제출로 이를 갈음한다.
㉡ 특별자치시장·특별자치도지사·시장·군수·구청장은 개선기간이 끝나거나 ㉠에 따라 보고를 받았을 때에는 15일 이내에 개선명령의 이행상태를 확인하고 방류수수질기준에 맞는지를 확인하기 위하여 시료를 채취하여야 한다.
㉢ 특별자치시장·특별자치도지사·시장·군수·구청장은 채취한 시료를 검사기관에 의뢰하여 방류수의 수질을 검사하여야 한다.
㉣ 검사 결과 방류수수질기준을 초과하는 경우에는 개선명령을 다시 할 수 있다.

5) 기술관리인(하수도법 제66조)

① 대통령령으로 정하는 규모 이상의 개인하수처리시설을 설치·운영하는 자는 해당 시설의 유지·관리에 관한 기술업무를 담당하게 하기 위하여 기술관리인을 두어야 한다. 다만, 다음의 어느 하나에 해당하는 경우에는 그러하지 아니하다.

1. 처리시설관리업자에게 개인하수처리시설의 관리를 위탁한 경우
2. 「물환경보전법」에 따른 환경기술인이 선임된 사업장의 경우

영 제37조(기술관리인)
① 개인하수처리시설의 유지·관리에 관한 기술업무를 담당할 기술관리인을 두어야 하는 개인하수처리시설의 규모는 다음과 같다.
  1. 1일 처리용량이 50㎥ 이상인 오수처리시설(1개의 건물에 2 이상의 오수처리시설이 설치되어 있는 경우 그 용량의 합계가 50㎥ 이상인 것을 포함)
  2. 처리대상 인원이 1천명 이상인 정화조(1개의 건물에 2 이상의 정화조가 설치되어 있는 경우 그 처리대상 인원의 합계가 1천명 이상인 것을 포함한다)
② 제1항에도 불구하고 공공하수처리시설 또는 공공폐수처리시설로 오수를 유입·처리하는 지역의 개인하수처리시설에는 기술관리인을 두지 아니할 수 있다.

② 기술관리인의 자격기준 및 준수사항 등에 관하여 필요한 사항은 환경부령으로 정한다.

> **기술관리인의 준수사항**(규칙 제68조)
> 1. 개인하수처리시설을 정상가동하여야 하며, 방류수수질기준을 초과하는 등 시설의 개선이 필요한 경우에는 지체 없이 시설의 소유자나 관리자에게 개선하도록 조치할 것
> 2. 개인하수처리시설의 운영에 관한 사항을 매일 사실대로 별지 제39호의2서식의 개인하수처리시설 운영관리대장(전자문서를 포함한다)에 기록하고, 기록한 날부터 3년간 이를 보존할 것
> 3. 방류수수질검사를 정확히 하고 이를 사실대로 기록할 것

6) 과태료
① 방류수수질기준을 위반하여 방류한 자는 500만원 이하의 과태료에 처한다. 단, 정당한 사유 없이 개인하수처리시설을 정상적으로 가동하지 아니하여 방류수수질기준을 초과하여 배출하는 행위를 하여 방류한 자는 제외한다.
② 기술관리인을 두지 아니한 자는 300만원 이하의 과태료를 부과한다.
③ 방류수의 수질자가측정 및 내부청소 등에 관하여 개인하수처리시설을 그 기준에 적합하지 아니하게 유지·관리한 소유자 또는 관리자는 100만원 이하의 과태료를 부과한다.

3 개인하수처리시설의 방류수수질기준(규칙 제3조 제1항 제3호 관련, 별표 3)〈개정 2018. 1. 17.〉

구 분	1일 처리용량	지 역	항 목	방류수수질기준
오수 처리 시설	50㎥ 미만	수변구역	생물화학적 산소요구량(mg/ℓ)	10 이하
			부유물질(mg/ℓ)	10 이하
		특정지역 및 기타 지역	생물화학적 산소요구량(mg/ℓ)	20 이하
			부유물질(mg/ℓ)	20 이하
	50㎥ 이상	모든 지역	생물화학적 산소요구량(mg/ℓ)	10 이하
			부유물질(mg/ℓ)	10 이하
			총질소(mg/ℓ)	20 이하
			총인(mg/ℓ)	2 이하
			총대장균군수(개/mℓ)	3,000 이하
정화조	11인용 이상	수변구역 및 특정지역	생물화학적 산소요구량 제거율(%)	65 이상
			생물화학적 산소요구량(mg/ℓ)	100 이하
		기타 지역	생물화학적 산소요구량 제거율(%)	50 이상

토양침투처리방법에 따른 정화조의 방류수수질기준은 다음과 같다.
① 1차 처리장치에 의한 부유물질 50% 이상 제거
② 1차 처리장치를 거쳐 토양에 침투시킬 때의 방류수의 부유물질 250mg/ℓ 이하

4 정화조 유지·관리시 측정항목 등   15회 출제

① PH(수소이온농도) : 액체의 산성과 알칼리성을 인정하는 기준을 말한다.
   PH = 7은 중성.
② SV(활성오니) : 정화조의 활성오니 1ℓ를 30분간 가라앉힌 상태의 침전오니량을 말한다.
③ DO(용존산소농도) : 물 속에 용해되어 있는 산소. ppm(백만분의 1)으로 표시하며 깨끗한 물의 경우 7~14ppm이다.
④ SS(부유물질) : 오수 중에 함유되어 있는 고형물질의 양(입경 2mm 이하의 불용성의 뜨는 물질을 ppm으로 표시한 것). mg/L(ppm)로 표시한다. 스크린으로 제거되는 대형의 고형물은 제외한다.
⑤ 부유물(Scum) : 하수처리시 물 표면에 뜨는 오물찌꺼기나 기름.
⑥ BOD(생물화학적 산소요구량) : 물 속의 미생물이 유기물을 분해하여 안정한 산화물이 되기까지 소비(필요)되는 산소량. mg/L(ppm)로 표시한다.
⑦ COD(화학적 산소요구량) : 오수 중의 산화되기 쉬운 유기물이 산화제에 의해 산화될 때 소비되는 산소의 양. BOD에 비하여 수질오염 분석이 쉽다.
⑧ BOD 제거율 : 정화조의 유입수와 방류수의 BOD 차이를 유입수 BOD로 나눈 값
   [BOD 제거율 = [(유입수 BOD − 유출수 BOD)/유입수 BOD] × 100
⑨ BOD 부하 : 폭기조나 살수여상 등에서의 처리량을 BOD로 나타낸 것.
   단위용적 1㎥당 1일 유입하는 하수의 BOD양(KgBOD/㎥d).
   [BOD 부하(g/day) = BOD (g/㎥) × 유입수량(㎥/day)]
⑩ MLSS : 폭기조 내의 혼합액의 부유물질(활성오니) 농도
⑪ 결합잔류염소 : 염소에 의한 소독효과를 완전하게 하기 위해서 과잉의 염소를 물에 가할 경우 잔류하여 지속적으로 소독효과를 나타내는 염소
⑫ AS(활성오니) : 유기적 폐수를 연속적으로 폭기하면 호기성 미생물(세균 원생동물 등)이 증식하며, 이 미생물군이 상호 응집하여 플록(floc)을 형성하는데 이것을 활성슬러지라고 한다. 흡착·산화능력을 가지며 침강성이 있다.
⑬ 플록(floc) : 응집작용에 의해 생성된 큰 입자로서 부유물의 집합체.
⑭ 스크린 : 유입오수 중 오수처리공정에 유입되었을 때 관막힘, 펌프고장 등의 문제를 유발시킬 우려가 있는 부피가 큰 고형물질을 제거하는 시설을 말한다.
⑮ 유기물질 : 오수 중의 오염물질의 대부분을 차지하며 미생물이 섭취·분해가 가능한 물질로서 용존물질과 고형물질로서 존재한다.
⑯ 용존물질 : 오수 중에 녹아 있는 물질로서 여과 등의 물리적 방법으로 제거가 불가능하다.

⑰ 고형물질 : 오수 중에 녹아 있지 않은 입자성 물질로서 여과 등의 물리적 방법으로 제거가 가능하다.
⑱ 탁도 : 수질오염의 지표로써 식물성 플랑크톤이나 부유점토입자 등에 의한 물의 혼탁 정도를 나타내는 지표이다.

5 정화조의 구조 (부패탱크식 오수정화조의 오수정화처리 순서)   11회 출제

오수처리순서는 '오물의 유입 → 부패조 → 여과조 → 산화조 → 소독조 → 방류' 순이다.

(1) 정화조의 구성
1) 부패조, 여과조, 산화조, 소독조의 순서로 구성되어 있다.
2) 정화조의 내벽 등은 방수재료로 누수가 되지 않도록 할 것
3) 부패조, 산화조, 소독소 위는 지름 60cm 이상의 원형맨홀을 설치하고 원형뚜껑으로 덮을 것
4) 산화조는 살수여상방식으로 하고 통기설비를 할 것

(2) 정화조의 구조
1) 부패조
 ① 2개 이상의 부패조와 예비여과조로 구성된다.
 ② 혐기성균의 작용으로 침전작용과 소화작용을 한다.
 ③ 공기의 침입을 막기 위해 밀폐시킨다.
 ④ 부패조의 용량은 유입오수량의 2일분 이상으로 한다.

2) 여과조
 ① 여과조는 부패조와 산화조 사이에 설치한다.
 ② 오수 중의 부유물이나 잡물을 제거하여 산화조의 폐쇄를 막는다.
 ③ 오수의 흐름방향은 아래에서 위로 흐르게 한다.

3) 산화조
 ① 산소의 공급으로 인한 호기성균에 의하여 산화(분해)된다.
 ② 살수여상방식으로 호기성균의 활동을 증식시키기 위해 배기관 및 송기구를 설치하여 통기설비를 한다.
 ③ 오수가 살수홈통에 의해 골고루 뿌려진다.
 ④ 살수홈통의 밑면과 쇄석층의 윗면과의 거리는 10cm 이상, 쇄석층의 두께는 90cm 이상 2m 이내, 쇄석층 밑면과 정화조의 바닥간격은 10cm 이상으로 한다.
 ⑤ 산화조의 밑면은 소독조를 향해 1/100 정도의 내림구배로 한다.

4) 소독조
   ① 산화조에서 나오는 오수를 멸균시킨다.
   ② 소독제로는 차아염소산나트륨이나 차아염소산칼슘 등의 염소계통을 쓴다.

05 가스설비관리

1 서 설

(1) 정 의

가스는 전기설비와 함께 현대생활에서 매우 중요시하는 에너지원이다. 가스는 무게에 비하여 열량이 크고, 연소 후 재나 그을음이 없어 공해를 일으키지 않으며, 보일러 등의 부식이 적고 사용이 간편한 면이 있어 사용이 증가하고 있는 실정이다. 그런 만큼 가스폭발 등으로 인한 사고시에 대형사고가 유발되기 쉬우므로 재해방지를 위한 가스설비관리에 관한 기초 소양을 관리자는 숙지하여야 한다.

(2) 법률상 규정

1) 간선시설의 설치 및 비용의 상환(주택법 제28조)
   ① 사업주체가 단독주택인 경우 100호, 공동주택인 경우 100세대(리모델링의 경우에는 늘어나는 세대수를 기준으로 한다) 이상의 주택건설사업을 시행하는 경우 또는 16,500㎡ 이상의 대지조성사업을 시행하는 경우에 다음에 해당하는 자는 각각 해당 간선시설을 설치하여야 한다. 다만, ㉠에 해당하는 시설로서 사업주체가 주택건설사업계획 또는 대지조성사업계획에 포함하여 설치하려는 경우에는 그러하지 아니하다.

   ㉠ 지방자치단체 : 도로 및 상하수도시설
   ㉡ 해당 지역에 전기·통신·가스 또는 난방을 공급하는 자 : 전기시설·통신시설·가스시설 또는 지역난방시설

   ② 간선시설의 설치는 특별한 사유가 없는 한 사용검사일까지 완료하여야 한다.

간선시설의 종류별 설치범위(영 제39조 제5항 관련, 별표 2) 〈개정 2021. 1. 5.〉
1. 도로 : 주택단지 밖의 기간이 되는 도로로부터 주택단지의 경계선(단지의 주된 출입구를 말한다)까지로 하되, 그 길이가 200m를 초과하는 경우로서 그 초과부분에 한한다.
2. 상하수도시설 : 주택단지 밖의 기간이 되는 상·하수도시설로부터 주택단지의 경계선까지의 시설로 하되, 그 길이가 200m를 초과하는 경우로서 그 초과부분에 한한다.
3. 전기시설 : 주택단지 밖의 기간이 되는 시설로부터 주택단지의 경계선까지로 한다. 다만, 지중선로는 사업지구 밖의 기간이 되는 시설로부터 그 사업지구 안의 가장 가까운 주택단지(사업지구 안에 1개의 주택단지가 있는 경우에는 그 주택단지를 말한다)의 경계선까지로 한다. 다만, 「공공주택 특별법 시행령」에 따른 국민임대주택을 건설하는 주택단지에 대해서는 국토교통부장관이 산업통상자원부장관과 따로 협의하여 정하는 바에 따른다.
4. 가스공급시설 : 주택단지 밖의 기간이 되는 가스공급시설로부터 주택단지의 경계선까지로 한다. 다만, 주택단지 안에 취사 및 개별난방용(중앙집중식 난방용을 제외한다)으로 가스를 공급하기 위하여 정압조정실(일정 압력 유지·조정실)을 설치하는 경우에는 그 정압조정실까지로 한다.
5. 통신시설(세대별 전화 설치를 위한 시설을 포함한다) : 관로시설은 주택단지 밖의 기간이 되는 시설로부터 주택단지 경계선까지, 케이블시설은 주택단지 밖의 기간이 되는 시설로부터 주택단지 안의 최초 단자까지로 한다. 다만, 국민주택을 건설하는 주택단지에 설치하는 케이블시설의 경우 그 설치 및 유지·보수에 관하여는 국토교통부장관이 과학기술정보통신부장관과 따로 협의하여 정하는 바에 따른다.
6. 지역난방시설 : 주택단지 밖의 기간이 되는 열수송관의 분기점(당해 주택단지에서 가장 가까운 분기점을 말한다)으로부터 주택단지 안의 각 기계실입구 차단밸브까지로 한다.

2) 가스공급시설(주택건설 기준 등에 관한 규정 제34조)
① 도시가스의 공급이 가능한 지역에 주택을 건설하거나 액화석유가스를 배관에 의하여 공급하는 주택을 건설하는 경우에는 각 세대까지 가스공급설비를 하여야 하며, 그 밖의 지역에서는 안전이 확보될 수 있도록 외기에 면한 곳에 액화석유가스용기를 보관할 수 있는 시설을 하여야 한다.
② 특별시장·광역시장·특별자치시장·특별자치도지사 또는 도지사(이하 "시·도지사")는 500세대 이상의 주택을 건설하는 주택단지에 대하여는 당해 지역의 가스공급계획에 따라 가스저장시설을 설치하게 할 수 있다.

2 가스의 비교

(1) 가스의 특성
① 연소효율이 높고 점화·소화가 용이하다.
② 연소시 재나 매연이 생기지 않는다.
③ 무공해 연료이며 중량비에 비하여 열량이 크다.
④ 무색·무취이므로 누설시 감지가 어려워 위험하다.
⑤ 온도조절이 용이하고 사용장소에 직접 공급이 가능하다.
⑥ 폭발의 위험이 있다.

(2) 액화석유가스(LPG)와 액화천연가스(LNG)의 비교   12·22회 출제

구 분	액화석유가스(LPG)	액화천연가스(LNG)
특징	① 원유 정제시 나오는 탄화수소가스를 비교적 낮은 압력(6~7kg·f/cm²)을 가하여 냉각액화시킨 것 ② 기화된 LPG는 대기압 상태에서 공기보다 비중(1.5~2)이 크고 발열량이 커서 누설 시 인화·폭발의 위험성이 크다.	① 기화된 LNG의 표준상태 용적당 발열량은 기화된 LPG보다 낮아서 LPG보다 안전하다. ② 비중은 0.6으로 누출시 천정쪽에 체류 ③ 액체 상태의 LNG 비점은 액체 상태의 LPG보다 낮다.
주성분	프로판(C_3H_8), 부탄(C_4H_{10})	메탄(CH_4)
안전성	LNG보다 폭발위험이 크다.	LPG보다 폭발위험이 적다.
실내의 가스누출 감지경보기 설치	건축물 내의 하부에 설치한다.	건축물의 환기구 부근 또는 해당 건축물 내의 상부에 설치한다.
보관 및 공급방법	저장시설, 봄베(가스통)	저장시설, 배관

3 도시가스(LNG)

(1) 의 의

1) **도시가스의 정의**(도시가스사업법 제2조1호) 〈시행 2025. 3. 21.〉

"도시가스"란 천연가스(액화한 것을 포함한다) 또는 배관을 통하여 공급되는 석유가스·나프타부생(副生)가스·바이오가스 또는 합성천연가스로서 대통령령으로 정하는 것을 말한다.

2) 「**도시가스사업법」의 목적**

도시가스사업을 합리적으로 조정·육성하여 사용자의 이익을 보호하고 도시가스사업의 건전한 발전을 도모하며, 가스공급시설 및 가스사용시설의 설치·유지 및 안전관리에 관한 사항을 규정함으로써 공공의 안전을 확보함을 목적으로 한다.

(2) 용어의 정의 (도시가스사업법 시행규칙 제2조) 〈시행 2025. 5. 1〉

1. "배관"이란 노시가스를 공급하기 위하여 배치된 관(管)으로써 본관, 공급관, 내관 또는 그 밖의 관을 말한다.
2. "본관"이란 다음 각 목의 것을 말한다.
   나. 일반도시가스사업의 경우에는 도시가스제조사업소의 부지 경계 또는 가스도매사업자의 가스시설 경계에서 정압기까지 이르는 배관
3. "공급관"이란 다음 각 목의 것을 말한다.
   가. 공동주택, 오피스텔, 콘도미니엄, 그 밖에 안전관리를 위하여 산업통상자원부장관이 필요하다고 인정하여 정하는 건축물(이하 "공동주택 등")에 도시가스를 공급하는 경우 정압기에서 가스사용자가 구분하여 소유하거나 점유하는 건축물의 외벽에 설치하는 계량기의 전단밸브(계량기가 건축물의 내부에 설치된 경우에는 건축물의 외벽)까지 이르는 배관

나. 공동주택 등 외의 건축물 등에 도시가스를 공급하는 경우에는 정압기에서 가스사용자가 소유하거나 점유하고 있는 토지의 경계까지 이르는 배관

4. "사용자 공급관"이란 제3호 가목에 따른 공급관 중 가스사용자가 소유하거나 점유하고 있는 토지의 경계에서 가스사용자가 구분하여 소유하거나 점유하는 건축물의 외벽에 설치된 계량기의 전단밸브(계량기가 건축물의 내부에 설치된 경우에는 그 건축물의 외벽)까지 이르는 배관을 말한다.
5. "내관"이란 가스사용자가 소유하거나 점유하고 있는 토지의 경계(공동주택 등으로서 가스사용자가 구분하여 소유하거나 점유하는 건축물의 외벽에 계량기가 설치된 경우에는 그 계량기의 전단밸브, 계량기가 건축물의 내부에 설치된 경우에는 건축물의 외벽)에서 연소기까지 이르는 배관을 말한다.
6. "고압"이란 1MPa 이상의 압력(게이지압력을 말한다)을 말한다. 다만, 액체상태의 액화가스는 고압으로 본다.
7. "중압"이란 0.1MPa 이상 1MPa 미만의 압력을 말한다. 다만, 액화가스가 기화되고 다른 물질과 혼합되지 아니한 경우에는 0.01MPa 이상 0.2MPa 미만의 압력을 말한다.
8. "저압"이란 0.1MPa 미만의 압력을 말한다. 다만, 액화가스가 기화되고 다른 물질과 혼합되지 아니한 경우에는 0.01MPa 미만의 압력을 말한다.
9. "액화가스"란 상용의 온도 또는 섭씨 35도의 온도에서 압력이 0.2MPa 이상이 되는 것을 말한다.
10. "보호시설"이란 제1종 보호시설 및 제2종 보호시설로서 별표 1에서 정하는 것을 말한다.

> 보호시설 (도시가스사업법 시행규칙 제2조 제1항 제10호 관련, 별표 1)
> 1. 제1종 보호시설
>   가. 유치원・어린이집・어린이놀이시설・경로당
> 2. 제2종 보호시설
>   가. 건축법령상의 단독주택 및 공동주택

(3) 특정가스사용시설(규칙 제20조의2 제1항)

특정가스사용시설이란 다음의 어느 하나에 해당하는 가스사용시설을 말한다.

1. 월 사용예정량이 2천㎥(제1종 보호시설 안에 있는 경우에는 1천㎥) 이상인 가스사용시설. 다만, 「전기사업법」에 따른 전기설비 중 도시가스를 사용하여 전기를 발생시키는 발전설비(가스터빈, 가스엔진, 가스보일러 또는 연료전지의 앞부분에 설치된 가스차단밸브 이후의 설비만 해당한다) 안의 가스사용시설과 「에너지이용합리화법」 제39조 제1항에 따른 검사대상기기에 해당하는 가스사용시설은 제외한다.
2. 월 사용예 정량이 2천㎥(제1종 보호시설 안에 있는 경우에는 1천㎥) 미만인 가스사용시설로서 다음 각 목의 어느 하나에 해당하는 시설
   가. 내관 및 그 부속시설이 바닥・벽 등에 매립 또는 매몰 설치되는 가스사용시설(가정용 가스사용시설은 제외한다) 〈개정 2024. 10. 31〉
   나. 많은 사람이 이용하는 시설로서 시・도지사가 안전관리를 위하여 필요하다고 인정하여 지정하는 가스사용시설

(4) 정기검사 및 수시검사(법 제17조)

1) 도시가스사업자와 특정가스사용시설의 사용자는 그 가스공급시설이나 특정가스사용시설에 대하여 산업통상자원부령으로 정하는 바에 따라 정기 또는 수시로 산업통상자원부장관 또는 시장·군수·구청장의 검사를 받아야 한다. 다만, 대통령령으로 정하는 자는 정기검사의 전부 또는 일부를 면제할 수 있다.
2) 1)에 따른 정기검사 및 수시검사의 대상과 기준, 그 밖에 검사에 필요한 사항은 산업통상자원부령으로 정한다.

[정기검사와 수시검사]

규칙 제25조(정기검사) 〈개정 2024. 10. 31. 시행 2025. 5. 1.〉
② 정기검사의 대상별 검사기준은 다음 각 호와 같다.
　7. 가스사용시설의 정기검사기준 : 별표 7(후술)
③ 정기검사는 다음 각 호의 날을 기준으로 매 1년(가스사용시설 중 경로당과 가정어린이집은 10년)이 되는 날의 전후 30일 이내에 받아야 한다. 다만, 가스공급시설(가스충전시설은 제외한다)의 정기검사일은 한국가스안전공사가 도시가스사업자와 협의하여 따로 정할 수 있으며, 특정가스사용시설의 정기검사일은 한국가스안전공사 사장이 필요하다고 인정하는 경우 읍·면·동별로 따로 정할 수 있다.
　3. 완성검사 대상이 되는 가스충전시설 및 특정가스사용시설은 최초로 그 완성검사증명서를 받은 날
④ 가스공급시설이나 특정가스사용시설 중 서로 연결된 시설이 있는 경우로서 정기검사를 받아야 하는 시기가 각각 다른 경우에는 가장 먼저 정기검사를 받아야 하는 시설의 정기검사기간에 다른 시설의 정기검사를 함께 받을 수 있다.
⑤ 한국가스안전공사 사장은 가스공급시설의 최초 정기검사에 합격한 자에게는 정기검사증명서를 발급하여야 한다.
⑥ 한국가스안전공사 사장(특정가스사용시설의 정기검사업무를 「고압가스 안전관리법」에 따른 검사기관에 위탁한 경우에는 검사기관의 장을 말한다)은 특정가스사용시설의 최초 정기검사에 합격한 자에게는 정기검사증명서를 발급하고, 그 이후에 정기검사를 받은 자에게는 정기검사증명서를 발급하여야 한다. 이 경우 그 특정가스사용시설(도시가스를 연료로 사용하는 자동차의 가스사용시설에 해당하는 특정가스사용시설은 제외한다)에 도시가스를 공급하는 도시가스사업자에게 그 사실을 알려야 한다.

규칙 제26조(수시검사)
① 수시검사는 한국가스안전공사가 도시가스 사고의 예방과 그 밖에 가스안전을 위하여 필요하다고 인정할 때에 한다.
② 한국가스안전공사는 수시검사를 하려면 미리 검사대상자에게 알려야 한다. 다만, 통보할 경우 검사의 목적을 달성할 수 없거나 그 밖에 긴급한 사유로 알릴 수 없을 때에는 그러하지 아니하다.
③ 수시검사의 대상시설별 검사기준은 다음 각 호와 같다.
　7. 가스사용시설의 수시검사기준 : 별표 7(후술)

(5) 가스사용시설 변경에 따른 안전조치(법 제28조의2)

가스사용자가 「액화석유가스의 안전관리 및 사업법」에 따른 액화석유가스의 사용시설을 가스사용시설로 변경하여 도시가스를 사용하려는 경우 일반도시가스사업자, 시공자 및 가스사용자는 액화석유가스의 사용시설에 대하여 액화석유가스의 용기 및 부대설비의 철거 등 산업통상자원부령으로 정하는 안전조치를 하여야 한다.

(6) 안전관리자(법 제29조) `10회 출제`

1) 도시가스사업자 및 다음 각 호의 어느 하나에 해당하는 특정가스사용시설의 사용자는 가스공급시설이나 특정가스사용시설의 안전 유지 및 운용에 관한 직무를 수행하게 하기 위하여 사업 개시 또는 사용 전에 안전관리자를 선임하여야 한다. 이 경우 「산업안전보건법」에 따라 선임된 안전관리자는 이 법에 따라 선임된 안전관리자로 본다. 〈개정 2019. 1. 15.〉
   ① 건축물의 소유자
   ② 특정가스사용시설의 관리업무를 위탁한 경우에는 그 시설관리업무를 위탁받은 자
   ③ 시장·군수·구청장이 주소 또는 거소의 불명, 그 밖의 사유로 부득이 특정가스사용시설의 사용자가 안전관리자를 선임하기 어렵다고 인정하는 경우에는 건축물의 임차인 또는 점유자

2) 안전관리자를 선임한 자는 안전관리자를 선임 또는 해임하거나 안전관리자가 퇴직한 경우에는 산업통상자원부령으로 정하는 바에 따라 지체 없이 산업통상자원부장관, 시·도지사 또는 시장·군수·구청장에게 신고하고, 안전관리자가 해임되거나 퇴직한 날부터 30일 이내에 다른 안전관리자를 선임하여야 한다. 다만, 그 기간 내에 선임할 수 없으면 산업통상자원부장관, 시·도지사 또는 시장·군수·구청장의 승인을 받아 그 기간을 연장할 수 있다. 선임, 해임, 퇴직신고가 신고서의 기재사항 및 첨부서류에 흠이 없고, 법령 등에 규정된 형식상의 요건을 충족하는 경우에는 신고서가 접수기관에 도달된 때에 신고된 것으로 본다.

> **규칙 제49조**(안전관리자의 선임신고 등)
> 안전관리자의 선임·해임·퇴직의 신고는 별지 제35호서식의 안전관리자 선임·해임·퇴직 신고서에 따른다.

3) 안전관리자를 선임한 자는 다음 각 호의 어느 하나에 해당하는 경우에는 대통령령으로 정하는 바에 따라 대리자를 지정하여 일시적으로 안전관리자의 직무를 대행하게 하여야 한다.
   ① 안전관리자가 여행·질병이나 그 밖의 사유로 일시적으로 그 직무를 수행할 수 없는 경우
   ② 안전관리자의 해임 또는 퇴직과 동시에 다른 안전관리자가 선임되지 아니한 경우

> **영 제16조 제5항 및 제6항**(안전관리자의 업무) 〈개정 2017. 5. 29〉
> ⑤ 안전관리자를 선임한 자는 안전관리자가 위 3) ① 또는 ②의 어느 하나에 해당하는 경우에는 다음 각 호의 구분에 따른 기간 동안 대리자를 지정하여 그 직무를 대행하게 하여야 한다.

> 1. 안전관리자가 여행·질병이나 그 밖의 사유로 일시적으로 그 직무를 수행할 수 없는 경우 : 직무를 수행할 수 없는 30일 이내의 기간
> 2. 안전관리자의 해임 또는 퇴직과 동시에 다른 안전관리자가 선임되지 아니한 경우 : 다른 안전관리자가 선임될 때까지의 기간
>
> ⑥ 위 ⑤에 따라 안전관리자의 직무를 대행하게 할 경우에는 다음 각 호의 구분에 따른 자가 그 직무를 대행하도록 하여야 한다.
> 1. 안전관리 총괄자 및 안전관리 부총괄자의 직무대행 : 각각 그를 직접 보좌하는 직무를 하는 자
> 2. 안전관리 책임자의 직무대행 : 안전관리원. 다만, 별표 1에 따라 안전관리원을 선임하지 아니할 수 있는 시설의 경우에는 해당 사업소의 종업원으로서 도시가스 관련 업무에 종사하고 있는 사람 중 가스안전관리에 관한 지식이 있는 사람으로 한다.
> 3. 안전관리원의 직무대행 : 안전점검원. 다만, 별표 1에 따라 안전점검원을 선임하지 아니할 수 있는 시설의 경우에는 해당 사업소의 종업원으로서 도시가스 관련 업무에 종사하고 있는 사람 중 가스안전관리에 관한 지식이 있는 사람으로 한다.
> 4. 안전점검원의 직무대행 : 해당 사업소의 종업원으로서 도시가스 관련 업무에 종사하고 있는 사람 중 가스안전관리에 관한 지식이 있는 사람

4) 안전관리자는 그 직무를 성실히 수행하여야 하며, 안전관리자를 선임한 자와 그 종사자는 안전관리자의 안전에 관한 의견을 존중하고 권고에 따라야 한다.

5) 산업통상자원부장관, 시·도지사 또는 시장·군수·구청장은 대통령령으로 정하는 안전관리자가 그 직무를 성실히 수행하지 아니하면 그 안전관리자를 선임한 도시가스사업자나 특정가스사용시설의 사용자에게 그 안전관리자를 해임하도록 요구할 수 있다.

6) 시·도지사 또는 시장·군수·구청장은 안전관리자의 해임을 요구한 경우 그 안전관리자가 그 직무를 성실히 수행하지 아니한 사실을 산업통상자원부장관에게 통보하여야 한다.

7) 안전관리자의 종류·자격·수·직무범위 및 안전관리자의 대리자의 대행기간, 그 밖에 필요한 사항은 대통령령으로 정한다.

영 제15조 · 제16조(안전관리자)

안전관리자의 종류 및 자격 등(영 제15조)

① 법 제29조에 따른 안전관리자의 종류는 다음 각 호와 같다.
1. 안전관리총괄자
2. 안전관리부총괄자
3. 안전관리책임자
4. 안전관리원
5. 안전점검원

② 안전관리총괄자는 도시가스사업자(법인인 경우 그 대표자), 도시가스사업자 외의 가스공급시설설치자(법인인 경우에는 그 대표자) 또는 특정가스사용시설의 사용자(법인인 경우 그 대표자)로 하며, 안전관리부총괄자는 해당 가스공급시설을 직접 관리하는 최고책임자로 한다.

③ 안전관리자의 자격과 선임 인원은 별표 1과 같다.

▼ 안전관리자의 자격과 선임 인원(영 제15조 제3항 관련, 별표1) 〈개정 2022.8.9.〉

특정가스 사용시설	안전관리총괄자 : 1명	가스기능사 이상의 자격을 가진 사람 또는 한국가스안전공사가 산업통상자원부장관의 승인을 받아 실시하는 사용시설안전관리자 양성교육을 이수한 사람
	안전관리책임자(월 사용예정량이 4천㎥를 초과하는 경우에만 선임하고, 자동차 연료장치의 가스사용시설은 제외한다) : 1명 이상	

안전관리자의 업무(영 제16조)
① 다음 각 호의 업무를 수행한다.
  1. 가스공급시설 또는 특정가스사용시설의 안전유지
  2. 정기검사 또는 수시검사 결과 부적합 판정을 받은 시설의 개선
  3. 안전점검의무의 이행확인
  4. 안전관리규정 실시기록의 작성·보존
  5. 종업원에 대한 안전관리를 위하여 필요한 사항의 지휘·감독
  6. 정압기·도시가스배관 및 그 부속설비의 순회점검, 구조물의 관리, 원격감시시스템의 관리, 검사업무 및 안전에 대한 비상계획의 수립·관리
  7. 본관·공급관의 누출검사 및 전기방식시설의 관리
  8. 사용자 공급관의 관리
  9. 공급시설 및 사용시설의 굴착공사의 관리
  10. 배관의 구멍뚫기작업
  11. 그 밖의 위해방지조치
② 안전관리책임자·안전관리원 및 안전점검원은 특별한 규정이 있는 경우를 제외하고는 위 ① 각 호의 직무 외의 다른 일을 맡아서는 아니 된다.

(7) 안전교육(법 제30조)

1) 도시가스 사업자, 시공자 및 특정가스사용시설의 사용자의 안전관리에 관계되는 업무를 행하는 자는 산업통상자원부장관, 시·도지사 또는 시장·군수·구청장이 실시하는 안전교육을 받아야 한다.
2) 도시가스 사업자, 시공자 및 특정가스사용시설의 사용자는 그가 고용하고 있는 자 중 안전교육 대상자에게 안전교육을 받게 하여야 한다.
3) 안전교육 대상자의 범위·교육기간 및 교육과정, 그 밖에 교육에 필요한 사항은 산업통상자원부령으로 정한다.

안전교육
1. 안전교육(규칙 제50조)
  ① 안전교육 대상자의 범위·교육기간 및 교육과정, 그 밖의 교육에 필요한 사항은 별표 14와 같다.
  ② 교육을 받으려는 자는 안전교육 신청서를 한국가스안전공사에 제출하여야 한다.

제1장 설비관리

2. 안전교육 실시방법(규칙 제50조 제1항 관련, 별표 14) 〈개정 2020. 8. 25.〉
   ① 교육계획의 수립 : 한국가스안전공사는 매년 11월 말까지 전문교육과 특별교육의 종류별, 대상자별 및 지역별로 다음 연도의 교육계획을 수립하여 이를 관할 시·도지사에게 보고하여야 한다.
   ② 교육신청
      가. 전문교육이나 특별교육의 대상자가 된 자는 그 날부터 1개월 이내에 교육수강신청을 하여야 한다. 다만, 부득이한 사유로 교육수강신청을 하지 못한 자는 그 사유가 종료된 날부터 1개월 이내에 교육수강신청을 하여야 한다.
      나. 양성교육을 이수하려는 자는 한국가스안전공사가 매년 초에 지정하는 기간에 교육수강신청을 하여야 한다.
   ③ 교육일시 통보 : 한국가스안전공사는 교육신청이 있으면 교육일 10일 전까지 교육대상자에게 교육장소와 교육일시를 알려야 한다.
   ④ 교육의 과정·대상범위 및 시기

교육과정	교육대상자	교육시기
전문교육	특정가스사용시설의 안전관리책임자	신규 종사 후 6개월 이내 및 그 후에는 3년이 되는 해마다 1회
특별교육	보수·유지관리원	신규 종사시 1회
	사용시설 점검원	

(8) 가스시설의 안전유지(법 제26조의2)

도시가스사업자 또는 특정가스사용시설의 사용자는 가스공급시설이나 특정가스사용시설을 시설별 시설기준과 기술기준에 적합하도록 유지하여야 한다.

(9) 가스사용시설의 시설·기술·검사기준 `13·20회 출제`

(동 규칙 제17조 제4호, 제20조의2 제2항, 제23조 제2항 제4호 및 제25조 제2항 제4호 관련 [별표 7])

1) **배관 및 배관설비**(동 규칙 제17조 관련, 별표 7) 〈개정 2024. 10. 31.〉

1. 시설기준
1) 배치기준 `20·23·24회 출제`
가) 가스계량기는 다음 기준에 적합하게 설치할 것
   ① 가스계량기와 화기(그 시설 안에서 사용하는 자체화기는 제외한다) 사이에 유지하여야 하는 거리 : 2m 이상
   ② 설치장소 : 다음의 요건을 모두 충족하는 곳. 다만, ㉰의 요건은 주택의 경우에만 적용한다.
      ㉮ 가스계량기의 교체 및 유지 관리가 용이할 것
      ㉯ 환기가 양호할 것
      ㉰ 직사광선이나 빗물을 받을 우려가 없을 것. 다만, 보호상자 안에 설치하는 경우에는 그러하지 아니하다.

㉔ 가스사용자가 구분하여 소유하거나 점유하는 건축물의 외벽. 다만, 실외에서 가스사용량을 검침을 할 수 있는 경우에는 그러하지 아니하다.

③ 설치금지장소: 공동주택의 대피공간, 방·거실 및 주방 등으로서 사람이 거처하는 곳 및 가스계량기에 나쁜 영향을 미칠 우려가 있는 장소

나) 가스계량기(30㎥/hr 미만인 경우만을 말한다)의 설치높이는 바닥으로부터 1.6 m 이상 2m 이내에 수직·수평으로 설치하고 밴드·보호가대 등 고정 장치로 고정시킬 것. 다만, 격납상자에 설치하는 경우, 기계실 및 보일러실(가정에 설치된 보일러실은 제외한다)에 설치하는 경우와 문이 달린 파이프 덕트 안에 설치하는 경우에는 설치 높이의 제한을 하지 아니한다.

다) 가스계량기와 전기계량기 및 전기개폐기와의 거리는 60cm 이상, 굴뚝(단열조치를 하지 아니한 경우만을 말한다)·전기점멸기 및 전기접속기와의 거리는 30cm 이상, 절연조치를 하지 아니한 전선과의 거리는 15cm 이상의 거리를 유지할 것

라) 입상관과 화기(그 시설 안에서 사용하는 자체화기는 제외한다) 사이에 유지해야 하는 거리는 우회거리 2m 이상으로 하고, 환기가 양호한 장소에 설치해야 하며 입상관의 밸브는 바닥으로부터 1.6m 이상 2m 이내에 설치할 것. 다만, 보호상자에 설치하는 경우에는 그러하지 아니하다. **27회 출제**

2) 가스설비기준

가) 가스사용시설에는 그 가스사용시설의 안전 확보와 정상작동을 위하여 지하공급차단밸브, 압력조정기, 가스계량기, 중간밸브, 호스 등 필요한 설비와 장치를 적절하게 설치할 것

나) 가스사용시설은 안전을 확보하기 위하여 기밀성능을 가지도록 할 것

3) 배관설비기준

가) 배관 등(배관, 관이음매 및 밸브를 말한다)의 재료와 두께는 그 배관 등의 안전성을 확보하기 위하여 사용하는 도시가스의 종류 및 압력, 사용하는 온도 및 환경에 적절한 것일 것

나) 배관은 그 배관의 강도 유지와 수송하는 도시가스의 누출방지를 위하여 적절한 방법으로 접합하여야 하고, 이를 확인하기 위하여 용접부(가스용 폴리에틸렌관, 호칭지름 80mm 미만인 저압배관 및 노출된 저압배관은 제외한다)에 대하여 비파괴시험을 하여야 하며, 접합부의 안전을 유지하기 위하여 필요한 경우에는 응력 제거를 할 것

다) 배관은 그 배관의 유지관리에 지장이 없고, 그 배관에 대한 위해의 우려가 없도록 설치하며, 배관의 말단에는 막음조치를 하는 등 설치환경에 따라 적절한 안전조치를 마련할 것

라) 배관을 지하에 매설하는 경우에는 지면으로부터 0.6m 이상의 거리를 유지할 것. 다만, 하천부지에 배관을 매설하는 경우에는 별표 6 제3호 가목 2) 사) ① ㉺를 준용할 것

마) 배관을 실내에 노출하여 설치하는 경우에는 다음 기준에 적합하게 할 것

① 배관은 누출된 도시가스가 체류되지 않고 부식의 우려가 없도록 안전하게 설치할 것

② 배관의 이음부(용접이음매는 제외한다)와 전기계량기 및 전기개폐기, 전기점멸기 및 전기접속기, 절연전선(가스누출자동차단장치를 작동시키기 위한 전선은 제외한다), 절연조치를 하지 않은 전선 및 단열조치를 하지 않은 굴뚝(배기통을 포함한다) 등과는 적절한 거리를 유지할 것

바) 배관을 실내의 벽·바닥·천정 등에 매립 또는 은폐 설치하는 경우에는 다음 기준에 적합하게 할 것

① 배관은 못 박음 등 외부 충격 등에 의한 위해의 우려가 없는 안전한 장소에 설치할 것

② 배관 및 배관이음매의 재료는 그 배관의 안전성을 확보하기 위하여 도시가스의 압력, 사용하는 온도 및 환경에 적절한 기계적 성질과 화학적 성분을 갖는 것일 것

③ 배관은 수송하는 도시가스의 특성 및 설치 환경조건을 고려하여 위해의 우려가 없도록 설치하고, 배관의 안전한 유지·관리를 위하여 필요한 조치를 할 것

④ 매립 설치된 배관에서 가스가 누출될 경우 매립배관 내부의 가스 누출을 감지하여 자동으로 가스공급을 차단하는 안전장치나 다기능가스안전계량기(「액화석유가스의 안전관리 및 사업법 시행규칙」에 따른 것을 말한다)를 설치할 것

사) 배관은 움직이지 않도록 고정부착하는 조치를 하되 그 호칭지름이 13mm 미만의 것에는 1m마다, 13mm 이상 33mm 미만의 것에는 2m마다, 33mm 이상의 것에는 3m마다 고정장치를 설치할 것(배관과 고정장치 사이에는 절연조치를 할 것). 다만, 호칭지름 100mm 이상의 것에는 적절한 방법에 따라 3m를 초과하여 설치할 수 있다.

아) 배관은 도시가스를 안전하게 사용할 수 있도록 하기 위하여 내압성능과 기밀성능을 가지도록 할 것

자) 배관은 안전을 확보하기 위하여 배관임을 명확하게 알아볼 수 있도록 다음 기준에 따라 도색 및 표시를 할 것

① 배관은 그 외부에 사용가스명, 최고사용압력 및 도시가스 흐름방향을 표시할 것. 다만, 지하에 매설하는 배관의 경우에는 흐름방향을 표시하지 아니할 수 있다.

② 지상배관은 부식방지도장 후 표면색상을 황색으로 도색하고, 지하매설배관은 최고사용압력이 저압인 배관은 황색으로, 중압 이상인 배관은 붉은색으로 할 것. 다만, 지상배관의 경우 건축물의 내·외벽에 노출된 것으로서 바닥(2층 이상의 건물의 경우에는 각 층의 바닥을 말한다)에서 1m의 높이에 폭 3cm의 황색띠를 2중으로 표시한 경우에는 표면색상을 황색으로 하지 아니할 수 있다.

차) 가스용 폴리에틸렌관은 그 배관의 유지관리에 지장이 없고 그 배관에 대한 위해의 우려가 없도록 설치하되, 폴리에틸렌관을 노출배관용으로 사용하지 아니할 것. 다만, 지상배관과 연결을 위하여 금속관을 사용하여 보호조치를 한 경우로서 지면에서 30cm 이하로 노출하여 시공하는 경우에는 노출배관용으로 사용할 수 있다.

카) 고압배관은 별표 5 제3호 가목 1) 나)·라)·마)·사) ①㉮ 및 5) 가)를 준용하여 설치하며, 매설배관은 보호판으로 안전조치를 할 것

타) 배관은 건축물의 기초 밑에 설치하지 않을 것

4) 사고예방설비기준

가) 특정가스사용시설·「식품위생법」에 따른 식품접객업소로서 영업장의 면적이 100㎡ 이상인 가스사용시설이나 지하에 있는 가스사용시설(가정용 가스사용시설은 제외한다)의 경우에는 가스누출경보차단장치나 가스누출자동차단기를 설치하여야 하며, 차단부는 건축물의 외부나 건축물 벽에서 가장 가까운 내부의 배관 부분에 설치할 것. 다만, 다음 중 어느 하나에 해당하는 경우에는 가스누출경보차단장치나 가스누출자동차단기를 설치하지 아니할 수 있다.

① 월 사용예정량 2000㎥ 미만으로서 연소기가 연결된 각 배관에 퓨즈콕·상자콕 또는 이와 같은 수준 이상의 성능을 가지는 안전장치(이하 "퓨즈콕 등"이라 한다)가 설치되어 있고, 각 연소기에 소화안전장치가 부착되어 있는 경우

② 도시가스의 공급이 불시에 차단될 경우 재해와 손실이 막대하게 발생될 우려가 있는 도시가스사용시설

③ 가스누출경보기 연동차단기능의 다기능가스안전계량기를 설치하는 경우

나) 지하에 매설하는 강관에는 부식을 방지하기 위하여 필요한 설비를 설치할 것

5) 그 밖의 기준
  도시가스 사용을 위한 가스용품이「액화석유가스의 안전관리 및 사업법」에 따른 검사대상에 해당할 경우에는 검사에 합격한 것일 것

2. 기술기준
1) 가스사용자는 가스사용시설의 안전을 확보하기 위하여 그 설비의 작동상황을 주기적으로 점검하고, 이상이 있을 때에는 지체 없이 보수 등 필요한 조치를 할 것
2) 가스사용시설에 설치된 압력조정기는 매 1년에 1회 이상(필터나 스트레이너의 청소는 설치 후 3년까지는 1회 이상, 그 이후에는 4년에 1회 이상) 압력조정기의 유지·관리에 적합한 방법으로 안전점검을 실시할 것
3) 안전관리자의 선임·해임·퇴직신고를 하여야 하는 자는 안전관리책임자로 한다.

2) 정압기

1. 시설기준
1) 배치기준
  정압기는 그 정압기의 유지관리에 지장이 없고, 그 정압기 및 배관에 대한 위해의 우려가 없도록 설치하되, 원칙적으로 건축물(건축물 외부에 설치된 정압기실은 제외한다)의 내부나 기초 밑에 설치하지 아니할 것. 다만, 부득이하게 건축물 외부에 설치할 수 없는 경우로서 외부와 환기가 잘되는 지상층에 설치하거나 외부와 환기가 잘되고 기계환기설비를 갖춘 지하층에 설치하는 경우에는 건축물 내부에 설치할 수 있다.

2) 가스설비기준
  가) 정압기실은 그 정압기의 보호, 정압기실 안에서의 작업성 확보와 위해발생방지를 위하여 적절한 구조를 가지도록 하고, 안전확보에 필요한 조치를 마련할 것
  나) 정압기는 도시가스를 안전하고 원활하게 수송할 수 있도록 하기 위하여 적절한 기밀성능을 가지도록 할 것

3) 사고예방설비기준
  가) 정압기에는 안전밸브와 가스방출관을 설치하고 가스방출관의 방출구는 주위에 불 등이 없는 안전한 위치로서 지면으로부터 5m 이상의 높이에 설치할 것. 다만, 전기시설물과의 접촉 등으로 사고의 우려가 있는 장소에서는 3m 이상으로 할 수 있다.
  나) 정압기실에는 누출된 도시가스를 검지하여 이를 안전관리자가 상주하는 곳에 통보할 수 있는 설비를 갖출 것
  다) 정압기 출구의 배관에는 도시가스 압력이 비정상적으로 상승한 경우 안전관리자가 상주하는 곳에 이를 통보할 수 있는 경보장치를 설치할 것
  라) 정압기의 입구에는 수분 및 불순물 제거장치를 설치할 것. 다만, 다른 정압기로 수분 및 불순물이 충분히 제거되는 경우에는 생략할 수 있다.
  마) 도시가스 중 수분의 동결로 정압기능을 저해할 우려가 있는 정압기에는 동결방지조치를 할 것
  바) 전기설비에는 방폭조치를 할 것

4) 피해저감설비기준
  가) 정압기의 입구와 출구에는 가스차단장치를 설치할 것
  나) 지하에 설치되는 정압기의 경우에는 가)의 가스차단장치 외에 정압기실 외부의 가까운 곳에 가스차단장치를 설치할 것. 다만, 정압기실의 외벽으로부터 50m 이내에 그 정압기실로 가스공급을 지상에서 쉽게 차단할 수 있는 장치가 있는 경우는 제외한다.

5) 부대설비기준
    가) 정압기에 바이패스관을 설치하는 경우에는 밸브를 설치하고 그 밸브에 잠금조치를 할 것
    나) 도시가스의 안정공급을 위하여 정압기의 출구에는 도시가스의 압력을 측정·기록할 수 있는 장치를 설치할 것
6) 그 밖의 기준
    도시가스 사용을 위한 가스용품이 「액화석유가스의 안전관리 및 사업법」에 따른 검사대상에 해당할 경우에는 검사에 합격한 것일 것

2. 기술기준
1) 가스사용자는 가스사용시설의 안전을 확보하기 위하여 그 설비의 작동상황을 주기적으로 점검하고, 이상이 있을 때에는 지체 없이 보수 등 필요한 조치를 할 것
2) 정압기와 필터의 경우에는 설치 후 3년까지는 1회 이상, 그 이후에는 4년에 1회 이상 분해점검을 실시하고, 사고예방설비 중 도시가스의 안전을 확보하기 위하여 필요한 시설이나 설비에 대하여는 분해 및 작동상황을 주기적으로 점검하고, 이상이 있을 경우에는 그 시설이나 설비가 정상적으로 작동될 수 있도록 필요한 조치를 할 것

(10) 가스시설의 개선명령 등(법 제27조)

산업통상자원부장관 또는 시장·군수·구청장은 가스공급시설이나 가스사용시설이 시설별 시설기준과 기술기준에 적합하지 아니하다고 인정하면 대통령령으로 정하는 바에 따라 해당 도시가스사업자나 가스사용자에게 그 기준에 적합하도록 가스공급시설이나 가스사용시설의 수리·개선·이전을 명하거나 도시가스의 공급중지·제한, 가스공급시설이나 가스사용시설의 사용정지·제한 등 위해를 방지하기 위하여 필요한 조치를 명할 수 있다.

> **영 제13조 [가스시설의 개선기간 등]**
> ① 산업통상자원부장관 또는 시장·군수·구청장은 가스시설의 수리·개선·이전명령 또는 도시가스의 공급중지 등 위해방지조치명령을 하려면 1년 이내의 범위에서 가스시설의 수리·개선 등에 필요한 기간을 정하여야 한다.
> ② 위 ①에 따른 명령을 받은 자가 천재지변이나 그 밖의 부득이한 사유로 개선기간 이내에 명령받은 조치를 완료할 수 없는 경우에는 그 기간이 종료되기 전에 산업통상자원부장관 또는 시장·군수·구청장에게 6개월 이내의 범위에서 개신기간의 연장을 신청할 수 있으며, 산업통상자원부장관 또는 시장·군수·구청장은 정당한 사유가 있다고 인정되는 경우에는 개선기간을 연장할 수 있다.

06 소방설비관리

1 서 설

(1) 의 의
공동주택 입주자의 생명과 재산을 화재로부터 보호하기 위하여 화재방지 및 소화를 위한 소화설비관리가 필요하다.

(2) 화재의 분류
① 일반화재 : A급 화재 - 백색 동그라미(소화기의 표시)
② 유류화재 : B급 화재 - 황색 동그라미(소화기의 표시)
③ 전기화재 : C급 화재 - 청색 동그라미(소화기의 표시)
④ 금속화재 : D급 화재 - 무색 동그라미(소화기의 표시)
⑤ 주방화재 : K급 화재 - 적색 동그라미(소화기의 표시)

(3) 연소의 4요소
연소의 3요소인 가연물질, 점화원(활성화에너지, 최초점화에너지), 산소공급원(산소, 공기, 오존, 산화제 등)이 구비되어야 화재가 발생한다. 그러나 연속적으로 연소가 지속되려면 연소의 3요소 외에 연속적인 연쇄반응이 수반되어야 한다.

[연소의 4요소]	⇨	[소화의 원리]
가연물	→	제거소화
점화원	→	냉각소화
산소공급원	→	질식소화
연쇄반응	→	억제소화

(4) 건축법령상 관련 용어의 정의 (영 제2조)

1. "내화구조(耐火構造)"란 화재에 견딜 수 있는 성능을 가진 구조로서 국토교통부령으로 정하는 기준에 적합한 구조를 말한다.
2. "방화구조(防火構造)"란 화염의 확산을 막을 수 있는 성능을 가진 구조로서 국토교통부령으로 정하는 기준에 적합한 구조를 말한다.
3. "난연재료(難燃材料)"란 불에 잘 타지 아니하는 성능을 가진 재료로서 국토교통부령으로 정하는 기준에 적합한 재료를 말한다.
4. "불연재료(不燃材料)"란 불에 타지 아니하는 성질을 가진 재료로서 국토교통부령으로 정하는 기준에 적합한 재료를 말한다.
5. "준불연재료"란 불연재료에 준하는 성질을 가진 재료로서 국토교통부령으로 정하는 기준에 적합한 재료를 말한다.

2 법률상 규정 [소방시설 설치 및 관리에 관한 법률(약칭: 소방시설법)] 〈시행 2024.12.1〉

(1) 목 적

이 법은 특정소방대상물 등에 설치하여야 하는 소방시설등의 설치·관리와 소방용품 성능관리에 필요한 사항을 규정함으로써 국민의 생명·신체 및 재산을 보호하고 공공의 안전과 복리 증진에 이바지함을 목적으로 한다.

(2) 용어의 정의(법 제2조)

① 이 법에서 사용하는 용어의 뜻은 다음과 같다.
  1. "소방시설"이란 소화설비, 경보설비, 피난구조설비, 소화용수설비, 그 밖에 소화활동설비로서 대통령령으로 정하는 것을 말한다.
  2. "소방시설 등"이란 소방시설과 비상구(非常口), 그 밖에 소방 관련 시설로서 대통령령으로 정하는 것(방화문 및 자동방화셔터를 말한다)을 말한다.
  3. "특정소방대상물"이란 건축물 등의 규모·용도 및 수용인원 등을 고려하여 소방시설을 설치하여야 하는 소방대상물로서 대통령령으로 정하는 것을 말한다.

  특정소방대상물
  1. 공동주택
     가. 아파트   나. 기숙사(학생복지주택 포함)
  30. 복합건축물

  4. "소방용품"이란 소방시설 등을 구성하거나 소방용으로 사용되는 제품 또는 기기로서 대통령령으로 정하는 것을 말한다.
② 이 법에서 사용하는 용어의 뜻은 ①에서 규정하는 것을 제외하고는 「소방기본법」·「소방시설공사업법」·「위험물안전관리법」 및 「건축법」에서 정하는 바에 따른다.

시행령 제2조(용어의 정의)
1. "무창층(無窓層)"이라 함은 지상층 중 다음 각 목의 요건을 모두 갖춘 개구부(건축물에서 채광·환기·통풍 또는 출입 등을 위하여 만든 창·출입구 그 밖에 이와 비슷한 것을 말한다)의 면적의 합계가 당해 층의 바닥면적의 30분의 1 이하가 되는 층을 말한다.
   가. 개구부의 크기가 지름 50cm 이상의 원이 내접할 수 있을 것
   나. 해당 층의 바닥면으로부터 개구부 밑부분까지의 높이가 1.2m 이내일 것
   다. 개구부는 도로 또는 차량이 진입할 수 있는 빈터를 향할 것
   라. 화재시 건축물로부터 쉽게 피난할 수 있도록 개구부에 창살 그 밖의 장애물이 설치되지 아니할 것
   마. 내부 또는 외부에서 쉽게 파괴 또는 개방할 수 있을 것
2. "피난층"이라 함은 곧바로 지상으로 갈 수 있는 출입구가 있는 층을 말한다.

3 소방시설(법 제2조 제1항 제1호, 영 제3조 관련, 별표 1) 〈개정 2023.12.1〉

종류	내용
소화설비	물 그 밖의 소화약제를 사용하여 소화하는 기계·기구 또는 설비로서 다음 각 목의 것
	가. 소화기구 　1) 소화기 　2) 간이소화용구 : 에어로졸식 소화용구, 투척용 소화용구 및 소화약제 외의 것을 이용한 간이소화용구 　3) 자동확산소화기 나. 자동소화장치 　1) 주거용 주방자동소화장치　2) 상업용 주방자동소화장치 　3) 캐비닛형 자동소화장치　　　4) 가스자동소화장치 　5) 분말자동소화장치　　　　　6) 고체에어로졸자동소화장치 다. 옥내소화전설비(호스릴옥내소화전설비를 포함한다) 라. 스프링클러설비 등 　1) 스프링클러설비 　2) 간이스프링클러설비(캐비닛형 간이스프링클러설비를 포함한다) 　3) 화재조기진압용 스프링클러설비 마. 물분무등소화설비 　1) 물분무소화설비　2) 미분무소화설비 　3) 포소화설비　　　　　　　4) 이산화탄소소화설비 　5) 할론소화설비 　6) 할로겐화합물 및 불활성기체(다른 원소와 화학 반응을 일으키기 어려운 기체를 말한다) 소화설비 　7) 분말소화설비　8) 강화액소화설비 　9) 고체에어로졸소화설비 바. 옥외소화전설비
경보설비	화재발생 사실을 통보하는 기계·기구 또는 설비로서 다음 각 목의 것
	가. 단독경보형 감지기 나. 비상경보설비 　1) 비상벨설비　　2) 자동식사이렌설비 다. 자동화재탐지설비 라. 시각경보기 마. 화재알림설비 바. 비상방송설비 사. 자동화재속보설비 아. 통합감시시설 자. 누전경보기 차. 가스누설경보기

제1장 설비관리

종 류	내 용
피난구조설비	화재가 발생할 경우 피난하기 위하여 사용하는 기구 또는 설비로서 다음 각 목의 것
	가. 피난기구 　1) 피난사다리　2) 구조대　3) 완강기　4) 간이완강기　5) 그 밖에 화재안전기준으로 정하는 것 나. 인명구조기구 　1) 방열복, 방화복(안전모, 보호장갑 및 안전화를 포함한다) 　2) 공기호흡기　3) 인공소생기 다. 유도등 　1) 피난유도선　2) 피난구유도등　3) 통로유도등 　4) 객석유도등　5) 유도표지 라. 비상조명등 및 휴대용비상조명등
소화용수설비	화재를 진압하는 데 필요한 물을 공급하거나 저장하는 설비로서 다음 각 목의 것
	가. 상수도 소화용수설비 나. 소화수조·저수조, 그 밖의 소화용수설비
소화활동설비	화재를 진압하거나 인명구조활동을 위하여 사용하는 설비로서 다음 각 목의 것　**15회 출제**
	가. 제연설비　　　　　　나. 연결송수관설비 다. 연결살수설비　　　　라. 비상콘센트설비 마. 무선통신보조설비 **15회 출제**　바. 연소방지설비

4 소방시설의 내용

화재예방 및 소화를 위한 소방시설은 그 기능에 따라 크게 소화설비·경보설비·피난설비·소화용수설비 및 소화활동설비로 분류할 수 있다.

(1) 소화설비

1) 소화기

소화기는 화재발생 초기에 진화하기 위하여 수동으로 작동하는 소화설비를 말한다. 소화기에는 사용원리 및 사용재료에 따라 다음과 같은 것이 있다.

① 포말소화기
  ㉠ 포말소화기는 유류에 의한 화재발생시에 연소부위를 포말로 덮어서 산소공급을 차단하거나 약제가 연소하면서 탄산가스를 발생시켜 연소하는 것이다.
  ㉡ 유지관리
    ⓐ 전기나 알코올 화재시에는 사용할 수 없다.
    ⓑ 겨울철에는 보온장치를 하여 보관한다(동절기에는 동결방지를 할 것). 낮은 온도에 영

향을 많이 받는다.
ⓒ 안전한 장소에 쓰러지지 않도록 보관한다.
ⓓ 사용 후에는 깨끗이 세척한 후에 소화약제를 충약하고 합격표지를 원통에 부착한다.

② 분말소화기
㉠ 분말소화기는 중조($NaHCO_3$)와 같은 분말약제를 압축·저장하였다가 화재발생시 실내감지기의 탐지에 의하여 방사밸브가 열려 분사·소화하도록 만든 것이다. 소화시 분사된 약제가 기기에 손상을 주지 않아야 하므로 난로·자동차차고 등의 장소에 적합한 소화기이다.
㉡ 유지관리
ⓐ 직사광선, 고온·다습한 장소를 피하여 보관한다. 높은 온도에 영향을 많이 받는다.
ⓑ 사용 직후에는 반드시 용기 내부에 남아 있는 가스를 방출한다.
ⓒ 중량이 기준에 미달하는 경우 국가검정품 분말약제를 재충전하고 합격표시를 용기에 부착한다.

③ 이산화탄소소화기: 탄산가스를 용기 속에 압축·저장하였다가 화재시 방출하여 열흡수에 의한 냉각작용 및 산소차단작용에 의해 소화되는 것이다. 주로 개구부가 닫혀 있는 건물이나 도서관의 서고, 통신기계실, 창고 및 유류저장고 등에 적합하다.

④ 할로겐소화기: 사염화탄소와 취화메틸 등의 약제를 용기에 압축·저장했다가 화재시 방사하여 액체가 증발되면서 냉각작용 및 산소차단작용에 의해 소화하는 것이다. 공기 중 5% 정도의 농도만 되면 10초 이내에 소화되는 첨단소화기로서 전자계산실·변전실·자동교환실·서고 등에 주로 이용된다.

> **WIDE 분말소화기의 저장용기 설치**
>
> ㉠ 방호구역 이외의 장소
> ㉡ 온도가 40℃ 이하이고 온도변화가 작은 곳
> ㉢ 직사광선 및 빗물이 침투할 우려가 없는 곳
> ㉣ 갑종방화문 또는 을종방화문으로 구획된 실
> ㉤ 저장용기 설치장소에는 표지를 설치

2) **옥내소화전** (시행 2022. 12. 1. 옥내소화전설비의 화재안전성능기준 참조) `13회 출제`

① 수원(제4조)
옥내소화전설비의 수원은 그 저수량이 옥내소화전의 설치개수가 가장 많은 층의 설치개수(2개 이상 설치된 경우에는 2개)에 2.6㎥(호스릴옥내소화전설비를 포함한다)를 곱한 양 이상이 되도록 하여야 한다. 옥내소화전설비의 수원은 유효수량 외에 유효수량의 3분의 1 이상을 옥상(옥내소화전설비가 설치된 건축물의 주된 옥상을 말한다)에 설치하여야 한다. 옥내소화전설비의 수원을 수조로 설치하는 경우에는 소방설비의 전용수조로 하여야 한다.

② 전동기 또는 내연기관에 따른 펌프를 이용하는 가압송수장치(제5조 제1항 3호)
특정소방대상물의 어느 층에 있어서도 해당 층의 옥내소화전(2개 이상 설치된 경우에는 2개의 옥내소화전)을 동시에 사용할 경우 각 소화전의 노즐선단에서의 방수압력이 0.17MPa(호스릴옥내소화전설비를 포함한다) 이상이고, 방수량이 130ℓ/min(호스릴옥내소화전설비를 포함한다) 이상이 되는 성능의 것으로 해야 한다. 다만, 하나의 옥내소화전을 사용하는 노즐선단에서의 방수압력이 0.7MPa을 초과할 경우에는 호스접결구의 인입 측에 감압장치를 설치하여야 한다. 펌프의 토출량은 옥내소화전이 가장 많이 설치된 층의 설치개수(옥내소화전이 2개 이상 설치된 경우에는 2개)에 130ℓ/min를 곱한 양 이상이 되도록 해야 한다. 펌프는 전용으로 해야 하지만, 다른 소화설비와 겸용하는 경우 각각의 소화설비의 성능에 지장이 없을 때에는 그러하지 아니하다.

③ 옥내소화전 송수구(제6조 제12항 3호, 4호)
지면으로부터 높이가 0.5m 이상 1m 이하의 위치에 설치하고, 구경 65㎜의 쌍구형 또는 단구형으로 한다.

④ 옥내소화전 방수구(제7조 제2항)
특정소방대상물의 층마다 설치하되, 해당 특정소방대상물의 각 부분으로부터 하나의 옥내소화전방수구까지의 수평거리는 25m(호스릴옥내소화전설비를 포함한다) 이하, 바닥으로부터의 높이가 1.5m 이하가 되도록 한다. 호스는 구경 40㎜(호스릴옥내소화전설비의 경우 25㎜) 이상의 것으로서 특정소방대상물의 각 부분에 물이 유효하게 뿌려질 수 있는 길이로 설치한다.

⑤ 배관(제6조 제3항, 제6항, 제8항))
급수배관은 전용으로 하여야 한다(원칙). 펌프의 토출 측 주배관의 구경은 유속이 초속 4미터 이하가 될 수 있는 크기 이상으로 하여야 하고, 옥내소화전방수구와 연결되는 가지배관의 구경은 40㎜(호스릴옥내소화전설비의 경우에는 25㎜) 이상으로 하여야 하며, 주배관중 수직배관의 구경은 50㎜(호스릴옥내소화전설비의 경우에는 32㎜) 이상으로 하여야 한다. 펌프의 성능은 체절운전 시 정격토출압력의 140%를 초과하지 아니하고, 정격토출량의 150%로 운전 시 정격토출압력의 65% 이상이 되어야 한다. 가압송수장치의 체절운전 시 수온의 상승을 방지하기 위하여 체크밸브와 펌프사이에서 분기한 구경 20㎜ 이상의 배관에 체절압력 미만에서 개방되는 릴리프밸브를 설치하여야 한다.

⑥ 비상전원(제8조 제2항)
층수가 7층 이상으로서 연면적이 2,000㎡ 이상인 것 또는 이에 해당하지 않는 특정소방대상물로서 지하층의 바닥면적의 합계가 3,000㎡ 이상인 것에 해당하는 특정소방대상물의 옥내소화전설비에는 비상전원을 설치하여야 한다. 비상전원은 자가발전설비, 축전지설비 또는 전기저장장치로서 옥내소화전설비를 유효하게 20분 이상 작동할 수 있어야 한다.

3) 옥외소화전

① 대규모 건물에 화재발생시 건물 외부에서 내부로 물을 방사하여 소화하는 설비를 말한다. 인접건물에 대한 연소확대 방지목적으로 사용되며, 주요구성은 수원, 가압송수장치, 배관, 제어반 등으로 옥내소화전설비의 구조원리와 유사하며, 다만 소화전함, 방수구의 규격 등이 다를뿐이다. 종류는 지상식과 지하식으로 구별되며 방수구에 따라 쌍구형과 단구형으로 구분된다.

② 설치기준〈시행 2022. 12. 1. 옥외소화전설비의 화재안전성능기준 참조〉

㉠ 정의

> **PROFESSOR COMMENT**
> 1. 충압펌프 : 배관 내 압력손실에 따른 주펌프의 빈번한 기동을 방지하기 위하여 충압역할을 하는 펌프.
> 2. 연성계 : 대기압 이상의 압력과 대기압 이하의 압력을 측정할 수 있는 계측기
> 3. 진공계 : 대기압 이하의 압력을 측정하는 계측기
> 4. 기동용수압개폐장치 : 소화설비의 배관내 압력변동을 검지하여 자동적으로 펌프를 기동 및 정지시키는 것으로서 압력챔버 또는 기동용압력스위치 등
> 5. 가압수조 : 가압원인 압축공기 또는 불연성 기체의 압력으로 소화용수를 가압하여 그 압력으로 급수하는 수조

㉡ 수원(제4조)

옥외소화전설비의 수원은 그 저수량이 옥외소화전의 설치개수(옥외소화전이 2개 이상 설치된 경우에는 2개)에 7㎥를 곱한 양 이상이 되도록 해야 한다. 옥외소화전설비의 수원을 수조로 설치하는 경우에는 소방설비의 전용수조로 해야 한다(원칙).

㉢ 가압송수장치(제5조)

해당 특정소방대상물에 설치된 옥외소화전(2개 이상 설치된 경우에는 2개의 옥외소화전)을 동시에 사용할 경우 각 옥외소화전의 노즐선단에서의 방수압력이 0.25MPa 이상이고, 방수량이 350ℓ/min 이상이 되는 성능의 것으로 해야 한다. 이 경우 하나의 옥외소화전을 사용하는 노즐선단에서의 방수압력이 0.7MPa을 초과할 경우에는 호스접결구의 인입측에 감압장치를 설치해야 한다. 펌프는 전용으로 해야 하고, 펌프의 토출측에는 압력계를 설치하고, 흡입측에는 연성계 또는 진공계를 설치해야 한다.

㉣ 배관 등(제6조)

호스접결구는 지면으로부터 높이가 0.5m 이상 1m 이하의 위치에 설치하고 특정소방대상물의 각 부분으로부터 하나의 호스접결구까지의 수평거리가 40m 이하가 되도록 설치해야 한다. 호스 구경은 65㎜의 것으로 해야 하며, 급수배관은 전용으로 해야 한다. 성능시험배관에 설치하는 유량측정장치는 성능시험배관의 직관부에 설치하되, 펌프 정격토출량의 175퍼센트 이상을 측정할 수 있는 것으로 해야 한다. 가압송수장치의 체절운전 시 수온의 상승을 방지하기 위하여 체크밸브와 펌프 사이에서 분기한 배관에 체절압력 이하에서 개방되는 릴리프밸브를 설치해야 한다.

4) 스프링클러   **13회 출제**

① 의의 : 건물천장에 설치하여 화재발생시 불꽃이 스프링클러 헤드에 닿으면 72℃ 정도에서 용융편이 자동적으로 녹으면서 물이 분출되어 소화하는 것으로 고층건물·지하층 및 창의 면적이 바닥면적의 30분의 1 이내인 무창층 등 소방차의 진입이 곤란한 곳에 설치되며, 초기에 화재를 감지하고 진압하는 자동소화설비이다. 국내에서 대표적으로 사용하는 스프링클러시스템으로 습식, 건식, 준비작동식, 일제살수식이 있다. 자료에 따르면 약 25%의 사고가 한 개의 스프링클러로 50%는 3개 이하, 75%의 사고가 9개 이하의 스프링클러로 진압됐다고 한다.

② 특징
  ㉠ 소화작용과 경보작용을 동시에 하며, 뜨거운 열기가 상층부로 확산하는 굴뚝효과(연돌효과) 억제에 큰 효과가 있다(열방출률 감소와 연기 이동을 억제함).
  ㉡ 소화율이 높아서 화재보험가입시 보험료액이 적다.
  ㉢ 수명은 반영구적이다.

③ 설치기준 〈시행 2024. 7. 1. 스프링클러설비의 화재안전성능기준 참조〉
  ㉠ 수원
    ⓐ 폐쇄형스프링클러헤드를 사용하는 경우에는 아파트의 스프링클러헤드의 기준개수[스프링클러헤드의 설치개수가 가장 많은 층(아파트의 경우에는 설치개수가 가장 많은 세대)에 설치된 스프링클러헤드의 개수가 기준개수보다 적은 경우에는 그 설치개수를 말한다]에 1.6세제곱미터를 곱한 양 이상이 되도록 한다.
    ⓑ 개방형스프링클러헤드를 사용하는 스프링클러설비의 수원은 최대 방수구역에 설치된 스프링클러헤드의 개수가 30개 이하일 경우에는 설치헤드수에 1.6㎥를 곱한 양 이상으로 하고, 30개를 초과하는 경우에는 수리계산에 따르도록 한다.
  ㉡ 가압송수장치
    전동기 또는 내연기관에 따른 펌프를 이용하는 가압송수장치의 송수량은 0.1메가파스칼의 방수압력 기준으로 분당 80리터 이상의 방수성능을 가진 기준개수의 모든 헤드로부터의 방수량을 충족시킬 수 있는 양 이상의 것으로 해야 한다.
  ㉢ 헤드(제10조)
    스프링클러헤드를 설치하는 천장·반자·천장과 반자사이·덕트·선반등의 각 부분으로부터 하나의 스프링클러 헤드까지의 수평거리는 공동주택(아파트) 세대 내의 거실에 있어서는 3.2m 이하로 하여야 한다. 공동주택에는 조기반응형 스프링클러헤드를 설치하여야 한다.

㉣ 송수구(제11조)

구경 65㎜의 쌍구형으로 한다. 송수구에는 그 가까운 곳의 보기 쉬운 곳에 송수압력 범위를 표시한 표지를 하며, 폐쇄형스프링클러헤드를 사용하는 스프링클러설비의 송수구는 하나의 층의 바닥면적이 3,000㎡를 넘을 때마다 1개 이상(5개를 넘을 경우에는 5개로 한다)을 설치하여야 한다. 지면으로부터 높이가 0.5m 이상 1m 이하의 위치에 설치한다. 송수구의 가까운 부분에 자동배수밸브(또는 직경 5㎜의 배수공) 및 체크밸브를 설치해야 한다.

5) 물분무소화설비

① 의의 : 감지기에 의해 화재를 감지하면 펌프를 작동시켜 물분무 헤드에서 물을 미세하게 방출하여 냉각·질식작용 등에 의하여 소화시키는 것이다.

② 소화대상 : 자동차차고·주차장 등의 유류취급소와 전기기기, 변압기, 위험물 및 저장탱크 등에 사용한다.

▣ 소화설비의 비교

구 분	옥내소화전	옥외소화전	스프링클러	연결송수관
설치거리	25m 내외	40m 내외	헤드 1개당 10㎡ 이하	50m 이하
방수량	㉠ 130ℓ/min 이상 ㉡ 260ℓ/min이상(30층~49층) ㉢ 390ℓ/min 이상(50층 이상)	350ℓ 이상	80ℓ 이상	450ℓ 이상
방수압력	0.17MPa 이상	0.25MPa 이상	0.1MPa 이상	0.35MPa 이상
법정수원	㉠ 130ℓ×20분×설치개수 = 2600ℓ×설치개수 = 2.6㎥ 이상 × 설치개수 (2개 이상인 경우 2개) ㉡ 30층~49층: 5.2㎥ × 설치개수 ㉢ 50층 이상: 7.8㎥ × 설치개수	350×20분×설치개수 (최고 2개)	80×20분×(아파트는 10개)	

(2) **경보설비**

화재가 발생하면 자동적으로 벨이 울려서 입주자로 하여금 신속히 대피하게 하고 소방서에 연락하여 조기에 진압하도록 하는 설비이다.

1) 자동화재탐지설비

① 감지기   **10·15·18·20회 출제**

열 감지기	차동식 감지기	실내온도 상승률이 일정률 초과시 공기가 팽창하여 작동하는 것으로 다이어프램 원리가 이용된다. 아파트 거실, 천장, 사무실 등에 사용된다. 또한 감지기 내부에 리크공이 막히게 되면 화재가 발생하지 않는데도 자주 비화재경보가 울리므로 자주 점검하여 청소하여야 한다.(스포트형, 분포형)
	정온식 감지기	공칭작동온도가 최고주위온도보다 20℃ 이상 높은 것으로 설치하여야 하며, 바이메탈 원리가 이용된다. 주방·보일러실 등으로서 다량의 화기를 취급하는 장소에 설치 함(스포트형, 감지선형)
	보상식 감지기	차동식 감지기와 정온식 감지기의 장점만을 취하여 제작한 감지기이다.(스포트형)
연기 감지기	이온화식 감지기	복도와 계단실 등에 설치하여 연기의 이온으로 화재를 감지하므로 복도나 계단 천장에 설치한다.(스포트형, 분리형, 공기흡입형)
	광전식 감지기	감지기 내에 빛이 들어오면 연기에 의해 산란광선이 되어 감지하는 것으로 비행기격납고, 창고의 천장 등에 설치한다(스포트형, 분리형, 공기흡입형).
불꽃 감지기		불은 여러 가지의 연소반응에 의해 나타나는데, 그 표출형태는 열, 연기, 연소가스, 복사 등으로 나타난다. 이 중 열복사로 빛이 방출되는데, 그 빛은 화염의 온도에 따라 각각 특성이 다른 파장을 가지며, 이러한 파장의 차이로 인해 화염으로부터 나오는 광원은 자외선, 가시광선, 적외선 등 파장의 영역이 다른 세 가지로 대별된다. 이러한 광학적인 특성을 이용하여 해상도 높은 광분석기(센서)로 각각의 광원을 인식하고 화재의 형태에 해당하는 광원을 식별해 내는 것이 불꽃감지기의 주요 작동원리이다.

   ㉠ 스포트형 감지기 : 천장에 마치 점 모양으로 부착하여 사용하는 것이다.
   ㉡ 분포형 감지기 : 천장에 공기관을 분포시켜 온도상승 여부를 감지하도록 만든 것이다.

② 감지기는 열전도율이 높아야 하고, 열용량은 적어야 하며, 수열면적은 커야 하고 열의 흡수가 용이한 표면상태이어야 한다.

2) 자동화재탐지설비 및 시각경보장치의 화재안전성능기준(NFPC 203) 〈시행 2022. 12. 1〉 **20회 출제**

① 정의(제3조)

1. "경계구역" : 특정소방대상물 중 화재신호를 발신하고 그 신호를 수신 및 유효하게 제어할 수 있는 구역
2. "수신기" : 감지기나 발신기에서 발하는 화재신호를 직접 수신하거나 중계기를 통하여 수신하여 화재의 발생을 표시 및 경보하여 주는 장치
3. "중계기" : 감지기·발신기 또는 전기적접점 등의 작동에 따른 신호를 받아 이를 수신기의 제어반에 전송하는 장치
4. "감지기" : 화재시 발생하는 열, 연기, 불꽃 또는 연소생성물을 자동적으로 감지하여 수신기에 발신하는 장치
5. "발신기" : 화재발생 신호를 수신기에 수동으로 발신하는 장치
6. "시각경보장치" : 자동화재탐지설비에서 발하는 화재신호를 시각경보기에 전달하여 청각장애인에게 점멸형태의 시각경보를 하는 것
7. "거실" : 거주·집무·작업·집회·오락 그 밖에 이와 유사한 목적을 위하여 사용하는 방

② 경계구역(제4조 제1항)

자동화재탐지설비의 경계구역은 다음 각호의 기준에 따라 설정하여야 한다. 다만, 감지기의 형식승인 시 감지거리, 감지면적 등에 대한 성능을 별도로 인정받은 경우에는 그 성능인정범위를 경계구역으로 할 수 있다.

1. 하나의 경계구역이 둘 이상의 건축물에 미치지 아니하도록 할 것
2. 하나의 경계구역이 둘 이상의 층에 미치지 아니하도록 할 것
3. 하나의 경계구역의 면적은 600제곱미터 이하로 하고 한변의 길이는 50m 이하로 할 것

③ 수신기 설치위치(제5조 제3항)

1. 자동화재탐지설비의 수신기는 다음 각 호의 기준에 적합한 것으로 설치해야 한다.
   (1) 해당 특정소방대상물의 경계구역을 각각 표시할 수 있는 회선수 이상의 수신기를 설치할 것
   (2) 해당 특정소방대상물에 가스누설탐지설비가 설치된 경우에는 가스누설탐지설비로부터 가스누설 신호를 수신하여 가스누설경보를 할 수 있는 수신기를 설치할 것

2. 수신기는 다음 각 호의 기준에 따라 설치해야 한다.
   (1) 수위실 등 상시 사람이 근무하는 장소에 설치할 것
   (2) 수신기가 설치된 장소에는 경계구역 일람도를 비치할 것
   (3) 수신기의 음향기구는 그 음량 및 음색이 다른 기기의 소음 등과 명확히 구별될 수 있는 것으로 할 것
   (4) 수신기는 감지기·중계기 또는 발신기가 작동하는 경계구역을 표시할 수 있는 것으로 할 것
   (5) 화재·가스 전기등에 대한 종합방재반을 설치한 경우에는 해당 조작반에 수신기의 작동과 연동하여 감지기·중계기 또는 발신기가 작동하는 경계구역을 표시할 수 있는 것으로 할 것
   (6) 하나의 경계구역은 하나의 표시등 또는 하나의 문자로 표시되도록 할 것
   (7) 수신기의 조작 스위치는 바닥으로부터의 높이가 0.8미터 이상 1.5미터 이하인 장소에 설치할 것
   (8) 하나의 특정소방대상물에 둘 이상의 수신기를 설치하는 경우에는 수신기를 상호간 연동하여 화재발생 상황을 각 수신기마다 확인할 수 있도록 할 것
   (9) 화재로 인하여 하나의 층의 지구음향장치 배선이 단락되어도 다른 층의 화재통보에 지장이 없도록 각 층 배선 상에 유효한 조치를 할 것

④ 감지기 설치기준(제7조 제3항)

감지기는 다음 각 호의 기준에 따라 설치하여야 한다. 다만, 교차회로방식에 사용되는 감지기, 급속한 연소 확대가 우려되는 장소에 사용되는 감지기 및 축적기능이 있는 수신기에 연결하여 사용하는 감지기는 축적기능이 없는 것으로 설치하여야 한다.

1. 감지기(차동식분포형의 것을 제외한다)는 실내로의 공기유입구로부터 1.5m 이상 떨어진 위치에 설치할 것
2. 감지기는 천장 또는 반자의 옥내에 면하는 부분에 설치할 것
3. 보상식스포트형감지기는 정온점이 감지기 주위의 평상시 최고온도보다 일정온도 이상 높은 것으로 설치할 것
4. 정온식감지기는 주방·보일러실 등으로서 다량의 화기를 취급하는 장소에 설치하되, 공칭작동온도가 최고주위온도보다 일정 온도 이상 높은 것으로 설치할 것

5. 연기감지기는 다음의 기준에 따라 설치할 것
  가. 감지기의 부착높이에 따라 다음 표에 따른 바닥면적마다 1개 이상으로 할 것
  나. 감지기는 복도 및 통로에 있어서는 보행거리 30m(3종에 있어서는 20m)마다, 계단 및 경사로에 있어서는 수직거리 15m(3종에 있어서는 10m)마다 1개 이상으로 할 것
  다. 천장 또는 반자가 낮은 실내 또는 좁은 실내에 있어서는 출입구의 가까운 부분에 설치할 것
  라. 천장 또는 반자부근에 배기구가 있는 경우에는 그 부근에 설치할 것
  마. 감지기는 벽 또는 보로부터 0.6m 이상 떨어진 곳에 설치할 것

⑤ 음향장치 기준(제8조 제1항 제4호)
  음향장치는 다음 각 목의 기준에 따른 구조 및 성능의 것으로 하여야 한다.

가. 정격전압의 80% 전압에서 음향을 발할 수 있는 것으로 할 것. 다만, 건전지를 주전원으로 사용하는 음향장치는 그러하지 아니하다.
나. 음량은 부착된 음향장치의 중심으로부터 1m 떨어진 위치에서 90dB 이상이 되는 것으로 할 것
다. 감지기 및 발신기의 작동과 연동하여 작동할 수 있는 것으로 할 것

⑥ 발신기 설치기준(제9조 제1항) 〈개정 2021. 1. 15.〉
  자동화재탐지설비의 발신기는 다음 각 호의 기준에 따라 설치해야 한다.

1. 조작이 쉬운 장소에 설치하고, 스위치는 바닥으로부터 0.8m 이상 1.5m 이하의 높이에 설치할 것
2. 특정소방대상물의 층마다 설치하되, 해당 특정소방대상물의 각 부분으로부터 하나의 발신기까지의 수평거리가 25m 이하가 되도록 할 것. 다만, 복도 또는 별도로 구획된 실로서 보행거리가 40m 이상일 경우에는 추가로 설치하여야 한다.
3. 제2호에도 불구하고 제2호의 기준을 초과하는 경우로서 기둥 또는 벽이 설치되지 아니한 대형공간의 경우 발신기는 설치 대상 장소의 가장 가까운 장소의 벽 또는 기둥 등에 설치할 것

⑦ 전원 설치기준(제10조 제2항)
  자동화재탐지설비에는 그 설비에 대한 감시상태를 60분간 지속한 후 유효하게 10분 이상 경보할 수 있는 축전지설비(수신기에 내장하는 경우를 포함한다) 또는 전기저장장치(외부 전기에너지를 저장해 두었다가 필요한 때 전기를 공급하는 장치)를 설치하여야 한다. 다만, 상용전원이 축전지설비인 경우 또는 건전지를 주전원으로 사용하는 무선식 설비인 경우에는 그러하지 아니하다. 〈개정 2019. 5. 24.〉

(3) 피난구조설비

1) 의의
화재가 발생할 경우 피난하기 위하여 사용하는 기구 또는 설비를 말한다.

2) 종류
① 피난기구, 인명구조기구, 유도등, 비상조명등 및 휴대용비상조명등이 있다.
② 피난구유도등은 피난구 또는 피난경로로 사용되는 출입구를 표시하여 피난을 유도하는 등을 말하며, 피난구의 바닥으로부터 높이 1.5m 이상으로서 출입구에 인접하도록 설치하여야 한다.
③ 통로유도등은 피난통로를 안내하기 위한 유도등으로 복도통로유도등, 거실통로유도등, 계단통로유도등을 말한다.
④ "복도통로유도등"이란 피난통로가 되는 복도에 설치하는 통로유도등으로서 피난구의 방향을 명시하는 것을 말하며, 바닥으로부터 높이 1m 이하의 위치에 설치한다.
⑤ "거실통로유도등"이란 거주, 집무, 작업, 집회, 오락 그 밖에 이와 유사한 목적을 위하여 계속적으로 사용하는 거실, 주차장 등 개방된 통로에 설치하는 유도등으로 피난의 방향을 명시하는 것을 말하며, 바닥으로부터 높이 1.5m 이상의 위치에 설치한다.

 피난기구의 화재안전성능기준(NFPC 301) [시행 2024. 1. 1.] **24회 출제**

제5조(적응성 및 설치개수 등)
② 피난기구는 다음 각 호의 기준에 따른 개수 이상을 설치해야 한다.
  1 ~ 9. 〈생략〉
10. 승강식피난기 및 하향식 피난구용 내림식사다리는 다음 각 목에 적합하게 설치할 것
  가. 〈생략〉
  나. 대피실의 면적은 2㎡ (2세대 이상일 경우에는 3㎡) 이상으로 하고, 「건축법 시행령」 제46조 제4항의 규정에 적합하여야 하며 하강구(개구부) 규격은 <u>직경 60cm 이상</u>일 것.

(4) 소화활동설비

1) 의의
화재발생시 출동한 소방대의 화재진압활동을 보조하기 위하여 사용되는 소방설비를 말한다.

2) 종류
제연설비, 연결송수관, 연결살수설비, 비상콘센트, 무선통신보조설비, 연소방지설비 등이 있다.
① 연결송수관설비: 연결송수관은 화재가 발생시 소방관이 소화활동을 행할 때 소방펌프차에 의하여 방수소화가 되지 않는 고층건축물에 대해서 외부에서 소방펌프차로 건축물 내부에 송수해서 소방관이 내부에서 유효한 소화활동을 할 수 있도록 되어 있는 설비를 말한다.

> **연결송수관설비의 종류**
>
> ⓐ 건식 : 입상관에 물을 채워 두지 않고 비워 놓은 방식으로 10층 이하의 저층건물에 적용하며 소방펌프차로 물을 공급하는 설비이다.
> ⓑ 습식 : 고가수조에 의해 입상관에 물이 충만되어 있는 방식으로 높이가 31m 이상 또는 11층 이상의 고층건물에 적용하는 설비이다.

② 연결살수설비 : 지하층이나 무창층의 화재시에는 연기를 완전히 제압하지 못하면 소방대의 진입 또는 소화활동이 거의 불가능하게 된다. 이와 같은 건물의 지하화재에 대하여 소방펌프자동차가 송수구에 연결 송수한 소화구를 살수헤드를 통하여 연소부분에 살수하는 설비가 연결살수설비로서, 이는 송수구·배관·살수헤드로 구성되어 있다.

③ 비상콘센트설비 : 화재시 소방대가 보유하고 있는 조명장치, 파괴기구 등을 접속하여 사용하는 전원설비로서 소화활동이 곤란한 11층 이상의 건물에 설치하여 소화활동을 용이하게 하기 위한 설비이다.

5 특정소방대상물에 설치하는 소방시설의 관리 등

(1) 특정소방대상물에 설치하는 소방시설의 관리 등(소방시설법 제12조 제1항, 제2항, 제3항)

1) 특정소방대상물의 관계인은 대통령령으로 정하는 소방시설을 화재안전기준에 따라 설치·관리하여야 한다. 이 경우「장애인·노인·임산부 등의 편의증진 보장에 관한 법률」제2조제1호에 따른 장애인등이 사용하는 소방시설(경보설비 및 피난구조설비를 말한다)은 대통령령으로 정하는 바에 따라 장애인등에 적합하게 설치·관리하여야 한다.

2) 소방본부장이나 소방서장은 1)에 따른 소방시설이 화재안전기준에 따라 설치·관리되고 있지 아니할 때에는 해당 특정소방대상물의 관계인에게 필요한 조치를 명할 수 있다. 특정소방대상물의 관계인은 1)에 따라 소방시설을 설치·관리하는 경우 화재 시 소방시설의 기능과 성능에 지장을 줄 수 있는 폐쇄(잠금을 포함한다)·차단 등의 행위를 하여서는 아니 된다. 다만, 소방시설의 점검·정비를 위하여 필요한 경우 폐쇄·차단은 할 수 있다.

(2) 특정소방대상물에 설치·관리해야 하는 소방시설

위 (1) 1) 전단에 따라 특정소방대상물의 관계인이 특정소방대상물에 설치·관리해야 하는 소방시설의 종류는 별표 4와 같다.(영 제11조 관련, 별표 4)

특정소방대상물의 관계인이 특정소방대상물에 설치·관리해야 하는 소방시설의 종류

(영 제11조 관련, 별표 4) 〈개정 2024. 5. 7.〉

① 소화설비   **18회 출제**

1. 화재안전기준에 따라 소화기구를 설치해야 하는 특정소방대상물: 연면적 33㎡ 이상인 것
2. 자동소화장치를 설치해야 하는 특정소방대상물은 다음의 어느 하나에 해당하는 특정소방대상물 중 후드 및 덕트가 설치되어 있는 주방이 있는 특정소방대상물로 한다. 이 경우 해당 주방에 자동소화장치를 설치해야 한다.
   ㉠ 주거용 주방자동소화장치를 설치하여야 하는 것: 아파트등 및 오피스텔의 모든 층
   ㉡ 캐비닛형 자동소화장치, 가스자동소화장치, 분말자동소화장치 또는 고체에어로졸 자동소화장치를 설치하여야 하는 것: 화재안전기준에서 정하는 장소
3. 옥내소화전설비를 옥내소화전설비를 설치해야 하는 특정소방대상물은 다음의 어느 하나에 해당하는 것으로 한다. 다만, 위험물 저장 및 처리 시설 중 가스시설, 지하구 및 업무시설 중 무인변전소(방재실 등에서 스프링클러설비 또는 물분무등소화설비를 원격으로 조정할 수 있는 무인변전소로 한정한다)는 제외한다.
   가. 다음의 어느 하나에 해당하는 경우에는 모든 층
      가) 연면적 3천㎡ 이상인 것(지하가 중 터널은 제외한다)
      나) 지하층·무창층(축사는 제외한다)으로서 바닥면적이 600㎡ 이상인 층이 있는 것
      다) 층수가 4층 이상인 것 중 바닥면적이 600㎡ 이상인 층이 있는 것
4. 스프링클러설비를 설치해야 하는 특정소방대상물(위험물 저장 및 처리 시설 중 가스시설 또는 지하구는 제외한다)
   다. 층수가 6층 이상인 특정소방대상물의 경우에는 모든 층. 다만, 다음의 어느 하나에 해당하는 경우는 제외한다.
      가) 주택 관련 법령에 따라 기존의 아파트등을 리모델링하는 경우로서 건축물의 연면적 및 층높이가 변경되지 않는 경우. 이 경우 해당 아파트등의 사용검사 당시의 소방시설의 설치에 관한 대통령령 또는 화재안전기준을 적용한다.
5. 간이스프링클러설비를 설치해야 하는 특정소방대상물
   가. 공동주택 중 연립주택 및 다세대주택(연립주택 및 다세대주택에 설치하는 간이스프링클러설비는 화재안전기준에 따른 주택전용 간이스프링클러설비를 설치한다)
6. 물분무 등 소화설비를 설치해야 하는 특정소방대상물(위험물 저장 및 처리 시설 중 가스시설 및 지하구는 제외한다)
   다. 건축물의 내부에 설치된 차고·주차장으로서 차고 또는 주차의 용도로 사용되는 면적이 200㎡ 이상인 경우 해당 부분(50세대 미만 연립주택 및 다세대주택은 제외한다)
   마. 특정소방대상물에 설치된 전기실·발전실·변전실(가연성 절연유를 사용하지 않는 변압기·전류차단기 등의 전기기기와 가연성 피복을 사용하지 않은 전선 및 케이블만을 설치한 전기실·발전실 및 변전실은 제외한다)·축전지실·통신기기실 또는 전산실, 그 밖에 이와 비슷한 것으로서 바닥면적이 300㎡ 이상인 것[하나의 방화구획 내에 둘 이상의 실(室)이 설치되어 있는 경우에는 이를 하나의 실로 보아

바닥면적을 산정한다]. 다만, 내화구조로 된 공정제어실 내에 설치된 주조정실로서 양압시설(외부 오염공기 침투를 차단하고 내부의 나쁜 공기가 자연스럽게 외부로 흐를 수 있도록 한 시설을 말한다)이 설치되고 전기기기에 220볼트 이하인 저전압이 사용되며 종업원이 24시간 상주하는 곳은 제외한다.

7. 옥외소화전설비를 설치해야 하는 특정소방대상물(아파트등, 위험물 저장 및 처리 시설 중 가스시설, 지하구 및 지하가 중 터널은 제외한다)

    가. 지상 1층 및 2층의 바닥면적의 합계가 9천㎡ 이상인 것. 이 경우 같은 구(區) 내의 둘 이상의 특정소방대상물이 행정안전부령으로 정하는 연소(延燒) 우려가 있는 구조인 경우에는 이를 하나의 특정소방대상물로 본다.

② 경보설비 **16회 출제**

1. 단독경보형 감지기를 설치해야 하는 특정소방대상물. 이 경우 연립주택 및 다세대주택에 설치하는 단독경보형 감지기는 연동형으로 설치해야 한다.

    마. 공동주택 중 연립주택 및 다세대주택

2. 비상경보설비를 설치해야 하는 특정소방대상물(모래·석재 등 불연재료 공장 및 창고시설, 위험물 저장 및 처리 시설 중 가스시설, 사람이 거주하지 않거나 벽이 없는 축사 등 동물 및 식물 관련 시설 및 지하구는 제외한다)은 다음의 어느 하나에 해당하는 것으로 한다.

    가. 연면적 400㎡ 이상인 것은 모든 층

    나. 지하층 또는 무창층의 바닥면적이 150㎡(공연장의 경우 100㎡) 이상인 것은 모든 층

3. 자동화재탐지설비를 설치해야 하는 특정소방대상물

    가. 공동주택 중 아파트등·기숙사 및 숙박시설의 경우에는 모든 층

    나. 층수가 6층 이상인 건축물의 경우에는 모든 층

4. 비상방송설비를 설치해야 하는 특정소방대상물(위험물 저장 및 처리 시설 중 가스시설, 사람이 거주하지 않거나 벽이 없는 축사 등 동물 및 식물 관련 시설, 지하가 중 터널 및 지하구는 제외한다)

    가. 연면적 3천5백㎡ 이상인 것은 모든 층

    나. 층수가 11층 이상인 것은 모든 층

    다. 지하층의 층수가 3층 이상인 것은 모든 층

③ 피난구조설비

1. 피난기구 설치

    피난기구는 특정소방대상물의 모든 층에 화재안전기준에 적합한 것으로 설치해야 한다. 다만, 피난층, 지상 1층, 지상 2층(노유자 시설 중 피난층이 아닌 지상 1층과 피난층이 아닌 지상 2층은 제외한다), 층수가 11층 이상인 층과 위험물 저장 및 처리시설 중 가스시설, 지하가 중 터널 및 지하구의 경우에는 그렇지 않다.

2. 피난구유도등·통로유도등 및 유도표지 설치

    특정소방대상물(지하가 중 터널, 동물 및 식물 관련 시설 중 축사로서 가축을 직접 가두어 사육하는 부분은 제외한다)

3. 비상조명등을 설치하여야 하는 특정소방대상물(창고시설 중 창고 및 하역장, 위험물 저장 및 처리 시설 중 가스시설 및 사람이 거주하지 않거나 벽이 없는 축사 등 동물 및 식물 관련 시설은 제외한다)

    가. 지하층을 포함하는 층수가 5층 이상인 건축물로서 연면적 3천㎡ 이상인 경우에는 모든 층

나. 위 가.에 해당하지 않는 특정소방대상물로서 그 지하층 또는 무창층의 바닥면적이 450㎡ 이상인 경우에는 해당 층

④ 소화용수설비

상수도소화용수설비를 설치하여야 하는 특정소방대상물은 다음 각 목의 어느 하나에 해당하는 것으로 한다. 다만, 상수도소화용수설비를 설치해야 하는 특정소방대상물의 대지 경계선으로부터 180m 이내에 지름 75㎜ 이상인 상수도용 배수관이 설치되지 않은 지역의 경우에는 화재안전기준에 따른 소화수조 또는 저수조를 설치해야 한다.

    가. 연면적 5천㎡ 이상인 것. 다만, 위험물 저장 및 처리 시설 중 가스시설, 지하가 중 터널 또는 지하구의 경우에는 제외한다.

⑤ 소화활동설비

1. 제연설비를 설치해야 하는 특정소방대상물

    바. 특정소방대상물(갓복도형 아파트등은 제외한다)에 부설된 특별피난계단, 비상용 승강기의 승강장 또는 피난용 승강기의 승강장

2. 연결송수관설비를 설치해야 하는 특정소방대상물(위험물 저장 및 처리 시설 중 가스시설 및 지하구는 제외한다)

    가. 층수가 5층 이상으로서 연면적 6천㎡ 이상인 경우에는 모든 층

    나. 위 가.에 해당하지 않는 특정소방대상물로서 지하층을 포함하는 층수가 7층 이상인 경우에는 모든 층

    다. 위 가. 나.에 해당하지 않는 특정소방대상물로서 지하층의 층수가 3층 이상이고 지하층의 바닥면적의 합계가 1천㎡ 이상인 경우에는 모든 층

3. 연결살수설비를 설치해야 하는 특정소방대상물(지하구는 제외한다)

    나. 지하층(피난층으로 주된 출입구가 도로와 접한 경우는 제외한다)으로서 바닥면적의 합계가 150㎡ 이상인 경우에는 지하층의 모든 층. 다만, 「주택법 시행령」 제46조제1항에 따른 국민주택규모 이하인 아파트등의 지하층(대피시설로 사용하는 것만 해당한다)과 교육연구시설 중 학교의 지하층의 경우에는 700㎡ 이상인 것으로 한다.

4. 비상콘센트설비를 설치해야 하는 특정소방대상물(위험물 저장 및 처리 시설 중 가스시설 및 지하구는 제외한다)

    가. 층수가 11층 이상인 특정소방대상물의 경우에는 11층 이상의 층

    나. 지하층의 층수가 3층 이상이고 지하층의 바닥면적의 합계가 1천㎡ 이상인 것은 지하층의 모든 층

5. 무선통신보조설비를 설치해야 하는 특정소방대상물(위험물 저장 및 처리 시설 중 가스시설은 제외한다)

    나. 지하층의 바닥면적의 합계가 3천㎡ 이상인 것 또는 지하층의 층수가 3층 이상이고 지하층의 바닥면적의 합계가 1천㎡ 이상인 것은 지하층의 모든 층

    다. 층수가 30층 이상인 것으로서 16층 이상 부분의 모든 층

(3) 피난시설·방화구획 및 방화시설의 유지·관리(소방시설법 제16조)

① 특정소방대상물의 관계인은 「건축법」 제49조에 따른 피난시설, 방화구획 및 방화시설에 대하여 정당한 사유가 없는 한 다음 각 호의 행위를 하여서는 아니 된다.

> 1. 피난시설, 방화구획 및 방화시설을 폐쇄하거나 훼손하는 등의 행위
> 2. 피난시설, 방화구획 및 방화시설의 주위에 물건을 쌓아두거나 장애물을 설치하는 행위
> 3. 피난시설, 방화구획 및 방화시설의 용도에 장애를 주거나 「소방기본법」 제16조에 따른 소방활동에 지장을 주는 행위
> 4. 그 밖에 피난시설, 방화구획 및 방화시설을 변경하는 행위

② 소방본부장이나 소방서장은 특정소방대상물의 관계인이 ①의 각 호의 행위를 한 경우에는 피난시설, 방화구획 및 방화시설의 유지·관리를 위하여 필요한 조치를 명할 수 있다.

(4) 특정소방대상물의 소방안전관리 [화재의 예방 및 안전관리에 관한 법률 (약칭: 화재예방법) 제24조] [시행 2024. 5. 17]

1) 특정소방대상물 중 전문적인 안전관리가 요구되는 <u>대통령령으로 정하는 특정소방대상물</u>(이하 "소방안전관리대상물"이라 한다)의 관계인은 소방안전관리업무를 수행하기 위하여 제30조제1항에 따른 소방안전관리자 자격증을 발급받은 사람을 소방안전관리자로 선임하여야 한다. 이 경우 소방안전관리자의 업무에 대하여 <u>보조가 필요한 대통령령으로 정하는 소방안전관리대상물</u>의 경우에는 소방안전관리자 외에 소방안전관리보조자를 추가로 선임하여야 한다(제1항). 소방안전관리자 및 소방안전관리보조자의 선임 대상별 자격 및 인원기준은 대통령령으로 정하고, 선임 절차 등 그 밖에 필요한 사항은 행정안전부령으로 정한다(제4항).

2) 위 ①에도 불구하고 제25조제1항에 따른 소방안전관리대상물(소방안전관리대상물 중 <u>연면적 등이 일정규모 미만인 대통령령으로 정하는 소방안전관리대상물</u>)의 관계인은 소방안전관리업무를 대행하는 소방시설관리업의 등록을 한 관리업자를 감독할 수 있는 사람을 지정하여 소방안전관리자로 선임할 수 있다. 이 경우 소방안전관리자로 선임된 자는 선임된 날부터 3개월 이내에 제34조에 따른 교육(소방안전관리자 등에 대한 교육)을 받아야 한다.

영 제25조 [소방안전관리자 및 소방안전관리보조자를 두어야 하는 특정소방대상물]
① 특정소방대상물 중 전문적인 안전관리가 요구되는 특정소방대상물(이하 "소방안전관리대상물"이라 한다)의 범위와 소방안전관리자의 선임 대상별 자격 및 인원기준은 별표 4와 같다. 〈개정 2023. 1. 3.〉

■ **화재의 예방 및 안전관리에 관한 법률 시행령** [별표 4] 〈시행 2024. 5. 7〉

소방안전관리자를 선임해야 하는 소방안전관리대상물의 범위와 소방안전관리자의 선임 대상별 자격 및 인원기준(제25조제1항 관련)

1. 특급 소방안전관리대상물
  (1) 특급 소방안전관리대상물의 범위

1) 50층 이상(지하층은 제외)이거나 지상으로부터 높이가 200m 이상인 아파트
2) 30층 이상(지하층을 포함)이거나 지상으로부터 높이가 120m 이상인 특정 소방대상물(아파트는 제외)
3) 2)에 해당하지 않는 특정소방대상물로서 연면적이 10만제곱미터 이상인 특정소방대상물(아파트는 제외)
  (2) 선임인원: 1명 이상

2. 1급 소방안전관리대상물
 (1) 1급 소방안전관리대상물의 범위 (위 1.에 따른 특급 소방안전관리대상물은 제외한다)
  1) 30층 이상(지하층은 제외한다)이거나 지상으로부터 높이가 120미터 이상인 아파트
  2) 연면적 1만5천제곱미터 이상인 특정소방대상물(아파트 및 연립주택은 제외한다)
  3) 2)에 해당하지 않는 특정소방대상물로서 지상층의 층수가 11층 이상인 특정소방대상물(아파트는 제외한다)
  4) 가연성 가스를 1천톤 이상 저장·취급하는 시설
 (2) 소방안전관리자 선임인원: 1명 이상

3. 2급 소방안전관리대상물
 (1) 2급 소방안전관리대상물의 범위 (위 1.에 따른 특급 소방안전관리대상물 및 2.에 따른 1급 소방안전관리대상물은 제외한다)
  1) 옥내소화전설비를 설치해야 하는 특정소방대상물, 스프링클러설비를 설치해야 하는 특정소방대상물 또는 물분무등소화설비[화재안전기준에 따라 호스릴(hose reel) 방식의 물분무등소화설비만을 설치할 수 있는 특정소방대상물은 제외한다]를 설치해야 하는 특정소방대상물
  2) 가스 제조설비를 갖추고 도시가스사업의 허가를 받아야 하는 시설 또는 가연성 가스를 100톤 이상 1천톤 미만 저장·취급하는 시설
  3) 지하구
  4) 의무관리대상 공동주택(옥내소화전설비 또는 스프링클러설비가 설치된 공동주택으로 한정한다)
  5) 「문화유산의 보존 및 활용에 관한 법률」 제23조에 따라 보물 또는 국보로 지정된 목조건축물
 (2) 소방안전관리자 선임인원: 1명 이상

4. 3급 소방안전관리대상물
 (1) 3급 소방안전관리대상물의 범위 (위 1.에 따른 특급 소방안전관리대상물, 2.에 따른 1급 소방안전관리대상물 및 3.에 따른 2급 소방안전관리대상물은 제외한다)
  1) 간이스프링클러설비(주택전용 간이스프링클러설비는 제외한다)를 설치해야 하는 특정소방대상물
  2) 자동화재탐지설비를 설치해야 하는 특정소방대상물
 (2) 소방안전관리자 선임인원: 1명 이상

제1장 설비관리

비고

1. 동·식물원, 철강 등 불연성 물품을 저장·취급하는 창고, 위험물 저장 및 처리 시설 중 제조소등과 지하구는 특급 소방안전관리대상물 및 1급 소방안전관리대상물에서 제외한다.
2. 특급 소방안전관리대상물에 선임해야 하는 소방안전관리자의 자격을 산정할 때에는 동일한 기간에 수행한 경력이 두 가지 이상의 자격기준에 해당하는 경우 하나의 자격기준에 대해서만 그 기간을 인정하고 기간이 중복되지 않는 소방안전관리자 실무경력의 경우에는 각각의 기간을 실무경력으로 인정한다. 이 경우 자격기준별 실무경력 기간을 해당 실무경력 기준기간으로 나누어 합한 값이 1 이상이면 선임자격을 갖춘 것으로 본다.

규칙 제14조 [소방안전관리자의 선임신고 등] 〈개정 2018. 9. 5〉

① 특정소방대상물(이하 "소방안전관리대상물")의 관계인은 소방안전관리자를 다음 각 호의 어느 하나에 해당하는 날부터 30일 이내에 선임하여야 한다.

1. 신축·증축·개축·재축·대수선 또는 용도변경으로 해당 특정소방대상물의 소방안전관리자를 신규로 선임해야 하는 경우: 해당 특정소방대상물의 사용승인일(건축물의 경우에는 「건축법」 제22조에 따라 건축물을 사용할 수 있게 된 날을 말한다)
2. 증축 또는 용도변경으로 인하여 특정소방대상물이 영 제25조제1항에 따른 소방안전관리대상물로 된 경우 또는 특정소방대상물의 소방안전관리 등급이 변경된 경우: 증축공사의 사용승인일 또는 용도변경 사실을 건축물관리대장에 기재한 날
3. 특정소방대상물을 양수하거나 「민사집행법」에 따른 경매, 「채무자 회생 및 파산에 관한 법률」에 따른 환가(換價), 「국세징수법」·「관세법」 또는 「지방세기본법」에 따른 압류재산의 매각이나 그 밖에 이에 준하는 절차에 따라 관계인의 권리를 취득한 경우: 해당 권리를 취득한 날 또는 관할 소방서장으로부터 소방안전관리자 선임 안내를 받은 날. 다만, 새로 권리를 취득한 관계인이 종전의 특정소방대상물의 관계인이 선임신고한 소방안전관리자를 해임하지 않는 경우는 제외한다.
4. 법 제35조에 따른 특정소방대상물의 경우: 관리의 권원이 분리되거나 소방본부장 또는 소방서장이 관리의 권원을 조정한 날
5. 소방안전관리자의 해임, 퇴직 등으로 해당 소방안전관리자의 업무가 종료된 경우: 소방안전관리자가 해임된 날, 퇴직한 날 등 근무를 종료한 날
6. 법 제24조제3항에 따라 소방안전관리업무를 대행하는 자를 감독할 수 있는 사람을 소방안전관리자로 선임한 경우로서 그 업무대행 계약이 해지 또는 종료된 경우: 소방안전관리업무 대행이 끝난 날
7. 법 제31조제1항에 따라 소방안전관리자 자격이 정지 또는 취소된 경우: 소방안전관리자 자격이 정지 또는 취소된 날

② 영 별표 4 제3호 및 제4호에 따른 2급 또는 3급 소방안전관리대상물의 관계인은 제20조에 따른 소방안전관리자 자격시험이나 제25조에 따른 소방안전관리자에 대한 강습교육이 제1항에 따른 소방안전관리자 선임기간 내에 있지 않아 소방안전관리자를 선임할 수 없는 경우에는 소방안전관리자 선임의 연기를 신청할 수 있다.

③ 제2항에 따라 소방안전관리자 선임의 연기를 신청하려는 2급 또는 3급 소방안전관리대상물의 관계인은

별지 제14호서식의 소방안전관리자·소방안전관리보조자 선임 연기 신청서를 작성하여 소방본부장 또는 소방서장에게 제출해야 한다. 이 경우 소방본부장 또는 소방서장은 법 제33조에 따른 종합정보망(이하 "종합정보망"이라 한다)에서 강습교육의 접수 또는 시험응시 여부를 확인해야 하며, 2급 또는 3급 소방안전관리대상물의 관계인은 소방안전관리자가 선임될 때까지 법 제24조제5항의 소방안전관리업무를 수행해야 한다.

④ 소방본부장 또는 소방서장은 제3항에 따라 선임 연기 신청서를 제출받은 경우에는 3일 이내에 소방안전관리자 선임기간을 정하여 2급 또는 3급 소방안전관리대상물의 관계인에게 통보해야 한다.

⑥ 소방안전관리대상물의 관계인은 소방안전관리자 또는 총괄소방안전관리자(「기업활동 규제완화에 관한 특별조치법」에 따라 소방안전관리자를 겸임하거나 공동으로 선임되는 사람을 포함한다)를 선임한 경우에는 소방안전관리자 선임신고서(전자문서를 포함한다)에 소방안전관리자 자격증 등의 서류(전자문서를 포함한다)를 첨부하여 소방본부장 또는 소방서장에게 제출해야 한다. 이 경우 소방안전관리대상물의 관계인은 종합정보망을 이용하여 선임신고를 할 수 있다.

영 제25조 제2항 [소방안전관리보조자를 두어야 하는 특정소방대상물]

법 제24조제1항 후단에 따라 소방안전관리보조자를 추가로 선임해야 하는 소방안전관리대상물의 범위와 같은 조 제4항에 따른 소방안전관리보조자의 선임 대상별 자격 및 인원기준은 별표 5와 같다.

■ 화재의 예방 및 안전관리에 관한 법률 시행령 [별표 5] 〈시행 2023. 1. 3〉

소방안전관리보조자를 선임해야 하는 소방안전관리대상물의 범위와 선임 대상별 자격 및 인원기준(제25조제2항 관련)

① 별표 4에 따라 소방안전관리자를 선임해야 하는 소방안전관리대상물 중 다음 각 목의 어느 하나에 해당하는 소방안전관리대상물
  ㉠ 「건축법 시행령」 별표 1 제2호가목에 따른 아파트 중 300세대 이상인 아파트
  ㉡ 연면적이 1만5천제곱미터 이상인 특정소방대상물(아파트 및 연립주택은 제외한다)
  ㉢ 위 ㉠ 및 ㉡에 따른 특정소방대상물을 제외한 특정소방대상물 중 다음의 어느 하나에 해당하는 특정소방대상물
    가. 공동주택 중 기숙사

② 선임인원
  ㉠ 300세대 이상인 아파트의 경우 : 1명. 다만, 초과되는 300세대마다 1명 이상을 추가로 선임해야 한다.
  ㉡ 연면적이 1만5천제곱미터 이상인 특정소방대상물(아파트 및 연립주택은 제외) : 1명. 다만, 초과되는 연면적 1만5천제곱미터(특정소방대상물의 방재실에 자위소방대가 24시간 상시 근무하고 「소방장비관리법 시행령」 별표 1 제1호가목에 따른 소방자동차 중 소방펌프차, 소방물탱크차, 소방화학차 또는 무인방수차를 운용하는 경우에는 3만제곱미터로 한다)마다 1명 이상을 추가로 선임해야 한다.
  ㉢ 위 ㉠ 및 ㉡에 따른 특정소방대상물을 제외한 공동주택 중 기숙사 : 1명

제1장 설비관리

규칙 제16조 [소방안전관리보조자의 선임신고 등] 〈시행 2022. 12. 1〉
① 소방안전관리대상물의 관계인은 법 제24조제1항 후단에 따라 소방안전관리자보조자를 다음 각 호의 구분에 따라 해당 호에서 정하는 날부터 30일 이내에 선임해야 한다.
  1. 신축·증축·개축·재축·대수선 또는 용도변경으로 해당 소방안전관리대상물의 소방안전관리보조자를 신규로 선임해야 하는 경우: 해당 소방안전관리대상물의 사용승인일
  2. 소방안전관리대상물을 양수하거나 「민사집행법」에 따른 경매, 「채무자 회생 및 파산에 관한 법률」에 따른 환가, 「국세징수법」·「관세법」 또는 「지방세기본법」에 따른 압류재산의 매각이나 그 밖에 이에 준하는 절차에 따라 관계인의 권리를 취득한 경우: 해당 권리를 취득한 날 또는 관할 소방서장으로부터 소방안전관리보조자 선임 안내를 받은 날. 다만, 새로 권리를 취득한 관계인이 종전의 소방안전관리대상물의 관계인이 선임신고한 소방안전관리보조자를 해임하지 않는 경우는 제외한다.
  3. 소방안전관리보조자의 해임, 퇴직 등으로 해당 소방안전관리보조자의 업무가 종료된 경우: 소방안전관리보조자가 해임된 날, 퇴직한 날 등 근무를 종료한 날
⑦ 특정소방대상물의 관계인은 「전자정부법」에 따라 소방청장이 설치한 전산시스템을 이용하여 소방안전관리자보조자의 선임신고를 할 수 있으며, 이 경우 소방본부장 또는 소방서장은 소방안전관리보조자 선임증을 발급하여야 한다.

(5) 소방안전관리업무의 대행(화재예방법 제25조 제1항)

소방안전관리대상물 중 연면적 등이 일정규모 미만인 대통령령으로 정하는 소방안전관리대상물의 관계인은 제24조제1항에도 불구하고 관리업자로 하여금 같은 조 제5항에 따른 소방안전관리업무 중 대통령령으로 정하는 업무를 대행하게 할 수 있다. 이 경우 제24조제3항에 따라 선임된 소방안전관리자는 관리업자의 대행업무 수행을 감독하고 대행업무 외의 소방안전관리업무는 직접 수행하여야 한다.

영 제28조(소방안전관리 업무의 대행 대상 및 업무)
① 법 제25조제1항 전단에서 "대통령령으로 정하는 소방안전관리대상물"이란 다음 각 호의 소방안전관리대상물을 말한다.
  1. 별표 4 제2호가목3)에 따른 지상층의 층수가 11층 이상인 1급 소방안전관리대상물(연면적 1만5천제곱미터 이상인 특정소방대상물과 아파트는 제외한다)
  2. 별표 4 제3호에 따른 2급 소방안전관리대상물
  3. 별표 4 제4호에 따른 3급 소방안전관리대상물
② 법 제25조제1항 전단에서 "대통령령으로 정하는 업무"란 다음 각 호의 업무를 말한다.
  1. 법 제24조제5항제3호에 따른 피난시설, 방화구획 및 방화시설의 관리
  2. 법 제24조제5항제4호에 따른 소방시설이나 그 밖의 소방 관련 시설의 관리

(6) 소방안전관리자 선임신고 등(화재예방법 제26조)

1) 소방안전관리대상물의 관계인이 제24조에 따라 소방안전관리자 또는 소방안전관리보조자를 선임한 경우에는 행정안전부령으로 정하는 바에 따라 선임한 날부터 14일 이내에 소방본부장 또는 소방서장에게 신고하고, 소방안전관리대상물의 출입자가 쉽게 알 수 있도록 소방안전관리자의 성명과 그 밖에 행정안전부령으로 정하는 사항을 게시하여야 한다.
2) 소방안전관리대상물의 관계인이 소방안전관리자 또는 소방안전관리보조자를 해임한 경우에는 그 관계인 또는 해임된 소방안전관리자 또는 소방안전관리보조자는 소방본부장이나 소방서장에게 그 사실을 알려 해임한 사실의 확인을 받을 수 있다.

(7) 관계인 등의 의무(화재예방법 제27조)

① 특정소방대상물의 관계인은 그 특정소방대상물에 대하여 아래 ⑥에 따른 소방안전관리업무를 수행하여야 한다.
② 소방안전관리대상물의 관계인은 소방안전관리자가 소방안전관리업무를 성실하게 수행할 수 있도록 지도·감독하여야 한다.
③ 소방안전관리자는 인명과 재산을 보호하기 위하여 소방시설·피난시설·방화시설 및 방화구획 등이 법령에 위반된 것을 발견한 때에는 지체 없이 소방안전관리대상물의 관계인에게 소방대상물의 개수·이전·제거·수리 등 필요한 조치를 할 것을 요구하여야 하며, 관계인이 시정하지 아니하는 경우 소방본부장 또는 소방서장에게 그 사실을 알려야 한다. 이 경우 소방안전관리자는 공정하고 객관적으로 그 업무를 수행하여야 한다.
④ 소방안전관리자로부터 제3항에 따른 조치요구 등을 받은 소방안전관리대상물의 관계인은 지체 없이 이에 따라야 하며, 이를 이유로 소방안전관리자를 해임하거나 보수(報酬)의 지급을 거부하는 등 불이익한 처우를 하여서는 아니 된다.
⑤ 특정소방대상물(소방안전관리대상물은 제외한다)의 관계인과 소방안전관리대상물의 소방안전관리자는 다음 각 호의 업무를 수행한다. 다만, 제1호·제2호·제5호 및 제7호의 업무는 소방안전관리대상물의 경우에만 해당한다. (화재예방법 제24조 제5항)

---

1. 피난계획에 관한 사항과 대통령령으로 정하는 사항이 포함된 소방계획서의 작성 및 시행
2. 자위소방대 및 초기대응체계의 구성·운영·교육
3. 「소방시설 설치 및 관리에 관한 법률」 제16조에 따른 피난시설·방화구획 및 방화시설의 유지·관리
4. 소방시설이나 그 밖의 소방 관련 시설의 관리
5. 제37조에 따른 소방훈련 및 교육
6. 화기(火氣) 취급의 감독
7. 행정안전부령으로 정하는 바에 따른 소방안전관리에 관한 업무수행에 관한 기록·유지(제3호·제4호 및 제6호의 업무를 말한다)
8. 화재발생 시 초기대응
9. 그 밖에 소방안전관리에 필요한 업무

⑥ 자위소방대와 초기대응체계의 구성, 운영 및 교육 등에 관하여 필요한 사항은 행정안전부령으로 정한다. (화재예방법 제24조 제6항) 〈시행 2022. 12. 1.〉

규칙 제11조(자위소방대 및 초기대응체계의 구성, 운영및 교육 등)

① 소방안전관리대상물의 소방안전관리자는 법 제24조제5항제2호에 따른 자위소방대를 다음 각 호의 기능을 효율적으로 수행할 수 있도록 편성·운영하되, 소방안전관리대상물의 규모·용도 등의 특성을 고려하여 응급구조 및 방호안전기능 등을 추가하여 수행할 수 있도록 편성할 수 있다.
 1. 화재 발생 시 비상연락, 초기소화 및 피난유도
 2. 화재 발생 시 인명·재산피해 최소화를 위한 조치
③ 소방안전관리대상물의 소방안전관리자는 법 제24조제5항제2호에 따른 초기대응체계를 제1항에 따른 자위소방대에 포함하여 편성하되, 화재 발생 시 초기에 신속하게 대처할 수 있도록 해당 소방안전관리대상물에 근무하는 사람의 근무위치, 근무인원 등을 고려한다.
④ 소방안전관리대상물의 소방안전관리자는 해당 소방안전관리대상물이 이용되고 있는 동안 제3항에 따른 초기대응체계를 상시적으로 운영해야 한다.
⑤ 소방안전관리대상물의 소방안전관리자는 연 1회 이상 자위소방대를 소집하여 그 편성 상태 및 초기대응체계를 점검하고, 편성된 근무자에 대한 소방교육을 실시해야 한다. 이 경우 초기대응체계에 편성된 근무자 등에 대해서는 화재 발생 초기대응에 필요한 기본 요령을 숙지할 수 있도록 소방교육을 실시해야 한다.
⑥ 소방안전관리대상물의 소방안전관리자는 제5항에 따른 소방교육을 제36조제1항에 따른 소방훈련과 병행하여 실시할 수 있다.
⑦ 소방안전관리대상물의 소방안전관리자는 제5항에 따른 소방교육을 실시하였을 때는 그 실시 결과를 별지 제13호서식의 자위소방대 및 초기대응체계 교육·훈련 실시 결과 기록부에 기록하고, 교육을 실시한 날부터 2년간 보관해야 한다.

---

(8) 소방안전관리자 선임명령 등(화재예방법 제28조)
① 소방본부장 또는 소방서장은 제24조제1항에 따른 소방안전관리자 또는 소방안전관리보조자를 선임하지 아니한 소방안전관리대상물의 관계인에게 소방안전관리자 또는 소방안전관리보조자를 선임하도록 명할 수 있다.
② 소방본부장 또는 소방서장은 위 (7) ⑤에 따른 업무를 다하지 아니하는 특정소방대상물의 관계인 또는 소방안전관리자에게 그 업무의 이행을 명할 수 있다.

(9) 소방안전관리자 자격의 정지 및 취소(화재예방법 제31조)
① 소방청장은 소방안전관리자 자격증을 발급받은 사람이 다음 각 호의 어느 하나에 해당하는 경우에는 행정안전부령으로 정하는 바에 따라 그 자격을 취소하거나 1년 이하의 기간을 정하여 그 자격을 정지시킬 수 있다. 다만, 제1호 또는 제3호에 해당하는 경우에는 그 자격을 취소하여야 한다.

1. 거짓이나 그 밖의 부정한 방법으로 소방안전관리자 자격증을 발급받은 경우
2. 제24조제5항에 따른 소방안전관리업무를 게을리한 경우
3. 제30조제4항을 위반하여 소방안전관리자 자격증을 다른 사람에게 빌려준 경우
4. 제34조에 따른 실무교육을 받지 아니한 경우
5. 이 법 또는 이 법에 따른 명령을 위반한 경우

② 소방안전관리자 자격이 취소된 사람은 취소된 날부터 2년간 소방안전관리자 자격증을 발급받을 수 없다.

(10) 피난계획의 수립 및 시행(화재예방법 제36조)

① 소방안전관리대상물의 관계인은 그 장소에 근무하거나 거주 또는 출입하는 사람들이 화재가 발생한 경우에 안전하게 피난할 수 있도록 피난계획을 수립·시행하여야 한다.
② 피난계획에는 그 소방안전관리대상물의 구조, 피난시설 등을 고려하여 설정한 피난경로가 포함되어야 한다.
③ 소방안전관리대상물의 관계인은 피난시설의 위치, 피난경로 또는 대피요령이 포함된 피난유도 안내정보를 근무자 또는 거주자에게 정기적으로 제공하여야 한다.
④ 피난계획의 수립·시행, ③에 따른 피난유도 안내정보 제공에 필요한 사항은 행정안전부령으로 정한다.

(11) 소방안전관리대상물 근무자 및 거주자 등에 대한 소방훈련 등(화재예방법 제37조) **22회 출제**

① 소방안전관리대상물의 관계인은 그 장소에 근무하거나 거주하는 사람 등(이하 "근무자 등"이라 한다)에게 소화·통보·피난 등의 훈련(이하 "소방훈련"이라 한다)과 소방안전관리에 필요한 교육을 하여야 하고, 피난훈련은 그 소방대상물에 출입하는 사람을 안전한 장소로 대피시키고 유도하는 훈련을 포함하여야 한다. 이 경우 소방훈련과 교육의 횟수 및 방법 등에 관하여 필요한 사항은 행정안전부령으로 정한다.

> 규칙 제36조 [근무자 및 거주자에게 소방교육·훈련을 실시하여야 하는 특정소방대상물]
> ① 소방안전관리대상물의 관계인은 법 제37조제1항에 따른 소방훈련과 교육을 연 1회 이상 실시해야 한다. 다만, 소방본부장 또는 소방서장이 화재예방을 위하여 필요하다고 인정하여 2회의 범위에서 추가로 실시할 것을 요청하는 경우에는 소방훈련과 교육을 추가로 실시해야 한다.
> ② 소방본부장 또는 소방서장은 특급 및 1급 소방안전관리대상물의 관계인으로 하여금 제1항에 따른 소방훈련과 교육을 소방기관과 합동으로 실시하게 할 수 있다.
> ④ 소방안전관리대상물의 관계인은 제1항에 따라 소방훈련과 교육을 실시했을 때에는 그 실시 결과를 별지 제28호서식의 소방훈련·교육 실시 결과 기록부에 기록하고, 이를 소방훈련 및 교육을 실시한 날부터 2년간 보관해야 한다.

② 소방안전관리대상물 중 소방안전관리업무의 전담이 필요한 대통령령으로 정하는 소방안전관리대상물(특급 및 1급 소방안전관리대상물)의 관계인은 소방훈련 및 교육을 한 날부터 30일 이내에 소방훈련 및 교육 결과를 행정안전부령으로 정하는 바에 따라 소방본부장 또는 소방서장에게 제출하여야 한다.

③ 소방본부장 또는 소방서장은 소방안전관리대상물의 관계인이 실시하는 소방훈련과 교육을 지도·감독할 수 있다.

(12) 소방시설등의 자체점검(소방시설법 제3장)

1) **소방시설 등의 자체점검 등**(소방시설법 제22조) 〈시행 2022. 12. 1〉

① 특정소방대상물의 관계인은 그 대상물에 설치되어 있는 소방시설등이 이 법이나 이 법에 따른 명령 등에 적합하게 설치·관리되고 있는지에 대하여 다음 각 호의 구분에 따른 기간 내에 스스로 점검하거나 제34조에 따른 점검능력 평가를 받은 관리업자 또는 행정안전부령으로 정하는 기술자격자(이하 "관리업자등")로 하여금 정기적으로 점검(이하 "자체점검")하게 하여야 한다. 이 경우 관리업자등이 점검한 경우에는 그 점검 결과를 행정안전부령으로 정하는 바에 따라 관계인에게 제출하여야 한다.

1. 해당 특정소방대상물의 소방시설등이 신설된 경우 :
   「건축법」제22조에 따라 건축물을 사용할 수 있게 된 날부터 60일
2. 제1호 외의 경우 : 행정안전부령으로 정하는 기간

② 관계인은 천재지변이나 그 밖에 대통령령으로 정하는 사유로 자체점검을 실시하기 곤란한 경우에는 대통령령으로 정하는 바에 따라 소방본부장 또는 소방서장에게 면제 또는 연기 신청을 할 수 있다. 이 경우 소방본부장 또는 소방서장은 그 면제 또는 연기 신청 승인 여부를 결정하고 그 결과를 관계인에게 알려주어야 한다.

③ 자체점검의 구분 및 대상, 점검인력의 배치기준, 점검자의 자격, 점검 장비, 점검 방법 및 횟수 등 자체점검 시 준수하여야 할 사항은 행정안전부령으로 정한다.

소방시설 등의 자체점검의 구분 및 대상, 점검자의 자격, 점검 장비, 점검 방법 및 횟수 등 자체점검 시 준수해야할 사항 (소방시설법 시행규칙 제20조 제1항 관련, 별표 3)

〈시행 2024. 11. 29〉 **10·12·21회 출제**

1. 소방시설등에 대한 자체점검은 다음과 같이 구분한다.
   - 작동점검: 소방시설등을 인위적으로 조작하여 소방시설이 정상적으로 작동하는지를 소방청장이 정하여 고시하는 소방시설등 작동점검표에 따라 점검하는 것
   - 종합점검: 소방시설등의 작동점검을 포함하여 소방시설등의 설비별 주요 구성 부품의 구조기준이 화재안전기준과 「건축법」 등 관련 법령에서 정하는 기준에 적합한 지 여부를 소방청장이 정하여 고시하는 소방시설등 종합점검표에 따라 점검하는 것을 말하며, 다음과 같이 구분한다.
     1) 최초점검: 소방시설이 신설된 경우 「건축법」 제22조에 따라 건축물을 사용할 수 있게 된 날부터 60일 이내 점검하는 것을 말한다.
     2) 그 밖의 종합점검: 최초점검을 제외한 종합점검을 말한다.

2. 작동점검은 다음의 구분에 따라 실시한다.
   (1) 작동점검은 특정소방대상물을 대상으로 한다. 다만, 다음의 어느 하나에 해당하는 특정소방대상물은 제외한다.
      1) 특정소방대상물 중 「화재의 예방 및 안전관리에 관한 법률」 제24조제1항에 해당하지 않는 특정소방대상물(소방안전관리자를 선임하지 않는 대상을 말한다)
      2) 「위험물안전관리법」 제2조제6호에 따른 제조소등
      3) 「화재의 예방 및 안전관리에 관한 법률 시행령」 별표 4 제1호가목의 특급소방안전관리대상물
   (2) 작동점검은 다음의 분류에 따른 기술인력이 점검할 수 있다. 이 경우 별표 4에 따른 점검인력 배치기준을 준수해야 한다.
      1) 간이스프링클러설비(주택전용 간이스프링클러설비는 제외한다) 또는 자동화재탐지설비가 설치된 특정소방대상물
         가) 관계인
         나) 관리업에 등록된 기술인력 중 소방시설관리사
         다) 「소방시설공사업법 시행규칙」 별표 4의2에 따른 특급점검자
         라) 소방안전관리자로 선임된 소방시설관리사 및 소방기술사
      2) 1)에 해당하지 않는 특정소방대상물
         가) 관리업에 등록된 소방시설관리사
         나) 소방안전관리자로 선임된 소방시설관리사 및 소방기술사
   (3) 작동점검은 연 1회 이상 실시한다.
   (4) 작동점검의 점검 시기는 다음과 같다.

1) 종합점검 대상은 종합점검(최초점검은 제외한다)을 받은 달부터 6개월이 되는 달에 실시한다.
2) 1)에 해당하지 않는 특정소방대상물은 특정소방대상물의 사용승인일(건축물의 경우에는 건축물관리대장 또는 건물 등기사항증명서에 기재되어 있는 날, 시설물의 경우에는 「시설물의 안전 및 유지관리에 관한 특별법」 제55조제1항에 따른 시설물통합정보관리체계에 저장·관리되고 있는 날을 말하며, 건축물관리대장, 건물 등기사항증명서 및 시설물통합정보관리체계를 통해 확인되지 않는 경우에는 소방시설 완공검사증명서에 기재된 날을 말한다)이 속하는 달의 말일까지 실시한다. 다만, 건축물관리대장 또는 건물 등기사항증명서 등에 기입된 날이 서로 다른 경우에는 건축물관리대장에 기재되어 있는 날을 기준으로 점검한다.

3. 종합점검은 다음의 구분에 따라 실시한다.
 (1) 종합점검은 다음의 어느 하나에 해당하는 특정소방대상물을 대상으로 한다.
  1) 법 제22조제1항제1호에 해당하는 특정소방대상물
  2) 스프링클러설비가 설치된 특정소방대상물
  3) 물분무등소화설비[호스릴(hose reel) 방식의 물분무등소화설비만을 설치한 경우는 제외한다]가 설치된 연면적 5,000㎡ 이상인 특정소방대상물(제조소등은 제외한다)
  4) 「다중이용업소의 안전관리에 관한 특별법 시행령」 제2조제1호나목, 같은 조 제2호(비디오물소극장업은 제외한다)·제6호·제7호·제7호의2 및 제7호의5의 다중이용업의 영업장이 설치된 특정소방대상물로서 연면적이 2,000㎡ 이상인 것
  5) 제연설비가 설치된 터널
  6) 「공공기관의 소방안전관리에 관한 규정」 제2조에 따른 공공기관 중 연면적(터널·지하구의 경우 그 길이와 평균 폭을 곱하여 계산된 값을 말한다)이 1,000㎡ 이상인 것으로서 옥내소화전설비 또는 자동화재탐지설비가 설치된 것. 다만, 「소방기본법」 제2조제5호에 따른 소방대가 근무하는 공공기관은 제외한다.
 (2) 종합점검은 다음 어느 하나에 해당하는 기술인력이 점검할 수 있다. 이 경우 점검인력 배치기준을 준수해야 한다.
  1) 관리업에 등록된 소방시설관리사
  2) 소방안전관리자로 선임된 소방시설관리사 및 소방기술사
 (3) 종합점검의 점검 횟수는 다음과 같다.
  1) 연 1회 이상(「화재의 예방 및 안전에 관한 법률 시행령」 별표 4 제1호가목의 특급 소방안전관리대상물은 반기에 1회 이상) 실시한다.
  2) 1)에도 불구하고 소방본부장 또는 소방서장은 소방청장이 소방안전관리가 우수하다고 인정한 특정소방대상물에 대해서는 3년의 범위에서 소방청장이 고시하거나 정한 기간 동안 종합점검을 면제할 수 있다. 다만, 면제기간 중 화재가 발생한 경우는 제외한다.

(4) 종합점검의 점검 시기는 다음과 같다.
  1) (1).1)에 해당하는 특정소방대상물은 「건축법」 제22조에 따라 건축물을 사용할 수 있게 된 날부터 60일 이내 실시한다.
  2) 1)을 제외한 특정소방대상물은 건축물의 사용승인일이 속하는 달에 실시한다. 다만, 「공공기관의 안전관리에 관한 규정」 제2조제2호 또는 제5호에 따른 학교의 경우에는 해당 건축물의 사용승인일이 1월에서 6월 사이에 있는 경우에는 6월 30일까지 실시할 수 있다.
  3) 건축물 사용승인일 이후 (1).4)에 따라 종합점검 대상에 해당하게 된 경우에는 그 다음 해부터 실시한다.
  4) 하나의 대지경계선 안에 2개 이상의 자체점검 대상 건축물 등이 있는 경우에는 그 건축물 중 사용승인일이 가장 빠른 연도의 건축물의 사용승인일을 기준으로 점검할 수 있다.

6. 공동주택(아파트등으로 한정한다) 세대별 점검방법은 다음과 같다.
 (1) 관리자(관리소장, 입주자대표회의 및 소방안전관리자를 포함한다) 및 입주민(세대 거주자를 말한다)은 2년 주기로 모든 세대에 대하여 점검을 해야 한다.
 (2) (1)에도 불구하고 아날로그감지기 등 특수감지기가 설치되어 있는 경우에는 수신기에서 원격 점검할 수 있으며, 점검할 때마다 모든 세대를 점검해야 한다. 다만, 자동화재탐지설비의 선로 단선이 확인되는 때에는 단선이 난 세대 또는 그 경계구역에 대하여 현장점검을 해야 한다.
 (3) 관리자는 수신기에서 원격 점검이 불가능한 경우 매년 작동점검만 실시하는 공동주택은 **27회 출제** 1회 점검 시마다 전체 세대수의 50퍼센트 이상, 종합점검을 실시하는 공동주택은 1회 점검 시 마다 전체 세대수의 30퍼센트 이상 점검하도록 자체점검 계획을 수립·시행해야 한다.
 (4) 관리자 또는 해당 공동주택을 점검하는 관리업자는 입주민이 세대 내에 설치된 소방시설등을 스스로 점검할 수 있도록 소방청 또는 사단법인 한국소방시설관리협회의 홈페이지에 게시되어 있는 공동주택 세대별 점검 동영상을 입주민이 시청할 수 있도록 안내하고, 점검서식(별지 제36호서식 소방시설 외관점검표를 말한다)을 사전에 배부해야 한다.
 (5) 입주민은 점검서식에 따라 스스로 점검하거나 관리자 또는 관리업자로 하여금 대신 점검하게 할 수 있다. 입주민이 스스로 점검한 경우에는 그 점검 결과를 관리자에게 제출하고 관리자는 그 결과를 관리업자에게 알려주어야 한다.
 (6) 관리자는 관리업자로 하여금 세대별 점검을 하고자 하는 경우에는 사전에 점검 일정을 입주민에게 사전에 공지하고 세대별 점검 일자를 파악하여 관리업자에게 알려주어야 한다. 관리업자는 사전 파악된 일정에 따라 세대별 점검을 한 후 관리자에게 점검 현황을 제출해야 한다.
 (7) 관리자는 관리업자가 점검하기로 한 세대에 대하여 입주민의 사정으로 점검을 하지 못한 경우 입주민이 스스로 점검할 수 있도록 다시 안내해야 한다. 이 경우 입주민이 관리업자로 하여금 다시 점검받기를 원하는 경우 관리업자로 하여금 추가로 점검하게 할 수 있다.

(8) 관리자는 세대별 점검현황(입주민 부재 등 불가피한 사유로 점검을 하지 못한 세대 현황을 포함한다)을 작성하여 자체점검이 끝난 날부터 2년간 자체 보관해야 한다.

7. 자체점검은 다음의 점검 장비를 이용하여 점검해야 한다.

소방시설	장비	규격
모든 소방시설	방수압력측정계, 절연저항계(절연저항측정기), 전류전압측정계	
소화기구	저울	
옥내소화전설비 옥외소화전설비	소화전밸브압력계	
스프링클러설비 포소화설비	헤드결합렌치(볼트, 너트, 나사 등을 죄거나 푸는 공구)	
이산화탄소소화설비 분말소화설비 할론소화설비 할로겐화합물 및 불활성기체 소화설비	검량계, 기동관누설시험기, 그 밖에 소화약제의 저장량을 측정할 수 있는 점검기구	
자동화재탐지설비 시각경보기	열감지기시험기, 연(煙)감지기시험기, 공기주입시험기, 감지기시험기연결폴대, 음량계	
누전경보기	누전계	누전전류 측정용
무선통신보조설비	무선기	통화시험용
제연설비	풍속풍압계, 폐쇄력측정기, 차압계(압력차 측정기)	
통로유도등 비상조명등	조도계(밝기 측정기)	최소눈금이 0.1럭스 이하인 것

비고 :
1. 신축 · 증축 · 개축 · 재축 · 이전 · 용도변경 또는 대수선 등으로 소방시설이 새로 설치된 경우에는 해당 특정소방대상물의 소방시설 전체에 대하여 실시한다.
2. 작동점검 및 종합점검(최초점검은 제외한다)은 건축물 사용승인 후 그 다음 해부터 실시한다.
3. 특정소방대상물이 증축 · 용도변경 또는 대수선 등으로 사용승인일이 달라지는 경우 사용승인일이 빠른 날을 기준으로 자체점검을 실시한다.

소방시설 등의 자체점검 시 점검인력의 배치기준(규칙 제20조 제1항 관련, 별표 4) 〈개정 2024. 11. 29.〉

1. 점검인력 1단위는 다음과 같다.
   (1) 관리업자가 점검하는 경우에는 주된 점검인력인 특급점검자 1명과 보조 점검인력인 영 별표 9에 따른 주된 기술인력 또는 보조 기술인력 2명을 점검인력 1단위로 하되, 점검인력 1단위에 보조 점검인력으로 2명(같은 건축물을 점검할 때는 4명) 이내의 주된 기술인력 또는 보조 기술인력을 추가할 수 있다.
   (2) 소방안전관리자로 선임된 소방시설관리사 또는 소방기술사가 점검하는 경우에는 주된 점검인력인 소방시설관리사 또는 소방기술사 중 1명과 보조 점검인력 2명을 점검인력 1단위로 하되, 점검인력 1단위에 2명 이내의 보조 점검인력을 추가할 수 있다. 이 경우 보조 점검인력은 해당 특정소방대상물의 관계인, 소방안전관리보조자 또는 관리업자 소속의 소방기술인력으로 할 수 있다.
   (3) 관계인이 점검하는 경우에는 주된 점검인력인 관계인 1명과 보조 점검인력 2명을 점검인력 1단위로 한다. 이 경우 보조 점검인력은 해당 특정소방대상물의 관계인, 소방안전관리자, 소방안전관리보조자 또는 관리업자 소속의 소방기술인력으로 할 수 있다.

2. 위 1.(1)에 따라 관리업자가 점검하는 경우 특정소방대상물의 규모 등에 따른 점검인력의 배치기준은 다음과 같다.

구분	주된 점검인력	보조 점검인력
50층 이상 또는 성능위주설계를 한 특정소방대상물	소방시설관리사 경력 5년 이상인 특급점검자 1명 이상	고급점검자 이상의 기술인력 1명 이상 및 중급점검자 이상의 기술인력 1명 이상
「화재의 예방 및 안전관리에 관한 법률 시행령」 별표 4 제1호에 따른 특급소방안전관리대상물(가목의 특정소방대상물은 제외한다)	소방시설관리사 경력 3년 이상인 특급점검자 1명 이상	고급점검자 이상의 기술인력 1명 이상 및 초급점검자 이상의 기술인력 1명 이상
「화재의 예방 및 안전관리에 관한 법률 시행령」 별표 4 제2호 및 제3호에 따른 1급 또는 2급 소방안전관리대상물	소방시설관리사 경력 1년 이상인 특급점검자 1명 이상	중급점검자 이상의 기술인력 1명 이상 및 초급점검자 이상의 기술인력 1명 이상
「화재의 예방 및 안전관리에 관한 법률 시행령」 별표 4 제4호에 따른 3급 소방안전관리대상물	특급점검자 1명 이상	초급점검자 이상의 기술인력 2명 이상

비고
1. "주된 점검인력"이란 해당 점검 업무 전반을 총괄하는 사람을 말한다.
2. "보조 점검인력"이란 주된 점검인력을 보조하고, 주된 점검인력의 지시를 받아 점검 업무를 수행하는 사람을 말한다.
3. 점검인력의 등급구분(특급점검자, 고급점검자, 중급점검자, 초급점검자)은 「소방시설공사업법 시행규칙」 별표 4의2에서 정하는 기준에 따른다.

3. 점검인력 1단위가 하루 동안 점검할 수 있는 특정소방대상물의 연면적(이하 "점검한도 면적"이라 한다)은 다음 각 목과 같다.
   가. 종합점검: 8,000㎡
   나. 작동점검: 10,000㎡

4. 아파트등(공용시설, 부대시설 또는 복리시설은 포함하고, 아파트등이 포함된 복합건축물의 아파트등 외의 부분은 제외한다)를 점검할 때에는 다음 각 목의 기준에 따른다.
 (1) 점검인력 1단위가 하루 동안 점검할 수 있는 아파트등의 세대수(이하 "점검한도 세대수"라 한다)는 종합점검 및 작동점검에 관계없이 250세대로 한다.
 (2) 점검인력 1단위에 보조 점검인력을 1명씩 추가할 때마다 60세대씩을 점검한도 세대수에 더한다.
 (3) 관리업자등이 하루 동안 점검한 세대수는 실제 점검 세대수에 다음의 기준을 적용하여 계산한 세대수(이하 "점검세대수"라 한다)로 하되, 점검세대수는 점검한도 세대수를 초과해서는 안 된다.
  1) 점검한 아파트등이 다음의 어느 하나에 해당할 때에는 다음에 따라 계산된 값을 실제 점검 세대수에서 뺀다.
   가) 스프링클러설비가 설치되지 않은 경우: 실제 점검 세대수에 0.1을 곱한 값
   나) 물분무등소화설비(호스릴 방식의 물분무등소화설비는 제외한다)가 설치되지 않은 경우: 실제 점검 세대수에 0.1을 곱한 값
   다) 제연설비가 설치되지 않은 경우: 실제 점검 세대수에 0.1을 곱한 값
  2) 2개 이상의 아파트를 하루에 점검하는 경우에는 아파트 상호간의 좌표 최단거리 5km마다 점검 한도세대수에 0.02를 곱한 값을 점검한도 세대수에서 뺀다.
5. 아파트와 아파트 외 용도의 건축물을 하루에 점검할 때에는 종합점검의 경우 3.에 따라 계산된 값에 32, 작동점검의 경우 3.에 따라 계산된 값에 40을 곱한 값을 점검대상 연면적으로 보고 관리업자가 점검하는 경우 및 2.를 적용한다.
6. 종합점검과 작동점검을 하루에 점검하는 경우에는 작동점검의 점검대상 연면적 또는 점검대상 세대수에 0.8을 곱한 값을 종합점검 점검대상 연면적 또는 점검대상 세대수로 본다.
7. 위3.부터 위5.까지의 규정에 따라 계산된 값은 소수점 이하 둘째 자리에서 반올림한다.

2) 소방시설등의 자체점검 결과의 조치 등(소방시설법 제23조)

① 특정소방대상물의 관계인은 자체점검 결과 소화펌프 고장 등 대통령령으로 정하는 중대위반사항(이하 이 조에서 "중대위반사항")이 발견된 경우에는 지체 없이 수리 등 필요한 조치를 하여야 한다.

영 제34조(소방시설등의 자체점검 결과의 조치 등) 〈시행 2023. 3. 7〉
"소화펌프 고장 등 대통령령으로 정하는 중대위반사항"이란 다음 각 호의 어느 하나에 해당하는 경우를 말한다.
1. 소화펌프(가압송수장치를 포함한다), 동력·감시 제어반 또는 소방시설용 전원(비상전원을 포함한다)의 고장으로 소방시설이 작동되지 않는 경우
2. 화재 수신기의 고장으로 화재경보음이 자동으로 울리지 않거나 화재 수신기와 연동된 소방시설의 작동이 불가능한 경우
3. 소화배관 등이 폐쇄·차단되어 소화수(消火水) 또는 소화약제가 자동 방출되지 않는 경우
4. 방화문 또는 자동방화셔터가 훼손되거나 철거되어 본래의 기능을 못하는 경우

② 관리업자등은 자체점검 결과 중대위반사항을 발견한 경우 즉시 관계인에게 알려야 한다. 이 경우 관계인은 지체 없이 수리 등 필요한 조치를 하여야 한다.

③ 특정소방대상물의 관계인은 자체점검을 한 경우에는 그 점검 결과를 행정안전부령으로 정하는 바에 따라 소방시설등에 대한 수리·교체·정비에 관한 이행계획(중대위반사항에 대한 조치사항을 포함한다)을 첨부하여 소방본부장 또는 소방서장에게 보고하여야 한다. 이 경우 소방본부장 또는 소방서장은 점검 결과 및 이행계획이 적합하지 아니하다고 인정되는 경우에는 관계인에게 보완을 요구할 수 있다.

④ 특정소방대상물의 관계인은 ③에 따른 이행계획을 행정안전부령으로 정하는 바에 따라 기간 내에 완료하고, 소방본부장 또는 소방서장에게 이행계획 완료 결과를 보고하여야 한다. 이 경우 소방본부장 또는 소방서장은 이행계획 완료 결과가 거짓 또는 허위로 작성되었다고 판단되는 경우에는 해당 특정소방대상물을 방문하여 그 이행계획 완료 여부를 확인할 수 있다.

⑤ 위 ④에도 불구하고 특정소방대상물의 관계인은 천재지변이나 그 밖에 대통령령으로 정하는 사유로 ③에 따른 이행계획을 완료하기 곤란한 경우에는 소방본부장 또는 소방서장에게 대통령령으로 정하는 바에 따라 이행계획 완료를 연기하여 줄 것을 신청할 수 있다. 이 경우 소방본부장 또는 소방서장은 연기 신청 승인 여부를 결정하고 그 결과를 관계인에게 알려주어야 한다.

영 제35조(자체점검 결과에 따른 이행계획 완료의 연기)

① 위 ⑤에서 "대통령령으로 정하는 사유"란 다음 각 호의 어느 하나에 해당하는 사유를 말한다.
  1. 재난이 발생한 경우
  2. 경매 등의 사유로 소유권이 변동 중이거나 변동된 경우
  3. 관계인의 질병, 사고, 장기출장 등의 경우
  4. 그 밖에 관계인이 운영하는 사업에 부도 또는 도산 등 중대한 위기가 발생하여 이행계획을 완료하기 곤란한 경우

② 이행계획 완료의 연기를 신청하려는 관계인은 행정안전부령으로 정하는 바에 따라 연기신청서에 연기의 사유 및 기간 등을 적어 소방본부장 또는 소방서장에게 제출해야 한다

제1장 설비관리

규칙 제23조 [소방시설등의 자체점검 결과의 조치 등] 〈시행 2023. 4. 19〉

① 관리업자 또는 소방안전관리자로 선임된 소방시설관리사 및 소방기술사(이하 "관리업자등")는 자체점검을 실시한 경우에는 그 점검이 끝난 날부터 10일 이내에 소방시설등 자체점검 실시결과 보고서(전자문서로 된 보고서를 포함한다)에 소방청장이 정하여 고시하는 소방시설등점검표를 첨부하여 관계인에게 제출해야 한다.

② ①에 따른 자체점검 실시결과 보고서를 제출받거나 스스로 자체점검을 실시한 관계인은 자체점검이 끝난 날부터 15일 이내에 소방시설등 자체점검 실시결과 보고서(전자문서로 된 보고서를 포함한다)에 다음 각 호의 서류를 첨부하여 소방본부장 또는 소방서장에게 서면이나 소방청장이 지정하는 전산망을 통하여 보고해야 한다.
  1. 점검인력 배치확인서(관리업자가 점검한 경우만 해당한다)
  2. 소방시설등의 자체점검 결과 이행계획서

③ ① 및 ②에 따른 자체점검 실시결과의 보고기간에는 공휴일 및 토요일은 산입하지 않는다.

④ ②에 따라 소방본부장 또는 소방서장에게 자체점검 실시결과 보고를 마친 관계인은 소방시설등 자체점검 실시결과 보고서(소방시설등점검표를 포함한다)를 점검이 끝난 날부터 2년간 자체 보관해야 한다.

⑤ ②에 따라 소방시설의 자체점검 결과 이행계획서를 보고받은 소방본부장 또는 소방서장은 다음 각 호의 구분에 따라 이행계획의 완료 기간을 정하여 관계인에게 통보해야 한다. 다만, 소방시설등에 대한 수리ㆍ교체ㆍ정비의 규모 또는 절차가 복잡하여 다음 각 호의 기간 내에 이행을 완료하기가 어려운 경우에는 그 기간을 달리 정할 수 있다.
  1. 소방시설등을 구성하고 있는 기계ㆍ기구를 수리하거나 정비하는 경우: 보고일부터 10일 이내
  2. 소방시설등의 전부 또는 일부를 철거하고 새로 교체하는 경우: 보고일부터 20일 이내

⑥ ⑤에 따른 완료기간 내에 이행계획을 완료한 관계인은 이행을 완료한 날부터 10일 이내에 소방시설등의 자체점검 결과 이행완료 보고서(전자문서로 된 보고서를 포함한다)에 다음 각 호의 서류(전자문서를 포함한다)를 첨부하여 소방본부장 또는 소방서장에게 보고해야 한다.
  1. 이행계획 건별 전ㆍ후 사진 증명자료
  2. 소방시설공사 계약서

⑥ 소방본부장 또는 소방서장은 관계인이 위 ④에 따라 이행계획을 완료하지 아니한 경우에는 필요한 조치의 이행을 명할 수 있고, 관계인은 이에 따라야 한다.

3) 점검기록표 게시 등(소방시설법 제24조)

① 자체점검 결과 보고를 마친 관계인은 관리업자등, 점검일시, 점검자 등 자체점검과 관련된 사항을 점검기록표에 기록하여 특정소방대상물의 출입자가 쉽게 볼 수 있는 장소에 게시하여야 한다. 이 경우 점검기록표의 기록 등에 필요한 사항은 행정안전부령으로 정한다.

시행규칙 제25조(자체점검 결과의 게시)

소방본부장 또는 소방서장에게 자체점검 결과 보고를 마친 관계인은 보고한 날부터 10일 이내에 소방시설등 자체점검기록표를 작성하여 특정소방대상물의 출입자가 쉽게 볼 수 있는 장소에 30일 이상 게시해야 한다.

② 소방본부장 또는 소방서장은 다음 각 호의 사항을 소방시설 설치 및 관리에 관한 법률 제48조에 따른 전산시스템 또는 인터넷 홈페이지 등을 통하여 국민에게 공개할 수 있다. 이 경우 공개 절차, 공개 기간 및 공개 방법 등 필요한 사항은 대통령령으로 정한다.
  1. 자체점검 기간 및 점검자
  2. 특정소방대상물의 정보 및 자체점검 결과
  3. 그 밖에 소방본부장 또는 소방서장이 특정소방대상물을 이용하는 불특정다수인의 안전을 위하여 공개가 필요하다고 인정하는 사항

시행령 제36조(자체점검 결과 공개)
① 소방본부장 또는 소방서장은 자체점검 결과를 공개하는 경우 30일 이상 법 제48조에 따른 전산시스템 또는 인터넷 홈페이지 등을 통해 공개해야 한다.
② 소방본부장 또는 소방서장은 ①에 따라 자체점검 결과를 공개하려는 경우 공개 기간, 공개 내용 및 공개 방법을 해당 특정소방대상물의 관계인에게 미리 알려야 한다.
③ 특정소방대상물의 관계인은 ②에 따라 공개 내용 등을 통보받은 날부터 10일 이내에 관할 소방본부장 또는 소방서장에게 이의신청을 할 수 있다.
④ 소방본부장 또는 소방서장은 ③에 따라 이의신청을 받은 날부터 10일 이내에 심사·결정하여 그 결과를 지체 없이 신청인에게 알려야 한다.
⑤ 자체점검 결과의 공개가 제3자의 법익을 침해하는 경우에는 제3자와 관련된 사실을 제외하고 공개해야 한다

---

(13) 소방안전관리자 등에 대한 교육(화재예방법 제34조 제1항)

① 소방안전관리자가 되려고 하는 사람 또는 소방안전관리자(소방안전관리보조자를 포함한다)로 선임된 사람은 소방안전관리업무에 관한 능력의 습득 또는 향상을 위하여 행정안전부령으로 정하는 바에 따라 소방청장이 실시하는 다음 각 호의 강습교육 또는 실무교육을 받아야 한다.

1. 강습교육
    가. 소방안전관리자의 자격을 인정받으려는 사람으로서 대통령령으로 정하는 사람
    나. 제24조제3항에 따른 소방안전관리자로 선임되고자 하는 사람
    다. 제29조에 따른 소방안전관리자로 선임되고자 하는 사람
2. 실무교육
    가. 제24조제1항에 따라 선임된 소방안전관리자 및 소방안전관리보조자
    나. 제24조제3항에 따라 선임된 소방안전관리자

② 제1항에 따른 교육실시방법은 다음 각 호와 같다. 다만, 「감염병의 예방 및 관리에 관한 법률」 제2조에 따른 감염병 등 불가피한 사유가 있는 경우에는 행정안전부령으로 정하는 바에 따라 제1호 또는 제3호의 교육을 제2호의 교육으로 실시할 수 있다.

1. 집합교육
2. 정보통신매체를 이용한 원격교육
3. 제1호 및 제2호를 혼용한 교육

[소방안전관리자의 강습교육과 실무교육] (소방안전관리자에 대한 강습교육의 실시) 규칙제25조
① 소방청장은 법 제34조제1항제1호에 따른 강습교육의 대상·일정·횟수 등을 포함한 강습교육의 실시계획을 매년 수립·시행해야 한다.
② 소방청장은 강습교육을 실시하려는 경우에는 강습교육 실시 20일 전까지 일시·장소, 그 밖에 강습교육 실시에 필요한 사항을 인터넷 홈페이지에 공고해야 한다.

규칙 제28조(강습교육의 과목, 시간 및 운영방법)

강습교육 과목, 시간 및 운영방법 (제28조 관련, 별표5)

구분	교육시간
특급 소방안전관리자	160시간
1급 소방안전관리자	80시간
2급 소방안전관리자	40시간
3급 소방안전관리자	24시간

규칙 제29조 [실무교육의 실시] 〈시행 2022. 12. 1.〉

① 소방청장은 법 제34조제1항제2호에 따른 실무교육의 대상·일정·횟수 등을 포함한 실무교육의 실시 계획을 매년 수립·시행해야 한다.
② 소방청장은 실무교육을 실시하려는 경우에는 실무교육 실시 30일 전까지 일시·장소, 그 밖에 실무교육 실시에 필요한 사항을 인터넷 홈페이지에 공고하고 교육대상자에게 통보해야 한다.
③ 소방안전관리자는 소방안전관리자로 선임된 날부터 6개월 이내에 실무교육을 받아야 하며, 그 이후에는 2년마다(최초 실무교육을 받은 날을 기준일로 하여 매 2년이 되는 해의 기준일과 같은 날 전까지를 말한다) 1회 이상 실무교육을 받아야 한다. 다만, 소방안전관리 강습교육 또는 실무교육을 받은 후 1년 이내에 소방안전관리자로 선임된 사람은 해당 강습교육을 수료하거나 실무교육을 이수한 날에 실무교육을 이수한 것으로 본다.
④ 소방안전관리보조자는 그 선임된 날부터 6개월(영 별표 5 제2호마목에 따라 소방안전관리보조자로 지정된 사람의 경우 3개월을 말한다) 이내에 실무교육을 받아야 하며, 그 이후에는 2년마다(최초 실무교육을 받은 날을 기준일로 하여 매 2년이 되는 해의 기준일과 같은 날 전까지를 말한다) 1회 이상 실무교육을 받아야 한다. 다만, 소방안전관리자 강습교육 또는 실무교육이나 소방안전관리보조자 실무교육을 받은 후 1년 이내에 소방안전관리보조자로 선임된 사람은 해당 강습교육을 수료하거나 실무교육을 이수한 날에 실무교육을 이수한 것으로 본다.

규칙 제31조(실무교육의 과목, 시간 및 운영방법) [별표 6]

〈소방안전관리자 및 소방안전관리보조자에 대한 실무교육의 과목, 시간 및 운영방법〉

(1) 소방안전관리자에 대한 실무교육의 과목 및 시간

교육과목	시 간
가. 소방 관계 법규 및 화재사례 나. 소방시설의 구조원리 및 현장실습 다. 소방시설의 유지·관리요령 라. 소방계획서의 작성 및 운영 마. 업무 수행기록·유지에 관한 사항 바. 자위소방대의 조직과 소방 훈련 및 교육 사. 피난시설 및 방화시설의 유지·관리 아. 화재 시 초기대응 및 인명 대피요령 자. 소방 관련 질의회신 등	8시간 이내

비고: 교육과목 중 이론 과목 및 서식작성 등은 4시간 이내에서 원격교육으로 실시할 수 있다.

(2) 소방안전관리보조자에 대한 실무교육의 과목 및 시간

교육과목	시간
가. 소방 관계 법규 및 화재사례 나. 화재의 예방·대비 다. 소방시설 유지관리 실습 라. 초기대응체계 교육 및 훈련 실습 마. 화재발생시 대응 실습 등	4시간

화재의 예방 및 안전관리에 관한 법률 제31조(소방안전관리자 자격의 정지 및 취소)

① 소방청장은 소방안전관리자 자격증을 발급받은 사람이 다음 각 호의 어느 하나에 해당하는 경우에는 행정안전부령으로 정하는 바에 따라 그 자격을 취소하거나 1년 이하의 기간을 정하여 그 자격을 정지시킬 수 있다. 다만, 제1호 또는 제3호에 해당하는 경우에는 그 자격을 취소하여야 한다.

1. 거짓이나 그 밖의 부정한 방법으로 소방안전관리자 자격증을 발급받은 경우
2. 제24조제5항에 따른 소방안전관리업무를 게을리한 경우
3. 제30조제4항을 위반하여 소방안전관리자 자격증을 다른 사람에게 빌려준 경우
4. 제34조에 따른 실무교육을 받지 아니한 경우
5. 이 법 또는 이 법에 따른 명령을 위반한 경우

② ①에 따라 소방안전관리자 자격이 취소된 사람은 취소된 날부터 2년간 소방안전관리자 자격증을 발급받을 수 없다.

제1장 설비관리

소방안전관리자 자격의 정지 및 취소 기준(화재예방법 시행규칙 제19조 관련, 별표3)

2. 개별기준

위반사항	행정처분기준		
	1차 위반	2차 위반	3차 이상 위반
가. 거짓이나 그 밖의 부정한 방법으로 소방안전관리자 자격증을 발급받은 경우	자격취소		
나. 법 제24조제5항에 따른 소방안전관리업무를 게을리한 경우	경고 (시정명령)	자격정지 (3개월)	자격정지 (6개월)
다. 법 제30조제4항을 위반하여 소방안전관리자 자격증을 다른 사람에게 빌려준 경우	자격취소		
라. 제34조에 따른 실무교육을 받지 않는 경우	경고 (시정명령)	자격정지 (3개월)	자격정지 (6개월)

(14) 화재발생 우려가 있는 설비 또는 기구 등의 위치·구조 및 관리(화재예방법 제17조제4항)

보일러, 난로, 건조설비, 가스·전기시설, 그 밖에 화재 발생 우려가 있는 대통령령으로 정하는 설비 또는 기구 등의 위치·구조 및 관리와 화재 예방을 위하여 불을 사용할 때 지켜야 하는 사항은 대통령령으로 정한다.

▼ **보일러 등의 설비 또는 기구 등의 위치·구조 및 관리와 화재예방을 위하여 불을 사용할 때 지켜야 하는 사항**(영 제18조 제2항 관련, 별표 1)

종 류	내 용

보일러	1. 가연성 벽·바닥 또는 천장과 접촉하는 증기기관 또는 연통의 부분은 규조토 등 난연성 또는 불연성 단열재로 덮어씌워야 한다.
	2. 경유·등유 등 액체연료를 사용할 때에는 다음 사항을 지켜야 한다.
	  가. 연료탱크는 보일러 본체로부터 수평거리 1m 이상의 간격을 두어 설치할 것
	  나. 연료탱크에는 화재 등 긴급상황이 발생하는 경우 연료를 차단할 수 있는 개폐밸브를 연료탱크로부터 0.5m 이내에 설치할 것
	  다. 연료탱크 또는 보일러 등에 연료를 공급하는 배관에는 여과장치를 설치할 것
	  라. 사용이 허용된 연료 외의 것을 사용하지 않을 것
	  마. 연료탱크가 넘어지지 않도록 받침대를 설치하고, 연료탱크 및 연료탱크 받침대는 불연재료로 할 것
	3. 기체연료를 사용할 때에는 다음 사항을 지켜야 한다.
	  가. 보일러를 설치하는 장소에는 환기구를 설치하는 등 가연성가스가 머무르지 않도록 할 것
	  나. 연료를 공급하는 배관은 금속관으로 할 것
	  다. 화재 등 긴급시 연료를 차단할 수 있는 개폐밸브를 연료용기 등으로부터 0.5m 이내에 설치할 것
	  라. 보일러가 설치된 장소에는 가스누설경보기를 설치할 것

종 류	내 용
	4. 보일러 본체와 벽·천장 사이의 거리는 0.6m 이상이어야 한다. 5. 보일러를 실내에 설치하는 경우에는 콘크리트 바닥 또는 금속 외의 불연재료로 된 바닥 위에 설치해야 한다. 6. 화목(火木) 등 고체연료를 사용할 때에는 다음 사항을 지켜야 한다. 　1) 고체연료는 보일러 본체와 수평거리 2m 이상 간격을 두어 보관하거나 불연재료로 된 별도의 구획된 공간에 보관할 것 　2) 연통은 천장으로부터 0.6m 떨어지고, 연통의 배출구는 건물 밖으로 0.6m 이상 나오도록 설치할 것 　3) 연통의 배출구는 보일러 본체보다 2m 이상 높게 설치할 것 　4) 연통이 관통하는 벽면, 지붕 등은 불연재료로 처리할 것 　5) 연통재질은 불연재료로 사용하고 연결부에 청소구를 설치할 것
난 로	1. 연통은 천장으로부터 0.6m 이상 떨어지고, 연통의 배출구는 건물 밖으로 0.6m 이상 나오게 설치해야 한다. 2. 가연성 벽·바닥 또는 천장과 접촉하는 연통의 부분은 규조토 등 난연성 또는 불연성의 단열재로 덮어씌워야 한다. 3. 이동식난로는 가설건축물, 다중이용업소 등에서 사용해서는 안 된다. 다만, 난로가 쓰러지지 않도록 받침대를 두어 고정시키거나 쓰러지는 경우 즉시 소화되고 연료의 누출을 차단할 수 있는 장치가 부착된 경우에는 그렇지 않다.
건조설비	1. 건조설비와 벽·천장 사이의 거리는 0.5m 이상이어야 한다. 2. 건조물품이 열원과 직접 접촉하지 아니하도록 해야 한다. 3. 실내에 설치하는 경우에 벽·천장 또는 바닥은 불연재료로 해야 한다.
가스·전기시설	1. 가스시설의 경우 「고압가스 안전관리법」, 「도시가스사업법」 및 「액화석유가스의 안전관리 및 사업법」에서 정하는 바에 따른다. 2. 전기시설의 경우 「전기사업법」 및 「전기안전관리법」에서 정하는 바에 따른다.

비고
1. "보일러"란 사업장 또는 영업장 등에서 사용하는 것을 말하며, 주택에서 사용하는 가정용 보일러는 제외한다.
2. "건조설비"란 산업용 건조설비를 말하며, 주택에서 사용하는 건조설비는 제외한다.
3. 보일러, 난로, 건조설비, 불꽃을 사용하는 용접·용단기구 및 노·화덕설비가 설치된 장소에는 소화기 1개 이상을 갖추어 두어야 한다.

(15) 과태료 (소방시설법 제61조, 화재예방법 제52조) 〈개정 2021. 11. 30.〉
  ① 다음 각 호의 어느 하나에 해당하는 자에게는 300만원 이하의 과태료를 부과한다.
    ㉠ 소방시설을 화재안전기준에 따라 설치·관리하지 아니한 자
    ㉡ 피난시설, 방화구획 또는 방화시설의 폐쇄·훼손·변경 등의 행위를 한 자
    ㉢ 자체점검 결과를 보고하지 아니하거나 거짓으로 보고한 자
    ㉣ 소방안전관리업무를 하지 아니한 특정소방대상물의 관계인 또는 소방안전관리대상물의 소방안전관리자
    ㉤ 제37조제1항을 위반하여 소방훈련 및 교육을 하지 아니한 자
    ㉥ 제41조제4항을 위반하여 화재예방안전진단 결과를 제출하지 아니한 자
  ② 다음 각 호의 어느 하나에 해당하는 자에게는 200만원 이하의 과태료를 부과한다.
    ㉠ 제26조제1항을 위반하여 기간 내에 선임신고를 하지 아니하거나 소방안전관리자의 성명 등을 게시하지 아니한 자
    ㉡ 제29조제1항을 위반하여 기간 내에 선임신고를 하지 아니한 자
    ㉢ 제37조제2항을 위반하여 기간 내에 소방훈련 및 교육 결과를 제출하지 아니한 자
  ③ 실무교육을 받지 아니한 소방안전관리자 및 소방안전관리보조자에게는 100만원 이하의 과태료를 부과한다.
  ④ 과태료는 대통령령으로 정하는 바에 따라 소방청장, 관할 시·도지사, 소방본부장 또는 소방서장이 부과·징수한다. 〈시행 2018. 3. 2.〉

(16) 소방시설의 분기별 안전진단 실시 (공동주택관리법 시행규칙 제11조 제2항 관련, 별표 2)
  소방시설은 안전관리자를 선임하여 매 분기 1회 이상 안전진단을 실시하여야 한다.

(17) 소방시설의 비상전원관리
  ① 서설
    ㉠ 평상시 사용하는 전원의 공급이 끊겼을 경우 공급하는 전원을 비상전원이라 한다.
    ㉡ 비상전원 종류 : 자가발전기설비(비상발전기), 축전지설비, 비상전원수전설비
      ⓐ 자가발전설비 : 엔진이 작동되어 전기가 발생되는 장치
      ⓑ 축전지설비 : 밧데리에 의한 비상전원장치
      ⓒ 비상전원수전설비 : 상용전원중 2차 차단기가 작동하여 별도 상용전원공급(소규모시설)
    ㉢ 작동방법
      ⓐ 정전 및 소방시설 작동[저전압계정기 감지(저압 85% 이하)]
      ⓑ 자동전환스위치(ATS) 인식(상용전원 차단, 비상전원부하로 전환)
      ⓒ 비상발전기 작동
      ⓓ 소방설비 비상전원 공급[약 10~40초(평균 30초대)]
  ② 비상전원 공급규정
    화재안전기준에서 규정하고 있는 소방시설별 적용 비상전원의 공급시간은 다음과 같다.

소화설비	비상전원			비상전원 작동시간(이상)	비 고
	자가발전설비	축전지설비			
		엔진펌프	축전지		
옥내소화전설비 스프링클러설비 포소화설비 물분무소화설비 연결송수관설비	○	○		20분	
이산화탄소소화설비 할로겐소화설비 분말소화설비	○		○	20분	
유도등설비			○	20분(60분)	
비상조명등설비	○		○	20분(60분)	
제연설비	○		(○)	20분	
비상콘센트설비	○			20분	
무선통신보조설비			○	30분	
자동화재탐지설비 비상경보설비 비상방송설비			○	60분 감시상태 지속 후 10분 이상 경보	
[비상용승강기]	○	○		120분	승강기 검사기준
[전기통신설비]	○	○	○	180분	전기통신 설비기술 기준

6 소방기본법령〈시행 2024. 7. 31〉

(1) 목 적(법 제1조)

이 법은 화재를 예방·경계하거나 진압하고 화재, 재난·재해 그 밖의 위급한 상황에서의 구조·구급활동 등을 통하여 국민의 생명·신체 및 재산을 보호함으로써 공공의 안녕질서 유지와 복리증진에 이바지함을 목적으로 한다.

(2) 정 의(법 제2조)

1. "소방대상물"이란 건축물, 차량, 선박(「선박법」에 따른 선박으로서 항구에 매어둔 선박만 해당한다), 선박 건조 구조물, 산림, 그 밖의 인공구조물 또는 물건을 말한다.
2. "관계인"이란 소방대상물의 소유자·관리자 또는 점유자를 말한다.
3. "소방본부장"이란 특별시·광역시·도 또는 특별자치도(이하 "시·도")에서 화재의 예방·경계·진압·조사 및 구조·구급 등의 업무를 담당하는 부서의 장을 말한다.

(3) 관계인의 소방활동 등 (법 제20조) 〈개정 2022. 4. 26.〉

① 관계인은 소방대상물에 화재, 재난·재해, 그 밖의 위급한 상황이 발생한 경우에는 소방대가 현장에 도착할 때까지 경보를 울리거나 대피를 유도하는 등의 방법으로 사람을 구출하는 조치 또는 불을 끄거나 불이 번지지 아니하도록 필요한 조치를 하여야 한다.

② 관계인은 소방대상물에 화재, 재난·재해, 그 밖의 위급한 상황이 발생한 경우에는 이를 소방본부, 소방서 또는 관계 행정기관에 지체 없이 알려야 한다.

07 난방·환기설비관리

1 난방설비 [27회 출제]

(1) 서 설

1) 의의
쾌적한 주거생활을 위하여 실내온도를 적정하게 유지할 수 있도록 열을 공급하는 난방을 위한 각종 설비 일체를 난방설비라고 하고, 이를 효율적·합리적으로 관리하기 위한 제반 관리행위를 난방설비관리라고 한다.

2) 법률상 근거
① 주택건설기준 등에 관한 규정 제37조(난방설비 등)

㉠ 6층 이상인 공동주택의 난방설비는 중앙집중난방방식(집단에너지사업법)에 의한 (지역난방 공급방식을 포함한다)으로 하여야 한다. 다만, 개별난방설비를 하는 경우에는 그러하지 아니하다(건축법 시행령 제87조 제2항, 건축물의 설비기준 등에 관한 규칙 제13조 참조).

㉡ 공동주택의 난방설비를 중앙집중 난방방식으로 하는 경우에는 난방열이 각 세대에 균등하게 공급될 수 있도록 4층 이상 10층 이하의 건축물인 경우에는 2개소 이상, 10층을 넘는 건축물인 경우에는 10층을 넘는 5개층마다 1개소를 더한 수 이상의 난방구획으로 구분하여 각 난방구획마다 따로 난방용 배관을 하여야 한다. 다만, 다음 각 호의 1에 해당하는 경우에는 그러하지 아니하다.

1. 연구기관 또는 학술단체의 조사 또는 시험에 의하여 난방열을 각 세대에 균등하게 공급할 수 있다고 인정되는 시설 또는 설비를 설치한 경우
2. 난방설비를 지역난방공급방식으로 하는 경우로서 산업통상자원부장관이 정하는 바에 따라 각 세대별로 유량조절장치를 설치한 경우

ⓒ 난방설비를 중앙집중난방방식으로 하는 공동주택의 각 세대에는 난방열량을 계량하는 계량기와 난방온도를 조절하는 장치를 각각 설치하여야 한다.
ⓓ 공동주택 각 세대에 온돌방식의 난방설비를 하는 경우에는 침실에 포함되는 옷방 또는 붙박이 가구 설치 공간에도 난방설비를 하여야 한다. 〈신설 2016. 10. 25〉
ⓔ 공동주택의 각 세대에는 발코니 등 세대 안에 냉방설비의 배기장치를 설치할 수 있는 공간을 마련하여야 한다. 다만, 중앙집중냉방방식의 경우에는 그러하지 아니하다.
ⓕ 위 ⓔ 본문에 따른 배기장치 설치공간은 냉방설비의 배기장치가 원활하게 작동할 수 있도록 국토교통부령으로 정하는 기준에 따라 설치해야 한다. 〈개정 2020. 1. 7.〉

동 규칙 제8조(냉방설비 배기장치 설치공간의 기준) 〈본조신설 2020. 1. 7〉
① "국토교통부령으로 정하는 기준"이란 다음 각 호의 요건을 모두 갖춘 것을 말한다.
  1. 냉방설비가 작동할 때 주거환경이 악화되지 않도록 거주자가 일상적으로 생활하는 공간과 구분하여 구획할 것. 다만, 배기장치 설치공간을 외부 공기에 직접 닿는 곳에 마련하는 경우에는 그렇지 않다.
  2. 세대별 주거전용면적에 적합한 용량의 냉방설비의 배기장치 규격에 배기장치의 설치·유지 및 관리에 필요한 여유 공간을 더한 크기로 할 것
  3. 세대별 주거전용면적이 50제곱미터를 초과하는 경우로서 세대 내 거실 또는 침실이 2개 이상인 경우에는 거실을 포함한 최소 2개의 공간에 냉방설비 배기장치 연결배관을 설치할 것 **27회 출제**
  4. 냉방설비 배기장치 설치공간을 외부 공기에 직접 닿는 곳에 마련하는 경우에는 배기장치 설치공간 주변에 영 제18조 제1항 및 제2항에 적합한 난간을 설치할 것
② 위 ① 제2호에 따른 배기장치의 설치·유지 및 관리에 필요한 여유 공간은 다음 각 호의 구분에 따른다.
  1. 배기장치 설치공간을 외부 공기에 직접 닿는 곳에 마련하는 경우로서 냉방설비 배기장치 설치공간에 출입문을 설치하고, 출입문을 연 상태에서 배기장치를 설치할 수 있는 경우 : 가로 0.5m 이상
  2. 그 밖의 경우 : 가로 0.5m 이상 및 세로 0.7m 이상

---

② 건축물의 설비기준 등에 관한 규칙 제13조(개별난방설비)   **24회 출제**
  ㉠ 공동주택과 오피스텔의 난방설비를 개별난방방식으로 하는 경우에는 다음의 기준에 적합하여야 한다.

---

1. 보일러는 거실 외의 곳에 설치하되, 보일러를 설치하는 곳과 거실 사이의 경계벽은 출입구를 제외하고는 내화구조의 벽으로 구획할 것
2. 보일러실의 윗부분에는 그 면적이 0.5제곱미터 이상인 환기창을 설치하고, 보일러실의 윗부분과 아랫부분에는 각각 지름 10센티미터 이상의 공기흡입구 및 배기구를 항상 열려 있는 상태로 바깥공기에 접하도록 설치할 것. 다만, 전기보일러의 경우에는 그러하지 아니하다.
3. 보일러실과 거실 사이의 출입구는 그 출입구가 닫힌 경우에는 보일러가스가 거실에 들어갈 수 없는 구조로 할 것
4. 기름보일러를 설치하는 경우에는 기름저장소를 보일러실 외의 다른 곳에 설치할 것
5. 오피스텔의 경우에는 난방구획을 방화구획으로 구획할 것
6. 보일러의 연도는 내화구조로서 공동연도로 설치할 것

ⓒ 가스보일러에 의한 난방설비를 설치하고 가스를 중앙집중공급방식으로 공급하는 경우에는 위 ㉠의 규정에 불구하고 가스 관계 법령이 정하는 기준에 의하되, 오피스텔의 경우에는 난방구획을 방화구획으로 구획해야 한다. 〈개정 2024. 8. 7.〉

ⓒ 허가권자는 개별 보일러를 설치하는 건축물의 경우 소방청장이 정하여 고시하는 기준에 따라 일산화탄소 경보기를 설치하도록 권장할 수 있다. 〈신설 2020. 4. 9.〉

③ 건축설비 설치의 원칙 : 건축물에 설치하는 급수·배수·냉방·난방·환기·피뢰 등 건축설비의 설치에 관한 기술적 기준은 국토교통부령으로 정하되, 에너지이용 합리화와 관련한 건축설비의 기술적 기준에 관하여는 산업통상자원부장관과 협의하여 정한다.

건축물의 냉방설비 등(건축물의 설비기준 등에 관한 규칙 제23조)

③ 상업지역 및 주거지역에서 건축물에 설치하는 냉방시설 및 환기시설의 배기구와 배기장치의 설치는 다음 각 호의 기준에 모두 적합하여야 한다.
1. 배기구는 도로면으로부터 2m 이상의 높이에 설치할 것
2. 배기장치에서 나오는 열기가 인근 건축물의 거주자나 보행자에게 직접 닿지 아니하도록 할 것
3. 건축물의 외벽에 배기구 또는 배기장치를 설치할 때에는 외벽 또는 다음의 기준에 적합한 지지대 등 보호장치와 분리되지 아니하도록 견고하게 연결하여 배기구 또는 배기장치가 떨어지는 것을 방지할 수 있도록 할 것
   가. 배기구 또는 배기장치를 지탱할 수 있는 구조일 것
   나. 부식을 방지할 수 있는 자재를 사용하거나 도장(塗裝)할 것

---

④ 온돌의 설치기준(건축물의 설비기준 등에 관한 규칙 제12조)

㉠ 건축물에 온돌 및 난방설비를 설치하는 경우에는 그 구조상 열에너지가 효율적으로 관리되고 화재의 위험을 방지하기 위하여 별표 1의7 기준에 적합하여야 한다.

온돌 설치기준(규칙 제12조 제1항 관련, 별표 1의7) 〈개정 2024.8.7.〉

1. 온수온돌
   가. 온수온돌이란 보일러 또는 그 밖의 열원으로부터 생성된 온수를 바닥에 설치된 배관을 통하여 흐르게 하여 난방을 하는 방식을 말한다.
   나. 온수온돌은 바탕층, 단열층, 채움층, 배관층(방열관을 포함한다) 및 마감층 등으로 구성된다.

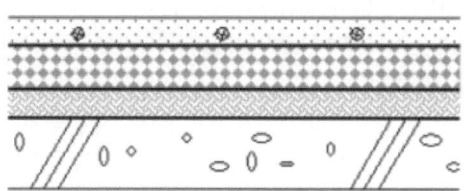

   1) 바탕층이란 온돌이 설치되는 건축물의 최하층 또는 중간층의 바닥을 말한다.
   2) 단열층이란 온수온돌의 배관층에서 방출되는 열이 바탕층 아래로 손실되는 것을 방지하기 위하여 배관층과 바탕층 사이에 단열재를 설치하는 층을 말한다.

3) 채움층이란 온돌구조의 높이 조정, 차음성능 향상, 보조적인 단열기능 등을 위하여 배관층과 단열층 사이에 완충재 등을 설치하는 층을 말한다.
4) 배관층이란 단열층 또는 채움층 위에 방열관을 설치하는 층을 말한다.
5) 방열관이란 열을 발산하는 온수를 순환시키기 위하여 배관층에 설치하는 온수배관을 말한다.
6) 마감층이란 배관층 위에 시멘트, 모르타르, 미장 등을 설치하거나 마루재, 장판 등 최종 마감재를 설치하는 층을 말한다.

다. 온수온돌의 설치기준
1) 단열층은 「녹색건축물 조성 지원법」에 따라 국토교통부장관이 고시하는 기준에 적합하여야 하며, 바닥난방을 위한 열이 바탕층 아래 및 측벽으로 손실되는 것을 막을 수 있도록 단열재를 방열관과 바탕층 사이에 설치하여야 한다. 다만, 바탕층의 축열을 직접 이용하는 심야전기이용 온돌(「한국전력공사법」에 따른 한국전력공사의 심야전력이용기기 승인을 받은 것만 해당하며, 이하 "심야전기이용 온돌"이라 한다)의 경우에는 단열재를 바탕층 아래에 설치할 수 있다.
2) 배관층과 바탕층 사이의 열저항은 「녹색건축물 조성 지원법」 제15조제1항에 따라 국토교통부장관이 정하여 고시하는 기준에 적합해야 한다.

> **건축물의 에너지절약설계기준 제2조**(건축물의 열손실방지 등)
> ① 건축물을 건축하거나 대수선, 용도변경 및 건축물대장의 기재내용을 변경하는 경우에는 다음 각 호의 기준에 의한 열손실방지 등의 에너지이용합리화를 위한 조치를 하여야 한다.
> 1. 거실의 외벽, 최상층에 있는 거실의 반자 또는 지붕, 최하층에 있는 거실의 바닥, 바닥난방을 하는 층간 바닥, 거실의 창 및 문 등은 별표1의 열관류율 기준 또는 별표3의 단열재 두께 기준을 준수하여야 하고, 단열조치 일반사항 등은 제6조의 건축부문 의무사항을 따른다.

3) 단열재는 내열성 및 내구성이 있어야 하며 단열층 위의 적재하중 및 고정하중에 버틸 수 있는 강도를 가지거나 그러한 구조로 설치되어야 한다.
4) 바탕층이 지면에 접하는 경우에는 바탕층 아래와 주변 벽면에 높이 10cm 이상의 방수처리를 하여야 하며, 단열재의 윗부분에 방습처리를 하여야 한다.
5) 방열관은 잘 부식되지 아니하고 열에 견딜 수 있어야 하며, 바닥의 표면온도가 균일하도록 설치하여야 한다.
6) 배관층은 방열관에서 방출된 열이 마감층 부위로 최대한 균일하게 전달될 수 있는 높이와 구조를 갖추어야 한다.
7) 마감층은 수평이 되도록 설치하여야 하며, 바닥의 균열을 방지하기 위하여 충분하게 양생하거나 건조시켜 마감재의 뒤틀림이나 변형이 없도록 하여야 한다.
8) 한국산업표준에 따른 조립식 온수온돌판을 사용하여 온수온돌을 시공하는 경우에는 위의 1)부터 7)까지의 규정을 적용하지 아니한다.
9) 국토교통부장관은 1)부터 7)까지에서 규정한 것 외에 온수온돌의 설치에 관하여 필요한 사항을 정하여 고시할 수 있다.

ⓒ 건축물에 온돌을 시공하는 자는 시공을 끝낸 후 온돌 설치확인서를 공사감리자에게 제출하여야 한다. 다만, 건축설비설치확인서를 제출한 경우와 공사감리자가 직접 온돌의 설치를 확인한 경우에는 그러하지 아니하다. 〈개정 2015.7.9.〉

(2) 난방방식의 비교

1) 개별난방
주택의 각 세대에 보일러를 설치하여 난방 및 급탕을 직접 공급하는 방식이다.

장 점	① 시설의 초기 투자비용이 적다. ② 유지관리비가 적고 공사비가 저렴하다. ③ 개별제어가 가능하고 온도유지가 편리하다. ④ 주로 소규모 주택 등에 많이 쓰인다.
단 점	① 화재위험이 있고 가동시 약간의 소음이 발생하며 배기가스가 역류할 위험이 있다. ② 세대 내 보일러실 설치로 건물의 유효면적비가 줄어든다.

2) 중앙난방
아파트 지하실 등에 대형 보일러실을 설치하여 여기에서 나오는 열에너지를 각 세대에 공급하는 방식이다.

장 점	① 관리상의 이용이 편리하고 열효율이 높다. ② 공급하는 장소(세대수)가 많을수록 관리비가 적게 든다.
단 점	① 초기 공사비가 증가하고 간헐운전의 경우 비용이 증가한다. ② 시스템이 복잡하며, 개보수가 번거롭고, 비용이 많이 든다. ③ 관리하는 특별한 기술자가 필요해서 인건비가 증가하고 난방비 분담 등 민원발생 소지가 크다. ④ 공급하려는 배관의 길이가 길수록 도중 열손실이 크게 발생한다. ⑤ 중앙보일러 가동시에만 열공급이 가능해 주민이 필요시마다 난방열을 공급받는 것이 어렵다.

3) 지역난방 `15회 출제`
중앙난방의 규모를 넓혀 일정지역에 난방설비를 설치하여 도시 내 일정 범위의 건물에 열에너지를 공급하는 방식으로, 열병합발전이나 쓰레기소각열을 이용하여 고온수나 증기를 생산해 각 공동주택에 보내면 열교환기에서 난방과 급탕용수를 생산해 각 세대에 공급하는 방식이다.

장 점	① 대규모이므로 관리가 쉽고 연료비, 인건비가 적게 들며 열효율면에서 유리하다. ② 대기오염이 감소되고 화재의 위험도가 낮다. ③ 화재·소음·배기가스의 역류로부터 안전하다. ④ 건물마다 보일러를 설치할 필요가 없어 비용이 절감되고 바닥의 이용도가 높고 건물 내의 유효면적이 증대된다. ⑤ 24시간 난방수를 공급받을 수 있고 쾌적한 열환경의 유지가 편리하다.
단 점	① 초기 시설투자비가 높다. 따라서 개인이 설치하기는 어렵다. ② 배관 도중 열손실이 크고, 보일러와 먼 곳에 떨어진 건물은 난방효과가 낮다. ③ 열원기기의 용량제어가 힘들고 지역난방 중앙에서는 특히 고도의 숙련된 기술자가 필요하다. ④ 열의 사용량이 적으면 기본요금이 높아진다.

> **보충**
>
> 1. 직접난방, 간접난방
> (1) 직접난방: 방열기등을 통하여 공기를 직접 데우는 방식으로 증기난방, 온수난방, 복사난방이 있다.
> (2) 간접난방: 덥힌 공기를 덕트를 통해 배달하는 방식으로 온풍난방이 있다.
>
> 2. 현열, 잠열
> (1) 현열(sensible heat) 또는 감열은 물질의 온도를 변화(상태는 변화가 없다)시키는 데 관여하는 열로 일반적으로 온수난방의 원리에 적용된다.
> (2) 잠열(latent heat)은 물질의 상태를 변화(온도는 변화가 없다)시키는 데 관여하는 열로 일반적으로 증기난방의 원리에 적용된다.
>
> 3. 온수난방, 증기난방, 복사난방 **16회 출제**
> (1) 온수난방(보일러에서 만든 온수를 방열기로 보내 온수의 현열을 이용한 난방)
>   1) 장점
>   - 온도조절이 용이하고, 증기난방에 비해 쾌감도가 좋다
>   - 보일러 취급이 쉽고 안전하다.
>   - 예열시간이 길지만 잘 식지 않아서 환수관의 동결우려가 적다.
>   2) 단점
>   - 증기난방에 비해 방열면적과 관경이 커야 하므로 설비비가 약간 비싸다.
>   - 예열시간, 온수순환 시간이 길다.
>   ※ 온수보일러 가동시 사용되는 가스소비량 (㎥/h)
>   [물의 비열 × 온수생산량(kg/h) × 온도차] / [가스 저위발열량(kJ/㎥) × 보일러효율]
>
> (2) 증기난방 **23회 출제**
>   증발잠열을 이용한 난방방법으로 보일러에서 증기를 발생시켜 배관을 통하여, 각실에 설치한 방열기로 보내고, 증기가 가지고 있는 물의 기화잠열을 방열기에서 발산하여 난방하고, 증기는 응축수가 되어 환수관을 통해 다시 보일러에 돌아오는 방법이다. 증기난방에서 공급증기는 100℃ 이상이며 응축수가 방열기에서 배출될 때의 온도는 85℃ 정도이다.
>   1) 장점
>   - 표면적이 온수난방에 비해 적고, 설비비 및 유지비가 적게 든다.
>   - 잠열을 이용하기 때문에 증기순환이 빠르고 열 운반능력이 크다.
>   - 방열기 및 배관 안에는 물이 거의 없으므로 한랭지에서 동결에 의한 파손위험이 없다.
>   - 방열면적과 관경을 온수난방보다 작게 할 수 있다.
>   - 사무실, 학교, 공장 등과 같은 큰 건물에 적합하다.
>   2) 단점
>   - 외기온도 변화에 따른 방열량조절이 어렵고, 열용량이 적으므로 증기가 정지되면 실내가 곧 냉각되므로 지속난방보다는 간헐난방에 사용한다.

- 극장, 영화관, 강당 등과 같이 천장의 높이가 높은 건물은 적합하지 않다.
- 배관의 기울기가 적당하지 못하면 워터해머를 일으켜 시끄러운 소리가 나는 경우가 있다.
- 방열기 표면온도가 높아 화상 우려가 있고, 응축수 환수관 내의 부식으로 장치의 수명이 짧다.

※ 증기난방의종류
- 중력환수식. 기계환수식. 진공환수식(대규모시설)

※ 증기용 트랩으로 열동트랩, 버킷트랩, 플로트트랩 등이 있다.

(3) 복사난방 **23회 출제**

실내의 바닥이나 벽 또는 천장을 온수나 공기 또는 전열을 이용하여 직접가열하거나 가열패널을 부착하여 방열체로 하고 여기서 방사되는 복사열에 의하여 난방하는 방식이다.

1) 장점
- 실내의 온도분포가 균등하여 쾌감도가 높다.
- 방열기가 필요치 않으며, 방바닥의 이용도가 높다.
- 방이 개방된 상태에서도 난방효과가 있다.
- 대류가 작아 바닥의 먼지가 상승하지 않는다.
- 천장고가 높은 대공간, 외기침입이 많은 곳에서도 난방감을 얻을 수 있다.
- 실온이 낮기 때문에 열손실이 적고, 시스템 구조가 간단하다.
- 난방에 간섭없이 외벽에 커튼 등의 설치가 가능하다.

2) 단점
- 매입배관이므로 고장시 발견이 어렵고 시공수리가 불편하며, 설비비가 많이든다.
- 예열시간이 길어서 일시적 난방에 부적합하다.
- 가열면의 열용량이 커서 외기온도 급변에 따른 방열량조절이 어려워 대처가 불리하다.
- 열손실을 막기 위해 단열층이 필요하다.
- 코일 매입시공이 어려워 설비비가 많이 든다.

4. 히트펌프 **15·21·24회 출제**

저온의 열원(물, 공기 등)으로부터 열을 흡수하여 고온의 열원(난방 등의 열원)에 열을 주는 장치를 말한다. 열펌프는 냉방, 난방 이외에 건조, 용액(溶液)의 증발, 농축 등에도 응용된다.

(1) 겨울철 온도가 낮은 실외로부터 온도가 높은 실내로 열을 끌어들인다는 의미에서 열펌프라고도 한다.
(2) 운전에 소비된 에너지보다 대량의 열에너지가 얻어져 일반적으로 성적계수(COP)가 1보다 큰 값을 유지한다.
(3) 한 대의 기기로 냉방용 또는 난방용으로 사용할 수 있다.
(4) 공기열원 히트펌프는 겨울철 난방부하가 큰 날에는 외기온도도 낮으므로 성적계수(COP)가 저하될 우려가 있다.
(5) 히트펌프의 열원으로는 일반적으로 공기, 물, 지중(땅속)을 많이 이용한다.
(6) 히트펌프의 성적계수(COP)란 응축기의 방열량을 압축기의 압축일로 나눈 값이다.

(7) 히트펌프의 성적계수(COP)]
  1) 물체를 냉각시키기 위한 목적으로 사용되는 냉동기는 동일한 일에 대해서 흡수하는 열량이 클수록 경제성이 높고, 히트펌프에서는 방출하는 열량이 클수록 경제성이 높다.
  2) 히트펌프로 이용한 성적계수는 냉동기로 이용한 성적계수보다 1만큼 크다.
     [냉동기 성적계수와 열펌프(Heat Pump) 성적계수의 관계 : COP(열펌프) = COP(냉동기) + 1]
  3) 일반적으로 히트펌프의 성적계수는 기종과 열원의 종류에 따라 다르지만, 냉방시보다 난방시가 높다. 이 때문에 열펌프의 난방이 유리하다.
  4) 난방시 히트펌프의 성적계수는 응축기의 방열량을 압축기의 압축일로 나눈 값으로 계산한다.
  5) 냉방시 히트펌프의 성적계수는 증발기의 흡수량을 압축기의 압축일로 나눈 값으로 계산한다.

(3) 보일러의 종류   **14회 출제**

1) 주철제 보일러
주철제의 단위부재를 니플 또는 볼트로 연결·조립하며 섹션수를 증가시키면 간단히 용량에 따라 그 크기를 구성할 수 있다.

① 내식성이 우수하고, 수명이 길다.
② 조립식으로서 용량을 쉽게 증가시킬 수 있고, 분할 반출입이 용이하다.
③ 섹션의 증감에 의해 보일러의 능력변경이 가능하다.
④ 가격이 싸다.
⑤ 저압용으로 중소규모 건축의 난방, 급탕용, 증기보일러, 온수보일러로서 널리 사용된다.
⑥ 사용압력 : 증기인 경우 $1kg/cm^2$ 이하이고, 온수인 경우 50mAq 이하의 저압용에만 사용이 제한된다.

2) 노통연관식 보일러
강판제 보일러의 일종으로 강판으로 된 원통 속에 노통(연소통)과 다수의 연관을 배치한 것으로 연소가스는 수중의 연관을 2~3회 흐름방향을 바꾸어 통과하여 물에 열을 주고 연통으로 흐른다.

① 보유수량이 많아 부하변동에 대하여 안정성이 있으며 수면이 넓어 급수 조절이 용이하다.
② 예열시간이 길고 분할반입이 불가능하며 수명이 짧고, 가격이 주철제보다 고가이다.
③ 압력은 $7\sim10kg/cm^2$ 의 중압용이고 중·대형 건축물의 난방용 증기 및 온수보일러로 채용되고 있다(아파트, 학교, 사무소 등).

3) 수관식 보일러

동력용의 고압증기를 대량으로 발생시키는 데 적합하며, 구조는 하부의 물드럼과 상부의 기수(증기)드럼 2개가 있고 이것들을 연결하는 다수의 수관을 설치하여 복사열이 크게 전달되도록 하는 방식으로 고도의 물처리설비가 필요하다.

① 보유수량이 적어 증기발생속도가 빠르며 크기에 비해 전열면적이 커서 예열시간이 짧다.
② 연소상태가 좋고 가동시간이 짧고 보일러의 열효율이 좋다.
③ 설치면적이 넓고 다른 보일러에 비해 고가이며 수처리가 복잡하다(스케일 방지).
④ 압력은 10kg/㎠ 이상의 고압용으로 병원·호텔·아파트 등 대형 건물의 난방용 보일러, 고압·고온의 산업용으로 사용된다.

4) 입형 보일러

설치면적이 적고 구조가 간단하며 가격이 저렴하여 소규모 사무실, 주택 등에 사용하는데 열 및 가스가 보일러 동체에 감겨진 코일을 데워 밖으로 배기되는 원리를 이용한 것이다. 설치면적이 적고 취급이 간단하며 가격이 싸지만 효율이 나쁘다.

5) 관류식 보일러

순환식 펌프에 의하여 관 내로 순환된 예열, 증발, 가열의 순서로 관류하면서 소요의 증기를 발생시키는 방식을 말한다. 소음발생에 유의해야 하며 급수처리가 복잡하다. 그리고 가동시간이 짧고 증발속도가 빠르며 스케일처리(급수처리)에 유의해야 한다. 중소형 건축물에 사용된다.

(4) 보일러실의 위치 및 구조

① 건물 중앙부 난방부하의 중심에 위치하는 것이 좋다.
② 굴뚝 위치는 보일러실에 가깝게 설치한다.
③ 2개 이상의 출입구가 있어야 하며 하나는 보일러의 반출입이 용이해야 한다.
④ 내화구조이어야 하며, 연료의 반출입이 편리하고 충분한 공간을 가져야 한다.
⑤ 보일러 외벽에서 벽까지 0.45m 이상이어야 한다.
⑥ 천장의 높이는 보일러 최상부에서 1.2m 이상(소형 보일러는 0.6m 이상)이어야 한다.
⑦ 채광, 통풍이 용이해야 하며 정온식 감지기를 부착한다.

(5) 난방용 보일러의 부하

보일러 가동시 소요되는 열손실을 보일러의 부하라 한다.

1) 부하의 종류

① 난방부하(방열기부하) : 보일러에 의한 난방시 발생하는 열손실을 말하는데 난방부하는 상당방열면적에 방열기의 표준방열량을 곱하여 얻는다.

상당방열면적(EDR) **12·23회 출제**

방열기의 상당방열면적은 표준상태에서 전 방열량을 표준 방열량으로 나눈 값이다.
① 증기난방의 경우 : EDR = 손실열량/650(m^2)
② 온수난방의 경우 : EDR = 손실열량/450(m^2)
※ 표준방열량(kcal/m^2h)
열매온도와 실내온도가 표준상태일 때 방열기 표면적 1m^2 당 1시간 동안의 방열량을 말한다.

열 매	표준상태의 온도(℃)		표준온도차(℃)	표준방열량(kW/m^2)
	열매온도	실내온도		
증 기	102	18.5	83.5	0.756
온 수	80	18.5	61.5	0.523

② 급탕부하 : 보일러에서 냉수를 급수하여 온수로 끓여서 급탕하는 데 소요되는 열손실을 말한다.
③ 배관(계통의 열손실)부하 : 난방을 위하여 온수를 배관으로 공급하는 경우 온수온도와 배관 주변의 공기온도와의 차이로 인한 열손실을 말한다.
④ 예열부하 : 보일러 가동에 알맞은 운전온도가 될 때까지 가열하는 데 소요되는 열량으로서, 배관 등이 예열되는 데 필요한 열량과 보일러 내부의 물을 가열하는 데 필요한 열량의 합계를 말한다.

2) 보일러의 출력(kcal/h) **23·24회 출제**
① 정격출력(최대출력) = 난방부하 + 급탕부하 + 배관부하 + 예열부하
② 상용출력 = 난방부하 + 급탕부하 + 배관부하
③ 정미출력(보일러의 방열기용량) = 난방부하 + 급탕부하

(6) 보일러 가동 중의 이상현상

13회 출제

종류	이상현상	대책
수격작용 (Water Hammering)	증기송기시 증기관 내부에서 생성되는 응결수(드레인)가 고온·고압증기의 영향으로 배관을 강하게 치는 현상으로서, 배관의 손상 및 파열과 부식의 원인이 되며 증기의 손실 및 증기저항을 발생시킨다.	① 주증기밸브를 천천히 연다. ② 응결수를 철저히 배출시킨다. ③ 증기 트랩을 설치한다. ④ 기수분리기나 비수방지관를 설치한다. ⑤ 비수나 거품발생에 유의한다.
가마울림	보일러 연소 중에 연소실이나 연도 내에 지속적인 울림현상이 일어나는 것으로 연료 중 수분함량이 많은 경우나 연료와 공기혼합이 불량한 경우에 발생한다.	① 수분이 적은 연료를 사용한다. ② 완전연소가 이루어지도록 연소속도를 조절한다. ③ 연소실·연도를 개조한다.
캐리오버 (Carry over)	증기관으로 송기되는 증기에 비수 등에 의해 수분이 많이 함유되어 배관 내부에 응결수나 물이 고여서 워터해머링의 원인이 되는 현상이다. 캐리오버현상은 증발수면적이 좁거나 보일러 수위의 고도화, 보일러 부하의 급격한 증가나 압력의 급감소 등으로 발생한다.	① 보일러 수위의 정상유지 ② 부하의 급격한 증가나 압력의 급감소 방지 ③ 기수분리기나 비수방지관 설치
프라이밍 (Priming)	관수가 갑자기 끓을 때 물거품이 수면을 벗어나서 증기 속으로 비산하는 현상	관수의 급격한 비등을 방지
포 밍 (Forming)	보일러의 물이 끓는 경우 그 물에 함유된 유지분이나 부유물에 의해 거품이 생기는 현상으로 보일러수에 불순물이 포함되어 있거나, 주증기밸브를 급히 열거나, 고수위로 운전하거나 또는 증기부하가 지나치게 클 때 발생한다.	① 불순물 제거 ② 주증기밸브를 천천히 개방 ③ 정상수위에서 운전 ④ 과부하 가동을 금지
역 화 (Back Fire)	연소시 화염의 방향이 비정상적인 현상을 말한다.	① 점화시 공기공급 후 연료공급 ② 점화 전 노내 환기 ③ 흡입통풍이 충분하도록 함 ④ 연료공급량의 과다를 방지
압 궤 (Collapse)	전열면이 과열에 의해 외압을 견디지 못하고 안쪽으로 오목하게 찌그러지는 현상으로 보일러통이나 화실에서 발생한다.	과부하 가동 회피
팽 출 (Bulge)	과열에 의해 내압을 견디지 못하고 밖으로 부풀어 오르는 현상으로 수관·횡관 및 보일러통에서 발생한다.	지나친 과열 회피
균 열 (Crack)	반복적인 가동으로 보일러 내의 재료가 미세하게 금이 가게 되는 현상으로 보일러 구조상의 결함, 급가열·급랭에 의한 팽창 및 과도한 압력에 의해 발생한다.	① 구조상 결함 시정 ② 정상적인 온도나 압력하에 운전

(7) 보일러의 용수관리

1) 용수관리

① 스케일(물때)방지 및 부식방지를 위하여 연수(90ppm 이하)를 사용하고 pH는 중성이나 약알칼리성(pH 7~8) 중 염류나 유기물 같은 불순물이 없는 것을 사용한다. 연수를 사용하는 것은 보일러 내의 물때(스케일)가 부착되는 것과 강관이 부식되는 것을 방지함에 있다.

② 보일러용수에 급수를 할 때는 보일러 수명, 연료비 절감, 보일러 사고방지를 위하여 보일러에 사용할 물속의 불순물을 제거하고 연화시켜야 한다. 경수는 스케일을 발생하게 하여 보일러의 효율을 저하시키고, 수명을 단축시키며, 과열의 원인이 되므로 경수의 경화를 연화시키기 위해서 이온화장치 등을 사용한다.

③ 보일러용수의 급수처리에는 보일러에 사용할 물속의 불순물을 보일러관 외에서 처리하는 방법(침전, 여과, 이온교환, 기폭 등)과 보일러 관내에서 처리하는 방법[약품투입(청관제)]이 있으나 효과적인 방법은 보일러관외 처리방법이 효과적이다.

④ 보일러의 급수장치로는 워싱턴 펌프, 터빈 펌프, 인젝터(증기보일러의 급수장치) 등이 있다.

⑤ 보일러 내부의 물은 자주 갈아주어야 한다.

> **WIDE 물의 경도와 분류**
>
> 1. 물의 경도(물의 세기)
>   탄산칼슘/마그네슘, 칼슘이온의 함유량을 ppm으로 표시하며(탄산칼슘은 경도를 나타내는 환산지표), 물의 경도는 수질측정기준의 하나이다.
>   ① 경도 1은 1ℓ의 물 속에 10mg의 탄산칼슘이 함유된 상태를 의미한다.
>   ② 경도는 유해물질의 판정기준이다.
> 2. 탄산칼슘 함유량에 따른 물의 분류
>   ① 극연수 : 탄산칼슘 함유량이 10ppm 이하인 물
>   ② 연수 : 탄산칼슘 함유량이 90ppm 이하인 물
>   ③ 적수 : 탄산칼슘 함유량이 90 ~ 110ppm 이하인 물
>   ④ 경수 : 탄산칼슘 함유량이 110ppm 이상인 물

2) 청관제의 사용

① 보일러 및 배관의 부식이나 스케일을 방지하기 위해 청관제를 사용한다.
② 분기별 사용계획을 높이고 수명을 연장시킨다.
③ 보일러의 열효율을 높인다.
④ 인산염·규산염이 주성분을 이룬다.
⑤ pH를 조정하고 관수를 연화시킨다.

> **스케일로 인한 피해**
>
> ① 전열량이 감소되며 보일러의 효율을 저하시킨다.
> ② 연료소비량이 증대된다.
> ③ 배기가스 온도를 상승시킨다.
> ④ 과열사고를 유발시킨다.
> ⑤ 보일러수의 순환악화와 통수공을 차단시킨다.
> ⑥ 전열면 국부과열현상이 나타난다.

(8) 보일러의 안전관리

1) 검사대상기기

▣ 에너지이용 합리화법 시행규칙 제31조의6 관련, 별표 3의3 〈신설 2021. 10. 12.〉

구 분	검사대상기기	적용범위
보일러	강철제 보일러, 주철제 보일러	다음의 어느 하나에 해당하는 것을 제외한다. 1. 최고사용압력이 0.1MPa 이하이고, 동체의 안지름이 300mm 이하이며, 길이가 600mm 이하인 것 2. 최고사용압력이 0.1MPa 이하이고, 전열면적이 5㎡ 이하인 것 3. 2종 관류보일러 4. 온수를 발생시키는 보일러로서 대기개방형인 것
	소형온수보일러	가스를 사용하는 것으로서 가스사용량이 17kg/h(도시가스는 232.6kW)를 초과하는 것

2) 검사대상기기의 검사(에너지이용 합리화법 제39조)

① 다음의 어느 하나에 해당하는 자(이하 "검사대상기기 설치자")는 산업통상자원부령으로 정하는 바에 따라 시·도지사의 검사를 받아야 한다.
  ㉠ 검사대상기기를 설치하거나 개조하여 사용하려는 자
  ㉡ 검사대상기기의 설치장소를 변경하여 사용하려는 자
  ㉢ 검사대상기기를 사용중지한 후 재사용하려는 자
② 시·도지사는 위 ①에 따른 검사에 합격된 검사대상기기의 제조업자나 설치자에게는 지체 없이 그 검사의 유효기간을 명시한 검사증을 내주어야 한다.
③ 검사의 유효기간이 끝나는 검사대상기기를 계속 사용하려는 자는 산업통상자원부령으로 정하는 바에 따라 다시 시·도지사의 검사를 받아야 한다.
④ 검사대상기기 설치자는 다음의 어느 하나에 해당하면 산업통상자원부령으로 정하는 바에 따라 시·도지사에게 신고하여야 한다.

㉠ 검사대상기기를 폐기한 경우
㉡ 검사대상기기의 사용을 중지한 경우
㉢ 검사대상기기의 설치자가 변경된 경우
㉣ 검사의 전부 또는 일부가 면제된 검사대상기기 중 산업통상자원부령으로 정하는 검사대상기기를 설치한 경우

3) 검사의 종류 및 적용

▶ 에너지이용 합리화법 시행규칙 제31조의7 관련, 별표 3의4 〈개정 2022. 1. 21〉

검사의 종류		적용대상
제조검사	용접검사	동체·경판(동체의 양 끝부분에 부착하는 판) 및 이와 유사한 부분을 용접으로 제조하는 경우의 검사
	구조검사	강판·관 또는 주물류를 용접·확대·조립·주조 등에 따라 제조하는 경우의 검사
설치검사		신설한 경우의 검사(사용연료의 변경에 의하여 검사대상이 아닌 보일러가 검사대상으로 되는 경우의 검사를 포함한다)
개조검사		다음의 어느 하나에 해당하는 경우의 검사 1. 증기보일러를 온수보일러로 개조하는 경우 2. 보일러 섹션의 증감에 의하여 용량을 변경하는 경우 3. 동체·돔·노통·연소실·경판·천정판·관판·관모음 또는 스테이의 변경으로서 산업통상자원부장관이 정하여 고시하는 대수리의 경우 4. 연료 또는 연소방법을 변경하는 경우 5. 철금속가열로로서 산업통상자원부장관이 정하여 고시하는 경우의 수리
설치장소 변경검사		설치장소를 변경한 경우의 검사. 다만, 이동식 검사대상기기를 제외한다.
재사용검사		사용중지 후 재사용하고자 하는 경우의 검사
계속 사용검사	안전검사	설치검사·개조검사·설치장소 변경검사 또는 재사용검사 후 안전부문에 대한 유효기간을 연장하고자 하는 경우의 검사
	운전성능 검사	다음의 어느 하나에 해당하는 기기에 대한 검사로서 설치검사 후 운전성능부문에 대한 유효기간을 연장하고자 하는 경우의 검사 1. 용량이 1t/h(난방용의 경우에는 5t/h) 이상인 강철제 보일러 및 주철제 보일러 2. 철금속가열로

4) 안전관리의 내용

① 보일러실의 운행에 관한 안전수칙은 철저히 이행되어야 한다.
② 화상에 대비한 표식·보호망을 설치한다.
③ 관계자 이외 외부인의 출입을 통제한다.
④ 보일러 가동시에는 충분한 장비 및 기술인원을 갖춘 후 개시한다.
⑤ 보일러 가동 전 수면계로써 보일러 내의 충수(보충수)를 확인한다.
⑥ 점화할 때에는 미리 댐퍼의 상태를 점검하고 이것을 개방한 채로 진행한다.
⑦ 수면계, 압력계, 안전밸브 등은 매일 점검한다.
⑧ 보일러는 매년 1회 설치검사, 설치변경검사, 개조검사, 계속사용검사(안전검사·운전성능검사·재사용검사)를 받아야 한다(시·도지사 → 에너지관리공단에 위임).

 검사대상기기의 검사유효기간(에너지이용 합리화법 시행규칙 제31조의8 제1항 관련, 별표 3의5)
〈개정 2023. 12. 20.〉

검사의 종류		검사유효기간
설치검사		보일러 : 1년. 다만, 운전성능부문의 경우에는 3년 1개월로 한다.
개조검사		보일러 : 1년
설치장소 변경검사		보일러 : 1년
재사용검사		보일러 : 1년
계속사용검사	안전검사	보일러 : 1년
	운전성능검사	보일러 : 1년

1. 보일러의 계속사용검사 중 운전성능검사에 대한 검사유효기간은 해당 보일러가 산업통상자원부장관이 정하여 고시하는 기준에 적합한 경우에는 2년으로 한다.
2. 설치 후 3년이 지난 보일러로서 설치장소 변경검사 또는 재사용검사를 받은 보일러는 검사 후 1개월 이내에 운전성능검사를 받아야 한다.
3. 개조검사 중 연료 또는 연소방법의 변경에 따른 개조검사의 경우에는 검사유효기간을 적용하지 않는다.
4. 설치신고를 하는 검사대상기기는 신고 후 2년이 지난 날에 계속사용검사 중 안전검사(재사용검사를 포함한다)를 하며, 그 유효기간은 2년으로 한다.
5. 에너지진단을 받은 운전성능검사대상기기가 검사기준에 적합한 경우에는 에너지진단 이후 최초로 받는 운전성능검사를 에너지진단으로 갈음한다(비고 4에 해당하는 경우는 제외한다).

⑨ 보일러의 검사필증은 보일러실 내에 상시 보관 게시하여야 한다. 보일러 설비의 각종 인·허가검사증은 보일러실 내에 눈에 잘 보이는 장소에 게시하여야 한다.
⑩ 보일러실 내에 들어갈 때에는 환기를 충분히 하여야 하고, 증기관 밸브는 급속히 열지 않도록 하여야 한다.
⑪ 자동화재탐지설비로 정온식 감지기를 설치한다.

⑫ 저압용 보일러의 급수용 펌프로는 워싱턴 펌프를 사용한다.
⑬ 스케일 방지와 부식방지를 위하여 연수(90ppm)를 사용해야 한다.
⑭ 환기시설은 제1종 환기시설을 한다.

2 환기(공기조화)설비관리

(1) 서 설

1) 의의
① 공기조화는 실내의 온도·습도·세균·기류 등의 조건을 그 장소의 사용목적에 적합한 상태로 유지하는 것을 말한다.
② 환기는 자연적으로 또는 기계를 사용하여 실내의 공기와 바깥공기를 내보내고 끌어들이는 것을 말한다.
③ 주방, 급탕실, 보일러실, 전기실 내에서 발생하는 열 또는 배기가스를 환기를 통해 배제함으로써 청정한 환경을 확보하고 유지하기 위해서이다.

2) 법률상 규정
① 환기시설의 설치 등 : 사업주체는 공동주택의 실내 공기의 원활한 환기를 위하여 대통령령으로 정하는 기준에 따라 환기시설을 설치하여야 한다(주택법 제40조).
② 배기설비 등(주택건설기준 등에 관한 규정 제44조)
  ㉠ 주택의 부엌·욕실 및 화장실에는 바깥의 공기에 면하는 창을 설치하거나 국토교통부령이 정하는 바에 따라 배기설비를 하여야 한다.
  ㉡ 공동주택 각 세대의 침실에 밀폐된 옷방 또는 붙박이 가구를 설치하는 경우에는 그 옷방 또는 붙박이 가구에 배기설비 또는 통풍구를 설치해야 한다. 다만, 외벽 및 욕실에서 떨어뜨려 설치하는 옷방 또는 붙박이 가구에는 배기설비 또는 통풍구를 설치하지 않을 수 있다. 〈개정 2021. 1. 5〉
  ㉢ 공동주택의 각 세대에 설치하는 환기시설의 설치기준 등은 건축법령이 정하는 바에 의한다.
③ 배기설비(주택건설기준 등에 관한 규칙 제11조) 〈개정 2021. 1. 12〉 21회
  주택의 부엌·욕실 및 화장실에 설치하는 배기설비는 다음에 적합해야 한다.
  ㉠ 배기구는 반자 또는 반자 아래 80cm 이내의 높이에 설치하고, 항상 개방될 수 있는 구조로 할 것
  ㉡ 배기통 및 배기구는 외기의 기류에 의하여 배기에 지장이 생기지 아니하는 구조로 할 것
  ㉢ 배기통에는 그 최상부 및 배기구를 제외하고는 개구부를 두지 아니할 것
  ㉣ 배기통의 최상부는 직접 외기에 개방되게 하되, 빗물 등을 막을 수 있는 설비를 할 것
  ㉤ 부엌에 설치하는 배기구에는 전동환기설비를 설치할 것

ⓑ 배기통은 연기나 냄새 등이 실내로 역류하는 것을 방지할 수 있도록 다음의 어느 하나에 해당하는 구조로 할 것

ⓐ 세대 안의 배기통에 자동역류방지댐퍼(세대 안의 배기구가 열리거나 전동환기설비가 가동하는 경우 전기 또는 기계적인 힘에 의하여 자동으로 개폐되는 구조로 된 설비를 말하며, 「산업표준화법」 제27조에 따른 단체표준에 적합한 성능을 가진 제품이어야 한다) 또는 이와 동일한 기능의 배기설비 장치를 설치할 것

ⓑ 세대 간 배기통이 서로 연결되지 아니하고 직접 외기에 개방되도록 설치할 것

④ 공동주택 및 다중이용시설의 환기설비기준 등(건축물의 설비기준 등에 관한 규칙 제11조)

㉠ 신축 또는 리모델링하는 다음의 어느 하나에 해당하는 주택 또는 건축물(이하 "신축 공동주택 등")은 시간당 0.5회 이상의 환기가 이루어질 수 있도록 자연환기설비 또는 기계환기설비를 설치해야 한다.

ⓐ 30세대 이상의 공동주택

ⓑ 주택을 주택 외의 시설과 동일건축물로 건축하는 경우로서 주택이 30세대 이상인 건축물

㉡ 신축 공동주택 등에 자연환기설비를 설치하는 경우에는 자연환기설비가 환기횟수를 충족하는지에 대하여 지방건축위원회의 심의를 받아야 한다. 다만, 신축 공동주택 등에 「산업표준화법」에 따른 한국산업표준의 자연환기설비 환기성능시험방법에 따라 성능시험을 거친 자연환기설비를 별표 1의3에 따른 자연환기설비 설치길이 이상으로 설치하는 경우는 제외한다.

 자연환기설비 설치길이 산정방법 및 설치기준 (제11조 제2항 관련, 별표 1의3) 〈개정 2021. 8. 27〉 **12회 출제**

1. 설치대상 세대의 체적계산
   필요한 환기횟수를 만족시킬 수 있는 환기량을 산정하기 위하여, 자연환기설비를 설치하고자 하는 공동주택 단위세대의 전체 및 실별 체적을 계산한다.

2. 단위세대 전체와 실별 설치길이 계산식 설치기준
   자연환기설비의 단위세대 전체 및 실별 설치길이는 한국산업표준의 자연환기설비 환기성능 시험방법(KS F 2921)에서 규정하고 있는 자연환기설비의 환기량 측정장치에 의한 평가결과를 이용하여 다음 식에 따라 계산된 설치길이 L값 이상으로 설치하여야 하며, 세대 및 실 특성별 가중치가 고려되어야 한다.

$$L = \frac{V \times N}{Q_{ref}} \times F$$

L : 세대 전체 또는 실별 설치길이(유효개구부 길이기준, m)
V : 세대 전체 또는 실 체적(㎥)
N : 필요환기횟수(0.5회/h)
Q_{ref} : 자연환기설비의 환기량 측정장치에 의해 평가된 기준압력차(2Pa)에서의 환기량(㎥/h·m)
F : 세대 및 실 특성별 가중치

ⓒ 신축 공동주택 등에 자연환기설비 또는 기계환기설비를 설치하는 경우에는 별표 1의4 또는 별표 1의5의 기준에 적합하여야 한다.

신축 공동주택 등의 자연환기설비 설치기준(동 규칙 제11조 제3항 관련, 별표 1의4) 〈개정 2024.8.7.〉 **14회 출제**

신축 공동주택 등에 설치되는 자연환기설비의 설계·시공 및 성능평가방법은 다음 각 호의 기준에 적합하여야 한다.

1. 세대에 설치되는 자연환기설비는 세대 내의 모든 실에 바깥공기를 최대한 균일하게 공급할 수 있도록 설치되어야 한다.
2. 세대의 환기량 조절을 위하여 자연환기설비는 환기량을 조절할 수 있는 체계를 갖추어야 하고, 최대 개방상태에서의 환기량을 기준으로 별표 1의3에 따른 설치길이 이상으로 설치되어야 한다.
3. 자연환기설비는 순간적인 외부 바람 및 실내·외 압력차의 증가로 인하여 발생할 수 있는 과도한 바깥공기의 유입 등 바깥공기의 변동에 의한 영향을 최소화할 수 있는 구조와 형태를 갖추어야 한다.
4. 자연환기설비의 각 부분의 재료는 충분한 내구성 및 강도를 유지하여 작동되는 동안 구조 및 성능에 변형이 없어야 하며, 표면결로 및 바깥공기의 직접적인 유입으로 인하여 발생할 수 있는 불쾌감(콜드드래프트 등)을 방지할 수 있는 재료와 구조를 갖추어야 한다.
5. 자연환기설비는 다음 각 목의 요건을 모두 갖춘 공기여과기를 갖춰야 한다.
   가. 도입되는 바깥공기에 포함되어 있는 입자형·가스형 오염물질을 제거 또는 여과하는 성능이 일정 수준 이상일 것
   나. 한국산업표준(KS B 6141)에 따른 입자 포집률을 질량법으로 측정하여 70퍼센트 이상일 것
   다. 청소 또는 교환이 쉬운 구조일 것
6. 자연환기설비를 구성하는 설비·기기·장치 및 제품 등의 효율과 성능 등을 판정함에 있어 이 규칙에서 정하지 아니한 사항에 대하여는 해당 항목에 대한 한국산업표준에 적합하여야 한다.
7. 자연환기설비를 지속적으로 작동시키는 경우에도 대상 공간의 사용에 지장을 주지 아니하는 위치에 설치되어야 한다.
8. 삭제 〈2024. 8. 7.〉
9. 자연환기설비는 가능한 외부의 오염물질이 유입되지 않는 위치에 설치되어야 하고, 화재 등 유사시 안전에 대비할 수 있는 구조와 성능이 확보되어야 한다.
10. 실내로 도입되는 바깥공기를 예열할 수 있는 기능을 갖는 자연환기설비는 최대한 에너지 절약적인 구조와 형태를 가져야 한다.
11. 자연환기설비는 주요 부분의 정기적인 점검 및 정비 등 유지관리가 쉬운 체계로 구성하여야 하고, 제품의 사양 및 시방서에 유지관리 관련 내용을 명시하여야 하며, 유지관리 관련 내용이 수록된 사용자 설명서를 제시하여야 한다.
12. 자연환기설비는 설치되는 실의 바닥부터 수직으로 1.2m 이상의 높이에 설치하여야 하며, 2개 이상의 자연환기설비를 상하로 설치하는 경우 1m 이상의 수직간격을 확보하여야 한다.

신축 공동주택 등의 기계환기설비의 설치기준(제11조 제3항 관련, 별표 1의5) 〈개정 2020. 4. 9.〉 **17회 출제**

신축 공동주택 등의 환기횟수를 확보하기 위하여 설치되는 기계환기설비의 설계·시공 및 성능평가방법은 다음 각 호의 기준에 적합하여야 한다.

1. 기계환기설비의 환기기준은 시간당 실내공기 교환횟수(환기설비에 의한 최종 공기흡입구에서 세대의 실내로 공급되는 시간당 총 체적풍량을 실내 총체적으로 나눈 환기횟수를 말한다)로 표시하여야 한다.
2. 하나의 기계환기설비로 세대 내 2 이상의 실에 바깥공기를 공급할 경우의 필요환기량은 각 실에 필요한 환기량의 합계 이상이 되도록 하여야 한다.
3. 세대의 환기량 조절을 위하여 환기설비의 정격풍량을 최소·적정·최대의 3단계 또는 그 이상으로 조절할 수 있는 체계를 갖추어야 하고, 적정단계의 필요 환기량은 신축 공동주택 등의 세대를 시간당 0.5회로 환기할 수 있는 풍량을 확보하여야 한다.
4. 공기공급체계 또는 공기배출체계는 부분적 손실 등 모든 압력손실의 합계를 고려하여 계산한 공기공급능력 또는 공기배출능력이 제11조 제1항의 환기기준을 확보할 수 있도록 하여야 한다.
5. 기계환기설비는 신축 공동주택 등의 모든 세대가 환기횟수를 만족시킬 수 있도록 24시간 가동할 수 있어야 한다.
6. 기계환기설비의 각 부분의 재료는 충분한 내구성 및 강도를 유지하여 작동되는 동안 구조 및 성능에 변형이 없도록 하여야 한다.
7. 기계환기설비는 다음의 어느 하나에 해당되는 체계를 갖추어야 한다.
    가. 바깥공기를 공급하는 송풍기와 실내공기를 배출하는 송풍기가 결합된 환기체계
    나. 바깥공기를 공급하는 송풍기와 실내공기가 배출되는 배기구가 결합된 환기체계
    다. 바깥공기가 도입되는 공기흡입구와 실내공기를 배출하는 송풍기가 결합된 환기체계
8. 바깥공기를 공급하는 공기공급체계 또는 바깥공기가 도입되는 공기흡입구는 다음 각 목의 요건을 모두 갖춘 공기여과기 또는 집진기 등을 갖춰야 한다. 다만, 제7호 다목에 따른 환기체계를 갖춘 경우에는 별표 1의4 제5호(자연환기설비의 공기여과기 기준)를 따른다.
    가. 입자형·가스형 오염물질을 제거 또는 여과하는 성능이 일정 수준 이상일 것
    나. 여과장치 등의 청소 및 교환 등 유지관리가 쉬운 구조일 것
    다. 공기여과기의 경우 한국산업표준(KS B 6141)에 따른 입자 포집률이 계수법으로 측정하여 60퍼센트 이상일 것
9. 기계환기설비를 구성하는 설비·기기·장치 및 제품 등의 효율 및 성능 등을 판정함에 있어, 이 규칙에서 정하지 아니한 사항에 대하여는 해당 항목에 대한 한국산업표준에 적합하여야 한다.
10. 기계환기설비는 환기의 효율을 극대화할 수 있는 위치에 설치하여야 하고, 바깥공기의 변동에 의한 영향을 최소화할 수 있도록 공기흡입구 또는 배기구 등에 완충장치 또는 석쇠형 철망 등을 설치하여야 한다.
11. 기계환기설비는 주방 가스대 위의 공기배출장치, 화장실의 공기배출 송풍기 등 급속 환기설비와 함께 설치할 수 있다.
12. 공기흡입구 및 배기구와 공기공급체계 및 공기배출체계는 기계환기설비를 지속적으로 작동시키는 경우에도 대상 공간의 사용에 지장을 주지 아니하는 위치에 설치되어야 한다.

13. 기계환기설비에서 발생하는 소음의 측정은 한국산업표준에 따르는 것을 원칙으로 한다. 측정위치는 대표길이 1m(수직 또는 수평 하단)에서 측정하여 소음이 40dB 이하가 되어야 하며, 암소음(측정대상인 소음 외에 주변에 존재하는 소음을 말한다)은 보정하여야 한다. 다만, 환기설비 본체(소음원)가 거주공간 외부에 설치될 경우에는 대표길이 1m(수직 또는 수평 하단)에서 측정하여 50dB 이하가 되거나, 거주공간 내부의 중앙부 바닥으로부터 1.0~1.2m 높이에서 측정하여 40dB 이하가 되어야 한다.
14. 외부에 면하는 공기흡입구와 배기구는 교차오염을 방지할 수 있도록 1.5m 이상의 이격거리를 확보하거나, 공기흡입구와 배기구의 방향이 서로 90도 이상 되는 위치에 설치되어야 하고 화재 등 유사시 안전에 대비할 수 있는 구조와 성능이 확보되어야 한다. **27회 출제**
15. 기계환기설비의 에너지 절약을 위하여 열회수형 환기장치를 설치하는 경우에는 한국산업표준에 따라 시험한 열회수형 환기장치의 유효환기량이 표시용량의 90% 이상이어야 하고, 열회수형 환기장치의 안과 밖의 물 맺힘이 발생하는 것을 최소화할 수 있는 구조와 성능을 확보하도록 하여야 한다.
16. 기계환기설비는 송풍기, 열회수형 환기장치, 공기여과기, 공기가 통하는 관, 공기흡입구 및 배기구, 그 밖의 기기 등 주요 부분의 정기적인 점검 및 정비 등 유지관리가 쉬운 체계로 구성되어야 하고, 제품의 사양 및 시방서에 유지관리 관련 내용을 명시하여야 하며, 유지관리 관련 내용이 수록된 사용자 설명서를 제시하여야 한다.
17. 실외의 기상조건에 따라 환기용 송풍기 등 기계환기설비를 작동하지 아니하더라도 자연환기와 기계환기가 동시 운용될 수 있는 혼합형 환기설비가 설계도서 등을 근거로 필요환기량을 확보할 수 있는 것으로 객관적으로 입증되는 경우에는 기계환기설비를 갖춘 것으로 인정할 수 있다. 이 경우, 동시에 운용될 수 있는 자연환기설비와 기계환기설비가 제11조 제1항의 환기기준을 각각 만족할 수 있어야 한다.
18. 중앙관리방식의 공기조화설비(실내의 온도·습도 및 청정도 등을 적정하게 유지하는 역할을 하는 설비를 말한다)가 설치된 경우에는 다음 각 목의 기준에도 적합하여야 한다.
    가. 공기조화설비는 24시간 지속적인 환기가 가능한 것일 것. 다만, 주요 환기설비와 분리된 별도의 환기계통을 병행설치하여 실내에 존재하는 국소 오염원에서 발생하는 오염물질을 신속히 배출할 수 있는 체계로 구성하는 경우에는 그러하지 아니하다.
    나. 중앙관리방식의 공기조화설비의 제어 및 작동상황을 통제할 수 있는 관리실 또는 기능이 있을 것

　　ⓛ 특별시장·광역시장·특별자치시장·특별자치도지사 또는 시장·군수·구청장(자치구의 구청장을 말하며, 이하 "허가권자"라 한다)은 30세대 미만인 공동주택과 주택을 주택 외의 시설과 동일 건축물로 건축하는 경우로서 주택이 30세대 미만인 건축물 및 단독주택에 대해 시간당 0.5회 이상의 환기가 이루어질 수 있도록 자연환기설비 또는 기계환기설비의 설치를 권장할 수 있다.〈신설 2020. 4. 9.〉

(2) 환기설비방식 　　　　　　　　　　　　　　　　13·17회 출제

환기방식에는 자연환기, 기계에 의한 강제환기와 공기조화설비에 의한 중앙관리방식이 있다.

1) 자연환기
① 개구부나 창문에 의하여 자연적으로 환기하는 것으로서, 풍압작용에 의하여 환기가 이루어지는 풍력환기와 실내·외의 온도차에 의해서 환기가 이루어지는 중력환기가 있다.
② 자연환기설비는 환기에 적합한 공기흡입구와 배기구를 갖추어야 한다. 환기량이 일정치 않다.
③ 풍력환기에서는 풍량이 많거나 바람이 강할 때 또는 개구부를 주풍향에 직각이 되게 계획하면 환기량이 많아진다.
④ 부력환기(온도차환기)인 경우 실내온도가 실외온도보다 낮으면 상부에서는 실외공기가 유입되고 하부에서는 실내공기가 유출된다. 그리고 실내에 바람이 없을 때 실내·외의 온도차가 클수록 환기량은 많아진다.
⑤ 최근의 고단열·고기밀 건축물은 열효율면에서는 유리하나 자연환기에서는 불리하다.

2) 기계환기
공기의 흡입 또는 배기를 송풍기에 의해서 강제적으로 환기하는 것으로 제1종, 제2종, 제3종으로 구분된다. 기계환기는 실내 공기압을 균등하게 유지시킬 수 있는 장점이 있다.

3) 중앙관리방식
공조기(空調機)에서 조절된 공기를 급기덕트를 통해서 각 실내에 송풍하는 방식으로, 정풍량방식과 변풍량방식이 있다. 중앙관리방식의 공기조화설비는 기계환기설비의 구조기준에 적합하여야 한다.

(3) 기계환기방식

1) 제1종 환기방식(송풍기 + 배풍기)
① 가장 우수한 환기방식으로 실내·외 압력차를 조절할 수 있다.
② 용도는 보일러실, 병원수술실, 연면적 1,000㎡ 이상인 건물

2) 제2종 환기방식(송풍기 + 창문)
① 송풍기만 사용하므로 다른 실로 배기침입의 우려가 있다.
② 용도는 반도체 무균실, 창고, 소규모 변전실

3) 제3종 환기방식(창문 + 배풍기)
① 배풍기에 의한 환기를 한다.
② 용도는 주방·화장실·차고·암실 등 냄새나는 곳, 축전지실

(4) 송풍기의 종류

1) **배출압력에 의한 분류**

   일반적으로 송풍기는 압력에 따라 저압용 팬(fan)과 고압용의 블로어(blower)로 구분한다.

2) **날개(blade)의 형상에 의한 분류**　　　　　　　　　　　　24회 출제

   ① 팬(FAN)
   - ㉠ 원심형 : 익형(AIR FOIL, LIMIT LOAD FAN), 다익형(SIROCCO FAN), 후곡형(TURBO FAN), 방사형(PLATE FAN), 관류형(TUBULAR FAN)
   - ㉡ 사류형
   - ㉢ 수축류형 : 프로펠러형, 튜브형, 베인형
   - ㉣ 횡류형

   ② 블로어(BLOWER) - (1) 원심형 (2) 사류형 (3) 축류형

(5) 환기설비의 관리

1) **환기**

   환기는 실내 열손실의 원인이 되므로 난방과 밀접한 관련이 있고, 실내 거주자의 건강 및 작업능률 등에 영향을 미친다.

2) **일상의 점검 및 보수**

   ① 이상음, 이상진동의 유무 등의 운전상태를 확인하도록 한다.
   ② 가스기구를 사용할 때는 반드시 환기를 하도록 한다. 가스의 연소에 필요한 공기의 공급과 연소가스의 배기가 충분히 이루어지지 않으면 위험하다.
   ③ 주방의 배기후드에는 배기의 기름성분을 제거하기 위한 그리스필터는 정기적으로 청소하도록 한다.
   ④ 그리스필터를 제외한 상태에서 배기를 하지 않도록 한다.
   ⑤ 급기, 배기량이 감소할 때는 댐퍼의 열림 정도, V벨트의 풀림 등을 조사·점검하고 조정하도록 한다.

3) **환기횟수와 결정**

   환기횟수란 필요환기량(실내 공기의 오염 정도를 실내 환경의 쾌적성 기준 이하로 유지하는데 필요한 외기량을 말한다)을 실내의 용적으로 나눈 것으로, 환기의 빈도는 주거공간의 기능, 열손실량, 주거현황 및 실내오염 정도를 고려하여 결정하여야 한다.

   ① 환기량 계산법

   환기량 계산법은 실내 환기요인의 허용값에 의한 계산법, 환기횟수에 의한 계산법, 건축법 등의 법규에 의한 계산법 3가지로 나눌 수 있다. 그 중 실내 환기요인의 허용값에 의한 계산법은 다음과 같다.

> **WIDE** 실내 환기요인의 허용값에 의한 계산법　　　　　16·20·21·27회 출제
>
> ㉠ 실내에 발열이 있는 경우
>
> ```
> 필요환기량(㎥/h)
>   = [실내 발열량(kcal/h)] ÷ [공기밀도(kg/㎥)×공기의 정압비열 × (실내 허용온도-신선공기온도)]
> ```
>
> ㉡ 탄산가스의 발생이 있는 경우 - 탄산가스 농도에 따른 재실자의 필요환기량
>
> ```
> 필요 환기량(㎥/h)
>   = [실내의 총 CO₂ 발생량(L/h)] ÷ (실내 CO₂ 허용농도-외기 CO₂ 농도)]
> ```
> (참고 : 10,000ppm = 0.001 ㎥/㎥)
>
> ㉢ 수증기의 발생이 있는 경우
>
> ```
> 필요 환기량(㎥/h)
>   = [수증기의 발생량(kg/h)] ÷ [공기밀도(kg/㎥)×(실내 절대습도-실외 상대습도)]
> ```
>
> ㉣ 환기횟수(회/시간) = 필요환기량 [㎥/h] ÷ 방의 용적(㎥)

08 전기설비관리

1 서 설

(1) 의 의

1) 개념

전기는 일상생활에 필수적인 에너지원으로서 여러 가지 편의를 제공하고 있지만 잘못 사용하면 인축 등에 대한 감전·화재 등 각종 안전사고의 원인이 되기도 한다. 따라서 전기설비를 수시로 점검하여 불의의 사고를 예방하고, 사고발생시 신속한 대처를 하도록 함이 전기설비관리의 목적이 될 것이다.

2) 전기설비의 분류

전기설비는 크게 비교적 전력소비가 많은 부분인 강전설비와 비교적 전력소비가 적은 약전설비로 분류된다.

① 강전설비 : 배전설비, 변전설비, 동력설비, 예비전원설비, 조명설비, 피뢰침설비 등
② 약전설비 : 전화설비, 방송설비, TV공청설비, 인터폰설비 등

(2) 법률상 규정

1) **주택법 제28조**(간선시설의 설치 및 비용의 상환)
   ① 사업주체가 단독주택인 경우 100호, 공동주택인 경우 100세대(리모델링의 경우에는 늘어나는 세대수를 기준으로 한다) 이상의 주택건설사업을 시행하는 경우 또는 16,500㎡ 이상의 대지조성사업을 시행하는 경우 아래의 자는 해당 간선시설을 설치하여야 한다. 다만, 도로 및 상하수도 시설로서 사업주체가 주택건설사업계획 또는 대지조성사업계획에 포함하여 설치하려는 경우에는 그러하지 아니하다.

> 해당 지역에 전기·통신·가스 또는 난방을 공급하는 자 : 전기시설·통신시설·가스시설 또는 지역난방시설

   ② 간선시설은 특별한 사유가 없으면 사용검사일까지 설치를 완료하여야 한다.

2) **전기설비 설치기준**(주택건설기준 등에 관한 규정 제40조)   `16·23회 출제`
   ① 주택에 설치하는 전기시설의 용량은 각 세대별로 3kW(세대당 전용면적이 60㎡ 이상인 경우에는 3kW에 60㎡를 초과하는 10㎡마다 0.5kW를 더한 값) 이상이어야 한다.
   ② 주택에는 세대별 전기사용량을 측정하는 전력량계를 각 세대 전용부분 밖의 검침이 용이한 곳에 설치하여야 한다. 다만, 전기사용량을 자동으로 검침하는 원격검침방식을 적용하는 경우에는 전력량계를 각 세대 전용부분 안에 설치할 수 있다.
   ③ 주택단지 안의 옥외에 설치하는 전선은 지하에 매설하여야 한다. 다만, 세대당 전용면적이 60㎡ 이하인 주택을 전체 세대수의 2분의 1 이상 건설하는 단지에서 폭 8m 이상의 도로에 가설하는 전선은 가공선으로 할 수 있다.

2 전기사업법 및 전기안전관리법

(1) 용어의 정의(법 제2조,) 〈시행 2024. 8. 7〉   `14·15·19·22회 출제`

1) 전기사업법 제2조, 시행규칙 제2조 (정의) 〈시행 2022. 6. 16.〉
   ① "전기설비"란 발전·송전·변전·배전·전기공급 또는 전기사용을 위하여 설치하는 기계·기구·댐·수로·저수지·전선로·보안통신선로 및 그 밖의 설비(「댐건설·관리 및 주변지역지원 등에 관한 법률」에 따라 건설되는 댐·저수지와 선박·차량 또는 항공기에 설치되는 것과 그 밖에 대통령령으로 정하는 것은 제외한다)로서 다음 각 목의 것을 말한다.
      ㉠ 전기사업용 전기설비

ⓒ 일반용 전기설비
　　　ⓒ 자가용 전기설비
　② "전선로"란 발전소·변전소·개폐소 및 이에 준하는 장소와 전기를 사용하는 장소 상호간의 전선 및 이를 지지하거나 수용하는 시설물을 말한다.
　③ "전기사업용 전기설비"란 전기설비 중 전기사업자가 전기사업에 사용하는 전기설비를 말한다.
　④ "일반용 전기설비"란 산업통상자원부령이 정하는 소규모의 전기설비로서 한정된 구역에서 전기를 사용하기 위하여 설치하는 전기설비를 말한다.
　⑤ "자가용 전기설비"란 전기사업용 전기설비 및 일반용 전기설비 외의 전기설비를 말한다.
　⑥ "안전관리"란 국민의 생명과 재산을 보호하기 위하여 이 법 및 [전기안전관리법]에서 정하는 바에 따라 전기설비의 공사·유지 및 운용에 필요한 조치를 하는 것을 말한다.
　⑦ "분산형전원"이란 전력수요 지역 인근에 설치하여 송전선로의 건설을 최소화할 수 있는 일정 규모 이하의 발전설비로서 산업통상자원부령으로 정하는 것을 말한다.

> **규칙 제3조의2**(분산형전원의 범위) 〈본조신설 2019. 7. 24.〉
> 1. 발전설비용량 4만킬로와트 이하의 발전설비(제2호 각 목의 자가 설치한 발전설비는 제외한다)
> 2. 다음 각 목의 자가 설치한 발전설비용량 50만킬로와트 이하의 발전설비
> 　다. 자가용전기설비를 설치한 자

　⑧ "저압"이란 직류에서는 1500볼트 이하의 전압을 말하고, 교류에서는 1000볼트 이하의 전압을 말한다(시행규칙 제2조 8호).
　⑨ "고압"이란 직류에서는 1500볼트를 초과하고 7천볼트 이하인 전압을 말하고, 교류에서는 1000볼트를 초과하고 7천볼트 이하인 전압을 말한다(시행규칙 제2조 9호).
　⑩ "특고압"이란 7천V를 초과하는 전압을 말한다(시행규칙 제2조 10호).

2) 전기안전관리법 제2조, 시행규칙 제2조(정의) 〈시행 2021. 12. 21〉
　① "전기안전관리"란 국민의 생명과 재산을 보호하기 위하여 전기설비의 공사·유지·관리 및 운용에 필요한 조치를 하는 것을 말한다(법 제2조 1호).
　② "전기재해"란 전기화재, 감전사고 등으로 인하여 사람의 생명과 재산의 피해가 발생하는 경우를 말한다. (법 제2조 2호)
　③ "전기수용설비"란 수전설비와 구내 배전설비를 말한다.
　④ "수전설비"란 타인의 전기설비 또는 구내발전설비로부터 전기를 공급받아 구내배전설비로 전기를 공급하기 위한 전기설비로서 수전지점으로부터 배전반(구내배전설비로 전기를 배전하는 전기설비를 말한다)까지의 설비를 말한다.
　⑤ "구내 배전설비"란 수전설비의 배전반에서부터 전기사용기기에 이르는 전선로·개폐기·차단기·분전함·콘센트·제어반·스위치 및 그 밖의 부속설비를 말한다.
　⑥ "원격점검"이란 전기설비의 과전압·과전류 및 누설 전류 등을 검출하여 이를 데이터로 수집, 분석 및 전송함으로써 전기설비의 안전 상태 등을 점검하는 것을 말한다.

(2) 정기검사(전기안전관리법 제11조) 〈시행 2021. 4. 1〉

전기사업자 및 자가용전기설비의 소유자 또는 점유자는 산업통상자원부령으로 정하는 전기설비에 대하여 산업통상자원부령으로 정하는 바에 따라 산업통상자원부장관 또는 시·도지사로부터 정기적으로 검사를 받아야 한다. 송전사업자 및 배전사업자가 「전기사업법」 제65조의2에 따라 자체 검사를 실시한 경우에는 정기검사를 받은 것으로 본다.

규칙 제8조(정기검사의 대상·기준 및 절차 등)
① 정기검사의 대상이 되는 전기설비와 그 검사의 시기는 별표 4와 같다. 다만, 다음 각 호의 어느 하나에 해당하는 경우에는 산업통상자원부장관 또는 시·도지사가 정기검사의 시기를 따로 정할 수 있다.
  1. 상용 전기설비로서 전력공급의 부족, 재해 또는 긴급사태로 정기검사를 실시하기 곤란하다고 인정하는 경우
  2. 그 밖의 전기재해 예방을 위하여 전기재해가 발생하거나 발생할 우려가 현저하여 긴급히 정기검사가 필요하다고 인정하는 경우

▼ **자가용 전기설비의 정기검사 대상 및 시기 별표 4** 〈시행 2023.12.20.〉 [20회 출제]

구 분	시 기	비 고
수용가에 설치한 고압 이상의 전기수용설비, 비상용 예비발전설비 및 전기자동차 충전설비(단독으로 설치된 경우를 포함한다)	3년마다 2개월 전후	

※비고: 발전설비의 검사는 발전설비의 가동정지기간 중에 하며, 설비고장 등 검사시기 조정사유 발생시 검사기관과 협의하여 2개월 이내의 범위에서 검사시기를 조정할 수 있다. 비상용 예비발전설비는 이와 연계된 비상부하설비를 포함한다.

② 전기사업자 또는 자가용전기설비의 소유자 또는 점유자는 필요하다고 인정하는 경우에는 ①에 따른 검사시기 전에 정기검사를 받을 수 있다. 이 경우 검사를 받은 전기설비의 다음 검사시기는 해당 검사일을 기준으로 별표 4에 따른다.
③ 정기검사의 기준은 다음 각 호와 같다.
  1. 기술기준에 적합할 것
  2. 법 제18조에 따라 산업통상자원부장관이 고시하는 검사·점검의 방법·절차 등에 적합할 것
④ 전기사업자 또는 자가용전기설비의 소유자 또는 점유자는 정기검사에 불합격한 경우 적합하지 않은 부분에 대해 검사완료일부터 3개월 이내에 재검사를 받아야 한다.
⑤ 정기검사를 받으려는 자는 별지 제6호서식의 정기검사 신청서에 다음 각 호의 서류를 첨부하여 검사를 받으려는 날의 7일 전까지 안전공사에 제출해야 한다. 다만, 제2호의 서류는 정기검사를 받는 날까지 제출할 수 있다. 〈개정 2022. 4. 22.〉
  1. 전기안전관리자 선임신고증명서 사본
  2. 그 밖에 정기검사를 실시하는 데 필요한 서류로서 산업통상자원부장관이 정하여 고시하는 서류

규칙 제9조(검사결과의 통지 등)
① 안전공사는 사용전검사 또는 정기검사를 한 경우 검사완료일부터 5일 이내에 별지 제5호 서식의 검사확인증을 검사신청인에게 내주어야 한다. 다만, 검사 결과 불합격인 경우에는 그 내용·사유 및 재검사 기한을 통지해야 한다.
② 안전공사는 검사시기나 재검사 기간을 지나 검사를 받지 않고 전기설비를 사용하는 자를 산업통상자원부장관 또는 시·도지사에게 보고해야 한다. 〈개정 2022. 4. 22.〉
③ 안전공사는 재검사 결과가 기술기준에 부적합한 경우에는 그 내용을 산업통상자원부장관 또는 시·도지사에게 보고해야 한다.

제1장 설비관리

(3) 공동주택 등의 안전점검(전기안전관리법 제14조) 〈개정 2021. 12. 21.〉

1) 공동주택 세대에 대한 안전공사의 정기점검 의무

산업통상자원부장관은 「주택법」 제2조제3호에 따른 공동주택(아파트, 연립주택, 다세대주택)의 세대에 설치된 자가용전기설비에 대하여 산업통상자원부령으로 정하는 바에 따라 안전공사로 하여금 정기적으로 점검을 하도록 하여야 한다.

> **규칙 제20조**(공동주택 등의 안전점검에 대한 시기 및 절차 등) 〈개정 2024. 6. 25.〉
> ① 안전공사는 주택법」 제2조제3호에 따른 공동주택에 설치된 자가용전기설비에 대한 안전점검을 다음 각 호의 구분에 따른 날이 속하는 달의 전후 2개월 이내에 실시해야 한다.
>   1. 주택법」 제2조제3호에 따른 공동주택(용량 1천킬로와트 미만의 전기수용설비가 설치된 공동주택으로 한정한다)의 세대: 사용전검사를 한 후 25년이 되는 날부터 3년 이내에 안전점검을 실시한 후, 그 안전점검을 한 날부터 매 3년이 되는 날
> ② 안전점검에 관하여는 제12조제2항·제3항, 제13조, 제13조의2, 제14조, 제15조 및 제17조를 준용한다.

2) 위 1)에 따른 안전점검에 관하여는 제12조제2항부터 제12항까지의 규정(일반용전기설비의 점검)을 준용한다.

(4) 전기안전관리자의 선임 등

1) 전기안전관리자의 선임(전기안전관리법 제22조) 〈시행 2022. 4. 1〉

① 전기사업자나 자가용 전기설비의 소유자 또는 점유자는 그 전기설비(휴지 중인 전기설비를 제외)의 공사·유지 및 운용에 관한 전기안전관리업무를 수행하게 하기 위하여 산업통상자원부령으로 정하는 바에 따라 「국가기술자격법」에 따른 전기·기계·토목분야의 기술자격을 취득한 사람 중에서 각 분야별로 전기안전관리자를 선임하여야 한다.

> **규칙 제25조**(전기안전관리자의 선임 등)
> ② 전기안전관리자를 선임해야 하는 자는 전기설비의 사용전검사 신청 전 또는 사업개시 전에 전기설비 또는 사업장마다 전기안전관리자와 안전관리보조원으로 구분하여 전기안전관리자를 선임해야 한다.
> ③ 선임되는 전기안전관리자는 그 전기설비의 소유자·점유자 또는 그 전기설비의 소유자·점유자로부터 전기안전관리업무를 위탁받은 자(「농어촌 전기공급사업 촉진법」에 따른 전기사업자로부터 전기안전관리업무를 위탁받은 자를 포함한다)의 소속 기술인력으로서 전기설비의 설치장소의 사업장에 상시 근무를 해야 하고, 다른 사업장의 전기설비의 전기안전관리자로 선임될 수 없다. 다만, 법 제22조제1항 또는 제4항에 따라 선임되는 전기안전관리자는 다음 각 호의 어느 하나에 해당하는 전기설비에 한정하여 전기안전관리업무를 1명이 할 수 있다. 〈개정 2023. 12. 20.〉
>   5. 「전기사업법」에 따른 전기자동차충전사업자(자가용전기설비의 소유자 또는 점유자에 해당하는 경우를 말한다)의 경우 동일 사업자의 60개소(원격감시·제어기능을 갖춘 경우에는 120개소를 말한다) 이하의 전기자동차 충전소 전기설비

② 위 ①에도 불구하고 자가용전기설비의 소유자 또는 점유자는 전기안전관리에 관한 업무를 다음 각 호의 자에게 위탁할 수 있다. 이 경우 안전관리업무를 위탁받은 자는 분야별 전기안전관리자를 선임하여야 한다.
  ㉠ 전기안전관리업무를 전문으로 하는 자로서 자본금, 기술인력, 장비 등 대통령령으로 정하는 요건을 갖춘 자
  ㉡ 시설물관리를 전문으로 하는 자로서 자본금, 기술인력, 장비 등 대통령령으로 정하는 요건을 갖춘 자
③ 위 ①에도 불구하고 산업통상자원부령으로 정하는 규모 이하의 전기설비(자가용전기설비와 「신에너지 및 재생에너지 개발·이용·보급 촉진법」 제2조제1호 및 제2호에 따른 신에너지와 재생에너지를 이용하여 전기를 생산하는 발전설비만 해당한다)의 소유자 또는 점유자는 다음 각 호의 어느 하나에 해당하는 자에게 산업통상자원부령으로 정하는 바에 따라 전기안전관리업무를 대행하게 할 수 있고, 전기안전관리업무를 대행하는 자는 전기안전관리자로 선임된 것으로 본다.
  ㉠ 안전공사
  ㉡ 자본금, 기술인력 등 대통령령으로 정하는 요건을 갖춘 전기안전관리대행사업자
  ㉢ 전기 분야의 기술자격을 취득한 사람으로서 대통령령으로 정하는 장비를 보유하고 있는 자

규칙 제26조(안전관리업무의 대행규모) 〈시행 2024. 6. 25〉 **13회 출제**

안전공사, 전기안전관리대행사업자("대행사업자") 및 개인대행자가 전기안전관리업무를 대행할 수 있는 전기설비의 규모는 다음 각 호의 구분에 따른다.
1. 안전공사 및 대행사업자 : 다음 각 목의 어느 하나에 해당하는 전기설비(둘 이상의 전기설비 용량의 합계가 4,500kW 미만의 경우로 한정한다)
   가. 전기수용설비 : 용량 1천킬로와트 미만인 것
   나. 「신에너지 및 재생에너지 개발·이용·보급 촉진법」에 따른 신에너지와 재생에너지를 이용하여 전기를 생산하는 발전설비(이하 "신재생에너지 발전설비") 중 태양광발전설비 : 용량 1천킬로와트(원격감시·제어기능을 갖춘 경우 용량 3천킬로와트) 미만인 것
   다. 전기사업용 신재생에너지 발전설비 중 연료전지발전설비(원격감시·제어기능을 갖춘 것으로 한정한다) : 용량 500킬로와트 미만인 것
   라. 그 밖의 발전설비(전기사업용 신재생에너지 발전설비의 경우 원격감시·제어기능을 갖춘 것으로 한정한다) : 용량 300킬로와트(비상용 예비발전설비의 경우에는 용량 500킬로와트) 미만인 것
2. 개인대행자 : 다음 각 목의 어느 하나에 해당하는 전기설비(둘 이상의 용량의 합계가 1천 550kW 미만인 전기설비로 한정한다)
   가. 전기수용설비: 용량 500킬로와트 미만인 것
   나. 신재생에너지 발전설비 중 태양광발전설비 : 용량 250킬로와트(원격감시·제어기능을 갖춘 경우 용량 750킬로와트) 미만인 것

다. 전기사업용 신재생에너지 발전설비 중 연료전지발전설비(원격감시·제어기능을 갖춘 것으로 한정한다)
: 용량 250킬로와트 미만인 것
라. 그 밖의 발전설비(전기사업용 신재생에너지 발전설비의 경우 원격감시·제어기능을 갖춘 것으로 한정한다)
: 용량 150킬로와트(비상용 예비발전설비의 경우에는 용량 300킬로와트) 미만인 것

④ 위 ①부터 ③까지의 규정에도 불구하고 전기안전관리자를 선임 또는 선임 의제하는 것이 곤란하거나 적합하지 아니하다고 인정되는 지역 또는 전기설비에 대하여는 산업통상자원부령으로 정하는 바에 따라 전기안전관리자를 선임할 수 있다.

⑤ 전기안전관리자를 선임한 자는 전기안전관리자가 여행·질병이나 그 밖의 사유로 일시적으로 그 직무를 수행할 수 없는 경우에는 그 기간 동안, 전기안전관리자를 해임한 경우에는 다른 전기안전관리자를 선임하기 전까지 산업통상자원부령으로 정하는 바에 따라 대행자를 각각 지정하여야 한다.

⑥ 전기안전관리자의 세부기술자격 및 직무와 전기안전관리업무를 대행하는 자가 수행할 수 있는 전기안전관리 대행업무의 범위, 업무량 및 최소점검횟수에 관한 사항은 산업통상자원부령으로 정한다.

규칙 제30조(전기안전관리자의 자격 및 직무)

① 전기안전관리자의 세부기술자격은 별표 8과 같다.
② 선임된 전기안전관리자의 직무범위는 다음 각 호와 같다. 〈개정 2022. 4. 22.〉
 1. 전기설비의 공사·유지 및 운용에 관한 업무 및 이에 종사하는 사람에 대한 안전교육
 2. 전기설비의 안전관리를 위한 확인·점검 및 이에 대한 업무의 감독
 3. 전기설비의 운전·조작 또는 이에 대한 업무의 감독
 4. 전기안전관리에 관한 기록의 작성·보존
 5. 공사계획의 인가신청 또는 신고에 필요한 서류의 검토
 6. 다음 각 목의 어느 하나에 해당하는 공사의 감리업무
  가. 비상용 예비발전설비의 설치·변경공사로서 총공사비가 1억원 미만인 공사
  나. 전기수용설비의 증설 또는 변경공사로서 총공사비가 5천만원 미만인 공사
  다. 「신에너지 및 재생에너지 개발·이용·보급 촉진법」에 따른 신에너지 및 재생에너지 설비의 증설 또는 변경 공사로서 총공사비가 5천만원 미만인 공사
 7. 전기설비의 일상점검·정기점검·정밀점검의 절차, 방법 및 기준에 대한 안전관리규정의 작성
 8. 전기재해의 발생을 예방하거나 그 피해를 줄이기 위하여 필요한 응급조치

⑦ 전기안전관리자를 선임한 자는 산업통상자원부령으로 정하는 바에 따라 전기안전관리에 필요한 장비를 보유하여야 한다.〈시행 2022. 4. 1〉

2) 전기안전관리자의 선임 및 해임신고 등(전기안전관리법 제23조)

① 전기안전관리자를 선임 또는 해임한 자는 산업통상자원부령으로 정하는 바에 따라 지체 없이 그 사실을 「전력기술관리법」 제18조 제1항에 따른 전력기술인단체 중 산업통상자원부장관이 정하여 고시하는 단체(이하 "전력기술인단체")에 신고하여야 한다. 신고한 사항 중 산업통상자원부령으로 정하는 사항이 변경된 경우에도 또한 같다.

> **규칙 제34조**(전기안전관리자의 선임 및 해임신고)
> ① 전기안전관리자의 선임 또는 해임 신고를 하려는 자는 전기안전관리자 선임(해임) 신고서에 일정한 서류를 첨부하여 선임 또는 해임한 날부터 30일 이내에 「전력기술관리법」 제18조에 따라 설립된 전력기술인단체 중 산업통상자원부장관이 지정하여 고시하는 단체(이하 "전력기술인단체"라 한다)에 제출해야 한다.
> ③ 안전공사 및 대행사업자는 소속 기술인력이 담당하는 전기설비가 변경된 경우에는 기술인력별 전기설비담당현황을 그 변경이 있은 날부터 30일 이내에 전력기술인단체에 통보하여야 한다.
> ④ 전력기술인단체는 선임 또는 해임신고를 한 자가 전기안전관리자 선임(해임)신고증명서의 발급을 요구하면 지체 없이 전기안전관리자 선임(해임)신고증명서를 발급해야 한다.

② 전기안전관리자의 선임신고를 한 자가 선임신고증명서의 발급을 요구한 때에는 전력기술인단체는 산업통상자원부령으로 정하는 바에 따라 선임신고증명서을 발급해야 한다.

③ 전기안전관리자의 해임신고를 한 자는 해임한 날부터 30일 이내에 다른 전기안전관리자를 선임하여야 한다.

3) 전기안전관리자의 성실의무 등(전기안전관리법 제24조)

① 전기안전관리자는 직무를 성실히 수행하여야 한다.

② 전기사업자 및 자가용 전기설비의 소유자 또는 점유자(전기안전관리업무를 위탁받은 자를 포함)와 그 종업원은 전기안전관리자의 안전관리에 관한 의견에 따라야 한다.

③ 전기안전관리자는 산업통상자원부령으로 정하는 바에 따라 전기설비의 안전관리에 관한 기록을 작성·보존 및 제출하여야 한다.

> **규칙 제36조**(전기설비 안전관리에 관한 기록의 작성 및 보존 등)
> 1. 전기안전관리자는 전기설비의 안전관리에 관한 다음 각 호에 해당하는 사항의 기록을 작성하여 4년간 보존해야 한다.
>   (1) 안전교육의 실시에 관한 사항
>   (2) 전기설비의 안전관리를 위한 확인·점검의 내용 및 결과에 관한 사항
>   (3) 전기설비의 일상점검·정기점검·정밀점검의 절차, 방법 및 기준에 관한 안전관리규정에 관한 사항
>   (4) 전기재해의 예방 및 피해방지를 위한 응급조치로서 전기설비에 대한 수리·개조·보수 등 안전조치에 관한 사항
> 2. 전기안전관리자는 정기검사를 받는 때에 전기설비의 안전관리에 관한 기록을 안전공사에 제출해야 한다. 다만, 전기안전종합정보시스템에 매월 1회 이상 안전관리를 위한 확인·점검 결과 등을 입력한 경우에는 제출하지 않을 수 있다.

④ 전기안전관리자는 전기설비가 기술기준에 적합하지 아니하다고 인정되는 경우에는 지체 없이 해당 전기사업자 및 자가용전기설비의 소유자 또는 점유자에게 그 전기설비의 수리·개조·이전 등 필요한 조치를 요구하여야 한다.

⑤ 전기안전관리자로부터 ④에 따른 조치요구를 받은 해당 전기사업자 및 자가용전기설비의 소유자 또는 점유자는 지체 없이 이에 따라야 한다. 이 경우 이에 따른 조치요구를 이유로 전기안전관리자를 해임하거나 보수의 지급을 거부하는 등 불이익한 처우를 하여서는 아니 된다.

4) 전기안전관리자의 교육 등 (전기안전관리법 제25조) `15회 출제`

① 전기안전관리자 및 「전기공사업법」 제17조에 따른 시공관리책임자는 산업통상자원부장관이 실시하는 다음 각 호에 따라 교육(이하 "전기안전교육"이라 한다)을 받아야 한다.
  ㉠ 전기안전관리자 : 전기설비의 유지 및 운용에 관한 안전관리교육
  ㉡ 시공관리책임자 : 전기설비의 공사 및 시공관리에 관한 안전시공교육

② 산업통상자원부장관은 필요한 경우 이론교육과 실습교육을 병행하여 전기안전관리교육을 실시할 수 있다.

③ 전기안전교육을 수료한 전기안전관리자 또는 시공관리책임자에 대하여 교육수료증을 발급할 수 있다.

④ 전기안전관리자를 선임한 자는 정당한 사유 없이 전기안전교육을 받지 아니한 전기안전관리자를 해임하여야 한다.

규칙 제37조(전기안전관리자의 교육 등) 〈개정 2022. 4. 22.〉
① 전기안전교육을 받으려는 자는 다음 각 호의 구분에 따른 전기안전교육을 받아야 한다.
 (1) 선임된 전기안전관리자(안전공사 및 대행사업자는 그 소속기술인력을 말한다)
   : [별표 11]에 따른 전기안전교육
 (2) 「전기공사업법」 제17조에 따른 시공관리책임자: [별표 12]에 따른 전기안전교육
② 교육업무수탁단체의 장과 전기 관련 기관의 장은 ①에 따른 전기안전교육을 수료한 전기안전관리자 또는 시공관리책임자가 전기안전교육 수료증의 발급을 요청하면 전기안전교육 수료증을 지체 없이 발급해야 한다.
③ 교육업무수탁단체의 장 또는 전기 관련 기관의 장은 다음 각 호의 구분에 따라 해당 호에서 정한 자료를 다음 해 1월 31일까지 산업통상자원부장관에게 보고해야 한다.
 1. 교육업무수탁단체의 장: 전기안전교육의 실적 및 수료자 명단과 전기안전교육의 전부 또는 일부를 받은 것으로 인정된 사람의 명단
 2. 전기 관련 기관의 장: 전기안전교육 실적 및 수료자 명단과 전기안전교육의 전부 또는 일부를 받은 것으로 인정된 사람의 명단

전기안전관리자의 전기안전교육(규칙 제37조제1항 제1호 관련, 별표11) 〈개정 2023.12.20.〉

1. 교육의 과정·대상 및 기간

교육과정	교육대상자	교육기간
전기안전관리 기술교육(Ⅰ)	선임기간이 5년 미만인 안전관리자 또는 안전관리보조원	3년마다 1회 이상
전기안전관리 기술교육(Ⅱ)	선임기간이 5년 이상인 안전관리자 또는 안전관리보조원	
전기안전관리 특별교육	처음 선임된 안전관리자 또는 안전관리보조원	선임된 날부터 6개월 이내

2. 교육내용
    - 전기안전 관련 소양교육
    - 전기 관계 법령 및 기술규정
    - 전기안전관리 현장 실무·실습
    - 전기안전관리 운영 관련 규정
    - 전력계통 특성 및 사고 예방
    - 전기재해 예방 및 위기 대응 실무 사례
    - 신기술 및 에너지 관리기술
    - 「신에너지 및 재생에너지 개발·이용·보급 촉진법」에 따른 신재생에너지별 안전관리요령
    - 토목 및 기계분야 등에 대한 안전관리 요령
    - 전기자동차 충전설비 안전관리 요령
    - 그 밖에 전기안전관리에 필요한 사항
3. 행정사항
    - 교육기관은 매년 12월 31일까지 교육의 종류별·대상자별 및 지역별로 다음 해의 교육 실시계획을 수립하여 산업통상자원부장관에게 보고해야 한다.
    - 교육기관은 교육신청이 있을 때에는 교육실시 10일 전까지 교육대상자에게 교육장소와 교육날짜를 통보해야 한다.
4. 그 밖의 사항
    - 교육과목별 교육시간 및 교육내용의 수준은 교육기관이 정한다.
    - 교육과정별 1회 교육은 각각 21시간 이상이어야 한다. 이 경우 교과과목 중 일부 과목은 온라인교육을 병행할 수 있으나, 이론교육은 온라인교육으로 실시해야 한다.
    - 특별교육 대상자는 전기안전관리 현장 실무·실습 과목을 4시간 이상 이수해야 한다.
    - 전기안전관리 실무경력이 5년 이상인 경우 특별교육을 전기안전관리 기술교육(Ⅱ)으로 갈음할 수 있다.

(4) 권한의 위임·위탁(법 제43조)

1) 이 법에 따른 산업통상자원부장관 또는 시·도지사의 권한 중 다음 업무 중 일부를 대통령령으로 정하는 바에 따라 안전공사에 위탁할 수 있다.

제1장 설비관리

전기설비의 검사

2) 이 법에 따른 산업통상자원부장관 또는 시·도지사의 권한 중 다음의 업무는 대통령령으로 정하는 바에 따라 전력기술인단체에 위탁할 수 있다.

안전관리교육

(5) 중대한 사고의 통보·조사(전기안전관리법 제40조)

1) 전기사업자 및 자가용 전기설비의 소유자 또는 점유자는 그가 운용하는 전기설비로 인하여 산업통상자원부령으로 정하는 중대한 사고가 발생한 경우에는 산업통상자원부령으로 정하는 바에 따라 산업통상자원부장관에게 통보하여야 한다.

> **규칙 제43조**(중대한 사고의 통보·조사)
> ① "산업통상자원부령으로 정하는 중대한 사고"란 별표 16 제1호에 따른 사고를 말한다.
> ② 전기사업자 및 자가용 전기설비의 소유자 또는 점유자와 한국전력거래소는 별표 16 제2호에 따른 통보의 방법에 따라 중대한 사고가 발생한 사실을 산업통상자원부장관에게 통보해야 한다.

• 중대한 사고의 종류 및 통보의 방법(규칙 제43조 제1항 및 제2항 관련, 별표 16) 〈개정 2022.4.22〉

중대한 사고의 종류	통보의 방법
1. 전기화재사고 　가. 사망자가 1명 이상 발생하거나 부상자가 2명 이상 발생한 사고 　나. 「소방기본법」 제29조에 따른 화재의 원인 및 피해 등의 추정 가액이 1억원 이상인 사고 2. 감전사고(사망자가 1명 이상 발생하거나 부상자가 1명 이상 발생한 경우) 3. 전기설비사고 　바. 전압 10만V 이상인 자가용 전기설비의 수전설비·배전설비에서 사고가 발생하여 30분 이상 정전을 초래한 경우 　사. 1,000세대 이상 아파트 단지의 수전설비·배전설비에서 사고가 발생하여 1시간 이상 정전을 초래한 경우 　아. 용량이 20킬로와트 이상인 「신에너지 및 재생에너지 개발·이용·보급 촉진법」에 따른 신재생에너지 설비가 자연재해나 설비고장으로 발전 또는 운전이 1시간 이상 중단된 경우	1. 사고 발생 후 24시간 이내 : 다음 각 호의 사항을 전기안전종합정보시스템으로 통보할 것 　1) 통보자의 소속, 직위, 성명 및 연락처 　2) 사고 발생 일시 　3) 사고 발생 장소 　4) 사고 내용 　5) 전기설비 현황(사용 전압 및 용량) 　6) 피해 현황(인명 및 재산) 2. 사고발생 후 15일 이내 : 별지 제31호 서식에 따라 통보(전기안전종합정보시스템을 통해서도 통보할 수 있고, 필요한 경우 전자우편 및 팩스를 통해 추가적으로 보고할 수 있다)

2) 산업통상자원부장관은 전기사고의 재발방지를 위하여 필요하다고 인정하는 경우에는 다음의 자로 하여금 대통령령으로 정하는 전기사고의 원인·경위 등에 관한 조사를 하게 할 수 있다(전기안전관리법 제40조 제3항)
① 안전공사
② 산업통상자원부령으로 정하는 기술인력 및 장비 등을 갖춘 자 중 산업통상자원부장관이 지정한 자

> **영 제15조**(전기사고의 조사대상)
> "대통령령으로 정하는 전기사고"란 다음 각 호의 사고를 말한다.
> 1. 중대한 사고
> 2. 전기로 인하여 발생한 것으로 추정되는 다음 각 목의 사고
>   가. 사망자가 2명 이상이거나 부상자가 3명 이상인 화재사고
>   나. 재산피해[해당 화재사고에 대하여 경찰관서나 소방관서에서 추정한 가액(價額)에 따른다]가 3억원 이상인 화재사고
>   다. 그 밖에 제1호, 가목 또는 나목과 유사한 규모의 사고로서 해당 사고의 재발 방지를 위하여 사고의 원인·경위 등에 관한 조사가 필요하다고 인정하여 산업통상자원부장관이 지정하는 화재사고

(6) **벌칙**(전기안전관리법 제48조)
전기안전관리자를 선임하지 아니한 자는 500만원 이하의 벌금에 처한다.

(7) **과태료**(전기안전관리법 제52조)
안전관리교육을 받지 아니한 사람 또는 안전관리교육을 받지 아니한 사람을 해임하지 아니한 자, 전기안전관리자의 선임 또는 해임 신고를 하지 아니하거나 거짓으로 선임 신고를 한 자는 100만원 이하의 과태료를 부과한다.

3 배선설비

(1) **의 의**

배선설비란 건물에 시설하는 전등, 콘센트, 전동기, 전열 장치 등의 전기설비를 말하며, 이러한 설비를 어떤 장소에 설비하며 이에 대한 배선을 어떻게 시공하는가를 정확하게 표시한 배선도를 작성하는 것을 배선설비 설계라고 한다.

1) **부하용량의 산정**

부하용량의 산정은 전기방식, 공사방법, 간선설계, 전기실의 크기 및 변압기 용량결정의 기초가 된다.

2) **배전방식**

특고압 배전방식은 Y결선(중성점 다중 접지)방식을 사용한다. 저압 배전방식으로 3상 3선식(220V)은 고압 수용가의 구내 배전설비에 많이 사용하고, 3상 4선식(220V, 380V)은 동력과 전등부하를 동시에 사용하는 수용가에서 주로 사용한다.

제1장 설비관리

3) 전압강하

① 전선은 과전류가 흐르면 열이 발생하여 피복이 손상되고 화재의 원인이 되므로 전류량에 적합한 굵기의 전선을 선택하는 것이 중요하고, 전선을 전주에 지지하는 경우 인장력에 의해 늘어지지 않도록 전선의 기계적 강도를 고려하여야 한다.

② 공급전압이 배선의 길이·굵기 등에 따라 전압이 강하되는 현상이 생기는데 이를 전압강하 현상이라 하며, 배선 중의 전력손실은 전압강하의 제곱에 비례한다. 전압강하는 길이에 비례하고 굵기에 반비례한다. 정격전압은 전기사용기계기구, 배선기구 등에서 사용상 기준이 되는 전압을 말하며 모든 전기사용기구의 효율은 정격전압에서 최대가 되도록 설계되어 있다. 배전전압은 전류와 배선의 임피던스에 의해서 손실이 발생하고 전압강하가 발생하게 되는데 전기사용기구의 효율적인 사용을 위해서는 전압강하를 최소화하여 정격전압을 유지할 필요가 있다.

(2) 운용관리

1) 배선용 차단기(NFB, MCCB : Molded Case Circuit Breaker)를 반복적으로 작동시켜 이상 유무를 조사하고 불량품을 교체한다. 배선용 차단기는 개폐기구, 트립장치 등을 절연물 용기 내에 일체로 조립한 것으로 통전상태의 전로를 수동 또는 전기조작에 의해 개폐할 수 있으며, 과부하 및 단로 등의 이상 상태시 자동적으로 전류를 차단하는 기구를 말한다. 누전시 30mA 전류에서 0.03초 이내에 차단될 수 있어야 한다.

2) 누전차단기(ELB : Earth Leakage Breaker)는 월 1회씩 입주자로 하여금 시험버튼을 눌러 이상 유무를 확인하도록 하고 옥외보안등용 누전차단기는 관리사무소에서 직접 점검한다. ELB는 과부하 차단도 목적이 되지만 주목적은 누전차단인 배전용 차단기로서 15mA 전류에서 0.03초 이내에 차단될 수 있어야 한다.

3) 옥내의 배선설비접지는 3종접지를 하도록 되어 있으므로 유효접지 저항치(100Ω 이하)가 되는지를 측정하여 100Ω을 초과하면 원인을 조사·시정한다.

4) 200V용 콘센트를 100V용 콘센트로 교체할 때 접지선과 전원선을 혼동·결선하여 누전사고기 발생하는 경우가 있으므로 이 점을 입주자에게 홍보하여야 한다.

5) 부하전류를 측정하여 과부하·부하의 평형 여부를 조사하여 입주자로 하여금 적정량의 선기를 사용하도록 유도한다.

6) 전선의 심선이 규격보다 가는지의 여부를 조사한다.

7) 기계적인 손상으로 배선이 단락된 경우 감전사고가 발생할 수 있으므로 주의하여야 한다.

8) 한국전력공사의 공급전압을 측정하여 저전압이거나 과전압시 한국전력공사측에 시정을 요구한다. 저전압시에는 송전비용이 증가하고 전력이 약하게 되는 점이 있는 반면, 과전압시에는 과전류·피복손상·화재위험이 발생할 수 있다.

4 수·변전설비

(1) 의의

전력회사에서 보내온 전기(22,900V)를 건물 안으로 받아들이는 설비를 수전설비라 하고 받아들인 수전전압을 건물 안에서 필요한 전압으로 바꾸는 설비를 변전설비라고 한다. 보통 수전설비와 변전설비는 같은 공간에 설치되어 있는데, 이곳을 수변전실이라 한다.

> **WIDE 수변전설비의 용량** 13·16·21·23회 출제
>
> 부하설비의 용량이 산출되어 그 값을 그대로 사용하면 과다한 설비가 될 수 있으므로 수변전설비용량은 수용률, 부등률, 부하율을 고려하여 최대수요전력을 구한다.
> ① 수용률(설계량)
>   설비 용량에 대한 최대 전력의 비를 백분율로 나타낸 것이다. 수용 설비가 동시에 사용되는 정도를 나타내며 변압기 등의 적정공급 설비 용량을 파악하기 위하여 사용한다.
>   수용률 = [최대수용전력(kW)/총부하설비용량(kW)] × 100(%)
> ② 부하율(실제량)
>   어떤 기간 중의 평균 수용 전력과 최대 수용 전력과의 비를 나타낸 것이다. 공급 설비가 어느 정도 유효하게 사용되는가를 나타내며 부하율이 클수록 공급 설비가 유효하게 사용된다.
>   부하율 = [평균수용전력(kW)/최대수용전력(kW)] × 100(%)
> ③ 부등률(시각량)
>   최대 수용 전력의 합계를 합성 최대 수용 전력으로 나눈 값이다. 수전설비 용량산정에 사용된다. 부등률은 항상 1보다 크다. 부등률이 클수록 설비의 이용률이 크기 때문에 유리하다.
>   부등률 = [수용설비 각각의 최대전력 합계(kW)/합계부하의 최대수용전력(kW)] × 100(%)

(2) 안전점검

변전실 → 관리주체는 매 분기 1회 이상 안전진단을 실시한다.

(3) 변전실의 위치 및 구조 12회 출제

1) 부하의 중심에 가까울 것
2) 기기의 반출입이 용이하고, 바닥은 기기의 하중을 견딜 수 있어야 할 것
3) 채광과 통풍이 양호할 것(직사광선이나 습기 방지)
4) 예비발전실, 축전기실, 엘리베이터, 기계실, 보일러실, 펌프실과 관련성을 고려하여 가능한 인접한 장소일 것
5) 격벽은 내화구조이고 출입구는 방화문일 것
6) 천장높이를 충분히 할 것(고압은 3m 이상, 특고압은 4.5m 이상)
7) 물이 침입하거나 침투할 우려가 없을 것

(4) 변전설비용 기기

1) 차단기
자동적으로 전류를 차단하여 기기를 보호하는 장치로서 유입차단기와 공기차단기 등이 있다.

2) 콘덴서
교류의 전력은 위상차에 의하여 전력손실과 전압강하가 이루어지는데, 이러한 동력의 역률을 개선하고 전력손실·전압강하를 방지하기 위한 장치이다.

> **보충**
> ① 역률 = (유효전력/피상전력) × 100 또는 전압과 전류의 위상차로 표현한다.
> ② 역률을 개선하면 설비용량의 여유도가 증가한다.
> ③ 역률은 부하의 종류와 상관관계가 있다.
> ④ 역률을 개선하면 무효전력이 줄어들어 소비전력이 감소하며, 피상전류가 줄어든다. 따라서 선로에 흐르는 전류는 감소한다.

3) 배전반
① 전기량 배분·계통구분 등의 기능을 가진 장치로서, 전압에 따라 고압·저압의 배전반으로 나누고, 고압배전반은 주로 전기실 또는 변전실에 설치한다.
② 대리석·강판·철판 등으로 만들어지고 개폐기, 자동차단기, 계전기 등을 부착한다.
③ 배전반의 간선설치방법 → 평행식(대규모 아파트단지), 나뭇가지식, 병용식

4) 변압기
규소강판에 틈을 만들어 겹쳐서 여기서 1차 권선과 2차 권선을 감아 기전력에 의하여 전압이 상승 또는 강하하도록 만든 장치를 말한다.

① **절연유의 절연내력시험 및 산가측정**(2년에 1회 이상)
  ㉠ 절연유 산가도시험

구 분	산가(mg koh/g)	판 정
사용 중인 절연유	0.4 이상	불량
	0.2 초과 ~ 0.4 이하	요주의
	0.2 이하	양호
신 유	0.02 이하	양호

  ㉡ 절연유 절연내력전압

구 분	절연파괴전압	판 정	
		50kV 미만 기기	50kV 이상 기기
사용 중인 절연유	15kV 미만	불량	불량
	15kV 이상 20kV 미만	요주의	불량
	20kV 이상	양호	양호
신 유	30kV 이상	양호	양호

* 요주의사항은 적합으로 판정하고 가급적 조속히 여과 또는 교체하도록 요청한다.

② 변압기 절연유의 조건
   ㉠ 절연성이 클 것
   ㉡ 점도가 낮고 냉각효과가 클 것
   ㉢ 인화점이 높고 응고점이 낮을 것
   ㉣ 금속재료와 접촉하더라도 화학반응이 잘 일어나지 않을 것
   ㉤ 변압기의 절연유로는 석유계 광유가 많이 사용
③ 절연유의 열화방지 : 유(油) 보존기인 콘서베이터를 부착하여 절연유의 열화를 방지한다.

(5) 잔류성 유기오염물질 함유기기 등의 관리

1) **오염기기 등의 목록작성**(잔류성오염물질 관리법 제24조) 〈시행 2020.5.26.〉

   환경부장관은 인체에 대한 위해를 예방하기 위하여 "대통령령으로 정하는 기준 이상의 잔류성오염물질"("1ℓ당 50mg 이상의 폴리클로리네이티드비페닐"을 말한다)을 함유하는 기기·설비·제품(이하 "오염기기 등")의 목록을 작성할 수 있다.

2) **관리대상기기 등의 신고 등**(법 제24조의2) 〈시행 2023. 6. 11〉

   ① 변압기 등 대통령령으로 정하는 기기·설비·제품(이하 "관리대상기기등"이라 한다)의 소유자는 제조사, 제조 연월일, 절연유 교체 여부 등 환경부령으로 정하는 사항을 시·도지사에게 신고하여야 한다. 신고한 사항 중 절연유 교체 등 환경부령으로 정하는 중요한 사항을 변경한 경우에도 또한 같다. 〈개정 2022. 6. 10.〉

   ② 시·도지사는 제1항 전단에 따른 신고 또는 같은 항 후단에 따른 변경신고를 받은 경우 그 내용을 검토하여 이 법에 적합하면 신고를 수리하여야 한다. 〈신설 2022. 6. 10.〉

---

1. 관리대상기기 등(영 제23조) 〈개정 2023. 6. 7.〉
   위에서 "변압기 등 대통령령으로 정하는 기기·설비·제품"이란 다음 각 호와 같다. 다만, 2008년 1월 27일 이후에 제조된 것으로 절연유의 폴리클로리네이티드비페닐 함유량이 리터당 0.05밀리그램 미만인 것은 제외한다.
   1. 변압기[유입식(油入式) 기기만 해당한다]
   2. 콘덴서(유입식 기기만 해당한다)
   3. 계기용 변압변류기(유입식 기기만 해당한다)
   4. 그 밖에 전기절연유를 절연매체로 사용하는 전력장비

2. 관리대상기기 등에 관한 신고(규칙 제21조) 〈개정 2023. 6. 12.〉
   ② 관리대상기기 등의 소유자는 관리대상기기 등을 설치한 날부터 30일 이내에 신고할 사항을 증명하는 서류를 첨부하여 시·도지사에게 제출(「전자정부법」에 따른 정보통신망에 의한 제출을 포함한다)하여야 한다.
   ④ 변경신고를 하려는 자는 변경사유가 발생한 날부터 30일 이내에 신고서에 발급받은 신고증명서와 변경된 사항을 증명하는 서류를 첨부하여 시·도지사에게 제출해야 한다.
   ⑤ 신고서를 받은 시·도지사는 별지 제9호 서식의 관리대상기기 등의 신고증명서(변경신고의 경우에는 신고증명서 뒷면에 변경신고의 내용을 적은 것을 말한다)를 신고인에게 내주어야 한다.

3) 오염기기 등의 안전관리(법 제25조)

① 오염기기 등의 소유자는 다음의 안전관리상의 조치를 취하여야 한다.
  ㉠ 안전관리상 주의사항의 표시
  ㉡ 오염 여부에 대한 식별장치의 부착
② 위 ①의 규정에 따른 안전관리상의 조치에 관하여 필요한 세부사항은 환경부령으로 정한다.

> **규칙 제22조**(오염기기 등의 안전관리)
> ① 오염기기 등의 소유자는 법 제25조 제1항에 따라 설치하려는 오염기기 등 및 보관창고에 안전관리상 주의사항 표지를 부착하여야 한다.
> ② 시·도지사는 오염기기 등의 소유자가 안전관리상 주의사항표지를 기기에 부착하지 아니한 경우에는 15일의 범위에서 부착기간을 정하여 오염기기 등의 소유자에게 안전관리상 주의사항표지의 부착을 명하여야 한다.

③ 시·도지사는 오염기기 등의 소유자가 ① 및 ②의 규정에 따른 안전관리상 조치를 취하지 아니하는 경우에는 환경부령으로 정하는 바에 따라 기간을 정하여 그 소유자에게 안전관리를 위하여 필요한 조치를 취할 것을 명령할 수 있다.

4) 오염기기 등의 처리기한(법 제26조)

사용을 마친 오염기기 등의 소유자는 그 기기를 환경부령으로 정하는 기한 내에 제22조의 규정에 따른 기준과 방법에 따라 적정하게 처리하여야 한다.

> **규칙 제22조의2**(오염기기 등의 처리기한)
> 법 제26조에서 "환경부령이 정하는 기한"이란 「폐기물관리법 시행규칙」에 따른 배출자의 보관기간으로 45일을 말하며, 시·도지사의 승인을 받아 1년 단위로 그 기한을 연장할 수 있다.

5) 잔류성오염물질함유폐기물의 처리기준 등(법 제22조)

잔류성오염물질함유폐기물을 수집·운반·보관 또는 처리하려는 자는 환경부령으로 정하는 기준과 방법에 따라야 한다.〈개정 2016.1.27.〉

5 예비전원설비

공동주택에 갑자기 정전이 되는 경우 소화설비, 비상엘리베이터, 비상조명등 및 급배수 등이 가동되지 않아 재해가 발생할 수 있으므로 이러한 사고에 대비하기 위하여 공동주택 자체 내에 자가발전을 위한 설비를 갖추어야 한다.

(1) 자가발전설비

1) 주로 대규모 건축물의 장시간 정전시에 사용된다.
2) 디젤기관에 의해 가동되는 3상교류발전기가 많이 이용된다.
3) 정전시 10초 이내에 가동이 되어야 하며, 규정전압을 유지하면서 30분 이상 전력공급이 가능하여야 한다.
4) 발전기 시험운전은 발전기 이상 유무 및 시동점검을 위하여 보통 주 1회 무부하 시험운전을 한다.
5) 보통 수전설비의 10~20% 정도의 용량으로 한다.
6) 변전실과 가까운 곳에 설치하며, 그 구조는 내화구조 또는 준내화구조로 하여야 하고, 방음·방진에 대한 충분한 고려가 필요하다.

(2) 비상전용 수전설비

상시전원과는 별도로 비상전원을 수전받기 위한 설비로서 비상전원을 확보해야 하는 건물의 위치와 전력회사 변전소의 계통, 비상부하의 용량 등을 감안하여 선택할 수 있으나 객관적으로 전원의 공급신뢰성이 확보되어야 한다.

6 배전설비

(1) 의 의

외부의 전기기간설비로부터 공동주택단지 내로 전력을 인입하여 각 세대가 전기를 사용할 수 있도록 하는 각종 설비를 말한다.

PROFESSOR COMMENT

22,900 → 380V : E/L 등 동력용 → 220V : 각 세대

(2) 유지관리

1) 구조

PROFESSOR COMMENT

　　　　　　　　　간선시설
　　　　　　　　　　↑
전주 → 계량기 → 배전반 → 분전반 → 분기회로 → 전등, 콘센트 등

2) 분전반

① 전등, 콘센트, 전동기 등 전선의 끝이 되는 분기회로를 조정·개폐시키는 장치로서 분기회로용으로 설치한 개폐기, 보안장치, 노퓨즈 또는 퓨즈 등을 보수하는 데 편리하도록 집중하여 설치한 장치를 말하며 배선반이라고도 한다.

② 분전반 1개의 공급면적은 1,000㎡ 이하이거나 분기회로의 길이가 30m(부하의 중심에 가깝게 설치한다) 이하가 되게 설치하며, 1개층에 적어도 분전반 1개씩 설치한다.

3) 분기회로

적당한 군으로 분할한 전기회로로서 전기를 사용하는 기계·기구나 이것에 전기를 공급하는 옥내배선에 고장이 있을 때, 사고의 파급범위를 한정하고 보수점검을 용이하게 한다.

(3) 전기방식(배전방식)

단상 2선식	1회선 2가닥의 배전선으로 배전하는 방식(단상 2선식 110V, 단상 2선식 220V). 현재는 110V 제작 금지됨 - 일반상점, 일반주택
단상 3선식	배전선을 2회선 4가닥으로 할 것을 1가닥을 절약하여 3가닥으로 배전하는 방식으로서 중성선과 본선을 연결하면 110V이고 본선 2개를 연결하면 220V가 되며 아파트, 일반사무실, 학교, 관공서 등에 사용된다. 현재는 거의 사용하지 않는다.
3상 3선식	1회선 3가닥의 배전선으로 배전하는 방식으로서 주로 전동기의 전원, 빌딩·공장의 동력회로에 사용되며, 전압은 220V 또는 380V를 사용할 수 있다.
3상 4선식	3상의 동력과 단상의 동력을 동시에 공급할 수 있는 배전방식으로서 전등·전동기의 양쪽에 전력을 공급할 수 있고, 전압은 220V와 380V이며 대규모 건축물이나 공장에 사용한다.

7 전기배선공사

23회 출제

(1) 애자사용 공사

건물의 천장, 벽 등에 놉애자, 핀애자, 애관, 클리트애자를 사용하여 전선을 지지하는 공사

(2) 목재몰드 공사

목재에 홈을 파서 홈에 절연전선을 넣고 뚜껑을 덮어 실시하는 공사. 애자사용 배선의 일부로서 콘센트, 스위치류 등의 인하선에 이용되는 정도이며, 옥내배선의 모든 부분에 이용되는 경우는 없다.

(3) 합성수지몰드 공사

내식성이 좋아 부식성 가스 또는 용액을 발산하는 화학공장의 배선에 적합하다. 접속점이 없는 절연전선을 사용하여 전선이 노출되지 않도록 설치해야 한다.

(4) 경질비닐관 공사

중량이 가볍고 시공이 쉬우며 관 자체가 절연성이 우수해 화학공장 등에 사용가능하다. 단점은 열에 약하고 기계적 강도가 낮다.

(5) 금속관 공사

주로 철근콘크리트 건물의 매입배선 등에 사용되며, 시공시에 건물의 종류와 장소에 구애됨이 없고, 습기, 먼지가 있는 장소에도 시공이 가능하다. 공사에는 접속점이 없는 연선이나 절연전선을 사용한다. 화재에 대한 위험성이 낮고, 전선에 이상이 생겼을 때 교체가 쉬우며, 전선의 기계적 손상에 대해 안전하다. 그러나 증설은 힘들다.

(6) 금속몰드 공사

폭 5센티미터 이하, 두께 0.5센티미터 이상의 철재 홈통의 바닥에 전선을 넣고 뚜껑을 덮은 것을 말한다. 공사에는 접속점이 없는 절연전선을 사용하고, 접속은 기계적, 전기적으로 완전히 접속되어야 한다.

(7) 가요전선관 공사

굴곡 장소가 많아서 금속관공사로 하기 어려운 경우, 옥내배선과 전동기를 연결하는 경우 또는 승강기의 배선, 증설공사, 기차나 전차 내의 배선 등에 적합하다. 이 공사에는 접속점이 없는 절연전선을 사용하며 특히 습기, 물기, 먼지가 많은 장소나 기름을 취급하는 장소에는 방수용 가요전선관을 사용한다.

(8) 금속덕트 공사

전선을 철재덕트 속에 넣고 시설하는 공사. 금속덕트 내의 전선은 분기점 이외에서는 접속점이 없어야 하고, 전선을 외부로 인출하는 부분은 금속관공사, 합성수지관공사, 가요전선관공사 또는 케이블공사를 해야 한다. 대형공장, 빌딩 등에서 증설공사를 할 경우 전기배선 변경이 쉬우므로 많이 이용된다.

(9) 버스덕트 공사

공장, 빌딩 등에서 비교적 큰 전류를 통하는 저압 배전반 부근 및 간선에 많이 채택된다.

(10) 라이닝덕트 공사

전선관과 전선이 일체로 되어 있는 유형으로서 덕트 본체에 실링이나 콘센트를 구성해 사용한다. 점포의 액센트조명, 화랑의 벽면조명, 스폿조명, 광원을 이동시킬 필요가 있는 경우 등에 사용한다.

(11) 플로어덕트 공사

은행, 회사, 백화점 등과 같이 바닥면적이 넓은 실에서 전기스탠드, 선풍기, 컴퓨터 등의 강전류 전선과 신호선 등의 약전류 전선을 콘크리트 바닥에 매입하고 여기에 바닥면과 일치한 플로어 콘센트를 설치하여 이용하도록 한 것이다.

(12) 케이블 공사

옥내배선에서 금속관공사처럼 모든 장소에 시설할 수 있는 공사방법이다. 전선으로 케이블을 사용하는 경우와 캡타이어케이블을 사용하는 경우가 있다.

8 접지공사

(1) 접 지

접지란 기본적으로 대지에 전기적 단자(접지전극)를 접속하는 것, 즉 전기성질을 이용하는 모든 회로 및 시스템의 기준전위를 대지와 전기적으로 접속하는 것으로 그 전위를 대지와 같은 전위 또는 전위차를 최소화시켜 사람에 대해 혹은 전기, 전자, 통신기기설비 상호간에 안전한 동작을 확보하기 위한 수단을 강구하는 것이다. 접지에 대한 일반적인 표현으로는 유럽에서는 'Earthing', 북미에서는 'Grounding'이라고 한다.

(2) 접지의 목적

1) 누설전류로 인한 인축에 대한 감전방지
2) 낙뢰, 과전압, 전류의 역류 등으로부터 인명 및 시스템 보호
3) 낙뢰 및 전원시설에서 발생되는 서지(Surge)에 대한 방전로 제공
4) 전력시설, 전자·통신설비, 건축물의 재해방지
5) 전자기의 간섭 감소 및 정전기로부터 시스템 보호

(3) 전력접지공사의 종류

2021년부터 적용 : 통합접지, 공통접지, 변압기중성점접지가 있다.

9 조명설비

(1) 기 능

1) 공동주택의 공용부분 및 부대시설 등에 설치하여 야간통행이나 출입을 편리하게 하고 범죄나 화재시에 기능하게 한다.
2) 조명설비는 자연조명과 인공조명으로 분류되는데 각 조명방식을 구분하여 적재적소에 배치하여야 한다.

(2) 조명방식

1) 조명기구의 배광에 의한 분류

종류	장점	단점
직접조명	① 조명효율이 좋다. ② 먼지에 의한 감광이 적다. ③ 벽·천장의 반사율의 영향이 적다. ④ 기계·기구의 손상이 적고 유지·배선이 쉽다.	① 갓을 사용하지 않을 경우 센 조명이 되기 쉽다. ② 전력의 소모가 크다. ③ 기구의 선택을 잘못하면 눈부심의 우려가 있다.
간접조명	① 조도가 균일하다. ② 음영이 생기지 않는다. ③ 연직물에 대한 조도가 가장 높다. ④ 차분한 분위기를 얻을 수 있다.	① 조명률이 가장 낮다. ② 먼지에 의한 감광이 많다. ③ 천장의 반사율의 영향을 많이 받는다. ④ 설치, 유지비가 비싸다.
전반확산조명	광원에서 광선의 반을 직사광으로 하고, 나머지 반은 반사광으로 이용하는 방식이다.	

직접조명과 간접조명, 반직접조명과 반간접조명, 전반확산조명이 있다.

2) 조명기구의 배치에 따른 분류

① 국부조명 : 특정작업면에 높은 조도를 필요로 할 때의 조명방식으로 특정장소에 조명기구를 밀집배치하거나 스탠드 등을 사용한다.
② 전반조명 : 작업면 전반에 실내의 조도가 균일하게 되도록 조명기구를 일정하게 분산배치하는 방식이다.
③ 전반·국부 병용조명 : 전반조명과 국부조명의 장점을 취한 방식이다. 전반조명하에 특정한 장소에 국부조명을 하는 방식이며, 조도의 변화를 적게 하여 명시효과를 높이기 위한 것으로 정밀한 작업을 요하는 곳에 이용된다.

(3) 조명용어 및 단위

용어	정의	단위
광속	1초 동안 어떤 면을 통과하는 빛의 양(광원의 밝기)	lm(Lumen)
광도	광원에서 나오는 빛의 세기	cd(Candela)
조도	단위면적당 입사광속. 조명설계에서 가장 기본이 되는 단위(어느 장소에 대한 밝기)	lx(Lux)
휘도	물체 표면의 밝기, 눈부심 정도	nit, sb(Stilb)
광속발산도	물체의 밝기	Rlx(Radlux)
보수율 (=유지율)	① Maintenance factor, 감광보상율의 역수 ② 램프의 사용시간 경과에 따라 감광되거나 먼지부착 등에 의한 조명기구 효율저하를 보완하기 위한 보정계수	
균제도 (Uniformity)	① 조도에 의한 빛이 균일한 정도 ② (수평면상의 최소 조도)/(수평면상의 최대 조도)	

(4) 감광보상율과 보수율

1) **감광보상율(D)**

   조명 설계나 제작을 할때 광속의 감소를 미리 예상하여 소요 광속의 여유를 두는 정도를 말한다(D = 설비조도/초기조도이기 때문에 항상 1보다 크다).

2) **보수율(M) = 유지율 = 감광보상율의 역수**

   조명을 사용하고 나서의 평균 설비조도를 감안하여 초기 조도를 상향해야 하는 정도를 말한다(M = 초기조도/설비조도이기 때문에 항상 1보다 작다).

3) 결론적으로 감광보상율은 조명을 설계할 때 설비조도를 높게 하고, 보수율은 초기조도를 높게하는 것이다.

 조도 계산식에서의 감광보상율과 보수율 〔23회 출제〕

E = FUN/AD = FUNM/A [LX]
N = EAD/FU = EA/FUM [개]
  *E : 조도, F : 광속 [lm], U : 조명율
N : 조명기구 수(조명최소필요갯수)
A : 면적 [㎡], D : 감광보상율, M : 보수율

---

(5) 기타의 조명설비관리

1) **보안등**(주택건설기준 등에 관한 규정 제33조)

   ① 주택단지 안의 어린이놀이터 및 도로(폭 15m 이상인 도로의 경우에는 도로의 양측)에는 보안등을 설치하여야 한다. 이 경우 당해 도로에 설치하는 보안등의 간격은 50m 이내로 하여야 한다.

   ② 보안등에는 외부의 밝기에 따라 자동으로 켜지고 꺼지는 장치 또는 시간을 조절하는 장치를 부착하여야 한다.

2) **항공장애 표시등의 설치 등**(공항시설법 제36조 제2항) 〈개정 2017. 8. 9.〉

   장애물 제한표면 밖의 지역에서 지표면이나 수면으로부터 높이가 60미터 이상 되는 구조물을 설치하는 자는 국토교통부령으로 정하는 표시등 및 표지의 설치 위치 및 방법 등에 따라 표시등 및 표지를 설치하여야 한다. 다만, 구조물의 높이가 표시등이 설치된 구조물과 같거나 낮은 구조물 등 국토교통부령으로 정하는 구조물은 그러하지 아니하다. 표시등의 설치 목적은 항공기에 지상 장애물의 존재를 표시해 줌으로써 위험을 줄이려는 것으로, 장애물에 의하여 발생될 수 있는 운항제한을 반드시 감소시키는 것은 아니다.

10 피뢰설비

(1) 개념
"피뢰설비"란 벼락의 영향으로부터 특정 공간·시설 또는 전기설비를 보호하기 위한 설비를 말한다(전기안전관리법 시행규칙 제2조 7호). 하자담보책임기간은 2년이다.

(2) 설치의무

1) **건축설비 설치의 원칙**(건축법 시행령 제87조 제2항)

    건축물에 설치하는 급수·배수·냉방·난방·환기·피뢰 등 건축설비의 설치에 관한 기술적 기준은 국토교통부령으로 정하되, 에너지이용 합리화와 관련한 건축설비의 기술적 기준에 관하여는 산업통상자원부장관과 협의하여 정한다.

2) **피뢰설비**(건축물의 설비기준 등에 관한 규칙 제20조) 〈개정 2021. 8. 27〉 **21·24회 출제**
    ① 낙뢰의 우려가 있는 건축물, 높이 20m 이상의 건축물 또는 공작물로서 높이 20m 이상의 공작물(건축물에 공작물을 설치하여 그 전체 높이가 20m 이상인 것을 포함한다)에는 기준에 적합하게 피뢰설비를 설치해야 한다.
    ② 피뢰설비 설치기준
      ㉠ 피뢰설비는 한국산업표준이 정하는 피뢰레벨 등급에 적합한 피뢰설비일 것. 다만, 위험물저장 및 처리시설에 설치하는 피뢰설비는 한국산업표준이 정하는 피뢰시스템 레벨 Ⅱ 이상이어야 할 것.
      ㉡ 돌침은 건축물의 맨 윗부분으로부터 25cm 이상 돌출시켜 설치하되, 「건축물의 구조기준 등에 관한 규칙」 설계하중에 견딜 수 있는 구조일 것
      ㉢ 피뢰설비의 재료는 최소 단면적이 피복이 없는 동선(銅線)을 기준으로 수뢰부, 인하도선 및 접지극은 50㎟ 이상이거나 이와 동등 이상의 성능을 갖출 것
      ㉣ 피뢰설비의 인하도선을 대신하여 철골조의 철골구조물과 철근콘크리트조의 철근구조체 등을 사용하는 경우에는 전기적 연속성이 보장될 것. 이 경우 전기적 연속성이 있다고 판단되기 위하여는 건축물 금속구조체의 최상단부와 지표레벨 사이의 전기저항이 0.2Ω 이하이어야 한다.
      ㉤ 측면낙뢰를 방지하기 위하여 높이가 60m를 초과하는 건축물 등에는 지면에서 건축물 높이의 5분의 4가 되는 지점부터 최상단부분까지의 측면에 수뢰부를 설치하여야 하며, 지표레벨에서 최상단부의 높이가 150m를 초과하는 건축물은 120m 지점부터 최상단부분까지의 측면에 수뢰부를 설치할 것. 다만, 건축물의 외벽이 금속부재(部材)로 마감되고, 금속부재 상호간에 제4호(㉣) 후단에 적합한 전기적 연속성이 보장되며 피뢰시스템 레벨 등급에 적합하게 설치하여 인하도선에 연결한 경우에는 측면수뢰부가 설치된 것으로 본다.
      ㉥ 접지는 환경오염을 일으킬 수 있는 시공방법이나 화학첨가물 등을 사용하지 아니할 것

제1장 설비관리

ⓢ 급수·급탕·난방·가스 등을 공급하기 위하여 건축물에 설치하는 금속배관 및 금속재 설비는 전위(電位)가 균등하게 이루어지도록 전기적으로 접속할 것(등전위본딩)
ⓞ 전기설비의 접지계통과 건축물의 피뢰설비 및 통신설비 등의 접지극을 공용하는 통합접지공사를 하는 경우에는 낙뢰 등으로 인한 과전압으로부터 전기설비 등을 보호하기 위하여 한국산업표준에 적합한 서지보호장치(SPD)[서지(surge: 전류·전압 등의 과도 파형을 말한다)로부터 각종 설비를 보호하기 위한 장치를 말한다]를 설치할 것
ⓩ 그 밖에 피뢰설비와 관련된 사항은 한국산업표준에 적합하게 설치할 것

11 통신설비

(1) 통신시설(주택건설기준 등에 관한 규정 제32조)
① 주택에는 세대마다 전화설치장소(거실 또는 침실을 말한다)까지 구내 통신선로설비를 설치하여야 하되, 구내 통신선로설비의 설치에 필요한 사항은 따로 대통령령으로 정한다.
② 경비실을 설치하는 공동주택의 각 세대에는 경비실과 통화가 가능한 구내전화를 설치하여야 한다.
③ 주택에는 세대마다 초고속 정보통신을 할 수 있는 구내 통신선로설비를 설치하여야 한다.

(2) 수해방지(동 규정 제30조 제3항)
주택단지가 저지대 등 침수의 우려가 있는 지역인 경우에는 주택단지 안에 설치하는 수전실·전화국선용단자함 기타 이와 유사한 전기 및 통신설비는 가능한 한 침수가 되지 아니하는 곳에 이를 설치하여야 한다.

12 TV·라디오 공청설비

(1) 건축설비 설치의 원칙(건축법 시행령 제87조)

④ 건축물에는 방송수신에 지장이 없도록 공동시청 안테나, 유선방송 수신시설, 위성방송 수신설비, 에프엠(FM)라디오방송 수신설비 또는 방송공동수신설비를 설치할 수 있다. 다만, 다음 건축물에는 방송공동수신설비를 설치하여야 한다.
  1. 공동주택
  2. 바닥면적 합계가 5천㎡ 이상으로서 업무시설이나 숙박시설의 용도로 쓰는 건축물
⑤ 방송수신설비의 설치기준은 과학기술정보통신부장관이 정하여 고시하는 바에 따른다. 〈개정 2017. 7. 26.〉

(2) 방송수신을 위한 공동수신설비의 설치 등(주택건설기준 등에 관한 규정 제42조) **10회 출제**
공동주택의 각 세대에는 「건축법 시행령」 제87조 제4항 단서 및 같은 조 제5항에 따라 설치하는 방송 공동수신설비 중 지상파텔레비전방송, 에프엠(FM)라디오방송 및 위성방송의 수신안테나와 연결된 단자를 2개소 이상 설치하여야 한다. 다만, 세대당 전용면적이 60제곱미터 이하인 주택의 경우에는 1개소로 할 수 있다. 〈개정 2017.10.17.〉

09 승강기 설비관리

1 서 설

(1) 의 의

공동주택이 고층화·대규모화함에 따라 사람이나 화물의 운송수단도 발전되어 왔다. 엘리베이터, 에스컬레이터, 휠체어리프트 등 산업통상자원부령으로 정하는 것이 그것인데, 이러한 운송설비는 운송수단의 확보라는 목적 이외에 재해시 입주자 등의 구조수단으로써의 기능도 하고 있다. 동력 매체별로 분류해보면 로프식(예: 권상식, 권동식), 플런저(유압)식(예:직접식, 간접식, 팬터그래프식), 기어식(예: 스크루식, 랙 앤 피니언식)으로 나누어진다.

(2) 권상식 엘리베이터

1) 의의

승강기는 운반물(사람, 화물)을 싣는 카(Car) 또는 케이지(Cage)와 궤도를 안내하는 가이드레일, 권상기의 부하를 경감시키기 위해 케이지의 중량과 상대적으로 매달려 움직이는 카운터 웨이트(균형추), 그리고 와이어로프로 구성되어 있다.

2) 권상식 엘리베이터의 구조

① 권상기 : 전동기축의 회전력을 로프차에 전달하는 기구로 전동기·제동기·감속기·견인구차·로프 및 균형추 등으로 구성되어 있다.

전동기 (Motor)	승강카(Car Cage)를 들어올리는 역할을 수행한다. 교류용 전동기, 직류용 전동기의 2종이 있고 권상기에 동력을 공급한다.
제동기 (Brake)	승강기의 감속이나 정지에 사용되는 기계로서 역회전력을 이용한 전기적 제동기와 전동기의 제동바퀴를 브레이크로 조이는 기계적 제동기가 있다.
감속기	승강기에 소음이나 충격이 발생되지 않도록 작동되어야 하며, 저속에는 Gear식(웜기어 사용)을, 고속에는 Gearless식(웜기어 없이 직류전동기로 감속)을 사용한다.
견인구차 (쉬브)	로프를 감는 도르래로, 마찰력을 이용하여 승강기가 미끄러지는 것을 막기 위해 V형 또는 O형의 홈을 파 놓았다. 모터와 연결되어 있다.
로프 (Rope)	엘리베이터나 중추는 각각 3개 이상의 도금되지 않은 직경 12mm 이상의 동제 로프를 사용하며, 통상 3년 내지 5년마다 1번씩 교체한다.
균형추 (Counter Weight, 중추)	1개에 약 200kg 정도의 주철편을 볼트로 조합하며 기계실의 권상기 부하를 완화시키고 전기의 절감을 위해 사용한다. 균형추 중량 = 케이지 중량 + 최대적재중량 × (0.4~0.6)

② 승강카(Car Cage) : 성인 1인당 기준은 바닥면적 $0.2m^2$, 무게기준 65kg을 기준으로 한다.
③ 가이드레일 : 승강기 내의 양 측면에 케이지용과 균형추용이 각각 1조씩 2조가 있다.

④ 안전장치

완충기(Buffer)	카와 균형추가 어떤 원인으로 승강로 저부로 낙하시 충격완화
조속기(Governor)	승강카가 비정상적으로 빨라지면 전동기 전원을 차단해 브레이크를 작동시키고 계속적으로 속도상승시는 비상정지장치를 작동시킨다[마찰정지형, 디스크형, 플라이볼형(고속승강기용)].
비상정지장치	카의 하강속도가 130%에 이르면 정지시키는 장치이다.
리미트 스위치	과승강 방지장치
리타이어링 캠	카의 문과 승차장의 문을 동시에 개폐하는 장치이다.
도어 스위치	문이 완전히 닫히지 않았을 때 운전되지 않는 장치이다.

⑤ 기계실
⑥ 승강로

2 승강기의 설치기준

(1) 「건축법」상 설치기준

1) 승용승강기의 설치

건축주는 6층 이상으로서 연면적이 2천㎡ 이상인 건축물(층수가 6층인 건축물로서 각 층 거실의 바닥면적 300제곱미터 이내마다 1개소 이상의 직통계단을 설치한 건축물은 제외)을 건축하려면 승강기를 설치하여야 한다. 이 경우 승강기의 규모 및 구조는 국토교통부령으로 정한다(건축법 제64조 제1항).

승용승강기(건축물의 설비기준 등에 관한 규칙 제5조)

(1) 승용승강기의 설치기준

건축물에 설치하는 승용승강기의 설치기준은 별표 1의2와 같다. 다만, 승용승강기가 설치되어 있는 건축물에 1개층을 증축하는 경우에는 승용승강기의 승강로를 연장하여 설치하지 아니할 수 있다.

▼승용승강기의 설치기준(제5조 관련, 별표 1의2)

건축물의 용도	6층 이상의 거실면적의 합계	
	3천㎡ 이하	3천㎡ 초과
공동주택	1대	1대에 3천㎡를 초과하는 3천㎡ 이내마다 1대를 더한 대수

비고 : 8인승 이상 15인승 이하 승강기는 위 표에 의한 1대의 승강기로 보고, 16인승 이상의 승강기는 위 표에 의한 2대의 승강기로 본다.

(2) 승강기의 구조(제6조)

건축물에 설치하는 승강기·에스컬레이터 및 비상용 승강기의 구조는 「승강기 안전관리법」이 정하는 바에 따른다.

2) 비상용승강기의 설치

높이 31m를 초과하는 건축물에는 대통령령으로 정하는 바에 따라 승용승강기뿐만 아니라 비상용승강기를 추가로 설치하여야 한다. 다만, 국토교통부령으로 정하는 건축물의 경우에는 그러하지 아니하다(건축법 제64조 제2항).

비상용승강기의 승강장 및 승강로의 구조(건축물의 설비기준 등에 관한 규칙 제10조)
비상용승강기의 승강장 및 승강로의 구조는 다음 각 호의 기준에 적합하여야 한다.

1. 비상용승강기 승강장의 구조
 가. 승강장의 창문·출입구 기타 개구부를 제외한 부분은 당해 건축물의 다른 부분과 내화구조의 바닥 및 벽으로 구획할 것. 다만, 공동주택의 경우에는 승강장과 특별피난계단의 부속실과의 겸용부분을 특별피난계단의 계단실과 별도로 구획하는 때에는 승강장을 특별피난계단의 부속실과 겸용할 수 있다.
 나. 승강장은 각층의 내부와 연결될 수 있도록 하되, 그 출입구(승강로의 출입구를 제외한다)에는 60분+ 방화문 또는 60분 방화문을 설치할 것. 다만, 피난층에는 60분+ 방화문 또는 60분 방화문을 설치하지 아니한 수 있다. 〈개정 2024. 8. 7〉
 다. 노대 또는 외부를 향하여 열 수 있는 창문이나 배연설비를 설치할 것
 라. 벽 및 반자가 실내에 접하는 부분의 마감재료(마감을 위한 바탕을 포함한다)는 불연재료로 할 것
 마. 채광이 되는 창문이 있거나 예비전원에 의한 조명설비를 할 것
 바. 승강장의 바닥면적은 비상용승강기 1대에 대하여 6제곱미터 이상으로 할 것. 다만, 옥외에 승강장을 설치하는 경우에는 그러하지 아니하다.
 사. 피난층이 있는 승강장의 출입구(승강장이 없는 경우에는 승강로의 출입구)로부터 도로 또는 공지(공원·광장 기타 이와 유사한 것으로서 피난 및 소화를 위한 당해 대지에의 출입에 지장이 없는 것을 말한다)에 이르는 거리가 30미터 이하일 것
 아. 승강장 출입구 부근의 잘 보이는 곳에 당해 승강기가 비상용승강기임을 알 수 있는 표지를 할 것
2. 비상용승강기의 승강로의 구조
 가. 승강로는 당해 건축물의 다른 부분과 내화구조로 구획할 것
 나. 각층으로부터 피난층까지 이르는 승강로를 단일구조로 연결하여 설치할 것

---

3) 피난용승강기의 설치 〈신설 2018. 4. 17.〉

고층건축물에는 건축물에 설치하는 승용승강기 중 1대 이상을 대통령령으로 정하는 바에 따라 피난용승강기로 설치하여야 한다(건축법 제64조 제3항).

제1장 설비관리

> **영 제91조**(피난용승강기의 설치) 〈신설 2018. 10. 16, 시행 2019. 3. 5〉
> 피난용승강기(피난용승강기의 승강장 및 승강로를 포함한다)는 다음 각 호의 기준에 맞게 설치하여야 한다.
> 1. 승강장의 바닥면적은 승강기 1대당 6제곱미터 이상으로 할 것
> 2. 각 층으로부터 피난층까지 이르는 승강로를 단일구조로 연결하여 설치할 것
> 3. 예비전원으로 작동하는 조명설비를 설치할 것
> 4. 승강장의 출입구 부근의 잘 보이는 곳에 해당 승강기가 피난용승강기임을 알리는 표지를 설치할 것
> 5. 그 밖에 화재예방 및 피해경감을 위하여 국토교통부령으로 정하는 구조 및 설비 등의 기준에 맞을 것

(2) 공동주택의 승강기 설치기준(주택건설기준 등에 관한 규정 제15조) 〔12·20회 출제〕

1) 승용승강기

6층 이상인 공동주택에는 국토교통부령이 정하는 기준에 따라 대당 6인승 이상인 승용승강기를 설치하여야 한다. 다만, 층수가 6층인 공동주택으로서 각 층 거실의 바닥면적 300㎡ 이내마다 1개소 이상의 직통계단을 설치한 공동주택의 경우에는 그러하지 아니하다.

> **주택건설기준 등에 관한 규칙 제4조**(승강기)
> **6층 이상인 공동주택에 설치하는 승용승강기의 설치기준**
> 1. 계단실형인 공동주택에는 계단실마다 1대(한 층에 3세대 이상이 조합된 계단실형 공동주택이 22층 이상인 경우에는 2대) 이상을 설치하되, 그 탑승인원수는 동일한 계단실을 사용하는 4층 이상인 층의 세대당 0.3명(독신자용주택의 경우에는 0.15명)의 비율로 산정한 인원수(1명 이하의 단수는 1명으로 본다) 이상일 것
> 2. 복도형인 공동주택에는 1대에 100세대를 넘는 80세대마다 1대를 더한 대수 이상을 설치하되, 그 탑승인원수는 4층 이상인 층의 세대당 0.2명(독신자용주택의 경우에는 0.1명)의 비율로 산정한 인원수 이상일 것

2) 비상용승강기

10층 이상인 공동주택의 경우에는 위 1)의 승용승강기를 비상용승강기의 구조로 하여야 한다.

3) 화물용승강기

10층 이상인 공동주택에는 이삿짐 등을 운반할 수 있는 다음의 기준에 적합한 화물용승강기를 설치하여야 한다. 〈개정 2016.12.30.〉 〔14·20회 출제〕

> 1. 적재하중이 0.9톤 이상일 것
> 2. 승강기의 폭 또는 너비 중 한 변은 1.35m 이상, 다른 한 변은 1.6m 이상일 것
> 3. 계단실형인 공동주택의 경우에는 계단실마다 설치할 것
> 4. 복도형인 공동주택의 경우에는 100세대까지 1대를 설치하되, 100세대를 넘는 경우에는 100세대마다 1대를 추가로 설치할 것

4) 승용승강기 또는 비상용 승강기로서 (3) 각 호의 기준에 적합한 것은 화물용승강기로 겸용할 수 있다.

5) 「건축법」제64조는 위 (1) 내지 (3)의 규정에 의한 승용승강기·비상용승강기 및 화물용승강기의 구조 및 그 승강장의 구조에 관하여 이를 준용한다.

3 승강기 안전관리법과 승강기설비의 유지 및 안전관리 〈시행 2025. 1. 31〉

(1) 법의 목적

이 법은 승강기의 제조·수입 및 설치에 관한 사항과 승강기의 안전인증 및 안전관리에 관한 사항 등을 규정함으로써 승강기의 안전성을 확보하고, 승강기 이용자 등의 생명·신체 및 재산을 보호함을 목적으로 한다.

(2) 용어의 정의

1. "승강기"란 건축물이나 고정된 시설물에 설치되어 일정한 경로에 따라 사람이나 화물을 승강장으로 옮기는 데에 사용되는 설비(「주차장법」에 따른 기계식주차장치 등 대통령령으로 정하는 것은 제외한다)로서 구조나 용도 등의 구분에 따라 대통령령으로 정하는 설비(엘리베이터, 에스컬레이터, 휠체어리프트)를 말한다.
2. "유지관리"란 설치검사를 받은 승강기가 그 설계에 따른 기능 및 안전성을 유지할 수 있도록 하는 다음 각 목의 안전관리 활동을 말한다.
    가. 주기적인 점검
    나. 승강기 또는 승강기부품의 수리
    다. 승강기부품의 교체
    라. 그 밖에 행정안전부장관이 승강기의 기능 및 안전성의 유지를 위하여 필요하다고 인정하여 고시하는 안전관리 활동
3. "관리주체"란 다음 각 목의 어느 하나에 해당하는 자를 말한다.
    가. 승강기 소유자
    나. 다른 법령에 따라 승강기 관리자로 규정된 자
    다. 가목 또는 나목에 해당하는 자와의 계약에 따라 승강기를 안전하게 관리할 책임과 권한을 부여받은 자

(3) 승강기의 설치 및 안전관리

1) **승강기의 설치검사**(법 제28조 ②) 〈개정 2024. 1. 30.〉

   승강기의 제조·수입업자는 설치를 끝낸 승강기(승강기안전인증을 면제받은 승강기는 제외한다)에 대하여 행정안전부령으로 정하는 바에 따라 행정안전부장관이 실시하는 설치검사를 받아야 한다. 승강기의 제조·수입업자 또는 관리주체는 설치검사를 받지 아니하거나 설치검사에 불합격한 승강기를 운행하게 하거나 운행하여서는 아니 된다.

2) **승강기의 안전관리자**(법 제29조) 〈개정 2024. 1. 30〉

   ① 관리주체는 승강기 운행에 대한 지식이 풍부한 사람을 승강기 안전관리자로 선임하여 승강기를 관리하게 하여야 한다. 다만, 관리주체가 직접 승강기를 관리하는 경우에는 그러하지 아니하다.
   ② 승강기 안전관리자는 다음 각 호의 사항을 고려하여 행정안전부령으로 정하는 일정한 자격요건을 갖추어야 한다.

제1장 설비관리

　　　㉠ 「건축법」 제2조 제2항에 따른 건축물의 용도
　　　㉡ 승강기의 종류
　　　㉢ 그 밖에 행정안전부장관이 승강기 관리에 필요하다고 인정하는 사항
　③ 관리주체는 승강기 안전관리자(관리주체가 직접 승강기를 관리하는 경우에는 그 관리주체)를 선임하였을 때에는 행정안전부령으로 정하는 바에 따라 3개월 이내에 행정안전부장관에게 그 사실을 통보하여야 한다. 승강기 안전관리자나 관리주체가 변경되었을 때에도 또한 같다.
　④ 관리주체(관리주체가 승강기 안전관리자를 선임하는 경우에만 해당한다)는 승강기 안전관리자가 안전하게 승강기를 관리하도록 지도·감독하여야 한다.
　⑤ 관리주체는 승강기 안전관리자로 하여금 행정안전부령으로 정하는 기관이 실시하는 승강기 관리에 관한 교육(이하 "승강기관리교육")을 받게 하여야 한다. 다만, 관리주체가 직접 승강기를 관리하는 경우에는 그 관리주체(법인인 경우에는 그 대표자)가 승강기관리교육을 받아야 한다.
　⑥ 위 ①부터 ⑤까지에서 규정한 사항 외에 승강기 안전관리자의 직무범위, 승강기관리교육의 내용·기간 및 주기 등에 필요한 사항은 행정안전부령으로 정한다.

시행규칙 제48조(승강기 안전관리자의 직무범위) 〈개정 2022. 2. 21.〉
승강기 안전관리자의 직무범위는 다음 각 호와 같다.
1. 승강기 운행 및 관리에 관한 규정 작성
2. 승강기 사고 또는 고장 발생에 대비한 비상연락망의 작성 및 관리
3. 유지관리업자로 하여금 자체점검을 대행하게 한 경우 유지관리업자에 대한 관리·감독
4. 중대한 사고 또는 중대한 고장의 통보
5. 승강기 내에 갇힌 이용자의 신속한 구출을 위한 승강기 조작(승강기 안전관리자가 별표 10에 따른 해당 승강기 관리교육을 받은 경우만 해당한다)
6. 피난용 엘리베이터의 운행(피난용 엘리베이터를 관리하는 승강기 안전관리자가 승강기관리 교육을 받은 경우만 해당한다)
7. 그 밖에 승강기 관리에 필요한 사항으로서 행정안전부장관이 정하여 고시하는 업무

시행규칙 제52조(승강기관리교육의 내용 등)
① 승강기 관리에 관한 교육의 내용 및 기간은 별표 10과 같다.
　　㉠ 다중이용 건축물의 승강기를 관리하는 승강기 안전관리자 : 교육기간 2일
　　㉡ 피난용 엘리베이터를 관리하는 승강기 안전관리자 : 교육기간 2일
　　㉢ 위의 ㉠, ㉡에 따른 승강기 안전관리자를 제외한 그 밖의 승강기 안전관리자 : 교육기간 1일
② 승강기관리교육의 주기는 3년으로 한다.
③ 위 ②에도 불구하고 공단은 안전검사가 연기된 승강기를 관리하는 승강기 안전관리자에 대해서는 그 연기 사유가 없어진 날까지 승강기관리교육을 연기할 수 있다.

④ 승강기관리교육은 집합교육, 현장교육 또는 인터넷 원격교육 등의 방법으로 할 수 있다.
⑤ 위 ①부터 ④까지에서 규정한 사항 외에 교육과목 및 교육과목별 교육시간 등 승강기관리교육에 필요한 사항은 행정안전부장관이 정하여 고시한다.

3) 보험가입(법 제30조)

① 관리주체는 승강기의 사고로 승강기 이용자 등 다른 사람의 생명·신체 또는 재산상의 손해를 발생하게 하는 경우 그 손해에 대한 배상을 보장하기 위한 보험(이하 "책임보험")에 가입하여야 한다.
② 책임보험의 종류, 가입시기, 보상한도액, 가입절차, 그 밖에 필요한 사항은 대통령령으로 정한다.

영 제27조(보험의 종류 등)
① 책임보험의 종류는 승강기 사고배상책임보험 또는 승강기 사고배상책임보험과 같은 내용이 포함된 보험으로 한다.
② 책임보험은 다음 각 호의 어느 하나에 해당하는 시기에 가입하거나 재가입해야 한다.
  1. 설치검사를 받은 날
  2. 관리주체가 변경된 경우 그 변경된 날
  3. 책임보험의 만료일 이내
③ 책임보험에 가입(재가입을 포함한다. 이하 이 조에서 같다)한 관리주체는 책임보험 판매자로 하여금 제2항에 따른 책임보험의 가입 사실을 가입한 날부터 14일 이내에 법 제73조제1항에 따른 승강기안전종합정보망에 입력하게 해야 한다. 〈개정 2022. 2. 3.〉
④ 위 ③에 따른 입력에 필요한 세부 사항은 행정안전부장관이 정한다. 〈신설 2022. 2. 3.〉

(4) 승강기의 자체점검 및 안전검사

1) 승강기의 자체점검(법 제31조) 〈개정 2024. 1. 30.〉

① 관리주체는 승강기의 안전에 관한 자체점검(이하 "자체점검")을 월 1회 이상 하고, 그 결과를 대통령령으로 정하는 기간 이내에 승강기안전종합정보망에 입력하여야 한다.
② 관리주체는 자체점검 결과 승강기에 결함이 있다는 사실을 알았을 경우에는 즉시 보수하여야 하며, 보수가 끝날 때까지 해당 승강기의 운행을 중지하여야 한다.
③ 위 1)에도 불구하고 다음 각 호의 어느 하나에 해당하는 승강기에 대해서는 자체점검의 전부 또는 일부를 면제할 수 있다.

1. 제18조제1호부터 제3호까지의 어느 하나에 해당하여 승강기안전인증을 면제받은 승강기
2. 안전검사에 불합격한 승강기
3. 안전검사가 연기된 승강기
4. 그 밖에 새로운 유지관리기법의 도입 등 대통령령으로 정하는 사유에 해당하여 자체점검의 주기 조정이 필요한 승강기

영 제30조(자체점검의 주기 조정 등)

① 위 4호에서 "새로운 유지관리기법의 도입 등 대통령령으로 정하는 사유"란 다음 각 호의 어느 하나에 해당하는 경우를 말한다.
  1. 원격점검 및 실시간 고장 감시 등 행정안전부장관이 정하여 고시하는 원격관리기능이 있는 승강기를 관리하는 경우
  2. 승강기의 유지관리를 업으로 하기 위해 등록을 한 자(이하 "유지관리업자")가 법 제2조 제5호 각 목의 안전관리 활동을 모두 포함하는 포괄적인 유지관리 도급계약을 체결하여 승강기를 관리하는 경우
  3. 유지관리업자가 법 제2조 제7호 다목에 따른 계약(유지관리업자가 관리주체가 되는 계약을 말한다)을 체결하여 승강기를 관리하는 경우
  4. 안전관리우수기업으로 선정된 유지관리업자가 최근 2년 동안 안전검사에 합격한 승강기를 관리하는 경우
  5. 다른 법령에서 정하는 바에 따라 건축물이나 고정된 시설물에 설치하도록 의무화되지 않은 승강기(다음 각 목의 어느 하나에 해당하는 승강기는 제외한다)를 관리하는 경우
     가. 「건축법 시행령」에 따른 다중이용 건축물 및 준다중이용 건축물에 설치된 엘리베이터 중 사람이 탑승하는 용도의 엘리베이터
     나. 에스컬레이터
     다. 휠체어리프트

② 위 ① 각 호의 어느 하나에 해당하는 경우의 관리주체는 관리하는 승강기에 대해 3개월의 범위에서 자체점검의 주기를 조정할 수 있다. 다만, 다음 각 호의 어느 하나에 해당하는 승강기의 경우에는 그렇지 않다.
  1. 설치검사를 받은 날부터 15년이 지난 승강기
  2. 최근 3년 이내에 중대한 사고가 발생한 승강기
  3. 최근 1년 이내에 중대한 고장이 3회 이상 발생한 승강기

③ 자체점검을 대행하는 유지관리업자는 ② 각 호 외의 부분 본문에 따라 자체점검의 주기를 조정하려는 경우에는 미리 해당 관리주체의 서면 동의를 받아야 한다.

④ 관리주체는 자체점검을 스스로 할 수 없다고 판단하는 경우에는 승강기의 유지관리를 업으로 하기 위하여 등록을 한 자로 하여금 이를 대행하게 할 수 있다.

⑤ 위 1)부터 4)까지에서 규정한 사항 외에 자체점검을 담당할 수 있는 사람의 자격, 자체점검의 기준·항목 및 방법, 그 밖에 필요한 사항은 대통령령으로 정한다.

영 제29조(승강기의 자체점검) 〈개정 2022. 2. 3.〉

① 자체점검을 담당하는 사람은 다음 각 호의 사항을 고려하여 행정안전부장관이 정하여 고시하는 자체점검의 기준·항목 및 방법 등에 따라 자체점검을 해야 한다.
  1. 승강기 안전기준
  2. 유지관리 관련 자료에서 정하는 기준
  3. 「산업안전보건법」에 따른 승강기 관련 사업주의 안전·보건 관련 의무 및 근로자의 준수사항

② 자체점검을 담당하는 사람은 자체점검을 마치면 지체 없이 자체점검 결과를 양호, 주의관찰 또는 긴급수리로 구분하여 관리주체에 통보해야 하며, 관리주체는 자체점검 결과를 자체점검 후 10일 이내에 승강기안전종합정보망에 입력해야 한다.

2) 행정안전부장관의 승강기의 안전검사(법 제32조)   24회 출제

① 관리주체는 승강기에 대하여 행정안전부장관이 실시하는 다음 각 호의 안전검사를 받아야 한다.

정기검사	설치검사 후 정기적으로 하는 검사. 이 경우 검사주기는 2년 이하로 하되, 다음 각 항목의 사항을 고려하여 행정안전부령으로 정하는 바에 따라 승강기별로 검사주기를 다르게 할 수 있다.
	① 승강기의 종류 및 사용 연수
	② 제48조 제1항에 따른 중대한 사고 또는 중대한 고장의 발생 여부
	③ 그 밖에 행정안전부령으로 정하는 사항(승강기가 설치되는 건축물 또는 고정된 시설물의 용도를 말한다.)
	시행규칙 제54조(정기검사의 검사주기 등)
	① 정기검사의 검사주기는 1년(설치검사 또는 직전 정기검사를 받은 날부터 매 1년을 말한다)으로 한다.
	② 위 ①에도 불구하고 다음 각 호의 어느 하나에 해당하는 승강기의 경우에는 정기검사의 검사주기를 직전 정기검사를 받은 날부터 다음 각 호의 구분에 따른 기간으로 한다.
	  1. 설치검사를 받은 날부터 25년이 지난 승강기: 6개월
	  2. 승강기의 결함으로 중대한 사고 또는 중대한 고장이 발생한 후 2년이 지나지 않은 승강기: 6개월
	  3. 다음 각 목의 엘리베이터: 2년
	    가. 화물용 엘리베이터
	    나. 자동차용 엘리베이터
	    다. 소형화물용 엘리베이터(Dumbwaiter)
	  4. 「건축법 시행령」에 따른 단독주택에 설치된 승강기: 2년
	③ 정기검사의 검사기간은 정기검사의 검사주기 도래일 전후 각각 30일 이내로 한다. 이 경우 해당 검사기간 이내에 검사에 합격한 경우에는 정기검사의 검사주기 도래일에 정기검사를 받은 것으로 본다.
	④ 위 ① 및 ②의 규정에 따른 정기검사의 검사주기 도래일 전에 수시검사 또는 정밀안전검사를 받은 경우 해당 정기검사의 검사주기는 수시검사 또는 정밀안전검사를 받은 날부터 계산한다.
	⑤ 안전검사가 연기된 경우 해당 정기검사의 검사주기는 연기된 안전검사를 받은 날부터 계산한다.

수시검사	다음 각 목의 어느 하나에 해당하는 경우에 하는 검사 ① 승강기의 종류, 제어방식, 정격(기기의 사용조건 및 성능의 범위를 말한다)속도, 정격용량 또는 왕복운행 거리를 변경한 경우(변경된 승강기에 대한 검사의 기준이 완화되는 경우 등 행정안전부령으로 정하는 경우는 제외한다) ② 승강기의 제어반 또는 구동기를 교체한 경우 ③ 승강기에 사고가 발생하여 수리한 경우(승강기의 결함으로 중대한 사고 또는 중대한 고장이 발생한 경우의 경우는 제외한다) ④ 관리주체가 요청하는 경우 **시행규칙 제55조**(수시검사의 제외 대상) 법 제32조제1항제2호가목에서 "변경된 승강기에 대한 검사의 기준이 완화되는 경우 등 행정안전부령으로 정하는 경우"란 다음 각 호의 어느 하나에 해당하는 경우를 말한다. ① 장애인용 엘리베이터, 소방구조용 엘리베이터, 피난용 엘리베이터의 어느 하나에 해당하는 엘리베이터를 별표 1 제2호가목1)에 따른 승객용 엘리베이터로 변경한 경우 ② 그 밖에 검사의 기준이 같은 수준으로 승강기의 종류가 변경된 경우로서 수시검사를 받지 않아도 되는 경우로 행정안전부장관이 인정하는 경우

정밀안전검사	다음 각 목의 어느 하나에 해당하는 경우에 하는 검사. 이 경우 ③에 해당할 때에는 정밀안전검사를 받고, 그 후 3년마다 정기적으로 정밀안전검사를 받아야 한다. ① 정기검사 또는 수시검사 결과 결함의 원인이 불명확하여 사고 예방과 안전성 확보를 위하여 행정안전부장관이 정밀안전검사가 필요하다고 인정하는 경우 ② 승강기의 결함으로 중대한 사고 또는 중대한 고장이 발생한 경우 ③ 설치검사를 받은 날부터 15년이 지난 경우 ④ 그 밖에 승강기 성능의 저하로 승강기 이용자의 안전을 위협할 우려가 있어 행정안전부장관이 정밀안전검사가 필요하다고 인정한 경우

② 관리주체는 안전검사를 받지 아니하거나 안전검사에 불합격한 승강기를 운행할 수 없으며, 운행을 하려면 안전검사에 합격하여야 한다. 이 경우 관리주체는 안전검사에 불합격한 승강기에 대하여 행정안전부령으로 정하는 기간(안전검사에 불합격한 날부터 4개월 이내를 말한다)에 안전검사를 다시 받아야 한다.

③ 행정안전부장관은 행정안전부령으로 정하는 바에 따라 위 1) 또는 2)에 따른 안전검사를 받을 수 없다고 인정하면 그 사유가 없어질 때까지 안전검사를 연기할 수 있다.

시행규칙 제57조(승강기 안전검사의 연기 사유 등)
① 안전검사를 연기할 수 있는 사유는 다음 각 호와 같다.
  1. 승강기가 설치된 건축물이나 고정된 시설물에 중대한 결함이 있어 승강기를 정상적으로 운행하는 것이 불가능한 경우
  2. 관리주체가 승강기의 운행을 중단한 경우(다른 법령에서 정하는 바에 따라 설치가 의무화된 승강기는 제외한다)
  3. 그 밖에 천재지변 등 부득이한 사유가 발생한 경우
② 안전검사 연기를 신청하려는 자는 안전검사 연기신청서(전자문서를 포함한다)에 안전검사 연기 사유를 확인할 수 있는 서류(전자문서를 포함한다)를 첨부하여 행정안전부장관에게 제출해야 한다.

④ 위 1)부터 3)까지에서 규정한 사항 외에 안전검사의 기준·항목 및 방법 등에 필요한 사항은 행정안전부장관이 정하여 고시한다.

3) **승강기의 안전검사 면제**(법 제33조)

행정안전부장관은 다음 각 호의 구분에 따른 승강기에 대해서는 해당 안전검사를 면제할 수 있다.
① 승강기안전인증을 면제받은 승강기 : 안전검사
② 정밀안전검사를 받았거나 정밀안전검사를 받아야 하는 승강기 : 해당 연도의 정기검사

4) **검사합격증명서 등의 발급 및 관리**(법 제34조)
   ① 행정안전부장관은 설치검사에 합격한 승강기의 제조·수입업자와 안전검사에 합격한 승강기의 관리주체에 대하여 행정안전부령으로 정하는 바에 따라 각각 검사합격증명서를 발급하여야 한다.
   ② 행정안전부장관은 설치검사에 불합격한 승강기의 제조·수입업자와 안전검사에 불합격한 승강기의 관리주체에 대하여 행정안전부령으로 정하는 바에 따라 각각 운행금지 표지를 발급하여야 한다.
   ③ 검사합격증명서 또는 운행금지 표지를 발급받은 자는 그 증명서 또는 표지를 승강기 이용자가 잘 볼 수 있는 곳에 즉시 붙이고 훼손되지 아니하게 관리하여야 한다.

5) **「건축법」에 따른 유지 · 관리에 관한 특례**(법 제35조)
   관리주체가 안전검사를 받고 자체점검을 한 경우에는 「건축법」 제35조에 따른 건축설비(승강기에 한정한다)의 유지 · 관리를 한 것으로 본다.

(5) 설치검사와 안전검사의 대행

1) **설치검사와 안전검사의 대행**(법 제36조)
   ① 행정안전부장관은 설치검사 또는 안전검사의 업무를 다음 각 호의 자로 하여금 대행하게 할 수 있다. 다만, 제2호에 따른 법인 · 단체 또는 기관에 대해서는 정기검사 업무의 일부를 대행하게 할 수 있다.
      ㉠ 한국승강기안전공단
      ㉡ 제37조 제1항에 따라 정기검사 업무의 대행기관으로 지정받은 법인 · 단체 또는 기관
   ② 행정안전부장관은 설치검사 또는 안전검사의 업무를 대행하는 자에 대하여 승강기의 안전 확보에 필요한 범위에서 지도 · 감독 및 지원을 할 수 있다.

2) **지정검사기관의 지정 및 지정 취소 등**(법 제37조)
   ① 행정안전부장관은 승강기 안전관리와 관련된 업무를 수행하는 법인 · 단체 또는 기관 중 대통령령으로 정하는 지정기준을 갖춘 법인 · 단체 또는 기관을 행정안전부령으로 정하는 바에 따라 정기검사 업무의 대행기관(이하 "지정검사기관")으로 지정할 수 있다.
   ② 행정안전부장관은 지정검사기관이 다음 각 호의 어느 하나에 해당하는 경우에는 지정을 취소하거나 1년 이내의 기간을 정하여 업무정지를 명할 수 있다. 다만, 제1호 또는 제2호에 해당하는 경우에는 지정을 취소하여야 한다.

제1장 설비관리

PROFESSOR COMMENT

1. 거짓이나 그 밖의 부정한 방법으로 지정검사기관으로 지정을 받은 경우(필수)
2. 업무정지명령을 받은 후 그 업무정지기간에 정기검사를 한 경우(필수)
3. 정당한 사유 없이 정기검사를 거부하거나 실시하지 아니한 경우
4. 정기검사를 할 자격이 없는 자로 하여금 정기검사 업무를 수행하게 한 경우
5. 지정기준을 충족하지 못하게 된 경우
6. 정기검사를 하는 소속 직원이 고의 또는 중대한 과실로 제72조 제1항 제4호(안전검사의 기준 및 방법)를 위반하여 정기검사 업무를 수행한 경우
7. 정기검사의 결과를 승강기안전종합정보망에 입력하지 아니하거나 거짓으로 입력한 경우
8. 수수료를 더 많이 받거나 적게 받은 경우

③ 행정안전부장관은 지정기준을 충족하지 못한 정도가 경미하다고 인정되는 경우에는 기간을 정하여 지정기준에 맞게 보완할 것을 명하고, 그 명령을 이행하면 업무정지를 명하지 아니할 수 있다.
④ 지정검사기관의 지정신청을 할 수 없다.
⑤ 위 2)에 따른 행정처분의 세부기준은 행정안전부령으로 정한다.

3) 지정검사기관에 대한 업무정지 처분을 갈음하여 부과하는 과징금(법 제38조)
① 행정안전부장관은 위 (2), 2) 제3호부터 제8호까지의 어느 하나에 해당하여 업무정지를 명하여야 하는 경우로서 그 업무의 정지가 이용자 등에게 심한 불편을 주거나 공익을 해칠 우려가 있는 경우에는 그 업무정지 처분을 갈음하여 3억원 이하의 과징금을 부과할 수 있다.
② 행정안전부장관은 위 1)에 따른 과징금을 내야 할 자가 납부기한까지 과징금을 내지 아니하면 국세 체납처분의 예에 따라 징수한다.
③ 과징금을 부과하는 위반행위의 종류, 위반 정도 등에 따른 과징금의 금액 및 징수방법 등에 필요한 사항은 대통령령으로 정한다.

(6) 승강기의 운행 및 사고 조사

1) 승강기 이용자의 준수사항(법 제46조)
　　승강기 이용자는 승강기를 이용할 때 다음 각 호의 안전수칙을 준수하여야 한다.

1. 승강기 출입문에 충격을 가하지 아니할 것
2. 운행 중인 승강기에서 뛰거나 걷지 아니할 것
3. 그 밖에 승강기 이용자의 안전에 관한 사항으로서 대통령령으로 정하는 사항을 준수할 것

> **영 제36조**(승강기 이용자의 준수사항)
> 법 제46조 제3호에서 "대통령령으로 정하는 사항"이란 다음 각 호와 같다.
> 1. 정원을 초과하는 탑승 금지
> 2. 정격하중을 초과하는 화물의 적재 금지
> 3. 그 밖에 제3조에 따른 승강기의 종류별로 행정안전부장관이 정하여 고시하는 사항

2) 장애인용 승강기의 운행(법 제47조)

관리주체 또는 승강기 안전관리자는 행정안전부령으로 정하는 장애인용 승강기(장애인용 경사형 휠체어리프트를 말한다.)를 이용하려는 사람으로부터 운행 요청을 받은 경우에는 소속 직원 등으로 하여금 승강기를 조작하게 하여 안전하게 이동할 수 있도록 조치하여야 한다.

3) 사고 보고 및 사고 조사(법 제48조)

① 관리주체(자체점검을 대행하는 유지관리업자를 포함한다)는 그가 관리하는 승강기로 인하여 다음 각 호의 어느 하나에 해당하는 사고 또는 고장이 발생한 경우에는 행정안전부령으로 정하는 바에 따라 한국승강기안전공단에 통보하여야 한다.

> 1. 사람이 죽거나 다치는 등 대통령령으로 정하는 중대한 사고(이하 "중대한 사고"라 한다)
> 2. 출입문이 열린 상태에서 승강기가 운행되는 경우 등 대통령령으로 정하는 중대한 고장

영 제37조(중대한 사고 및 중대한 고장) 〈개정 2022. 2. 3.〉
① 법 제48조 제1항 제1호에서 "사람이 죽거나 다치는 등 대통령령으로 정하는 중대한 사고"란 다음 각 호의 어느 하나에 해당하는 사고를 말한다.
  1. 사망자가 발생한 사고
  2. 사고 발생일부터 7일 이내에 실시된 의사의 최초 진단 결과 1주 이상의 입원 치료가 필요한 부상자가 발생한 사고
  3. 사고 발생일부터 7일 이내에 실시된 의사의 최초 진단 결과 3주 이상의 치료가 필요한 부상자가 발생한 사고
② 법 제48조 제1항 제2호에서 "출입문이 열린 상태에서 승강기가 운행되는 경우 등 대통령령으로 정하는 중대한 고장"이란 다음 각 호의 구분에 따른 고장을 말한다.
  1. 엘리베이터 및 휠체어리프트: 다음 각 목의 경우에 해당하는 고장
     가. 출입문이 열린 상태로 움직인 경우
     나. 출입문이 이탈되거나 파손되어 운행되지 않는 경우
     다. 최상층 또는 최하층을 지나 계속 움직인 경우
     라. 운행하려는 층으로 운행되지 않은 고장으로서 이용자가 운반구에 갇히게 된 경우(정전 또는 천재지변으로 인해 발생한 경우는 제외한다)
     마. 운행 중 정지된 고장으로서 이용자가 운반구에 갇히게 된 경우(정전 또는 천재지변으로 인해 발생한 경우는 제외한다)
     바. 운반구 또는 균형추(均衡鎚)에 부착된 매다는 장치 또는 보상수단(각각 그 부속품을 포함한다) 등이 이탈되거나 추락된 경우

2. 에스컬레이터 : 다음 각 목의 경우에 해당하는 고장
　가. 손잡이 속도와 디딤판 속도의 차이가 행정안전부장관이 고시하는 기준을 초과하는 경우
　나. 하강 운행 과정에서 행정안전부장관이 고시하는 기준을 초과하는 과속이 발생한 경우
　다. 상승 운행 과정에서 디딤판이 하강 방향으로 역행하는 경우
　라. 과속 또는 역행을 방지하는 장치가 정상적으로 작동하지 않은 경우
　마. 디딤판이 이탈되거나 파손되어 운행되지 않은 경우

시행규칙 제69조(사고 보고 및 조사)
① 관리주체(자체점검을 대행하는 유지관리업자를 포함한다)는 중대한 사고 또는 중대한 고장이 발생한 경우에는 지체 없이 다음 각 호의 사항을 공단에 알려야 한다.
　1. 승강기가 설치된 건축물이나 고정된 시설물의 명칭 및 주소
　2. 승강기 고유 번호
　3. 사고 또는 고장 발생 일시
　4. 사고 또는 고장 내용
　5. 피해 정도(사람이 엘리베이터 또는 휠체어리프트 내에 갇힌 경우에는 갇힌 사람의 수와 구출한 자를 포함한다) 및 응급조치 내용
② 공단은 중대한 사고 또는 중대한 고장에 관한 사항을 통보받은 경우에는 지체 없이 중대한 사고 또는 중대한 고장 보고서(전자문서를 포함한다)를 작성하여 행정안전부장관, 관할 시·도지사 및 승강기사고조사위원회에 보고해야 한다.
③ 공단은 제2항에 따라 보고한 승강기에 대해 그 원인 및 경위 등에 관한 조사를 해야 한다.
④ 제3항에 따른 조사를 위한 조사반의 구성 및 조사결과 보고 등에 관하여 필요한 사항은 행정안전부장관이 정하여 고시한다.

② 누구든지 중대한 사고가 발생한 경우에는 사고현장 또는 중대한 사고와 관련되는 물건을 이동시키거나 변경 또는 훼손하여서는 아니 된다. 다만, 인명구조 등 긴급한 사유가 있는 경우에는 그러하지 아니하다.

③ 한국승강기안전공단은 사고 또는 고장을 통보받은 내용을 행정안전부장관, 시·도지사 및 승강기사고조사위원회에 보고하여야 한다.

④ 행정안전부장관은 보고받은 승강기 사고의 재발 방지 및 예방을 위하여 필요하다고 인정할 경우에는 승강기 사고의 원인 및 경위 등에 관한 조사를 할 수 있으며, 관리주체 등에게 행정안전부령으로 정하는 바에 따라 폐쇄회로 텔레비전(CCTV) 영상정보와 피해 사실을 알 수 있는 자료 등을 요청할 수 있다. 〈개정 2024. 1. 30.〉

⑤ 위 1)부터 4)까지에서 규정한 사항 외에 승강기 사고 보고 및 조사 등에 필요한 사항은 행정안전부령으로 정한다.

3) **승강기사고조사위원회**(법 제49조)
① 행정안전부장관은 승강기 사고 조사의 결과 중대한 사고 등 대통령령으로 정하는 사고의 원인 및 경위에 대한 추가적인 조사가 필요하다고 인정하는 경우에는 승강기사고조사위원회를 구성하여 그 승강기사고조사위원회로 하여금 사고 조사를 하게 할 수 있다.

> **영 제38조**(중대한 사고 등의 추가 조사) 〈개정 2022. 2. 3.〉
> 법 제49조제1항에서 "중대한 사고 등 대통령령으로 정하는 사고"란 다음 각 호의 어느 하나에 해당하는 사고를 말한다.
> 1. 중대한 사고(승강기 사고 조사의 결과 이용자의 고의 또는 과실로 인한 사고는 제외한다)
> 2. 중대한 고장으로 인해 이용자가 다친 사고로서 고장 발생일부터 7일 이내에 실시된 의사의 최초 진단 결과 그 이용자에게 1주 이상의 치료가 필요한 피해가 발생한 사고(승강기 사고 조사의 결과 이용자의 고의 또는 과실로 인한 사고는 제외한다)

② 행정안전부장관은 승강기사고조사위원회의 사고 조사 결과 등을 토대로 승강기 사고의 재발 방지를 위한 대책을 마련하여 시·도지사, 한국승강기안전공단, 지정인증기관 또는 지정검사기관에 권고할 수 있다.
③ 위 1)과 2)에서 규정한 사항 외에 승강기사고조사위원회의 구성·운영, 그 밖에 필요한 사항은 대통령령으로 정한다.

> **영 제39조**(승강기사고조사위원회의 구성 등)
> ① 법 제49조 제1항에 따른 승강기사고조사위원회(이하 "사고조사위원회"라 한다)는 위원장 1명을 포함한 9명 이내의 위원으로 구성한다.
> ② 사고조사위원회의 위원은 다음 각 호의 어느 하나에 해당하는 사람 중에서 성별을 고려하여 행정안전부장관이 지명하거나 위촉하고, 위원장은 위원 중에서 행정안전부장관이 지명한다.
>   1. 승강기 안전관리 업무를 담당하는 행정안전부의 4급 이상 공무원 또는 고위공무원단에 속하는 일반직공무원
>   2. 변호사 자격을 취득한 후 10년 이상의 실무 경험이 있는 사람
>   3. 대학에서 승강기 안전관리 등 승강기 분야 관련 과목을 담당하는 부교수 이상으로 5년 이상 재직하고 있거나 재직하였던 사람
>   4. 행정기관의 4급 이상 공무원 또는 고위공무원단에 속하는 일반직공무원으로 2년 이상 재직하였던 사람
>   5. 공단, 지정인증기관 또는 지정검사기관에서 10년 이상 근무한 사람으로서 최근 3년 이전에 퇴직한 사람
>   6. 승강기나 승강기부품의 제조·설치 또는 유지관리 관련 업체에서 15년 이상 근무한 경력이 있는 사람으로서 최근 3년 이전에 퇴직한 사람
> ③ 사고조사위원회 위원(제2항 제1호에 따른 위원은 제외한다)의 임기는 3년으로 하며, 한 번만 연임할 수 있다.
>
> **영 제40조**(사고조사위원회의 운영)
> ① 사고조사위원회의 위원장은 사고조사위원회의 회의를 소집하고 그 회의의 의장이 된다.

② 사고조사위원회의 회의는 재적위원 과반수의 출석으로 개의하고, 출석위원 과반수의 찬성으로 의결한다.
③ 사고조사위원회는 필요하다고 인정되면 관계인이나 관계 전문가를 사고조사위원회에 출석시켜 발언하게 하거나 서면으로 의견을 제출하게 할 수 있다.
④ 사고조사위원회에 출석한 위원, 관계인 및 관계 전문가에게는 예산의 범위에서 수당과 여비를 지급할 수 있다. 다만, 공무원인 위원이 그 소관 업무와 직접 관련되어 사고조사위원회에 출석하는 경우에는 그렇지 않다.
⑤ 사고조사위원회는 사고 조사에 관한 심의 · 의결을 마쳤을 때에는 그 결과를 지체 없이 행정안전부장관에게 보고해야 한다.
⑥ 제1항부터 제5항까지에서 규정한 사항 외에 사고조사위원회의 운영에 필요한 사항은 행정안전부장관이 정하여 고시한다.

4) **승강기의 운행정지명령 등**(법 제50조) 〈시행 2021. 1. 1〉

① 행정안전부장관은 승강기가 다음 각 호의 어느 하나에 해당하는 경우에는 그 사실을 특별자치시장 · 특별자치도지사 또는 시장 · 군수 · 구청장(구청장은 자치구의 구청장을 말한다)에게 통보하여야 한다.
　㉠ 설치검사를 받지 아니하거나 설치검사에 불합격한 경우
　㉡ 안전검사를 받지 아니하거나 안전검사에 불합격한 경우
② 특별자치시장 · 특별자치도지사 또는 시장 · 군수 · 구청장은 승강기가 다음 각 호의 어느 하나에 해당하는 경우에는 그 사유가 없어질 때까지 해당 승강기의 운행정지를 명할 수 있다.

PROFESSOR COMMENT

1. 설치검사를 받지 아니한 경우
2. 자체점검을 하지 아니한 경우
3. 승강기에 결함이 있다는 사실을 알았음에도 보수가 끝날 때까지 승강기의 운행을 중지하지 아니하는 경우
4. 안전검사를 받지 아니한 경우
5. 안전검사가 연기된 경우
6. 그 밖에 승강기로 인하여 중대한 위해가 발생하거나 발생할 우려가 있다고 인정하는 경우

③ 특별자치시장 · 특별자치도지사 또는 시장 · 군수 · 구청장은 2)에 따라 승강기의 운행정지를 명할 때에는 관리주체에게 행정안전부령으로 정하는 운행정지 표지를 발급하여야 한다.
④ 관리주체는 3)에 따라 발급받은 표지를 행정안전부령으로 정하는 바에 따라 이용자가 잘 볼 수 있는 곳에 즉시 붙이고 훼손되지 아니하게 관리하여야 한다.

> **시행규칙 제71조**(승강기의 운행정지 표지 등)
> ① 승강기의 운행정지 표지는 별지 제38호서식에 따른다.
> ② 관리주체는 발급받은 승강기의 운행정지 표지를 이용자가 잘 볼 수 있도록 다음 각 호의 구분에 따른 장소에 붙여야 한다.
>   1. 엘리베이터 : 엘리베이터 출입문의 중앙
>   2. 에스컬레이터 : 탑승하는 승강장 입구 바닥의 중앙
>   3. 휠체어리프트 : 다음 각 목의 구분에 따른 장소
>   가. 수직형 휠체어리프트 : 수직형 휠체어리프트 출입문의 중앙
>   나. 경사형 휠체어리프트 : 제어반 개폐문의 중앙 및 운반구 바닥의 중앙

(7) 실태조사(법 제74조)

행정안전부장관은 다음 각 호의 어느 하나에 해당하는 승강기에 대하여 운행 상황 파악 등을 위한 실태조사를 매년 실시하여야 한다.

1) 설치검사를 받지 아니하거나 설치검사에 불합격한 승강기
2) 안전검사를 받지 아니하거나 안전검사에 불합격한 승강기
3) 그 밖에 승강기 안전관리를 위하여 행정안전부장관이 실태조사가 필요하다고 인정하는 승강기

(8) 승강기 등의 제조업 또는 수입업의 등록 등(법 제6조①)

승강기나 대통령령으로 정하는 승강기부품의 제조업 또는 수입업을 하려는 자는 행정안전부령으로 정하는 바에 따라 특별시장·광역시장·특별자치시장·도지사·특별자치도지사(이하 "시·도지사")에게 등록하여야 한다.

> **영 제11조**(승강기 유지관리용 부품 등의 제공기간 등) **22회 출제**
> ① 제조업 또는 수입업을 하기 위해 등록을 한 자(이하 "제조·수입업자")는 승강기 유지관리용 부품 및 같은 항 제2호에 따른 장비 또는 소프트웨어(이하 "장비등")의 원활한 제공을 위해 동일한 형식의 유지관리용 부품 및 장비등을 최종 판매하거나 양도한 날부터 10년 이상 제공할 수 있도록 해야 한다. 다만, 비슷한 다른 유지관리용 부품 또는 장비등의 사용이 가능한 경우로서 그 부품 또는 장비등을 제공할 수 있는 경우에는 그렇지 않다.
>
> **영 제13조**(승강기부품의 권장 교체주기 및 가격 자료의 공개)
> ① 제조·수입업자는 승강기부품(유지관리용 부품으로 한정한다)의 권장 교체주기 및 가격 자료를 10년 이상 해당 제조·수입업자의 인터넷 홈페이지에 공개해야 한다. 다만, 인터넷 홈페이지를 갖추고 있지 않은 제조·수입업자는 그가 가입한 협회나 단체의 인터넷 홈페이지 등에 공개할 수 있다.
> ② 제조·수입업자는 ①에 따른 승강기부품의 권장 교체주기 및 가격 자료를 매년 갱신해야 한다.

(9) 과태료(법 제82조)

1) 다음의 어느 하나에 해당하는 자에게는 500만원 이하의 과태료를 부과한다.
   ① 중대한 사고나 중대한 고장이 발생한 때 통보를 하지 않거나 거짓으로 통보한 자
   ② 중대한 사고의 현장 또는 중대한 사고와 관련되는 물건을 이동시키거나 변경 또는 훼손한 자
   ③ 자체점검을 하지 아니한 자 또는 자체점검 결과를 승강기안전종합정보망에 입력하지 아니하거나 거짓으로 입력한 자
   ④ 승강기에 결함이 있다는 사실을 알고도 보수가 끝날 때까지 운행을 중지하지 아니한 자 또는 운행의 중지를 방해한 자
   ⑤ 책임보험에 가입하지 아니한 자

2) 다음에 해당하는 자는 300만원 이하의 과태료를 부과한다.
   ① 승강기관리교육을 받지 아니하거나 받게 하지 아니한 자
   ② 안전검사에 불합격한 승강기에 대하여 안전검사를 다시 받지 아니한 자
   ③ 운행금지 또는 운행정지 표지를 붙이지 아니하거나 잘 볼 수 없는 곳에 붙이거나 훼손되게 관리한 자

3) 다음에 해당하는 자는 100만원 이하의 과태료를 부과한다.
   ① 제29조 제3항을 위반하여 승강기 안전관리자의 선임 또는 변경 통보를 하지 아니한 자
   ② 제34조 제3항을 위반하여 검사합격증명서를 붙이지 아니하거나 잘 볼 수 없는 곳에 붙이거나 훼손되게 관리한 자

4 공조냉동설비 관리

(1) 증기압축식 냉동기와 흡수식 냉동기
증기압축식은 냉동·냉장용과 공조용으로 가장 일반적으로 사용되는 방식이며, 근래에 와서 여름철 전기수요 피크에 대한 해결방안의 하나로 공조용으로 흡수식 냉동기가 많이 사용되고 있다.

(2) 증기압축식과 흡수식의 차이점 비교
증기압축식은 전기를 구동원으로 하고, 흡수식은 열에너지를 구동원으로 한다.

(3) 냉동기의 원리(압축식)

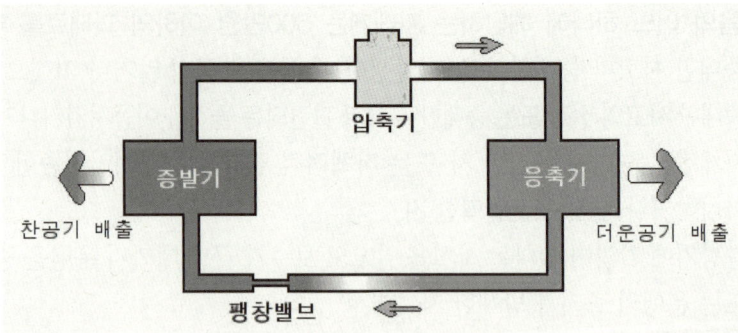

〈출처 : http://blog.daum.net/wbcont/11288157〉

(4) 냉동싸이클

`16·18·20회 출제`

1) **압축기**(저온 저압의 냉매를 고온고압으로 압축)

   냉매를 상온에서 액화하기 쉬운 고온, 고압으로 만든다. 냉장고와 같이 낮은 온도의 상태에서도 액냉매가 왕성하게 증발을 계속할 수 있도록 저압의 냉매를 압축기에 흡입 후 실린더 내에서 피스톤에 의해 압축하여 쉽게 액화될 수 있는 상태로 만든다.

    PROFESSOR COMMENT

   상온(30℃) 저압기체(0kg/㎠) ➡ 고온(80~120℃) 고압기체(8 ~ 12kg/㎠)

2) **응축기**(고온, 고압 냉매를 방열시켜 상온, 고압 액체 냉매로 변환)

   고온 고압의 기체 냉매를 상온 고압의 액체로 만든다 응축기는 압축가스를 냉각하여 응축 액화시키는 열 교환기로서, 압축기를 통과한 고온, 고압의 냉매를 냉각하게 된다. 이때 방출되는 열을 응축열이라 하는데, 이 열량은 냉매가 냉장고 내부로부터 빼앗아온 열(증발열)과 압축으로 인하여 가해진 열을 합한 열량이 된다.

    PROFESSOR COMMENT

   고온(80~120℃) 고압기체(8~12kg/㎠) =〉 상온(40~60℃) 고압액체(8~12kg/㎠)

3) **팽창밸브**(저온, 고압의 액체냉매를 증발하기 쉬운 저온, 저압으로 변환)

   액냉매를 증발하기 쉽도록 저압으로 만든다. 액화된 고압의 냉매를 증발기에 보내기 전에, 증발하기 쉬운 상태까지 압력을 낮추어 주는 작용을 한다. 이 작용을 하는 모세관은 감압작용을 함과 동시에 냉매액의 유량을 제어한다.

제1장 설비관리

 **PROFESSOR COMMENT**

상온(40~60℃) 고압액체(8~12kg/㎠) => 저온(-30℃) 저압액체(0kg/㎠)

4) **증발기**(저온, 저압 액체 냉매가 기화하면서 열을 빼앗음)

    냉매가 액체에서 기체로 변하면서 열을 빼앗는다. 증발기(냉각기) 내부의 저압의 냉매가 기화하는 동안 냉매의 증발 잠열에 의하여 냉각기 주위에 있는 공기로부터 열을 빼앗으며, 이로 인하여 냉각된 공기는 자연대류 또는 FAN에 의해 냉장고 내부를 저온으로 유지한다.

 PROFESSOR COMMENT

저온(-30℃) 저압액체(0kg/㎠) => 저온(-30℃) 저압기체(0kg/㎠)

10 지능형 홈네트워크 설비 관리

1 지능형 홈네트워크 설비 (주택건설기준 등에 관한 규정 제32조의2)

주택에 지능형 홈네트워크 설비(주택의 성능과 주거의 질 향상을 위하여 세대 또는 주택단지 내 지능형 정보통신 및 가전기기 등의 상호 연계를 통하여 통합된 주거서비스를 제공하는 설비를 말한다)를 설치하는 경우에는 국토교통부장관, 산업통상자원부장관 및 과학기술정보통신부장관이 협의하여 공동으로 고시하는 지능형 홈네트워크 설비 설치 및 기술기준에 적합하여야 한다. 〈개정 2017. 7. 26.〉

2 지능형 홈네트워크 설비 설치 및 기술기준 〈시행 2022.7.1.〉

(1) 용어의 정의

1) "홈네트워크 설비"란 주택의 성능과 주거의 질 향상을 위하여 세대 또는 주택단지 내 지능형 정보통신 및 가전기기 등의 상호 연계를 통하여 통합된 주거서비스를 제공하는 설비로 홈네트워크망, 홈네트워크장비, 홈네트워크사용기기로 구분한다.

2) "홈네트워크망"이란 홈네트워크장비 및 홈네트워크사용기기를 연결하는 것을 말하며 다음 각 목으로 구분한다.
   ① 단지망 : 집중구내통신실에서 세대까지를 연결하는 망
   ② 세대망 : 전유부분(각 세대 내)을 연결하는 망

3) "홈네트워크장비"란 홈네트워크망을 통해 접속하는 장치를 말하며 다음 각 목으로 구분한다.
   ① 홈게이트웨이 : 전유부분에 설치되어 세대 내에서 사용되는 홈네트워크사용기기들을 유무선 네트워크로 연결하고 세대망과 단지망 혹은 통신사의 기간망을 상호 접속하는 장치
   ② 세대단말기 : 세대 및 공용부의 다양한 설비의 기능 및 성능을 제어하고 확인할 수 있는 기기로 사용자인터페이스를 제공하는 장치
   ③ 단지네트워크장비 : 세대 내 홈게이트웨이와 단지서버 간의 통신 및 보안을 수행하는 장비로서, 백본(back-bone), 방화벽(Fire Wall), 워크그룹스위치 등 단지망을 구성하는 장비
   ④ 단지서버 : 홈네트워크 설비를 총괄적으로 관리하며, 이로 부터 발생하는 각종 데이터의 저장·관리·서비스를 제공하는 장비

4) "홈네트워크사용기기"란 홈네트워크 망에 접속하여 사용하는 다음과 같은 장비를 말한다.
   ① 원격제어기기 : 주택내부 및 외부에서 가스, 조명, 전기 및 난방, 출입 등을 원격으로 제어할 수 있는 기기
   ② 원격검침시스템 : 주택내부 및 외부에서 전력, 가스, 난방, 온수, 수도 등의 사용량 정보를 원격으로 검침하는 시스템

③ 감지기 : 화재, 가스누설, 주거침입 등 세대 내의 상황을 감지하는 데 필요한 기기
④ 전자출입시스템 : 비밀번호나 출입카드 등 전자매체를 활용하여 주동출입 및 지하주차장 출입을 관리하는 시스템
⑤ 차량출입시스템 : 단지에 출입하는 차량의 등록여부를 확인하고 출입을 관리하는 시스템
⑥ 무인택배시스템 : 물품배송자와 입주자 간 직접대면 없이 택배화물, 등기우편물 등 배달물품을 주고받을 수 있는 시스템
⑦ 그 밖에 영상정보처리기기, 전자경비시스템 등 홈네트워크 망에 접속하여 설치되는 시스템 또는 장비

5) "홈네트워크 설비 설치공간"이란 홈네트워크 설비가 위치하는 곳을 말하며, 다음 각 목으로 구분한다.
① 세대단자함 : 세대 내에 인입되는 통신선로, 방송공동수신설비 또는 홈네트워크 설비 등의 배선을 효율적으로 분배·접속하기 위하여 이용자의 전유부분에 포함되어 실내공간에 설치되는 분배함
② 통신배관실(TPS실) : 통신용 파이프 샤프트 및 통신단자함을 설치하기 위한 공간
③ 집중구내통신실(MDF실) : 국선·국선단자함 또는 국선배선반과 초고속통신망장비, 이동통신망장비 등 각종 구내통신선로설비 및 구내용 이동통신설비를 설치하기 위한 공간
④ 그 밖에 방재실, 단지서버실, 단지네트워크센터 등 단지 내 홈네트워크 설비를 설치하기 위한 공간

(2) 홈네트워크 필수설비(제4조) `16회 출제`

1) 공동주택이 다음 각 호의 설비를 모두 갖추는 경우에는 홈네트워크 설비를 갖춘 것으로 본다.

| 1. 홈네트워크망
　가. 단지망
　나. 세대망 | 2. 홈네트워크장비
　가. 홈게이트웨이(단, 세대단말기가 홈게이트웨이 기능을 포함하는 경우는 세대단말기로 대체 가능)
　나. 세대단말기
　다. 단지네트워크장비
　라. 단지서버(제9조 ④항에 따른 클라우드컴퓨팅 서비스로 대체 가능) |

2) 홈네트워크 필수설비는 상시전원에 의한 동작이 가능하고, 정전 시 예비전원이 공급될 수 있도록 하여야 한다. 단, 세대단말기 중 이동형 기기(무선망을 이용할 수 있는 휴대용 기기)는 제외한다.

(3) 홈네트워크 설비의 설치기준

1) **홈네트워크망**

    홈네트워크망의 배관·배선 등은 「방송통신설비의 기술기준에 관한 규정」 및 「접지설비·구내통신설비·선로설비 및 통신공동구 등에 대한 기술기준」에 따라 설치하여야 한다.

2) **홈게이트웨이**

    ① 홈게이트웨이는 세대단자함에 설치하거나 세대단말기에 포함하여 설치할 수 있다.
    ② 홈게이트웨이는 이상전원 발생시 제품을 보호할 수 있는 기능을 내장하여야 하며, 동작 상태와 케이블의 연결 상태를 쉽게 확인할 수 있는 구조로 설치하여야 한다.

3) **세대단말기**

    세대내의 홈네트워크사용기기들과 단지서버 간의 상호 연동이 가능한 기능을 갖추어 세대 및 공용부의 다양한 기기를 제어하고 확인할 수 있어야 한다.

4) **단지네트워크장비**

    ① 단지네트워크장비는 집중구내통신실 또는 통신배관실에 설치하여야 한다.
    ② 단지네트워크장비는 홈게이트웨이와 단지서버 간 통신 및 보안을 수행할 수 있도록 설치하여야 한다.
    ③ 단지네트워크장비는 외부인으로부터 직접적인 접촉이 되지 않도록 별도의 함체나 랙(rack)으로 설치하며, 함체나 랙에는 외부인의 조작을 막기 위한 잠금장치를 하여야 한다.

5) **단지서버**

    ① 단지서버는 집중구내통신실 또는 방재실에 설치할 수 있다. 다만 단지서버가 설치되는 공간에는 보안을 고려하여 영상정보처리기기 등을 설치하되 관리자가 확인할 수 있도록 하여야 한다.
    ② 단지서버는 외부인의 조작을 막기 위한 잠금장치를 하여야 한다.
    ③ 단지서버는 상온·상습인 곳에 설치하여야 한다.
    ④ 제1항부터 제3항까지의 규정에도 불구하고 국토교통부장관과 사전에 협의하고, 「국가균형발전 특별법」 제22조에 따른 지역발전위원회에서 선정한 단지서버 설치 규제특례지역의 경우에는 「클라우드컴퓨팅 발전 및 이용자 보호에 관한 법률」 제2조 제3호에 따른 클라우드컴퓨팅서비스를 이용하는 것으로 할 수 있으며, 다음 각 목의 사항이 발생하지 않도록 하여야 한다.
    ㉠ 정보통신 보안 문제
    ㉡ 통신망 이상발생에 따른 홈네트워크사용기기 운영 불안정 문제

6) 홈네트워크사용기기

홈네트워크사용기기를 설치할 경우, 다음 각 호의 기준에 따라 설치하여야 한다.

① 원격제어기기는 전원공급, 통신 등 이상상황에 대비하여 수동으로 조작할 수 있어야 한다.

② 원격검침시스템은 각 세대별 원격검침장치가 정전 등 운용시스템의 동작 불능 시에도 계량이 가능해야 하며 데이터 값을 보존할 수 있도록 구성하여야 한다.

③ 감지기
  ㉠ 가스감지기는 LNG인 경우에는 천장 쪽에, LPG인 경우에는 바닥 쪽에 설치하여야 한다.
  ㉡ 동체감지기는 유효감지반경을 고려하여 설치하여야 한다.
  ㉢ 감지기에서 수집된 상황정보는 단지서버에 전송하여야 한다.

④ 전자출입시스템
  ㉠ 지상의 주동 현관 및 지하주차장과 주동을 연결하는 출입구에 설치하여야 한다.
  ㉡ 화재발생 등 비상시, 소방시스템과 연동되어 주동 현관과 지하주차장의 출입문을 수동으로 여닫을 수 있게 하여야 한다.
  ㉢ 강우를 고려하여 설계하거나 강우에 대비한 차단설비(날개벽, 차양 등)를 설치하여야 한다.
  ㉣ 접지단자는 프레임 내부에 설치하여야 한다.

⑤ 차량출입시스템
  ㉠ 차량출입시스템은 단지 주출입구에 설치하되 차량의 진·출입에 지장이 없도록 하여야 한다.
  ㉡ 관리자와 통화할 수 있도록 영상정보처리기기와 인터폰 등을 설치하여야 한다.

⑥ 무인택배시스템
  ㉠ 무인택배시스템은 휴대폰·이메일을 통한 문자서비스(SMS) 또는 세대단말기를 통한 알림서비스를 제공하는 제어부와 무인택배함으로 구성하여야 한다.
  ㉡ 무인택배함의 설치수량은 소형주택의 경우 세대수의 약 10~15%, 중형주택 이상은 세대수의 15~20%로 정도 설치할 것을 권장한다.

⑦ 영상정보처리기기
  ㉠ 영상정보처리기기의 영상은 필요시 거주자에게 제공될 수 있도록 관련 설비를 설치하여야 한다.
  ㉡ 렌즈를 포함한 영상정보처리기기장비는 결로되거나 빗물이 스며들지 않도록 설치하여야 한다.

7) 홈네트워크 설비 설치공간(제11조)

홈네트워크 설비가 다음 공간에 설치 될 경우, 다음 각 호의 기준에 따라 설치하여야 한다.

① 세대단자함
- ㉠ 「접지설비·구내통신설비·선로설비 및 통신공동구 등에 대한 기술기준」 제30조에 따라 설치하여야 한다.
- ㉡ 세대단자함은 별도의 구획된 장소나 노출된 장소로서 침수 및 결로 발생의 우려가 없는 장소에 설치하여야 한다.
- ㉢ 세대단자함은 500㎜×400㎜×80㎜(깊이) 크기로 설치할 것을 권장한다.

② 통신배관실
- ㉠ 통신배관실은 유지관리를 용이하게 할 수 있도록 하여야 하며 통신배관을 위한 공간을 확보하여야 한다.
- ㉡ 통신배관실내의 트레이(tray) 또는 배관, 덕트 등의 설치용 개구부는 화재시 층간 확대를 방지하도록 방화처리제를 사용하여야 한다.
- ㉢ 통신배관실의 출입문은 폭 0.7미터, 높이 1.8미터 이상(문틀의 내측치수)이어야 하며, 잠금장치를 설치하고, 관계자외 출입통제 표시를 부착하여야 한다.
- ㉣ 통신배관실은 외부의 청소 등에 의한 먼지, 물 등이 들어오지 않도록 50밀리미터 이상의 문턱을 설치하여야 한다. 다만 차수판 또는 차수막을 설치하는 때에는 그러하지 아니하다.

③ 집중구내통신실
- ㉠ 집중구내통신실은 「방송통신설비의 기술기준에 관한 규정」 제19조에 따라 설치하되, 단지네트워크장비 또는 단지서버를 집중구내통신실에 수용하는 경우에는 설치면적을 추가로 확보하여야 한다.
- ㉡ 집중구내통신실은 독립적인 출입구와 보안을 위한 잠금장치를 설치하여야 한다.
- ㉢ 집중구내통신실은 적정온도의 유지를 위한 냉방시설 또는 흡배기용 환풍기를 설치하여야 한다.

(4) 홈네트워크 설비의 기술기준 및 홈네트워크 보안

1) 연동 및 호환성 등
① 홈게이트웨이는 단지서버와 상호 연동할 수 있어야 한다.
② 홈네트워크사용기기는 홈게이트웨이와 상호 연동할 수 있어야 하며, 각 기기 간 호환성을 고려하여 설치하여야 한다.
③ 홈네트워크 설비는 타 설비와 간섭이 없도록 설치하여야 하며, 유지보수가 용이하도록 설치하여야 한다.

2) 기기인증 등

① 홈네트워크사용기기는 산업통상자원부와 과학기술정보통신부의 인증규정에 따른 기기인증을 받은 제품이거나 이와 동등한 성능의 적합성 평가 또는 시험성적서를 받은 제품을 설치하여야 한다.

② 기기인증 관련 기술기준이 없는 기기의 경우 인증 및 시험을 위한 규격은 산업표준화법에 따른 한국산업표준(KS)을 우선 적용하며, 필요에 따라 정보통신단체표준 등과 같은 관련 단체 표준을 따른다.

3) 유지·관리 등

① 홈네트워크 설비를 설치한 자는 홈네트워크 설비의 유지·관리 매뉴얼을 관리주체 및 입주자대표회의에 제공하여야 한다.

② 홈네트워크사용기기는 하자담보기간과 내구연한을 표기할 수 있다.

③ 홈네트워크사용기기의 예비부품은 5%이상 5년간 확보할 것을 권장하며, 이 경우 제1항의 규정에 따른 내구연한을 고려하여야 한다.

4) 홈네트워크 보안

① 단지서버와 세대별 홈게이트웨이 사이의 망은 전송되는 데이터의 노출, 탈취 등을 방지하기 위하여 물리적 방법으로 분리하거나, 소프트웨어를 이용한 가상사설통신망, 가상근거리통신망, 암호화기술 등을 활용하여 논리적 방법으로 분리하여 구성하여야 한다.

② 홈네트워크장비는 보안성 확보를 위하여 별표 1에 따른 보안요구사항을 충족하여야 한다. 다만,「정보통신망 이용촉진 및 정보보호 등에 관한 법률」제48조의6에 따라 정보보호인증을 받은 세대단말기는 별표1 보안요구사항을 충족한 것으로 인정한다.

③ 홈네트워크사용기기 및 세대단말기는 「정보통신망 이용촉진 및 정보보호 등에 관한 법률」제48조의6에 따라 정보보호 인증을 받은 기기로 설치할 수 있다.

홈네트워크장비에 대한 보안요구사항(제14조의2제1항 관련, 별표1)

구분	보안요구사항
1. 데이터 기밀성	이용자 식별정보, 인증정보, 개인정보 등에 대해 암호 알고리즘, 암호키 생성·관리 등 암호화 기술과 민감한 데이터의 접근제어 관리기술 적용으로 기밀성을 구현 ※ 데이터의 처리(생성, 읽기, 쓰기, 변경, 삭제, 저장 등)가 아닌 단순 전송 등을 담당하는 워크그룹 스위치 등은 적용 제외
2. 데이터 무결성	이용자 식별정보, 인증정보, 개인정보 등에 대해 해쉬함수, 전자서명 등 기술 적용으로 위·변조 여부 확인 및 방지 조치 ※ 데이터의 처리(생성, 읽기, 쓰기, 변경, 삭제, 저장 등)가 아닌 단순 전송 등을 담당하는 워크그룹 스위치 등은 적용 제외
3. 인증	사용자 확인을 위하여 전자서명, 아이디/비밀번호, 일회용비밀번호(OTP) 등을 통해 신원확인 및 인증 기능을 구현
4. 접근통제	자산 사용자 식별, IP관리, 단말인증 등 기술을 적용하여 사용자 유형 분류, 접근권한 부여·제한 기능 구현을 통해 인가된 사용자 이외에 비인가된 접근을 통제
5. 전송데이터 보안	승인된 홈네트워크장비 간에 전송되는 데이터가 유출 또는 탈취되거나 흐름의 전환 등이 발생하지 않도록 전송데이터 보안 기능을 구현

CHAPTER 02 건축물 및 시설관리

학습포인트
- 하자의 유형과 관리대책
- 하자보수제도와 장기수선제도
- 주택건설기준 등에 관한 규정상의 내용

01 총설

1 서설

(1) 건축물 및 시설의 개념

1) 「건축법」상 토지에 정착(定着)하는 공작물 중 지붕과 기둥 또는 벽이 있는 것과 이에 딸린 시설물, 지하나 고가(高架)의 공작물에 설치하는 사무소·공연장·점포·차고·창고, 그 밖에 대통령령으로 정하는 것을 말한다(건축법 제2조 제2호).

2) "시설"이란 건축설비를 포함하는 일정범위의 건축물을 의미하는 개념으로 사용하기도 한다. 따라서 건축설비는 시설에 장착하는 구성부분을 의미하는 개념으로 볼 수 있다.

(2) 시설관리의 개념

공동주택의 시설관리는 관리주체가 공동주택의 공용부분과 부대시설 및 복리시설을 대상으로 노후화를 방지하고 건축물의 내용연수 및 생애주기를 연장시키기 위한 유지·보수 등의 관리행위를 말한다.

2 시설물의 유지관리 내용

공동주택의 공용부분에 발생한 하자를 사전에 차단하거나 하자가 발생한 경우 적기에 보수·수선하는 것을 내용으로 하는데, 이에는 점검·보수·청소·진단 및 수선이 있다.

(1) 점 검
공동주택 공용부분의 기능과 훼손 정도를 조사하여 하자의 발생을 사전에 차단하는 관리행위를 말한다.

(2) 보 수
1) 시설에 대한 점검시 낡은 부품이나 재료 등을 교체하거나 발견된 하자를 손질하여 하자로 인한 피해를 미연에 방지하기 위한 관리행위를 말한다.
2) 점검과 병행하여 실시하며, 비용은 수선유지비를 사용하여 단기적이고 소규모 공사를 하자발생 전에 하는 관리행위이다.

(3) 진 단
공동주택 등의 주요구조부와 내력구조부 등과 같이 그 하자가 중요한 결과를 초래하거나 그 하자를 파악하는 데 전문적인 기술이 요구되는 관리행위로서 수선을 위한 사전단계에서 행하여진다.

(4) 수 선
1) 열화(劣化)·마모(磨耗) 정도가 일정한 한도를 넘어 기능이 손상되었을 때 장시간에 걸친 대규모 공사를 계획적으로 실시하여 원래의 기능을 회복시키고 내용연수를 연장시키는 관리행위이다.
2) 비용은 장기수선충당금을 주로 사용하며, 종류에는 계획수선, 특별수선, 개량수선, 보통수선 등이 있다.

(5) 청 소

02 건축물관리

1 총설

(1) 의의
공동주택의 공용부분에 대한 유지·보수 및 안전관리활동으로서 노후화를 방지하고 내용연수를 연장하기 위하여 각종 하자의 발생을 예방하거나 제거 또는 점검·보수하는 관리행위를 말한다.

(2) 공동주택의 노후화

1) **노후화의 개념**

건축물의 노후화란 사용이나 시간의 경과에 따른 부적응화·진부화에 의해 당해 건물의 가치 및 안전성과 기능성이 현저히 저하되어 건축물 본래의 기능을 정상적으로 수행하기 곤란한 상태로 되는 것을 말한다.

2) **노후화의 원인**

① 물리적 노후화 : 사용이나 시간의 경과에 따른 주택의 가치가 소멸 또는 감소되는 것을 말한다.

② 기능적 노후화 : 기술진보, 취향의 변화 등 내외의 환경변화로 물리적으로는 사용가능한 주택이 기능적인 측면에서 진부화·부적응화되어 더 이상 유용성을 발휘하지 못하는 주택의 노후화를 말한다.

③ 경제적 노후화 : 기존주택을 유지하는 경우, 부담하는 유지·보존비용이 재건축을 할 경우의 자본비용을 상회하게 되는 현상을 말하는 것으로, 이는 입주자의 경제적 이익의 측면에서 볼 때 노후화되었다고 볼 수 있다.

④ 사회적 노후화 : 사회제도의 변화인 도시계획의 변경이나 토지이용의 변화에 따라 기존주택의 사용가치가 더 이상 존재하기 어렵게 된 경우를 말한다.

2 하자의 유형

(1) 균열(龜裂)

1) **의의**

건물에 금이 가는 것으로 크랙(Crack)이라고도 한다. 공동주택에 발생하는 균열은 건물의 내구성, 내력성 및 수밀성 등의 제 성능을 저하시키는 원인이 된다.

2) 발생원인

① 설계상 하자에 의한 균열
  ㉠ 벽돌벽의 길이·높이·두께 및 벽돌벽체의 강도 부족
  ㉡ 옥상물탱크의 불합리한 배치
  ㉢ 건물이 불균형하거나 과도한 집중하중·횡력 및 충격
  ㉣ 기초의 부동침하(연약지반, 경사지반 등 지반의 상태)
  ㉤ 건물의 평면·입면의 불균형, 벽의 불합리한 배치
  ㉥ 철근량의 부족 등
  ㉦ 창호·문꼴(개구부) 크기의 불합리한 배치
  ㉧ 벽돌벽을 통줄눈쌓기로 설계

② 시공상 하자에 의한 균열 **16회 출제**
  ㉠ 콘크리트 형틀(거푸집)의 조기 제거
  ㉡ 콘크리트의 건조·수축
  ㉢ 초기동결
  ㉣ 타설 직후의 급격한 건조
  ㉤ 모르타르 바름의 들뜨기
  ㉥ 골재분리현상
  ㉦ 철근의 휨 및 피복두께의 감소
  ㉧ 이음면처리의 불량
  ㉨ 장시간 반죽
  ㉩ 경화 전의 진동 및 재하
  ㉪ 골재의 품질불량
  ㉫ 시멘트의 이상 응결·팽창 등

③ 외부환경으로 인한 균열
  ㉠ 철근의 녹
  ㉡ 온도변화
  ㉢ 산·염류의 침투로 인한 화학작용
  ㉣ 화재 및 표면가열 등

3) 균열의 방지책 **13회 출제**

① **균열의 분산**: 철근콘크리트 건축물의 건축계획과 시공시부터 건축물에 균열의 피해를 최소화하기 위하여 균열을 구조부 전체에 미세하게 분산시키는 방법을 말한다. 균열의 분산에는 건물시공시 철근을 배근할 때 부착력이 좋은 이형철근(D)이나 용접철망(간격 10mm 이하)을 설치하여 균열을 분산하는 방법이 있다.

② 균열의 집중 : 건물구조부에 균열이 발생하여도 건물에 지장이 없도록 균열이 발생될 예정부분에 균열을 집중시키는 방법을 말하며, 균열예정부분에 조절줄눈과 신축줄눈을 계획적으로 설치하여 균열의 집중효과를 얻는 방법이 있다.
  ㉠ 조절줄눈 : 조절줄눈은 벽체에 설치하여 균열을 집중시켜 주는 방법이며 시공줄눈과 수축줄눈이 있다.
  ㉡ 신축줄눈 : 신축줄눈은 신축이음이라고도 말하며, 건물을 수직으로 분할하여 균열을 집중시켜주는 방법이다.

> **콘크리트 균열발생원인 및 보수보강 방법**
>
> 〈보충1〉
>
> 1. 의의 : 콘크리트는 성질이 서로 다른 복합재료로 구성되어 균열발생이 쉽고, 발생한 균열은 강도, 내구성, 수밀성 저하뿐만 아니라 표면 결함과 구조물의 기능상 결함을 초래하기도 하고, 누수가 발생해 철근을 녹슬게 하여 구조적 결함까지도 초래하게 된다.
> 2. 균열발생원인
>   (1) 재료특성
>   1) 시멘트 : 이상응결, 이상팽창(건조수축), 수화열 등
>   2) 콘크리트 : 건조수축, 침강, 블리딩(Bleeding) 발생
>   3) 골재에 포함된 : 점토, 이토, 반응성 골재나 풍화암 사용시
>   (2) 시공상태
>   1) 비빔 : 혼화재료의 불균일 분산시, 비빔시간이 4~5분 이상인 경우
>   2) 운반 : 펌프 압송시 수량, 시멘트량 첨가
>   3) 거푸집 : 철근배근 간격불량, 피복두께불량, 거푸집 조임불량, 동바리 침하, 거푸집 조기해체
>   4) 타설 : 타설순서 불량, 시공이음 처리불량, Cold Joint 발생, 치기속도가 너무 빠를 때
>   5) 다짐 : 다짐 불충분
>   6) 양생 : 초기 동해, 초기양생시 급격한 건조, 경화전 진동이나 하중
> 3. 균열방지 대책
>   (1) 재료특성에 대한 대책 : 시멘트 응결시간 검사, 풍화된 시멘트 사용금지, 블리딩 방지를 위해 분말도 높은 시멘트나 AE제 사용, 단위수량을 적게 함, 수화열 감소를 위해 중용열 시멘트나 플라이애쉬 사용, 철저한 양생
>   (2) 시공상의 대책 : 타설순서・타설속도를 지킴, 밀실한 다짐이 되도록 함, 타설이음처리를 시방에 따름, 거푸집 측압에 안전하도록 함, 동바리 침하나 좌굴변형이 생기지 않게 함, 거푸집 해체는 소요강도가 확보된 후 실시함, 양생철저, 동해를 입지 않도록 보양
>   (3) 설계상 대책
>   1) 온도응력에 따른 내부응력을 막기 위해 신축줄눈 설치(수평단면이 급변하는 곳, 긴 건물의 경우에는 구조적으로 다른 건물과의 연결부, 철근콘크리트는 13m 내외, 무근콘크리트는 8m 내외)
>   2) 설계시 풍하중, 지진력 등의 산정을 충분히 해 설계소요 단면 및 철근량 확보

<보충2> 균열의 종류
1. 구조적 균열
    1) 지하주차장 바닥균열
    2) 전단균열
    3) 지붕층 슬래브균열
    4) 구조계산서와 구조도면이 상이
    5) 기계실 바닥균열
2. 비구조적 균열
    1) 지붕층 균열에 의한 누수
    2) 전기배선용 배관부위 균열
    3) 노출구조부 표면균열
    4) 조인트 부위 균열에 의한 누수

4) 균열의 보수
① 표면처리공법 : 표면처리공법은 비교적 미세한 균열에 대해 직접 그 균열의 표면을 피복하여 방수성, 내구성을 지니도록 피막을 만드는 공법이다.
② 충전(메꿈식)공법 : 슬래브 및 보에 균열발생시 균열부위에 따라 콘크리트 표면을 U자 또는 V자형으로 커팅 후 에폭시수지를 충전하여 콘크리트 내구성을 향상시키기 위한 공법이다.
③ 주입공법 : 균열부위에 점성이 낮은 에폭시 수지를 주입하는 방법으로 손으로 주입하는 수동주입공법과 전동펌프로 주입하는 전동주입공법 및 양자를 혼합하는 유입공법이 있다.
④ 폴리머모르터 충전공법 : 슬래브 등에서 철근이 부식된 경우 방청제 도포 후 에폭시 수지를 도포해 콘크리트 내구성을 향상시키기 위한 공법이다.

> **WIDE** 기초지반의 부동침하
>
> 1. 원 인
>   ① 건물이 경사지나 언덕에 근접되어 있는 경우
>   ② 건물이 이질지반에 걸쳐 있을 경우
>   ③ 부주의한 증축을 했을 경우
>   ④ 근접해서 부주의한 기초파기를 했을 경우
>   ⑤ 이종의 기초구조를 채용했을 경우
>   ⑥ 지반구조상 연약층의 두께가 상이할 경우
>   ⑦ 하부지반이 연약한 경우
>   ⑧ 지하수위가 부분적으로 변화될 경우
> 2. 대 책
>   ① 건물을 경량화하고 건물길이를 짧게 건설한다.
>   ② 건물의 중량 및 하중을 균등하게 분배시킨다.
>   ③ 인접 건물과의 거리를 되도록 멀리한다.
>   ④ 건물을 일체식 구조로 하여 강성을 높인다.
>   ⑤ 마찰말뚝을 사용하고, 기초를 지반까지 지지시키도록 한다.
>   ⑥ 지하실을 설치하며, 기초 상호간에 지중보로 연결하도록 한다.

(2) 백화(白化)

13회 출제

1) 의의

시멘트를 사용하는 건축물의 외부면에 백색의 물질이 생겨 외관을 저해하는 현상으로, 시멘트 중의 물에 녹을 수 있는 가용성 알칼리 염류(수산화칼슘, 황산칼슘, 황산소다, 황산칼륨 등)가 시공시에 혼합수 또는 조적 완료 후에, 침투된 물에 의해 용해되어 직접 줄눈 외부로 이동하거나 블록 내부로 침투하였다가 블록 외부면이 건조되면서 용해물이 모세관을 통해 표면으로 이동하여 수분이 증발한 후 염류가 하얗게 남는 것이다.

2) 발생원인

① 재령이 짧은 시멘트 사용시 발생한다.
② 비 온 후 습도가 비교적 높을 때 발생한다.
③ 건조속도가 완만할수록 잘 발생한다.
④ 그늘진 북쪽에서 많이 발생한다.
⑤ 기온이 낮은 겨울철에 많이 발생한다.

3) 방지대책

① 모르타르 반죽시 깨끗한 물을 사용하며, 방수제를 혼합하여 백화방지효과를 확대한다.
② 조적시 모르타르는 치밀하게 채우고, 치장줄눈은 깊고 치밀하게 채운다(8~10mm). 치장줄눈은 방수효과가 있는 줄눈용 타일시멘트를 사용함이 좋다. 그리고 양생될 때까지 빗물 등으로부터 보호한다.
③ 강 상류 모래를 사용한다. 그리고 조적시기는 겨울과 장마철을 피한다.
④ 모르타르 등의 염류가 표출되는 것을 방지하기 위하여 파라핀 도료나 명반용액 등을 바른다.

4) 제거방법

백색 가용성 염류는 우선 마른 솔로 제거하고 제거되지 아니하면 벽체를 물로 충분히 적신 후 묽은염산으로 닦아낸 후 물로 씻어내야 한다.

(3) 결로(結露)

14·17·24회 출제

1) 의의

① 결로란 어떤 습공기가 그 공기의 노점온도 이하가 되는 구조체와 접촉할 때 구조체 내부 또는 구조체 실내표면에서 수증기의 응축으로 물방울이 형성되는 현상을 말한다. 일반적으로 실내·외 온도차가 큰 한랭지 건축에서 흔히 발생(표면·내부결로)하며 물방울 낙하, 내장재 오손, 동결 등 건축물의 내구성을 약화시키며, 특히 한 번 결로가 발생하면 소멸되지 않고 계속 번지는 특성이 있다. 노점이란 상대습도가 100%일 때의 온도를 말한다.

② 건물 내에서 결로발생은 동계에 극심하며 그 원인은 난방에 따른 실내·외의 높은 온도차 때문이다. 더운 공기는 찬 공기보다 더 많은 수증기를 포함하므로 그 자체는 결로가 발생되지 않는다. 그러나 더운 공기 중에 과대하게 들어 있는 수증기는 공기가 냉각하면서 결로를 유발한다.

2) 결로의 원인 및 대책 **24회 출제**
① 실내습기의 과다발생 → 실내의 수증기 발생을 억제한다.
② 높은 실내·외 온도차 → 실내·외 온도차를 낮춘다.
③ 건물의 사용패턴 변화에 의한 환기 부족 → 환기를 통해 실내 절대 또는 습도를 낮춘다.
④ 구조체의 열적 특성 → 외벽의 단열강화를 통해 실내 측 표면온도가 낮아지는 것을 방지한다. 또한 일반유리보다 복층유리를 사용하면 표면결로 발생을 줄일 수 있다.
⑤ 시공불량
⑥ 시공 직후 미건조 상태

3) 유형
① 표면결로: 벽체나 천장 등이 열관류율이 높아 실외의 찬 기온이 벽체나 보 등을 통하여 실내에 전달되어 표면온도가 노점 아래로 내려갈 때 벽체나 천장의 표면에 이슬이 발생한다.

 냉열교현상에 의한 결로 **13회 출제**

벽체의 단열재를 관통하여 설치되는 볼트·앵커 및 인서트 등을 통하여 실외의 찬 기온이 금속체를 통하여 실내에 전달되어 실내의 높은 온도와 접하게 되어 발생한다.
단열인서트를 사용하고, 옥내전기설비에는 VE관 또는 CD관 등의 합성수지재 전선관을 사용하며, 강판제 아웃렛 박스(Outlet Box)는 발포성 단열재를 이용하여 온도의 강하를 막는다.

② 내부결로: 건물 등의 구조체 내부에서 발생하는 것으로서 시간이 지남에 따라 습기가 많이 차서 벽체 자체나 단열재를 손상시킬 수 있다.

(4) 동해(凍害)
1) 의의
외기의 영향으로 콘크리트 속의 수분이 얼거나 녹는 과정을 반복하여 균열이 발생하거나 파손되는 현상을 말한다. 동해는 콘크리트 균열의 가장 큰 원인 중 하나이다.

2) 원인
① 설계상 결함: 콘크리트 부재의 방향이나 물과의 접촉도에 관한 설계상 결함으로 발생한다.
② 시공상 결함: 내동해성이 약한 시멘트 골재의 사용, 잘못된 콘크리트의 응고, 잘못된 방수·배관·타일 및 도장공사에 의하여 발생한다.
③ 외부환경: 온도, 습도의 급격한 변화에 의하여 발생한다.

3) 대책
  ① 동해와 융해가 반복되는 온도조건을 피하는 등 동절기공사를 피한다.
  ② 물매를 두어 시공상 표면이 지나치게 평평하게 되지 않도록 한다.
  ③ 콘크리트의 수분함량이 부분적으로 높아지는 것을 피한다.
  ④ 충분한 습윤양생을 하여 치밀한 조직을 만들어 건조·균열을 방지한다.
  ⑤ 내동해성이 강한 콘크리트를 사용한다.

(5) 동상(凍上)
  1) 의의
    동상이란 건물이나 구조물 아래 땅속에 포함되어 있는 수분이 추운 날씨에 동결되어 그 동결된 얼음의 팽창으로 지표면에 가까운 지반이 솟아오르는 현상을 말한다.
  2) 방지책
    ① 기초저부는 최대동결심도보다 깊게 한다.
    ② 지반배수는 잘 되게 하고, 지표의 눈 녹은 물이 스며들지 않게 한다.
    ③ 점토질 등의 흙은 보수성이 있어 동상이 되기 쉬우므로 모래, 자갈 등으로 지반을 개량한다.

(6) 누수(漏水)
  1) 의의
    물이 새는 것으로 옥상·천장·벽 및 관통배관 등으로 빗물이 새어 철근을 부식시키고 콘크리트 동해의 원인이 된다.
  2) 대책
    ① 옥상누수 : 아스팔트방수 등을 시공한다.
    ② 화장실·욕실·부엌·다용도실의 누수 : 시멘트액체방수를 한다.
    ③ 파손된 방수층·배수 트랩·드레인을 보수하거나 대체하고 탈락된 파이프를 잇거나 대체한다.

(7) 녹(綠)
  1) 의의
    철재가 공기 등에 의하여 산화작용을 일으켜 부식되는 현상으로 건물의 외관 등을 훼손하고 건물 자체의 내구성·내력성 등을 약화시켜 대형사고를 초래할 수 있다.
  2) 대책
    ① 건물의 금속재 부분은 가급적 빗물 등에 노출되지 않도록 한다.
    ② 금속성 난간은 녹슬기 전에 다시 도장하고 정도가 심하면 새 것으로 교체한다.
    ③ 녹방지 대책으로 피복법, 도금법, 합금법, 소부법 등이 있다. 이 중에서 피복법이 일반적으로 가장 많이 사용되고 있다.

(8) 기타 하자의 유형

1) **파손현상**

   시설물이 깨어지거나 떨어져 나가 보수를 필요로 하는 현상

2) **열화현상**

   사용으로 시설물이 본래의 기능을 발휘하지 못하는 현상

3) **우루**

   빗물이 새거나 스며들어 보수를 필요로 하는 현상

3 건물의 내장관리

(1) 천 장

1) **의의**

   천장은 주로 내·외벽, 바닥 등과 함께 실내·외의 주거공간을 구획하는 역할을 하며 기능상 방음·보온 및 단열을 위해서도 필요하다.

2) **하자의 보수**

   ① 천장의 파손·균열의 보수는 천장의 반자구성을 다시 하거나 균열부위를 잘라내고 방수 모르타르나 코킹 등으로 주입·도장한다. 그러나 전면적인 보수를 하는 것이 안전하다.

   ② 천장의 누수·결로의 보수는 천장 상부에 설치된 기기나 배수관 등으로 인한 누수, 천장 위층 바닥의 파손·균열에 의한 누수가 원인인 경우가 있는데, 이 경우 위층 바닥면을 보수하거나 기기나 배수관을 수리하는 것이 필요하다.

   ③ 천장재료의 난연성, 흡음성, 단열성 등을 점검하고 점검결과 가연성일 때는 내화성, 난연성 물질로 도포하거나 난연성 재료를 덧붙인다.

(2) 내 벽

1) **의 의**

   건축구조상 용도에 따라 주거공간을 구분하는 역할을 하지만 기능상 방음·보온역할을 한다. 공동주택은 대형화재 등을 방지하기 위하여 방화성, 내화성 및 내수성 등이 필요하다.

2) **하자의 보수**

   ① 파손·균열 정도에 따라 모르타르, 코킹 등을 충전하거나 합성수지재를 도포 또는 조적재를 보강한다.

   ② 결로·동해방지를 위하여 외벽은 단열재로 보강하고 내벽은 방습재로 도장한다.

   ③ 오염시 중성세제로 세척한 후 방수용 발수재 등으로 도장한다.

   ④ 내화성·방화성이 약해지면 내화성·방화성 있는 재료로 보강한다.

(3) 바 닥

1) 의의
손상가능성이 가장 크고, 위층 바닥면의 하자가 아래층 천장에 영향을 주기도 하므로 청결을 유지하고 바닥재가 훼손되는 것을 방지해야 한다.

2) 하자의 보수
① 바닥이 침하한 경우 전면적인 보수·교체가 요구된다.
② 바닥재가 오손된 경우 바닥을 자주 청소하는 방법이 요구된다.
③ 바닥의 균열·요철시 균열 정도를 고려하여 바닥을 재시공하거나 균열부위만을 수리한다.
④ 내부응력으로 인하여 발생한 균열에 대한 보수는 유의해야 하며, 부분보수는 오히려 균열을 가중시키기 쉬우므로 전면보수를 하는 것이 좋다.
⑤ 노후화되거나 파손부위가 너무 크면 전면보수를 실시하고, 마무리재의 보수는 동일 종류의 재질을 사용한다.
⑥ 오일스테인을 도장한 바닥재는 물 사용을 금하며 고무재료를 사용한 바닥재는 기름사용을 금한다.
⑦ 비닐계통의 바닥재는 알칼리성이 강한 세제를 사용하면 변색되므로 주의를 요한다.
⑧ 바닥재가 리노늄, 리노타일이면 플로어 오일이나 유성왁스 등의 사용을 금한다.

(4) 복도(주택건설기준 등에 관한 규정 제17조)
복도형인 공동주택의 복도는 다음의 기준에 적합하여야 한다.
1) 외기에 개방된 복도에는 배수구를 설치하고, 바닥의 배수에 지장이 없도록 할 것
2) 중복도에는 채광 및 통풍이 원활하도록 40m 이내마다 1개소 이상 외기에 면하는 개구부를 설치할 것
3) 복도의 벽 및 반자의 마감(마감을 위한 바탕을 포함)은 불연재료 또는 준불연재료로 할 것

(5) 계 단

1) 의 의
계단은 상·하층을 연결하는 통로로 통행에 불편이 없는 구조로 설치해야 하며 재해발생 등 비상시에는 비상구로서의 기능도 한다.

2) 하자의 보수
① 노후화 등 훼손 정도가 심하거나 내력에 의한 균열일 때에는 전면 보수하여야 한다.
② 부분파손에 의한 경우는 부분보수를 실시하되 다른 부위와 연결부분을 보강해야 한다.
③ 난간두겁, 난간동자, 엄지기둥이 흔들거리지 않게 정비하여 녹이 슨 경우 재도장한다.
④ 디딤판 훼손시 청소한 후 강력접착제로 고정시킨다.
⑤ 옥외계단은 바닥에 활면이 생기지 않도록 해야 한다.
⑥ 바닥 마무리재의 보수는 동일재료를 사용하여 본래의 바탕과 차이가 나지 않도록 해야 한다.

3) **계단의 설치기준**(주택건설기준 등에 관한 규정 제16조)

① 주택단지 안의 건축물 또는 옥외에 설치하는 계단의 각 부위의 치수는 다음 표의 기준에 적합하여야 한다.

(단위 : cm)

계단의 종류	유효폭	단높이	단너비
공동으로 사용하는 계단	120 이상	18 이하	26 이상
건축물의 옥외계단	90 이상	20 이하	24 이상

② 위 ①에 따른 계단은 다음 각 호에 정하는 바에 따라 적합하게 설치하여야 한다.
  ㉠ 높이 2m를 넘는 계단(세대 내 계단을 제외한다)에는 2m(기계실 또는 물탱크실의 계단의 경우에는 3m) 이내마다 해당 계단의 유효폭 이상의 폭으로 너비 120cm 이상인 계단참을 설치할 것. 다만, 각 동 출입구에 설치하는 계단은 1층에 한정하여 높이 2.5m 이내마다 계단참을 설치할 수 있다.
  ㉡ 계단의 바닥은 미끄럼을 방지할 수 있는 구조로 할 것
③ 계단실형인 공동주택의 계단실은 다음 각 호의 기준에 적합하여야 한다.
  ㉠ 계단실에 면하는 각 세대의 현관문은 계단의 통행에 지장이 되지 아니하도록 할 것
  ㉡ 계단실 최상부에는 배연 등에 유효한 개구부를 설치할 것
  ㉢ 계단실의 각 층별로 층수를 표시할 것
  ㉣ 계단실의 벽 및 반자의 마감(마감을 위한 바탕을 포함한다)은 불연재료 또는 준불연재료로 할 것
④ 위 ①부터 ③까지에서 규정한 사항 외에 계단의 설치 및 구조에 관한 기준에 관하여는 「건축법 시행령」 제34조, 제35조 및 제48조를 준용한다.

(6) 난간(주택건설기준 등에 관한 규정 제18조)

1) 주택단지 안의 건축물 또는 옥외에 설치하는 난간의 재료는 철근콘크리트, 파손되는 경우에도 날려 흩어지지 않는 안전유리 또는 강도 및 내구성이 있는 재료(금속제인 경우에는 부식되지 않거나 도금 또는 녹막이 등으로 부식방지처리를 한 것만 해당한다)를 사용하여 난간이 안전한 구조로 설치될 수 있게 해야 한다. 다만, 실내에 설치하는 난간의 재료는 목재로 할 수 있다.

2) 난간의 각 부위의 치수는 다음의 기준에 적합하여야 한다.
  ① 난간의 높이 : 바닥의 마감면으로부터 120cm 이상. 다만, 건축물 내부계단에 설치하는 난간, 계단중간에 설치하는 난간 기타 이와 유사한 것으로 위험이 적은 장소에 설치하는 난간의 경우에는 90cm 이상으로 할 수 있다.
  ② 난간의 간살의 간격 : 안목치수 10cm 이하

3) 3층 이상인 주택의 창(바닥의 마감면으로부터 창대 윗면까지의 높이가 110cm 이상이거나 창의 바로 아래에 발코니 기타 이와 유사한 것이 있는 경우를 제외한다)에는 ① 및 ②의 규정에 적합한 난간을 설치하여야 한다.

4) 난간을 외부 공기가 직접 닿는 곳에 설치하는 주택의 경우에는 각 세대마다 국기봉을 꽂을 수 있는 장치를 해당 난간에 하나 이상 설치해야 한다. 다만, 사업계획승인권자가 난간의 재료 등을 고려할 때 해당 장치를 설치하기 어렵다고 인정하는 경우에는 국토교통부령으로 정하는 바에 따라 각 동 지상 출입구에 설치할 수 있다. 각 동 지상 출입구에 국기봉을 꽂을 수 있는 장치를 설치하는 경우에는 해당 출입구 위쪽 벽면의 중앙 또는 왼쪽(출입구 앞쪽에서 건물을 바라볼 때의 왼쪽을 말한다)에 설치해야 한다. 〈개정 2021. 1. 12〉

(7) 출입문(주택건설기준 등에 관한 규정 제16조의2)

① 주택단지 안의 각 동 출입문에 설치하는 유리는 안전유리(45kg의 추가 75cm 높이에서 낙하하는 충격량에 관통되지 아니하는 유리를 말한다)를 사용하여야 한다.

② 주택단지 안의 각 동 지상 출입문, 지하주차장과 각 동의 지하 출입구를 연결하는 출입문에는 전자출입시스템(비밀번호나 출입카드 등으로 출입문을 여닫을 수 있는 시스템 등을 말한다)을 갖추어야 한다.

③ 주택단지 안의 각 동 옥상 출입문에는 「화재예방, 소방시설 설치·유지 및 안전관리에 관한 법률」에 따른 성능인증 및 제품검사를 받은 비상문자동개폐장치를 설치하여야 한다. 다만, 대피공간이 없는 옥상의 출입문은 제외한다.

④ 위 ②에 따라 설치되는 전자출입시스템 및 위 ③에 따라 설치되는 비상문자동개폐장치는 화재 등 비상시에 소방시스템과 연동되어 잠김 상태가 자동으로 풀려야 한다.

4 건물의 외장관리

(1) 지붕 및 옥상

멤브레인 방수

아스팔트 루핑, 시트 등의 각종 루핑류를 방수 바탕에 접착시켜 얇은 여러 층의 피막모양의 방수층을 형성시키는 공법이다. 사용하는 재료의 종류와 공법에 따라 아스팔트방수, 시트방수, 도막방수, 개량 아스팔트방수로 구분한다.

1) 아스팔트방수

① 아스팔트의 성질
  ㉠ 내산성, 내알칼리성, 내구성이 있다
  ㉡ 방수성, 집착성, 전기절연성이 있다.
  ㉢ 이황화탄소, 사염화탄소, 벤졸과 석유계탄화수소의 용제에 잘 녹는다.
  ㉣ 변질되지 않으나 열을 가하면 유동성이 많은 액체가 된다.

② 아스팔트의 재료

구 분	특 성
컴파운드 아스팔트	블로운 아스팔트에 동·식물성유나 광물질 분말을 혼합한 것으로 아스팔트류 중 최우량품이다.
블로운 아스팔트	석유의 원유를 증류하여 공기를 흡입하고 성분이 탄화수소를 변화시킨 반고체 상태의 물질로서 연화점도 높아 건축공사(옥상방수용)에 가장 많이 사용되는 데 응집력이 강하고 용해점이 높으며 온도변화의 차가 적다.
스트레이트 아스팔트	석유의 원유를 증류하여 생긴 반액체상태의 물질로서 신축성과 교착력이 크나 연화점이 낮아 외기의 온도에 영향이 없는 지하층 방수에 사용된다.

③ 시공
  ㉠ 아스팔트방수의 시공순서(8층 방수기준) : 도포횟수에 따라 10층, 8층, 6층 방수로 구분한다.

PROFESSOR COMMENT

아스팔트 프라이머 → 아스팔트 → 아스팔트 펠트(또는 아스팔트 루핑) → 아스팔트 → 아스팔트 펠트(또는 아스팔트 루핑) → 아스팔트 → 아스팔트 펠트(또는 아스팔트 루핑) → 아스팔트의 순서와 아스팔트 방수층 보호를 위하여 누름 콘크리트 등으로 방수층을 눌러 마감한다.

  ㉡ 시공시 주의사항
    ⓐ 옥상 방수층에서는 지하실 방수층보다 아스팔트의 침입도가 크고 연화점이 높은 것을 사용한다(주로 블로운 아스팔트).

 침입도 PI

① 아스팔트의 경도를 표시한 값으로 소정의 온도(25℃), 하중(100g), 시간(5초)에 규정된 침이 수직으로 관입한 길이로 0.1mm 관입시 침입도는 1로 규정한다.
② 부드러운 아스팔트일수록 침입도가 높으며 침입도가 낮으면 연화점이 높다.
③ 한랭지에서는 침입도가 큰 것(20~30)을, 온난지에서는 침입도가 낮은 것(10~20)을 사용한다.

ⓑ 난간벽은 온도변화에 대한 방수층의 신축성을 고려하여 철근콘크리트로 하는 것이 좋다.

ⓒ 치켜올림 높이는 30cm 이상으로 하고 면모서리는 둥근면으로 3cm 이상(3~10cm) 면접기를 하여 펠트(또는 루핑)가 꺾이지 않도록 한다.

ⓓ 바탕면은 물흘림경사 1/100~1/50 이내, 모르타르 배합비 1 : 3, 두께 15mm 이상으로 평활하고 균일하게 바른다.

ⓔ 방수보호층은 적당한 거리에 신축줄눈을 두는 것이 좋다.

ⓕ 방수지의 이음은 엇갈리게 하고, 아스팔트 펠트(또는 루핑)의 겹침은 9cm 이상으로 한다. 아스팔트 펠트 또는 루핑은 얇은 것을 여러 겹 사용하는 것이 좋다.

ⓖ 필요한 층수로 시공한 후 보호 모르타르를 6cm 이상의 두께로 하여 방수층 보호누름을 한다. 아스팔트 가열온도는 180℃~200℃ 정도로 한다.

2) 시트방수

합성고무나 합성수지 또는 개량 아스팔트를 주원료로 만든 방수시트를 겹쳐 붙여서 방수층을 형성하는 공법이다. 시트방수는 합성고분자 시트방수와 개량아스팔트 시트방수로 나뉜다.

3) 도막방수

① 주재료는 폴리우레탄이다. 액체상태의 방수재를 그대로 바르는 유제형 도막방수, 방수재를 휘발성 용제에 녹여 액체상태로 만든 다음 콘크리트 바탕에 바르는 용제형 도막방수, 에폭시수지를 발라 방수층을 만드는 에폭시 도막방수가 있다.

② 유제형 도막방수는 수지에멀션형 도막방수라고도 하는데, 수지에멀션제(유제)를 바탕 콘크리트 면에 여러 차례 덧발라 방수층을 만드는 공법이다.

③ 아파트 옥상, 지하주차장, 건물 내・외벽의 방수공사에 사용된다.

▣ 방수공법의 비교

종 류	장 점	단 점
아스팔트 방수	• 방수층 도막이 두꺼워 안정성이 있다. • 유성으로 동절기 작업이 가능하다. • 오래된 시공법으로 방수성능이 우수 • 옥상 및 지하실, 저수조 등 광범위하게 사용된다. • 가격이 비교적 싸다. • 시공실적이 많다. • 적층시공을 통하여 시공에 의한 결함이 적다.	• 결함부분의 발견이 어렵고, 누수시 국부적 보수가 곤란해 보수비가 많이 듦 • 시공성이 나쁘다. 시공면이 완전건조된 상태에서만 시공이 가능함 • 보호누름층 필요함 • 저온에서 시공이 곤란하고 열공법으로 가열 설비와 열원이 필요하여 화재의 위험이 따름 • 급한 구배에서는 시공이 어렵고 시공 후 처짐이 발생할 수 있다.

종류	장점	단점
	• 바탕면의 마감이 거칠어도 된다. • 외기에 대한 내열화성이 우수하다.	• 루핑이음 부위에 누수가능성 큼 • 특수루핑을 이용하지 않으면 바탕 균열에 약하다. • 인력이 많이 든다.
시트방수	• 수밀한 방수층을 형성해 방수효과 큼 • 시공이 간단하고 공기단축 가능 • 상온공법, 동절기 시공이 가능함 • 신축성이 커 바탕재료의 근소한 움직임에 견딜 수 있다. • 온도변화에 안정적이다. • 내약품성과 내후성이 비교적 좋다.	• 하자발생시 하자발생점의 추적이 불가능해서 누수 시 국부적 보수곤란 • 외상에 약해 파손우려가 있고 복잡한 형상은 시공이 곤란하다. • 부직포 모세관현상으로 인한 누수우려 • JOINT부분의 누수위험이 크고 벽체부위 박리, 처짐 우려가 있다.
도막방수	• 이음새가 없고, 균일한 탄성을 유지 • 바탕균열 추종성이 우수하다. • 협소공간에서의 작업이 용이하다. • 온도 적응성이 우수하다. • 복잡한 형상에도 시공이 좋다. • 밀착공법으로 결함부 발견이 쉽다. • 뿜칠기로 시공하면 능률이 좋고 치켜올림부 시공도 용이하다.	• 핀홀이 생길 우려가 있어 균일하게 도포해야 한다. • 균일시공이 어렵고, 충격에 약하다. • 바탕면 정리가 잘 되어야 한다(바탕체의 표면평활도에 영향). • 실내작업시 환기조치, 인화성에 주의해야 한다. • 습윤면에 에폭시 도장시 도막분리현상의 발생이 우려된다. • 무기질 도막방수는 동절기 작업이 곤란하다. • 팽창이 심한 부위는 신축이음으로 처리해야 한다. • 접합부, 이음타설부 절연저리, 지쳐올림, 모서리, 드레인 주위 보강붙임

🔽 열공법과 냉공법의 비교

구분	열공법	냉공법
재료	(고무)아스팔트계	우레탄, 에폭시계, 고무아스팔트 에멀션계
특징	• 고체상태로 반입해 현장가열(액화) 시공 • 넓은 시공현장 확보 및 안전대책 필요 • 성분변형 없이 수밀한 방수층 확보	• 액체상태를 현장으로 반입하여 시공 • 협소한 공간에서 시공이 가능 • 정확한 배합비 및 수밀성 저하 우려

4) 시멘트 액체방수

① 시공방법

> **PROFESSOR COMMENT**
>
> - 제1공정 : 방수액 침투 → 시멘트 풀 → 방수액 침투 → 시멘트 모르타르
> - 제2공정 : 방수액 침투 → 시멘트 풀 → 방수액 침투 → 시멘트 모르타르

③ 시공시 주의사항
  ㉠ 모체가 되는 바탕 콘크리트면은 완전건조하여 균열을 발생시켜 모르타르로 보수한다.
  ㉡ 바탕면은 깨끗이 청소하고 평탄하게 하며, 모르타르의 부착력을 높이기 위하여 가급적 거칠게 처리하도록 한다.
  ㉢ 방수층은 신축성이 없으므로 반드시 신축줄눈을 설치한다.
  ㉣ 분말방수제는 시멘트에 혼합한 뒤 콘크리트나 모르타르에 비빈다.
  ㉤ 액체방수제는 물에 혼합한 뒤 콘크리트나 모르타르에 비빈다.

▼ 아스팔트와 시멘트 액체방수의 비교   10·13·14회 출제

내 용	아스팔트방수	시멘트 액체방수
외기영향	작다.	직감적이다.
방수층의 신축성	크다.	거의 없다.
균열발생	비교적 생기지 않는다.	잘 생긴다.
시공용이도	번잡하다.	간단하다.
공사기간	길다.	짧다.
공사비 · 보수비	비싸다.	싸다.
보호누름	절대로 필요하다.	하지 않아도 된다.
중 량	무겁다.	가볍다.
모 체	모체가 나빠도 시공이 용이	모체가 나쁘면 시공이 곤란
결함부 발견	용이하지 않다.	용이하다.
보수범위	광범위하고 보호누름도 재시공한다.	국부적으로 보수할 수 있다.
수 명	비교적 수명이 길다.	비교적 수명이 짧다.
용 도	옥상방수	욕실, 다용도실

5 마감공사 관리

(1) 미 장

1) 의의
미장이란 건물 내의 벽, 반자, 천장 및 바닥 등에 진흙, 회반죽, 모르타르 등의 재료를 사용하여 바르는 마무리공사를 말한다.

(2) 도 장

1) 의의
물체를 부식·습기·노화·파손 등으로부터 보호하여 색채 등으로 미적 조화를 위하여 각종 도료를 물체의 표면에 칠하는 마감공사이다.

① **유성페인트** : 안료와 건조성 지방유(보일드유)를 주원료로 하고 건조제 및 희석제를 혼합하여 만든 것으로 지방유가 건조하여 피막을 형성한다. 비교적 두꺼운 도막을 만들며 가격이 저렴한 장점은 있으나 건조가 늦고 내후성, 내약품성 등 일반적인 페인트의 성질이 나쁜 결점이 있어 합성수지도료로 대체되고 있는 실정이다.

② **수성페인트** : 소석고, 안료, 카세인을 혼합하고 용제로 물을 사용하는 것으로 취급이 간단하고 건조가 빠르며 작업성과 내수성이 우수하다. 희석제로 물을 사용하므로 독성 및 화재의 위험이 적고 기름을 쓰지 않아 알칼리의 침해를 받지 않으며, 칠면은 광택이 없어 부드러운 느낌이 나고 가격이 저렴한 장점은 있으나, 교착제를 사용한 것은 곰팡이가 날 우려가 있고 장시일 경과 후 분해 및 탈락의 우려가 있는 것이 단점이다.

③ **바니시** : 니스라고도 하며 천연수지를 건성유로 녹이고 점조도를 적당히 하고자 희석제를 가한 것으로 기름의 산화에 따라 수지와 결합하여 투명담색의 피막이 생기는 것이다. 광택, 작업성, 점착성은 우수하나 내약품성 및 내후성이 약해 실내목부에 주로 사용하며 용제의 종류에 따라 유성 바니시와 휘발성 바니시, 물 바니시로 대별한다.

④ **에나멜페인트** : 유성 바니시에 안료를 혼합하여 만든 것으로 유성페인트와 유성 바니시의 중간 성질을 갖고 있다. 건조는 중간 정도이고 광택이 우수하며 내수성, 내유성, 내약품성이 우수하다.

⑤ **합성수지 도료** : 유성페인트를 유화한 것으로서 방수성이 좋고 도막이 견고하고 내인화성이 있고 건조가 빨라 콘크리트나 회반죽에 섞어 사용한다.

⑥ **방청페인트** : 녹막이 페인트라고 하는 것으로 광명단, 아연분말 도료와 같은 철재 녹막이용, 징크로메이트 도료 같은 알루미늄 녹막이용에 사용하는 것이 있다. 금속의 부식을 방지하는 데 쓰인다.

2) 도장공사시 유의사항

① 도막의 건조는 매회 충분히 하고 도막이 두껍지 않게 칠한다.
② 칠은 일반적으로 초벌, 재벌, 정벌칠의 3공정으로 하며, 제품의 종류에 따라 일반적으로 하도, 중도, 상도라고 부른다.
③ 칠은 여러 번에 걸쳐 할 경우에는 바탕칠은 연한색으로 하고 점차 진한색으로 칠한다.
④ 온도 5℃ 미만이나 상대습도 85%를 초과하는 저온다습한 날씨에는 도장공사를 하지 않는다.
⑤ 콘크리트 및 미장면은 도장공사에 앞서 30일 이상 건조시키고, 수분함유율이 10% 이하가 되도록 한다.
⑥ 서로 다른 색상이나 재질의 칠이 만나는 경계면은 경계선이 일직선이 되도록 테이핑 작업을 한다.

6 기 타

(1) 접착제

1) 개요

접착제란 두 물체를 서로 견고하게 접착시키기 위하여 두 물체 사이에 사용하는 접합능력을 가진 물질의 총칭으로, 교착제라고도 하며 천연접착제와 합성수지계 접착제로 대별된다.

2) 합성수지계 접착제의 분류와 그 특징 **10회 출제**

① **비닐수지 접착제** : 값이 저렴하고 작업성이 우수하여 가장 일반적으로 사용되는 접착제이다. 그러나 내수성이 부족하므로 외부에는 사용하지 않는 것이 좋다.
② **요소수지 접착제** : 무색투명하며 내수성 및 접착성이 우수하다. 내수성은 비닐계 접착제보다는 크고 멜라민수지나 페놀수지 접착제 등에는 미치지 못한다. 주로 목재 및 내수합판의 접착에 사용한다.
③ **멜라민수지 접착제** : 요소수지 접착제와 같이 열경화성수지 접착제로 멜라민과 포르말린을 원료로 하여 제조되며, 내수성 및 내열성 등이 요소수지 접착제보다 우수하나 고가이다. 주로 목재와 내수합판의 접착에 사용한다. 가열경화성이므로 사용시에는 70℃ 이상의 열압처리를 한다.
④ **페놀수지 접착제** : 접착력, 내수성, 내열성 및 내한성이 우수하다. 주로 목재나 내수합판의 접착에 사용하며 상온에서 경화하는 것도 있으나, 20℃ 이하에서는 접착력을 충분히 발휘하지 못해 60℃~110℃ 정도로 열압처리한다.
⑤ **폴리에스테르수지 접착제** : 상온에서도 경화가 빠르고 접착력이 크며 경화수축은 작다. 목재, 석재 등의 접착에 사용한다.

⑥ **아크릴수지 접착제** : 접착력 및 가소성이 우수하여 피혁, 고무, 염화비닐 성형재의 접착제로 적당하다.
⑦ **에폭시수지 접착제** : 기본수지는 점성이 아주 크므로 사용시에는 경화제를 넣는다. 접착제의 성능은 경화제에 따라 다르며 일반적으로 폴리아민이 사용된다. 급경성으로 피막이 다소 단단하고 유연성이 부족하며 값이 고가인 결점은 있으나 내수성, 내습성, 내약품성, 전기절연성이 우수하고 경금속, 석재, 도자기, 유리, 콘크리트, 플라스틱 등 거의 모든 물질의 접착에 사용할 수 있는 만능접착제이다.
⑧ **실리콘수지 접착제** : 실리콘수지를 알코올 또는 벤졸 등으로 녹여 농도를 60% 정도 한 것으로 내수성 및 발수성이 높고 200℃의 고온에도 견디며, 전기절연성이 우수하다. 유리섬유판, 텍스, 피혁 등의 접착에 사용한다.

(2) 단열관리

14회 출제

단열재료는 열을 차단할 수 있는 성능을 가진 재료로서 건축물의 에너지 절약효과를 거두기 위해 사용하며, 절연재료, 보온재료를 포함하는 의미이다.

PROFESSOR COMMENT

① 단열재는 열전도율이 낮은 것일수록 단열성이 높다.
② 섬유질계 단열재는 밀도가 큰 것일수록 단열성이 높다.
③ 단열재의 열저항은 재료의 두께가 두꺼울수록 커진다.
④ 다공질계 단열재는 기포가 미세하고 균일한 것일수록 열전도율이 낮다.
⑤ 단열재는 함수율이 증가할수록 열전도율이 높아진다.
⑥ 단열원리상 벽체에는 저항형이 반사형보다 유리하다.

1) 단열재의 종류

벽체 등의 단열성능을 높이기 위하여 사용하는 재료로서 열전도율과 흡수율이 낮고 내화성과 내부식성이 좋아야 한다. 종류에는 유리면, 암면, 우레탄폼, 폴리우레탄폼, 난연성 발포 폴리스티렌, 석면, 석고 플라스틱, 규산칼슘 보온재 등이 있다.

2) 단열재에 따른 특성

① **암면** : 안산암, 현무암 등의 원료를 고열로 용융시킨 다음 분출시켜 섬유상으로 만든 제품으로 내화성, 흡음성, 절연성 등이 우수하여 열 및 음의 차단재로 사용된다.
② **석면** : 사문석, 각섬석류에 속하는 회백색 또는 갈색의 천연섬유질의 결정성 광물의 분말로 솜처럼 만든 것으로 화학적으로 안정하고 내화성, 보온성, 절연성 등이 우수하나 습기를 흡수하는 결점이 있다.

③ **발포 폴리스티렌 보온재** : 폴리스티렌수지에 발포제를 첨가하여 만든 다공질의 플라스틱 제품으로 스티로폴이라고도 한다. 전기절연성이 우수하고 흡습성이 거의 없으며 비중이 작고 가공성 및 내부식성도 우수한 단열재로 많이 사용된다.

④ **경질우레탄폼**(폴리우레탄폼) **보온재** : 내열성은 부족하나 단열성이 우수하며 현장시공이 가능하다.

⑤ **규산칼슘 보온재** : 경량이고 강도가 크며 내열성 및 내수성이 우수하다.

3) 단열공법의 종류 : 단열재의 시공위치에 따른 분류   〔12회 출제〕

① **내측단열** : 현재 가장 많이 사용하는 방법으로, 단열재를 벽 등에 시공할 때 실내에 가까운 부분에 장착하므로 시공이 편리하나 방습층을 설치(단열재로부터 따뜻한 쪽)하지 않을 경우 결로현상이 발생할 수 있다.

② **외측단열** : 거의 사용하지 않는 방법으로, 단열재를 벽 등에 시공할 때 실외에 가까운 부분에 장착하므로 결로현상이 발생하지 않으나 시공비가 많이 들고 특수공법을 사용하여야 한다.

③ **중간단열** : 조적식 건물에 사용하는 방법으로 단열재를 벽 등의 중간에 장착하므로 결로현상이 발생하지 않으나 시공비가 많이 든다.

4) 단열의 종류   〔18회 출제〕

① **저항형 단열**

   ㉠ 기본 원리
   - 현대 건물에서 주요 열전달 방법 : 전도
   - 열전도를 낮출 수 있는 재료 : 분자간 거리 멀고 다공질이며, 밀도 낮은 것
   - 기체는 분자간 거리 멀기 때문에 전도에 대해서는 최고의 단열재가 됨
   - 기포 포함된 경량 콘크리트, 발포 폴리스틸렌, 중공층 등이 대표적 저항형 단열재가 됨(기포내에는 공기 혹은 열전도율이 매우 낮은 가스 등이 채워짐)
   - 단열 작용을 하는 기포내 기체 혹은 중공층 내 공기는 유동해서는 안됨(∵대류에 의한 열전달 증가하게 됨). 결국 기포형 단열재에서 타 재료의 역할은 기포내 기체의 유동을 막기 위한 것이다.

   ㉡ 저항형 단열재 종류
   - Rigid pre-formed materials
   - Flexible materials
   - Loose fill materials
   - Materials formed on site

② 반사형 단열
  ⊙ 기본 원리
    복사열 흡수 및 방사율이 낮은 재료(주로 밝고 빛나는 표면을 가짐, 알루미늄 호일 등)를 가지고 복사열 에너지를 반사해서 단열. 복사 열전달이 큰 중공층, 다락 등의 공기층에 유효한 단열 방법이다.
  ⊙ 반사형 단열재 종류
    알루미늄 블랑켓, 표면 금속 박판 블랑켓 혹은 표면 알루미늄 박판 석고보드 열반사 코팅 등
  ⊙ 뿜칠형단열재
    수성연질폼은 최근에 개발된 뿜칠형 단열재이다. 뿜칠을 한다는것은 일반 우레탄폼 단열재 비슷하지만 물을 베이스로 한 단열재이기에 난연성이 좋고 친환경적이라는 평가를 받고 있다. 열전도율 측면이나 기존 섬유 단열재의 문제점인 열교 현상을 방지하는 최신공법으로 평가받고 있으나 일반적으로 하기엔 기계적인 일정 장치가 필요하고 재료가 고가인 점이 단점이라면 단점이다.

03 시설관리

7 건축물의 설비기준 등에 관한 규칙 〈시행 2021. 8. 27.〉

(1) 환기구의 안전 기준(규칙 제11조의2) 『23회 출제』

1) 환기구[건축물의 환기설비에 부속된 급기(給氣) 및 배기(排氣)를 위한 건축구조물의 개구부(開口部)를 말한다. 이하 같다]는 보행자 및 건축물 이용자의 안전이 확보되도록 바닥으로부터 2미터 이상의 높이에 설치해야 한다. 다만, 다음 각 호의 어느 하나에 해당하는 경우에는 예외로 한다.
   ① 환기구를 벽면에 설치하는 등 사람이 올라설 수 없는 구조로 설치하는 경우. 이 경우 배기를 위한 환기구는 배출되는 공기가 보행자 및 건축물 이용자에게 직접 닿지 아니하도록 설치되어야 한다.
   ② 안전울타리 또는 조경 등을 이용하여 접근을 차단하는 구조로 하는 경우
2) 모든 환기구에는 국토교통부장관이 정하여 고시하는 강도(强度) 이상의 덮개와 덮개 걸침턱 등 추락방지시설을 설치하여야 한다.

(2) 배연설비(규칙 제14조) 〈개정 2020. 4. 9.〉   [17회 출제]

1) 법 제49조 제2항에 따라 배연설비를 설치하여야 하는 건축물에는 다음 각 호의 기준에 적합하게 배연설비를 설치해야 한다. 다만, 피난층인 경우에는 그렇지 않다.

   ① 영 제46조 제1항에 따라 건축물이 방화구획으로 구획된 경우에는 그 구획마다 1개소 이상의 배연창을 설치하되, 배연창의 상변과 천장 또는 반자로부터 수직거리가 0.9미터 이내일 것. 다만, 반자높이가 바닥으로부터 3미터 이상인 경우에는 배연창의 하변이 바닥으로부터 2.1미터 이상의 위치에 놓이도록 설치하여야 한다.

   ② 배연창의 유효면적은 산정된 면적이 1제곱미터 이상으로서 그 면적의 합계가 당해 건축물의 바닥면적의 100분의 1이상일 것. 이 경우 바닥면적의 산정에 있어서 거실바닥면적의 20분의 1 이상으로 환기창을 설치한 거실의 면적은 이에 산입하지 아니한다.

   ③ 배연구는 연기감지기 또는 열감지기에 의하여 자동으로 열 수 있는 구조로 하되, 손으로도 열고 닫을 수 있도록 할 것

   ④ 배연구는 예비전원에 의하여 열 수 있도록 할 것

   ⑤ 기계식 배연설비를 하는 경우에는 소방관계법령의 규정에 적합하도록 할 것

2) 특별피난계단 및 비상용승강기의 승강장에 설치하는 배연설비의 구조는 다음 각호의 기준에 적합하여야 한다.

   ① 배연구 및 배연풍도는 불연재료로 하고, 화재가 발생한 경우 원활하게 배연시킬 수 있는 규모로서 외기 또는 평상시에 사용하지 아니하는 굴뚝에 연결할 것

   ② 배연구에 설치하는 수동개방장치 또는 자동개방장치(열감지기 또는 연기감지기에 의한 것을 말한다)는 손으로도 열고 닫을 수 있도록 할 것

   ③ 배연구는 평상시에는 닫힌 상태를 유지하고, 연 경우에는 배연에 의한 기류로 인하여 닫히지 아니하도록 할 것

   ④ 배연구가 외기에 접하지 아니하는 경우에는 배연기를 설치할 것

   ⑤ <u>배연기는 배연구의 열림에 따라 자동적으로 작동하고, 충분한 공기배출 또는 가압능력이 있을 것</u>

   ⑥ 배연기에는 예비전원을 설치할 것

   ⑦ 공기유입방식을 급기가압방식 또는 급·배기방식으로 하는 경우에는 제1호 내지 제6호의 규정에 불구하고 소방관계법령의 규정에 적합하게 할 것

(3) 물막이설비(규칙 제17조의2)

18·23회 출제

1) 다음 각 호의 어느 하나에 해당하는 지역에서 건축물을 건축하려는 자는 빗물 등의 유입으로 건축물이 침수되지 않도록 해당 건축물의 지하층 및 1층의 출입구(주차장의 출입구를 포함한다)에 물막이판 등 해당 건축물의 침수를 방지할 수 있는 설비(이하 "물막이설비"라 한다)를 설치해야 한다. 다만, 해당 건축물의 지하층 및 1층의 출입구를 국토교통부장관이 정하여 고시하는 예상 침수 높이 이상으로 설치한 경우에는 물막이설비를 설치한 것으로 본다. 〈개정 2024. 3. 21.〉
   ① 「국토의 계획 및 이용에 관한 법률」에 따른 방재지구
   ② 「자연재해대책법 시행령」에 따른 행정안전부장관이 고시하는 지역

2) 위 ①에 따라 설치되는 물막이설비는 다음 각 호의 기준에 적합하여야 한다.
   ① 건축물의 이용 및 피난에 지장이 없는 구조일 것
   ② 그 밖에 국토교통부장관이 정하여 고시하는 기준에 적합하게 설치할 것

8 대피공간의 설치(건축법시행령 제2조, 제46조)

건축법 시행령 제46조(방화구획 등의 설치) 〈개정 2024. 6. 18.〉 **22회 출제**

④ 공동주택 중 아파트로서 4층 이상인 층의 각 세대가 2개 이상의 직통계단을 사용할 수 없는 경우에는 발코니(발코니의 외부에 접하는 경우를 포함한다)에 인접 세대와 공동으로 또는 각 세대별로 다음 각 호의 요건을 모두 갖춘 대피공간을 하나 이상 설치해야 한다. 이 경우 인접 세대와 공동으로 설치하는 대피공간은 인접 세대를 통하여 2개 이상의 직통계단을 쓸 수 있는 위치에 우선 설치되어야 한다.
  1. 대피공간은 바깥의 공기와 접할 것
  2. 대피공간은 실내의 다른 부분과 방화구획으로 구획될 것
  3. 대피공간의 바닥면적은 인접세대와 공동으로 설치하는 경우에는 3㎡ 이상, 각 세대별로 설치하는 경우에는 2㎡ 이상일 것
  4. 대피공간으로 통하는 출입문에는 60분+ 방화문을 설치할 것
  5. 국토교통부장관이 정하는 기준에 적합할 것

⑤ 위 ④에도 불구하고 아파트의 4층 이상인 층에서 발코니(제4호의 경우에는 발코니의 외부에 접하는 경우를 포함한다)에 다음 각 호의 어느 하나에 해당하는 구조 또는 시설을 갖춘 경우에는 대피공간을 설치하지 않을 수 있다. 〈개정 2023. 9. 12.〉
  1. 발코니와 인접 세대와의 경계벽이 파괴하기 쉬운 경량구조 등인 경우
  2. 발코니의 경계벽에 피난구를 설치한 경우
  3. 발코니의 바닥에 국토교통부령으로 정하는 하향식 피난구를 설치한 경우
  4. 국토교통부장관이 위 ④에 따른 대피공간과 동일하거나 그 이상의 성능이 있다고 인정하여 고시하는 구조 또는 시설(이하에서 "대체시설")을 갖춘 경우. 이 경우 국토교통부장관은 대체시설의 성능에 대해 미리 「과학기술분야 정부출연연구기관 등의 설립·운영 및 육성에 관한 법률」 제8조제1항에 따라 설립된 한국건설기술연구원의 기술검토를 받은 후 고시해야 한다.

제2장 건축물 및 시설관리

〈참고〉 건축법시행령 제64조(방화문의 구분), 〈개정 2020. 10. 8, 시행 2021. 8. 7〉
① 방화문은 다음 각 호와 같이 구분한다.
　　1. 60분+ 방화문 : 연기 및 불꽃을 차단할 수 있는 시간이 60분 이상이고, 열을 차단할 수 있는 시간이 30분 이상인 방화문
　　2. 60분 방화문 : 연기 및 불꽃을 차단할 수 있는 시간이 60분 이상인 방화문
　　3. 30분 방화문 : 연기 및 불꽃을 차단할 수 있는 시간이 30분 이상 60분 미만인 방화문
② 위 ① 각 호의 구분에 따른 방화문 인정 기준은 국토교통부령으로 정한다.

〈참고〉 발코니 등의 구조변경절차 및 설치기준 – 고시 〈시행 2018. 12. 7.〉

제1조(목적)
이 기준은 건축법 시행령 제2조 제14호 및 제46조 제4항 제4호의 규정에 따라 주택의 발코니 및 대피공간의 구조변경절차 및 설치기준을 정함을 목적으로 한다.

제2조(단독주택의 발코니 구조변경 범위)
단독주택(다가구주택 및 다중주택은 제외한다)의 발코니는 외벽 중 2면 이내의 발코니에 대하여 변경할 수 있다.

제3조(대피공간의 구조)
① 대피공간은 채광방향과 관계없이 거실 각 부분에서 접근이 용이하고 외부에서 신속하고 원활한 구조활동을 할 수 있는 장소에 설치하여야 하며, 출입구에 설치하는 갑종방화문은 거실 쪽에서만 열 수 있는 구조(대피공간임을 알 수 있는 표지판을 설치할 것)로서 대피공간을 향해 열리는 밖여닫이로 하여야 한다.
② 대피공간은 1시간 이상의 내화성능을 갖는 내화구조의 벽으로 구획되어야 하며, 벽·천장 및 바닥의 내부마감재료는 준불연재료 또는 불연재료를 사용하여야 한다.
③ 대피공간은 외기에 개방되어야 한다. 다만, 창호를 설치하는 경우에는 폭 0.7미터 이상, 높이 1.0미터 이상(구조체에 고정되는 창틀 부분은 제외한다)은 반드시 외기에 개방될 수 있어야 하며, 비상시 외부의 도움을 받는 경우 피난에 장애가 없는 구조로 설치하여야 한다.
④ 대피공간에는 정전에 대비해 휴대용 손전등을 비치하거나 비상전원이 연결된 조명설비가 설치되어야 한다.
⑤ 대피공간은 대피에 지장이 없도록 시공·유지관리되어야 하며, 대피공간을 보일러실 또는 창고 등 대피에 장애가 되는 공간으로 사용하여서는 아니된다. 다만, 에어컨 실외기 등 냉방설비의 배기장치를 대피공간에 설치하는 경우에는 다음 각 호의 기준에 적합하여야 한다.
　　1. 냉방설비의 배기장치를 불연재료로 구획할 것
　　2. 제1호에 따라 구획된 면적은 대피공간 바닥면적 산정시 제외할 것

제4조(방화판 또는 방화유리창의 구조)
① 아파트 2층 이상의 층에서 스프링클러의 살수범위에 포함되지 않는 발코니를 구조변경하는 경우에는 발코니 끝부분에 바닥판 두께를 포함하여 높이가 90센티미터 이상의 방화판 또는 방화유리창을 설치하여야 한다.
② 방화판과 방화유리창은 창호와 일체 또는 분리하여 설치할 수 있다. 다만, 난간은 별도로 설치하여야 한다.
③ 방화판은 「건축물의 피난·방화구조 등의 기준에 관한 규칙」 제6조의 규정에서 규정하고 있는 불연재료를 사용할 수 있다. 다만, 방화판으로 유리를 사용하는 경우에는 제5항의 규정에 따른 방화유리를 사용하여야 한다.

④ 방화판은 화재시 아래층에서 발생한 화염을 차단할 수 있도록 발코니 바닥과의 사이에 틈새가 없이 고정되어야 하며, 틈새가 있는 경우에는 「건축물의 피난·방화구조 등의 기준에 관한 규칙」 제14조 제2항 제2호에서 정한 재료로 틈새를 메워야 한다.

⑤ 방화유리창에서 방화유리(창호 등을 포함한다)는 한국산업표준 KS F 2845(유리구획부분의 내화시험방법)에서 규정하고 있는 시험방법에 따라 시험한 결과 비차 열 30분 이상의 성능을 가져야 한다.

⑥ 입주자 및 사용자는 관리규약을 통해 방화판 또는 방화유리창 중 하나를 선택할 수 있다.

제5조(발코니 창호 및 난간등의 구조)

① 발코니를 거실등으로 사용하는 경우 난간의 높이는 1.2미터 이상이어야 하며 난간에 난간살이 있는 경우에는 난간살 사이의 간격을 10센티미터 이하의 간격으로 설치하는 등 안전에 필요한 조치를 하여야 한다.

② 발코니를 거실등으로 사용하는 경우 발코니에 설치하는 창호 등은 「건축법 시행령」 제91조 제3항에 따른 「건축물의 에너지절약 설계기준」 및 「건축물의 구조기준 등에 관한 규칙」 제3조에 따른 「건축구조기준」에 적합하여야 한다.

③ 방화유리창을 설치하는 경우에는 추락 등의 방지를 위하여 필요한 조치를 하여야 한다. 다만, 방화유리창의 방화유리가 난간높이 이상으로 설치되는 경우는 그러하지 아니하다.

제6조(발코니 내부마감재료 등)

스프링클러의 살수범위에 포함되지 않는 발코니를 구조변경하여 거실등으로 사용하는 경우 발코니에 자동화재탐지기를 설치(단독주택은 제외한다)하고 내부마감재료는 「건축물의 피난·방화구조 등의 기준에 관한 규칙」 제24조의 규정에 적합하여야 한다.

제7조(발코니 구조변경에 따른 소요비용)

① 주택법 제2조 제7호의 규정에 따른 사업주체는 발코니를 거실등으로 사용하고자 하는 경우에는 다음 각 호에 해당하는 일체의 비용을 「주택법」 제38조에 따른 주택공급 승인을 신청하는 때에 분양가와 별도로 제출하여야 한다.
  1. 단열창 설치 및 발코니 구조변경에 소요되는 부위별 개조비용
  2. 구조변경을 하지 않는 경우 발코니 창호공사 및 마감공사비용으로서 분양가에 이미 포함된 비용

② 사업주체는 주택의 공급을 위한 모집공고를 하는 때에 제1항의 규정에 따라 신청 및 승인된 비용 일체를 공개하여야 한다.

제8조(건축허가시 도면)

건축주(주택법 제2조 제7호에 따른 사업주체를 포함한다)는 건축법 제11조에 따른 건축허가(주택법 제16조의 규정에 의한 사업계획승인신청을 포함한다)시 제출하는 평면도에 발코니 부분을 명시하여야 하며, 동법 제22조의 건축물의 사용승인(주택법 제29조에 따른 사용검사를 포함한다. 이하 "사용승인"이라 한다)시 제출하는 도면에도 발코니를 명시하여 제출하여야 한다.

제9조(건축물대장 작성방법)

시장·군수 또는 구청장은 건축허가(설계가 변경된 경우 변경허가를 포함한다)시 제출되는 허가도서(발코니 부분이 명시된 도서를 말한다)대로 건축물대장을 작성하여야 한다. 이 경우 도면상 발코니는 거실과 구분되도록 표시하고 구조변경여부를 별도로 표시한다. 이 경우 발코니 구조변경으로 인한 주거전용면적은 주택법령에 따라 당초 외벽의 내부선을 기준으로 산정한 면적으로 한다.

제10조(준공전 변경)
건축주는 사용승인을 하기 전에 발코니를 거실등으로 변경하고자 하는 경우 주택의 소유자(주택법 제38조의 규정에 의한 세대별 입주예정자를 포함한다)의 동의를 얻어야 한다.

제11조(사용승인)
사용승인권자는 사용승인을 하는 때에 제2조부터 제8조까지의 규정에 위반여부를 확인하여야 한다.

제12조(준공후 변경)
① 건축주는 발코니를 구조변경 하고자 하는 경우 제2조부터 제6조까지 및 제8조의 규정에 대하여 건축사의 확인을 받아 허가권자에게 신고하여야 한다.
② 건축사의 확인을 받아 신고하는 경우의 신고서 양식은 건축법시행규칙 제12조의 규정에 의한 별지 제6호 서식에 의하되, 동조 각호의 규정에 의한 첨부서류의 제출은 생략한다.
③ 제1항 및 제2항의 규정에 불구하고 주택법 적용대상인 주택의 발코니를 구조변경하고자 하는 경우 주택법 제42조의 규정에 따라야 한다.

9 주택건설기준 등

부대·복리시설의 설치의무 세대수

50세대 이상	관리사무소
150세대 이상	경로당, 어린이놀이터
300세대 이상	안내표지판, 어린이집
500세대 이상	주민운동시설, 작은도서관, 다함께돌봄센터
2,000세대 이상	유치원

(1) 「주택법」 제35조

1) 사업주체가 건설·공급하는 주택의 건설 등에 관한 다음의 기준(이하 "주택건설기준 등")은 대통령령으로 정한다.

   ① 주택 및 시설의 배치, 주택과의 복합건축 등에 관한 주택건설기준
   ② 세대 간의 경계벽, 바닥충격음 차단구조, 구조내력 등 주택의 구조·설비기준
   ③ 부대시설의 설치기준
   ④ 복리시설의 설치기준
   ⑤ 대지조성기준
   ⑥ 주택의 규모 및 규모별 건설비율

2) 지방자치단체는 그 지역의 특성, 주택의 규모 등을 고려하여 주택건설기준 등의 범위에서 조례로 구체적인 기준을 정할 수 있다.

3) 사업주체는 ①의 주택건설기준 등 및 ②의 기준에 따라 주택건설사업 또는 대지조성사업을 시행하여야 한다.

(2) 주택건설기준 등에 관한 규정 〈개정 2024. 1. 2〉

1) 용어의 정의(동 규정 제2조)

① "주민공동시설"이란 해당 공동주택의 거주자가 공동으로 사용하거나 거주자의 생활을 지원하는 시설로서 경로당, 어린이놀이터, 어린이집, 주민운동시설, 도서실(정보문화시설과 「도서관법」에 따른 작은도서관을 포함한다), 주민교육시설(영리를 목적으로 하지 아니하고 공동주택의 거주자를 위한 교육장소를 말한다), 청소년 수련시설, 주민휴게시설, 독서실, 입주자집회소, 공용취사장, 공용세탁실, 공공주택의 단지 내에 설치하는 사회복지시설, 다함께돌봄센터, 공동육아나눔터, 그 밖에 이에 준하는 시설로서 사업계획의 승인권자가 인정하는 시설을 말한다.

② "의료시설"이라 함은 의원·치과의원·한의원·조산소·보건소지소·병원(전염병원 등 격리병원을 제외한다)·한방병원 및 약국을 말한다.

③ "주민운동시설"이라 함은 거주자의 체육활동을 위하여 설치하는 옥외·옥내운동시설(신고체육시설업에 해당하는 시설을 포함한다)·생활체육시설 기타 이와 유사한 시설을 말한다.

④ "독신자용 주택"이라 함은 다음 각 목의 하나에 해당하는 주택을 말한다.

  가. 근로자를 고용하는 자가 그 고용한 근로자 중 독신생활(근로여건상 가족과 임시별거하거나 기숙하는 생활을 포함한다)을 영위하는 자의 거주를 위하여 건설하는 주택

  나. 국가·지방자치단체 또는 공공법인이 독신생활을 영위하는 근로자의 거주를 위하여 건설하는 주택

⑤ "기간도로"라 함은 「주택법 시행령」 제4조의 규정에 의한 도로를 말한다.

⑥ "진입도로"라 함은 보행자 및 자동차의 통행이 가능한 도로로서 기간도로로부터 주택단지의 출입구에 이르는 도로를 말한다.

⑦ "시·군지역"이라 함은 「수도권정비계획법」에 의한 수도권 외의 지역 중 인구 20만 미만의 시지역과 군지역을 말한다.

2) 적용범위(동 규정 제3조)

이 영은 사업주체가 주택건설사업계획의 승인을 얻어 건설하는 주택, 부대시설 및 복리시설과 대지조성사업계획의 승인을 얻어 조성하는 대지에 관하여 이를 적용한다.

3) 단지안의 시설(동 규정 제6조 제1항) 〈개정 2021. 1. 12.〉

주택단지에는 관계 법령에 따른 지역 또는 지구에도 불구하고 다음 각 호의 시설만 건설하거나 설치할 수 있다.
① 부대시설
② 복리시설. 이 경우「주택법 시행령」제7조 제9호부터 제11호까지의 규정에 따른 시설(지식산업센터, 사회복지관, 공동작업장)은 해당 주택단지에 세대당 전용면적(주거의 용도로만 쓰이는 면적으로서 국토교통부령으로 정하는 바에 따라 산정한 면적을 말한다)이 50제곱미터 이하인 공동주택을 300세대 이상 건설하거나 해당 주택단지 총 세대수의 2분의 1 이상 규모로 건설하는 경우만 해당한다.
③ 간선시설
④「국토의 계획 및 이용에 관한 법률」제2조 제7호의 규정에 의한 도시·군계획시설

4) 다른 법령과의 관계(동 규정 제8조)

① 주택단지는 이를 하나의 대지로 본다. 다만, 복리시설의 설치를 위하여 따로 구획·양여하는 토지는 이를 별개의 대지로 본다.
② 주택의 건설기준, 부대시설·복리시설의 설치기준에 관하여 이 영에서 규정한 사항 외에는「건축법」,「수도법」,「하수도법」,「장애인·노인·임산부 등의 편의증진보장에 관한 법률」,「화재예방, 소방시설 설치·유지 및 안전관리에 관한 법률」및 그 밖의 관계 법령이 정하는 바에 따른다.

10 부대시설의 관리   14회 출제

(1) 부대시설의 정의

"부대시설"이란 주택에 딸린 다음 각 목의 시설 또는 설비를 말한다(주택법 제2조 제13호).

> 가. 주차장, 관리사무소, 담장 및 주택단지 안의 도로
> 나. 「건축법」에 따른 건축설비(건축물에 설치하는 전기·전화 설비, 초고속 정보통신 설비, 지능형 홈네트워크 설비, 가스·급수·배수(配水)·배수(排水)·환기·난방·냉방·소화(消火)·배연(排煙) 및 오물처리의 실비, 굴뚝, 승강기, 피뢰침, 국기 게양대, 공동시청 안테나, 유선방송 수신시설, 우편함, 저수조(貯水槽), 방범시설, 그 밖에 국토교통부령으로 정하는 설비)
> 다. 가. 및 나.의 시설·설비에 준하는 것으로서 대통령령으로 정하는 시설 또는 설비

주택법 시행령 제6조(부대시설의 범위) 〈개정 2019. 7. 2.〉
(1) 다목에서 "대통령령으로 정하는 시설 또는 설비"라 함은 다음 각 호의 시설 또는 설비를 말한다.
  1. 보안등·대문·경비실·자전거보관소
  2. 조경시설·옹벽·축대
  3. 안내표지판·공중화장실
  4. 저수시설·지하양수시설·대피시설
  5. 쓰레기수거 및 처리시설·오수처리시설·정화조

6. 소방시설・냉난방공급시설(지역난방공급시설을 제외한다) 및 및 방범설비
7. 전기자동차에 전기를 충전하여 공급하는 시설
8. 「전기통신사업법」 등 다른 법령에 따라 거주자의 편익을 위해 주택단지에 의무적으로 설치해야 하는 시설로서 사업주체 또는 입주자의 설치 및 관리 의무가 없는 시설
9. 그 밖에 1. ~ 8.까지의 시설 또는 설비와 비슷한 것으로서 사업계획승인권자가 주택의 사용 및 관리를 위해 필요하다고 인정하는 시설 또는 설비

(2) 도 로

1) 진입도로

① 개념 : 진입도로라 함은 보행자 및 자동차의 통행이 가능한 도로로서 기간도로로부터 주택단지의 출입구에 이르는 도로를 말한다(주택건설기준 등에 관한 규정 제2조 제8호).

② 진입도로(주택건설기준 등에 관한 규정 제25조)

㉠ 공동주택을 건설하는 주택단지는 기간도로와 접하거나 기간도로로부터 당해 단지에 이르는 진입로가 있어야 한다. 이 경우 기간도로와 접하는 폭 및 진입도로의 폭은 다음 표와 같다.

주택단지의 총세대수	기간도로와 접하는 폭 또는 진입도로의 폭(m)
300세대 미만	6 이상
300세대 이상 500세대 미만	8 이상
500세대 이상 1천 세대 미만	12 이상
1천 세대 이상 2천 세대 미만	15 이상
2천 세대 이상	20 이상

㉡ 주택단지가 2 이상이면서 당해 주택단지의 진입도로가 하나인 경우 그 진입도로의 폭은 당해 진입도로를 이용하는 모든 주택단지의 세대수를 합한 총세대수를 기준으로 하여 산정한다.

㉢ 공동주택을 건설하는 주택단지의 진입도로가 2 이상으로서 다음 표의 기준에 적합한 경우에는 ㉠의 규정을 적용하지 아니할 수 있다. 이 경우 폭 4m 이상 6m 미만인 도로는 기간도로와 통행거리 200m 이내인 때에 한하여 이를 진입도로로 본다.

주택단지의 총세대수	폭 4m 이상의 진입도로 중 2개의 진입도로 폭의 합계(m)
300세대 미만	10 이상
300세대 이상 500세대 미만	12 이상
500세대 이상 1천세대 미만	16 이상
1천 세대 이상 2천세대 미만	20 이상
2천 세대 이상	25 이상

㉣ 도시지역 외에서 공동주택을 건설하는 경우 그 주택단지와 접하는 기간도로의 폭 또는 그 주택단지의 진입도로와 연결되는 기간도로의 폭은 ㉠의 규정에 의한 기간도로와 접하는 폭 또는 진입도로의 폭의 기준 이상이어야 하며, 주택단지의 진입도로가 2 이상이 있는 경우에는 그 기간도로의 폭은 ㉢의 기준에 의한 각각의 진입도로 폭의 기준 이상이어야 한다.

2) 주택단지 안의 도로(동 규정 제26조) **14회 출제**

① 공동주택을 건설하는 주택단지에는 폭 1.5m 이상의 보도를 포함한 폭 7m 이상의 도로(보행자전용도로, 자전거도로는 제외)를 설치하여야 한다.

② ①에도 불구하고 다음 각 호에 어느 하나에 해당하는 경우에는 도로의 폭을 4m 이상으로 할 수 있다. 이 경우 해당 도로에는 보도를 설치하지 아니할 수 있다.
  ㉠ 해당 도로를 이용하는 공동주택의 세대수가 100세대 미만이고 해당 도로가 막다른 도로로서 그 길이가 35m 미만인 경우
  ㉡ 그 밖에 주택단지 내의 막다른 도로 등 사업계획승인권자가 부득이하다고 인정하는 경우

③ 주택단지 안의 도로는 유선형 도로로 설계하거나 도로 노면의 요철(凹凸) 포장 또는 과속방지턱의 설치 등을 통하여 도로의 설계속도(도로설계의 기초가 되는 속도를 말한다)가 시속 20킬로미터 이하가 되도록 하여야 한다.

④ 500세대 이상의 공동주택을 건설하는 주택단지 안의 도로에는 어린이 통학버스의 정차가 가능하도록 국토교통부령으로 정하는 기준에 적합한 어린이 안전보호구역을 1개소 이상 설치하여야 한다.

주택건설기준 등에 관한 규칙 제6조(주택단지 안의 도로) 〈개정 2017. 12. 26.〉
① 어린이 안전보호구역(이하 "어린이 안전보호구역"이라 한다)은 차량의 진출입이 쉬운 곳에 승합자동차의 주차가 가능한 면적 이상의 공간으로 설치하여야 하며, 그 주변의 도로면 또는 교통안전표지판 등에 차량속도 제한 표시를 하는 등 어린이 안전 확보에 필요한 조치를 하여야 한다.
② 제1항에서 규정한 사항 외에 어린이 안전보호구역의 구체적 설치기준에 관하여 필요한 사항은 특별시·광역시·특별자치시·특별자치도·시 또는 군의 조례로 정할 수 있다.

---

⑤ 위 ①부터 ④까지에서 규정한 사항 외에 주택단지에 설치하는 도로 및 교통안전시설의 설치기준 등에 관하여 필요한 사항은 국토교통부령으로 정한다.

주택건설기준 등에 관한 규칙 제6조(주택단지 안의 도로) 〈개정 2017. 12. 26.〉
③ 주택단지 안에 설치하는 도로의 설치기준은 다음 각 호와 같다.
  1. 주택단지 안의 도로 중 차도는 아스팔트·콘크리트·석재, 그 밖에 이와 유사한 재료로 포장하고, 빗물 등의 배수에 지장이 없도록 설치할 것
  2. 주택단지 안의 도로 중 보도는 다음 각 목의 기준에 적합할 것

가. 보도블록·석재, 그 밖에 이와 유사한 재료로 포장하고, 빗물 등의 배수에 지장이 없도록 설치할 것
나. 보도는 보행자의 안전을 위하여 차도면보다 10센티미터 이상 높게 하거나 도로에 화단, 짧은 기둥, 그 밖에 이와 유사한 시설을 설치하여 차도와 구분되도록 설치할 것
다. 보도에 가로수 등 노상시설(路上施設)을 설치하는 경우 보행자의 통행을 방해하지 않도록 설치할 것
3. 주택단지 안의 보도와 횡단보도의 경계부분, 건축물의 출입구 앞에 있는 보도와 차도의 경계부분은 지체장애인의 통행에 편리한 구조로 설치할 것

④ 주택단지 안에 설치하는 교통안전시설의 설치기준은 다음 각 호와 같다. 〈개정 2017. 12. 26.〉
1. 진입도로, 주택단지 안의 교차로, 근린생활시설 및 어린이놀이터 주변의 도로 등 보행자의 안전 확보가 필요한 차도에는 횡단보도를 설치할 것
2. 지하주차장의 출입구, 경사형·유선형 차도 등 차량의 속도를 제한할 필요가 있는 곳에는 높이 7.5센티미터 이상 10센티미터 이하, 너비 1m 이상인 과속방지턱을 설치하고, 운전자에게 그 시설의 위치를 알릴 수 있도록 반사성 도료로 도색한 노면표지를 설치할 것
3. 도로통행의 안전을 위하여 필요하다고 인정되는 곳에는 도로반사경, 교통안전표지판, 방호울타리, 속도측정표시판, 조명시설, 그 밖에 필요한 교통안전시설을 설치할 것. 이 경우 교통안전표지판의 설치기준은 「도로교통법 시행규칙」 제8조 제2항 및 별표 6을 준용한다.
4. 보도와 횡단보도의 경계부분, 건축물의 출입구 앞에 있는 보도 및 주택단지의 출입구 부근의 보도와 차도의 경계부분 등 차량의 불법 주정차를 방지할 필요가 있는 곳에는 설치 또는 해체가 쉬운 짧은 기둥 등을 보도에 설치할 것. 이 경우 지체장애인의 통행에 지장이 없도록 하여야 한다.

(3) 주차장

주차장법 〈시행 2024. 8. 17..〉

1. 제2조(정의)
    1) "주차장"이란 자동차의 주차를 위한 시설로서 다음 각 목의 어느 하나에 해당하는 종류의 것을 말한다.
        가. 노상주차장 : 도로의 노면 또는 교통광장(교차점광장만 해당한다)의 일정한 구역에 설치된 주차장으로서 일반의 이용에 제공되는 것
        나. 노외주차장 : 도로의 노면 및 교통광장 외의 장소에 설치된 주차장으로서 일반의 이용에 제공되는 것
        다. 부설주차장 : 건축물, 골프연습장 그 밖에 주차수요를 유발하는 시설에 부대하여 설치된 주차장으로서 당해 건축물·시설의 이용자 또는 일반의 이용에 제공되는 것
    2) "기계식주차장치"란 노외주차장 및 부설주차장에 설치하는 주차설비로서 기계장치에 의하여 자동차를 주차할 장소로 이동시키는 설비를 말한다.
    3) "기계식주차장"이란 기계식주차장치를 설치한 노외주차장 및 부설주차장을 말한다. 4. "도로"란 「건축법」 제2조 제1항 제11호에 따른 도로로서 자동차가 통행할 수 있는 도로를 말한다.
    4) "자동차"란 「도로교통법」 제2조 제18호에 따른 자동차 및 같은 법 제2조 제19호에 따른 원동기장치자전거를 말한다.
    5) "주차"란 「도로교통법」 제2조 제24호에 따른 주차를 말한다.
    6) "주차단위구획"이란 자동차 1대를 주차할 수 있는 구획을 말한다.

7) "주차구획"이란 하나 이상의 주차단위구획으로 이루어진 구획 전체를 말한다.
8) "전용주차구획"이란 제6조 제1항에 따른 경형자동차(輕型自動車) 등 일정한 자동차에 한정하여 주차가 허용되는 주차구획을 말한다.
9) "건축물"이란 「건축법」 제2조 제1항 제2호에 따른 건축물을 말한다.
10) "주차전용건축물"이란 건축물의 연면적 중 대통령령으로 정하는 비율 이상이 주차장으로 사용되는 건축물을 말한다.

> **영 제1조의2**(주차전용건축물의 주차면적비율)
> 건축물의 연면적 중 주차장으로 사용되는 부분의 비율이 95퍼센트 이상인 것을 말한다. 다만, 주차장 외의 용도로 사용되는 부분이 「건축법 시행령」 별표 1에 따른 단독주택, 공동주택, 제1종 근린생활시설, 제2종 근린생활시설, 문화 및 집회시설, 종교시설, 판매시설, 운수시설, 운동시설, 업무시설, 창고시설 또는 자동차 관련 시설인 경우에는 주차장으로 사용되는 부분의 비율이 70퍼센트 이상인 것을 말한다.

2. 부설주차장의 설치기준・이용
   1) 부설주차장의 설치대상 시설물의 종류 및 설비기준(영 제6조 제1항 관련, 별표 1) 〈개정 2021.3.30.〉
      ㉠ 단독주택(다가구주택은 제외한다)
         ⅰ) 시설면적 50㎡ 초과 150㎡ 이하 : 1대
         ⅱ) 시설면적 150㎡ 초과 : 1대에 150㎡를 초과하는 100㎡당 1대를 더한 대수
            [1+{(시설면적−150㎡)/100㎡}]
      ㉡ 다가구주택, 공동주택(기숙사는 제외), 업무시설 중 오피스텔 부설주차장의 설치기준 : 「주택건설기준 등에 관한 규정」 제27조 제1항에 따라 산정된 주차대수. 이 경우 다가구주택 및 오피스텔의 전용면적은 공동주택의 전용면적 산정방법을 따른다.
      ㉢ 단독주택 및 공동주택 중 「주택건설기준 등에 관한 규정」이 적용되는 주택에 대해서는 같은 규정에 따른 기준을 적용한다.
   2) 이용
      ㉠ 일반이용에의 제공
         ⅰ) 부설주차장은 해당 시설물의 이용자 또는 일반의 이용에 제공할 수 있다.
         ⅱ) 부설주차장을 관리하는 자는 주차장에 자동차를 주차하는 사람으로부터 주차요금을 받을 수 있다.
         ⅲ) 노외주차장 관리자는 조례로 정하는 바에 따라 주차장을 성실히 관리・운영하여야 하며, 시설의 적정한 유지관리에 노력하여야 한다.
         ⅳ) 주차장의 공용기간에 정당한 사유 없이 그 이용을 거절할 수 없고, 주차장에 주차하는 자동차의 보관에 관하여 선량한 관리자의 주의의무를 게을리하지 아니하였음을 증명한 경우를 제외하고는 그 자동차의 멸실 또는 훼손으로 인한 손해배상의 책임을 면하지 못한다.
      ㉡ 부설주차장의 용도변경금지 등(법 제19조의4)
         ⅰ) 부설주차장은 주차장 외의 용도로 사용할 수 없다. 다만, 대통령령으로 정하는 기준에 해당하는 경우에는 그러하지 아니하다.
         ⅱ) 시설물의 소유자 또는 부설주차장의 관리책임이 있는 자는 해당 시설물의 이용자가 부설주차장을 이용하는 데에 지장이 없도록 부설주차장 본래의 기능을 유지하여야 한다. 다만, 대통령령으로 정하는 기준에 해당하는 경우에는 그러하지 아니하다.

iii) 시장·군수 또는 구청장은 ⅰ) 또는 ⅱ)를 위반하여 부설주차장을 다른 용도로 사용하거나 부설주차장 본래의 기능을 유지하지 아니하는 경우에는 해당 시설물의 소유자 또는 부설주차장의 관리책임이 있는 자에게 지체 없이 원상회복을 명하여야 한다. 이 경우 시설물의 소유자 또는 부설주차장의 관리책임이 있는 자가 그 명령에 따르지 아니할 때에는 「행정대집행법」에 따라 원상회복을 대집행할 수 있다.

1) 공동주택과 주차장의 관계

주차장의 의의·목적에 비추어 보아 공동주택의 시설관리와 관련되는 것은 부설주차장에 관한 사항이다.

2) 주차장(주택건설기준 등에 관한 규정 제27조) 〈개정 2024. 4. 16. 시행 2024. 7. 17〉

① 주택단지에는 다음 각 호의 기준(소수점 이하의 끝수는 이를 한 대로 본다)에 따라 주차장을 설치해야 한다.

㉠ 주택단지에는 주택의 전용면적의 합계를 기준으로 하여 다음 표에서 정하는 면적당 대수의 비율로 산정한 주차대수 이상의 주차장을 설치하되, 세대당 주차대수가 1대(세대당 전용면적이 60㎡ 이하인 경우에는 0.7대) 이상이 되도록 해야 한다. 다만, 지역별 차량보유율 등을 고려하여 설치기준의 5분의 1(세대당 전용면적이 60제곱미터 이하인 경우에는 2분의 1)의 범위에서 특별시·광역시·특별자치시·특별자치도(관할 구역에 지방자치단체인 시·군이 없는 특별자치도를 말한다)·시·군 또는 자치구의 조례로 강화하여 정할 수 있다.

주택규모별 (전용면적 : ㎡)	주차장 설치기준(대/㎡)			
	특별시	광역시· 특별자치시 및 수도권 내의 시지역	시지역과 수도권 내의 군지역	그 밖의 지역
85 이하	1/75	1/85	1/95	1/110
85 초과	1/65	1/70	1/75	1/85

㉡ 소형주택은 ㉠에도 불구하고 세대당 주차대수가 0.6대(세대당 전용면적이 30㎡ 미만인 경우에는 0.5대) 이상이 되도록 주차장을 설치해야 한다. 다만, 지역별 차량보유율 등을 고려하여 다음 각 목의 구분에 따라 특별시·광역시·특별자치시·특별자치도(관할 구역 안에 지방자치단체인 시·군이 없는 특별자치도를 말한다)·시·군 또는 자치구의 조례로 강화하거나 완화하여 정할 수 있다.

> 가. 「민간임대주택에 관한 특별법」 제2조제13호가목 및 나목에 해당하는 시설로부터 통행거리 500미터 이내에 건설하는 소형 주택으로서 다음의 요건을 모두 갖춘 경우: 설치기준의 10분의 7 범위에서 완화
> 　1) 「공공주택 특별법」 제2조제1호가목의 공공임대주택일 것
> 　2) 임대기간 동안 자동차를 소유하지 않을 것을 임차인 자격요건으로 하여 임대할 것. 다만, 「장애인복지법」 제2조제2항에 따른 장애인 등에 대해서는 특별시·광역시·특별자치시·도·특별자치도의 조례로 자동차 소유 요건을 달리 정할 수 있다.
> 나. 그 밖의 경우: 설치기준의 2분의 1 범위에서 강화 또는 완화

② 위 ①㉠에 따라 설치해야 하는 주차장의 주차단위구획(「주차장법」에 따른 주차단위구획을 말한다) 총수를 산정할 때 도시형 생활주택에 설치하는 주차장의 일부를 「도시교통정비 촉진법」 제33조제1항제4호에 따른 승용차공동이용 지원(승용차공동이용을 위한 전용주차구획을 설치하고 공동이용을 위한 승용자동차를 상시 배치하는 것을 말한다)을 위해 사용하는 경우에는 승용차공동이용 지원을 위해 설치한 주차단위구획 수의 3.5배수(소수점 이하는 버린다)에 해당하는 주차단위구획을 설치한 것으로 본다. 다만, ㉠에 따라 설치해야 하는 주차단위구획 총수 중 승용차공동이용 지원을 위한 용도가 아닌 주차단위구획을 일정 비율 이상 확보할 필요가 있는 경우에는 다음 각 호의 구분에 따른 비율의 범위에서 지역별 차량보유율 등을 고려하여 특별시·광역시·특별자치시·특별자치도(관할 구역 안에 지방자치단체인 시·군이 없는 특별자치도를 말한다)·시·군 또는 자치구의 조례로 해당 주차단위구획의 필수 설치 비율을 정할 수 있다. 〈신설 2024. 4. 16.〉

> 가. 준주거지역 또는 상업지역인 경우: 주차단위구획 총수의 100분의 40 이내
> 나. 가. 외의 도시지역인 경우: 주차단위구획 총수의 100분의 70 이내

③ 위 ①㉠㉡ 및 ②에 따른 주차장은 지역의 특성, 전기자동차(「환경친화적 자동차의 개발 및 보급 촉진에 관한 법률」 제2조제3호에 따른 전기자동차를 말한다) 보급정도 및 주택의 규모 등을 고려하여 그 일부를 전기자동차의 전용주차구획으로 구분 설치하도록 특별시·광역시·특별자치시·특별자치도(관할 구역 안에 지방자치단체인 시·군이 없는 특별자치도를 말한다)·시 또는 군의 조례로 정할 수 있다. 〈개정 2024. 4. 16.〉

④ 주택단지에 건설하는 주택(부대시설 및 주민공동시설을 포함한다) 외의 시설에 대하여는 「주차장법」이 정하는 바에 따라 산정한 부설주차장을 설치하여야 한다.

> **참고** 주차장법 시행령[별표1] 〈개정 2021. 3. 30.〉
>
> **부설주차장의 설치대상 시설물 종류 및 설치기준**(제6조 제1항 관련)
>
> | | |
> |---|---|
> | 단독주택, 다중주택 | • 시설면적 50㎡ 초과 150㎡ 이하 : 1대
• 시설면적 150㎡ 초과 : 1대에 150㎡를 초과하는 100㎡ 당 1대를 더한 대수[1+{(시설면적-150㎡)/100㎡}] |
> | 다가구주택, 공동주택 (기숙사는 제외한다), 업무시설 중 오피스텔 | • 「주택건설기준 등에 관한 규정」 제27조 제1항에 따라 산정된 주차대수. 이 경우 다가구주택 및 오피스텔의 전용면적은 공동주택의 전용면적 산정방법을 따른다. |

⑤ 소형 주택이 다음 각 호의 요건을 모두 갖춘 경우에는 ①ⓒ 및 ②에도 불구하고 임대주택으로 사용하는 기간 동안 용도변경하기 전의 용도를 기준으로 「주차장법」 제19조의 부설주차장 설치기준을 적용할 수 있다. 〈개정, 2024. 4. 16.〉

1. 제7조제11항 각 호의 요건을 갖출 것
2. ①ⓒ 및 ②에 따라 주차장을 추가로 설치해야 할 것
3. 세대별 전용면적이 30제곱미터 미만일 것
4. 임대기간 동안 자동차(「장애인복지법」 제39조제2항에 따른 장애인사용자동차등표지를 발급받은 자동차는 제외한다)를 소유하지 않을 것을 임차인 자격요건으로 하여 임대할 것

⑥ 「노인복지법」에 의하여 노인복지주택을 건설하는 경우 당해 주택단지에는 ①의 규정에 불구하고 세대당 주차대수가 0.3대(세대당 전용면적이 60제곱미터 이하인 경우에는 0.2대) 이상이 되도록 하여야 한다. 〈개정 2024. 4. 16.〉

⑦ 「철도산업발전기본법」 제3조 제2호의 철도시설 중 역시설로부터 반경 500미터 이내에서 건설하는 「공공주택 특별법」 제2조에 따른 공공주택(이하 "철도부지 활용 공공주택"이라 한다)의 경우 해당 주택단지에는 ①에 따른 주차장 설치기준의 2분의 1의 범위에서 완화하여 적용할 수 있다.

⑧ 위 ① 내지 ⑦에 규정한 사항 외에 주차장의 구조 및 설비의 기준에 관하여 필요한 사항은 국토교통부령으로 정한다.

주택건설기준규칙 제6조의2 (주차장의 구조 및 설비)

① 영 제27조 제7항에 따른 주차장의 구조 및 설비의 기준은 다음 각 호와 같다.

1. 주차장의 주차단위구획은 「주차장법 시행규칙」 제3조에 따른 기준에 적합할 것
2. 「주차장법 시행규칙」 제6조 제1항 제1호부터 제9호까지 및 제11호를 준용할 것. 다만, 공동주택의 각 동으로 차량 접근이 가능한 지상주차장의 차로 또는 영 제26조에 따른 주택단지 안의 도로가 설치되지 않은 경우에는 다음 각 목의 어느 하나에 해당하는 경우를 제외하고 「주차장법 시행규칙」 제6조 제1항 제5호 가목에도 불구하고 주차장 차로(주차장이 2개층 이상인 경우로서 지상에서 바로 진입하는 층에서 각 동의 출입구로 접근이 가능한 경우 해당 층의 차로로 한정한다)의 높이를 주차바닥면으로부터 2.7m 이상으로 해야 한다.

가. 주택건설사업계획과 관련된 법 제18조 제1항 각 호에 따른 심의 등의 결과 주택단지의 배치 및 주택단지 내·외의 도로 여건 등을 고려하여 모든 동에 지상으로 차량 접근이 가능하다고 인정된 경우

나. 법 제2조 제25호 다목에 따른 리모델링 또는 「도시 및 주거환경정비법」 제2조 제2호 나목 및 다목에 따른 정비사업으로서 해당 조합이 주차장 차로 높이를 「주차장법 시행규칙」 제6조 제1항 제5호 가목에 따른 높이로 결정한 경우

3. 「주차장법」 제2조 제2호의 기계식주차장치를 설치하는 경우 「주차장법 시행규칙」 제16조의2(「국토의 계획 및 이용에 관한 법률 시행령」 제30조에 따른 상업지역 또는 준주거지역에서 「주택법 시행령」 제10조 제1항에 따른 소형주택과 주택 외의 시설을 동일 건축물로 건축하는 경우에 한정한다)에 따른 기준에 적합할 것

4. 「환경친화적 자동차의 개발 및 보급 촉진에 관한 법률」 제2조 제3호에 따른 전기자동차의 이동형 충전기(이하 "이동형 충전기"라 한다)를 이용할 수 있는 콘센트(각 콘센트별 이동형 충전기의 동시 이용이 가능하며, 사용자에게 요금을 부과하도록 설치된 것을 말한다)를 「주차장법」 제2조제7호의 주차단위구획 총 수에 다음 각 목의 구분에 따른 비율을 곱한 수(소수점 이하는 반올림한다) 이상 설치할 것. 다만, 지역의 전기자동차 보급률 등을 고려하여 필요한 경우에는 다음 각 목에 규정된 비율의 5분의 1의 범위에서 특별자치시·특별자치도·시·군 또는 자치구의 조례로 설치 기준을 강화하거나 완화할 수 있다.

가. 2023년 6월 31일까지: 4퍼센트

나. 2023년 7월 1일부터 2024년 12월 31일까지: 7퍼센트

다. 2025년 1월 1일 이후: 10퍼센트

② 제1항제4호 본문 또는 단서에 따라 이동형 충전기를 이용할 수 있는 콘센트를 설치하는 경우로서 주차장에 「환경친화적 자동차의 개발 및 보급 촉진에 관한 법률 시행령」 제18조의7 제1항제1호 또는 제2호에 따른 급속충전시설 또는 완속충전시설이 설치된 경우에는 같은 수의 콘센트가 설치된 것으로 본다.

1. 주차장법 시행규칙 제6조(노외주차장의 구조·설비기준) 〈개정 2024. 12. 2.〉

    (1) 노외주차장의 출구와 입구에서 자동차의 회전을 쉽게 하기 위하여 필요한 경우에는 차로와 도로가 접하는 부분을 곡선형으로 하여야 한다.

    (2) 자동차용 승강기로 운반된 자동차가 주차구획까지 자주식으로 들어가는 노외주차장의 경우에는 주차대수 30대마다 1대의 자동차용 승강기를 설치하여야 한다. 이 경우 제16조의2(기계식주차장의 설치기준) 제1호 및 제3호를 준용하되, 자동차용 승강기의 출구와 입구가 따로 설치되어 있거나 주차장의 내부에서 자동차가 방향전환을 할 수 있을 때에는 진입로를 설치하고 전면공지 또는 방향전환장치를 설치하지 아니할 수 있다.

    (3) 노외주차장에서 주차에 사용되는 부분의 높이는 주차바닥면으로부터 2.1미터 이상으로 하여야 한다.

    (4) 노외주차장의 내부공간의 일산화탄소의 농도는 주차장을 이용하는 차량이 가장 빈번한 시각의 앞뒤 8시간의 평균치가 50피피엠 이하(「다중이용시설 등의 실내공기질 관리법」의 규정에 의한 실내주차장은 25피피엠 이하)로 유지되어야 한다.

    (5) 자주식 주차장으로서 지하식 또는 건축물식 노외주차장에는 벽면에서부터 50cm 이내를 제외한 바닥면의 최소 조도(照度)와 최대 조도를 다음 각 목과 같이 한다.

        가. 주차구획 및 차로 : 최소 조도는 10럭스 이상, 최대 조도는 최소 조도의 10배 이내

        나. 주차장 출구 및 입구 : 최소 조도는 300럭스 이상, 최대 조도는 없음

        다. 사람이 출입하는 통로 : 최소 조도는 50럭스 이상, 최대 조도는 없음

(6) 노외주차장에는 자동차의 출입 또는 도로교통의 안전을 확보하기 위하여 필요한 경보장치를 설치하여야 한다.
(7) 주차대수 30대를 초과하는 규모의 자주식 주차장으로서 지하식 또는 건축물식 노외주차장에는 관리사무소에서 주차장 내부 전체를 볼 수 있는 폐쇄회로 텔레비전(녹화장치를 포함한다) 또는 네트워크 카메라를 포함하는 방범설비를 설치·관리하여야 하되, 다음 각 목의 사항을 준수하여야 한다.
　가. 방범설비는 주차장의 바닥면으로부터 170cm의 높이에 있는 사물을 알아볼 수 있도록 설치하여야 한다.
　나. 폐쇄회로텔레비전 또는 네트워크 카메라와 녹화장치의 모니터 수가 같아야 한다.
　다. 선명한 화질이 유지될 수 있도록 관리하여야 한다.
　라. 촬영된 자료는 컴퓨터보안시스템을 설치하여 1개월 이상 보관하여야 한다.
(8) 주차대수 400대를 초과하는 규모의 노외주차장의 경우에는 주차장 내에서 안전한 보행을 위하여 과속방지턱, 차량의 일시정지선 등 보행안전을 확보하기 위한 시설을 설치해야 한다. 〈시행 2020. 6. 25〉

[환경친화적 자동차의 개발 및 보급 촉진에 관한 법령] 〈시행 2022. 1. 28.〉

법 제11조의2 (환경친화적 자동차의 전용주차구역 등)
① 다음 각 호의 어느 하나에 해당하는 것으로서 대통령령으로 정하는 시설의 소유자(해당 시설에 대한 관리의 의무자가 따로 있는 경우에는 관리자를 말한다)는 대통령령으로 정하는 바에 따라 해당 대상시설에 환경친화적 자동차 충전시설 및 전용주차구역을 설치하여야 한다. 〈개정 2021. 7. 27.〉
2. 공동주택

영 제18조의5 (전용주차구역 및 충전시설의 설치 대상시설)
법 제11조의2제1항 각 호 외의 부분에서 "대통령령으로 정하는 시설"이란 다음 각 호에 해당하는 시설로서 「주차장법」에 따른 주차단위구획의 총 수(같은 법에 따른 기계식주차장의 주차단위구획의 수는 제외하며, 이하 "총주차대수"라 한다)가 50개 이상인 시설 중 환경친화적 자동차 보급현황·보급계획·운행현황 및 도로여건 등을 고려하여 특별시·광역시·특별자치시·도·특별자치도(이하 "시·도"라 한다)의 조례로 정하는 시설을 말한다.
1. 〈생략〉
2. 「건축법 시행령」에 따른 공동주택 중 다음 각 목의 시설
　가. 100세대 이상의 아파트
　나. 기숙사
3. 시·도지사, 시장·군수 또는 구청장이 설치한 「주차장법」 제2조제1호에 따른 주차장 (노상주차장, 노외주차장, 부설주차장)

영 제18조의6 (전용주차구역의 설치기준)
① 법 제11조의2제1항에 따라 설치해야 하는 환경친화적 자동차 전용주차구역(이하 "전용주차구역"이라 한다)의 수는 해당 시설의 총주차대수의 100분의 5 이상의 범위에서 시·도의 조례로 정한다. 다만, 2022년 1월 28일 전에 건축허가를 받은 시설(이하 "기축시설"이라 한다) 중 다음 각 호의 자가 소유하고 관리하는 기축시설(이하 "공공기축시설"이라 한다)이 아닌 기축시설의 경우에는 해당 시설의 총주차대수의 100분의 2 이상의 범위에서 시·도의 조례로 정한다.

27회 출제

1. 국가, 지방자치단체, 공공기관 및 지방공기업
2. 제18조의9제1항 각 호의 자(1.「정부출연연구기관 등의 설립·운영 및 육성에 관한 법률」에 따라 설립된 연구기관, 2.「과학기술분야 정부출연연구기관 등의 설립·운영 및 육성에 관한 법률」에 따라 설립된 연구기관, 3.「지방자치단체 출자·출연 기관의 운영에 관한 법률」에 따른 출자기관 또는 출연기관)

② 제1항에 따른 전용주차구역을 설치하는 자는 대통령령으로 정하는 기준에 따라 해당 전용주차구역에 환경친화적 자동차 충전시설을 갖추어야 한다. 〈신설 2021. 7. 27.〉
③, ④〈생략〉
⑤ 제1항 및 제2항에 따라 설치하여야 하는 전용주차구역의 규모와 충전시설의 종류 및 설치수량 등은 대상시설의 규모, 용도 등을 고려하여 대통령령으로 정한다.

영 제18조의7 (충전시설의 종류 및 수량 등)
① 법 제11조의2제1항 및 제2항에 따른 환경친화적 자동차 충전시설은 충전기에 연결된 케이블로 전류를 공급하여 전기자동차 또는 외부충전식하이브리드자동차(외부 전기 공급원으로부터 충전되는 전기에너지로 구동 가능한 하이브리드자동차를 말한다)의 구동축전지를 충전하는 시설로서 구조 및 성능이 산업통상자원부장관이 정하여 고시하는 기준에 적합한 시설이어야 하며, 그 종류는 다음 각 호와 같다.
  1. 급속충전시설: 충전기의 최대 출력값이 40킬로와트 이상인 시설
  2. 완속충전시설: 충전기의 최대 출력값이 40킬로와트 미만인 시설
② 법 제11조의2제2항에 따라 설치해야 하는 환경친화적 자동차 충전시설의 수는 해당 시설의 총주차대수의 100분의 5 이상의 범위에서 시·도의 조례로 정한다. 다만, 기축시설의 경우에는 해당 시설의 총주차대수의 100분의 2 이상의 범위에서 시·도의 조례로 정한다.
③ 제2항에도 불구하고 제18조의6제2항에 따라 전용주차구역을 설치하지 않은 경우에는 환경친화적 자동차 충전시설을 설치하지 않을 수 있다.
④ 제2항에 따라 환경친화적 자동차 충전시설의 설치 수를 산정할 때 소수점 이하는 반올림하여 계산한다.
⑤ 제2항에 따라 설치하는 환경친화적 자동차 충전시설의 종류 등 충전시설의 설치에 관한 세부사항은 전기자동차 및 외부충전식하이브리드자동차의 보급현황·보급계획·운행현황 및 도로여건 등을 고려하여 시·도의 조례로 정한다

⑥ 국가와 지방자치단체는 민간의 전용주차구역 및 충전시설 설치 부담을 덜고 그 설치를 촉진하기 위하여 금융지원과 기술 지원 등 필요한 조치를 마련할 수 있다.
⑦ 누구든지 다음 각 호의 어느 하나에 해당하지 아니하는 자동차를 환경친화적 자동차 충전시설의 충전구역에 주차하여서는 아니 된다.
 1. 전기자동차
 2. 외부 전기 공급원으로부터 충전되는 전기에너지로 구동 가능한 하이브리드자동차
⑧ 누구든지 다음 각 호의 어느 하나에 해당하지 아니하는 자동차를 환경친화적 자동차의 전용주차구역에 주차하여서는 아니 된다. 〈신설 2021. 7. 27.〉

1. 전기자동차
2. 하이브리드자동차
3. 수소전기자동차

⑨ 누구든지 환경친화적 자동차 충전시설 및 충전구역에 물건을 쌓거나 그 통행로를 가로막는 등 충전을 방해하는 행위를 하여서는 아니 된다. 이 경우 충전 방해행위의 기준은 대통령령으로 정한다.

⑩ 시장·군수·구청장은 교통, 환경 또는 에너지 관련 공무원 등 소속 공무원에게 제7항 및 제8항을 위반하여 환경친화적 자동차 충전시설의 충전구역 및 전용주차구역에 주차하고 있는 자동차를 단속하게 할 수 있다.

⑪ ,⑫ 생략

(4) 수해방지 등(동 규정 제30조)

① 주택단지(단지경계선의 주변 외곽부분을 포함)에 높이 2m 이상의 옹벽 또는 축대(이하 "옹벽 등"이라 한다)가 있거나 이를 설치하는 경우에는 그 옹벽 등으로부터 건축물의 외곽부분까지를 해당 옹벽 등의 높이만큼 띄워야 한다. 다만, 다음의 각 호에 해당하는 경우에는 그러하지 아니하다.

  ㉠ 옹벽 등의 기초보다 그 기초가 낮은 건축물의 경우 옹벽 등으로부터 건축물 외곽부분까지 5m(3층 이하인 건축물은 3m) 이상 띄워야 한다.
  ㉡ 옹벽 등보다 낮은 쪽에 위치한 건축물의 지하부분 및 땅으로부터 높이 1m 이하인 건축물 부분

② 주택단지에는 배수구·집수구 및 집수정(물저장고) 등 등 우수의 배수에 필요한 시설을 설치해야 한다.

③ 주택단지가 저지대 등 침수의 우려가 있는 지역인 경우에는 주택단지 안에 설치하는 수전실·전화국선용단자함 기타 이와 유사한 전기 및 통신설비는 가능한 한 침수가 되지 아니하는 곳에 이를 설치하여야 한다.

④ ① 내지 ③에서 규정한 사항 외에 수해방지 등에 관하여 필요한 사항은 국토교통부령으로 정한다.

주택건설기준 등에 관한 규칙 제7조 (수해방지)

① 주택단지(단지경계선 주변 외곽부분을 포함)에 비탈면이 있는 경우에는 다음 각 호에서 정하는 바에 따라 수해방지 등을 위한 조치를 하여야 한다.

  1. 석재·합성수지재 또는 콘크리트를 사용한 배수로를 설치하여 토양의 유실을 막을 수 있게 할 것
  2. 비탈면의 높이가 3m를 넘는 경우에는 높이 3m 이내마다 그 비탈면의 면적의 1/5 이상에 해당하는 면적의 단을 만들 것. 다만, 주택법 제16조의 규정에 의한 사업계획의 승인권자가 그 비탈면의 토질·경사도 등으로 보아 건축물의 안전상 지장이 없다고 인정하는 경우에는 그러하지 아니하다. **27회 출제**
  3. 비탈면에는 나무심기와 잔디붙이기를 할 것. 다만, 비탈면의 안전을 위하여 필요한 경우에는 돌붙이기를 하거나 콘크리트 격자블록 기타 비탈면보호용 구조물을 설치하여야 한다.

② 비탈면과 건축물 등과의 위치관계는 다음 각 호에 적합하여야 한다.

> 1. 건축물은 그 외곽부분을 비탈면의 윗가장자리 또는 아랫가장자리로부터 당해 비탈면의 높이만큼 띄울 것. 다만, 사업계획승인권자가 그 비탈면의 토질·경사도 등으로 보아 건축물의 안전상 지장이 없다고 인정하는 경우에는 그러하지 아니하다.
> 2. 비탈면 아랫부분에 옹벽 또는 축대가 있는 경우에는 그 옹벽 등과 비탈면 사이에 너비 1m 이상의 단을 만들 것
> 3. 비탈면 윗부분에 옹벽 등이 있는 경우에는 그 옹벽 등과 비탈면 사이에 너비 1.5m 이상으로서 당해 옹벽 등의 높이의 1/2 이상에 해당하는 너비 이상의 단을 만들 것

(5) 관리사무소(동 규정 제28조) 〈시행 2020. 1. 7〉

① 50세대 이상의 공동주택을 건설하는 주택단지에는 다음 각 호의 시설을 모두 설치하되, 그 면적의 합계가 10㎡에 50세대를 넘는 매 세대마다 500㎡를 더한 면적 이상이 되도록 설치해야 한다. 다만, 그 면적의 합계가 100㎡를 초과하는 경우에는 설치면적을 100㎡로 할 수 있다.
  ㉠ 관리사무소
  ㉡ 경비원 등 공동주택 관리 업무에 종사하는 근로자를 위한 휴게시설
② 관리사무소는 관리업무의 효율성과 입주민의 접근성 등을 고려하여 배치해야 한다.
③ 휴게시설은 「산업안전보건법」에 따라 설치해야 한다. 〈신설 2020. 1. 7.〉

(6) 안내표지판 등(동 규정 제31조)

① 300세대 이상의 주택을 건설하는 주택단지와 그 주변에는 다음의 기준에 따라 안내표지판을 설치하여야 한다. 다만, 제2호에 따른 표지판은 해당 사항이 표시된 도로표지판 등이 있는 경우에는 설치하지 아니할 수 있다.
  ㉠ 단지의 진입도로변에 단지의 명칭을 표시한 단지입구표지판을 설치할 것
  ㉡ 단지의 주요 출입구마다 단지 안의 건축물·도로 기타 주요시설의 배치를 표시한 단지종합안내판을 설치할 것
② 주택단지에 2동 이상의 공동주택이 있는 경우에는 각동 외벽의 보기 쉬운 곳에 동번호를 표시하여야 한다.
③ 관리사무소 또는 그 부근에는 거주자에게 공지사항을 알리기 위한 게시판을 설치하여야 한다.

(7) 지능형 홈네트워크설비(동 규정 제32조의2)

주택에 지능형 홈네트워크 설비(주택의 성능과 주거의 질 향상을 위하여 세대 또는 주택단지 내 지능형 정보통신 및 가전기기 등의 상호 연계를 통하여 통합된 주거서비스를 제공하는 설비를 말한다)를 설치하는 경우에는 국토교통부장관, 산업통상자원부장관 및 과학기술정보통신부장관이 협의하여 공동으로 고시하는 지능형 홈네트워크 설비 설치 및 기술기준에 적합하여야 한다. 〈개정 2017. 7. 26.〉

(8) 통신시설(동 규정 제32조)

① 주택에는 세대마다 전화설치장소(거실 또는 침실을 말한다)까지 구내 통신선로설비를 설치하여야 하되, 구내 통신선로설비의 설치에 필요한 사항은 따로 대통령령으로 정한다.
② 경비실을 설치하는 공동주택의 각 세대에는 경비실과 통화가 가능한 구내전화를 설치하여야 한다.
③ 주택에는 세대마다 초고속 정보통신을 할 수 있는 구내 통신선로설비를 설치하여야 한다.

(9) 보안등(동 규정 제33조)

① 주택단지 안의 어린이놀이터 및 도로(폭 15m 이상인 도로의 경우에는 도로의 양측)에는 보안등을 설치하여야 한다. 이 경우 당해 도로에 설치하는 보안등의 간격은 50m 이내로 하여야 한다.
② 보안등에는 외부의 밝기에 따라 자동으로 켜지고 꺼지는 장치 또는 시간을 조절하는 장치를 부착하여야 한다.

(10) 영상정보처리기기의 설치(동 규정 제39조)

1) 의무관리대상 공동주택(의무관리대상 전환 공동주택은 제외)을 건설하는 주택단지에는 국토교통부령으로 정하는 기준에 따라 보안 및 방범목적을 위한 「개인정보 보호법 시행령」 제3조제1항제1호(폐쇄회로 텔레비전) 또는 제2호(네트워크 카메라)에 따른 영상정보처리기기를 설치해야 한다. 〈개정 2024.1.2.〉

주택건설기준 등에 관한 규칙 제9조(영상정보처리기기의 설치기준) 〈개정 2023. 12. 11.〉

① 영 제39조에서 "국토교통부령으로 정하는 기준"이란 다음 각 호의 기준을 말한다.

1. 승강기, 어린이놀이터 및 공동주택 각 동의 출입구마다 「개인정보 보호법 시행령」 제3조제1호 또는 제2호에 따른 영상정보처리기기의 카메라를 설치할 것
2. 영상정보처리기기의 카메라는 전체 또는 주요 부분이 조망되고 잘 식별될 수 있도록 설치하되, 카메라의 해상도는 130만 화소 이상일 것
3. 영상정보처리기기의 카메라 수와 녹화장치의 모니터 수가 같도록 설치할 것. 다만, 모니터 화면이 다채널로 분할 가능하고 다음 각 목의 요건을 모두 충족하는 경우에는 그렇지 않다.
   가. 다채널의 카메라 신호를 1대의 녹화장치에 연결하여 감시할 경우에 연결된 카메라 신호가 전부 모니터 화면에 표시되어야 하며 1채널의 감시화면의 대각선방향 크기는 최소한 4인치 이상일 것
   나. 다채널 신호를 표시한 모니터 화면은 채널별로 확대감시기능이 있을 것
   다. 녹화된 화면의 재생이 가능하며 재생할 경우에 화면의 크기 조절 기능이 있을 것
4. 「개인정보 보호법 시행령」 제3조 제2호에 따른 네트워크 카메라를 설치하는 경우에는 다음 각 목의 요건을 모두 충족할 것
   가. 인터넷 장애가 발생하더라도 영상정보가 끊어지지 않고 지속적으로 저장될 수 있도록 필요한 기술적 조치를 할 것

나. 서버 및 저장장치 등 주요 설비는 국내에 설치할 것
다. 「공동주택관리법 시행규칙」 별표 1의 장기수선계획의 수립기준에 따른 수선주기 이상으로 운영될 수 있도록 설치할 것

2) 영상정보처리기기의 관리기준 〈시행 2019. 1. 16.〉 **15회 출제**

영상정보처리기기의 설치 및 관리(공동주택관리법 시행규칙 제8조)

① 공동주택단지에 「개인정보 보호법 시행령」에 따른 영상정보처리기기를 설치하거나 설치된 영상정보처리기기를 보수 또는 교체하려는 경우에는 장기수선계획에 반영하여야 한다.

② 공동주택단지에 설치하는 영상정보처리기기는 다음 각 호의 기준에 적합하게 설치 및 관리해야 한다.

1. 영상정보처리기기를 설치 또는 교체하는 경우에는 「주택건설기준 등에 관한 규칙」 제9조에 따른 설치기준을 따를 것
2. 선명한 화질이 유지될 수 있도록 관리할 것
3. 촬영된 자료는 컴퓨터보안시스템을 설치하여 30일 이상 보관할 것
4. 영상정보처리기기가 고장 난 경우에는 지체 없이 수리할 것
5. 영상정보처리기기의 안전관리자를 지정하여 관리할 것

③ 관리주체는 영상정보처리기기의 촬영자료를 보안 및 방범 목적 외의 용도로 활용하거나 타인에게 열람하게 하거나 제공하여서는 아니 된다. 다만, 다음 각 호의 어느 하나에 해당하는 경우에는 촬영자료를 열람하게 하거나 제공할 수 있다.

1. 정보주체에게 열람 또는 제공하는 경우
2. 정보주체의 동의가 있는 경우
3. 범죄의 수사와 공소의 제기 및 유지에 필요한 경우
4. 범죄에 대한 재판업무수행을 위하여 필요한 경우
5. 다른 법률에 특별한 규정이 있는 경우

(12) 배기설비 등(동 규정 제44조)

① 주택의 부엌·욕실 및 화장실에는 바깥의 공기에 면하는 창을 설치하거나 국토교통부령이 정하는 바에 따라 배기설비를 하여야 한다.

주택건설기준 등에 관한 규칙 제11조(배기설비) **21회 출제**

주택의 부엌·욕실 및 화장실에 설치하는 배기설비는 다음 각 호에 적합하여야 한다.

1. 배기구는 반자 또는 반자 아래 80cm 이내의 높이에 설치하고, 항상 개방될 수 있는 구조로 할 것
2. 배기통 및 배기구는 외기의 기류에 의하여 배기에 지장이 생기지 아니하는 구조로 할 것
3. 배기통에는 그 최상부 및 배기구를 제외하고는 개구부를 두지 아니할 것
4. 배기통의 최상부는 직접 외기에 개방되게 하되, 빗물 등을 막을 수 있는 설비를 할 것
5. 부엌에 설치하는 배기구에는 전동환기설비를 설치할 것
6. 배기통은 연기나 냄새 등이 실내로 역류하는 것을 방지할 수 있도록 다음 각 목의 어느 하나에 해당하는 구조로 할 것
   가. 세대 안의 배기통에 자동역류방지댐퍼(세대 안의 배기구가 열리거나 전동환기설비가 가동하는 경우 전기 또는 기계적인 힘에 의하여 자동으로 개폐되는 구조로 된 설비를 말한다) 또는 이와 동일한 기능의 배기설비 장치를 설치할 것
   나. 세대간 배기통이 서로 연결되지 아니하고 직접 외기에 개방되도록 설치할 것

---

② 공동주택 각 세대의 침실에 밀폐된 옷방 또는 붙박이 가구를 설치하는 경우에는 그 옷방 또는 붙박이 가구에 배기설비 또는 통풍구를 설치하여야 한다. 다만, 외벽 및 욕실에서 이격하여 설치하는 옷방 또는 붙박이 가구에는 배기설비 또는 통풍구를 설치하지 아니할 수 있다. 〈신설 2016.10.25〉

③ 공동주택의 각 세대에 설치하는 환기시설의 설치기준 등은 건축법령이 정하는 바에 의한다. 〈개정 2016.10.25〉

(13) 지하층의 활용(동 규정 제11조)

공동주택을 건설하는 주택단지에 설치하는 지하층은 제1종 및 제2종 근린생활시설(변전소·정수장 및 양수장을 제외한다. 다만, 변전소의 경우 「전기사업법」에 따른 전기사업자가 자신의 소유 토지에 「전원개발촉진법 시행령」에 따른 시설의 설치·운영에 종사하는 자를 위하여 건설하는 공동주택 및 주택과 주택 외의 건축물을 동일건축물에 복합하여 건설하는 경우로서 사업계획승인권자가 주거안정에 지장이 없다고 인정하는 건축물의 변전소는 포함한다)·주차장·주민공동시설 및 주택(사업계획승인권자가 해당 주택의 주거환경에 지장이 없다고 인정하는 경우로서 1층 세대의 주거전용부분으로 사용되는 구조만 해당한다) 그 밖에 관계 법령에 따라 허용되는 용도로 사용할 수 있으며, 그 구조 및 설비는 「건축법」 제53조(지하층)에 따른 기준에 적합하여야 한다. 〈개정 2017.10.17.〉

11 복리시설관리

(1) 복리시설의 정의

"복리시설"이란 주택단지 안의 입주자 등의 생활복리를 위한 다음의 공동시설을 말한다(주택법 제2조 제14호).

① 어린이놀이터 · 근린생활시설 · 유치원 · 주민공동시설 및 경로당
② 그 밖에 입주자 등의 생활복리를 위하여 대통령령으로 정하는 공동시설

주택법 시행령 제7조(복리시설의 범위)

① 법 제2조 제14호 나목에서 "대통령령으로 정하는 공동시설"이라 함은 다음 각 호의 시설을 말한다.

1. 제1종 근린생활시설, 제2종 근린생활시설(총포판매소, 장의사, 다중생활시설, 단란주점 및 안마시술소는 제외한다)
2. 종교시설
3. 판매시설 중 소매시장 · 상점
4. 교육연구시설, 노유자시설 및 수련시설
5. 업무시설 중 금융업소
6. 지식산업센터 · 사회복지관 · 공동작업장
7. 주민공동시설
8. 도시 · 군계획시설인 시장
9. 그 밖에 1.~8.까지의 시설과 비슷한 것으로서 국토교통부령으로 정하는 공동시설 또는 사업계획승인권자가 거주자의 생활복리 또는 편익을 위하여 필요하다고 인정하는 시설

② "주민공동시설"이란 해당 공동주택의 거주자가 공동으로 사용하거나 거주자의 생활을 지원하는 시설로서 경로당, 어린이놀이터, 어린이집, 주민운동시설, 도서실(정보문화시설과 「도서관법」에 따른 작은도서관을 포함한다), 주민교육시설(영리를 목적으로 하지 아니하고 공동주택의 거주자를 위한 교육장소를 말한다), 청소년 수련시설, 주민휴게시설, 독서실, 입주자집회소, 공용취사장, 공용세탁실, 「공공주택 특별법」에 따른 공공주택의 단지 내에 설치하는 사회복지시설, 다함께돌봄센터, 공동육아나눔터 그 밖에 위의 시설에 준하는 시설로서 「주택법」에 따른 사업계획의 승인권자가 인정하는 시설을 말한다. (주택건설기준규정 제2조 3호). 〈개정 2021. 1. 12〉

③ "주민운동시설"이라 함은 거주자의 체육활동을 위하여 설치하는 옥외 · 옥내운동시설(「체육시설의 설치 · 이용에 관한 법률」에 의한 신고체육시설업에 해당하는 시설을 포함한다) · 생활체육시설 기타 이와 유사한 시설을 말한다(동 규정 제2조 5호).

---

(2) 근린생활시설 등(동 규정 제50조)

하나의 건축물에 설치하는 근린생활시설 및 소매시장 · 상점을 합한 면적(전용으로 사용되는 면적을 말하며, 같은 용도의 시설이 2개소 이상 있는 경우에는 각 시설의 바닥면적을 합한 면적으로 한다)이 1천제곱미터를 넘는 경우에는 주차 또는 물품의 하역등에 필요한 공터를 설치하여야 하고, 그 주변에는 소음·악취의 차단과 조경을 위한 식재 그 밖에 필요한 조치를 취하여야 한다.

(3) 유치원(동 규정 제52조)
① 2천세대 이상의 주택을 건설하는 주택단지에는 유치원을 설치할 수 있는 대지를 확보하여 그 시설의 설치희망자에게 분양하여 건축하게 하거나 유치원을 건축하여 이를 운영하려는 자에게 공급해야 한다. 다만, 다음의 어느 하나에 해당하는 경우에는 그렇지 않다. 〈개정 2024. 1. 2〉
  ㉠ 당해 주택단지로부터 통행거리 300m 이내에 유치원이 있는 경우
  ㉡ 당해 주택단지로부터 통행거리 200m 이내에 「교육환경 보호에 관한 법률」 제9조 각 호의 시설이 있는 경우
  ㉢ 당해 주택단지가 노인주택단지·외국인주택단지 등으로서 유치원의 설치가 불필요하다고 사업계획승인권자가 인정하는 경우
  ㉣ 관할 교육감이 해당 주택단지 내 유치원의 설치가 「유아교육법」에 따른 유아배치계획에 적합하지 않다고 인정하는 경우
② 유치원을 유치원 외의 용도의 시설과 복합으로 건축하는 경우에는 의료시설·주민공동시설·어린이집·종교집회장 및 근린생활시설(「교육환경 보호에 관한 법률」에 의한 교육환경보호구역에 설치할 수 있는 시설에 한한다)에 한하여 이를 함께 설치할 수 있다. 이 경우 유치원 용도의 바닥면적의 합계는 당해 건축물 연면적의 2분의 1 이상이어야 한다.
③ 제2항의 규정에 의한 복합건축물은 유아교육·보육의 환경이 보호될 수 있도록 유치원의 출입구·계단·복도 및 화장실 등을 다른 용도의 시설(어린이집 및 「사회복지사업법」의 사회복지관을 제외한다)과 분리된 구조로 하여야 한다. 〈개정 2017. 10. 17.〉

(4) 주민공동시설(동 규정 제55조의2) 〈개정 2021. 1. 12.〉
① 100세대 이상의 주택을 건설하는 주택단지에는 다음에 따라 산정한 면적 이상의 주민공동시설을 설치하여야 한다. 다만, 지역 특성, 주택 유형 등을 고려하여 특별시·광역시·특별자치시·특별자치도·시 또는 군의 조례로 주민공동시설의 설치면적을 그 기준의 4분의 1 범위에서 강화하거나 완화하여 정할 수 있다.
  ㉠ 100세대 이상 1,000세대 미만 : 세대당 2.5m^2를 더한 면적
  ㉡ 1,000세대 이상 : 500m^2에 세대당 2m^2를 더한 면적
② 위 ①에 따른 면적은 각 시설별로 전용으로 사용되는 면적을 합한 면적으로 산정한다. 다만, 실외에 설치되는 시설의 경우에는 그 시설이 설치되는 부지 면적으로 한다.
③ 위 ①에 따른 주민공동시설을 설치하는 경우 해당 주택단지에는 다음의 구분에 따른 시설이 포함되어야 한다. 다만, 해당 주택단지의 특성, 인근 지역의 시설설치 현황 등을 고려할 때 사업계획승인권자가 설치할 필요가 없다고 인정하는 시설이거나 입주예정자의 과반수가 서면으로 반대하는 다함께돌봄센터는 설치하지 않을 수 있다. 〈개정 2021. 1. 12〉

㉠ 150세대 이상 : 경로당, 어린이놀이터
㉡ 300세대 이상 : 경로당, 어린이놀이터, 어린이집
㉢ 500세대 이상 : 경로당, 어린이놀이터, 어린이집, 주민운동시설, 작은도서관, 다함께돌봄센터
④ 위 ③에서 규정한 시설 외에 필수적으로 설치해야 하는 세대수별 주민공동시설의 종류에 대해서는 특별시·광역시·특별자치시·특별자치도·시 또는 군의 지역별 여건 등을 고려하여 조례로 따로 정할 수 있다.
⑤ 국토교통부장관은 문화체육관광부장관, 보건복지부장관과 협의하여 위 ③ 각 호에 따른 주민공동시설별 세부 면적에 대한 사항을 정하여 특별시·광역시·특별자치시·특별자치도·시 또는 군에 이를 활용하도록 제공할 수 있다.
⑥ 위 ③ 및 위 ④에 따라 필수적으로 설치해야 하는 주민공동시설별 세부 면적기준은 특별시·광역시·특별자치시·특별자치도·시 또는 군의 지역별 여건 등을 고려하여 조례로 정할 수 있다.
⑦ 위 ③ 각 호에 따른 주민공동시설은 다음의 기준에 적합하게 설치해야 한다.

1. 경로당
   가. 일조 및 채광이 양호한 위치에 설치할 것
   나. 오락·취미활동·작업 등을 위한 공용의 다목적실과 남녀가 따로 사용할 수 있는 공간을 확보할 것
   다. 급수시설·취사시설·화장실 및 부속정원을 설치할 것
2. 어린이놀이터
   가. 놀이기구 및 그 밖에 필요한 기구를 일조 및 채광이 양호한 곳에 설치하거나 주택단지의 녹지 안에 어우러지도록 설치할 것
   나. 실내에 설치하는 경우 놀이기구 등에 사용되는 마감재 및 접착제, 그 밖의 내장재는 「환경기술 및 환경산업 지원법」에 따른 환경표지의 인증을 받거나 그에 준하는 기준에 적합한 친환경 자재를 사용할 것
   다. 실외에 설치하는 경우 인접대지경계선(도로·광장·시설녹지, 그 밖에 건축이 허용되지 아니하는 공지에 접한 경우에는 그 반대편의 경계선을 말한다)과 주택단지 안의 도로 및 주차장으로부터 3m 이상의 거리를 두고 설치할 것
3. 어린이집
   가. 「영유아보육법」의 기준에 적합하게 설치할 것
   나. 해당 주택의 사용검사시까지 설치할 것
4. 주민운동시설
   가. 시설물은 안전사고를 방지할 수 있도록 설치할 것
   나. 「체육시설의 설치·이용에 관한 법률 시행령」 별표 1에서 체육시설을 설치하는 경우 해당 종목별 경기규칙의 시설기준에 적합할 것
5. 작은도서관은 「도서관법 시행령」 별표 6 제1호 나목 및 같은 표 제2호 나목의 기준에 적합하게 설치할 것 〈개정 2022. 12. 6.〉
6. 다함께돌봄센터는 「아동복지법」 제44조의2 제5항의 기준에 적합하게 설치할 것 〈개정 2021.1.12〉

⑦ 적용의 특례(법 제7조 제12항 제2호) 〈개정 2021.1.12〉
주택법 제2조 제25호 다목에 따른 리모델링을 하는 경우 사업계획승인권자가 리모델링 후의 주민공동시설이 리모델링의 대상이 되는 주택의 사용검사 당시의 주민공동시설에 상응하거나 그 수준을 웃도는 규모와 기능을 갖췄다고 인정하는 경우에는 위의 주택건설기준등에 관한 규정 제55조의2(주민공동시설)를 적용하지 않는다.

04 하자담보책임 및 하자분쟁조정

1 하자담보책임(공동주택관리법 제36조)

(1) 하자의 의의(법 제36조 제4항) 〈개정 2017. 4. 18.〉

하자는 공사상 잘못으로 인하여 균열·침하(沈下)·파손·들뜸·누수 등이 발생하여 건축물 또는 시설물의 안전상·기능상 또는 미관상의 지장을 초래할 정도의 결함을 말하며, 그 구체적인 범위는 대통령령으로 정한다.

> **영 제37조**(하자의 범위) 〈개정 2021.1.5〉
> 하자의 범위는 다음 각 호의 구분에 따른다.
> 1. 내력구조부별 하자 : 다음 각 목의 어느 하나에 해당하는 경우
>   가. 공동주택 구조체의 일부 또는 전부가 붕괴된 경우
>   나. 공동주택의 구조안전상 위험을 초래하거나 그 위험을 초래할 우려가 있는 정도의 균열 · 침하(沈下) 등의 결함이 발생한 경우
> 2. 시설공사별 하자
> 공사상의 잘못으로 인한 균열 · 처짐 · 비틀림 · 들뜸 · 침하 · 파손 · 붕괴 · 누수 · 누출 · 탈락, 작동 또는 기능불량, 부착 · 접지 또는 전선 연결 불량, 고사 및 입상(서 있는 상태) 불량 등이 발생하여 건축물 또는 시설물의 안전상 · 기능상 또는 미관상의 지장을 초래할 정도의 결함이 발생한 경우

(2) 하자담보책임자(법 제36조 제1항)

① 다음 각 호의 사업주체는 공동주택의 하자에 대하여 분양에 따른 담보책임(제3호 및 제4호의 시공자는 수급인의 담보책임을 말한다)을 진다. 〈개정 2017. 4. 18.〉

> 1. 「주택법」에 따른 국가 · 지방자치단체, 한국토지주택공사 또는 지방공사, 등록한 주택건설사업자 또는 대지조성사업자, 그 밖에 이 법에 따라 주택건설사업 또는 대지조성사업을 시행하는 자
> 2. 「건축법」에 따른 건축허가를 받아 분양을 목적으로 하는 공동주택을 건축한 건축주
> 3. 공동주택을 증축 · 개축 · 대수선 한 시공자
> 4. 「주택법」에 따른 리모델링을 수행한 시공자

② 위 ①에도 불구하고 「공공주택 특별법」에 따라 임대한 후 분양전환을 할 목적으로 공급하는 공동주택(이하 "공공임대주택")을 공급한 위 ① 제1호인 사업주체는 분양전환이 되기 전까지는 임차인에 대하여 하자보수에 대한 담보책임(하자발생으로 인한 손해배상책임은 제외한다)을 진다. 〈개정 2020. 6. 9.〉

(3) 하자담보책임기간의 범위와 기산점(법 제36조 제3항)

① 담보책임기간은 하자의 중대성, 시설물의 사용가능 햇수 및 교체 가능성 등을 고려하여 공동주택의 내력구조부별 및 시설공사별로 10년의 범위에서 대통령령으로 정한다. 이 경우 담보책임기간은 다음 각 호의 날부터 기산한다. 〈개정 2020. 6. 9.〉

> 1) 전유부분 : 입주자(공공임대주택이 분양전환이 되기 전까지의 임차인에 대한 하자보수에 대한 담보책임의 경우에는 임차인)에게 인도한 날
> 2) 공용부분 : 「주택법」에 따른 사용검사일(공동주택의 전부에 대하여 임시 사용승인을 받은 경우에는 그 임시 사용승인일을 말하고, 분할 사용검사나 동별 사용검사를 받은 경우에는 그 분할 사용검사일 또는 동별 사용검사일을 말한다) 또는 「건축법」에 따른 공동주택의 사용승인일

② 사업주체(건축허가를 받아 분양을 목적으로 하는 공동주택을 건축한 건축주를 포함한다)는 해당 공동주택의 전유부분을 입주자에게 인도한 때에는 국토교통부령으로 정하는 바에 따라 주택인도증서를 작성하여 관리주체(의무관리대상 공동주택이 아닌 경우에는 「집합건물의 소유 및 관리에 관한 법률」에 따른 관리인을 말한다.)에게 인계하여야 한다. 이 경우 관리주체는 30일 이내에 공동주택관리정보시스템에 전유부분의 인도일을 공개하여야 한다(영 제36조 제2항).

③ 사업주체가 해당 공동주택의 전유부분을 공공임대주택의 임차인에게 인도한 때에는 주택인도증서를 작성하여 분양전환하기 전까지 보관하여야 한다. 이 경우 사업주체는 주택인도증서를 작성한 날부터 30일 이내에 공동주택관리정보시스템에 전유부분의 인도일을 공개하여야 한다. 〈신설 2017. 9. 29〉

④ 사업주체는 주택의 미분양 등으로 인하여 인계·인수서에 인도일의 현황이 누락된 세대가 있는 경우에는 주택의 인도일부터 15일 이내에 인도일의 현황을 관리주체에게 인계하여야 한다.(영 제36조 제4항)

(4) 담보책임기간(영 제36조 제1항)

공동주택의 내력구조부별 및 시설공사별 담보책임기간은 다음 각 호와 같다.

> 1. 내력구조부별(건축법에 따른 건물의 주요구조부 - 내력벽, 기둥, 바닥, 보, 지붕틀 및 주계단을 말한다. 다만, 사이 기둥, 최하층 바닥, 작은 보, 차양, 옥외 계단, 그 밖에 이와 유사한 것으로 건축물의 구조상 중요하지 아니한 부분은 제외한다) 하자에 대한 담보책임기간 : 10년
> 2. 시설공사별 하자에 대한 담보책임기간 : 별표 4에 따른 기간

(5) 시설공사별 담보책임기간
(영 제36조 제1항 제2호 관련, 별표 4) 〈개정, 시행 2021. 1. 5.〉 **15·16·17·18·19·23회 출제**

구 분		기간
시설공사	세부공종	
1. 마감공사	가. 미장공사 나. 수장공사(건축물 내부 마무리 공사) 다. 도장공사 라. 도배공사 마. 타일공사 바. 석공사(건물내부 공사) 사. 옥내가구공사 아. 주방기구공사 자. 가전제품	2년
2. 옥외급수·위생 관련 공사	가. 공동구공사 나. 저수조(물탱크)공사 다. 옥외위생(정화조) 관련 공사 라. 옥외 급수 관련 공사	3년
3. 난방·냉방·환기, 공기조화 설비공사	가. 열원기기설비공사 나. 공기조화기기설비공사 다. 닥트설비공사 라. 배관설비공사 마. 보온공사 바. 자동제어설비공사 사. 온돌공사(세대매립배관 포함) 아. 냉방설비공사	
4. 급·배수 및 위생설비공사	가. 급수설비공사 나. 온수공급설비공사 다. 배수·통기설비공사 라. 위생기구설비공사 마. 철 및 보온공사 바. 특수설비공사	3년
5. 가스설비공사	가. 가스설비공사 나. 가스저장시설공사	
6. 목공사	가. 구조체 또는 바탕재공사 나. 수장목공사	

구 분		기간
시설공사	세부공종	
7. 창호공사	가. 창문틀 및 문짝공사 나. 창호철물공사 다. 창호유리공사 라. 커튼월공사	
8. 조경공사	가. 식재공사 나. 조경시설물공사 다. 관수 및 배수공사 라. 조경포장공사 마. 조경부대시설공사 바. 잔디심기공사 사. 조형물공사	
9. 전기 및 전력설비공사	가. 배관·배선공사 나. 피뢰침공사 다. 동력설비공사 라. 수·변전설비공사 마. 수·배전공사 바. 전기기기공사 사. 발전설비공사 아. 승강기설비공사 자. 인양기설비공사 차. 조명설비공사	
10. 신재생 에너지 설비공사	가. 태양열설비공사 나. 태양광설비공사 다. 지열설비공사 라. 풍력설비공사	
11. 정보통신공사	가. 통신·신호설비공사 나. TV공청설비공사 다. 감시제어설비공사 라. 가정자동화설비공사 마. 정보통신설비공사	
12. 지능형 홈네트워크 설비 공사	가. 홈네트워크망공사 나. 홈네트워크기기공사 다. 단지공용시스템공사	

구 분		기간
시설공사	세부공종	
13. 소방시설공사	가. 소화설비공사 나. 제연설비공사 다. 방재설비공사 라. 자동화재탐지설비공사	
14. 단열공사	벽체, 천장 및 바닥의 단열공사	
15. 잡공사	가. 옥내설비공사(우편함, 무인택배시스템 등) 나. 옥외설비공사(담장, 울타리, 안내시설물 등), 금속공사	
16. 대지조성공사	가. 토공사 나. 석축공사 다. 옹벽공사(토목옹벽) 라. 배수공사 마. 포장공사	5년
17. 철근콘크리트공사	가. 일반철근콘크리트공사 나. 특수콘크리트공사 다. 프리캐스트콘크리트공사 라. 옹벽공사(건축옹벽) 마. 콘크리트공사	
18. 철골공사	가. 일반철골공사 나. 철골부대공사 다. 경량철골공사	
19. 조적공사	가. 일반벽돌공사 나. 점토벽돌공사 다. 블록공사 라. 석공사(건물외부 공사)	
20. 지붕공사	가. 지붕공사 나. 홈통 및 우수관공사	
21. 방수공사	방수공사	

비고: 기초공사·지정공사 등 「집합건물의 소유 및 관리에 관한 법률」에 따른 지반공사의 경우 담보책임기간은 10년

2 사업주체의 하자보수 등

(1) 사업주체의 하자보수(법 제37조 제1항~제3항, 제5항)

① 입주자대표회의 등 또는 임차인 등의 청구와 사업주체의 하자보수 의무

사업주체(「건설산업기본법」에 따라 하자담보책임이 있는 자로서 사업주체로부터 건설공사를 일괄 도급받아 건설공사를 수행한 자가 따로 있는 경우에는 그 자를 말한다)는 담보책임기간에 하자가 발생한 경우에는 해당 공동주택의 제1호부터 제4호까지에 해당하는 자(이하 "입주자대표회의등") 또는 제5호에 해당하는 자(이하 "임차인등")의 청구에 따라 그 하자를 보수하여야 한다. 이 경우 하자보수의 절차 및 종료 등에 필요한 사항은 대통령령으로 정한다.

㉠ 입주자
㉡ 입주자대표회의
㉢ 관리주체(하자보수청구 등에 관하여 입주자 또는 입주자대표회의를 대행하는 관리주체를 말한다)
㉣ 「집합건물의 소유 및 관리에 관한 법률」에 따른 관리단
㉤ 공공임대주택의 임차인 또는 임차인대표회의(이하 "임차인등"이라 한다)

② 하자발생에 기인한 손해배상책임(법 제37조 제2항)

사업주체는 담보책임기간에 공동주택에 하자가 발생한 경우에는 하자 발생으로 인한 손해를 배상할 책임이 있다. 이 경우 손해배상책임에 관하여는 「민법」 제667조를 준용한다. 〈개정 2017. 4. 18.〉

③ 하자의 조사방법 및 기준 등

위 ①에 따라 청구된 하자의 보수와 ②에 따른 손해배상책임을 위하여 필요한 하자의 조사방법 및 기준, 하자 보수비용의 산정방법 등에 관하여는 제39조 제4항에 따라 정하는 하자판정에 관한 기준을 준용할 수 있다. 〈신설 2020. 12. 8.〉

> **참고** 영 제47조(하자의 조사방법 및 판정기준 등, 법 제39조 제4항 관련)
> ① 하자 여부의 조사는 현장실사 등을 통하여 하자가 주장되는 부위와 설계도서를 비교하여 측정하는 등의 방법으로 한다.
> ② 공동주택의 하자보수비용은 실제 하자보수에 소요되는 공사비용으로 산정하되, 하자보수에 필수적으로 수반되는 부대비용을 추가할 수 있다.
> ③ ① 및 ②에 따른 하자의 조사 및 보수비용 산정, 하자의 판정기준 및 하자의 발생부분 판단기준(하자 발생부위가 전유부분인지 공용부분인지에 대한 판단기준을 말한다) 등에 필요한 세부적인 사항은 국토교통부장관이 정하여 고시한다.

④ 시정명령

시장·군수·구청장은 입주자대표회의등 및 임차인등이 하자보수를 청구한 사항에 대하여 사업주체가 정당한 사유 없이 따르지 아니할 때에는 시정을 명할 수 있다. 〈개정 2020. 12. 8.〉

(2) 하자보수의 절차(영 제38조)   `17회 출제`

① 입주자대표회의등 또는 임차인등은 공동주택에 하자가 발생한 경우에는 담보책임기간 내에 사업주체에게 하자보수를 청구하여야 한다. 〈개정 2017. 9. 29〉

② 하자보수의 청구는 다음 각 호의 구분에 따른 자가 하여야 한다. 이 경우 입주자는 전유부분에 대한 청구를 관리주체가 대행하도록 할 수 있으며, 공용부분에 대한 하자보수의 청구를 제2호 각 목의 어느 하나에 해당하는 자에게 요청할 수 있다.

---
1. 전유부분: 입주자 또는 공공임대주택의 임차인
2. 공용부분: 다음 각 목의 어느 하나에 해당하는 자
   가. 입주자대표회의 또는 공공임대주택의 임차인대표회의
   나. 관리주체(하자보수청구 등에 관하여 입주자 또는 입주자대표회의를 대행하는 관리주체를 말한다)
   다. 「집합건물의 소유 및 관리에 관한 법률」에 따른 관리단
---

③ 사업주체는 하자보수를 청구받은 날(하자진단결과를 통보받은 때에는 그 통보받은 날을 말한다)부터 15일 이내에 그 하자를 보수하거나 다음 각 호의 사항을 명시한 하자보수계획을 입주자대표회의등 또는 임차인등에 서면(「전자문서 및 전자거래 기본법」에 따른 정보처리시스템을 사용한 전자문서를 포함한다)으로 통보하고 그 계획에 따라 하자를 보수하여야 한다. 다만, 하자가 아니라고 판단되는 사항에 대해서는 그 이유를 서면으로 통보하여야 한다. 〈개정 2017. 9. 29〉

---
1. 하자부위, 보수방법 및 보수에 필요한 상당한 기간(동일한 하자가 2세대 이상에서 발생한 경우 세대별 보수일정을 포함한다)
2. 담당자 성명 및 연락처
3. 그 밖에 보수에 필요한 사항
---

④ 하자보수를 실시한 사업주체는 하자보수가 완료되면 즉시 그 보수결과를 하자보수를 청구한 입주자대표회의등 또는 임차인등에 통보하여야 한다. 〈개정 2017.9.29.〉

(3) 하자진단 및 감정(법 제48조)

① 사업주체 등은 입주자대표회의등 또는 임차인등의 하자보수 청구에 이의가 있는 경우, 입주자대표회의등 또는 임차인등과 협의하여 대통령령으로 정하는 안전진단기관에 보수책임이 있는 하자범위에 해당하는지 여부 등 하자진단을 의뢰할 수 있다. 이 경우 하자진단을 의뢰받은 안전진단기관은 지체 없이 하자진단을 실시하여 그 결과를 사업주체 등과 입주자대표회의등 또는 임차인등에게 통보하여야 한다.

> ㉠ 하자진단 의뢰 안전진단기관(영 제62조 제1항) 〈시행 2020. 12. 10〉
>   1. 국토안전관리원
>   2. 한국건설기술연구원
>   3. 「엔지니어링산업 진흥법」에 따라 신고한 해당 분야의 엔지니어링사업자
>   4. 「기술사법」에 따라 등록한 해당 분야의 기술사
>   5. 「건축사법」에 따라 신고한 건축사
>   6. 건축 분야 안전진단전문기관
> ㉡ 하자진단을 의뢰받은 안전진단기관은 하자진단을 의뢰받은 날부터 20일 이내에 그 결과를 사업주체 등과 입주자대표회의 등에 제출하여야 한다. 다만, 당사자 사이에 달리 약정한 경우에는 그에 따른다.

② 하자분쟁조정위원회는 다음 각 호의 어느 하나에 해당하는 사건의 경우에는 대통령령으로 정하는 안전진단기관에 그에 따른 감정을 요청할 수 있다.
  ㉠ 하자진단 결과에 대하여 다투는 사건
  ㉡ 당사자 쌍방 또는 일방이 하자감정을 요청하는 사건
  ㉢ 하자원인이 불분명한 사건
  ㉣ 그 밖에 하자분쟁조정위원회에서 하자감정이 필요하다고 결정하는 사건

> ㉠ 감정 요청 안전진단기관(영 제62조 제2항) 〈시행 2020. 12. 10〉
> 다만, 하자진단을 한 안전진단기관은 같은 사건의 심사·조정대상시설에 대해서는 감정을 하는 안전진단기관이 될 수 없다.
>   1. 국토안전관리원
>   2. 한국건설기술연구원
>   3. 국립 또는 공립의 주택 관련 시험·검사기관
>   4. 「고등교육법」에 따른 대학 및 산업대학의 주택 관련 부설 연구기관(상설기관으로 한정한다)
>   5. 신고한 해당 분야의 엔지니어링사업자, 기술사, 건축사, 건축 분야 안전진단전문기관[이 경우 분과위원회(소위원회에서 의결하는 사건은 소위원회를 말한다)에서 해당 하자감정을 위한 시설 및 장비를 갖추었다고 인정하고 당사자 쌍방이 합의한 자로 한정한다]
> ㉡ 하자감정을 의뢰받은 안전진단기관은 하자감정을 의뢰받은 날부터 20일 이내에 그 결과를 하자분쟁조정위원회에 제출하여야 한다. 다만, 하자분쟁조정위원회가 인정하는 부득이한 사유가 있는 때에는 그 기간을 연장할 수 있다.

③ 하자진단에 드는 비용과 감정에 드는 비용은 국토교통부령으로 정하는 바에 따라 당사자가 부담한다.

> **시행규칙 제26조**(하자진단 및 하자감정의 비용부담)
> 하자진단 및 하자감정에 드는 비용은 다음 각 호의 구분에 따라 부담한다.
> 1. 하자진단에 드는 비용 : 당사자가 합의한 바에 따라 부담
> 2. 하자감정에 드는 비용 : 다음 각 목에 따라 부담. 이 경우 하자분쟁조정위원회에서 정한 기한 내에 감정을 요청받은 안전진단기관에 납부하여야 한다.
>   가. 당사자가 합의한 바에 따라 부담
>   나. 당사자간 합의가 이루어지지 아니할 경우에는 하자감정을 신청하는 당사자 일방 또는 쌍방이 미리 하자감정비용을 부담한 후 하자심사 또는 분쟁조정의 결과에 따라 하자분쟁조정위원회에서 정하는 비율에 따라 부담

(4) 담보책임의 종료 (영 제39조) 〈17회 출제〉

① 사업주체는 담보책임기간이 만료되기 30일 전까지 그 만료 예정일을 해당 공동주택의 입주자대표회의(의무관리대상 공동주택이 아닌 경우에는 「집합건물의 소유 및 관리에 관한 법률」에 따른 관리단을 말한다)또는 해당 공공임대주택의 임차인대표회의에 서면으로 통보하여야 한다. 이 경우 사업주체는 다음 각 호의 사항을 함께 알려야 한다. 〈개정 2017. 9. 29〉

> 1. 입주자대표회의등 또는 임차인등이 하자보수를 청구한 경우에는 하자보수를 완료한 내용
> 2. 담보책임기간 내에 하자보수를 신청하지 아니하면 하자보수를 청구할 수 있는 권리가 없어진다는 사실

② 만료 예정일의 통보를 받은 입주자대표회의 또는 공공임대주택의 임차인대표회의는 다음 각 호의 구분에 따른 조치를 하여야 한다.

> 1. 전유부분에 대한 조치 : 담보책임기간이 만료되는 날까지 하자보수를 청구하도록 입주자 또는 공공임대주택의 임차인에게 개별통지하고 공동주택단지 안의 잘 보이는 게시판에 20일 이상 게시
> 2. 공용부분에 대한 조치 : 담보책임기간이 만료되는 날까지 하자보수 청구

③ 사업주체는 위 ②에 따라 하자보수 청구를 받은 사항에 대하여 지체 없이 보수하고 그 보수결과를 서면으로 입주자대표회의등 또는 임차인등에 통보하여야 한다. 다만, 하자가 아니라고 판단한 사항에 대해서는 그 이유를 명확히 기재한 서면을 입주자대표회의등에 통보하여야 한다. 〈개정 2017.9.29〉

④ 보수결과를 통보받은 입주자대표회의등 또는 임차인등은 통보받은 날부터 30일 이내에 이유를 명확히 기재한 서면으로 사업주체에게 이의를 제기할 수 있다. 이 경우 사업주체는 이의제기 내용이 타당하면 지체 없이 하자를 보수하여야 한다. 〈개정 2017.9.29〉

⑤ 사업주체와 다음 각 호의 구분에 따른 자는 하자보수가 끝난 때에는 공동으로 담보책임 종료확인서를 작성해야 한다. 이 경우 담보책임기간이 만료되기 전에 담보책임 종료확인서를 작성해서는 안 된다. 〈개정 2020. 4. 24.〉

1. 전유부분 : 입주자
2. 공용부분 : 입주자대표회의의 회장(의무관리대상 공동주택이 아닌 경우에는 「집합건물의 소유 및 관리에 관한 법률」에 따른 관리인을 말한다) 또는 5분의 4 이상의 입주자(입주자대표회의의 구성원 중 사용자인 동별 대표자가 과반수인 경우만 해당한다)

⑥ 입주자대표회의의 회장은 공용부분의 담보책임 종료확인서를 작성하려면 다음 각 호의 절차를 차례대로 거쳐야 한다. 이 경우 전체 입주자의 1/5 이상이 서면으로 반대하면 입주자대표회의는 제2호에 따른 의결을 할 수 없다.

1. 의견 청취를 위하여 입주자에게 다음 각 목의 사항을 서면으로 개별통지하고 공동주택단지 안의 게시판에 20일 이상 게시할 것
   가. 담보책임기간이 만료된 사실
   나. 완료된 하자보수의 내용
   다. 담보책임 종료확인에 대하여 반대의견을 제출할 수 있다는 사실, 의견제출기간 및 의견제출서
2. 입주자대표회의 의결

⑦ 사업주체는 ⑤제2호에 따라 입주자와 공용부분의 담보책임 종료확인서를 작성하려면 입주자대표회의의 회장에게 ⑥제1호에 따른 통지 및 게시를 요청해야 하고, 전체 입주자의 5분의 4 이상과 담보책임 종료확인서를 작성한 경우에는 그 결과를 입주자대표회의등에 통보해야 한다.〈신설 2020. 4. 24.〉

(5) 구조안전의 중대한 하자와 안전진단 의뢰(법 제37조 제4항)

시장·군수·구청장은 담보책임기간에 공동주택의 구조안전에 중대한 하자가 있다고 인정하는 경우에는 안전진단기관에 의뢰하여 안전진단을 할 수 있다. 이 경우 안전진단의 대상·절차 및 비용 부담에 관한 사항과 안전진단 실시기관의 범위 등에 필요한 사항은 대통령령으로 정한다.

영 제40조(내력구조부 안전진단) 〈개정 2022. 8. 4.〉
① 시장·군수·구청장은 공동주택의 구조안전에 중대한 하자가 있다고 인정하는 경우에는 다음각 호의 어느 하나에 해당하는 기관 또는 단체에 해당 공동주택의 안전진단을 의뢰할 수 있다.
  1. 한국건설기술연구원
  2. 국토안전관리원
  3. 대한건축사협회
  4. 대학 및 산업대학의 부설연구기관(상설기관으로 한정한다)
  5. 「시설물의 안전 및 유지관리에 관한 특별법 시행령」에 따른 건축 분야 안전진단전문기관
② 안전진단에 드는 비용은 사업주체가 부담한다. 다만, 하자의 원인이 사업주체 외의 자에게 있는 경우에는 그 자가 부담한다.

3 하자보수보증금의 예치 및 사용

(1) 예치의무자(법 제38조 제1항) [24회 출제]

사업주체는 대통령령으로 정하는 바에 따라 하자보수를 보장하기 위하여 하자보수보증금을 담보책임기간(보증기간은 공용부분을 기준으로 기산한다) 동안 예치하여야 한다. 다만, 국가·지방자치단체·한국토지주택공사 및 지방공사인 사업주체의 경우에는 그러하지 아니하다.

영 제41조(하자보수보증금의 예치 및 보관) [24회 출제]

① 사업주체(건설임대주택을 분양전환하려는 경우에는 그 임대사업자)는 하자보수보증금을 은행에 현금으로 예치하거나 다음 각 호의 어느 하나에 해당하는 자가 취급하는 보증으로서 하자보수보증금 지급을 보장하는 보증에 가입하여야 한다. 이 경우 그 예치명의 또는 가입명의는 사용검사권자(「주택법」에 따른 사용검사권자 또는 「건축법」에 따른 사용승인권자를 말한다)로 하여야 한다.

1. 「주택도시기금법」에 따른 주택도시보증공사
2. 「건설산업기본법」에 따른 건설 관련 공제조합
3. 「보험업법」에 따른 보증보험업을 영위하는 자
4. 금융기관

② 사업주체는 다음 각 호의 어느 하나에 해당하는 신청서를 사용검사권자에게 제출할 때에 현금 예치증서 또는 보증서를 함께 제출하여야 한다.

1. 「주택법」에 따른 사용검사 신청서(공동주택단지 안의 공동주택 전부에 대하여 임시 사용승인을 신청하는 경우에는 임시 사용승인 신청서)
2. 「건축법」에 따른 사용승인 신청서(공동주택단지 안의 공동주택 전부에 대하여 임시 사용승인을 신청하는 경우에는 임시 사용승인 신청서)
3. 「민간임대주택에 관한 특별법」에 따른 양도신고서, 양도 허가신청서 또는 「공공주택 특별법」에 따른 분양전환 승인신청서, 분양전환 허가신청서, 분양전환 신고서

③ 사용검사권자는 입주자대표회의가 구성된 때에는 지체 없이 예치명의 또는 가입명의를 해당 입주자대표회의로 변경하고 입주자대표회의에 현금 예치증서 또는 보증서를 인계하여야 한다.

④ 입주자대표회의는 인계받은 현금 예치증서 또는 보증서를 해당 공동주택의 관리주체(의무관리대상 공동주택이 아닌 경우에는 「집합건물의 소유 및 관리에 관한 법률」에 따른 관리인을 말한다)로 하여금 보관하게 하여야 한다.

영 제42조(하자보수보증금의 범위)

① 예치하여야 하는 하자보수보증금은 다음 각 호의 구분에 따른 금액으로 한다.

1. 대지조성사업계획과 주택사업계획승인을 함께 받아 대지조성과 함께 공동주택을 건설하는 경우: 가목의 비용에서 나목의 가격을 뺀 금액의 100분의 3

가. 사업계획승인서에 기재된 해당 공동주택의 총사업비[간접비(설계비, 감리비, 분담금, 부담금, 보상비 및 일반분양시설경비를 말한다)는 제외한다]
나. 해당 공동주택을 건설하는 대지의 조성 전 가격
2. 주택사업계획승인만을 받아 대지조성 없이 공동주택을 건설하는 경우 : 사업계획승인서에 기재된 해당 공동주택의 총사업비에서 대지가격을 뺀 금액의 100분의 3
3. 공동주택을 증축·개축·대수선하는 경우 또는 리모델링을 하는 경우 : 허가신청서 또는 신고서에 기재된 해당 공동주택 총사업비의 100분의 3
4. 건축허가를 받아 분양을 목적으로 공동주택을 건설하는 경우 : 사용승인을 신청할 당시의 공공건설임대주택 분양전환가격의 산정기준에 따른 표준건축비를 적용하여 산출한 건축비의 100분의 3

② 위 ①에도 불구하고 건설임대주택이 분양전환되는 경우의 하자보수보증금은 위 ①의 제1호 또는 제2호에 따른 금액에 건설임대주택 세대 중 분양전환을 하는 세대의 비율을 곱한 금액으로 한다.

(2) 하자보수보증금의 청구 및 관리(영 제44조) `24회 출제`

① 입주자대표회의는 사업주체가 하자보수를 이행하지 아니하는 경우에는 하자보수보증서 발급기관에 하자보수보증금의 지급을 청구할 수 있다. 이 경우 다음의 서류를 첨부하여야 한다.

1. 영 제43조(하자보수보증금의 용도) 각 호의 어느 하나에 해당하는 서류[하자여부판정서(재심결정서 포함) 정본, 조정서 정본, 판결서, 하자진단 결과통보서]
2. 영 제47조(하자의 조사방법 및 판정기준 등) 제3항에 따른 기준을 적용하여 산출한 하자보수비용 및 그 산출명세서(영 제43조 각 호의 절차에서 하자보수비용이 결정되지 아니한 경우만 해당한다)

② 하자보수보증금의 지급 청구를 받은 하자보수보증서 발급기관은 청구일부터 30일 이내에 하자보수보증금을 지급하여야 한다. 다만, 영 제43조 제1호[송달된 하자 여부 판정서(재심의 결정서를 포함한다) 정본에 따라 하자로 판정된 시설공사 등에 대한 하자보수비용] 및 제4호(하자진단의 결과에 따른 하자보수비용)의 경우 하자보수보증서 발급기관이 청구를 받은 금액에 이의가 있으면 하자분쟁조정위원회에 분쟁조정을 신청한 후 그 결과에 따라 지급하여야 한다.

③ 하자보수보증서 발급기관은 하자보수보증금을 지급할 때에는 다음의 구분에 따른 금융계좌로 이체하는 방법으로 지급하여야 하며, 입주자대표회의는 그 금융계좌로 해당 하자보수보증금을 관리하여야 한다.

1. 의무관리대상 공동주택: 입주자대표회의의 회장의 인감과 관리사무소장의 직인을 복수로 등록한 금융계좌
2. 의무관리대상이 아닌 공동주택: 「집합건물의 소유 및 관리에 관한 법률」에 따른 관리인의 인감을 등록한 금융계좌(같은 법에 따른 관리위원회가 구성되어 있는 경우에는 그 위원회를 대표하는 자 1명과 관리인의 인감을 복수로 등록한 계좌)

④ 입주자대표회의는 하자보수보증금을 지급받기 전에 미리 하자보수를 하는 사업자를 선정해서는 아니 된다.
⑤ 입주자대표회의는 하자보수보증금을 사용한 때에는 그 날부터 30일 이내에 그 사용명세를 사업주체에게 통보하여야 한다.

(3) 하자보수보증금의 보증서 발급기관의 통보(법 제38조 제3항) 〈신설 2017. 4.18.〉

하자보수보증금을 예치받은 자(이하 "하자보수보증금의 보증서 발급기관"이라 한다)는 하자보수보증금을 의무관리대상 공동주택의 입주자대표회의에 지급한 날부터 30일 이내에 지급내역을 국토교통부령으로 정하는 바에 따라 관할 시장·군수·구청장에게 통보하여야 한다.

(4) 하자보수보증금의 용도제한과 의무관리대상 공동주택의 사용내역 신고의무(법 제38조 제2항)

24회 출제

입주자대표회의 등은 하자보수보증금을 하자심사·분쟁조정위원회의 하자 여부 판정 등에 따른 하자보수비용 등 대통령령으로 정하는 용도로만 사용하여야 하며, 의무관리대상 공동주택의 경우에는 하자보수보증금의 사용 후 30일 이내에 그 사용내역을 국토교통부령으로 정하는 바에 따라 시장·군수·구청장에게 신고하여야 한다.

영 제43조(하자보수보증금의 용도)
법 제38조 제2항에서 "하자심사·분쟁조정위원회의 하자 여부 판정 등에 따른 하자보수비용 등 대통령령으로 정하는 용도"란 입주자대표회의가 직접 보수하거나 제3자에게 보수하게 하는 데 사용되는 경우로서 하자보수와 관련된 다음 각 호의 용도를 말한다.
1. 송달된 하자 여부 판정서(재심의 결정서를 포함한다) 정본에 따라 하자로 판정된 시설공사 등에 대한 하자보수비용
2. 하자분쟁조정위원회가 송달한 조정서 정본에 따른 하자보수비용
3. 법원의 재판 결과에 따른 하자보수비용
4. 하자진단의 결과에 따른 하자보수비용

규칙 제18조(하자보수보증금의 사용내역 신고)
하자보수보증금의 사용내역을 신고하려는 자는 신고서에 다음 각 호의 서류를 첨부하여 시장·군수·구청장에게 제출하여야 한다.
1. 하자보수보증금의 금융기관 거래명세표(입·출금 명세 전부가 기재된 것을 말한다)
2. 하자보수보증금의 세부 사용명세

제2장 건축물 및 시설관리

(5) 하자보수청구 서류 등의 보관 등(법 제38조의2) 〈신설 2020. 12. 8. 시행 2021. 12. 9〉

① 하자보수청구 등에 관하여 입주자 또는 입주자대표회의를 대행하는 관리주체는 하자보수 이력, 담보책임기간 준수 여부 등의 확인에 필요한 것으로서 하자보수청구 서류 등 대통령령으로 정하는 서류를 대통령령으로 정하는 바에 따라 보관하여야 한다.

② 위 ①에 따라 하자보수청구 서류 등을 보관하는 관리주체는 입주자 또는 입주자대표회의가 해당 하자보수청구 서류 등의 제공을 요구하는 경우 대통령령으로 정하는 바에 따라 이를 제공하여야 한다.

③ 공동주택의 관리주체가 변경되는 경우 기존 관리주체는 새로운 관리주체에게 법 제13조(관리업무의 인계) 제1항을 준용하여 해당 공동주택의 하자보수청구 서류 등을 인계하여야 한다.

(6) 하자보수보증금 사용내역과 지급 내역 제공 〈신설 2020. 10. 20.〉

시장·군수·구청장은 하자보수보증금 사용내역과 하자보수보증금 지급 내역을 매년 국토교통부령으로 정하는 바에 따라 국토교통부장관에게 제공하여야 한다(법 제38조제4항).

> **시행규칙 제18조의3**(하자보수보증금의 사용내역 및 지급 내역 제공) 〈개정 2021.4.21.〉
> 시장·군수·구청장은 해당 연도에 제출받은 하자보수보증금 사용내역 신고서(첨부서류는 제외한다)와 지급내역서(첨부서류를 포함한다)의 내용을 다음 해 1월 31일까지 국토교통부장관에게 제공해야 한다. 이 경우 제공 방법은 하자관리정보시스템에 입력하는 방법으로 한다.

(7) 위의 (1), (3), (4)까지에서 규정한 사항 외에 하자보수보증금의 예치금액·증서의 보관, 청구요건, 지급시기·기준 및 반환 등에 필요한 사항은 대통령령으로 정한다. 〈신설 2020. 10. 20., 시행 2021. 4. 21〉

(8) 하자보수보증금의 지급을 위하여 필요한 하자의 조사방법 및 기준, 하자 보수비용의 산정방법 등에 관하여는 제39조 제4항에 따라 정하는 하자판정에 관한 기준을 준용할 수 있다. 〈신설 2020. 12. 8.〉

(9) 하자보수보증금의 반환(영 제45조) **18·20·23회 출제**

① 입주자대표회의는 사업주체가 예치한 하자보수보증금을 다음의 구분에 따라 순차적으로 사업주체에게 반환하여야 한다.

> 1. 다음 각 목의 구분에 따른 날(이하 이 조에서 "사용검사일"이라 한다)부터 2년이 경과된 때 : 하자보수보증금의 100분의 15
>   가. 「주택법」에 따른 사용검사(공동주택단지 안의 공동주택 전부에 대하여 임시 사용승인을 받은 경우에는 임시 사용승인을 말한다)를 받은 날
>   나. 「건축법」에 따른 사용승인(공동주택단지 안의 공동주택 전부에 대하여 임시 사용승인을 받은 경우에는 임시 사용승인을 말한다)을 받은 날
> 2. <u>사용검사일부터 3년이 경과된 때 : 하자보수보증금의 100분의 40</u>
> 3. <u>사용검사일부터 5년이 경과된 때 : 하자보수보증금의 100분의 25</u>
> 4. <u>사용검사일부터 10년이 경과된 때 : 하자보수보증금의 100분의 20</u>

② 하자보수보증금을 반환할 경우 하자보수보증금을 사용한 경우에는 이를 포함하여 반환비율을 계산하되, 이미 사용한 하자보수보증금은 반환하지 아니한다.

4 하자심사 및 분쟁조정

(1) 하자심사·분쟁조정위원회 설치 등(법 제39조) 〈개정 2020. 12. 8.〉

① 하자담보책임 및 하자보수 등과 관련한 사무를 관장하기 위하여 국토교통부에 하자심사·분쟁조정위원회(이하 "하자분쟁조정위원회"라 한다)를 둔다.

② 하자분쟁조정위원회의 사무는 다음 각 호와 같다.

1. 하자 여부 판정
2. 하자담보책임 및 하자보수 등에 대한 사업주체·하자보수보증금의 보증서 발급기관(이하 "사업주체 등")과 입주자대표회의등·임차인등 간의 분쟁의 조정 및 재정
3. 하자의 책임범위 등에 대하여 사업주체등 · 설계자 · 감리자 및 「건설산업기본법」 제2조제13호 · 제14호에 따른 수급인 · 하수급인 간에 발생하는 분쟁의 조정 및 재정
4. 다른 법령에서 하자분쟁조정위원회의 사무로 규정된 사항

③ 하자분쟁조정위원회에 하자심사 · 분쟁조정 또는 분쟁재정(이하 "조정 등")을 신청하려는 자는 국토교통부령으로 정하는 바에 따라 신청서를 제출하여야 한다.

법 제42조의2(대리인) 〈신설 2017.4.18.〉
① 조정등을 신청하는 자와 그 상대방은 다음 각 호의 어느 하나에 해당하는 사람을 대리인으로 선임할 수 있다.
  1. 변호사
  2. 「집합건물의 소유 및 관리에 관한 법률」에 따른 관리단의 관리인
  3. 의무관리대상 공동주택에 배치된 관리사무소장
  4. 당사자의 배우자 또는 4촌 이내의 친족
  5. 주택(전유부분에 한정한다)의 사용자
  6. 당사자가 국가 또는 지방자치단체인 경우에는 그 소속 공무원
  7. 당사자가 법인인 경우에는 그 법인의 임원 또는 직원
② 다음 각 호의 행위에 대하여는 위임자가 특별히 위임하는 것임을 명확히 표현하여야 대리할 수 있다.
  1. 신청의 취하
  2. 조정안(調停案)의 수락
  3. 복대리인(復代理人)의 선임
③ 대리인의 권한은 서면으로 소명(疎明)하여야 한다.

④ 신청된 조정 등을 위하여 필요한 하자의 조사방법 및 기준, 하자 보수비용의 산정방법 등이 포함된 하자판정에 관한 기준은 대통령령으로 정한다.

> **영 제47조**(하자의 조사방법 및 판정기준 등)
> ① 하자 여부의 조사는 현장실사 등을 통하여 하자가 주장되는 부위와 설계도서를 비교하여 측정하는 등의 방법으로 한다.
> ② 공동주택의 하자보수비용은 실제 하자보수에 소요되는 공사비용으로 산정하되, 하자보수에 필수적으로 수반되는 부대비용을 추가할 수 있다.
> ③ 하자의 조사 및 보수비용 산정, 하자의 판정기준 및 하자의 발생부분 판단기준(하자 발생부위가 전유부분인지 공용부분인지에 대한 판단기준을 말한다) 등에 필요한 세부적인 사항은 국토교통부장관이 정하여 고시한다.

(2) 하자분쟁조정위원회의 구성 등(법 제40조) 〈시행 2021. 12. 9〉

① 하자분쟁조정위원회는 위원장 1명을 포함한 60명 이내의 위원으로 구성하며, 위원장은 상임으로 한다.
② 하자분쟁조정위원회에 하자 여부 판정, 분쟁조정 및 분쟁재정을 전문적으로 다루는 분과위원회를 둔다.

> **영 제48조**(분과위원회의 구성 등)
> ① 하자분쟁조정위원회에는 시설공사 등에 따른 하자 여부 판정 또는 분쟁의 조정을 위하여 다음 각 호의 분과위원회를 하나 이상씩 둔다.
>   1. 하자심사분과위원회 : 하자 여부 판정
>   2. 분쟁조정분과위원회 : 분쟁의 조정
>   3. 하자재심분과위원회 : 이의신청 사건에 대한 하자 여부 판정
>   4. 그 밖에 국토교통부장관이 필요하다고 인정하는 분과위원회
> ② 하자분쟁조정위원회의 위원장은 위원의 전문성과 경력 등을 고려하여 각 분과위원회별 위원을 지명하여야 한다.
> ③ 분과위원회 위원장이 부득이한 사유로 직무를 수행할 수 없을 때에는 해당 분과위원회 위원장이 해당 분과위원 중에서 미리 지명한 위원이 그 직무를 대행한다.

③ 하자 여부 판정 또는 분쟁조정을 다루는 분과위원회는 하자분쟁조정위원회의 위원장이 지명하는 9명 이상 15명 이하의 위원으로 구성한다. 〈신설 2020. 12. 8.〉
④ 분쟁재정을 다루는 분과위원회는 위원장이 지명하는 5명의 위원으로 구성하되, 제7항 제3호에 해당하는 사람(판사·검사 또는 변호사의 직에 6년 이상 재직한 사람)이 1명 이상 포함되어야 한다. 〈신설 2020. 12. 8.〉
⑤ 위원장 및 분과위원회의 위원장(이하 "분과위원장")은 국토교통부장관이 임명한다.
⑥ 위원장은 분과위원회별로 사건의 심리 등을 위하여 전문분야 등을 고려하여 3명 이상 5명 이하의 위원으로 소위원회를 구성할 수 있다. 이 경우 위원장이 해당 분과위원회 위원 중에서 소위원회의 위원장(이하 "소위원장"이라 한다)을 지명한다.

> **영 제49조 [소위원회의 구성 등]**
> ① 분과위원회별로 시설공사의 종류 및 전문분야 등을 고려하여 5개 이내의 소위원회를 둘 수 있다.
> ② 소위원회 위원장이 부득이한 사유로 직무를 수행할 수 없을 때에는 해당 소위원회 위원장이 해당 소위원회 위원 중에서 미리 지명한 위원이 그 직무를 대행한다.

⑦ 하자분쟁조정위원회의 위원은 공동주택 하자에 관한 학식과 경험이 풍부한 사람으로서 다음 각 호의 어느 하나에 해당하는 사람 중에서 국토교통부장관이 임명 또는 위촉한다. 이 경우 제3호에 해당하는 사람이 9명 이상 포함되어야 한다. 〈개정 2020. 12. 8.〉

1. 1급부터 4급까지 상당의 공무원 또는 고위공무원단에 속하는 공무원이거나 이와 같은 직에 재직한 사람
2. 공인된 대학이나 연구기관에서 부교수 이상 또는 이에 상당하는 직에 재직한 사람
3. 판사·검사 또는 변호사의 직에 6년 이상 재직한 사람
4. 건설공사, 전기공사, 정보통신공사, 소방시설공사, 시설물 정밀안전진단 또는 감정평가에 관한 전문적 지식을 갖추고 그 업무에 10년 이상 종사한 사람
5. 주택관리사로서 공동주택의 관리사무소장으로 10년 이상 근무한 사람
6. 건축사 또는 등록한 기술사로서 그 업무에 10년 이상 종사한 사람

⑧ 위원장과 공무원이 아닌 위원의 임기는 2년으로 하되 연임할 수 있으며, 보궐위원의 임기는 전임자의 남은 임기로 한다.
⑨ 하자분쟁조정위원회의 위원 중 공무원이 아닌 위원은 다음 각 호에 해당하는 경우를 제외하고는 본인의 의사에 반하여 해촉되지 아니한다.

1. 신체상 또는 정신상의 장애로 직무를 수행할 수 없는 경우
2. 「국가공무원법」 제33조 각 호의 어느 하나에 해당하는 경우
3. 그 밖에 직무상의 의무 위반 등 대통령령으로 정하는 해촉 사유에 해당하는 경우

⑩ 위원장은 하자분쟁조정위원회를 대표하고 그 직무를 총괄한다. 다만, 위원장이 부득이한 사유로 직무를 수행할 수 없는 경우에는 위원장이 미리 지명한 분과위원장 순으로 그 직무를 대행한다.

(3) 하자분쟁조정위원회 회의 등(법 제42조)

① 위원장은 전체위원회, 분과위원회 및 소위원회의 회의를 소집하며, 해당 회의의 의장은 다음의 구분에 따른다.
  ㉠ 전체위원회 : 위원장
  ㉡ 분과위원회 : 분과위원장. 다만, 재심의 등 대통령령으로 정하는 사항을 심의하는 경우에는 위원장이 의장이 된다.
  ㉢ 소위원회 : 소위원장

② 전체위원회는 다음에 해당하는 사항을 심의·의결한다. 이 경우 회의는 재적위원 과반수의 출석으로 개의하고 그 출석위원 과반수의 찬성으로 의결한다.
  ㉠ 하자분쟁조정위원회 의사에 관한 규칙의 제정·개정 및 폐지에 관한 사항
  ㉡ 분과위원회에서 전체위원회의 심의·의결이 필요하다고 요구하는 사항
  ㉢ 그 밖에 위원장이 필요하다고 인정하는 사항

③ 분과위원회는 하자 여부 판정, 분쟁조정 및 분쟁재정 사건을 심의·의결하며, 회의는 그 구성원 과반수(분쟁재정을 다루는 분과위원회의 회의의 경우에는 그 구성원 전원을 말한다)의 출석으로 개의하고 출석위원 과반수의 찬성으로 의결한다. 이 경우 분과위원회에서 의결한 사항은 하자분쟁조정위원회에서 의결한 것으로 본다. 〈개정 2020. 12. 8.〉

④ 소위원회는 다음에 해당하는 사항을 심의·의결하거나, 소관 분과위원회의 사건에 대한 심리 등을 수행하며, 회의는 그 구성원 과반수의 출석으로 개의하고 출석위원 전원의 찬성으로 의결한다. 이 경우 소위원회에서 의결한 사항은 하자분쟁조정위원회에서 의결한 것으로 본다.
  ㉠ 1천만원 미만의 소액 사건
  ㉡ 전문분야 등을 고려하여 분과위원회에서 소위원회가 의결하도록 결정한 사건
  ㉢ 조정 등의 신청에 대한 각하
  ㉣ 당사자 쌍방이 소위원회의 조정안을 수락하기로 합의한 사건
  ㉤ 그 밖에 대통령령으로 정하는 단순한 사건

⑤ 하자분쟁조정위원회는 분쟁조정 신청을 받으면 조정절차 계속 중에도 당사자에게 하자보수 및 손해배상 등에 관한 합의를 권고할 수 있다. 이 경우 권고는 조정절차의 진행에 영향을 미치지 아니한다.

⑥ 하자분쟁조정위원회의 의사 및 운영, 조정등의 각하 등에 필요한 사항은 대통령령으로 정한다.

영 제53조(하자분쟁조정위원회의 회의 등)
① 하자분쟁조정위원회 위원장은 전체위원회, 분과위원회 또는 소위원회 회의를 소집하려면 특별한 사정이 있는 경우를 제외하고는 회의 개최 3일 전까지 회의의 일시·장소 및 안건을 각 위원에게 알려야 한다.
② 하자분쟁조정위원회는 조정 등을 효율적으로 하기 위하여 필요하다고 인정하면 해당 사건들을 분리하거나 병합할 수 있다.
③ 하자분쟁조정위원회는 해당 사건들을 분리하거나 병합한 경우에는 조정 등의 당사자에게 지체 없이 그 결과를 알려야 한다.
④ 법 및 이 영에서 규정한 사항 외의 하자분쟁조정위원회의 운영 등에 필요한 사항은 국토교통부장관이 정한다.
⑤ 국토교통부장관은 조정 등의 사건을 전자적 방법으로 접수·통지 및 송달하거나, 민원상담 및 홍보 등을 인터넷을 이용하여 처리하기 위하여 하자관리정보시스템을 구축·운영할 수 있다.

영 제54조(조정 등의 각하)
① 하자분쟁조정위원회는 분쟁의 성질상 하자분쟁조정위원회에서 조정 등을 하는 것이 맞지 아니하다고 인정하거나 부정한 목적으로 신청되었다고 인정되면 그 조정 등의 신청을 각하할 수 있다.
② 하자분쟁조정위원회는 조정 등의 사건의 처리 절차가 진행되는 도중에 한쪽 당사자가 법원에 소송을 제기한 경우에는 조정 등의 신청을 각하한다. 조정 등을 신청하기 전에 이미 소송을 제기한 사건으로 확인된 경우에도 또한 같다.
③ 하자분쟁조정위원회는 각하를 한 때에는 그 사유를 당사자에게 알려야 한다.

영 제55조(위원의 수당 및 여비)
하자분쟁조정위원회 위원에 대해서는 예산의 범위에서 업무수행에 따른 수당, 여비 및 그 밖에 필요한 경비를 지급할 수 있다. 다만, 공무원인 위원이 소관업무와 직접 관련하여 회의에 출석하는 경우에는 그러하지 아니하다.

(4) 하자심사(법 제43조)

① 하자 여부 판정을 하는 분과위원회는 하자의 정도에 비하여 그 보수의 비용이 과다하게 소요되어 사건을 분쟁조정에 회부하는 것이 적합하다고 인정하는 경우에는 신청인의 의견을 들어 대통령령으로 정하는 바에 따라 분쟁조정을 하는 분과위원회에 송부하여 해당 사건을 조정하게 할 수 있다. 이 경우 하자심사에 소요된 기간은 조정 등의 처리기간 산정에서 제외한다. 〈개정 2020. 6. 9.〉
② 하자분쟁조정위원회는 하자 여부를 판정한 때에는 대통령령으로 정하는 사항을 기재하고 위원장이 기명날인한 하자 여부 판정서 정본을 각 당사자 또는 그 대리인에게 송달하여야 한다.
③ 사업주체는 ②에 따라 하자 여부 판정서 정본을 송달받은 경우로서 하자가 있는 것으로 판정된 경우(⑦에 따라 하자 여부 판정 결과가 변경된 경우는 제외한다)에는 하자 여부 판정서에 따라 하자를 보수하고, 그 결과를 지체 없이 대통령령으로 정하는 바에 따라 하자분쟁조정위원회에 통보하여야 한다. 〈개정 2020. 12. 8.〉

> **영 제57조**(하자 여부 판정서의 기재사항)
> ③ 사업주체는 하자 여부 판정서에 따라 하자를 보수하고 그 결과를 지체 없이 하자관리정보시스템에 등록하여야 한다.

 ④ 하자 여부 판정 결과에 대하여 이의가 있는 자는 하자 여부 판정서를 송달받은 날부터 30일 이내에 하자진단을 의뢰한 안전진단전문기관 또는 대통령령으로 정하는 관계 전문가(「변호사법」에 따라 등록한 변호사)가 작성한 의견서를 첨부하여 국토교통부령으로 정하는 바에 따라 이의신청을 할 수 있다. 〈개정 2017. 4. 18.〉

 ⑤ 하자분쟁조정위원회는 이의신청이 있는 경우에는 하자 여부 판정을 의결한 분과위원회가 아닌 다른 분과위원회에서 해당 사건에 대하여 재심의를 하도록 하여야 한다. 이 경우 처리기간은 하자분쟁조정위원회의 조정등 처리기간을 준용한다.

 ⑥ 하자분쟁조정위원회는 이의신청 사건을 심리하기 위하여 필요한 경우에는 기일을 정하여 당사자 및 의견서를 작성한 안전진단기관 또는 관계 전문가를 출석시켜 진술하게 하거나 입증자료 등을 제출하게 할 수 있다. 이 경우 안전진단기관 또는 관계 전문가는 이에 따라야 한다.

 ⑦ 재심의를 하는 분과위원회가 당초의 하자 여부 판정을 변경하기 위하여는 재적위원 과반수의 출석으로 개의하고 출석위원 2/3 이상의 찬성으로 의결하여야 한다. 이 경우 출석위원 2/3 이상이 찬성하지 아니한 경우에는 당초의 판정을 하자분쟁조정위원회의 최종 판정으로 본다.

 ⑧ 재심의가 확정된 경우에는 하자분쟁조정위원회는 재심의 결정서 정본을 지체 없이 각 당사자 또는 그 대리인에게 송달하여야 한다.

 ⑨ 하자분쟁조정위원회는 다음 각 호의 사항을 시장·군수·구청장에게 통보할 수 있다.
  ㉠ ③에 따라 사업주체가 통보한 하자 보수 결과
  ㉡ ③에 따라 하자 보수 결과를 통보하지 아니한 사업주체의 현황

(5) 분쟁조정(법 제44조)
 ① 하자분쟁조정위원회는 하자담보책임 및 하자보수 등에 대한 사업주체·하자보수보증금의 보증서 발급기관과 입주자대표회의 등 간의 분쟁의 조정 및 하자의 책임범위 등에 대하여 사업주체 등·설계자 및 감리자 간에 발생하는 분쟁의 조정에 따른 분쟁의 조정 절차를 완료한 때에는 지체 없이 대통령령으로 정하는 사항을 기재한 조정안(신청인이 조정신청을 한 후 조정절차 진행 중에 피신청인과 합의를 한 경우에는 합의한 내용을 반영하되, 합의한 내용이 명확하지 아니한 것은 제외한다)을 결정하고, 각 당사자 또는 그 대리인에게 이를 제시하여야 한다.

② 조정안을 제시받은 당사자는 그 제시를 받은 날부터 30일 이내에 그 수락 여부를 하자분쟁조정위원회에 통보하여야 한다. 이 경우 수락 여부에 대한 답변이 없는 때에는 그 조정안을 수락한 것으로 본다.

③ 하자분쟁조정위원회는 각 당사자 또는 그 대리인이 조정안을 수락(대통령령으로 정하는 바에 따라 서면 또는 전자적 방법으로 수락한 경우를 말한다)하거나 기한까지 답변이 없는 때에는 위원장이 기명날인한 조정서 정본을 지체 없이 각 당사자 또는 그 대리인에게 송달하여야 한다.

④ 조정서의 내용은 재판상 화해와 동일한 효력이 있다. 다만, 당사자가 임의로 처분할 수 없는 사항으로 대통령령으로 정하는 것은 그러하지 아니하다.

영 제60조(당사자가 임의로 처분할 수 없는 사항)
"대통령령으로 정하는 것"이란 다음 각 호의 어느 하나에 해당하는 것을 말한다.
1. 입주자대표회의가 전체 입주자 4/5 이상의 동의 없이 공동주택 공용부분의 하자보수를 제외한 담보책임에 관한 분쟁조정을 신청한 사건. 다만, 입주자대표회의와 사업주체 등(사업주체 및 하자보수보증서 발급기관을 말한다) 간의 분쟁조정으로서 입주자대표회의의 명의로 변경된 하자보수보증금의 반환에 관한 사건은 제외한다.
2. 그 밖에 제1호에 준하는 경우로서 당사자가 독자적으로 권리를 행사할 수 없는 부분의 담보책임 및 하자보수 등에 관한 조정 등을 신청한 사건

---

(6) 분쟁재정(법 제44조의2) 〈신설 2020. 12. 8. 시행 2021. 12. 9〉

① 하자분쟁조정위원회는 분쟁의 재정을 위하여 심문(審問)의 기일을 정하고 대통령령으로 정하는 바에 따라 당사자에게 의견을 진술하게 하여야 한다.

② 위 ①에 따른 심문에 참여한 하자분쟁조정위원회의 위원과 하자분쟁조정위원회의 운영 및 사무처리를 위한 조직(이하 "하자분쟁조정위원회의 사무국"이라 한다)의 직원은 대통령령으로 정하는 사항을 기재한 심문조서를 작성하여야 한다.

③ 하자분쟁조정위원회는 재정 사건을 심리하기 위하여 필요한 경우에는 기일을 정하여 당사자, 참고인 또는 감정인을 출석시켜 대통령령으로 정하는 절차에 따라 진술 또는 감정하게 하거나, 당사자 또는 참고인에게 사건과 관계있는 문서 또는 물건의 제출을 요구할 수 있다.

④ 분쟁재정을 다루는 분과위원회는 재정신청된 사건을 분쟁조정에 회부하는 것이 적합하다고 인정하는 경우에는 대통령령으로 정하는 바에 따라 분쟁조정을 다루는 분과위원회에 송부하여 조정하게 할 수 있다.

⑤ 위 ④에 따라 분쟁조정에 회부된 사건에 관하여 당사자 간에 합의가 이루어지지 아니하였을 때에는 재정절차를 계속 진행하고, 합의가 이루어졌을 때에는 재정의 신청은 철회된 것으로 본다.

⑥ 하자분쟁조정위원회는 재정절차를 완료한 경우에는 대통령령으로 정하는 사항을 기재하고 재정에 참여한 위원이 기명날인한 재정문서의 정본을 각 당사자 또는 그 대리인에게 송달하여야 한다.

⑦ 위 ⑥에 따른 재정문서는 그 정본이 당사자에게 송달된 날부터 60일 이내에 당사자 양쪽 또는 어느 한쪽이 그 재정의 대상인 공동주택의 하자담보책임을 원인으로 하는 소송을 제기하지 아니하거나 그 소송을 취하한 경우 재판상 화해와 동일한 효력이 있다. 다만, 당사자가 임의로 처분할 수 없는 사항으로서 대통령령으로 정하는 사항은 그러하지 아니하다.

(7) 조정 등의 처리기간 등 (법 제45조) 〈시행 2021. 12. 9.〉

① 하자분쟁조정위원회는 조정등의 신청을 받은 때에는 지체 없이 조정등의 절차를 개시하여야 한다. 이 경우 하자분쟁조정위원회는 그 신청을 받은 날부터 다음 각 호의 구분에 따른 기간(②에 따른 흠결보정기간 및 제48조에 따른 하자감정기간은 제외한다) 이내에 그 절차를 완료하여야 한다. 〈개정 2020. 12. 8.〉
  ㉠ 하자심사 및 분쟁조정: 60일(공용부분의 경우 90일)
  ㉡ 분쟁재정: 150일(공용부분의 경우 180일)

② 하자분쟁조정위원회는 신청사건의 내용에 흠이 있는 경우에는 상당한 기간을 정하여 그 흠을 바로잡도록 명할 수 있다. 이 경우 신청인이 흠을 바로잡지 아니하면 하자분쟁조정위원회의 결정으로 조정 등의 신청을 각하한다.

③ 위의 ①에 따른 기간 이내에 조정 등을 완료할 수 없는 경우에는 해당 사건을 담당하는 분과위원회 또는 소위원회의 의결로 그 기간을 한 차례만 연장할 수 있으나, 그 기간은 30일 이내로 한다. 이 경우 그 사유와 기한을 명시하여 각 당사자 또는 대리인에게 서면으로 통지하여야 한다.

④ 하자분쟁조정위원회는 조정 등의 절차 개시에 앞서 이해관계인이나 하자진단을 실시한 안전진단기관 등의 의견을 들을 수 있다.

⑤ 조정등의 진행과정에서 조사·검사, 자료 분석 등에 별도의 비용이 발생하는 경우 비용 부담의 주체, 부담 방법 등에 필요한 사항은 국토교통부령으로 정한다. 〈개정 2017.4.18.〉

시행규칙 제24조(조정 등의 비용 부담)
조정 등의 진행과정에서 다음 각 호의 비용이 발생할 때에는 당사자가 합의한 바에 따라 그 비용을 부담한다. 다만, 당사자가 합의하지 아니하는 경우에는 하자분쟁조정위원회에서 부담비율을 정한다.
1. 조사, 분석 및 검사에 드는 비용
2. 증인 또는 증거의 채택에 드는 비용
3. 통역 및 번역 등에 드는 비용
4. 그 밖에 조정 등에 드는 비용

---

⑥ 하자분쟁조정위원회에 조정등을 신청하는 자는 국토교통부장관이 정하여 고시하는 바에 따라 수수료를 납부해야 한다. 〈신설 2017.4.18.〉

(8) 조정 등의 신청의 통지 등(법 제46조)
① 하자분쟁조정위원회는 당사자 일방으로부터 조정 등의 신청을 받은 때에는 그 신청내용을 상대방에게 통지하여야 한다.
② 통지를 받은 상대방은 신청내용에 대한 답변서를 특별한 사정이 없으면 10일 이내에 하자분쟁조정위원회에 제출하여야 한다.
③ 하자분쟁조정위원회로부터 조정등의 신청에 관한 통지를 받은 사업주체등, 설계자, 감리자, 입주자대표회의등 및 임차인등은 분쟁조정에 응하여야 한다. 다만, 조정등의 신청에 관한 통지를 받은 입주자(공공임대주택의 경우에는 임차인을 말한다)가 조정기일에 출석하지 아니한 경우에는 하자분쟁조정위원회가 직권으로 조정안을 결정하고, 이를 각 당사자 또는 그 대리인에게 제시할 수 있다. 〈개정 2017.4.18.〉
④ 하자분쟁조정위원회의 조정등의 기일의 통지, 당사자·참고인·감정인 및 이해관계자의 출석, 선정대표자, 조정등의 이행결과 등록 등에 필요한 사항은 대통령령으로 정한다.〈시행 2021. 12. 9〉

(9) 「민사조정법」 등의 준용
하자분쟁조정위원회는 분쟁의 조정 등의 절차에 관하여 이 법에서 규정하지 아니한 사항 및 소멸시효의 중단에 관하여는 「민사조정법」을 준용한다.

(10) 절차의 비공개등(법 제50조)
① 하자분쟁조정위원회가 수행하는 조정 등의 절차 및 의사결정과정은 공개하지 아니한다. 다만, 분과위원회 및 소위원회에서 공개할 것을 의결한 경우에는 그러하지 아니하다.
② 하자분쟁조정위원회의 위원과 하자분쟁조정위원회의 사무국 직원으로서 그 업무를 수행하거나 수행하였던 사람은 조정 등의 절차에서 직무상 알게 된 비밀을 누설하여서는 아니 된다.

05 장기수선제도

1 장기수선계획   12회 출제

(1) 의의
"장기수선계획"이란 공동주택을 오랫동안 안전하고 효율적으로 사용하기 위하여 필요한 주요 시설의 교체 및 보수 등에 관하여 법 제29조 제1항에 따라 수립하는 장기계획을 말한다.

(2) 장기수선계획의 의무수립 등(법 제29조 제1항)
다음의 어느 하나에 해당하는 공동주택을 건설·공급하는 사업주체(「건축법」에 따른 건축허가를 받아 주택 외의 시설과 주택을 동일 건축물로 건축하는 건축주를 포함한다) 또는 「주택법」에 따라 리모델링을 하는 자는 대통령령으로 정하는 바에 따라 그 공동주택의 공용부분에 대한 장기수선계획을 수립하여 사용검사(제4호의 경우에는 「건축법」에 따른 사용승인을 말한다)를 신청할 때에 사용검사권자에게 제출하고, 사용검사권자는 이를 그 공동주택의 관리주체에게 인계하여야 한다. 이 경우 사용검사권자는 사업주체 또는 리모델링을 하는 자에게 장기수선계획의 보완을 요구할 수 있다. 〈개정 2016. 1. 19〉

1) 300세대 이상의 공동주택
2) 승강기가 설치된 공동주택
3) 중앙집중식 난방방식 또는 지역난방방식의 공동주택
4) 건축허가를 받아 주택 외의 시설과 주택을 동일 건축물로 건축한 건축물

(3) 장기수선계획의 수립기준   16·17회 출제
장기수선계획을 수립하는 자는 국토교통부령으로 정하는 기준에 따라 장기수선계획을 수립하여야 한다. 이 경우 해당 공동주택의 건설비용을 고려하여야 한다(영 제30조).

PROFESSOR COMMENT

"국토교통부령이 정하는 기준"이라 함은 별표 1의 기준(장기수선계획의 수립기준)을 말한다(규칙 제7조 제1항).

제2편 기술관리실무

🔻 장기수선계획의 수립기준 (규칙 제7조 제1항 및 제9조, 별표 1) 〈시행 2021. 10. 22〉 **10회 출제**

1) 건물 외부

구 분	공사종별	수선방법	수선주기(년)	수선율(%)	비 고
가. 지붕	1) 모르타르 마감	전면수리	10	100	시멘트액체방수
	2) 고분자도막방수	전면수리	15	100	
	3) 고분자시트방수	전면수리	20	100	
	4) 금속기와 잇기	부분수리	5	10	
		전면교체	20	100	
	5) 아스팔트 싱글 잇기	부분수리	5	10	
		전면교체	20	100	
나. 외부	1) 돌 붙이기	부분수리	25	5	
	2) 수성페인트칠	전면도장	5	100	
다. 외부 창·문	출입문(자동문)	전면교체	15	100	

2) 건물 내부

구 분	공사종별	수선방법	수선주기(년)	수선율(%)	비 고
가. 천장	1) 수성도료칠	전면도장	5	100	
	2) 유성도료칠	전면도장	5	100	
	3) 합성수지도료칠	전면도장	5	100	
나. 내벽	1) 수성도료칠	전면도장	5	100	
	2) 유성도료칠	전면도장	5	100	
	3) 합성수지도료칠	전면도장	5	100	
다. 바닥	지하주차장(바닥)	부분수리	5	50	
		전면교체	15	100	
라. 계단	1) 계단논슬립	전면교체	20	100	
	2) 유성페인트칠	전면도장	5	100	

3) 전기 · 소화 및 승강기 및 홈네트워크 설비

구 분	공사종별	수선방법	수선주기(년)	수선율(%)	비 고
가. 예비전원 (자기발전) 설비	1) 발전기 2) 배전반	부분수선 전면교체 부분교체 전면교체	10 30 10 20	30 100 10 100	
나. 변전설비	1) 변압기 2) 수전반 3) 배전반	전면교체 전면교체 전면교체	25 20 20	100 100 100	고효율에너지기 자재 적용
다. 자동화재감지설비	1) 감지기 2) 수신반	전면교체 전면교체	20 20	100 100	
라. 소화설비	1) 소화펌프 2) 스프링클러 헤드 3) 소화수관(강관)	전면교체 전면교체 전면교체	20 25 25	100 100 100	
마. 승강기 및 인양기	1) 기계장치 2) 와이어로프, 쉬브(도르레) 3) 제어반 4) 조속기 5) 도어개폐장치	전면교체 전면교체 전면교체 전면교체 전면교체	15 5 15 15 15	100 100 100 100 100	
바. 피뢰설비 및 옥외전등	1) 피뢰설비 2) 보안등	전면교체 전면교체	25 25	100 100	고휘도방전램프 [휘도(광원의 단 위면적당 밝기 의 정도)가 높은 램프] 또는 LED 보안등 적용
사. 통신 및 방송설비	1) 엠프 및 스피커 2) 방송수신 공동 설비	전면교체 전면교체	15 15	100 100	
아. 보일러실 및 기계실	동력반	전면교체	20	100	
자. 보안 · 방범시설	1) 감시반(모니터형) 2) 녹화장치 3) 영상정보처리기기 및 침입탐지시설	전면교체 전면교체 전면교체	5 5 5	100 100 100	
차. 지능형 홈네트워크 설비	1) 홈네트워크기기 2) 단지공용시스템 장비	전면교체 전면교체	10 20	100 100	

4) 급수·위생·가스 및 환기설비

구 분	공사종별	수선방법	수선주기(년)	수선율(%)	비 고
가. 급수설비	1) 급수펌프	전면교체	10	100	고효율에너지기자재 적용(전동기 포함)
	2) 고가수조 (STS, 합성수지)	전면교체	25	100	
	3) 급수관(강관)	전면교체	15	100	
나. 가스설비	1) 배관	전면교체	20	100	
	2) 밸브	전면교체	10	100	
다. 배수설비	1) 펌프	전면교체	10	100	
	2) 배수관(강관)	전면교체	15	100	
	3) 오배수관(주철)	전면교체	30	100	
	4) 오배수관(PVC)	전면교체	25	100	
라. 환기설비	환기팬	전면교체	10	100	

5) 난방 및 급탕설비

구 분	공사종별	수선방법	수선주기(년)	수선율(%)	비 고
가. 난방설비	1) 보일러	전면교체	15	100	고효율에너지기자재 적용(전동기 포함) 밸브류 포함
	2) 급수탱크	전면교체	15	100	
	3) 보일러수관	전면교체	9	100	
	4) 난방순환펌프	전면교체	10	100	
	5) 난방관(강관)	전면교체	15	100	
	6) 자동제어 기기	전체교체	20	100	
	7) 열교환기	전면교체	15	100	
나. 급탕설비	1) 순환펌프	전면교체	10	100	고효율에너지기자재 적용(전동기 포함)
	2) 급탕탱크	전면교체	15	100	
	3) 급탕관(강관)	전면교체	10	100	

6) 옥외부대시설 및 옥외복리시설

27회 출제

구 분	공사종별	수선방법	수선주기(년)	수선율(%)	비 고
옥외부대시설 및 옥외복리시설	1) 아스팔트포장	부분수리	10	50	
		전면수리	15	100	
	2) 울타리	전면교체	20	100	
	3) 어린이놀이시설	부분수리	5	20	
		전면교체	15	100	
	4) 보도블록	부분수리	5	10	
		전면교체	15	100	
	5) 정화조	부분수리	5	15	
	6) 배수로 및 맨홀	부분수리	10	10	
	7) 현관입구·지하주차장 진입로 지붕	전면교체	15	100	
	8) 자전거보관소	전면교체	10	100	
	9) 주차차단기	전면교체	10	100	
	10) 조경시설물	전면교체	15	100	
	11) 안내표지판	전면교체	5	100	

(4) 장기수선계획의 검토 및 조정

16·17·20회 출제

1) 조정주체 및 조정시기

① 입주자대표회의와 관리주체는 장기수선계획을 3년마다 검토하고 필요한 경우 이를 국토교통부령으로 정하는 바에 따라 조정하여야 하며, 수립 또는 조정된 장기수선계획에 따라 주요시설을 교체하거나 보수하여야 한다. 이 경우 입주자대표회의와 관리주체는 장기수선계획에 대한 검토사항을 기록하고 보관하여야 한다(법 제29조 제2항).

> **시행규칙 제7조**(장기수선계획의 수립기준 등) **23회 출제**
> ② 장기수선계획 조정은 관리주체가 조정안을 작성하고, 입주자대표회의가 의결하는 방법으로 한다.
> ③ 입주자대표회의와 관리주체는 장기수선계획을 조정하려는 경우 「에너지이용 합리화법」에 따라 산업통상자원부장관에게 등록한 에너지절약전문기업이 제시하는 에너지절약을 통한 주택의 온실가스 감소를 위한 시설개선 방법을 반영할 수 있다.

② 입주자대표회의와 관리주체는 주요시설을 신설하는 등 관리여건상 필요하여 전체 입주자 과반수의 서면동의를 받은 경우에는 3년이 지나기 전에 장기수선계획을 조정할 수 있다. 〈시행 2020. 6. 9〉

2) 장기수선계획조정교육

① **교육 실시권자 및 교육내용**(법 제29조 제4항)

관리주체는 장기수선계획을 검토하기 전에 해당 공동주택의 관리사무소장으로 하여금 국토교통부령으로 정하는 바에 따라 시·도지사가 실시하는 장기수선계획의 비용산출 및 공사방법 등에 관한 교육을 받게 할 수 있다.

② **조정교육 실시의 공고 또는 통보**(시행규칙 제7조 제4항)

장기수선계획의 조정교육에 관한 업무를 위탁받은 기관은 교육 실시 10일 전에 교육의 일시·장소·기간·내용·대상자 및 그 밖에 교육에 필요한 사항을 공고하거나 관리주체에게 통보하여야 한다.

③ **업무의 위탁과 사전승인·사후보고**(규칙 제7조 제5항).

특별시장·광역시장·특별자치시장·도지사 또는 특별자치도지사(이하 "시·도지사") 는 장기수선계획의 조정교육에 관한 업무의 수탁기관으로 하여금 다음의 사항을 이행하도록 하여야 한다.

---

1. 매년 11월 30일까지 다음 각 목의 내용이 포함된 다음 연도의 교육계획서를 작성하여 시·도지사의 승인을 받을 것
   가. 교육일시·장소 및 교육시간
   나. 교육예정인원
   다. 강사의 성명·주소 및 교육과목별 이수시간
   라. 교육과목 및 내용
   마. 그 밖에 교육시행과 관련하여 시·도지사가 요구하는 사항
2. 해당 연도의 교육종료 후 1개월 이내에 다음 각 호의 내용이 포함된 교육결과보고서를 작성하여 시·도지사에게 보고할 것
   가. 교육대상자 및 이수자명단
   나. 교육계획의 주요내용이 변경된 경우에는 그 변경내용과 사유
   다. 그 밖에 교육시행과 관련하여 시·도지사가 요구하는 사항

---

(5) 과태료(법 제102조)

1) **1천만원 이하**(법 제102조 제2항 제4호)

수립 또는 조정된 장기수선계획에 따라 주요시설을 교체하거나 보수하지 아니한 자는 1천 만원 이하의 과태료를 부과한다.

2) **500만원 이하**(법 제102조 제3항 제10호)

장기수선계획을 수립하지 아니하거나 검토하지 아니한 자 또는 장기수선계획에 대한 검토사항을 기록하고 보관하지 아니한 자는 5백만원 이하의 과태료를 부과한다.

2 장기수선충당금 〔13·15·16·21회 출제〕

(1) 의무적 적립대상 공동주택
① 300세대 이상의 공동주택
② 승강기가 설치된 공동주택
③ 중앙집중식 난방방식 또는 지역난방방식의 공동주택
④ 건축허가를 받아 주택 외의 시설과 주택을 동일 건축물로 건축한 건축물

(2) 장기수선충당금의 적립(법 제30조)
① 관리주체는 장기수선계획에 따라 공동주택의 주요 시설의 교체 및 보수에 필요한 장기수선충당금을 해당 주택의 소유자로부터 징수하여 적립하여야 한다.
② 장기수선충당금의 사용은 장기수선계획에 따른다. 다만, 해당 공동주택의 입주자 과반수의 서면동의가 있는 경우에는 다음의 용도로 사용할 수 있다.
  ㉠ 하자분쟁 조정 등의 비용
  ㉡ 하자진단 및 감정에 드는 비용
  ㉢ 제1호 또는 제2호의 비용을 청구하는 데 드는 비용
③ 위 ①에 따른 주요 시설의 범위, 교체·보수의 시기 및 방법 등에 필요한 사항은 국토교통부령[위의 (3)장기수선계획의 수립기준(규칙 제7조 제1항 및 제9조, 별표 1) 참조]으로 정한다.
④ 장기수선충당금의 요율·산정방법·적립방법 및 사용절차와 사후관리 등에 필요한 사항은 대통령령으로 정한다.

(3) 장기수선충당금의 요율·적립방법·사용절차 등(영 제31조) 〈시행 2021. 1. 5〉
① 장기수선충당금의 요율은 해당 공동주택의 공용부분의 내구연한 등을 고려하여 관리규약으로 정한다.
② 위 ①에도 불구하고 건설임대주택을 분양전환한 이후 관리업무를 인계하기 전까지의 장기수선충당금 요율은 「민간임대주택에 관한 특별법 시행령」 또는 「공공주택 특별법 시행령」에 따른 특별수선충당금 적립요율에 따른다.
③ 장기수선충당금의 적립금액은 장기수선계획으로 정한다. 이 경우 국토교통부장관이 주요시설의 계획적인 교체 및 보수를 위하여 최소 적립금액의 기준을 정하여 고시하는 경우에는 그에 맞아야 한다.
④ 장기수선충당금은 관리주체가 다음의 사항이 포함된 장기수선충당금 사용계획서를 장기수선계획에 따라 작성하고 입주자대표회의의 의결을 거쳐 사용한다.
  ㉠ 수선공사(공동주택 공용부분의 보수·교체 및 개량을 말한다)의 명칭과 공사내용
  ㉡ 수선공사 대상 시설의 위치 및 부위
  ㉢ 수선공사의 설계도면 등

ⓔ 공사기간 및 공사방법
ⓜ 수선공사의 범위 및 예정공사금액
ⓗ 공사발주 방법 및 절차 등
⑤ 장기수선충당금은 해당 공동주택에 대한 다음의 구분에 따른 날부터 1년이 경과한 날이 속하는 달부터 매달 적립한다. 다만, 건설임대주택에서 분양전환된 공동주택의 경우에는 임대사업자가 관리주체에게 공동주택의 관리업무를 인계한 날이 속하는 달부터 적립한다.
　㉠ 사용검사(공동주택단지 안의 공동주택 전부에 대하여 같은 조에 따른 임시 사용승인을 받은 경우에는 임시 사용승인을 말한다)를 받은 날
　㉡ 사용승인(공동주택단지 안의 공동주택 전부에 대하여 같은 조에 따른 임시 사용승인을 받은 경우에는 임시 사용승인을 말한다)을 받은 날
⑥ 공동주택 중 분양되지 아니한 세대의 장기수선충당금은 사업주체가 부담한다.
⑦ 공동주택의 소유자는 장기수선충당금을 사용자가 대신하여 납부한 경우에는 그 금액을 반환하여야 한다.
⑧ 관리주체는 공동주택의 사용자가 장기수선충당금의 납부 확인을 요구하는 경우에는 지체 없이 확인서를 발급해 주어야 한다.

(4) 체납된 장기수선충당금 등의 강제징수(법 제91조)

국가 또는 지방자치단체인 관리주체가 관리하는 공동주택의 장기수선충당금 또는 관리비가 체납된 경우 국가 또는 지방자치단체는 국세 또는 지방세 체납처분의 예에 따라 해당 장기수선충당금 또는 관리비를 강제징수할 수 있다.

(5) 장기수선충당금 산정방법(영 제31조 제3항) 〈신설 2021. 10. 19.〉

장기수선충당금은 다음의 계산식에 따라 산정한다.

$$월간\ 세대별\ 장기수선충당금 = \frac{장기수선계획기간\ 중의\ 수선비총액}{총공급면적 \times 12 \times 계획기간(년)} \times 세대당\ 주택공급면적$$

(6) 과태료(법 제102조)

1) **1천만원 이하**(법 제102조 제2항 제9호)
관리비·사용료와 장기수선충당금을 이 법에 따른 용도 외의 목적으로 사용한 자
2) **500만원 이하**(법 제102조 제3항 제11호)
장기수선충당금을 적립하지 아니한 자

06 에너지절약형 친환경주택 등의 건설기준

1 에너지절약형 친환경주택

(1) 용어의 정의(주택법 제2조 제21호)

"에너지절약형 친환경주택"이란 저에너지 건물 조성기술 등 대통령령으로 정하는 기술을 이용하여 에너지 사용량을 절감하거나 이산화탄소 배출량을 저감할 수 있도록 건설된 주택을 말하며, 그 종류와 범위는 대통령령으로 정한다.

(2) 건설기준 등(주택건설기준 등에 관한 규정 제64조) 〔21회 출제〕

① 사업계획승인을 받은 공동주택을 건설하는 경우에는 다음의 어느 하나 이상의 기술을 이용하여 주택의 총 에너지사용량 또는 총 이산화탄소배출량을 절감할 수 있는 에너지 절약형 친환경 주택으로 건설하여야 한다. 〈개정 2016. 8. 11〉

 ㉠ 고단열·고기능 외피구조, 기밀설계, 일조확보 및 친환경자재 사용 등 저에너지 건물 조성기술
 ㉡ 고효율 열원설비, 제어설비 및 고효율 환기설비 등 에너지 고효율 설비기술
 ㉢ 태양열, 태양광, 지열 및 풍력 등 신·재생에너지 이용기술
 ㉣ 자연지반의 보존, 생태면적율의 확보 및 빗물의 순환 등 생태적 순환기능 확보를 위한 외부환경 조성기술
 ㉤ 건물에너지 정보화 기술, 자동제어장치 및 지능형전력망 등 에너지 이용효율을 극대화하는 기술

② 친환경주택을 건설하려는 자가 사업계획승인을 신청하는 경우에는 친환경주택 에너지 절약계획을 제출하여야 한다.

③ 친환경주택의 건설기준 및 에너지 절약계획에 관하여 필요한 세부적인 사항은 국토교통부장관이 정하여 고시한다.

〈참고-에너지절약형 친환경주택의 건설기준-고시〉 〈시행 2022. 5. 2.〉

제2조(정의)

1. "구역형열병합발전"이란 열병합발전시스템을 이용하여 광역지역에 열을 공급하고 전기는 공급 혹은 한국전력공사에 판매하는 시설을 말한다.

2. "소형열병합발전시설"이란 열병합 발전시스템이 단지 내에 설치되어 발전기에서 생산된 전력은 세대내에 공급하고, 전력생산 과정에서 발생되는 배열로 세대에서 필요한 난방 및 급탕부하의 일부를 담당할 수 있도록 설계된 시설을 말한다.

3. "외기에 직접 면하는 부위"란 바깥쪽이 외기이거나 외기가 직접 통하는 공간에 면하는 부위를 말한다.
4. "외기에 간접 면하는 부위"란 외기가 직접 통하지 아니하는 비난방공간(지붕 또는 반자, 벽체, 바닥구조의 일부로 구성되는 내부 공기층은 제외한다)에 접한 부위, 외기가 직접 통하는 구조나 실내공기의 배기를 목적으로 설치하는 샤프트 등에 면한 부위, 지면 또는 토양에 면한 부위를 말한다.
5. "일괄소등스위치"란 세대 내에 설치되어 있는 모든 조명등(단, 센서등, 세대비상등은 제외할 수 있다)을 한 번의 조작으로 소등하도록 제작된 스위치를 말한다.
6. "에너지요구량"이란 건축물의 난방, 냉방, 급탕, 조명 부문에서 표준 설정 조건을 유지하기 위해 해당 공간에서 필요로 하는 에너지량을 말한다.
7. "에너지소요량"이란 에너지요구량을 만족시키기 위해 건축물의 난방, 냉방, 급탕, 조명, 환기 부문의 설비기기에 사용되는 에너지량을 말한다.
8. "1차에너지"란 연료의 채취, 가공, 운송, 변환, 공급 등의 과정에서의 손실분을 포함한 에너지를 말한다.
9. "단위면적당 1차에너지소요량"이란 단위면적당 에너지 소요량에 전력생산 및 연료의 운송 등에서 손실되는 손실분을 고려한 1차에너지환산계수를 곱한 에너지량을 말한다.
10. "총 에너지 절감률"이란 평가기준주택의 단위면적당 1차에너지소요량 대비 평가대상주택의 단위면적당 1차에너지소요량에 대한 절감률로 평가한다.
11. "친환경주택 성능평가 프로그램"이란 친환경 주택의 총 에너지절감률 및 이산화탄소 저감률을 계산하기 위해 국토교통부장관이 제작하여 홈페이지에 게시한 프로그램을 말한다.
12. "친환경주택 성능평가"란 제7조 제1항 제1호와 제7조 제2항에서 정한 의무사항 이행여부를 별지 1호 서식에 따라 평가하는 것을 말한다.
13. "친환경주택 평가"란 제7조 제1항 제2호과 제7조 제2항에서 정한 의무사항 이행여부를 별지 제2호 서식에 따라 평가하는 것을 말한다.
14. "평가기준주택"이란 친환경주택 성능평가시 총 에너지 절감량 및 이산화탄소 저감량의 비교 대상주택으로 별표 6과 같이 단위면적당 1차 에너지소요량을 가진 주택을 말한다.
15. "평가대상주택"이란 제3조에서 정한 사업주체가 주택건설사업계획 승인을 얻기 위해 제출한 도서에 따라 평가되는 주택을 말한다.
16. "거실"이란 건축물 안에서 거주(단위 세대 내 욕실·화장실·현관을 포함한다)·집무·작업·집회·오락 기타 이와 유사한 목적을 위하여 사용되는 방을 말하나, 특별히 이 기준에서는 거실이 아닌 냉·난방공간 또한 거실에 포함한다.
17. "창면적비"란 세대 내 전용부위에 설치되는 창의 면적을 천장과 바닥 면적을 제외한 전용부위의 모든 벽과 창호의 면적을 합한 값으로 나눈 값을 말한다.
18. "건축물 에너지효율등급 인증"이라 함은 국토교통부와 산업통상자원부의 공동부령인 「건축물의 에너지효율등급 인증에 관한 규칙」에 따라 인증을 받는 것을 말한다

제3조(적용범위)
이 고시는 「주택법」에 따른 사업주체가 주택건설사업계획의 승인을 얻어 건설하는 공동주택에 대하여 적용한다.

제4조(친환경주택 구성기술 요소) **친환경주택을 구성하는 기술은 다음 각 호와 같다.**
1. 저에너지 건물 조성기술
    고단열·고기능 외피구조, 기밀설계, 일조확보, 친환경자재 사용 등을 통해 건물의 에너지 및 환경부하를 절감하는 기술
2. 고효율 설비기술
    고효율열원설비, 최적 제어설비, 고효율환기설비 등을 이용하여 건물에서 사용하는 에너지량을 절감하는 기술
3. 신·재생에너지 이용기술
    태양열, 태양광, 지열, 풍력, 바이오매스 등의 신·재생에너지를 이용하여 건물에서 필요한 에너지를 생산·이용하는 기술
4. 외부환경 조성기술
    자연지반의 보존, 생태면적율의 확보, 미기후의 활용, 빗물의 순환 등 건물외부의 생태적 순환기능의 확보를 통해 건물의 에너지부하를 절감하는 기술
5. 에너지절감 정보기술
    건물에너지 정보화 기술, LED 조명, 자동제어장치 및 지능형전력망 연계기술 등을 이용하여 건물의 에너지를 절감하는 기술

제7조(설계조건)
① 친환경주택은 다음 각 호 중에서 어느 하나의 설계조건을 충족하여야 한다.
   1. 친환경주택은 제14조에서 제시한 평가방법에 따라 단지 내의 단위면적당 1차에너지소요량을 「녹색건축물 조성 지원법」 제17조에 따른 건축물 에너지효율등급 1+등급 이상(1차에너지 소요량 120kWh/㎡.yr 미만)으로 설계할 것
   2. 친환경주택은 다음 각 목의 모든 설계조건을 충족할 것
      가. 창의 단열 : 별표 5에서 정한 지역기준에 따라 별표 1에서 정한 친환경주택 창의 단열성능 기준을 만족하도록 설계할 것
      나. 벽체 등 단열 : 외벽, 최상층 지붕 및 최하층 바닥은 별표 2에서 정한 친환경주택 벽체 등의 단열성능 기준을 만족하도록 설계할 것
      다. 열원설비 : 개별난방 주택은 「환경기술 및 환경산업지원법」 제17조에 따른 환경표지 인증을 받은 보일러 또는 같은 조 제3항에 따라 환경부장관이 고시하는 대상 제품별 인증기준에 적합한 보일러를 설치하도록 설계하거나, 지역난방시설 또는 열병합발전시설에서 공급하는 열을 사용할 것. 다만, 지역난방시설 또는 구역형열병합발전시설에서 공급하는 열을 사용하는 주택은 공급되는 열의 95퍼센트 이상을 난방 및 급탕 열로 사용하도록 설계하여야 하며, 소형열병합발전시설을 이용할 경우에는 전력생산과정에서 발생되는 배열로 세대에서 필요한 난방과 급탕을 합한 열량의 15퍼센트 이상을 담당할 수 있도록 설계할 것
      라. 고단열 고기밀 강재문 : 거실 내의 방화문과 외기에 직접 면하는 세대현관문은 기밀성능 1등급을 만족하는 제품을 사용하여야 하고, 외기에 간접 면하는 세대현관문은 기밀성능 2등급 이상을 만족하는 제품을 사용하여야 하며, 별표 3에서 정한 친환경주택 세대 내 강재문의 단열성능 기준을 만족하도록 설계할 것

마. 창면적비 : 세대 내의 창면적비는 별표 4를 만족하도록 설계할 것
바. 발코니외측창 단열 : 세대 내에 설치되는 발코니 외측창의 열관류율은 2.4W/㎡K 이하일 것
사. 외기에 직접 면하는 창의 기밀성능 : KS F2292 창호의 기밀성 시험방법에 의해 그 성능이 1등급 이상을 만족하는 제품을 사용할 것. 다만, 발코니의 내측에 설치되어 있는 창은 제외할 수 있다.
아. 조명밀도 : 세대 내 거실에 설치하는 조명기구 용량의 합을 전용면적으로 나눈 값은 8W/㎡ 이하로 설계하거나 전면 LED로 설치할 것
자. 신·재생 에너지설비 설치 등 : 신·재생 에너지설비, 외단열공법에 대하여 별표 7에 따른 각 항목별 평가지표의 합계가 25점 이상을 충족하도록 설계할 것

2 건강친화형 주택

(1) 정 의

"건강친화형 주택"이란 건강하고 쾌적한 실내환경의 조성을 위하여 실내공기의 오염물질 등을 최소화할 수 있도록 대통령령으로 정하는 기준에 따라 건설된 주택을 말한다(주택법 제2조 제22호).

(2) 건강친화형 주택의 건설기준(주택건설기준 등에 관한 규정 제65조)

① 500세대 이상의 공동주택을 건설하는 경우에는 다음의 사항을 고려하여 세대 내의 실내공기 오염물질 등을 최소화할 수 있는 건강친화형 주택으로 건설하여야 한다.
  ㉠ 오염물질을 적게 방출하거나 오염물질의 발생을 억제 또는 저감시키는 건축자재(붙박이 가구 및 붙박이 가전제품을 포함한다)의 사용에 관한 사항
  ㉡ 청정한 실내환경 확보를 위한 마감공사의 시공관리에 관한 사항
  ㉢ 실내공기의 원활한 환기를 위한 환기설비의 설치, 성능검증 및 유지관리에 관한 사항
  ㉣ 환기설비 등을 이용하여 신선한 바깥의 공기를 실내에 공급하는 환기의 시행에 관한 사항
② 건강친화형 주택의 건설기준 등에 관하여 필요한 세부적인 사항은 국토교통부장관이 정하여 고시한다.

제2장 건축물 및 시설관리

> **건강친화형 주택 건설기준 제2조 제1호-고시** 〈시행 2020. 4. 30〉
>
> **제2조**(용어의 정의) **22회 출제**
> "건강친화형 주택"이란 오염물질이 적게 방출되는 건축자재를 사용하고 환기 등을 실시하여 새집증후군 문제를 개선함으로써 거주자에게 건강하고 쾌적한 실내환경을 제공할 수 있도록 일정수준 이상의 실내공기질과 환기성능을 확보한 주택으로서 의무기준을 모두 충족하고 권장기준 1호 중 2개 이상, 2호 중 1개 이상 이상의 항목에 적합한 주택을 말한다.
>
> **제3조**(적용대상)
> 「주택법」제15조 제1항에 따라 500세대 이상의 주택건설사업을 시행하거나 법 제66조 제1항에 따라 500세대 이상의 리모델링을 하는 주택에 대하여 적용한다.
>
> **제7조**(관리자 및 입주자 사용설명서 작성·배포)
> 사업주체는 법 제49조에 따른 사용검사를 받은 후 관리자 및 입주자가 지켜야 할 다음 각 호의 사항을 명시한 공동주택 관리 및 입주자 사용 설명서를 작성·배포하여야 한다.
> 1. 단위세대 내에 설치한 빌트인 가전제품, 환기설비 등 자재 및 장비의 사용안내서
> 2. 입주 후 새 가구, 카페트 및 커튼 등을 별도로 설치할 경우에 창문 개방 및 환기장치를 충분히 가동하여 유해물질을 신속하게 실외로 배출할 수 있는 환기 방법
> 3. 환기설비 필터교환 시기 및 방법 등 환기설비 유지관리 방법
> 4. 단위세대 내에서의 결로방지를 위하여 지켜야 할 생활행위 관련사항(주기적인 환기, 세탁물 실내건조 등과 같은 과도한 수분발생 행위 자제, 취사·조리 시 레인지후드 가동 등)
> 5. 권장기준에서 제시한 오염물질을 줄이기 위하여 도움이 되는 자재의 성능유지를 위한 주의사항

(3) 장수명 주택 건설기준 및 인증제도 등(주택법 제2조 제23호, 제38조) 〈개정 2016. 8. 11.〉
"장수명 주택"이란 구조적으로 오랫동안 유지·관리될 수 있는 내구성을 갖추고, 입주자의 필요에 따라 내부 구조를 쉽게 변경할 수 있는 가변성과 수리 용이성 등이 우수한 주택을 말한다
① 국토교통부장관은 장수명 주택의 건설기준을 정하여 고시할 수 있다.

> 장수명 주택의 인증대상 및 인증등급 등(주택건설기준 등에 관한 규정 제65조의2)
> ① 인증제도로 장수명 주택에 대하여 부여하는 등급은 다음 각 호와 같이 구분한다.
>   1. 최우수 등급   2. 우수 등급   3. 양호 등급   4. 일반 등급

② 국토교통부장관은 장수명 주택의 공급 활성화를 유도하기 위하여 ①의 건설기준에 따라 장수명 주택 인증제도를 시행할 수 있다.
③ 사업주체가 대통령령으로 정하는 호수(1,000세대를 말한다) 이상의 주택을 공급하고자 하는 때에는 위 ②의 인증제도에 따라 대통령령으로 정하는 기준 이상의 등급(일반 등급 이상의 등급)을 인정받아야 한다.

④ 국가, 지방자치단체 및 공공기관의 장은 장수명 주택을 공급하는 사업주체 및 장수명 주택 취득자에 대하여 법률 등으로 정하는 바에 따라 행정상·세제상의 지원을 할 수 있다.

⑤ 국토교통부장관은 위 ②의 인증제도를 시행하기 위하여 인증기관(「녹색건축물 조성 지원법」에 따라 지정된 인증기관으로 한다)을 지정하고 관련 업무를 위탁할 수 있다.

⑥ 인증제도의 운영과 관련하여 인증기준, 인증절차, 수수료 등은 국토교통부령으로 정한다.

⑦ 위 ②의 인증제도에 따라 국토교통부령으로 정하는 기준 이상의 등급(우수 등급 이상의 등급)을 인정받은 경우 「국토의 계획 및 이용에 관한 법률」에도 불구하고 대통령령으로 정하는 범위에서 건폐율·용적률·높이제한을 완화할 수 있다.

> **주택건설기준 등에 관한 규정 제65조의2**(장수명 주택의 인증대상 및 인증등급 등)
> ⑤ 장수명 주택의 건폐율·용적률은 다음 각 호의 구분에 따라 조례로 그 제한을 완화할 수 있다. 〈개정 2017. 1. 17.〉
>   1. 건폐율: 국토의 계획 및 이용에 관한 법령에 따라 조례로 정한 건폐율의 100분의 115를 초과하지 아니하는 범위에서 완화. 다만, 「국토의 계획 및 이용에 관한 법률」에 따른 건폐율의 최대한도를 초과할 수 없다.
>   2. 용적률: 국토의 계획 및 이용에 관한 법령에 따라 조례로 정한 용적률의 100분의 115를 초과하지 아니하는 범위에서 완화. 다만, 「국토의 계획 및 이용에 관한 법률」에 따른 용적률의 최대한도를 초과할 수 없다.

CHAPTER 03 안전·방재관리

- 안전관리계획 수립대상시설과 안전관리에 관한 기준
- 「공동주택관리법」과 「시설물의 안전 및 유지관리에 관한 특별법」상의 공동주택 안전관리규정
- 「어린이놀이시설 안전관리법」

01 시설관리 및 공동주택의 안전점검

1 공동주택관리법령상의 시설관리

(1) 안전관리계획의 수립

> 23회 출제

의무관리대상 공동주택의 관리주체는 해당 공동주택의 시설물로 인한 안전사고를 예방하기 위하여 대통령령으로 정하는 바에 따라 안전관리계획을 수립하고, 이에 따라 시설물별로 안전관리자 및 안전관리책임자를 지정하여 이를 시행하여야 한다(법 제32조 제1항).

(2) 시설물의 안전관리계획

> 11·14회 출제

1) **안전관리계획의 수립 대상시설**(공동주택관리법 시행령 제33조, 시행규칙 제11조)

① 의무관리대상 공동주택의 관리주체는 다음의 시설에 관한 안전관리계획을 수립하여야 한다.

1. 고압가스·액화석유가스 및 도시가스시설
2. 중앙집중식 난방시설
3. 발전 및 변전시설
4. 위험물 저장시설
5. 소방시설
6. 승강기 및 인양기
7. 연탄가스배출기(세대별로 설치된 것은 제외한다)
8. 주차장

9. 그 밖에 국토교통부령이 정하는 시설
   ㉠ 석축·옹벽·담장·맨홀·정화조 및 하수도   ㉡ 옥상 및 계단 등의 난간
   ㉢ 우물 및 비상저수시설   ㉣ 펌프실·전기실 및 기계실
   ㉤ 경로당 또는 어린이놀이터에 설치된 시설
   ㉥ 「주택건설기준 등에 관한 규정」 제32조의2에 따른 지능형 홈네트워크 설비(이하 "지능형 홈네트워크 설비"라 한다)
   ㉦ 주민운동시설   ㉧ 주민휴게시설   〈개정 2024. 5. 22.〉

② 안전관리계획에는 다음의 사항이 포함되어야 한다.

1. 시설별 안전관리자 및 안전관리책임자에 의한 책임점검사항
2. 국토교통부령이 정하는 시설의 안전관리에 관한 기준 및 진단사항
3. 점검 및 진단결과 위해의 우려가 있는 시설에 관한 이용제한 또는 보수 등 필요한 조치사항
4. 지하주차장의 침수 예방 및 대응에 관한 사항
5. 수립된 안전관리계획의 조정에 관한 사항
6. 그 밖에 시설안전관리에 관하여 필요한 사항

2) **공동주택시설물에 대한 안전관리에 관한 기준**(규칙 제11조 제2항 관련, 별표 2)
안전관리계획에 포함되어야 하는 시설의 안전관리에 관한 기준 및 진단사항은 별표 2와 같다.〈개정 2017. 10 18.〉

▼시설의 안전관리에 관한 기준 및 진단사항(제11조 제2항 관련)〈개정 2024. 5 22.〉 **14·22·23·24회 출제**

구 분	대상시설	점검횟수
해빙기진단	석축, 옹벽, 법면, 교량, 우물 및 비상저수시설	연 1회(2월 또는 3월)
우기진단	석축, 옹벽, 법면, 담장, 하수도 및 주차장	연 1회(6월)
월동기진단	연탄가스배출기, 중앙집중식 난방시설, 노출배관의 동파방지 및 수목보온	연 1회(9월 또는 10월)
안전진단	변전실, 고압가스시설, 도시가스시설, 액화석유가스시설, 소방시설, 맨홀(정화조의 뚜껑을 포함한다), 유류저장시설, 펌프실, , 인양기, 전기실, 기계실 , 어린이놀이터, 주민운동시설 및 주민휴게시설	매분기 1회 이상
	승강기	「승강기제조 및 관리에 관한 법률」에서 정하는 바에 따른다.
	지능형 홈네트워크 설비	매월 1회 이상
위생진단	저수시설, 우물 및 어린이놀이터	연 2회 이상

비고: 안전관리진단사항의 세부내용은 시·도지사가 정하여 고시한다.

(3) 방범교육 및 안전교육   **11·14회 출제**

1) 다음의 사람은 국토교통부령으로 정하는 바에 따라 공동주택단지의 각종 안전사고의 예방과 방범을 위하여 시장·군수·구청장이 실시하는 방범교육 및 안전교육을 받아야 한다(공동주택관리법 제32조 제2항).
   ① 경비업무에 종사하는 사람
   ② 안전관리계획에 따라 시설물 안전관리자 및 안전관리책임자로 선정된 사람

2) **방범교육 및 안전교육의 기준**(규칙 제12조)
   ① 방범교육 및 안전교육은 다음의 기준에 따른다.

---
1. 이수 의무 교육시간 : 연 2회 이내에서 시장·군수·구청장이 실시하는 횟수, 매회별 4시간
2. 대상자
   가. 방범교육 : 경비책임자
   나. 소방에 관한 안전교육 : 시설물 안전관리책임자
   다. 시설물에 관한 안전교육 : 시설물 안전관리책임자
3. 교육내용
   가. 방범교육 : 강도·절도 등의 예방 및 대응
   나. 소방에 관한 안전교육 : 소화·연소 및 화재예방
   다. 시설물에 관한 안전교육 : 시설물 안전사고의 예방 및 대응
---

   ② 「화재의 예방 및 안전관리에 관한 법률」에 따른 소방안전관리자 실무교육 또는 소방안전교육을 이수한 사람은 소방에 관한 안전교육을 이수한 것으로 본다. 〈개정 2024. 5. 22.〉
   ③ 시설물에 관한 안전교육에 관한 업무를 위탁받은 기관은 교육 실시 10일 전에 교육의 일시·장소·기간·내용·대상자 및 그 밖에 교육에 필요한 사항을 공고하거나 관리주체에게 통보하여야 한다.
   ④ 시설물에 관한 안전교육에 관해서는 시장·군수·구청장은 수탁기관으로 하여금 다음 각 호의 사항을 이행하도록 하여야 한다.

---
1. 매년 11월 30일까지 다음 각 목의 내용이 포함된 다음 연도의 교육계획서를 작성하여 시장·군수·구청장의 승인을 받을 것
   가. 교육일시·장소 및 교육시간   나. 교육예정인원
   다. 강사의 성명·주소 및 교육과목별 이수시간   라. 교육과목 및 내용
   마. 그 밖에 교육시행과 관련하여 시·도지사가 요구하는 사항
2. 해당 연도의 교육 종료 후 1개월 이내에 다음 각 호의 내용이 포함된 교육결과보고서를 작성하여 시장·군수·구청장에게 보고할 것
   가. 교육대상자 및 이수자명단   나. 교육계획의 주요내용이 변경된 경우에는 그 변경내용과 사유
   다. 그 밖에 교육시행과 관련하여 시·도지사가 요구하는 사항
---

3) 방범교육 및 안전교육의 위임 또는 위탁(법 제32조 제3항)

시장·군수·구청장은 방범교육 및 안전교육을 국토교통부령으로 정하는 바에 따라 다음의 구분에 따른 기관 또는 법인에 위임하거나 위탁하여 실시할 수 있다.

① 방범교육: 관할 경찰서장 또는 제89조 제2항에 따라 인정받은 법인
② 소방에 관한 안전교육: 관할 소방서장 또는 제89조 제2항에 따라 인정받은 법인
③ 시설물에 관한 안전교육: 제89조 제2항에 따라 인정받은 법인

〈참고〉 법 제89조(권한의 위임·위탁)
② 국토교통부장관 또는 지방자치단체의 장은 이 법에 따른 권한 중 다음 각 호의 권한을 대통령령으로 정하는 바에 따라 공동주택관리의 전문화, 시설물의 안전관리 및 자격검정 등을 목적으로 설립된 법인 중 국토교통부장관 또는 지방자치단체의 장이 인정하는 자에게 위탁할 수 있다. 〈개정 2018. 3. 13〉
  1. 제17조에 따른 입주자대표회의의 구성원 등 교육
  2. 제29조에 따른 장기수선계획의 조정교육
  3. 제32조에 따른 방범교육, 소방에 관한 안전교육, 시설물에 관한 안전교육
  4. 제34조에 따른 소규모 공동주택의 안전관리
  5. 제64조 제5항에 따른 관리사무소장의 배치 내용 및 직인 신고의 접수
  6. 제67조 제1항에 따른 주택관리사보 자격시험의 시행
  7. 제70조에 따른 주택관리업자 및 관리사무소장에 대한 교육
  8. 제88조 제1항에 따른 공동주택관리정보시스템의 구축·운영

2 의무관리대상 공동주택의 안전점검

(1) 관리주체의 안전점검 실시의무(공동주택관리법 제33조) 〈개정 2017. 1. 17〉 `19회 출제`

① 의무관리대상 공동주택의 관리주체는 그 공동주택의 기능유지와 안전성 확보로 입주자 등을 재해 및 재난 등으로부터 보호하기 위하여 「시설물의 안전 및 유지관리에 관한 특별법」에 따른 지침에서 정하는 안전점검의 실시 방법 및 절차 등에 따라 공동주택의 안전점검을 실시하여야 한다. 다만, 16층 이상의 공동주택 및 사용연수, 세대수, 안전등급, 층수 등을 고려하여 대통령령으로 정하는 15층 이하의 공동주택에 대하여는 대통령령으로 정하는 자로 하여금 안전점검을 실시하도록 하여야 한다.

영 제34조(공동주택의 안전점검)
① 법 제33조 제1항 단서에서 "대통령령으로 정하는 15층 이하의 공동주택"이란 15층 이하의 공동주택으로서 다음 각 호의 어느 하나에 해당하는 것을 말한다.
  1. 사용검사일부터 30년이 경과한 공동주택
  2. 「재난 및 안전관리 기본법 시행령」에 따른 안전등급이 C등급, D등급 또는 E등급에 해당하는 공동주택

② 위 ①단서에서 "대통령령으로 정하는 자"란 다음 각 어느 하나에 해당하는 자를 말한다.
1. 「시설물의 안전 및 유지관리에 관한 특별법 시행령」 제9조에 따른 책임기술자로서 해당 공동주택단지의 관리직원인 자
2. 주택관리사 등이 된 후 국토교통부령으로 정하는 교육기관에서 「시설물의 안전 및 유지관리에 관한 특별법 시행령」 별표 5에 따른 정기안전점검교육을 이수한 자 중 관리사무소장으로 배치된 자 또는 해당 공동주택단지의 관리직원인 자
3. 「시설물의 안전 및 유지관리에 관한 특별법」 제28조에 따라 시·도지사에게 등록한 안전진단전문기관
4. 「건설산업기본법」 제9조에 따라 국토교통부장관에게 등록한 유지관리업자
③ 위 ②제2호의 안전점검교육을 실시한 기관은 지체 없이 그 교육 이수자 명단을 주택관리사단체에 통보하여야 한다.

② 의무관리대상 공동주택의 관리주체는 안전점검의 결과 건축물의 구조·설비의 안전도가 매우 낮아 재해 및 재난 등이 발생할 우려가 있는 경우에는 지체 없이 입주자대표회의(임대주택은 임대사업자를 말한다)에 그 사실을 통보한 후 대통령령으로 정하는 바에 따라 시장·군수·구청장에게 그 사실을 보고하고, 해당 건축물의 이용 제한 또는 보수 등 필요한 조치를 하여야 한다.
③ 의무관리대상 공동주택의 입주자대표회의 및 관리주체는 건축물과 공중의 안전 확보를 위하여 건축물의 안전점검과 재난예방에 필요한 예산을 매년 확보하여야 한다. **23회 출제**
④ 공동주택의 안전점검 방법, 안전점검의 실시 시기, 안전점검을 위한 보유 장비, 그 밖에 안전점검에 필요한 사항은 대통령령으로 정한다.

(2) 공동주택의 안전점검(영 제34조) **11회 출제**
① 의무관리대상 공동주택의 안전점검은 반기마다 하여야 한다.
② 관리주체는 안전점검의 결과 건축물의 구조·설비의 안전도가 매우 낮아 위해 발생의 우려가 있는 경우에는 다음의 사항을 시장·군수·구청장에게 보고하고, 그 보고내용에 따른 조치를 취하여야 한다.
  ㉠ 점검대상 구조·설비   ㉡ 취약의 정도
  ㉢ 발생 가능한 위해의 내용   ㉣ 조치할 사항
③ 시장·군수·구청장은 보고를 받은 공동주택에 대해서는 국토교통부령으로 정하는 바에 따라 관리하여야 한다.

> **규칙 제14조**(공동주택의 안전점검)
> 시장·군수·구청장은 보고받은 공동주택에 대하여 다음 각 호의 조치를 하고 매월 1회 이상 점검을 실시하여야 한다.
>   1. 공동주택단지별 점검책임자의 지정
>   2. 공동주택단지별 관리카드의 비치
>   3. 공동주택단지별 점검일지의 작성
>   4. 공동주택단지 내 관리기구와 관계행정기관 간 비상연락체계의 구성

3 소규모 공동주택의 안전관리 등

(1) 소규모 공동주택의 안전관리(공동주택관리법 제34조)

지방자치단체의 장은 의무관리대상 공동주택에 해당하지 아니하는 공동주택(이하 "소규모 공동주택"이라 한다)의 관리와 안전사고의 예방 등을 위하여 다음 각 호의 업무를 할 수 있다.
① 시설물에 대한 안전관리계획의 수립 및 시행
② 공동주택에 대한 안전점검
③ 그 밖에 지방자치단체의 조례로 정하는 사항

(2) 소규모 공동주택의 층간소음 상담 등(공동주택관리법 제34조의2)
① 지방자치단체의 장은 소규모 공동주택에서 발생하는 층간소음 분쟁의 예방 및 자율적인 조정을 위하여 조례로 정하는 바에 따라 소규모 공동주택 입주자등을 대상으로 층간소음 상담·진단 및 교육 등의 지원을 할 수 있다.
② 지방자치단체의 장은 제1항에 따른 층간소음 상담·진단 및 교육 등의 지원을 위하여 필요한 경우 관계 중앙행정기관의 장 또는 지방자치단체의 장이 인정하는 기관 또는 단체에 협조를 요청할 수 있다.

02 시설물의 안전 및 유지관리에 관한 특별법 (약칭: 시설물안전법) 〈시행 2024.7.17.〉

1 총 설

(1) 목적(법 제1조)

이 법은 시설물의 안전점검과 적정한 유지관리를 통하여 재해와 재난을 예방하고 시설물의 효용을 증진시킴으로써 공중(公衆)의 안전을 확보하고 나아가 국민의 복리증진에 기여함을 목적으로 한다.

(2) 용어의 정의(법 제2조)

1. "시설물"이란 건설공사를 통하여 만들어진 교량·터널·항만·댐·건축물 등 구조물과 그 부대시설로서 제1종시설물, 제2종시설물 및 제3종시설물을 말한다.
2. "관리주체"란 관계 법령에 따라 해당 시설물의 관리자로 규정된 자나 해당 시설물의 소유자를 말한다. 이 경우 해당 시설물의 소유자와의 관리계약 등에 따라 시설물의 관리책임을 진 자는 관리주체로 보며, 관리주체는 공공관리주체와 민간관리주체로 구분한다.
3. "민간관리주체"란 공공관리주체 외의 관리주체를 말한다.
4. "안전점검"이란 경험과 기술을 갖춘 자가 육안이나 점검기구 등으로 검사하여 시설물에 내재(內在)되어 있는 위험요인을 조사하는 행위를 말하며, 점검목적 및 점검수준을 고려하여 국토교통부령으로 정하는 바에 따라 정기안전점검 및 정밀안전점검으로 구분한다.

> **시행규칙 제2조**(안전점검의 종류)
> 「시설물의 안전 및 유지관리에 관한 특별법」제2조 제5호에 따른 안전점검은 다음 각 호와 같이 구분한다.
> 1. 정기안전점검 : 시설물의 상태를 판단하고 시설물이 점검 당시의 사용요건을 만족시키고 있는지 확인할 수 있는 수준의 외관조사를 실시하는 안전점검
> 2. 정밀안전점검 : 시설물의 상태를 판단하고 시설물이 점검 당시의 사용요건을 만족시키고 있는지 확인하며 시설물 주요부재의 상태를 확인할 수 있는 수준의 외관조사 및 측정·시험장비를 이용한 조사를 실시하는 안전점검

5. "정밀안전진단"이란 시설물의 물리적·기능적 결함을 발견하고 그에 대한 신속하고 적절한 조치를 하기 위하여 구조적 안전성과 결함의 원인 등을 조사·측정·평가하여 보수·보강 등의 방법을 제시하는 행위를 말한다.
6. "긴급안전점검"이란 시설물의 붕괴·전도 등으로 인한 재난 또는 재해가 발생할 우려가 있는 경우에 시설물의 물리적·기능적 결함을 신속하게 발견하기 위하여 실시하는 점검을 말한다.
7. "내진성능평가"란 지진으로부터 시설물의 안전성을 확보하고 기능을 유지하기 위하여 「지진·화산재해대책법」에 따라 시설물별로 정하는 내진설계기준에 따라 시설물이 지진에 견딜 수 있는 능력을 평가하는 것을 말한다.
8. "성능평가"란 시설물의 기능을 유지하기 위하여 요구되는 시설물의 구조적 안전성, 내구성, 사용성 등의 성능을 종합적으로 평가하는 것을 말한다.
9. "유지관리"란 완공된 시설물의 기능을 보전하고 시설물이용자의 편의와 안전을 높이기 위하여 시설물을 일상적으로 점검·정비하고 손상된 부분을 원상복구하며 경과시간에 따라 요구되는 시설물의 개량·보수·보강에 필요한 활동을 하는 것을 말한다.
10. "하자담보책임기간"이란 「건설산업기본법」과 「공동주택관리법」 등 관계 법령에 따른 하자담보책임기간 또는 하자보수기간 등을 말한다.

(3) 다른 법률과의 관계(법 제4조)

이 법은 시설물의 안전과 유지관리에 관하여 다른 법률에 우선하여 적용한다.

(4) 시설물의 안전 및 유지관리 기본계획의 수립·시행(법 제5조)
① 국토교통부장관은 시설물이 안전하게 유지관리될 수 있도록 하기 위하여 5년마다 시설물의 안전 및 유지관리에 관한 기본계획을 수립·시행하여야 한다.
② 국토교통부장관은 기본계획을 수립할 때에는 미리 관계 중앙행정기관의 장과 협의하여야 하며, 기본계획을 수립하기 위하여 필요하다고 인정되면 관계 중앙행정기관의 장 및 지방자치단체의 장에게 관련 자료를 제출하도록 요구할 수 있다. 기본계획을 변경할 때에도 또한 같다.

(5) 시설물의 안전 및 유지관리계획의 수립·시행(법 제6조) `12회 출제`
① 관리주체는 기본계획에 따라 소관 시설물에 대한 안전 및 유지관리계획(이하 "시설물관리계획")을 수립·시행하여야 한다. 다만, 제3종시설물 중 「공동주택관리법」에 따른 의무관리대상 공동주택이 아닌 공동주택 등 민간관리주체 소관 시설물 중 대통령령으로 정하는 시설물의 경우에는 특별자치시장·특별자치도지사·시장·군수 또는 구청장이 수립하여야 한다.
② 시설물관리계획에는 다음 각 호의 사항이 포함되어야 한다. 다만, ① 단서에 해당하여 시장·군수·구청장이 시설물관리계획을 수립하는 경우에는 제5호의 사항을 생략할 수 있다. 위 ①단서에 따라 시장·군수·구청장이 시설물관리계획을 수립하는 경우에는 이를 해당 관리주체에게 통보하여야 한다.

> 1. 시설물의 적정한 안전과 유지관리를 위한 조직·인원 및 장비의 확보에 관한 사항
> 2. 긴급상황 발생 시 조치체계에 관한 사항
> 3. 시설물의 설계·시공·감리 및 유지관리 등에 관련된 설계도서의 수집 및 보존에 관한 사항
> 4. 안전점검 또는 정밀안전진단의 실시에 관한 사항
> 5. 보수·보강 등 유지관리 및 그에 필요한 비용에 관한 사항

③ 민간관리주체는 시설물관리계획을 수립한 경우 관할 시장·군수·구청장에게 제출하여야 한다.
④ 민간관리주체로부터 시설물관리계획을 제출받은 시장·군수·구청장은 국토교통부령으로 정하는 바에 따라 그 제출 자료를 관할 시·도지사(특별자치시장·특별자치도지사는 제외한다)에게 보고하여야 한다.
⑤ 시설물관리계획을 보고받거나 제출받은 중앙행정기관의 장과 시·도지사는 그 현황을 확인한 후 시설물관리계획에 관한 자료를 국토교통부장관에게 제출하여야 한다.

⑥ 국토교통부장관 또는 관계 행정기관의 장은 보고받거나 제출받은 시설물관리계획의 타당성을 검토하여 필요한 경우 관리주체 또는 시장·군수·구청장(제1항 단서의 경우에 한정한다)에게 수정 또는 보완을 요구할 수 있다. 이 경우 수정 또는 보완을 요구받은 자는 특별한 사유가 없으면 이에 따라야 한다.

(6) 시설물의 종류(법 제7조)

1) 제1종시설물

공중의 이용편의와 안전을 도모하기 위하여 특별히 관리할 필요가 있거나 구조상 안전 및 유지관리에 고도의 기술이 필요한 대규모 시설물로서 다음 각 목의 어느 하나에 해당하는 시설물 등 대통령령으로 정하는 시설물

① 고속철도 교량, 연장 500m 이상의 도로 및 철도 교량
② 고속철도 및 도시철도 터널, 연장 1000m 이상의 도로 및 철도 터널
③ 갑문시설 및 연장 1000m 이상의 방파제
④ 다목적댐, 발전용댐, 홍수전용댐 및 총저수용량 1천만톤 이상의 용수전용댐
⑤ 21층 이상 또는 연면적 5만㎡ 이상의 건축물
⑥ 하구둑, 포용저수량 8천만톤 이상의 방조제
⑦ 광역상수도, 공업용수도, 1일 공급능력 3만톤 이상의 지방상수도

2) 제2종시설물

제1종시설물 외에 사회기반시설 등 재난이 발생할 위험이 높거나 재난을 예방하기 위하여 계속적으로 관리할 필요가 있는 시설물로서 다음 각 목의 어느 하나에 해당하는 시설물 등 대통령령으로 정하는 시설물

① 연장 100m 이상의 도로 및 철도 교량
② 고속국도, 일반국도, 특별시도 및 광역시도 도로터널 및 특별시 또는 광역시에 있는 철도 터널
③ 연장 500m 이상의 방파제
④ 지방상수도 전용댐 및 총저수용량 1백만톤 이상의 용수전용댐
⑤ 16층 이상 또는 연면적 3만㎡ 이상의 건축물
⑥ 포용저수량 1천만톤 이상의 방조제
⑦ 1일 공급능력 3만톤 미만의 지방상수도

3) 제3종시설물 : 제1종시설물 및 제2종시설물 외에 안전관리가 필요한 소규모 시설물로서 중앙행정기관의 장 또는 지방자치단체의 장에 의해 지정·고시된 시설물

4) 제1종시설물 및 제2종시설물의 종류(영 제4조 관련, 별표1) 〈개정 2019. 3. 12.〉 **15회 출제**

건축물	제1종시설물	제2종시설물
공동주택		16층 이상의 공동주택
공동주택 외의 건축물	1) 21층 이상 또는 연면적 5만㎡ 이상의 건축물 2) 연면적 3만㎡ 이상의 철도역시설 및 관람장 3) 연면적 1만㎡ 이상의 지하도상가(지하보도 면적을 포함한다)	1) 제1종시설물에 해당하지 않는 건축물로서 16층 이상 또는 연면적 3만㎡ 이상의 건축물 2) 제1종시설물에 해당하지 않는 건축물로서 연면적 5천㎡ 이상(각 용도별 시설의 합계를 말한다)의 문화 및 집회시설, 종교시설, 판매시설, 운수시설 중 여객용 시설, 의료시설, 노유자시설, 수련시설, 운동시설, 숙박시설 중 관광숙박시설 및 관광 휴게시설 3) 제1종시설물에 해당하지 않는 철도 역시설로서 고속철도, 도시철도 및 광역철도 역시설 4) 제1종시설물에 해당하지 않는 지하도상가로서 연면적 5천㎡ 이상의 지하도상가(지하보도면적을 포함한다)

〈비고〉
1. 위 표의 건축물에는 그 부대시설인 옹벽과 절토사면을 포함하며, 건축설비, 소방설비, 승강기설비 및 전기설비는 포함하지 아니한다.
2. 건축물의 연면적은 지하층을 포함한 동별로 계산한다. 다만, 2동 이상의 건축물이 하나의 구조로 연결된 경우와 둘 이상의 지하도상가가 연속되어 있는 경우에는 연면적의 합계를 말한다.
2-2. 건축물의 층수에는 필로티나 그 밖에 이와 비슷한 구조로 된 층을 포함한다.
3. "공동주택 외의 건축물"은 「건축법 시행령」에서 정한 용도별 분류를 따른다.
4. 건축물 중 주상복합건축물은 "공동주택 외의 건축물"로 본다.

2 시설물의 안전관리

(1) 안전점검의 실시(법 제11조)

① 관리주체는 소관 시설물의 안전과 기능을 유지하기 위하여 정기적으로 안전점검을 실시하여야 한다. 다만, 제3종시설물 중 「공동주택관리법」에 따른 의무관리대상 공동주택이 아닌 공동주택 등 민간관리주체 소관 시설물 중 대통령령으로 정하는 시설물의 경우에는 시장·군수·구청장이 안전점검을 실시하여야 한다.

> **영 제3조 제2항**(시설물의 안전 및 유지관리계획의 수립)
> 위 ① 단서에서 "대통령령으로 정하는 시설물"이란 제3종시설물 중 다음 각 호의 어느 하나에 해당하는 민간관리주체 소관 시설물로서 특별자치시장·특별자치도지사·시장·군수 또는 구청장(이하 "시장·군수·구청장")이 시설물관리계획을 수립하도록 국토교통부장관이 정하여 고시하는 시설물을 말한다.
> 1. 「공동주택관리법」에 따른 의무관리대상 공동주택이 아닌 공동주택
> 2. 「건축법」에 따른 노유자시설
> 3. 그 밖에 시장·군수·구청장이 시설물관리계획을 수립할 필요가 있다고 국토교통부장관이 정하는 시설물

② 관리주체는 시설물의 하자담보책임기간(동일한 시설물의 각 부분별 하자담보책임기간이 다른 경우에는 시설물의 부분 중 대통령령으로 정하는 주요 부분의 하자담보책임기간을 말한다) 이 끝나기 전에 마지막으로 실시하는 정밀안전점검의 경우에는 안전진단전문기관이나 국토안전관리원에 의뢰하여 실시하여야 한다. 〈개정 2020. 6. 9.〉

③ 민간관리주체가 어음·수표의 지급불능으로 인한 부도(不渡) 등 부득이한 사유로 인하여 안전점검을 실시하지 못하게 될 때에는 관할 시장·군수·구청장이 민간관리주체를 대신하여 안전점검을 실시할 수 있다. 이 경우 안전점검에 드는 비용은 그 민간관리주체에게 부담하게 할 수 있다.

④ 위 ③에 따라 시장·군수·구청장이 안전점검을 대신 실시한 후 민간관리주체에게 비용을 청구하는 경우에 해당 민간관리주체가 그에 따르지 아니하면 시장·군수·구청장은 지방세 체납처분의 예에 따라 징수할 수 있다.

⑤ 시설물의 종류에 따른 안전점검의 수준, 안전점검의 실시시기, 안전점검의 실시 절차 및 방법, 안전점검을 실시할 수 있는 자의 자격 등 안전점검 실시에 필요한 사항은 대통령령으로 정한다.

영 제8조(안전점검의 실시 등)
① 법 제11조 제1항에 따라 실시하여야 하는 안전점검의 수준은 시설물의 종류에 따라 다음 각 호의 구분에 따른다.
  1. 제1종시설물 및 제2종시설물 : 정기안전점검 및 정밀안전점검
  2. 제3종시설물 : 정기안전점검
② 안전점검의 실시시기는 별표 3과 같다.
③ 법 제11조 제2항에서 "대통령령으로 정하는 주요 부분"이란 별표 4에 따른 시설물별 주요 부분을 말한다.[시설물별 주요 부분 : 건축물–대형공공성 건축물(공동주택·종합병원·관광숙시설·관람집회시설·대규모 소매점과 그 밖의 용도의 16층 이상의 건축물)의 기둥 및 내력벽]
④ 관리주체는 정밀안전점검을 의뢰하려는 경우에는 다음 각 호에 해당하는 안전진단전문기관 또는 법 제28조의2에 따라 등록한 안전점검전문기관(이하 "안전점검전문기관")에 의뢰해서는 안 된다.〈개정 2024. 7. 16.〉
  1. 해당 시설물을 설계·시공·감리한 자 또는 그 계열회사(「독점규제 및 공정거래에 관한 법률」에 따른 계열회사를 말한다)인 안전진단전문기관 또는 안전점검전문기관
  2. 해당 시설물의 관리주체에 소속되어 있거나 그 자회사인 안전진단전문기관 또는 안전점검전문기관. 다만, 공공관리주체인 안전진단전문기관 또는 안전점검전문기관으로서 소관 시설물의 구조적 특수성으로 해당 기관의 전문기술이 필요하여 국토교통부장관이 인정하는 경우에는 그렇지 않다.

안전점검, 정밀안전진단 및 성능평가의 실시시기(영 제8조 제2항, 제10조 제1항 및 제28조 제2항 관련, 별표3)

안전등급	정기안전점검	정밀안전점검		정밀안전진단	성능평가
		건축물	건축물 외 시설물		
A등급	반기에 1회 이상	4년에 1회 이상	3년에 1회 이상	6년에 1회 이상	5년에 1회 이상
B·C등급		3년에 1회 이상	2년에 1회 이상	5년에 1회 이상	
D·E등급	1년에 3회 이상	2년에 1회 이상	1년에 1회 이상	4년에 1회 이상	

〈비고〉① "안전등급"이란 제12조 및 별표 8에 따른 시설물의 안전등급을 말한다.

〈별표8〉 **시설물의 안전등급 기준** (영 제12조 관련)

안전등급	시설물의 상태
1. A(우수)	문제점이 없는 최상의 상태
2. B(양호)	보조부재에 경미한 결함이 발생하였으나 기능 발휘에는 지장이 없으며, 내구성 증진을 위하여 일부의 보수가 필요한 상태
3. C(보통)	주요부재에 경미한 결함 또는 보조부재에 광범위한 결함이 발생하였으나 전체적인 시설물의 안전에는 지장이 없으며, 주요부재에 내구성, 기능성 저하 방지를 위한 보수가 필요하거나 보조부재에 간단한 보강이 필요한 상태
4. D(미흡)	주요부재에 결함이 발생하여 긴급한 보수·보강이 필요하며 사용제한 여부를 결정하여야 하는 상태
5. E(불량)	주요부재에 발생한 심각한 결함으로 인하여 시설물의 안전에 위험이 있어 즉각 사용을 금지하고 보강 또는 개축을 하여야 하는 상태

② 준공 또는 사용승인 후부터 최초 안전등급이 지정되기 전까지의 기간에 실시하는 정기안전점검은 반기에 1회 이상 실시한다.
③ 제1종 및 제2종 시설물 중 D·E등급 시설물의 정기안전점검은 해빙기·우기·동절기 전 각각 1회 이상 실시한다. 이 경우 해빙기 전 점검시기는 2월·3월로, 우기 전 점검시기는 5월·6월로, 동절기 전 점검시기는 11월·12월로 한다.
④ 공동주택의 정기안전점검은 「공동주택관리법」 제33조에 따른 안전점검(지방자치단체의 장이 의무관리대상이 아닌 공동주택에 대하여 같은 법 제34조에 따라 안전점검을 실시한 경우에는 이를 포함한다)으로 갈음한다.
⑤ 최초로 실시하는 정밀안전점검은 시설물의 준공일 또는 사용승인일(구조형태의 변경으로 시설물로 된 경우에는 구조형태의 변경에 따른 준공일 또는 사용승인일을 말한다)을 기준으로 3년 이내(건축물은 4년 이내)에 실시한다. 다만, 임시 사용승인을 받은 경우에는 임시 사용승인일을 기준으로 한다.
⑥ 최초로 실시하는 정밀안전진단은 준공일 또는 사용승인일(준공 또는 사용승인 후에 구조형태의 변경으로 제1종시설물로 된 경우에는 최초 준공일 또는 사용승인일을 말한다) 후 10년이 지난 때부터 1년 이내에 실시한다. 다만, 준공 및 사용승인 후 10년이 지난 후에 구조형태의 변경으로 인하여 제1종시설물로 된 경우에는 구조형태의 변경에 따른 준공일 또는 사용승인일부터 1년 이내에 실시한다.
⑦ 최초로 실시하는 성능평가는 성능평가대상시설물 중 제1종시설물의 경우에는 최초로 정밀안전진단을 실시하는 때, 제2종시설물의 경우에는 법 제11조 제2항에 따른 하자담보책임기간이 끝나기 전에 마지막으로 실시하는 정밀안전점검을 실시하는 때에 실시한다. 다만, 준공 및 사용승인 후 구조형태의 변경으로 인하여 성능평가대상시설물로 된 경우에는 제5호 및 제6호에 따라 정밀안전점검 또는 정밀안전진단을 실시하는 때에 실시한다.
⑧ 정밀안전점검 및 정밀안전진단의 실시 주기는 이전 정밀안전점검 및 정밀안전진단을 완료한 날을 기준으로 한다. 다만, 정밀안전점검 실시 주기에 따라 정밀안전점검을 실시한 경우에도 정밀안전진단을 실시한 경우에는 그 정밀안전진단을 완료한 날을 기준으로 정밀안전점검의 실시 주기를 정한다.
⑨ 정밀안전점검, 긴급안전점검 및 정밀안전진단의 실시 완료일이 속한 반기에 실시하여야 하는 정기안전점검은 생략할 수 있다.
⑩ 정밀안전진단의 실시 완료일부터 6개월 전 이내에 그 실시 주기의 마지막 날이 속하는 정밀안전점검은 생략할 수 있다.

⑪ 성능평가 실시 주기는 이전 성능평가를 완료한 날을 기준으로 한다.
⑫ 증축, 개축 및 리모델링 등을 위하여 공사 중이거나 철거예정인 시설물로서, 사용되지 않는 시설물에 대해서는 국토교통부장관과 협의하여 안전점검, 정밀안전진단 및 성능평가의 실시를 생략하거나 그 시기를 조정할 수 있다.

(2) 정밀안전진단의 실시(법 제12조)

① 관리주체는 제1종시설물에 대하여 정기적으로 정밀안전진단을 실시하여야 한다.
② 관리주체는 안전점검 또는 긴급안전점검을 실시한 결과 재해 및 재난을 예방하기 위하여 필요하다고 인정되는 경우에는 정밀안전진단을 실시하여야 한다. 이 경우 결과보고서 제출일부터 1년 이내에 정밀안전진단을 착수하여야 한다.
③ 관리주체는 「지진·화산재해대책법」에 따른 내진설계 대상 시설물 중 내진성능평가를 받지 않은 시설물에 대하여 정밀안전진단을 실시하는 경우에는 해당 시설물에 대한 내진성능평가를 포함하여 실시하여야 한다.
④ 국토교통부장관은 내진성능평가가 포함된 정밀안전진단의 실시결과를 평가한 결과 내진성능의 보강이 필요하다고 인정되면 내진성능을 보강하도록 권고할 수 있다.

(3) 긴급안전점검의 실시(법 제13조)

① 관리주체는 시설물의 붕괴·전도 등이 발생할 위험이 있다고 판단하는 경우 긴급안전점검을 실시하여야 한다.
② 관리주체 또는 관계 행정기관의 장이 긴급안전점검을 실시한 경우 그 결과보고서를 국토교통부장관에게 제출하여야 한다.
③ 긴급안전점검의 절차 및 방법, 긴급안전점검을 실시할 수 있는 자의 자격 등 긴급안전점검 실시에 필요한 사항은 대통령령으로 정한다.

(4) 재난예방을 위한 안전조치 등

1) 시설물의 중대한 결함통보(법 제22조)

① 안전점검등을 실시하는 자는 해당 시설물에서 시설물기초의 세굴(洗掘), 부등침하(不等沈下) 등 대통령령으로 정하는 중대한 결함을 발견하는 경우에는 지체 없이 대통령령으로 정하는 바에 따라 그 사실을 관리주체 및 관할 시장·군수·구청장에게 통보하여야 한다.
② 안전점검등을 실시하는 자는 ①에 따른 중대한 결함 외에 해당 시설물에서 교량 난간의 파손 등 대통령령으로 정하는 공중이 이용하는 부위의 결함을 발견한 경우에는 지체 없이 대통령령으로 정하는 바에 따라 그 사실을 관리주체 및 관할 시장·군수·구청장에게 통보하여야 한다. 〈개정 2020. 6. 9.〉
③ 관리주체는 ①에 따른 중대한 결함 또는 ②에 따른 공중이 이용하는 부위의 결함(이하 "중대한결함등"이라 한다)에 대하여 통보받은 내용을 해당 시설물을 관리하거나 감독하는 관계 행정기관의 장 및 국토교통부장관에게 즉시 통보하여야 한다. 〈개정 2020. 6. 9.〉

2) **긴급안전조치**(법 제23조)
   ① 관리주체는 시설물의 중대한결함등을 통보받는 등 시설물의 구조상 공중의 안전한 이용에 미치는 영향이 중대하여 긴급한 조치가 필요하다고 인정되는 경우에는 시설물의 사용제한·사용금지·철거, 주민대피 등의 안전조치를 하여야 한다. 〈개정 2019. 8. 20.〉
   ② 시장·군수·구청장은 시설물의 중대한결함등을 통보받는 등 시설물의 구조상 공중의 안전한 이용에 미치는 영향이 중대하여 긴급한 조치가 필요하다고 인정되는 경우에는 관리주체에게 시설물의 사용제한·사용금지·철거, 주민대피 등의 안전조치를 명할 수 있다. 이 경우 관리주체는 신속하게 안전조치명령을 이행하여야 한다. 〈개정 2019. 8. 20.〉
   ③ 관리주체는 위 ① 또는 ②에 따른 사용제한 등을 하는 경우에는 즉시 그 사실을 관계 행정기관의 장 및 국토교통부장관에게 통보하여야 하며, 통보를 받은 관계 행정기관의 장은 이를 공고하여야 한다.
   ④ 시장·군수·구청장은 위 ②에 따른 안전조치명령을 받은 자가 그 명령을 이행하지 아니하는 경우는 그에 대신하여 필요한 안전조치를 할 수 있다. 이 경우 「행정대집행법」을 준용한다.
   ⑤ 시장·군수·구청장은 안전조치를 할 때에는 미리 해당 관리주체에게 서면으로 그 사실을 알려주어야 한다. 다만, 긴급한 경우이거나 알리는 것이 불가능한 경우에는 안전조치를 한 후 그 사실을 통보할 수 있다.

3) **시설물의 보수·보강 등**(법 제24조)
   ① 관리주체는 긴급안전점검에 따른 조치명령을 받거나 시설물의 중대한 결함 등에 대한 통보를 받은 경우 대통령령으로 정하는 바에 따라 시설물의 보수·보강 등 필요한 조치를 하여야 한다.

   > **영 제19조**(중대한 결함에 대한 보수·보강조치의 이행) 〈2020. 2. 18〉
   > 관리주체는 법 제24조 제1항에 따라 긴급안전점검에 따른 조치명령 또는 시설물의 중대한 결함 등에 대한 통보를 받은 날부터 2년 이내에 시설물의 보수·보강 등 필요한 조치에 착수해야 하며, 특별한 사유가 없으면 착수한 날부터 3년 이내에 이를 완료해야 한다.

   ② 국토교통부장관 및 관계 행정기관의 장은 관리주체가 시설물의 보수·보강 등 필요한 조치를 하지 아니한 경우 이에 대하여 이행 및 시정을 명할 수 있다.
   ③ 시설물의 보수·보강 등 필요한 조치를 끝낸 관리주체는 그 결과를 국토교통부장관 및 관계 행정기관의 장에게 통보하여야 한다.
   ④ 위 ③에 따른 통보의 시기·방법·절차 등에 필요한 사항은 국토교통부령으로 정한다.

4) **위험표지의 설치 등**(법 제25조)
   ① 관리주체는 안전점검등을 실시한 결과 해당 시설물에 중대한 결함 등이 있거나 안전등급을 지정한 결과 해당 시설물이 긴급한 보수·보강이 필요하다고 판단되는 경우에는 해당 시설물에 위험을 알리는 표지를 설치하고, 방송·인터넷 등의 매체를 통하여 주민에게 알려야 한다.

② 설치하는 위험표지의 크기·기재사항 등에 관한 세부사항은 국토교통부령으로 정한다.
③ 누구든지 관리주체의 허락 없이 위험표지를 이전하거나 훼손하여서는 아니 된다.

(5) 안전점검등의 대행(법 제26조) 〈개정 2024. 1. 16.〉

1) 관리주체는 안전점검 및 긴급안전점검을 국토안전관리원, 안전진단전문기관 또는 안전점검전문기관에 대행하게 할 수 있다.
2) 관리주체는 정밀안전진단을 실시하려는 경우 이를 직접 수행할 수 없고 국토안전관리원 또는 안전진단전문기관에 대행하게 하여야 한다. 다만, 대통령령으로 정하는 시설물의 경우에는 국토안전관리원에만 대행하게 하여야 한다.
3) 관리주체는 1)과 2)에 따라 안전점검, 긴급안전점검 및 정밀안전진단을 국토안전관리원, 안전진단전문기관 또는 안전점검전문기관에 대행하게 하는 경우에는 안전상태를 사실과 다르게 진단하게 하거나, 결과보고서를 거짓으로 또는 부실하게 작성하도록 요구해서는 아니 된다.
4) 국토안전관리원이나 안전진단전문기관이 정밀안전진단을 실시할 때에는 관리주체의 승인을 받아 다른 안전진단전문기관과 공동으로 정밀안전진단을 실시할 수 있다.

(6) 시설물의 유지관리(제5장)

1) **시설물의 유지관리**(법 제39조) 〈개정 2024. 1. 16.〉
 ① 관리주체는 시설물의 기능을 보전하고 편의와 안전을 높이기 위하여 소관 시설물을 유지관리하여야 한다. 다만, 대통령령으로 정하는 시설물로서 다른 법령에 따라 유지관리하는 경우에는 그러하지 아니하다.
 ② 관리주체는 건설사업자 또는 그 시설물을 시공한 자[하자담보책임기간(동일한 시설물의 각 부분별 하자담보책임기간이 다른 경우에는 가장 긴 하자담보책임기간을 말한다) 내인 경우에 한정한다]로 하여금 시설물의 유지관리를 대행하게 할 수 있다.
 ③ 시설물의 유지관리에 드는 비용은 관리주체가 부담한다.

2) **유지관리의 결과보고 등**(법 제41조)
 관리주체는 대통령령으로 정하는 유지관리를 시행한 경우에는 대통령령으로 정하는 바에 따라 그 결과보고서를 작성하고 이를 국토교통부장관에게 제출하여야 한다.

(7) 보칙

1) 시설물통합정보관리체계의 구축·운영 등(법 제55조)

국토교통부장관은 시설물의 안전 및 유지관리에 관한 정보를 체계적으로 관리하기 위하여 기본계획과 시설물관리계획 등 사항이 포함된 시설물통합정보관리체계를 구축·운영하여야 한다.

2) 비용의 부담(법 제56조)

안전점검등과 성능평가에 드는 비용은 관리주체가 부담한다. 다만, 하자담보책임기간 내에 시공자가 책임져야 할 사유로 정밀안전진단을 실시하여야 하는 경우 그에 드는 비용은 시공자가 부담한다.

3) 사고조사 등(법 제58조)

① 관리주체는 소관 시설물에 사고가 발생한 경우에는 지체 없이 응급 안전조치를 하여야 하며, 대통령령으로 정하는 규모 이상의 사고가 발생한 경우에는 공공관리주체는 주무부처의 장 또는 관할 시·도지사 및 시장·군수·구청장에게, 민간관리주체는 관할 시장·군수·구청장에게 사고 발생 사실을 알려야 한다.

② 사고 발생 사실을 통보받은 주무부처의 장, 관할 시·도지사 또는 시장·군수·구청장은 사고 발생 사실을 국토교통부장관에게 알려야 한다.

③ 국토교통부장관, 중앙행정기관의 장 또는 지방자치단체의 장은 사고 발생 사실을 통보받은 경우 그 사고 원인 등에 대한 조사를 할 수 있다.

④ 국토교통부장관은 대통령령으로 정하는 규모 이상의 피해가 발생한 시설물의 사고조사 등을 위하여 필요하다고 인정되는 때에는 중앙시설물사고조사위원회를 구성·운영할 수 있다.

> **영 제37조**(피해 규모)
> "대통령령으로 정하는 규모 이상의 피해"란 각각 다음 각 호의 어느 하나에 해당하는 시설물피해 또는 인명피해를 말한다.
> 1. 시설물이 붕괴되거나 쓰러지는 등 재시공이 필요한 시설물피해
> 2. 사망자 또는 실종자가 3명 이상이거나 사상자가 10명 이상인 인명피해
> 3. 그 밖에 국토교통부장관이 조사가 필요하다고 정하여 고시하는 시설물피해 또는 인명피해

4) 실태점검(법 제59조) 〈개정 2019. 8. 20.〉

① 국토교통부장관, 주무부처의 장 또는 지방자치단체의 장은 시설물 및 소규모 취약시설의 안전 및 유지관리 실태를 점검할 수 있다.

② 시장·군수·구청장은 민간관리주체 소관 시설물에 대하여 시설물관리계획의 이행여부 확인 등 안전 및 유지관리 실태를 연 1회 이상 점검하여야 한다.

03 어린이놀이시설 안전관리법(약칭:어린이놀이시설법) 〈시행 2021. 6. 23〉

1 총 설

(1) 목적(제1조)

이 법은 어린이들이 안전하고 편안하게 놀이기구를 사용할 수 있도록 어린이놀이시설의 설치·유지 및 보수 등에 관한 기본적인 사항을 정하고 어린이놀이시설을 담당하는 행정기관의 역할과 책무를 정하여 어린이놀이시설의 효율적인 안전관리체계를 구축함으로써 어린이놀이시설 이용에 따른 어린이의 안전사고를 미연에 방지함을 목적으로 한다.

(2) 정의(제2조) 〈시행 2020. 12. 22.〉 **20회 출제**

① "어린이놀이기구"란 어린이가 놀이를 위하여 사용할 수 있도록 제조된 그네, 미끄럼틀, 공중놀이기구, 회전놀이기구 등으로서 「품질경영 및 공산품안전관리법」에 따른 안전인증대상공산품을 말한다.

② "어린이놀이시설"이라 함은 어린이놀이기구가 설치된 실내 또는 실외의 놀이터로서 대통령령이 정하는 것(어린이놀이기구가 「주택법」에 따른 주택단지에 설치된 경우 해당 놀이시설)을 말한다.

③ "관리주체"라 함은 어린이놀이시설의 소유자로서 관리책임이 있는 자, 다른 법령에 의하여 어린이놀이시설의 관리자로 규정된 자 또는 그 밖에 계약에 의하여 어린이놀이시설의 관리책임을 진 자를 말한다.

④ "설치검사"라 함은 어린이놀이시설의 안전성 유지를 위하여 행정안전부장관이 정하여 고시하는 어린이놀이시설의 시설기준 및 기술기준에 따라 설치한 후에 안전검사기관으로부터 받아야 하는 검사를 말한다.

⑤ "정기시설검사"란 설치검사를 받은 어린이놀이시설이 행정안전부장관이 정하여 고시하는 시설기준 및 기술기준에 따른 적합성을 유지하고 있는지를 확인하기 위하여 안전검사기관으로부터 받아야 하는 검사를 말한다.

⑥ "안전점검"이라 함은 어린이놀이시설의 관리주체 또는 관리주체로부터 어린이놀이시설의 안전관리를 위임받은 자가 육안 또는 점검기구 등에 의하여 검사를 하여 어린이놀이시설의 위험요인을 조사하는 행위를 말한다.

⑦ "안전진단"이라 함은 안전검사기관이 어린이놀이시설에 대하여 조사·측정·안전성 평가 등을 하여 해당 어린이놀이시설의 물리적·기능적 결함을 발견하고 그에 대한 신속하고 적절한 조치를 하기 위하여 수리·개선 등의 방법을 제시하는 행위를 말한다.

⑧ "유지관리"란 설치된 어린이놀이시설이 기능 및 안전성을 유지할 수 있도록 정비·보수 및 개량 등을 행하는 것을 말한다.

⑨ "관리감독기관의 장"이란 어린이놀이시설의 안전한 유지관리를 위하여 다음 각 목의 구분에 따라 어린이놀이시설을 관리·감독하는 행정기관의 장을 말한다.

가. 교육장: 어린이놀이시설이 「초·중등교육법」 제2조 각 호에 따른 학교와 「유아교육법」 제2조 제2호에 따른 유치원 및 「학원의 설립·운영 및 과외교습에 관한 법률」 제2조 제1호에 따른 학원에 소재하는 경우

나. 특별자치시장·특별자치도지사·시장·군수·구청장(자치구의 구청장을 말한다): 가목 외의 어린이놀이시설의 경우

(3) 다른 법률과의 관계(제3조)

이 법은 어린이놀이시설의 안전관리에 관하여 다른 법률에 우선하여 적용한다.

2 어린이놀이시설의 설치

(1) 어린이놀이시설의 설치(법 제11조)

어린이놀이시설을 설치하는 자(이하 "설치자"라 한다)는 「품질경영 및 공산품안전관리법」에 따라 안전인증을 받은 어린이놀이기구를 행정안전부장관이 정하여 고시하는 시설기준 및 기술기준에 적합하게 설치하여야 한다.

(2) 어린이놀이시설의 신고(법 제11조의2) 〈신설 2020. 12. 22, 시행 2021. 6. 23〉

① 설치자는 어린이놀이시설을 설치한 경우 제12조제1항에 따라 설치검사를 받기 전에 행정안전부령으로 정하는 바에 따라 관리감독기관의 장에게 어린이놀이시설의 명칭 및 설치 장소 등 행정안전부령으로 정하는 사항을 신고하여야 한다.

② 관리감독기관의 장은 ①에 따라 신고를 받은 경우에는 제19조의2에 따른 어린이놀이시설 안전관리시스템에 ①에 따른 신고사항을 입력하고 어린이놀이시설에 어린이놀이시설번호(이하 "시설번호"라 한다)를 부여하여야 한다.

③ 관리감독기관의 장은 ②에 따라 시설번호를 부여한 경우에는 지체 없이 시설번호를 신고인에게 알려주어야 한다.

(3) 어린이놀이시설의 설치검사 등(법 제12조) 〈개정 2020. 12. 22.〉 **19회 출제**

① 설치자는 설치한 어린이놀이시설을 관리주체에게 인도하기 전에 대통령령이 정하는 방법 및 절차에 따라 안전검사기관으로부터 설치검사를 받아야 한다.

② 관리주체는 설치검사를 받은 어린이놀이시설에 대하여 대통령령으로 정하는 방법 및 절차에 따라 안전검사기관으로부터 2년에 1회 이상 정기시설검사를 받아야 한다.

제3장 안전·방재관리

영 제8조 (정기시설검사 등) 〈시행 2022. 6. 23〉
① 정기시설검사 유효기간의 기산일은 다음 각 호의 구분에 따른다.
　1. 설치검사 또는 직전 정기시설검사의 유효기간이 1개월을 초과하여 남았거나 유효기간이 경과한 후에 정기시설검사에 합격한 경우 : 해당 정기시설검사의 합격 판정일
　2. 설치검사 또는 직전 정기시설검사의 유효기간이 1개월 이하로 남았을 때 정기시설검사에 합격한 경우 : 설치검사 또는 직전 정기시설검사의 유효기간 만료일의 다음날
② 정기시설검사를 받으려는 자는 정기시설검사의 유효기간이 끝나기 1개월 전(최초로 정기시설검사를 받으려는 경우에는 해당 어린이놀이시설에 대한 설치검사의 유효기간이 끝나기 1개월 전을 말한다)까지 행정안전부령으로 정하는 신청 서류를 갖추어 안전검사기관에 제출하여야 한다.
③ 정기시설검사의 신청을 받은 안전검사기관은 신청을 받은 날부터 1개월 이내에 해당 어린이놀이시설이 시설기준 등에 적합한지 여부를 확인하여야 한다.
④ 안전검사기관은 정기시설검사를 할 때에 신청인 또는 그 대리인을 현장에 참석하게 하여야 한다.
⑤ 안전검사기관은 혹한, 폭설 등으로 법 제15조의2에 따른 물놀이형 어린이놀이시설의 물순환시설에 대한 정기시설검사를 할 수 없는 경우에는 3개월 이내에 해당 물순환시설에 대한 정기시설검사에 합격할 것을 조건으로 해당 어린이놀이시설에 대하여 정기시설검사의 합격 판정을 할 수 있다. 〈신설 2021. 6. 22.〉
⑥ 안전검사기관은 제5항에 따라 합격 판정을 받은 어린이놀이시설이 제5항에 따른 기간 내에 물순환시설에 대한 정기시설검사에 합격하지 못한 경우에는 해당 어린이놀이시설에 대한 정기시설검사의 합격 판정을 취소해야 한다. 〈신설 2021. 6. 22.〉
⑦ 안전검사기관은 정기시설검사의 결과를 소관 관리감독기관의 장과 신청인에게 알려야 하며, 정기시설검사에 합격한 어린이놀이시설에 대해서는 정기시설검사합격증을 신청인에게 내주어야 한다. 〈개정 2021. 6. 22.〉
⑧ 위 ①부터 ⑦까지에서 규정한 사항 외에 정기시설검사의 방법 및 절차에 관한 세부적인 사항은 행정안전부장관이 정하여 고시한다. 〈개정 2021. 6. 22.〉

영 제8조의2(설치검사 등에 대한 재검사)
① 설치검사의 결과 또는 정기시설검사의 결과에 대하여 이의가 있는 자는 해당 검사 결과를 통보받은 날부터 15일 이내에 행정안전부령으로 정하는 서류를 갖추어 해당 안전검사기관에 재검사를 신청할 수 있다.
② 재검사의 신청을 받은 안전검사기관은 신청을 받은 날부터 1개월 이내에 재검사를 실시하고, 그 결과를 신청인에게 알려야 한다.
③ 안전검사기관은 제2항에 따른 재검사의 결과에 따라 설치검사 또는 정기시설검사에 합격한 어린이놀이시설에 대해서는 설치검사합격증 또는 정기시설검사합격증을 내주어야 한다.

　③ 안전검사기관은 설치검사 및 정기시설검사를 행함에 있어서 대통령령이 정하는 바에 따라 수수료를 받을 수 있다.
　④ 관리주체는 설치검사 및 정기시설검사에 합격된 어린이놀이시설에 대해서는 이용자가 알 수 있도록 대통령령이 정하는 바에 따라 설치검사 및 정기시설검사에 합격되었음을 나타내는 표시를 하여야 한다.

(3) 검사불합격 시설 등의 이용금지 및 개선(법 제13조)

① 설치자 또는 관리주체는 다음 어느 하나에 해당하는 경우 지체 없이 대통령령으로 정하는 방법에 따라 어린이 등이 해당 어린이놀이시설에 출입하지 못하도록 이용금지 조치를 하고 해당 관리감독기관의 장에게 그 사실을 통보하여야 한다.

㉠ 설치검사를 받지 아니하였거나 설치검사에 불합격된 경우
㉡ 정기시설검사를 받지 아니하였거나 정기시설검사에 불합격된 경우
㉢ 안전진단에서 위험하거나 보수가 필요하다는 판정을 받은 경우

> **영 제10조의2**(검사 불합격 시설 등의 이용금지 조치) 〈개정 2021. 6. 22.〉
> ① 어린이놀이시설을 설치하는 자(이하 "설치자"라 한다) 또는 관리주체는 어린이놀이시설에 대하여 다음 각 호의 조치(이하 이 조에서 "이용금지 조치"라 한다)를 하고, 그 사실을 해당 관리감독기관의 장에게 지체 없이 통보해야 한다.
> 1. 어린이놀이시설에 대한 출입차단
> 2. 어린이놀이시설 내 개별 어린이놀이기구에 대한 진입 및 작동 금지
> ② 이용금지 조치를 한 설치자 또는 관리주체는 어린이 등이 이용금지 조치 사실을 잘 알 수 있도록 해당 어린이놀이시설 입구에 이용금지 조치의 사유 등을 적은 안내표지판을 설치하여야 한다.
> ③ 제1항 및 제2항에서 규정한 사항 외에 이용금지 조치의 세부적인 방법 등에 관하여 필요한 사항은 행정안전부장관이 정하여 고시한다. 〈개정 2017. 7. 26〉

② 설치자 또는 관리주체는 설치검사나 정기시설검사에서 불합격 통보를 받았거나 안전진단에서 위험하거나 보수가 필요하다는 판정 통보를 받은 경우에는 그 통보를 받은 날부터 2개월 이내에 시설개선계획서를 관리감독기관의 장에게 제출하고 수리·보수 등 필요한 조치를 하여야 한다. 다만, 2개월 이내에 시설개선 등을 완료한 경우에는 시설개선계획서를 제출하지 아니할 수 있다.
③ 관리감독기관의 장은 제출받은 시설개선계획서의 적정성을 검토하여 필요한 경우 보완을 요구할 수 있으며, 설치자 또는 관리주체는 정당한 사정이 없으면 이에 따라야 한다.
④ 관리감독기관의 장은 시설개선의 완료와 계획서에 따른 시설개선의 이행을 확인·점검하여야 하며, 그 확인·점검 결과 시설개선이 이루어지지 아니하였다고 인정하는 경우에는 설치자 또는 관리주체에게 기한을 정하여 해당 어린이놀이시설을 보완하도록 명하여야 한다.
⑤ 관리감독기관의 장은 관리주체가 어린이놀이시설의 일부 또는 전부를 철거하는 경우에는 그 사실을 통보해 주도록 요청할 수 있다(영 제10조의4, 신설 2021. 6. 22).

3 어린이놀이시설의 유지관리

(1) 관리주체의 유지관리의무(법 제14조)   13회 출제

관리주체는 어린이놀이시설의 기능 및 안전성이 지속적으로 유지되도록 이 법에서 정하는 바에 따라 당해 어린이놀이시설에 대한 유지관리를 실시하여야 한다. 다만, 이 법에 규정이 없는 경우에는 해당 어린이놀이시설이 설치된 장소별 소관 중앙행정기관의 장이 정하는 바에 따라 유지관리를 실시하여야 한다.

(2) 안전점검 실시(법 제15조)

① 관리주체는 설치된 어린이놀이시설의 기능 및 안전성 유지를 위하여 대통령령이 정하는 주기·방법 및 절차 등에 따라 당해 어린이놀이시설에 대한 안전점검을 실시하여야 한다.

안전점검 실시(영 제11조)
① 관리주체는 안전점검을 월 1회 이상 실시하여야 한다.
② 안전점검의 항목 및 방법은 별표 6과 같다.

안전점검의 항목 및 방법(제11조 제2항 관련, 별표 6)
1. 안전점검의 항목
   가. 어린이놀이시설의 연결상태
   나. 어린이놀이시설의 노후(老朽) 정도
   다. 어린이놀이시설의 변형상태
   라. 어린이놀이시설의 청결상태
   마. 어린이놀이시설의 안전수칙 등의 표시상태
   바. 부대시설의 파손상태 및 위험물질의 존재 여부
2. 안전점검의 방법
어린이놀이시설의 관리주체는 제1호의 점검항목에 대하여 다음 각 목의 기준에 따라 구분하여 안전점검을 한 후, 그 결과를 안전점검실시대장에 기록하여야 한다.
   가. 양호 : 어린이놀이시설의 이용자에게 위해(危害)·위험을 발생시킬 요소가 없는 경우
   나. 요주의 : 어린이놀이시설의 이용자에게 위해·위험을 발생시킬 요소는 발견할 수 없으나, 어린이놀이기구와 그 부분품의 제조업체가 정한 사용연한이 지난 경우
   다. 요수리 : 어린이놀이시설의 이용자에게 위해·위험을 발생시킬 요소가 되는 틈, 헐거움, 날카로움 등이 생길 가능성이 있거나, 어린이놀이시설이 더럽거나 안전 관련 표시가 훼손된 경우
   라. 이용금지 : 어린이놀이시설의 이용자에게 위해·위험을 발생시킬 수 있는 틈, 헐거움, 날카로움 등이 있거나 위해가 발생한 경우

---

② 관리주체가 해당 어린이놀이시설에 대하여 안전점검을 실시할 수 없는 경우에는 서면 계약에 의한 대리인을 지정하여 안전점검을 하게 할 수 있다.

③ 관리주체는 안전점검 결과 해당 어린이놀이시설이 어린이에게 위해를 가할 우려가 있다고 판단되는 경우에는 그 이용을 금지하고 1개월 이내에 안전검사기관에 안전진단을 신청하여야 한다. 다만, 해당 어린이놀이시설을 철거하는 경우에는 안전진단신청을 생략할 수 있다.

> **규칙 제16조** (안전진단의 절차 및 방법) 〈개정 2019. 5. 15.〉
> ① 안전진단을 받으려는 자는 별지 제15호서식의 안전진단신청서를 안전검사기관에 제출해야 한다.
> ② 안전진단의 신청을 받은 안전검사기관은 해당 어린이놀이시설에 대한 안전성 등을 진단하여 안전진단결과통지서를 신청인과 소관 관리감독기관의 장에게 통보하여야 한다.

(3) 물놀이형 어린이놀이시설의 안전관리(법 제15조의2)

관리주체는 어린이 안전을 위하여 물을 활용한 물놀이형 어린이놀이시설에 물을 활용하는 기간 동안에는 안전요원을 배치하여야 하며, 안전요원의 배치 등에 필요한 사항은 행정안전부령으로 정한다.

(4) 안전진단의 실시(법 제16조)

① 안전진단신청을 받은 안전검사기관은 행정안전부령으로 정하는 절차 및 방법에 따라 안전진단을 실시하고 그 결과를 신청인 및 해당 관리감독기관에게 통보하여야 한다.
② 안전진단결과를 통보받은 관리주체는 해당 어린이놀이시설이 시설기준 및 기술기준에 적합하지 아니한 경우에는 수리·보수 등 필요한 조치를 실시하고 안전검사기관으로부터 해당 어린이놀이시설의 재사용 여부를 확인받아야 한다.
③ 안전진단결과를 통보받은 관리감독기관의 장은 재사용 불가판정을 받은 어린이놀이시설이 안전을 침해할 것으로 판단되는 경우에는 그 철거를 명할 수 있다.
④ 안전검사기관은 안전진단을 행함에 있어서 수수료를 받을 수 있다.
⑤ 관리주체는 어린이놀이시설을 이용금지·폐쇄·철거하는 경우에는 어린이 등이 출입하지 못하도록 조치를 하고 해당 관리감독기관의 장에게 그 사실을 통보하여야 한다.

(5) 어린이놀이시설에 대한 지원(법 제16조의2)

특별자치시장·특별자치도지사·시장·군수·구청장은 어린이놀이시설의 안전성을 확보하기 위하여 필요하다고 인정하는 경우에는 어린이놀이시설의 개선에 필요한 비용의 일부를 조례로 정하는 바에 따라 지원할 수 있다.

(6) 점검결과 등의 기록·보관(법 제17조)

① 관리주체는 안전점검 및 안전진단을 실시한 결과를 기록·보관하여야 한다.
② 안전점검 및 안전진단 결과의 기록 및 보관에 관한 방법·절차 등에 관하여 필요한 사항은 행정안전부령으로 정한다.

> **규칙 제17조**(점검결과 등의 기록·보관방법)
> 법 제17조에 따라 관리주체는 안전점검 또는 안전진단을 한 결과에 대하여 별지 제16호서식의 안전점검실시대장 또는 별지 제17호서식의 안전진단실시대장을 작성하여 최종 기재일부터 3년간 보관하여야 한다.

(7) 어린이놀이시설의 지도·감독 등(법 제17조의2) 〈본조신설 2016. 1. 7〉

① 관리감독기관의 장은 어린이놀이시설의 안전관리를 위하여 매년 어린이놀이시설 지도·점검계획을 수립·시행하여야 한다.

② 지도·점검계획에 따른 지도·점검 결과 시설개선이 필요하다고 인정되는 경우 관리감독기관의 장은 관리주체에게 어린이놀이시설의 규모 및 종류 등을 고려하여 정한 기간 내에 그 시설개선을 명할 수 있다. 이 경우 그 기간 내에 이행할 수 없는 불가피한 사유가 있는 경우에는 최소한의 범위에서 그 기간을 연장할 수 있다.

③ 시설개선의 명령을 받은 관리주체는 수리·보수 등 필요한 조치를 하여야 한다.

④ 관리감독기관의 장은 시설개선의 명령이 이행되었는지를 확인·점검하여야 한다.

⑤ 관리감독기관의 장은 시설개선의 명령의 이행 점검 결과 시설개선이 이루어지지 않았다고 판단될 경우 관리주체에게 해당 어린이놀이시설을 보완하도록 명하여야 한다.

⑥ 지도·점검계획의 내용, 지도·점검의 방법 등에 필요한 사항은 대통령령으로 정한다.

> **영 제11조의2**(어린이놀이시설 지도·점검계획 등) 〈본조신설 2016.7.6〉
> ② 관리감독기관의 장은 지도·점검을 할 때에는 다음 각 호의 사항을 해당 어린이놀이시설의 관리주체에게 지도·점검을 하려는 날 7일 전까지 서면으로 통지하여야 한다. 다만, 긴급한 경우에는 지도·점검을 하려는 날 전날까지 서면 또는 구두로 통지할 수 있다.
> 1. 지도·점검의 일시
> 2. 지도·점검의 대상 및 점검항목
> 3. 그 밖에 관리감독기관의 장이 지도·점검을 위하여 필요하다고 인정하는 사항

(8) 어린이놀이시설에서의 행위제한(법 제17조의3) 〈신설 2020. 12. 22, 시행 2021. 6. 23 〉

① 누구든지 어린이놀이시설에서 다음 각 호의 어느 하나에 해당하는 행위를 하여서는 아니 된다.

㉠ 어린이놀이시설을 훼손하는 행위
㉡ 야영행위, 취사행위 또는 불을 피우는 행위
㉢ 행상 또는 노점에 의한 상행위
㉣ 그 밖에 어린이놀이시설 이용자에게 위해·위험을 주거나 어린이놀이시설의 안전관리에 장애가 되는 행위로서 대통령령으로 정하는 행위

> **영 제11조의3**(어린이놀이시설에서의 행위제한) 〈신설 2021. 6. 22, 시행 2022. 6. 23〉
> 위 제4호에서 "대통령령으로 정하는 행위"란 다음 각 호의 행위를 말한다.
> 1. 흡연·음주 행위
> 2. 오물이나 폐기물을 지정된 장소 외의 장소에 버리는 행위
> 3. 자동차, 오토바이 등을 이용해서 출입하는 행위
> 4. 지정된 장소 외의 장소에 주차 또는 정차하는 행위
> 5. 목줄 등 안전조치를 하지 않고 반려동물을 동반하는 행위
> 6. 반려동물의 배설물을 수거하지 않는 행위
> 7. 그 밖에 제1호부터 제6호까지에 준하는 행위로서 해당 어린이놀이시설을 관리하는 지방자치단체의 조례로 정하는 행위

② 관리감독기관의 장은 ① 각 호의 어느 하나에 해당하는 행위를 하는 자에게 행위의 중지 등 필요한 조치를 명할 수 있다. 관리감독기관의 장의 조치명령을 따르지 아니한 자에게는 300만원 이하의 과태료를 부과한다.

4 안전교육 등

(1) 안전교육(제20조)

① 관리주체는 어린이놀이시설의 안전관리에 관련된 업무를 담당하는 담당하는 사람(이하 "안전관리자")으로 하여금 하여금 어린이놀이시설 안전관리지원기관에서 실시하는 어린이놀이시설의 안전관리에 관한 교육(이하 "안전교육")을 받도록 하여야 한다.

② 관리주체는 안전관리자를 신규 또는 변경 배치한 경우 안전관리자의 인적사항을 포함한 자료를 배치한 날부터 15일 이내에 어린이놀이시설 안전관리시스템 등을 통해 관리감독기관의 장에게 통보하여야 하며, 관리감독기관의 장은 통보받은 즉시 해당 안전관리자에게 안전교육 이수의무에 대해 고지하여야 한다. 이 경우 관리주체가 안전관리자로서 역할을 병행하는 경우에는 관리주체를 안전관리자로 본다.

③ 안전교육의 내용·기간 및 주기 등에 관하여 필요한 사항은 행정안전부령으로 정한다.

> **규칙 제20조**(안전교육) 〈신설 2019. 5. 15.〉
> ① 법 제20조에 따라 관리주체는 다음 각 호의 구분에 따른 기간 이내에 어린이놀이시설의 안전관리자로 하여금 안전교육을 받도록 하여야 한다.
> 1. 어린이놀이시설을 인도 받은 경우 : 인도 받은 날부터 3개월
> 2. 안전관리자가 변경된 경우 : 변경된 날부터 3개월
> 3. 안전관리자의 안전교육 유효기간이 만료되는 경우 : 유효기간 만료일 전 3개월

② 어린이놀이시설을 인도받은 관리주체가 해당 어린이놀이시설의 사용을 개시하지 않은 경우로서 다음 각 호의 요건을 모두 갖춘 경우에는 ①제1호에도 불구하고 해당 어린이놀이시설의 사용을 개시하는 날의 전날까지 안전관리자로 하여금 안전교육을 받도록 할 수 있다.
  1. 영 제10조의2 제1항에 따른 이용금지 조치를 하고, 그 사실을 해당 관리감독기관의 장에게 통보했을 것
  2. 영 제10조의2 제2항에 따라 이용금지 조치의 사유 등을 적은 안내표지판을 설치했을 것
③ 안전교육의 내용은 다음 각 호와 같다.
  1. 어린이놀이시설 안전관리에 관한 지식 및 법령
  2. 어린이놀이시설 안전관리실무
  3. 그 밖에 어린이놀이시설의 안전관리를 위하여 필요한 사항
④ 안전교육의 주기는 2년에 1회 이상으로 하고, 1회 안전교육시간은 4시간 이상으로 한다.
⑤ 어린이놀이시설의 기능 및 안전성 유지 상태, 위생 관리 현황 등을 고려하여 행정안전부장관이 정하여 고시하는 요건에 해당하는 어린이놀이시설의 관리주체(어린이놀이시설을 인도 받은 날부터 6개월이 지나지 아니한 관리주체는 제외한다)에 대하여는 ③ 및 ④에도 불구하고 그 요건에 해당하는 날 이후 최초로 실시되는 안전교육에 한하여 그 의무를 면제한다.
⑥ 안전교육을 실시하는 어린이놀이시설 안전관리지원기관은 안전교육을 인터넷 홈페이지를 활용한 사이버교육 방식으로 제공할 수 있다. 이 경우 사이버교육의 구체적인 방법 등은 행정안전부장관이 정하여 고시한다. 〈개정 2019. 5. 15〉
⑦ 안전교육 유효기간의 기산일은 다음 각 호의 구분에 따른다.
  1. 어린이놀이시설을 인도받은 경우 및 안전관리자가 변경된 경우에 따라 안전교육을 받은 경우 : 안전교육을 받은 날
  2. 안전관리자의 안전교육 유효기간이 만료되는 경우에 따라 안전교육을 받은 경우 : 직전 안전교육 유효기간 만료일의 다음 날

(2) 보험가입(법 제21조)

① 관리주체 및 안전검사기관은 어린이놀이시설의 사고로 인하여 어린이의 생명·신체 또는 재산상의 손해를 발생하게 하는 경우 그 손해에 대한 배상을 보장하기 위하여 보험에 가입하여야 한다.
② 보험의 종류, 가입시기, 보상한도액, 가입절차와 그 밖에 필요한 사항은 대통령령으로 정한다.

영 제13조(보험의 종류 등)
① 보험의 종류는 어린이놀이시설 사고배상책임보험이나 사고배상책임보험과 같은 내용이 포함된 보험으로 한다.
② 보험은 다음 각 호의 구분에 따른 시기에 가입하여야 한다.
  1. 관리주체인 경우 : 어린이놀이시설을 인도받은 날부터 30일 이내
  2. 안전검사기관인 경우 : 안전검사기관으로 지정받은 후 설치검사·정기시설검사·안전진단 중 어느 하나의 업무를 최초로 시작한 날부터 30일 이내
③ 어린이놀이시설을 인도받은 관리주체가 해당 어린이놀이시설의 사용을 개시하지 않은 경우로서 다음 각 호의 요건을 모두 갖춘 경우에는 ②제1호에도 불구하고 해당 어린이놀이시설의 사용을 개시하는 날의 전날까지 ①에 따른 보험에 가입할 수 있다. 〈신설 2019. 5. 7.〉

1. 영 제10조의2 제1항(검사 불합격 시설 등의 이용금지 조치)에 따른 이용금지 조치를 하고, 그 사실을 해당 관리감독기관의 장에게 통보했을 것
2. 영 제10조의2 제2항에 따라 이용금지 조치의 사유 등을 적은 안내표지판을 설치했을 것

(3) 사고보고의무 및 사고조사(법 제22조)

① 관리주체는 그가 관리하는 어린이놀이시설로 인하여 대통령령이 정하는 중대한 사고가 발생한 때에는 즉시 사용중지 등 필요한 조치를 취하고 해당 관리감독기관의 장에게 통보하여야 한다.
② 통보를 받은 관리감독기관의 장은 필요하다고 판단되는 경우에는 대통령령이 정하는 바에 따라 관리주체에게 자료의 제출을 명하거나 현장조사를 실시할 수 있다.

> **영 제14조**(중대한 사고 등) 〈개정 2021. 6. 22.〉 **11·27회 출제**
> ① 법 제22조 제1항에 따른 "대통령령이 정하는 중대한 사고"란 어린이놀이시설로 인하여 이용자가 다음 각 호의 피해를 입은 사고를 말한다.
>   1. 사망
>   2. 하나의 사고로 인한 3명 이상의 부상
>   3. 사고 발생일로부터 7일 이내에 48시간 이상의 입원 치료가 필요한 부상
>   4. 골절상
>   5. 수혈 또는 입원이 필요한 정도의 심한 출혈
>   6. 신경, 근육 또는 힘줄의 손상
>   7. 2도 이상의 화상
>   8. 부상면적이 신체표면의 5% 이상인 부상
>   9. 내장(內臟)의 손상
> ② 관리주체는 법 제22조 제2항에 따라 자료의 제출명령을 받은 날부터 10일 이내에 해당 자료를 제출하여야 한다. 다만, 관리주체가 정하여진 기간에 자료를 제출하는 것이 어렵다고 사유를 소명하는 경우 관리감독기관의 장은 20일의 범위에서 그 제출기한을 연장할 수 있다.
> ③ 관리감독기관의 장은 현장조사를 실시하려면 미리 현장조사의 일시·장소 및 내용 등을 포함한 조사계획을 관리주체에게 문서로 알려야 한다. 다만, 긴급히 조사를 실시하여야 하거나 부득이한 사유가 있는 경우에는 그러하지 아니하다.

③ 관리감독기관의 장은 자료 및 현장조사 결과에 따라 해당 어린이놀이시설이 안전에 중대한 침해를 줄 수 있다고 판단되는 경우에는 그 관리주체에게 사용중지·개선 또는 철거를 명할 수 있다.
④ 중대한 사고에 대한 보고 방법(제20조의2)
어린이놀이시설로 인한 중대한 사고에 대하여 보고하려는 관리감독기관의 장은 어린이놀이시설 사고보고서에 사고 관련 현장 사진을 첨부하여 행정안전부장관에게 제출하여야 한다.

(4) 보고·검사 등(법 제23조)

① 관리감독기관의 장은 소관 어린이놀이시설의 안전관리를 위하여 필요하다고 인정하는 때에는 대통령령이 정하는 바에 따라 설치자 또는 관리주체에게 해당 어린이놀이시설의 설치·관리 등에 관한 자료의 제출을 명하거나 보고를 하게 할 수 있다.

> **영 제15조**(자료의 제출과 보고)
> ① 관리감독기관의 장이 설치자 또는 관리주체로 하여금 자료를 제출하게 하거나 보고하게 할 수 있는 사항은 별표 8과 같다.
>
> > **[별표 8] 자료제출 또는 보고사항**(제15조 제1항 관련)
> > 5. 관리주체
> >   가. 어린이놀이시설의 정기시설검사현황
> >   나. 어린이놀이시설의 안전점검 및 안전진단현황
> >   다. 안전교육 및 보험가입현황
> >   라. 어린이놀이시설 관련 사고발생현황
>
> ② 설치자 또는 관리주체는 자료제출명령을 받거나 보고를 요구받은 날부터 20일 이내에 해당 자료를 제출하거나 해당 사항에 대하여 보고하여야 한다. 다만, 설치자 또는 관리주체가 정하여진 기간에 자료제출 또는 보고를 하는 것이 어렵다고 사유를 소명하는 경우 관리감독기관의 장은 30일의 범위에서 그 제출 또는 보고의 기한을 연장할 수 있다.

② 관리감독기관의 장은 제출자료 또는 보고내용을 검토한 결과 현장조사의 필요성이 있다고 인정되는 경우에는 관계 공무원으로 하여금 해당 놀이시설 설치장소 그 밖에 필요한 장소에 출입하여 어린이놀이시설·서류·장부 그 밖의 물건을 검사하게 하거나 관계인에게 질문을 하게 할 수 있다.

③ 관리감독기관의 장은 검사 또는 질문을 하고자 하는 경우에는 검사 또는 질문을 행하기 7일 전까지 검사 또는 질문의 일시·이유 및 내용 등을 포함한 계획을 해당 어린이놀이시설의 설치자 또는 관리주체에게 통지하여야 한다. 다만, 긴급을 요하거나 사전에 통지를 하는 경우 증거인멸 등으로 검사 또는 질문의 목적을 달성할 수 없다고 인정되는 경우에는 그러하지 아니하다.

5 벌 칙

(1) 벌칙(법 제29조)

설치검사 또는 정기시설검사를 받지 아니하였거나 설치검사 또는 정기시설검사에 불합격하거나, 안전진단에서 위험하거나 보수가 필요하다는 판정을 받은 어린이놀이시설을 이용하도록 한 자는 1년 이하의 징역 또는 1천만원 이하의 벌금에 처한다. 〈개정 2016. 1. 7〉

(2) 과태료(법 제31조) 〈개정 2020. 12. 22〉

① 다음 각 호의 어느 하나에 해당하는 자에게는 500만원 이하의 과태료를 부과한다.
  1. 제13조 제4항에 따른 관리감독기관의 장의 보완명령을 따르지 아니한 자
  2. 제15조 제3항을 위반하여 어린이놀이시설의 이용을 금지하지 아니하거나 안전진단을 신청하지 아니한 자
  3. 제15조의2를 위반하여 안전요원을 배치하지 아니한 자
  4. 제17조의2 제3항에 따른 필요한 조치를 하지 아니하거나 같은 조 제5항에 따른 관리감독기관의 장의 명령을 따르지 아니한 자
  5. 제21조 제1항을 위반하여 보험에 가입하지 아니한 자
  6. 제22조 제1항을 위반하여 통보를 하지 아니한 자

② 다음 각 호의 어느 하나에 해당하는 자에게는 300만원 이하의 과태료를 부과한다.
  1. 제15조 제1항을 위반하여 안전점검을 실시하지 아니한 자
  2. 제17조 제1항을 위반하여 안전점검 및 안전진단을 실시한 결과를 기록·보관하지 아니한자
  3. 제17조의3 제2항에 따른 관리감독기관의 장의 조치명령을 따르지 아니한 자
  4. 제20조 제1항을 위반하여 안전교육을 받도록 하지 아니한 자

③ 제23조에 따른 보고·검사 또는 질문에 대한 답변을 거부·방해하거나 기피한 자에게는 200만원 이하의 과태료를 부과한다.

④ 위 ①부터 ③까지의 규정에 따른 과태료는 대통령령으로 정하는 바에 따라 관리감독기관의 장이 부과·징수한다.

CHAPTER 04 환경관리

학습포인트
- 감염병의 예방 및 관리에 관한 법률
- 수목관리, 고사목 보식, 전정의 개념
- 공동주택의 실내공기질관리·소음관리, 생활폐기물의 처리기준

01 환경관리의 개요

1 환경관리의 의의

오염된 주변환경으로부터 주거환경을 보호하고 개선함과 동시에 쾌적한 환경을 조성하기 위한 구체적인 자연·생활환경오염을 방지하기 위한 제반업무를 말한다.

02 자연환경관리

1 위생관리 [감염병의 예방 및 관리에 관한 법률(약칭:감염병예방법)] 〈시행 2025. 7. 31〉

(1) 감염병 예방 및 관리 〔15·16회 출제〕

1) **소독의무**(법 제51조) 〈개정 2023. 6. 13〉
   ① 특별자치시장·특별자치도지사 또는 시장·군수·구청장은 감염병을 예방하기 위하여 청소나 소독을 실시하거나 쥐, 위생해충 등의 구제조치(이하 "소독"이라 한다)를 하여야 한다. 이 경우 소독은 사람의 건강과 자연에 유해한 영향을 최소화하여 안전하게 실시하여야 한다.

② 위 ①에 따른 소독의 기준과 방법은 보건복지부령으로 정한다. 〈신설 2020. 3. 4.〉
③ 공동주택, 숙박업소 등 여러 사람이 거주하거나 이용하는 시설 중 대통령령으로 정하는 시설을 관리·운영하는 자는 보건복지부령으로 정하는 바에 따라 감염병 예방에 필요한 소독을 하여야 한다.

소독을 해야 하는 시설(영 제24조 제13호) 〈개정 2022. 11. 29〉
법 제51조제3항에 따라 감염병 예방에 필요한 소독을 하여야 하는 시설은 다음 각 호와 같다.
1. 「공동주택관리법」에 따른 공동주택(300세대 이상인 경우만 해당한다)
2. 「건축법 시행령」에 따른 기숙사

소독횟수기준(규칙 제36조 제4항)
법 제51조제3항에 따라 소독을 하여야 하는 시설을 관리·운영하는 자는 별표 7의 소독횟수기준에 따라 소독을 하여야 한다.

■ 소독횟수 기준(규칙 제36조 제4항 관련, 별표 7) 〈개정 2021. 5. 24.〉

소독을 해야 하는 시설의 종류	소독횟수	
	4월부터 9월까지	10월부터 3월까지
7. 「건축법 시행령」에 따른 기숙사 11. 연면적 2천㎡ 이상의 사무실용 건축물 및 복합용도의 건축물	1회 이상/2개월	1회 이상/3개월
13. 「주택법」에 따른 공동주택 (300세대 이상인 경우만 해당한다)	1회 이상/3개월	1회 이상/6개월

④ 위 ③에 따라 소독을 하여야 하는 시설의 관리·운영자는 소독업의 신고를 한 자에게 소독하게 하여야 한다. 다만, 「공동주택관리법」에 따른 주택관리업자가 제52조제1항에 따른 소독장비를 갖추었을 때에는 그가 관리하는 공동주택은 직접 소독할 수 있다.

2) **소독업의 신고**(법 제52조 제1항) 〈시행 2023. 6. 13.〉
   소독을 업으로 하려는 자(제51조제4항 단서에 따른 주택관리업자는 제외한다)는 보건복지부령으로 정하는 시설·장비 및 인력을 갖추어 특별자치시장·특별자치도지사 또는 시장·군수·구청장에게 신고하여야 한다. 신고한 사항을 변경하려는 경우에도 또한 같다.

3) **소독업자 등에 대한 교육**(법 제55조)
   ① 소독업자(법인인 경우에는 그 대표자를 말한다)는 소독에 관한 교육을 받아야 한다.
   ② 소독업자는 소독업무 종사자에게 소독에 관한 교육을 받게 하여야 한다.
   ③ ① 및 ②에 따른 교육의 내용과 방법, 교육시간, 교육비 부담 등에 관하여 필요한 사항은 보건복지부령으로 정한다.

소독업자 등에 대한 교육(규칙 제41조)

① 소독업자는 소독업의 신고를 한 날부터 6개월 이내에 별표 9의 교육과정에 따른 소독에 관한 교육을 받아야 한다. 다만, 신고를 한 날이 본문에 따른 교육을 받은 날(해당 교육이 종료된 날을 말한다)부터 3년이 지나지 아니한 경우에는 그러하지 아니하다.

▼ 교육과정(규칙 제41조 제1항 및 제2항 관련, 별표 9)

교육대상	교육내용	교육시간
소독업자 및 소독업무 종사자	「감염병의 예방 및 관리에 관한 법률」, 감염병관리정책, 공중보건, 환경위생, 소독장비 및 약품의 종류와 사용법, 소독대상 미생물과 소독방법, 쥐·벌레 등의 생태와 이를 없애는 방법, 소독작업의 안전수칙 및 해독방법. 다만, 공중보건 및 환경위생은 소독업자에만 해당한다.	16시간
〈보수교육〉 소독업무 종사자	「감염병의 예방 및 관리에 관한 법률」, 감염병관리정책, 소독장비 및 약품의 종류와 사용법, 소독실무 및 안전관리	8시간

② 소독업자는 소독업무 종사자에게 소독업무에 종사한 날부터 6개월 이내에 별표 9의 교육과정에 따른 소독에 관한 교육을 받게 해야 하고, 그 후에는 직전의 교육이 종료된 날부터 3년이 되는 날이 속하는 달의 말일까지 1회 이상 보수교육을 받게 해야 한다. 〈개정 2020. 6. 4.〉

③ 소독업자 등에 대한 교육은 질병관리청장이 지정하는 기관이 실시하며, 질병관리청장이 교육기관을 지정하는 경우에는 별지 제30호서식의 교육기관 지정서를 교육기관에 발급해야 한다. 〈개정 2020. 9. 11.〉

④ 교육에 필요한 경비는 교육을 받는 자가 부담한다.

5) **소독의 실시 등**(법 제54조)
① 소독업자는 보건복지부령으로 정하는 기준과 방법에 따라 소독하여야 한다.
② 소독업자가 소독하였을 때에는 보건복지부령으로 정하는 바에 따라 그 소독에 관한 사항을 기록·보존하여야 한다.

소독의 방법 및 소독에 관한 사항의 기록 등(규칙 제40조)
① 법 제54조 제1항에 따른 소독의 대상과 방법은 각각 별표 5 및 별표 6과 같다.
② 소독을 실시한 소독업자는 소독증명서를 소독을 실시한 시설의 관리·운영자에게 발급하여야 한다.
③ 소독업자는 소독실시대장에 소독에 관한 사항을 기록하고, 이를 2년간 보존하여야 한다.

6) **과태료**(법 제83조) 〈시행 2020. 8. 12〉
① 다음의 어느 하나에 해당하는 자에게는 100만원 이하의 과태료를 부과한다.
㉠ 소독을 하지 아니한 자
㉡ 소독에 관한 사항을 기록·보존하지 아니하거나 거짓으로 기록한 자
② 과태료는 대통령령으로 정하는 바에 따라 보건복지부장관, 질병관리청장, 관할 시·도지사 또는 시장·군수·구청장이 부과·징수한다. 〈개정 2023. 6. 13.〉

(2) 소독의 방법(규칙 제35조 제2항, 제36조 제3항 및 제40조 제1항 관련, 별표 6) 〈개정 2019. 11. 22〉

1. 청소
   오물 또는 오염되었거나 오염이 의심되는 물건을 수집하여 「폐기물관리법」에 따라 위생적인 방법으로 안전하게 처리해야 한다.

2. 소독
   가. 소각
   　오염되었거나 오염이 의심되는 소독대상 물건 중 소각해야 할 물건을 불에 완전히 태워야 한다.
   나. 증기소독
   　유통증기(流通蒸氣)를 사용하여 소독기 안의 공기를 빼고 1시간 이상 섭씨 100도 이상의 습열소독을 해야 한다. 다만, 증기소독을 할 경우 더럽혀지고 손상될 우려가 있는 물건은 다른 방법으로 소독을 해야 한다.
   다. 끓는 물 소독
   　소독할 물건을 30분 이상 섭씨 100도 이상의 물속에 넣어 살균해야 한다.
   라. 약물소독
   　다음의 약품을 소독대상 물건에 뿌려야 한다.
   　(1) 석탄산수(석탄산 3% 수용액)
   　(2) 크레졸수(크레졸액 3% 수용액)
   　(3) 승홍수(승홍 0.1%, 식염수 0.1%, 물 99.8% 혼합액)
   　(4) 생석회(대한약전규격품)
   　(5) 크롤칼키수(크롤칼키 5% 수용액)
   　(6) 포르말린(대한약전규격품)
   　(7) 그 밖의 소독약을 사용하려는 경우에는 석탄산 3% 수용액에 해당하는 소독력이 있는 약제를 사용해야 한다.
   마. 일광소독
   　의류, 침구, 용구, 도서, 서류나 그 밖의 물건으로서 가목부터 라목까지의 규정에 따른 소독방법을 따를 수 없는 경우에는 일광소독을 해야 한다.

3. 질병매개곤충 방제(防除)
   가. 물리적·환경적 방법
   　(1) 서식장소를 완전히 제거하여 질병매개곤충이 서식하지 못하게 한다.
   　(2) 질병매개곤충의 발생이나 유입을 막기 위한 시설을 설치해야 한다.
   　(3) 질병매개곤충의 종류에 따른 적절한 덫을 사용하여 밀도를 낮추어야 한다.
   나. 화학적 방법
   　(1) 질병매개곤충에 맞는 곤충 성장억제제 또는 살충제를 사용하여 유충과 성충을 제거해야 한다.
   　(2) 잔류성 살충제를 사용하여 추가적인 유입을 막아야 한다.
   　(3) 살충제 처리가 된 창문스크린이나 모기장을 사용하여야 하다.
   다. 생물학적 방법
   　(1) 모기방제를 위하여 유충을 잡아먹는 천적(미꾸라지, 송사리, 잠자리 유충 등)을 이용한다.
   　(2) 모기유충 서식처에 미생물 살충제를 사용한다.

4. 쥐의 방제
가. 위생적 처리
  (1) 음식 찌꺼기통이나 쓰레기통의 용기는 밀폐하거나 뚜껑을 덮어 먹이제공을 방지해야 한다.
  (2) 쓰레기더미, 퇴비장, 풀이 우거진 담장 등의 쥐가 숨어 있는 곳을 사전에 제거함으로써 서식처를 제거한다.
나. 건물의 출입문, 환기통, 배관, 외벽, 외벽과 창문 및 전선 등을 통하여 쥐가 침입하지 못하도록 방서처리(防鼠處理)를 해야 한다.
다. 살서제(殺鼠劑)를 적당량 사용하여 쥐를 방제한다.
5. 소독약품의 사용
살균·살충·구서 등의 소독에 사용하는 상품화된 약품은 「생활화학제품 및 살생물제의 안전관리에 관한 법률」에 따른 안전확인대상생활화학제품(살균제품 및 구제제품으로 한정한다) 또는 살생물제품(살균제류 및 구제제류로 한정한다)으로서 환경부장관의 승인을 받은 제품을 용법·용량에 따라 안전하게 사용해야 한다.

2 청소관리

공동주택 입주자 등의 건강과 쾌적한 주거공간의 확보를 위하여 공동주택단지 내에 있는 먼지·쓰레기·오물 등을 수거 또는 제거하는 작업을 말한다. 현행 「주택법 시행령」에서는 관리주체가 청소업무를 수행하도록 규정하고 있으며 청소비를 관리비 중 하나의 비목으로 규정하고 있다. 관리주체가 담당해야 할 청소관리대상은 공동주택의 공용부분 및 입주자 공동 소유인 부대시설과 복리시설이다.

03 생활환경관리

1 대기오염관리

(1) 대기오염의 의의

대기오염이란 대기 중의 매연·먼지·검댕 등의 오염물질이 인간의 건강과 재산, 동·식물과 생활환경에 피해를 줄 정도로 다량 존재하는 상태라고 말할 수 있다. 이에 관리주체는 공동주택에서 배출되는 연소공해물질을 되도록 줄이고, 배출시설 및 대기오염 방지시설의 운영상태를 점검·정비하여야 한다.

(2) 용어의 정의(대기환경보전법 제2조) 〈시행 2024. 7. 24〉

1. "온실가스"란 적외선 복사열을 흡수하거나 다시 방출하여 온실효과를 유발하는 대기 중의 가스상태물질로서 이산화탄소, 메탄, 아산화질소, 수소불화탄소, 과불화탄소, 육불화황을 말한다.
2. "가스"란 물질이 연소·합성·분해될 때에 발생하거나 물리적 성질로 인하여 발생하는 기체상 물질을 말한다.
3. "입자상 물질"이란 물질이 파쇄·선별·퇴적·이적될 때, 그 밖에 기계적으로 처리되거나 연소·합성·분해될 때에 발생하는 고체상 또는 액체상의 미세한 물질을 말한다.
4. "먼지"란 대기 중에 떠다니거나 흩날려 내려오는 입자상 물질을 말한다.
5. "매연"이란 연소할 때에 생기는 유리탄소가 주가 되는 미세한 입자상 물질을 말한다.
6. "검댕"이란 연소할 때에 생기는 유리탄소가 응결하여 입자의 지름이 1미크론 이상이 되는 입자상 물질을 말한다.
7. "휘발성 유기화합물"이란 탄화수소류 중 석유화학제품, 유기용제, 그 밖의 물질로서 환경부장관이 관계 중앙행정기관의 장과 협의하여 고시하는 것을 말한다.
8. "냉매"란 기후·생태계 변화유발물질 중 열전달을 통한 냉난방, 냉동·냉장 등의 효과를 목적으로 사용되는 물질로서 환경부령으로 정하는 것을 말한다.
9. "온실가스 배출량"이란 자동차에서 단위 주행거리당 배출되는 이산화탄소(CO_2) 배출량(g/㎞)을 말한다.
10. "온실가스 평균배출량"이란 자동차제작자가 판매한 자동차 중 환경부령으로 정하는 자동차의 온실가스 배출량의 합계를 해당 자동차 총 대수로 나누어 산출한 평균값(g/㎞)을 말한다.
11. "장거리이동대기오염물질"이란 황사, 먼지 등 발생 후 장거리 이동을 통하여 국가 간에 영향을 미치는 대기오염물질로서 환경부령으로 정하는 것을 말한다.

2 실내공기질의 유지·관리 [실내공기질 관리법(약칭: 실내공기질법)]

(1) 개 요 〈시행 2024. 3. 15.〉

1) 목적

이 법은 다중이용시설, 신축되는 공동주택 및 대중교통차량의 실내공기질을 알맞게 유지하고 관리함으로써 그 시설을 이용하는 국민의 건강을 보호하고 환경상의 위해를 예방함을 목적으로 한다.

2) 용어의 정의(법 제2조)

1. "다중이용시설"이라 함은 불특정다수인이 이용하는 시설을 말한다.
2. "공동주택"이라 함은 「건축법」 제2조 제2항 제2호의 규정에 의한 공동주택을 말한다.
2의2. "대중교통차량"이란 불특정인을 운송하는 데 이용되는 차량을 말한다.
3. "오염물질"이라 함은 실내공간의 공기오염의 원인이 되는 가스와 떠다니는 입자상 물질 등으로서 환경부령이 정하는 것을 말한다.

> 오염물질(규칙 제2조 관련, 별표 1) 〈개정 2019. 2. 13.〉
> 1. 미세먼지(PM-10)
> 2. 이산화탄소(CO_2;Carbon Dioxide)
> 3. 폼알데하이드(Formaldehyde)
> 4. 총부유세균(TAB;Total Airborne Bacteria)
> 5. 일산화탄소(CO;Carbon Monoxide)
> 6. 이산화질소(NO_2;Nitrogen dioxide)
> 7. 라돈(Rn;Radon)
> 8. 휘발성유기화합물(VOCs;Volatile Organic Compounds)
> 9. 석면(Asbestos)
> 10. 오존(O_3;Ozone)
> 11. 초미세먼지(PM-2.5)
> 12. 곰팡이(Mold)
> 13. 벤젠(Benzene)
> 14. 톨루엔(Toluene)
> 15. 에틸벤젠(Ethylbenzene)
> 16. 자일렌(Xylene)
> 17. 스티렌(Styrene)
>
> 4. "환기설비"라 함은 오염된 실내공기를 밖으로 내보내고 신선한 바깥공기를 실내로 끌어들여 실내공간의 공기를 쾌적한 상태로 유지시키는 설비를 말한다.
> 5. "공기정화설비"라 함은 실내공간의 오염물질을 없애거나 줄이는 설비로서 환기설비의 안에 설치되거나, 환기설비와는 따로 설치된 것을 말한다.

3) 적용대상(법 제3조)

이 법의 적용대상이 되는 공동주택은 다음 각 호의 공동주택으로서 100세대 이상으로 신축되는 것으로 한다(법 제3조 제2항).

1. 아파트
2. 연립주택
3. 기숙사

(2) 실내공기질 유지기준 등(법 제5조)

① 다중이용시설의 소유자 등은 다중이용시설 내부의 쾌적한 공기질을 유지하기 위한 기준에 맞게 시설을 관리하여야 한다.

② 공기질 유지기준은 환경부령으로 정한다. 이 경우 어린이, 노인, 임산부 등 오염물질에 노출될 경우 건강피해 우려가 큰 취약계층이 주로 이용하는 다중이용시설로서 대통령령으로 정하는 시설과 미세먼지 등 대통령령으로 정하는 오염물질에 대하여는 더욱 엄격한 공기질 유지기준을 정하여야 한다. 〈개정 2020. 5. 26.〉

③ 시·도지사는 공기질 유지기준이 설정되거나 변경된 때에는 이를 지체없이 환경부장관에게 보고하여야 한다. 〈개정 2020. 5. 26.〉

(3) 실내공기질 권고기준(법 제6조)

특별자치시장·특별자치도지사·시장·군수·구청장(자치구의 구청장을 말한다)은 다중이용시설의 특성에 따라 공기질 유지기준과는 별도로 쾌적한 공기질을 유지하기 위하여 환경부령으로 정하는 권고기준에 맞게 시설을 관리하도록 다중이용시설의 소유자 등에게 권고할 수 있다. 이 경우 제12조의2에 따른 취약계층 이용시설이 그 권고기준을 초과하면 해당 시설 소유자등에게 공기정화설비 또는 환기설비 등의 개선·대체·설치 등 필요한 조치를 요청할 수 있다.

(4) 다중이용시설의 소유자 등의 교육 등

1) 다중이용시설의 소유자등은 환경부령으로 정하는 바에 따라 특별자치시장·특별자치도지사·시장·군수·구청장이 실시하는 실내공기질 관리에 관한 교육을 받아야 한다(법 제7조 제1항 본문).

2) 위 1)에 따라 다중이용시설의 소유자·점유자 또는 관리자 등 관리책임이 있는 자(이하 "소유자등"이라 한다)가 받아야 하는 교육의 종류별 시기와 횟수는 다음 각 호의 구분에 따른다(시행규칙 제5조). 〈개정 2020. 4. 3.〉
① 신규교육 : 다중이용시설의 소유자 등이 된 날부터 1년 이내에 1회
② 보수교육 : 신규교육을 받은 날을 기준으로 3년마다 1회. 다만, 오염도검사 결과 실내공기질 유지기준에 맞게 시설을 관리하는 경우에는 보수교육을 면제한다.
③ 교육시간은 각 6시간으로 한다. 다만, 정보통신매체를 이용하여 원격교육을 실시하는 경우에는 환경부장관이 인정하는 시간으로 한다.
④ 「실내공기질 관리법 시행령」 제14조 제2항에 따라 교육업무를 위탁받은 자는 출장교육, 정보통신매체를 이용한 원격교육 등 교육대상자의 편의를 위한 대책을 마련하여야 한다.

(5) 신축 공동주택   **10회 출제**

1) 신축 공동주택의 실내공기질 관리(법 제9조)
① 환경부령으로 정하는 바에 따라 선정된 입주예정자의 입회하에 시공이 완료된 공동주택의 실내공기질을 스스로 측정하거나 환경부령으로 정하는 자로 하여금 측정하도록 하여 그 측정결과를 특별자치시장·특별자치도지사·시장·군수·구청장에게 제출하고, 입주 개시전에 입주민들이 잘 볼 수 있는 장소에 공고하여야 한다.
② 특별자치시장·특별자치도지사·시장·군·구청장은 제출된 측정결과를 환경부장관에게 보고하여야 하며 공보 또는 인터넷 홈페이지 등을 통하여 공개할 수 있다.

③ 실내공기질의 측정항목·방법, 측정결과의 제출·공고시기·장소 등에 관하여 필요한 사항은 환경부령으로 정한다. 〈개정 2020. 5. 26〉
④ 신축 공동주택의 쾌적한 공기질 유지를 위한 실내공기질 권고기준은 환경부령으로 정한다.
⑤ 환경부장관은 신축 공동주택의 소유자등이 실내공기질을 알맞게 유지·관리함으로써 쾌적한 실내환경에서 생활할 수 있도록 하기 위하여 공동주택의 실내공기질 관리지침을 개발하여 보급할 수 있다.

2) 신축 공동주택의 공기질 측정 등(규칙 제7조) `15·17·19회 출제`

① 신축 공동주택의 시공자가 실내공기질을 측정하는 경우에는 「환경분야 시험·검사 등에 관한 법률」에 따른 환경오염공정시험기준에 따라 하여야 한다. 〈개정 2018. 10. 18.〉
② 신축 공동주택의 실내공기질 측정항목은 다음 각 호와 같다. 〈시행 2018. 1. 1〉

| 1. 폼알데하이드 | 2. 벤젠 | 3. 톨루엔 | 4. 에틸벤젠 |
| 5. 자일렌 | 6. 스티렌 | 7. 라돈 | |

③ 신축 공동주택의 시공자는 실내공기질을 측정한 경우 주택 공기질 측정결과 보고(공고)를 작성하여 주민 입주 7일 전까지 특별자치시장·특별자치도지사·시장·군수·구청장에게 제출하여야 한다. 〈개정 2016. 12. 22.〉
④ 신축 공동주택의 시공자는 작성한 주택 공기질 측정결과 보고(공고)를 주민 입주 7일 전부터 60일간 다음 각 호의 장소 등에 주민들이 잘 볼 수 있도록 공고하여야 한다.
 ㉠ 공동주택 관리사무소 입구 게시판
 ㉡ 각 공동주택 출입문 게시판
 ㉢ 시공자의 인터넷 홈페이지
⑤ 특별시장·광역시장·특별자치시장·도지사 또는 특별자치도지사(이하 "시·도지사"라 한다) 또는 시장·군수·구청장은 실내공기질 측정결과를 공보 또는 인터넷 홈페이지 등에 공개할 수 있다.

3) 신축 공동주택의 실내공기질 권고기준(규칙 제7조의2 관련) `14·17·22·27회 출제`

신축 공동주택의 실내공기질 권고기준(규칙 제7조의2 관련, 별표 4의2) 〈개정 2018. 10. 18.〉
1. 폼알데하이드 210$\mu g/m^3$ 이하
2. 벤젠 30$\mu g/m^3$ 이하
3. 톨루엔 1,000$\mu g/m^3$ 이하
4. 에틸벤젠 360$\mu g/m^3$ 이하
5. 자일렌 700$\mu g/m^3$ 이하
6. 스티렌 300$\mu g/m^3$ 이하
7. 라돈 148Bq/m^3 이하

(6) 개선명령 등

1) 개선명령(법 제10조)

특별자치시장·특별자치도지사·시장·군수·구청장은 다중이용시설이 공기질 유지기준에 맞지 아니하게 관리되는 경우에는 환경부령으로 정하는 바에 따라 기간을 정하여 그 다중이용시설의 소유자 등에게 공기정화설비 또는 환기설비 등의 개선이나 대체 그 밖의 필요한 조치(이하 "개선명령")를 할 것을 명령할 수 있다.

2) 개선명령기간 등(규칙 제8조) 〈개정 2016. 12. 22.〉

① 특별자치시장·특별자치도지사·시장·군수·구청장은 법 제10조에 따라 공기정화설비 또는 환기설비 등의 개선이나 대체 그 밖의 필요한 조치(이하 "개선명령")를 명할 때에는 개선에 필요한 기간을 고려하여 1년의 범위 안에서 그 기간을 정하여야 한다.

② 개선명령을 받은 자가 천재지변 그 밖의 부득이한 사유로 인하여 개선기간 이내에 조치를 완료할 수 없는 경우에는 그 기간이 종료되기 전에 특별자치시장·특별자치도지사·시장·군수·구청장에게 개선기간의 연장을 신청할 수 있으며, 신청받은 특별자치시장·특별자치도지사·시장·군수·구청장은 1년의 범위 안에서 그 기간을 연장할 수 있다.(제3항).

(7) 오염물질방출 건축자재   **11회 출제**

1) 오염물질 방출 건축자재의 사용제한(법 제11조) 〈시행 2024. 3. 15.〉

① 다중이용시설 또는 공동주택(건강친화형 주택은 제외한다)을 설치(기존 시설 또는 주택의 개수 및 보수를 포함한다)하는 자는 다음 각 호의 어느 하나에 해당하는 건축자재를 사용하려는 경우 환경부장관이 관계 중앙행정기관의 장과 협의하여 환경부령으로 정하는 기준을 초과하지 아니하는 것으로 제2항에 따른 확인을 받고 제11조의6 제1항에 따른 표지를 붙인 건축자재만을 사용하여야 한다.

1. 접착제	2. 페인트	3. 실란트(sealant)
4. 퍼티(putty)	5. 벽지	6. 바닥재
7. 그 밖에 건축물 내부에 사용되는 건축자재로서 표면가공 목질판상(木質板狀) 제품 등 환경부령으로 정하는 것		

② 건축자재를 제조하거나 수입하는 자는 그 건축자재가 환경부령으로 정하는 기준을 초과하여 오염물질을 방출하는지 여부를 환경부령으로 정하는 시험기관에서 확인받은 후 다중이용시설 또는 공동주택을 설치하는 자에게 공급하여야 한다. 다만, 다른 법령에 따라 이 법에 준하는 확인을 받은 경우 등 대통령령으로 정하는 경우에는 본문에 따른 확인을 받지 아니하고 건축자재를 공급할 수 있다.

③ 위 ②에 따라 시험기관이 확인을 한 경우에는 환경부령[확인한 날부터 4년간 그 기록과 물질안전보건자료(확인 신청 시 제출한 경우만 해당한다), 시험확인서를 각각 보관하여야 한다]으로 정하는 바에 따라 그 기록을 보관하여야 한다.

2) 건축자재의 오염물질방출 기준(규칙 제10조)

건축자재의 오염물질 방출기준은 별표 5와 같다.

⬇ 건축자재의 오염물질 방출 기준(규칙 제10조 제1항 관련, 별표 5) 〈시행 2024. 3. 1.〉

종류 구분	오염물질	폼알데하이드	총휘발성 유기화합물	톨루엔
실란트		0.02 이하	1.5 이하	0.08 이하
접착제			2.0 이하	
페인트			2.5 이하	
바닥재			4.0 이상	
벽지			4.0 이하	
퍼티			20.0 이하	
표면가공 목질판상제품	2022. 1. 1.부터 적용되는 기준	0.05 이하	0.4 이하	

비고: 1. 위 표에서 오염물질의 종류별 측정단위는 ㎎/㎡·h로 한다. 다만, 실란트의 측정단위는 ㎎/m·h로 한다.

(8) 실내라돈조사의 실시 등

1) 실내라돈조사의 실시(법 제11조의7) 〈시행 2018.10.18.〉

환경부장관은 라돈(radon)의 실내 유입으로 인한 건강피해를 줄이기 위하여 실내공기 중 라돈의 농도 등에 관한 조사(이하 "실내라돈조사")를 실시할 수 있다. 환경부장관은 특정지역에 대하여 실내라돈조사가 필요한 경우에는 해당 지역을 관할하는 시·도지사에게 그 조사를 실시하게 할 수 있다. 시·도지사는 제3항에 따라 실내라돈조사를 실시한 경우에는 그 결과를 환경부장관에게 보고하여야 한다.

2) 라돈지도의 작성(법 제11조의8) 〈시행 2018. 10. 18.〉

① 환경부장관은 실내라돈조사의 실시 결과를 기초로 실내공기 중 라돈의 농도 등을 나타내는 지도(이하 "라돈지도")를 작성할 수 있다.
② 라돈지도의 작성기준, 작성방법 및 제공 등에 필요한 사항은 환경부령으로 정한다.

> **시행규칙 제10조의11 제1항, 제2항**(라돈지도의 작성기준 등)
> ① 라돈지도는 시·군·구 또는 읍·면·동 단위의 행정구역별 평균 라돈농도를 4단계 이상으로 구분하여 작성한다. 환경부장관은 라돈지도를 작성하는 경우에는 관계 행정기관에 제공하거나 환경부 인터넷 홈페이지를 통하여 공고할 수 있다.

3) 라돈관리계획의 수립·시행 등(법 제11조의9) 〈시행 2018.10.18.〉

① 환경부장관은 실내라돈조사의 실시 및 라돈지도의 작성 결과를 기초로 라돈으로 인한 건강피해가 우려되는 시·도가 있는 경우 「환경보건법」에 따른 환경보건위원회의 심의를 거쳐 해당 시·도지사에게 5년마다 라돈관리계획을 수립하여 시행하도록 요청할 수 있다. 이 경우 시·도지사는 특별한 사유가 없으면 지역주민들의 의견을 들어 관리계획을 수립하여야 한다.

② 관리계획에는 다음 각 호의 사항이 포함되어야 한다.
  1. 다중이용시설 및 공동주택 등의 현황
  2. 라돈으로 인한 실내공기오염 및 건강피해의 방지 대책
  3. 라돈의 실내 유입 차단을 위한 시설 개량에 관한 사항
  4. 그 밖에 라돈관리를 위하여 시·도지사가 필요하다고 인정하는 사항

4) 라돈저감공법의 사용 등 권고(법 제11조의10) 〈시행 2018. 10. 18.〉

① 시·도지사는 해당 시·도 내에서 라돈으로 인하여 건강상 위해가 우려되는 지역이 있는 경우에는 그 지역에서 다중이용시설 또는 공동주택 등을 설치(기존 시설 또는 주택 등의 개수 및 보수를 포함한다)하는 자에게 라돈의 실내 유입을 줄이기 위한 공법을 사용하는 등의 필요한 조치를 하도록 권고할 수 있다.

② 시·도지사는 해당 시·도 내 라돈 농도가 높은 다중이용시설 또는 공동주택 등의 소유자 등에게 실내 라돈 농도를 환경부령으로 정하는 기준에 맞게 관리하도록 권고할 수 있다.

> **시행규칙 제10조의12**(실내 라돈 농도의 권고기준) 〈개정 2018. 10. 18〉
> 다중이용시설 또는 공동주택의 소유자등에게 권고하는 실내 라돈 농도의 기준은 다음 각 호의 구분에 따른다.
> 1. 다중이용시설의 소유자등 : 별표 3에 따른 라돈의 권고기준
> 2. 공동주택의 소유자등 : 1세제곱미터당 148베크렐 이하

PROFESSOR COMMENT

우리 정부가 정한 라돈 안전 기준치는 4Pci/L(=148Bq/㎥)이다. 라돈 단위에는 방사성 물질의 농도 단위인 피코큐리(pCi/L)와 배출량 단위인 베크렐(Bq/㎥)이 있다. 우선, 1베크렐은 방사성 붕괴가 1초에 1번 일어나는 것을 뜻하고, 1큐리는 라돈 1g이 1초 동안 방출하는 방사능의 크기를, 1피코큐리는 1조분의 1큐리를 뜻한다. 1피코큐리(pCi/L)는 37베크렐(Bq/㎥)로 계산한다..

(9) 다중이용시설의 실내공기질의 측정

1) 실내공기질 측정의무자(법 제12조) 〈개정 2019. 4. 2.〉

다중이용시설의 소유자등은 실내공기질을 스스로 측정하거나 환경부령으로 정하는 자로 하여금 측정하도록 하고 그 결과를 10년 동안 기록·보존하여야 함이 원칙이다.

2) 실내공기질의 측정(규칙 제11조) 〈개정 2016. 12. 22.〉

① 다중이용시설의 소유자등은 실내공기질의 측정을 하는 경우에는 측정대상오염물질이 실내공기질 유지기준의 오염물질 항목에 해당하면 1년에 한 번, 실내공기질 권고기준의 오염물질 항목에 해당하면 2년에 한 번 측정하여야 한다.

1. 실내공기질 유지기준 : PM-10(미세먼지), PM-25(미세먼지), HCHO(폼알데하이드), 총부유세균, CO, CO_2
2. 실내공기질 권고기준 : 이산화질소, 라돈, 총휘발성유기화합물, 곰팡이

② 다중이용시설의 소유자 등은 실내공기질 측정결과를 10년간 보존하여야 한다.

3) 실내공기질 관리 종합정보망의 구축·운영(법 제12조의4)

환경부장관은 실내공기질의 종합적·체계적 관리를 위하여 실내공기질 관리 종합정보망을 구축·운영할 수 있다.

(10) 보고 및 검사 등(법 제13조)

① 시·도지사 또는 특별자치시장·특별자치도지사·시장·군수·구청장은 실내공기질 관리를 위하여 필요하다고 인정하는 때에는 다중이용시설의 소유자 등 또는 신축되는 공동주택의 시공자에게 필요한 보고를 하도록 하거나 자료를 제출하게 할 수 있으며, 관계 공무원으로 하여금 해당 다중이용시설 또는 신축되는 공동주택에 출입하여 오염물질을 채취하거나 관계서류 및 시설·장비 등을 검사하게 할 수 있다. 〈개정 2018. 4. 17.〉

② 시장·군수·구청장은 다중이용시설 및 신축 공동주택 오염도검사 결과를 환경부령으로 정하는 바에 따라 시·도지사에게 보고하여야 하며, 시·도지사는 시장·군수·구청장이 보고한 다중이용시설 및 공동주택 오염도검사 결과를 환경부장관에게 보고하여야 한다. 〈신설 2019. 4. 2.〉

(11) 과태료(법 제16조)

다음에 해당하는 자는 500만원 이하의 과태료를 부과한다.
㉠ 실내공기질관리에 관한 교육을 받지 아니한 자
㉡ 신축되는 공동주택의 실내공기질 측정결과를 제출·공고하지 아니하거나 거짓으로 제출·공고한 자
㉢ 실내공기질 측정을 하지 아니한 자 또는 측정결과를 기록·보존하지 아니하거나 거짓으로 기록하여 보존한 자
㉣ 자료제출 또는 보고를 이행하지 아니하거나 거짓으로 자료제출 또는 보고를 한 자
㉤ 관계 공무원의 출입·검사 또는 오염물질 채취를 거부·방해하거나 기피한 자

(12) 간접흡연의 방지 등(공동주택관리법 제20조의 2) 〈신설 2017. 8. 9. 시행 2018. 2. 10〉

① 공동주택의 입주자등은 발코니, 화장실 등 세대 내에서의 흡연으로 인하여 다른 입주자 등에게 피해를 주지 아니하도록 노력하여야 한다.

② 간접흡연으로 피해를 입은 입주자등은 관리주체에게 간접흡연 발생 사실을 알리고, 관리주체가 간접흡연 피해를 끼친 해당 입주자등에게 일정한 장소에서 흡연을 중단하도록 권고할 것을 요청할 수 있다. 이 경우 관리주체는 사실관계 확인을 위하여 세대 내 확인 등 필요한 조사를 할 수 있다.

③ 간접흡연 피해를 끼친 입주자등은 관리주체의 권고에 협조하여야 한다.

④ 관리주체는 필요한 경우 입주자등을 대상으로 간접흡연의 예방, 분쟁의 조정 등을 위한 교육을 실시할 수 있다.

⑤ 입주자등은 필요한 경우 간접흡연에 따른 분쟁의 예방, 조정, 교육 등을 위하여 자치적인 조직을 구성하여 운영할 수 있다.

3 소음 및 진동 관리

(1) 서 설

1) 의 의

소음관리란 소음을 방지하고 소음원을 제거하여 입주자의 쾌적한 주거생활을 보호하기 위한 관리활동을 말한다. 소음은 그 측정단위로서 데시벨(Decibel) 및 폰(Phon)을 사용한다. 데시벨은 음파의 진폭·음압의 대소에 의하여 음의 강도를 나타내는 단위이며, 폰은 주파수에 의하여 소리의 크기를 나타낸다.

2) 공동주택 소음측정기준(국토교통부 고시) 〈개정 2017.8.19.〉

제1장 총 칙

제1조(목적)
이 기준은 「주택건설기준 등에 관한 규정」 제9조 제2항의 규정에 따라 공동주택 건설지점의 실외소음도와 실내소음도의 소음측정기준을 정함을 목적으로 한다.

제2조(적용범위)
① 이 기준은 「주택법」에 의한 주택건설사업계획의 승인을 받아야 하는 공동주택에 적용한다.
② 이 기준에서 적용하는 실외소음도와 실내소음도는 도로와 철도 및 기타 소음발생시설(설치계획이 확정된 시설을 포함한다)에서 발생하는 소음을 대상으로 한다. 다만, 공동주택단지 내의 도로소음은 제외한다.

제3조(용어의 정의)
이 기준에서 사용하는 용어의 정의는 다음과 같다.

1. "등가소음도"라 함은 임의의 측정시간 동안 발생한 변동소음의 총 에너지를 같은 시간 내의 정상소음의 에너지로 등가하여 얻어진 소음도를 말한다.
2. "측정소음도"라 함은 이 기준에서 정한 방법으로 측정하거나 예측한 등가소음도를 말한다.
3. "외벽면"이라 함은 외기에 면해 창 또는 문이 배치되어 있는 벽면을 말한다. 발코니가 외기에 면해 있는 경우에는 이 발코니면을 외벽면으로 본다.
4. "청감보정회로의 A특성"이라 함은 인체의 청감각을 주파수 보정특성에 따라 A, B, C, F로 구분하는데, 이 보정회로 중 A회로를 통과해 계측하는 것을 말한다.
5. "지시치"라 함은 계기나 기록지상에서 판독한 소음도로서 실효치(rms값)를 말한다.
6. "배경소음"이라 함은 측정하고자 하는 소음 이외의 소음을 말한다.

제5조(소음계 사용방법 등)

① 소음계의 청감보정회로는 A특성에 고정하여 측정하여야 한다.
② 소음계의 동특성은 빠름(Fast)으로 맞추어 측정하여야 한다.
③ 소음계의 마이크로폰은 측정위치에 받침장치(삼각대 등)를 설치하여 측정하여야 한다. 다만, 손으로 소음계를 잡고 측정할 경우 소음계는 측정자의 몸으로부터 0.5m 이상 떨어져야 한다.
④ 소음계의 마이크로폰은 소음원을 향하도록 설치하여야 한다.
⑤ 실외소음 측정시 풍속이 2m/초 이상일 경우에는 반드시 마이크로폰에 방풍망을 부착하여야 하며, 풍속이 5m/초를 초과할 경우에는 측정하여서는 안 된다.
⑥ 진동이 많은 장소 또는 전자장(대형 전기기계 또는 고압선 등 근처)의 영향을 받는 곳에서는 방진, 차폐 등 적절한 방지책을 강구하여야 한다.

제4장 사용검사단계에서의 실외소음도 측정방법

제19조(측정장소)

① 예측한 실외소음도가 가장 높게 예측된 동의 외벽면으로부터 1미터 떨어진 지점에서 측정을 실시한다. 다만, 공동주택 단지가 2 이상의 도로나 철도에 면해 있는 경우에는 각각의 소음원에 대해 소음도가 가장 높게 예측된 동(棟)을 대상으로 측정을 실시하고, 2 이상의 소음원 영향을 동시에 받는 동(棟)이 소음도가 가장 높게 예측된 경우에는 해당 동(棟)에서만 측정한다.
② 5층 이하의 층에 대해서는 해당 동의 1층(필로티 포함)과 5층의 바닥면으로부터 1.2~1.5미터 높이에서 동시에 측정한다.
③ 6층 이상의 층에 대해서는 실외소음도를 예측한 층 중 소음도가 가장 높게 예측된 층을 포함하여 상하 1개층씩 총 3개층(6층의 경우에는 7층을 포함 2개층, 최상층의 경우에는 하층을 포함 2개층)의 바닥면으로부터 1.2~1.5미터 높이에서 동시에 측정을 실시한다. 다만, 사업계획 승인권자가 필요하다고 인정하는 경우에는 측정지점을 추가할 수 있다.

(2) 법령상 실외소음의 관리 등

1) 소음방지대책의 수립(주택법 제42조)

① 사업계획승인권자는 주택의 건설에 따른 소음의 피해를 방지하고 주택건설 지역 주민의 평온한 생활을 유지하기 위하여 주택건설사업을 시행하려는 사업주체에게 대통령령으로 정하는 바에 따라 소음방지대책을 수립하도록 하여야 한다.

> **소음방지대책의 수립**(주택건설기준 등에 관한 규정 제9조) 〈개정 2021. 1. 5〉
> 1. 사업주체는 공동주택을 건설하는 지점의 소음도(이하 "실외소음도")가 65데시벨 미만이 되도록 하되, 65데시벨 이상인 경우에는 방음벽·방음림(소음막이숲) 등의 방음시설을 설치하여 해당 공동주택의 건설지점의 소음도가 65데시벨 미만이 되도록 소음방지대책을 수립해야 한다. 다만, 공동주택이 도시지역(주택단지 면적이 30만㎡ 미만인 경우로 한정한다) 또는 「소음·진동관리법」에 따라 지정된 지역에 건축되는 경우로서 다음의 기준을 모두 충족하는 경우에는 그 공동주택의 6층 이상인 부분에 대하여 본문을 적용하지 않는다.
>   ㉠ 세대 안에 설치된 모든 창호를 닫은 상태에서 거실에서 측정한 소음도(이하 "실내소음도")가 45데시벨 이하일 것
>   ㉡ 공동주택의 세대 안에 「건축법 시행령」 기준에 적합한 환기설비를 갖출 것
> 2. 실외소음도와 실내소음도의 소음측정기준은 국토교통부장관이 환경부장관과 협의하여 고시한다.

② 사업계획승인권자는 대통령령으로 정하는 주택건설지역이 도로와 인접한 경우에는 해당 도로의 관리청과 소음방지대책을 미리 협의하여야 한다. 이 경우 해당 도로의 관리청은 소음 관계 법률에서 정하는 소음기준 범위 내에서 필요한 의견을 제시할 수 있다.

> **소음방지대책의 수립**(주택건설기준 등에 관한 규정 제9조 제5항)
> 1. 법 제42조의5 제2항 전단에서 "대통령령으로 정하는 주택건설지역이 도로와 인접한 경우"란 다음의 어느 하나에 해당하는 경우를 말한다. 다만, 주택건설지역이 「환경영향평가법 시행령」 별표 3 제1호의 사업구역에 포함된 경우로서 환경영향평가를 통하여 소음저감대책을 수립한 후 해당 도로의 관리청과 협의를 완료하고 개발사업의 실시계획을 수립한 경우는 제외한다.
>   ㉠ 「도로법」에 따른 고속국도로부터 300m 이내에 주택건설지역이 있는 경우
>   ㉡ 「도로법」에 따른 일반국도(자동차 전용도로 또는 왕복 6차로 이상인 도로만 해당)와 특별시도·광역시도(자동차 전용도로만 해당)로부터 150m 이내에 주택건설지역이 있는 경우
> 2. 위 1.의 ㉠과 ㉡의 거리를 계산할 때에는 도로의 경계선(보도가 설치된 경우에는 도로와 보도와의 경계선을)부터 가장 가까운 공동주택의 외벽면까지의 거리를 기준으로 한다.

2) 소음 등으로부터의 보호(주택건설기준 등에 관한 규정 제9조의2) 〈개정 2024. 1. 2.〉

① 공동주택·어린이놀이터·의료시설(약국은 제외한다)·유치원·어린이집·다함께돌봄센터 및 경로당(이하 이 조에서 "공동주택등"이라 한다)은 특정대기유해물질을 배출하는 공장, 소음배출시설이 설치되어 있는 공장 등의 일정한 시설로부터 수평거리 50미터 이상 떨어진 곳에 배치해야 한다. 다만, 위험물 저장 및 처리 시설 중 주유소(석유판매취

급소를 포함한다) 또는 시내버스 차고지에 설치된 자동차용 천연가스 충전소(가스저장 압력용기 내용적의 총합이 20세제곱미터 이하인 경우만 해당한다)의 경우에는 해당 주유소 또는 충전소로부터 수평거리 25미터 이상 떨어진 곳에 공동주택등(유치원, 어린이집 및 다함께돌봄센터는 제외한다)을 배치할 수 있다.

② 위 ①의 경우에도 공동주택등을 배치하려는 지점에서 소음·진동관리 법령으로 정하는 바에 따라 측정한 해당 소음배출시설이 설치되어 있는 공장의 소음도가 50데시벨 이하로서 공동주택등에 영향을 미치지 아니하거나 방음벽·수림대 등의 방음시설을 설치하여 50데시벨 이하가 될 수 있는 경우는 제외한다(동 규정 제1항 제4호).

③ 위 ①에 따라 공동주택 등을 배치하는 경우 공동주택 등과 특정대기유해물질을 배출하는 공장 등 사이의 주택단지 부분에는 방음림을 설치해야 한다. 다만, 다른 시설물이 있는 경우에는 그렇지 않다.

3) 공동주택 등의 배치(주택건설기준 등에 관한 규정 제10조)

① 도로(주택단지 안의 도로를 포함하되, 필로티에 설치되어 보도로만 사용되는 도로는 제외한다) 및 주차장(지하, 필로티, 그 밖에 이와 비슷한 구조에 설치하는 주차장 및 그 진출입로는 제외한다)의 경계선으로부터 공동주택의 외벽(발코니나 그 밖에 이와 비슷한 것을 포함한다. 이하 같다)까지의 거리는 2m 이상 띄어야 하며, 그 띄운 부분에는 식재등 조경에 필요한 조치를 하여야 한다. 다만, 다음의 어느 하나에 해당하는 도로로서 보도와 차도로 구분되어 있는 경우에는 그러하지 아니하다.

1. 공동주택의 1층이 필로티 구조인 경우 필로티에 설치하는 도로(사업계획승인권자가 인정하는 보행자 안전시설이 설치된 것에 한정한다)
2. 주택과 주택 외의 시설을 동일 건축물로 건축하고, 1층이 주택 외의 시설인 경우 해당 주택 외의 시설에 접하여 설치하는 도로(사업계획승인권자가 인정하는 보행자 안전시설이 설치된 것에 한정한다)
3. 공동주택의 외벽이 개구부가 없는 측벽인 경우 해당 측벽에 접하여 설치하는 도로

② 주택단지는 화재 등 재난발생시 소방활동에 지장이 없도록 다음의 요건을 갖추어 배치하여야 한다. 〈개정 2021. 1. 5〉
  ㉠ 공동주택의 각 세대로 소방자동차의 접근이 가능하도록 통로를 설치할 것
  ㉡ 주택단지 출입구의 문주(문기둥) 또는 차단기는 소방자동차의 통행이 가능하도록 설치할 것

③ 주택단지의 각 동의 높이와 형태 등은 주변의 경관과 어우러지고 해당 지역의 미관을 증진시킬 수 있도록 배치되어야 하며, 국토교통부장관은 공동주택의 디자인 향상을 위하여 주택단지의 배치 등에 필요한 사항을 정하여 고시할 수 있다.

옥외소음 방지대책

① 방음벽 설치: 공동주택과 소음원 간에 콘크리트벽 또는 알루미늄 방음판 등을 설치하여 소음전파로를 차단한다.
② 방음창 설치: 공동주택의 창문 등 개구부에 2중창 등을 설치하여 소음을 차단한다. 또한 창틀 사이의 공간에 흡음재를 사용하고 유리간격은 15cm 이상이어야 하며, 유리는 두꺼울수록 차음효과가 높다.
③ 방음림: 숲에 의한 소음감소효과는 그리 크지 않으나(2~3dB/10m) 시각에 의한 심리적 안정감을 주고 나뭇잎에 의한 마스킹효과(Masking Effect)도 거둘 수 있으므로 소음대책방안이 되고 있다.

3) 기타

건설공사장·공장 등의 소음의 경우 소음차단시설을 설치할 것을 요구하거나 심한 소음인 경우 공사 및 공장가동의 중지 또는 이전을 요구할 수 있으며, 사후에 보상도 받을 수 있을 것이다.

(3) 실내소음의 관리 (주택건설기준 등에 관한 규정 제14조)

1) 세대 간의 경계벽 등   11·20·27회 출제

① 공동주택 각 세대 간의 경계벽 및 공동주택과 주택 외의 시설 간의 경계벽은 내화구조로서 다음 각 호의 어느 하나에 해당하는 구조로 해야 한다.

1. 철근콘크리트조 또는 철골·철근콘크리트조로서 그 두께(시멘트 모르타르·회반죽·석고플라스터, 그 밖에 이와 유사한 재료를 바른 후의 두께를 포함)가 15cm 이상인 것
2. 무근콘크리트조·콘크리트블록조·벽돌조 또는 석조로서 그 두께(시멘트 모르타르·회반죽·석고플라스터, 그 밖에 이와 유사한 재료를 바른 후의 두께를 포함)가 20cm 이상인 것
3. 조립식 주택부재인 콘크리트판으로서 그 두께가 12cm 이상인 것
4. 제1호 내지 제3호의 것 외에 국토교통부장관이 정하여 고시하는 기준에 따라 한국건설기술연구원장이 차음성능을 인정하여 지정하는 구조인 것

② 경계벽은 이를 지붕밑 또는 바로 윗층바닥판까지 닿게 하여야 하며, 소리를 차단하는데 장애가 되는 부분이 없도록 설치하여야 한다. 이 경우 경계벽의 구조가 벽돌조인 경우에는 줄눈 부위에 빈틈이 생기지 아니하도록 시공하여야 한다.
③ 공동주택의 3층 이상인 층의 발코니에 세대 간 경계벽을 설치하는 경우에는 ① 및 ②의 규정에 불구하고 화재 등의 경우에 피난용도로 사용할 수 있는 피난구를 경계벽에 설치하거나 경계벽의 구조를 파괴하기 쉬운 경량구조 등으로 할 수 있다. 다만, 경계벽에 창고 기타 이와 유사한 시설을 설치하는 경우에는 그러하지 아니하다.
④ 피난구를 설치하거나 경계벽의 구조를 경량구조 등으로 하는 경우에는 그에 대한 정보를 포함한 표지 등을 식별하기 쉬운 위치에 부착 또는 설치하여야 한다.

2) 공동주택 층간소음의 방지 등(공동주택관리법 제20조) **19·20·22회 출제**

① 공동주택의 입주자등(임대주택의 임차인을 포함한다)은 공동주택에서 뛰거나 걷는 동작에서 발생하는 소음이나 음향기기를 사용하는 등의 활동에서 발생하는 소음 등 층간소음[벽간소음 등 인접한 세대 간의 소음(대각선에 위치한 세대 간의 소음을 포함한다)을 포함하며, 이하 "층간소음"이라 한다]으로 인하여 다른 입주자등에게 피해를 주지 아니하도록 노력하여야 한다. 〈개정 2023. 10. 24. 시행 2024. 4. 25.〉

② 층간소음으로 피해를 입은 입주자등은 관리주체에게 층간소음 발생 사실을 알리고, 관리주체가 층간소음 피해를 끼친 해당 입주자등에게 층간소음 발생을 중단하거나 소음 차단 조치를 권고하도록 요청할 수 있다. 이 경우 관리주체는 사실관계 확인을 위하여 세대 내 확인 등 필요한 조사를 할 수 있다. 〈개정 2020. 6. 9.〉

③ 층간소음 피해를 끼친 입주자등은 제2항에 따른 관리주체의 조치 및 권고에 협조하여야 한다. 〈개정 2017. 8. 9.〉

④ 위 ②에 따른 관리주체의 조치에도 불구하고 층간소음 발생이 계속될 경우에는 층간소음 피해를 입은 입주자등은 ⑦에 따른 공동주택 층간소음관리위원회에 조정을 신청할 수 있다. 〈시행 2024. 10. 25.〉

⑤ 공동주택 층간소음의 범위와 기준은 국토교통부와 환경부의 공동부령으로 정한다.

공동주택 층간소음의 범위와 기준에 관한 규칙 〈개정 2023. 1. 2.〉

1. 이 규칙은 「소음·진동관리법」 및 「공동주택관리법」 제20조제5항에 따라 공동주택 층간소음의 범위와 기준을 규정함을 목적으로 한다.

2. 층간소음의 범위(제2조) **24회 출제**

   공동주택 층간소음의 범위는 입주자 또는 사용자의 활동으로 인하여 발생하는 소음으로서 다른 입주자 또는 사용자에게 피해를 주는 다음의 소음으로 한다. 다만, 욕실, 화장실 및 다용도실 등에서 급수·배수로 인하여 발생하는 소음은 제외한다.

   ㉠ 직접충격 소음 : 뛰거나 걷는 동작 등으로 인하여 발생하는 소음
   ㉡ 공기전달 소음 : 텔레비전, 음향기기 등의 사용으로 인하여 발생하는 소음

3. 층간소음의 기준(제3조) **19·23·24회 출제**

   공동주택의 입주자 및 사용자는 공동주택에서 발생하는 층간소음을 별표에 따른 기준 이하가 되도록 노력하여야 한다.

층간소음의 구분		층간소음의 기준[단위 : dB(A)]	
		주간(06:00 ~ 22:00)	야간(22:00 ~ 06:00)
직접충격 소음	1분간 등가소음도	39	34
	최고소음도	57	52
공기전달 소음	5분간 등가소음도	45	40

> [비고]
> 1. 직접충격 소음은 1분간 등가소음도(Leq) 및 최고소음도(Lmax)로 평가하고, 공기전달 소음은 5분간 등가소음도(Leq)로 평가한다.
> 2. 층간소음의 측정방법은 「환경분야 시험·검사 등에 관한 법률」에 따라 환경부장관이 정하여 고시하는 소음·진동 관련 공정시험기준 중 동일 건물 내에서 사업장 소음을 측정하는 방법을 따르되, 1개 지점 이상에서 1시간 이상 측정하여야 한다.
> 3. <u>1분간 등가소음도 및 5분간 등가소음도는 위 3에 따라 측정한 값 중 가장 높은 값으로 한다.</u>
> 4. <u>최고소음도는 1시간에 3회 이상 초과할 경우 그 기준을 초과한 것으로 본다.</u>

⑥ 관리주체는 필요한 경우 입주자 등을 대상으로 층간소음의 예방, 분쟁의 조정 등을 위한 교육을 실시할 수 있다.

⑦ 입주자등은 층간소음에 따른 분쟁을 예방하고 조정하기 위하여 관리규약으로 정하는 바에 따라 다음 각 호의 업무를 수행하는 공동주택 층간소음관리위원회를 구성·운영할 수 있다. 다만, 의무관리대상 공동주택 중 700세대 이상인 경우에는 층간소음관리위원회를 구성하여야 한다. 〈시행 2024. 10. 25.〉
  1. 층간소음 민원의 청취 및 사실관계 확인
  2. 분쟁의 자율적인 중재 및 조정
  3. 층간소음 예방을 위한 홍보 및 교육
  4. 그 밖에 층간소음 분쟁 방지 및 예방을 위하여 관리규약으로 정하는 업무

⑧ 층간소음관리위원회는 다음 각 호의 사람으로 구성한다. 〈신설 2023. 10. 24.〉
  1. 입주자대표회의 또는 임차인대표회의의 구성원
  2. 선거관리위원회 위원
  3. 제21조에 따른 공동체 생활의 활성화를 위한 단체에서 추천하는 사람
  4. 제64조제1항에 따른 관리사무소장
  5. 그 밖에 공동주택관리 분야에 관한 전문지식과 경험을 갖춘 사람으로서 관리규약으로 정하거나 지방자치단체의 장이 추천하는 사람

⑨ 국토교통부장관은 층간소음의 피해 예방 및 분쟁 해결을 지원하기 위하여 다음 각 호의 업무를 수행하는 기관 또는 단체를 지정하여 고시할 수 있다. 〈신설 2023. 10. 24.〉
  1. 층간소음의 측정 지원
  2. 피해사례의 조사·상담
  3. 층간소음관리위원회의 구성원에 대한 층간소음 예방 및 분쟁 조정 교육
  4. 그 밖에 국토교통부장관 또는 지방자치단체의 장이 층간소음과 관련하여 의뢰하거나 위탁하는 업무

⑩ 층간소음관리위원회의 구성원은 제9항에 따라 고시하는 기관 또는 단체에서 실시하는 교육을 성실히 이수하여야 한다. 이 경우 교육의 시기·방법 및 비용 부담 등에 필요한 사항은 대통령령으로 정한다.

> 영 제21조의3(층간소음관리위원회 구성원의 교육)
> ① 법 제20조제9항에 따라 국토교통부장관이 정하여 고시하는 기관 또는 단체(이하 "층간소음분쟁해결지원기관")는 공동주택 층간소음관리위원회의 구성원에 대해 층간소음 예방 및 분쟁 조정 교육(이하 "층간소음예방등교육")을 하려면 다음 각 호의 사항을 교육 10일 전까지 공고하거나 교육대상자에게 알려야 한다.
>   1. 교육일시, 교육기간 및 교육장소
>   2. 교육내용
>   3. 교육대상자
>   4. 그 밖에 교육에 관하여 필요한 사항
> ② 층간소음관리위원회의 구성원은 매년 4시간의 층간소음예방등교육을 이수해야 한다.
> ③ 층간소음예방등교육은 집합교육의 방법으로 한다. 다만, 교육 참여현황의 관리가 가능한 경우에는 그 전부 또는 일부를 온라인교육으로 할 수 있다.
> ④ 층간소음분쟁해결지원기관은 층간소음예방등교육을 이수한 사람에게 수료증을 내주어야 한다. 다만, 교육수료사실을 층간소음관리위원회의 구성원이 소속된 층간소음관리위원회에 문서로 통보함으로써 수료증의 수여를 갈음할 수 있다.
> ⑤ 층간소음관리위원회의 구성원에 대한 층간소음예방등교육의 수강비용은 잡수입에서 부담한다.
> ⑥ 층간소음분쟁해결지원기관은 층간소음관리위원회 구성원의 층간소음예방등교육 참여현황을 엄격히 관리해야 한다.

⑪ 층간소음 피해를 입은 입주자등은 관리주체 또는 층간소음관리위원회의 조치에도 불구하고 층간소음 발생이 계속될 경우 공동주택관리 분쟁조정위원회나 「환경분쟁 조정 및 환경피해 구제 등에 관한 법률」 제4조에 따른 환경분쟁조정피해구제위원회에 조정을 신청할 수 있다.

3) 공동주택의 바닥

① 바닥충격음 성능등급 인정 등(주택법 제41조)
  ㉠ 국토교통부장관은 주택건설기준 중 공동주택 바닥충격음 차단구조의 성능등급을 대통령령으로 정하는 기준에 따라 인정하는 기관(이하 "바닥충격음 성능등급 인정기관")을 지정할 수 있다.
  ㉡ 바닥충격음 성능등급 인정기관은 성능등급을 인정받은 제품(이하 "인정제품")이 다음의 어느 하나에 해당하면 그 인정을 취소할 수 있다.
    ⓐ 거짓이나 그 밖의 부정한 방법으로 인정받은 경우(필수취소)
    ⓑ 인정받은 내용과 다르게 판매·시공한 경우
    ⓒ 인정제품이 국토교통부령으로 정한 품질관리기준을 준수하지 아니한 경우
    ⓓ 인정의 유효기간을 연장하기 위한 시험결과를 제출하지 아니한 경우
  ㉢ 바닥충격음 차단구조의 성능등급 인정의 유효기간 및 성능등급 인정에 드는 수수료 등 바닥충격음 차단구조의 성능등급 인정에 필요한 사항은 대통령령으로 정한다.

주택건설기준 등에 관한 규정 제60조의7
[공동주택 바닥충격음 차단구조의 성능등급 인정의 유효기간 등] 〈개정 2016.8.11.〉
① 공동주택 바닥충격음 차단구조의 성능등급 인정의 유효기간은 그 성능등급 인정을 받은 날부터 5년으로 한다.
② 공동주택 바닥충격음 차단구조의 성능등급 인정을 받은 자는 유효기간이 끝나기 전에 유효기간을 연장할 수 있다. 이 경우 연장되는 유효기간은 연장될 때마다 3년을 초과할 수 없다.
③ 공동주택 바닥충격음 차단구조의 성능등급 인정에 드는 수수료는 인정 업무와 시험에 사용되는 비용으로 하되, 인정 업무와 시험에 필수적으로 수반되는 비용을 추가할 수 있다.
④ 위 ①부터 ③까지에서 규정한 사항 외에 공동주택 바닥충격음 차단구조의 성능등급 인정의 유효기간 연장, 성능등급 인정에 드는 수수료 등에 관하여 필요한 세부적인 사항은 국토교통부장관이 정하여 고시한다.

  ㉣ 바닥충격음 성능등급 인정기관의 지정 요건 및 절차 등에 대하여는 대통령령으로 정한다.
  ㉤ 국토교통부장관은 바닥충격음 성능등급 인정기관이 다음의 어느 하나에 해당하는 경우 그 지정을 취소할 수 있다. 다만, ⓐ에 해당하는 경우에는 그 지정을 취소하여야 한다.
    ⓐ 거짓이나 그 밖의 부정한 방법으로 인정기관으로 지정을 받은 경우
    ⓑ 바닥충격음 차단구조의 성능등급의 인정기준을 위반하여 업무를 수행한 경우
    ⓒ 인정기관의 지정 요건에 맞지 아니한 경우
    ⓓ 정당한 사유 없이 2년 이상 계속하여 인정업무를 수행하지 아니한 경우

② 바닥구조(주택건설기준 등에 관한 규정 제14조의2) **24회 출제**
공동주택의 세대 내의 층간바닥(화장실의 바닥은 제외한다)은 다음의 기준을 모두 충족하여야 한다. 〈개정 2024. 7. 9.〉

1. 콘크리트 슬래브 두께는 210mm[라멘구조(보와 기둥을 통해서 내력이 전달되는 구조를 말한다)의 공동주택은 150mm] 이상으로 할 것. 다만, 다음 각 목의 어느 하나에 해당하는 주택의 층간바닥은 예외로 한다.
   ㉠ 법 제51조제1항에 따라 인정받은 공업화주택
   ㉡ 목구조(주요 구조부를 「목재의 지속가능한 이용에 관한 법률」에 따른 목재 또는 목재제품으로 구성하는 구조를 말한다) 공동주택
2. 각 층간 바닥은 바닥충격음 차단성능[바닥의 경량충격음(비교적 가볍고 딱딱한 충격에 의한 바닥충격음을 말한다) 및 중량충격음(무겁고 부드러운 충격에 의한 바닥충격음을 말한다)이 각각 49데시벨 이하인 성능을 말한다]을 갖춘 구조일 것. 다만, 다음 각 목의 층간바닥은 그렇지 않다.
   ㉠ 라멘구조의 공동주택(인정받은 공업화주택은 제외한다)의 층간바닥
   ㉡ 위 ㉠의 공동주택 외의 공동주택 중 발코니, 현관 등 국토교통부령으로 정하는 부분(발코니, 현관, 세탁실, 대피공간, 벽으로 구획된 창고, 그 외에 주택법에 따른 사업계획승인권자가 층간소음으로 인한 피해가능성이 적어 바닥충격음 성능기준 적용이 불필요하다고 인정하는 공간)의 층간바닥

③ 벽체 및 창호 등(주택건설기준 등에 관한 규정 제14조의3)

㉠ 500세대 이상의 공동주택을 건설하는 경우 벽체의 접합부위나 난방설비가 설치되는 공간의 창호는 국토교통부장관이 정하여 고시하는 기준에 적합한 결로방지 성능을 갖추어야 한다.

㉡ 위 ㉠에 해당하는 공동주택을 건설하려는 자는 세대 내의 거실·침실의 벽체와 천장의 접합부위(침실에 옷방 또는 붙박이 가구를 설치하는 경우에는 옷방 또는 붙박이 가구의 벽체와 천장의 접합부위를 포함한다), 최상층 세대의 천장부위, 지하주차장·승강기홀의 벽체부위 등 결로 취약부위에 대한 결로방지 상세도를 설계도서에 포함하여야 한다. 〈개정 2016. 10. 25.〉

㉢ 국토교통부장관은 결로방지 상세도의 작성내용 등에 관한 구체적인 사항을 정하여 고시할 수 있다.

(4) 생활소음·진동의 관리(소음·진동관리법) 〈개정 2023. 6. 13. 시행 2024. 6. 14〉

1) 의의
① 소음이란 기계·기구·시설, 그 밖의 물체의 사용 또는 공동주택(「주택법」에 따른 공동주택을 말한다) 등 환경부령으로 정하는 장소에서 사람의 활동으로 인하여 발생하는 강한 소리를 말한다(소음·진동관리법 제2조 제1호·제2호).
② "진동"이란 기계·기구·시설, 그 밖의 물체의 사용으로 인하여 발생하는 강한 흔들림을 말한다.
③ 생활소음·진동의 규제기준을 초과한 자에 대한 조치명령 등(법 제23조)
특별자치시장·특별자치도지사 또는 시장·군수·구청장은 생활소음·진동이 ②에 따른 규제기준을 초과하면 소음·진동을 발생시키는 자에게 작업시간의 조정, 소음·진동 발생행위의 분산·중지, 방음·방진시설의 설치, 환경부령으로 정하는 소음이 적게 발생하는 건설기계의 사용 등 필요한 조치를 명할 수 있다. 특별자치시장·특별자치도지사 또는 시장·군수·구청장은 조치명령을 받은 자가 이를 이행하지 아니하거나 이행하였더라도 규제기준을 초과한 경우에는 해당 규제대상의 사용금지, 해당 공사의 중지 또는 폐쇄를 명할 수 있다.

2) 생활소음·진동의 규제대상(규칙 제20조 제2항)
① 확성기에 의한 소음(「집회 및 시위에 관한 법률」에 따른 소음과 국가비상훈련 및 공공기관의 대국민 홍보를 목적으로 하는 확성기 사용에 따른 소음의 경우는 제외)
② 배출시설이 설치되지 아니한 공장에서 발생하는 소음·진동
③ 생활소음·진동의 규제대상 제외지역 외의 공사장에서 발생하는 소음·진동
④ 공장·공사장을 제외한 사업장에서 발생하는 소음·진동

3) 생활소음·진동의 규제기준(규칙 제20조 제3항 관련, 별표 8) 〈개정 2019. 12. 31.〉

① 생활소음 규제기준

13회 출제

[단위 : dB(A)]

대상지역	소음원	시간대	아침, 저녁 (05:00~07:00, 18:00~22:00)	주 간 (07:00~18:00)	야 간 (22:00~05:00)
주거지역	확성기	옥외설치	60 이하	65 이하	60 이하
		옥내에서 옥외로 소음이 나오는 경우	50 이하	55 이하	45 이하
	공 장		50 이하	55 이하	45 이하
	사업장	동일건물	45 이하	50 이하	40 이하
		기 타	50 이하	55 이하	45 이하
	공사장		60 이하	65 이하	50 이하
그 밖의 지역	확성기	옥외설치	65 이하	70 이하	60 이하
		옥내에서 옥외로 소음이 나오는 경우	60 이하	65 이하	55 이하
	공 장		60 이하	65 이하	55 이하
	사업장	동일건물	50 이하	55 이하	45 이하
		기 타	60 이하	65 이하	55 이하
	공사장		65 이하	70 이하	50 이하

비고
1. 대상지역의 구분은 「국토의 계획 및 이용에 관한 법률」에 따른다.
2. 규제기준치는 생활소음의 영향이 미치는 대상지역을 기준으로 하여 적용한다.
3. 공사장 소음규제기준은 주간의 경우 특정공사 사전신고 대상 기계·장비를 사용하는 작업시간이 1일 3시간 이하일 때는 +10dB을, 3시간 초과 6시간 이하일 때는 +5dB을 규제기준치에 보정한다.
4. 발파소음의 경우 주간에만 규제기준치(광산의 경우 사업장 규제기준)에 +10dB을 보정한다.
5. 공사장의 규제기준 중 다음 지역은 공휴일에만 −5dB을 규제기준치에 보정한다.
   가. 주거지역
   나. 「의료법」에 따른 종합병원, 「초·중등교육법」 및 「고등교육법」에 따른 학교, 「도서관법」에 따른 공공도서관의 부지경계로부터 직선거리 50m 이내의 지역

② 생활진동 규제기준

[단위 : dB(V)]

대상지역	시간대별	주 간 (06:00~22:00)	심 야 (22:00~06:00)
주거지역		65 이하	60 이하
그 밖의 지역		70 이하	65 이하

비고
1. 대상지역의 구분은 「국토의 계획 및 이용에 관한 법률」에 따른다.
2. 규제기준치는 생활진동의 영향이 미치는 대상지역을 기준으로 하여 적용한다.
3. 공사장의 진동규제기준은 주간의 경우 특정공사 사전신고 대상 기계·장비를 사용하는 작업시간이 1일 2시간 이하일 때는 +10dB을, 2시간 초과 4시간 이하일 때는 +5dB을 규제기준치에 보정한다.
4. 발파진동의 경우 주간에만 규제기준치에 +10dB을 보정한다.

(6) 교통소음·진동의 관리

1) 교통소음·진동의 관리기준(법 제26조)

교통기관에서 발생하는 소음·진동의 관리기준(이하 "교통소음·진동관리기준"이라 한다)은 환경부령으로 정한다. 이 경우 환경부장관은 미리 관계 중앙행정기관의 장과 교통소음·진동관리기준 및 시행시기 등 필요한 사항을 협의하여야 한다.

규칙 제25조(교통소음·진동의 관리기준) 〈개정 2019.12.31.〉
법 제26조에 따른 교통소음·진동의 관리기준은 별표 11과 같다.

[시행규칙 제25조 관련, 별표 11]

1. 도로

대상지역	구 분	한 도	
		주간(06:00~22:00)	야간(22:00~06:00)
주거지역	소음(Leqdb(A))	68	58
	진동(db(V))	65	60

2. 철도

대상지역	구 분	한 도	
		주간(06:00~22:00)	야간(22:00~06:00)
주거지역	소음(Leqdb(A))	70	60
	진동(db(V))	65	60

2) 교통소음·진동관리지역의 지정(법 제27조)

① 특별자치시장·특별시장·광역시장·특별자치도지사 또는 시장·군수(광역시의 군수는 제외한다)는 교통기관에서 발생하는 소음·진동이 교통소음·진동관리기준을 초과하거나 초과할 우려가 있는 경우에는 해당 지역을 교통소음·진동관리지역으로 지정할 수 있다.

② 환경부장관은 교통소음·진동의 관리가 필요하다고 인정하는 지역을 교통소음·진동관리지역으로 지정하여 줄 것을 특별시장·광역시장·특별자치시장·특별자치도지사 또는 시장·군수에게 요청할 수 있다. 이 경우 특별시장·광역시장·특별자치시장·특별자치도지사 또는 시장·군수는 특별한 사유가 없으면 그 요청에 따라야 한다.

제4장 환경관리

1 폐기물관리(폐기물관리법) 〈개정 2023. 8. 16, 시행 2024. 8. 17.〉

(1) 개 요

1) 용어의 정의(법 제2조)

1. "폐기물"이란 쓰레기, 연소재(燃燒滓), 오니(汚泥), 폐유(廢油), 폐산(廢酸), 폐알칼리 및 동물의 사체(死體) 등으로서 사람의 생활이나 사업활동에 필요하지 아니하게 된 물질을 말한다.
2. "생활폐기물"이란 사업장폐기물 외의 폐기물을 말한다.
3. "사업장폐기물"이란 「대기환경보전법」, 「물환경보전법」 또는 「소음·진동관리법」에 따라 배출시설을 설치·운영하는 사업장이나 그 밖에 대통령령으로 정하는 사업장에서 발생하는 폐기물을 말한다.
4. "지정폐기물"이란 사업장폐기물 중 폐유·폐산 등 주변 환경을 오염시킬 수 있거나 의료폐기물 등 인체에 위해를 줄 수 있는 해로운 물질로서 대통령령으로 정하는 폐기물을 말한다.
5. "의료폐기물"이란 보건·의료기관, 동물병원, 시험·검사기관 등에서 배출되는 폐기물 중 인체에 감염 등 위해를 줄 우려가 있는 폐기물과 인체조직 등 적출물, 실험동물의 사체 등 보건·환경보호상 특별한 관리가 필요하다고 인정되는 폐기물로서 대통령령으로 정하는 폐기물을 말한다.
5의2. "처리"란 폐기물의 수집, 운반, 보관, 재활용, 처분을 말한다.
6. "처분"이란 폐기물의 소각(燒却)·중화(中和)·파쇄(破碎)·고형화(固形化) 등의 중간처분과 매립하거나 해역(海域)으로 배출하는 등의 최종처분을 말한다.
7. "재활용"이란 다음의 어느 하나에 해당하는 활동을 말한다.
    가. 폐기물을 재사용·재생이용하거나 재사용·재생이용할 수 있는 상태로 만드는 활동
    나. 폐기물로부터 「에너지법」 제2조 제1호에 따른 에너지(연료·열 및 전기를 말한다)를 회수하거나 회수할 수 있는 상태로 만들거나 폐기물을 연료로 사용하는 활동으로서 환경부령으로 정하는 활동
8. "폐기물처리시설"이란 폐기물의 중간처분시설, 최종처분시설 및 재활용시설로서 대통령령으로 정하는 시설을 말한다.
9. "폐기물감량화시설"이란 생산공정에서 발생하는 폐기물의 양을 줄이고, 사업장 내 재활용을 통하여 폐기물 배출을 최소화하는 시설로서 대통령령으로 정하는 시설을 말한다.

2) 폐기물의 투기금지 등(법 제8조)

① 누구든지 특별자치시장, 특별자치도지사, 시장·군수·구청장이나 공원·도로 등 시설의 관리자가 폐기물의 수집을 위하여 마련한 장소나 설비 외의 장소에 폐기물을 버리거나, 특별자치시, 특별자치도, 시·군·구의 조례로 정하는 방법 또는 공원·도로 등 시설의 관리자가 지정한 방법을 따르지 아니하고 생활폐기물을 버려서는 아니 된다. 〈개정 2021. 1. 5.〉

② 누구든지 이 법에 따라 허가 또는 승인을 받거나 신고한 폐기물처리시설이 아닌 곳에서 폐기물을 매립하거나 소각하여서는 아니 된다. 다만, 제14조 제1항 단서에 따른 지역에서 해당 특별자치시, 특별자치도, 시·군·구의 조례로 정하는 바에 따라 소각하는 경우에는 그러하지 아니하다.

③ 특별자치시장, 특별자치도지사, 시장·군수·구청장은 토지나 건물의 소유자·점유자 또는 관리자가 청결을 유지하지 아니하면 해당 지방자치단체의 조례에 따라 필요한 조치를 명할 수 있다.

(2) 폐기물의 배출과 처리 `11회 출제`

1) 폐기물의 처리기준 등(법 제13조)

① 누구든지 폐기물을 처리하려는 자는 대통령령으로 정하는 기준과 방법을 따라야 한다. 다만, 제13조의2에 따른 폐기물의 재활용 원칙 및 준수사항에 따라 재활용을 하기 쉬운 상태로 만든 폐기물(이하 "중간가공 폐기물")에 대하여는 완화된 처리기준과 방법을 대통령령으로 따로 정할 수 있다.

> **영 제7조 제1항 제7호**(폐기물의 처리기준 등)
> 법 제46조 제1항에 따라 폐기물처리 신고를 한 자(이하 "폐기물처리 신고자")와 법 제5조 제1항에 따른 광역 폐기물처리시설 설치·운영자는 환경부령으로 정하는 기간(30일을 말한다. 다만, 폐기물처리 신고자가 고철을 재활용하는 경우에는 60일) 이내에 폐기물을 처리할 것(원칙)

② 의료폐기물은 검사를 받아 합격한 의료폐기물 전용용기만을 사용하여 처리하여야 한다.

2) 폐기물의 재활용 원칙 및 준수사항(법 제13조의2)

① 누구든지 다음 각 호를 위반하지 아니하는 경우에는 폐기물을 재활용할 수 있다.

> 1. 비산먼지, 악취가 발생하거나 휘발성유기화합물, 대기오염물질 등이 배출되어 생활환경에 위해를 미치지 아니할 것
> 2. 침출수(浸出水)나 중금속 등 유해물질이 유출되어 토양, 수생태계 또는 지하수를 오염시키지 아니할 것
> 3. 소음 또는 진동이 발생하여 사람에게 피해를 주지 아니할 것
> 4. 중금속 등 유해물질을 제거하거나 안정화하여 재활용제품이나 원료로 사용하는 과정에서 사람이나 환경에 위해를 미치지 아니하도록 하는 등 대통령령으로 정하는 사항을 준수할 것
> 5. 그 밖에 환경부령으로 정하는 재활용의 기준을 준수할 것

3) 폐기물처리 등의 구체적인 기준과 방법(규칙 제14조 관련)

> **폐기물의 처리에 관한 구체적 기준 및 방법**(규칙 제14조 관련, 별표 5) 〈개정 2024. 8. 16.〉
> 1. 생활폐기물의 기준 및 방법
>   라. 처리의 경우
>   1) 재활용이 가능한 폐기물은 법 제13조의2에 따라 재활용하여야 한다.
>   2) 매립되는 생활폐기물로 인하여 매립층 안에 공간이 생길 수 있는 건설폐재류·폐합성고분자화합물 및 폐고무류(가연성은 제외한다)에 해당하는 생활폐기물은 매립 시 공간이 최소화되도록 해체·압축·파쇄·절단 또는 용융한 후 매립하여야 하며, 오니의 경우에는 탈수·건조 등에 의하여 수분함량 85퍼센트 이하로 사전처리를 한 후에 매립하여야 한다.

3) 폐타이어, 폐가구류 및 폐가전제품은 매립공간이 최소화되도록 해체·압축·파쇄·절단 등을 한 후 매립하되, 그 잔재물 중 가연성폐기물은 소각하여야 한다.

4) 사용이 끝난 폐가전제품 중에 염화불화탄소 등의 냉매물질(오존층 파괴지수가 0인 물질은 제외한다)이 함유된 경우 이를 안전하게 회수하여야 한다.

5) 폐의약품과 폐농약은 소각하여야 한다.

2. 음식물류 폐기물의 기준 및 방법

　가. 수집·운반의 경우

　　1) 음식물류 폐기물을 재활용하기 위하여 수집·운반하는 경우에는 악취가 나거나 오수가 흘러나오는 것을 방지하기 위하여 적재함이 밀폐된 전용 운반차량으로 수집·운반하거나 밀폐된 전용 수거용기에 담아 운반하여야 한다.

　　2) 음식물류 폐기물은 탱크로리로 수집·운반하여야 한다. 다만, 밀폐된 전용 수거용기에 담아 수집·운반하는 경우에는 폐기물의 유출 또는 악취가 누출되지 않도록 적재함에 합성수지 등으로 제작된 포장으로 덮개를 설치하고, 침출수나 액상의 물질이 유출 또는 누출되지 않도록 방지턱 등을 설치한 차량으로 수집·운반할 수 있다.

　　3) 음식물류 폐기물의 전용 운반차량 및 전용 수거용기는 씻거나 소독하여 청결을 유지하여야 한다.

　　4) 외국에서 들어오는 선박·항공기에서 발생하는 음식물류 폐기물은 방역을 위하여 소독을 철저히 하여야 한다.

　나. 보관의 경우

　　1) 음식물류 폐기물은 특별자치시, 특별자치도, 시·군·구의 조례에서 정하는 바에 따라 전용봉투 또는 전용 수거용기에 분리하여 보관하여야 한다.

　　2) 음식물류 폐기물을 재활용하는 자는 악취가 나거나 오수가 흘러나오지 아니하도록 밀폐된 보관용기 또는 보관시설에 보관하여야 한다.

　다. 처리의 경우

　　1) 재활용이 가능한 폐기물은 법 제13조의2에 따라 재활용하여야 한다.

　　3) 영 제8조의4 각 호의 어느 하나에 해당하는 자가 음식물류 폐기물을 스스로 감량하는 경우에는 단독이나 공동으로 다음의 어느 하나에 해당하는 방법으로 감량하여야 하며, 감량된 음식물류 폐기물은 법 제13조의2에 따라 재활용하여야 한다.

　　　가) 가열에 의한 건조의 방법으로 부산물의 수분함량을 25% 미만으로 감량하여야 한다.

　　　나) 발효 또는 발효건조나 퇴비화·사료화 또는 부숙의 방법으로 처리하여 부산물의 수분함량을 40% 미만으로 하여야 한다.

　　4) 외국에서 들어오는 선박·항공기에서 발생하는 음식물류 폐기물은 소각하여야 한다.

　　5) "특별시·광역시·특별자치시·특별자치도 또는 시 지역에서 발생하는 음식물류 폐기물은 바로 매립하여서는 아니되며, 소각, 퇴비화, 사료화, 부숙, 탄화, 소화 또는 부숙토 생산 등의 공정에서 발생하는 재활용 용도에 맞지 아니한 협잡물(挾雜物)과 잔재물만을 매립하여야 한다. 다만, "특별시·광역시·특별자치시·특별자치도 또는 시 지역 중 환경부장관이 고시하여 정하는 산간·오지 또는 도서지역에서 발생하는 음식물류 폐기물은 그러하지 아니하다.

8) 음식물류 폐기물 처분시설 또는 재활용시설을 설치·운영하는 경우에는 해당 시설에 유입된 음식물류에 포함된 고형물 중에서 무게기준으로 2013년 1월 1일부터는 70% 이상을 동물 등의 먹이, 퇴비 등의 재활용제품의 원료로 사용(에너지 생산, 액비생산 등을 위하여 다른 시설로 옮겨서 재활용하는 경우를 포함한다)하여야 한다.

(3) 생활폐기물

1) 생활폐기물의 처리 등(법 제14조)

① 특별자치시장, 특별자치도지사, 시장·군수·구청장은 관할 구역에서 배출되는 생활폐기물을 처리하여야 한다. 다만, 환경부령으로 정하는 바에 따라 특별자치시장, 특별자치도지사, 시장·군수·구청장이 지정하는 지역은 제외한다.

규칙 제15조(생활폐기물관리 제외지역의 지정)
① 특별자치시장·특별자치도지사 또는 시장·군수·구청장은 법 제14조 제1항 단서에 따라 생활폐기물을 처리하여야 하는 구역에서 제외할 수 있는 지역(이하 "생활폐기물관리 제외지역"이라 한다)을 지정하는 경우에는 다음 각 호의 어느 하나에 해당하는 지역을 대상으로 하여야 한다.
1. 가구 수가 50호 미만인 지역
2. 산간·오지·섬지역 등으로서 차량의 출입 등이 어려워 생활폐기물을 수집·운반하는 것이 사실상 불가능한 지역
② 특별자치시장·특별자치도지사 또는 시장·군수·구청장은 생활폐기물관리 제외지역으로 지정된 지역 중 일정한 기간에만 다수인이 모이는 해수욕장·국립공원 등 관광지나 그 밖에 이에 준하는 지역에 대하여는 이용객의 수가 많은 기간에 한정하여 그 지정의 전부 또는 일부를 해제할 수 있다.

② 특별자치시장, 특별자치도지사, 시장·군수·구청장은 해당 지방자치단체의 조례로 정하는 바에 따라 대통령령으로 정하는 자에게 처리를 대행하게 할 수 있다.

③ ① 본문 및 ②에도 불구하고 폐기물처리신고를 한 자는 생활폐기물 중 폐지, 고철, 폐식용유(생활폐기물에 해당하는 폐식용유를 유출 우려가 없는 전용 탱크·용기로 수집·운반하는 경우만 해당한다) 등 환경부령으로 정하는 폐기물을 수집·운반 또는 재활용할 수 있다.

④ 특별자치시장, 특별자치도지사, 시장·군수·구청장은 생활폐기물을 처리할 때에는 배출되는 생활폐기물의 종류, 양 등에 따라 수수료를 징수할 수 있다. 이 경우 수수료는 해당 지방자치단체의 조례로 정하는 바에 따라 폐기물 종량제 봉투 또는 폐기물임을 표시하는 표지 등(이하 "종량제 봉투 등")을 판매하는 방법으로 징수하되, 음식물류 폐기물의 경우에는 배출량에 따라 산출한 금액을 부과하는 방법으로 징수할 수 있다.

2) 폐기물 배출자의 처리협조 등(법 제15조)

① 생활폐기물이 배출되는 토지나 건물의 소유자·점유자 또는 관리자(이하 "생활폐기물배출자")는 관할 특별자치시, 특별자치도, 시·군·구의 조례로 정하는 바에 따라 생활환경 보전상 지장이 없는 방법으로 그 폐기물을 스스로 처리하거나 양을 줄여서 배출하여야 한다.

② 생활폐기물배출자는 제1항에 따라 스스로 처리할 수 없는 생활폐기물의 분리·보관에 필요한 보관시설을 설치하고, 그 생활폐기물을 종류별, 성질·상태별로 분리하여 보관하여야 하며, 특별자치시, 특별자치도, 시·군·구에서는 분리·보관에 관한 구체적인 사항을 조례로 정하여야 한다. 〈개정 2019. 11. 26.〉

③ 특별자치시장, 특별자치도지사, 시장·군수·구청장은 제1항에 따라 음식물류 폐기물의 양을 줄여서 배출하기 위한 시설을 설치하거나 제2항에 따라 생활폐기물의 분리·보관에 필요한 보관시설을 설치하려는 생활폐기물배출자에게 시설의 설치에 필요한 비용의 전부 또는 일부를 지원할 수 있으며, 지원 시설의 종류 및 설치·관리 기준, 지원의 범위 등에 관한 구체적인 사항은 조례로 정할 수 있다. 〈신설 2019. 11. 26.〉

2 신에너지 및 재생에너지 개발·이용·보급·촉진법 제2조 〈시행 2022. 11. 15.〉 **24회 출제**

이 법에서 사용하는 용어의 뜻은 다음과 같다. 〈개정 2019. 1. 15.〉 **27회 출제**

1. "신에너지"란 기존의 화석연료를 변환시켜 이용하거나 수소·산소 등의 화학 반응을 통하여 전기 또는 열을 이용하는 에너지로서 다음 각 목의 어느 하나에 해당하는 것을 말한다.
   가. 수소에너지
   나. 연료전지
   다. 석탄을 액화·가스화한 에너지 및 중질잔사유(重質殘渣油)를 가스화한 에너지로서 대통령령으로 정하는 기준 및 범위에 해당하는 에너지
   라. 그 밖에 석유·석탄·원자력 또는 천연가스가 아닌 에너지로서 대통령령으로 정하는 에너지

2. "재생에너지"란 햇빛·물·지열(地熱)·강수(降水)·생물유기체 등을 포함하는 재생 가능한 에너지를 변환시켜 이용하는 에너지로서 다음 각 목의 어느 하나에 해당하는 것을 말한다.
   가. 태양에너지   나. 풍력   다. 수력
   라. 해양에너지   마. 지열에너지
   바. 생물자원을 변환시켜 이용하는 바이오에너지로서 대통령령으로 정하는 기준 및 범위에 해당하는 에너지
   사. 폐기물에너지(비재생폐기물로부터 생산된 것은 제외한다)로서 대통령령으로 정하는 기준 및 범위에 해당하는 에너지
   아. 그 밖에 석유·석탄·원자력 또는 천연가스가 아닌 에너지로서 대통령령으로 정하는 에너지

3. "신에너지 및 재생에너지 설비"(이하 "신·재생에너지 설비"라 한다)란 신에너지 및 재생에너지(이하 "신·재생에너지"라 한다)를 생산 또는 이용하거나 신·재생에너지의 전력계통 연계조건을 개선하기 위한 설비로서 산업통상자원부령으로 정하는 것을 말한다.

4. "신·재생에너지 발전"이란 신·재생에너지를 이용하여 전기를 생산하는 것을 말한다.

5. "신·재생에너지 발전사업자"란 「전기사업법」 제2조 제4호에 따른 발전사업자 또는 자가용전기설비를 설치한 자로서 신·재생에너지 발전을 하는 사업자를 말한다.

04 조경시설물관리

1 총 설

(1) 조경관리의 필요성

1) 수목의 경우 외부소음을 흡수하거나 신선한 공기를 공급하여 입주자 건강에 도움을 줄 뿐만 아니라 삭막한 도시공간에 자연적인 환경을 조성함으로써 입주자의 정서순화에도 도움을 주게 된다. 잔디의 경우에는 축대 등의 붕괴사고를 방지하는 기능도 수행한다.

2) 조경시설을 합리적으로 유지·보존하는 조경관리행위는 입주자의 육체적인 건강 외에도 정신적인 정서함양에 도움을 주어 공동주택의 쾌적한 주거환경을 조성하게 한다.

(2) 법적 근거 `12회 출제`

1) **대지의 조경**(건축법 제42조)

   면적이 200㎡ 이상인 대지에 건축을 하는 건축주는 용도지역 및 건축물의 규모에 따라 해당 지방자치단체의 조례로 정하는 기준에 따라 대지에 조경이나 그 밖에 필요한 조치를 하여야 한다. 다만, 조경이 필요하지 아니한 건축물로서 대통령령으로 정하는 건축물에 대하여는 조경 등의 조치를 하지 아니할 수 있으며, 옥상조경 등 대통령령으로 따로 기준을 정하는 경우에는 그 기준에 따른다.

2) **공동주택의 배치**(주택건설기준등에 관한 규정 제10조)

   ① 도로(주택단지 안의 도로를 포함하되, 필로티에 설치되어 보도로만 사용되는 도로는 제외한다) 및 주차장(지하, 필로티, 그 밖에 이와 비슷한 구조에 설치하는 주차장 및 그 진출입로는 제외한다)의 경계선으로부터 공동주택의 외벽(발코니나 그 밖에 이와 비슷한 것을 포함한다. 이하 같다)까지의 거리는 2m 이상 띄어야 하며, 그 띄운 부분에는 식재 등 조경에 필요한 조치를 하여야 한다. 다만, 다음의 어느 하나에 해당하는 도로로서 보도와 차도로 구분되어 있는 경우에는 그러하지 아니하다.

> 1. 공동주택의 1층이 필로티 구조인 경우 필로티에 설치하는 도로(사업계획승인권자가 인정하는 보행자 안전시설이 설치된 것에 한정한다)
> 2. 주택과 주택 외의 시설을 동일 건축물로 건축하고, 1층이 주택 외의 시설인 경우 해당 주택 외의 시설에 접하여 설치하는 도로(사업계획승인권자가 인정하는 보행자 안전시설이 설치된 것에 한정한다)
> 3. 공동주택의 외벽이 개구부가 없는 측벽인 경우 해당 측벽에 접하여 설치하는 도로

② 주택단지는 화재 등 재난발생 시 소방활동에 지장이 없도록 다음의 요건을 갖추어 배치하여야 한다.
　㉠ 공동주택의 각 세대로 소방자동차의 접근이 가능하도록 통로를 설치할 것
　㉡ 주택단지 출입구의 문주 또는 차단기는 소방자동차의 통행이 가능하도록 설치할 것
③ 주택단지의 각 동의 높이와 형태 등은 주변의 경관과 어우러지고 해당 지역의 미관을 증진시킬 수 있도록 배치되어야 하며, 국토교통부장관은 공동주택의 디자인 향상을 위하여 주택단지의 배치 등에 필요한 사항을 정하여 고시할 수 있다.

2 수목관리

(1) 수목의 식재

1) 식재관리의 목적
① 물리적 기능 : 인접해 있는 건물 은폐, 통로의 생 울타리 역할, 수림의 완충지대 형성 등
② 관상적 기능 : 아름다운 꽃·향기·나무의 모양을 즐김 등
③ 생물적·생태적 기능 : 녹지나 수림의 존재로 공기나 물의 정화작용을 꾀함.

2) 식재시기
나무는 통상 뿌리내리기가 어려운 여름철이나 겨울철은 피하고 봄이나 가을에 식재한다. 활엽수는 3월 또는 11월이 좋고 침엽수는 3~4월이 좋다. 또한 식재는 음수와 양수를 구분하여 배식(培植)한다.

3) 수목의 분류
상록수와 낙엽수(활엽수)로 크게 나누어지며 다시 교목·관목·만경류로 나눈다. 한편 정원수의 수형을 크게 나누면 자연수형과 인공수형의 두 가지가 있다. 정원수 등은 식재계획에 따라 심은 후 충분히 뿌리를 내릴 때까지 보호하고 육성하여야 한다. 또 너무 벌어지거나 형태가 일그러지는 수목은 적당한 시기에 전정을 해야 한다.

4) 식재 후의 유지관리
① 초기관리 : 이식작업과 그 관리이다. 심은 나무가 충분히 토지에 뿌리를 내려 정착할 때까지 주기적으로 물을 주어야 한다. 특히 가뭄이나 토양이 건조한 때에는 계속 관수(식재 후 1~2년째)하여 일정량의 습기를 유지해 주어야 한다. 관수는 구름 낀 날 이외에는 10시 이전, 일몰 직후에 하는 것이 원칙이다. 나무의 특성에 따라서는 지나친 수분이 생육에 지장을 초래하는 경우가 있으므로 지표면이나 심토층의 배수작업을 하여야 하는 경우도 있다.
② 안정기관리 : 식재한 수목은 일반적으로 2~3년이 경과하면 통상의 활력을 나타낸다. 그러나 너무 무성해지면 주위를 어둡게 하거나 외부조명을 방해하는 등 현상이 생기므로 적당한 정지·전정작업이 필요하게 된다.

(2) 잠복소에 의한 구제

약제에 의한 병충해 구제방법 이외에 잠복소를 설치하는 충해방제법이 있다.

① 설치목적 : 이는 짚 또는 가마니 등을 나무줄기에 감아서 월동하기 위해 나무줄기를 따라서 내려오는 유충을 유인하여 그 속에서 고치를 지어 겨울을 나게 한 다음 이를 제거하여 소각하는 방법으로 구제효과가 크다.

② 설치방법 : 잠복소를 나무의 둘레에 맞게 자른 다음 방한조치가 필요 없는 나무에 폭 30~40cm로 지면에서 1.5m 지점의 나무줄기에 설치하고 이탈되지 않도록 주트로프로 묶어준다.

③ 설치시기 : 유충의 섭식활동이 중지되는 10월 초에 설치한다.

④ 제거시기 : 다음 해 2월 중순경에 해체하여 소각한다.

(3) 시비(施肥 : 거름주기)

1) 시비시기

① 시비시기는 나무의 종류, 토양조건, 사용비료의 특성 등을 고려하여 결정하는 것이 원칙이나 복합비료를 2월 상순에서 3월 하순까지와 7월에 각 1회씩 시비한다.

② 이슬이 없는 오전 10시부터 오후 5시 사이에 시비한다.

③ 강우·강풍시에는 시비를 하지 않는다.

2) 시비시 주의사항

① 장마기간, 늦가을의 시비는 가급적 피한다.

② 비료가 나무에 직접 닿지 않도록 한다.

③ 인분·계분·퇴비 등은 충분히 부패된 것을 사용한다.

④ 과도한 양을 시비하지 않는다.

⑤ 사전지식 없이 유기질비료와 화학비료를 혼합·사용하지 않는다.

(4) 월동대책

1) 줄기싸기(새끼감기)

직사광선으로부터 줄기를 보호하고 병충해 침입을 방지하기 위하여 새끼 등으로 가지가 돋아난 부분 이하의 나무줄기를 감싸 준다.

2) 짚싸주기

동해를 방지하기 위하여 지상 1.5m 높이에 11월 중·하순에 설치하여, 3월 초순에 제거한다.

3) 뗏밥주기

땅 속 뿌리가 땅 위로 드러나는 것을 방지하기 위하여 흙으로 나무 주위를 덮어 주는 것을 말한다.

4) 뿌리덮기

수분이 증발하지 않도록 또는 잡초가 번성하지 않도록 뿌리 주위의 풀을 베어서 뿌리부분을 덮어 준다.

① 겨울철 눈이 많이 내리는 지역에서는 정원수보다 약간 높은 지주대를 나무 중심부에 세워 부러지기 쉬운 가지나 줄기를 새끼로 잡아 매주어 눈에 의한 피해를 방지할 수 있다. 겨울철 차가운 바람이 많은 지역에서는 짚으로 엮은 이엉으로 지붕을 씌우고 북쪽을 막아주는 방법과 짚다발을 나뭇가지에 걸쳐 한풍이나 추위를 보호하는 방법 등이 있다.

② 겨울철에도 눈이 적게 와서 가뭄이 계속될 경우에는 건조에 의한 피해가 우려되므로 적당한 양(㎡당 1ℓ 정도)의 물을 주어 피해를 예방해 주어야 한다.

(5) 전정(剪定)

전정은 가지를 치는 작업을 말한다. 불필요한 가지나 노쇠한 가지를 잘라 내어 나무가 노쇠하지 않고 건전하게 자랄 수 있도록 하고 미관상 주위환경에 어울리는 특수한 모양의 나무를 만들기 위해서도 전정을 한다.

1) 전정의 원칙

① 전정을 하는 목적을 세운다.
② 수목의 주지는 하나로 자라게 한다.
③ 전정은 나무의 윗부분에서 아랫부분으로 내려오면서 실시한다.
④ 나무의 원줄기에서부터 바깥쪽으로 전정해 나간다.
⑤ 가로수는 길이 1.8m 이하의 가지를 나무 아랫부분에서 전정하여 보행자에게 불편을 주지 않도록 한다.

2) 전정의 종류

① 적아(摘芽, 눈따주기) : 나무가 자라기 시작할 때 불필요한 눈을 따서 영양분의 손실을 방지한다.
② 적엽(摘葉, 잎솎아주기) : 나무에 햇빛과 바람이 잘 들게 하고 수분의 증발을 억제하기 위하여 잎을 솎아 주는 것을 말한다.
③ 적과(摘果, 열매솎아주기) : 나무의 영양분 손실을 막기 위하여 불필요한 열매를 제거하는 것을 말한다.
④ 절지(切枝, 가지자르기) : 나무의 생육이나 나무의 미관을 위해 가지를 쳐주는 것을 말한다.

(6) 고사목의 보식(補植)

인공조림(人工造林)에서, 묘목이 시들거나 상하여 공지(空地)가 생긴 경우 그곳에 묘목을 심는 일로써 공동주택의 조경을 위하여 식재한 공사에 대하여 사업주체는 3년간 하자보수책임을 진다(식재공사). 관리주체의 처리방법으로는 다음과 같은 것이 있다.

① 정기적으로 나무의 성장 여부를 점검한다.
② 하자담보책임기간(식재공사 3년) 내에 고사목이 생긴 경우 사업주체에 즉시 하자를 통보하며, 불응시에는 예치된 하자보수보증금을 인출하여 적당한 시기에 직접 보식한다.
③ 보식해야 할 나무는 하자보수기간 내에 고사하거나 원형을 잃은 것이며, 새로 보식할 나무는 고사목과 동등한 수목으로 식재하여야 한다.
④ 겨울철이나 여름철에 고사한 나무는 수급자와 함께 수종 및 수량을 파악한 후 지상 10cm에서 고사목을 절단하여 제거한 후 봄과 가을에 한꺼번에 보식한다.

3 잔디관리

(1) 잔디의 종류

잔디로 사용되는 종류로는 크게 한국잔디(들잔디, 금잔디, 넓은잎 금잔디, 갯잔디 등)와 서양잔디(왕포아풀, 벤트그래스, 버뮤다그래스 등)가 있다.

(2) 잔디깎기의 횟수와 시기

잔디깎기의 횟수는 잔디의 시비량이 많으면 왕성한 생육 때문에 자주 깎아야 하고, 봄보다는 여름에 자주 실시해야 한다. 대체로 5월 초순경부터 9월까지의 생육기에는 월 2회 이상 깎아주어야 바람직하나, 최소 월 1회 이상은 실시해서 잔디의 높이가 3~6cm 정도가 유지되도록 한다.

① 잔디깎기는 길이가 5cm 내외가 되도록 한다.
② 비온 후나 오전 중에는 습기로 인하여 잔디가 파헤쳐질 위험이 있으므로 피한다.
③ 키 큰 잔디를 깎는 경우에는 일단 높이 깎아 주고 서서히 높이를 낮추어 간다.
④ 잔디깎기는 빈도와 높이는 규칙적이어야 하고 기계방향을 일정하게 하여 미관에 유의한다.
⑤ 잔디깎기 전에 잡석 등을 제거하여 제초기의 칼날이 상하거나 엔진에 충격을 주는 것을 방지한다.
⑥ 깎아 낸 잔디는 미관이나 잔디의 생육을 고려하여 잔디밭에 방치하려 하지 말고 제거한다.
⑦ 잔디밭에 관목류가 심어져 있는 경우에는 잔디뿌리가 나무에 뻗어 들어가지 않도록 제거한다.
⑧ 한여름의 고온건조기간에는 지나치게 깎으면 생육이 나빠지는 수도 있다.

부록

제27회 주택관리사 기출문제

주택관리사 2차

제27회 기출문제

2024. 9. 28. 시행

공동주택관리실무

01

경록 '25 기본서
16쪽 출제

공동주택관리법상 용어의 정의로서 옳은 것은?

① "혼합주택단지"란 분양을 목적으로 한 공동주택과 단독주택(임대주택은 제외한다)이 함께 있는 공동주택단지를 말한다.
② "입주자"란 공동주택의 소유자 또는 그 소유자를 대리하는 배우자 및 직계가족(직계비속은 제외한다)을 말한다.
③ "주택관리사등"이란 주택관리사와 주택관리법인을 말한다.
④ "사용자"란 공동주택을 임차하여 사용하는 사람(임대주택의 임차인은 제외한다) 등을 말한다.
⑤ "임대주택"이란 「민간임대주택에 관한 특별법」에 따른 민간임대주택을 말하며, 「공동주택 특별법」에 따른 공동임대주택은 이에 포함되지 않는다.

> **해설**
> ① 단독주택(임대주택은 제외한다) → 임대주택
> ② 직계가족(직계비속은 제외한다) → 직계존비속(直系尊卑屬)
> ③ 주택관리법인 → 주택관리사보
> ⑤ "임대주택"이란 「민간임대주택에 관한 특별법」에 따른 민간임대주택 및 「공공주택 특별법」에 따른 공공임대주택을 말한다.

정답 01. ④

02 공동주택관리법령상 공동주택의 관리방법에 관한 설명으로 옳은 것은?

① 의무관리대상 공동주택은 입주자등이 자치관리할 수 없다.
② 의무관리대상 공동주택의 관리방법은 전체 입주자등의 5분의 1 이상이 서면으로 제안하고 전체 입자자등의 3분의 1 이상이 찬성하는 방법으로 결정할 수 있다.
③ 입주자대표회의는 해당 공동주택의 관리에 필요하다고 인정하는 경우 공동주택을 300세대 이상의 단위로 나누어 관리하게 할 수 있다.
④ 의무관리대상 공동주택 전환 신고를 하려는 자는 입주자등의 동의를 받은 날부터 15일 이내에 관할 시·도지사에게 신고하여야 한다.
⑤ 의무관리대상 전환 공동주택의 입주자등은 관리규약의 제정 신고가 수리된 날부터 3개월 이내에 입주자대표회의를 구성하여야 한다.

해설
① 입주자등은 의무관리대상 공동주택을 자치관리하거나 주택관리업자에게 위탁하여 관리하여야 한다.
② 의무관리대상 공동주택 관리방법의 결정 또는 변경방법
   1. 제안: 입주자대표회의의 의결 또는 전체 입주자등의 10분의 1 이상이 서면으로 제안
   2. 결정: 전체 입주자등 과반수 찬성으로 결정
③ 입주자대표회의는 500세대 이상의 단위로 나누어 관리하게 할 수 있다.
④ 입주자등의 동의를 받은 날부터 30일 이내에 관할 특별자치시장·특별자치도지사·시장·군수·구청장에게 신고서를 제출해야 한다.

03 민간임대주택에 관한 특별법상 주택임대관리업에 관한 설명으로 옳지 않은 것은?

① 주택임대관리업의 등록기관은 시장·군수·구청장이다.
② 주택임대관리업의 등록기관은 등록 사항의 변경 신고를 받은 때에는 신고를 받은 날부터 10일 이내에 신고수리 여부를 신고인에게 통지하여야 한다.
③ 주택임대관리의 등록이 말소된 후 2년이 지나지 아니한 자는 주택임대관리업의 등록을 할 수 없다.
④ 거짓으로 주택임대관리업의 등록을 한 경우 주택임대관리업의 등록기관은 그 등록을 말소하여야 한다.
⑤ 임대 목적 주택에 대한 임대차계약의 갱신 및 갱신거절은 주택임대관리업자의 업무범위에 해당한다.

해설
② 주택임대관리업의 등록기관은 등록 사항의 변경 신고 또는 말소신고를 받은 때에는 신고를 받은 날부터 5일 이내에 신고수리 여부를 신고인에게 통지하여야 한다.

정답 02. ⑤ 03. ②

04

경록 '25 기본서
18쪽 출제

공동주택관리법령상 공동주택의 관리주체에 관한 설명으로 옳은 것은?

① 임대사업자는 관리주체가 될 수 없다.
② 100세대 이상인 공동주택의 관리주체는 관리규약으로 정하는 바에 따라 입주자대표회의의 회의록을 입주자등에게 공개하여야 한다.
③ 주택 내부의 구조물을 교체하는 행위로서 입주자가 창틀을 교체하는 행위는 관리주체의 동의를 받아야 한다.
④ 관리주체는 전체 입주자 3분의 1 이상의 서면동의를 받은 경우에는 3년이 지나기 전에 장기수선계획을 조정할 수 있다.
⑤ 의무관리대상 공동주택의 관리주체는 회계연도마다 사업실적서 및 결산서를 작성하여 회계연도 종료 후 1개월 이내에 입자주대표회의에 제출하여야 한다.

해설
① 임대사업자는 관리주체에 해당한다. 한편, 주택임대관리업자는 시설물 유지·보수·개량 및 그 밖의 주택관리 업무를 수행하는 경우에 한정하여 관리주체가 된다.
② 300세대 이상인 공동주택의 관리주체는 회의록을 입주자등에게 공개하여야 하며, 300세대 미만인 공동주택의 관리주체는 관리규약으로 정하는 바에 따라 회의록을 공개할 수 있다.
④ 전체 입주자 3분의 1 이상 → 전체 입주자 과반수
⑤ 회계연도 종료 후 1개월 이내에 → 회계연도 종료 후 2개월 이내에

05

경록 '25 기본서
114쪽 출제

공동주택관리법령상 의무관리대상 공동주택의 관리주체에 대한 회계감사 등에 관한 설명으로 옳지 않은 것은?

① 회계감사는 공동주택 회계의 특수성을 고려하여 제정된 회계감사기준에 따라 실시되어야 한다.
② 입주자대표회의는 입주자등의 10분의 1 이상이 연서하여 감사인의 추천을 요구하는 경우 감사인의 추천을 의뢰한 후 추천을 받은 자 중에서 감사인을 선정하여야 한다.
③ 관리주체는 회계감사를 받은 경우에는 감사보고서 등 회계감사의 결과를 제출받은 날부터 1개월 이내에 입주자대표회의에 보고하고 해당 공동주택관리단지의 인터넷 홈페이지 및 동별 게시판에 공개하여야 한다.
④ 300세대 이상인 공동주택으로서 해당 연도에 회계감사를 받지 아니하기로 입주자등의 과반수의 서면동의를 받은 경우, 그 연도에는 회계감사를 받지 않아도 된다.
⑤ 회계감사의 감사인은 회계감사 완료일부터 1개월 이내에 회계감사 결과를 해당 공동주택을 관할하는 시장·군수·구청장에게 제출하고 공동주택관리정보시스템에 공개하여야 한다.

정답 04. ③ 05. ④

> **해설**
> ④ 입주자등의 과반수의 서면동의를 받은 경우 → 입주자등의 3분의 2 이상의 서면동의를 받은 경우
> (cf. 300세대 미만인 공동주택: 입주자등의 과반수의 서면동의)

06 공동주택관리법령상 선거관리위원회의 위원이 될 수 없는 사람을 모두 고른 것은?

> ㄱ. 피성년후견인 또는 피한정후견인
> ㄴ. 동별 대표자 후보자의 직계존비속
> ㄷ. 임기 중에 결격사유에 해당하여 동별 대표자에서 퇴임한 사람으로서 그 남은 임기 중에 있는 사람
> ㄹ. 선거관리위원회 위원에서 해임된 사람으로서 그 남은 임기 중에 있는 사람

① ㄱ ② ㄱ, ㄴ ③ ㄱ, ㄴ, ㄷ ④ ㄴ, ㄷ, ㄹ ⑤ ㄱ, ㄴ, ㄷ, ㄹ

> **해설**
> 영 제16조(선거관리위원회 위원의 결격사유 등)
> 1. 미성년자, 피성년후견인 또는 피한정후견인
> 2. 동별 대표자를 사퇴하거나 그 지위에서 해임된 사람 또는 퇴임한 사람으로서 그 남은 임기 중에 있는 사람
> 3. 선거관리위원회 위원을 사퇴하거나 그 지위에서 해임 또는 해촉된 사람으로서 그 남은 임기 중에 있는 사람

07 공동주택관리법령상 입주자대표회의의 구성에 관한 설명으로 옳지 않은 것은?

① 입주자대표회의는 4명 이상으로 구성한다.
② 하나의 공동주택단지를 여러 개의 공구로 구분하여 순차적으로 건설하는 경우, 먼저 이주하여 이미 입주자대표회의를 구성한 공구의 입주자들은 다음 공구의 입주예정자의 과반수가 입주한 때에는 다시 입주자대표회의를 구성하여야 한다.
③ 동별 대표자 선출공고에서 정한 각종 서류 제출 마감일을 기준으로, 해당 동별 대표자에서 해임된 날부터 2년이 지나지 아니한 사람은 동별 대표자가 될 수 없으며 그 자격을 상실한다.
④ 동별 대표자는 선거구별로 1명씩 선출하되, 후보자가 1명인 경우 해당 선거구 전체 입주자등의 과반수가 투표하고 과반수의 찬성으로 선출한다.
⑤ 최초의 입주자대표회의를 구성하기 위하여 동별 대표자를 선출하는 경우, 동별 대표자는 동별 대표자 선출공고에서 정한 각종 서류 제출 마감일을 기준으로 해당 공동주택단지 안에서 주민등록을 마친 후 계속하여 3개월 이상 거주하고 있어야 한다.

정답 06. ⑤ 07. ⑤

> 해설

⑤ 최초의 입주자대표회의를 구성하기 위하여 동별 대표자를 선출하는 경우, 동별 대표자는 동별 대표자 선출공고에서 정한 각종 서류 제출 마감일을 기준으로 해당 공동주택단지 안에서 주민등록을 마친 후 계속하여 3개월 이상 거주할 요건이 필요 없다.

08

경록 '25 기본서 84쪽 출제

공동주택관리법령상 입주자등이 관리주체의 동의를 받아야 하는 행위에 해당하지 <u>않는</u> 것은?

① 장애인 보조견을 사육함으로써 공동주거생활에 피해를 미치는 행위
② 공동주택에 광고물을 부착하는 행위
③ 기계실에 출입하는 행위
④ 방송시설을 사용함으로써 공동주거생활에 피해를 미치는 행위
⑤ 「환경친화적 자동차의 개발 및 보급 촉진에 관한 법률」에 따른 전기자동차의 이동형 충전기를 이용하기 위한 차량무선인식장치[전자태그(RFID tag)를 말한다]를 콘센트 주위에 부착하는 행위

> 해설

영 제19조(관리규약의 준칙)
② 입주자등은 다음 각 호의 어느 하나에 해당하는 행위를 하려는 경우에는 관리주체의 동의를 받아야 한다.
  1. 법 제35조제1항제3호에 따른 경미한 행위로서 주택내부의 구조물과 설비를 교체하는 행위
  2. 「소방시설 설치 및 관리에 관한 법률」 제16조제1항에 위배되지 아니하는 범위에서 공용부분에 물건을 적재하여 통행·피난 및 소방을 방해하는 행위
  3. 공동주택에 광고물·표지물 또는 표지를 부착하는 행위
  4. 가축(장애인 보조견은 제외한다)을 사육하거나 방송시설 등을 사용함으로써 공동주거생활에 피해를 미치는 행위
  5. 공동주택의 발코니 난간 또는 외벽에 돌출물을 설치하는 행위
  6. 전기실·기계실·정화조시설 등에 출입하는 행위
  7. 「환경친화적 자동차의 개발 및 보급 촉진에 관한 법률」 제2조제3호에 따른 전기자동차의 이동형 충전기를 이용하기 위한 차량무선인식장치[전자태그(RFID tag)를 말한다]를 콘센트 주위에 부착하는 행위

정답 08. ①

09

근로기준법령상 부당해고 등의 구제절차에 관한 설명으로 옳은 것은?

① 사용자가 근로자에게 부당해고를 하면 노동조합은 부당해고가 있었던 날부터 3개월 이내에 노동위원회에 구제를 신청할 수 있다.
② 노동위원회가 사용자에게 구제명령을 하는 경우 이행기간을 정하여야 하며, 그 이행기한은 사용자가 구제명령을 서면으로 통지받은 날부터 30일 이내로 한다.
③ 중앙노동위원회의 재심판정에 대하여 근로자는 재심판정서를 송달받은 날부터 20일 이내에 행정소송을 제기할 수 있다.
④ 중앙노동위원회의 재심판정은 행정소송 제기에 의하여 그 효력이 정지된다.
⑤ 노동위원회는 최초의 구제명령을 한 날을 기준으로 매년 3회의 범위에서 구제명령이 이행될 때까지 반복하여 이행강제금을 부과·징수할 수 있다.

해설
① 사용자가 근로자에게 부당해고등을 하면 근로자는 노동위원회에 구제를 신청할 수 있다.
③ 중앙노동위원회의 재심판정에 대하여 사용자나 근로자는 재심판정서를 송달받은 날부터 15일 이내에 「행정소송법」의 규정에 따라 소(訴)를 제기할 수 있다.
④ 노동위원회의 구제명령, 기각결정 또는 재심판정은 중앙노동위원회에 대한 재심 신청이나 행정소송 제기에 의하여 그 효력이 정지되지 아니한다.
⑤ 노동위원회는 최초의 구제명령을 한 날을 기준으로 매년 2회의 범위에서 구제명령이 이행될 때까지 반복하여 이행강제금을 부과·징수할 수 있다. 이 경우 이행강제금은 2년을 초과하여 부과·징수하지 못한다.

10

고용보험법령상 고용보험사업에 관한 설명으로 옳은 것을 모두 고른 것은?

ㄱ. 배우자의 직계존속이 사망한 경우는 육아휴직 급여 신청기간의 연장 사유에 해당하지 않는다.
ㄴ. 조기재취업 수당의 금액은 구직급여의 소정급여일수 중 미지급일수의 비율에 따라 구직급여일액에 미지급일수의 2분의 1을 곱한 금액으로 한다.
ㄷ. 이주비는 구직급여의 종류에 해당한다.
ㄹ. 실업급여를 받을 권리는 양도할 수 없지만 담보로 제공할 수는 있다.

① ㄱ   ② ㄴ   ③ ㄱ, ㄴ   ④ ㄷ, ㄹ   ⑤ ㄴ, ㄷ, ㄹ

해설
ㄷ. 실업급여는 구직급여와 취업촉진수당으로 구분한다. 취업촉진수당의 종류에는 조기(早期)재취업수당, 직업능력개발수당, 광역 구직활동비, 이주비가 있다.
ㄹ. 실업급여를 받을 권리는 양도 또는 압류하거나 담보로 제공할 수 없다.

정답 09. ②   10. ③

11

경록 '25 기본서 281쪽 출제

국민건강보험법상 건강보험 가입자의 자격 상실 시기로 옳지 않은 것은?

① 국내에 거주하지 아니하게 된 날
② 사망한 날의 다음 날
③ 국적을 잃은 날의 다음 날
④ 직장가입자의 피부양자가 된 날
⑤ 건강보험을 적용받고 있던 사람이 유공자등 의료보호대상자가 되어 건강보험의 적용배제신청을 한 날

해설

국민건강보험법 제10조(자격의 상실 시기 등)
① 가입자는 다음 각 호의 어느 하나에 해당하게 된 날에 그 자격을 잃는다.
　1. 사망한 날의 다음 날
　2. 국적을 잃은 날의 다음 날
　3. 국내에 거주하지 아니하게 된 날의 다음 날
　4. 직장가입자의 피부양자가 된 날
　5. 수급권자가 된 날
　6. 건강보험을 적용받고 있던 사람이 유공자등 의료보호대상자가 되어 건강보험의 적용배　제신청을 한 날

12

경록 '25 기본서 241쪽 출제

산업재해보상보험법상 보험급여에 관한 설명으로 옳지 않은 것은?

① 직업재활급여는 보험급여의 종류에 해당하지 아니한다.
② 업무상 사유로 인한 부상 또는 질병이 3일 이내의 요양으로 치유될 수 있으면 근로자에게 요양급여를 지급하지 아니한다.
③ 보험급여는 지급 결정일부터 14일 이내에 지급하여야 한다.
④ 유족보상연금 수급자격자인 유족이 사망한 근로자와의 친족 관계가 끝난 경우 그 자격을 잃는다.
⑤ 보험급여로서 지급된 금품에 대하여는 국가나 지방자치단체의 공과금을 부과하지 아니한다.

해설

보험급여의 종류는 다음 각 호와 같다. 다만, 진폐에 따른 보험급여의 종류는 요양급여, 간병급여, 장례비, 직업재활급여, 진폐보상연금 및 진폐유족연금으로 하고, 건강손상자녀에 대한 보험급여의 종류는 요양급여, 장해급여, 간병급여, 장례비, 직업재활급여로 한다.
　1. 요양급여　　2. 휴업급여　　3. 장해급여　　4. 간병급여
　5. 유족급여　　6. 상병(傷病)보상연금　　7. 장례비　　8. 직업재활급여

정답 11. ① 12. ①

13

환경친화적 자동차의 개발 및 보급 촉진에 관한 법률 시행령상 (　)에 들어갈 내용으로 옳은 것은?

> 제18조의6(전용주차구역의 설치기준) ① …〈생략〉…. 다만, 2022년 1월 28일 전에 건축허가를 받은 시설(이하 "기축시설"이라 한다) 중 다음 각 호의 자가 소유하고 관리하는 기축시설(이하 "공공기축시설"이라 한다)이 아닌 기축시설의 경우에는 해당 시설의 총주차대수의 (　) 이상의 범위에서 시·도의 조례로 정한다.
> 1. ~ 2. 〈생략〉

① 100분의 1   ② 100분의 2   ③ 100분의 3   ④ 100분의 4   ⑤ 100분의 5

해설

[환경친화적 자동차의 개발 및 보급 촉진에 관한 법령] [시행 2022. 1. 28.]

1. 100세대 이상의 아파트로서 「주차장법」에 따른 주차단위구획의 총 수(기계식주차장의 주차단위구획의 수를 제외한 "총주차대수")가 50개 이상인 시설 중 시·도조례로 정하는 시설은 전용주차구역 및 충전시설의 설치 대상시설이다.
2. 전용주차구역의 설치기준
   환경친화적 자동차 전용주차구역의 수는 해당 시설의 총주차대수의 100분의 5 이상의 범위에서 시·도의 조례로 정한다. 다만, 2022년 1월 28일 전에 건축허가를 받은 시설(이하 "기축시설") 중 "공공기축시설"이 아닌 기축시설의 경우에는 해당 시설의 총주차대수의 100분의 2 이상의 범위에서 시·도의 조례로 정한다.

14

주택건설기준 등에 관한 규칙상 (　)안에 들어갈 내용을 옳게 나열한 것은?

> 제7조(수해방지) ① 주택단지(단지경계선 주변외곽부분을 포함한다)에 비탈면이 있는 경우에는 다음 각호에서 정하는 바에 따라 수해방지등을 위한 조치를 하여야 한다.
> 1. 〈생략〉
> 2. 비탈면의 높이가 3미터를 넘는 경우에는 높이 (ㄱ)미터 이내마다 그 비탈면의 면적의 (ㄴ) 이상에 해당하는 면적의 단을 만들 것. 다만, 사업계획 승인권자가 그 비탈면의 토질·경사도 등으로 보아 건축물의 안전상 지장이 없다고 인정하는 경우에는 그러하지 아니하다.
> 3. 〈생략〉

① ㄱ: 3, ㄴ: 2분의 1   ② ㄱ: 3, ㄴ: 3분의 1   ③ ㄱ: 3, ㄴ: 5분의 1
④ ㄱ: 5, ㄴ: 3분의 1   ⑤ ㄱ: 5, ㄴ: 5분의 1

정답 13. ②　14. ③

> **해설**
>
> 제7조(수해방지)
> ① 주택단지(단지경계선 주변외곽부분을 포함한다)에 비탈면이 있는 경우에는 다음 각호에서 정하는 바에 따라 수해방지등을 위한 조치를 하여야 한다.
>   1. 석재·합성수지재 또는 콘크리트를 사용한 배수로를 설치하여 토양의 유실을 막을 수 있게 할 것
>   2. 비탈면의 높이가 3미터를 넘는 경우에는 높이 3미터 이내마다 그 비탈면의 면적의 5분의 1 이상에 해당하는 면적의 단을 만들 것. 다만, 사업계획승인권자가 그 비탈면의 토질·경사도 등으로 보아 건축물의 안전상 지장이 없다고 인정하는 경우에는 그러하지 아니하다.
>   3. 비탈면에는 나무심기와 잔디붙이기를 할 것. 다만, 비탈면의 안전을 위하여 필요한 경우에는 돌붙이기를 하거나 콘크리트격자블록 기타 비탈면보호용구조물을 설치하여야 한다.

15

다음 중 공동주택관리법 시행규칙상 장기수선계획의 수립기준에서 전면교체 수선주기가 가장 긴 것은?

① 보도블록 ② 어린이놀이시설 ③ 울타리
④ 조경시설물 ⑤ 안내표지판

> **해설**
>
> ③ 울타리(20년) 〉 ①보도블록, ②어린이놀이시설, ④조경시설물(15년) 〉 ⑤안내표지판(5년)

16

건축설비의 기본사항에 관한 설명으로 옳지 않은 것은?

① 잠열은 온도변화에 따라 유입 또는 유출되는 열이다.
② 노점온도는 습공기를 냉각하는 경우 포화상태로 되는 온도이다.
③ 열관류율은 건물외피의 단열성능을 나타내며 단위는 W/㎡·K이다.
④ 압력의 단위로 Pa이 사용된다.
⑤ 열은 매체를 통해 전도나 대류로 전달되지만 진공 중에서도 전달될 수 있다.

> **해설**
>
> ① 현열(Sensible heat)은 습공기의 수분 양이 일정한 상태에서 온도만 변하는 과정에서 출입되는 열을 의미하며, 온수난방 원리에 적용된다. 잠열(Latent heat)은 온도가 일정한 상태에서 수분의 양이 변하는(즉, 상태가 변하는) 과정에서 출입되는 열을 의미하며, 증기난방 원리에 적용된다.

정답 15. ③ 16. ①

17 실의 크기가 가로 10m, 세로 10m, 천장고 2.5m인 공동주택 관리사무소의 환기 횟수가 2회/h일 때, 이 실내의 CO_2 농도(ppm)는? (단 재실인원은 10명, 1인당 CO_2 발생량은 20 liter/h, 외기의 CO_2 농도는 450ppm으로 하고, 이 외의 조건은 고려하지 않음)

① 750 ② 800 ③ 850 ④ 900 ⑤ 950

해설
1. 환기횟수(회/시간) = 필요환기량 [㎥/h] ÷ 방의 용적(㎥)이므로
   2(회/) = 필요환기량 [㎥/h] ÷ [10 × 10 × 2.5](㎥)
   ∴ 필요환기량 [㎥/h] = 250 × 2 = 500
2. CO_2 발생량이 조건에 주어졌으므로,
   필요 환기량(㎥/h)=[실내의 총 CO_2 발생량(L/h)] ÷ (실내CO_2 허용농도-외기 CO_2 농도)]
   500 = [10 × (20 ÷ 1,000)] ÷ { X − [450 × (1÷1,000,000)]}
   ∴ X = 0.00085 = 850 × (1÷1,000,000) = 850 PPM

18 난방설비에 관한 설명으로 옳은 것은?

① 증기난방은 현열을 이용하므로 온수난방에 비해 열운반능력이 크다.
② 온수난방은 증기난방에 비해 예열시간이 짧다.
③ 복사난방은 대류난방에 비해 열용량이 작아 부하변동에 방열량 조절이 용이하다.
④ 증기난방에 사용되는 트랩으로 열동트랩, 버켓(bucket)트랩 등이 있다.
⑤ 온수난방에서는 배관의 길이를 줄이기 위해 역환수 배관방식이 사용된다.

해설
① 증기난방은 잠열을 이용하므로 온수난방에 비해 열운반능력이 크다.(cf. 온수난방은 현열 이용)
② 온수난방은 증기난방에 비해 예열시간이 길다.
③ 복사난방은 대류난방에 비해 가열면의 열용량이 커서 외기온도 급변에 따른 부하변동에 방열량 조절이 어렵다. 따라서 대처가 불리하다.
⑤ 온수난방에서는 온수균등공급 목적으로 역환수 배관방식이 사용된다.

19 실내공기질 관리법 시행규칙상 신축 공동주택의 실내공기질 권고기준으로 옳지 않은 것은?

① 폼알데하이드: 210 $\mu g/㎥$ 이하
② 벤젠: 300 $\mu g/㎥$ 이하
③ 톨루엔: 1,000 $\mu g/㎥$ 이하
④ 에틸벤젠: 360 $\mu g/㎥$ 이하
⑤ 라돈: 148 $Bq/㎥$ 이하

정답 17. ③ 18. ④ 19. ②

> 해설

신축 공동주택의 실내공기질 권고기준(규칙 제7조의2 관련, 별표 4의2)
1. 폼알데하이드 210μg/㎥ 이하
2. 벤젠 30μg/㎥ 이하
3. 톨루엔 1,000μg/㎥ 이하
4. 에틸벤젠 360μg/㎥ 이하
5. 자일렌 700μg/㎥ 이하
6. 스티렌 300μg/㎥ 이하
7. 라돈 148Bq/㎥ 이하

20

수도법 시행규칙상 저수조의 설치기준에 관한 내용으로 옳지 않은 것은?

① 저수조의 물이 일정 수준 이상 넘거나 일정 수준 이하로 줄어들 때 울리는 경보장치를 설치하여야 한다.
② 5세제곱미터를 초과하는 저수조는 청소·위생점검 및 보수 등 유지관리를 위하여 1개의 저수조를 둘 이상의 부분으로 구획하거나 저수조를 2개 이상 설치하여야 한다.
③ 저수조의 바닥은 배출구를 향하여 100분의 1 이상의 경사를 두어 설치하는 등 배출이 쉬운 구조로 하여야 한다.
④ 소화용수가 저수조에 역류되는 것을 방지하기 위한 역류방지장치가 설치되어야 한다.
⑤ 저수조의 맨홀부분은 건축물(천정 및 보 등)으로부터 90센티미터 이상 떨어져야 하며, 그 밖의 부분은 60센티미터 이상의 간격을 띄워야 한다.

> 해설

⑤ 저수조의 맨홀부분은 건축물(천정 및 보 등)으로부터 100센티미터 이상 떨어져야 하며, 그 밖의 부분은 60센티미터 이상의 간격을 띄워야 한다.

21

어린이놀이시설 안전관리법 시행령상 어린이놀이시설로 인하여 이용자가 피해를 입은 사고 중에서 "대통령이 정하는 중대한 사고"에 해당하는 것을 모두 고른 것은?

ㄱ. 1도 이상의 화상
ㄴ. 부상 면적이 신체 표면의 5퍼센트 이상인 부상
ㄷ. 하나의 사고로 인한 3명 이상의 부상
ㄹ. 골절상

① ㄱ, ㄴ   ② ㄱ, ㄹ   ③ ㄷ, ㄹ   ④ ㄱ, ㄴ, ㄷ   ⑤ ㄴ, ㄷ, ㄹ

정답 20. ⑤   21. ⑤

해설

영 제14조 [중대한 사고 등] 〈개정 2021. 6. 22.〉
① 법 제22조 제1항에 따른 "대통령령이 정하는 중대한 사고"란 어린이놀이시설로 인하여 이용자가 다음 각 호의 피해를 입은 사고를 말한다.
  1. 사망
  2. 하나의 사고로 인한 3명 이상의 부상
  3. 사고 발생일로부터 7일 이내에 48시간 이상의 입원 치료가 필요한 부상
  4. 골절상
  5. 수혈 또는 입원이 필요한 정도의 심한 출혈
  6. 신경, 근육 또는 힘줄의 손상
  7. 2도 이상의 화상
  8. 부상면적이 신체표면의 5% 이상인 부상
  9. 내장(內臟)의 손상

22

배수배관 계통에 설치되는 통기관 설비에 관한 설명으로 옳지 않은 것은?

① 공용통기관은 최하류 기구 배수관과 배수수직관 사이에 설치된다.
② 신정통기관은 배수수직관 상부에서 관경을 축소하지 않고 연장하여 대기 중에 개구한 통기관이다.
③ 각개통기관은 자기사이펀 작용의 방지 효과가 있다.
④ 결합통기관은 배수수직관과 통기수직관을 연결한 통기관이다.
⑤ 섹스티아 통기방식은 1개의 배수수직관으로 배수와 통기가 이루어지도록 한다.

해설

① 도피통기관은 루프통기관을 도와서 통기 능률을 향상시키기 위해 최하류 기구 배수관과 배수수직관 사이에 설치된다. 공용통기관은 위생기구 두 개에 한 개의 통기관을 설치하여 사용한다.

23

먹는물 수질기준 및 검사 등에 관한 규칙상 심미적 영향물질에 관한 기준 항목에 해당하지 않는 것은?

① 염소이온
② 경도
③ 색도
④ 페놀
⑤ 수소이온 농도

해설

④ 페놀은 건강상 유해영향 유기물질에 관한 기준 항목에 속한다.

정답 22. ① 23. ④

24

시설물의 안전 및 유지관리에 관한 특별법 시행령상 정밀안전점검 및 긴급안전점검의 결과보고서에 포함되어야 할 사항에 해당하지 않는 것은?

① 설계도면, 구조계산서 및 보수·보강 이력 등 자료 수집 및 분석
② 외관조사 결과분석, 재료시험 및 측정 결과 분석 등 현장조사 및 시험
③ 콘크리트 또는 강재 등 시설물의 상태평가
④ 시설물의 구조해석 등 안전성 평가
⑤ 종합결론 및 건의사항

해설

별표7. 안전점검등 결과보고서에 포함되어야 할 사항(제11조제3항 및 제13조제1항 관련)

1. 정기안전점검	2. 정밀안전점검 및 긴급안전점검	3. 정밀안전진단
(1) 시설물의 개요 및 이력사항, 점검의 범위 및 과업내용 등 정기안전점검의 개요	(1) 시설물의 개요 및 이력사항, 점검의 범위 및 과업내용 등 정밀안전점검 및 긴급안전점검의 개요	(1) 시설물의 개요 및 이력사항, 진단의 범위 및 과업내용 등 정밀안전진단의 개요
(2) 설계도면 및 보수·보강 이력 등 자료 수집 및 분석	(2) 설계도면, 구조계산서 및 보수·보강 이력 등 자료 수집 및 분석	(2) 설계도면, 구조계산서 및 보수·보강 이력 등 자료 수립 및 분석
(3) 외관조사 결과분석 등 현장조사	(3) 외관조사 결과분석, 재료시험 및 측정 결과분석 등 현장조사 및 시험	(3) 외관조사 결과분석, 재료시험 및 측정 결과분석 등 현장조사 및 시험
	(4) 콘크리트 또는 강재 등 시설물의 상태평가	(4) 콘크리트 또는 강재 등 시설물의 상태평가
		(5) 시설물의 구조해석 등 안전성 평가
		(6) 시설물의 종합평가
		(7) 보수·보강 방법
(4) 종합결론	(5) 종합결론 및 건의사항	(8) 종합결론 및 건의사항
(5) 그 밖에 정기안전점검에 관한 것으로서 국토교통부장관이 정하는 사항	(6) 그 밖에 정밀안전점검 및 긴급안전점검에 관한 것으로서 국토교통부장관이 정하는 사항	(9) 그 밖에 정밀안전진단에 관한 것으로서 국토교통부장관이 정하는 사항

정답 24. ④

25

공동주택관리법령상 의무관리대상 공동주택의 관리사무소장에 관한 내용이다. ( )에 들어갈 아라비아 숫자를 쓰시오.

> ○ (ㄱ)세대 미만의 공동주택에는 주택관리사를 갈음하여 주택관리사보를 해당 공동주택의 관리사무소장으로 배치할 수 있다.
> ○ 관리사무소장은 공동주택의 안전관리계획을 (ㄴ)년마다 조정하되, 관리여건상 필요하여 관리사무소장이 입주자대표회의의 구성원 과반수의 서면동의를 받은 경우에는 (ㄴ)년이 지나기 전에 조정 할 수 있다.
> ○ 입주자대표회의는 선임된 자치관리기구 관리사무소장이 해임되거나 그 밖의 사유로 결원이 되었을 때에는 그 사유가 발생한 날부터 (ㄷ)일 이내에 새로운 관리사무소장을 선임하여야 한다.

26

공동주택관리법령상 관리주체가 주민공동시설을 위탁하기 위한 절차에 관한 내용이다. ( )에 들어갈 용어를 쓰시오.

> ○ 「주택법」 제15조에 따른 사업계획승인을 받아 건설한 건설임대주택의 경우에는 다음 어느 하나에 해당하는 방법으로 제안하고 임차인 과반수의 동의를 받아야 한다.
> 가. (ㄱ)의 요청
> 나. 임차인 10분의 1 이상의 요청

27

민간임대주택에 관한 특별법령상 시장·군수·구청장이 주택임대관리업자에게 영업정지를 갈음하여 부과하는 과징금에 관한 내용이다. ( )에 들어갈 아라비아 숫자를 쓰시오.

> 과징금은 영업정지기간 1일당 (ㄱ)만원을 부과하되, 영업정지 1개월은 30일을 기준으로 한다. 이 경우 과징금은 (ㄴ)천만원을 초과할 수 없다.

정답 25. ㄱ.500 ㄴ.3 ㄷ.30   26. ㄱ.임대사업자   27. ㄱ.3 ㄴ,1

28

경록 '25 기본서
92쪽 출제

공동주택관리법령상 입주자대표회의의 의결을 위한 소집에 관한 내용이다. ( )에 들어갈 아라비아 숫자와 용어를 쓰시오.

> 입주자등의 10분의 1 이상이 요청하는 때에는 입주자대표회의의 회장은 해당일부터 (ㄱ)일 이내에 입주자대표회의를 소집해야 하며, 회장이 회의를 소집하지 않는 경우에는 (ㄴ)(으)로 정하는 이사가 그 회의를 소집하고 회장의 직무를 대행한다.

29

경록 '25 기본서
115쪽 출제

공동주택관리법상 회계서류 등의 작성·보관에 관한 내용이다. ( )에 들어갈 아라비아 숫자를 쓰시오.

> ① 의무관리대상 공동주택의 관리주체는 관리비등의 징수·보관·예치·집행 등 모든 거래 행위에 관하여 월별로 작성한 장부 및 그 증빙서류를 해당 회계연도 종료일부터 (ㄱ)년간 보관하여야 한다. 이 경우 관리주체는 「전자문서 및 전자거래 기본법」 제2조제2호에 따른 정보처리시스템을 통하여 장부 및 증빙서류를 작성하거나 보관할 수 있다.

30

경록 '25 기본서
201쪽 출제

최저임금법상 용어의 정의와 최저임금의 결정에 관한 내용이다. ( )에 들어갈 용어를 쓰시오.

> 제2조(정의) 이 법에서 "근로자", "사용자" 및 "임금"이란 「(ㄱ)」 제2조에 따른 근로자, 사용자 및 임금을 말한다.
> 제4조(최저임금의 결정기준과 구분) ① 최저임금은 근로자의 생계비, 유사 근로자의 임금, 노동생산성 및 소득분배율 등을 고려하여 정한다. 이 경우 사업의 종류별로 구분하여 정할 수 있다.
> ② 제1항에 따른 사업의 종류별 구분은 제12조에 따른 (ㄴ)의 심의를 거쳐 고용노동부장관이 정한다.

정답   28. ㄱ.14 ㄴ.관리규약   29. ㄱ.5   30. ㄱ.근로기준법 ㄴ.최저임금위원회

31

남녀고용평등과 일·가정 양립 지원에 관한 법령상 육아휴직 종료에 관한 내용이다. ( )에 들어갈 아라비아 숫자를 쓰시오.

> 시행령 제14조(육아휴직의 종료)
> ① 육아휴직 중인 근로자는 다음 각 호의 구분에 따른 사유가 발생하면 그 사유가 발생한 날부터 (ㄱ)일 이내에 그 사실을 사업주에게 알려야 한다.
> 1. 임신 중인 여성 근로자가 육아휴직 중인 경우: 유산 또는 사산
> 2. 제1호 외의 근로자가 육아휴직 중인 경우
>   가. 해당 영유아의 사망
>   나. 〈생략〉
> ② 사업주는 제1항에 따라 육아휴직 중인 근로자로부터 영유아의 사망 등에 대한 사실을 통지받은 경우에는 통지받은 날부터 (ㄴ)일 이내로 근무개시일을 지정하여 그 근로자에게 알려야 한다.

32

노동조합 및 노동관계조정법상 근로자의 구속제한에 관한 내용이다. ( )에 들어갈 용어를 쓰시오.

> 제39조(근로자의 구속제한) 근로자는 쟁의행위 기간 중에는 (ㄱ)외에는 이 법 위반을 이유로 구속되지 아니한다.

33

건축물의 설비기준 등에 관한 규칙상 신축공동주택등의 기계환기설비의 설치기준에 관한 내용이다. ( )에 들어갈 아라비아 숫자를 쓰시오.

> 외부에 면하는 공기흡입구와 배기구는 교차오염을 방지할 수 있도록 (ㄱ)미터 이상의 이격거리를 확보하거나, 공기흡입구와 배기구의 방향이 서로 (ㄴ)도 이상 되는 위치에 설치되어야 하고 화재 등 유사 시 안전에 대비할 수 있는 구조와 성능이 확보되어야 한다.

정답 31. ㄱ.7 ㄴ.30 32. ㄱ.현행범 33. ㄱ.1.5 ㄴ.90

34

경록 '25 기본서 618쪽 출제

주택건설기준 등에 관한 규정상 ( )에 들어갈 아라비아 숫자를 쓰시오.

> 제14조(세대 간의 경계벽 등) ① 공동주택 각 세대 간의 경계벽 및 공동주택과 주택 외의 시설 간의 경계벽은 내화구조로서 다음 각 호의 어느 하나에 해당하는 구조로 해야 한다.
> 1. 철근콘크리트조 또는 철골·철근콘크리트조로서 그 두께(시멘트모르타르, 회반죽, 석고플라스터, 그 밖에 이와 유사한 재료를 바른 후의 두께를 포함한다)가 (ㄱ)센티미터 이상인 것
> 2. ~ 4. 〈생략〉
> ② ~ ⑥

35

경록 '25 기본서 402쪽 출제

소방시설 설치 및 관리에 관한 법률 시행규칙상 소방시설등 자체점검 시 준수해야 할 사항에 관한 내용이다. ( )에 들어갈 아라비아 숫자를 쓰시오.

> 6. 공동주택(아파트등으로 한정한다) 세대별 점검방법은 다음과 같다.
>   가. ~ 나. 〈생략〉
>   다. 관리자는 수신기에서 원격 점검이 불가능한 경우 매년 작동점검만 실시하는 공동주택은 1회 점검 시 마다 전체 세대수의 (ㄱ)퍼센트 이상, 종합점검을 실시하는 공동주택은 1회 점검 시마다 전체 세대수의 (ㄴ)퍼센트 이상 점검하도록 자체점검 계획을 수립·시행해야 한다.

36

경록 '25 기본서 631쪽 출제

신에너지 및 재생에너지 개발·이용·보급 촉진법상 ( )에 들어갈 용어를 쓰시오.

> 제2조(정의) 이 법에서 사용하는 용어의 뜻은 다음과 같다.
> 1. "신에너지"란 기존의 화석연료를 변환시켜 이용하거나 수소·산소 등의 화학 반응을 통하여 전기 또는 열을 이용하는 에너지로서 다음 각 목의 어느 하나에 해당하는 것을 말한다.
>   가. (ㄱ)
>   나. 연료전지
>   다. 석탄을 액화·가스화한 에너지 및 중질잔사유(重質殘渣油)를 가스화한 에너지로서 대통령령으로 정하는 기준 및 범위에 해당하는 에너지
>   라. 그 밖에 석유·석탄·원자력 또는 천연가스가 아닌 에너지로서 대통령령으로 정하는 에너지

정답 34. ㄱ.15   35. ㄱ.50 ㄴ.30   36. ㄱ.수소에너지 (*연속 3년간 출제)

37

공동주택의 화재안전성능기준(NFPC 608)상 ( )에 들어갈 아라비아 숫자를 쓰시오.

> 제7조(스프링클러설비) 스프링클러설비는 다음 각 호의 기준에 따라 설치해야 한다.
> 1. ~ 3. 〈생략〉
> 4. 아파트등의 세대 내 스프링클러헤드를 설치하는 경우 천장·반자·천장과 반자 사이·덕트·선반등의 각 부분으로부터 하나의 스프링클러헤드까지의 수평거리는 (ㄱ)미터 이하로 할 것.
> 5. 외벽에 설치된 창문에서 (ㄴ)미터 이내에 스프링클러헤드를 배치하고, 배치된 헤드의 수평거리 이내에 창문이 모두 포함되도록 할 것. 다만, 다음 각 목의 어느 하나에 해당하는 경우에는 그렇지 않다
>   가. 창문에 드렌처 설비가 설치된 경우
>   나. 창문과 창문 사이의 수직 부분이 내화구조로 (ㄷ)센티미터 이상 이격되어 있거나, 「발코니 등의 구조변경절차 및 설치기준」 제4조제1항부터 제5항까지에서 정하는 구조와 성능의 방화판 또는 방화유리창을 설치한 경우
>   다. 〈생략〉

38

건축물의 에너지절약설계기준상 전기설비부문에 관한 용어의 정의이다. ( )에 들어갈 용어를 쓰시오.

> (ㄱ)(이)라 함은 승강기가 균형추보다 무거운 상태로 하강(또는 반대의 경우)할 때 모터는 순간적으로 발전기로 동작하게 되며, 이 때 생산되는 전력을 다른 회로에서 전원으로 활용하는 방식으로 전력소비를 절감하는 장치를 말한다.

정답 37. ㄱ.2.6 ㄴ.0.6 ㄷ.90   38. ㄱ.회생제동장치 *2024.8.8. 개정, 시행된 내용 출제

39 주택건설기준 등에 관한 규칙상 ( )에 들어갈 아라비아 숫자를 쓰시오.

> 제8조(냉방설비 배기장치 설치공간의 기준) ① 영 제37조제6항에서 "국토교통부령으로 정하는 기준"이란 다음 각 호의 요건을 모두 갖춘 것을 말한다.
> 1. ~ 2. 〈생략〉
> 3. 세대별 주거전용면적이 (ㄱ)제곱미터를 초과하는 경우로서 세대 내 거실 또는 침실이 2개 이상인 경우에는 거실을 포함한 최소 (ㄴ)개의 공간에 냉방설비 배기장치 연결배관을 설치할 것

40 도시가스사업법 시행규칙상 가스사용시설의 시설·기술·검사기준에 관한 내용이다. ( )에 들어갈 아라비아 숫자를 쓰시오.

> 입상관과 화기(그 시설 안에서 사용하는 자체화기는 제외한다) 사이에 유지해야 하는 거리는 우회거리 (ㄱ)m 이상으로 하고, 환기가 양호한 장소에 설치해야 하며 입상관의 밸브는 바닥으로부터 (ㄴ)m 이상 2m 이내에 설치할 것. 다만, 보호상자에 설치하는 경우에는 그러하지 아니하다.

정답 39. ㄱ.50 ㄴ.2   40. ㄱ.2 ㄴ.1.6

알고 보니
경록이다

우리나라 부동산전문교육의 본산 경록 1957

한방에 합격은 경록이다

제1회 시험부터 수많은 합격자를 배출한 전문성 - 경록

시험장에서
눈을 의심할 만큼,
진가를 합격으로 확인하세요

정가 44,000원

경록 주택관리사
기본서
5 2차 공동주택관리실무

17년연속98%
독보적
정답률

발 행	2025년 1월 6일
인 쇄	2024년 12월 20일
연 대	최초 부동산학 연구논문에서부터 현재까지 (1957년 원전 ~ 현재)
편 저	경록 주택관리사 교재편찬위원회, 신한부동산연구소 편
발 행 자	이 성 태 / 李 星 兌
발 행 처	경록 / 景鹿
주 소	서울시 강남구 영동대로 114길 7 (삼성동 91-24) 경록메인홀
문 의	02)3453-3993 / 02)3453-3546
홈페이지	www.kyungrok.com
팩 스	02)556-7008
등 록	제16-496호
I S B N	979-11-93559-97-0 14320

시험최적화 대한민국 1등 교재
(100인의 부동산학 대학교수진, 2021)

최초로 부동산학을 정립한 부동산학의
모태(원조)로서 부동산전문교육
1위 인증(한국부동산학회)

대한민국 부동산교육 공헌대상(한국부동산학회)
4차산업혁명대상(대한민국 국회)
고객만족대상(교육부)
고객감동 1위(중앙일보)
고객만족 1위(조선일보)
고객감동경영 1위(한국경제)
한국소비자만족도 1위(동아일보) 등 석권

대표전화 1544-3589

이 책의 무단전재·복제를 금함

이 책은 저작권법에 의해 저작권이 보호됩니다. 무단전재 및 복제행위는 이 법 제136조에 의해 5년 이하의 징역 또는 5,000만원 이하의 벌금에 처하거나 병과(倂科)할 수 있습니다.

부동산전문교육 68년 전통과 노하우

개정법령 및 정오사항 등은 경록 홈페이지에서 서비스됩니다.